·盘锦文史资料第二十一辑·

知青在盘锦 上

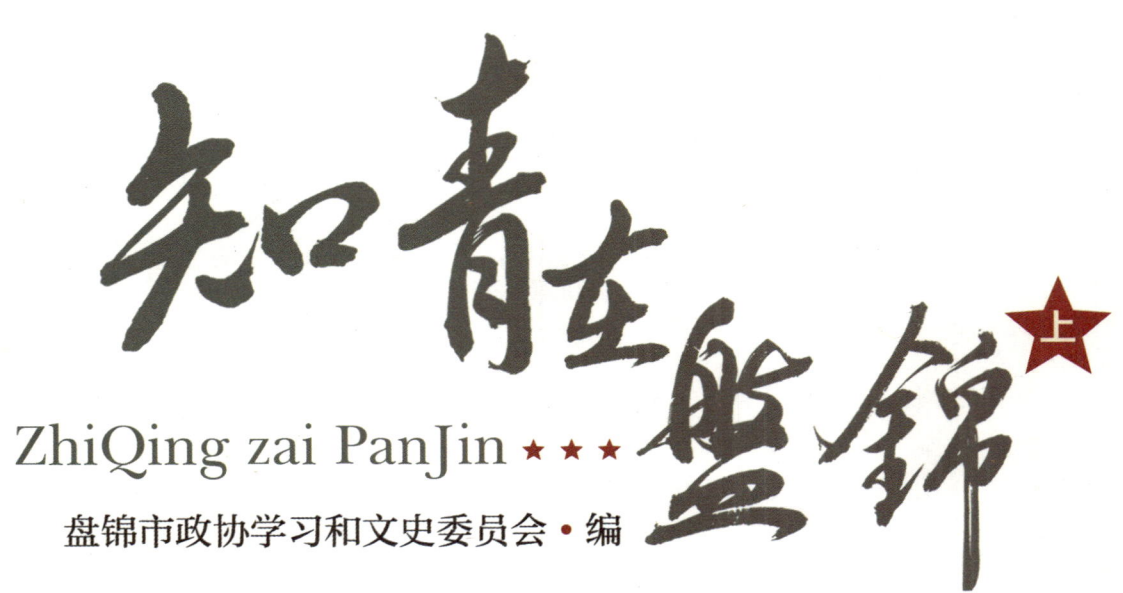

ZhiQing zai PanJin ★★★

盘锦市政协学习和文史委员会·编

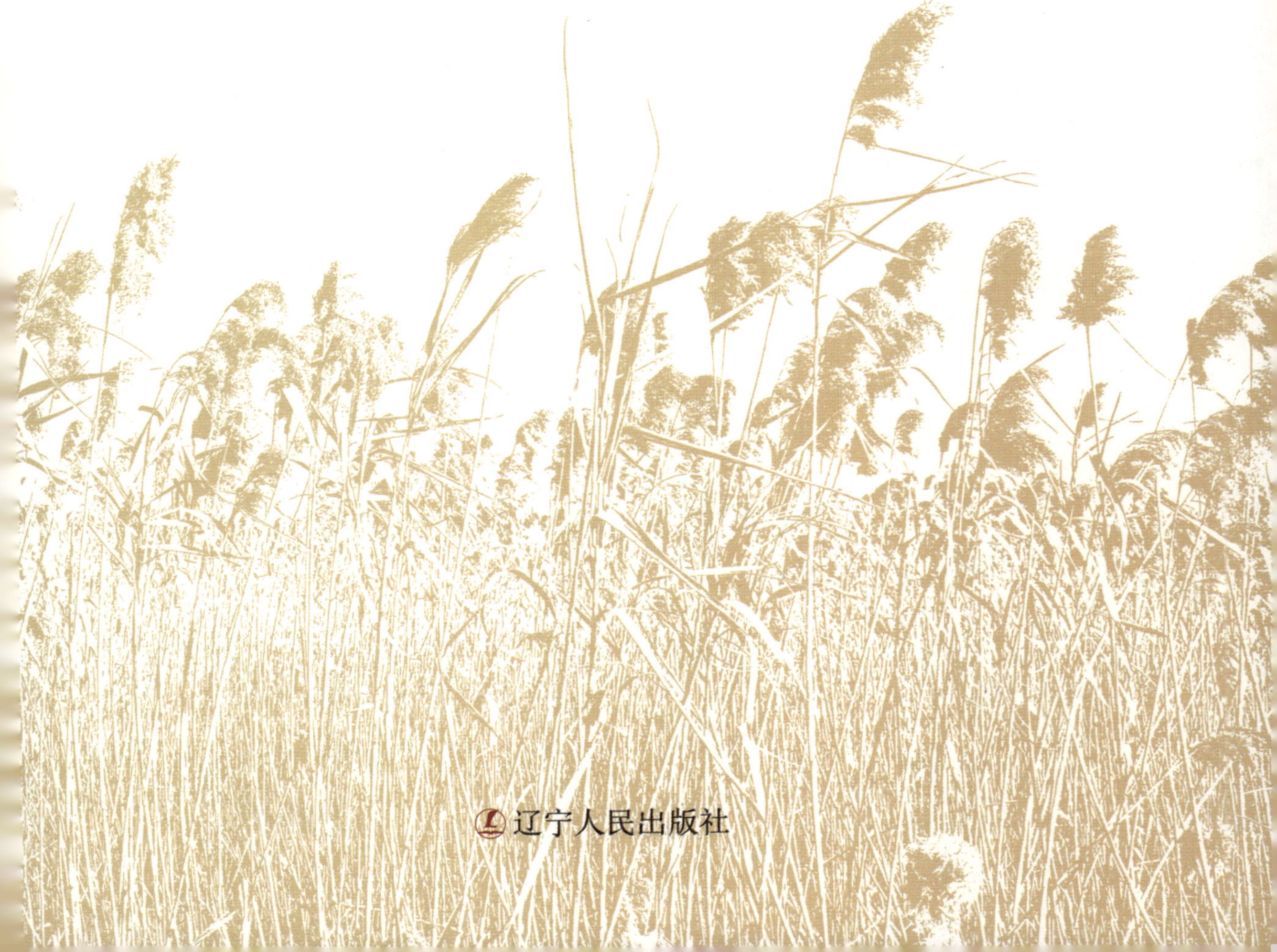

辽宁人民出版社

图书在版编目（CIP）数据

　　知青在盘锦 / 盘锦市政协学习和文史委员会编 . —沈阳：辽宁人民出版社，2017.12（2018.3重印）
　　ISBN 978-7-205-09229-0

　　Ⅰ.①知… Ⅱ.①盘… Ⅲ.①上山下乡知识青年—史料—盘锦 Ⅳ.①D652

　　中国版本图书馆CIP数据核字（2017）第321899号

出版发行：辽宁人民出版社
　　　　　地址：沈阳市和平区十一纬路25号　邮编：110003
　　　　　http://www.lnpph.com.cn
印　　刷：辽宁奥美雅印刷有限公司
幅面尺寸：185mm×260mm
印　　张：66
字　　数：1050千字
出版时间：2017年12月第1版
印刷时间：2018年3月第2次印刷
责任编辑：阎伟萍
装帧设计：留白文化
责任校对：丁建新
书　　号：ISBN 978-7-205-09229-0
定　　价：260.00元（上、下册）

编委会

主　任　刘家升

副主任　刘宝凯　王太水

编　委　王德友　曹　路　赵宝田　王丽娜　沈　冰　王海宁
　　　　　刘喜兴　孙清英　张丽娜　王　迪　孙　萍

主　编　王德友

副主编　曹　路　赵宝田

编　辑　王海宁　刘喜兴　王　迪　孙　萍

序

盘锦市政协原主席　刘家升

盘锦历经屯垦拓荒、石油会战、荒滩建城、因油而兴、艰难转型、向海发展、以港强市的艰苦奋斗历程，一步一步地由农垦时期走向石油时期，继而又由石油时期走向海洋时代，现在正向着建设国际化中等发达城市的宏伟目标奋力挺进！

在这个雄壮的历史进程中，盘锦的地域文化也在不断地积淀、传承和发展，助推着盘锦经济社会的跨越赶超。在盘锦当代丰富的地域文化中，知青文化是一个特殊的重要组成部分。河海文化、湿地文化、稻蟹文化、石油文化……，近年这片土地上的辽河口文化的传承和发展都有知青文化的支撑，下乡和返乡知青这个群体为其付出了艰辛的汗水和智慧。知青文化促进了盘锦地域文化的多元与包容，它以史诗般的沉雄与浩繁镌刻在"南大荒"——盘锦这块黑土地上。

当历史发展到一个节点，人们都有一种回归式的反思与追忆。在那样一个特殊的年代，上山下乡成为当时的历史潮流，知青来到农村广阔天地，接受了再教育。那段记忆对于个体来说，许多是苦涩的、无奈的，青春的梦想在艰苦生活的磨砺中渐趋冷静客观，知青们认知了农村、农业、农民，认知

知青在盘锦

了社会，体验了生活，体验了事业的艰辛。古老的"南大荒"，初具城市雏形的盘锦，因知青的到来增添了许多生机和活力，播下了希望。在那十几年间，辽宁各地近15万知青来到只有六七十万人口的盘锦，这个庞大的青年群体，加速了这块土地上农村与城市间文化知识、文明习惯、精神面貌的融合提升。他们响应党和国家的号召，怀着改天换地的雄心壮志投身到"南大荒"的建设中来，开垦荒田、兴修水利、教书育人、行医送药、钻井采油，用青春和汗水为盘锦乃至中国的历史书写了一幅壮丽的画卷，镌刻着永久的年轮，给盘锦的政治、经济、社会、生产带来了深远、重大的影响。正是有了当年大批知青的投身垦荒、热血倾洒，又有辽河油田的勘探开发建设，才使昔日的"南大荒"——盘锦，逐步变成了辽河流域、渤海沿畔一颗熠熠生辉的明珠。

知青们在农村度过了人生道路上一段特殊的时光，有艰辛也有欢畅，有付出也有收获。上山下乡的磨炼使知青们由稚嫩趋于成熟，由狂热趋于清醒，由天真烂漫趋于沉稳老成，演绎出一曲曲"苦其心志，劳其筋骨，饿其体肤，空乏其身"的青春之歌。所有这些，为知青们以后的生活和事业打下了坚实基础，许多人逐步成长为各条战线上的中流砥柱、领军人物。作为人生旅途的第一站，知青与第二故乡也结下了深厚的情谊，留下难以忘怀的乡愁。40多年来，留在盘锦和辽河油田的知青在众多岗位上勤奋工作，为盘锦的建设发展奋斗奉献了一生；许多离开盘锦的知青也时刻关心关注着盘锦的发展，他们发挥自身所长，整合自身所拥有的各种资源，通过不同渠道，不遗余力地给盘锦的发展以无私的关注、支持和帮助，可谓勋业卓著、功莫大焉，其情其意，令人感佩。

这是一段特殊的历史、一个特殊的群体。当历史的钟声再次敲响时，让人又回到了那段青葱岁月，那一幕幕的战天斗地的影像让人回味无穷，难以忘怀……

追溯知青历史，发掘知青文化，弘扬知青坚强拼搏精神是政协文史工作的一项责任，也是一种使命所在。为将这一历史过程全方位、多角度、客观真实地记录下来，将大家当年亲身经历的切实感受原汁原味地保留下来，让这段历史在实现"盘锦梦"的进程中发挥好"存史、资政、团结、育人"的作用，市政协积极组织、广泛征集、精心编辑了《知青在盘锦》。这些文章作品中既有激情燃烧的理想之歌、慷慨悲壮的坎坷之路，也有充满农家乐趣的田园生活、淳朴自然的凡人小事，还有对知青兄弟姐妹的怀念之意、对农村父老乡亲的思念之情、对盘锦沧桑巨变的喜悦赞叹，较为真实地反映了那个特殊年代的知青生活和知青文化。这些乡愁忆记，构筑起一道时光之桥，让我们得以重温那一段特殊的历史时期，重温那一段青春燃烧的岁月。

历史不能被切断，对于一个人来说，青春是美好的；对于一座青春的城市来说，同样如此。盘锦，盘锦人将永远铭记知青对这片土地的历史贡献，将永远向知青致敬！

2017年12月

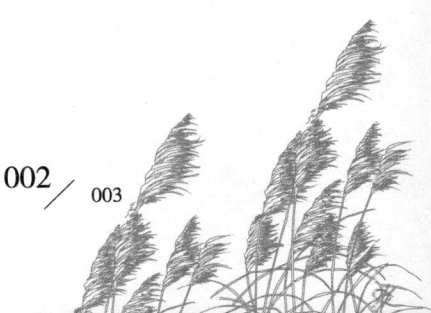

// 001　序 ◎ 刘家升

// 001　感悟知青岁月 ◎ 刘家升
// 010　知青在盘锦史情概述 ◎ 张　铭
// 029　八万知青在大洼背景浅探 ◎ 刘永贺
// 033　大洼部分农场接收安置知青情况 ◎《八万知青在大洼专辑》摘录
// 042　万名知青下乡清水农场 ◎ 林秀坤
// 049　开发新建农场　城市知青贡献大 ◎ 姜振海

// 053　捕鱼会战与抗洪抢险 ◎ 丁文工
// 061　难忘的盘锦六年生活 ◎ 丁文颖
// 065　我的知青岁月点滴 ◎ 于开宾
// 074　山中的凤凰为何不飞起 ◎ 于永先
// 081　涉过青春的盐碱滩 ◎ 于忠民
// 102　盘锦故乡情 ◎ 马　桦
// 112　道　殇——小记去盘锦的第一天 ◎ 马富学
// 117　知青时光小记 ◎ 王　芳
// 120　梅花香自苦寒来 ◎ 王世明

// 125　下乡头两关 ◎ 王世凭

// 129　参加民兵训练 ◎ 王立军

// 132　历练岁月　厚重记忆 ◎ 王会林

// 136　欲说往事：亲切、艰苦、困惑——盘锦知青生活散记 ◎ 王希文

// 156　岁月的长河 ◎ 王荣杰

// 159　我与"我的祖国"在盘锦 ◎ 王贵新

// 181　十八岁那年…… ◎ 王桂英

// 188　钩蛏子 ◎ 王淑秋

// 190　苇塘中的青年营 ◎ 尹长彬

// 204　知青回忆录 ◎ 左大培

// 209　上山下乡我无怨无悔 ◎ 卢秘娜

// 217　红旗青年营的半军事化管理方式 ◎ 由铁军

// 221　忆知青岁月 ◎ 史建胜

// 224　青青水稻秧　茫茫芦苇荡——我们的育新村 ◎ 冯　欣

// 235　插秧照上了成果展 ◎ 冯海萍

// 237　我的文化知青经历 ◎ 朱　嵒

// 240　难忘的知青岁月 ◎ 刘　戈

// 251　我的知青情结 ◎ 孙　波

// 262　琐碎的青春时光 ◎ 孙文成

// 282　那年，那人，那事…… ◎ 孙书岩

// 289　盘锦记忆 ◎ 孙洪敏

// 293　广阔天地筑宝基——盘锦生活杂忆 ◎ 孙喻奇

// 316　我们的家乡双井子 ◎ 李　华　朱东惠

// 320　不能忘怀的知青往事 ◎ 李万鹏

// 331　我的知青生活 ◎ 李春媛

// 336　江南村的记忆 ◎ 李振海

// 345　难忘的知青情怀 ◎ 李淑英　李敬华

// 362　两段小小的回忆 ◎ 杨　麟

// 366　洒在盐碱地里的青春血汗 ◎ 杨大勇

// 374　当知青的那些事 ◎ 杨占宇

// 381　生命碎片——知青记忆拾零 ◎ 杨永信

// 399　青年点里的那些事 ◎ 肖玉香

// 403　难忘的知青岁月 ◎ 肖军锋

// 416　青年点八年笔耕不辍　三百万字文稿留存至今 ◎ 沈殿忠

// 425　一个六八届知青的成长历程 ◎ 吴佳箴

// 428　当年的我们 ◎ 张静贤　杨素兰　宋心红

// 434　他将生命留在了那片土地上 ◎ 宋吉明

// 437　我的知青三味 ◎ 张　浩

// 442　知青生活纪实 ◎ 张　菱

// 460　育新村青年点大事记 ◎ 张　菱

// 467　我的知青记忆 ◎ 张　萍

// 472　难忘的知青大哥 ◎ 张立华

// 475　知青往事 ◎ 张发俊

// 480　回望知青岁月——听妈妈讲那过去的事情 ◎ 孟淑兰口述　张丽娜整理

// 486　盘锦知青话当年（小诗四首）◎ 张雨涛

// 488　绕阳河——我的母亲河 ◎ 陈大生

// 492　那一夜，那一天——知青生活点滴 ◎ 陈桂珍

// 495　我的梦想 ◎ 陈新桂

// 499　知青往事 ◎ 范崇良

// 506　回顾我的知青生活 ◎ 欧阳晓明

// 525　难忘那片盐碱滩 ◎ 周希武

// 531　那年月（选编）◎ 郑学清

// 555　难忘的知青生活 ◎ 郑秋芬

// 560　珍藏的记忆 ◎ 赵凤莲

// 579　知青生活片段回顾 ◎ 赵希顺

// 599　难舍的情意 ◎ 赵素春口述　张丽娜整理

// 605　茄子情结 ◎ 郝玉琦

// 607　初始的知青生活 ◎ 荆亚军

// 611　升腾的情思 ◎ 胡　凡

// 616　那段短暂的知青岁月 ◎ 胡春明

// 628　难忘的知青岁月 ◎ 看今明

// 639　我的知青生涯 ◎ 侯桂范口述　王勇立整理

// 648　难忘的盘锦 ◎ 姜良沈

// 656　最味美的炖鱼 ◎ 姜喜香

// 659　去四连上任 ◎ 宫　俐

// 661　难忘知青岁月 ◎ 袁　方

// 670　时代的记忆 ◎ 袁凤菊

// 673　我的知青记忆 ◎ 钱梅景

// 681　坨里乡情 ◎ 徐惠光

// 686　盘锦，我的第二故乡——向阳村青年营知青生活回想

　　　　◎ 凌秀华执笔并编辑

// 706　回望知青时代 ◎ 高　莹

// 713　我的知青回忆 ◎ 高　燕

// 733　盘锦哺育了我成长 ◎ 郭玉柱

// 736　难忘的故乡——四十年回乡纪实 ◎ 唐明达

// 751　知青往事印记 ◎ 黄苗玲

// 760　国营农场青年营知青的情感分析 ◎ 盛　跃

// 763　新知青排的故事 ◎ 盛　跃

// 766　我是一棵碱蓬草 ◎ 章　隆

// 774　一次难忘的记忆 ◎ 董永华

// 778　红旗青年营"老五连"大事记 ◎ 董文志　董华光

// 785　未流汗　先流血 ◎ 董华光

// 792　知青岁月记事 ◎ 蒋光宇

// 806　难以忘怀的知青岁月 ◎ 鲁洪德

知青在盘锦

// 822　上山下乡记事 ◎ 褚广有

// 831　回　首 ◎ 谭延龄

// 842　追梦"南大荒" ◎ 黎春奇

// 850　民兵连长的记忆 ◎ 滕　力

// 858　细雨中的回忆 ◎ 滕英纯

// 863　母亲的知青梦 ◎ 刘忠兰口述　潘明远整理

// 866　知青生活二三事 ◎ 魏庆厚

// 871　丁壮猷小传

// 873　于恒杰、李丹妮小传

// 875　王玉、林晶民小传

// 877　王文儒小传

// 878　王玉侠小传

// 880　王永恒小传

// 881　王若民、隋英小传

// 883　王柏玉小传

// 884　知青生活中的一段插曲 ◎ 王皑岩

// 886　盘锦——我深爱的第二故乡 ◎ 王惠新

// 888　由希玲小传 ◎ 由希玲口述　王海宁整理

// 890　冯恩良小传 ◎ 丁伟成

// 892　成宇小传

// 893　朱白小传

// 895　刘奇小传

// 896　刘开彬小传

// 898　刘光禄小传

// 899　刘志超小传

// 901　刘英华小传

// 902　刘昌志小传

// 903　刘忠甫小传

// 904　刘思霞经历简述

// 907　刘艳华小传

// 908　刘福安、郑秀霞小传

// 910　刘德胜小传

// 911　许成仁小传

// 912　许锡英小传

// 913　孙崇仁小传

// 915　李文岐小传

// 916　李爱平小传

// 917　杨中彦小传

// 918　杨学明、王志斌小传

// 920　杨路平小传

// 923　张莹小传

// 924　张晶小传

// 926　张强小传

// 928　张增林小传

// 929　邵有金、耿淑田小传

// 931　赵佐宇、刘国珍小传

// 934　赵俊芝小传

// 936　荆永强小传

// 938　都向辉小传

// 941　耿立民小传

// 942　高爽、张淑霞小传

// 944　郭兴文小传

// 946　唐铁飞小传

// 947　焉锦林小传

// 948　梁庆发小传

// 949　韩德民小传

// 951　嵇建华小传

// 952　熊义小传

// 953　魏书生小传

// 955　魏振芳小传

// 956　足迹，一步一个坚实的脚印——记华锦集团知青张国文 ◎ 丁伟成

// 959 "铁姑娘"和她的劳模爱人——比翼双飞的知青夫妻 ◎ 丁伟成

// 962 想念那些孩子 ◎ 王建树

// 964 知识青年在齐家 ◎ 邢德才

// 970 乡　情 ◎ 刘启武

// 975 下乡知青的油田情缘 ◎ 孙　萍

// 980 知青时的两件事 ◎ 李文章

// 983 我与红星青年营 ◎ 李茂军口述　王海宁整理

// 985 知青岁月二三事 ◎ 李福林

// 992 "特殊知青"在盘锦 ◎ 佟　伟

// 996 盘锦知青民谣 ◎ 佟　伟

// 999 我曾带队红旗青年营 ◎ 张有生

// 1001 知青带队干部生活札记二篇 ◎ 张薇薇

// 1007 回忆红旗、红星青年营 ◎ 赵继山

// 1012 我的小学老师和校长 ◎ 蔡兆花

// 1015 我对十一营的零星记忆 ◎ 蔡兆花

// 1018 情系"盘锦知青总部" ◎ 沙　影

// 1024 盘锦历史沿革 ◎ 刘喜兴整理

// 1027 后　记

感悟知青岁月

◎ 刘家升

时间的锋刀,割不断历史的琴弦。那段刻骨铭心的知青岁月,一晃已过去40多年,然而许多往事却依然历历在目,仿佛就在昨天。

一

"知青",是对我们那一代人特有的称谓。那段历史,共和国不会忘记,人民不会忘记;那段岁月,将永远定格在我们知青记忆的"硬盘"之中。

1970年3月28日,我们全家随父亲走"五七道路",从沈阳来到了盘锦胡家农场。那年,我未满16岁,也从沈阳二十九中转到了胡家中学、盘山红卫中学继续读书。

那个年代,国家很穷,而且处在"反修防修"时期。毛主席提出:广阔天地,大有作为。知识青年到农村去,到边疆去,到祖国最需要的地方去。接受贫下中农再教育,很有必要。知识青年上山下乡运动席卷全国。

"南大荒"的冬天,朔风凛冽。

☆刘家升、陈晓光夫妇

知青在盘锦

1972年12月26日，毛主席诞辰纪念日那天，在欢送人群依依惜别的目光下，我们兴高采烈地爬上了敞篷卡车。颠簸与风尘，飞扬着我们的青丝和志向，也把我们送到了人生新起点——盘山县沙岭公社四合子大队第七生产小队，开始了那段艰难困苦、玉汝于成的知青岁月。

农村另有一番天地。一个不谙世事的小青年，离开了父母的呵护，离开了温暖的家和舒适的城镇生活，一切从"零"起步，开始了思想转变、世界观改造的艰难历程。

我被任命为青年点副点长。点长陈晓光，是我们中学同班17名下乡知青中带头响应号召的女生，蕴含在她骨子里的激情与坚韧，洋溢在清秀的眉宇间。她成了我的第一任领导。也是从那时开始，她整整"领导"了我一生。最初，四合子大队青年点集体宿舍还没有建成，我们被分散地安置到了农户家中，与农民同吃同住同劳动。到了1973年8月，宿舍、食堂建好了，我们才开始过上了集体生活。

知青岁月，是一段经历、是一次割舍，也是一种承受和付出，同时更是一种历炼、一种积淀、一种奉献和收获。我们失去了升学的机会，失去了分配工作的机会，远离了城里安逸的生活。在贫穷落后的农村，理想与现实的碰撞，泪水与汗水的交融，艰苦与向上的磨合，劳动强度的陡然增加与生活条件的巨大落差，锻造了知青们刚毅的品格、顽强的意志和奋进的精神。也正是那几年的锤炼，让我收获了人生"第一桶金"，精神世界得到了极大丰富，成为我后来人生路上的"重要资本"。

下乡后的第七天，生产队便让我带领知青和社员，扛起锹镐，走入了修筑大坝的劳动大军之中。这是一项国家工程，位于渤海乡后腰路子村。那是冬天啊，要用大镐子凿开冻层，然后用捅锹挖出河土，再用土车子把土推到高高的大坝顶上，十三四车才够一方土，每人每天要完成四五方土，从早上三四点钟一直干到天黑，有时候还要挑灯夜战。每天都累得不得了！回到老农家，倒地便睡。那时候没有炕，屋地上铺上稻草就是我们的地铺。一顿能吃两三碗饭。手上磨出了血泡，疼得钻心，时间长了磨出了厚厚的茧子。那苦吃的，那罪遭的，用语言无法形容。现在看来，苦难，本身就是一种财富。正是因为有了那段艰辛的经历，在以后的工作中，再苦也不觉得苦，再难也不觉得难了。

我们那一代的知识青年，可能是最坚强、最勤劳的一代年轻人。在沸腾的血液里，奔涌着吃苦耐劳、战天斗地、自强不息的奋进精神。

那时的农村，农活是不间断的。忙过了冬天，来到了春天，插秧大会战开始了。农村劳动力很紧缺，时节又不等人。上面提出的口号是"大干红五月，不插六月秧"，我们的劳动节奏是"早晨四点半，中午含着饭，晚上看不见"。我是负责挑秧的，在窄窄的埝埂上，挑着上百斤的秧苗，跟跟跄跄的。挑秧换肩是个技术活儿，得会使巧劲儿，农民们轻松一拧，扁担就换到了另一个肩膀上。我们不会，拧不明白呀，把肩膀都拧破了，拧掉了皮，拧出了血。晚上睡觉连衣服都不脱，跨栏背心都长到肉里去了，结了痂，也就更不敢脱了。累了躺地头儿就睡，渴了捧起马蹄窝里的水就喝。好不容易插完了秧，生产队长让大家回趟家去看看。妈妈看到肩上的伤，眼泪"唰"地一下就流下来了，抱着我就哭了："儿啊！这罪你是咋遭的呀！"可以坦诚地讲，知青岁月，培育了我这种坚韧不拔的毅力、吃苦耐劳的精神、不畏困难的品格，也培育了我崇善向上的人生观，对我的一生大有裨益。

对社会的认识、对农村的了解、对农民的感情，就是从知青岁月开始的。农村是国家的缩影，农民是国民的写照。农民勤劳、质朴、善良、可爱。对农民阶层淳朴的感情、对党的恩情，就是那个时期形成的，我一辈子都是这么走过来的。这种感情上的认知与认同，是深刻的，是印在心底的。也只有在那种环境里，才能培育出这种深厚而纯真的阶级感情。

在农民的眼里，没有困难而言。无论是育苗、插秧、除草、割地、背运、脱谷，还是打冻块、挖沟、整地、推土，一年四季没有闲着的时候，人人都是"多面手"。望着一眼望不到边的活，我们都愁死了。农民根本就不发愁，就是一股劲儿地默默地干。干完自己的立马就帮我们干，都是无偿帮忙，不需要多给工分，也没有任何怨言。那是一种真实而朴素的感情。在共同的生活和劳动过程中，我深深地体会到了农民的苦与乐，知道了劳动人民的伟大所在，也让

知青在盘锦

我学会了如何与农民沟通交流、打成一片，从而渐渐走进农民的感情世界，对农民产生真切的感情和由衷的敬意。农民虽然朴实无华，但内心是丰满而强大的。

二

悲壮也好，蹉跎也罢，评说历史并不重要。重要的是在那个无法选择又无从回避的特殊年代里，是否把握住了人生，珍重地走好了每一步。

下乡之后，我很快就融入到了农村和农民之中。农民也很快接纳了我。1973年冬，陈晓光被任命为四合子大队党支部副书记，我接任了知青点点长，一年后又被提拔为大队革委会副主任，主管农业生产。本来是接受贫下中农再教育来的，现在偏偏让我领导农民种地，这可是个不小的转变，也是件很奇妙的事。没有别的办法，只有学习。我买了很多书，学习农业科技和农艺知识；经常深入到田间地头，跟农民唠嗑，长了不少见识；还经常跑到农业技术推广站，向技术人员讨教旱田怎么办、水田怎么办。同时，我还要落实好关于农业生产的方针、政策和安排部署。农民是最好的老师，我的农业知识和农村工作经验就是那个时候积累起来的。

1976年初春，大队革委会调整了我的分工，让我分管知青工作。四合子大队7个青年点，共有知青五六百人，分别来自沈阳、鞍山、盘锦等地。这可是个十分棘手的活儿，我感到压力更大了。大队的领导做我的思想工作，说："你本身是知青，又当过'点长'，有工作经验，管知青也是一种锻炼啊！"就这样我开始分管知青工作。在大队革委会的领导下，知青工作开展得有声有色，得到了大家的赞扬。

青年时期的家庭教育是十分重要的。妈妈经常和我讲："在外边工作，自己要多将就着点儿，别把别人的事儿不当回事儿，要多考虑别人的感受。"

在艰苦的岁月里，回城是令人神往的。现在看来，那时我也挺高尚的，曾经"三让"回城名额，不得不说，这些都源于家庭的教育和熏陶。

1974年年末，经群众评选和组织决定，我和陈晓光等5名知青同批回城，这可是一件欢天喜地的事。然而，因名额有限，其中一名女知青的对象没有选上，我感觉到他特别苦恼。他和我讲："如果我不能同时回城，对象肯定得黄啦。"在这种情况下，我主动找到了大队革委会的领导，把我的名额让了出来，成全了这对鸳鸯。直到现在，我们两家的关系仍非常好。

人需要有执着的精神，需要有钟爱事业的境界。所以有人说："用力工作只能称职，用心工作才能优秀。"

1975年2月4日，营口、海城发生了地震，双台子河大坝震裂了，需要重修。春夏之交的时节，我作为大队革委会副主任，带队出工上了大坝。工地上红旗招展，劳动场面热火朝天。刚干了几天，喜事从天而降，大队来电话了：上海交通大学来招生，动力系船舶动力装置专业，是国家六机部第七设计院定向培养指标，就一个名额。我各方面条件都具备，就优先给了我，让我赶紧回去参加面试。对知识的渴望，对未来的憧憬，我当时非常兴奋、非常想去。然而，看看工地上，真是离不开我，确实走不开，我毅然决定放弃上大学的机会，留在工地，把这个名额让给了当时的大队团支部书记。他毕业后进了六机部设计院，留在了北京。

1975年底，我又赶上了招工，这次招工我就到了营口市电业局。当时盘锦归营口市管辖。什么手续都办好了，主管知青工作，时任沙岭公社党委常委、革委会副主任的王玉侠同志找我谈话，传达公社党委书记的指示，让我放弃这次回城的机会。理由是"知识青年不好管，你走了就没人管了""你是党员干部，要服从组织的安排"。就这样，我放弃了第三次回城的机会，又老老实实回大队工作去了。

三

1976年年末，"四人帮"已经被粉碎，招工的机会又来了，公社党委书记说："也不能总留你，这回你可以走了。"于是我来到了辽河化肥厂（华锦集团的前身）工作。

　　那段知青岁月，对自己的成长绝对是件好事。后来我到工厂、机关工作，也遇到不少困难，但比起知青岁月的困难，比起开荒、筑坝、挑秧时受的苦和累，又算得了什么？许多困难都不在话下了。

　　在工厂，我从倒班工人开始，从最基层干起，这是个全新的领域，一切都是空白的。每天看书看图纸，紧张地学习业务知识，研究工艺流程，跟时间赛跑，晚上休息时间都用上了。很快成为行家里手，从工人晋升为班长、车间副主任，被确定为后备干部。在紧张工作的同时，刻苦补习文化知识，为参加高考做准备。为此付出了很多代价。机会终于来了，我叩响了理想之门。1983年，省委组织部委托东北工学院、沈阳农学院、辽宁大学、辽宁财经学院、大连工学院、大连管理干部学院等6所院校对优秀后备干部进行学历教育。辽河化肥厂推荐了3名同志参加考试，我是被推荐者之一。结果我们3人只有我考上了，被大连工学院管理工程系录取，光荣地步入了大学殿堂，成为一名大理工的学子。2001年以后，荣幸地担任了15年的大连理工大学盘锦校友会理事长职务。

　　不忘初心，方得始终。

　　1985年9月，我从大工毕业，那时很多单位都在争着要大学生，我有好几个选择，条件都很优越。但是，考虑到工厂把我派出去深造，又是拿着工厂的工资去学习的，不能辜负了工厂的培养和期待，我毅然回到了工厂工作，坚守了承诺。

　　当知青的时候，也是年轻的时候，我当过大队干部，虽然职务很低，却让我得到了锻炼，逐渐成熟起来。正是有了那段经历，让我始终怀着感恩的心去工作，怀着知足的心去生活，怀着淡定的心沉稳地处理一些问题。无论当副职，还是当正职，都能够团结大家一起工作。

　　回到工厂之后，我相继担任了辽河化肥厂副厂长、辽河化工总厂副厂长、辽河化工总厂化肥厂党委书记兼厂长。1994年12月，担任辽河集团公司副总经理；1996年10月，担任盘锦辽河化工（集团）有限责任公司常务副总经理、董事。

1998年2月，调任盘锦市政府党组成员、市长助理；同年12月，提任市政府副市长。

2010年1月以后，当选为第六届、第七届盘锦市政协主席。

2017年1月退休后，又被市委推荐提名为盘锦市老科技工作者协会会长。

四

国运连接着命运。

这一批几乎与共和国同龄的知青，把个人的青春年华和喜怒哀乐融入了国家的兴衰存亡之中，与共和国同呼吸、共命运，在特殊的年代、独有的境遇中，锻造了特殊而独有的气质、品行和胆略。这个年代，也造就了一批共和国的精英和栋梁。用习近平总书记的话说，知青岁月，让他系好了人生第一粒纽扣。

由此，我联想到盘锦近15万知青的艰苦奋斗史，对于知青个人、群体的成长，对于盘锦尤其是对盘锦农村的农业发展以及思想、文化、教育、卫生、传统习惯等各个方面发展变化的历史意义。在我的提议下，市政协将征集编撰《知青在盘锦》列入了2016—2017年的重点工作计划，力求全面、客观、真实地追溯知青历史，挖掘知青文化，弘扬知青精神，助推盘锦快速发展。

在艰难困苦中挺起的脊梁是不屈的。

前段时间，我特地去了趟黑龙江省黑河市知青博物馆。这是一个全国性的知青博物馆，全景式地展示了祖国各地知识青年上山下乡的风貌。参观后，我感到很震撼。从我们的总书记、总理，到最高法院院长、外交部部长、大作家、歌唱家，等等，许许多多的人都有过知识青年上山下乡的人生阅历。正所谓经历"苦其心志、劳其筋骨"，才能担当大任。从这个角度上讲，知识青年上山下乡，有着积极的、正面的、伟大的政治意义和深远的社会影响。

人生经历不同，世界观、价值观、人生观就不同。成长轨迹不同，对社会

知青在盘锦

的态度就不同。

知青上山下乡，吃的那么多苦，并不会白吃，许许多多的人得到了历练成长，成为时代的受益者和时代的创造者。这些宝贵的精神财富，对后来人是一种别样的思想教育。我经常想，让现在的年轻人有机会到最基层工作一段时间，到又苦又累又脏的环境里锻炼几年，对他们的成长一定会有好处。我们下乡那个年代，农村蔬菜很少，我们就到野地里挖苦麻菜一类的野菜吃。那时候野菜很多，不值钱。现在和年轻人说起这些事，他们都不相信，认为我在吹牛，"苦麻菜这么贵，你吃得起吗？"

前些日子，从媒体上看到了一篇转自美国《华尔街日报》的文章——《世界上最勤奋的人老了》。文章说："他们是中国的下乡知青、高考学子、出国留学生、下海闯荡的和进城务工的，短短二十多年创造了世界奇迹，把一个几乎最落后的中国变成经济总量世界第二……中国人不知不觉，世界却惊奇不已，太快了！太不可思议了！于是都注意到这群太伟大的人。历史会记住他们，人类会记住他们，以这个人口最多、历史悠久的国家的名义，以这个饱受苦难却毅然崛起的民族的名义，向这群人深深致敬！"在读这篇文章时，我联想了很多很多，百感交集，眼眶也不由地湿润了……

春芳落去秋霜染，国泰民安慰花甲。在几代人的不懈奋斗中，盘锦发生了天翻地覆的变化，昔日荒凉的"南大荒"，已经迈上了建设国际化中等发达城市的新征程。对此，我感到无比的欣慰。

不学历史，我们永远幼稚；铭记历史，我们更加坚定。从嫩芽初上，到蒹葭苍苍，在六十余年的人生旅程中，有过很多经历，但让我受益最大、记忆最深的，还是那段知青岁月！

陈晓光（刘家升爱人） 1954年10月出生，1972年12月由盘山红卫中学九年三班下乡到盘山县沙岭公社四合子大队第七生产小队，担任小队青年点点长，1973年11月提任四合子大队党支部副书记。

1975年2月招工回城，任辽河化肥厂催化剂分厂团总支书记。1977年4月赴天津大学化工系催化专业学习。1980年8月大学毕业后回辽河化肥厂工作，先后担任催化剂分厂实验室主任、分厂总工程师兼生产科科长、华锦化工集团公司副总工程师兼技术中心副主任。2000年7月调任盘锦出入境检验检疫局实验室主任、副调研员。2009年底退休。

主持的两项科研成果在1997年获化工部科技进步二等奖、辽宁省化工厅科技进步一等奖和盘锦市科技进步一等奖。连续9年被评为全省出入境检验检疫系统优秀公务员。

知青在盘锦史情概述

◎张 铭

20世纪60年代初,盘锦还是一片人烟稀少的盐碱荒原,大面积的荒地和沿海滩涂尚未开发。当时,正值轰轰烈烈的知识青年"上山下乡"运动,这里自然成为辽宁省城市知识青年下乡的首选地。从1963年起,沈阳、鞍山、大连、抚顺等城市的知识青年陆续来到辽宁的"南大荒"——盘锦,在他们如花的年华,在这片荒原上度过了如火如荼的激情岁月,谱写了艰苦奋斗、吃苦耐劳、坚韧不拔和无私奉献的青春之歌。他们和盘锦人民一道,挖沟修渠、开垦荒原、治理盐碱,用青春和热血把"九河下梢,十年九涝"的盐碱地变成了良

☆沈阳知青踏上开往盘锦的列车(摄于1972年)

田万顷、稻浪金波、鱼跃蟹肥的"鱼米之乡"。"喜看稻菽千重浪，遍地英雄下夕烟。"

一、14万知青下乡盘锦

中华人民共和国成立后，由于实行了一系列正确的政策和措施，短短五六年时间，就治愈了战争的创伤，实现了国民经济持续健康发展。但中国仍处在一穷二白、百业待兴的落后状态，面临着以美国为首的西方国家的经济封锁。特别是随着经济的发展，城市人口大量增加，粮食严重不足和就业问题越来越突出。中央在"一五"计划时就明确提出要实现开荒3868万亩。要完成这个任务，只靠农民和国营农场农工是不够的，还必须组织其他力量。1955年，中央把这个任务交给共青团中央。1955年12月，毛泽东在《中国农村的社会主义高潮》中指出："一切可以到农村去工作的这样的知识分子，应当高兴地到那里去。农村是一个广阔的天地，在那里是可以大有作为的。"当时，北京60名青年组织了第一支垦荒队，奔赴黑龙江省萝北县创建"北京庄"；天津青年垦荒队远征"北大荒"；上海青年垦荒队在江西创建"共青社"等。1956年，《1956年到1967年全国农业发展纲要》正式提出："城市的中、小学毕业青年，除了能够在城市升学、就业的外，应当积极响应国家号召，上山下乡去参加农业生产，参加社会主义建设的伟大事业。"1957年4月8日，《人民日报》社论进一步指出："就全国说来，最能够容纳人的地方是农村，容纳人最多的方面是农业。所以，从事农业是今后安排中小学毕业生的主要方向，也是他们今后就业的主要途径。"当年全国有8万多青年下乡务农。1958年后，邢燕子、董加耕等一批青年立志做有文化的新型农民，带动了大批青年下乡务农，到1965年，下乡人数达400多万。既增加了垦荒种地、发展粮食生产的人力，又减少了城市人口，缓解了城市就业压力。

1966年5月16日，"文化大革命"开始。全国大、中、小学"停课闹革命"，"知青上山下乡"停止，同时也废除了高考制度。1967年10月14日，中央发

知青在盘锦

出《关于大、中、小学校复课闹革命的通知》，要求"全国各地大、中、小学一律立即开学"。到 1968 年，全国积压在校的 1966、1967 两届毕业生，加上当年毕业生（称"老三届"）达 1000 余万人。这些毕业生的就业问题成为迫在眉睫的重大社会问题。1968 年 4 月 4 日，中央正式提出"四个面向"（即面向农村、面向边疆、面向工厂、面向基层）的分配原则。但城市绝大多数机关、厂矿企业和基层无法安排就业，"四个面向"实际上只能面向农村和边疆。从 1968 年 9 月开始，政府已经开始组织城镇学生上山下乡。同年 12 月 22 日，《人民日报》刊登《我们也有两只手，不在城里吃闲饭》的报道，在其"编者按"中引述了毛泽东的指示："知识青年到农村去，接受贫下中农的再教育，很有必要。要说服城里干部和其他人，把自己初中、高中、大学毕业的子女送到乡下去，来一个动员。各地农村的同志应当欢迎他们去。"从此，知识青年上山下乡变成一场运动，在全国掀起了高潮。"文化大革命"中上山下乡知识青年达 1600 多万人。在国家面临巨大困难、城市无法安置他们的特定时期，他们响应祖国号召，义无反顾地奔赴农村，走向边疆，踏进草原，用自己的青春、热血乃至生命，在共和国的历史上写下了属于他们的辉煌的一页。

盘锦从 1963 年开始成批接收来自沈阳、鞍山、大连、抚顺等城市及本地区城镇的知识青年。1963 年 6 月 23 日，沈阳市 35 所中学 201 名毕业生到大洼落户，从此拉开了盘锦地区接收知识青年下乡的序幕。到 1965 年 6 月，沈阳、鞍山、大连等城市的 4266 名初、高中毕业生先后来到盘锦，主要分布在清水、荣兴、王家、西安、新建、唐家等农场，并建立了青年点。

1968 年 9 月至 10 月，盘锦地区就接收了来自沈阳、鞍山、大连及本地区的知识青年 22843 名。此后，每年都有万名左右知识青年来盘锦农村"安家落户"，接受再教育。

从 1963 年到 1979 年，盘锦地区共接收下乡知识青年 140556 名。其中：沈阳 85117 名，鞍山 39901 名，大连 9297 名，其他地区 1506 名，本地区城镇下乡知青 4735 名；1968 年以后下乡的 136290 名，约占 97%。这些知青主要安置在盘山县和大洼县农村、农场，其中：大洼县 88993 名，盘山县 51563 名；

遍布盘锦地区38个场、社、镇的360个生产大队、1963个生产队，几乎场场、队队都有。

二、知青的组织领导和管理

为了安排、组织和管理好这些知识青年，从1963年6月到1975年，盘锦垦区（后改为盘锦地区）及各县区专门设立知识青年安置办公室（或青年工作组），专门负责下乡知青的安置管理工作。1975年11月，盘锦地区与营口市合并后，知青工作由营口市知识青年安置办公室领导。"知青安置办"主要负责下乡知青的接收、安置和管理。知识青年上山下乡运动结束后，知青的遗留问题由政府各级劳动部门负责管理。在整个知青下乡期间，从垦区（地区、市）、县（区）、场、社、镇到生产大队，都配备一名党、政副职领导主抓这项工作，形成了有序的组织、安置和管理网络。

1. 以军事建制进行管理，实行清编、混编机制

为了加强对下乡知青的管理，实行了清编、混编机制。截至1975年，全地区有清编大队36个，清编小队225个；混编大队324个，混编小队1738个。当初曾配备贫下中农、"五七战士"、驻军部队参与管理教育，1971年聘请了沈阳部队当地驻军443名干部战士进驻青年点；1974年8月改由下乡原籍城市按下乡青年的3%派干部管理（称"带队干部"）。盘锦地区加派了县、场、社、镇青年干部203名，并选派1012名大小队干部和老农进驻清编点带队，同吃同住同劳动；1975年，城市下乡青年，改由其父母单位负责动员下乡，实行生产队与城市厂矿企业、机关单位直接挂钩、共同管理。

在清编点，实行军事化的管理体制。规模大的，实行"四四制"编制管理。即营下设四个连队，连下设四个排，排下设四个班。另外，连队都设有炊事班。党团支部都建在连队上，由上级派来的干部和贫下中农代表、知识青年骨干分别担任各连、排干部，实行统一管理、统一指挥。

2. 千方百计解决知青生产、生活问题

为了妥善安置下乡知青，国家拨付了大量资金和物资作为每名知青生活和建房补助，到公社的每人补助 400 元，到农场的每人补助 600 元。同时拨付大量建房物资，仅 1975—1977 年，就为盘山知青建房拨木材 4075 立方米，水泥 1969 吨，玻璃 1923 箱。截至 1978 年，全地区共建青年点 1105 个，其中大队管理 140 个，小队管理 965 个；共建住房 17000 多间，40 多万平方米，基本保障了知青学习、生活用房和已婚青年住房。在粮食供应上，规定要保障知青口粮标准每人每年 600 斤，超过当地人口粮标准 180 斤，外加工分粮和其他补助粮，每人每年可达 700 斤。狠抓"三地"（菜地、豆地、饲料地）建设，解决知青吃菜难问题，支持和帮助知青养猪、养鸡、养鱼，较好地改善了知青的生活。

3. 做好思想政治工作

各级党组织非常关心知青的学习和进步，开展经常性的思想政治工作。组织知青学习理论，开设学习园地，开办"共产主义劳动大学"；常年开展学雷锋、争创"四好"连队、"五好战士"、"一帮一、一对红"等各项活动；在田间、地头开展学习和谈心活动；每个月开展一到两次军事训练演习……以提高广大知青思想政治觉悟，严明组织纪律性。

三、在广阔天地里锻炼成长

这些知识青年，从城市到农村，从学生到农民，从温室的花朵到经历艰辛生活、艰苦劳动的磨炼，从稚嫩的身体到健壮的体魄，从激情四溢到理性成熟，从书本知识到生产实践，正是在这样的巨大反差和极为艰苦的生产生活经历中，他们才深谙中国农村的落后面貌和中国农民的辛劳。在农村的广阔天地里，他们的思想、体能、生活和感情都发生了根本性的变化，稚嫩的双肩勇敢

地担起了改造盐碱荒滩的责任!

1."一颗红心"

广大知识青年,特别是"文化大革命"期间下乡的知青,是怀着"毛主席挥手我前进,广阔天地炼红心"的豪情壮志和"一颗红心"来到盘锦的。一名知青回忆下乡前的情景:"我们来自沈阳36中学和54中学的老三届毕业生,不论男女,都是身穿仿军装,头戴仿军帽,背着绣有'忠'字的草绿色背包,手捧《毛主席语录》,打着行装,在沈阳市委门前排着队举手宣誓:听毛主席的话,到农村去,到边疆去,到祖国最需要的地方去,做毛主席的好战士。我们怀着雄心壮志,告别了亲人,告别了家乡沈阳,上了火车。火车内外全是送行的人。"成千上万的知青就是这样走向了广阔天地。

下乡后,装着《毛主席语录》的仿军用书包不离身,在田间地头也要学习毛泽东著作。"知识青年到农村去,接受贫下中农的再教育""农村是一个广阔的天地,在那里是可以大有作为的""一不怕苦、二不怕死""扎根农村干革命,青春献给新农村""毛主席的战士最听党的话,哪里需要哪里去安家""世界是你们的,中国的前途是你们的"……这些都是知青们常背的语录、发自肺腑的口号,是他们在广阔天地中随时修正自己人生航标的行动指南。他们坚定着垦荒种地、接受贫下中农再教育、改造世界观、征服荒滩的决心,"只要田里还有泥,地里还有土,我就要把汗水流在盘锦种稻谷""甩开膀子拼命干,盐碱滩上夺高产。""吃尽天下千般苦,愿把青春献人民"……这也是他们"一颗红心"的真实写照。正是这颗红心使他们完成了从学生到农民的转变,使他们在极为艰苦的荒原环境中经受过了心理和体能的历炼。

2.勇闯生活关和劳动关

来到盘锦荒原上的14万知识青年首先都必须过"两关":生活关和劳动关。

生活关是第一个考验。当时盘锦农村条件很艰苦,喝的是坑塘里的水,住的是土坯或干打垒房。正如当时流行在知青中的顺口溜:"盘锦荒凉凉,一片

知青在盘锦

☆知青冬季挑水

荒草塘，乡路土飞扬，住的小平房。"盘锦有四大："蚊子大、风大、厕所大、水缸大（指大水泡子）。""大洼厕所大：男的满地欢，女的蹲大山（房山墙），地里干活蹲沟沿""大水缸里猪打溺，鸭戏水，人们刷鞋、洗衣服"。

下乡高潮初始，知青全部被分到家家户户，住土房、睡土炕，他们只是帮着挑水，学着烧炕。后来陆续地住进了青年点，自己做饭、自己烧炕。一方面刚开始他们不会烧炕，另一方面烧柴难。特别是春夏时节，储备柴草已经快用完了，又逢雨季，地湿炕潮，跳蚤多。知青们开玩笑地说："白天黑夜手不闲，白天插秧，晚上挠痒。"当时难以解决的困难有"三凉"，即睡凉炕、喝凉水、吃凉饭。中午饭多是运到地里吃，有饭盒的用饭盒；没饭盒的，把铁锹放在水沟里洗干净，把饭菜放在铁锹上吃。所以，铁锹、羹匙、破棉袄也被称为"知青三件宝"。当时每人每月只供应一两豆油，盘锦盐碱地又不长什么蔬菜，知青们的生活很清苦，多数都是清水煮大白菜。知青们因而说："雷打不动窝窝头，风吹不动白菜汤。"

由于生活、卫生、劳动条件艰苦，一些知青患了胃病、慢性肠炎、关节炎。女青年因着凉患病的比较多，如关节炎、妇科病、贫血等。最普遍的就是手脚的冻伤和冻疮，而且年复一年的复发，很痛苦。知青们经历了一次极为艰难的心理磨炼和身体煎熬的历程。

劳动关是更难的一关。不要说垦荒种水田的农活他们没干过，就是工具，多数知青都没见过、没拿过。铁锹这个工具看似简单，但在这些十七八岁的知青们手中如同千斤重。刚开始不会用，挖不动就用肚皮顶、用脚蹬，肚皮顶青了，鞋蹬破了，手上打起了血泡，血泡破了钻心地疼。但还是干不了多少活儿来，完不成任务，苦累急让知青们呜呜地哭。

种水田需要水靴子，头几年很难买到靴子。春季育苗时，很多人只能光着脚下到冰水中，不一会儿腿就被冻麻木了。夏季除草时，也是光脚下田。那时水田施用农家肥，水中微生物很多，许多知青的腿脚被泡得又红又肿，痒得厉害，用手挠破了就冒黄水，继而又变成疮，晚上痒得睡不好觉，第二天还得继续下田干活。秋季割稻子时，刚开始，他们根本就不会割，割手、碰腿的事几乎人人都有过。每天，从天亮干到天黑，腰都直不起来。

最严峻的考验是冬季下苇塘割芦苇。知青们早晨三四点钟起床下塘，中午学着老农的样子，把玉米饼子放在怀里暖一暖啃着吃，渴了抓一把地上的雪解解渴。晚上收工后，腰酸腿疼，手上扎的都是血口子，火烧火燎地痛。那时，"苦不苦，想想红军二万五；累不累，想想革命老前辈"绝不是一句口号，而

☆冬季割芦苇

知青在盘锦

是强心剂和止痛片。

那个时期，一年到头总是要打几个"大会战"，即备耕大会战、育苗大会战、插秧大会战、除草大会战、收割大会战、脱谷交粮大会战，冬季是水利大会战等。劳动时间最长时，一天达十六七个小时。正如流传的顺口溜："一年到头大会战，早晨四点半，中午含着饭，晚上看不见。"

艰苦的生活环境，繁重的体力劳动，痛苦的意志磨炼，无论是身体还是心理上考验，都是这些十七八岁的知青们难以承受的。但是，他们凭着"一颗红心"、满腔热血和坚强的意志，终于闯过了异常艰苦的生活关和艰辛繁重的劳动关——钢铁就是这样炼成的。

3. 锻炼成长

在"南大荒"的开发建设中，广大知青在极其艰苦的条件下，经历了艰辛的生活和繁重的劳动及各种困难的严峻考验，磨炼了意志、锻炼了体魄，增长了才干，积累了实践经验，提高了生产生活能力，增进了和广大农民群众的感情，政治思想上积极要求进步，理想信念得到进一步提升。截至1979年底，全地区已有2350名知青加入中国共产党，占知青总数的1.7%；37850人加入共青团组织，占知青总数的27%；被授予场社镇级以上劳动模范、先进生产者、先进工作者、优秀党员、优秀团员、青年突击手、三八红旗手、学雷锋标兵等光荣称号的达6985人次，占知青总数的5%；在农村担任会计、计工员、报道员等职务的达7785人，占知青总数的5.5%；5841人被选拔到生产小队、生产大队、场社镇、县区、地区等各级领导班子。

2003年9月，大洼县组织了"激情岁月"联谊会，100多名当年下乡在大洼的知青应邀回到了他们曾经生活和奋斗过的地方。当他们回想起当年艰苦的生活和劳动时，一位知青说："春耕、夏锄、秋收、冬藏，使我学会了水田农活，知道了什么叫劳动课。对'锄禾日当午，汗滴禾下土。谁知盘中餐，粒粒皆辛苦。'这首古诗也有了切身感受。"另一位知青动情地说："我忘不了在农场的岁月，忘不了永眠在这块土地上的同学，忘不了我卧病在床时，年近八旬的老奶奶给我煮的那碗卧了鸡蛋的挂面，忘不了老奶奶慈爱的笑容。"还有一位知青深情地说："8年的知青生活虽然艰苦，而正是这艰苦生活，像一个大熔炉，练就了我坚韧和刚毅的性格。那8年的锻炼，缩写成我人生旅途的一段终生受用的生活词典，让我经常翻开它、阅读它。"

"忆往昔，峥嵘岁月稠。"在艰苦的生活环境、艰辛的劳动条件和激情燃烧的岁月中，这些知识青年们不仅练就了吃苦耐劳、艰苦奋斗的创业精神，铸就了坚强勇敢、执着进取的拼搏毅力，谱写了一曲火热青春献荒原、一腔热血洒大地的青春之歌，而且在盘锦这片广阔的盐碱地上意气风发，挥洒青春，无私奉献，团结奋斗，改天换地，写下了"指点江山"、改造山河的壮美诗篇。

四、盘锦农垦开发建设的重要生力军

知识青年的到来，不仅给这片寂静的荒原带来了新思想、新信息，带来了科技知识，带来了青春、生机和活力，也给这片荒芜的盐碱地带来了翻天覆地的变化……

1. 开荒造田、兴修水利，促进了农业发展

在盘锦农垦大开发中留下了14万知青的青春、热血、奋斗和无私奉献的深深足迹，他们携手乡亲，不畏艰辛，栉风沐雨，躬耕垄亩，修渠治水，改造山河。大洼县荣兴农场海滨大队青年点，从1969年建点到1974年，在海滩上垦荒造田3000亩，亩产1080斤，成为盘锦地区与海争田、盐碱地上夺高产的典型。新兴农场育新村青年点，改良土壤，科学种田，粮食产量连年过"长江"（亩产800斤），平均每人每年为国家生产6000斤水稻。新建农场3700多名知青与本场农工一起开荒造田，大搞农田基本建设。从1969年到1973年，共开垦出标准条田1300多公顷，亩产800多斤，总产量达1500多万公斤，比知青来之前翻了两番；年均向国家交商品粮1000多万公斤，比知青下乡之前增长近一倍。5年中，他们兴建引水干渠6条，总长18公里；新挖、拓宽和

知青在盘锦

加深排水总干、排干11条，总长48公里。从1963年到1980年，清水农场共接收12000多名知青，水田面积由1962年的14047亩，增加到1980年4万亩；粮食产量由1962年的311万斤，增加到1980年的3698万斤。其中育红、志红、锦红、承红、江南、海燕、海鹰等7个青年大队新开荒水田达2000多公顷。盘山县东郭苇场南井子青年点，到1975年已开垦荒地19000亩，每年为国家生产600万斤粮食。

☆大搞农田基本建设

据统计，1966—1975年，大洼耕地面积从1965年的22180公顷发展到1975年的47226.7公顷，增加1.13倍；总产量达26750万公斤，比1965年前增长1.78倍。知青下乡前，当地农田状况是渠道长500米，地宽120米，33米搭一道堤埝；斗渠既上水又下水，群众称为"连吃带拉"；大多数渠方向不一致，田块零乱，大小不一，土地不平；水源不均，串灌串排，高地晒田，洼地淹田，高地返碱，洼地窝碱。知青们来到时，正赶上盘锦地区进行标准化开发建设。按照水、田、林、路综合治理的标准，起高垫洼，扩边展沿，实现种田到边，耕地到头，条田标准化、网络化。在长达10余年的农田基本建设中，知识青年发挥了不可替代的重要作用。

盘锦地区农田建设靠的是人海大会战。垦区会战，统一治理；场队会战，局部治理；农工知青搞农田，专业队伍建闸站。在这些会战中，知青们都是主力军。以大洼县为例，就是通过这些大、小会战，完成了南河沿排总、新开排总、大洼排总、清水河加宽加深等较大的排水骨干工程；加固扩建的引水骨干工程有杨家店总干、田庄台总干、新开总干等；还有规模较大的新开河北水南调工程；新建、扩建总干渠23条，长320.38公里；新建、扩建排水干渠259条，长1126.35公里；引排支渠2025条，长2995.24公里；引排斗渠49950条，长19980公里。如将动用土方筑成1米见方的长堤可绕地球4圈多。到1978年，全县已建设成渠渠相通、渠库相连、排滞自如、工程配套、南北水源互调、排灌畅通、田成方、渠成圈、路成线、林成行、闸站星罗棋布、遇洪能防、遇潮能挡、遇涝能排的旱涝保收、高产稳产的高标准农田。

从1963年到1975年，盘锦共开垦荒地和旱田改水田69.42万亩。从1963年到1979年，播种面积由107.49万亩增加到115.87万亩，粮食平均亩产由218斤增加到844斤，粮食年总产量由23452万斤增加到97747万斤。这些成绩无不凝结着知识青年们的青春和汗水。因为当时下乡知青占全地区农村劳动力的40%，而且是机动能力强、出勤率高的军事建制团队，是盘锦垦荒种稻和农田建设的主力军。

2. 科学试验、科学种田，促进了稻作技术进步

知青们有文化知识，有才能、有智慧，敢想敢干，勇于探索，为促进盘锦的盐碱地改良、水田农业机械化、提高粮食单产和科学种田做出了重要贡献。大洼县王家农场旭东（九号）大队青年点成立了4个科学种田试验小组，结合农业生产实际，大搞科学实验和技术革新。到1975年，试验成功插秧机、洗塑料布机、搭埝机、化学药剂灭草、隔离层育壮秧等20余个项目；自制了水轧耙、油菜播种机、秧苗起床机等。到1976年，全大队水田耕作机械化程度达61.3%。新兴农场育新村大队党支部书记、知青张强刻苦钻研农业技术，承担并试验杂交育种、除草醚等科研项目，均取得成功，成为盘锦农业战线上的"土专家"。到1976年，全地区成立了180个以知青为骨干的科研小组，进行100多项科学实验，为盘锦水稻种植和农业发展提供了强有力的科技支持，促进了盘锦稻作技术进步。

3. 丰富和活跃了农村文化生活

☆劳动间隙排练文艺节目

20世纪60年代，盘锦农村是早上闻鸡鸣、晚上听狗吠。知青的到来，打破了以往沉寂的农村生活。大批知青来盘锦不久，各场社镇纷纷成立以知青为主体的文艺宣传队。到1976年，全地区有由1474名知青组成的业余文艺宣传队72个。他们自编、自导、自演，活跃在农村各地，为老百姓演出。当时比较流行的有话剧《密码案件》、评剧《小姑贤》、歌剧《新媳妇回娘家》以及歌舞、快板、相声、三句半等。知青们以他们的青春热情和活力，活跃在田间地头、村屯院落，极大地丰富了农村的文化生活，深受广大群众欢迎。

4. 教育战线的新生力量，促进了农村教育水平提高

盘锦地区开发比较晚，教育基础薄弱。知青来到盘锦后，特别是一些"老三届"知青，经过一段时间的劳动锻炼，被陆续选派到农村各中、小学校担任教师，并成为教学骨干。到1976年，已有380名知青工作在教育战线，不仅提高了全地区的教学水平，也为盘锦教育事业发展做出了重要贡献。大洼县新建农场因为缺乏人才，原来仅有4所小学、1个农业中学班。知青来了以后，问题立刻解决了。从下乡知青中选拔30多人担任中、小学教师，全场设立了7所小学和1所中学。学校布局合理了，也方便了广大农工子女就近上学。盘锦地区80年代大学生的老师大多数都是知青。担任过大洼县教育局局长的荣兴农场知青李彩霞和担任过盘锦市教育局局长的新建农场知青魏书生就是其中的优秀代表。

5. 充实了医疗卫生队伍，提高了农村医疗卫生水平

20世纪60年代，盘锦农村医疗卫生人员奇缺。知识青年在盘锦的年代，"赤脚医生"遍地开花，基本上解决了农工群众看病难和农村缺医少药问题，广大群众受益匪浅。到1976年，全地区已有140名知识青年当上了"赤脚医生"（不脱产的村屯医生），知青成为农村医疗卫生队伍中不可低估的力量。

6. 危机面前挺身而出，勇敢地保卫国家和人民群众生命财产安全

1975年2月4日，海城地震，盘锦受灾严重。在抗震救灾中，广大知青发扬"一不怕苦，二不怕死"的大无畏革命精神，冒着余震房屋再倒塌的危险，在冒水、翻砂的泥泞中，不顾个人安危，抢救物资，救助群众。新兴农场育新大队的知青们日夜奋战，从冒水、翻砂的场院中抢出2000多公斤粮食；盘山县陆家公社东洼大队知青侯志文等人，冒着生命危险，蹚着水把30多位老人背送到安全地带。

1975年7月，盘锦出现多年罕见大洪水，广大知识青年积极投入抗洪抢险中。盘山县古城子公社石家窝铺青年点20余人，连续三天三夜奋战在大堤上，扛土包、打木桩、堵口子，哪里有险情，他们就出现在哪里；女知青组织村里群众转移，在大堤决口当日，及时使3户人家脱险，抢救出2000多斤麦种和其他集体财产，被盘山区记集体二等功。大洼县新兴农场近千名知青自告奋勇奔赴东风、古城子等重灾区，帮助防洪排涝。盘山县东郭苇场东升大队知青已放假回城，当听到盘锦水情告急时，全部返回，奔赴抗洪前线。

1978年6月17日下午，荣兴农场前进大队下乡知青刘玉生赶马车去农场拉化肥，途中马受惊后在路上狂奔不止，有几个小孩被吓呆了，刘玉生用尽全力抱住惊马，被马拖出20多米远，身负重伤，小孩们脱离了危险。刘玉生舍身拦惊马救儿童的英雄事迹被人们传为佳话。

1986年1月6日晚，大洼县王家农场粮库突然失火，农场工商公司副经理、原沈阳知青关巨星，在从县里开会归来的路上发现了火情，火速赶到粮

库,奋不顾身冲进火场救火,壮烈牺牲,年仅39岁。大洼县人民政府为他追记特等功,王家农场党委追认他为共产党员。

五、知青安置与返城

知青是特定历史时期对特定人群的称谓。知青是知识青年的简称。本义是泛指有知识的青年或特指受过高等教育的年轻人。但这个大约1600多万的特定人群中大多数人实际上只受过初中或高中教育,少数受过大学或大学以上教育。1977年恢复高考,一部分知青通过高考走入大学的校门离开农村。大多数知青开始了大返城。

盘锦知青安置与返城是从1970年陆续开始的。知青们除升学、当兵外,城市招工和辽河油田、辽河化肥厂等大批招工都是较好的选择。1972—1976年,大洼县就有2万多知青离开农村,走向其他岗位。

改革开放后,1979年掀起了知青返城潮。在知青返城潮中,除考大学、参军,招工、接班,商调也成为回城的主要途径和办法。到1979年末,盘锦地区除351名因各种原因死亡的知青外,调离农村的知青达129242名。其中,招工42766名,参军3499名,升学3369名,因病或特困回城19309名,转外省或转省内其他地区15162名,其他原因离开农村45137名。剩余10963名,大多数也陆续回了城。到1982年,盘锦尚有已婚知青3000人左右,大多数安置在乡、镇企业;少数工作在机关、学校;也有极少数生活在农村。

六、尊重历史 正视历史

知识青年下乡与返城都像大海的潮水一样快速来去。可以说,在当时的历史条件下,知识青年上山下乡解决了城市人口压力和就业问题,为国家分忧,维护了社会稳定;同时,为农村输送了知识、文化和劳动生力军,极大地促进了农业发展,改善了农村落后面貌,促进了边疆的开发和建设,其历史贡献已经镌刻在祖国大地和共和国的历史上。但当它作为当时的唯一选择，也给许多知青留下了无法释怀的遗憾和伤痛，给国家和社会留下了深刻长久的回味与反思……

当时知识青年上山下乡已成为一场运动，高考停止，到农村去，到边疆去，到祖国最需要的地方去，成了全国知识青年的唯一选择。他们远离喧嚣的城市，离开亲爱的家人，失去个人的憧憬和理想，失去继续深造的机会，失去走向各行各业的机遇……特别是当时许多知青年龄尚小，生活还未能完全自理，不具备参加劳动的身体条件，提前体验农村艰苦的环境、繁重的劳动和艰辛的生活；一些知青难以胜任繁重的体力劳动，工分少，收入较低，穿衣、吃饭及回家的路费都要靠父母补助；由于当时的劳动强度大、生活环境和卫生条件都极其艰苦，很多知青患上了关节炎、皮肤病等，特别是许多女知青患上了妇科病……无论是肉体上还是心灵上都留下了难以抚平的伤痛……

有的知青认为回城无望，悲观沮丧，情绪低落，找各种理由和借口逃避劳动；个别知青闹派性、结私怨、拉帮结伙、滋生事端、打群架，有的甚至走上了犯罪道路。据统计，1976年全地区发生伤害知青案件318起，受害知青394人；知青违法犯罪的416人次，其中判刑54人。

当时国家也承担了较大的经济负担。如国家拨给每个青年下乡费400—600元，计6000余万元；全地区核销知青超量粮240万斤。仅新立、清水、荣兴、曙光、胡家农场的知青欠款总金额就达33.9万多元，知青返城后，全部由国家核销……

知识青年上山下乡，是特殊的历史为一代青年提供的一条特殊的道路。在这条道路上，广大知青有执着进取的理想信念，有为国分忧的爱国情怀，有敢于担当的历史责任感，有艰苦奋斗的创业精神，有战天斗地的砥砺拼搏，有勇于牺牲的无私奉献，在那个激情似火的岁月里，也有悲壮沉重的痛苦、彷徨和迷茫。他们把对祖国最深沉的爱、把最美好的青春年华都献给了环境和条件极其艰苦的农村、边疆、草原和荒原，担当起了历史和时代赋予他们的推卸不掉的使命。所以，"知青"二字已不是单纯字面上的含义，而是那段特殊历史时

知青在盘锦

期的特殊经历赋予他们的一种"品质资质"。知识青年上山下乡为今日中国及未来中国的繁荣昌盛做出了基础性的、不可磨灭的贡献。

当年的青年点已经被开发成旅游景点的"盘锦知青总部",展现着知青元素,流动着知青岁月,展示着知青风采,静静地述说着一代知青的故事,是盘锦知青青春之歌的缩影,盘锦今日及未来的荣光与辉煌都镌刻着知青奋斗的足迹。历史不会忘记,共和国不会忘记,盘锦人民也不会忘记。

附表一:盘锦地区历年接收知识青年人数及来源情况

项目 年份	知青总数		知青来源					
	合计	其中:男	沈阳市	鞍山市	大连市	营口市	盘锦县区	其他地区
总计	140556	71666	85117	39901	9297	803	4735	703
"文化大革命"前	4266	1952	3602	188	9	31	360	76
68届	22843	12238	21313	92	325	67	973	73
69届	5810	3149	795	49	4789	15	91	71
70届	16611	9228	8562	3613	4139	75	176	46
71届	6187	3466	3254	2863	1	8	53	8
72届	11317	6263	6968	4033	9	12	261	34
73届	1095	587	269	780	0	2	30	14
74届	19210	9295	13338	5295	12	49	339	177
75届	19005	9209	10161	7819	10	277	659	79
76届	18442	9337	8283	9372	3	220	503	61
77届	14510	6203	8124	5785	0	39	505	57
78届	841	426	448	12	0	8	368	5
79届	419	313	0	0	0	0	417	2

注:此表是盘山、大洼两县统计数字资料。另据《盘锦市劳动志》,加上石山、科研等地方单位情况,知青总数为141903人。

附表二：大洼县历年接收知识青年人数及来源情况

项目 年份	知青总数		知青来源					
	合计	其中：男	沈阳市	鞍山市	大连市	营口市	大洼县	其他地区
总计	88993	48275	58742	21316	4261	692	3279	703
"文化大革命"前	3930	1809	3475	169	2	28	180	76
68届	20400	11066	19252	10	308	59	698	73
69届	4777	2663	763	6	3918	13	6	71
70届	9334	4942	6477	2637	10	70	94	46
71届	3426	1887	2563	840	0	8	7	8
72届	4804	2591	3385	1217	0	12	156	34
73届	1013	556	238	759	0	2	0	14
74届	11877	6505	8507	2920	10	39	224	177
75届	11006	5917	5227	4868	10	241	581	79
76届	10524	5823	4563	5314	3	183	400	61
77届	7315	4143	4261	2767	0	29	401	57
78届	436	192	31	9	0	8	293	5
79届	241	117	0	0	0	0	239	2

附表三：知青安置及返城情况（截至 1979 年底）

序号	安置去向	人数
1	升学	3369
2	参军	3499
3	提干	223
4	招工	42766
5	转点	15162
6	因病或特困回城	19309
7	清点离开农村	45137
8**	其他尚留在当地农村的	10740
9	死亡	351
合计		140556

** 大多数在后来陆续回城，截至 1982 年，尚有已婚知青 3000 人左右，安置在乡村机关学校企业等单位。

本文主要参考了《盘锦档案通览》第三卷第八章"知识青年在盘锦"和《盘锦市劳动志》第四章第五节"安置下乡青年与组织回城就业"等相关资料，对《盘锦地域文化简明读本》第六章第三节"知青在盘锦"进行了补充修订。

2017 年 6 月

张 铭 1962 年 2 月出生，中共党员，盘锦市委党校公共管理教研部副教授。主要从事中国特色社会主义文化建设、地域文化研究、领导干部如何与媒体沟通、公文写作与处理等方面的教学与研究工作。主要成果：《盘锦地域文化简明读本》（辽宁教育出版社）主编，《盘锦经济与社会发展战略研究》（东北大学出版社）副主编；参编《盘锦农业》（辽宁人民出版社）、《盘锦工业》（东北大学出版社）、《奔向小康的辽宁》（辽海出版社）等；发表省、市级论文 40 余篇；主持和参与省、市级调研课题 30 余项；科研、调研成果多次获省、市级奖项。

八万知青在大洼背景浅探

◎刘永贺

在20世纪60年代初到70年代末，相继有88993名城市知识青年下乡到大洼区（农垦局）。近20年的漫长岁月里，他们在这片以辽宁"南大荒"著称的辽河三角洲腹地，面临城乡差别、物资贫乏、年纪尚轻、远离家乡等实际问题，克服和战胜了城里人难以想象的诸多困难，用汗水、泪水乃至鲜血浇灌大地，开拓荒原。共同的生活，并肩的奋斗，使城市知青与农村干群结下了深厚情谊。为了这片土地的巨变，他们度过了激情燃烧的岁月，奉献了宝贵的青春年华。笔者是还乡知青，在县政协工作期间，曾专门做过知青专题调研，现依据个人掌握的背景资料，对这段客观存在的重大历史予以浅探，以飨读者。

一、知青上山下乡的时代背景

城市知识青年上山下乡，是我国社会主义建设过程中的历史产物。从国家层面看，从1955年开始，全国城市就业压力就已经显现。国家第一个五年计划提出要开荒3868万亩。这个任务，除了农民和国营农场农工外，在当时的条件下，必须另外组织力量去完成。中共中央把这项任务交给了共青团中央，于是团中央组织一些城市青年自愿垦荒队下乡去完成开荒任务。这便初步形成了知青上山下乡的原始雏形。

知青在盘锦

同年12月，毛泽东在《在一个乡里进行合作化规划的经验》一文的按语中指出："农村是一个广阔天地，在那里是可以大有作为的。"这是毛泽东第一次发出知青上山下乡运动的号召。嗣后，在1956年发表的《1956年到1967年全国农业发展纲要》中，正式提出"上山下乡"问题。1964年，中共中央、国务院发布了《关于城镇青年参加农村社会主义建设的决议草案》，从此，"上山下乡"被列入党和国家的重要日常工作范围。

1966年，"文化大革命"开始，全国废除了高考制度，停止招生。之后，全国中学积压了六六、六七两届初、高中毕业生没有继续升学或进行分配。大量积压的毕业生是学校和社会动荡不安的因素，并成为学校恢复教学的阻碍。1968年，解决中学毕业生分配去向的问题显得更加紧迫。积压在校的前两届毕业生加上六八届的，已经是三届了。1967年，全国工业总产值比上年下降近10%，1968年在1967年下降的基础上，再下降4.2%，只相当于1966年的86.6%，整个国民经济出现了全面衰退的形势。绝大多数工矿和基层无力招收新工人，大量的中学毕业生实际上已经成为城市（镇）的剩余劳动力。于是，五六十年代提出的"四个面向"重新摆到议事日程上。1968年12月22日，毛泽东主席发出了"上山下乡"的最新指示，同时，《人民日报》刊登了《我们也有两只手，不在城里吃闲饭》的报道及编者按，迅速在全国掀起了一场知识青年上山下乡的热潮。

二、知青下乡到大洼的地域背景

大洼地处辽河平原南端，是由辽河、大辽河淤积和渤海辽东湾退海滩涂发育而成的滨海平原，无山无岗，地势平坦，拥有15.3万公顷土地和2.15万公顷滩涂，水源充沛、光照充足、气候适宜，有优越的发展农业的自然资源，具备大面积开垦和农业生产示范的好条件。

党和国家高度重视大洼地区的农业开发工作。1948年2月2日，盘山县（当时大洼地区归盘山县管辖）全境解放，县人民政府接管了国民党国防部东北屯垦局盘山屯垦农场1.7万公顷土地、排灌设施及残破房屋，成立水田管理委员会，这就是大洼农垦事业发展的起源，从那时起至今，经八易隶属、十三次更名，形成了当今大洼的农垦系统。

早在1953年，在全国农业开发会议上，农垦部提出开发北大荒，出席会议的原盘锦农垦局局长史景源提出："辽宁还有一个'南大荒'。我们辽宁粮食不够吃，总理批评辽宁是'铁拐李'。这里开发110万亩地，可以弥补辽宁缺粮问题。"会后，向王震部长作了汇报，经王震部长同意后，辽宁省决定开发"南大荒"。

大洼农垦事业发展的初始和中期，存在的困难主要是：荒原多，盐渍化高，低洼易涝，劳动力少，耕作手段近于原始，生产力低下，效益不佳。尤以1958年至1961年期间，陷于徘徊多变困局。其间，农垦部部长王震曾多次前来视察，为完成"南大荒"开发建设任务，从农垦局的领导层配备和资金、物资、劳动力等诸多方面给予极大支持。1958年4月10日，解放军预备八师排以上干部1000余人集体转业来盘锦农垦局参加生产建设。1960年前后，又相继组织了大量城市居民到这里从事农业生产（俗称"支边户"）。嗣后，解放军各军兵种30余个单位，在这里创办军垦农场。各方人员与当地国营农（苇）场干部、职工、家属，共同开发建设大洼这片俗称"南大荒"的土地。

经过连续三年自然灾害的考验，大洼的农垦事业有了新的转机。1963年1月11日，时任中共中央书记处书记、国务院副总理谭震林，就盘锦垦区建设专门给中共辽宁省委写出指示信，这封近2000字的重要信件，明确提出了规划、开发的要点和今后发展的方向，具有很强的指导性和操作性，经省委批转后，曾在垦区大量印发。

在这样的背景下，1963年6月21日，盘锦农垦局成立城市下乡青年学生安置领导小组，当月23日，辽宁省副省长车向忱亲送首批沈阳市35所中学的201名毕业生到大洼落户。大洼从此揭开了迎接城市知识青年下乡的序幕。到1965年6月，来大洼的城市下乡知识青年有3930名，其中男1809人、女2121人，分别安置在清水、荣兴、王家、西安、新建、唐家等农场，都建立

知青在盘锦

了青年点。1968年12月22日,《人民日报》发表了毛泽东的最新指示:"知识青年到农村去,接受贫下中农再教育,很有必要。要说服城里干部和其他人,把自己初中、高中、大学毕业的子女送到乡下去,来一个动员,各地农村的同志应当欢迎他们去。"这是毛泽东第二次发出"上山下乡"号召。此后,知青上山下乡出现了高潮。1968年当年从沈阳、大连等城市来到大洼地区的下乡知识青年有20400余名,以后每年都会来一批。到1979年,从沈阳、大连、鞍山等城市及盘锦地区来大洼下乡的知青总计88993人,其中男48275人、女40718人。根据各农(苇)场人口与土地多少的情况,这些知青,分别被安置到清水、荣兴、新兴、新立、新建、新开、前进、唐家、王家、榆树、平安、西安、高家、东风、城郊、辽滨、赵圈河等17个农(苇)场和田庄台、大洼两镇。有的建立独立清编点,有的插入农场的生产队,进行开荒种地。同时,数量众多的知青带队干部和"五七大军"也来大洼参加农业生产。

从1972年开始,因升学、参军以及城市工厂和辽河油田招工等,一些知青陆续离开了大洼,到1976年尚有20000余人留在大洼。粉碎"四人帮"后,从1978年开始,根据邓小平谈话和批转国务院知青办六条意见的精神,辽宁省对城市下乡知识青年采取招生、商调、接班、招工等办法,使之陆续回城。到1982年,来大洼的城市下乡知识青年基本上都离开了农村。

刘永贺 1949年10月出生,1966年7月毕业于盘锦第二中学,还乡到西安农场参加农业生产劳动,1971年10月调入盘锦地区革委会人保组、公安局工作。1975年2月调回大洼区西安农场任组织科干事、农场党委秘书、农场办公室副主任。1987年5月调任大洼县政府办公室秘书科科长,1992年5月提任县政府办公室副主任。2002年调任大洼县政协学习文史办公室主任,2009年退休。在县政协工作期间,曾专门做过知青专题调研,组织编辑、出版了《八万知青在大洼专辑》和与之相关的《大洼农垦事业》《军垦农场在大洼》等文史资料专辑。退休后受聘于大洼区住房和城乡建设局,从事文字编撰工作。

大洼部分农场接收安置知青情况

◎《八万知青在大洼专辑》摘录

一、西安农场接收安置知青情况

西安农场从1966年4月24日开始接收下乡知青。在1966年至1976年的10年里，共接收知青807人。其中有两次下乡人数较为集中，分别为1966年沈阳知青和1972年鞍山知青。历年接收人数及来源：

1966年，共接收知青126人，其中男33人，均为沈阳知青。

1968年，共接收知青47人，其中男10人，来自沈阳26人、鞍山2人、旅大1人、本市8人、本县4人、其他地区6人。

1969年，共接收知青16人，其中男11人，来自沈阳11人，鞍山5人。

1970年，共接收知青38人，其中男16人，来自沈阳30人、鞍山2人、本市2人、其他地区4人。

1972年，共接收知青442人，其中男264人，来自沈阳4人、鞍山438人。

1973年，共接收知青1人，为沈阳知青。

1974年，共接收知青51人，其中男18人，来自沈阳13人，鞍山24人、本市3人、本县3人、其他地区8人。

1975年，共接收知青51人，其中男24人，来自沈阳11人、鞍山22人、本县6人、其他地区12人。

知青在盘锦

1976年，共接收知青35人，其中男22人，沈阳7人、鞍山15人、本市3人、本县3人、其他地区7人。

第一批知青于1966年4月24日下乡到西安农场。在洼边子大队成立青年点，共建房24间（现洼边子村委会西北，仅存1间），并建有食堂和俱乐部。当时是一元化领导，实行军队编制，便于管理，设1连3个排，由李红勋任连长，卢振启任指导员，其他3个排长分别由孙广大、孙秀艳、李树华担任。

1968年，洼边子青年点解散，知青们被分配到农场果园、苗圃、种畜场当工人，直至回城。在1967年"西安反特务救国军特务案件"中，知青陆宗微、王崇义等3人含冤被批斗，其中王崇义被迫害较重。

1972年12月末，农场接收了400多名鞍山知青，分别插队落户在11个大队的各个小队里学习与劳动。没有成立集中青年点，当时考虑分散插队落户，一是便于再教育，二是知青文化程度较高，在当时的"文化大革命"中，能起到带头作用。

1973年为知青建房96间，占地2506平方米。在生产大忙季节里，为知青拨下3万斤水利粮，并把东洼子苇塘收割的2000捆柴草分配给了青年点。

到1976年末，除回城和从工的以外，实有知青278名，分布在14个大队、6个场直单位及农场机关。有121名知青加入中国共产党，有17名知青结合到各级领导班子，有28名知青担任拖拉机手、教师、"赤脚医生"和会计工作。

自1966年接收下乡知青到1976年末，先后有118人在农村结婚安家，双方是知青的26人。其中有12人是国家固定职工，29人在场直单位做临时工。至今，当年的下乡知青扎根农村（安家）的仍有20余人，洼边子村、高坎村、八家子村较多。

知青在1968年前回城122人，1968年回城150人，1969年回城43人，1970年回城67人，1971、1972和1974年回城青年人数查无记载，1973年回城59人，1975年回城（招工）226人。

西安镇政协委员活动组

二、平安农场接收安置知青情况

平安农场共接收了4批知青，合计680人。其中：来自沈阳市3批535人；来自鞍山市1批145人。具体情况如下：

1966年，第一批沈阳市下乡知青35人。他们先是在十一营（现新鑫村东部，原新农村。当时平安农场改称盘锦农垦一团，各村均为营，新农被排列为十一营），后被分配到各个分场插队落户。

1970年，第二批沈阳市下乡知青350人，被分配在十一营、十二营（现新鑫村西部，原新立村）两个知青清编点。

1972年，第三批沈阳市下乡知青150人，分别在十一营、十二营两个知青清编点编入知青生产连队。1973年春，十一营被撤销，建立新农大队，从全省各地招入朝鲜族人组成朝鲜族生产大队。原十一营的知青一部分并入大房大队青年点，一部分并入十二营，改称"向荣大队"。

1974年秋，第四批鞍山市下乡知青145人，分配到向荣大队，与原来的三个知青连队依次排列为第四连。另有一个由当地还乡知青组成的"创业队"排为第五连。向荣大队共种植水稻近3000亩，每个知青连队设老农连长1人、放水员兼技术员2人，知青连干部1—2人。

知青下乡期间，国家、省、市多次招生、招工，抽调了大部分知识青年回城。一部分知青在本地结婚安家落户。1975年后，平安知青尚余不足200人，并入小房大队青年点，原向荣大队撤销，组建新立大队。1977年初，后三批来平安的知识青年被落实了有关的政策后，除极少数留在本地安家外，其余均已回城或在本地区安置。

平安乡政协委员活动组

三、前进农场接收安置知青情况

田家镇1964—1977年共接收下乡知青6667人。其中沈阳市青年2601人、鞍山市青年3357人、大连市青年579人、营口市青年130人。他们分布在12个农田大队从事农业生产劳动。历年接收知青情况如下：

1964年：沈阳市知青105人。

1965年：鞍山市知青200人。

1966年：沈阳市知青686人（沈河区306人、大东区及和平区380人）。

1967年：沈阳市铁西区知青30人。

1968年：鞍山市三冶知青360人，沈阳市知青1562人（来自沈阳市大东区、铁西区、黎明机械厂）。合计1922人。

1969年：沈阳市知青36人，大连市知青550人。合计586人。

1970年：沈阳市知青281人，鞍山"三冶"306人。合计587人。

1971年：鞍山市知青431人。

1972年：沈阳市知青51人，鞍山市知青640人（来自沈阳市铁西区、鞍山市铁东区、"三冶"、鞍山钢绳厂）。合计691人。

1973年：鞍山市知青45人。

1974年：鞍山市知青545人（来自"三冶"、15中学、设计院、铁西区）。

1975年：无。

1976年：鞍山市知青435人（来自"三冶"、铁西区、钢绳厂）。

1977年：鞍山市知青245人，大连市知青29人，营口市知青130人。合计404人。

田家镇政协委员活动组

四、唐家农场接收安置知青情况

唐家农场原先共分10个大队，另加一个园林场。从1966年就有少量的知青下乡到唐家农场朱家大队。自1968年至1978年，全场下乡知青总人数为4677人。分散下到11个生产大队和园林场的29个自然屯。这些下乡知青分别为沈阳联营公司和沈阳重型机械厂的干部与职工的子弟。

具体的分布情况如下：

1. 园林场共接收知青113人，混住于园林的百姓家，没有青年点，单独起伙，和农工一起参加生产劳动。

2. 小房大队共接收知青254人，其中1968—1976年125人，1977年22人，1978年107人，吃住在青年点，分散在5个生产队劳动，属混编性质。

3. 北窖大队共接收知青482人，其中1968—1976年203人，1977年71人，1978年208人，生活在集体青年点，混编在8个生产队。

4. 朱家大队共接收知青479人，其中1968—1976年207人，1977年40人，1978年232人，生活在集体青年点。当时的一连、二连属纯清编队，约230人左右；其余分散在3个生产队参加生产劳动。

5. 自家大队共接收知青432人，其中1968—1976年229人，1977年38人，1978年165人，生活在集体青年点，分布在大队的5个生产队，属于混编性质。

6. 唐家大队共接收知青人数704人，其中1968—1976年340人，1977年84人，1978年280人，生活在大队的4处青年点。原种子队属清编队，约200人，其余部分都混编在5个生产队中。

7. 戴家大队共接收知青662人，其中1968—1976年363人，1977年55人，1978年244人，集体生活在青年点，所有知青全部混编在大队的10个生产队中。

8. 胜利大队共接收知青575人，其中1968—1976年355人，1977年48人，1978年172人，集体生活在青年点，全部混编在大队6个生产队中。

9. 太平大队共接收知青185人，其中1968—1976年85人，1977年50人，

1978年50人，全部混编在大队的2个生产队中。

10. 沙岗子大队共接收知青324人，其中1968—1976年137人，1977年19人，1978年168人，全部混编在2个自然屯的3个生产队当中。

11. 志农大队共接收知青360人，主要是1977、1978两届。志农大队就是现在胜利村的2号屯，当时组编成1、2、3、4连，属于清编大队。

12. 原渔场和当时的畜牧二场共接收知青107人，住宿在白家大队的青年点，工作在渔场和畜牧二场。

上述知青在下乡过程中，有的根据其个人表现、民主推荐，按照政策小批量的先后返城，余者是在1979年的8—9月份按照政策一次性返城，从而结束了知青下乡接受贫下中农再教育的历史。

唐家乡政协委员活动组

五、新建农场接收安置知青情况

新建农场在知青下乡期间，根据各个大队的划分区域，把青年按区域划分为两个营，另加何家和畜牧队、多种经营清编队。知青的来源主要是沈阳、大连两个城市。从1968—1978年的10年间，全农场共接收知青5000余人。全农场共有48个自然屯，每个自然屯都有一定数量的知青混编在每个生产队当中。

经调查，当时一营（元家）是一个青年点。二营（杜家）根据自然屯设5个青年点，另有小六队是一个清编队。三营（刘家）是一个青年点。四营（四十里）是一个青年点。五营（陈家）分别在陈家、温家两个自然屯设青年点。六营（葛家）是一个青年点。七营（顾家）除分布在5个自然屯的生产队混编点外，还设有一个清编队。八营（高家）设一个清编队，其余都混编在5个生产队当中。九营（田家屯）前田屯、后田屯设一个集中青年点，另设一个清编队。十营（东三村）设一个青年点。十一营（关家）除一个清编队外，其余都混在4个生产队当中。十二营（邱家屯）设有4个清编队：一队、二队、三队、四队。何家清编点是由纯知青组成的一个整体，建于1974年9月。另外，畜牧队和多种经营队都是清编队。

新建乡政协委员活动组

六、新开农场接收安置知青情况

1966年的6月16日，60名沈阳青年下乡到新开农场。青年居住点建在张家大队，组建了青年队，由农场派专职人员管理青年队工作。

1968年，1900名知青下乡到新开农场，分配到48个生产队中，和老农同甘共苦，艰苦奋斗，开发建设新农村。

农场先后建起31处知青居住点，组建马家铺、东窑两个独立清编队。农业技术由专职老农指导，领导成员在知青中选拔。以后，一年一批的城市知青相继来新开农场插队落户，到1972年，新开农场知青人数达3000名。1972年后，由于招工、抽调、升学、应征入伍，很多知青离开了青年点。到1975年后，知青逐年减少，当时个别青年点已开始合并了。到1979年，新开农场知青全部回城，结束了城市知青下乡插队落户的历史。

新开农场青年点分布、人数统计表

序号	名称	人数	序号	名称	人数
1	王家街青年点	90	10	东八家青年点	70
2	双庙子青年点	80	11	四八家青年点	75
3	田家铺青年点	82	12	八家五队青年点	60
4	黑牛圈青年点	55	13	八家三队青年点	45
5	曲家青年点	90	14	夏家街青年点	130
6	于家青年点	20	15	信家街青年点	80
7	高家青年点	110	16	刘家街青年点	80
8	杨家青年点	20	17	赵家街青年点	78
9	新立屯青年点	80	18	于家街青年点	80

续表

序号	名称	人数	序号	名称	人数
19	蒲家街青年点	60	27	史家八队青年点	70
20	张家青年点	170	28	史家五队青年点	78
21	李家青年点	150	29	北二十里青年点	55
22	胥家青年点	120	30	西二十里青年点	60
23	王家铺青年点	80	31	于楼青年点	140
24	南五青年点	55	32	马家铺青年点	150
25	张家街青年点	60	33	东窑青年点	170
26	张家街青年点	60		合计	2803

注：1. 表内人数是最高峰时期数。
2. 第26项"张家街青年点"是回民青年点。
3. 马家铺、东窑两个青年点都是清编青年点，是独立的青年队。

新开政协委员活动组

七、新立农场接收安置知青情况

自1966年，有知青陆续下乡到新立农场。当年，有100多名知识青年来到新立农场。以后，在1968年、1970年、1971年、1975年、1978年又有知青分批下乡到新立农场。几年间，共计有6700多人在新立农场52个自然屯体验农村生活，参加农业生产劳动。他们均来自沈阳，年龄最小的仅16岁，年龄大的也不过二十五六岁。知青来了之后，大批被分配到各个自然屯，与当地百姓共同开垦荒地，一小部分被分配到砖厂、修造厂、综合厂，从事工业生产。为了安排好知青的食宿，农场为他们统一盖起了尖瓦房，当地百姓把知青居住的地方称为"青年点"。当时新立农场有60多处青年点。

知青的到来，不但增加了农村的文化知识成分，更为农村的农业生产做出了巨大贡献。新立农场原有耕地面积2万多亩，劳动力有限，耕地面积少。知青来了之后，几年间共开垦荒地3万多亩，耕地面积增加1倍多，大大推动了农业经济的发展。

截至 1978 年末，下乡知青陆续返城，极少数在当地安家落户。知识青年下乡的 13 年生活经历已成为历史，然而这段过程却在我们的建设史上留下了光辉一页。

新立镇政协委员活动组

本篇文章由县政协 2004 年组织各乡镇（农场）政协委员活动组调查统计整理，收录在《大洼文史资料》第二十辑《八万知青在大洼专辑》（2004 年 9 月出版）中。

本书摘录，略有删减。

☆《八万知青在大洼专辑》封面

万名知青下乡清水农场

◎林秀坤

在城市知青下乡的年代，我曾在清水农场当场长多年，对当年清水的自然环境、知青下乡到清水的过程以及他们在清水的一切情况是了解的。如今回忆起来，悠悠往事，犹在眼前。

清水农场是 1956 年建成的。当时只有 6 个大队，20 个生产队。到 1965 年，这个农场发展到 9 个农田大队，生产队达到 45 个，还有一个园林队，一个畜牧队，一个林业队，并建起一个砖厂。全场 1851 户，9949 口人，种水田 28090 亩（其中两个机械化大队旱田直播 8000 亩），总产量 1396 万斤。三家子、小堡子、小清等几个大队都到离家很远的西部地区去种地（7—10 里），因为那里土质较好，产量较高。由于劳力少，场内许多耕地只能休耕轮作，而大片荒地无力开发，所以南部的 12 干、13 干一带，无力垦耕，借给解放军办农场。

1963 年，根据毛泽东同志的"农村是一个广阔天地，在那里是可以大有作为的"指示和党中央、国务院发表的《关于城镇青年参加农村社会主义建设的决定（草案）》，各级党组织和政府开始把知识青年上山下乡列入工作日程。于是清水农场从 1963 年开始，接收 170 多名大专毕业生，编入生产队，和农工一起参加劳动生产。他们在农村锻炼一年期满，及时回城了。同年初，接收鞍山市、营口市机关精减人员和社会青年 100 余人，建起了圈河青年大队（后改为育红大队)。1964、1965两年又接收沈阳应届毕业生300余人。

1968年12月，《人民日报》发表了毛泽东的最新指示："知识青年到农村去，接受贫下中农再教育，很有必要。要说服城里干部和其他人，把自己初中、高中、大学毕业的子女送到乡下去，来一个动员，各地农村的同志应当欢迎他们去。"这一指示公开发表之前，辽宁就已率先动员起来，掀起了"上山下乡"高潮。清水农场于1968年10月下旬开始接收沈阳、鞍山、盘锦、大洼下乡的初、高中毕业生3800多人。以后每年都接收安置一批。除去油田招工、回城、当兵、上学、转出者外，清水农场历年实有下乡知识青年人数为：

1963年100人；1964年200人；1965年400人；1968年4200人；1970年3666人；1971年3418人；1972年3183人；1973年3264人；1974年2810人；1975年3649人；1976年3965人；1977年4288人；1978年2741人。1979年大批回城，1980年彻底清点。

接收下乡知青伊始，大批知青短时间内齐集清水，最大的问题是住处。全场上下一齐动员，千方百计腾出房子600多间。有的群众三代人挤在一铺炕上；连二的屋子（里屋、外屋共两间房相连），下乡青年住里间；大部分都搭起了对面炕或湾子炕；有的连二屋子中间间隔起来，临时用苇席隔开。1968年，结冻较晚，抓紧时机建起了江南、志红、育红、锦红4个青年大队的房子框架，1969年春季，内部修整，5月末前工程竣工，知青们陆续搬进了青年点。1974、1975两年，鞍山下乡青年增多，又建起了海燕、永红和海鹰3个清编大队。从1963年到1975年，全场共建起7个青年大队（30个青年小队）。先后累计安置下乡青年12000余人。

为了加强对知识青年的组织领导工作，农场选派一批农村干部任支部书记、大队长、会计员、统计员，由青年中选出表现好、有一定组织领导能力的先进分子为副教导员（团总支书记）；选派一批作风正派、领导能力较强、生产技术熟练的小队干部、党员、复员军人和贫下中农的优秀代表为青年小队的小队长（连长）、指导员、看水员，从青年中选出副队长、副指导员（团支部书记）。除了新组建的清编的青年大队以外，原有的生产大队也进行了适当调整，组建起混编大队9个（包括园林队、畜牧队）。混编队也都从青年中选出代表任副职，专管青年工作。农场专设青工组，专设分管青年工作的党委副书记、团委书记。开始时党委内部分工，专人主抓知青工作；后来，从知青中先后选拔王海峰、孙世盛参加农场党委，他们都曾任党委副书记兼团委书记。

知识青年到农村种地，这是他们一生中第一次重大的转折。六八届下乡初中学生最小的15岁，最大的也只有20岁。他们在家中还都是小孩子，很多人在家都是"衣来伸手，饭来张口"，不少人没洗过衣服，没洗过碗筷。初次来到农村，环境变了，条件变了，吃的是大食堂的大锅饭菜，雷打不动的白菜汤或冬瓜汤，腌白菜、腌萝卜都成了抢手货；住的是大炕或大木板铺；喝的是大水泡子里有水虱子、不卫生的生水。这些青年从城市满腔热情、兴高采烈地跟大帮来到农场，决心接受贫下中农再教育，刚到这里感到什么都新鲜。住了几天，问题就出来了。比如事事都得自己动手，有些孩子在家靠父母，自己啥也没干过，现在自己不会干，生活不能自理，急得哭了；有的花钱不知道算计，把家里给带的钱花光了，两手空空，急得哭了；有的衣服脏了不会洗，衣服破了不会缝，急得哭了；有的互相言语不周，闹点小误会，哭了；开始干活，不会干，也哭了。面对这些问题，派到点上的大小队干部、军宣队（后来是贫宣队）以及他们在群众家住的房东们都像对待自己的孩子一样，一个一个去说服教育，教育他们团结友爱、互相帮助，并帮助他们解决一些实际问题，于是那些孩子们的情绪终于逐渐稳定下来。大多数青年没来过农村，许多劳动工具都不会用，什么农活都不会干，如铁锹怎么使，怎样插秧，草和苗咋区分，怎样使用镰刀割稻子，等等。农村的各种习俗也一窍不通。

边教边干，边干边学

大小队干部、技术员既是青年的领导，又是老师和朋友，像教小学生一样，把农村的生活习俗、生产知识、各项作业技术要求，一件件地耐心细致地教给他们，还编了各种农活的顺口溜，言传身教，身体力行。知青下乡到清水农场第一件农活就是修渠挖沟。怎样拿锹，怎样挖，怎样往外抛，很多人一时学不会。有人编套顺口溜："岔开步，弯点腰，前手用力往上挑，后手压低往前送，瞄准目标落得好。"简单几句，又形象，又好记，加上亲自做样子，知青们很快就都学会了挖土修渠。插秧前工程修完了，知青们身体硬朗有劲了，大家都很高兴。接着，又学习插秧、除草、收割、挑稻子、脱谷等各种农活的技术要求和操作方法。一样一样地逐人教会。如插秧要做到：先插须，后插根；大拇指头不沾泥，入土半寸就够深；每穴四五株，距离要找准。知青不认识稻稗，分不清什么是草，什么是苗。如果不会区别稻苗和稻稗草，就会出现把草当苗留下或把苗当草拔掉。于是教给他们区分看稻稗的方法："阳光照射叶发黄，叶面有毛大又长，一根白筋宽又厚，根粗叶茂长得旺。"这就是稻稗。记住这几句话，解决了草苗不分的实际问题。收割时先学会拿镰刀，学会手脚配合，老农工的经验是：迈大步，长探腰，看准茬口再下刀。一转圈割一抱，放在脚上打个要。捆的要求：根齐腰紧交叉放，20厘米酒壶样（大脑瓜小细脖）。通过边教边干，边干边学，大多数知青很快就学会并掌握了要领。有些知识青年还学会了种菜、养猪、赶车、喂马、开拖拉机等技术工种。还有些骨干被选为大小队干部、小学教师、农场的广播员、电话员、机关一般工作人员。有的报名参军，有的上了工农兵大学。

艰苦奋战

开荒、建房，这是当时农场的两大任务。不仅农工肩压重担，广大青年也跟着起早贪黑地奋战。

1968年冬，结大冻较晚，大家抢在封冻前解决了江南、志红、锦红、育红4个清编大队近2000人的住房和食堂的房框搭建、吃水泡子水等问题，同时，还突击完成了三家子、小堡子、小清、五岔等地的开荒工程，修引水干渠4条，全长10公里；排干5条，11公里；引水支渠11条，13公里；排支22条，25公里。开春又修建渡槽4座、涵洞25座、干渠闸4座、支渠闸11座、斗渠闸门400余座、桥8座，总土方量210多万方。到1975年，共开荒造田21000多亩（包括1971—1976年划出给赵圈河、新兴、前进、城郊的水田地8000多亩）。

1963年到1975年，共建青年大队7个：育红大队，1963年建点；江南、志红、锦红，1968年建点；海燕，1974年建点；永红、海鹰，1975年建点。

青年点的建立，改变了原生产队的生产布局。三家子、小堡子、小清、五岔等大队，知青没进来之前，种的12干、13干、14干、15干西头的好地——（白菜心）离居住地7—10里。建点之后，老农队把原种的土地让给了青年点，把屯子四周的盐碱荒地开垦起来。经过几年的排盐改良，都变成了稳产高产的农田。至此，清水农场的4万亩地全部建成了高标准条田。除青年点外，所有生产队都接收了一定数量的下乡青年。他们和当地农工编在一个生产小队里共同劳动，一起创造财富，只是吃、住单独管理——各生产队都建起了青年点。

处理害群之事，确保知青安全

建点后的几年，总体形势很好，但也出现一些问题。如有的点出现了点棍、点霸，他们任意伤害别人，非打即骂，知青们恨之入骨；有的耍流氓，乘女生不备之机进行调戏，甚至以强行的手段进行摧残；个别大小队干部道德败坏，以身试法，迫害女知青；有的知青不守群众纪律，到老农家偷鸡鸭鹅狗；有的在城里养成偷摸习惯，在青年点得手就偷。

上述问题虽不普遍，但影响很坏，以至于一些青年点人心惶惶，城里的家长也不放心。农场党委抓住要害，及时处理，坚决打击犯罪分子的嚣张气焰，先后共打击了残害知青的点霸1人、惯窃1人、迫害女知青的大小队干部3人；对情节较轻的劣迹知青，尽量采取教育的方针，让他们承认错误，在群众中监督劳动，从而解除民愤，安定民心。

对确有困难的给予适当补助

有些知识青年体力差，有些不会干活、劳动效率低，而造成收入少，到年终不仅没收入，反而欠账；有些口粮不够吃，月月超标；有些家庭困难，无力支持下乡孩子的花销，农场专门制定了补助对象及标准：对男生出勤200天以上、女生出勤180天以上，而连队劳动日值不足1元的，公伤人员以及已婚者建房的，等等，都按标准给予补助。仅1976年，农场就拿出13万元进行补助，并发补助粮食15万多公斤。

丰硕的成果

从1963年开始到1980年知青全部回城，清水农场先后共接收城市下乡青年12000余名，农场水田面积由1962年的14047亩，除划给周边农场的8000亩良田，到1980年，仍然将近4万亩，粮食产量逐年增加。详见下表：

1962—1980年清水农场水田面积及产量表

年度	水田面积	单产（斤）	总产（万斤）	人均上交商品粮
1962	14047		311	
1965	28090	497	1396	
1970	41387	564	2334	1057
1971	40377	609	2460	1030
1972	40195	553	2221	870
1973	40814	602	2455	950
1974	40388	732	2956	1169
1975	40110	693	2778	1118
1976	40691	582	2368	692
1977	40323	757	3053	925
1978	40491	880	3562	910
1979	39626	980	3885	1099
1980	39911	925	3698	1029

知青在盘锦

　　从上表可以明显地看出，城市知青到来之后，农业逐年发展。不仅如此，农场的林果、畜牧、渔业也都有一定的发展。同时全面改善了饮水条件，各点都建起了过滤水塔，吃上了自来水。总之，知青下乡到清水，成了生产战线上的主力军，对改变清水农场的旧面貌贡献很大。

　　随着形势的变化，大批知青回城，农场从关内几省招来了大批农民，他们接过青年点的房屋、土地、车子、农具、机械和各种生产资料，以青年点为基础，逐渐扩大为新居民点。至今，这些外来户都过上了富裕生活。

林秀坤　1931年10月出生于盘山县沙岭区，1949年2月参加革命，历任盘山县沙岭土改工作队成员；县委组织干事、宣传委员；区委第一副书记，分场党总支书记。1953年3月任坝墙子农场场长、党委书记；1963年2月起任清水农场第一副场长、场长，农场党委书记兼场长；1986年2月起任大洼县外贸局、水产局局长、党委书记；1989年3月任大洼县委督察室第一副主任（县级）；1991年2月离休（副市级）。

开发新建农场　城市知青贡献大

◎姜振海

在城市知识青年下乡高潮的岁月里,我正在新建农场任党委书记、革委会主任。通过接收、安置和领导知青工作,我深刻地了解他们在艰苦生活环境中从事艰苦生产劳动的实际。如今回忆起来,他们给我留下的主流印象是,城市下乡知识青年为开发新建农场所做出的贡献是巨大的。

☆姜振海与新建农场知青干部合影(摄于1975年12月)

新建农场原是一个人口少、荒地多、产量低、条件差的后进农场。它的东半部水田能灌不能排,西半部大片荒原中的一部分耕地只靠小型水利提水种一部分水稻。在城市知青没来之前,到1967年,全场仅有1184户,6398口人,劳动力2339人,劳动力严重不足,且22871亩水田,灌、排能力极差。因此,年年出现草荒,水稻亩单产只有三四百斤。当时有一个顺口溜:"三新(新开、

知青在盘锦

新立、新建）一坝（坝墙子），新建最差。"

　　1968年至1977年，沈阳、大连等城市的初、高中学生3700多人，先后分6批下乡到新建农场插队落户。头几年来的知青被分配到50个生产队。后来农场又陆续成立了两个清编的知青大队、8个知青生产队，建立了28处知青居住点。农场增加了3700多个劳动力。他们和当地农工一起，艰苦奋斗，战天斗地，开发建设，使新建农场发生了很大变化。

　　一、改变了全场农业生产条件。这些城市知青到农场后，为农业生产增添了生力军。首先，开发农场西部荒原，继而大搞农田基本建设。以知青为主力，全场修、扩建灌水干渠6条，总长18公里；新挖和扩宽加深排水总干、排干11条，总长48公里，总动用土方300多万立方米。经过5年艰苦奋战，开出标准条田2万多亩，使全场水田面积达到4万多亩，而且灌、排畅通。水稻亩单产由原来的300多斤提高到800多斤，水稻总产量达到3000多万斤，翻了两番，每年向国家交商品粮2000多万斤。从而使原来的经营亏损农场实现了收支平衡。

　　二、为农场的各级组织充实了骨干力量。这些城市知青到农场后，不但为农业生产增加了有生力量，也充实了农场、大队、生产队的骨干力量。从下乡知青中择优抽调30多人到农场机关当干部，选调30多人担任大队干部，先后有240多人担任生产队干部。吸收200多名优秀知青入党，从而使农场的各级组织增添了新鲜血液，也为培养青年干部打下了基础。许多城市知青，经过下乡锻炼成长为优秀的青年干部。例如现任省委组织部副部长赵战鼓同志，是1972年从沈阳下乡到新建农场东三大队的，参加一段劳动生产以后，当过生产队长、大队副主任、党支部书记、农场党委副书记，后来调回沈阳工作。

　　三、促进了农场教育、卫生事业的发展。新建农场原来仅有4所小学校、1个农业中学班，1个卫生所。广大农工群众子女上学难和群众看病难的问题长期得不到解决，主要原因是缺少有知识的人才。城市知识青年下乡后，人才问题立刻解决了。为方便农工群众子女就近上学，农场设立了7所小学和1所初级中学。从下乡知青中选出30多名高、初中毕业生任中小学校教师，解决了农工群众子女上学难和缺师资的问题，促进了农村教育事业的发展。被选派到农村中小学当教师的下乡知识青年，都有较强的教育事业心、教学责任感，有的逐步成为宝贵的人才。现任盘锦市教育局局长、年轻教育家魏书生同志，就是1968年从沈阳下乡的知识青年，后被农场选派到陈家小学任教。他在农村当了三年教师，后被盘锦地区招工调走，进城后又弃工从教，终于成为全国知名的教育家。知识青年下乡后，农场成立了卫生院，各生产大队都成立了卫生所（点）。从知识青年中选拔20多人，经过短期培训后，担任大队"赤脚医生"或生产队卫生员，解决了农工群众看病难和农村缺医少药的问题。

这些城市知识青年来到农场后，也带动活跃了农村文化娱乐活动，改变了农村人的精神面貌，到处生机勃勃，使农村发生了新变化。

从1972年开始，省、市、县和辽河油田从新建农场的下乡知识青年中招工、抽调了一部分，还有的应征入伍参军了。恢复高考后，逐年都有部分知识青年升学再造。后来开始大批抽调回城安置，到1982年，下乡到新建农场的3700多名城市知识青年全部回城了。

这些城市知青下乡参加劳动，在农村艰苦的环境下得到了锻炼，了解了农村，了解了农民。他们为开发建设新建农场做出的巨大贡献，已载入新建农场开发建设史册。

2004年

姜振海 1931年出生，1948年10月任盘山县哈巴区土改工作队队员、哈巴区中央村村长、大洼区北窑村党支部书记、荣兴区中央村村长。1953年1月起历任荣兴乡乡长，大洼区委宣传委员，盘山县委宣传部干事，高升区委第一副书记、区长，喜彬乡党委书记，高升公社副社长，渤海公社党委宣传委员，棠树林子公社副社长、革委会主任。1970年1月起历任大洼区（县）新建农场革委会主任、党委书记，田庄台镇党委书

知青在盘锦

记、革委会主任,平安农场党委书记、革委会主任。1980年10月任中共大洼县委常委、组织部部长。1985年3月,任大洼县政协副主席(主持工作)、党组书记。1987年3月,任县政协主席、党组书记。1990年4月,改任县政协正县级巡视员。1991年5月离休。

捕鱼会战与抗洪抢险

◎丁文工

1968年知识青年大规模上山下乡运动开始的时候,我没有随班级同学一起走。因为我的哥哥是六四届的知青,他当时已在盘锦唐家农场卫生院工作,经学校同意,我选择了到哥哥所在的地方插队。于是,1968年9月16日,我和哥哥他们六四、六五届知青的弟弟、妹妹共十几人踏上了去盘锦的火车,来到了唐家农场沙岗子大队。

☆丁文工和丁文颖合影(摄于1970年)

从那时起到1974年抽调到盘锦垦区七一四车队,我在农村生活了将近6年的时间,期间的风风雨雨、酸甜苦辣、成功和失败、收获和失去,如同打翻的五味瓶,不知是什么滋味。只是知道我们的经历和感受是先人没有的,也是后人不可复制的,而我也总是忆起当年所经历的一幕幕场景。这里,我就先说说我参加过的一次捕鱼会战、一次抗洪抢险战斗,以及我的知青经历及感悟吧!

一场别开生面的捕鱼大会战

大会战是五六十年代一个时髦的口号,带着浓郁的政治色彩,喊着响亮的

知青在盘锦

革命口号，掀起的一场场轰轰烈烈的群众运动，如插秧大会战、收割大会战、水利大会战，等等。一项工作冠上大会战的头衔，就显现出积极、隆重和必胜的气氛。我想回忆的捕鱼大会战，是在1969年9月，我们知青上山下乡一周年，也就是共和国成立20周年大庆即将到来之际，盘锦垦区下达了为了让沈阳、鞍山、辽阳三个城市的居民都吃上盘锦的鱼，捕鱼100万斤，向20年大庆献礼的光荣任务。在盘锦的疙瘩楼和荣兴两个水库，展开的一场捕鱼大会战。

☆疙瘩楼水库

当时疙瘩楼水库隶属我下乡的唐家农场，位于唐家农场的东面。3米多高、30多里地长的堤坝围成一个椭圆形的水库，2.03万亩的水面，碧波荡漾，一望无际。承担着周围几个农场的农田灌溉和老百姓的生活用水，下设一个渔场，兼营水产养殖。水库中有鲤鱼、鲢鱼、鲶鱼、鲫鱼、嘎鱼等许多种鱼，现如今水库已成为垂钓、旅游、度假的好地方。

1969年9月中旬，我们接到参加捕鱼大会战的通知。我们小队离水库近，不到十里地。我们抽了十来个人，坐着马车到水库参加大会战。到了水库一看，真是热闹极了。一个大横幅写着"捕鱼100万斤向二十年大庆献礼"，横幅下人山人海。捕鱼指挥部集结了几个农场，两三千农工和知青参加大会战，其中当时在盘锦的驻军也派出了一个连解放军战士支援大会战。乱哄哄的，我们只能听人家指挥。首先去领酒，我们都很奇怪为什么，一问才知道，9月的天气已经凉了，怕我们下水后冷，喝点酒防寒，每人又发了面包、香肠。我当时正好背了一个军用水壶，灌了一水壶酒跟着队伍上了大坝。

指挥部的计划是用人推着渔网将鱼赶到水库的一个角，然后集中捕捞。大坝上人一字排开，每隔四五米一个人，将30多里地的大坝围了大半圈，每个人用一根两米长的木棍将渔网绑好，准备了两三个小时才开始下水。水库提前就放水了，只有一米多深。但大坝附近有一条取土沟，有二三十米宽、齐胸深的水。我们穿着背心裤衩推着渔网一点儿一点儿地往前走，速度很慢，走了两三个小时也就走了不到二里地。刚开始感觉不到什么，几个小时后，就有点受不了了。九月的气温已经很低了，也没有多大的运动量，小风一吹浑身直打哆嗦，又已经到了中午，大家都饿了。这时我们才明白为什么又发酒、又发面包香肠的。就这样我们一边喝着酒，一边吃着面包香肠，一边推着网往前走。到了下午四点来钟，人们受不了了，而此时我们才走到水库的中间，遥望前方仍是白茫茫一望无际的水面。指挥部下了收工的命令，让我们走到哪儿就把渔网留在哪儿，明天继续推。我们把木棍往泥中一插，收工了。这时看看我们一个个狼狈得很，有的晃晃悠悠已经醉了。一连推了三天，算是合围了。但是结果让人们非常失望，三天的辛苦只打上来2万多斤鱼。

这时离国庆节只有十来天的时间，眼看着完不成计划了，据我二哥丁文颖讲（我二哥丁文颖是1964年下乡知青，当时在白家卫生所工作，是我们唐家农场唯一的参加大会战的救护保健医生），当时，在省里的尉凤英和李素文也来到疙瘩楼水库视察捕鱼大会战，在当时紧急的情况下，李素文下指示，"炸坝放水"。指挥部下达了放水捕鱼的命令。我们在盘锦的都会掏鱼，把下水沟有鱼的地方搭上两个坝，用柳斗或水桶把水掏干抓鱼。但是把这么大的水库的水放干抓鱼真是前所未有，看来指挥部是真急了。推土机将大坝推出好几个口子放水，我们的任务是看守渔网，每个口子都要下三道网，即便是三道网，当年各个队的下水沟里都还是有很多鱼，我们也没少饱口福。我们日夜守在大坝上，隔几个小时就起一回网。那个时候我们很惬意，起完网就烤鱼吃，苇子的火非常好，烤出的鱼喷喷香，用个树枝串上一条一二斤重的鱼，熟一层啃一层，犹如回到了原始社会。最好吃的是面条鱼，洁白透明的鱼身上，两个黑黑的小点是眼睛，扔到火里立刻卷成一个小白卷，吃起来又鲜又嫩，真是美极了。可是到了晚上就难过了，晚上下鱼多，起网就勤，不得休息，而且大坝上夜晚的风很硬，吹得我们瑟瑟发抖，只好钻到草袋子里取暖。

足足放了两三天，水库的水还剩半尺左右的时候，开始捕鱼了。水面上只见鱼露着背鳍嗖嗖地来回乱串，不是亲眼所见，你绝不会想到是一个什么样的场面，不知垦区是否留有照片。真壮观——两万多亩的水面上排满了人群，真可以说是星罗棋布、人山人海；太原始——每人都是上身穿着小棉袄，下身穿着短裤衩，手里拿着个棒子，腰间盘着一根8号铁线。人们看到鱼就迎头一棒子，把鱼打蒙，然后串到腰间的铁线上，再向前追逐下条鱼，串个十来条送到岸上再回来打鱼。鲶鱼、嘎鱼都钻到泥里不容易打到，大部分都是鲤鱼、鲢鱼和鲫鱼，又打了两三天，大会战陆续结束了。仍没有达到预期的计划目标，据说只打了二十多万斤鱼。

大会战结束了，疙瘩楼水库一片狼藉，水面上漂着很多死鱼，有头部被打碎的、有串在铁线上豁鼻子的，还有由于水太浅而死的，大坝上还开着多处口子，怕是没有三两年是难以恢复的。虽然没有为国庆献上大礼，但是盘锦人民为三个城市奉献的心意是厚重的。愿三个城市的人们吃了盘锦的鱼，会理解盘锦人民的辛苦和苦心吧。

一次实打实着的抗洪抢险战斗

那是1972年7月的一天，天空下着淅淅沥沥的小雨。下雨就是雨休，大家都在寝室休息。下午三点多钟，窗外忽然传来汽车声，接着响起了急促的哨声，只听大队长王洪良高声招呼大家集合，说有抗洪抢险任务，要马上出发。当时挑选了20名水性比较好的男生，我自然也在其中，我们赶紧打好行李上车出发。汽车顶着小雨跑了两个多小时，来到三岔河边的一个小村子。一下车我们惊呆了，仿佛到了山里，村里的所有房子都建在一个个的小山上，每个房子的房基都有三米多高，一问才知道这是一个十年九涝的地方，所以房身必须垫高。由于下了几天的雨，地面上积了水，一座座土丘宛如一个个小岛。下车后，防汛指挥部的一位领导给我们进行了简短的讲话，交代了几个注意事项，着重讲了晚上如果听到枪声和锣声那就是堤坝开口子了，要赶紧往高处撤。随后我们放下行李，没有休息就跟随领路人向我们负责的地段走去。三岔河的河堤有两道坝，一道是国堤，一道是民堤，国堤比民堤要高一些、坚固一些，我们负责民堤的一段。接受任务后我们上了民堤向分配我们的地段走去，这时民堤上已经全是人了，河水也已经漫到了民堤顶部。我们在不宽的民堤上穿过拥挤的人群向前走，还没有到达我们的地段，听到有人喊："不要走了，快扛沙袋！"说话间水已经慢慢地漫过坝顶，我们立刻跑下坝去扛沙袋。下了几天的雨，坝下的土已被众人踩成了泥浆，我们深一脚，浅一脚，跌跌撞撞地把沙袋扛到坝上。就这样抢修好一段，往前走一段，走了一段又被截住，始终没有走到我们负责的地段。雨越下越大，天黑了下来，堤坝上微弱的手电筒灯光，映照着川流不息的人群在紧张地往坝上运沙袋。没有饭吃，没有水喝，不知摔了多少跤，雨水、汗水、泥水混在一起，衣服已经湿透了，但没有人说饿，也没有人喊累，大家只是快速地、机械地从坝下到坝上往复地扛着沙袋。

半夜时分，枪声锣声大作，有人喊："快撤，开口子了！"当时天色漆黑，伸手不见五指，不知哪一处决堤了，不知东南西北，往哪跑啊？我们凭借"白水、黑泥、黄干道"的经验，迅速后撤。当时已没有黄干道了，沿着黑泥跟着人群往后跑，跌跌撞撞总算跑上了国堤。到了国堤上，什么也看不见，只能听到雨点和河水哗哗的声音。洪水离国堤的坝顶有一段距离，还是很安全的，所以没有什么活干，但还是要在国堤上坚守。由于没有吃晚饭，又扛了半夜的沙袋，肚子饿得咕咕直叫，身上衣服湿得透透的，冷得直打哆嗦。大家没办法，只能钻到草袋子里取暖，因为没有命令回去，只能在大坝上守着。天渐渐放亮的时候，听到了消息，半夜时是河对岸决堤了。这时看到河里漂浮着很多东西，南瓜、茄子、猪、箱子、木头……大家真正知道了什么叫决堤发大水。想起夜里的枪声锣声真是心有余悸啊！此时有人通知可以回驻地了，于是饥寒交迫、疲惫不堪的我们跟跟跄跄地走了近一个小时回到了驻地。到了驻地土丘下，大家不禁摇头。那高高的房基上的台阶，只是在土坡上挖的几个脚窝，下了几天的雨，脚窝基本上都平了，奇滑无比，大家几乎是手脚并用爬上去的。筋疲力尽的我们一进屋就都趴在地上了，一切都不管了，赶紧吃饱饭，倒头便睡，一直睡了大半天。

　　由于是河对岸决堤，我们这边相对还很安全，但是汛期没过，还要在坝上守着。我们昼夜轮流值班，谁也不敢马虎。第二天，大家陆续开始拉肚子，因为没有水井，把道边的积水用土圈上一个圈，就是大家的饮用水，鸡鸭猪狗随便在里面戏耍。水实在是太脏了，所以大家都病了。这时想起小说里有关洪水肆虐、瘟疫横行的描写，并非夸张。又坚持了十天，指挥部终于下通知说：汛期已过，可以回家了。但是暂时没有车，愿意等车的可以等着，不愿意等的自己走。我们大家一致说不等。驻地离我们青年点大约四十公里，我们背上行李往回走，一路走着，相互一看，不禁大笑：一个个的脸都黑瘦黑瘦的，脏兮兮的衣服，无精打采地背个行李包，俨然是一群战场上下来的残兵败将。不过大家还是感到挺自豪的，因为我们毕竟亲身经历了一次实打实着的抗洪抢险战斗啊！

知青参与科学育苗

　　在农村的几年中，我感到自己做得比较成功的一项工作就是做催芽员。简单地说，"催芽"就是把稻种浸泡后，让其在窖中发芽，然后再撒到秧田育苗。这是水稻栽培的一个重要环节，稻农们十分重视这个环节，而且这个活儿技术性很高，都是由比较有经验的老农担当。1969年我们生产队长的父亲老王头儿做催芽员，要我做帮手，干了一年后，我就掌握了其中的技术要领。第二年，也就是1970年4月，我独立做了催芽员，终于得以大展身手，利用我的知识进行大胆的革新。催芽窖是一个长8米、宽4米、深1.8米的地窖子，上面用塑料布封上顶，白天利用阳光加温（窖内温度可达30度），晚上用草帘子盖上保温，窖底铺上席子，将选好的稻种浸泡后铺在席子上让其发芽，要求稻种最好是出的芽刚刚冒头，不能生出芽子来，一般的出芽率能在60%—70%。稻种铺的厚度有20—30厘米，由于白天日照不是很均匀，窖内的温度不一样，稻种又很厚，需要经常翻动，如翻动不匀，出芽率就不高，时有不慎，还会有种子生出长长的芽子，成了废品。从选种、浸泡到催芽的过程要十多天，种子废了就耽误育苗，误了育苗就误了农时，误了一年的收成，这也正是稻农非常重视"催芽"的原因。我通过查看资料了解到：红外线照射可以使种子发芽又快又好，就琢磨着发明了用红外线催芽的方法。我在窖内棚顶上安装了十个红外线灯泡，科学地控制好了温度和湿度，并且总结出了翻动种子的时间、方法和规律。实践证明经过红外线照射后，种子发芽率提高到80%—90%，而且芽出得齐，出芽的大小控制得也好，播到苗床后，出的苗非常齐，还快，苗长得也非常壮。1971年农场在我们青年点召开了推广科学育苗的现场会，我作为农场第一个知青催芽员，受到了表扬。这个事实体现了我们知青在农村发挥的作用，也诠释了"知青"的真正含义："知青"，是有知识的青年，在农村这个广阔天地里，确实是可以大有作为的。

遗憾与感慨　梦想和希冀

1973年，我被推荐参加了工农兵学员入学考试，凭借十一中的底子，我考出了优异的成绩，当时大连理工学院的一位赫老师还到青年点对我进行了面试。可由于我父亲当时被专政还没有解放，我与上大学失之交臂。之后我又几次错过上大学的机会，虽说后来在中央党校获得了大专文凭，但毕竟没有真正地读上大学，这成为我一生的遗憾！我有时想：如果没有"文化大革命"和下乡，作为十一中学的学生，我一定会考上一个不错的大学！而如果上了大学，今天的我又会是个什么样子呢？可是生活中又哪会有"如果"呢？

"知青"是我们"老三届"的另一个代名词。我们这一代的人生真是坎坎坷坷啊！有顺口溜说我们"出生就挨饿，上学就停课，毕业就下乡，回城没工作（下岗），结婚没有房，生孩就一个"，现在还应该再加上一句"老了没人管"，因为一家只有一个孩，四个老人管不过来啊！所以说到知青时，我们上一辈人会流露出同情与怜悯的目光，因为他们大多数的子女都当过知青，深知知青的酸甜苦辣。而我们的下一代听了我们的故事，会说我们是"夸张"（我

知青在盘锦

儿子就这样说）。只有我们自己知道自己的感受。历史就是历史，走过了没有回头再来，也不应有遗憾，因为多少苦难我们都顽强地走过来了！我们应该庆幸，我们还在走！我们的人生还要走下去！已过花甲的我们，正向古稀之年迈进，真应该调整好我们的心态，珍惜我们的时光，正像一首歌唱的那样："不要说道路坎坎坷坷，酸甜苦辣都是歌！""我们的生命奔流不息，远方的大海呼唤着我！"亲爱的朋友们，让我们把当年的梦想和今天的希冀放在一起，用它们来充实我们的生命吧！让我们红色的夕阳更加灿烂！

丁文工 1950年出生。下乡前是沈阳市十一中初三（四）班学生，1968年9月下乡到盘锦垦区唐家农场沙岗子大队，1974年12月招工到垦区七一四车队工作。1978年8月调回沈阳市二轻局工作，1988年8月调到沈阳经济技术联合开发股份公司，后调到沈阳经协物贸中心，历任沈阳经协物贸中心部经理、沈阳经联招待所经理，2004年买断下岗。2010年4月退休。

难忘的盘锦六年生活

◎丁文颖

立志去东北的"南大荒"——盘锦

1964年高中毕业后,我没有和家人商量,就私自报名下乡。在学校的欢送会上,我向全校师生说出了我的豪言壮语:"人之立志,如舟之有舵,无舵不可以行,如射之有的,无的不可以射也。我的理想,向邢燕子、董加耕学习,到东北的'南大荒'——盘锦,在那里战天斗地,把盘锦建设成社会主义的新农村。"1964年9月16日,我和其他51名小伙伴,背上行李,戴上大红花,从沈阳火车站乘火车到沟帮子,又换乘汽车到大洼县,然后又坐马

☆丁文颖

车来到唐家农场朱家机械化大队朱家青年队。到的时候天已经黑了。我们吃完饭,就住了下来。从这一天起,我开始了我在农村精彩、闪亮的人生。

努力学习农业知识做新型农民

生活在大城市的我,除了学习外,在家也就帮爸爸妈妈做一些家务活,虽

知青在盘锦

然高中和大学时也下过乡，干过如秋翻地、收苞米、起土豆、清河水库修坝防洪等农活，但那只是短时间像玩儿一样，可是真的当了农民就不一样了。青年队书记把我们51个人分成三组，我是其中一组的组长。我们每天的工作就是开荒、割苇子、挖沟、放水、排水、整地、耙地，一边干活，一边学习。农场的技术员苗良田给我们讲授看水、育苗、机械插秧、除草等农业知识。当时，我是那么努力地学习，认真地做笔记，吃不好饭，睡不好觉，总想学习好农业知识，要为社会主义新农村做出更大的贡献。每天早上天一亮就起床，晚上天黑了，还跟着拖拉机耙地、挖沟机挖沟。我本来就是高度近视，由于劳动过累，我的右眼患了急性继发性青光眼，并发白内障。开始我到大洼县医院看病，后来又转诊到田庄台农垦局职工医院住院治疗，因病情加重又转诊到沈阳中国医科大学附属第一医院治疗，后经手术摘除了右眼，安上活动义眼。养病期间，我受到唐家农场领导、朱家大队领导、青年队领导书记和同学们的细心关怀和慰问。孟庆胜同学给我写信说："你是沙漠中的一棵小白杨。"鉴于我的身体情况，我被调离了青年点，到朱家菜园做会计工作。我对新的工作非常喜欢。因为盘锦是盐碱地，所以种菜非常难，是连草都不爱长的地方。我和毛永新、陈洪儒、朱得福等老农一起打水种菜，每当我们收获白菜、茄子、豆角、西红柿、辣椒的时候，我的内心是那么愉快、自豪。我今年75岁了，回忆起我的一生最不平凡，最刻骨铭心的就是这一段，向《钢铁是怎样炼成的》主人公保尔·柯察金学习，身残志不残，我相信榜样的力量。

唐家卫生院工作五年

1965年冬，白家大队成立卫生所，因为我曾在包钢医学院学习三年（1958年，在沈阳十一中学读高二时，考入包钢医学院，1960年又回到十一中后转入九中续读高三），因此把我从菜园调到白家卫生所做医生工作。能把我所学的医学知识为我热爱的新农村服务，我感到非常高兴。在这里我特别感谢方瑞林大夫，他是中国医科大学47期毕业的学长，每天工作之余，还为我上课，传授医疗经验，使我的医疗水平迅速提高。在这五年医疗工作中，由于农村的医疗条件很差，村与村之间的道路又很难走，赶上天气不好、下雨下雪时，接了电话就要出诊，骑着自行车背着药箱，苦和累是难以形容的。有几件事我记忆犹新，至今难以忘怀。有一次，沙岗子刘明堡，吃卤螃蟹中毒，病情危重。因为当地民俗喜欢吃盐水卤螃蟹，很容易嗜盐菌食物中毒，中毒后出现呕吐、腹泻、脱水，非常危险，几个小时就可以致死。刘明堡家人打电话请大夫往诊，当时天下着大雨，我接了电话，因为雨天自行车骑不了，得骑马去。在去沙岗子的途中，我摔下了马，眼镜摔飞了，药箱也摔到了地上。但我一心想着危重的病人，一步一步走到病人家，及时给病人输液后，送他去唐家卫生院，在途中他处于半昏迷状态，他对我说："丁大夫我不行了。"我安慰他说："挺住，会好的。"到现在我也忘不了他那绝望的面容。我不停地呼唤他，到了医院经过抢救，他终于得救了。后来他和他的家人都非常感谢我。还有，北洼老卢家的小孩患麻疹合并肺炎，小孩高烧不退，已经休克了，家里人仍然迷信"跳大神"治病，后来经过我再三劝说，终于同意我给小孩做青霉素过敏试验，注射了青霉素。一周后小孩痊愈了。这件事使他们走出"注射青霉素，麻疹出不来"的误区。总之，在我行医50余年中，最让我难忘、最有价值的，正是我在唐家卫生院那5年的经历。

50年后重返故土

2014年9月16日，在我们下乡50周年的时候，我们集结了20多位老伙伴，重归故里，回到东北的"南大荒"——盘锦。故地重游，当看望老乡的时候，相识的已经不多了，但是仍有几位老人，虽然已是颤颤巍巍，面容大改，却仍记忆犹新，情感犹在，我们禁不住紧握双手，相互问候，老泪纵横。看到昔日的盐碱地发生了翻天覆地的变化，柏油路纵横，高楼林立，红海滩，鹤之乡，鱼米之乡，我感慨万千。当即为纪念下乡50周年赋诗一首：

知青在盘锦

☆纪念下乡50周年回访盘锦（摄于2014年9月16日）

漫漫盘锦人生路，笑洒青春成沃土，
六度春秋难忘故，稻香深处尝醍醐。
忆昔往事心如初，无怨无悔无畏苦，
人间真情心留住，蹉跎岁月写成书。

　　我赞美知青精神。今天人们在享受美好生活的时候，请不要忘记那些曾为改造自然、战天斗地而忘我无私的奉献者——知青。

2017年5月

我的知青岁月点滴

◎ 于开宾

时间如白驹过隙，眨眼间，上山下乡、插队农村的知青生活已过去了40余年。当年在农村插队下乡劳动生活的记忆依旧非常深刻。我常想，度过知青岁月的人都知道，在农村下乡的那段日子，是苦中有笑、笑里含泪的。那忧伤中夹杂着欢乐的味道，那种说不清、道不明的情感是80后、90后所难以体会

☆ 于开宾

的。知青生活带给我们的是一段难以忘怀的人生经历，也是一生中难得的一次历练。它是我们踏入社会迈出的第一步，是人生中的一个起点。

我是在1974年9月13日下乡到盘锦地区盘山区沙岭公社的。在此之前，1971年落实"五七战士"回城政策后，父亲从抚顺发电厂调到盘锦热电厂工作，我们全家也随着来到盘锦安家落户了。

一、毫无准备地下了乡

1971—1974年，我在盘山红卫中学读书。那时，盘锦正处在开发建设初

知青在盘锦

期，教育资源非常紧缺，盘锦地区只有这一所中学，全地区的中学生都在此读书，仅一个年级就有十几个班级。以前每年的毕业生都能分配工作。可是，我们毕业那一年，即1973年，全国没有毕业生，我们只能延迟一年——1974年才毕业离校。

1974年9月13日，按当时"厂社挂钩"政策，我们这一批盘锦热电厂职工子女毕业后，要统一下乡到盘山区沙岭公社接受贫下中农再教育。

记得在下乡之前，我们盘锦热电厂的几个毕业生约好了谁也不去农村下乡。之后我就去抚顺舅舅家帮忙打家具去了。却不想事情有变。

这期间，厂领导为了完成"厂社挂钩"子女下乡的任务，召开了应届毕业生及家长的动员大会。会上，有人带头表了态，说愿意听从组织安排上山下乡，其他人也就跟风同意下乡务农了。

那时我还在抚顺，得到让我下乡的通知，就立即回到盘锦，没回家，直接赶到了盘山区沙岭公社的那个生产队（我的行李和厂里赠送的柳条包早已与其他毕业生一起被送到了青年点）。到了青年点后，我见到了前几天来此的同学们，在他们的引荐下，我到生产队长那儿去报到了。

就这样，我开始了那艰苦而又难忘的知青生涯。

二、修路、筑坝、挖渠，苦不堪言

那时，农闲时节，都会组织知青外出大搞农田水利建设、修水沟、挖水渠、建路、筑坝、割苇子。总之，一年到头没有"农闲"，而且劳动强度之大、环境条件之艰苦，真是有些苦不堪言。

记得，在"三九"天和"三伏"天里，在浩荡无垠的芦苇荡中，在沼泽地里，我们曾经两次艰苦奋战，为辽河油田修路，用艰辛的汗水，筑起了高出水平面的苇海之路。

第一次是在冬季。此时的东北大地，一派"北国风光，千里冰封，万里雪飘"。我们来到了东郭苇场，在冰冻的土地上放响了修路的第一炮。炮声响过后，我们用盘锦人冬季施工惯用的土办法破开冻土层——用一只比镐把粗、长达一米的木柄串上一块中间开口的大石头磙子刨地。

舞动这样的大锤，要五个人合作，按照口令号子配合才行。石锤前方拴有四根拇指粗的牵引绳，每一根绳头各由一人双手紧握，再由一人把握木把，掌控着上升的高度与下落击打的方向。

每次，当把锤人高喝"加把劲呀！"拽绳人便随声附和地喊道"嘿……"，同时，大家齐心合力拼命地拽起绳子，把石锤举向空中，当大锤被举到至高点时，大家再喊出拉着长音的"呦"声，同时牵引绳子用力地向下砸去（这时大锤向下的速度和冲力比重力加速度要大很多）。在把锤人的控制下，大锤准确地砸向了直立于冻土层上的铁钎子。

☆舞动的大锤

我就曾当过把锤人。在我的吆喝下，大家随声附和着，"嘿……呦""嘿……呦"地，大锤一起一落，一下下地把三尺厚的冻土层打下来。

从远处看，大锤上下起落，有如一只巨型蝴蝶在上下翻飞，四个拽绳人是它的翅膀，锤头是它的脑袋，锤把和我这把锤人是它的身子与尾巴。被打下的冻土块，小的一个人勉强可以搬运，大的两个人都搬不动，只好用大镐凿成小碎块再搬运。冻土块被打下后，下面的暖土层即可用筒锹取出装上土车，再推车爬坡运到待修的公路上去。坝坡很陡，推车上坡很吃力，条件好的生产队都用几匹马在前面轮流拉着土车爬坡。我们队仅有的几匹牲口都忙着帮队里搞运输去了，所以我们只好靠人力拉土车爬坡。好不容易运上来的土，刚刚倒在地上，经拖拉机、压道机无情地碾压，所剩无几，真的好心疼啊。

月亮东升时，知青们才结束一天的工作，返回住地。走着走着，就有人困得睁不开眼了。这时，如果前面有一张床，躺下后他马上就能睡着。

收工后，我们预留的人员并不能马上回住地休息，还要留下放炮炸飞冻土。等干了一天活儿的知青都走光后，我们就进入指定位置，做好放炮准备。等听到第一声哨响，并看到吹哨人手中挥舞着小旗后，我们便走上前来，向打好的洞眼里装炸药，并拉住导火索。当听到第二声哨响，便做好点火准备。当听到第三声哨响，同时又看到吹哨人手中的小旗落下后，我就点燃导火索。然后，迅速退到安全地带。

顷刻，炮火爆炸声响起，工地上的冻土被炸得四处乱飞。这时，我们才真正结束了一天的工作。

因为我负责放炮的工作，每天早上可以晚到工地半个小时，等我到工地后，其他知青已将头天晚间放炮崩下的冻块清理完运走了。

而我，又要去把大锤，打冻土块了。

第二次在大苇塘里为辽河油田修筑公路是在夏天。那时，赶上了连雨天，平时的土路变得格外泥泞，推着土车陷在泥塘中寸步难行。

还好，事先知道这里的情况，在家时早早地就做好了准备，带来了用树枝树棍编成的木帘子。我们把木帘子打开，铺在待修的公路与取土处之间，推土车走在上面。在木帘子上面走用的力是在陆地上的几倍，刚走出没多远，大家就累得大汗淋漓，筋疲力尽，但在生产队长的催促下，大家不敢急慢，只能继续往前走。时间一长，土帘子或是一分为二，或是被压到稀泥下面去了。车轮有三分之一都陷在泥里，溅起的泥点子溅得我们满身都是。

三、为填饱肚子睡好觉所引发的趣事

在青年点，每天劳动强度非常大，每当结束了一天的工作，唯一的念头就是躺下来，好好休息休息，舒舒服服地睡上一觉。但是，这一最基本的生存需求也成了奢望。

在修建杜台河工程时，小队派住在当地一位刘姓农民家，他为我们腾出了一间房子。这是一间只有20平方米的房子，却要住上十五六个人。虽说是一条从东墙到西墙足有五六米长的东北大炕，但这么多人平躺也是挤不下的，只好让先躺下的人侧着身子，再由一位有力气的人背靠墙面坐下，伸出双腿把刚刚侧躺下的人踹向炕中间，稍一有空隙就侧身再躺下一人，直至所有人像木头楔子一样，楔入人群中，才熄灯休息。假如还有几个人炕上挤不下了，那么他们只能挤在柜子上或箱子上睡。虽然大家这么挤在一起睡，连翻身的空间都没有，整夜也只能保持一个睡姿，但是因白天劳动强度太大，工作时间太长，身体过于疲惫，还是睡得很香。

记得那年夏天在大苇塘里为辽河油田修路时，我们住在胜利塘冬季割苇子的出工人员住处，睡的是用圆木搭成的南北通长的大铺，且是上下铺，上面铺满了厚厚的芦苇。在这里睡得比修建杜台河时睡土炕要舒服一些。

在盘山大坝加固工程中，睡眠不足6小时，每天吃5顿饭，顿顿都是大米饭，还能喝上有几个菜叶的稀汤。那时我们正是长身体的时候，每天的工作量大，又缺乏油水，即使一天吃五顿饭，还是感觉饿。

我们队里有个龙云生，有一次与鞍山青年王德久打赌，刚开锅的大米稀粥，他能不喘气连喝两大碗。大家不信，王德久提出，输者要为大家买两包饼干。于是在大家见证下，龙云生果然毫不费力地就喝下两大碗热气腾腾的大米粥（出工挖土时我们经常每顿都要吃两小盆饭，故两碗粥不在话下，关键是刚出锅，烫人）。

听说，其他青年点还有打赌吃饺子的，最后吃得那一青年大腹便便，不能动弹，大家赶紧脱光他的上衣，用擀面杖擀其肚皮，闹出笑话来。

最可怕的是连雨天，知青是不用出工了，可是吃饭却成了问题。那年夏天，我们在苇塘里修路，遇上连雨天，采购员不能出去采购，我们就连菜叶稀汤也喝不上了，只能大米饭就点盐水吃。到最后，就连盐都断了。我们只好每天捧着大米饭喝白水干咽。大家把这戏称为氢二氧一汤，即水的化学分子式。

每天高强度的劳动，吃的又是清汤清水的大米饭，对于正处在长身体阶段的我们，最大的愿望就是能美美地吃上一顿肉。在外出工时，好的生产队有时会杀头猪，赶着马车从几十里或上百里外送来，为出工的人员改善生活。可我

知青在盘锦

们队穷，别说吃肉了，就连蔬菜都不能顿顿吃上。

为了能吃上肉，我们队的知青常常做出偷鸡摸狗的事。这最有名的就是"勒狗事件"，说来有些残忍，却让我们这些总也吃不上肉的知青解了馋。

那些从鞍山来的知青有时也会到别的生产队农民家里去偷鸡。幸运的是，他们偷鸡没有被当场发现过，也没被追究责任。他们一般都是在半夜出动，等到人们睡实了，他们便拿着工具走到老百姓家院子里，先用木棍或扁担把房门支住，再打开鸡窝的门，把带去的草木灰（做饭烧火后的灶坑灰）扬向鸡窝内，呛得鸡无法出声后，将鸡一个个掏出来，把鸡的两只翅膀交叉一别，扔进事先带来的麻袋里，鸡就只能不声不响地待在里边，然后扛起麻袋就走。鸡的主人往往清晨起来打开房门后，才知道自家的鸡又被偷了。

作为知青，很惭愧地是，我也曾经蹭吃蹭喝过，但是我做的和鞍山知青有所不同，我的做法有"技术含量""神不知鬼不觉"，直到离开青年点，也没被炊事员和伙食长发现。

事情是这样的：有一次，会做木匠活的我到带队干部（从交通局下派到我们青年点的带队干部）家做饭桌，在他家我发现了一本讲解魔术的书，便借了过来。

自从接手木匠活后，我不再像以前那样忙了，也有了闲心，于是和几位朋友在晚上学起了小魔术。

有一次，青年点改善伙食，烙起了葱油饼。香味早早就传到了寝室中，勾出了我们的馋虫。离开饭的时间尚早，我们却等不及了。为了"先吃为快"，我想到了刚刚学会的魔术。于是我走进食堂，帮炊事员打起下手。有人帮忙，那还不是好事？炊事员和伙食长自然求之不得。

每当烙好一张饼出锅，我就去掀开盖帘，等把饼放进盆里，我再把盖帘盖上，以免时间长，饼凉了。不一会儿，盆中的饼就摞得很高了。这时，我说："抱歉，我要去方便一下。"然后，我转身就走了。回到寝室后，我便与室友提前吃上了刚烙好的葱油饼。

我是"巧"用了魔术中的"隔空取物"的技巧，神不知鬼不觉地在他们眼皮底下取走了饼。

现在想来，那时都是因为太过饥饿，为了早点儿吃上香饼，才出此下策，干出这么一档丢人的事。如果是在今天这个物质丰盛的年代，我无论如何也不会干这样的事。

当时，整个辽宁省都在推广学彰武哈尔套经验，赶社会主义大集。这完全是形式主义，只是照葫芦画瓢。就连哈尔套大集的真实性至今都还在被怀疑。

按照上面的要求，每家每户出人出物去沙岭集贸市场卖东西赶社会主义大集。那时，老百姓家里除了大米之外，就连片青菜叶都没有，拿什么去卖？总不能每家每户都拿大米去充数，满大集人清一色都卖大米吧？

无奈，生产队想到了青年点，好在青年点的大缸里还有十几棵"宝贵"的酸菜，于是几个知青带了三四棵酸菜去赶了大集。赶大集的那一天，市场人山人海，密不透风（估计全是带着任务来充数的）。偌大的一个集市，卖东西的人特别多，但除了大米，很难再看到其他的物品。

当然，购物者是自愿前来，想拣个便宜，购买低价物品。我们青年点的酸菜摆了一整天了，终于在临散集时以低价售出（生产队事先有所交代：开始时要抬高物品价格，以免被买走，这样出售的物品品种显得丰富。可是，散集后却不许带回所售之物）。

这让我想起了"文化大革命"后期，柬埔寨国王西哈努克亲王访问抚顺时的情景。当时，亲王带着访问队伍经过的街道两边，事先安排好人员，见访问队伍走来，便拎起从商店借来的肉和从水库运来的大鱼，在街上走来走去，向外国元首显示抚顺市民生活幸福的可笑场景。

四、为了回城，知青们挖空了心思

1977年，务了三年农的我们终于看到了回城的希望。为了能够早日回城，脱离这个生活艰苦的地方，为了能够出人头地，知青们挖空了心思，上演各种"闹剧"。如表现积极学习先进典型人物柴春泽、吴忠献，青年点一时就

知青在盘锦

各种口号、空话、假话、大话满天飞。

据1975年1月的《人民日报》报道，当时国家有一千多万知识青年下乡务农。这么多知青窝在农村，给国家减轻了不少负担，同时也带来了不少社会问题。

有的青年自甘堕落，常干偷鸡摸狗的勾当，有的则明抢豪夺走上了犯罪道路。当然也有不甘堕落的知青，动脑筋想出各种招数，来为自己回城创造条件。

一些条件好的知青靠给生产队长送礼走后门提前回了城，并安排了好工作。个别没钱的知青为了早点回城就想招为自己创造条件：例如有人在每晚睡觉之前，拿出毛主席著作，坐在大厅饭桌前（如厕的必经之路）挑灯夜读。刚开始，大家有些奇怪，干了一天累活，大家都盼着能够早点上床休息，而他怎么这么用功？后来，大家才明白这是他想早点回城的"招数"。

第一批正式招工很快就开始了。虽然只走了一两人，但对于同一批下乡插队的我们来说震动却很大。

在青年点，我错过了两次抽调回城的机会。也可以说，所有男青年都错过了这两次机会。

一次是营口师范学校来招生，给我们小队知青三个指标，当时我有所心动，但是那时不像现在这样"尊师重教"，"文化大革命"时期，学校大都停课闹革命，于是，我放弃了。学校招生人员见没有男知青报名，两名男生名额空缺，于是请求生产队协助工作，经劝说，最后只能把男教师的指标都给了女生。

第二次是辽河石油勘探局筑路公司来招工。因为当时当地人对油田工人有偏见，认为油田人傻乎乎，有钱乱花，买东西不讲价，都叫他们"油大头"。当时有套嗑儿："好女不嫁采油郎，嫁了采油郎，十天半月守空房，有朝一日回家转，带回一堆破衣裳。"因此，没有男青年报名（后来事实证明，我们那时的眼光有问题，我父亲所在的工厂后来划归辽河油田。那时油田职工的收入、住房条件与福利待遇等大幅提高。人们对油田的认识大有改观。有女儿的嫁给油田工人，全家人都自豪）。

最后，大队领导提议让我走当兵的指标。我一直以为，当兵对于我来说，是个奢望，理由主要是政审时怕家庭出身通不过，因此不敢报名。不过，大队领导还是让我去试试。于是我就报了名。

没想到，我的简历通过了政审，我穿上了军装，光荣地成为一名解放军战士。

三四年的知青生活就这样结束了，可那一段的记忆在我人生中犹如一个清晰的烙印，永远也挥之不去。非常年代的非常号召促使的非常行动，的确磨炼了我们这一代人。40年的光阴在历史的长河只是一瞬间，但我已从当年的不谙世事的青涩小伙变成了饱经沧桑的花甲老人。如今，追忆当年轰轰烈烈的知青经历，它留给我的不仅仅是一段难以忘怀的历史，同时也影响着我这40年的人生和工作。知青生涯首先锻炼了我吃苦耐劳和认真踏实的实干精神，同时磨炼了我坚韧不拔的意志，让我养成了艰苦奋斗、勤俭节约的作风。仅仅这些，那一段知青生涯我就没有白白经历，它在我人生中是一个宝贵的财富。

于开宾 1954年7月出生于抚顺市。1974年9月13日由盘山红卫中学毕业下乡到盘山区沙岭公社西拉拉大队第二小队，后转点到盘山县吴家公社东风七队青年点。在下乡期间，曾参加了地区、区（县）及公社组织的各类兴修防洪与农田水利建设工程、辽河油田公路建设以及农业生产劳动，在西拉拉生产队做过木工。

☆于开宾参加热电厂技改

1978年参军，担任过班长。1980年，部队裁军分配到辽河油田热电厂汽机分场工作，后调入化学仪表班，担任班长、技术员。工作期间，取得沈阳电力技术学院动力专业毕业证书。1994年下海经商。2000年回辽河油田热电厂三产工作。在厂工作期间，曾多次获得厂先进文明个人与小改小革技术奖、辽河石油勘探局先进民兵和先进培训老师奖、辽河油田与辽宁省先进工会积极分子奖，发明的调频式电容液位计获得实用新型国家专利。2014年7月退休。

知青在盘锦

山中的凤凰为何不飞起

◎于永先

西边的太阳，艰难地落下了地平线，霞光四射，映红了半边天。一天的劳动结束，堂哥和几个同学一起，拖着沉重的脚步，踢踢踏踏朝着青年点的方向走去。

晚春的风带着丝丝的暖意和潮气迎面吹来，沁人肺腑。一望无际的稻田伸向远方，稻苗有一尺多高了，在良好的田间管理下，茁壮成长。晚归的水鸟嘎嘎叫着，掠过头顶，向远处飞去。景色美好，生机盎然，"春水共长天一色，落霞与孤鹜齐飞"。

初夏之际的盘锦大地波澜壮阔，浩瀚飘渺，水田之外，还有成片未开垦的处女地，长着密密的芦苇及许多叫不出名的植物。低洼之处长年积水，形成一个个湖泊。水中的鱼儿欢快游动，密实得似乎伸手就能捉住。水草丰盛，水鸟在其中穿进穿出，筑巢做窝，繁衍后代。抬眼望去，不远之处的村庄，百姓家的房顶上已经飘起袅袅炊烟。

这儿景色优美，环境极其幽静。但堂哥他们几个人一天劳动下来，身心疲惫，谁也没有心情欣赏美景，只希望快点回到点中，朝炕上一躺，美美地做上一个好梦。

"山中的凤凰，为何不飞翔，山下的红花，为何不发香？……"微风荡漾，吹起一阵歌声，隐隐向耳中飘来。歌声嘹亮，悦耳动听，几个垂头丧气的人如同吃了兴奋剂，同时一惊。

不用说，歌是三队的同学唱的，只有他们，才时时保持这种高度的乐观主义精神。三队同学高我们一个年级，岁数稍大，精神状态却高出几个档次。同样的日出而行，日落而归，我们疲惫不堪，萎靡不振，他们却总是精神饱满、歌声不断。此时下工的他们，宛如一队打了胜仗的战士，雄赳赳地胜利归来。

唱歌的是将筒锹扛在肩上的男生，摆动着胳膊，边走边唱。他嗓音好，歌唱的很有功底。"文化大革命"停课这几年，没事唱唱歌，受到高人指点，硬是从一个初中生练成了业余歌唱家。

他们胆子也大，按说这种情歌有点"黄"，在当时是不允许唱的，要唱也只能在屋里偷偷地唱，可是他们却招摇过市，公然当着贫下中农的面，唱到大街上来了。

村里的贫下中农对此没有表现出应有的"觉悟"，许多人跑到屋外，欣喜地听着。那时候农村贫穷落后，文化生活更是短缺，这种嘹亮豪放、充满激情、婉转而悠扬的歌声他们何曾听过？"此曲只应天上有，人间能有几回闻。"

歌的词曲高雅而优美，如诗如画，感人至深。歌唱的是人间美好的爱情，可是通篇歌词，找不到"爱你、想你"这一类赤裸裸的字眼，更别说"摸"这种低下的词语了。歌曲感情表达得含蓄、感染力极强。学哥对歌的意境把握得也极有分寸，歌唱得嘹亮豪放、情真意切，听者心潮澎湃、如痴如醉。只有热爱生活，对幸福充满憧憬向往、勇敢无畏的人，才能唱出这样的歌。

好的东西人人喜欢，伴随着一路歌声，许多人跑出屋外，房前屋后正在忙碌的几个老农民，也放下了手中的活计，直起腰来。

几个老农民久经沧桑，单调乏味的生活，贫穷枯燥的日子，使他们丧失了青春朝气，目光呆滞，很少能看出心中的喜怒哀乐。听到这难得的歌声，他们直起腰来，渐渐地，苍老的脸上皱纹绽开，浮现出少见的笑容，眼中闪露出和年纪不相称的光芒。这歌声可能使他们想起了逝去的、曾经拥有的年轻时代，想起了那些埋藏心底许久、几将遗忘的秘密。

老人们被感动了，他们曾经年轻过，也有年轻时代的理想和爱情，有他们

知青在盘锦

时代唱过的情歌。农民们第一次听到如此高雅的情歌，深受感动，眼中闪现出欢欣和羡慕。只有一个墙边晒太阳的老人，眼中闪现着惶惑的神色。

这群年轻人有一个共同的名字：知青。他们来自遥远的城市，到这儿来接受"再教育"，他们是有知识、有文化的一代新人，朴素的农民又给他们上了一堂生动的社会实践课。而知青们的到来，带来了青春的活力，带来了歌声和欢乐。知青们用知识撬开了乡下封闭的大门，使贫穷落后的农村见到了新世纪的阳光，使他们开阔了眼界，感受到生活的活力。

堂哥也被歌声深深迷住了，他会的歌曲不少，但这样优美的旋律还是第一次听到，既陌生又熟悉，有"似曾相识燕归来"的感觉。堂哥是歌迷，吃喝可以不讲究，歌是一定要听的。对于好听的歌，千方百计也要得到词曲，抄在本子上。他有一个精致的笔记本，抄录的各种歌曲，差不多有上百首了。可以说古今中外，应有尽有，几乎是一本情歌大全。但在这本大全上，没有这首歌，他的脑袋里，也没有这首歌。但是那次一听，他学会了这支歌。

多年后堂哥终于搞清楚，这是20世纪50年代一首电影的插曲，电影由孙道临和张瑞芳主演，歌也是他们唱的。这二人可是当年响当当的影帝和影后，演过的电影都是很有名气的。但不知什么原因，这部影片没火起来，插曲也没流行起来。学哥能把这首歌从箱底翻出，可见兴趣之广，造诣之深。

"凤凰无翅不能飞起，红花无雨不能发香，若问栽桐引凤人，远在天边，近在眼前……"太美了！歌里唱的，不正是我辈人对幸福生活的向往，对美好爱情的追求吗？

古人云：窈窕淑女，君子好逑。古往今来，莫不如此。堂哥心中有心仪的女神，只是现在落魄，心底胆虚，自感气馁。实在没有资格谈什么"栽桐引凤"之事，神秘的爱情只能深埋心底。

唱歌的同学已经走到了青年点，他余兴未尽，站在门口继续歌唱，他的眼神瞧着远方，唱的是那样的专注忘情，将全部身心和感情，都投入到了歌声中。

歌，是用心唱的，心中流淌的歌声才有意境。他一定是有心仪的姑娘和爱情,他要把心中对姑娘的爱慕和追求,通过歌声告诉意中人。到底是学哥,大胆豪爽、敢爱敢唱。歌声嘹亮动听,感情轰轰烈烈。听到如此优美的歌声,哪个姑娘能无动于衷?

堂哥突然认识到,和学哥们相比,自己身上缺的是什么。缺的是勇气和毅力。艰难困苦使懦夫倒下,真正的男人会变得更坚强。学哥们心地豁达,以苦为乐,苦中求乐,精神生活富足,应该向他们学习才是。人无论处在什么样的困境中,都得挺起腰板,鼓起勇气,向着目标,追求自己的幸福。

堂哥此时完全沉浸在歌曲的意境中,忘记了一天的疲劳,也忘记了目前的困境,似乎看见凤凰正在飞来,看到心仪的女神正在向自己招手……

不知过了多久,有人喊他,这才清醒过来。眼前的姑娘和凤凰全不见了,歌声停止,唱歌的学哥不见了,像做了一场梦。哎!山中的凤凰,何时能飞翔?

转眼几十年过去,当年的翩翩少年已是老态龙钟,三队学哥的名字也早忘记,但是他唱的那支歌,却总是清晰地回荡在脑海中。青春无限美好,当年的酸甜苦辣,酿成醇厚的美酒,每每品尝,都回味无穷。几十年来,听过无数歌星的歌,但真正能打动心弦的不多。真想听三年一班的学哥再唱一次《山中的凤凰你为何不飞翔》。

三年一班唱歌的同学,你过得好吗?心中的凤凰可否落上你的肩头?

"艳遇"

那是下乡第一年的春天,队里派我到外地出一次工,是垦区提水站派的义工。下工时天已经黑了。三十多里的路,迎着凛冽的西北风往回走。

盘锦那地方,地广人稀,常常走半天见不到一个人。独自在荒野里走夜路,未免胆怯。干渠绵延不绝,似乎没有尽头。眼前是一望无际的荒原,遥望远处,斑斑点点的灯火,稍近处,能看到百姓人家低矮的房顶上盘绕的炊烟。

走的路是输水干渠的坝顶,平坦而宽阔,坝的外边,是当年修坝取土留下

知青在盘锦

的一条低洼带，像城外的护城河，长年积水，深的地方积水成湾，浅一些的地方也有膝盖深。但当时正是初春时节，不少沟壑的水干枯了，地皮露了出来。沟壑中，参差不齐长了许多芦苇，大部分被人割走，剩下的稀稀落落迎风摇摆，发出哗啦哗啦的声响。

天已经很晚了，月亮升起，空旷的原野远远望不到人，只有脚步声和风吹苇叶的哗啦哗啦声。路途遥远，内心恐惧，恐怖之感笼罩心头。伴随着风声，咚咚的脚步越来越快，后来变成小跑。初春三月倒春寒，我却觉得脊背已经被汗湿透。

突然间，前面芦苇丛中一阵阵"啪嗒，啪嗒"之声隐隐传来，越向前声音越大。没听说盘锦有狼啊，我心里一阵紧张，攥紧了手中的锹把。声音越来越响，"啪嗒，啪嗒"声音很有规律，像是什么东西在拍打地面。

常识告诉我这不是狼，狼哪能这么有善心，拍打地面告诉猎物躲开？向前走了一段，啪嗒声已近在咫尺，"豁出去了，有什么可怕的？"好奇心战胜了恐惧，我握紧锹把，走下堤坝，钻进发出声响的芦苇丛里。声音还在持续不断，穿过稀疏的芦苇，走近一个尚未干枯的水洼，我定睛一看，差点欢呼出声。眼前水洼里有一条鱼，一条好大的鱼！足有半米多长，这么大的鱼，在市场上也很少见！

这是一个不大的死水湾，快要干枯了，大鱼陷在了此处。它在水中愤怒地扑腾着，甩着尾巴原地打滚。忽而跃起，企图摆脱目前的困境；忽而四处冲撞，企图找到出路。可无论怎么折腾，始终找不到出路。水太浅了，都没不过大鱼的肚皮。"凤凰落地，龙困浅滩"，这条可怜的鱼不知困在这多少日子了，不远处就有一处深水湾，而它却扑腾到这么个地方，来路和去路全被截断，随着水湾逐渐干枯，终将陷入死地。

人为财死，鱼为食亡。一定是追赶猎物，被猎物引到这儿来的。动物也是有灵性的，走投无路时与仇敌同归于尽的事情也是有的。这可怜的鱼，本来称霸一时，为非作歹，结果反被同类算计，引入绝境。这许多的日子，没被别人发现，也没有饿死，静静地在这儿等待我的到来。

大鱼真是丑极了,大大的三角形的脑袋,身子很小,从脑袋以下急剧收缩,鱼虽大,却是极瘦,大概是在这儿困的时间太久,久没进食,虽然没饿死,但瘦骨嶙峋,没有多少肉。

脑袋上那张大嘴,一排整齐尖尖的牙齿外露,眼睛不大,却是凶光闪烁。看起来绝不是善类,一生不知吃过多少同类。后来人们告诉我,这种鱼称作鲶鱼,是水族中的霸王,吃男霸女、无所不为。凡搞淡水养殖的人见到,必欲除之而后快。鱼啊,今天碰到我,恐怕就是你的末日了。

老天爷可怜我,了解我最近的日子不怎地,天天顿顿盐水煮白菜,都不知鱼肉是什么滋味了,特地为我准备了一条鱼。老天爷的恩赐,我岂可不受?这鱼外表虽然丑,但鱼不可貌相,貌丑味美的鱼见得多了。

想到鱼的滋味,我已急不可耐。两手一扑,摁到鱼身上,没想那鱼却很狡猾,身上也滑溜无比,头尾一甩,借着我的手劲,猛地一窜,竟然蹿出两米多远。可惜近处都是干枯之地,如果附近有水,我就要空欢喜一场了。鱼落地后,转身望着我,两鳃呼呼地煽动,眼睛瞪圆,大嘴张开,露出了口中锋利的牙齿,摆出一副决战的架势。我望着鱼,鱼看着我,能看出鱼的目光中除了愤怒,还有祈求和哀怨,它明白末日到了。

这时的我早已饥肠辘辘,对这条鱼可没多少同情心。如果是老渔夫放生的金鱼,肯定要放生,那是条善良的金鱼,能给我们带来好运。眼前这条鱼,那就不同了,这是条恶鱼,是老天爷送来的礼物,岂容错过。

再一次扑向鱼,那鱼又蹿出去,三番五次,总也捉不住。捉鱼应对着鱼头,但那鱼青面獠牙,嘴一张能把拳头咬下来,不能冒这个险。折腾几次,离深水湾近了。

真没想到,这条鱼这么难捉,看来它是要顽固到底,不打算缴枪投降了。既然不投降,就让它灭亡。无奈,使出最后的看家本事,操起铁锹,对着鱼拍下去:"鱼啊,实在对不住了,你逼得我没有办法。"一锹拍在鱼头上,那鱼最后蹿了一下,不动了。

天色黑下来了,我早已饥肠辘辘,摸着口袋中的火柴,瞅着这条大鱼,我

知青在盘锦

想，周围有的是干芦苇，升起一把火来烧一下，味道肯定不错。想着烤鱼的滋味，我口水直流，肚子叫得更响了。

拿出火柴的时候，我想起《卖火柴的小女孩》，此情此景，和那小女孩何其相像：身处寒风凛冽的荒郊野外，饥寒交迫。小女孩手中一把火柴，我的手中也有一盒火柴，都希望能变出一只烤鹅来。只是那小女孩的期望虚无缥缈，而我的眼前却有一条实实在在的大鱼，一转眼就能变成令人垂涎欲滴的美味。小女孩无亲无故，无家可归，最后可怜的在大年夜命归天国。而我的青年点里却有一帮曾经同窗两年、现在同锅吃饭同炕睡觉的兄弟。我们是有理想、有抱负的一代，立志要在荒原上开创一番事业。同学之间虽然不讲"同年同月同日死"，但也是要求有福同享有难同当，怎能背后吃独食？我如偷偷独享一条大鱼，也太不够意思了，这种自私的念头，想一想都不应该。还是把意外的惊喜留给大家吧。

于是我收起烤鱼的念头，把口水咽到肚里，用芦苇简单地扭了条绳，穿起大鱼，挂在锹后。像一个打了胜仗的将军，扛起铁锹，摇摇摆摆回到青年点。

转天，又从那条路走过几次，每次，我都竖起耳朵，真想再听到那"啪嗒，啪嗒"的落地声，再来一次"艳遇"。可惜，这种好事再没有了。

于永先 大连四中六八届学生，1969年3月16日下乡到盘锦垦区太平公社（后为曙光农场）孙家一队。1970年3月，因父亲走"五七道路"，离开盘锦，随家转到复县（今瓦房店市）得利寺公社。1973年10月入学辽宁师范学院中文系，是首批公召工农兵学员。1976年毕业后分配到大连78中学教学。1984年转调大连钢厂（今东北特钢）培训处，负责职工培训及培训管理，高级讲师及高级技师职称。2010年退休。

涉过青春的盐碱滩

◎于忠民

蒹葭苍苍

当年我对于盘锦的第一印象就是遍布的芦苇。沟沟汊汊里随处可见成片的芦苇。它们簇拥着,身上的颜色随季节而变。从春的嫩绿到秋的鹅黄,再到冬天芦花的灰白、淡紫,每种色彩都别有韵味。它们随风摇曳。风掠过,沙沙的响声不绝于耳,像在述说着什么。

知青在盘锦

这一片片芦苇，深深扎根于盐碱荒滩，那盘根错节的根茎在贫瘠的泥土中吮吸苦涩，依然顽强地延伸，钻出土壤拔节而长，身披绿衣昂首伫立，为单调的土地调出一抹亮丽的色彩。即使严冬时被割去身躯，开春后被荒火烧成灰烬。只要有春风吹过，破土而出新的苇芽，依然是青翠欲滴，郁郁葱葱，在风雨中成长得连绵不绝，潇洒飘逸。年年岁岁，日出日落，摇曳着尘世的沧桑，滴溅着生命的启迪。给人以无限的遐想。

盘锦这个退海之地，由于常年被海水浸泡，形成了一片盐碱之地。特殊的地理环境使这里遍生的芦苇，稠密而粗壮。

盘锦有许多大的苇塘，诸如东郭苇场、赵圈河苇场等。不仅在全国出名，还是亚洲最大的苇海。芦苇是极好的造纸原料。每到冬季，都会出现浩荡的割苇大军。下苇塘在知青的记忆里是异常深刻。俗话说：驴怕进磨房，人怕进苇塘。其艰苦程度可想而知。只要是去过苇塘的人一辈子都忘不掉。那里的苇子密密匝匝、秆高叶宽。远远望去无边无沿，称为"苇海"决不夸张。让人一下子联想到"蒹葭苍苍"的意境。那种茫茫苍苍的壮阔，不亲临其境很难想象。

芦苇的坚韧、顽强，对于盘锦知青有着潜移默化的影响。这个在青春期播下的种子，在知青以后的成长中产生的能量仍在发挥作用，甚至会影响人的一生。

第一次出差

☆ 17岁下乡前的照片

1972年的夏天，我刚刚17岁。中学即将毕业，正是人生最美好的花季。年轻人对自己的未来都有着美好的憧憬。然而对于我们这届毕业生，当时只能下乡，且下乡只有两个去向。一是到近郊，再就是到被人称为辽宁"南大荒"的盘锦。多数同学都愿意去近郊，平时回家也方便。自愿到盘锦的寥寥无几。我对今后的去向也心里没底。

我的学习成绩始终在班里名列前茅，又是班级的宣传委员。尽管老师和班里的团支部书记都认为我表现不错，想发展我入团。可因为当时父亲正受处分，我过不了政审这一关。

就在我心灰意冷之际，校团委书记突然找到我说，只要你能带头要求下乡到盘锦，就可以对你"特殊照顾"，火线入团。我一听能实现梦寐以求的入团愿望，便不假思索一口答应了。团委书记见我很爽快，就告诉我，明天安排我出趟差。

我一听出差很兴奋，问需要带什么。校团委书记说，只需带一斤半粮票就行了。

第二天一早，我和别的班的三个同学在一位年轻教师的带领下先到盘锦去"踩点"（即为下乡打前站）。五个小时后，到达了盘山火车站。出了简陋的站台，就登上了去往大洼县清水农场的公共汽车。

汽车颠簸了两个多小时，才到达清水农场场部。场部周围被丛生的芦苇包围着。尽管看上去有些简陋，但在当地已相当不错了。农场的革委会领导在一个大会议室里热情地接见了我们。并由1968年下乡的知青为我们作了颇富煽动性的演讲。把盘锦说得如人间天堂。听得我们热血沸腾，恨不得马上就到此插队，奉献出自己的青春年华。

中午吃到了城里难以见到的盘锦大米，真是香甜可口。饭后，农场领导领着我们参观了附近的果园。让我们品尝了新摘的"黄元帅"。

随后又带我们看了附近的大清大队（九营）青年点。这是与当地老农混编的青年点，但宿舍却是青年单住。进门是安有大铁锅灶的"厅"，而"厅"的东、西、北方向各有一个宿舍，成了名副其实的"三室一厅"。这个队的分值较高，而且距离场部和果园都不远。我心合计，真要是能分到这样的青年点也不错。

随后农场派了一个小型手扶拖拉机（"小蹦蹦"）将我们又拉到十多里地外的锦红大队（十一营）。这是个建在一片荒滩上的纯青年点，只有孤零零的几趟房。周围全是茂密的芦苇及一望无际的稻田。除大、小队长是当地老农外，其余全是知青。大队长介绍，这个青年点有400多人。若按部队编制，比一个营的人数还多。不知为什么，我并不喜欢这么个纯青年点。如同置身与世隔绝的孤岛，给人一种空落落的感觉。

第二天下午1时，我们结束了出差任务，踏上了回沈的列车。

回到学校，校团委书记要求我在全校上山下乡动员会上发言。我平时不喜欢抛头露面，却又不好拒绝，只得硬着头皮答应。没想到第二天在全校大会上，望着下面上千双注视的目光，我一时激动起来，索性抛开讲稿，来了个慷慨激昂的即兴演讲，最后竟博得了台下热烈的掌声。后来，我被通知到我曾踩过点的那个锦红大队，未能去上我心仪的九营，心情有些沮丧。在离沈的头一天，校团委批准了我入团。

1972年12月10日，那个寒冷的日子，我们来到了那片盐碱滩，这才发觉现实远不像踩点时所介绍的那样美好。而农活之累生活之苦文化之枯燥，又是我们这些刚走出校门的小青年完全没有预料到的。正是那次出差，由此拉开了我在辽宁"南大荒"插队的知青活剧的大幕。一幕幕惊心动魄的活剧在"南大荒"，这个青春舞台上激情出演，而知青则成了最活跃的角色……

夜战脱谷场

大幕一经拉开，不管是否做好准备都要登场。我们这些毫无社会经验的城市小青年，如同一群没有受过训练、没有经过彩排的演员，匆匆忙忙地登上了农村这个未知的大舞台。

那天到青年点时，已是夜里。接站人员直接将我们领到二连的食堂就走了。接待我们的是1968年下乡的知青。他们为我们准备了晚饭，大米饭、白菜炖黄豆，大伙狼吞虎咽地将饭菜一扫而光。

随后，大队将我们这些新来的知青统一分到了二连（小队）。男女同学分别来自三个班级，加一起只有十人。我们几个同年级的男同学被分到了北炕，而之前早下乡的知青全都住在南炕。

头一次睡大炕，觉得特别的硬。可是折腾了一天，早就困倦不堪，大家打开铺盖就钻进了被窝。

我睡得正香，忽然感觉身下烤得难受。起身打开灯一看，原来是褥子烧煳了。我急忙用水浇灭，却留下一大片黑洞。这可是母亲为我下乡特意做的新褥子。望着那个黑洞，当时很是心疼。后来还是一位1968年下乡的女知青用红布给我补上的。

这是一个纯编的青年点，当时参照生产建设兵团的编制，大队叫营，小队叫连，每个连又分三个排。一个连大约一百多人。全营共分为四个连。在一片泛着白花花盐碱的荒滩上，建起了几趟简易的红砖房，成为知青的宿舍。位于青年点的中部建了一个简陋得如大仓库的俱乐部。周围看不到村庄，只有枯干

☆知青脱谷场面

的芦苇在寒风中瑟瑟地抖动。就像是远离陆地的孤岛，荒凉中透着寂寞。我心里骤然涌起一种苍凉，不知今后等待我们的会是什么。

睡了一宿觉，不等天明，就被连长"起来了，快起来"的喊声叫起。简单洗把脸，就到伙房打饭。虽是大米饭，但副食却仅有几个菜叶，不见一滴油珠的"军舰汤"。草草吃罢饭，上工的哨音就催命似的响了起来。

我们来到几里外的场院。那是在荒地上平整出的一块平地。边上有一个小窝棚，成了大伙干活中途休息的地方。

场院中间地面上安了一排脱谷机。那脱谷机其实就是一个裸露的滚筒，滚筒上镶了很多木板条，上面钉了许多弯成尖三角的粗钢线，一台电机带动三台脱谷机同时转动。稻子在上面一过，稻粒就被打落在地。看着隆隆飞转的机器，初见者都会有一种畏惧感。每台脱谷机的一侧都堆满了稻子，老知青站在机器后面，将手中的稻穗在脱谷机上蹭一个来回，上面的稻粒便从稻穗上分离，散落在地上。大家戴着棉帽，捂着大口罩，只露出两只眼睛，分不出是谁。我们这些新来的青年被分配将脱谷下来的稻草捆成捆，然后背到几十米外

的地方堆在一起。

寒风嗷嗷叫着，棉衣一会儿就被吹透。我们只有不停地干活，使身上的血液运行加快来抵御难耐的严寒。

脱谷机前铺满了脱谷下来的稻粒。男知青用木锨攒成一堆一堆的，再去扬场。

没过几天，队里决定为了早日完成脱谷大会战，夜间也要加班。于是队里将全连的人分成两班倒。一个班从早上一直干到第二天的清晨。我"荣幸"地被排在了头一班。白天干了一天，晚上回青年点吃完饭，又返回场院继续夜战。

我们摸着黑儿小心翼翼地踏过一道道窄小的田间小路来到了场院。只见脱谷机的上方已扯上了电线，连接了十几个大灯泡，照得场院如同灯光球场一般通亮。

这回我们新青年也被安排上机脱谷。我学着老知青的样子，拿着稻子在脱谷机上快速地上下翻动，像机器人一样重复着同样的动作。脸上淌着汗水也来不及擦一把，口罩上沾满了稻粒。和我在一起干活的是个女知青，动作相当麻利，我要跟上她的节奏非常吃力，可还是咬牙挺着。好容易熬到后半夜，机器停下来，到小窝棚只待了一会儿，干活的哨音又响起来。

这回一直干到天亮，另一班的人员过来接班，我们才如释重负地回到青年点。

草草吃完早饭，来不及洗脸，也顾不上烧炕，一头钻进被窝蒙头就睡。睁开眼已是黄昏。吃完晚饭，稍事休息，又赶赴场院去挑灯夜战。我们就像个陀螺不停地转动。当时只有一个想法，就是吃完饭能美美地睡上一觉。

经过二十几个昼夜的连续奋战，终于结束了脱谷大会战。我们像从战场上下来的士兵，带着一身的疲惫回到青年点，足足睡了一天。

这次脱谷大会战，让我们初来盘锦就尝到农活的艰辛。然而听老知青说，更为艰苦的日子就像老鼠拉木锨——大头儿在后头呢。

跨越沟坎

　　第二年的开春，我们都穿上厚重的高腰水靴，踏着带冰碴的泥水平地，育苗。听老知青说，更为艰苦的是插秧大会战，而挑苗又是这大会战中最累的农活，真正的考验才刚刚来临。

　　转眼到了插秧的五月。只见上水渠、排水沟纵横交错，灌溉着在盐碱地上开垦出的万顷水田。我的心中涨满了兴奋，只想在插秧大会战中一显身手。

　　插秧的第一天，我就被队长分配为两名插秧的女知青（1968年下乡的"老青年"）挑秧。第一次见到插秧是这样的情景：在平整好的水田里，每两个人组成一盘架，一般都是女知青自由组合。两人分别站在每格水田南北方向的两头，将两根尼龙纤绳按照一定的间距插到泥里，作为插秧时的参照物。然后手托一大片带泥的秧苗快速地将其分开（每株约二三个秧苗）插到水田里。她们腰弯得很低，手似蜻蜓点水般轻盈迅捷。每插几下横向移动脚步，看似挺潇洒，实则异常辛苦。我好奇地下到水田试着插了一会儿，就感到腰酸腿疼。可这样的动作女知青要从早上重复到晚上，其辛苦程度可想而知了。全连上千亩水田，全靠人工插秧，大约要一个月才能完成。当时的口号是"大干红五月，不插六月秧"。为了赶进度，我们经常是"早上三点半，中午含着饭，晚上看不见"。这是一年之中头一个最艰苦的大会战，达到了人的体力和耐力的极限。

　　从苗床到插秧的地里，路程很远。中途要经过许多上、下水沟。较宽一些的上水沟搭有跳板。而绝大部分水沟没有跳板。老知青可以挑着秧苗跨越而过，令我羡慕。

　　我第一次挑着满满两土篮带泥的秧苗，脚上套着沉重的农田靴，扁担压在稚嫩的肩膀上，沉重得直不起腰。我咬着牙摇摇晃晃地走在狭窄的田埂上，几次险些摔倒。第一个较宽的水沟有跳板，我胆战心惊地过去了。可前面的几个上、下水沟大约有一米多宽，却没有了跳板。我一时傻了眼。如果不跨过去，就要绕很远的路。可那边插秧的女知青正翘首盼着我的秧苗呢。

知青在盘锦

我只好鼓起勇气挑担来到沟边试着跨越。却不想连人带秧苗一起掉进一米多深的沟里。一位挑秧走在我身后的老知青，急忙跑过来将我从沟里拽出来，又帮我捡起掉在沟里的秧苗重新装好。教我动作要领，并亲自做了示范。我重新鼓足勇气挑起担子，借着巧劲儿，终于跨越了第一个沟坎。我兴奋地挑着担子继续前行，先后又跨过了几道沟。当我将这担秧苗送到了目的地时，两位插秧的女知青对我露出惊奇赞许的目光。以后我再过沟坎时信心大增，几乎都是一跃而过。

在这次大会战中，有几次天上下起了雨，为了赶进度我们仍奋战在水田中。田埂泥泞不堪，经常摔得像个泥猴。可我们这些挑苗的男知青，没有一个退缩，跌倒了爬起来，继续前行。

沉重的秧苗担子将我们稚嫩的肩头磨得鲜血淋漓，痛得咬破嘴唇。我们只能忍着，让其慢慢结成痂，变成厚厚的茧子。那时很多女知青在生理不便的那几天仍下到冰冷的水田里插秧，当时仗着年轻，凭着那股激情，不顾身体能否适应，就那样一个心眼儿地干下去，结果后来落下了病根。

以后的拔草、收割、搬运……，那大会战一个接一个，我们就像陀螺似的不停地在农田里旋转，吃的苦无法言表。在农村我经历了风风雨雨、坎坎坷坷，最终还是挺过来了。

老农队长

1. 王队长

在知青这个大剧中，老农队长是非常重要的角色。可以任意摆布知青。

我们青年点是纯青年点，也就是除了大队的营长和生产队的小队长是当地农民外，其余全部是下乡的知青。知青要自己建房、自己种地，自己管理自己。我刚下乡时，被分到二连。生产队长叫王立春。他个头不高，眼睛很大。黑黄的脸上布满了皱纹，看上去不超过40岁。他平时总是乐呵呵的，一笑就露出镶的白钢牙。他说话带有很重的乡音，家住在几里地外的另一个大队。每天都回家住，第二天一早再来到连里。除非大会战时偶尔住在青年点。对于当地的农民来说，谁不希望过着老婆孩子热炕头的日子。

他文化水平不高，但处理事情比较圆滑。他平时扛着把筒锹跟青年一起上工。但到了地头也只是给大伙安排活，然后就跑到一边抽烟去了。那时我特别羡慕他。只是动动嘴，不用干活，却拿连里的最高工分。我们知青，上一天工才有工分，不上工就没工分。可是对老农队长而言，一年 365 天，不管下雨歇工，还是农闲时放假，他都是满勤。没到农村前，想象着贫下中农一定像电影中所演的那样，破衣烂衫，直率倔强，只知道干活。没想到，我接受贫下中农再教育的第一个对象是这样的。现实与想象的差距之大让我多少有些意外。他比我们城里来的青年文化都低很多，说话办事都透出小农意识。看到有的知青抽好一点的烟卷，会主动凑过来跟人搭讪，以便得到知青的一支烟。女青年在一起唠嗑，他也会过去主动搭话。还不时说些笑话，跟女知青打得火热。每逢知青回城探亲归来，他会因得到知青从城里带回的好烟好酒等紧俏的物品而眉开眼笑。在那个物资极度匮乏的年代，知青的到来使得他家有了城里人平时都难以得到的东西。一年后，知青重新划分连队，他被调到别处去了，以后再也没什么接触。

2. 刘队长

接替王队长的是一位叫刘宝库的老农。他与王队长相比是另一种类型。他年龄比王队长小几岁，中等个，脸晒得通红，三角眼，头发有些稀疏，额头发亮，看上去很严肃。有人说他长得像地主。他说话声音洪亮，直来直去，做事风风火火干活，极其认真，很难想象哪个地主能像他那样。

每天他都早早来到连里，上工时他亲自下地，领着知青一起干活。他话不多，是个左撇子，却极能干活，各种农活都相当精通，可称得上是一个好的庄稼把式。

扬场是他的一绝。只见他挥动木锹向上扬起稻粒，那抛起的稻粒在天空中

知青在盘锦

散开成美丽的扇面形，如礼花般闪着点点金花，而且稻粒会准确落到地上指定的位置，他扬场的手艺简直达到了炉火纯青的地步。我能学会扬场，就是他手把手教的。

每次给别人分完活后，他也不闲着，跟着大伙一起干，而且比知青干得多、干得快。各种农活在他手上就像玩儿似的轻松自如。他对农活极其认真，有时到了苛求的地步。有一次我平完了地，自己认为还可以，而且其他知青干得也都如此。他过来验收，一眼就看出有个别地方没有平好。他当即绷起脸命令我重干。谁没点自尊心？可他却当着大伙的面厉声训斥我，一时弄得我下不来台。我满肚子不高兴，却也只能闷头重新返工，直到他满意为止。以后我干活特别小心，力争干到最好，生怕再受到他的批评。

有个知青往地里撒化肥时，为图省力将一袋子尿素统统倒在水田的一角。他发现后当众训斥道，"你这不是祸害庄稼、浪费化肥吗？你把那化肥倒在一处，那地方的秧苗不得烧死呀！再说那化肥一袋多少钱呀！有你这样干活的吗？"弄得那个知青满脸通红。从此再没人敢干活糊弄。有的知青背后说他干活太较真，就像那地是他家的似的，比地主老财都邪乎。但他从不占队里的便宜，一草一木都不动。谁的心里都有杆秤，大多数知青都从心眼里佩服他。他在我连只有两年，但这两年我连的水稻亩产都比往年至少提高一成，这样的成绩排在了全营第一。谁都知道这是他严格而科学管理的结果。

他的踏实肯干，率先垂范，让我对贫下中农有了新认识。我原以为他是一名党员。后来才知道，在我下乡的前一年，本来营里想发展他入党，并且已经上报到农场。农场准备春节放完寒假就批准他的入党申请。意想不到的是，寒假期间他替回家探亲的知青看场院。有一天夜里，场院里的稻草垛莫名其妙地起了大火。等他发现时已经晚了，他虽奋力扑救，终因势单力孤，眼睁睁着大火将草垛化为灰烬。过后农场派人调查此事，不问青红皂白，硬说是他有意破坏。不但撤了他的队长，让他写出深刻的检查，而且取消了他的入党资格。就这样即将到手的党票被无情的大火烧没了。

后来营里考虑他的工作能力，才顶着压力让他当我们连的队长。他受到如此不公的待遇仍能一心一意勤奋工作，该是多么不容易。直到1977年，粉碎"四人帮"后的第二年，农场党委才批准他入党。

后来我被调到三连，从此便离开了他。尽管我跟他在一起只有两年时间，但他的品格却深深地影响了我。他不仅教会了我各种农活，更重要的是用自己的正直勤勉教会我如何做人。在那样一个特殊的年代，在异常艰苦的环境中，能遇上他这样的队长也算是一种幸运。

3. "小官"

我调到三连后，认识了队长宋耕朴。

我对他的感情是复杂的，一想起与他在一起的日子，心里就五味杂陈。他从1968年有知青下乡时就当生产队长，当时才27岁。他家住在离青年点五里地的三家子大队。不知是因为他当队长的时间长，还是看他像个农村官，人们平时喜欢叫他"小官"，他也坦然接受这个称号。他与上述两位队长最大的不同是能讲。眼睛不大，小嘴巴巴。尤其是一到开会时，多数时间都是他讲，而且尽讲一些时髦的语言。不愧是当队长的料，也不枉了"小官"的外号。

他也下地，但不干活，分活都交给知青连长。他却像个监工似的，将锹往地里一杵，站在田埂上盯着知青干活。他的嗓音尖厉，不时冲谁就来一嗓子：你那活咋干的？还想要工分不？本来干得好好的，突然有人冲你大喊大叫指手画脚，搁谁都会心生厌恶。

他有一个特点。谁围他转，给他上烟递酒，拍他的溜须，他便对谁关照，安排俏活，而且工分还挺高。这样一来，他的身边总有一些知青围着他，捧着他唠，买酒和罐头到他的小屋大吃二喝。他便洋洋自得，吆五喝六。神气得好似梁山泊的首领一般。

由于我的性格比较倔强，看不惯他那一套，难免对他有些疏远。他便以为我瞧不起他，看我也觉不顺眼。干活时像对待犯人似的处处看着我，脏活累活都往我身上搁，而且好事从不考虑我。我由此对他产生了反感。只因他是队长，掌握着知青回城的权力，我也只能忍气吞声。

知青在盘锦

　　有一年，报纸发表了毛主席给李庆霖的信。引起各省市革委会对知青的重视，纷纷往各青年点派驻工作组，调查当地老农是否有对知青迫害的情况。大洼县也派了由县知青办组长带队的工作组进驻我营，并且将调查重点放在了我连。当时知青虽心里高兴，但出于对前途的考虑，仍心有顾忌。当工作组向他们了解老农队长情况时都不敢说实情，怕工作组走之后，队长会给小鞋穿，影响以后的招工回城。有一天，工作组找到我，要我如实讲出老农队长的表现。当时自己年轻气盛，有一种救星来了的感觉，便将自己知道的队长一些不良做法有保留地说了出来。

　　然而，结果却出人意料。工作组调查一圈，将结果上报大队（营部）就走了，大队并未对老农队长做出任何处理。宋队长猜疑我故意借机整他，从此，对我心生芥蒂，处处找我的别扭。有一次，他在地里恶狠狠地对我说，我叫你烂在这里，一辈子别想回城。

　　我也毫不相让，说看谁能在农村待一辈子。

　　有一个1968年下乡的女知青平时对我很好，而且她与宋队长和他媳妇关系也不错。见我与宋队长关系太紧张，于是劝我主动跟队长和好。开始我想不通，不愿违背良心去迎合队长。后来，她苦口婆心反复做我的工作，我这才答应。

　　一天晚上，我带上假期从城里买的几盒好烟，又在青年点小卖部买了两瓶白酒，跟她一起去宋队长家。宋队长还装模作样地说，你来看我，还带什么东西，要这样以后我可不搭理你了。女知青马上打圆场，说队长你要外道就是瞧不起我们了，以后还请你多关照。宋队长这才不再谦让。

　　生产队长这个不起眼的农村"小官"，对知青送礼显得如此坦然已成普遍现象。而那时有多少知青违心地用物质利益迎合队长，虽非内心所愿，却又不得不为之。从此，宋队长对我确实不再刁难，表面上我们都客客气气。其实彼此心里都清楚。在招工、招生这个重要问题上，他还是没有对我网开一面，我因此在农村多待了几年。

外来户

我下乡的第二年,陆续有外地的农民搬到了我们青年点。于是在青年点北边的一片空地上,出现了几幢土坯房。这些农民来自于辽宁兴城县,我们管他们叫"外来户"。开始只有三户,他们被安插到我所在的连,平时他们跟我们一起下地干活,于是我和他们有了更多的接触。

别看他们是农民,但之前在兴城的农村种的是旱田,水田对他们来说还是陌生的。起初,他们干活时显得很笨拙。当地的生产队长和多数知青都瞧不起他们。这些"外来户"插秧笨手笨脚,两个人比不上一个女知青。他们挑秧走在田埂上摇摇晃晃像个鸭子,经常摔得如泥猴一般。虽然不惜力,但缺少干活的窍门,所以总是不出活,因此他们挣的工分要比我们知青低。可他们毕竟是农民,经过一年的适应,水田作业基本掌握了。

他们浓重的兴城口音,与盘锦口音有些不同。那些当地的生产队长瞧不起他们,有时还嫌他们说话土。后来,他们在盘锦待的时间长了,学会了一些盘锦的土话。可我们仍然视他们为外来户。

他们开始吃粮站的供应粮,粗粮多细粮少,经常用铁锅贴玉米面大饼子。我们成年吃自产的大米,吃多了会胃酸,有时也想吃粗粮换换口味。当时吃着他们贴的黄澄澄的大饼子特别可口。

其中有一个青年叫苏宝贵,比我大一岁。他们一家四口人全都从兴城迁到这里。他有一个妹妹,开始因年龄小只能在连里干点零活,工分很低。他父亲在生产队的马号喂牲口。他母亲背有些驼,身体不大好,只能做些家务。

苏宝贵中等个,皮肤很黑,瓦刀脸,不大爱吱声,他常跟我在一起干活,因脾气相投不久我俩就成了朋友。起初他不适应水田,干活总是落在我后头,我便主动教他。每次我都比他先干完,然后过去帮他干。这样他挣的工分要比其他兴城的外来户多。他常常约我到他家去,将贴得黄澄澄的大饼子拿给我吃。我从城里休假回来也会给他家带些糖块和香烟,他的家人都很高兴。他喜

知青在盘锦

欢打听城里的事情，每当我向他们绘声绘色地描绘城市的街道、商场、公园、高楼大厦时，他都会流露出向往的神情。后来，陆陆续续又搬来不少兴城的农民，到我离开青年点时已发展到几十户。最后大队专门为这些外来户成立了一个小队，苏宝贵也被划入其中，但我们仍经常来往。

1975年春节前海城、营口发生大地震，波及盘锦，我所在的青年点震感强烈。大队为了知青的生命安全，不允许知青回宿舍住，大伙只能在室外点苇子取暖。正值数九寒冬，夜里更是寒气逼人，真是"火烤胸前暖，风吹背后寒"。半夜我冻得实在抗不住了，就跑到苏宝贵家，倒在炕上就睡。次日早上醒来，发现身上盖着一条被子，在那个仿佛灾难临头的，天寒地冻的夜晚，是他们一家对我朴素的援助帮我度过最寒冷的一夜。

第二天一早，大队决定，知青全部放假回家。我们如难民似的逃回了城里，直到春节过后二十多天才返回青年点。

当年我们将那些后迁来的农民视为外来户。可是我们这些所谓的主人，在农村只待了几年又都回城了。只有极少数知青因故留在了当地。其实细想一下，我们才是真正的"外来户"。只不过我们当时被冠以知青的名义，喊着"扎根农村干革命"，却做着千方百计要回城的事情罢了。

带队干部

由于1973年，城市里实行了十年制教育，因此这年没有应届中学毕业生。但1974年中学毕业后仍然要下乡。只是不再按学校，而是根据家长所在单位集体下乡到同一个地点，并且从单位中选派一人作为带队干部，与这些毕业生一起到青年点共同生活。

我们青年点1975年从鞍山来了一批中学毕业生，他们家长单位是鞍钢运输部。由单位的一位工作人员带领，好几辆鞍钢的大货车浩浩荡荡开进了青年点。近百名青年被分到了4个小队，我们队一下子来了20多名。这些青年虽然来自不同的学校，但因家长在同一个单位，大部分都互相认识。新鲜血液的流入，给青年点带来了活力，整个青年点一下子又热闹起来。

那个带队干部住在了我们连的知青宿舍。这位中年男子，说着一口鞍山话，长得挺憨厚，见人带着微笑。他不随青年下地干活，只负责协调与连（小队）和营（大队）的当地贫下中农队长沟通，解决青年一些生活中的实际问题。

刚来时，他还每天到地里转转，看看这些青年是怎么干活的，偶尔来了兴致还套上农田靴下到地里干上一会儿。他自己独居一屋，平时跟我们一起到伙房打饭，然后端回屋里自己吃。每天与知青一样喝着不见油只有几个可怜菜叶的清汤，切身体验到知青真实的生活状态。有次他跟伙房提出改善伙食，可伙食长说，这地方不产菜，每人每天的伙食费只有一角多，每人每月只有一两油，一百多号人吃饭，你想想能见到油花吗。他说，那不会自己种些菜，多养几头猪吗？伙食长苦笑道，就这盐碱地能长菜吗？连里养了两头猪，知青都吃不饱，哪有剩饭喂它，只能喂点泔水，你看那猪瘦得像狗。只有过节时才能杀，一人分到一两肉就不错了。

带队干部皱着眉摇了摇头，一脸的无奈。他见我们每天吃的是水泡子里的水，就跟营长商量，能不能搞个自来水。营长一脸无奈地说，要弄自来水除非自己建个水塔，可营里没钱。带队干部说，那我来想办法。

过几天，他回了趟鞍山。一个月后，鞍钢运输部用车拉来水泥、沙子、钢材等建筑材料，还带来几名工人。不久，一个有三层楼高的简易水塔在青年点宿舍前的一片空地上竖起，经管道将泡子水通过简单过滤，再经由水塔加压输送到伙房。伙食员打开水龙头，那水便自动涌进下面的水缸。用水舀子舀了一看，是比泡子水清亮一些，但仍有少量残存的泥沙。不管怎样每天做饭不用去水泡子挑水，伙食员很满足。大伙听说通了自来水，纷纷跑到伙房接着水龙头就喝。自来水虽接通，但因过滤不好，水质改善不大。没过几个月，也就不用了。青年们只能再去水泡子挑水。那个水塔后来也废弃了。过了一年多，带队干部撤回了鞍钢，从此以后再没有带队干部过来。

知青在盘锦

奋战辽河大堤

1975年的初秋，我们青年点的男青年都到东风农场修筑辽河大堤，也就是将大堤加高。

全营出动了所有的马车，颠簸了好几个小时才到达目的地。当地老农家已经住满修堤的人，我们连只能住到附近的小学校。在一个大教室的地上铺满稻草，我们的行李就铺在上面。尽管铺了厚厚的一层稻草，但仍能感觉地上潮气浸满了被褥。

小学校距大堤有二里多地。当我们兴冲冲地赶到修堤工地，只见成千上万的人往来穿梭着。站在堤上俯瞰，远望穿梭的人群，密密麻麻，像爬动的蚂蚁。可正是这些渺小如蚂蚁的人群，一锹一担一车地用土堆成这壮阔的大堤。为了大堤的安全，我们要到二百米外的地方取土。老知青推着装满土的独轮车，飞跑着向堤上冲去。我和另一个同班同学将一个麻袋的四个角用麻绳系紧，拴在长长的扁担上，然后担起向大堤走去。

这土方死沉死沉，将扁担压成了弓形，肩膀生疼也得咬着牙挺着。到了大堤上，放下扁担，我俩抓住绳子用力一抖，那麻袋里的土便落下来，却只有一小堆，在宽阔的大堤上，这点儿土，显得那么微不足道。这大堤至少要加厚一米多，多少人就这样将一堆堆的土从远处移到堤上。

一辆推土机轰隆隆地开过来。大伙经过几小时的奋战，堆起来足有半尺高的土，经这个铁家伙一轧，剩下不到二寸。我暗自感叹，照这样轧下去，啥时能完成加高大堤的任务啊。

为能多运土，我主动推起了独轮车。我双手扶住车把，往前刚走几步，身体便随那独轮车不由自主地晃动起来，脚像没根似的被车带得轻飘飘。走了没多远，车子突然一歪，我再也扶不住了。哗啦一声，连人带车倒在地上。整车土扣在我的身上，我立刻变成了个泥人。可我不甘心，爬起来抖落身上的土，重新扶起车又干了起来。经过多次摔打终于掌握了推车要领。

大堤上下车来人往，一片鼎沸。大堤在一寸一寸增高，我的身体却一天一天消瘦。

这天下午，我的肚子忽然"咕噜、咕噜"地响起来。上午干活时渴得要命，不顾一切灌了一肚子大坑里的水。这些水里的细菌便在我肚子里大闹起来。我一趟接一趟地上厕所，我知道自己患上了痢疾。俗话说，好汉架不住三泼稀屎。连长劝我，不行就歇会儿。我擦了一把脸上的汗水说，没事儿。然后强打精神继续推车，只是腿愈发沉重，速度明显变慢了。

天空中忽然乌云密布，风骤然而起，转眼间，豆大的雨点噼里啪啦掉下来，紧接着大雨倾盆而下，打得脸发疼。刹那间，我变成了落汤鸡。刚才出一身汗，猛然又被突降的大雨一激，我忽然浑身发冷，身子直打晃。车推得越来越吃力。雨点刷刷打在地上，溅起一层层水泡。我的头开始眩晕，腿像灌了铅似的沉重，但我依然咬牙挺着。突然我身子一歪，失去了知觉。

再睁开眼睛时，发觉自己躺在小学教室的地铺上。棉被蒙在我只穿背心裤衩的身上。那身衣服不知被谁晒到了绳上。枕边放着两个小纸包，上面分别写着"扑热息痛"和"痢特灵"。旁边是一个掉了瓷的茶缸，里面有半缸水。我感到浑身无力，头发沉。用手一摸脑袋，热得烫手。我知道自己正在发烧。我强睁开眼，教室里只有我一人。地上的潮气返上来，被褥潮乎乎的。尽管这样，我还是愿意这样躺着。这些天没睡个好觉，整天在大坝上苦干，累得浑身散了架，能这样一个人静静地躺着多好啊。可我眼前总是浮现昨天雨中工地上令人激动的场面。那么多人浑身湿透了，也许有人正发高烧，可没人下火线，我在这儿躺着，算咋回事儿呀？

我咬牙挣扎着爬起来，穿上未干的衣服，摇摇晃晃地朝工地走去。连长见我这个样子劝我回去休息，我只说了句，没事。又推起了独轮车。

修堤接近尾声，大堤增高了一米多，大家依然干得热火朝天。

这天下午，连里接到县里的紧急通知，预计这几天有霜冻，修堤人员立即撤回，抢收稻子。

马车装上行李、炊具和工具先走，我们随后徒步返回。从东风大堤到青年点相距六七十里。刚走了几里地，天就下起了大雨，冷冰冰的雨水打湿了衣服，我感到凉得钻心透骨。胶鞋灌满了雨水，粘着厚厚的泥，异常沉重。长长的队伍蹒跚而行，一个个吊裤腿，露出红的、紫的、蓝的、粉的线裤腿，花花绿绿的裤腿在雨中晃悠，成了一道特殊的风景。

夜里十点多钟，经过长途行军，我们终于到达了青年点。我一头扎到炕上，昏睡了过去。

几天后，我收到连长给我的奖状，是农场革委会为在修堤中表现突出的人发的。我从下乡以来，尽管干活得到大家的公认，可每次评先进都没有我的份儿。也许是我在大堤的表现打动了连长，才有此机会。这可是难得的政治荣誉啊！

我捧着这印有鲜红农场大印的奖状，竟激动得说不出话来。

冬天里的春天

1977年的冬日，尽管天气寒冷，然而在千千万万的青年心里，却涌动着期盼已久的春潮。恢复高考的消息如春雷响彻神州大地，也燃起几百万人的求学梦。

那时我已在盘锦战天斗地经历了五个春秋，饱经雨雪风霜。望着那些出身好、会来事的知青，纷纷通过招工、征兵、招生（由基层推荐的工农兵大学生）离开了青年点，我渴望回城的念头愈发强烈。但因父亲正遭受着不公正的待遇，尽管我拼命干活，表现很突出，多大的"雨点"也被政审这一关挡住了。我感到前途一片渺茫。

1977年10月的一天，我到大队去取信，意外地从大队部里看到了《辽宁日报》刊登的恢复高考的消息（登载了招生范围、条件、时间、录取的高等院校及辽宁省属的中等专业学校），真是欣喜若狂。这可是千载难逢的机会呀。我第二天就匆匆忙忙地赶回了沈阳，翻出"文化大革命"期间我上中学用过的课本，上面印着毛主席语录，内容也比较简单，可就是这样的课本也没凑齐。

我不敢耽搁，在家只待了三天（而且天天看书到后半夜），就匆匆赶回青年点。当时队里正忙着搬运地里的稻子，我白天上工挑稻子，肩膀磨肿了，累得腰酸腿疼也不敢休息，夜里复习，一看就是后半夜。

高考报名时，老农小队长因我以前揭发过他的问题一直对我耿耿于怀，硬不让我报名。后来我告到大队，大队长爽快地为我报上了名。

记得12月1日，天特别冷，全省统一的招生考试开始了。我早上不到六点就起来了，到食堂打了点剩饭，便步行十多里地赶到了大洼考区、清水二中的三考场，走进了异常简陋的教室。当监考老师启开封闭的牛皮纸口袋，将卷子发到我的眼前时，我心里十分激动，终于等来这一天。中午休息时，教室门锁着。我在操场的一个角落里看课本冻得身子直发抖，心里却热乎乎的。

考完后我才知道，我们青年点有30多人参加了高考。他们普遍反映考得不好，我当时心里也没了底。一个多月后，正当我几乎失去信心时，大队却通知我去县里体检。等我到了县里才发现全大队只有我一人参加了体检。我顺利地通过了体检并填写了政审表。一想到全点那么多人考试只有我能来到这里，心里有一种说不出的自豪。不管能否录取，起码我是青年点里考得最好的。

后来我从报上得知，这次全国有570万人参加了高考，最大的31岁，最小的只有16岁。却只能录取27万，比现在的考研都难。于是我的心又悬了起来。一月末，青年点放假，我跟大伙一起回沈。发现人们谈论最多的话题便是高考。那些日子谁家的孩子要是收到录取通知书，全家人脸上都放光。过了农历正月十四我回到青年点，仍没有录取的消息。我以为落榜了，继续下地干活。

几个月后，有人告诉我，春节后营部有一封某大学寄给我的信。啊，原来我的录取通知书被弄丢了。我错失了上大学的机会，当时很懊恼。我回城后，才重新考入大学。

当年恢复高考改变了多少人的命运。尽管现在人们对于高考的形式有种种异议，但不能否认，恢复高考所产生的影响将是深远的。

……

在盘锦的六年，我饱经雨雪风霜，有痛苦有欢乐，有迷茫有奋争，在这个

知青在盘锦

曾经的"南大荒"上辛勤耕耘,释放着青春的激情。这段下乡的经历,在我的青春留下了不可磨灭的印迹。

情系《红碱草》

从盘锦回到沈阳,伴随着改革开放,我和其他回城的知青一样,生活质量有了明显的改善。可当年在盐碱滩的知青生活仍时时萦绕我心,甚至夜里还会梦到青年点发生的那些事。此时不少反映知青生活的作品相继出现,曾引起社会不小的反响。可我却始终未见到公开出版的、反映盘锦知青生活的长篇小说。我想把自己亲身经历的那些故事写出来,让更多的人了解当年盘锦的知青是怎样生活的。于是我利用业余时间开始创作反映盘锦知青生活的长篇小说《红碱草》,并于2000年"国庆节"重回当年的青年点收集素材,寻找当年的感觉。当我来到盘锦的红海滩,顿时被眼前生长在滩涂上,吮吸苦涩仍生长得如火的大片的红碱草所感染,一下子联想起当知青时的种种磨难。为了真实表现当年知青那传奇般的经历,我以知青精神克服难以想见的困难,数易其稿。该书于2006年1月正式出版后,沈城多家报纸对其进行了报道。这本书勾起了人们对那段青春的回忆,一时间引起了广大知青的极大关注。很多知青看后给我打电话,说此书真实动情、催人泪下,并纷纷给我提供素材,鼓励我继续写下去。

☆ 已出版的长篇知青小说

2012年《红碱草》有幸被武汉大学出版社选进《中国知青文库》，以《红碱滩》的书名，再次出版。

之后，应知青的强烈要求，我又创作了反映知青从下乡到回城后，40年的风雨历程。不仅增加了"洋插队"，而且全方位地反映了改革开放后，知青及其后代不凡的人生道路，取名《香雨分飞》，成为《中国知青文库》的收官之作。

现在我已是辽宁省作家协会的会员，有了三本常规出版的长篇作品。面对多彩的世界，我仍在辛勤地笔耕，我要为实现"中国梦"继续书写新的篇章。可以自慰的是，我在工作中也实现了自己的理想，成为高级工程师，为企业和社会尽着自己的责任。一直到2015年，我正式从企业退休。有了更多可以自由支配的时间，我经常参加各种社会活动，仍未停下手中的笔。而下乡盘锦的经历使我的创作有了深厚的生活养料。近年在报刊发表的作品中，知青题材占了很大的比重，在为社会提供精神产品的同时，也实现了人生价值。

于忠民 1972年12月由沈阳市第三中学（现同泽高中）九年十三班毕业，下乡到盘锦地区大洼区清水农场锦红大队。1979年初回城。先在一家小厂当工人，1980年考入辽宁广播电视大学机械专业，毕业后回厂从事技术工作。1985年又考入沈阳工业大学工业电气自动化本科班学习，获得本科学历。后调入大型国企沈阳汽车制造厂技术处从事设计工作。2003年调入沈阳金杯汽车模具制造有限公司，从事技术、质量管理等工作，高级工程师，QMS国家注册审核员。曾任质管部部长、技术指导等职，2015年正式退休。1988年开始发表文学作品，迄今已发表小说、散文、报告文学、诗歌、评论等200多万字，多次在征文大赛中获奖。曾出版长篇小说《红碱草》《香雨分飞》等。现为辽宁省作家协会会员。

盘锦故乡情

◎马 桦

一、艰苦生活锤炼意志

我叫马淑华，是1968年9月21日下乡到盘锦垦区大洼新建农场关家大队的第一批沈阳知青，那年我20周岁。下乡前，我就读于沈阳市三十九中学高中一年四班。我们班是快班，同学们在初中时都是学习尖子，如果没有"文化大革命"，我们班的同学差不多都能考上大学。然而世事无常，我们没有进入大学，而是下乡到了盘锦，当时班上同去的共有38名同学。

刚到盘锦那天，映入眼帘的是白茫茫的盐碱地，与我们的梦想——青山绿水、鸡鸭成群相去甚远，同学们的心情沮丧极了，有的刚下汽车，就蹲在地上哭了。

我们大队是一个30多户农民的自然屯。来自沈阳、大连两个城市，三个学校的100多名知青和这30多户老农组成了第十一营，分成四个连队。砖瓦结构的青年点建在一片盐碱地上，周围连草都不长，更别说种树、种蔬菜了。在青年点前面用拖拉机掘出个好大的坑，存放的雨水就是我们的生活用水。那雨水浑浊得好似泥浆，我们就是将这样的水沉淀，用来洗衣、做饭、饲养牲畜的。刚开始的几天，我们都不喝水，渴得嘴上起了泡，最后还是喝起了那脏兮兮的水。那时，咸菜、大酱就是我们的主菜，大米干饭或者玉米面大饼子，再配上一碗飘着几个菜叶的盐水汤，对于劳累了一天的我们来说就是美味，吃起来也很香，单纯的我们觉得，只要能吃饱饭就足矣。

我们下乡时是秋天，第一项农活就是割稻子。那时的口号是"早晨三点半，晚上看不见，轻伤不下火线"。有一次，我用右手握着镰刀割稻子，左手把着稻秧，一不小心，把自己的左手中指根部砍出了一个大口子，顿时，鲜血洒在了这块令我难以释怀的土地上。卫生员帮我简单地包扎了一下，我硬是坚持到了收工。第二天，手肿得像馒头似的，我虽然不能割稻子了，但还是到地里干些捡稻穗等力所能及的农活。疤痕至今仍留在我的手上，坚强的意志却长在了我的生命里。

我是高中生，平时比较喜欢读书，在学校停课那两年，渴望知识的我阅读了大量古今中外的名著，我的口才和文笔就略高了一筹，因此领导让我当了大队的报道员。每天除了干活，我还要收集素材，写报道材料。白天要和别人一样干农活、挣工分，晚上还要挤出时间写稿子，真的是很辛苦。一个连队的近20名女生都住在对面两铺大炕的一间屋子里，熄灯后，我只好在被窝里打着手电写稿，有时晚上只能睡三四个小时的觉。

☆ 1973年的马桦

当时能美美地睡上一觉是我的奢望。能够靠我们的劳动和努力，改变农村面貌是我们的远大理想和愿望，这是当时最大的精神动力。

冬天，没有农活了，领导也不让我们闲着，安排我们兴修水利工程。我的手冻裂了口子，双肩磨起了血泡，双脚磨起了水泡，但看到一道道堤坝在长高，也极有成就感。白天虽然累，还好过一些，到了晚上真是难熬。我们住的是泥砖砌成的火炕，需要烧东西才能热乎，当时，既买不起煤，也找不到木头，只有少得可怜的稻草。稻草烧没了，就只好睡在冰凉的土炕上，晚上穿着棉衣和棉裤；戴着棉帽子，再盖上棉被，仍然被冻醒。冻得睡不着觉的时候，就每个人讲一个笑话，能逗大家笑就行。莎士比亚说："甜中加甜，不见其甜，乐中加乐，才是大乐。"大家说够了，笑累了，困乏了，睡得格外香甜。洗脸盆里的水，一晚上就冻成了大冰坨子。我们的洗脸盆都是多用盆，早晨洗脸，晚上洗脚，冬天怕冷不愿意去离寝室很远的旱厕，有的同学又当尿盆。第二天，大家又兴高采烈地战斗在堤坝上。这些怀里揣着理想和希望的姑娘与小伙子们，是在用火热的心，融化着寒冷的盘锦大地，开垦着一望无际的盐碱地。

春天，我们踏着冰碴翻地，踩着刺骨的冰水插秧。两个老农在两边的垄台上各执一头扯着一根绳，掌握着水稻的行距，同学们按照间距一字排开，把一棵棵秧苗深深地插进冰冷的泥水里。我的右手插肿了，就换成左手插。几天下来，手肿得像小馒头似的。插秧时腰要弯成90度，头几天腰酸背疼得咬牙硬挺着，一想到我们还能一日三餐地吃上热乎乎的饱饭，那不比红军爬雪山、过草地时的困难小多了？劲头就来了。当我们看到房前、屋后的盐碱地都在我们这些拓荒者的手下变成了绿油油的稻田时，我们的汗水、泪水和心啊，就融入到了这块让我们魂牵梦萦的土地上。

夏天，我们顶着炎炎烈日在稻田里除草，渴急了就用手捧着稻田里的水喝。有时，一不小心就被蚂蟥叮咬，钻心地疼。晚上，大蚊子又来攻击我们，身上的包此起彼伏，经久不息，真是无可奈何。由于喝着那不洁净的人畜共用的雨水，再加上蚊虫的传播，我们青年点的同学百分之八十都得了痢疾，上吐下泻，发高烧。烧一退下来，我们就摇摇晃晃地下地干活。农场派医生来指导我们用生石灰纯净饮用水，消毒旱厕，消灭蚊虫，改善生活环境。

新开垦的稻田产量低，尽管我拼命地干活，全年出满勤，只在春节放假回过一次沈阳，第一年扣除伙食费和买两双水靴子的费用，我只领到20元钱。这是我有生以来的第一笔工资，我为我能够自食其力而兴奋不已，然而，出勤少的同学不仅没有领到钱，还得向父母要钱交伙食费。

二、乡亲、乡情助我成长

我出身于工人家庭，在家时就挑水、打煤坯、洗衣服、做饭，所以身体比较结实，到农村后尽拣重活干，和男同学一起挑秧、挑土、挑水，一天下来，肩膀都肿了，但朝气蓬勃的我第二天又热火朝天干起来。我的个儿长到1.65米，体重长到120多斤，身体也强壮了，竟能扛起一袋200斤的稻子和男同学比高低。老农喜欢我，同学们佩服我，1969年5月，我被提拔为关家大队革委会副主任。为了活跃业余文化生活，我从全大队挑选一些有文艺特长的知青组成了文艺宣传队，白天干活，晚上排练。不仅在本大队演出，还到农场的其他大队巡回表演。1969年我被授予"盘锦地区知识青年积极分子"光荣称号。父母、学校的老师从小就教育我"党的恩情比海深"，共产党员的光辉形象引导着我坚韧不拔地前行，身边的领导们教我如何做人、如何做事，鼓励我积极要求加入党组织。令我终生难忘的是1969年12月3日我光荣地加入了中国共产党。大队书记孙继昌是我的入党介绍人，他领着我们在党旗下宣誓。在生活上，这些让我难以忘怀的乡亲们，谁家做一点好吃的，都想着我。那时大队的几个干部家的生活也都很困难，一年也吃不上几顿鱼、肉、蛋，我总谢绝他们的好意，实在推脱不掉，就去吃几口。我是在乡亲们的呵护和帮助下成长的，那种患难与共、同甘共苦的情结后来再也没遇到过。1970年7月，我被调到了新建农场政工组做青妇干事。我每个月的工资是30元，养活自己绰绰有余。在这短短的一年时间里，我又受到农场姜振海书记等老同志的传、帮、带，他们带着我走遍新建农场的每个角落。我爱这里的人，大家也支持我的工作，新建农场的青年和妇女工作都在全区排在前面。姜振海书记是我们农场知识青年的伯乐，他在任职期间培养选拔了一大批知识青年干部。辽宁省委组织部副部长赵战鼓就是下乡到我们新建农场的沈阳知识青年。1971年9月，我被调到大洼区政工组做组织干事。我的名字也由马淑华改为马桦。

三、快乐一生难忘故乡

我在大洼区委工作了两年，这两年又使我结识了不少好同志，从他们身上我学到了很多好的品质和工作方法，我感受最深的是大洼人的淳朴、善良和乐

知青在盘锦

观。西方哲人说："愉快的性格，是成功的灵魂。"盘锦大洼人给予我的最宝贵的精神食粮，让我受用终身。那时候叫大洼区革委会，只分政工、办事、生产、人保几个大组。我们政工组的人来自五湖四海，有土生土长的盘锦干部，有来自沈阳和鞍山的"五七战士"，有下乡知青，还有军代表，为了把大洼建成社会主义新农村，大家都和睦相处，心往一处想、劲往一处使，尽管都是笔杆子，但都没有那种文人相轻的陋习。我是他们中间比较年轻的干部，这些大哥、大姐们对我就像亲妹妹一样，在思想上严要求，在工作上手把手地教，在生活上体贴入微。

1972年7月，我到大洼区团委任常委，又和一些青年才俊们成了同事朋友。广大知青和当地青年克服困难战天斗地的典型事迹时刻在感染我，我们总结和树立的典型后来大多成了各行各业的中流砥柱。我们在努力工作之余，常常一起畅谈理想、吟诗作画。那时大洼区委、区政府所在地就一条街，走到头有个东湖，我们晨起或晚饭后常去那儿，东湖见证了我们的友谊，也留下了我们为大洼奉献青春的足迹。在我的日记里有一首1973年4月22日郭晶霞（当时在妇联工作，与我同寝室）写给我的诗，题目是"二人晨游东湖有感"："桦霞同游东湖湾，杨柳岸边把景观；豪情满怀挥红笔，巧绘盘锦好河山。"我回应一首《和晓霞》："春风意爽迎湖游，碧波荡漾衬绿柳；晓霞映桦桦更翠，诗意随来画笔投。"我在大洼的五年，是盘锦大洼这块热土和那些可敬的领导、可亲的同事、可爱的乡亲、同甘共苦的同学给了我灵感，孕育了我健康的身躯，丰富了我的精神生活和头脑。

犹太人的杰出代表爱因斯坦曾说过："机遇只偏爱有准备的头脑。"1973年8月，我被调到辽宁省妇女联合会福利部任干事。能够走向省级领导机关工作，我深知自己的不足，不仅珍惜而且十分努力。离开盘锦时，领导给我的评语是"有明确的人生目标"，我认同。"通过苦难，走向欢乐，"这是西方乐圣贝多芬的名言。回沈阳后，刘长之（当时的团县委副书记）在给我的信中写道："笔行沙沙响，手迹闪闪亮；极目眺远空，跃然旧景象；咫尺并过肩，遥距心相连；公字胸中装，两地一线牵。"手迹是指我所抄录的毛主席题词"向

☆在大洼县委、县政府工作过的下乡知青在沈阳合影（上排右起栾福森、赵战鼓、刘长之、程泽树、张强；下排左起戴桂芝、马桦、袁新者、杨群英、薛临江，摄于2016年4月22日）

雷锋同志学习"。现在，刘长之和郭晶霞夫妇在美国定居。那个年代既没有照相机也没有手机，所以没留什么照片，但大家的一颦一笑都深深地埋藏在我的心底，挥之不去。

我在省妇联任干事11年；1984年10月到省妇联法律顾问处任秘书（正科级）4年；1988年11月省妇联成立妇女干部培训部我任副部长；1995年3月到省妇联儿童工作部任副部长；1997年3月到省妇联办公室任副主任，前后任职15年副处长；2003年5月在省妇联办公室升任正处级调研员，任职5年，直至2008年底退休。

1980年我考上了"辽宁省委机关业余大学"中文系，一边坚持工作，一边照顾五岁的女儿。我披星戴月、起早贪黑、不辞辛苦，学习和工作两不误，坚持了四年，于1984年拿到了毕业证书，终于圆了我的大学梦。为了维护妇女儿童的权益，领导送我到全国妇女干部学院学习四个月的法律知识；我自己又在中华全国律师函授中心法律专业学习了两年。生命不息，学习不止。1995

☆马 桦

年3月—1995年7月我利用下班后的时间到沈阳文化科技培训学校财会专业学习并拿到了结业证书，1998年8月获得由辽宁省财政厅颁发的"会计证"，专业职称会计师。我也很感谢组织上对我的培养，在我任职正副处长的20年间，组织上一次派我到辽宁省委党校学习，三次派我到省直机关工委党校学习，不断提高我的政治理论水平。2002—2004年，我连续三年被评为省妇联机关年度优秀共产党员，我就像一块砖，任劳任怨让党搬，对于"共产党员"这个光荣称号，我问心无愧。

退休后，2009年我被推选为圣水苑小区（辽宁省委自建房）的业主委员会主任，无偿为小区居民服务。2011年在和平区科协的支持下，我创办圣水苑社区科普大学，当起了校长，带领居民学科学、学养生、学习烹饪、学习如何教育子女等。被和平区妇联评为"学习之星家庭"，被和平区科协评为"优秀科普工作者"。

一位法国老人说："我很富有，但不是因为我有钱，而是我有回忆。"因为我吃过很多苦，所以我对我现在的生活知足加满足，幸福又快乐。

四、看大洼巨变笑开颜

2003年9月20日盘锦市大洼县委、县政府举办了"激情岁月"联欢晚会，把我们这些在盘锦下乡并在县区工作过的知青用大客车从沈阳接到大洼县。大洼的新变化让我们目不暇接，既感慨又激动。县领导在讲话中充分肯定了知识青年在新盘锦建设中发挥的巨大作用，吃水不忘挖井人，乡亲乡情，心心相印，我们这些人的泪水、汗水和血水都没有白流啊。

2007年6月10日大洼县新建农场的领导把我们下乡到新建农场的知青干部们请去参加"新建农场知青重聚第二故乡"座谈会。新建农场的新变化也让我们惊喜，鲜花遍地，绿树成荫，早已没有了原来那荒芜的旧模样。

　　2014年9月20日为庆祝盘锦市建市三十周年，盘锦市大洼县的领导们再一次请我们这些在盘锦下乡并在县区工作过的知青回去省亲。这次是我们自己开车去的，六台小轿车浩浩荡荡地上了高速驶向盘锦。一进市区，我们的眼睛又被盘锦的变化惊呆了，跟上一次来相比，真是翻天覆地的巨变呀。大洼县变绿了、变美了、变大了、变得洋气了，宽敞的柏油马路又多了几条。一座座高楼大厦拔地而起，新盘锦已然成了现代化的旅游城市了。县里五大班子领导都出席了"庆祝盘锦市建市三十周年知青返乡叙旧交流会"，领导们分别介绍了盘锦市及大洼县的建设成就及今后的发展趋势，令人欢欣鼓舞。唐家农场的领导又把我们这些老知青们请去参观新建农场并入唐家农场后的新变化、新景象、新生活。看到这些可喜可贺的变化，我更加热爱我们的党、我们的祖国了。在此，我用一首诗来抒发我对盘锦翻天覆地变化的感慨吧。

☆马桦一家在新建农场与姜振海老书记合影（摄于2014年9月）

知青在盘锦

喜看盘锦新景象

昔日盐碱白茫茫，　　自来水管接入房，
草木不生南大荒；　　农民吃水如玉浆；
雨水吃用很凄凉，　　通信网络户户畅，
道路泥泞甩鞋帮。　　柏油马路伸四方。
吃苦耐劳有理想，　　鸡鸭成群肥猪壮，
姑娘小伙互不让；　　畜牧多样牛马强；
磨炼意志人成长，　　苹果鸭梨装满筐，
青春奉献谱篇章。　　葡萄蜜桃好芬芳。

春寒地冻插稻秧，　　高楼林立穿盛装，
秋高气爽翻金浪；　　大小学校速成网；
知青老乡开垦忙，　　稻田河蟹美食榜，
今朝已成米粮仓。　　红海滩景是天窗。

辽河油田盘锦港，　　艰苦岁月情难忘，
石油兴城世名扬；　　魂牵梦萦思故乡；
五点一线连线上，　　寻找不到旧模样，
远洋货轮待起航。　　喜看盘锦新景象。

　　我们班去盘锦的38名同学经过盘锦知青生活的历练，在后来的生活、工作中都很上进，并且吃苦耐劳。好多人边工作、边读书，也有人从青年点出去就上了大学，百分之九十以上的同学都具备大专以上的文化程度。一部分同学成为党政机关、企事业单位的各级领导，一部分同学成为各行各业的专家或者行家里手。其中有六个人留在了盘锦油田，并且在那安家立业、生儿育女。有一个同学患脑血栓11年，生活不能自理，患病后没有回过沈阳。大家知道

☆ 2016年5月7日同学在盘锦"会师"（后排左四马桦）

后，在今年5月7日，10名同学开着两辆轿车从沈阳出发，一起去盘锦看望他。留在盘锦的同学们现在的生活条件大都很好，这让我们很欣慰。

最后让我用一首小诗来表达我们这些曾经战斗、生活在盘锦大洼的知青们的心情："培养人的基地，令人怀念的集体；虽然人已离去，感情始终如一。"

2016年10月30日

知青在盘锦

道 殇
——小记去盘锦的第一天

◎马富学

☆马富学

平时爱睡觉的我，今天醒得格外早。透过窗帘，天已蒙蒙亮了。墙上的挂钟不知疲倦地"滴答、滴答"地响着。不知又过了多长时间，挂钟"咣、咣、咣"敲了五下，心里烦躁的我索性把被子蒙在头上。今天就要去插队了，还不到二十岁的我，内心充满了说不出的慌乱、迷茫，还有一丝丝的期待……不知将来等待我的是一条什么样的道路。

蒙眬中听见厨房中的响动，是母亲在劈柴、点炉子。父亲两个月前已到"五七农场"，家里只有母亲和我。我这一走，母亲的心里不知是什么滋味……过了一会儿，母亲可能把饭做好了，又回到屋里躺在了炕上，发出了一声轻微的叹息。我的心紧了一下，鼻子有点发酸，赶紧又一次把被蒙在了头上。六点多钟，我悄悄地把衣服穿好，蹑手蹑脚地刷牙、洗脸。这时听到母亲用低低的声音说："锅里有饭，吃完赶紧去学校。"锅里除了几个馒头外，母亲又特意蒸了一碗鸡蛋羹。按着我平时的饭量，这些东西早一扫而光了，可是现在却一点食欲也没有，只吃了一个馒头和几口鸡蛋羹。我到里屋拎起头天晚上已收拾妥当的网兜，看到母亲面朝里侧卧在炕上，本来个头儿就不高的她，显得格外瘦弱。我用几乎颤抖的声音说了一声："妈，我走了……"母亲只轻轻地答应了一声。我站在炕边足足有一分钟，两只脚像灌了铅似的，两眼有些模糊，看着侧卧的母亲我一横心迈出了屋门。刚走到院子里就听到了母亲呜呜的哭声，我站在院子中央不知所措，停顿片刻我转身往屋里走，刚走到房门口，母亲停止了哭声，只听到她在压抑地抽泣。这时我的眼泪再也止不住了，像断了线的珠子。我没有勇气拉开房门，扭头向大门外走去。走出院门，胡同里已经站着好几位邻居大叔、大婶，有的还拎着饼干、水果，隔壁的老婶不停地抹着眼泪。我接过他们手中的东西一刻也不敢停留，我实在不想让他们看到已是"大老爷们"的我的眼泪。

又一次踏上去学校的路。这条路一共不足千步，几年来我至少走过了上千次。今天脚下的步伐格外沉重，也许是最后一次了。碧塘公园是我每天的必经之路，以前每天上学匆匆而过，无心仔细浏览公园里的一切，今天感觉公园好像发生了翻天覆地的变化。一进公园大门是一个圆形的大水池，四周镶造着八只大青蛙。每逢夏季八只大青蛙都从嘴里向水池中央喷射水柱，那场景还真是挺壮观的。今天怎么啦？水池里一滴水也没有，而且扔满了垃圾。八只青蛙已经被砸得面目全非，只有西南角的一只青蛙还算完整，缺了一条前腿的它正可怜兮兮地看着我。水池右侧百米之处是一个儿童乐园，今天已没有往日的欢声笑语，锈迹斑斑的滑梯至少倾斜30多度角，真担心大风会把它吹倒。几个秋千个个都光秃秃的，只有一个还剩下半根铁链孤悬在那里。水池的左侧是一个花窖，两年前我曾经去过那里，饲养的花草非常茂盛，可现在花窖的玻璃屋顶七零八落，剩下为数不多的几块玻璃也布满了裂纹，估计花窖里的那些花早已不翼而飞了。再往前走不足百米，是两三年前新建的一座古式凉亭，现在大圆柱子上的红漆脱落得一块一块的，就像长满了"白癜风"。忽然，一阵凉风吹来，我不由自主地打了一个寒战，一片树叶吹到了我的脸上，是一片发黄的杨树叶，秋天来了……

知青在盘锦

　　下乡的四个班级总共也就200多人，可学校的操场上已聚集了不下千人。有来送行的父母、兄弟、姐妹，还有爷爷、奶奶……插队的这些同学中我可能是最"幸运"的了，家里无一人相送。我只能孤零零地靠在篮球架上，心里想着不知母亲现在怎么样了……

　　站台上站满了人，每个车窗前都拥挤了许多人，孤独的我站在了列车门前。列车员是一位20多岁的年轻姑娘，她好奇地望着我："怎么只有你一个人？"我看了看她没有吱声。她又嘟囔着说："我弟弟前几天才走，我也没赶上送他。"说话间她的眼圈红了。火车的汽笛响了，站台上一阵骚动，列车徐徐开动后，车厢里、站台上哭声一片，一个小女孩紧紧拉着车上的姐姐，一面跟着列车跑，一面拼命地喊着："姐姐！姐！"一位中年男子背过脸去扶着站台上的柱子，消瘦的双肩剧烈地颤抖着。站台越来越远了，我仍然站在车门前往窗外发愣。女列车员轻轻地说："回车厢里坐吧！"车厢里静极了，大多数女同学都趴在茶几上，男生都没有表情地望着窗外。

　　火车停在了沟帮子车站。天阴沉沉的，车厢外满地泥泞，来接我们的大解放车个个脏兮兮的。好在我们的行李大都包着塑料布，不然可就惨了。大解放车都是拖挂车，前面车厢拉人，后面的拖斗拉行李。听说从沟帮子到我们插队的双井子大队至少有七八十公里，汽车要跑两三个小时呢！刚出沟帮子不远，天上下起了蒙蒙细雨，同学们都蜷缩在车厢里，好长时间没人说话，不知谁唱起了"迎着晨风，迎着阳光，跨山过水走边疆……"顿时车厢里活跃起来，同学们都随声附和着。突然，不知谁喊了一声："下雪了！"我探头向窗外望去，果然远处的土地上蒙上了一层白霜——也许这就是所说的盐碱地了。

　　雨停了，我站起来伸了伸懒腰，向前方望去，只见黑乎乎的一大片房子，我想这大概就是盘山县了。我原想盘山县城里一定是水泥路或柏油路呢！可这回大跌眼镜了。路上来往的人绝大多数人都穿着高腰的雨靴，路上的泥浆都能没过人的脚面。车停在了一个十字路口的附近，右前方的一个大院子里有一个茅厕，足可以解决我们"方便"的问题。十字路口东北角有一座三层小楼，小楼前挂着四个醒目的牌子，分别是"劳动局""民政局""商业局"和"财政局"。看上去，这座小楼是当时盘山县最宏伟的建筑了。

汽车跨越了一座很长的木制大桥，算是驶出了盘山县。忽然，车体剧烈地颠簸起来。我趴在车上面仔细查看，这是一条又直又窄的砂石路。原来这是一条旧铁路的路基，把枕木撤掉后就成了一条典型的"搓衣板"路了。车厢里没有人说话，都低着头忍受着剧烈的颠簸。一个女生晕车了，由于动作慢了点吐到了车厢里，大家都忙着帮她清理和擦拭。一路上，极少能在公路两侧看到人家，偶尔能看到的房子也都是土坯砌成的，覆盖了白霜的盐碱地比比皆是。难道这就是所说的"南大荒"吗？汽车驶进了一个小镇，土房的房山上写着"田家镇"几个字。驶过田家镇，突然车左侧前方耸立了一座炮楼子，炮楼上几个黑乎乎的枪眼像一张张血盆大口，据说是日本在侵略东北时为保卫这条铁路修建的。这时我想起了《地道战》《平原枪声》《小兵张嘎》这些电影，想起了日本鬼子端着明晃晃的刺刀。我想为什么不拆掉呢？或许是特意留着它？再过些年也许就是一座文物了。我正沉思着，隐隐约约听见了锣鼓声，一个男生高喊"到了，到了！"全车的人都站了起来。

汽车到了荣兴农场的场部，路两旁站了不少的人。有几十个男男女女穿着大红大绿的戏装，腰间挎着腰鼓，没有节拍地扭动着。路左右两侧挂着醒目的标语，"热烈欢迎知识青年到农村接受贫下中农再教育""农村是一个广阔的天地，在那里是可以大有作为的"。原来这是场部为了迎接我们的到来，特意组织的欢迎队伍。我们也跟着向他们招手、鼓掌、致意。

随着锣鼓声越来越远，天也渐渐黑了下来。虽然再有18里路就可以到目的地了，可那是一条艰辛的路，是一条终生难忘的路！汽车刚离开场部不到二里地，十几台车就都陷进了淤泥里，我们这些年轻力壮的小伙子们都跳下来帮着推车。我一跳下车就陷进了已没过半截小腿的泥里，费了好大劲才把脚拔出来，可我那双平时不舍得穿的塑料凉鞋却遭了殃，两只鞋带都断了，索性把它们都扔到了茫茫的夜幕中。大约过了半个多小时，农场派来了几台"东方红"牌履带拖拉机，人们的心才敞开了一条缝。即便是履带拖拉机，拖起解放牌挂车也十分吃力，简直比蜗牛爬得还慢。同学们则大多光着脚丫子，在伸手不见

知青在盘锦

五指的夜幕中艰难地向双井子大队走去。

经过两个多小时的艰难跋涉终于来到了双井子。由于天太黑，老百姓住的房子是什么样的都没有看清。我们被领到有昏暗灯光的房子前，每排房子都散发着浓浓的牛粪味，原来这是用大队的牛棚改造而成的。走进里面，地上铺着两尺多高的芦苇，上面铺着席子，这就是我们的宿舍了。我们全班30来个男生被分到一间不过七八平方米的牛棚，虽然是对面"炕"，每人也只能分到宽不足50厘米睡觉的地方。过了不久拉行李的车到了，可每人只能铺半个褥子，索性每两人一组把褥子摞在一起挤着睡。

收拾完毕大约已是晚上10点多钟，牛棚外有人喊："开饭了！"这时才感到肚子已经叫了很长时间。雪白又油亮的大米饭和芹菜炒粉，也许是我一生中最难忘而且吃得最香的晚饭了！

那一天就这样过去了。

那一天是我一生中最难忘的一天——1968年9月22日。

马富学　1949年12月出生。下乡前就读于沈阳十一中初三（四）班。1968年9月22日下乡到盘锦垦区荣兴农场双井子大队西大井子小队。1970年4月1日招工到辽河油田，同年8月调到江汉油田地调处703队，1975年2月调地调处机关任政工干事。1980年9月调辽河油田兴城疗养院，先后任干事、秘书、科长、经理等职务。1997年1月病退。

知青时光小记

◎ 王 芳

在知青上山下乡的蹉跎岁月里，我们曾经历过许多艰苦、许多磨难，也曾迷惘、退却，但我们表现得更多更好的是不畏艰险、敢打敢拼、积极乐观的精神。当时毛主席的教导"一不怕苦，二不怕死"的精神，激励着我们战胜了一个又一个困难。

"扎根农村干革命，广阔天地炼红心"，这是我们当时下乡知青的豪言壮语。回想峥嵘岁月的年代，上山下乡就是革命，上山下乡就是实现伟大的理想，上山下乡就是勇者实践，为此我毫不犹豫地走向了上山下乡这条道路。带着憧憬、带着志向、带着梦想，来到了我的第二故乡——盘锦新兴农场育新村。

☆王芳在田间小憩

那时17岁的我，幼稚、无知、青春、浪漫，在家里是一个饭来张口、衣来伸手、略显娇气的女孩子。下乡前五谷不分、草苗不辨，手不会提篮、肩不能挑担，是"温室里的花"。为了改造思想、改造世界观，我下决心到农村去，到祖国最需要的地方去，在大熔炉里百炼成钢，在大风大浪中茁壮成长。

知青在盘锦

来到育新村，眼前出现的是一望无际的田野、一排排整齐的宿舍、一张张"欢迎新战友"的标语和笑脸。我和同学们振奋、心跳、热血沸腾，"我爱农村天地广阔"的情怀油然而生。我们纷纷表决心、立誓言：向贫下中农学习致敬！向老知青学习致敬！扎根农村干革命，甘洒热血献青春。

万事开头难。高昂激情的口号，真正落实到行动上，对于我来说不是件容易的事。记得出工第一天，连长给我们新青年分配的农活是"清淤"，即挖排水沟里的淤泥。排长发给我们每人一把铁锹，一双大雨靴，工作量是每人5米。看似简单的劳动，第一次干却是那么难，穿着肥大的雨靴，踩在泥泞的沟里，脚动也动不了，拔也拔不出，使出全身力气挖下去，结果没挖出多少淤泥，淤泥反而把铁锹牢牢地粘住，抢也抢不动。挖了几下，手掌就又红又肿又疼，没吃过这种苦的我泄气了，任性地拎着铁锹回宿舍了（回城后，青年点同学聚会时，连长还提起我第一天出工幼稚可笑的事呢）。

☆王芳在育新村鱼塘边（摄于1973年）

开弓没有回头箭。退却是一时的，顽强坚持、适应环境、克服困难才是那时我和我的战友们的精神风貌。在老知青的帮助和带动下，我们逐步学会了育苗、耕地、插秧、拔草、收割，参加了一个接一个的会战。清晨，我们身披朝霞，把汗水、雨水、泪水洒在田间，傍晚，我们脚踏月色，把笑声和歌声传到天边。在大会战中，我们的口号是"轻伤不下火线，重伤坚持大干"。正是这种忘我的劳动精神，鼓舞激励着我出满勤，带病坚持出工。记得一次，我不慎跌入沟里，左手中指指甲盖全部脱落，鲜血直流。十指连心，那天晚上疼得我一宿没有合眼。但我没有因这伤痛休息一天，依然坚持出工。当我把又红又肿的手伸进冰冷的水里时（初春之月，育苗时沟里的水还带着冰碴），刺骨钻心的疼痛传遍全身。我咬着牙，顽强坚持着。没有泪水，只有毅力！

2008年10月

王　芳 1955年11月出生，1972年毕业于沈阳市四十八中学。1972年12月下乡到盘锦大洼县新兴农场育新村四连，1975年调育新村科研队，曾任指导员。1978年10月抽调回沈阳，分配在沈阳丝织厂，曾任力织车间统计员、党支部书记，丝织厂党办主任。

知青在盘锦

梅花香自苦寒来

◎ 王世明

光阴荏苒，往事如烟，可是，在盘锦这片炽热的土地上，知青经历的那段激情燃烧的岁月却如磁石嵌入脑海，每每想起，都历历在目……

一、难忘的知青时光

1964年8月，刚刚20岁的我，积极响应党的号召，带着"农村是一个广阔的天地，在那里可以大有作为"的信念，和同学们一道默默地离开牵肠挂肚的父母，怀着一颗滚烫的红心，作为辽宁省首批知青，随着"上山下乡"的潮流，坐着颠簸的卡车，唱着豪迈的战歌，从省城沈阳下乡到辽宁的"南大荒"——盘锦，在大洼县王家农场，接受贫下中农再教育。

初到盘锦农村，环境的恶劣、条件的简陋、劳动的艰辛超出了来自城市中的我的想象。茫茫的苇海深处，原来作为种子仓库的几趟灰秃秃的瓦房，是我们安营扎寨的青年点。屋外大片的水田、长满密密匝匝的芦苇，周围几十里人烟稀少。风大，蚊子大，雨天泥路寸步难行，青年点的屋角床下也能长出芦苇。劳累一天，每个人的手上脚上都磨出大片的血泡，累得我们腰酸腿疼……有的男孩儿要打退堂鼓，而女孩儿直抹眼泪。

虽然很苦，但是我仍坚持每天按时上工，虚心向老乡学习开荒平地、下田挖渠、抗旱保苗、抢险上堤、插秧收割、兴修水利……生产队里的农活儿，除了赶大车之外，男孩能做的活儿我几乎都干过，和男知青也能一比高下。当地的老乡都说："这姑娘干活实在、不娇气，真是把好手！"

经过一个时期的劳动锻炼，我们不仅增强了毅力和体能，生活也变得更丰富。白天，稻田里、水渠边、村路上印遍了我们知青的足迹；傍晚，树林里、小河畔、果园旁，我和知青战友们，对着夜空、谈天说地。在迷人的夜色里，尽情地唱着革命歌曲……

二、注重涵养家风立教育

1969年，经人介绍，我与陈家公社陈家大队的农民陈国山相识相恋结婚了。亲友们很不理解我一个大城市的姑娘为什么选择了农村小伙。婚后，我从大洼县的王家农场转到了盘山县的陈家公社陈家大队知青点。到陈家不久，我主动放弃了上级指名给我的回城转正指标，很多人都为我惋惜。面对丈夫的不忍，我对他说："既然我选择了你，就准备一辈子扎根在这儿了！"

结婚时，沈阳的二姐特意给我买了一件羊皮大衣让我冬天防寒。到了冬天，这件皮大衣，我没舍得穿在身上，看到年事已高的公公在供销社打更，我把大衣改成半身的皮袄，送给了公公。公公逢人便说："世明这孩子对我真心实意，比我的闺女都上心！"

婚后的第二年，我的一对龙凤胎宝贝出生了，几年后又生下了一双儿女，加上公公婆婆，我们组成了八口之家。当时在生产队劳动挣工分，秋后拿工分去生产队领口粮。由于家里人口多，我们只好将领到的水稻换成玉米，磨成面粉，吃玉米面饼子。丈夫身体不好，公公患有腰腿疼病，婆婆双目失明生活不能自理，我几十年来精心侍奉，从没说一个"不"字。老人的胃口不好，吃不了硬饭，为了让老人吃上可口的饭菜，我每天早晨3点半起床为老人做饭。后来婆婆患了老年痴呆，但我始终把老人伺候得干净清爽。那时还要和丈夫一起起早贪黑耕耘自家的20多亩水田……

教育子女是父母的最大责任,对于我的儿女,我着力培养他们的自立自强,使他们心中有爱,通过言传身教,潜移默化地熏陶他们。孩子们从小到大学习努力,孝敬长辈,大学毕业后在工作岗位上都十分优秀。大儿子毕业于交通大学,在铁路工作;二儿子研究生毕业后在天津高校教学;大女儿毕业于师范大学,是油田学校的教师;二女儿中专毕业,做财务工作。对于他们的成长,我一直耳提面命的是做人做事要以德为先。

在平时的生活中,我认真处理好双方父母关系。我深知父母的养育之恩,恩重无比。在生活上处处关心体贴父母,处理好婆媳关系,做到尊重长辈,真诚相待;与兄弟姐妹、妯娌相互理解、相互信任、坦诚相待。我只是尽我的本分在做人做事,但是组织上还是给予了我很高的荣誉。1983年我家被营口市委、市政府评为"五好家庭"。

三、教书育人成就自我

1979年9月,组织上把我调到陈家乡小学做教师,后来又调到陈家中学。对于这个教书育人的工作,我非常热爱,因为这是我从小的夙愿。走上神圣的讲坛,我没有沉醉于花前月下,而是在艰苦的教学环境里潜心钻研。

在20年的教师生涯中,我深深地爱上了这个职业。从小学到中学,我一直做班主任工作。走上工作岗位后,我逐渐体会到一名人民教师所面对的一切,天天和学生、书本、讲台打交道,虽然清贫,一身粉笔灰,但是看到孩子们天真的笑脸,内心充满了幸福。

我一心扑在教学上,没有请过一天假,没有耽误过一堂课。调到中学工作后,我一直教语文、做班主任,从初一带班带到初三。回想当初到中学上第一堂课的情景,仍历历在目。我站在讲台上充满感情地对同学们说:今天我们第一次见面,我想对你们说,我愿意当班主任,因为我喜欢你们;我能胜任班主任,因为我兴趣广泛,上进心强,更重要的是,我有一颗童心。我自信,你们会喜欢我;我如何当班主任?我想,我必须当好几个角色,学习纪律的"严父",生活上的"慈母",感情上的"挚友",愿我们成为真正的朋友。话音刚落,教室里爆发出热烈的掌声,同学们一张张红扑扑的脸蛋上洋溢着幸福的笑容。班里有一名品学兼优的学生叫代晓红,一次意外车祸的伤害使她对生活和学习失去了信心。我不时找她谈心,使她鼓起生活的勇气,坚定学习的信心。通过深入细致的思想工作,孩子终于振作起精神,在考试中再度冲刺,顺利升入高中,考上大学。由于工作的勤恳和真情付出,经我任教的班级,每个年度考试成绩都名列前茅,得到了领导的肯定和家长的认可。教师不好当,班主任工作更不好做。我曾接过一个让人望而却步的"乱班"。成绩年组最后一名,流动红旗一面没有。我潜心研究针对这个班的教学管理方法,以真情对待所有孩子,因为在我眼里没有差生优等生,半年后,这个班从思想到成绩都发生了翻天覆地的变化,考试时,班级得了年组第一名。

有件事让我终生难忘。一次上课时,有几个学生不时地向我微笑。问他们笑什么,他们又说没事。后来了解到,原来孩子们听说我家生活困难,常年吃玉米面,学生的心里都很难过。全班几十名学生,背着我,自发地从家里每人拿来5斤大米,要送给我,又怕我不接受,就把大米藏起来,等我下班时几名男同学用自行车推着大米送到我家门口。我一再推辞,可孩子们就站在那里说:"老师您不收下,我们就不回家啦!"我的眼里噙满泪水,心想看来实在是推脱不了,就对他们说:"好吧,老师收下!"第二天,我起个大早,去商店为全班同学每人买了一个精装的笔记本,在笔记本的首页上写下了勉励的话语。

勤奋的工作、丰硕的成果,组织上、同事们、乡亲们都看在眼里、记在心上。1991年我被评为盘山县优秀共产党员;1991年12月当选为盘山县第八届党代会党代表;1992年12月又被选为盘山县第十二届人民代表大会代表。

做老师是幸福的,尽管孩子们毕业多年,还不时有人捎来自己的近照,带我回忆起已往的岁月;有人寄来贺卡,用诚挚的言辞表达"师恩难忘"的深情;有人发来微信,倾诉那发自肺腑的师生情谊……飞鸿传来的真情,我倍加珍惜、悉心珍藏,并且不断鞭策自己:不忘初心,继续前行。

四、积极参与美丽乡村建设

☆王世明

1999年7月我在工作岗位上退休了,但我时刻牢记我是共产党员,这个岗位永远不能退休。我加入了村里"五老志愿者"队伍,在美丽乡村建设中做义务监督员,继续为乡亲们服务。我努力发挥老党员的模范作用,带头发展特色庭院经济,积极鼓动、带动群众致富。这些年来,我把自家庭院经济做得有滋有味,院落整洁利落。2016年,县里提出加快宜居乡村建设实施庭院美化工程号召,经妇联搭桥,陈家村引进了一批葡萄苗,准备在全村进行推广。由于这项栽培技术不好掌握,老乡们都持观望态度。看到大家都不愿牵头,我想,在路两旁栽种葡萄,要比种苞米漂亮多了,还美化环境,于是提出在自家示范种植。在我的带动下,大家都纷纷踊跃报名,我还精心学习、积极指导,促进了葡萄种植的推广,今年大家就已经开始获益了。

时光弹指一挥间,50多年匆匆而过,想当年,风华正茂的我,从沈阳下乡来到盘锦,在这里安家落户,当年荒无人烟的"南大荒",如今变成了美丽富饶的滨海新城。作为盘锦变化的亲历者,见证了盘锦由一只丑小鸭蜕变成美丽的白天鹅。虽然知青下乡改变了我的人生走向,但经过几十年的风雨洗礼,这些经历已成为我人生的最大财富。如今,生活在花香四溢、雅静温馨的环境里,我感到充实、自豪和欣慰。

王世明口述 张丽娜(双台子区政协办公室副主任)、董凯(原陈家镇党委副书记、现任陈家镇关工委常务副主任)整理

下乡头两关

◎ 王世凭

知青是我们中国的特色产物,知青生活是我们这些四〇后、五〇后、六〇后几代人的特殊经历。回忆知青年代不同于"忆苦思甜",它是一种苦尽甘来的反思。我们有义务告诉后人,我们曾经怎样地生活过,我们是如何在泥泞中跋涉、在痛苦中前行……要说我的知青经历真是有太多的故事啦,先从刚下乡的记忆开始吧。

下乡第一关是喝水

盘锦地区大多是退海盐碱滩,水位低,有时挖个尺八深的坑就能渗出地下水。但是水中盐碱成分高,没有使用价值。所以盘锦大多是水田,所用的水也是从辽河、太子河通过各种大大小小的水渠引过来的。当地老农生活用水都取自"水泡子",实际上就是在合适的位置挖一个深不足两米的大水坑,然后不定期地从渠水中补充新水。由于是开放式水坑,来洗衣服的、洗菜的村民不断;还有家禽、牲畜也会来饮水;坑里边会有各种小动物,甚至是大牲畜也会溜达进去!

育新村的水泡子是从村南大干线引流过来的太子河水。因为是知青点,人不杂,动物也不多,还算清净,但是水中的浮游生物一样也不少!我刚下乡

知青在盘锦

时,知青们入乡随俗,和当地老农一样喝水泡子里的水。直到1975年青年点建起了过滤水塔,才结束盘锦地区喝泡子水的历史,这是后话。

我不会忘记下乡那天是1972年12月19日,那天大清早我们就把行李送到学校,装上敞篷汽车。我们坐在大卡车上参加沈阳市举行的欢送仪式,其实就是在安排了欢送人群的大街上转来转去游街。只记得路人很多,喊着口号,摇着小旗子,很隆重、很热闹。我们从沈阳老北站上了火车,那是专门送我们去盘锦的知青专列。一路上我们好像都很高兴地说笑着,还有唱语录歌的……慢腾腾的火车抵达小小的盘锦火车站时,已经是下午了;接着我们集合队伍,按照目的地安排转乘各种样式的汽车、拖拉机……在一望无际的乡间土道上,经过三四个小时的颠簸,我们终于到达了目的地——新兴农场育新村大队。

进村后,住进了安排好的红砖平房,老知青们已经帮我们挑满了房间的水缸,烧热了火炕,还准备了一锅开水。在十二月的严寒天气里,这一整天奔波下来我们都冻坏了,也没吃什么东西,大家都想先喝杯热水暖和一下。我赶紧拿出杯子(临行前学校发给我们去盘锦下乡的知青每人一个搪瓷杯),准备倒上半杯开水凉着……哪成想,白搪瓷缸中的水竟是混沌的,翻滚的水中还有很多死鱼虫!我们新知青互相对视着,都无法喝下这混浊的汤水!老知青看出我们的疑虑,解释说盘锦的水就是这样,慢慢你们就会习惯的。我从水缸中盛了半杯凉水,竟看到了水中还有活蹦乱跳的小鱼虫!以前,我只知道这鱼虫是用来喂养观赏鱼的,却不知道盘锦农村的饮用水中一年四季都是有鱼虫的!

我记得那一天我没有喝水,而且下乡后好长一段时间都不喝水,好在每顿饭都有白菜汤喝。有时实在渴了,就含口水,然后吐掉。后来,看到老知青们随手捧起水渠里的水喝,也就跟着一点点喝起生水了。再后来,当我变成"老青年"时,也已经不介意水中的那些活蹦乱跳的"小生物"了,而且也学会如何让自己喝到尽量干净的水了。

前些时候,我同育红村的知青薛临江聊起刚下乡的那些事儿,她感慨地说:"刚下乡那段时间真难熬呀,最难的就是喝水!"她是1971年9月下的乡,盘锦秋天的饮用水水质最差，经过整个夏季的暴晒和雨水冲灌，所有的水系中都是鱼虫、水草的加倍繁殖期。就连当地用来储存生活用水的"水泡子"里也是鱼虫成团，蛙声不断，水禽成帮结伙！开始，她一见水中的鱼虫就止不住呕吐，根本就无法喝下。下乡后不久就是秋收，割稻活累，出汗多，她还是干部，很能干。有时渴得不行了就在水渠中捧着水喝上一口，咽下去又吐出来！再喝再吐，这样折腾了一个多月，才能咽得下盘锦的鱼虫水了。现在想想那该有多难呐！

下乡第二关是挑水

我们大多数人下乡前都没挑过水，到农村后，每个宿舍都有个水缸存放日常用水，大家平时轮流挑水。刚开始挑水时，我笨拙地把扁担放在肩上，再两只手牢牢地包住扁担。由于掌握不好两边水桶的配重，还没迈步，扁担就前仰后撅起来。三五十米的路程，挑到宿舍门口时水就剩下半桶了。这让同屋的大姐们笑坏了。后来，有大姐告诉我，半桶半桶地挑，多跑几趟，免得使衣服都泼上水，还白搭工夫。渐渐地，我能稳稳地把半桶水挑回来了，但是我还不能用单肩、一口气儿地把水挑回来，中途还是得停下来换肩挑。

我们新青年印象最深的是炊事班六八届的知青张国家挑水，那叫潇洒：他手都不用扶着扁担，满满的两桶水在扁担两端有节奏地上下颠儿着，直着身板，健步如飞！还可以直接在背上把扁担换到另一个肩上，俗称"顺肩"。很多老知青都有这个"绝活"，特别是挑秧的好劳力们。这真让我这个肩不曾挑担、手不曾提篮的新青年羡慕极啦。在我下乡后的一段时间里，我都在找机会练习"顺肩"的技术，因为我还没有力气一口气把水挑回来。但我肩上的扁担就是不听话，怎么也"顺"不过来，弄不好还会把水泼出去，那叫一个笨呐！说实话，那时我都不好意思让人看见我挑水，总是选择要么早点儿起，要么晚上"见黑儿"时，再去挑水。今天想起来都觉得汗颜。四十年后，我又见到了张国家，我告诉他之所以还能一眼就记起他，就是源于他让我至今仍赞叹和羡

知青在盘锦

慕不已的挑担子"功夫"。

  尽管下乡当知青的日子很艰苦，也很无助，但是回望走过的一生，我还是最怀念那一段痛并快乐着的知青岁月。那是我们一代人独特的青春记忆，前无古人后无来者啊。调侃着说，也许正是我们当年喝下了太多的鱼虫，所以直到今天我们还不大缺钙！因为我们经历过现代人难以相信的苦难，我们才会在如今复杂的时代里尽享简单的快乐夕阳红。

  王世凭 1972年12月19日从沈阳下乡到盘锦大洼区新兴农场育新村，当知青时，先后做过大队出纳兼大队广播员、报道员，大队图书阅览室管理员，大队食堂伙食长，大队团总支副书记。1976年离开育新村调新兴农场组织科、宣传科、机械加工厂工作；1977年回沈阳，当过蓝领：工人，技术员，机械设计工程师；白领：研究所的产品设计工程师，开发区、省信息中心的信息咨询工作人员；金领：外企的省、市办事处文员、经理，外企国内总部的总经理助理。

参加民兵训练

◎王立军

1969年3月2日珍宝岛自卫反击战以后,各地加强了民兵建设,备战备荒。我们这些下乡知青理所当然地成了民兵,也有了参加基干民兵的经历。

当年我们正年轻,精力旺盛,所以基干民兵活动我积极参加,对于民兵的政治学习和射击、打坦克等训练都不甘落后。1975年底,我们胡家农场红旗青年营的基干民兵接到一个光荣的任务——到盘山县参加民兵刺杀汇报表演。接到任务后我们都很兴奋,抽出时间投入到了紧张的训练之中。

夜幕降临,青年营的操场上一片寂静。

"杀!——杀!——杀!"夜幕中忽然人影腾跃,刀光闪动。几十名从各连队抽调的民兵战士,英姿飒爽,正在严肃认真地练习着刺杀动作。汗珠从我们涨红的脸上滚落下来,头上蒸腾着热气——这是我们基干民兵利用业余时间进行训练。

提起我们这些民兵练刺杀来,这里面还有一段不寻常的经历呢。刺杀训练刚开始的时候,很多人认为今后打起仗来,主要是靠现代化武器,这些步枪、刺刀用处

☆民兵训练

知青在盘锦

不大，对于刺杀表演科目信心不足，因此在刺杀训练中不够认真，学得慢，刺杀要领也掌握得不好。民兵连长和军区司令部的带队干部看在眼里，及时进行了政治思想教育，主动找大家谈心，给大家讲常规武器在未来反侵略战争中的作用。他们说："一个士兵，在战场上要努力保存自己，消灭敌人。在未来反侵略战争中最后决定战争胜负的绝不只是靠一两件现代化武器，而主要的还是要靠人，靠我们手中的这些常规武器。平时在训练中多吃点儿苦、多流点儿汗，熟练地掌握手中的武器，在未来反侵略战争中就能充分发挥手中武器的威力，干净彻底地歼灭一切敢于来犯之敌。你们这些基干民兵都是部队大院长大的子女，要继承父辈的光荣传统，拿出军人的气势和精神来，在刺杀表演中取得优异成绩。"通过学习和教育，使大家提高了觉悟，增强了战备观念，提高了搞好刺杀训练的自觉性。

从此之后，我们每天坚持业余两个小时的刺杀训练。在训练中，我的胳膊被碰破了皮，一活动就痛，但我仍然咬着牙坚持训练。

世上无难事，只要肯登攀。经过一个多月的刻苦训练，我们已经熟练地掌握了突刺、防刺和向后转刺等刺杀要领，也熟练地掌握了持枪列队及队形变换，入场出场的全套动作，动作整齐一致。刺杀表演那天，我们全体基干民兵身穿绿军装，腰扎武装带，肩扛上了刺刀的"五六式"半自动步枪，精神饱满地入场了，全场掌声雷动。

"报告首长，我们是胡家农场红旗青年营民兵连，现在向首长汇报表演！"民兵连长报告后，首长庄严地还礼，并下达了开始演练的命令。

面对这么隆重的仪式，我们受到了极大的鼓舞，一下子又精神了许多，动作也更加整齐了。在连长的指挥下，我们的刺杀动作准确、有力，杀声震天，掌声从主席台开始响起，接着响遍全场。我们忘却了所有的羞怯，目光望着刀尖……操场上除了掌声就是我们整齐的脚步声和排山倒

☆王立军

海的刺杀声。这支由部队子女们组成的基干民兵队伍，生龙活虎地展现出军人的坚强意志和时代的精神面貌。

汇报表演结束了，我们以精神饱满、动作整齐、口号嘹亮获得了全场观众的一致称赞，取得了第一名的好成绩。我们兴奋地笑呀、跳呀，忘记了训练以来的辛苦和劳累。

在之后进行的民兵打坦克和射击考核中，我们搭乘连队运送柴草的大车前往考核地，因道路崎岖不平，很多人从车上掉下来，好在没有人受伤，最后我们终于及时赶到集合地点。打坦克考核，要求在规定的时间内携带炸药包隐蔽接近敌坦克，点燃炸药包投送到敌坦克的要害部位，将敌坦克炸毁，我们都顺利通过考核。实弹射击考核，每人五发子弹，瞄准一百米胸环靶卧姿有依托射击。由于下乡之前在部队大院参加过这样的训练和实弹射击。听到口令后我不慌不忙地进入射击位置，卧姿装子弹、瞄准、击发，随着五声清脆的枪声，我又取得了优秀的成绩。凭着优秀的射击成绩和打坦克的标准动作，我被评为"优秀基干民兵"，领到了一张奖状。

想不到一年之后我当兵离开了红旗青年营，成为一名真正的士兵。参加民兵训练的往事，我记忆犹新，激励我在部队锻炼成长，开始了我在部队二十年的军旅生涯。

2016年3月

王立军 1957年12月出生。1975年8月从沈阳市第三十二中学毕业，下乡到盘锦胡家农场红旗青年营四连，后调到机械化连当拖拉机手。在参加民兵训练中，曾被评为"优秀基干民兵"。1977年1月参军入伍，先在总参第七通信团当兵，后到解放军重庆通信学院学习，毕业后在沈阳军区独立通信干扰营及电子对抗团任技师、助理工程师、工程师，曾三次荣立三等功。1997年10月转业到民航东北空管局，任工程师、高级工程师。

历练岁月　厚重记忆

◎王会林

☆知青战友　右为王会林

1972年12月18日，我从沈阳市第四十一中学毕业，怀着对广阔天地生活的向往，凭着要经风雨、见世面、大有作为的一股狂热，毅然说服了父母，与同班的藏淑贤、王庆恩、靳学福三名同学选择了最偏远的地方，号称"南大荒"的盘锦插队落户。穿过夹道欢送的人流，远行的列车，送我踏上人生新的历程，开启了知青生活的岁月。

初到农村，对我这个在城市度过17个春秋，又未曾出过远门的大孩子来说，一切都是新奇的。乘坐迎接我们的马车，行进在广阔的原野中，体验到一种从未有过的感觉。吃着老农为我们准备的第一顿饭菜——盘锦大米饭、酸菜炖大肉，真觉得实惠可口。最初的接触，使我们感受到老农的朴实、热情、可亲，心中涌动着人生第一步的快慰和激情。

刚开始，我们被分配到羊圈子苇场新立大队三小队插队劳动，男女生共12人，分别在对面屋居住，自己开伙，集体出工。当时正值秋粮入仓，我们瘦弱的肩膀竟能够扛起200斤重的大麻袋。我受大家信任被选为伙食长，为搞好这个特殊家庭的生活精打细算，用心料理（至今还保存着使用过的证书和票据）。三个多月后，我们搬到新建立的集中点——东升青年大队五小队。这个青年点有500多人，大多是沈阳七〇、七一、七二届的知青。各队都由当地老农担任领导，他们管理知青有着一套办法。当时，我们的生活很有一种军事化的味道，每天早晨五点钟听号声起床，十分钟后就要跑步到操场做早操，出工劳动也要高举红旗，排成队伍。严密的组织，紧张的状态，好像过着火热的军训生活。

我们的青年点是个创业点，耕种的都是新开垦的荒地，土地盐碱化，芦苇丛生，想打粮食只能是天帮忙、人苦干、出大力、流大汗。我们的生活条件是很艰苦的，头一年吃的是供应粮，每人每顿定量一份饭，常常感到食不果腹，蔬菜更是奇缺，大家把菜汤称为"咸盐水"，平时很难见到荤腥。面对繁重的体力劳动和艰苦的生活环境，我也曾一度苦闷动摇过，给家中写过悲观伤感的信，求父母、找门路、办转点。但由于平民家庭求助无门，故而几经周折未能如愿。面对此种境遇，是一种与命运抗争的力量和信念，使我坚定起来，振奋起来。我暗暗发誓：别人靠不住，自己闯出路；不受苦中苦，难得甜上甜。要经受磨炼，做出成绩，争取早日抽调。目标和信念激励着我，越是艰苦越向前，事事处处挑重担。春季插秧会战，肩膀压肿了不叫苦，我们同班来的四名同学一组，创造了全队插秧最高纪录；盛夏挠秧打药，顶得住烈日暴晒、蚊虫叮咬，渴了捧起沟里的水就喝；秋末抢割烧柴，起早贪黑泡在齐腰深的冷水里没有畏难；隆冬修河筑坝，虎口震裂了，不怕流血流汗。

根据生产需要，队里让我去管理菜地，一个人住在远离驻地、荒郊野外的小土屋里，旁边几十米外就是一片坟地。我笑对清苦孤独，当时还欣然随笔写下一首小诗："土坯垒

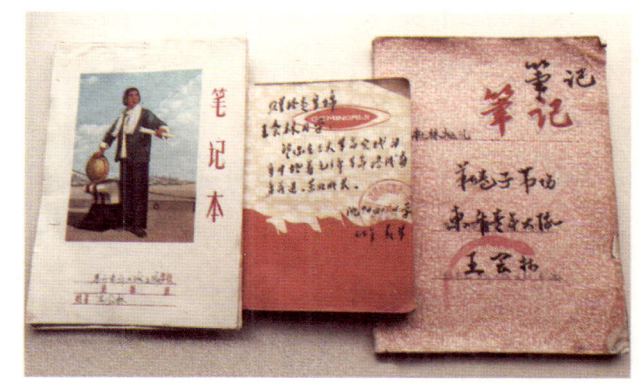

☆王会林知青时期的笔记本、日记本

知青在盘锦

墙茅草顶,油灯映照四壁明;虫鸣催我入梦乡,鸟叫是我报时钟;蜂蝶伴我来耕耘,红日为我照征程;迎风沐雨经锻炼,土屋虽苦乐无穷;广阔天地施作为,屋是哨所我是兵。"

队里搞宣传需要人,我成为宣传组成员,并为之付出了很大精力。写出了《广阔天地春潮涌,群情振奋闹春耕》《劳武结合,越战越强》等大量宣传报道。当时大兴赛诗之风,我先后写出了《赞修河》《志在鸡场创业》等多首诗作(至今还保留着诗稿);大队文艺队吸收我参加,我也大胆地去表现,几次登台使自己得到了锻炼和展示。文艺活动期间,我编写诗歌联唱朗诵词,创作出快板书《夜校灯火》。我还向党组织提出了入党申请,积极主动接受党组织的培养(至今还保留着当时的思想汇报)。经过不懈努力,我得到了组织、领导和同志们的信任,各方面取得了很大进步。1974年3月,我作为团员代表光荣出席了羊圈子苇场第六次团代会,在青年点年年被评为"青年建设社会主义积极分子"。

1975年3月,青年点进行第一次招工,经过大家投票推选,我被首批选中,走进更加火热的战场——辽河油田,成为一名石油工人。当时油田处于创业时期,生产生活条件艰苦,住帐篷、吃粗粮、野外作业、人抬肩扛。初到油田我曾有过悲观失望,但两年多知青生活的经历,使我有了吃苦耐劳的底气;艰苦创业的入厂教育,使我树立了为石油工业做贡献的光荣感和使命感。在1975年的一篇日记中,我立下誓言:"战斗在油田,前进在油田,红心扑油田,终生献油田。"

来油田后的头三年,我在兴隆台采油厂维修一队当管工,成为工人阶级队伍中的一员。在油田这个特定的环境中,我得到了前所未有的锻炼和提高。在队里先后担任过副班长、宣传组长、理论组长、团小组长、团支委、团支部副书记、民兵连副指导员,等等,历年被评为先进个人。三年中,我怀着强烈的求上进的渴望,坚持写入党申请、思想汇报,一直被列为培养重点,经受着考验。1975年6月,我用一首小诗表达心中志愿:"学——辽河油田天地阔,来战斗,胸怀一团火;学——榜样老师身边多,师与徒,红心紧连着;学——革命真理铭心窝,奔前程,终生脚不歇;学——求知实干相结合,实践中,誓夺双飞跃。"

1978年7月，我走上企业机关干部的岗位，并于1980年光荣入党，开始了党群和思想政治工作的新历程。1983年9月考入辽宁青年干部学院政治专业学习，1992年9月就读于辽宁省委党校大学本科班党政管理专业。先后任辽河油田兴隆台采油厂团委委员、厂工会副主席、采油三大队教导员。1990年7月被评为"辽河油田优秀党务工作者"（十佳），1991年7月被辽宁省委授予"优秀党务工作者"称号（百名），1992年10月被评为"辽河油田优秀思想政治工作者"。其间，我的《我们是怎样开展党员责任承包活动的》和《坚持不懈抓好党建工作，不断提高党的战斗力》等工作经验在辽河油田宣传推广。

1993年5月，根据工作需要，我从油田转到地方工作，先后担任盘锦市兴隆台区区委常委、宣传部长、组织部长、纪委书记。又于2002年5月，交流任职到盘山县工作，任县委副书记、纪委书记。我舍弃城区优厚待遇和舒适环境，自觉服从组织安排，第二次下乡步入广阔天地，为新农村建设尽心尽力、尽职尽责。在此期间，我不断适应新形势、新任务、新要求，紧密结合本单位实际，开展富有成效的党建工作，在县区工作实践中做出了新贡献。纪委工作获得省级纪检监察先进集体和省级纠风工作先进集体荣誉。2006年10月，盘山新县城建成搬迁，中央电视台"激情广场大家唱"专栏节目走进盘山，我有幸代表29万家乡父老，登台献唱《有一个美丽的传说》，抒发了对这片知青沃土和第二故乡崭新变化的礼赞。2010年年初，我调到市政协机关工作，任职提案委主任，在政协民主监督工作中度过了五年时光。

从知青生活开启事业征程，到平稳谢幕荣归退休，几十年的经历风雨兼程。我们这一代知青有幸亲历了改革开放的深刻变化，置身于实现中国梦的伟大进程。之所以能够脚踏实地、负重前行，其中受益于知青岁月的历练，汲取着知青精神的动能。知青特有的经历，是一种难得的财富，必定产生深远的影响，成为特别的珍藏。

知青在盘锦

欲说往事：亲切、艰苦、困惑

——盘锦知青生活散记

◎ 王希文

我在盘锦生活10年，迄今离开38年了。盘锦十年生涯的记忆已渐模糊，然而刻骨铭心、梦魂萦绕的人和事无论如何都难以忘怀。知青作为共和国历史上的特殊群体，改革开放以来有大量文字与影音进行描摹和评论，可惜我一直没有看到堪称全面、真实、深刻的叙述与观点，也许这缘于我视野狭隘，或囿于思想局限。我经历简单、思想肤浅、文笔平平，只能盼望曾经的知青在有生之年或后代知青研究者在未来能弥补这一缺憾。这次借盘锦市政协学习和文史委员会组织《知青在盘锦》征文的机会，写点儿零散的个人经历及感受，算是对青春岁月和亲人、伙伴、同学、同事，对饱浸知青汗水及血水、泪水的盘锦大地的微薄而痴情的纪念。

艰苦从第一天开始

1968年12月28日，它是我的日子。现在已经忘了那天是星期几，忘了头天晚上爹爹妈妈又嘱咐些什么，忘了夜里几点睡的，忘了那天早饭后全家人怎样送我出门，但永远忘不掉的是整个早晨爹爹坚毅而克制的神情，妈妈眼中难以掩饰的泪光，弟弟满脸不舍而略带稚气的面容。背一套行李，抬一个木箱，爹爹送我去学校。那是个晴天，早晨有点薄雾，进校门绕过主楼来到操场时，看见一辆大卡车已经停在操场南侧的体育馆旁边。几位老师和工宣队员前来送行，其他四个一道下乡的同学好像来了三个。爹爹帮我把行李和箱子装上车后，与老师、工宣队员说些恳请的话，又鼓励我和同学们互相照应。我劝爹爹回家（或者去上班），爹爹认真地上下打量我一遍，又深深地注视我一下，然后转身离开。当我登上卡车后，看到爹爹站在20多米外看着我。薄雾蒙蒙，我看不清爹爹的眼神，当汽车缓缓启动时，我挥手与爹爹告别，心中骤然难受，眼中涌出泪水。

我下乡的场面堪称平静，甚至寥落，没有红旗招展、锣鼓喧天、情绪热烈、激情满怀，然而非常真实。我至今清晰记得并且永远不会忘记：在难抑的泪水与朦胧的雾气中，我向站在操场上的爹爹使劲挥手，似乎想大声说点什么或呼喊什么，可是满心的留恋、犹豫、顾忌让嘴变得嗫嚅，我只能无言挥手。爹爹也一直向我挥手，一直到汽车驶出学校看不见彼此的身影为止。

从学校出发时我们都站在车厢前部，想多看一眼即将告别的家乡。汽车驶出市区后，公路两侧除了干枯的树木就是覆盖白雪的田野，偶尔经过某个村镇也是人车稀少、一派萧条，感觉不到可观的风景，感觉到的只是扑面而来的寒风，于是大家纷纷坐在行李上或箱子上。尽管车速缓慢，但是冷气仍然不知不觉地穿透衣服，长时间坐着感觉更冷，似乎能把人冻僵，坐了一阵大家又纷纷站起来，背靠驾驶室后面的护栏，用帽子紧紧护住额头、两颊和下巴，让暴露在外的眼睛、鼻子和嘴背对风向，不时扭动双臂、摩擦身体、跺脚跳动，以此驱赶身上的寒意。在寒冷中我突然想起了"慈母手中线，游子身上衣。临行密密缝，意恐迟迟归"，此刻感到这首诗非常真实、非常贴切。要不是妈妈亲手给我做了加厚的棉衣棉裤，要不是爹爹特意给我买了布面毛里（好像是狐狸毛）的软顶大帽子、一双加了毡垫的厚墩墩的大头鞋，这一整天的罪真的受不了。

中午时分，汽车开进台安县城停下，我们如获特赦，由于双脚双腿处于半

知青在盘锦

僵冷状态，大家互相搀扶着从车上下来，进入一个街边小店"打尖儿"，饭后匆匆爬上汽车继续赶路。路况不好，冬日昼短，汽车又跑了两三个小时才进入盘锦垦区地界，夜色初降时抵达新建农场。下车后我们走进一个灯光昏暗的房间，以为终于到了驻地。折腾了一天，又冷又饿的我们恨不得立刻吃饭休息。可这是场部的知青安置办公室，办完报到手续后，我们才知道被分配到相距大约十里外的第十营，三个女生分到二连，我和高三男生高树勋分到一连。当年农场模仿军队建制，原来的生产大队叫营，生产队叫连，分别设置了正副职的营长、教导员、连长、指导员。所谓十营原名叫东三道沟子大队，简称"东三"，不言而喻，我被分到东三一队。安置办那人给我们办完手续，用我初次见到的手摇电话机给十营挂了电话，催促我们抓紧动身，说不然赶不上晚饭了，于是大家再一次爬上汽车。夜色中又是一阵颠簸，中间几次停车问路，终于找到十营营部。经过简单的接洽与寒暄，好像是教导员把我们领进三连的食堂。炊事员给每人发了一盘大米饭，又累又饿的我三下五除二把饭吃光，等待炊事员再给盛一盘，谁知炊事员说一顿四两，只此一盘，顿时让我陷入尴尬。肚子还空一半，不过我立刻宽慰自己，饿就饿一宿吧，这是人家三连，到自己连队后明天早晨就能吃饱饭了。饭后送行的老师和工宣队员与我们告别，连队也分别来人领路并帮助拿行装。好像是母校初三五班班长、时任一连副连长的李魁恒领一个知青来迎接我和高树勋。我背着行李，在后面用双手托住木箱的底部，李魁恒和另一个知青背手托着木箱走在前面。村路坎坷，夜色昏暗，我深一脚浅一脚地跟在后头，由于身体瘦弱，装满衣物和马列毛选的箱子比较沉，托着箱底的双手渐渐乏力，特别是戴着棉手套难以着力抓实，手指和小臂有些发麻发胀。我暗暗惶恐不安，担心坚持不住，木箱如果脱手摔到冻得坚硬的地面上很可能摔坏甚至开裂，因此非常渴望前面亮灯的屋子就是住地，好赶紧卸下这个越来越难承受的负担。在大约二三十分钟的路途中，我多次差点脱口叫停，可是虚荣心和坚持力让我犹豫，隐忍着没有开口，一路上竭力振作自己。尽管木箱好几次差点脱手掉下，我最终还是咬牙坚持抬到所住的屋里。

这是一座陈旧得近于破败的五间房，中间是厨房，房东一家住在东侧，三个多月前来的9个知青住在西侧。进屋本来应该眼前一亮，可是给我的感觉似乎眼前一暗。原来电灯坏了，有人正在地上拨弄一个小油碟里燃着萤火之光的线绳。和屋外天上闪烁的星光、地面泛白的碱色与雪色相比，屋里反倒显得黑暗，以至于我不仅看不清屋里的格局，甚至辨不出炕上、地下各有几个人，更不用说每个人是什么模样。副连长明显不满了，质问怎么回事，催促赶紧把汽灯拿出来点上，又大声提醒说，新战友来了，大家欢迎啊！黑暗中响起疏落的掌声，基本从炕上的方向传来，我和高树勋好像不约而同地说了声谢谢。稀疏的掌声让我心中不爽，后来和他们熟了我才明白，这些低年级的知青没有热烈鼓掌的意识和习惯，同时与我们两个高中生有心理距离。把箱子放在地上、行李放在箱子上的当口，有人把汽灯点着了，屋里顿时一亮，同时一股黑烟从灯罩的上口喷了出来，袅袅上升。李魁恒不愧是副连长，他住在炕梢，把我和高树勋安排在从炕头算起的第八和第九个铺位。应该说一铺炕原来住九个人正好，我和高树勋加进来后就明显拥挤了，褥子正常的宽度已经不能展开。因为大家已经放开被褥，有的甚至躺下了，不宜全盘挪动，当晚只紧缩了前面几个铺位的空间，后两个铺位又向炕梢挪一挪，我和高树勋的两床褥子很局促地插了进来。基本安顿之后，眼睛也渐渐适应了屋里的光线，我看到这是一间大屋子，南面是炕，前面是半透明的塑料布糊成的窗户。屋子北面没有窗户，上面有一层厚厚的白霜，下面贴墙摆着两个长方形的大柜（大家戏谑地称其为棺材）和几口大缸，还有一堆不知装着什么东西的麻袋、草袋。知青们的箱子、柳条包、大旅行袋等有的摆放在"棺材"上，有的摆放在屋的西墙下。屋子四面的墙上曾经糊过报纸和旧年画，但是很多地方已经残破或脱落了。地面没有铺砖或抹水泥，凸凹不平的泥土地面上有些可以称为垃圾的东西，让人看了有点恶心。我老家在辽北农村，那里的房屋通常是南北大炕，房顶呈山形起脊，屋里吊棚。这间屋子截然不同，房顶是中间略高的曼圆形，所以屋子上方不吊棚。

　　我大致观察一番后，副连长提议说你们奔波一天了，早点上炕歇着吧，咱们在炕上做自我介绍。此言甚是合意，我和高树勋迅速脱鞋上炕，拉开被子盖

知青在盘锦

在腿上。在副连长组织下，好像从炕头开始一一介绍，我才知道这屋里包括我在内的11个人家都在沈阳，但是来自两所学校的五个年级。我当时印象最深的是我校初二六班的袁宝华，大家管他叫"元宝"，长得眉清目秀，兼任营部的通信员。有几个知青的话很暖心，他们说屋子冷，挤一挤暖和，提示炕坏了，烧不热，除了炕头几个人能感觉点温乎外，其他人身下全是凉炕，并说房东曾经告诉再烧不仅没用，而且炕缝会冒烟，能把人熏倒，甚至会把炕烧塌，让我俩把下面铺得厚一些，上面可以用棉袄棉裤压着。那年代有个比较流行的词汇叫革命乐观主义，知青苦中作乐的能力确实很强，当前面有人提到身下全是凉炕时，随即有人接话，"傻小子睡凉炕，全凭火力壮"，接着就拐弯抹角地打趣住炕头的人没火力，不像个爷们儿，又拿身材魁梧的"李逵"（李魁恒）开涮，说他火力过壮，睡炕梢不是风格高，而是怕睡炕头会鼻口出血，于是一场笑骂在屋里弥漫开来……

笑闹良久，渐趋沉静，有人下地把汽灯熄了，我闭目躺在被窝里。若在平时，昨晚没睡好，白天颠簸一天，我应该很快入睡，可是这个夜晚怎么也睡不着，脑袋像过电影似的回想着早晨从家出来和白天经过的一幕幕，同时想象家里的情景，爹爹可能听收音机呢，妈妈说不定正念叨我呢，弟弟干什么呢，看小人书还是摆弄什么？果然是凉炕啊，我渐渐感觉到凉意从褥子下面穿了上来，腰是最怕凉的，我一会向右侧身，过一会向左侧身，不知辗转反侧多少回，也不管怎样蜷缩身体，就是驱不走凉意。就在百般无奈之际，脑中突然灵光一闪，我悄悄起身，轻轻卷起被褥，把垫在最下面的那张狗皮抽了出来，然后放下褥子，把狗皮铺在上面，盖上被子和衣躺下。这张狗皮原来是家在农村的二伯父的，他到我家住过之后说城市里的木板床没有火炕好，容易着凉，后来专门把它送到沈阳。昨晚绑行李时爹爹妈妈特意让我带在身边。过去我有个毛病，一躺在皮毛上身体就发痒，就是隔着衣服也忍不住刺挠。可是说来也怪，这个晚上我居然忍住了，在冷和痒当中我选择了后者。不知是狗皮作用还是心理作用，慢慢地我觉得不那么冷了，痒好像也不太明显，于是躺在被窝里再次假寐，开始写下乡第一天日记的腹稿。我正式写日记并持续至今就是从下乡这天开始的，当天夜里写在脑子里或者说肚子里，第二天抄在了崭新的日记本的扉页上（写这篇散记时我曾经试图找它，可惜没找到）。虽然过去快50年了，但是我记得很清楚，这篇日记只有大半页，受时代风气的影响，主要写对下乡接受贫下中农再教育的积极认识，冷啊、饿啊、累啊、想家啊，肯定没写。如果不是开篇第一句，就是最后的结尾句，我在这篇日记中写道："新的生活开始了！"

饥寒交迫的"脱谷战役"

第二天起来很晚，我被高树勋捅醒后，发现同屋的人都走了。幸亏昨晚副连长转达了老农（知青对当地农民的称呼）队长的交代，让我俩今天休息一天，不用上工，不然这脸可丢大了。枕头旁有一张副连长留下的纸条，告诉我们起来后到村子南面的"马号"吃饭。穿完衣服，我到外屋从带着冰碴的水缸里舀了一瓢刺骨的凉水，把毛巾浸入水中，简单擦擦脸就走出了房间。外面是阳光灿烂的好天气，面向东方的时候阳光映着白雪竟有些刺眼。另一个突出的感觉是非常寂静，没有鸡鸣狗吠，没有羊咩猪哼，村落里甚至看不见人影。在去"马号"的路上我有些狐疑，难道全村男女老少都去上工了，怎么连个孩子都看不到，莫非这种毫无杂音毫无声息的寂静就是农村特点？"马号"就是连队的牲口圈，没等走进去就闻到了一股臭烘烘的味儿。知青的食堂是一间大屋子，过去是生产队队部，紧靠马号边上。进屋后又是一盘大米饭，尚有余温。炊事员由知青担任，告诉我俩早晨大家吃的是苞米面粥和窝头，大米饭是昨晚老农队长特意交代下来给我们留的。虽然没吃饱，但我不再奢望第二盘了。饭后简单问了一下食堂概况，明白了每天一斤二两定量，一顿是大米饭，两顿是苞米面粥加窝头（或大饼子），菜是不见油花的大白菜炖土豆，大家管它叫"水煮白菜"，一人一碗，再有就是小手指头粗的咸萝卜条，一人一条。炊事员特意补充，这地方全是盐碱地，种不出菜，这些白菜土豆是从北边三四十里外的盘山县和将近百里的锦州沟帮子买的，等到开春说不定连"水煮白菜"也吃

知青在盘锦

不上了。听得出炊事员不是吓唬我们,而是让我们有必要的心理准备,理解食堂的难处,同时暗示他们已经吃苦数月而且有能够坚持下去的心态。听到这种情况,我心里确实有些犯难,不过这种忧郁一闪而过,我心里的底数是:既然你们能吃苦,我为什么不能?何况我是高中生,还比你们大几岁。饭后在村子里转了一转,一则熟悉环境,二则去二连看三个女生。虽然昨晚刚刚分手,但是见面时有种异样的亲切,彼此兄弟姐妹似的关切询问对方的情况。我们商定,为了表示积极态度,下午就去参加劳动。

下午和知青们到场院时,那场面让我感到震撼。小时候我在农村老家曾经见过那些旱田地区的场院,一些社员手拿鞭子,赶着拉石磙子的牲口一遍遍碾压地面上的大豆、高粱等,另一些社员用木锨迎风扬起碾压后的作物,让风吹走那些残枝败叶和皮屑,整个场景色彩原始、节奏舒缓,在文人看来甚至有点诗情画意。辽西南水田地区的场院这是第一次看到,强烈的印象是:第一,面积大,占地面积相当于半个足球场;第二,作物单一,但是数量庞大,场院里有一垛垛码得像小山似的稻捆;第三,半机械化作业,场院中一字排开大约十台左右脱谷机,正在隆隆旋转;第四,人多,分工比较细,有挑垛和码垛的,有给稻捆解绕拆分的,有站在脱谷机前脱谷的,有站在脱谷人身后递稻把和接稻草的,还有扬场的、随时清扫的、维修机器与电路的,当然还有管事的领导和非领导(协助管理与指导的老农),等等。这些活中最苦最累的是脱谷,所谓苦和累,主要是在寒冷的冬天不能戴手套,必须裸着双手干活,因为戴手套不仅稻把容易脱手,更可怕的是手套和手臂容易被卷进脱谷机里。还规定女生的辫子必须盘起来,要紧紧扣在帽子里,不论男生女生带围脖的必须把围脖前摆放到脑后系牢,防止飘在胸前卷入机器里。据说此前农场已经发生过这种惨案,就发生在刚刚下乡的知青身上,好像还不止一例。不难想象,三九天不戴手套干活会是什么结果,轻者冻红冻肿,重者冻裂化脓,所以必须和身后递稻把的人轮换着干,以便有所缓解。另外,长时间站在呼呼滚动、隆隆作响的脱谷机旁,不仅冻手冻脚,还处在不断卷起的风尘和强烈噪音中,迷眼睛、呛鼻子、震耳朵。由于连队里上工的老农少,扬场这种技术活知青干不好,协助管理和维修机器电路这种俏活只是几个人，广大知青更干不上，所以就只能干"一不怕苦、二不怕死"的活了。

我和高树勋进入场院后，一位姓张的老农队长迎上来，说过欢迎、鼓励、注意安全等内容之后，安排我们在脱谷机后递稻把。我的棉手套是妈妈亲自做的，布面下有一层棉花，里面是羊皮羊毛，真的很暖和。因为我多次丢手套，妈妈在两只手套上还缝了一条带，以便挎在脖子后面。戴手套递稻把太不方便了，我不得不光手干活，这样一来很快就知道了挨冻的滋味。每当递上稻把接过稻草后，我立刻把手插进手套，可是也就五六秒钟时间，随即就要从身旁已经解绕散开的稻捆中分出稻把再递上去。递稻把尚且如此，站在前面脱谷的人该如何？我很快意识到这点后，马上站起身来和他（她）换岗，他（她）谦让一下后换到了我的身后。实话实说，听了血案警示，站在脱谷机前看着呼呼滚动的带着一排排铁齿的滚筒，心里真的有点紧张。我接过稻把后小心翼翼地把稻把前部搭在滚筒上，一下子感到了机器的挟持力量。如果不经警示，俯身把整个稻把放在滚筒上，不是稻把脱手飞出，就是手臂甚至整个人被猛然挟带过去。那时我还没近视，没戴眼镜，怕影响不好也没戴口罩，面对脱谷机卷起的风尘，我只好眯着眼睛，时左时右地侧头躲避。一下午，不知道和搭伙的知青换了多少次岗，我懂得了什么叫"手冻得像猫咬似的"，在肚子咕咕作响、太阳昏昏西沉之际，队长终于宣布收工了。

晚饭闲聊中我把场院称为"脱谷第一线"，同屋初二年级的知青小孔膀大腰圆，性格直爽（后来我们相处很好），他说，"拉倒吧，大哥，什么第一线，简直不是人干的活"。仔细想想，他说的一点不过分，"文化大革命"批斗走资派和"黑五类"，主要是折辱他们的精神与形象，监狱里犯人的劳动条件恐怕也不会如此艰苦。我前铺初三年级的"老于"性格幽默，他故作郑重地说"脱谷第一线"就是"革命第一线"，然后侧脸冲我狡黠一笑，轻声补充说也是"要命第一线"。当时有个问题我很困惑，为什么都快到元旦了，脱谷才开始不久？答曰收割得晚；再问为什么收割得晚，答曰开始因为水田潮湿收割时下不去脚，收割后因为潮湿稻捆运不出来。可是再往深想还是不对，十一月地就干

142

知青在盘锦

了，十二月地上冻了，怎么会拖到将近元旦呢？后来才知道，根本原因是农工们（农场过去归农垦局管理，其他地区的农民叫社员，这里叫"农业工人"）在大锅饭体制下没有积极性，加上村里有宗亲关系矛盾和"文化大革命"派性干扰，生产队队长撂挑子，生产活动缺乏有效组织，所以严重耽误了农时。正是因为耽误了农时，由军代表担任革委会主任的农场领导急眼了，发令限时完成脱谷任务，要及时足量向毛主席他老人家交公粮。生产队长虽然不太惧怕营部领导和农场领导，但是毛主席的威望是无比伟大的，更是任何人都不敢稍加怠慢的。于是在营长、教导员的强势动员和现场督战下，各连队在我到来之前就开始挑灯夜战了。可怜我们这些天真的不知就里的知青，下乡的第一个冬天就被卷进了教导员所说的"脱谷战役"。于是，当天晚上我和半饥半饱的知青战友们再次走进场院，在灯火通明的野外一直干到九点或十点左右。就这样起早贪黑，一连三天，元旦那天放假才喘过一口气来。之后又干了十多天，考验我们是不是忠于伟大领袖毛主席、愿不愿意接受贫下中农再教育、有没有"与天奋斗，其乐无穷！与地奋斗，其乐无穷！与人奋斗，其乐无穷"精神的"脱谷战役"才宣告结束。

如果说下乡第一天挨冻挨饿是旅途中的艰苦，可以用对即将抵达目的地的期盼来抵御消化，那么从脱谷第一天开始的挨冻挨饿则是劳动中的艰苦，很难找到让人产生扎实期待的抗御载体。没有这样一个让人心生饱暖的精神归宿，我们就只能吃了早饭盼午饭，吃了午饭盼晚饭，吃了晚饭盼睡觉。中国计划经济时期是老百姓生活贫困的年代，城市里一般人家百元级的四大件（手表、自行车、收音机、缝纫机）都不一定齐全，知青就更戴不起手表了，因此劳动中的知青基本都用太阳在天上的位置判断时间。干活的时候大家时不时抬头看看天上的太阳，当发现这成为男生女生普遍的习惯后，有些知青就玩起了幽默，把军旅歌唱家马玉涛演唱的《马儿啊你慢些走》改编为"太阳啊，你快些走哇快些走，我要回到食堂去喝糊涂粥"，又把电影《铁道游击队》插曲《弹起我心爱的土琵琶》改编成"西边的太阳快要落山了，东三食堂静悄悄，吃两个黄黄的窝窝头，嚼一根咸咸的萝卜条"。白天干活时有人仰望一下太阳后随口哼唱"太阳啊你快些走",最动人的是"西边的太阳快要落山了",有时会成为夕阳下的男女生合唱。其实这些幽默与调侃的内涵只有一个,就是快点挨到吃饭时间。那时饥饿难耐的程度,现在的年轻人难以理解。不过绝大多数知青是非常坚忍的,并且始终保持"革命乐观主义"。如果说辛弃疾"少年不识愁滋味,为赋新诗强说愁",知青们则是"少年已识饿滋味,下乡挨饿不说愁"。然而纸里包不住火,当知青的父母们获悉孩子在农村挨饿的信息后,有的寄钱和粮票,有的寄炒面、饼干、鱼肉罐头。让我非常感动的是,几乎不管谁家寄来了吃的,都是全宿舍集体分享。我最大方也最饿的一天是元旦,那天食堂给每人发了一斤二两面和相应的肉馅,说食堂没有蒸饺子的条件,让大家自己包饺子借老乡家的炉灶去蒸。这是一天的定量,我嫌包饺子麻烦,包了八个大包子,准备近午吃四个、傍晚吃四个。包子刚包好还没下锅呢,六营的曹志忠、孙昇昌来了。因为时近中午,我赶紧把包子放到锅里,海侃一阵后包子熟了,我说我刚吃完早饭,这顿午饭可免,他俩信以为真后也就不再客气,风卷残云地每人吃掉四个包子,饭后又聊了一阵后他俩走了。送他们到村口回来,我实在挺不住了,向房东要了一团饭锅巴,泡在了已经失去热气的蒸包子水中……

胜利归来生死劫

脱谷结束之后,知青们经历了一段虽然饥饿但是相对轻闲的日子。不过我和几个知青伙伴的这段轻闲好像仅仅三五天,一天教导员和老农队长找我谈话,说农场接到垦区革委会的任务,要派民工到盘山县去修水利,根据场部要求,营里决定每个连队抽调十个有觉悟、能吃苦的精干力量参加这次全垦区的冬季水利工程大会战。说我在"脱谷战役"中表现很好,在知青中树立了威信,为此让我配合老农负责人带领一连参加大会战,并鼓励我们为农场、为十营、为一连争光。我觉得这是领导和贫下中农对我的肯定与信任,当即愉快甚至暗暗兴奋地接受了任务。出发那天连里出了两辆马车,营长、教导员、老农队长、连长、几个老农家属、一些知青伙伴到"马号"为我们送行。阴冷的天

知青在盘锦

气,北风怒号,两辆马车时快时慢一路向北。大家捂得严严的坐在车上,开始还有人谈天说地、东拉西扯,后来一个个噤若寒蝉,再也没人说话了。这是我到盘锦后第一次出门,也是第一次领略"南大荒"的冬季风貌。真是退海大平原啊,一马平川的盐碱地阡陌纵横,广袤的原野上偶尔能看到远处有一排萧条的树,经过之后看到树下通常有一条干涸的水渠。经验丰富的老农一眼就能看出是上水线还是下水线,可惜我至今也搞不清上下水线的外在区别。傍晚赶到驻地,现在我已经忘了那是什么公社、大队、小队,只记得又是一间西屋,好像炕上能住七八个人,我和另外一两个人住在东西屋之间的厨房北面。我们身下铺了厚厚的稻草,上面铺着草袋、麻袋,再上面是我们的行李。别说,就睡觉而言,这里比我们11个知青住的房子暖和。为什么?因为开春时发现,我们住的屋子北墙与房檐中间有一条比较隐蔽的裂缝,调整好角度能从屋里看到外面的天,只不过冬季寒冷,墙上凝了厚厚一层霜,掩盖了这条裂痕。我们11个知青毫无经验,更没有及时察觉,每天只好穿着衣服戴着棉帽子睡觉。忘了是谁,发现这条裂缝后给它起个非常浪漫的名字叫"一线天"。

这次冬季水利工程大会战,背景是盘锦垦区革委会为了增加粮食产量,要求北部盘山县的部分地区旱田改水田,为此在平原上挖沟,建设水田基础设施。不知道新建农场承担多少延长米的任务,也忘了我们十营各连分别承担多长地段,总之是三个连队一字排开,先是用大铁锤和大铁钎子在冻得硬邦邦的地面上砸开冻土层,然后挖出下面的软泥。这个活是力气活,也是技术活,三个人一副架,一人掌钎,两人抡锤,抡锤的要节奏鲜明、配合默契,每一锤都要又稳又准又实地落在铁钎上,掌钎人要在每一锤落下后迅速调整好铁钎的角度,保证下一锤精确地落在预期位置上。我们连来了五个老农、五个知青,知青中谁也没干过这种活,于是老农一边给我们做示范,一边讲解要领。看着他们铁锤抡出的饱满而稳定的弧线,看着掌钎人在重锤落下后敏捷而娴熟地调整铁钎的演示,我有些目瞪口呆,更在心中暗暗叫苦。我身体单薄,抡锤几个回合就将跟不上节奏,而掌钎更毫无经验,如此一来自己岂不成了废人?其他四个知青抡锤应该没问题,但是落锤的准头是问题,谁敢给他们掌钎?带队的老农好像姓李（为行文方便，这里权且称为李队长吧），他看出了我们的问题，略为踌躇后用钎子在地上砸了一个小坑，让我们一一抡锤往坑上砸。我们砸的比较准，老农们表示满意。接下来两人一组往坑上砸，除了我抡过七八下之后跟不上节奏，其他四人也都合格。这时李队长让一个年轻的老农掌钎，让我们做实战型演练。这一下问题暴露了，知青的第一锤下去就没砸正，把钎子给崩飞了。那个年轻老农跳起身来，一边搓手一边满脸惊怨地叫道，你想砸人啊？太笨了！说完再也不肯掌钎了。一时大家都愣了，出锤的知青伙伴红着脸站在一边，大家面面相觑，都不知道说什么好。少顷，李队长说没关系，练练就好了，他蹲下来亲自掌钎，让我试锤。我紧握铁锤犹豫着不敢动手，当他再次催我之后，我说你先让开，让我往地上再砸三锤练练手，如果觉得行你再掌钎。应该说我往地上砸那三锤比较争气，更重要的可能是给自己鼓了气，后来我往李队长的钎子上砸的时候，头几下没敢使劲，但是比较准成，后面几下的力道基本接近实战了。李队长的脸色明显放晴，又让其他知青一一过手。前后大概一个时辰，我们五个知青"接受贫下中农的再教育"都有了初步成果。

　　正式开工后，我们分了三组，李队长应该是关照我，到了我这组，我每次抡锤将要跟不上节奏时就亲自或让别人接替我。说真的，开始我心里很不得劲儿，按身份我相当于"队副"，按年龄我是五个知青中的"老大"，可是抡锤却让别人照顾，实在有损颜面。好在后来掌钎让我挽回一些面子，因为掌钎不仅需要技巧，还需要大锤的默契，我们知青锤头精度和力道还明显粗糙，给我们掌钎难免震手，在多数人不愿意掌钎的情况下，我和李队长就成了主要掌钎人。一开始我心里有些害怕，担心哪一锤走偏会把钎子砸飞，甚至担心哪位力气不足时锤头失准会砸了我的手和胳膊，所以掌钎时我不自觉地抬头看大锤下落的轨迹，旁边的李队长发现后赶紧提醒我低头看钎子，警告说抬头看难以及时准确地调整钎子，很容易出危险。我心里明白他说的有理，可有时还是不自觉地往上瞭一眼。后来我对自己说，听天由命吧，控制自己不往上看，只看钎头上方一尺高的地方。几天之后我成了五个知青中的掌钎第一人，但是也付出了痛苦的代价。我的手在脱谷时就冻肿了，后来手指关节处和手背上出现一些

知青在盘锦

细密的裂纹，那段日子不敢碰水，每天用湿毛巾擦脸，手脏不脏、脸干不干净已经置之度外了。最难受的是手上的裂纹夜里缓解愈合一些，第二天干活时被挣开变得更疼了，个别地方甚至微微渗血。后来幸亏师姐回启侨多次给我涂她从家里带来的防冻药，不然很可能会化脓。这次出工修水利，掌钎不仅把手和胳膊震得发疼发麻，更主要是还没有完全消肿的手又肿起来了，手背上的裂纹也震开了。为了准确和灵活掌钎，白天干活时我不敢戴手套，所以每一锤落下都有一种震击和撕裂般的感觉。后来我总结了麻木的好处，因为麻木可以减轻痛苦。这里没有师姐给涂药，掌钎那几天和后来十多天，每个晚上我都烧水用热毛巾熥敷手背和有了渗血裂纹的虎口。

冻土层凿开之后，我们开始用筒锹挖下面没冻的"暖土"，我现在也不知道"筒锹"的"筒"字写得对不对，反正它是长方形的，两个长边向中间轻度弧起，有的锹上端两侧还向上延伸出两条比较粗硬的平行铁线，在大约30厘米处做90度相向转折，从两边嵌合在锹把上。这种锹我第一次见到，看到老农先在两侧下锹，然后在正面一锹下去挖出整整齐齐的一长条泥土，我们羡慕得跃跃欲试。但是当我们用这种锹学着挖土时，虽然也能挖出一大条土，然而两侧刃口的平整和正面锹口与地面近于垂直的角度，与老农相比差很多。开始挖出的土都甩向身后，垒砌水渠的护坡，当挖到一定宽度和深度之后，按照李队长的安排，老农主要挖土，知青主要负责把土挑到护坡上去，于是一副扁担、两个土篮就成了我们的伙伴。当年的知青普遍在20岁以下，大家一腔热血，干这种活时特别愿意比拼看谁有劲，所以总是把土篮子装得满满的。我身高174厘米，当年体重57公斤，谁都能一眼看出我很瘦，所以老农给我装土时往往手下留情，知青伙伴也劝我不要和他们比。可是

☆宋吉明、王希文、张丽（摄于1972年2月）

我想自己胳膊力量不够，抡锤不行，挑土不应该再落在人后，同时我还认为挑土可以锻炼肩部、腰部和腿部的力量，于是也和大家一样每次都装得满满。另外，不再掌钎，不再抡锤，我已经很满足了，所以即使后来肩膀压肿了，干活时的心情仍然很好。回想起来，我一生中最长力气的时候大概就是在盘锦几次参加冬季水利工程大会战，以致后来我在省计委（即现在的发改委）陪领导外出视察期间的两次打赌都赢了。一次是在丹东用旋（音）网打鱼，我用在盘锦学的技术把网抛成一个椭圆形入水，收网后捞上来两条一尺多长的鱼。第二次就是在营口海防堤用土篮挑石头，因为石头太沉差点把扁担压折。海防堤上打赌扁担没折，但在那次大会战中扁担确实折了，而且折了好几条，原因是大伙干劲足，知青和年轻老农的挑战赛太热烈了。工程后期水渠底部达到五米宽、将近两米深，两岸护坡基本成型，高出地面也有两米。大家不仅比谁挑的多，还比谁走得快，好几条扁担因此"牺牲"了，为此李队长不得不叫停曾经让他很开心的竞赛。

　　大约半个月后，全营胜利而归。当天晚上，营长、教导员在我们的食堂召开三个连的干部、贫下中农代表和知青代表会议，会上特别表扬了我们连，说一连贫下中农教导有方，知青较快掌握了打锤、挖土技术，干劲足，进度快，不仅率先完成任务，最后还分兵帮助二连、三连干活，体现了集体主义精神。会后回到宿舍，副连长向其他9个知青伙伴非正式传达了会议精神，对我又是一番赞扬。谁也没有想到，身体疲惫、精神兴奋后的放松加上同屋伙伴的关心照顾差点要了我的命。事情发生在第二天早晨，早饭后连队在食堂召开全体知青会议，一是传达农场指示，号召知青春节不回家，在农村和贫下中农过"革命化春节"；二是传达营部昨晚的会议，对参加大会战的知青给予表扬。同屋伙伴们照顾我出工半个月很辛苦，早晨起来时看我还在酣睡就没叫我，准备把饭给我带回来。他们还特意烧炕，临出门时又把柴火塞了一灶坑，结果烟从炕缝里冒了出来。我可能是被满屋子烟给呛醒了，昏昏沉沉地坐起来想穿衣下地，当我用手去够胸前的棉袄棉裤时，够了几次也没够着，惶惑中努力地俯身向前，感觉抓住了棉袄或棉裤（清醒后知道其实并没抓住什么），往胸前使劲

知青在盘锦

一拉，结果身子一倒就什么都不知道了。后来的事情大致是这样的，有两个伙伴担心饭菜凉了，与老农队长商议后回宿舍给我送饭，进屋看到一屋子烟，我的上半身露在被子外面人事不省地躺在炕上，意识到我可能中毒了，急忙敞开房门。情急之下又撕开塑料窗户，把烟放出去，让冷空气流进来。他俩一面呼唤我，一面给我掐人中，终于把我弄醒了。后来我想，假如那一次我没醒过来，会不会被视为"扎根农村一辈子"呢？我当记者期间曾经给荣兴农场一位在修水利中抢险牺牲，后来被追认为烈士的青年农民写过长篇通讯，如果这次我永远睡下去，盘锦大地是不是又多了一位烈士？知青岁月啊，多少艰辛、多少苦难、多少生死？"历史不会忘记"的是旷世伟人、惊世壮举和具有特定时代印记的宏观映像，我等沧海一粟的生死不要说对浩渺时空，就是对所处时隔而言也是微不足道的。新建农场七营有个初一的男知青，下乡不久在一次集体扛木头的劳动中，因为力量失衡被砸倒在地变为植物人，在县医院躺了多年直至去世。现在还有几个人能记住这个年轻鲜活的生命？那个年代为了开发建设盘锦，近十万知青在这块土地上付出了汗水血水，付出了大好年华，其中一些人还付出了属于人只有一次的宝贵生命！

极左年代，别样艰辛

知青苦、知青累，其实当地农民也很苦很累。从生活角度而言，盘锦垦区的所谓国营农场其实和人民公社没啥区别，农工们也靠挣工分过日子。那时为了"割资本主义尾巴"，不允许农民搞副业，大家只能守着贫瘠的盐碱地种粮吃饭。从下乡第一天起我体验了知青挨饿，却不知道很多农民家庭也曾经揭不开锅。知道农民挨饿是在1970年春天，之前我被抽调到"解放军、贫下中农、'五七战士'毛泽东思想宣传队"。宣传队的负责人是沈阳部队装甲兵某团政委李文瑞，队员包括一个副指导员、两个战士、我和来自十二营的我校初一女生王蕊，后来鞍钢某企业的"五七战士"老刘、同样走"五七道路"的鞍山市文联主席老尤也参加进来。我们进驻农场一营（袁家大队）指导斗批改运动，其间根据群众揭发查出了会计贪污、有人偷偷搞副业、生产队瞒产私分等问题。贪污问题好办，一方面请懂得会计业务的"五七战士"帮助查账，另一方面给嫌疑人办类似今天"双规"似的学习班，让他交代问题，主动退赃。偷着搞副业也好办，让生产队长领我们到那几户人家宣讲毛泽东思想，帮他们"割资本主义尾巴"，交出搞副业的工具、产品和原料，然后再开会让他们检讨。难办的是怎样处理瞒产私分，由于瞒产私分基本都是部分村干部和农工的行为，在粮食短缺的年代非常敏感，民愤较大，所以必须交出粮食，还要大会批判。我记得很清楚，当生产队的马车到瞒产私分农户家清缴粮食时，那些人脸上既有惊慌与羞愧，也有愤懑和忧愁，有的女人哭了，不懂事的孩子也跟着吓哭了。晚上宣传队内部开会，秀外慧中的王蕊问李政委，他们开春没粮吃咋办呐？李政委面色凝重地说，到时候想办法吧！后来知道李政委借着解放军的威信，拉着农场革委会领导跑到刚成立的大洼区革委会申请救济粮，还曾经到部队农场求助。多年后我当记者期间曾参加过"后进队转化工作队"，在新建农场北面的新立农场再次遇到瞒产私分，工作队长是区文化局局长，他接受我的建议没去查处，而是把后来申请到的救济粮主要分给没参加瞒产私分的农户。

一般贫下中农的境况尚且如此，更遑论地主富农及其家属了。我在十营时间短，没参加过对地主富农的批斗会，在一营参加过两或三次。每次批斗会的内容和形式基本一致，都是让地主富农首先交代前段时间怎样赎罪的，有没有什么新罪行，对过去的罪行有什么新认识，今后怎样洗心革面重新做人。然后就是以知青为主发言批判，最后连长、指导员对地主富农进行训示，重申某些老规定，提出某些新要求。几个地主富农从始至终站在一面墙下，唯唯诺诺地哈着腰、低着头、眼睛看着鞋尖。批斗会中最难堪甚至可谓残忍的是让地主富农的子女批判他们父母的历史罪行，揭发他们有没有反动言论和抵触思想。每当这时我心里都很难受，仿佛自己成了"黑五类"的"狗崽子"，沦为"可以教育好的子女"当中。凭良心说，那个年代地主富农活得太悲催了，夏天有时冒雨去修桥补路，冬天有时冒雪去寻找走失的牲口，一年四季有很多额外的苦活累活脏活派给他们。有个"可以教育好"的回乡青年曾私下和我谈了四个问

知青在盘锦

题：第一，我爸解放前当地主也就几年光景，他什么时候能重新做人，是不是要改造到死。右派可以摘帽，地主富农可不可以摘帽？第二，我是"可以教育好的子女"，我什么时候算是被教育好了？假如我出身贫下中农，回乡是接受爸妈的再教育还是帮助爸妈教育你们下乡青年？第三，你们将来可能回城，我们将在这里结婚生子，国家有"不唯成份论"，有没有"不唯身份论"？第四，"接受贫下中农的再教育"和"严重的问题是教育农民"是什么关系？这些问题不仅反映出人们对当时思想政治和方针政策的困惑，更反映了农村青年对人生和前途的困惑。

改革开放前农村流行一句话，"公粮是国家的，种（子）粮是集体的，剩下是自己的"，所以要想吃饱肚子，根本出路是多打粮食。为了多打粮食，曾在盘锦和省革委会负责农业的刘盛田主任提出"三个一、不过十"：四月一日育苗，五月一日插秧，六月一日插秧结束，最迟不得超过六月十日。这是一个违背自然规律的冒进口号，农民当然不积极。为了落实上级指示，宣传队需要以身作则，记得当年四月五日清明节那天，李政委领我们到田间育苗，看到地头农工和知青犹犹豫豫不肯下水，他俯身挽起裤子脱下鞋，赤脚迈进水田里。副指导员、两个解放军战士、我和王蕊也跟着赤脚下水，农工和知青们见状立即纷纷下水。春江水暖鸭先知，清明水寒我初知，那时水下还有冰碴，我下去立刻感到寒冷刺骨，不一会腿脚就有些麻木了，幸亏穿着靴子的农工和知青很快把我们拉上田埂。晚上李政委对我和王蕊说，两个小王啊，没办法，让你们跟我受苦啦！其实李政委另有一肚子苦衷，我从副指导员和两个战士的只言片语中知道，他当年四十出头，才华出众，能力很强，在提副师职政审时发现亲属中有人成份不清，因此来到盘锦。林彪事件后李政委回到部队，粉碎"四人帮"前后转业到抚顺钢厂当副厂长，我上大学后曾去抚顺探望过他，毕业后还和王蕊一道去过。无论在农村还是工厂，李政委都毫无怨言地倾心于工作。和李政委有类似委屈的还有我刚下乡时的场革委会孙主任，他是多年的正营职干部，在离开农场回部队时心情复杂地哭了，据说除了与地方同事有深厚感情之外，还因为被告知过去长期没提拔是认为他隐瞒了富农的家庭成份，现已查清是个误会，而他一直不知道自己被"内控"多年。我们宣传队里的副指导员也经历了痛苦煎熬，这是我夜里"偷听"和后来李政委简单介绍的。副指导员在老家有个对象，两人青梅竹马，才貌相当，感情非常深。双方到了结婚年龄提出申请，部队政审后因为女方家成份偏高（上中农）而不批准。副指导员一往情深，多次向组织恳求，被批评要结婚就转业，让他自己选择。副指导员因此非常痛苦，夜晚向李政委哭诉时把我惊醒了。后来我又听到几次，好像副指导员准备转业，被李政委用"拖一拖再说"给劝住了。"家庭成份"今天已经成为被忘却的历史概念，当年却是极其重要的政治身份。你若是革军、革干、工人、贫下中农出身，就是"国家主人"，若是沾上地富反坏右的边，别说仕途升迁，就是谈恋爱、上大学、找工作都受到严格限制。当代社会60后成为主导，70后成为骨干，80后正在崛起，如果仍处在"以阶级斗争为纲"的年代，真不知他们当中某些人是何前途、有何感想。

与知识青年、贫下中农、解放军相比，"五七战士"的境遇和心态可能最为复杂。从辽宁省看，"五七战士"大体分为两种，一种是本人只身进入省、市、县"五七干校"学习劳动，另一种是带着老婆孩子全家走"五七"来到农村。新建农场的"五七战士"基本属于后一种，都来自鞍山市和鞍钢，他们和农工、知青一道参加劳动，普遍谦虚谨慎。1970年，我以宣传队员身份在一营工作与劳动时，青年点就住了两家"五七战士"。印象较深的是把着东房山那家，夫妻二人三四十岁，男的长得老成一些，戴着高度数的眼镜，他们好像有两个孩子，其中小的好像只有一二岁。夫妻俩和青年点的知青相处愉快，特别是女青年都亲切地按照姓氏称他俩为"某叔""某姨"，尤其喜欢逗他们的孩子玩儿。我们在审查会计贪污问题时，"某叔"被推荐承担了查账任务，他几乎整天俯身坐在青年点北炕上的桌子前，桌上摊开一堆账目，炕上摆了一堆账册，他俯着身子一行行地看，一笔笔地记，又不时翻开另外一些账本进行对照，有时还把一些自己用纸壳、画报封面制作的书签插到账册中。除了李政委，宣传队中的解放军成员每天吃住在部队农场的营房里，所以每天晚饭前后李政委只领着我和王蕊到青年点，了解"某叔"查账中的新发现。"某叔"不

知青在盘锦

仅非常认真，还非常谦虚甚至谦恭，完全以一副对上级汇报的姿态向李政委介绍查账情况。李政委偶尔离开屋里，他对我们两个小知青也很谦虚，说我们代表的是贫下中农，弄得我们哭笑不得。后来知道，他是成份偏高才走"五七"的，所以下乡后始终"夹着尾巴做人"。这还反映在他对账目中问题和疑点的分析上，本来我们都是外行，就是听他的结论和意见，可他经常话到嘴边留半句，把"意见"变成"征求意见"，把"结论"留给我们。"某姨"比他直爽，在解释丈夫的行为时，一语道破"某叔"的内心负担：这不是一般的整理账目，这是阶级斗争啊，"五七战士"到农村和知青一样，也要接受贫下中农的再教育，他岂敢不知深浅？"五七战士"老尤也是这样，爱好文学的我听说他是鞍山市文联主席，立刻心生敬仰，非常庆幸能有机会接近他。可他总以"臭老九"自喻，每逢李政委请他写点什么，他写了初稿后都让我先看看，提点意见，让我受宠若惊、无所适从。李政委平易近人，和老农、知青相处甚好，我就是一个毛头小伙，还是他的崇拜者，他用得着这样谦虚谨慎吗？分析起来就是那个年代把知识分子同工农兵对立起来，知识分子心中有挥之不去的"臭老九"阴霾，更害怕祸起字端。在新建农场我只遇到老刘这个似乎没有心里阴影的"五七战士"，他是鞍钢某企业的中层干部，性格开朗诙谐，春天插秧、秋天收割时经常和知青谈笑交流。他会唱京剧，秋收后有一天拣稻穗，他一边干活一边小声唱起《红灯记》里李玉和的唱段，其中描写李玉和把密电码藏在饭盒里笑对鬼子搜查时，唱段结尾的三个字是"笑嘻嘻"，老刘唱到这时侧过脸做了个很生动的笑嘻嘻的表情，一下子把王蕊逗得笑弯了腰。

后 记

以上仅仅回顾了盘锦十年生涯中最初两个月的主要经历和1970年在宣传队时的一些片段，还有好多人好多事没写，电脑上字数统计显示已近23000字了。再续过赘，欲罢不能，只好忍痛割爱地删了6000多字，然后加这个小尾巴。

诗人艾青说："为什么我的眼里常含泪水，因为我对这土地爱的深沉。"多年来我为什么婉谢种种征文，对盘锦却情有独钟地"欲说往事"，也是"因为我对这土地爱的深沉"。想张扬盘锦昔日的艰苦吗？不，是不能忘怀艰苦中的亲切；想探究当年的精神困惑并解析现今的评价困惑吗？不，我没有这个思想能力，我只想说困惑也是亲切。所以思忖再三，把体裁定为"散记"，题目定为"欲说往事：亲切、艰苦、困惑"。

最后我想坦白，当年我没有"广阔天地，大有作为"的雄心和境界，心中最大的苦恼是感觉迷失了未来。特别是1969年2月我在农村过"革命化春节"，爹爹春节后被分配到沟帮子附近的省"五七干校"，体弱多病的妈妈领着弟弟在家，后来读中学的弟弟也到外面学工支农，全家四人分散四方。当时我毫不知情，2月下旬爹爹到"五七干校"行装甫卸，就风尘仆仆赶到东三大队看我，我惊喜之余知道了家里情况，忧虑和困惑塞满心房。爹爹在我那里住了一夜（不久妈妈和弟弟从沈阳给我寄来一条毛毯），第二天早饭后我与爹爹步行去八里外的大洼镇长途客运站，一路上极为不舍，心里暗问团聚何日、前途怎卜？我永远不会忘记，爹爹登上汽车的那一刻再次侧身挥手让我回去，而我却久久站在分手之处，看着汽车卷起一路灰尘渐渐远去……

2016年10月28日

王希文 1964年考入沈阳市第三十九中学，1968年末从沈阳市下乡到盘锦垦区新建农场，1971年秋调入大洼区广播站当编辑、记者，1978年初考入辽宁财经学院，1982年初分配到辽宁省计划委员会，历任主任科员、副处长、处长、副秘书长、副巡视员。2010年初退休，被沈阳师范大学聘为教授，被辽宁大学等三所高校聘为客座教授。现除执教外，兼任中共辽宁省委、辽宁省政府决策咨询委员，辽宁省信用协会会长，团省委青年创业导师，沈阳市人大常委会财经咨询专家。

岁月的长河

◎王荣杰

青春的岁月像条河，
岁月的长河汇成歌。
一支歌，一支深情的歌，
一支拨动人们心弦的歌，
久久回荡在我们的心窝，
那难忘的记忆，清晰地留在我的脑海里。

自从1963年考入沈阳十一中，
那浓浓的师生情，深深的同学谊，
从此深深地扎在心里。
十一中校园，绿树成荫，
树荫里留下我青春的倩影，
十一中的操场，宽敞平坦，
操场上印着我们成长的足迹。
正当我对未来充满了幻想与憧憬，
一场史无前例的风暴，
打碎了我的升学梦。

☆王荣杰盘锦留影（摄于1970年）

上山下乡的洪流，
把我们送到了农村广阔天地，
终生难忘的1968年9月22日，
清晨，我告别了亲爱的爸爸妈妈，
和前来相送的叔叔大爷，
离开了温暖的家，
和同学们一起乘上了开往盘锦的车，

开始了新的生涯。
当日的下午变了天，
阴云密布，小雨绵绵，
车至盘锦，荒原一片，
几排住房，少有人烟，
路边是深红色的碱蓬草，
地上是泛着白霜的盐碱滩。
我们跟着前来迎接的杨队长，
深一脚，浅一脚，
一步一掉鞋，苦不堪言，
来到了荣兴农场双井子大队，
这就是我们奋斗的田园。

当晚，我们被安排住进了苇垛当床的小学校，
送来的是热腾腾的玉米饼，
还有泛着油花的白菜汤。
那一夜，没有星星，也没有灯光，
只有大雁的叫声和秋虫的低鸣，
寂静的海坝像条黑色的长龙，
我们迷茫像是在做梦。
清晨军号划破了长空，
一干就是七年啊，
那2555个日日夜夜，
我们这些城里来的学生，
经历了怎样的脱胎换骨。
春起育苗，踏着冰碴下水，
即使穿着靴子，也是从脚凉到头；
夏季插秧，早晨4点半，中午含着饭，
晚上插秧到看不见；
秋天收割，手上的水泡一串串，
朴实的张大嫂给我包扎，
并劝我，别着急，慢慢学会就好，
大嫂帮我磨镰刀，
我认真学，弯下腰，镰放平，茬低好，
把割好的稻子捆绑好，
回头望，立起的稻捆一排排，
活像精神的小保镖；
冬天脱谷三班倒，
知青值的是后半夜，
又累又困真难熬。
我呼唤黎明快来到，
这歌词用在此时才是妙！
用青春和汗水，
换来了稻浪滚滚，河渠纵横，
用辛勤的双手，
创造了垦区的生机和繁荣。
在紧张的劳动之余，
面对一望无际的稻浪，
我经常吟诗、歌唱，
在诗和歌里，驱散劳作无尽的艰辛，

知青在盘锦

用诗和歌,撑起蹉跎岁月里的坚强!

送走青春的岁月,
迎来夕阳红火的时光。
我们也曾青春年少,
我们也曾风华正茂,
我们也曾豪情万丈,
我们也曾美梦如潮。

如今,消失了昔日的青春容貌,
皱纹爬上了额角,
不要感叹,这是人生风花雪月后的真实写照。
现在的我们,
前无古人,后无来者的知青一代,
枫叶正当红,夕阳无限好!

王荣杰 1951年1月出生,1963年9月,考入沈阳市第十一中学,进入初三(四)班学习。1968年9月22日,下乡到盘锦荣兴农场双井子大队。1975年9月,抽调到辽河油田兴隆台采油厂幼儿园任教师。1985年,被授予辽河石油勘探局先进教育工作者称号。1990年调入辽河油田地质开发研究所工作。1998年退休。

我与"我的祖国"在盘锦

◎王贵新

引 子

早就想为刘炽老师做一点儿什么,只是因为他身为红军作曲家的名声太大,唯恐背上沽名钓誉的嫌疑,所以就一直默默地在艰辛曲折的音乐旅途上苦苦地跋涉着……

我知道挣钱与赚钱的区别,也看过用圣人做诱饵去钓圣人的伎俩,可是我毕竟到了落齿耳顺、物我两忘的人生阶段,只是想把我当年在盘锦与作曲家刘炽老师的一段往事写出来,以告慰老师的在天之灵。

常常在睡梦里走进当年与老师在盘锦的风雨岁月。依稀如昨地记得:1974年的国庆节,您微笑着看我演奏小提琴的模样;1975年的中秋节,我们一起观看电影《海霞》,在盘山招待所您悄悄塞给我月饼;1976年的元旦,我们顶着漫天的大雪在向阳农场各个大队的场院激情演出的情景;1976年的夏天,您不告而别,留给我的字条"如找我不到可去信'陕西建筑设计院

☆知青时期的王贵新

知青在盘锦

刘炜'处打听其具体地址",让我在寻您不着的情形之下有一个最后的希望;1986年,我在与您分别了十年之后去北京见您不着,一个人孤零零坐在红墙白塔之下,把美丽的风景咀嚼得支离破碎、苦苦涩涩。

万万没有想到,1976年早春的分别竟然成了我们的生死之别。1983年3月14日,您在信中为我修改的歌曲就是留给我的教诲绝笔。当我后来完全得知您坎坷不凡的人生遭遇,惊闻您于1998年10月23日在北京因病仙逝,心里面除了重重的伤痛之外,唯我所能为传唱老师关于生命与祖国的颂歌而竭尽绵薄之力。

1974年10月1日

9月2日下乡盘锦以来,今天是第一个国庆节,营里放假。老知青李峰要带我和蒋昌义去向阳农场三棵大队拜见作曲家刘炽老师。

起因是昨晚向阳村青年营的国庆联欢会。来到陌生的地方头一次有机会显露一下自己的艺术才能。蒋唱了一首《我爱这蓝色的海洋》,我用小提琴演奏了组曲《白毛女》。在学校文艺队时蒋攻独唱,我是小提琴演奏兼队长。热心肠的老知青李峰看完演出后找到我说:拉得不错!我给你介绍个老师吧。我那时一愣,想:这儿什么地方?四处荒野,放眼望去没个人烟,哪儿来的老师?!

☆刘炽在盘锦的家,1974—1976年王贵新在这里学习作曲

"刘炽!《一条大河》的作曲,刘炽老师。"李峰自豪地说着,仿佛刘炽就是他的老师。李峰看我不信又解释说,1972年他下乡时,由于青年点还没建好,和下放的"五七干部"住在一起,常去刘炽老师家听他弹钢琴,还时不时帮其挑水、干点杂活,一来二去也就熟识了。

"《一条大河》的作曲,那是作曲家啊!我在这里竟能见到他?"激动的我一宿都没睡好。拎着小提琴,带上我从前的所谓创作底稿早早就催着李峰出发了。十几里的农村土路因为异样的热情很快就走完了。我跟着李峰来到一户乡下普通的土屋前,刘老师看见李峰便迎了出来。

李峰向他介绍了我的情况。

"好啊!小提琴先来一个。"刘老师爽快地说道。

不知天高地厚的我便把昨天在联欢会上演奏的《白毛女》又拉了一遍(这时的我还不知道刘炽老师就是歌剧《白毛女》的作曲者之一)。听完我的演奏,他鼓励我说:"拉得不错,只是有些不正规。小提琴不是我的专业,再给你介绍个老师吧。"我一听,急了,鬼使神差地向刘炽老师求道:"我跟您学作曲吧!"他笑着问道:"你以前写过吗?""写过,有一百多首呢。"我边说边把写在日记本上的一百多首都拿出来了。

刘炽接过去饶有兴趣地翻了起来。此时我发现,他根本没怎么看我写的歌,倒是对我的一些歪诗看了个遍。很快对我的评语出来了:"歌写得没基础,诗倒是有些想象。收你了,一周一课。"

此情此景至今已有42年了。当年当日刘老师的音容笑貌至今还清楚地印在我的脑海。那时他53,我19,我只知道他是写出《一条大河》的作曲家,而不知他是从延安窑洞里走出来的红军作曲家。

可是看他的外表,在盘锦大地,在大荒农场,在当时当地人的眼里,他就是农村一个极其普通的拾粪老头。

1974年11月1日

拜师以来,我全力以赴用业余时间精心写了6首歌:

1.《我爱农场好地方》

2.《歌唱连队八大员》

3.《四六班歌》

4.《老牛我的伙伴》

5.《向阳战士之歌》

6.《太平河工地小唱》

青年营三三编制，我是三连一排排长。收工后来不及休整便急忙赶去向老师汇报，当时柳春老师和莹莹也在家。刘炽老师随即边改边讲，很快6首歌就成型了。现在翻阅当时的笔记，是这样记录的：

1. 写歌时要唱给被创作的对象听，以求得人家的理解和认同；
2. 下功夫学好民族民间音乐；
3. 作曲、和声、复调、配器四大件是作曲的四门硬功夫；
4. 旋律要出新，我的祖国 56124——是关键；
5. 不可贪多，好歌是改出来的；
6. 重要和关键词要放在强拍上，强化基本功乐理训练，多多注意观察生活。

刘老师还给了我一个机会。于是，各式各样的人所写的歌词都怀着变成一条大河的美梦，天南海北、大队小队、男女老少、杂七杂八滚滚而来。不知为什么，刘老师会顺手转给我一些。

我猜想可能一是让我锻炼，二是代他满足人们的虚荣。可是在我的笔下它们注定成不了流势，能嘀嗒嘀嗒就不错了。因为这个缘故，我得到了两点好处：一是难得的练习写作机会，二是在当地有了点儿小小的名气。

那个时候学音乐说来可怜，最苦恼的是没有专业书和相关教材。刘炽一个大音乐家是被抄家后下放到盘锦的，屋里除了一架旧钢琴别无他物。而我手中的唯一资料只有样板戏，就音乐成就来讲可说是精华，但对初学者来说它又过于艰深，只能是干着急使不上劲。

1975年2月2日

知青放寒假了，成百上千的人挤在盘山候车室里，焦急地等待着每天只发一列的沈山线火车。闲着无事，伙伴们催我拉琴来打发无聊。当《一条大河》的声音响起，知青们顿时把我团团围住：

> 一条大河波浪宽，风吹稻花香两岸，
> 我家就在沈阳住，听惯了妈妈的呼唤，
> 看惯了姑娘的蓝衫……

  这是当年知青们对刘炽《我的祖国》最直白的喜爱。

  那时知青的歌最流行，却被定性为"黄歌"不能在公共场所演唱、演奏，而同样流行的朝鲜歌曲是为官方所允许的。殊不知黄、朝二者对比，激昂的革命歌曲在情感上是一致的。

  那个夜晚我演奏了：《血海》《卖花姑娘》《金姬和银姬的命运》《月飞山》《打虎上山》《炉台》《灯光》《向阳村，我故乡的村》……

  小提琴伤感旋律抚慰了知青们苦闷的心，诉说了我的思念和无奈。我看到知青们面部的表情，一会儿双眉紧蹙，一会儿面容舒展，随着旋律的变化而变化。我从他们的动作看出他们的性格，通过他们的外表看出他们的内心。让音乐成为慈祥母亲最慈爱的抚手吧，在这远离家乡的盘锦，在这天寒地冻的他乡，在这即将拢岸归家的时刻，我庆幸仿佛就是她啊。

  过年了，本应对刘老师有所表示，可身无分文的我只能干着急。说来惭愧，想来心痛。

1975年6月15日

  营里布置各连准备文艺节目参加向阳村青年营插秧会战总结大会。我与张燕合作写了组歌《插秧大会战》。这是我的第一个大作品，由6个部分组成：1.合唱《风展红旗》；2.领唱合唱《战前誓师》；3.合唱《战斗情爽》；4.男声合唱《春风绿辽南》；5.女声合唱《清泉饮田间》；6.混声合唱《任重路远》。

  我事先请刘炽老师帮助做了一些修改。他说：艺术要有合理拔高与充分想象，要考虑到演唱者的实际水准，高音及和声要安排合理，等等。因条件的限制不能写出乐队的伴奏，只有一把小提琴伴着全连162个知青的喊唱。不管效果如何，大家以诗的豪情自己演绎了一回共同经历的艰辛而苦涩的昨天。

知青在盘锦

盘锦的插秧会战真的让人掉层皮啊！当时我曾在营部的期刊上发过一首诗，透过豪迈的语言可看到知青们当年的一些生活与劳动片断：

骄阳烈烈灼人脸，我引清泉到旱田；头上汗珠明又亮啊，流进口中微带咸。同志们，热吧？不！连长，不怕。

激情伴我挥银镰，你追我赶非等闲；站在地头放声唱啊，稻谷堆得撑上天。同志们，累吧？不！连长，不怕。

风卷雪花翩翩舞，严寒裂土三尺三；我为革命修渠坝啊，胆壮心红意志坚。同志们，冷吧？不！连长，不怕。

太阳懒惰起的迟，星儿颗颗睡得酣；永红出工开饭时，窝头咸菜嚼得香。同志们，苦吧？不！连长，不怕。

不怕、不怕、不怕，革命战士的回答；——响铮铮，——火辣辣，为共产主义建设添砖加瓦，死都不怕，还怕啥？

晚会上我的另一个作品是鲍思玉的女声独唱《向阳村，我故乡的村》，歌中以青春与理想的结合，浪漫与期待的交汇，抒发了知青们年轻而又热切的愿望：

在祖国辽阔的渤海岸边，坐落着一个美丽的村庄。
每当那桃花盛开的季节，村庄里布满动人的景象。
我的故乡是美丽的故乡，它使我的青春闪闪发光。
每当我走向那新的岗位，总也难忘向阳第二故乡。
我的故乡是富饶的故乡，它是我人生的第一课堂。
每当它披上彩霞的傍晚，正是我战天斗地的怀想。
故乡啊美丽富饶的地方，稻田里洒满青春的欢乐。
当你再次庆贺丰年之时，我一定是你席上的坐客。

［副歌］

啊…… 向阳村 我故乡的村 向阳村 我骄傲的村

1975年6月26日

我调到连里担任团支部书记不久，正赶上盘山县文工团来青年营招兵买马，我和蒋昌义都被选中了，可营部的营长金中山以我刚刚提干为由不放，我也因与刘炽老师的学习才开头不能轻易放弃而作罢（20年后，在沈阳建工局的一次会议上，有人拍我的肩头问我："还认识我吗？"我看着想着却怎么也记不起来是谁，只好说："你认错人了吧？""你不是拉小提琴的吗？你姓王……"此人正是金中山……）

盘锦的知青至今都还记得一句响亮的口号"战天斗地！"

结束了白天的天地斗后，晚上马上开始了与人与己斗，我与刘老师在二十里路外的学习也就难上加难了。只有夜里是我自己的时间，感慨中写了三首歌：《连长教我搓草绳》《我的算盘好伙计》《北斗星》。

刘炽老师为我修改完后说："学习作曲没有教材是不可能有收获的，我写封信，你去沈阳市歌舞团找赵瑞章，让他帮忙给借一些。"第二天，我带着这封信揣着青春99度的热情编造个理由请好了假，兴致匆匆地上路了。两天一夜，来到歌舞团的大门前，看门的告诉我说："赵导下乡了，什么时间回来不知道！"我的心一下子就来了个透心凉。

现在的孩子们不能理解：不就是一本书吗？至于吗？过来的人都知道：20世纪六七十年代的书店只有"红宝书"，不卖任何其他专业书。几乎所有的专业人士也都因为"三黄四旧"被抄，而舍书就如舍病一样，没有人敢去坚持所谓的"白专"道路。

1973年，我在学校文艺队的张老师曾经带我去她的老师杜杰处借过书。这次回沈，刘炽老师让我顺便去杜杰处借几张意大利男高音的唱片，而我也想借老师的光向他借几本专业书（当年刘老师是哈尔滨歌剧院的指挥，而杜是一名合唱队员）。结果，两个愿望都被无情地拒绝了。那个年代，人的眼随着政治走，"一条大河"只能在自己的心中流，而我是什么？河底的沙？沙底的泥啊。所有的愿望都落空了，就连回盘锦的路费也没有了，又没脸向家里要……

知青在盘锦

（我做知青的时候坐车从来都是买票的，唯有一回没买，还从大虎山扫车厢一直扫到沈阳……）

真是天无绝人之路，同学吴长年二哥单位的车要往盘锦送货，我带着小提琴带着我的歌儿搭上了顺风车。

天有不测风云，人有旦夕祸福。汽车刚走到辽中就遇到辽河发大水，车被拦在中间无路可行。望着滚滚的辽河水与满堤抗洪的人群，司机与我一样囊袋空空，我一把琴他一车货，中听中用不中吃啊。

辽河大堤上的夏夜真是凉爽寂静又饿人，举目无亲的我只有拉琴来为自己与司机师傅充饥了：

一条大河波浪宽，风吹稻花香两岸。
我家就在岸上住，听惯了艄公的号子，
看惯了船上的白帆……

夜风裹挟着小提琴如怨如诉的歌唱，在漆黑的堤坝上满洒开来。听到突如其来的琴声，人们从四面八方向着琴声围了过来，有工人、农民、大学生、解放军战士和机关干部，几百人把小提琴围了个水泄不通。司机师傅见状忙打开了车大灯为我、为大家、为奔涌的辽河、为这特别的舞台投下耀眼的光环。当人们得知我们路过被困还没有吃饭时，纷纷发出邀请。刚才还在为吃饭发愁，谁料想，只是一瞬间，音乐就为我俩解决了面前的所有困难。

就这样，我在辽河大堤上拉了三天两夜的琴，吃了九顿因琴而获的干饭，拉光了我的不多的曲子就开始瞎编。想起这次回沈的诸多不顺，想起刘炽老师的嘱托，想起苦涩的青春与这没有着落的理想与抱负，有情无名的旋律就似这身旁的辽河一样，跌宕起伏在心头，飘向星空，汇入大河，驱散寂夜。

后来，我把发生在这儿的故事讲给刘老师听时，他哈哈大笑着说：用音乐换饭吃？可白瞎了我的"一条大河"了！

在日后的作曲课上，我把在辽河大堤上演奏的曲目罗列了一下，以便向刘老师请教。

1975年7月15日

音乐最早对我的诱惑是在1964年熊岳那个难以忘怀的夏天……

那年我去姥姥家串门，正赶上连雨天，窝在屋里哪儿也去不了，成天对着远处朦朦胧胧的望儿山发呆。表哥花宝泉看我太无聊就借来一支竹箫教我吹奏，对着乐谱我一遍又一遍地吹着不成调的"一条大河波浪宽……"

"一条大河波浪宽……"正是我吹奏的第一支歌曲，因为天天盯着"乔羽词，刘炽曲"看，所以就牢牢地记住了这两个名字。

后来又在床底下翻出了父亲早已扔掉的"大众琴"。琴上面现成的音符标记让我很快就学会了识简谱，只是由于大众琴太过于老旧发音又不准，就又借来只口琴，为那纯正的声音吹得嘴角直流血。再后来又陆续学了京胡、二胡、秦琴、笛子等乐器，可都是一知半解，没有一样是精通的。

直到1967年的春天，当我路过邻居也是我的好友苏喜云家门前时，听见一种美妙婉转的声音扑面而来。当我寻声而去时，才平生第一次见到了小提琴。

因为家庭条件根本不允许去买一把新琴，还好，绞尽脑汁总算是借了把无弓无弦的旧琴，舍不得五分钱的车费走了两小时到沈阳中街买了琴弦、琴弓、松香一应用具。就因为没钱错买了支最便宜的琴弓，后来才知是二胡弓，让我本来就坎坷的学习之路从一开始就走了条很大的弯路。这是后话了。

小提琴从此伴我走过了大半个人生之路，无论春夏秋冬，无论风霜雨雪，无论白天黑夜，无论天南海北，我与它从来没有分开过……

    我坐在我心灵的恋爱者身旁
    听着她的诉说我悄然无语
    在她的声音里有一股
    令我心灵为之震颤的力量
    那是电击般的震颤

知青在盘锦

将我自己与自己分离
于是我的心飞向无垠的太空
它看到世界是梦
而躯体是心灵狭窄的囚室
音乐是心灵的语言
曲调是撩拨感情之弦的阵阵和风
小提琴就是叩击感觉门扉的纤纤素手
她唤醒思想也重温记忆
如果她是凄切的
她就唤回痛苦和忧伤的回忆
如果她是欢快的
她就唤回舒朗和热情的回忆
她的琴弦发出铮铮之声
带着这世上最温馨的抚慰
她可能化作一滴热泪
从你的眼里流出
这眼泪可能是因亲人远离的痛苦
或是时光之齿噬咬的伤口的痛楚
她也许化作一个微笑
从你紧闭着的双唇间绽出
那微笑实际上是幸福和安逸的表征
小提琴
你这音乐中的女高音
声音王国的母亲
作为来自上苍的一种语言
和其他语言不同在于
她讲述的是心灵的隐蕴

在一颗心与另一颗心之间
　　她是心灵的窃窃私语
　　她为爱插上翅膀
　　让荒漠里的蛮歌放声吟咏
　　使流浪的心灵得以抚慰
　　真正看到了自己的身影

1975年7月20日

　　青年营要放暑假了。临走前我去看望刘炽老师，老师拿出50元钱说："这30元给你奶奶买点礼物，另外20元给我带些日用品……"听到这话，我的眼睛一下子就湿润了，我知道老师是看了我写在作业本上的诗才这样做的。

　　我与奶奶有着说不尽的故事，特别我下乡与她的分别就是生离死别啊。记得临走那天，母亲因去看望生病的姥姥不在家，父亲给了我30元钱，说是单位给知青发的补助费，我偷偷地塞给奶奶15元。走后听邻居们讲：你奶奶就像疯了一样，围着你们家的房子走了一圈又一圈啊……

　　我听了感慨万千，随手在作业本上写了几句，不想被老师看到了，就有了老师今天的关怀与关爱，真是令我终生难忘（那本作业本与写在本子上的诗歌后来不慎丢失了，真是让我追悔莫及）。无以为报只有努力学好作曲的本领，这才对刘炽老师最好的回馈。

　　那时的我，手头只有8本翻烂了的样板戏的主旋律及《红色娘子军》与《红灯记》的总谱以及该丘斯的《音乐的构成》。我是多么渴望能写出像老师《我的祖国》那样好听又博大的作品啊，现在想来真是幼稚又可笑……

1975年7月25日

　　半大小子，吃死老子。下乡的第一年在青年营吃的是定量伙食，常常是吃不饱，再加上繁重的体力劳动，就得忍饥挨饿了。而知青们是没有休息日的，所以大家都盼望着下雨，因为只有雨天才是老天赐予大家的恩典。可是雨天我

知青在盘锦

却不能出门，盘锦农村的泥路寸步难行。我与刘老师的作曲课只能在收工以后，所以我每次都顾不得吃饭，就得急急地去赶那将近两个小时的路程。

这次按照刘老师的要求，我创作了7首歌曲：1. 女声独唱《向阳村，我故乡的村》；2. 男声独唱《老牛，我的伙伴》；3. 混声合唱《红旗之歌》；4. 齐唱《向阳知青向太阳》；5. 合唱《奋战在一九七五年》；6. 表演唱《连队八大员》；7. 女声小合唱《请到向阳农场来》。

在刘老师用钢琴边弹边讲的过程中，我真是受到了极大的教育，那种教导所化作的记忆是刻骨铭心的。只可惜因我没有钢琴基础，我的多声部合唱写作往往都是不及格的。可是，我又能往哪里去寻钢琴呢？只能把键盘画在纸上，用眼去看，用手去摸，用心去想。把有声的音乐化成无声的猜想，这才是真正的无奈啊！

当刘老师的钢琴静下来的时候，他那音乐家所特有的耳朵听到了我肚子饿得咕咕的"唱歌声"，随即让柳春老师给我下了碗面条，还特意打上了两个鸡蛋……

在饥饿难耐的状态下学习音乐，旋律真是让人感到什么是飘散挥洒，而在感动温暖的心态中学习音乐，曲调又是这样的诱人优美。一碗热气腾腾的面条，至今仍然温饱在我这就要衰老了的心中啊。

许多年之后，我看到日本作家栗良平的小说《一碗阳春面》，怀念着已离我而去的刘炽老师，情不自禁地泪流满面！《一碗阳春面》的故事，最有力地诠释了"信念"这两个字的含义，它深深地激励我永不放弃。每一个人都渴望成功，为成功而拼搏，就像前往一个遥远的圣地，道路是崎岖而漫长的，这就需要我们有"永不放弃"的坚定信念。巴尔扎克说：不幸，是天才的晋身之阶，信徒的洗礼之水，能人的无价之宝，弱者的无底深渊。

我绝不能辜负刘炽老师的教导！

1975 年 7 月 28 日

在辽河大堤上演奏小提琴的场面让我终生难忘。看着身前一大群特殊的观众，想着身后围我困我养我的滚滚辽河，让日后的我久久不能平息……

当时的我对刘炽老师的《我的祖国》中的"一条大河……"实在是没有那么深刻的了解。那时候我还没有看过《上甘岭》这部电影，只因它是我最初学习演奏的练习曲及时常听到人们的交口赞扬，再就是刘老师曾用它为我上作曲课时，在讲解民族调式时曾引用范例中的56124——

我多想用音乐来歌唱辽河，歌唱生活，可对作曲还只是一知半解的我是没有能力和资格的。还是用我的歪诗吧，对着刘炽老师，对着波浪宽阔的辽河，对着伴我成长已近十年的伙伴——小提琴，唱出我的眷恋，唱出我的理想，唱出我心中的赞歌：

小提琴之歌

仲夏的夜啊静悄悄美丽而诱人
一切都在沉寂中安息酣睡
只有夜风慰抚着的红色小提琴
在深情诉愿般的歌唱
我听见那如歌如诉的曲调
时扬时抑和着淡淡的月光
我听见那可情可状的旋律
激荡怀想透过田野的花香
人生当忆多少回啊
初升的骄阳在早春的清晨
无拘无束无事地终日游荡
白白送走那不再复返的青春
人生当思多少回啊
任霜雪落满滴血的杜鹃
学军学工学农学做主人
空空如也却打扮得五彩缤纷

知青在盘锦

小提琴我休戚与共的羁旅伙伴
七星山下唱那缕缕的野营炊烟
白塔堡里歌这凄凄的忆苦思甜
你我都是让先辈放心的红色子孙
我讲给你听遥远古老的神秘故事
你唱给我说美丽如画的天下山川
从高高耸立弯如飘带的辽河大堤
到星罗棋布遍地盐碱的盘锦油田
生途上我时而为坎坷挫折迷惘
你便乘点点星光把抚慰的琴弦拨响
岁月中你因苦涩不愿放声歌唱
我就教你演奏一条大河才能滚滚波浪
小提琴啊我青春生命的伴侣
流淌在心中永远也不干涸的溪流
即使严寒给大地裹上双层的霜雪
让沃野荒芜急流勇退空悬着河岸
你就是那深埋在地下冰清玉洁的精灵
你就是那上苍嵌给心灵心思心路的闸门
高潮时使人精神振奋朗朗晴空万里无云
低潮时为我点燃海雾迷茫亘古长夜里的灯盏

1975 年 8 月 8 日

  音乐陪伴着我们的灵魂，和我们一起越过生命的各个阶段，和我们同悲共欢，同甘共苦。音乐，在我们快乐的日子里，像一位天使；在我们艰难困苦的日子里，又像一位怜悯的亲人。

  1975 年是我们下乡的第二年，可是还不到三百天，美好青春就在战天斗地的风雨中失去了刚来时的光泽。繁重的体力劳动让大家整日整月的灰头土脸，定时定量的清汤窝头使又饿又馋的知青们更感到困苦和没有盼头了。唯一能抚慰我灵魂之渴的就只有音乐、只有聆听刘炽老师的教导、只有那把红色的小提琴了。

夜晚，我常常在村口的小桥边对着哗哗的流水演奏小提琴，对着遥远的星空唱出心中对奶奶、对理想、对家乡、对青春的迷惘、惶恐、忧虑和思念……

青春啊青春，有多少个喉咙在为你歌唱，年华啊年华，有多少只匠手在把你描绘。在人生的道路上，我清楚地看见，多少人以自己壮丽的青春，给祖国增添着耀眼夺目的色彩，多少人以自己锦绣的年华，为大地插上五彩缤纷的花朵。珍惜吧，青春；多好啊，年华；无论在谁的心中，都无私地闪耀着你这金色的光辉。热情地给人以鼓舞和希望，慷慨照人以激情和昂扬。

音乐好似诗歌绘画，表达人的不同状态，描绘心中的掠影，阐释灵性的幻影，把意念中巡游的东西铸制成形，对肉体最美好的愿望加以说明。

后来我明白了，当时的知青们为什么那样爱唱俄罗斯歌曲《乌克兰原野》《灯光》《莫斯科郊外的晚上》《三套车》，那是忧郁的和声小调在高大响旋律的映衬之下所产生的必然结果啊。

1975 年 8 月 15 日

是的，音乐是心灵的语言，是刘炽老师用他特殊的人格与美妙的音乐启发了我，因为在此之前我还从未见过任何一个真正专业的音乐家。音乐作为来自上苍的一种语言，和其他的语言不同，她讲述的是心灵的隐蕴，在我与老师之间，在我与绵长宽阔的大河之间，她就是心灵的私语。

是的，音乐好似明灯，驱赶着心中的黑暗，照亮了心房，使心底隐藏的一切都完整地呈现在阳光之下。那红色小提琴的歌唱，是我对盘锦大地的记录，对刘炽老师的述说，对青春时光的日记，是真正自我的倩影，是活生生感觉的幻象。

是的，音乐也让我学会了一次次短暂地将自己放逐，不是真的为了摈弃什么，也许只是在赶往大荒上课时的路上，或是回到童年的某一时刻，重新仔细

知青在盘锦

地勘察生命的轨迹，使自己与人情世故，与锱铢生计，与逝日苦多的人生，悄悄地对谈。

独自面对着我爱的音乐，可怜身是乐中人，将过往的人生故事一曲曲地演奏给自己听，就是一幕幕地放给自己看、挚爱过的、挣扎过的、怨恨过的情节，都可以追溯其必然。

1975年8月18日

董伟是陪我去刘炽老师家上课次数最多的人。让我万万没有想到的是，我的这个邻居、同学、同屋、朋友不知在什么时候，从内心到思想，从言行到仪表，在不知不觉间默默地发生了不为我所知的巨大变化……

董伟最早的名字叫何伟，董姓是随了继父的姓氏。说来我的这个如影随形的朋友可真是不幸。60年代初期，他的何姓亲爹因为受不了饥饿，藏匿在外轮想要偷渡被捉了现行，结果被打成了反革命，这特殊的家庭背景让他从小就吃尽了苦头。1968年他刚转到我们班时，就已经一身是病了，顽皮淘气的同学都叫他"二癞子"。我那时可能是看《水浒传》看的，专门爱打抱不平，走到哪都带着他，以免他受人欺负。后来又教他弹秦琴、柳琴，教他游泳，带他跑步、举重，练习单杠、双杠，直至进了班委会，《颂歌一曲唱韶山》是我教他演奏地最为成功的一首乐曲。毕业下乡他母亲费尽周折，才使他与我一同来到了盘锦。于是，我又把他带到了刘炽老师的家里。

一个人是一个谜，人是不可知的。

他的种种异常举动也引起了我的注意，可是知人知面难知心。在我当时写给他的一封信中至今仍然可见端倪。

董伟：

从1968年起，你就是我的同学，以后我们又成了朋友。随着时光的流逝，在这盘锦大地之上，我们又作为同志战斗在一起。你还记得吗？1974年9月1日的夜晚，我们两个因为明天就要去下乡而兴奋得睡不着觉，流连在母校的操场上、树林里，静静地坐在月光下，揣测着明天，憧憬着未来的那一刻。我们不知道走向社会能遇到什么样的难题，可我们的决心是多么大啊。现在回忆起那个夜晚，我的心情还是激动不已，周身充满了力量。不知你的感觉怎么样？

生活的脉搏真的是让人难以琢磨，我们只有平日里多多注意学习，多多锻炼自己的毅力，即使有什么坎坷挫折，摔倒了再爬起来就行了，那又算得了什么呢？人的一生要知道珍惜啊！几年来，几个月来，我觉得我们应该注意以下几点，尤其是在青年营这个特殊的环境里：

1. 要踏踏实实地干活、生活，不要天真地去幻想或胡想，不要盲目地去羡慕别人，做事情要有恒心，要有理想有抱负。你根本不具备×××的条件，县文工团是绝对不会要你的。

2. 不要在困难和挫折面前小看了自己，你整天愁眉苦脸，卧床装病不上工会毁了你自己的，不能一叶障目，不见泰山，任何一个人都会有前途的啊！

3. 想要自己活得有意义、有意思、有价值，就必须得注重学习，不学习的人就没有大智慧大聪明，也就没有大出息。历史上那些有作为的人，你看哪个是睁眼瞎？

4. 要下决心改正自己的缺点毛病，不然会越来越严重，蝼蚁之穴，可溃千里之堤的，二十岁是人生关键的时刻，最容易在这时铸成终身大错。

5. 你有胃病，有尿床的毛病，这在连队里是人尽皆知的，你如果自己看不起自己，别人就更不会把你当人看！那些人之所以敢把你的被褥拿去展览，就是因你没有人的尊严，因为你平时根本没在尊严上学习培养自己啊！在学校时我就让你读《钢铁是怎样炼成的》，你却看不进去，那可是男人必读的书，病人必读的书啊！……

结果，后来他一系列的做法证明：告诫在有的时候是多么苍白，劝慰在有的时候是多么无力，而梁山好汉似的交友方式在现代又是多么愚昧可笑。

他不能忍受农村的艰苦生活，梦寐以求不惜牺牲人格拼命想要脱离这里，

知青在盘锦

背着我求刘炽老师推荐他去盘山文工团，而文工团的老师因有作曲家的推荐不好直接拒绝他（关于刘老师推荐一说，只是他的一面之词），只能说：听了你的演唱，音不准不说，首先你的底气不足啊……

可怜的他，误以为自己身体不好的根本原因是吃得不好，只要吃好了，身体就好了；身体好了，底气也就有了；有了底气，歌就能唱得好了，他就能去文工团了。

思维在自私的基础上是极有可能钻牛角尖的，而董伟的这一钻，成了他致命的一钻，这是他当时绝不会想得到的。

吃好得有钱才行。没钱？只好去借去骗。结果，他以自己和我的名义溜回沈阳借了一大笔钱，那结局，就可想而知了……事后他为自己的错误付出了沉重的代价，一股急火让他起了满脸的水泡，日后这些水泡又变成了麻子。他背着忏悔的十字架刚刚走过40岁就一命呜呼了，这时，他的亲爹才刚刚出狱！

这里我要说一说董伟那把柳琴的命运。他的丑事败露以后，就让嫉恨的人给扔进了灶坑，一把火烧了个灰飞烟灭。那时的我已经离开了向阳村。

音乐也曾带给他令人羡慕的荣耀和无穷无尽的身心快乐，只可惜他不能正确地理解这神秘而又美妙的音乐，任由欲望在肉体与灵魂间游走，最后收获的只能是痛苦和失败。

1976年3月17日

午后，我呆呆地站在向阳农场三棵村一座破落的土屋前，土屋瞪着空空的双眼默默地打量着曾无数次出入此屋的我。刘炽老师和柳春老师还有莹莹他们一家都不见了，搬走之前我一点音讯也不知道……

这是为什么？

向阳，其实是它的想往，大荒才是它真正的名称。几百年来老天从来也没有给它开过光，更没有教它学会歌唱。正是大音乐家刘炽的到来，才让荒芜的大地和村庄有了声音，有了钢琴在夜空底下的奏鸣，有了纯朴农民与城里知青最原声的合唱。即使是严寒的冬天，庄稼歉收的季节，苦涩的生活因为有了音乐，才又添加了一味甜蜜的浆果。可是如今播撒乐种的人走了，为农民和荒原歌唱的人走了，带走了那架破旧的钢琴，带走了乡亲们的思念，也带走了我这还没有编织完的梦幻。

"为什么"这一问题让我从1976年一直问到了1986年，直到我去北京和平里再次见到柳春老师和莹莹时……

直到刘老师1998年10月23日逝世后的若干年后，因分别看了由凤凰卫视制作的节目《我的中国心——刘炽》，及电影频道制作的《我的中国心——刘炽》之后，我才恍然大悟——刘炽老师的一生是多么不易……

从1974年秋到1976年初，刘炽老师在土屋里为我修改的作曲作业：

独唱：《向阳村，我故乡的村》《我爱农场好地方》《连长教我搓草绳》《我的算盘好伙计》《当春光在家乡洒满》《丰收歌》《一个黑人姑娘在歌唱》《无题谣》《马兰花》《我为祖国唱支歌》《题西山红叶》

小合唱、表演唱：《指引前程》《红旗，红旗，战斗的旗》《向阳山村新事多》《战友之歌》《老牛，我的伙伴》《歌唱连队八大员》《唱唱咱们的指导员》《歌唱咱们的党支部》《请到向阳农场来》《雷锋精神火样红》《夜巡》《石油工人力量大》《我们奋战在1975年》《太平河工地小唱》《四六班歌》《养猪姑娘》《抗洪抢险进行曲》

小提琴独奏曲：《故乡的白杨》《辽河畅想曲》

组歌：《插秧大会战》《大寨红旗颂》

坐唱：《扎根记》《妈妈下乡来》

小乐队配器：《地道战组曲》《天安门前留个影》《山乡盼着你们来》《延安窑洞住上北京娃》《喜开丰收镰》

1976年刘老师托人转给我一张便条：

贵新同志：

我目前的情况不能对你讲，也没有通讯地址。日后如有机会你可与"陕西省第一建筑设计院刘炜同志"联系或可得知我的情况……

刘炽

知青在盘锦

　　1976年是天塌地陷的一年。这一年我在盘锦创作了大型组歌《毛主席是各族人民心中永远不落的红太阳》，并得到了上演。这是刘炽老师辛苦培育的结果。而我却不知他在哪里，发生了什么事……

1983 年 3 月 17 日

　　坐在钢窗厂角落里看书的我，终于接到了刘炽和柳春二位老师的来信。摘录如下：

贵新同志：

　　你好！多年不见，你可能长得使我不认识了，但当年的模样我还能记得。祝贺你自学成才，还得了奖。

　　我现在中国煤矿文工团任总团长，工作较忙，杂事多！奈何？

　　寄来的曲子替你改了两首，《振兴中华》那首较空，曲也一般，就不改了。千万不兴寄任何东西给我，用那奖金买点你急需的专业的书。

　　感谢你为《祖国颂》配器。

　　祝好。

　　问候在沈原向阳的小朋友们好。

　　我家又搬了：北京和平里 11 区 6 楼南单元 315 号。

刘炽

1983 年 3 月 14 日

☆ 刘炽、柳春老师和莹莹的来信

王贵新同志：

　　看到你的来信很奇怪，因为上两次你来的信也都收到了，当时也给你回了信，不知原何没有收到？这一封信不知是否还能丢？因有一封还是我替刘炽写的。因他太忙，当时不在家，我替他写了并告诉你我们家的地址。

信中知你有那么大的进步和成绩,很为你高兴。我们很好,有机会欢迎你来北京玩。

祝全家好。

柳春

1983年3月14日

王兄:您好!

信收到了,谢谢!

您要的谱子书,我正在尽力为您寻找,找到了后,我立刻给你寄去。假如以后需要什么,请尽管来信,我一定尽力帮忙。好,不多写了。

莹莹

北京和平里

1986年1月14日

为了实现理想,继续圆我音乐的美梦,做一个像刘炽老师那样的作曲家,从农村回来后,十几年里我在我工作的单位里只干了一件事——音乐。

归纳如下:

1. 组建了单管编制的管弦乐队。

2. 参与策划创作排演了近百场大小不一、各式名目的演出、比赛、庆典。

3. 以行业为歌唱中心,以奉命创作为己任,将自己全部的精力、财力、时间都毫不保留地予以投入,为市、区文化的创作班底站脚助威,摇旗呐喊。创作的作品目录可见我的日志。

顺便在这儿感谢835厂的洪元部长的关心,感谢724厂一直认识我的陈书记,因至今我还欠他小卖铺的电话费,给他,他不要。

4. 学习演奏手风琴、电子琴、大提琴、钢琴、圆号;学习政治、哲学、文学、诗歌、历史、党史,为能遇上38军那样的机遇做好充足的准备。

5. 考入中国函授音乐学院作曲系、沈阳音乐学院作曲辅导班。系统地学习

知青在盘锦

☆节目单

了作曲、和声、复调、配器和民族音乐。

6. 在《辽宁文艺》《东机工报》发表多首歌曲。

7. 最终赢得了创作音乐舞蹈史诗《中国革命颂》的机遇，于1991年7月连演五场。

我可以在任何场合说：我是刘炽老师的学生了！

可是我却永远的，再也见不到他了……

☆王贵新

王贵新 汉族，籍贯河北，1954年12月出生，1964年至1974年在沈阳东北机器制造厂学校读书；1974年9月下乡到盘锦向阳农场向阳村，1975年9月调入农场文艺队，1979年招工到沈阳钢窗厂工作，1982年在沈阳东建工程公司，曾任办公室主任，1996年至2000年在沈阳东机工贸公司工作，任办公室主任。其间：1980年至1992年在东北机器制造厂文工团兼职。2000年至2014年以制作MIDI音乐、教授音乐为自由职业。2014年退休至今。

1974年至1976年师从作曲家刘炽学习作曲。1984年考入中国中央函授音乐学院作曲系。1989年在沈阳音乐学院作曲系学习作曲。

☆知青姐妹（左为陈凤兰）

陈凤兰 王贵新的爱人，1972年由沈阳市铁西区36中学下乡盘锦向阳农场向阳村，1977年回沈阳，先后在服装厂、阀门厂当工人，已退休。

十八岁那年……

◎ 王桂英

五月初我参加了一次知青聚会，当走进酒店大厅的时候，忽然看见了一个既熟悉又似乎很陌生的身影，这身影萦绕在我心头几十年挥之不去。难道真的是他？我拨开人群快步走到他面前激动地说："秋白兄你还认识我吗？"只见他先是一愣，然后上上下下仔细地打量了我好一会还是无奈地说："哎呀！真对不起，认不得了。"这时我马上说出了他爸妈和妹妹的名字及家住老宅，以提醒当年我们关系的密切，可他还是目不转睛地看着我，歉意地摇摇头说："实在想不起来了！"我有些不满地说："纵然你谁都想不起来，也不应该忘掉我呀！"听到这话他双眸一亮似乎想起了什么，"你是英子！"接着他张开双臂把我紧紧地拥抱在怀里……此时我的眼泪再也止不住了，42年前的往事如电影一样闪现在我的眼前……

一

那是1974年9月2日的上午，沈阳市政府广场上，彩旗飞舞锣鼓喧天，数万群众隆重集会欢送我们这些应届毕业生上山下乡。我和自行车厂的120名职工子弟被前来送行的亲友们簇拥着登上了沈阳至盘锦的列车。一路上我们这些未来要在一起工作生活的年轻人互相介绍，热切攀谈着，想象着将要前往的

知青在盘锦

新家。大约经历了四个多小时的车程，我们终于到达了目的地——盘锦大洼县新立农场前胡大队。初进前胡放眼望去，是广袤无垠白花花的盐碱地，脚下凹凸不平的土道两旁是开满白花的芦苇塘，路边偶尔能看到几棵疏枝败叶的小矮树，远处有几支巨大的火炬熊熊燃烧着。一条铁路纵贯前胡，走过入村的铁道口即可看到五趟红砖瓦房一字排开，这就是前胡知青连的住地。在靠近路边的房山上挂着红底白字十分醒目的大标语："热烈欢迎七四届新知青来到前胡。"房前是平平整整的十分宽敞的方形操场，四周插满了红旗。老知青们齐聚在操场上，身着节日盛装，载歌载舞地欢迎我们，热情地为我们提行李、拎包裹，登记造册，安排入住，忙里忙外好不热闹。锣鼓声、欢笑声、叫喊声响成一片，整个青年点沸腾起来了！当天傍晚，大队还为我们组织了别开生面的欢迎会，老知青们表演了许多精彩的文艺节目，有独唱、独奏、诗朗诵、三句半、相声、样板戏选段等，看得我好开心呢！但最吸引我的还是秋白队长在欢迎会上的演讲，他热烈地赞美我们告别城市和家人投身艰苦乡村的壮举，深情倾吐了当地村民和老知青对我们的欢迎和期冀，介绍并展望了新立前胡的巨大变化和美好未来，鼓励我们坚持下去就一定能够创造奇迹，绽放生命的光彩。他的讲话时而声调铿锵激情澎湃，时而幽默挥洒、妙语连珠，时而旁征博引、思想深邃，时而娓娓道来、扣人心弦，加上那宽厚磁性的嗓音，更听得我如醉如痴。说心里话，自成年以后我还是第一次听到震撼得能荡起内心波澜的讲话，对他的崇拜、钦佩、敬慕从心底油然升起。

二

夜幕降临了，透过玻璃窗向外看，除了远处的天然气（老知青称之为盘锦大蜡烛）火炬还闪烁着微弱的光亮，到处是一片漆黑和寂静，与繁华城市晚上的灯火喧嚣形成了鲜明的对比。此时我们同寝室的五个女孩子有的在给家里写信，有的因思念亲人而目光迷离，还有的已是泪水涟涟，年龄最小的那位干脆就钻进被窝里蒙头号啕起来。只有我生性开朗不知哭为何故，对她们几个一番安慰劝说后，不知不觉地就进入了梦乡……

　　下乡不久我们就赶上秋收大忙季节。天蒙蒙亮就起床、早操、洗漱、吃饭，然后带着工具到操场集合列队走向田间。记得我第一次参加水稻收割那天，穿了大一号的稻田靴，别说下田干活，就连走路都很吃力，前脚踩下去，后脚拔不出，不是手触在地上，就是一屁股坐在泥土里。在20多米宽500米长的稻田地里，看到老知青挥镰自如，稻浪起伏间，金灿灿的稻捆瞬间就被绑扎摆放得整齐划一，如同通过天安门广场的列兵方队，真让人羡慕不已！可我却笨手笨脚地怎么也割不好，东一刀西一刀好不容易放倒了一片稻子，却又捆扎不牢一碰就散了。尽管我累得满头大汗，还是被旁边的老知青远远甩在了后面。就在我心急如焚万般无奈之时，忽然发现正前方不远处的稻子一片片倒了下来，很快便与前面老知青们拉齐了。正在诧异着，就看到笑容满面的秋白队长手持镰刀向我走来。我很不好意思说了声："对不起呀队长，让您受累了。""没事的，我们刚来时也这样，不要着急，慢慢来。"秋白队长温和地对我说着。然后他就一边讲解一边示范着收割要领，教我脚站在六垄稻棵中间，弯下腰伸直右臂先割下右侧三垄稻子，然后向左移动再割下另三垄稻子之后合并打成一捆。他手把手地教我，反复示范，终于使我掌握了基本技法，当时我心里甭提有多高兴啦。可是我刚刚学会一点儿就想着要提速，割着割着一不小心一镰刀下去把左脚的靴子砍透了，吓得我大叫了一声。秋白队长急忙赶过来将我扶起并接过镰刀，关切地问我："伤到哪没有？""幸好鞋大一点儿，没伤到。"我很得意地答道。他松了口气并示意让我坐在田埂上，用力帮我脱下了那只靴子，又从上衣兜里掏出备用的胶水、小锉、剪刀及胶皮，很熟练地把靴子粘好了，待我穿好后一再叮嘱我千万要当心哦！这时只听远处有人喊："队——长！"他顺着呼喊声朝那边走去。望着他的背影我内心久久不能平静，心想他真能干，个头虽不高，却蕴藏着那么大的能量，割起稻子又快又巧；年龄也不大，统领着全连百多名知青却驾轻就熟、游刃有余；尤其是他讲道理和说服人的能力更是超级棒，绝对是有海量知识储备的大才子；然而他更像一个可亲可敬的兄长，对我们每个人都倾注了那么多的关爱和耐心……

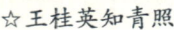

三

　　日子过得真快，收割刚结束不久又转入背运脱谷会战中。背运稻谷虽然不是技术活，但劳动强度很大，每捆稻谷少说也有六七十斤，大捆的更超过百斤，而且一背就是一整天，到收工回来时累得腰酸腿疼。尽管这样，到了晚上知青们还是会聚在一起拉琴、唱歌、讲故事、侃大山、玩扑克、下象棋。我住的房间与秋白队长住的房间只有一壁之隔，我又是新选的团支书，所以凡涉及青年思想工作的事宜，秋白队长总会把我叫去沟通研究，这样

☆王桂英知青照

我就成了他们屋里的常客。除了工作上的话题，昔日的校园生活，所学的文化课程，读过的各类书籍，以及报刊中相关文章的读后感等，都成了我们的谈资，有时候也会涉猎音乐、舞蹈、书画、电影、戏剧等艺术方面的内容。总之，天南海北古今中外无所不及。他还弹得一手好中阮，并且教会了我；他写得一手好字，我也模仿得差不多；他口才好，学识更好，与他交流真的是一种享受。每每到了晚上熄灯时，我都还未谈够，却总是不得不在亢奋高潮中戛然而止，甚至回到房间躺在床上还兴奋不已。慢慢地，找秋白哥聊天就成了一种习惯。每天晚上一有空闲我就会去敲门，"干啥呢？秋白哥！我可以进去吗？""快进来吧，英子！"他无论在做什么，都会笑盈盈地迎接我。我俩话匣子一打开就会滔滔不绝，没有间歇，不知为什么总有说不完的话。渐渐的我对秋白哥从崇拜、敬佩到青睐、喜爱，与他谈话让我感觉轻松愉快且受益匪浅，不仅从他身上学到了很多知识，更重要的是学会了怎样做人。直到77年高考升学以及后来参加工作，我的每一次进步应该说都与当年秋白队长的言传身教有着必然联系。他举手投足与人交流对话的那种范儿令我刻骨铭心，即使他批评你也会让你感觉暖暖的。记得有一次，我穿一条瘦腿裤，配了一件很肥

大且颜色艳丽的上衣走进他的房间，还未来得及打招呼，他的眼睛上下瞄了瞄，很严肃地压低声音说："你怎么这身打扮？"我马上低头看了下自己的着装，也觉得很搞笑，捂着嘴拔腿就跑出去了，到屋外晾衣绳上把还未完全干透的衣裤换上了，又去见秋白哥，他看着我，微笑地点了点头。很多年过去了，秋白哥的那句话和那神情一直存留在我的脑海中，每每想起总有一种甜甜暖暖的幸福感。

在秋哥身上不仅弥漫着男子汉的阳刚之气，偶尔也会飘出女性的阴柔之美。与他在一起工作交流总能让人浑身充溢着强大的正能量，同时也会让周围的人不断地感受到他无微不至的关爱和体贴。有一件事我印象特别深刻。那是12月份脱谷扬场的大忙季节，为了抢时间我们昼夜轮番战斗在场院，由于天气寒冷，夜班回来我们都要烧炕暖房。有一次，我们寝室的几个人夜班回来太晚了，加之又困又乏炕还没烧完就都东倒西歪地睡着了。结果屋里屋外烟熏火燎差点酿出事故。秋白队长路过发现了，就先把房屋的门窗打开，将室内烟尘排除干净，再关好门窗，同时又为我们几个盖好被子以防着凉。当他把我露在外面的胳膊轻轻地放入被窝里，并为我掖被角时，我睡眼蒙眬地醒来，刚要开口说话，他把食指竖在嘴边示意"别说话，好好休息吧"，然后轻轻地关上门退了出去。此时我虽然又困又累，却翻来覆去地再也睡不着，那一夜我失眠了……

四

冬天的记忆还未来得及整理，春姑娘已迈着轻盈的步履匆匆而来。阳春三月冰雪消融，我们开始放水泡田、做床育苗了，为插秧做好准备。进入五月，到处都会看到"烟囱站岗锁头看家""大战红五月，不插六月秧"等标语口号。我们前胡是机械化大队，插秧全过程均为自动化作业，人工只需补齐缺苗就可以了。到七月份时稻苗已经长得有半人高了，可同时与其比肩疯长的还有稗草，如不及时除掉，它将会大量吸食掉稻苗的养分，导致水稻严重减产。

知青在盘锦

因此，在七八月份里要挑最热的天气和时辰，在稻田地里喷洒农药，这时的药效是最大的，但对打药的人来说，却也要面临高温作业和药液浸染双重考验。队长根据作业要求，挑选出体质较好且动作麻利的人来干这个活。我当然也在被选之列，经过简单的培训，我们就都上岗了。每人负责一块地，而且要在正午完成药雾喷洒，两个队长则在稻田间来往穿梭，观察施药的情况。起初我还觉得挺好玩，身背药壶，左手操控活塞杆，右手持枪，不大一会儿就喷洒了很大一片稻田。哎呀！我当时很有成就感，对自己第一次干这活就有这个速度非常满意。可当快要结束的时候，忽然觉得后背湿漉漉的有些刺痛，脚步也逐渐沉重起来，浓烈的药味越发刺鼻，呼吸也越来越困难，我下意识地往田埂边走去，但已经一点力气都没有了，只觉眼前一黑便倒了下去……等我醒来时已躺在柔软的蒲草上。蒙眬中我看到秋白哥用白手巾蘸着清凉的渠水，轻轻地擦拭着我的面颊和手心，看到我醒了，他喜出望外地问："英子，怎么样了？想喝点儿水吗？"我眼里噙着泪花无力地摇摇头说："我这是咋了？怎么会躺在这里？"这时蹲在旁边的小闺蜜宁儿告诉我："今天真是万幸啊！是秋白队长巡视时发现你倒在地里，马上喊我过来帮忙，把你抱到这块阴凉的地方，并让我把他脱下来的汗衫给你换上。秋白队长可真有办法呀，他用降温和掐人中就帮你消除了中暑休克。当时你脸上一点血色也没有，吓死我啦！"听到她说这些，我转过头看着秋哥疲惫的样子，心里很是过意不去，歉意地说："秋白哥，尽给您添麻烦啦！"，他抚摸着我的额头，深情地看着我说："英子，别说这些，好好养病，等你好了我们还得继续讨论高尔基的著作呢！"看着他慈爱的面容，听着他温柔的话语，我感到幸福满满的。当天晚上我真到秋白哥屋里与他讨论起俄罗斯的名著了，他还打趣地说："看你今天昏迷不醒的样子，还以为今生无缘再与英子聊天了呢！"哈哈哈……我们的笑声传得很远很远。

1975年8月末，上级党委安排秋白哥去其他地方工作，听到这个消息我心里难受极了，整日里失魂落魄的。9月2日那天，大队备好马车，拉着他的行李物品，在村口聚集了许多为秋哥送行的村民和知青。我站在人群后面眼含着泪水，看着秋白哥与欢送的人一一握手告别，我怎么也挤不到前面去，干脆就跑到送行的马车必经路上等他。马车开始启动前行,人群逐渐落在后面。初秋时节柔风轻抚,一抹夕阳洒在乡间小路上,给人带来几许清凉与温馨,几棵小树及路边的芦花也在微风吹拂下摇曳,只听见铃铛和马蹄和谐交错的声响越来越近,我哽咽着喊了声:"秋白哥!"他急促地从马车上跳下来,似乎早已知道我会在这儿,跑过来紧紧地握住我的双手,半晌没有说出话来,我的泪水夺眶而出,低头喃喃地说:"去年的今日是哥在前胡迎接我,而今天是我在前胡送别哥。""英子,别难过,我们还会见面的。"秋白哥一边安慰我,一边从上衣兜里掏出一个褐色封皮上带有一朵玫瑰花的日记本,轻轻地塞到我的手上,深情地对我说:"留下做个纪念吧。"然后他把嘴唇贴在我的额头上,温柔地亲吻了我。此时,我像个孩子,双手搂着他的腰抽泣起来……这是我记事以来第一次接受异性的亲吻,这个圣洁的初吻我至今还在回味着。说它圣洁,是因为没有任何杂念包裹其中,完全是一种默契搭档分开时的依依不舍,是兄长在离别前对小妹的关怀嘱托和爱抚,可万万没想到的是,这个圣洁的吻与今天激情的拥抱竟然相隔了整整 42 年……

王桂英 1974 年 9 月从沈阳市 163 中学毕业,由沈阳自行车厂安置下乡至盘锦大洼新立农场前胡大队。下乡期间曾历任知青队团支部书记、大队团总支书记、生产队政治队长。1977 年 12 月考入沈阳师范学校,1980 年毕业分配至沈阳市 157 中学任教,至此开始了 37 年的从教生涯。历任 157 中学团委书记、教务主任;127 中学校长兼党支部书记;铁西区教育局副局长、党委副书记;沈阳市第四高级中学校长兼党总支书记。在此期间先后就读于沈阳教育学院、北京师范大学,并获得北师大教育管理学硕士学位,成为访问学者。还先后获得过沈阳市劳动模范、辽宁省五一劳动奖章、沈阳市人大代表、沈阳市优秀教育专家等称号。现仍在沈阳市教育专家协会工作,任驻会副会长。

钩蛏子

◎ 王淑秋

☆ 王淑秋

记不住具体的日子了，那天天气非常好。我和李凤臣穿上水靴，戴上草帽，前往海边准备像老农那样钩些蛏子。心里想得老美了！蛏子是一种软体动物，贝壳长方形，淡褐色，生活在沿海泥中，肉味鲜美。我们青年点住的地方离海不算太远，一到退潮的时候老农就会去海边弄些海鲜，有梭鱼、大虾，等等。一到这个时候，我们也能借光美美地吃上一顿，退潮的时候还可以去钩蛏子。

那时的我年龄不大，胆子可不小。在小队常听老乡讲钩蛏子的事，特别感兴趣，于是就和李凤臣合计着也想实践一下。正好那天有空，还有老农要去海边，我俩便跟在人家的屁股后边，兴致勃勃地朝海边走去。

到了海边一眼望去，已经退潮了，海水离岸边好远好远，只看见远处天和海交汇处成为一条线。我们就这样开始从岸边向海滩深处走。刚开始还学老农找蛏子眼呢！因为听老农讲过，蛏子藏在海滩的泥里，只要看见有小洞洞，把钩子往洞里一钩就能把蛏子钩上来了。可是这儿怎么没看见有蛏子眼啊？我和大李手拉手继续向海滩里走去。真是天有不测风云啊！还没有看见我们非常想见的蛏子洞眼呢!脚下已经开始不好走了。要知道盘锦属于盐碱地,海滩当然也不例外了,越走越往下陷,滑不唧溜的淤泥,拽住了我穿的水靴。那水靴可不是咱们在城市里穿的那种矮勒儿水靴,它是那种勒儿高过了腿肚子,和膝盖一般齐的水靴子。脚下的泥巴已经漫过半个靴子,拔

☆下乡前合影(后排左起李凤臣、史凤璞;前排左起郭桂荣、段玉兰、王淑秋)

出这个腿,那个腿又陷进去了,好不容易拔出这条腿,那条腿又陷下去了。我俩一看不好,就赶紧掉头想往岸边走。可这时已经不是我们说了算的时候了,进来容易出去难。淤泥粘得我拔不出来脚,而且越使劲陷得越深,高勒儿水靴和污泥已经平齐了。我使劲、再使劲,我用手去拽靴子,根本拽不上来。我用尽全力,脚丫子出来了,靴子却在泥里纹丝不动。淤泥已经快漫过靴子了,再使劲我就要摔了,这时我真的傻了,直喊李凤臣。而此时的李凤臣也是和我一样,拔不出脚来。谁也顾不上谁啦!

正当我们陷入绝境时,救星出现了!小队的张大哥和另外几个人,在赶海回来的路上发现了我俩。他们连拉带拽,总算把我们拽出了海滩。"还钩蛏子呢,没让蛏子把你们钩走!"这件事便成了一段笑谈,从此再没有知青敢去钩蛏子了。

王淑秋 女,1950年8月8日生。下乡前就读于沈阳十一中初三(四)班。1968年9月下乡到盘锦垦区荣兴农场双井子大队西井子小队,1973年选送到阜新煤矿学校学习,1976年毕业分配到煤炭部沈阳设计研究院,2001年退休。

苇塘中的青年营

◎ 尹长彬

本文中的青年营，坐落在号称是"南大荒"的盘锦市东郭苇场，距东郭苇场场部东北方有两公里的路程，当地人称它为"两公里"，我们的"东风青年营"就坐落在这个地方，这儿就是芦苇塘，也是我下乡的地方。

一、初到苇塘

1972年12月，正当全国轰轰烈烈地开展上山下乡运动，搞得如火如荼的时候，沈阳54中、79中、95中先后有400多名知青，来到了这片百里芦苇塘（我们班的同学绝大部分都在这里），来接受东郭苇场贫下中农的再教育。由

☆尹长彬下乡前班级合影（二排右四为尹长彬）

于我们来得仓促，这里也没有现成的房子可住，原来想建的青年点，由于是冬季，也不能够挖土建盖房子，我们这些人已经来了又没有地方住，只能临时安排到"三公里塘铺"暂时栖身，等来年盖起了新房子我们再搬进去。

"三公里塘铺"，是民工冬季割苇子的临时居住地。由于这里离场部很近，这儿的苇子割得早，民工们已经转场到苇塘的深处去割苇子了。剩下的只是一排排的空房子和一垛垛的芦苇。"三公里塘铺"门前有小火车道，它四通八达，通往各个塘铺。各个塘铺的苇子最终用小火车拉到金城造纸厂去造纸。"三公里塘铺"现在空下来正好留给我们居住，这一排排的全是平顶房，每个房间有两排从东到西的长长的火炕。一个房间可以住几十号人，过集体生活大家都是第一次，都觉得很新奇和兴奋。没有人觉得苦，因为在下乡之前都有思想准备。

我们东风青年营是以学校班级为单位，按照每110人分成一个连，共分成了4个连，每个连又分成4个排，我被分到了二连。当时每个连要自己组织运作，将来要单独进行经济核算。

在进入冬季以后，在"三公里塘铺"防火是重点，好在当时大家还没有学会抽烟，只要注意厨房用火就行了。在这里十里以内看不到村庄，看到的只是一望无际已经收割完的芦苇塘和苇塘中的上水线排水沟，不时地还有拉芦苇的小火车通过。这里的老农很自豪地向我们介绍：这里是世界上第二大苇塘，芦苇不光是可以造纸的原料，还可以编苇席、上房编笆、做笛膜，等等，还有各种珍稀的水禽，河沟里有得是鱼，螃蟹往屋里爬……我们还要在这苇塘里种水稻吃大米。我们这些在城里生活惯了的学生，听了以后都很高兴，这不是鱼米之乡吗？我们以前在书本上看到过北大荒的介绍，那可是："棒打狍子、瓢舀鱼、野鸡飞到饭锅里"。可是我们现在连住的地方都没有，什么时候实现呢？

说是接受贫下中农再教育，其实就是接受几个农民的教育。我们连有4个老农，一个连长、一个书记，还有两个领着我们干活的，其中还有一个是车把式，我们都称他为师傅。

我们青年营刚组建时什么都没有，只有上级拨下来每人一年的粮食。由于没有烧的，我们到来之后首先就是去打柴火。好在我们居住在苇塘里，搂点柴

知青在盘锦

火还是不难的。由于当时正是冬季,我们没有什么农活可以干,现在要准备出明年一年的柴火,这个工作量还是很大的。我们每个人发了一把镰刀和一条绳子,有的还手拿耙子,就在苇塘里找民工割倒剩下的矮苇子,然后捆成捆背到路边,最后再由马车拉回"二公里"码成垛。当时我们不解地问:我们打的柴火干吗都放到"二公里"的荒甸子上了?我们的吕连长手指着这片苇塘说:这就是我们的青年营,你们看那!那些青砖、石料就是为我们建青年营准备的。这儿就是我们二连的房场,开春就开始施工,这是道路,这建你们的宿舍,这是食堂,这是仓库,这准备建个猪圈。大家听了都很高兴,有人就问:干吗要用青砖?没有红砖好看。吕连长耐心地说:你们还不知道,我们盘锦土地返碱,你们看这一片一片像红海滩一样的草就知道了,这儿的碱比较大,如果采用红砖,过不了几年红砖就会酥了,所以只能采用青砖和石料,青砖和石料都耐碱。这时我们才恍然大悟,原来如此啊,这儿的老百姓都很聪明,也为我们上了一课,他们为我们的到来想得很周到,我们的敬意也油然而生。

精明强干的吕连长比我们大不了几岁,当年我们18岁,他25岁,还没有结婚,整天和我们混在一起,他非常能干,整天乐呵呵的。原来他在刘三村生产队当队长,由于我们的到来,特意把他从生产队队长的位置抽下来组建青年营。我们的王指导员也是个老生产队长,他有50多岁了,办事情很认真、很稳重,就是喜欢牲口。怕小青年管理不好闹事,特意组建了强有力的领导班子。

我第一次接触麻将,就是在"三公里塘铺"。由于塘铺里住着十几个扛大个(就是芦苇捆,每个都有150多斤)的民工,他们每天都要扛大个装小火车,这些装卸工临时住在塘铺里。到了晚上他们就聚集在一起打麻将赢饭票。他们住的房子和我们的不远,我们有时候闲暇无事就凑过去看热闹。这麻将做得真好,非常精致。一面是骨头的一面是竹子的,什么三条五饼、孔雀东南飞我也看不懂,就看到他们时不时地在喊叫"胡(和)啦",就把牌推倒了,输的就开始给钱票。

当时我们都在想家,谁也无心去看、去学。还经常开什么批判会,写决心书、写保证书,哪有闲心去看什么麻将。我们每天干活又累得不行,有时候听到喊开饭啦，我们都不爱动弹，就想躺一会儿。

二、迁入"东风青年营"

我们的新青年点，刚开春一化冻就开始施工了。由于是在苇塘里建房，地势低洼，要推很多土垫高一米以上才行。这房子建的可真快，一天一个样。没用多长时间就建好了。

迁入新居，这在农村可算是个大事情，不但要吃喝庆祝，还要放鞭炮。在我们迁入新居之前，王指导员给我们讲："我们建的这个青年点，这房子是一流的。虽然超资了，这可是50年不落后、100年不挨骂的百年大计。"

我们二连分到了4栋房子。当我们搬进了新居一看果然不错，前两栋中的一栋住男同学，一栋住女同学，每栋有12个房间，后面一栋是食堂，另一栋是仓库，全是带走廊的平房，还有前后门。还建有猪圈、马棚、男女厕所，规划得很好，是比农村老百姓的房子好多了。底角一米以下全是条石，一米以上全是青砖。我们每5个人一个房间，有着当地农村的那种大大的上下半开窗子，典型的东北火炕还有宽敞的走廊，这样的青年点我们很满意。

说是搬家，其实没有什么可搬的，一个行李包，还有一个装衣服的木箱子，这就是我们每个人的全部家当。从"三公里塘铺"到"二公里"我们的青年点，没有公路，只能走小火车道。由于我们的连长和塘铺的人很熟，借了个小火车道上的轱辘车，有两个人交替的上下压杠杆，这轱辘车就可以走了，其实就是一公里的路程，因为轱辘车跑得还很快。搬家没用多长时间就搬完了。我们搬家用的这轱辘车，是人家小火车道上用来巡护铁轨用的。

搬完家以后一切都在有序地进行，添置了三匹马、一挂车，这给我的生活带来了转机。我们的指导员当过生产队长酷爱牲口，有一天他把我叫去告诉我："我们这三匹马交给你饲养你看怎么样？"我一听这可是个俏活，可我哪会养马呀！我就说："王指导员我也没有养过马呀！我能养好它吗？"指导员说："谁都没养过，我看你行你就干吧。"从此我就离开干活的大帮去喂马了。

我们二连又抓了几头猪，相继又增设了饲养员、保管员、会计，又调整了炊事员，从此一切都走向了正轨。

三、用人拉犁耙地

上级为了我们垦荒青年营，每个连拨了一台链轨拖拉机，开春以后它就开始了深翻土地，为的是把芦苇从根部铲断，为种水稻打下好基础。为此我们青年营还每个连抽调一个小青年，提前到东郭苇场拖拉机站学习开拖拉机。其余人员也没有闲着，有的在家负责育苗，大部分则去挖上水线和排水沟，还要叠坝埂、筛育苗土，等等。有几块水田地不平，拖拉机忙着翻地也没有空去推，只好用人拿铁锹去铲。已经上了水的水田，用人工铲平高岗，这工作也是很繁重的。用筒锹一锹一锹地甩，这些小青年哪干过这活，可季节不等人啊，不想干也得干，没有选择的余地。

要说最难干的还不是这些，耙地算是最苦的。耙地就是在插秧前把水田整平，由于翻过的土地，上水以后还是坑坑洼洼不平，这就需要用多齿耙子在水里来回地拉才行。这项工作在农村，一般都采用牛、马来拉耙子耙地。而我们的三匹马每天拉着大车忙着进稻种、拉化肥、采购塑料薄膜、买粮、买菜，等等。忙着呐！一点也闲不着，哪还有闲空耙地呀？就是抽下来耙地，那300多亩的地得啥时候能干完呢？一匹马一天能耙一亩地就是快的了，那得三个多月才能耙完全部，到那时人家的稻子可能都快收割了。吕队长和几个当地生产队联系想借牲口来耙地，人家说了："等我们耙完地就借给你。"人家说的也在理，总不能让人家把地撂着先种你的地呀。要是借可不是三天五日，那么多的地边耙、边插就得一个月。

为了不插六月秧，不错过农时，我们只能采用人工拉犁的方法了。在全连挑出一批身体条件好的壮汉负责拉犁耙地，给他们增加工分，他们6个人一组，有一个人站在2米多长的多齿耙子上，其余5个人负责拉耙子。就这样他们穿着水田靴，身上又裹满了齐腰的塑料布，在泥里深一脚浅一脚拉着，就好像黄河上的纤夫一样，干着牛马一样的活。不要说拉犁，就是在泥里走一天，一般人也受不了，更别说拉着2米多长，有18个齿的耙子（每齿有近20厘米长），上面还要站一个人了。一天下来不说他们身上的塑料布，就连脸上溅的都全是泥巴，根本分辨不出谁是谁了。指导员曾经这样说过："耙地这活最累，农村一般都用牛来拉犁，如果用一匹膘肥体壮的马去拉犁，不用一个星期这膘全没了，半个月就得累趴窝。"牲口尚且如此，那么人呢？由于太累拉不动，吕队长给每个组又增加了2个人。

地耙完了，还要平地。这平地就是在两三米长的大木板上站一个人，人家用牲畜拉，我们只能用人拉着把地整平。这是插秧前最后一道工序。就这样我们一边耙地，一边平地。男同学还要负责挑秧，女同学负责插秧。

由于开春后，大地刚化冻，大家都穿着小薄靴子，踩在还带有冰碴的水里非常凉，有的同学冻的腿都抽筋了，可在农忙季节不分男女，也不分身体好坏，不管有什么情况，一律都得下地干活。我是喂马的，除了要割草、清理马棚，中午还要帮助厨房给地里送饭，平时还要往地里送开水。总之我们大家费了九牛二虎的力，最后总算是把秧苗全插上了，实现了"不插六月秧"的口号。

要说我们的伙食，虽不能算好，但能吃饱。这是怎么回事呢？这要归功于我们的吕连长，他不但工作有方，还胆大心细。按照我们城里学生的定量，给我们配拨的粮食发的饭票，不干活都不够吃的，我们干了这么重的活，更不够吃了。连长告诉炊事员："你不要怕，每天你就多下米，让大家吃饱，吃不饱大家怎么干活，粮食不够我来想办法。"原来，上面准备下拨的稻种是两批，怕我们育苗不成功，备了一份。连长把这份备用稻种也都要来了，按理说这稻种很贵是不能吃的。他却有办法，拿备用稻种1斤换来3斤大米，这下我们当年的粮食就够吃了。虽然我们是按每顿的定量，拿5两饭票去打饭，但是打出的饭有8两，炊事员还问你够不够，不够就再来点，要不你就吃完了再来打也行。我下乡那几年没有挨过饿，与吕连长领导有方是分不开的。别的连就不理解，同样的饭票我们怎么就吃不饱呢？

其实这里的秘密不仅如此，我们的连长不好大喜功，是个非常务实的人。

在我们下乡的第一年粮食就获得了大丰收，打了30多万斤水稻。要按照规定每人留下600斤口粮，其余部分要全部交给国家。在留口粮检斤过秤时，连长告诉记录员："一袋水稻如果是140斤，你就写110斤，剩下的交公粮。"你说我们能吃不饱吗？

四、出工修坝

每年地方都有修堤筑坝的任务，我们青年点也不例外。我们点采取自愿报名的方式，听说出工修堤工分高，就是累点但伙食好。吃的怎么也不能像我们青年营的伙食，整天的大米饭白菜汤，把白菜叶捞出来，这汤都可以洗脸了，一点油水都没有。经过一年时间的锻炼大家早不把累当回事了，很多人都奔着每天20个工分和伙食好去报了名。说是修堤其实是捯坝，就是要拓宽水渠，把原来的堤坝向后挪出10米，然后再加高修成堤坝。这项工程土方量很大，动用了整个盘山县的民工。我们在家先准备好自己最心爱的筒锹，用锉刀打了又打，用砂纸蹭了又蹭，磨的飞快，这就是当兵的武器呀。筒锹就像大号的洛阳铲，很适合挖土方。每个人还准备了锹抢子，有的是用铁片做的，有的是用铁丝围弯做成的。大家都喜欢我做的锹抢子。我用10号铁丝做锹抢子，不但前面有个弧度，而且我把前面的铁丝拍扁了，又磨得很快，在把上我又用铁丝缠了几圈为握的方便。由于10号铁丝的原材料很少，我也只做了几把。

我们青年营负责修的那一段，刚开始干着还可以用独轮车推土，出工的伙食又很好，每天一日三餐大米饭红烧肉随便吃，大家觉得还不错，都高高兴兴的。可是等到后来坝修的越来越高，挖的渠越来越深，坡太陡，独轮车用不上了，就得采用人背土的方法。把草袋子在一边开了一个口，背土的人两手拉住上边的角把草袋子放在身后，大筒锹往草袋子里装200来斤的土。这时候大家高兴的劲没有了，整天都不说一句话。刚开始每个人身后背一个装满土的草袋子，慢慢地往大坝上走就可以了。没过几天大坝又高了一些，人们更累了，走是不行了，就得采用四条腿往上爬了，中间没有休息。所谓的休息就得等爬到了坝顶把土卸掉了，往回走的时候那就是休息了。有时候爬到十多米高的坝顶时一点儿劲都没有了，连人带土都倒在那了，好半天才能爬起来，真想休息一下啊！可是你看这工地上都在干、都在背、没有人休息。都挣同样的工分，这工分可真不是那么好挣的，这活儿哪是人干的呀？

那个年代没有挖沟机，要想挖沟、修渠全靠搞人海战术。据我的朋友回忆说：站在坝顶能看到油田的公路，看到来来往往的汽车，车里坐着一些身穿道道服的石油工人，当时可真让我羡慕极了，你看人家多好，坐着大汽车呼啸地驶过去上班。你再看看我们，整天背着200来斤的泥土，在大坝坡上四条腿的姿势爬来爬去，前途渺茫啊。人和人的差别怎么就这么大呢？这真是天壤之别呀！想起城市里美好的生活、温馨的家庭，不由得潸然泪下……

五、青年营不准搞对象

我们青年营管理得很严，也很正规。在我们刚来到青年营时，连长、指导员就很明确地告诫大家："在青年点不准搞对象。"理由是："你们是来接受贫下中农再教育的，不是来搞对象、谈恋爱来的。"其实我们大家都不想搞对象，也不敢去搞。因为我们明白，真要是谈了对象，那就意味着要留在农村娶妻、生子，待上一辈子了。如果说我们是来接受贫下中农再教育的，难道我们就要接受一辈子的教育，单身一辈子吗？也许将来有出去的一天，看到农村这样艰苦，我们这一辈子就这么过？真是心有所不甘啊！

大男大女的，整天在一起生活、劳动，又离家那么远，能没有点感情啊？好归好，帮助归帮助，就是不敢搞对象，这是绝大多数人的原则。大家到了晚上闲暇无事，就是唱歌吹口琴来打发时光。要说唱歌其实都是使劲喊，有多大嗓门就用多大嗓门，我的口琴就是那时候学会的。我们青年营也有文艺演出的时候，那就是到了"十一"国庆节，还有毛主席诞辰，都是大家排练节目演出的日子。由于我们青年营没有礼堂，那时候东郭苇场场部有个能装四五百人的小礼堂，我们只能到那儿去演出。我们坐着大马车一路唱着歌，就像放假回城一样高兴。当然放假回城有时也乘坐小火车到金城，然后再换乘大火车回沈阳。

我们连有一个叫阿元的，他胆子可真大，他看上了一位在食堂工作的大眼睛阿丽。他们俩的行为逃不过指导员的眼睛，有一天晚上指导员发现找不到这两人，就断定他们俩一定是到哪里约会去了。指导员立刻集合，调动全连100多个男女青年，马上出去找人，一定要把他们找回来。我们100多人也不知道出了什么事情，只知道出去找他们俩回来。我们在青年营的前前后后和四周找了个遍，把我们折腾了大半夜，也没看见他们俩的影子。最后他们俩从柴火垛里钻出来了。

后来指导员分别找他们俩谈心，其实，他俩是真心谈恋爱搞对象。指导员又说了一通，怕他们俩出现什么意外和后果，不好向家长交代，等等。在抽调回城的时候，他们俩的关系还是很好的。后来听说回城以后因为没有分到一个单位，就不欢而散了。

六、搞副业拔钢草

我们的青年营地处芦苇塘中，苇塘里不但长有苇子，还长了很多其他植物。钢草就是其中之一，它长得细长很结实，单根用手都拉不断，人们用它做成绳子。虽然是草绳，可这种草绳非常结实，仅次于麻绳。也有叫它乌拉草的，是东北的"三宝"之一。在盘锦由于这种草非常结实，人们就称它为钢草。

钢草一般不采用割的方式，大都采用拔的方法，这样不但保证了它的长度，而且还保证了它的质量。因为在拔的过程中，会把钢草下面的枯叶留下来，拔出的钢草一根是一根的，加工起来很方便。钢草很贵，论斤卖，几斤就可以换一斤大米，如果采用镰刀割，卖价就减半。我们的连长为了搞副业创收，决定领着我们到苇塘里拔钢草。

在去之前，每人准备一个拐弯的小木棍，上面要刻上几个深槽，这是拔钢草的专用工具。连长教我们如何使用它，就是把钢草在木棍上缠上几圈，用力一拉木棍钢草就拔出来了。在苇塘里不是什么地方都有钢草的，需要走出去30多里地，还要寻找苇塘中无水的高岗处，才能有一小片钢草。

由于距离青年营很远，只好在附近找一个塘铺住，一住就是一个月。这段时间就需要用马车给临时住地送粮、送菜。个别青年还求老板，下次来捎二斤"脚后跟"。这"脚后跟"就是当地的一种饼干，由于很硬，大家就给它起了这么个外号。"脚后跟"是采用面粉

☆知青年代（前右一尹长彬）

加点糖精制而成，味道就可想而知了。它和城里的饼干没法比，但是便宜，我们在馋了的时候就买一点"脚后跟"来解馋。

这钢草当地人都想买，因为家家都有草绳机。一个人坐那脚一踩，把钢草向三个喇叭口似的孔里塞，这草绳就可以从机器的另一边出来盘成一盘，等待出售。因为钢草的成本很贵，打出的草绳就更值钱了。

在没有钢草的时候，这台机器也不闲着，可用它来打稻草绳，这儿家家都有稻草，大都烧火用了，稻草绳卖得很便宜，利也少，这也是废物利用。

在拔钢草的日子里，因为这一片钢草被拔没了，就要经常转移住地。有一次转移到了大凌河边，那里有很多高的地势，很适合钢草的生长。在早晨和黄昏时节，经常看到一排排大雁在天空中徘徊。这里还种了很多苞米，收割后打成捆一排排地戳在那里晒粒。每到傍晚大雁都一群群的，落在立好的苞米秆垛上会餐。

有几个不安分的青年，就打起了抓大雁的主意。他们在天黑前藏在苞米秆垛里，留了几道缝可以向外观看。天一黑，大雁全都来吃苞米了，有的落在了苞米秆垛顶乱叫，有的就直接落在了苞米上开吃，这大雁的嘴可真厉害，都已经风干了的苞米，被它一啄全下来了。这要是咬人我看也能叨下一块肉下来。

他们把手慢慢地伸了下去，看准机会突然抓住大雁的腿，往苞米垛里一

拽，立刻用衣服把大雁的头蒙住。虽然惊动了其他的大雁，暂时是都飞跑了，可是你只要不动，不让被抓的大雁叫，一会儿它们还会再来参加盛宴的。一个晚上抓几只是不成问题的，每只大雁有十多斤重，而且大雁肉的味道真的很好。难怪有人说："宁吃飞禽一两，不吃走兽半斤"呢。天鹅肉也不过如此吧！

七、结婚教育现场会

谁都参加过各种各样的现场会，可是谁参加过结婚教育现场会呢？1974年，在全国轰轰烈烈学习柴春泽、邢燕子的大环境下，东郭苇场南井子青年营，有一对青年走在了前面。他们是青年里的干部，响应号召，立志扎根农村60年，就要结婚了。在这个拥有800多人的大青年营里，轰动不小。原来不让谈恋爱搞对象，现在又支持青年扎根农村干革命。

这个消息不胫而走，惊动了盘山县的领导，他们非常重视此事，不但下发了文件，号召大家向他们学习，而且还由官方负责他们俩的婚礼庆典及一切事宜。

盘山县的领导要求把这个婚礼办的大而且隆重。同时向各个青年营发出邀请，要求他们都要派代表参加结婚庆典的现场会，并要送一份大的贺礼。我们青年营送了一台缝纫机，其他的青年营有的送自行车、有的送手表，等等。这些东西在当时可是最时髦、最高档的结婚物品了。领导还要求各级单位负责解决婚礼上的其他物品：盘山县负责出香烟、东郭苇场负责出糖果、青年营负责摆酒席，并杀了几头猪来招待大家。本连队的青年每人拿出10元钱，凡是南井子青年营其他连的青年，每人拿出5元钱来祝贺，个人关系比较好的另外还要多花上一些。还收到了很多生活用品，有摞起来顶到天棚的毯子、成片的暖壶、和人一样高的脸盆，还有枕巾、床单等物品，摆了一大屋子，不计其数，比小商店的东西还要多。

他们的新房由青年营负责，建在了距离青年营不远的地方，同时还建好了猪圈、菜地，还有一个院子。后续安排也非常好：男的安排到了机修站，女的安排到了供销社商店上班。家里的粮食由青年营出，送去了三千斤稻子。青年营还答应送他们俩几头猪养,让他们自己到青年营的猪圈里随便抓。大家都来帮忙,他指哪头大家就抓哪头,负责赶到他们家的猪圈里。他们俩还真不客气,一共抓了6头大猪5头小猪。青年营还许诺:以后的猪饲料青年营全包了,烧的柴火也全包了。解除了他们的一切后顾之忧。

我们派去的代表回来后,传达他们结婚的盛况,大家听到这些好消息,虽然都替他们高兴,也不知是为什么,没有一个表示出羡慕,也没有一个嫉妒的。在代表们传达完精神以后,大家还要进行讨论。在讨论过程中也只是轻描淡写地说一说,要向他们俩学习。没有一个站出来说:我要向他们学习,我要扎根农村60年,在农村安家落户。平时有几个人政治上很积极,喊口号最响的,在这时发言都显得苍白无力,嘴边的大话说了一半留了一半,生怕说出来遇到认真的人进行兑现……

几年以后在抽调回城的时候,别人都走了。他们俩急得团团转,最后在清点的时候,他们俩也抽调回城了。

八、不知道去向的抽调

1975年初,是我人生的转折点。当时在我们青年营开始了抽调回城工作。首批去哪儿说法不一:有的说去辽化,有的说去九化,有的还说去盘锦塑料厂的。进厂当工人对我们来说是一件天大的好事。尽管不是回沈阳,可大家谁都想早日离开这个地方。由于名额有限,全营才给了40个名额,一个连150人分到10个名额。不是谁想走就能走得了的。这需要大家来评比,谁的工作干得好与坏,摆在桌面上开大会进行讨论,评选出10个人来,最后还要由连长和指导员来进行敲定。

我是第一批被选出来的10个人之一。我是唯一一个干俏活被选上的。王指导员私下找我谈:"小尹子,你能不能这批不走哇?听说半年后还要招一批回沈阳的。"我心想,回沈阳固然好,谁知道以后还有没有这机会了,要是没有我不就在这农村待一辈子了。我告诉指导员说:"不行,我得走,到哪我都

知青在盘锦

去。"其实指导员说的没有错,果然在半年后招了一批回沈阳到轻工局的。他们回城后大都是站柜台,后来他们中有发迹的,也有下岗的。

用工单位来青年营接我们。可是当我们乘坐着大卡车,坐在行李上奔赴新的岗位,还不知道自己具体到哪去上班。心想,你随便拉,拉哪去都行,反正是离开农村了。

天要黑了,卡车把我们拉进了兴隆台采油厂,不是说去辽化、九化、去盘锦塑料厂吗?怎么到这儿了?到这儿也行啊。听说油田挣得还多呢。

我们下车点名后被安排到招待所住下。我们晚上就到大街上溜达,看一看油田是什么样的,这是厂区没有看到一口油井。也不知道油田都有什么工种,我就问过路的老师傅:"这油田都有什么工种啊?"人家告诉我说:"这有采油、作业、集输。"他还说:"作业队比较累,采油、集输比较好。"他说这些我都不懂,我当时还把集输听成了"技术"。我看过电影"创业"就知道有钻井的。

☆愉快相会(前排左一采油工尹长彬)

我打听工种的目的是想选择一个好的工种,可谁知道第二天一大早点名,就由不得我了。张三、李四你们到作业队;王五、李六你们到采油队;其余的都到集输。经他这么一点名就算分完了,我们没有说话的份儿。作业队分的都是人高马大的小伙子，怪不得昨天点名时，他点一个人抬头看一眼呢，原来他是在给作业队最艰苦的岗位选棒小伙子呢。就这样我被分配到兴隆台采油厂一大队的采油一队工作，十年后我又调到了茨榆坨采油厂。我写的《老尹的安全故事》一书，就是在茨榆坨采油厂完成的，当时辽河油田采油系统工作的人手一本。后来这本书被石油系统作为安全教科书采用，现收藏在辽河油田开发史展览馆。

尹长彬 1972 年 12 月由沈阳市第 79 中学下乡到盘锦东郭苇场，在青年营劳动了两年。1975 年 2 月青年营首批抽调，被抽调到辽河油田兴隆台采油厂采油一大队采油一队当采油工。1980 年调到采油六队工作，任于一转油站站长、副队长。1985 年 5 月调到茨榆坨采油厂，任采油五队  队长、指导员，后又调到采油四队、二队、八队任队长、指导员，后来任书记。直至 2014 年退休。

在担任采油五队队长期间，首创全国铜牌采油队。每年有多项技改成果，如：链条抽油机断载保护器，后来推广到高升采油厂，获得辽河油田科技成果二等奖。还有接链器、法兰阔张器、油罐着火自动密封罐口装置，等等，有六项获得了国家个人专利。

在担任指导员期间，1989 年到辽河油田主会场作过"弘扬正气"的演讲报告，1990 年参加成人高考，学的是采油工程系。多年来为单位撰写了很多宣传稿件和文艺作品，有相声、小品、三句半、山东快书、表演唱、情景剧，等等。2006 年撰写了《老尹的安全故事》一书，共印刷 5000 册，辽河油田采油一线工人人手一册，其他的书送往全国各个油田作为安全教材使用。

知青回忆录

◎左大培

我自幼喜欢读书思考问题寻找答案，但是遵循儿时严厉的家教，全盘接受了60年代正规教育灌输的思想意识。"文化大革命"爆发后，红卫兵运动风起云涌，我自然成了"激进的造反派"。

1967年初以后，我除了时常到学校参加组织活动之外，也经常跑到本校初三的王宝敏和初一（四）班的赵耀坤家里玩。在王宝敏家里主要是与他邻居的同龄孩子们谈笑、聊天，看他们打扑克；在赵耀坤家则主要是和他的同班好友们聊天、谈笑、借小说看小说、打打闹闹甚至搞恶作剧，我还跟赵耀坤和他的哥哥学会了下围棋。这一段自由自在胡作乱闹的日子，似乎是我少年时代最快乐的日子，也是我到现在为止最轻松愉快的时光。我时常对人说，那是我的"阳光灿烂的日子"，类似那个以此命名的著名电影所描述的那样。

可是这阳光灿烂的日子最终还是迫使我学习。那时流行引用马克思列宁主义的观点和语录来批判修正主义，连群众组织之间的论战也惯于援引革命导师的语录来压倒对方。这都促使我开始阅读马克思列宁主义经典作家的原著。1967年冬开始的西方货币金融危机拉开了英镑、美元与黄金脱钩、布雷顿森林体系崩溃的序幕，使我认识到了当代世界的经济基础正在发生变化。这促使我开始研究经济问题，并且力图从马克思的经济学著作中寻找答案。于是我逐渐下决心系统地学习马克思主义的著作，力图以马克思的历史唯物主义来解释中国的"文化大革命"，解释当代的历史经济问题。

1968年秋天，我自己制订了系统的学习计划，开始了闭门读书的生活。那时我父母都进了学习班不回家，白天更是我一个人在家，似乎正是静心学习的好环境。可是这样的只读书不活动很快就显出了恶果：我在1968年底到1969年初的那个冬天患了严重的神经衰弱，曾经有整夜睡不着的时候。我自幼就好读书不好运动，儿时就有神经衰弱的征兆，食欲不振，个子高却很瘦。1968年冬的神经衰弱更让我变成了真正的麻秆，个子已经长到一米八，体重却刚到100斤。直到下乡之后不久，有一次我在盘山县城的浴池洗澡，一同洗澡的一位下放干部对我的骨瘦如柴感到震惊，竟问我是不是有什么病才这样瘦。

我就是在这样的情况下随大连四中的大多数同学下乡到盘锦的。我不记得当时我在公开场合发表过什么有关知识青年上山下乡的豪言壮语，但我确实是满怀激情到盘锦农村去的。

1969年3月16日，我和大连四中的大多数同学一起坐火车到盘锦。我们初一（五）班到盘锦的同学被分到太平公社八间大队的第七和第八两个生产队插队。插队到七队的是多数，包括我在内的十男十女二十位同学被分到八队。插队到八队的，男生除我之外还有陶万崇、张福双、张福全（他是张福双的孪生兄弟，不是我班同学）、丛贵玉、丛培臣、周泗声、姜玉生、翟连柱、石景波，女生是孙卫、李淑梅、张玉梅、张玉敏、徐素芹、徐敏芝、王素萍、王玉萍、杨春、刘连春。

当时给知青住的青年点尚未建成，我们插队到八队的知青暂时分散住在当地的社员家中。我先住在生产队会计刘玉林家，之后又住到一位姓范的大爷家。我们下乡大约一年后八间大队的青年点才建成，全大队的知青都集中住在一个青年点中。

1969年，辽宁省提出发展盘锦农业，要"开发东北的'南大荒'"，要以此"打辽宁农业翻身仗，实现辽宁粮食自给"。我们下乡去的太平公社处于盘锦垦区偏北部分，本来是主要种高粱的旱田区。将这样的旱田区改为种水稻的水田区，就是开发"南大荒"的一大工程。我们到八间大队插队的知青显然是

知青在盘锦

为了补足旱田改种水田所需要增加的劳动力。下乡后我们很快就参加了队里的劳动。3月份主要是到杜家台修排灌站，在队里挖水渠、挖输排水干线、挖土搭水田的田埂；4月份用塑料薄膜覆盖育水稻秧苗；5月插秧。印象里这一切都是在省革委会及以下各级政府指令、组织下进行的，5月插秧时垦区各级组织还大力宣传和开展了插秧大会战。现在想起来，我们下乡的八间大队3月份还没挖水稻田的水渠、田埂，5月就要插上秧，秋天就要收水稻，往好处说是大干快上，往坏处说是仓促上马。而能这样突击上马种水稻，一个重要原因是我们这些下乡插队的知青提供了农田基本建设和种水稻所缺乏的劳动力。

我儿时在家除了擦地板之外没做过别的家务劳动，其他的劳动也基本没参加过。加上身体瘦弱，缺乏肌肉，力气不够，刚下乡干农活就显出不行了。同一生产队的陶万崇、张福双、周泗声等身强体壮，无论是挖土推车还是挑担，都是一学就会，一干就行，连当地一直干农活的老社员们都说真能干；丛贵玉和丛培臣不仅干力气活能跟得上，而且赶车拴套之类的技术活也都是琢磨琢磨就会干，很快就成了什么都能干的把式。相比之下，我在同学中个子最高，干活却最不行，不仅那些技术性的细活不会干，动力气的挖土之类的粗活也都落在人家后边。刚下乡时挖水渠，队长分工一人挖一段，同样的长度别人早就挖完了，我还在那里吭哧吭哧挖剩下的一大截。那时我自己都把自己看成是一个不会干活的人，同一个生产队的社员和下乡青年同学已经把我干活不行当成一个公认的事实，实在是有点伤我自尊。

我这种干活不行的状况大概持续了快一年才逐渐改变。在艰苦而繁重的劳动中，我不仅学会了一些基本的农业劳动技能，肌肉和力气也都长了。1969年和1970年在盘锦的日子里我经常吃不饱饭，但是体重还是从100斤增加到了110斤。而在农业劳动中学到的那些技能，成了我人生中永远的财富甚至骄傲的资本。1978年我考上大学后，班上的绝大多数同学都比我小，有的甚至小6岁。我领着他们劳动时有同学感叹：怎么你什么都会！我没吱声，肚子里却在说：可当年我在盘锦时是什么都不会。这点技能是汗珠掉八瓣，从贫下中农那里学来的。跟会赶车扬场的丛贵玉、丛培臣他们比，我还是有许多不会的；他们才什么都会呢！在盘锦劳动期间，我的神经衰弱彻底消失了，再不会躺在床上半宿睡不着了。记得插秧大会战时，白天的体力劳动累得我晚上连起来解手都爬不起来。我从来没有像那些天睡得那样死、那样香。小时候我还没有食欲，还挑食，不吃肥肉、茄子等。到了盘锦农村以后，干活累加上吃不饱饭，使我变得吃什么都香。我从此认定了一条道理：干重体力活是治睡不着觉、吃不下饭的最好疗法。以后我在做研究工作时也几次由于用脑过度而引发神经衰弱甚至抑郁，治好它们都靠了这个老经验：少思考问题休息大脑，多做些体力活动。

在盘锦插队时虽然离开了父母这个家，但是与同学们吃住在一起，我感到了在群体中生活的快乐。1969年12月我父母就作为走"五七道路"的下放干部，全家下放到庄河县，按当时的政策我本可要求到父母下乡的地方与他们生活在一起。但是我没有走，没有离开盘锦的青年点。当时在盘锦的青年点我连饭都吃不饱，到庄河父母那里吃饱饭应当不成问题。我没离开盘锦青年点，是因为觉得在青年点与同学们一起打打闹闹更有意思。

但是吃不饱饭一直是下乡到盘锦后令我苦恼的最大问题。为了讨问到能让我们吃饱饭的粮食分配政策，我曾于1969年底跑到盘锦垦区上访，这当然惹得大队干部们很恼火，为此我还与他们发生过争吵。这种冲突当然会使我成为干部们眼中的落后分子，我由此也就消极起来，有时感到累了饿了就不去上工。但是在下乡期间我从未中断对马列著作的自学，结果是被人说成"不干活趴在被窝里学马列"。吃不饱饭再加上这样的冲突，终于使我失去了继续作一个下乡知识青年的激情。1970年12月，家里帮我找了个"门路"参军，闪电式地离开盘锦到解放军中服役。从此我离开了劳动和生活了将近两年的盘锦农村。

按当时"扎根农村干革命"的要求，我这样突然不辞而别地离开知青队伍，不算个逃兵，起码也是个开小差的。可是我仍然觉得，我在盘锦农村才真正看到了中国的社会，开始了我的成人生活。这是我的大学，我人生道路的开始。下乡插队的九年之后，我考上了正规的大学。但是作为一名社会科学的研究者，我一直感到，我真正的大学生活，是从下乡插队到盘锦开始的。

2017年1月3日

知青在盘锦

左大培 1952年8月生于大连。1965年在大连四中初一（五）班读书，1969年3月16日下乡到盘锦垦区，插队在太平公社（后改称曙光农场）八间大队第八生产队；1970年12月入伍，在黑龙江省军区服兵役，驻哈尔滨；1976年复员后在沈阳机车车辆厂当工人；恢复高考后于1977年考入辽宁大学经济系；1982年毕业，获经济学学士学位，同年考入中国社会科学院研究生院；1985年获经济学硕士学位；1988年获经济学博士学位。1988年以后一直在中国社会科学院经济研究所从事经济理论研究，任研究员至退休；自1996年开始还在中国社会科学院研究生院兼职讲课。其间于1990—1991年和1994—1995年两度受联邦德国洪堡基金会资助，赴德国从事博士后访问研究。曾任中华外国经济学说研究会副会长。

左大培一直致力于经济思想理论研究，发表论文100多篇，出版经济学专著7部、合著3部。单独著作的《内生稳态增长模型的生产结构》一书获2006年度（第12届）孙冶方经济科学奖著作奖，《混乱的经济学》一书则被视为新左派思潮和非主流经济学的代表作。在高通货膨胀的1995年，许多经济学教授群起反对反通货膨胀的紧缩政策，左大培从理论上和实际政策上尖锐地批评他们的主张，论证宏观经济紧缩的必要性，被称为经济学界的"左氏风波"。2004年郎咸平掀起批评国企改制的舆论浪潮，左大培写出一系列文章，从理论上和经济实践上透彻地批判了对国有企业实行的权贵私有化的改制，这些文章后来汇总编为《不许再卖》一书。

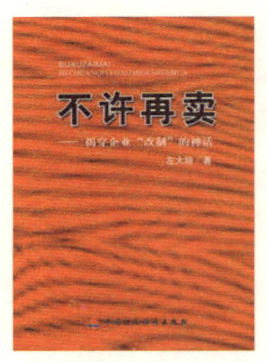

☆《不许再卖》一书

上山下乡我无怨无悔

◎卢秘娜

一

1964年7月28日，不满18岁的我响应党的号召，从沈阳市第43中学初中毕业后放弃继续升学，作为一名上山下乡知识青年来到盘锦农垦局清水农场青年机械化大队（后改名育红村）。时光飞逝，转眼间50多年过去了，然而那时生活工作的一切细节，回想起来，历历在目。

当年，沈阳市各中学共有100名应届毕业生，作为首批知识青年自愿上山下乡，到农村参加社会主义建设。这一举动，在当时可以说是一件大事，受到了沈阳市委、市政府的领导和全市人民的重视和热烈欢送，欢送我们的市、区和各学校的领导一直把我们送到火车站。我们眼含热泪，告别了繁华的城市和亲人，随着徐徐开动的火车，驶向了我们人生新的征程。

下了火车之后，到车站迎接我们的大队党支部书记用几十辆大马车将我们接到下乡目的地。一下马车，见到当时的新"家"，顿时让我们心里都凉了半截。这哪里像个青年机械化大队呀！四周到处是一望无际的白茫茫的盐碱滩，只有低洼处一些大小不一的水泡子里生长着一些参差不齐的芦苇和草。大队只有十几间旧的红砖房和三间破旧的大草棚。一个破烂不堪的大尖房，改作了我们知识青年的大食堂。一个厕所，还只是用苇子夹了半截，顶上连盖都没有。

知青在盘锦

不远处有一个大水泡子，水边有几头老母猪在那儿拱泥洗澡，泡子里还有几只鸭子在戏水游玩，透过水往里一瞧，一层层的小鱼、小虫随着水波在蠕动，这就是我们吃喝所用的水源。正像有些知识青年俏皮话说的那样，"混浊的水中有小虫，喝到肚子里还直蹦跶"。当时，我们的吃住生活条件也较差，吃的虽是大米饭但定量不多，蔬菜十分短缺，住的是土炕铺稻草。可以说，我们到农村初期的那段时间里生活条件是非常艰苦的。

正当我们这些知青一个个在思想上感到迷惘的时候，上级党组织从农场给我们调来了强有力的大队领导干部，又从各大队抽调了12名优秀贫下中农代表来给我们搞传帮带。这中间有当时大队党支部书记张德礼、生产大队副队长孟庆发，还有曾受过毛主席、周总理接见的全国劳动模范大队副队长兼拖拉机队队长梁树桐同志，当时他还带来了3台拖拉机。省里也选派了一批有大学文化的省直机关干部来给我们作讲师，讲授科学文化知识。大队党支书张德礼同志首先给我们讲了"艰苦创业"的第一课。他从党中央和毛主席的知识青年上山下乡的伟大战略思想讲起，讲了知识青年上山下乡走与工农相结合道路的重要性，还从当时农村社会主义建设的大好形势讲到迫切需要有理想、有知识、有文化、有道德的青年到农村广阔天地来大显身手，传播科学文化知识，艰苦

☆田间学习（左三卢秘娜）

创业的特殊意义。为了帮助我们渡过艰苦创业这一关，他还给我们讲党的艰苦奋斗的光荣传统，讲红军长征的故事，讲"南泥湾"精神。这一课，使我们的思想开了窍，为我们扎根农村、艰苦创业奠定了坚实的思想基础。

于是我下定了决心，要在这开垦的"处女地"上轰轰烈烈地大干一场，用我自己的聪明才智和勤劳的双手，积极参与开拓出一个科学化、技术化、机械化、知识化的新式农村，建设好辽宁的"南大荒"，在这一望无际的盐碱滩上写出最新最美的文字，绘出最新最美的图画。

为了创业，我们不怕苦和累，首先在盐碱滩上拉开兴修农田水利基本建设大战的序幕。修台田、挖大排水沟，拖拉机、推土机白天黑夜不停地轰鸣。我们这100多名大姑娘、小伙子，有的一刻不停地挥舞着手中的铁锹挖土，有的挑土、抬土。"早晨四点半，晚上看不见，中间加班干"，每天劳动一干就是10多个小时。一天，我在挖大排水沟时，由于蹬锹时用力过猛，右脚脖子扭伤了，红肿得老高老高，行走十分困难，但我仍然带着伤痛一瘸一拐地战斗在劳动的第一线，坚持了两个多月，没有休息一天。做医生的父亲得知情况后，风尘仆仆地来看我。为了不让父亲看出我带伤坚持劳动，那天晚上9点多钟劳动结束后，我换上干净的衣服，穿着从男同学那儿借来的一双大号鞋，在父亲临睡觉前，才急匆匆地去见父亲，并一再对父亲说："爸爸，我很好，脚伤早就好了，不信你看！"我还佯装着轻轻抬起了左脚让父亲看。接着我又向父亲讲起我下乡几个月时间的进步情况："我被选入大队团总支组织委员、青年点点长了，我要好好地带头干。明天早上我就不能送您了，我已安排别人送您走，请您多原谅。"爸爸看着站在眼前的女儿已长大了、成熟了，特别是得知我被选为大队团总支组织委员、青年点点长，心里也很高兴。他眼睛有些湿润，哽咽地说："女儿，爸爸知道你的心，爸爸不打扰你宝贵的时间，你要多加保重。"第二天，他就放心地返回了沈阳。

为了在艰苦的环境中锻炼自己，我自己找苦吃、找罪受。初春三四月间，盘锦大地还没有完全解冻，水田里残留着一层薄薄的冰碴子，加上初春整天不停地刮着北风，天气还十分寒冷。为做好平地、育苗前的准备工作，我们早

知青在盘锦

已下田干活了。当时我们都没有农田水靴,大家望着冰寒刺骨的水田有些踌躇不决。这时,我脱掉鞋袜,卷上裤腿,第一个跳入水中。紧接着,大伙儿一个个都跳入水田坚持干了起来。这一干就是一个多月,至今一个个都落下了寒腿的病。

插秧是一门抢农时的技术活,既要插得快,又要抢时间。在插秧季节里,为了掌握插秧技术,别人休息了,我还得继续练。收工回来,我又在洗脸盆里装上泥土进行苦练。田边、地头、土堆、水盆等能插秧的地方,我都不放过。手练肿了也不叫一声苦,终于掌握了过硬的插秧技术。在后来大洼农垦系统举行的插秧大会战竞赛中,我和1965年下乡知青赵丹一副架,以8小时插秧苗3.8亩的优异成绩获得全系统插秧竞赛第一名。当鲜艳的大红旗插在我们的地头,人们都来向我俩祝贺时,我和赵丹从心里感到无比愉快和幸福。

在劳动中,早我们一年来到这里的鞍山、本溪等地社会老知青与我们一起在劳动中相互帮助,结下了深厚的友谊,至今难忘。在收割水稻时,他们手把手地教我们如何下镰刀、如何捆稻子。在一次秋季收割水稻中,我不小心,一回身,右手掌摁在镰刀上,划开一寸多长的大血口子,刀口里边的肉白刷刷地翻了出来,鲜血直流。这时,1963年下乡老知青、指导员张恩泽同志,用水田旁一种土生的草摁在我的伤口上,随后脱下身上雪白的衬衫撕成布条,给我包扎伤口。伤口流血止住了,我们又一起战斗在收割稻子的队伍中。

艰苦环境的锤炼、党的培养、贫下中农的帮助使我逐渐成长起来。我很快并熟练地掌握了从翻地、播种、育苗、插秧、收割到打场等水稻种植全过程的技术,具有了合格的"农民"本领,由原来肩不能担担、手不能提篮的青年学生练成挑起百十斤的稻子土块行走如飞、扛起180斤大米袋子一点也不费力气的身强体壮的体力劳动者。

1968年10月,辽报记者来我们育红村采访时,给我出了一道考题:记者手中攥着两棵不同品种的稻穗,让我识别是什么型号的稻种。当时我只看了一眼就立即回答出是"农垦20号"和"农垦21号"稻种,并说明其特点:"农垦20号"颗粒较小,稻种锋芒尖较短;"农垦21号"稻种是在"农垦20号"基础上改良后的新品种,颗粒较大,锋芒尖较长。记者听完我的回答之后连声称赞说:"对!对!你说得完全对,真了不起。"

1965年,我参加了大洼农垦局召开的城市上山下乡知识青年代表大会。清水农场电影放映队还把我的事迹编成幻灯片,片名就叫《铁姑娘卢秘娜》。

二

在各级党组织的关怀下,在贫下中农手把手地传帮带和原大队党支书记张德礼以及孟庆发、梁树桐、张玉明等几任领导同志的直接带领下,年复一年,我们育红村青年点的"艰苦创业"结下了丰硕的成果。首先是环境大变。为了改善居住条件,我们学习烧砖技术,自己动手烧砖、盖房子,先后盖起9栋300间、占地约5万平方米、像解放军营房式的红砖大瓦房,有住房、队部、商店、卫生所和俱乐部礼堂。还有很多明显变化,诸如我们自己培养出了24名拖拉机手。从原来仅有3台拖拉机,发展成为拥有21台拖拉机、2台东方红号收割机的青年机械化大队。在茫茫盐碱滩上新开垦出土地5000多亩,每年向国家交售粮食多达三四百万斤。我们还在盐碱滩上开垦出20多亩蔬菜基地,种植上白菜、油菜、黄瓜、南瓜、西红柿、土豆等各种蔬菜,还建起了养猪场,从原来只有3头老母猪发展到300多头。在喜获丰收硕果时,知识青年们高兴地唱起了丰收歌,跳起了"新媳妇回娘家,手里抱个大南瓜"的舞蹈。

在1965、1968、1970、1971和1972年等几年间,我们又陆续从沈阳、大连、鞍山、本溪以及盘山、大洼等地接来一批又一批城市知识青年。其中最多的一次是1968年,从沈阳、盘山、大洼下乡到我们这里来的知青就有500多人。当时我们育红村机械化大队发展到拥有1400多名知青,成为辽宁省人数最多、知名度较高的大型青年点。

随着知青人数的逐年增多,在自己被任命为育红村青年点党总支部兼大队革委会主任的时候,我既感到肩上担子重、责任大、压力大,同时又理解到这是锻炼自己成长的好机会。当时地区、县和农场各级领导为加强青年点建设,又给我们派来了一批老干部和优秀贫下中农代表,支农解放军还派来20多名

知青在盘锦

☆学习交流（中为卢秘娜）

干部、战士帮我们搞军训。我们以解放军为榜样，为便于加强对生产、工作、生活的管理和对知识青年的思想教育工作，我们将1400多名知识青年按部队的建制办法编成4个连队，各连下设排和班，党团支部都建在连上，由上级派来的干部和贫下中农代表以及知识青年骨干分别担任各连、排干部，实行统一管理、统一指挥。当时提出，用毛泽东思想教育和培育一代知识青年，生产和育人两项工作一起抓，产粮和育人两个目标一起要。以此作为青年点建设的指导思想和工作的出发点、着眼点、落脚点。这样，我们白天搞生产，晚上学文化、听技术课、开展各种文化体育活动。农闲时还由解放军同志帮我们搞军训。在大忙季节，全营上下，连与连之间、排与排之间、班与班之间开展"一帮一，一对红"的活动，做一些后进知青的思想转化工作。在那段时间里，整个青年点可以说是一派热火朝天、轰轰烈烈的可喜景象。绝大多数知青都已习惯并非常热爱青年点的生活、工作、劳动，不仅精神非常愉快，身体也得到很大锻炼。

我们用毛泽东思想育人的经验在1970年辽宁省召开的知识青年上山下乡讲用会上作为重点推荐，并做了经验介绍，《辽宁日报》以整版篇幅作了登载。1969年至1972年这段时间，育红村处于鼎盛时期，知识青年拿起铁锹、镰刀能生产，操起枪能射击，驾起拖拉机能翻地，拿起笔来能写文章。如今，打开回忆的镜头，觉得饶有兴趣的一幕是夜间军事演习紧急集合。紧急集合的号角一响，8里的路程，不到20分钟就全部集合完毕。知识青年们自豪地唱起"中华儿女多奇志，不爱红装爱武装"等毛主席的诗词。一个崭新的、有知识、有文化、懂生产、会打枪的知识青年战斗集体在这里成长。

为密切我们与广大贫下中农的鱼水之情，我们在农闲季节会编排一些节目,如话剧《密码案件》、评剧《小姑贤》、歌剧《新媳妇回娘家》、快板、相声、三句半、歌舞,等等。在一些重大节日,我们都到农场场部大礼堂给全场贫下中农演出,一方面活跃农村文化生活,另一方面也密切了我们与广大贫下中农的关系。短暂几年时间,在育红村的1400多名知识青年中,先后涌现了不少先进的典型人物。我记得有参加北京观礼、接受毛主席检阅的知识青年代表任正平,有保送到清华大学念书的任亚芹,有走上领导工作岗位曾任沈阳市委组织部长的吉真林、曾任省总工会驻海南对外办事处总经理的王玉林,有后来到省政府开车的司机杨根才,有后来在吉林省曲艺团当相声演员的孙涛,有被盘锦地区公认为"当代郭兰英"的女优秀音乐教师郭芷兰等。还有300多名知青后来陆续在省内外走上了中层以上的各级领导岗位。

前后几年时间里,在育红村青年点就有36名知青光荣入党,有40多名知青光荣入伍,有50多名知青加入教师队伍。绝大多数知识青年从1972年之后分批陆续返城就业。其中在盘锦市、县就业的约有200多人,真正留在育红村扎根的知识青年不到10人,而在这些人中,如今有的已成为育红村的首富创业人。

我自己从1964年下乡到1972年下半年离开育红村,前后共8年时间。这8年,是我经受锻炼、茁壮成长的8年,使我由一名不怎么懂事的知识青年逐步走上市、县各级领导工作岗位。1968年,盘锦垦区革委会成立后,21岁的我,作为知识青年代表,被省委批准为盘锦垦区革委会常委、地委委员,在基层任过大洼区和清水农场革委会常委、育红村党总支书记、大队革委会主任。

从1964年下乡后,我先后被评为省、市(地区)、大洼县(区)的城市上山下乡知识青年参加社会主义建设积极分子、知识青年先进标兵;多次出席辽宁省学习毛主席著作和知识青年上山下乡积极分子代表大会,受

☆卢秘娜

知青在盘锦

到省、市、县各级党委或政府的表彰。1971年我结婚有了孩子，组织上为照顾我的工作和生活，于1972年底，将我调任大洼妇联主任、大洼总工会副主席，1973年调任盘锦地区团委副书记。1975年盘锦、营口合并后，我担任营口市革委会常委、市委委员、团委副书记。1977年，我调入营口市公共汽车公司任副经理、工会主席，市环卫处副处长、工会主席。

☆卢秘娜

50多年过去，弹指一挥间。我18岁下乡，如今已到古稀之年。在40多年工作中，我的工作调动有10多个单位，职位有升有降，但是无论党把我安排到哪里，做哪个单位的领导工作，我都把这些单位一个个带成省、市先进集体，我个人也每年都被省、市评为先进工作者。40多年的不平坦的道路中，有一点使我体会最深的是：生我、养我之身的，是沈阳的亲生父母；但是培养我成长，让我学会怎样做人、怎样敬业、怎样当好人民公仆的，是盘锦大地，是盘锦的各级领导，是盘锦的贫下中农，是当时驻盘锦的亲人解放军。

忆往昔峥嵘岁月稠，看今朝更加豪情满怀。我这一生之中的青春年华已献给了盘锦育红大地。上山下乡，深感走毛主席指引的知识青年与工农相结合的道路是无比地金光灿烂。农村是广阔天地，在那里确实可以大有作为。对于自己走过的这段路，我至今依然感到无比自豪，无怨无悔！

2017年5月

红旗青年营的半军事化管理方式

◎ 由铁军

红旗青年营这个41年前让我们历练身心、魂牵梦萦的地方,至今令人难以忘怀,回忆起当年的往事依然会使我们心潮激荡不已。

1975年8月20日,我们红旗青年营四连的一百多名高中应届毕业生,从沈阳乘火车来到盘锦胡家农场,开始了历经数年的知青生活。红旗青年营从此就是我们这些年轻人的家,用什么样的方式来管理好这样的一个家?在那个特定年代和特定条件下,半军事化管理也许是最合适的管理方式。

一、红旗青年营半军事化管理方式的由来

所谓半军事化管理,就是非军事单位仿效军事单位的管理模式实行内部管理的一种方式。

当年知识青年上山下乡在组织形式和管理方式上大体可分为四种:第一种是到生产建设兵团当"兵团战士",如黑龙江生产建设兵团;第二种是到国营农场当"农场工人",简称农工;第三种是回农村老家当"返乡知青",也叫回乡青年;第四种是知青集体到农村"插队落户",混编到生产队,跟当地农民同

☆ 由铁军

知青在盘锦

生活同劳动。而红旗青年营在组织形式和管理方式上同以上四种都有所区别，其独特之处就在于实行半军事化管理。

1. 从 1974 年起，国家为了解决知青管理中的诸多问题，开始推广株洲经验，即厂社挂钩，由知青家长单位到农村组建青年点，安置本单位的员工子弟。红旗青年营就是当时由沈阳军区司令部、政治部、后勤部和总参的几个驻沈单位及东北八三工程指挥部联合组建的，由于组建单位都是部队机关，因此很自然地就把部队的管理模式运用到青年营的建设上。

2. 红旗青年营隶属当时的盘锦地区盘山区胡家农场。盘锦地区位于辽宁南部，素有东北的"南大荒"之称。20 世纪 60 年代末开始，大批沈阳、大连、鞍山的知识青年，陆续来到这里下乡务农。盘锦地区原称盘锦垦区，地区下设盘山区和大洼区，区下设农场，农场不同于一般的农村，当地的农民都称为农工，以区别于普通农民。红旗青年营所在的胡家农场，当时有两个青年营也就是一营和二营，我们红旗青年营为一营，红星青年营为二营，是由沈阳市交通局为安置下属单位子女所建。我们一营的生活条件相对较好，住所是原省"五七干校"的校址，知青统一住在集体宿舍，吃饭在集体食堂，而且同当地的农民（农工）不发生过多地接触，所以客观上也有条件实行半军事化管理。

3. 红旗青年营的带队干部多为现役军人。株洲经验还有一条就是由知青家长单位抽调得力人员作为带队干部，到农村跟知识青年同生活同劳动，并负责对下乡知青的管理和教育。红旗青年营的带队干部都是由司政后等单位派出的，基本是现役军人，级别由正排职到正团职。带队干部本身都是军人，都带过兵，比如，我们四连的带队干部张微微就是从部队的基层连队抽调来的，他们在管理知青时，很自然地就把在部队带兵的一套方法用在了知青管理上。

4. 红旗青年营的知青大都是部队子弟，从小生活在部队环境当中，家长也多是军人，所以有军人情结，对部队的各种条令制度也比较熟悉，所以，不仅能很快适应半军事化的管理方式，甚至为此而骄傲。

二、红旗青年营半军事化管理方式的优势

世界上最优秀的管理在军队。红旗青年营由于实行了半军事化管理,可以说比当时一般知青点的管理更严、要求更高,各方面也更规范。

1. 红旗青年营在组织架构上完全按照部队的建制。青年营下设四个连(原来有五个连,后来把五连撤销,五连的人员分配到一连和二连),每个连有三个排或四个排,每个排有三个班。青年营设营长、连长、排长和班长,完全和部队的建制相同。每个连配备连长和指导员各一名,指导员由农场从当地农民(当时称为贫下中农)中选派优秀人员担当。每个连还设有后勤班,直属连部领导。后勤班包括炊事班、菜园、马棚、饲养场(猪圈、鸡舍)等,炊事班的人员配备都是按照部队的规定,即平均二十五人配备一名炊事员。

2. 实行半军事化管理培养和锻炼了知识青年吃苦耐劳、不畏艰险、遵纪守律、团结协作的思想作风和生活作风。比如,在作风素质培养方面,按照部队出早操的做法,青年营每天早上以连为单位出早操,无论春夏秋冬,即使劳动任务非常繁重,出早操也是一直坚持。出操的内容跟部队也是一样,包括基本的队列操练。这在当时所有的知青点来说恐怕也是绝无仅有的。半军事化管理在思想作风培养上一个重要方面,就是培养集体荣誉感。在早上出操的时候,各排之间比赛看谁先集合完毕,常常是听到哨声就赶紧爬起来,边往外跑边穿衣服,各排的排长挨屋敲门。冬天的时候,天还没亮就从热乎乎的被窝里爬出来,这也是要有点毅力的。特别是农忙时节,白天干了一天农活,身体疲惫不堪,早上还要按时起来出操。那时真想能多睡一会儿,但为了自己所在集体的荣誉,都不甘落后。这对作风的培养都是很有意义的。

3. 从管理层面上讲,青年营从生产劳动到日常各项活动,都是以连排班为单位进行。土地是以连为单位分配的,连队就相当于当时农村的生产队,是基本的结算单位。各连把生产劳动任务分配到各排,每个排落实到各班。层层责任落实。红旗青年营把部队的很多优良传统和管理方法运用到日常管理当中。

知青在盘锦

比如，按照部队的做法，当时出早操的一项重要内容就是早点名，即在出操的时候连领导要总结前一天的工作和布置当天的劳动任务。再比如，各班在班长的带领下，经常召开班务会，这也是部队解决各种思想问题的一个行之有效的方法，因为班是最基层单位，班长了解每个人的思想动态，很多问题都是在班务会上得到解决。

总之，我们在农村几年的实践证明，红旗青年营实行半军事化管理方式是行之有效的。在思想教育、生产劳动和生活管理各方面，红旗青年营都比一般的知青点做得更好、更正规化。半军事化管理使我们每个青年营人终身受益，也为日后大多数人走入部队这所大学校和其他工作岗位打下了良好的基础。

2016年5月

由铁军　隶属总参外训大队，1975年8月由沈阳三十二中学毕业，下乡到盘山县胡家农场红旗青年营，任四连连长。

1977年高考，考入辽宁大学哲学系。大学毕业后分配到沈阳铁路局党校，后下海经商，退休前在南京熊猫电子集团工作。

忆知青岁月

◎史建胜

我出生于1948年1月,是沈阳市第十一中学67届高二年级二班学生。在1968年9月22日下乡到当时的盘锦垦区荣兴农场双井子大队,在东大井子小队任知青连长。东大井子小队老农仅有34户,而我们知识青年的人数则为117名,除去我校的112名同学外,还有5名北京知青。

在盘锦这片广阔的天地里,我们接受着贫下中农的再教育,经历了从育苗、插秧、除草、收割、背运、脱谷等农活的全过程,对于我们每一位知青来说,都是这一生当中难以忘怀的经历。从"大干红五月,不插六月秧"到披星戴月地在脱谷场上昼夜苦干,同学们建设新

☆东大井子地头(后左二史建胜,摄于1969年夏)

盘锦的热情和干劲至今仍时时浮现在我的脑际。印象最深的就是1969年末的全垦区疏浚六零河道大会战,我们吃住在田家农场,起早贪黑地打眼、放炮、刨冻块、抬土垒坝,工地上红旗招展,场面蔚为壮观。

知青在盘锦

1969年7月，我参加了盘锦垦区知识青年积极分子代表大会，见识到了青年点以外的偌大的盘锦，去了清水农场的江南村，参观了唐家农场的疙瘩楼水库，在沙岭还看到了刚刚开发的辽河油田冲天燃烧的天然气"火把"。当时的我们不约而同地唱起了《我为祖国献石油》这首学生时代就特别爱唱的歌曲。没有想到的是一年后，我就成了一名真正的石油工人。

1970年4月1日，我结束了知青生活，成为大庆673厂的一名石油工人。进厂后经过四个多月的修路会战后，我被分配到了油田供应营（即后来的供应处、物资公司），先后在财务科、综合计划科、燃化科工作。1982年7月在经过了九个月的脱产学习之后，我考入了辽河油田职工大学油气集输专业。三年的学习生活使我从理论上掌握了很多知识。毕业后，我在1988年获得了中级技术职称——经济师，1991年成为了物资公司建材分公司的副经理，后来提任经理，1997年转任燃化公司经理。为油田的开发建设贡献了自己的一份力量。

☆史建胜

2000年4月份，我成为油田下岗买断队伍中的一员，从此返回了故乡沈阳，和子女们在一起，含饴弄孙、乐享天伦。2008年正式退休。

自从离开青年点之后，我曾先后六次回到那里。最早的一次是1988年，我们五位同学相约，带着自己的孩子，我们想让下一代人也能重新走一走父辈当年的知青路，重新体验一下我们那火热的青春岁月。而最难忘也是最值得纪念的一次就是下乡40周年的那次相聚了，2008年的9月22日，我们大队回去了118名同学，队伍宏大、场面壮观，老乡们热情地欢迎我们这些老知青，载歌载舞地夹道欢迎，锣鼓喧天、彩旗飘扬，县领导、场部领导和大队领导的隆重接待，让我们这些知青热泪盈眶，无比激动，成为我们记忆中永远不会抹去的、难忘的场景。

40多年过去了,每当回想起我的知青岁月,心里依然久久不能平静,在这片土地上,我奉献了我的青春、我的爱情、我的梦想……也留下了无数美好的回忆。那是我人生一个重要的里程碑。盘锦、荣兴、双井子……我亲爱的第二故乡,我永远魂牵梦萦的地方。

知青在盘锦

青青水稻秧　茫茫芦苇荡
——我们的育新村

◎冯　欣

　　在辽河之滨，盘锦之壤，大洼县新兴农场的双台子河边，有一个只有近50年历史的村庄。只需由当今的新兴镇驾车向东南方行驶十几分钟，过一条沟渠桥，映入眼帘的就是一片天工斧凿般长750米、宽50米的标准水稻条田，整整3960亩之多。加之纵横其间的140多条水渠，10余条单、双车道，五行八列的土顶砖房，以及点缀其间的5000余株杨柳树，突现出现曲径通幽的景色——这就是我们当年亲手创建的家园。48年前，这里曾潮水般地涌入和流出近1200名来自沈阳的青年人。在1978年以前，我们被统称为知识青年。而这块过去满目疮痍的土地，因为有了主人便有了富有那个时代特色的名字：育新村——寓意为培育一代新人的村庄。

　　20世纪60年代的第八个春天，毛主席在解决青年就业问题的时候，发出了号召：知识青年到农村去，接受贫下中农的再教育很有必要。一时间，沈阳有数十万知青为之倾城而出，奔向农村，以至于在一些地方，下乡知青的数量接近或超过当地劳动力的人数。因此便有450多名知青被顺理成章地安置在被称为"九道湾"的地方，那里是货真价实的荒无人烟，在坑坑洼洼的盐碱滩地里，四处长着一小片一小片红红的"黄碱菜"，稀稀落落、高高低低的芦苇丛，只有纵横沟岔间不时惊起的野鸭和不知名的飞鸟，显示出还有生命的痕迹。至今我还很清楚地记得，那时连当地吃水用大坑——水泡子都没挖好，只能吃沟里的积水。进村的第一餐，是大家把撅成段的芦苇秆当成筷子，在一个个脸盆里吃了一顿散发着臭水沟味的米饭。我们四连连长告诉大家："无论在如何艰难困苦的场合下，都要活下去。"这句话后来成了育新村格言。

"一颗红心两只手，自力更生样样有"是当时最时髦的口号，450多个16—22岁的青年聚在一起，采用部队编制，组成四个连队，每个连队只配有3—4名老农指导干农活。热辣的年龄，冲腾的活力，激发出惊人的气势。先进驻的三个连队住进了全省统一修建的青年点，而我们四连却不得不住在

☆知青姐妹在房东门前（右一冯欣）

6公里以外的"坨子里"。为了不误农时，连队派出20个男生进村建房，有的当木匠，有的当瓦匠，甚至自任设计师，自己画线、打桩、挖地基、烧砖、编笆、砌墙、立柱、上梁、起顶，给120人建造住宅。其余的人则开始了"长征"，清晨，鸡还没叫，四连的起床号、集合号早已响起，我们打着大旗，扛着农具，排着队，在黑暗中开拔。为了驱赶睡意，大家会齐声唱起进行曲，经常会有人走着就睡着了，一下子冲出队伍，引起哄笑。接下来就是一整天的体力劳动，平整土地，修坝筑埝，清淤通渠，催芽育苗，耙地插秧，晚上还要披星戴月回到6公里以外的老乡家睡觉。苦吗？我们可以忍耐；累吗？我们用心灵来承受；能坚持下去吗？那是必须的。我们四连的青年们用徒步行走五个多月开荒种地的坚忍，书写了育新村的第一个神话。

春天，最忙的时候是插秧，五一刚过，一双双赤脚就要泡进还结着冰碴的水里，把自己亲手育成的稻秧插进平整好的土地。新兴农场最好的插秧手当时

知青在盘锦

就出在我们育新村。刚刚开垦出来的荒地里,隐藏着好多坚硬的草根和芦苇茬,很多人的脚都被扎破了,灌进去黑黑的碱土,到了夜晚真是感觉分外疼痛。我们只能相互帮忙,挤掉黑土涂一些红药水,然后便匆匆进入梦乡。据说盐碱土有消毒的作用,所以也很少有人感染。等到村里为大家购买来插秧靴的时候,夏季已经悄悄地到了。

☆冯欣(左三)与知青战友在稻田

夏季最大的敌人是蚊子与小咬。夜间如果不挂蚊帐,用手一抹,就能碾死四五只喝饱人血的蚊子。比蚊子更可恨的是一种叫小咬的蠓虫,它会钻进手表带的缝隙、头发里、衣服边疯狂吸血,伏天无雨的日子更为猖獗。在大家还不知道用防护剂的时候,常常有人被咬得眼睛肿成了一条线,奇痒难忍。这时候最主要的农活是拔草,三四十种杂草总是在恶狠狠地长,晚拔一天就会欺住秧苗,夺走收成。拔草就是站在没腿肚子深的水田里,把腰弯成90多度,像爬行一样,双手不停地拔去秧苗附近的草,再把草挽成一个团,塞在秧苗根部。长长的条田,半天只能拔一个往返。汗水顺着脸颊、鼻尖,一串串落在水中,天天都在"汗滴禾下土"。

我们育新村的夏天有两件大事发生。第一件事大约发生在1972年,渤海湾发生浪涌,海水顺着双台河倒灌,潮起潮落,风起云涌,如果在涨潮的一个小时内顶不住,听凭海水侵袭,育新村东侧近百亩的稻田就会重新变回寸草不生的盐碱地。情况紧急,育新村二连的青年们直奔渠边,抢修堤坝,但却没料到水比人快,急速上涨的咸水把坝体撕开了一个口子,十几名男生和两名女生立即跳入水中,手拉手,用身体拦成了一道坝,整整坚持了30分钟,才由赶来增援的同学在缺口中填上大量的芦苇捆和泥土袋。咸潮就这样被挡住了,新开垦的土地上稻苗依然青青。

第二件事是我们育新村成立了科研小组，在68届老知青张强的带领下，11个心灵手巧的青年，开始使用化学药剂灭草。经过无数次试验，终于获得了良好成果，不仅大大减轻了劳动量，而且摸索出一套适合在秧苗不同生长阶段合理用药的经验。在盘锦科委的帮助下，他们出版了《化学药剂灭草》的小册子，为盘锦地区科学种田贡献了一份力量。同时，我写的一篇反映科学种田的报告文学《广阔天地》刊登在《鸭绿江》杂志和《盘锦新歌——散文报告文学集》上。

秋天是收获的季节，是我们一年之中最快乐的日子，眼看着遍地新绿一天天变成金黄，大家一遍又一遍地估产，找寻开镰的地块。我们育新村当年建点，当年开荒，当年就收获粮食。青年们还发挥自己的聪明才智，选用良种，巧用化肥，依靠科学种田使粮食产量连年增加。1970年

☆科研攻关（左张强、右老延智）

平均单产615斤，1971年增加到734斤，1975年平均亩产达到908斤，接下来又创造了亩产1127斤的最好成绩，从而改写了新兴农场平均粮食亩产的纪录。据当时报纸报道：育新村5年累计向国家交售水稻超过千万斤，上缴利润近20万元。

我们劳动并快乐着。当一片片稻子被割下来，捆成捆，晒干了水分，一年一度的背稻子就开始了。一个树桠做成的钩子，一条长长的麻绳，把10捆或8捆稻子绑在一起，背稻子的人双臂套在绳子里，再由伙伴们一个在后面提，一个在前面拉，摇晃着站起来时，彼此只能看见两条腿。稻子像一座座小山，一座跟着一座，移到公路上的装车点。那时大家常做的游戏就是看着一个人的腿，猜这个人是谁。

冬季我们仍然有干不完的活，割芦苇的特点是又费衣服又费鞋。鞋底要

知青在盘锦

☆ 地震之后（左为冯欣，摄于1975年2月）

有硬度，不然就被苇茬扎透了，衣服要事前打好补丁，不然三天就会衣衫褴褛。还要学会用像鼓槌似的钢草棒儿缠住钢草的芯，把钢草拔下来带回青年点，留着打成绳子或者捶软了做靰鞡草。我们知青在冬季还要参加修水利，就是用化肥制成炸药，打炮眼，炸开冻土层，用土车和扁担推走冻块，开河筑坝。盘山的六零河、沟盘铁路、营盘公路、辽河、浑河、太子河抗洪抢险等重大工程，处处都闪动着我们育新村青年的身影。不仅活干得又好又快，我们还总结了一套计算土石立方的速算法，经常把工地上的工程监理们惊得目瞪口呆。1975年2月4日，营口、海城发生了大地震，育新村的房屋从窗框以上向南移了近三厘米，没有一间倒塌，没有一人伤亡。冒着余震，我们在第一时间组织起来，到场院护粮，从马厩里牵出马匹，到车库推出拖拉机，为重灾地区送出50余车防寒用的稻草。

☆ 射击队打靶（右为冯欣）

为了改善生活，我们育新村青年运用文化知识和聪明才智，种植的蔬菜受到当地群众的交口称赞，黄瓜、西红柿成了防暑降温专用水果，茄子、角瓜、冬瓜等各种蔬菜年产30万斤左右，时不时地供应给油田的工人老大哥。为了不再饮用蹦着小虫的水，我们育新村修建了当地第一座水塔，还修建了第一座碾米厂，修建了第一个养鱼池，投放鱼苗8万尾。据查证，1973年末我们育新村的生猪存栏数已达320头，饲养鸡鸭1200多只。

为了继续学习科学文化知识，我们育新村办起了自己的广播站、板报栏，编辑印刷诗刊《根深叶茂》；组建文艺演出队，在农场、大洼县、盘锦地区、沈阳铁路文化宫进行过多场演出。组织篮球队、乒乓球队、射击队等，获得农场第一、大洼县第二的好成绩；我们村里还开办了共产主义劳动大学，开设了数学、物理、化学、语文、农业知识等课程，教师中既有外请的沈阳农大教授，也有知青中的高三学生。大家利用夜晚、雨天和农闲时间上课，朗朗的读书声如同回到学校。

育新村的发展和建设远近闻名，从农场的先进青年点到大洼县的样板连队，从盘锦地区的模范青年点到辽宁省的先进集体。育新村的名字在《人民日报》《光明日报》《盘锦日报》《辽宁日报》《辽宁青年》《辽宁文艺》等报纸、杂志上均出现过；在当时中央广播电台的《上山下乡知识青年》广播节目中也出现过。当时的省、地、市、县各级领导纷纷来视察，全国各地的知青代表前来参观学习，育新村的代表们也曾登上过各种会议的讲台。

我们曾替大海致敬月亮

盘锦二界沟是辽河三角洲的一颗明珠，盛产的文蛤号称天下第一鲜。我和小伙伴一起下乡在新兴农场时，缘起文蛤，有幸在跟船出海的那个男人的世界里混迹8天。

记得是庆祝新中国建立20周年向国庆献礼，农场在位于盘锦二界沟的蛤蜊岗子开展了一次"挖蛤大会战"。全农场抽了一批知青，我和杨婉华还有两位女生被选中。接到通知后我们按要求，带着棉袄、一根用来束腰的钢草绳子和少之又少的生活用品，乘大卡车来到二界沟公社，在当地农户家住了一晚。二界沟显然比新兴农场的生活水平要高，一般农户家里女孩子有独立的房间，炕上都铺有褥子。第二天一早，我们就到了码头，正是九月下旬，海边的风很大，吹得人说不出话来，棉袄和绳子立刻派上了用场。当"新兴"号汽快船破风而至，我们就踩着晃晃悠悠的跳板越过了船舷。脚刚一站稳，人就感受到波涛的力量，船不停地上下颠簸，飞溅起白色的泡沫和水花，落在我们的头上和

知青在盘锦

身上。不一会儿就有人呕吐起来，找东西接显然已经来不及，只能解决在后甲板上。一个人开吐，大家的胃都开始不舒服，只能强忍着，好在很快就到了目的地。知青们被分成4—5人一组，分散在多条小渔船上，当时正是涨潮时分，两船之间只能互扔一根缆绳，使用人力互相往一起拉，但两条船刚一靠拢，立刻就会被风浪分开，我们不得不在靠拢的瞬间抓紧时机"跳帮"。这是一条平时只载七个作业人员的小船，现在加上我们是11人。小船正下了锚停在岗子上，我们上了船拜会过船老大，才知道按照风俗女人是不被允许上船的，因为这次时间紧任务急，领导们才强制要求破例添了几条"美人鱼"。我们的任务就是抓紧一天两次的潮汐（一次两小时左右），在退潮的时候把藏在泥沙土里的文蛤挖出来装到船上。

第一次参加海上作业，我们既兴奋又紧张，不停地问渔民们我们应该做些什么。这些没和女知青打过交道的渔民也紧张，不知道对我们说什么好。经过交流，我们才弄明白潮汐是指海水周期性涨落现象，白天为潮，12小时后夜晚那次为汐。潮汐每天会推迟一小时到来，和月亮每天迟升的时间是一样的。有一种说法叫"潮汐是大海对月亮的思念"。潮汐到了，我们才有机会作业，不到就只好做些准备工作，好好睡觉。

早潮在我们的期待中终于退了，船底稳稳地落在海滩上。我们在船老大的指挥下，每人斜挎着长长的大网袋，光着脚，高高地挽着裤腿，手持一个铁丝的小耙子，两人一组跟在一个手持木拍的渔民身后。木拍是一块平整触地的板子，上面斜嵌着一根把手。木拍一开始作业，奇迹就出现了，在拍子所到之处出现了一条文蛤铺成的路。我们用小耙子把大的挖出来装进网袋，小的不动（据说会沉回去）。网袋很快就满了，我们就在泥沙地上拖动网袋送回船边的大箩筐，由男士们装上船。这时站在船上望去，整个海滩都是翻腾火热的，活像一片大海上活跃着很多大鱼。我们每次都尽快地返回，争取多挖快挖，不知不觉就离船越来越远。突然间海滩上哨子声大作，声音又亮又急，还伴随着大声地喊叫：涨潮了！××号在这边！我们在渔民的指点下，拖着网袋急急忙忙地奔向自己的船。潮水涨得快极了，等人到了船边，水已经没了脚踝！因此负责观潮的都必须是很有经验的渔民。当我们把劳动果实安置在船上,回过神来看看自己,才发现身上的棉袄结满了盐霜,腿上就像冬天被北风吹皲了的孩子脸,又红又疼,至于海风催生的眼泪和鼻涕,都自然而然地擦在棉袄的袖子上了。一个潮间歇近两个小时,

☆育新村青年点食堂前(前排左一为冯欣)

可以挖回4—5袋文蛤。但也有一次,明明是刚退了潮,我们刚挖了一袋蛤蜊,就意外地听见哨子响了,在渔民急切的催促下,连滚带爬地上了船,问起来才知道潮汐中也有这么一种少见的叫"鬼潮",它的特点是前潮一落,后潮就来了,如果观察不细,就容易出事。船老大还特别交代,如果情况紧急,一定要上最近的船,告诉人家你是哪条船上的就行,一定会管吃管住。

我们的到来给渔民增加了不便,他们努力地放低嗓门,不说脏话,不议论女人,不把我们赶下舱就不去后甲板自由地"方便"。他们还腾空了一间睡舱给我们,看起来就是在一个大箱子里铺了两条褥子,顺着梯子下去,一股腥气加烟草的味道扑面而来,放下舱盖里面就是一片漆黑,大白天也是伸手不见五指。幸亏我们自己带了手电筒。船老大还给我们放下一只桶,供呕吐、"方便"等多项用途。

船上的生活十分简单,除了吃饭或去船尾清桶,回舱睡觉,只有在风浪不大的时候可以坐在甲板上,听听渔民的收音机,聊聊天,像童话中的美人鱼一样,出一次水就治疗一次自己的腿,给腿上抹上厚厚的凡士林油。海面上根本没有蓝色,就是一片灰蒙蒙的。杨婉华曾认真地歌颂这样的大海:"大海啊,你是这样的浑,浑得让人心酸!"可是面临着这样的大海,我们可以放心地大声喊歌,吹口琴,最近的船只也是只见其影,不闻其声!四周只有浪拍船帮的声音。铁锚牢牢地抓住海底,小船就像一只摇篮转着圈地摇。渔民的收音机可

知青在盘锦

以收听"苏修台",《三套车》《山楂树》《莫斯科郊外的晚上》《喀秋莎》等歌曲,揉进海水的回音更是无比美妙！尤其是海上的日出日落,每看一次都让人心动:在水天合一的尽头,大海送走了月亮,迎来一片红色的霞光,一会儿就变成了金色,太阳就在这金色中跃动,倏然间一抖就离开了水面。如果有云,太阳红得像咸鸭蛋黄,若是晴空,瞬间金色洒满大海。到了日落时分,又能看到太阳被火红的晚霞托着,轻轻地放入大海,月亮却在不知不觉中冷峻地升起。

夜晚的汐潮,由船工们敲响舱盖开始,我们急急忙忙地收拾好自己,吃下一顿最没有食欲的宵夜,哨声一响就走下船去。原来还担心半夜汐潮会一片黑暗,不料海滩上洒满了青白的月光,水天一色,可以清楚地看见地上的文蛤和渔民们,只是挂了汽灯的船不太好分辨。于是,我们就会把网袋拖到别的船下,引来一片欢快的笑声:"大妹子卸了吧,多沉啊！""小姑娘,来我们船吧！"或者是"同意来我们船,就告你怎么找",戏谑之后还是他们指点怎么找到船老大系在汽灯上的红布。晚上比白天更出活,因为冷,每个人都在不停地小跑。一片月色,百里海滩,偶尔也有小的尴尬发生,记得我们痛下狠心有朝一日抓随地大小便的,一定从修理男生开始！至于女孩子的苦衷,至今也不想诉诸笔端,我们既然来了,就咽得下所有的酸甜苦辣！

渔船很快装满了文蛤,淡水也需要补充了,船老大就会指挥起锚去二界沟渔港卸货。行船的时候美女们显得很多余,必须被装在舱里,万万不可上甲板,据说是船家的禁忌。我们只能坐在舱里听渔民大声报着:一竿子水,二竿子水！船老大呼叫着:满舵,半帆之类。但我们在黑暗中能够真切地感受到风浪,因为有时明明是躺着,风浪能让你贴着船底站起来,有时明明是坐着突然间脚就比头高了,还能听见甲板上急促的脚步和大声喊叫。到港后才知道船撞上了别人下的大网,发生了一点险情,船老大打哈哈说:你们忒漂亮,龙王爷不敢收。记得在二界沟港我们曾遇见一条园林队的船,船上有一个本校姓姚的高中生,他和同伴用很粗的竹杠,抬起一筐筐文蛤,走过长长的颤巍巍的跳板去装船,他们的肩和腿承载着无法计算的重量。休息时他们还唱起《三套车》，粗犷版也是沙哑版的歌声还真是闻所未闻。

　　船上没有什么时间概念，哨响下船干活，再响就上船休息，一天要吃四顿饭。伙食可比青年点好多了，主食是大米饭、烙饼、蛤蜊馅的水饺，菜是新鲜的蛤蜊焯过之后蘸酱油。渔民们还给我们备着红尾白虾皮当咸菜吃。一天，有一条大的比目鱼误打误撞进了渔民下的网，就被炊事员用斧头剁开，加上葱姜一煮，做成了美味的原汤煮鱼。记得还曾给过我们每人一只梭子蟹。渔民说他们接待过一个老干部，肺子和肝都有毛病，在船上天天吹海风，吃海鲜，几个月后什么病都好了。他们最终的结论是海养人。偶尔渔民也会和营口来的船只有些交易，把船上捕到的鱼、虾、螃蟹或者是晒好的虾米交易给他们。这些事本来是背着我们的，可是大家是一条船上的人，很快就心照不宣了。

　　一潮一汐，日月穿梭，原计划10天的挖蛤会战8天就结束了，临别时船老大给我们送行，拿出一瓶高度酒，要我们每人喝一小口就行。他们说用木拍挖蛤平时是严格禁止的，他们都是用脚踩，只把大蛤踩上来。用木拍会影响下几季收成。他们对会战很不以为然，可是船上来了女知青是从未有过的事，他们很高兴，就把珍藏的东西全部拿出来分享。高度的白酒喝得回肠荡气，不由得让人感染了几分气概：再见了大海！我们踩着脚下的波涛一定要问一句：不知道我们的辛苦劳作大海是否满意？我们恭迎奉送的16个潮汐，能否代表大海向月亮致敬？

　　等到一上岸，我们都不会走平地了，深一脚浅一脚地直晃。船上的淡水贵如油，仅供做饭使用，我们已经8天没有洗脸洗脚了。但是如果不去细看被海风吹黑的粗糙的脸上留着的几道泪痕（海风吹的），别去握我们裂开口子的手，别去拍我们勒出紫色血痕的肩，别去撞我们红肿发疼的腿，我们还是我们，还是那么精神，充满朝气，一脸调皮的神情。回程的卡车就要开了，杨婉华至今记得房东气喘吁吁地送来了我们落下的钱包。淳朴的民风，浓郁的乡情，诗情画意的二界沟！我想说的是英雄不问来路，出没波涛深处的渔民当之无愧！

　　48年过去了，风潮跌宕的历史早已经谢幕。我们育新村的一些伙伴们也

知青在盘锦

因为病痛或其他的原因已经离开了人世，使每个活着的人想起他们就心里难过。1200个青春的身影不可能永垂不朽，故乡却可以时时勾起深深的怀念，于是写下一点文字，一同来追忆那一片片青青的水稻秧，茫茫的芦苇荡。

☆知青战友（左起冯欣、大洼农场报道员田文佳、大洼县广播站编辑崔铎、新建农场报道员任秀华，摄于2016年）

冯 欣 女，1951年10月出生。1968年由沈阳一中下乡到盘锦新兴农场育新村，历任村报道员、团总支副书记、农场报道员。1976年任沈阳重型机器厂子弟学校职员。1978年后任沈阳计算机厂工人、厂办主任、副厂长。1993年任沈阳长白集团进出口公司副总经理、总经理。1998年后任沈阳东宇信息技术股份有限公司综合部部长、人力资源部部长、子公司经理等。2006年退休后返聘沈阳蓝海灵豚投资有限公司档案室主任。2015至今休闲云游。

插秧照上了成果展

◎冯海萍

1975年5月的一天。当时我们正在田间插秧，忽听队长传信：工厂"下乡办"的同志来了（当时是厂社挂钩，工厂都有下乡办）！不一会，"下乡办"王师傅一行来到地头。见到了来自家乡的工人师傅，我们都非常高兴。他们问寒问暖，又转达了家长们的问候，鼓励我们好好干……

最后王师傅说，我给你们拍张照片吧，送到工厂办的"上山下乡成果展览会"上，你们家人看了一定高兴。他看我们插秧是两人一盘架，同学们都离得太远，便让我、王彩琴、董继英、李凤芝、冯成珍站在一排离得近些插秧，随即拍了照片，于是，

☆插秧（摄于1975年5月）

☆喜　报

知青在盘锦

我们 5 个插秧的影像就定格在画面中。

　　我们都是 1974 年 9 月下乡到盘锦新开农场张家大队的。

　　接下来这两张照片是我下乡前家长所在工厂（沈阳机车车辆厂）发的喜报和牌匾。1974 年是第一年"厂社挂钩"（家长单位挂钩农场或农村大队）。

　　一晃 40 多年过去了，姐妹们都还好吗？青年点的同学们都好吗？深深地想念你们！

冯海萍　1956 年 9 月出生。毕业于沈阳八十五中学九年七班。1974 年 9 月 2 日下乡到盘锦新开农场张家大队，分别在一队、四队、青年队。下乡期间，做过青年点指导员工作。1978 年初，考入沈阳第一工业学校，毕业分配到沈阳五三工厂工作，后调入沈阳机车车辆厂做技术和管理工作，并继续了大专和本科的进修学习，工程师。2011 年在沈阳机车车辆厂技术部退休。

我的文化知青经历

◎ 朱 嵒

1969年3月16日，我同大连四中同学，下乡来到盘锦太平公社孙家四队落户，当了名炊事员。第二天，看队部有点白灰，就用水调和成稀浆，找了个小笤帚头，在队部院墙、社员家后墙上，写上了"向贫下中农学习""扎根农村干革命"等标语。每个字都一人高，在大小队领导及社员中留下了很好的印象。随后，给大队部会议室画了宣传画。9月，在《盘锦日报》第一版发表了《向贫下中农学习》宣传画。由此，被选到盘锦地区毛泽东思想宣传站美术班学习，这期间创作了水粉画《老大妈学唱样板戏》，参加了盘锦地区第一届工农兵美展。

1970年初，组建了大青年点，我被选派为炊事班班长。青年点有了自己的菜地、猪圈，请老农种菜养猪。过"五一劳动节"时，杀第一口猪，想到即将到来的插秧大会战，同学们的苦累也就要来临了，因此我没听大队、连部领导的劝阻，执意要包饺子。在炊事员们大力支持下，请"五七战士"来帮包，煮熟后，竟然一个没碎。看到同学们心满意足、热热闹闹地吃饺子，我真是特别开心。可惜，不知为何猪头、下水都被社员拿走了。节后一天，连长向我宣布，撤了我的炊事班班长职务，下地干活。我当时就出口不逊，暴跳如雷，大闹起来。连长大怒，把我拖到房后，我以为他要打我，可他却小声对我说："别闹了，公社要调你去工作，先下地干活三天考验一下。"说完，他扭头走了。

知青在盘锦

我当时有点懵,不知所措,坐地上连吸了两支烟。回过神来,到连部对连长说了声:"对不起,谢谢了。"

☆朱磊在创作

三天没到,调令来了。报到后,领导直接跟我讲,公社要搞阶级斗争展览,你会画画,就负责版面设计。我当时有些吃惊:我一个学生,从来就没办过什么展览,更不知什么是版面设计。拿着文案,不知所措,闷闷不乐。晚饭前,又来了一名"五七战士",听别人介绍说此人名叫陶治安,我不由一惊,竟是我曾经临摹过他画的著名画家,恭敬有加。安排住宿时,我向他道出了苦衷。他坦言:没事,我来设计,你只管汇报。这一夜,我美美地睡了个好觉。工作吃住在一起,跟陶老师学到了很多做人做画的知识,受益匪浅。

办展后,公社又派我去地区宣传馆学画主席像。学成后,为公社医院画了毛主席像、林彪像。不久,地区宣传馆调我去办农业学大寨展览,展后因没招工指标,我又回到生产队。公社知道后,急调我去,报到后,得知是让我为参加全地区文艺汇演的评剧《知青战歌》搞舞台美术。真是笑话了,他们认为,我会画画,就什么有关画的事我都会。我不知应该怎么办,只好去求我认识的地区样板戏团舞美老师给设计,并借了些道具。一天,正在画舞台图样,来了一辆吉普车,拉我去青年点装上行李去地区宣传馆报到。

从此,我告别了知青生活,成为一名文化工作者。报到后就参加了为辽宁省第一届工农兵美展的创作,我的作品是反映知青生活的水印版画《我们的老队长》。馆长请来了著名版画家郭长信作指导,我从中学到很多技巧技能,为我今后创作奠定了扎实基础。1972年,由于工作需要,我改行搞了摄影。1975年地震后,我离开了培育我成长的第二故乡——盘锦。

朱宝和 字嵒，号黑凼。中国美术家协会藏书票研究会会员、中国摄影家协会会员、中国新闻摄影学会会员、辽宁美术家协会会员。1949年出生于大连。少年习涂鸦，初学于大连少年宫美术班，毕业于鲁迅美术学院。当过知青，上过大学，搞过艺术，去国外办过个人艺术展，出过书，干过美术编辑，做过新闻记者。曾任辽宁省摄影家理事、辽宁省新闻摄影学会常务理事、辽宁省文代会代表、营口市摄影家协会副主席兼秘书长、营口市文联委员、政协营口市委员。

难忘的知青岁月

◎刘 戈

42年一转眼就过去了，人生的很多往事，如同过眼烟云，已经很模糊了，唯有那段既短暂而又漫长的知青经历，却令我终生难忘，仿佛昨天刚刚发生过一样，那是一段挥之不去的记忆。

一、下乡第一天

1974年9月3日，是我终生难忘的一天。

那天，我起得很早，收拾好行装，做好下乡的准备。要离开家了，离开父母的身边，走向一个陌生的世界，心里总觉得空荡荡的。

知青下乡从1974年开始实行了"厂社挂钩"的新政策，我父亲在沈阳第一机床厂，我们这届知青下乡是由厂里统一组织、安排的。

母亲头一天就为我准备了一个大行李袋，里面装满了饼干。家里离厂区大约有三四里地。我和母亲拎着行李袋向厂区走去。母亲是个坚强的女人，她没有流泪，一路上只是不断地嘱咐我到农村要好好干，要注意安全，要照顾好自己。这是母亲送家里的第三个孩子下乡了。我和母亲到厂里的时候，厂里已经是人山人海，我和母亲很快被淹没在人海之中。

我们开始集合、出发。母亲看着我登上了敞篷汽车。汽车开出了厂区，母亲还站在人群之中向我挥着手。

我们乘着汽车，开始了一年一度的知青下乡大游行。汽车经过市区的主要大街。路两旁成千上万的人群欢送我们，敲锣打鼓，好不热闹。我胸前戴着一朵大红花，仿佛是出征的勇士，心里也有点美滋滋的。

在沈阳老北站，我们踏上了开往盘锦的火车。这是我平生第一次坐火车，有一种既新鲜又陌生的感觉。

列车向南飞驰，我生活了18个年头的沈阳，在我眼前渐渐地消失了。我倚在车窗前向远方眺望，一片片庄稼、一片片农舍、一条条小河、一座座小山，在我的眼前飞驰而过。忽然间，我发现了一个奇特的现象，当我向远方眺望的时候，大地仿佛在飞快地旋转着。

列车在盘锦的一个小站石山停下来，我们下了火车。石山如同它的名字一样，遍地是石头，房子都是石头垒起来的，街道也是石头铺成的。小镇上的村民很土气，他们在好奇地望着我们。

我们刚刚下了火车，原本阴沉沉的天，突然间刮起了大风，尘土飞扬，瞬间，豆大的雨点砸了下来。

我们几百人在慌乱之中登上了场里来接我们的大卡车，车上备有苫布，我们掀起苫布钻进里面。转眼间。狂风将这个小镇刮得天昏地暗，大雨倾盆而下。

汽车缓缓地行进着。开始还好，路很平坦，后来汽车颠簸起来，仿佛从一个坑跳进另一个坑里。我无法坐在车板上，只好半蹲着，双手扶着车厢板。路途很远，车速很慢，我的两条腿蹲酸了，只好坐在自己的旅行袋上，旅行袋里的饼干被压得稀碎。

雨，越下越大，苫布的凹处开始往下漏水，站在车厢中间的几个同学用头将苫布顶起来，让雨水流了下去。汽车在默默地行进中，我耐不住寂寞，掀开苫布的一角向外面眺望。只见外面灰蒙蒙的一片，几步远的路边，就是一片漫无边际的芦苇荡，大雨落在苇塘里发出"唰唰"的响声，苇塘和深灰色的天空连成了一个灰蒙蒙的世界。

知青在盘锦

　　大雨不知下了多久，终于停了下来。太阳也从云层中钻出来，雨过天晴了。

　　我们的车队穿过一个小村庄，村里的男女老少站在路边好奇地看着我们。村民们淳朴可爱的脸上现出和善、木讷的表情。我们问村民还有多远。村民们回答说还有10里。

　　汽车像个蜗牛似的继续行进着。雨后的路很泥泞，汽车轮子上沾满了泥土，终于开不动了。我们只好跳下汽车，徒步前进。

　　盘锦的泥土仿佛和我们很有感情，我没走几步脚底下就沾满了泥巴，只好停下来，甩掉鞋上的泥巴，继续往前走。

　　前面只有一条小路，它远远地伸向苇塘深处。带路的老知青告诉我们，苇塘深处的几个小红点就是我们青年点了。

　　时间已是傍晚时分，太阳向苇塘深处沉了下去，渐渐变成了大红色，如同一个大红灯笼悬挂在天边，放出万道金红色的霞光。我们被眼前的景色迷住了，忘记了旅途的疲劳。一路走，一路说笑，终于走到了我们的青年点。

　　这是一个叫小道子的苇塘塘铺，有几幢红砖瓦房，四周是一望无际的芦苇荡。这原来是冬季民工割苇子临时住的地方，现在变成了我们的青年点。我们17个男知青被安排在一个大屋子里，屋里两铺大炕，四壁是裸露着的红砖墙，炕上铺着新凉席。

　　当我们17个男生走进这个大屋子的时候，每个人都如同泄了气的皮球，脸上的笑容不见了。大家坐在炕沿上，耷拉着脑袋，足足有十多分钟，谁也没有说一句话。

　　大家的箱子堆在地中间，用草绳子捆着，行李装在里面。厂里的带队干部单师傅催促我们说："别大眼瞪小眼呀，快把箱子打开，把行李拿出来铺上，把蚊帐挂上，天黑了就不好弄了啊。"

　　我和建邦是下乡前被厂里委任的班长、排长，别人提不起精神，我们俩不能不动手。我打开自己的箱子，从里面拿出镰刀，和建邦一起默默地把大伙箱子上的绳子割开，帮着把行李铺好，挂上蚊帐。

　　晚上，我们草草地吃了口饭就躺下了。

屋子中间的房梁上燃着一根蜡烛，蜡烛烧没了，屋里便一片漆黑，伸手不见五指。小道子的夜晚非常寂静，只能不时地听见苇塘里青蛙"呱呱"的叫声。

我的知青生活从这一天开始了。

二、沟盘运河会战

1974年12月18日，我参加了沟盘运河扩建工程会战。

我们连是由小知青组成的新连队。出工前人们争先恐后地要求出工，但是人数有要求，最后从连里挑选出36人组成一个突击队。

我们兴高采烈地坐着拖拉机来到石山，又乘一段火车来到离沟盘运河不远处的一个小村子里住下。

沟盘运河全长几十华里，是连接盘山和沟帮子的水利大动脉。冬天，河水已经干涸了，河并不宽，也不是很深。我们的任务就是扩建运河，把运河加宽、加深。

我们住在老乡家，第二天天还没亮，就起了床，顶着寒风，向工地进发。

一路上，北风呼呼地刮着，路边的杨树发出"嗷嗷"的叫声。我们的连长是71届老知青，他在前面带路，我们依次跟在他的后面，抱着筒锹，扛着镐头、大锤，缩着脖子，顶着北风向前艰难地走着。

工程开始了，我们同老连队一样分了十几米长的河段。

12月的盘锦已经是天寒地冻了，一镐刨下去，地上只是崩起几个土渣，胳膊震得发麻。我们刨几镐就得换人，大家轮番作战。干起活来身上发热，抡一会儿镐，浑身出汗，穿不住棉袄。白天大干一天，晚上躺在炕上，腰酸腿痛。

第二天，当我从炕上爬起来的时候，脑海里就会浮现出劳动的场面，心里不免有些打怵，但是，还得振作精神，穿上衣服去上工。

当我在漆黑的路上向工地走的时候，仿佛还在睡梦之中，头昏沉沉的。我们在工地上干了好长一段时间活，太阳才懒洋洋地从地平线上爬起来。

知青在盘锦

  我们每天都是顶着星星出工，日落之后收工。由于我们早出晚归，干完一天活，晚上回来已经精疲力竭，连洗脸的劲都没有了，我们每个人都弄得像个小鬼儿似的。

☆沟盘运河会战

  由于我们没有劳动经验，几天后就被老连队落下一大段。连长自尊心很强，觉得很没面子，就玩起了花样。我们每天晚上抽出一个班偷偷搞夜战，就这样紧赶慢赶，也没赶上其他连队。在工程最后阶段我们还是被落下一大截，兄弟连要支援我们，连长硬逞能，说自己能完成任务。

  工程还剩下最后一天了，全线必须竣工，而全线只有我们连这一段特别显眼。最后一天连长玩命了，命令全连继续夜战。

  工程到了最后阶段，往往是最艰苦的。河底的土只能靠人力一点一点地背上岸，再扔到十几米远的地方。

  盘锦的夜是漆黑的，在河岸上只能看到远处星星点点的灯火。我们在河岸上支起个电灯，36个小知青就这样开始夜战了。

  夜晚风不算大，干起活来也不觉得太冷，但是，白天干了一天活，晚上打不起精神。人们在默默地劳动着，几个人用筒锹在河底挖土方，大伙再用草袋子做成的背篓，把土方背到河岸上，上上下下，来来往往，一晚上不知走了多少个来回。

夜半时分,二班忽然发现苏哲不见了,大伙急忙四处寻找,最后在河岸上的土堆后面找到了他。当时,他倒在土堆上睡得正香,如果不是及时发现,他可能就永远长眠在沟盘运河了。

第二天9点,我们连在几个连队的众目睽睽之下,终于按时完成了任务。

最后一天算起来,我们整整干了29个小时。这是我一生当中劳动时间最长的一天。

这次工程,我和我的知青战友们,不知付出了多少个不眠之夜。沟盘运河永远留下了我们青春的足迹。

三、国堤会战

1975年,辽河发了场大水,辽河盘锦地区堤坝受到了强烈冲击,有些堤坝损坏了。为了加固损毁的国堤,1976年7月中旬,大洼县抽调了一半劳动力,赶往东风农场参加国堤大会战。

我们使用的是落后的劳动工具,筒锹、扁担、草包、土篮子、独轮车,以愚公移山的精神挖土筑坝。国堤很高,大约有八九米,我们从离坝角30米远的地方取土,再运到大坝上。开始用独轮车推土,当独轮车上不去大坝的时候,就只能用土篮子和草包了。会战刚开始的时候,我们住在离工地五六里远的村子里,每天往返一个来回。

那是个非常炎热的夏天,天上看不到几片云彩,太阳如同一个大火球似的悬挂在空中,强烈的阳光直射下来,晒得人们口干舌燥。炎热的天气加上高强度的体力劳动,每天人们都是大汗淋漓,身上穿不住衣服。好在工地上是清一色的男人,人们干脆脱光了衣服,身上只剩下个裤头。几里长的工地上放眼望去,只见一片赤裸的人体,人们仿佛回到了原始社会。

由于我们知青没有经历过长期的风吹日晒,皮肤经不住日光的暴晒,许多知青的肩膀都被晒起了水泡,冒出了黄水。我的肩膀也被晒出了黄水,晚上躺

知青在盘锦

在炕上火辣辣地痛，久久不能入睡。

有一天，我们正干着活，突然间下起了大雨。我们急忙收工，往村子里跑。因为雨来得很急，我们干活的时候都光着脚，来不及穿鞋，只好光着脚往回跑。盘锦的路大都是砂石铺成的，赤着脚踩在上面钻心地疼。雨越下越大，眼前是一片灰茫茫的世界。衣服被大雨淋透了，身上直起鸡皮疙瘩。五六里的路程显得那样遥远，路上没有避雨的地方，我们不知道跑了多久，才跑回村子里。

为了加快工程的进度，我们在坝坡上搭起小窝棚，地上铺了些干草，把行李铺上，这就成了我们的床。

我们的劳动强度更大了，每天两点多就起床，我们每个人都是迷迷糊糊地从地上爬起来，钻出窄小的窝棚，抬起头，天空还是深蓝色，星星向我们眨着眼，月亮闪烁着明亮的光辉。

大坝上，几步开外只能看到一条条黑影，人们无精打采，默默无语。一天的强体力劳动又开始了——

工程越到最后越难干。我和作伟抬着一篮土，艰难地向坝顶攀登，脚下很沉，我俩走几步就要停下来喘喘气，当我俩登上坝顶的时候，作伟大口大口地倒着气，脸色苍白。

一天晚上，挨着我身边的宝君突然"哎哟、哎哟"地叫起来，原来他腿抽筋了。人体在劳累过度的时候，会出现抽筋的现象。

天下雨了，这是一场及时雨，雨不大不小，持续不断地下了三天。这下可救了我们，我们可以歇歇气了，我们实在太累了。

我们在窝棚里糊里糊涂地睡了三天，雨还没有停。窝棚是用木杆和塑料布支起的，雨水将塑料布冲出一个个大水包，上面很多地方开始漏水了。我还算幸运，头顶上没有漏水。

第三天晚上，雨下大了，棚顶上的塑料布"哗哗"地直响，天仿佛漏了似的。宁伟拉痢疾了，又碰上这样的鬼天气，他一会儿跑出去一趟，隔一会儿又一趟。他的身上淋得透湿，但是，谁也没有办法，因为营里只有一个卫生员，此刻，还不知在什么地方。他"哎哟、哎哟！"地不停呻吟，脸色蜡黄，愁眉不展。

雨接连下了几天，终于放晴了，工地上又是暴热的天气。我们又大干苦干了几天，工程终于结束了。

营里给每人发了一元钱路费，行李由马车拉回青年点，人自己想办法回青年点。

辽河工地离青年点有一百里，途中没有公交车，步行最快要两天。好在路上经常有辽河油田的卡车经过，只要你能拦住它，说两句好话，搭段车是没问题的。

我们十几个知青在公路上拦车，但是，车很难拦。司机都很狡猾，当车离我们很远的时候，车速减了下来，当我们准备上车的时候，司机一踩油门，汽车一溜烟地跑了。我们拦了几辆车，都没有拦住。后来，又来了一辆车，这回大伙堵得严实，车没跑了，但却是个翻斗车，人们都爬了上去。

我正要上车，宝君一把拉住了我。他神秘地小声说："这辆车不好，咱俩坐下一辆。"结果被他言中了。事后听说，这辆车的司机很坏，当车开了几里地之后，突然来个急刹车，支起翻斗。可怜那十几个知青，稀里糊涂地被扔下汽车。

路上只剩下我和宝君了，人单势薄，拦车比登天还难。正当我俩犯愁的时候，又来了其他营的几个知青，我们又组成了一个拦车团队。由于我们人少，拦了半天也没拦住一辆车。后来，来了辆军车，我们几个人横在公路上，拦住了军车。没等司机说话我们就爬上了汽车。车厢里有四个军人，其中一个年纪大一点的军人吓唬我们："你们胆子不小啊，敢拦军车，不知道犯法吗？"我们忙说小话："我们参加辽河会战，没有车回不去青年点了。""劳驾搭个车，军民一家嘛。""向解放军学习，向解放军致敬！"几个军人脸上出现了笑容，那个年纪大一点的军人说："好了，好了，下回注意啊！"我们坐着军车走了一个多小时，和那几个知青分了手。

我和宝君在路上默默地走着，身后来了辆军队的马车。我俩停下脚步，向车老板打个招呼便往上跳。那个车老板很不情愿，但我俩已经上车了。车老板瞅着宝君笑着说："你咋弄成这个样子？"宝君说："在那边修国堤累的。""他咋没像你这样？"车老板指着我。我从工地上下来的时候，换了身干净的衣服，戴着军帽。宝君还穿着干活的脏衣服，蓬头垢面，满身满脸都是泥土。

乘了一段马车，后面来了辆"132"汽车，我和宝君跳下马车，挡住了汽车的去路。我俩飞快地爬上汽车，车厢里有4个工人。他们冲着宝君直笑，其中一个嬉皮笑脸地问宝君："你咋像个鬼似的？"宝君无言以对，只是傻笑。

汽车在大洼县城停下来。我和宝君下了汽车，又走了30多里路，晚上8点多才赶回青年点。

经历了一场强体力劳动之后，身子一旦躺下来，就像散了架子一样。我昏昏沉沉地睡了三天三夜，体力才恢复过来。

四、辽河直弯会战

1976年10月，"四人帮"被粉碎了，但其在辽宁的党羽并没有完全垮台。他们为了扭转政治大方向，于同年11月中旬在盘锦东风农场辽河段，搞了一个辽河直弯工程。当时，动员了大洼县所有的劳动力，扔下地里的庄稼不管，统统开到辽河工地。那年，11月份就下了一场大雪，全县几十万亩水稻都被压在地里，经济损失十分严重。

我们又向辽河进发了，那是个叫人头痛的地方。出发那天，天上下起了蒙蒙细雨。我们坐在绑着架杆装着行李的大车上，向辽河进发。装满了行李又坐着几个知青的大车走得不快，穿着棉袄淋着细雨使人们精神沮丧。为了振作精神，不知是谁先唱起了歌，大家随着唱起来：

"可怜我那匹老马，跟随我走遍天涯……"

"我们都是勇敢的青年，伟大的列宁指引我们向前……"

"一条小路曲曲弯弯细又长，一直通向迷雾的远方……"

一首首充满男子汉气息的俄罗斯歌曲，在旷野上回荡。我们仿佛是奔赴战场的悲壮战士。

马车在凄凉的细雨中向辽河进发，路漫漫，细雨蒙蒙，一路上伴随着凄凉、悲壮的歌声。不知不觉中我的棉袄被细雨淋湿了，捂在身上很难受。

当马车走到小洼的时候，雨下大了，车上除了行李还装着几袋子大米，我们只好找地方避避雨。附近有家大车店，我们跳下车，把大车赶了进去。大车店里挤满了知青，炕上、地下黑压压一片，哪个连的都有。

我好不容易在炕边挤到一个地方，但只能半躺半坐，不能动地方。由于在行进途中，没有炊事工具，队伍又乱，互相不协调，哪个连都没开火，我们只好饿着肚子熬了一宿。

那天晚上，有很多知青没找到休息的地方；有些人蹲在地上，有几个知青到野外找地方休息去了。

第二天天刚亮，出去的几个知青兴高采烈地回来了。他们说在"火炬"（当年辽河油田有很多天然气在野外燃烧）底下呆了一宿。他们脱光了衣服，不但把衣服烤干了，还美美地睡了一觉。听他们一说，我们还真有点后悔，没有尝到火浴的滋味。

为了赶路我们又两顿没吃上饭，谁身上也没有钱。后来，我们乘汽车到了盘山，又乘火车到了拉拉屯，在拉拉屯下了火车，还有二十多里地才能到辽河工地。通往辽河的路边是片白菜地，白菜长得并不太好，菜心不大。我们实在饿急了，大伙就揪下菜心充饥，走一路吃一路，当天晚上赶到了辽河工地。

我们在离工地一里远的一道民堤上安营扎寨。我们用木杆和塑料布搭起了窝棚，地上铺上草垫子。

这次辽河直弯工程，是从平地堆起一道十米高的围堤，工程量非常大。工程没干几天就下了场大雪，天气突然冷了下来。

早晨，地冻得很硬，中午太阳一晒又变得十分泥泞。每天中午我们就在这样泥泞的工地上吃饭。天气寒冷，从桶里打出的饭还有点热气，几分钟之后就变成冰凉的了，再吃慢一点就冻硬了。由于天天吃凉饭，我得了胃病，每天胃隐隐作痛。

知青在盘锦

老天又下了场雪，辽河两岸变成了银白色的世界，但雪下得并不厚，天放晴后很快被太阳晒化了。连里的柴火因为没码好垛，被大雪淋湿了。没有做饭的柴火，只好向房东借。勉强做了两顿饭，房东的干柴也用没了。我们只好化整为零，每人发点白面到老乡家做饭。盘锦的老乡非常淳朴，对我们这些素不相识的小知青非常友好，从不拒绝为我们帮忙。我们化整为零对付了几天，上面突然下了命令：工程立即停工，全县劳动力马上返回农业第一线抢收庄稼。

1977年9月，我们又一次来到辽河直弯工程工地，继续去年没有完成的工程。

这次也是全县劳动力全体出动，工地上人山人海，和前两次相比，劳动量小了许多。我们住在离工地一里远的村子里。这次辽河直弯收尾工程将近干了一个月。

辽河直弯工程前后进行了一年，劳动强度之大，劳动环境之艰苦，没有亲身经历过的人是难以想象的。

这段艰苦的人生经历永远铭刻在我的记忆之中。

2016年8月31日

刘 戈 沈阳知青，1974年9月3日下乡到盘锦东郭苇场新兴大队，1975年3月集体转点到大洼县清水农场志红大队（三营）。现任全国知青微电影联盟理事长、全国知青文化产业联合会常务副会长、全国知青文化产业联合会辽宁分会会长（辽宁知青联盟会长）、《辽宁知青》杂志总编。

我的知青情结

◎孙 波

我难以忘怀的,是我的知青岁月。那个时代给每个知青都打上深深的烙印,有充实、有苦涩,点点滴滴地流淌在生活中的情与爱,都凝结成一生不思量自难忘的知青情结。

家国命运　转折时光

1976年,是很平常的一年。那年开春,我与同学们去植树回来写了一篇日记。任玉琴老师看了后,充满感情地给我写了富有寓意的几句话,我至今仍然记得:"大堤上,公路旁,共青团员植树忙,你浇水来我培土,小树小树快快长!"还记得那年初夏,下乡的大哥从农村回来,还带来一个生产队的同事,我爸陪着一起喝酒吃饭。听他们唠嗑,我忽然觉得,我大哥又成熟了许多,农村这么锻炼人吗?人只有走出去才能成才吗?这两件看似微不足道的小事,对我以后的人生,产生了深远的影响。

☆孙波(右)与大哥二哥合影

知青在盘锦

1976年，又是不平凡的一年。1月8日，周恩来总理溘然长逝；7月6日，朱德委员长与世长辞；9月9日毛泽东主席永远离开了我们；共和国的几位主要开创者，竟然都在同一年先后去世。老百姓听着哀乐，扎着白花，心怀恐惧，很多人都有"天塌下来"的感觉。自然界的"天崩"也紧随而来，3月8日吉林发生极为罕见的陨石雨。还有"地裂"，5月29日云南西部先后发生两次强烈地震。7月28日，河北唐山、丰南一带突然发生7.8级强地震，唐山被夷为一片废墟。10月，"四人帮"被一举粉碎，几百万群众又一次涌向天安门广场，欢欣鼓舞迎接"第二次解放"。1976年，是"天崩地裂、惊心动魄"的一年，是中国历史上最重要的一个时间节点。

正如黄仁宇在《万历十五年》中所写："这些事件，表面看来虽似末端小节，但实质上却是以前发生大事的症结，也是将在以后掀起波澜的机缘。其间关系因果，恰为历史的重点。"

1976年，是中国历史大转折的开始。我的人生，也在1976年发生了质的改变。1976年7月，我结束了自己的中学时代，成了一名上山下乡的知识青年。从此以后，我的个人命运与国家命运休戚与共。回望自己的人生历程，我深刻地领悟到国运昌盛、国家富强给老百姓带来的获得感和幸福感。

上山下乡　豪情万丈

1976年7月，记忆中好像是23日吧，19岁的我，在红旗大街的主席台上代表76届全体毕业生发言："我们要响应毛主席的号召，到农村去，到祖国最需要的地方去，上山下乡，改天换地，广阔天地大有作为，接受贫下中农再教育，建设社会主义新农村。滚一身泥巴，炼一颗红心，干一辈子革命，做一辈子毛主席的好学生。"随后，满怀革命理想的我们，就登上了解放牌大卡车，雄赳赳、气昂昂地奔赴了农村这片大有作为的广阔天地。

从会场到火车站，欢送的人群和车辆绵延好几里路，街上人山人海，锣鼓喧天，彩旗招展，口号震天。"广阔天地炼红心，扎根农村志不移""为有牺牲多壮志，敢教日月换新天""革命青年志在四方，扎根农村扎根边疆""向贫下中农学习，向贫下中农致敬"……口号声、欢呼声汇成激情的海洋，我们像出征的将士奔赴沙场，个个斗志昂扬，豪情万丈！

☆陆小平（左）与孙波（右）中学同班、下乡同队

后来有外地同学给我来信，说他在收音机里听到了我的发言，心情激动，感到热血都在沸腾。那天出发时我背包里装了《毛泽东选集》四卷，还有小说《林海雪原》《创业史》《红岩》等一些革命书籍，那本写着老师评语的日记我也装进了书包里。《创业史》扉页上的那句话，成了我一生的座右铭："人生的道路虽然漫长，但紧要处只有几步！"

汤家大娘　终生难忘

我下乡的地方是盘山县沙岭镇于家村五小队。新来的青年5人一屋，我一迈门槛，扑腾一下子"掉"进屋里。屋里的地面，比外面低好多。潮湿的泥地，一个又一个大包，走路硌脚心。我放下背包，弄了把铁锹开始铲地面，推开后窗往外扔土。有个小男孩不知什么时候趴在窗口看热闹，我埋着头一锹土扬过去，差点扣在他脸上。这个小男孩，就是后院汤永年大爷家的小四。从那天起，我与汤家四兄弟结下了不解之缘……

下乡第一天，下午就出去干活了。汤大爷赶着马车，带着我去地里拉装氨水的大缸。费了九牛二虎之力把几个大缸抬上车，用绳子固定好。汤大爷扬起鞭子要走，我赶忙拿起镰刀割了些草，塞在几个缸空之间，之后才跳上车。后来从蔡学贵队长那得知，大爷在队长面前表扬了我，说穿军装的那个大个小伙子眼中有活、会干活。下乡当年的秋天，我就担任了青年点的点长，五队的生产队副队长。后来又担任大队民兵连副连长。

知青在盘锦

  下乡头半年，我们知青吃商品粮，每顿4两，根本吃不饱。我时常端着一小碗米饭，上汤大娘家，说："这碗大米饭给小四吃吧。"其实我是想用细粮多换一些粗粮，把肚子填饱。汤大娘看透了我的心思，就说："大波，你以后就来家里吃饭吧，有我家孩子吃的，就有你吃的。大小伙子，正是长劲的时候，吃不饱可不行。"从那时起，我就成了汤家的一员。衣服破了，汤大娘给我补。我有一条缝了17块补丁的裤子，至今还珍藏着。农具坏了，汤大爷帮我修。如果实在修不好，就把新的好使的给我，他和孩子用破的旧的。每每干完活，我回到汤家，汤大娘就把自家孩子撵走，把炕头让给我。有时候，她还背着儿女，偷偷给我煮鸡蛋。每次给我时，都先四下瞅瞅，确定没有人，才把鸡蛋拿出来，让我赶快吃掉。我一口能吃掉一个鸡蛋，就是那时候练的。大娘老家是营口县黄土坎公社的，老家亲戚年节给大娘送来的苹果，大娘都是放到柜里藏起来的，我去之后，大娘就悄悄地拿给我……

  有一次，我挑着150多斤的秧苗，从横跨上水线的小桥上摔下来，当场昏倒在田埂上，是青年点同学们把我背回到大娘家。后来我在医院醒来时，我妈妈跟我说，她去接我进屋的时候，我还不省人事，头枕在汤大娘的腿上，她正在一口一口地喂我鸡汤……妈妈含着眼泪对我说："儿子，你这一辈子都不能忘了汤大娘的恩情！"

甘苦与共　兄弟金兰

  当时农村有句话叫"大干红五月，不插六月秧"。育苗在四月就得开始。那时候的盘锦，正是初春时节，乍暖还寒。大家每天早上四点多起床，披星戴月，穿着靴子，在育秧田里踩着冰碴。薄薄的靴子底儿，常常被水里的硬东西扎漏，鞋里灌进了稀泥和冰水，也得继续干。早上干完活，才能回来吃早饭。然后，再出工，干上午的活。

  一天下午，我们正在地里干活，就听有人喊"着火啦！着火啦！"我回头一看，只见村里一户人家的房子火光冲天。我们这帮青年扔下手里的活，就往村里跑。跑到那家院子，听说还有一个老太太没出来，我往头上浇了一盆凉水，冲进火海。东摸西找，找了好半天，也没找到。这时，外面的人声嘶力竭地喊，"快出来，屋顶要塌了！"听到喊声，我一个箭步冲了出来，就听脑后"咔嚓"一声，大梁断了，整个屋顶塌了下来……那时候年轻，不知道啥叫危险，现在想想都后怕。

要说干活最苦最累的一次，是红旗荒原会战。房东的一铺大炕上，挤着十几个人，每个人只能侧身睡，无奈之下我把喂牲口的草料口袋放平在地睡在上面。

红旗荒原的大沟，有一人多深，沟上面还有一层坝。工程干到最后几天，我实在干不动了，一锹土扔到坝上面，累得眼冒金星。当时与我一起参加荒原会战的同队的蔡大哥是四类分子的儿子，他朴实能干，由于家庭成分不好，他性格有点内向，不太爱说话，在人堆里，他总是懦懦地。每次收工吃饭，大家都围过去抢，他总是站在最后，不争不抢。他是村里的农民，有时候吃的饭和青年点不一样，我总是把青年点好吃的饭菜，偷着给他弄一点。蔡大哥完成自己的工段后，常常跑过来帮我。

"二人同心，其利断金。同心之言，其嗅如兰。"那些日子，我俩同吃同住同劳动，结下了兄弟般的情谊。那个年代，像蔡大哥这种成分不好的人，多数人都远离他们，有的甚至歧视他们欺负他们。我看到了他善良的本质，以及他想与人交往的主动示好，我没有拒绝他，而是敞开心扉，接纳了他这个特殊朋友。我给他的是尊重和尊严。直到现在，我和蔡大哥还是朋友，还有来往。朋友间需要的是彼此认同。

花样年华　青春无悔

一群十八九岁的姑娘小伙，离开父母离开家，在青年点这个大集体里，生活中处处都体现着兄弟姐妹般的情谊。

那时候农村非常缺水，我也不会洗衣服，常常是衣服扔水里，再倒些洗衣粉，搓几下就拿出来。晾干后，发现衣服上面全是洗衣粉的印子。再后来，都

知青在盘锦

是女生帮男生洗衣服,男生帮女生磨镰刀。在青年点里,我还有一件被人羡慕的事,就是我姐姐在每月19块钱工资里,拿出两块四角钱给我订全年成套的《辽宁青年》。在那个精神空虚、知识贫乏的年代,能有一份杂志带给大家精神食粮是十分难得的。那时谁偷唱《莫斯科郊外的晚上》都被说成是唱"黄色歌曲",谁偷看《第二次握手》都被说成看"色情小说"。

哪个妙龄少女不善怀春,哪个青年男子不善钟情?我和青年点的女炊事员小焦还有一段"糊嘎嘎感情"呢。我是点长,每天总是干在前吃在后,小焦看在眼里疼在心上,总是偷偷把做饭的糊嘎嘎藏起来留给我吃,别人总是吃不着,时间长了大家才知道,糊嘎嘎都进了我的肚子里,这段"糊嘎嘎感情"在同学中曾一度传为"佳话"。后来小焦老公也常拿此事做调侃。

其实曾经让我心动过的是那位二大爷家的五朵金花里的老二。二大爷家5个姑娘,个个漂亮。尤其老二,长着一双大眼睛,忽闪忽闪的,最好看。"蔡家五朵金花"都特别能干,插秧、拔草、割稻子,总是在最前面,她们干完自己的活,常常过来帮我。每每想到这些的时候,就让我心存感激。后来,我考学走了,再后来,她也嫁人了。我曾托人打听过她嫁到了哪里生活得怎样,心中总有一种淡淡的忧伤和牵挂……

其实,能在花一样的年华里彼此遇见,青春无悔矣。

领路支书　识人伯乐

☆孙波在大会发言(摄于1977年10月)

村支书崔宪武,是中华人民共和国成立前的老干部,一本正经,对我们青年特别关心。我从他身上学会了怎么当好班长、当好带头人,怎么处理和年长的鞍山青年的矛盾,怎么团结和凝聚青年点的各种力量。崔书记一直帮助教育我、鼓励我。当年，我是辽宁省社会主义革命和建设青年积极分子、营口市学习毛主席著作青年积极分子。

1977年，作为积极分子代表，我第一次到沈阳辽宁大厦参加会议。那时刚刚粉碎"四人帮"，一批老电影解禁了，开会的当晚我们在礼堂看了三个电影——《青春之歌》《刘三姐》《小二黑结婚》。《青春之歌》里余永泽和林道静有个亲密的镜头，我那时候年龄小，比较好奇、调皮，就回过头，看大伙的表情。我发现好多女生都不好意思地低下了头，倒是男生比较大胆，使劲抻着脖子看。

下乡半年，我挣的工分折成现钱才22.50元。要过年了，作为点长，我得留下来看青年点。就让同学带回去20块钱，自己留了两块五。后来同学告诉我，我妈妈接过钱就哭了……再后来，每回放寒暑假，都是我留下来看青年点。老支书说："身为青年的带头人，就要吃苦在前，享乐在后。"

后来，我要考学，跟他请假回家复习，刻板的老支书对我说："你是点长，不能带这个头，眼下正是脱谷的大忙之季，不能动摇军心影响生产啊！"这时候离考试还剩一个礼拜的时间……

坚定理想　报名考学

说起考学，我的经历那真叫百转千回、百般纠结。

知道消息晚。下乡的第二年冬天，也就是1977年的冬天，我回盘山县城给村里办事，路上遇到了迟忠强老师，他以为我是回来复习准备考学呢。跟老师一聊，才知道国家恢复高考了，我们知青可以考学了。

担心底子薄。我觉得自己初中毕业，和那些老高三比拼，没有优势，怕考不上。迟老师用了激将法："你去补习班看看，坐在教室里的，不都是你的同学吗？"我真跟迟老师去了补习班，眼前的景象使我震撼了。破旧的教室里，黑压压的都是人，连窗台上都坐上了人。那些人里，真没几个比我学习好的。

复习时间短。人家已经复习两个多月了，还有一个礼拜就要高考了，来得

知青在盘锦

☆盘山县出席省社会主义革命建设积极分子代表大会全体代表合影（后排右一周兴军、右二孙波；二排左二杨绍波；前排左起张凤仪、朱延才、李素兰，摄于1978年1月31日）

及吗？我到底应该复习什么？看什么书？我在心里又打退堂鼓了。又是迟忠强老师，给了我鼎力相助。他给我弄了一套用蜡纸油印的复习提纲，"你只要把这些记住了，一定能考上。你要记住，成功的路上并不拥挤，因为能够坚持到底的人并不多！"我如获至宝，揣着提纲回到生产队。

学习如"做贼"。古时有"凿壁偷光"的苦读故事，我复习考学，得背着支书躲着同学。白天带领大家干活，晚上倒班脱谷到11点，又困又乏。但是为了心中的理想，为了老师的期望，我只有拼了。冬天的青年点宿舍，四下漏风，睡觉都得戴棉帽子。我把棉裤脱到一半，钻到被窝里，脚上再压上狗皮褥子，把脑袋蒙上，打个手电，偷偷在被窝里复习……

一个礼拜的时间，我每天晚上只睡两个小时，总算在高考前一天，把提纲囫囵吞枣看了一遍。

1977年12月1—2日，我和全国570万考生一道，走进了考场，接受了命运的再一次挑战。

1978年，那是一个春天。一天，大队广播喇叭里喊："五队……五队的孙波……公社来通知让你去一趟。"我骑个破自行车，使劲蹬呀，到了公社，打开信封，是营口市第二师范学校的录取通知书，心里一下子凉了半截。念师范，当老师，不是我的理想。我把通知书揣到兜里，默默地回到青年点，跟谁都没说。

过了几天，我父亲打来电话，叫我回家。他是从老同志那里得知我考上了师范。进屋老爸就将我一顿训斥，考上师范为什么不告诉家里？是不想去？接下来，就是亲朋好友一轮又一轮地劝说。经过激烈的思想斗争，我终于决定去上学了。

汤大娘知道我考上了，又是高兴，又是舍不得。临走那天，汤大娘拉着我的手，满眼泪花："大波，大娘真舍不得你走。大娘知道念书好、有出息，不能拦着你。你以后要常回来看看。这10块钱你拿着，留着念书用……"汤大娘伸手从棉袄袖里掏出厚厚一摞钱，最大的面值是一块钱，多数都是两毛一毛的，皱皱巴巴的，有的还用纸糊着。这是她卖了一年的鸡蛋攒下的，我曾看见她在灯下一毛一毛地数着，说凑够了过年给家里添个大件。可是今天，大娘把家里仅有的10块钱家底拿了出来，一下子全都塞给了我。

那一刻，我的眼泪"唰"地一下子淌了出来。我拿着钱，不敢回头，沿着土路，走啊走啊，一直在不停地流着泪水……

那一刻，我就在心中发誓：我一定要对得起大娘，对得起我曾经生活战斗过的这片土地，对得起这块土地上淳朴真挚的老百姓，一定要学有所成，回报大娘、回报乡亲们！

不忘初心　知行合一

高考的恢复，标志着一个新时代的到来。中国社会从动荡走向稳定、从封闭走向开放、从重阶级出身到知识改变命运。当年走进大学的学子，如今已成为各行各业的中流砥柱，他们给社会带来全新变化和思维的同时，也实现了个

知青在盘锦

人的光荣与梦想。我庆幸自己赶上了恢复高考这趟时代列车。

二师毕业后,我留校任教,担任团委书记兼课,开启了事业的征程。1985年7月调到团市委,先后任办公室主任、副书记,同时兼任青年企业家协会会长;1992年底到盘锦二塑挂职锻炼,任副厂长;1994年11月到市对外经济贸易委员会,先后任副主任、主任;2000年初任市委办公室主任、副秘书长;2003年2月到市人事局,任党组书记、局长、编办主任、行政学院副院长;2005年7月到市人大,先后任副秘书长、秘书长;2008年7月到市政府,先后任市政府秘书长、市政府办公室党组书记、油田办主任、应急办主任、政府新闻发言人;2016年7月任市总工会主席;2017年1月到市人大,任市人大副主任、党组成员,兼任总工会主席。

☆孙 波

这些年,不管在哪个岗位工作,只要是沙岭的人,只要是于家的人,只要是五队的人,不管认识不认识,只要找到我,我能帮的我都帮。每年春节,我都要去看望汤家二老。如今,汤大娘已经去世了。汤大爷也94岁了,今年我去看望老人家,大爷还能认识我,拉着我的手,反复说的话就是"大波,我想你啊!"

这两年,宜居乡村建设开始了,我仍然关注着于家村挖沟、修路、装灯、栽树……

沙岭就是我的第二故乡,我深深地眷恋着这片土地,深爱着这片土地上的人们。乡情,是我心中的暖流;乡音,是最亲切的问候;乡亲,是我永远放不下的牵挂;乡愁,是我永远的等候!

知青岁月,形成了我身体里的底层代码,"仁义忠信,乐善不倦"是流淌在血液里不可改变的基因。贫下中农朴素的情感,给了我无尽的滋养,我跟他们学会了重友情、讲信义、负责任。青年点繁重的体力劳动和艰苦生活,锻炼了我坚强的意志。与他们朝夕相处,培养了我与贫下中农深厚的感情。离开青年点以后,生活工作中无论遇到多么大的困难,我都能迎刃而解,并且很快就能释然、释怀。知青生活可以说是"苦其心志,劳其筋骨,饿其体肤,空乏其身，增益其所不能"的历练，今天我们这代人在中国改革开放的"天降大任"中，不畏艰难，勇于担当，用知青生涯中汲取的人格力量和精神财富在继续书写精彩人生。

从1976年下乡到沙岭于家做知青开始，我见证了盘锦这四十多年的发展变化，同时，我也是盘锦经济建设和社会发展的参与者，无论在哪个岗位工作，我都全身心地投入，且负责地把每项工作做好。我的父亲是一位中华人民共和国成立前就入党的老干部。我刚到团市委工作时，老父亲语重心长地对我说："你从事的事业不一定伟大，但你一定要认真；你的工作业绩不一定多么优秀，但你一定要努力！一个人要一辈子做好事，不做坏事，少做错事。要在平凡的岗位上，为老百姓做出些不平凡的业绩来，要做一个有益于人民的人。"几十年来，老父亲的这番话始终萦绕在我的心头！

工作和生活的经历使我体会到，人生最大的财富，就是你的经历以及你对它的认知和感悟。我经常回头看自己走过的路。我闺女曾问我崇拜谁，我说崇拜我自己。我想对女儿表达的意思是我很自信。我觉得一个男人应该具备两种特质，一要自信，二要宽容。你有多大心胸，就有多大格局，就能成就多大事业。男人的心胸，是用委屈撑大的！"身之主宰便是心"，不能胜寸心，安能胜苍穹？

"但愿苍生俱饱暖，不辞辛苦出山林。"身为党员干部，只有把对人民群众的深厚情感，转化成为人民服务的实际行动，才是真正的不忘初心、知行合一，才是真正践行一个共产党员为人民服务的根本宗旨。

"天不老，情难绝。心似双丝网，中有千千结。夜过也，东窗未白孤灯灭。"知青情结，是我一生放不下的情、解不开的结，那年，那月，那年月……

琐碎的青春时光

◎孙文成

关于青春的故事，仿佛初恋一般最是生动和难忘。在那个蹉跎岁月里沉积下来的琐碎记忆，犹如夜空中的星子，时常在脑海中闪烁，并将我的灵感点亮……

谨以此文献给那个如歌的青春岁月。

——题记

一、九班

在沈阳至锦州的铁道沿线上，离沟帮子火车站两站远的地方，有一个不起眼的小站，叫"工农兵"站。车站的西南边是盘山县胡家农场场部所在地，这里有百货商店、饭店、米面加工厂、中小学校，还有集市，比较繁华，人多也热闹。这一片儿最高的建筑是农场场部的二层小楼，房顶竖着一面有些褪了色的五星红旗，一年四季迎风招展。

车站的相反方向，沿着砂石路的乡道往东偏北，依次是田家、姚家和曹家三个生产大队。过了曹家途经省交通口的二营知青点，再有两里多路，在道路东侧的丁字路口，分左右伫立两个四米多高的水泥门垛，靠左边的门垛上竖着刻有一行字：盘山县共产主义青年劳动大学，右边门垛刻有：盘山县胡家农场红旗青年营。这就是20世纪，1976年我下乡的地方。

红旗青年营是沈阳军区设在盘锦的知青点,下去的知青大都是军区各单位及中央驻沈军事机构的子弟。青年营下设四个连,部队建制,军事化管理。营里有营长,连里有指导员和连长,往下是排长、班长。尤其我们这些部队子女都穿军装戴军帽,一排一排地拉出去,跟当兵的没啥两样。相比插队落户的那些下乡青年,青年营的知青非常有优越感。

我所在的三连有三个排,每个排有三个班。一排二排分别有一个男生班和两个女生班,三排是两个男生班,即七班八班和一个女生班九班。我下乡被分在三连三排八班。

九班是一线人员跟后勤人员"混搭"的女生班。班长会唱歌,她经常与班里另一名爱唱歌的女生,在连里的联欢会上表演女声二重唱。班里还有一名文学青年,擅长吟诗作赋。跟我一届的一名新生嗓音也蛮好的,也喜欢唱歌。

☆孙文成在三排八班

最拉风的人物当数后勤喂猪的一个女生了,能拉一手好手风琴不说,经常边拉边唱。

综合这些,不难造就九班在全连"文艺范儿"的地位。

每到傍晚,吃完饭没什么事了,总能听到九班宿舍里传来悠扬的琴声伴着悦耳的歌声,同时还有叽叽喳喳的嬉笑,好不热闹。

这时候,跟九班只有一墙之隔的邻居七班,就会敲墙起哄。九班的歌声和琴声,实在不能让七班的男知青们沉默下去,他们必须要有所反应。当然他们只会铆足了劲敲墙,九班的歌声和琴声就更加嘹亮……

然而,相比"文艺范儿",九班的个性似乎更显与众不同一些……

我刚下乡到盘锦时,全营种的都是旱田,平均亩产才18斤。高粱、玉米长到刚过膝盖那么高就停止发育了。

后来也就是年底,根据农场指示,红旗青年营的四个连队顶着北风烟雪,在大冬天里挖沟筑渠,愣生生地将千八百亩旱田改成了水田,在第二年春天种

知青在盘锦

上了稻子。

在改种稻子之前，头年的秋天，豆子的长势还算凑合，谈不上喜人，至少不像高粱和玉米长得那么难看。最起码可以收割和打场，说明还是有一定产量的。

割豆子比较搞笑。站在地头时还能分辨出一根根垄。往前割着割着垄就不见了，豆棵儿也不知去向，进入眼帘的是一丛丛不知名的荒草。甚至提溜个镰刀走出十几米或几十米都不见豆子的踪迹，直至再发现有豆棵儿了，方能继续收割。

连里的豆子都种在号称"七百七"的地块里，这是三连最长的一块地，长度大约770米，宽也有二三百米。豆子割完了一捆捆地捆结实，在地里一趟趟地摆放好，等着往回拉。

天渐渐凉了，要赶在下霜之前把豆子运到连里的场院上，然后打场磨豆子做豆腐熬豆浆压豆饼，最后还要榨豆油。炊事班烧的菜里已经好久见不着油星了。

为了抢时间运豆子，连部采取了牛车马车驴车齐上阵，还有人背等多种运输方式。早上天麻麻亮就起床，不吃饭每人先从地里往场院背三趟豆子再干别的事。

进到"七百七"地块，只有通过一条窄窄的必经的小道才能进去，旁边就是水沟。全连从一排一班开始到最后的三排九班百十号人马，排成队按顺序依次进到豆子地里。每人每趟差不多都要背两三捆豆秸，力气大的男生有背四五捆的，再沿原路返回到场院。

豆秸给露水打湿后，分量倍增，而且潮湿扎人，背起来特别吃劲。踩着崎岖的田埂，弯着腰弓着背，负重跋涉，一两趟下来每个人都会头上热气腾腾的，汗水顺着脸往下淌，沾了露水的豆秸紧贴在后背上，又湿又扎又痒，无法形容的难受。

先进入"七百七"的一排三个班，自然先于后面的人背完三趟豆子，完成任务，去食堂吃饭了。二排的三个班和我所在的三排两个男生班也没怎么耽误到食堂吃饭。

等到九班的几名女生背完豆子，回到宿舍洗漱擦洗完毕，拿着饭缸子走进食堂时，饭已全部卖光了。她们不仅没赶上热乎的，连凉的几乎也都没有了。姐妹几个面面相觑，首先班长一脸的不悦，然后人人面带愠怒离开了食堂。

第二天早上背豆子，完全复制的是头一天的情形。背完三趟豆子的九班，擦洗完毕，急匆匆赶到食堂，依然呈现出"早饭售罄！"的状态。

这回九班没有立即打道回府，几个女生一言不发，一手拿饭缸一手拿匙或筷子，就"嘣嘣嘣"地敲起来。直至把炊事班长和伙食长都给震了出来。两位食堂主官忙不迭地解释，说他们今天已经加量了，怎么又卖光了啊！是不是有人多打了呢……九班就把怨气转移到一排和二排那些人身上，她们猜测是他们抢了自己的饭，因为他们是最先到食堂打饭的。

第三天背完三趟豆子，依然没有九班的早饭。这次许是她们已经商量好了的，姐妹几个站成一溜，张口开唱了。就像在元旦联欢会上演节目那样，唱了一首又一首，唱的都是当时流行的知青励志的歌曲。

食堂里除了那些没长脑子的桌椅板凳，并无他人。炊事班没有一个人出来，都猫在屋里不露面。倒是走过路过的人或趴窗户或进到食堂里看热闹。

事情不能一而再再而三延续下去，连续三天没吃上早饭不算是小事儿。九班班长把情况反映给了排长，排长反映到连部。

如果放在通常，炊事班做的早饭量应该是足够的，但是走了好几里路，负重背了三趟豆子，肯定就要比平时吃的多了。连里没有责怪炊事班，更不可能追究多吃多占的那些人，关键是也无法查明都有谁多打了多少饭……

连部就此事，做出三点明文规定：一是给九班放半天假，抚慰一下她们受伤的心灵；二是连里再背豆子，由九班首先进入"七百七"，依次是三排的八班、七班和二排、一排，把整个顺序倒过来；三是背豆子期间，炊事班做早饭要加量再加量。

九班并没有享受到连部优惠的半天假期，因为背完豆子全连统一放假一天，九班的半天假也就含在这统一的一天假里了，九班对此并没说什么。食堂的早餐倒是加量了，但从第四天起不用人背豆子了，地里剩下不多的豆子都是马车和牛车拉到场院的。

休整一天后，全连便投入到了打场大会战。可以说，农活没有一样不是累的，打场更是如此。即便再苦再累，九班的"文艺范儿"仍在每天的傍晚尽情释放。悠扬的琴声伴随着悦耳的歌声，时不时地从九班宿舍传来，同时还夹杂着叽叽喳喳的嬉笑声。

作为九班的邻居七班的男知青们，仍不甘寂寞，一如既往地铆足劲敲墙，以换取九班更加嘹亮的歌声。

二、耙地

仅十多天，三连知青就把连里所有的地都耕完了。

我下乡的盘山县胡家农场红旗青年营，原本种旱田。从我下去当年，也就是1976年的秋后到第二年开春，短短半年不到时间，知青们就完成了全营旱田改水田这一艰巨而庞大的工程。

旱改水头一年，对耕地不是很熟套，连里采用的是"三结合"方法，即机耕牛马耕加上人耕。所谓"人耕"就是人工用锹来翻地。我那把刚上手的新筒锹，翻地那些天给磨得都有点锃明瓦亮的感觉了。

翻地时还发生了一个小插曲。当时干活以排和班为单位，在各自分工的水田格里干活。忘记是哪个班了，有人偷工减料，将翻上来的土一半扣在没翻的地上。从外表上看像似都翻过一样，实际却暗藏"硬芯"，这样一来就给下一道工序耙地带来"梗阻"。

这种小把戏，很快就给连领导发现了，也许是有人打小报告给赵指导员。指导员是连里最高首长，眼里不容沙子，发现苗头不对劲，立即在现场召开全连大会进行揭摆。当然"肇事者"少不了挨一顿狠批，被罚返工不说，最没面子的是这事不怎么光彩，在全连人面前曝光了。

此后，再没有谁敢动歪歪心眼了。接下来是上水线开闸放水，泡地三天三夜，然后开始耙地。

话说耙地这活不是一般的累。牲口拉着爬犁，把已经给水泡了好多天的土块，一遍遍蹚碎。人跟在爬犁后面，猫着腰挥舞筒锹，将耙过的地反复捣弄好多遍，使其更平坦和软乎一些，好便于日后插秧。

　　当时有句口号叫"不插六月秧"。由于头一年改水田，挖沟修渠已经耽搁一些时间了。为了争时间抢进度，赶在五月底前完成插秧大会战任务，不拖营里和全农场后腿，连里把能喘气的牲口全拉出来了，什么牛马骡子驴都牵出来溜一溜，统统给它们派上用场。就差把两名女生养的一直舍不得杀的那几头长毛猪，也赶到田里套上爬犁了。

　　一头牲口挂一副爬犁，后面跟上十多个人组成一副架。全连人畜"联手"组成若干个小组，分布在一个个水田格里。

　　扶爬犁的是贫下中农车老板，还有几名自告奋勇的男知青，临时披挂上阵。他们在头里举着鞭子，高声地呵斥着牲口蹚着泥水疾跑。知青们则紧跟在爬犁后，深一脚浅一脚，用力挥舞筒锹不停手地捣弄脚下的稀泥。一天下来，泥水汗水甩得满身满脸都是，一个一个整得跟泥猴儿似的。

　　一天下午，我紧追在爬犁后面，正埋头苦干呢。就在抬头擦汗的不经意间，看见一名跟我同届的小女生，突然扔掉筒锹，踉跄地跑到田埂上，蹲下身子张开嘴"哇哇"吐开了，吐完了又一屁股坐在湿漉漉的地上，"哇哇哇"放声大哭起来。大家都蒙了，不知咋回事。跟她同班的有两名女生见状赶忙上前把她扶起来，然后张罗着送回到连里。

　　第二天上午，我也出现了点异常。撒尿时发现尿呈红糖色或者说跟酱油差不多的颜色。尽管身体没有什么不适，心里却比较恐慌。炊事班送水时，我给自己灌了一肚子凉水，等撒尿时观察尿变清淡了，才多少安下心来。接着又喝水撒尿反复多次，看到尿正常了，这才彻底把心放进肚里。

　　后来几天，我上工路过菜园子，看见那个"哇哇"大吐，又"哇哇哇"大哭的女生在菜地里浇水。想必是因为她病了，被安排到菜园子干点力所能及的轻巧活吧。

　　简单说一下菜园子。从连里往南一里多地远靠着田边有一块地，被用来种

知青在盘锦

一些果蔬，作为连里的副食，供应给炊事班。大家都管这块地叫菜园子。

管理菜园子的是一名叫"瘦子"的七四届老生，精瘦精瘦的，风大的时候估计得扶墙或抱树，你就想象吧。

他吃住都在菜园子，我特别羡慕这个俏活。我甚至幻想过等将来"瘦子"抽调走了，能不能由我接管菜园子呢，因为我长得比"瘦子"还瘦。

连里只有"瘦子"一个男生享有在菜园子工作的殊荣，其余来这儿的都是身体在某一时段发生了点特殊情况的女生。如果没有看到哪个女生扛着筒锹或提溜着镰刀出现在上工的队伍里，而是在"瘦子"的指挥下，不紧不慢地干着菜园子的俏活，那一准是这个女生的"大姨妈"来了。

私底下就有无聊的男生，会根据哪个女生去菜园子的具体时间和频率，来掐算她的"大姨妈"报到的日期。当然不排除头疼脑热有病什么的去菜园子的。

呵呵，话题有点"跑偏了"，还是继续回到耙地上来吧！

耙地进入到尾声阶段，连里出事了，一头牛给累死了……

原本死一头牛也算不上什么大事，可是大家咋咋呼呼议论说这牛是给活活累死的，这事就让人无法淡定了，以至于在全连知青当中引起了躁动。

那天是个阴天，到了下午越发阴得厉害。浓厚的云层在头顶上翻滚着，空气中弥漫着凉丝丝的气息，让人觉得压抑。就在一排分担的一个水田格里，突然围拢了很多人，接着很快就有消息传来——连里有一头牛死了。

我随大流跑到一排那边看热闹，映入眼帘的是一头牲口垂死的惨象。牛当时还没死呢，一双后腿深陷在泥水里，看不出是跪着还是别的什么姿势；垂下去的头显得很沉重，正努力向上抬起；两条前腿打着颤，用力支撑着快要垮塌下去的身躯，试图想让自己站起来。

一个七六届的男生站在牛对面，神情惶恐，他双手擎着鞭子僵直地立在水里。估计他心里一百个不愿意他赶的牛就这么死在他手里了。

这头可怜的牲口最终还是没能站起身，两条前腿一软，"扑通"一声侧身躺倒在水田里。只见它圆鼓鼓的肚子一张一收地呼扇着，从嘴里流出来一缕缕黏稠的口涎，流到污浊的水面上。隔一小会儿它就发出"哞——哞"的一两声哀鸣，仿佛是在求救，又像似叹息。我还发现它眼角有泪水滴落，眼神一点点黯淡下去，生命的气息渐渐消失……

这是一头比牛犊子稍大一点的小牛，耙地前赵指导员从胡家农场牵来的。说是"牵"来了，到了秋后得还人家稻子。

小牛刚来到连里那会儿，精气神儿十足，尤其它一身金黄色的皮毛，没有一点杂色，摸起来手感特别好，像缎子似的溜光锃亮。

我曾搭过小黄牛拉的车，随炊事班往地里送饭。赶车的是一个叫岩子的新生，他不像老生赶牛车，专门拿根棍子捅牛卵子……

这个牛倌不拿鞭子也不用棍子，只把双手搭在小黄牛的两个后腰和胯骨之间的地方，轻微一抓一挠，它就撒开四蹄撒着欢跑起来。越是抓挠得厉害它就越跑得起劲儿，着实有趣。我就猜想牛胯骨那一定是它的痒痒肉。

俗话说"初生牛犊不怕虎"，这话一点不假。这头小黄牛可能生性耿直倔强，干活不藏奸不偷懒。不用主人拿鞭子赶，拉着爬犁耙忾蹶子往前冲，始终保持一副前腿弓后腿蹬奋力向前的架势。

也许是它还未成年，身子骨还没完全长成，也可能是气性太大了又恨活，就在地快耙完了胜利在望时，小黄牛却牺牲了，献出了年轻的生命。

这时，不知谁提议说，趁着牛还没咽气赶紧杀了吧，要不等死了再放血肉就不好吃了。于是几个人七手八脚或抬或搬连拖带拽的，把牛弄到上水线上。

二排长二贵跑回连里去取杀猪刀还没回来。二贵原来在后勤做豆腐，人勤快豆腐做得又好，得到连部领导的赏识，调到一线升职为二排排长。杀猪是他在后勤时练就的看家本领，但他杀没杀过牛我却不知道。

大家在堤坝上围成了一个圈，一个个探着脑袋望着圈子里奄奄一息的小牛，仿佛为最后送它一程行注目礼。"牛死人悲"形成的压抑的气氛，比阴沉沉的天气还要糟糕，在人们心里蔓延着。

在一片唏嘘声中，二排四班的一名新生发出感慨，他用多少有点调侃的语调说道：将来等我有孩子了孩子再有孩子的时候，我就给他们忆苦思甜，告诉孩子们，想当年老子下乡在盘锦，耙地时活生生把一头牛给累死了……你们说！那人应该累成什么奶奶样啊……听他这么一说，有人呵呵地笑，却有人抹着眼泪儿哭了，甚至有几个女生还哭出了声。

小牛还没最后咽气，就被二贵在上水线上给放血了，还当场把皮给剥了……

傍晚，炊事班大铁锅里炖牛肉的香味，飘出去老远。嗅着肉香知青们纷纷涌向食堂，毕竟大家好久没吃到肉了。

实话说牛肉真好吃。可是就在我满嘴溢香奋力咀嚼的时候，眼前却浮现出小黄牛垂死挣扎的一幕，心里不禁痛了一下。

耙完地了，秧也插完了。六月的细风，吹拂着一畦畦绿油油的秧苗，煞是好看，将耙地时所有的苦和累，还有那头小黄牛悲怨的目光全都掩盖了。展现在我和我的知青战友们眼前的是一幅油画般的田园风光……

三、磨稻子

磨稻子绝对是一俏活，尽管我没干过，但用膝盖想也该知道这活不会太累。都是机器在那干，虽然粉尘弥漫、乌烟瘴气的，却不费多少力气。最主要是人猫在屋里冻不着。

所幸的是这么一件美差，连里派给了我所在的三排八班，还落到我头上了。也由此发生了我用一辈子时间都忘不掉，至今想起来都能乐出声的一件窘事……

那是1977年初冬的一天。早上天刚放亮，班长大平带着我和另外两名七六届新生，在苏板儿吆五喝六的指挥下，把稻子装进一个个麻袋里，先把口扎紧，再搬到马车上码好，用绳子绑结实了。然后去食堂吃早饭。

苏板儿最后一个走出食堂。这位连里最牛的车老板，站在房山头，嗑着牙花子，神气十足地"啪！啪！"甩了两鞭子。一挂马车就载着几名知青和满满一车装满稻子的麻袋，朝着农场方向进发了。

磨稻子的米粉加工厂，在胡家农场东面不远的田家大队。跟我们一起去磨稻子的还有两名女生，七四届的宝姐带一个跟我同届的女生，她俩的任务是给大伙做饭。

12月初就打完场了。黄澄澄金灿灿的稻粒装满了整整四个大粮囤，被锁在紧挨着连部的仓库里。三把钥匙分别由指导员、连长和仓库保管员掌控。这些粮食除了年底上交到农场的公粮，剩下的全连人还能吃上两三年。

自打开春耙地、育苗、插秧，到秋后收割、打场和入仓，也就是大米从最初的种子到萌出秧苗，再长成沉甸甸的稻穗这一过程，知青们经历了哪些艰辛，流了多少汗水，又是如何熬过来的，这时都已经显得不十分重要，被抛在脑后了。

更能唤起我和我的兄弟姐妹们欲望和引发我们关切的是，还需要等待多长时间，能再吃上一顿香喷喷的白米饭……

秋后割下来的稻子刚运到场院时，管后勤的副连长王涛，从曹家大队淘弄来一马车大米。曹家离我们青年营不远，王连长家是曹家老坐地户，搞一车大米不成问题，但前提是需要多还人家几麻袋稻子。

炊事班把"首顿"大米饭安排在了全连休息日。这一天搞得跟过年似的，头天下午指导员还安排二排长二贵杀了一头猪。

顺便提一下连里养的为数不多的几头猪。也不知是喂猪的两个女生喂养方法不得当还是怎么着，反正那猪看着一点不像猪倒像狗，腿长毛长身条儿窄，跑得倒快。一帮人围追堵截竟抓不住，最后猪自个儿跑不动了，二贵一个箭步窜上去，一刀毙命，可谓稳准狠，但也够血腥的。

这是旱田改水田以来，三连"首吃"白米饭。之前知青们的口粮一直以高粱米和苞米面为主打。据七四届老生讲，他们刚下来时，正赶上青黄不接，曾吃了几天马料呢……

那天食堂里的气氛特别高涨，大家脸上都挂着异常兴奋的表情，站排打饭时有说有笑的。当饭缸子端在手里坐稳当了，又都闷头不吭声了，个个鼓着腮帮子，大口大口地做着咀嚼和吞咽动作，每个人都吃得脸上泛光，洋溢着一种幸福。

开始炊事班是限量供应，无论男女每人最多打八两。后来可能米下多了，又不限量了，大家就都敞开吃了。

知青在盘锦

很快八两饭下肚，我毫不犹豫添了七两。悲催的是菜吃光了，饭还有一大碗没动呢。在没有副食的情况下，我又"干拉"了一碗大米干饭。

一个精瘦精瘦的叫果子的老生，吃下二斤一两，创下了全连纪录，据说也是全青年营的纪录。这项纪录一直保持到最后撤点也没有人能刷新。

我自己创下的一斤半纪录，在有一次出工时给刷新了。那是第二年发生的事了。

那次是出工挖渠，午饭是大米饭就余白肉和炖豆腐。这在当时绝对是两道硬菜。我分两悠共吃了一斤八两。感觉胃里和食道被填得满满的，快堆到嗓子眼了，哈腰和呼吸都异常困难。

我一步步挪到渠坝另一面，避开大家视线，呕了几大口饭菜出来，胃才舒服一些。晚上又吐了一次，第二天满嘴满脸甚至头发里都是难闻的伤食味，好几天散不去……

前两天刚下一场雪，没有化掉。皑皑白雪覆盖着大地，满世界一片银白。由于是清晨，路上几乎没有车辆和行人，只有我们一辆马车疾驰在雪野上。车轮碾压着积雪发出"咯吱！咯吱！"声，我们仿佛置身在童话里一般。

我把自己裹在军大衣里，沐浴着旭日阳光，浑身贯穿着一股子惬意。

在这里简单说下苏板儿，他是连里一资深车把式，带了两个男生跟他学徒。他和指导员、连长都是当地人，属于农场派到我们知青点的贫下中农。

这人四十岁左右，大个儿，黄龅牙，公鸭嗓，特长是侃大山和咧大春。这一路上，苏板儿的大嘴叉子一直没合拢，口若悬河荤的素的白话了一马车。

伴随着一路的欢笑，大约不到两个小时就到田家了。苏板儿帮我们卸下麻袋，搬进米粉加工厂，他就赶车打道回府了。

说是加工厂，实际上只有两间土坯房，一间仓库兼做办公室；一间是工作间，里面有一台加工米面的机器。

在班长大平率领下，我们穿上防尘服，就是那种蓝色劳动布做的帽子和披肩连在一起的东西。然后哥几个就开干了。

磨稻子的流程比较简单。班长一个人负责把稻粒填进机器的漏斗里，另外两人把磨完的大米和稻壳分别装进麻袋。我的活相对简单而轻巧，把装好大米和稻壳的麻袋口扎紧，然后靠墙码齐了。

哥几个分工明确，秩序井然，效率也高，一上午就把一天的活快完成三分之二了。吃完午饭，没休息又接着干。

之前说了宝姐带一个女生给我们做饭。两个炊事员做的饭菜蛮可口的。主食当然是大米饭，新下来的大米亮晶晶油汪汪的，煮出来的饭香气扑鼻。也许这就是来磨稻子的好处，近水楼台先得月嘛。

吃饭时，她俩带来了一个消息，听起来比吃白米饭还要令人振奋。说是晚上有一个戏班子来田家演出。

由于着急看演出，下午原本就所剩不多的活很快干完了。然后洗漱吃晚饭，披上军大衣，一帮人一溜烟跑到场院看戏去了。

进入冬季天黑得早，不到五点就差不多全黑下来，场院里围了一圈又一圈人，黑压压的有好几层。在院子四个角，用木头杆子挑起来的四盏汽灯"吱吱"地响着，把场院照的通亮，如同白昼。

不知是县里还是哪儿来的草台班子，呜呜喳喳演了两个多小时。节目倒是蛮吸引眼球的，杂技绝活类的表演比较多，还有样板戏。最后是一个耍猴节目收场，逗得大家前仰后合的。

看完演出回到住处，班长大平着手安排住宿事宜。这时问题来了……

临来之前，连里跟田家这边沟通好了，他们帮助安排吃住，我们留两袋磨完的大米给田家。而实际情况是我们住的老农家，只能提供一间屋子供我们六个人住。

这是一间不大的下屋，地上堆放着杂物。一铺小炕放着六套看起来还算干净的被褥。目测一下，这炕也就能睡五六个人吧，我们一行四男两女，咋睡呀！这是事先没有料到的。

班长大平愣愣地望向那铺小炕和上面的被褥，又看着我们几个，不说一句话。在心里头嘀咕着什么。

沉默了一会儿，班长发话了，他说既来之则安之吧！接着道出了他在极短

知青在盘锦

时间"草拟"的方案。就是首先把好位置留给俩女生，让她们睡炕头。我们哥几个表示完全同意，说没说的。

整体位置是这样安排的，小女生把炕头，然后是宝姐；班长自己睡炕梢，往左依次是那俩男生和我。宝姐年龄大点，男生中我最小，让我跟宝姐"接壤"。

从进屋到安排就绪，大家一直站着已有一会儿了。班长说都还愣着干吗，上炕睡觉啊！说着他蹬掉大头鞋，脱去外衣外裤和棉袄棉裤，率先跳上炕钻进被窝。我注意到他没有脱袜子。俩男生也跟着上炕了，接着是小女生和宝姐，最后是我。

和大家一样，我也只脱了棉袄棉裤，没脱袜子。这时我瞥见俩女生也在慢吞吞地脱着。她们脱去棉衣，露出来颜色十分好看的毛衣毛裤，是几样毛线混搭织成花样的那种，而且是紧身的。

我穿的是军用秋衣秋裤，进到被窝不一会儿，我悄悄把袜子蹬掉了，穿袜子睡觉实在不舒服。好多天没洗脚，我又担心会有味儿，怕殃及身边"女邻居"，就特别注意不把脚伸出被窝露在外边。

屋子里一下子变得静悄悄的，但彼此都知道并没睡着。我突然想到了小时候吃过的沙丁鱼罐头，一条条细小的沙丁鱼，挤在没有一点缝隙的狭小的空间里……

班长大平首先打破了沉闷，他说他知道大家肯定都还没睡呢，与其睡不着莫不如找点什么乐子吧！

他想了一下说没有扑克，大家讲故事吧！他说他先开头。但接下来他口气郑重地说，今晚的事儿，大家千万不要跟任何人说，切记！切记！切记！他一连说了三个"切记"，我们几个自然也就都明白他指的是什么事儿，并承诺肯定不会往外说的。

班长的故事应该没有多少"彩"，至今我绞尽脑汁也想不起来他讲的故事的内容。然后是跟他挨着的那个男生讲，这小子挺能白话，记得他讲的是一个跟我们晚上看耍猴有关的笑话。

还没等轮到我讲呢，就听到炕梢班长那边传来了轻轻的鼾声。不一会儿炕头那边也响起了轻轻的鼻息声。接着响起一片鼾声……毕竟大家起那么早，又忙乎一天了，挺累挺乏的，很快就都进入了梦乡。

我不知道这此起彼伏的鼾声里面，有没有宝姐的。但我是注定睡不着了。跟一位散发着浓郁青春气息的异性，零距离挨着睡觉，我的神经一下子绷了起来。

一丝丝鼻息和着袅袅香气，从我左边款款袭来，前所未闻的，不禁令人心旌摇荡。睡不着觉，就会心猿意马地胡思乱想。可笑的是，思绪竟然跳跃到白天苏板儿"咧大春"的段子上了。

发现思路"跑偏"了，我就强迫自己去想晚上看样板戏看耍猴的热闹场景，试图分散一下注意力。

从进被窝我就始终保持一个睡姿，侧着身子背对宝姐，时间长了就想翻下身。我慢慢向左转九十度，变成仰躺的姿势。完全转过去面对宝姐，无论如何我都不能也不敢。

我悄悄睁开双眼，屋里黑黢黢，什么都看不见，只有风吹在遮挡窗户的塑料布上，发出"哗啦，哗啦"的声响。

细碎的风声伴着柔和的鼾声，营造出一股莫名的氛围。这种既温馨又奇妙的感觉，让人在心里萌生出些许美好甚至幸福的滋味。带着对幸福的体验，我渐渐进入了梦乡……

不知睡了多久，蒙眬中听到有人说话，还夹杂着鸡鸣狗叫。我睁开眼睛，天已经大亮了。旁边那哥俩貌似还睡着，我转向宝姐那一侧，看到叠得板板正正两摞被褥，却不见她俩人影。班长大平也没在，估计他们早就起来了。

我忙起身穿衣服，那哥俩也起来了，我们洗漱完毕去吃饭。宝姐和班长他们已经把饭菜摆放好了。吃完早饭休息一会儿，哥几个就又钻进机房开干了。

我一上午都精力充沛，干劲十足，尽管没睡好缺觉，还是忙里偷闲地遐想了一下，期盼晚上睡觉还能像昨晚那样安排呢。

到中午时，一天的活基本要干完了。走出机房，我看到连里那挂马车停在门口，苏板儿抱着鞭子靠在车辕子上抽烟。他说一会儿吃完饭就装车回连。

我第一个抢过话问他那这稻子不磨了啊，班长大平也问他怎么回事。苏板儿就说不磨了，连里有别的任务，说是出工修水渠。既然苏板儿代表连里发话不磨了，我们只有服从的份。吃完饭休息片刻，我们装完车就出发了，路过田家大队部，扔下两袋大米给大队会计，又继续赶路。

下午天气晴好。皑皑白雪还没来得及化掉，一片银装素裹。初冬的暖阳映照雪野，折射出耀眼的光芒，让人有点睁不开眼睛。我把自己裹在军大衣里，任凭温和的阳光洒在身上，温暖而惬意。

因为不是特别急着赶路，苏板儿没有像来时那样，起劲地挥舞大鞭子，高声吆喝牲口，他悠闲地赶着马车，缓慢而行。当然他的大嘴叉子一刻也没消停。我们几个也都比较兴奋和活跃，附和着他有说有笑。

回到连里，谁都没提那尴尬的一夜，大家都心照不宣。毕竟苏板儿也不知情。第二天哥几个跟随连里大队人马出工修渠去了。

四、病号饭

跟我一个屋的七四届老生果子又"病"倒了。

我在食堂吃完早饭回到班里，收拾好工具准备上工了，他还没起来。果子睡在炕梢，被子蒙头冲着墙，蜷缩在被窝里，让人无法猜测他是睡着了还是醒着呢。

我掀开蒙在他脑袋上的油渍渍的被头，手胡乱搭在他额头上抹了一把："操，还真发烧啊……"他用鼻子"哼"了一声，算是回答我了。

果子就有这个本事，时不时就能让好端端的自己"病"上一场。大多是病一天，有时也能病两天三天。他这一病，有一件事不容置疑地必须要兑现，那就是吃病号饭。

连里有个规定，凡是知青有病的，本人要向所在班的班长请假，再由班长跟排长汇报。一般到排长这儿基本上就可以准假了，只不过得跟连长打个招呼告知一声。还有一件事，排长需要到炊事班为病人申报病号饭，一般安排早中晚三顿病号饭。早饭是大米粥，中午面条，晚上跟早饭差不多，只是多一两样小菜。

果子这一"病",就可以连续吃上三顿细粮了。如果病上两三天,这每天顿顿细粮吃着……我咽了下涌上来的口水,不敢往下想了。

果不其然,病号饭送来了。送饭的是炊事班一个叫燕子的新生。这女孩长得十分可爱,一张圆圆的娃娃脸,镶嵌着一双大眼睛;梳两个"毽儿辫",走起路来一甩一甩的,充满了青春活力。

燕子在全连是那种数得上的好看的女生。而此时我的注意力并没有在她身上,而是把目光死死钉在她手里端着的病号饭上。一大海碗稠稠的大米粥,两个白面跟苞米面两掺儿蒸的小馒头,还有一块腐乳和一块腊肉。腊肉是连里杀猪时炊事班留下一大块肉,而后腌制成腊肉,只作为病号饭配餐的。

我实在不忍心再看下去了,暗自嫉妒果子因"病"而得来的这份口福……

中午收工先回到班里,看到屋子中央那张破桌子上蒙着一张报纸,上面已经给汤水浸湿了。掀开一看,是一大碗手擀的汤面,上面还飘着油珠和几瓣焦黄的葱花,一枚卧鸡蛋埋在面里,隐约可见。而这时果子却不知去哪了。

我本想神不知鬼不觉地夹上一口尝一尝,最终还是放弃了这个丢人的念头,吸了下快要流出来的口水,去食堂吃高粱米饭去了。

很小的时候我就喜欢吃面条。每次有病,我奶就给我煮一碗手擀面,或者蒸一碗鸡蛋糕,往往吃得脑门儿上渗出一层汗珠来,病也就好了。

那时家里人口多,细粮供应得少,我奶就变着法让我和弟弟还有老爸吃大米白面。她总说家里我们仨是"带把儿的",好吃好喝的就紧着我们吃。我爷也是"带把儿的",我奶却把我爷刨除在外,不给他吃细粮。我奶那良苦的用心,我是后来才明白的。

由病号饭引发的思绪一直不肯断捻,下午背稻子我也没断了想这些事……自从1976年下乡到盘锦一年多了,这期间很少能吃到细粮。在我留守期间倒是吃过两回,其中一次还是饺子呢。不过吃的不是那么名正言顺,属于偷三摸四那种。

夏天的时候连里放暑假了。红旗青年营有个规定,知青每年拥有夏季和春节两个假期,各为十五天。平时不允许随便离队,除非拿着家里发来的加急电

知青在盘锦

报到连部请假，得到指导员和连长批准方能回家。

十五天的假期不算短，知青们可以回家与亲人团聚，还能海吃海喝地大快朵颐。为了好好表现将来好抽调回城，我放弃了这个难得的假期，选择了留守。

就在知青放假走后第二天，离我们不倒五里地的绕阳河发水了。连里所有留守人员顶着雨连夜赶到坝上，洪水都快跟堤坝一边平了，万分危急。险情迫在眉睫，全营留守的知青会合当地贫下中农，加上驻扎在营里的军区汽车连的解放军官兵，组成了一支抗洪抢险队伍，冒雨在大坝上奋战了两天两夜。

我们把一袋袋装满泥土的麻袋垒在堤坝上，筑起一道坚固的"防线"，阻挡着肆虐的洪水。洪峰过去了，险情终于排除了，原本不太宽的绕阳河变成了一片汪洋。河道里栽种的树都被淹没了，只露出树梢在水面上晃悠。东岸也就是我们知青点这一侧安然无事。

后来，我才知道1977年盘锦的那场洪水异常的凶猛。由于蚂蚁穴造成的溃坝，还有人为地毁坝放水，把好几个县都淹了。

从抗洪抢险的前线下来，正赶上中午。连里为了犒劳我们这些"勇士"，特意让炊事班做了一顿大米饭，菜是豆腐炖肉。因为放假食堂没有开，我把饭打回到住处，钻进蚊帐就狼吞虎咽吃起来。吃着吃着，嘴里含着饭菜竟然睡着了，还做了一个跟吃饭有关的梦。在梦里"吧嗒！吧嗒！"地把饭菜全给咽下去了……

留守期间，还吃过一回细粮，而且吃的是饺子。

前面说了军区在我们知青点驻扎着一个汽车连。有十多个汽车兵就住在我们后趟房最西边的两个屋子，跟我所在的八班紧挨着。

当时青年营还属于在建阶段，汽车连负责从沈阳给营里及四个连队运送一些基建物资什么的。偶尔也会捎带脚拉一些萝卜、白菜等蔬菜，由营部分给各个连队。有一回拉了几坛子臭豆腐来分给各连，炊事班作为副食在开饭时端上桌来。大家吃得一塌糊涂，一个劲嚷嚷说香好吃。一时间全青年营到处弥漫着一股熏天臭气，这一天下半夜，跟我一块留守的外号叫"小四儿"的一个老生，拉着我悄悄摸到汽车连住处。在他们营房门口有个桌子，桌上是一盆吃剩的饺子，用屉布苫着。

一定是汽车连饺子包多了没吃了，天热放屋里怕坏就拿到外边晾着，等第二天再吃。没想到给俩"贼"惦记上了，估计"小四儿"可能事先还踩过点儿，要么他不会这么门清。他变戏法似的从怀里摸出一个破兜子，我俩快速往里装着饺子。这时我闻到了久违的韭菜馅饺子的味道。

回到屋里，俩"贼"就一口一个地大吃起来。饺子有点咸，我喝了不少凉水，结果第二天一早我就跑肚拉稀了。不知"小四儿"的肚子是否幸免。

上完厕所我假装路过那里，特意往汽车连那边溜达一趟。听到几个汽车兵嘀嘀咕咕骂骂咧咧的不知说些什么。我敢断言他们的话题，一定跟饺子被偷有关。这件事虽说不光彩，还搞得我拉稀了，但怎么说呢，肚子里的馋虫却被我喂得饱饱的……

关于饺子的回想，又勾出了我的馋虫。我下定决心让自己也"病"倒一回。

这时候稻子已经收割完了。一捆捆稻子整齐地躺在田间地头，等着马拉人背运到场院里。

进入深秋季节，天渐渐凉了。几捆稻子压在背上，来回走上七八里地，再冷的天也会冒汗的。汗流浃背的我敞开衣襟，任凭凉风吹拂。这一热一冷的很容易感冒，这正是我所要达到的目的。

收工后，老天比较配合我，黑压压一大片积雨云翻滚着，不一会儿凉风裹着雨滴飘落下来。见到下雨了，我异常兴奋，赶紧脱去外衣只穿一件衬衫，跑到屋外去嘚瑟。

先是冒雨去食堂打饭，吃完饭又顶雨挑两担水把水缸加满。接着跑到后趟房北边不远的水泡子旁，在那溜达了一大圈……感觉差不多冻得透心凉了才回到屋里。脸脚都没洗，就钻进被窝睡下了。

这一宿睡得格外香，连梦都没做。早上醒来精神儿的，一点不像有病的样子。我试着摸了下脑门，凉汪汪的没有一丝热度。怎么办！既然已经"病"了，就彻底病倒吧。

我跟班长大平请假说病了，说脑袋炸开似的疼，虽说不发烧但就是疼。排长接到班长的汇报，二话没说就准假了。他又去炊事班为我预定了病号饭。我

知青在盘锦

这就算真有"病"了。

果子的"病"已经好了，大家都去上工了。我独自一人躺在被窝里，心里多少有些忐忑。燕子如期送来了病号饭，可口的大米粥就着腐乳和腊肉，吃起来心里慢慢也就变得坦然了。

这有"病"了，就不能随意下地走动，更不能出屋。一上午只能躺着，躺时间长了就觉得无聊，寻思还不如出工干活呢。然后胡思乱想起来，想得最多的是即将到嘴边的那碗手擀面。甚至在心里还提醒自己，中午吃面时最好不要发出"吸溜，吸溜！"那种难听的声音，以免让旁人看着不雅或引起人家的妒忌。

可是，我并没有吃到已经觊觎很久了的手擀面。

燕子送来的是和早上一样的大米粥，只是多了一块腊肉和一个小馒头……我的欲望瞬间跌落至谷底。这种心路过程，就像连里放假指导员说要杀猪会餐，突然他又宣布因故取消会餐一样。

我低头看了几眼碗里的大米粥，又疑惑地盯着燕子看了几眼，目光中仿佛在询问怎么不是面条呢。而我嘴上却没说什么，心里满是委屈。眼看着燕子转身走到门口就要出去了，实在憋不住了我问了句：晚上吃啥呢，是面条吗？燕子回过头说食堂没有面了，要不中午不就给你擀面条了……

怪谁呢，只能怨我命不好。转念一想，其实我并没有吃亏啊，本来我就没有"病"，还能蹭上三顿细粮，这不是很赚嘛！

后来春节连里放假了，我从农场坐两站火车到沟帮子站，再转乘天津至沈阳的 77 次特快，大约两个多小时到了沈阳南站。下火车时天还没黑透呢，我没回家直接来到位于太原街的"四季面条"，花两角五分，要了一碗大肉面……

2017 年 4 月

孙文成 1959 年 11 月出生，1976 年 8 月 25 日毕业于沈阳市第八十中学九年五班，下乡到盘山县胡家农场红旗青年营三连三排八班。1978 年 10 月，红旗青年营撤点，以知青身份被安置到沈阳近郊的沈阳军区"五七"干部学校。1980 年 6 月，招工到沈阳电器控制设备厂，任副科级秘书。在工厂期间，考取辽宁大学中文系现代汉语言文学专业，取得本科学历。毕业后到沈阳市和平区文化馆工作至今。

工作期间，先后创意策划和组织实施了中国·沈阳皇寺庙会文化演出、中国·沈阳韩国周文化演出、"浑河之夏"文化艺术季等省市区有影响的大型文化活动。发表了《东北拉场戏艺术表现方式》等20多篇论文并获奖；撰写的《大山骄子》等30多部电视片，在辽宁电视台、沈阳电视台播出；著有《微型灯谜故事》（合著）、《中国文字游戏大百科》（合著），主编《星期五》诗集；创作东北拉场戏《差钱了》参演第九届中国艺术节，获文化部"群星奖"。

发表诗歌300多首，也有小说、散文、评论等发表，31篇诗作被收入多部诗集。现为中国诗歌学会会员、中国散文学会会员、辽宁省作家协会会员、沈阳市和平区作家协会副主席兼秘书长、《风荷》杂志副主编。

当选沈阳市和平区第十四届人大代表，荣获"浑河之夏"文化艺术季优秀志愿者称号。被评为和平区优秀党务工作者、优秀共产党员、先进工作者，沈阳市创新型领军人才和优秀专家。现为和平区文化馆书记、馆长，副研究馆员。

那年，那人，那事……

◎孙书岩

一

知青生活，可用龙井茶来比，看去无颜色，喝到口里，一股清香，令人回味无穷。那时，就是一群十八九岁的孩子，在一块儿过着集体生活。晴天上工，雨天学习开会。偶尔娱乐表演个节目或食堂改善一次伙食，都是大家最高兴的。也不知为什么，如今再让我拾起那日子里的点点滴滴，竟咂吮出一种特殊的滋味来。知青生活，难以忘却。那时，正值风华正茂。也许我不是那种有远大志向的孩子，对未来没有忧虑，只有着对当下青春活力的集体生活的热望。性格的使然，那时只有快乐。

2002年，我参加了知青聚会。又相约择日重返青年营。大家到了当年的宿舍转了转，我极力回忆着当年在此生活的情景。那时，空气中有着青春的气息。三个女人一台戏呀，那要一帮女孩子可就叽叽喳喳了。热闹又温暖的宿舍，无比

☆知青合影（前排左起张玉桃，权玉兰，孙书岩；后排左起王秀春，温倩宇，张桂芹，刘丽）

让人依恋。因为那是城里的孩子来到乡下唯一可取暖的家。那时也没觉得宿舍小呀，现在看来是不大，却能装下那么多人。房子就这样，原本不大的空间，摆上了家具，住了人，倒不显小了。而同样这间，四壁空空，便感觉空间狭小了。时光的错位，就像回到小时候住过的地方，觉得院子没有以前大了，房子也没有以前高了。

又去了据说是我们自己造的厕所，我对是自己造的这一说已没有了印象。也想不起在造之前，在哪里方便。然而，又因它唤起了我的记忆……很清晰。那年，上面派来军区前进歌舞团的几个人来我们这里慰问演出。其中，有一个节目，是女兵胡琴独奏。那晚，她坐在"舞台"灯光聚焦的地方，一手指尖轻揉琴弦，一手优雅地持着琴弓。随着旋律，身体摆动，舒缓而深情地演奏。音乐使演奏者美丽，使之深深地吸引了我。是什么曲子我并不懂，只感觉是那清简而不单调，柔美却不甜腻。在到处充满着革命歌曲的年代，更有远离凡俗之弦音。我不是懂音乐的孩子。一曲优美的旋律从那天开始，在我的神经上弹奏出来，使我感受到了音乐的魅力。

就在那晚，演出结束后，我在厕所门口与她相遇。自然没有表演时那种动人的神韵了。但我被其那股文艺气质深深打动，音乐是神奇的！

二

参观完了旧日的宿舍，我们便去看望当年青年营的营长——张有生。那年，他刚退伍回乡。感觉他人蛮温和，穿着比较干净利索。与当地的农民还是有差别的。我觉得他人不错，还帮过我。间苗时，长长的一条垄啊，打起头时，我就开始发愁。怎么办呢？怎么不两个人一组呢？这样干活也有劲头啊。唉，别愣着了，抓紧干吧。开始不得要领，手忙脚乱，等顺手了，以为成绩不错，哪成想啊，抬头一望，哇，远远地落在了后面。知道也就这样了，倒不急了。再抬头望望还有多远到头儿？咦，前面有人帮忙了。我是个单纯的孩子，不想是因为落后了人家帮你。我只是欢喜着鼓足了干劲儿，终于有盼头了。

知青在盘锦

有人知道张营长当了镇长，我们又去镇里找到了他。他的样子就是那种自来旧、经老的人，所以变化不大，一件棕红色衬衫，白休闲裤。虽然质地一般，但还说得过去，有点镇政府干部的派头。他不是那种张扬的人，即使当了干部仍还是平和待人。口音当年觉得挺土的，现在听起来却亲切了。我们看到他高兴又觉得亲切，他看到我们也是一样的。虽话还是不多，可喜悦和真诚已写在了脸上。也许他是没有想到啊，我们还记着他而且专程来看望。

他把我们请到了镇会议室。大家围坐下来，他还派人给我们发了矿泉水，聊了一会儿。然后，下去在镇政府楼前拍照。背景是，左右分别为两个牌子，一个是"国营胡家农场"，另一个是"中国共产党胡家镇委员会"。在这牌子前留影，在镇长的心中一定很神圣。

青年营之所以没有插队知青那样苦，是因为实行部队管理模式。那时，我感觉劳动虽苦但并快乐着。每天出工，大家列队行进在田野间。排长王锡岩，有点八字眉笑眼，样子挺有亲和力。领着大伙儿，鼓舞着士气。下工，已是夕阳西下时。排长领着大伙儿唱着"日落西山红霞飞……"一天的劳累换成了歌儿一样的欢乐。大家在这个集体里充满着欢乐和依恋，有着亲如姐妹兄弟的凝聚力。排长就是我们的大哥呀。这大哥成熟稳重，待人不卑不亢，说话总是笑眯眯的商量口气。

三

想当年，会计是令人羡慕的工作。就是现在那也属于白领阶层啊！当然了，不是每个人都适合的。那要聪慧、玲珑的暖女才好。刚好叫高红的女子性格很适合。她有一张饱满的娃娃脸，总是红扑扑的，眼睛不算大却俏丽，模样很讨巧。一说话先笑，是那种有着甜美脸庞的女孩子。做事中规中矩，有板有眼。我想，不知道会有多少男生心仪她呢。听说有的男生为了能和她说上话，故意领了工具然后说不合适又去换，她总是很有耐心哦。

连部卫生所的卫生员更是俏活。现在，那叫白衣天使啊。有谁会想到田亚萍当上了连卫生员呢？我们是一个车厢来的。年轻人充满活力，朝气蓬勃。车厢里洋溢着欢歌笑语。而在车厢的一隅，有这么一个女孩儿文文静静地坐在那里，很淑女很单纯的样子，不由地使我注意起来。她有时拿出笔来在一个漂亮的本子上写着什么。虽然当时不讲究和推崇淑女，但她那文静的样子却给我留下了深刻的印象。而后来，她并不像我所看到的那样单纯，自然对她有了重新的认识。最初我们是一个宿舍的。慢慢地，有人不愿和她一个宿舍，原因是她的生活习惯没有她的外表那样细致讲究。我们一样出工劳动，雨天，别人的裤腿脏一寸，她必会脏半尺；衣服脏了放在那里，也不及时洗。我们说她时，就是态度好，很淑女的一笑，可该怎样还是怎样啊。每天她比我们都忙，不知道忙什么。下工回来，看不到她的影子。后来，我们有人看见她下了工就直接去了炊事班。到了开饭时，大家都能看到她站在窗口前，为每个人打饭。据说，她总是帮倒忙，不是会干活的人。但她精神可嘉呀，我们谁能想到下工去帮厨呢。

有一点，我倒是蛮佩服的，不管多忙多晚，她都会坚持写日记。那个日记本是缎面硬壳的，纸是那种白白细致的横格页。她的字和人长得一样干净清秀。她有一副好嗓子，歌唱得不一定好但特别洪亮。而且，只要有人让她唱，就大大方方，从不扭捏。后来，她当了连卫生员，炊事班和打饭的窗口就再也看不到她的身影了。她的裤腿再也不脏了，脸更加白净和清秀了。爱清洁是女孩子的天性，她当然也不例外呀。

四

1977年，全国恢复高考。那年，我在部队，父亲来信，让我回家准备复习高考（部队准假复习）。还说他的一个同学在大学当教授，答应辅导我的。可我没有听父亲的。因为没有信心，更主要是不懂得学历对一个人的未来是多么重要啊！因为这个，我父亲一直怪我没有远见。待觉悟时机会已经错过。不久，教导员通知我有上军医学校的机会，这无疑是好消息呀。

上学后，要经常考试，也没有什么娱乐，写信也算是学习之外快乐的事

知青在盘锦

吧。给父母写信，给朋友写信，也给我下乡时一个宿舍的陆嘉写过信，她却只给我回了一封信后就再也没了消息。我们俩对待生活有相同的理念，故能融洽相处。比如，下工回来，人家累得只想往铺上一躺，而我们热衷于收拾自己。吃饭，我们不急，干吗跟着排长长的队呀，反正时间是有的。干活我们不抢时间进度，慢慢干别累着自己。什么先进，什么入党，那么一大帮人，什么时候能轮到我们呐？还是为眼前吧，身体重要啊，尤其是女孩子。

女生赶上生理上的特殊情况，连里允许休息三天不出工，我们每月这三天遵守规定，老老实实地休息。她们叫"倒霉"，我们叫"老朋友来了"。我们班长例假那天，也不休息。也没有规定班长没有这三天假呀，当然，身为班长总是处处严格要求自己。其实，大家都是同龄人，都是从城里来的孩子。在青年营，当了干部只能做出表率，想想，挺不容易的。

我们是健康的。陆嘉不是。她患有贫血症，血色素只有8克。本可以不下乡的，是因为在家觉得没有意思，一年后才来的。她是插入我们班的，由于身体的原因，大家觉得，能下乡，就已经很进步了。谁知道呢，她要是健康还会像我一样有这份逍遥自在的心吗？陆嘉性格开朗，是个有趣的人。和她在一起不感觉寂寞，说话爽快且绘声绘色。她要看不惯的事就连笑带哈哈地说出来，说完就没事了。她这样并不得罪人呀，也许是她的态度和语气，让人生气不起来吧。她长得也挺招人喜欢，印象中有个宽额头，皮肤白，大眼睛大嘴，有点宋丹丹那样的嘴。语速快，面部表情还丰富。我一直在寻找和自己投机的朋友，她一来，我有一种找到"同伙"的感觉了。由于当时的特殊原因，我走时，没敢说实话，只说过几天就回来，觉得自己很不够意思。

我到了军医学校，才给她写信。那已是快一年的时间了。她回了一封信告诉我，后来都回城了，她也回家了。因为身体弱，家里不让她做什么，就在家待着，好没意思。她还说，因为我们离开了，她有一度失落得很。她的信没有像她人那样开朗乐观。我再回信，就没了回音。不知她现在过得怎样，身体好吗？

五

插一小段啊，不得不说的一个人。青年营四连颜值颇高的一个女生：身材高矮适中，健康的肤色，浓密的黑发，标准的鸭蛋形脸，高鼻梁，印象中略抿着自然天成的唇线清晰的嘴。走路小外八，挺胸收腹，自信骄傲的神态。可能有人猜出来了，对，是高燕莎。瞧这名字多洋气！

她有个小秘密。不知道是不是真的是秘密，她不让我告诉别人，我就当是她的秘密。她曾和我睡在一个铺上。有一次，在屋里只有我俩的时候，她站在铺上，轻轻地踮起脚尖，似乎美妙的旋律在空气中飘荡，随之旋转起来。我只看过芭蕾舞《白毛女》和《红色娘子军》，那是在舞台上。还没有看到谁在我面前踮起脚尖跳舞。我惊讶了！端详着那条修长且肌肉紧绷的小腿，说：你会跳芭蕾？怎么没去宣传队？她立刻停下来了，颇严肃，悄悄地对我说：你不要告诉别人啊。我从小学过芭蕾。哇，这青年营还真是卧虎藏龙啊。

有一刻，就像小石子投入水池后，几乎忘记的时候，才激起水声一样，我感到诧异。当时我不明白，这本是可以炫耀的，她倒怕别人知道呢。现在，我明白了。如果她去了宣传队，哪还会有后来的高连长呢。她是心气儿很高的女孩。在她眼里，小小宣传队算什么呀。今天这应该不是秘密了吧。我为她保守了四十多年的秘密，现在我说出来了。我想，她一定早就不记得了。

精彩人生，不仅是你如今多么成功，也许还有：这一路走来，其中某个片段，不期然地想起，竟会牵动你的心。青年营的那些日子，浪花一朵朵。

人的记忆，倒退着，越远久越清晰。看了刘震云小说《新兵连》后，那种真实感仿佛就在昨天。知青生活和新兵连，对我来说，最最难以忘怀。

任何一件事，只要玩成艺术，就妙不可言，意趣无穷。四连的春晚，就是这样。在这里，祝福当年所有的青年营朋友，一生平安！

2016 年 4 月

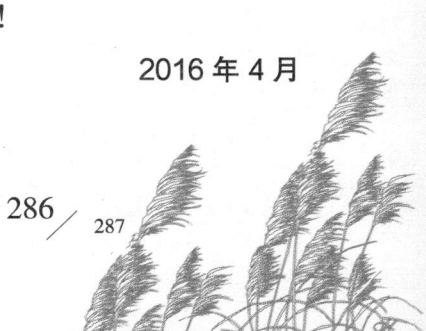

知青在盘锦

孙书岩 隶属沈阳军区政治部,七五届知青。曾出版《梧桐人生》个人散文集,并在全国各地报纸及刊物上多次发表文章。1977年参军入伍,一直在部队工作,直至退休。

盘锦记忆

◎孙洪敏

我是1972年12月16日由省实验中学下乡至盘锦大洼唐家农场太平庄大队的。当时我们一行97人,加上20多名老青年,青年点一共120多人,我担任青年点点长,在大队担任团总支书记和生产队指导员。1975年2月抽调回城。那是一段让我终生难忘的经历,在我的一生中留下了挥之不去的记忆。

记得1972年12月16日那天,实验中学的老师和同学们敲锣打鼓地把我们送上汽车去火车站,很多家长到火车站送行,我的父母和弟弟妹妹也都到火车站来送我。在火车缓缓开动的一刹那,火车上下哭成了一片……

我们到太平庄大队的时候天已经黑了,大队的老乡和老青年帮我们炖了肉,收拾了房间,青年点是两排瓦房,屋里很冷,但火炕烧得很热,我们睡到半夜被冻醒了,就戴上棉帽子和口罩睡觉。第二天醒来,头天晚上灌在暖壶里的开水已经结冰,一滴也倒不出来了,只好烧水洗脸。当时最困难的是喝水,村里只有一个水泡子,鸡鹅鸭在里面戏水,老乡在里面洗衣服、洗菜,甚至涮马桶,做饭饮水也用它,菜汤里经常漂着一层小虫。不断地有同学得痢疾被送往医院抢救,后来我们青年点下决心打井,当时大队和同学们都很支持,大队没有钱我们就自己凑钱,终于解决了饮水问题。

农场和大队领导及当地老乡都很关心我们,知青们也很团结。我们青年点有自己的试验田、菜园子和养猪场。青年点还成立了文艺队、篮球队以及"两论"

知青在盘锦

(《矛盾论》与《实践论》)学习小组,既在一定程度上提高了生活质量,也丰富了当时的业余生活。我们还成立了扫盲班,教不识字或识字不多的老乡识字。

我们忘不了老乡曾经手把手地教我们选种、育苗、插秧、拔草、收割和脱粒;我们忘不了当时盘锦那蓝蓝的天、清清的水、绿绿的秧苗、金黄的稻浪;我们忘不了遍地的野螃蟹、成群的野鸭子以及河沟里的鱼。

我们更难忘那些修围堤、修水库的日日夜夜。那时我们在工地上,几乎每天都5点去工地,晚上8点多才回来,三顿饭都在工地吃。挖土、挑土、扛土、修堤筑坝,虽然很累,但工地上经常传来同学们的欢声笑语,劳动强健了我们的体魄,锤炼了我们的性格,也丰富了我们的人生。

在那里我们认识了社会,学会了成长。

我们那个时候大都是十七八岁的年龄,很单纯,有时候也很激进,维权意识很强,加上我的任性和固执,做了一些现在想起来很可笑也不理智的事情。有几件事让我至今难忘。

第一件事是关于为知青争工分的。按照惯例,知青下乡第一年每天是半个劳力的工分。我们刚下乡时,主要劳动是背稻捆(将地里收割的稻子背到场院)和倒粪。春节前夕算工分时,大家觉得我们这两个月的劳动没有什么技术含量,而且很多青年背稻子时明显比老农背得多,我们觉得应该按劳取酬,多劳多得,至少应该和老农同工同酬,半个劳力的工分显然不合理。为此我曾代表同学们到大队和农场据理力争,记得我们与老农曾经有一场唇枪舌剑的辩论,最后在农场与大队的支持下,我们得到了整劳力工分。

第二件事是关于五四青年节放假。当时盘锦有一个口号,"大干红五月,不插六月秧",从5月1日开始插秧,早上3点天不亮就下地,直到天黑才回青年点。当时大队劳力不足,又怕插秧误了时辰,所以每天都要加班加点。但5月4日这天,我们还是强调青年节是我们的节日,决定青年点放假一天,杀猪会餐,进行篮球比赛。记得老主任当时气坏了,把我叫到大队部批评了一顿,并指令我立刻让大家下地插秧。可是我却以青年有权利过自己的节日为名,拒绝了老主任的要求,并且这一天放假的规定坚持了三年。

第三件事是挨家挨户搜查稻谷。第一年秋收的时候，我们发现很多老乡回家时衣兜都是鼓鼓的，有的妇女肚子大得像怀孕了一样，有的还公开用布袋往家里拿稻谷。我们当时觉得很气愤，认为这是一种盗窃国家财产的行为，必须制止，于是就下决心挨家挨户搜查。记得那个晚上我领着一帮青年赶着一辆马车，挨家挨户的敲门搜查，几乎三分之二的家里都有稻谷，有的甚至藏到菜窖里、棺材里。因为那个年代没有自留地，家里不可能有未脱粒的稻谷，我们翻到了一律没收归公，有的老乡连哭带喊不让我们拿走，但我们丝毫不让，结果我们搜出三马车的稻谷，堆在大队场院里像山一样。那一夜我们都很兴奋，似乎很有成就感。春节回家和父母说起这件事时仍有些情不自禁，可是母亲却说，你们这些孩子真是不懂事，农民如果能吃饱饭，谁还能往家拿稻谷？你们这样做有点过分。现在想想很后悔，也许妈妈是对的，我们缺少起码的同情心。

第四件事是关于"扎根农村干一辈子革命"的口号。当时全国的知青都在学习吴献忠和柴春泽，要"扎根农村干一辈子革命"。可是我当时觉得自己似乎不能在农村呆一辈子，既然要回城就不能说假话，所以，始终不能接受"扎根农村干一辈子革命"的口号。但由于我是青年点的点长，我的思想影响了很多人。为此，大队和农场的党委都先后找我谈话，让我树立"扎根农村干一辈子革命"的思想，并且带头把这个口号喊出来，我说等我想通了再答复你们。为此，他们将我的党外积极分子取消了。大队书记还把我爸爸找来做我的工作，甚至说即便喊出了这个口号也不影响我回城，有的喊了这个口号不也照样回城了？记得我对父亲说，您在我小时候就教导我做人要诚实，不能说谎，所以，您可想好了，如果我喊出了"扎根农村干一辈子革命"的口号，我就真的不能回城了。父亲听了气得不行，说我是榆木脑袋，当天就回沈阳了。

现在想起这些事情，虽然已经过去了40多

☆孙洪敏近照

知青在盘锦

年，但依然历历在目。这些事不论对错，都带有那个年代的痕迹。它真实地记录了我们这一代人在那个特殊年代里的思想观念和行为方式。

1975年底回到沈阳之后，我先后当过工人、干部、记者，上过大学，获得了硕士、博士学位。1985年到辽宁社会科学院哲学所工作。先后担任助理研究员、副研究员、二级研究员，副所长、所长。2004年以来任辽宁社会科学院副院长、院长，省政协民族宗教委员会副主任。是省重点学科带头人，省社会科学终生成就奖获得者。兼任中国应用哲学学会副会长、中国历史唯物主义学会常务理事、省哲学学会副会长等数项职务。

本人长期从事创新哲学研究，先后在人民出版社、中国社会科学文献出版社等国家和省级出版社公开出版《超前思维》《创新思维》《创新概论》《创新思维哲学论纲》《科学发展观创新论纲》等18部著作（其中合著6部），在《人民日报》《光明日报》等国家和省级报刊发表学术论文198篇（其中《人民日报》《光明日报》等重点报刊12篇，核心期刊45篇）。成果获奖32项，其中包括中组部2008年度重点课题成果一等奖1项；劳动人事部第三届全国人事科研成果二等奖1项；省政府第10届、第11届、第12届哲学社会科学优秀学术成果一等奖2项、二等奖3项。

本人围绕创新哲学，先后承担欧盟、世界银行、日本国际交流基金、国家社会科学规划和辽宁省社会科学规划重点项目、年度项目以及辽宁省软科学项目等16项，其中近10年来先后主持并完成国家社会科学规划重点及一般项目7项。《辽宁新农村建设中亟待解决的几个问题》研究报告，先后获得李克强、回良玉、张文岳、鲁昕等国家和省领导的批示，并据此调整了辽宁省农民贷款政策，仅此一项就为我省农民创造收益上亿元，获得2009年省直机关工委评选的"最佳实事"。

人的一生，总有忘不掉的记忆。无论我走到哪里，无论我经历了多少事情，盘锦那一段不同寻常的知青经历，都会永远留在我的生命里。

2016年11月29日

广阔天地筑宝基

——盘锦生活杂忆

◎孙喻奇

序　曲

开镰品蟹好风光，圆梦还情返鹤乡。
欢喜岭前龙探海，兴隆台下凤呈祥。
倾心绿岛涛声振，放眼红滩画韵扬。
泼墨挥毫腾碧浪，盘丝织锦绣康庄。

这首《七律·返鹤乡》，写于 2016 年国庆。

之前的 9 月 25 日，应盘锦市、盘山县政府邀请，大连四中 200 名知青代表，会同沈阳、鞍山等地老知青，重返第二故乡，参加盛大的盘锦首届开镰节暨第五届河蟹节。

这两大节日开幕式在盘山的国家现代农业示范区举行，场面隆重而又热烈。老乡们欢天喜地、敲锣打鼓、夹道欢迎、劲歌热舞……我们热泪盈眶，自然而然地融入欢乐的海洋中……

当年贫穷的太平公社，早已旧貌换新颜，悄然嬗变为欣欣向荣的太平镇！

知青在盘锦

平坦笔直的马路，整洁敞亮的新居，随风起舞的稻浪……还有那市场商摊的河蟹、水果、蘑菇、青菜……五光十色，令人目不暇接。富裕起来的农民乐开怀，小康路上有奔头！

第二天，我们坐上"大巴"。从双台子到兴隆台、田家镇、大洼区、赵圈河、红海滩……一路南下，风光无限——

金色的稻田、白色的菜田、绿色的苇田、红色的海滩、蓝色的海洋……五彩斑斓，直耀天边。

舒适洋气的居住区、繁华时髦的商业区、先进环保的生产区、崛起奋进的开发区、人流如织的旅游区、大气奔放的体育区……还有高雅别致的大连理工大学盘锦校区，一直铺展到大辽河入海口。

盘锦市未雨绸缪，转型创新，面向大海，调整结构，"七色经济"大放异彩。一座资源型的石化城，焕发生机；一座国际化的生态城，蒸蒸日上。新思路、新举措、新蓝图，正描绘着新盘锦的锦绣前程！

抚今追昔，浮想联翩，不由忆起在盘锦生活、劳动的青葱年华和峥嵘岁月……

四季歌

☆孙喻奇下乡前

1969年3月17日凌晨。汽笛一声长鸣，一列绿皮火车停靠在盘锦垦区沟盘铁路友谊乘降点。大连四中1191名同学背着行李，跳下火车——将要去向我们下乡插队的太平公社。

一眼望到天边，只有稀稀落落的低矮土房。结冰的水塘旁，几颗零零散散的芦苇，在飒飒寒风中瑟瑟抖动……

我们坐上孙家大队七队前来迎接的大马车，在坑辙遍布的土路上，颠儿颠儿地来到队部。社员们热情地打招呼，七手八脚帮我们搬行李……

当时，规划中的兵营式青年点尚未建成。我们30名同学三五人一组，分别住进早已安排好的贫下中农家里。

知青生活就此拉开帷幕……

我们接受考验和磨炼的重头戏，是干好农活。

同辽南不同，这儿的"四季歌"有新唱法：春天——育苗插秧；夏天——拔草施肥；秋天——割稻挑运；冬天——脱谷修渠。学会应季农活，是当好社会主义新型农民的必修课。

盘锦位于辽东湾畔辽河两岸。当年荒地多、劳力少、潜力大，是东北的"南大荒"。自1963年6月23日始，省政府陆续安排14万名知识青年下乡盘锦。其中大连知青9297名。尤其盘山那片，是退海平原盐碱地，大都种高粱。当年规划改种水稻，建高产条田。我们知青的任务，就是把盐碱地低产地，开垦建设成排灌自如的条田，以水治盐洗碱，成为旱涝保收的高产水田，确保增产丰收，把"南大荒"建成"米粮仓"。

☆孙喻奇下乡第一天的日记

我们孙家七队主抓生产的老队长冯绍华把我们领到地里，教我们挖上水线和下水线。他背着手，哈着腰，"哈达哈达"迈出20步，标上线，分出段。男同学无论个大个小，每人一段。在标线中间挖沟，把挖出的土在两边做成坝。当地人把坝高的叫上水线，沟深的叫下水线，用来为稻田引水灌溉洗碱。我们用的锹与大连的"心形"三角把铁锹不同，是微弯的长方形，丁字把。大连铁锹挖土用脚踩使大劲。这锹不能用脚踩，只能用双手和臂膀使劲，一锹一锹往泥里捅。大家都叫它"捅锹"。它的雅号叫"筒锹"，一锹下去，能挖出小铁桶样的一大块泥土。一锹锹甩到沟两边，做成挡水坝。

知青在盘锦

这活说来轻巧干着累。这沟，要往下挖一米来深。一锹锹往下捅，再把土甩上来，直累得两臂酸麻。用当下时髦的话说，真是使出了"洪荒之力"！我在心里默念着："坚决完成任务，不能让社员笑话！"咬着牙，憋足劲，硬撑着把活干下来。收工回到房东家，立马瘫到炕上。右臂肿了，抬胳膊都疼。两个手掌，也磨起了血泡。

第二天上工，手握锹杠，一锹下去，顿觉手掌胳膊疼痛锥心！我看社员同学们照常干，我也强忍疼痛，哈下腰，铆劲干……

干了半个多月，臂膀也不疼了，手上血泡磨成了硬茧。

紧接着育苗。在队长选好的地块上平地，归整出一排长条状苗床。再撒种，盖上客土，插竹条支架，上边苦上一长条尼龙布（塑料薄膜），把四边掩上。此际，寒风料峭。赤脚踏进带冰碴的水里，顿觉寒气从脚底顶上来，连打几个冷战。我硬着头皮，赶忙干，慢慢把脚冻麻了，也不觉得冷了。

☆田间地头组织学习（右一孙喻奇，摄于1969年4月）

当时，上边提出的口号是："大干红五月，不插六月秧！"水还是凉得扎骨。更苦的是挑着百多斤的秧苗，两手把紧扁担两头的土筐梁，每迈一步，都要先把陷在泥水里的脚可劲拔出来，再小心翼翼往前迈……艰难跋涉中，不由联想起电影《万水千山》红军过草地的场景。一步一陷，走到地里，把一片片带土的秧苗抛到插秧手旁边。一天下来，腿像灌了铅，肩膀让扁担磨压得红肿起来。第二天，扁担一上肩，火辣辣疼得直咧嘴。女生插秧一直弯着腰，越盼地头越插不到头。好在大家都很乐观，编出了不少幽默的顺口溜：

"站着腿疼，坐着腚疼，躺着腰疼，累死你还不偿命。"这是女生说的插秧苦。

"一步一晃陷烂泥，挑秧好像过'草地'。睡到炕上瘫成泥，明早还要搅'糖稀'。"这是男生说的插秧累。

听来乐观而又俏皮！男男女女强挺着，大干苦干加巧干，用满身的热汗，浇灌着亲手开垦的水田。

盘锦的春天很短。不经意间，地边的小草绿了。道旁的柳树绿了。长长的条田绿了。微风轻拂，鳞波耀闪中的秧苗嫩叶轻摇，格外招人喜爱。一簇簇、一片片，像绿油油的大地毯，一直伸展到天边。

我们跟着生产队长，学着社员，在稻田里拔草、追肥……犹如雄壮的农田交响曲的间奏，这是一段欢快美妙的短暂时光。

秋天来了，稻子熟了，垂首躬腰，向我们致敬！

绿油油的地毯，化为金灿灿的海洋。风，一阵阵吹来，稻海腾起波浪，哗啦啦地响……在这秋收序曲的乐声中，我们望着自己的劳动果实，深深陶醉……

秋收大会战的号角吹响了！国庆节，我们挥汗如雨，收割辛勤劳动的成果，向伟大祖国献礼！

社员手把手教我们如何用镰刀，如何打"要子"……我们躬腰撅腚，边割边捆，争先恐后，汗流如雨。

稻地里堆满了金元宝似的稻码子。老队长冯绍华又带着我们往场院运稻子。女生背稻子累弯了腰。男生挑稻子一趟一个稻码子，少说也有一百多斤。用不上几天，肩上又磨压出硬疙瘩。冯队长常说的话是："到手的粮食不能扔地里！"是啊，我们亲手种的稻子，再沉也是宝贝，再累也要挑回场院！挑的挑，背的背，田间小路，留下深深的脚印。半个来月，水稻全部抢运到场院里。

春种秋收，农活学了个差不离。我们自豪，终于像个社会主义的新式农民了！

曾作四季歌以抒怀：

春·育苗：冰碴浸血透心凉，细做精耕育旺秧。沐雨栉风苗益壮，盼来新绿染春装。

知青在盘锦

夏·插秧：稻秧成垄微波翻，泥溅花衫扮秀颜。指若飞梭点水面，织出碧毯展天边。

秋·割稻：金龙腾浪稻花香，奋臂飞割战备粮。硬茧铁肩挑重担，喜传捷报映朝阳。

冬·脱谷：汗滴如雨谷飞扬，伴月披星夜半忙。颗粒归仓为战备，红心向党固边疆。

广大知青用心血和汗水，浇灌出高产优质大米生产基地：从1963年到1979年，盘锦共开垦荒地和旱田改水田70万亩。粮产单产由218斤增到874斤，总产增了三倍多！当时，知青占农村劳力近一半，可谓鱼米之乡的生力军！

两个鸡蛋

当年盘锦有四大：蚊子大、季风大、便所大、水缸大。大水泡子当水缸，能不大么？有同学风趣地编个顺口溜："大水泡子当水缸，人洗衣服鸭戏耍。水里游着小蠓虫，喝到肚里还蹦跶！"我们在恶劣的环境中磨炼自己，快乐生活。

我从下乡第一天起，仍然坚持写日记，再累再忙也没停。光是知青日记，就有七本。记录了生活的衣食住行；铭记了学习的心得体会；描绘了劳动的精彩场景——

北方农民有猫冬的习俗。为啥？没啥活干。盘锦正相反，冬季净硬活：割大苇、挖大土、修大坝……

女同学冒着寒风脱谷，累了一天，晚上还要挑灯夜战。大家听说中苏边境紧张，要抓紧备足战备粮，干到半夜也毫无怨言。

大部分男劳力要出工，集中到全垦区大型水利工地，挖土筑坝干大活。那年修万金滩排灌站，五六千人汇聚到盘山大西边的茫茫苇海里。大水闸两边要下挖二十来米，再把土甩上去筑坝。越挖越深，土甩不上来了。一些人把土甩到上边的土台上。土台上的人再把土甩到上一个土台，一些体格硕壮、臂膀倍棒的知青推土车子运土；我们这些人背起土袋，一跐一滑，一步一蹬，弓着腰往上爬……

远远望去，犹如一群群蚂蚁上下倒腾。场面煞是壮观！

傍晚收工，累得不行哦，拉个草袋子盖着，本想歇一会儿，不料头一沾地睡着了……往回走的农工几脚把我踢醒。我迷迷糊糊爬起来，跟着大家伙，顶着满天星，拖着两腿回工棚……

工地上，架着好几个高音喇叭，一天到晚播放革命歌曲和样板戏。记忆最深的是雄壮有力的毛主席语录歌："下定决心，不怕牺牲，排除万难，去争取胜利。"

坚定的信仰能让人产生不可思议的精神力量！我一遍遍听，从来不觉烦，尤其是那些鼓舞斗志、振奋精神的革命歌曲和京戏唱段，更是百听不厌。每当我累得快要坚持不下去了，这些歌曲都是无形的催化剂和助推器，令我浑身上下生发出新的动力和耐力，挖土、背土都能坚持到收工。

在工地，再累，也能吃饱饭。留在队里干农活，那可是又累、又饿，更遭罪。

当地人的习惯是冬天两顿饭。虽说天短，可活儿累啊！

吃了早饭，干到晌午。歇一会儿。喝碗凉水，接着干。

真是又累又饿！我夹着干瘪的肚子来到房东家，向大娘要个碗，喝碗凉水垫垫饥。大娘说："大冷天，咋能喝凉水？"她拿出两个鸡蛋，"刚从鸡架捡回来，还温着呢——"往常，听着尾音上翘的当地话有些别扭，现在听来格外顺耳。她要烧火给我做荷包蛋。我连忙说别费事了，把那俩鸡蛋打开，一口一个，吸到肚里，顿觉一股暖意在心里漾起……

我掏出兜里仅有的两毛钱递过去。大娘说啥也不要："你这是咋地啦——以后晌午饿了，还到家来——"我的眼里，立刻闪出了泪花。

那时，虽说是一个鸡蛋也就五分钱，大娘还是攒着多换俩零花钱。见知青饿那样，却舍得让我们吃。这两个小小的鸡蛋，可比金蛋还金贵啊！

打那以后，中午再饿，我也不回房东家了，但那股暖流，却时时在全身

知青在盘锦

涌动。

下午活，最难熬，那真是饿得前肚皮贴上后脊梁！苦苦撑到收工，我们一步三晃回到青年点，顾不上洗脸，先去打饭。

这事也有"顺口溜"：一天两顿饭，一顿就一碗。汤上仨油花，白菜七八片！——连饭带汤，也能造个饱。

白天短，冬夜长啊。饿得翻来覆去睡不着。我和张士海、韩德民、李支盛、陶寅胜，同生产队赶大车的冯克文处得挺好。他见大家饿得不行，拿出个小布袋儿，给我们装了些高粱面和细米糠。我们回去加水和面，勉勉强强捏成罐头瓶盖那么大糠饼子，一共十来个，放在炉盖上烙熟。别看这不及巴掌大的紫不溜秋的小糠饼，我们狼吞虎咽吃下去，肚里有了食，身子也暖和了。我们把剩下的几个，趁热送给了住在南边那排房里的女生。

女同学对非正规食物，起先都不敢吃。饿得受不了了，便顾不了那许多了……

春夏之交，塘清草绿，遍野蛙鸣。

那天，大风呼着号子，打着旋儿，裹着咸土面儿——这盘锦大地独有的季风，铺天盖地刮过来。我们在孙家七队东北边那片地插秧。累了一上午，肚子早就打起了鼓。天阴沉下来，那群蛙的聒噪，听来便格外刺耳。

前几天，有同学说："青蛙大腿炒熟了，可好吃了……"大家听了，都想尝尝鲜。我和几个同学用8号线（粗铁丝）做了几个尖利的扦子。这天收工后，我们几个拿出扦子，在太平河右岸大水泡子边，寻觅"既定目标"。我看到一只青蛙，正屈腿端坐，昂头鼓腮……我蹑手蹑脚，屏息静气，瞪大眼睛，瞅准猎物，猛一扦子扎下去。只听"噗"一声——扎住了！那蛙蹬跶着腿，还想蹦，被我一把拿下，塞到袋里。哥儿几个真是八仙过海，各显神通，小试身手，大有收获。我们连扦扎带掏洞，弄回一袋子青蛙。当时知青食堂在小队部。我们兴冲冲地把"战利品"带到这儿，炫耀一下。当时饥肠辘辘，那时也没什么爱惜野生动物，保护生态环境概念，三下五除二，把青蛙一个个扒皮剁下后腿，放到外屋地大铁锅里炒起来……

看着剥皮剁腿的血腥场面，女同学连声责怪："太残忍了！""真恶心……""能吃吗？"我们说："这叫田鸡！味道美极了！还能充饥！赶紧吃啊……"

语音未落，香味儿飘起。我们男生盛了一海碗，端到里屋饭桌上。女同学挤在门外，踮着脚，抻长脖子往里看：男同学不约而同抓起蛙腿儿，塞进嘴里，"咯吱咯吱"，美滋美味，比吃那山珍海味还过瘾！

不大会儿，碗空了。我们赶忙拿起碗，走到外地屋往锅里一看，全都傻了眼：锅里哪还有蛙腿，连点渣儿都没了！

抬头四望，不由恍然大悟：女同学有的捂嘴哧哧地笑，有的还在美美地嚼……猛然间，屋里、屋外，男生、女生，爆发出一阵会心而又开怀的大笑！

后来，我们又搞了几次"野味大餐"。男同学、女同学，谁也不忌口了，个个吃得津津有味。

由此，我们明白了一个硬道理：人类在饥饿难耐的状态下，可以改变多年形成的饮食习惯，能够吃掉曾经厌恶的从未吃过的各种食物！

一锅蛙腿，两个鸡蛋，几个糠饼……如今看来，再普通不过。而在那个特殊的年代，那个贫苦的乡村，那个饥饿的时段，却显得格外珍贵！它映射出中华民族淳朴的感情色彩和高尚的品德光辉。它宛如奇异的黏合剂和万能胶，把我们同学之间，把我们同农民之间聚合得更加紧密。那种至诚的亲近友爱之情，早已融汇到血脉之中。因而，时隔半个世纪，和同学相逢，同老乡见面，格外激动，格外亲热，格外高兴！

滴水之恩，当涌泉相报。在青年点时，多为老房东挑担水，扫扫院子。抽调进城后，常回家看看……我尽自己所能，多为农民做好事、办实事。

后来，我加入辽宁省社教工作队，和十几名队员住在盘山县曙光农场老乡家。我向有关领导汇报后，当面向省交通厅厅长田育广提交报告：为曙光农场修条富民路。田育广等各级领导大力支持，财政拨款，修建了一条从场部到孙家大队的柏油路，有力地促进了地方经济发展，方便了农民出行。百姓说："多年的泥泞路变成平坦的富民路、便民路，多亏了喻奇呀！"其实，我只是下情上传，为第二故乡尽绵薄之力，是党和政府加快发展乡村交通，促进经济，方

知青在盘锦

便农民的好政策起了作用。

在盘锦这片深情的土地上待得越久，汲取的营养越多，潜移默化积淀的正能量越大。再加上日常理想信念、道德素质的养成，危难之际，就能挺身而出，毫不犹豫地做出正确的选择。

1975年2月4日，晚饭后，我们正在屋里学习社教工作文件。突然，传来一阵轰隆隆的响声。瞬间，地动房摇，站立不稳。

"妈呀，快往出跑啊——"儿子、闺女在房前声嘶力竭地喊叫，拖着长长的哭腔，暗夜中显得分外瘆人！

房东大娘坐在炕里，直打哆嗦，手脚都不好使了。我急步上前，把大娘拽过来，紧扶着跑到屋外。房东一家围上来，感动地说："多亏了你呀……"

谢天谢地，房子没倒。事后才得知，这次海城大地震，盘锦、营口都在这地震圈里，房屋倒塌死伤好多人。想想那晚上房东家的生死瞬间，还真是后怕。

过了几天，大娘见屋里没人，悄声对我说："你瞅我那老闺女咋样？"我随口答道："挺好啊！"大娘笑了笑："你看得上就中。大娘把闺女给你了……"我一听，吓了一跳："那可不行！"大娘脸一沉："咋又不行了？！不缺胳膊不少腿，模样长得俊，下地能干活，到家能做饭，跟了你，不砢碜……"我连忙说："再好也不行啊！工作队不准搞对象。"大娘不依不饶，瞅空就跟我说这事。

盘锦地委社教工作队驻大洼县小洼村已经有段时间了。房东大娘嘘寒问暖，对我们都很热情。她非要把闺女嫁给我，这可不得了！我赶紧把情况向工作队的杨队长汇报，请他解围。

不曾想，大娘先找的杨队长："喻奇这孩子心眼好。大地震救了我一命，我把闺女给他有啥不中的？"杨队长说："工作队有纪律，不准搞对象。你非要把你家姑娘嫁给他，组织上要严厉处分他！"听了这话，大娘生生愣在那半晌没吱声。打那以后，大娘明里不再提这事，背地里对我说："赶明儿，你把工作队退了，再过来。"

后来，我去看望过大娘几次。大娘还是要我跟她闺女搞对象，吓得我再也不敢去了。只是好多年，心里还是挂念着大娘。

区区小事，老人要把闺女终身托付于我，这是多大的信任啊。盘锦地委地区革委会下发红头文件，对我们抗震救灾表现突出的人员进行通报表彰。那个年代不评英模，发个文件，算是高规格的奖励了。

是啊，为人民做了好事，人们会久久记住你，组织上会隆重地表彰你。更让我永生难忘的是，盘锦的干部群众，还救了我宝贵的生命。

那年（1994年），辽河洪水猛兽般狂吼奔突，恶浪裹挟着房梁、树木，翻滚碰撞，急泻而下……辽河左岸新兴农场有段国堤出现管涌，连连告急。奉命赶来的部队官兵和当地民工搏浪打桩，砌袋护坡……那舍命抢险的场面摄人魂魄，那砥柱中流的群像令人神往！我正在堤边全神贯注地聚焦拍摄，突然被人往里猛拽一把，几个人赶忙搭手扶住我。只听轰隆轰隆几声，扭头一看，不由惊吓出一身冷汗：我刚才拍照时站立的大堤边儿，在洪水涌荡冲刷下轰然垮塌！若不是被人及时拽过来，必随那垮塌的堤坡跌进洪流。堤坡那棵大树，刚一落水，转眼间就被洪水吞噬，打着旋儿，没了影儿……

回过神来一看，头一个拽我的是大洼县委书记郭兴文。旁边那几位，是县领导翟鹏飞和新兴农场的人。他们赶到抗洪一线，就地组织抢险。郭兴文看见我站的大堤边已经裂开，几步冲上前猛劲把我拽回来！

这一拽，救了我一命。

为盘锦，我还有什么舍不了的！

一篇新闻稿

棒打狍子瓢舀鱼，野鸡飞到饭锅里。这说的是北大荒。在"南大荒"盘锦，野鸡十分罕见，螃蟹却能爬到被窝里。

中秋时节，朗月当空。我们去大队部开会，打开手电筒，路两边的水沟里，一只只螃蟹立瞪着两眼，舞动着双钳，"唰唰唰"地顺光爬……我们一边走一边捡螃蟹。不小心让蟹子夹了手，越甩它越不撒手。你一停，"啪"一声，螃蟹掉地上。我一愣神工夫，这看似笨拙的"装甲兵"，"跑路"还真快，"嗖嗖"

知青在盘锦

几下，没了踪影。

好在这河蟹实在太多了！走一路捡一路，一路捡了一小桶。回去倒大锅里一烀，吃起来那个香呦！在盘锦，上秋吃河蟹，那真是"得天独厚"的享受。

1971年秋天，我还获得了一份意外大礼：分配到盘锦日报社，在编辑部摄影美术组工作。

我自小喜欢看书画画写日记，最向往画家、作家。而今，已经跨上了理想的台阶，怎不让我惊喜万分！

说起来，够幸运的。能跨进我视为神圣殿堂的党报大门，缘于一篇小小的新闻稿——

盼望已久的青年点终于建成了。那是仿照部队营房的样式和格局：两排红砖灰瓦房，北边一栋，南边一栋。中间是个大操场，立着篮球架子。墙上写着"大海航行靠舵手，干革命靠毛泽东思想""阶级斗争，一抓就灵"之类的大标语。东山墙，用水泥抹平一长条，刷上黑漆，做成黑板。我们就在上边办起了墙报。每期都有向贫下中农学习，一不怕苦、二不怕死，挺过劳动关，改造世界观等方面的小评论、短消息，还有快板诗、顺口溜。刊头、标题、配图用彩色粉笔，文图并茂，色彩缤纷，吸引了不少知青和社员观看。

1970年5月，声势浩大的插秧大会战全面展开，各大队争先恐后抢进度。大队革命委员会主任张明才找到我："喻奇啊，墙报办得挺受欢迎啊！大队决定办一张战报，由你来干，你要发挥特长，把报办好！"

当时，我们的理念是：我是革命一块砖，东西南北任党搬。大队领导把办报的光荣任务交给我，我当时有一种非常神圣的使命感："请领导放心，保证完成任务！"

每天清晨，红红的太阳冉冉升起。我先从七队开始，由北往南，到田间地头采访插秧大会战中新人新事新气象。夕阳西下，彩霞满天，我从最南边的一队回到大队部，写完十几篇小稿。白天当记者，晚上还要做编辑，设计版面，配好插图。然后，开始拿出钢板刻蜡纸，先套色，再油印……

1970年5月18日深夜，一张散发着油墨芬芳的《起宏图》战报，在盘锦大地上诞生了！我高兴极了！这时，夜已经很深了。我还是忍不住高喊一声："毛主席万岁！"那时候，只能用这种方法来庆祝，来表达自己喜悦兴奋的心情。此时，只有晨星好奇地眨着眼睛，望着我欢跳的身影。

第二天一早，张明才、孙凤海、鲁明弟几位大队领导认真地端详着《起宏图》战报。报头《起宏图》是红色的毛主席手体，红彤彤的格外耀眼。报眼位置是伟大领袖毛主席身穿军装、佩戴红领章的头像。配发印成红色的毛主席语录。一版头题是述评《展开插秧大会战全面决战》。二版头题是主标套红的发刊词，配发各生产队插秧竞赛的动态消息。几位大队领导看着看着，不由面露喜色，连声称赞："办得挺正规啊！挺好！"见我进来，孙凤海好奇地问："咋能印出红的绿的这么多花样？打哪淘弄的这成套的家什？"我说，这是我们红卫兵办报时用的蜡纸、铁笔、钢板、油墨、油印机。多刻两套蜡纸，套印红色，就用红色油墨印一遍；套印蓝色，就用蓝色油墨印一遍。套什么颜色，用啥色油墨，只不过多费几遍事……

☆《起宏图》战报

"一张报能印五六种颜色呢！"我不无得意地如数家珍，娓娓道来。

大队领导对办战报非常重视，大力支持。蜡纸油墨大白纸，没等用完便派人到供销社去买。张明才主任说："这小报不大，作用不小哇！鼓舞士气，推动了插秧竞赛……明年，咱还接着办！"

听了张主任这番话，我高兴极了。这是领导对办报的肯定啊，是在表扬我啊。我美滋滋地回青年点。天，蓝汪汪的；苗，绿莹莹的。走起路来特轻快。连日的劳累困乏，早已抛到九霄云外去了……

知青在盘锦

☆《无限风光》战报

转过年，育完苗，我瞅空便琢磨，如何把插秧大会战的战报办得更好。依照大家意见，报名改为《无限风光》。

1971年5月10日，一张崭新的战报呈现在大家面前：采用八开对折的《无限风光》，同《盘锦日报》一般大小，看起来比去年的小报正规多了。

之前，我虚心征求了领导和群众意见，又进行了认真筹划，在版式上更具视觉冲击力：头版头条位置，蔚蓝的海洋上，升起一轮光芒四射的红太阳。舰船迎着太阳启航。上边是套红通栏标题："大海航行靠舵手·干革命靠毛泽东思想"。中间是创刊词。大红报头"无限风光"放在倒头题位置，由翠绿的水田和苍劲的松树映衬。整个版面主题突出，层次分明。在内容上丰富了，也增强了可读性。新设副刊《逐浪高》，选登诗歌、散文等"短、新、快"的文学作品。这期"快板诗"专栏，刊发了四首快板诗。如今读来，仍能嗅到当年的时代气息："大会战、练红心，广阔天地育新人；红五月、红灵魂，喜讯飞到天安门。"

战报虽小，程序不少，工作量挺大。采访、写作、编辑、排版面、刻蜡纸、套色、油印、分送……一个环节也不能少。大队只能抽调一个人办报。我上午到生产队采访，投送前夜印的战报。下午回到大队写稿、编排、刻印……往往后半夜才能忙完。有时饭都顾不上吃。

插秧大会战进入决战阶段。最紧张那几天，大队领导要求每天出一期报。我从早上忙到半夜，一天只睡几个小时，饭也不应时。一连十几天，体力过度透支，不时觉得头晕。那天下午，我从最南头的生产队采访回来，急忙往大队部走，赶回去吃口饭好写稿。也许是走得急了些，也许饿晕了头，也许前一夜熬得太晚……走着走着，眼前冒出金星，两眼一黑，"咕咚"一声，啥也不知道了……

迷迷糊糊中，睁开眼睛看到炕边坐着一位女同学。她大大的眼睛，充满关切与惊喜："你醒啦！你这一觉睡了一天一宿了……"她慢声细语地说：那天傍晚，她正往回走，发现一个人趴在道边水沟沿。上前一看，这不是大队办战报的孙喻奇吗？她惊叫了一声。看我像是睡着了，可又喊不醒。当时觉得很奇怪：他怎么跑到水沟边来睡觉呀？她说，也不知道哪来那么大劲儿，一步一挪，把我扶到了道边社员家。省文艺界"五七战士"老王就住在这家。老王还帮她一起把我挪进屋，躺上炕。他还找来赤脚医生，说我是连累带饿，疲劳过度，睡一觉会缓过来……一天一夜，她不时给我灌些水喝，有时喂些稀米汤……我昏睡了一天一夜，她一天一夜没合眼！

我望着她深情的大眼睛，眼圈湿润了，一股暖流在心里涌动……由此，引发出一段旷世奇恋。

打那以后，我在各生产队组建起报道组，选出了报道员。他们写的稿，优先登报。报上也开辟了"战地黄花"等专栏，摘登各队墙报、黑板报上的小故事、短消息。全大队还进行了投稿竞赛，各队报道组、报道员写稿积极性更高了！《无限风光》第11期头版倒头题刊发各队投稿、发稿统计表，列出数字，排出名次。前10期，各队投稿总数43篇，比我写的整整多出20篇。表格旁是编者按："毛主席说，我们的报纸也要靠大家来办，……而不能只靠少数人关起门来办。"按毛主席说的，开门办报后，这可真是一举两得呀——我的工作量减少了，但报道面扩大了，内容更丰富了，更受大家欢迎了。

那时候，为扩大宣传面，每出一期报，我都贴到大队会议室西墙上。这样，到大队来开会的社员、知识青年都能在会前会后看看报，议论一番。

那天上午，大队广播通知，让我去大队部开会。一进门，就看见一位身着灰色制服、戴军帽的干部，正在浏览满墙的《无限风光》。大队主任张明才

知青在盘锦

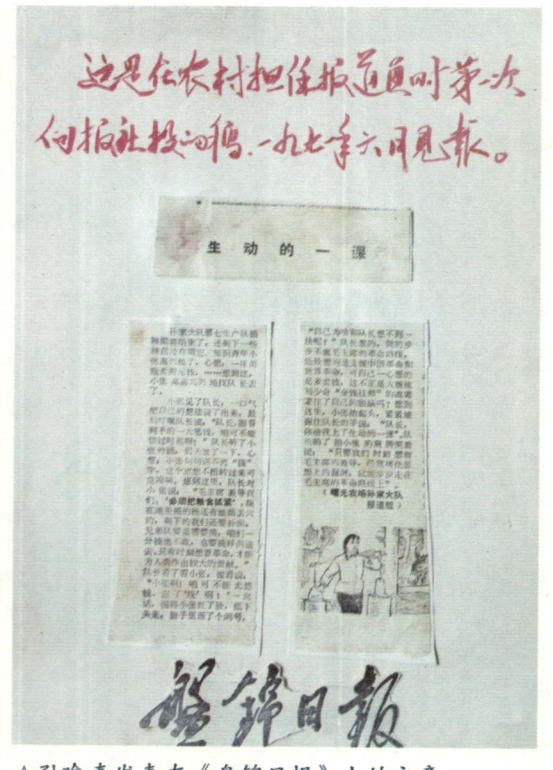

☆ 孙喻奇发表在《盘锦日报》上的文章

介绍，这是《盘锦日报》通联组的组长赵忠库……我赶忙上前握手。赵组长微笑着问："这些报，都是你一人办的？"我说是啊，插秧大会战劳力紧，只能一个人办。接着他又详细问我采写、编稿情况。临走时，他指着那些战报说，有的稿，可以往报社投一投。

我随后选了一篇小故事《生动的一课》，寄到报社去了。没过几天，《盘锦日报》就登出了这篇稿子。我翻来覆去看了好几遍，那高兴劲儿，甭提了：这是我人生第一次见到我的钢笔字变成了铅字，登上了正规的报纸！

真是双喜临门啊！不久，曙光农场和孙家大队接到盘锦日报社正式通知，借调孙喻奇到盘锦日报社学习。我欢天喜地跨进心仪已久的报社大门。

那个年代，报社选调记者编辑，不是从大学新闻系新毕业的大学生中招聘，那时也没什么新毕业的大学生。报社通过办新闻学习班，一是为基层培养新闻人才，二是选拔几个，留在报社当记者或是编辑。我连参加了几期新闻班的学习，报社领导决定留下我，分配到编辑部摄影美术组。

到了报社，我最大的收获是认识了值得我尊崇一生的老师。孙晓坤和张景信、王升平、马飚、张中来、王自强、王志成、刘成树……这些编辑记者言传身教，使我领悟和掌握了更丰富的新闻知识和写作技巧。报社资料室是另一座知识宝库，里面的藏书琳琅满目，报刊应有尽有，令我大开眼界，流连忘返……

我小时就爱写写画画。"文化大革命"时，得到一本毛主席诗词，真是如获至宝呀，有空就拿出来看。时不时还对照《七律·长征》中的字数、押韵、对仗等，也写一些诗词，刊登在大连四中红卫兵115师的战报上。下乡后，写诗的兴趣更浓了。那时，对平仄一窍不通，但一边写一边念叨，使每句语调尽量和谐，念起来抑扬顿挫，顺溜上口就成了。初生牛犊不怕虎，这些诗，有些写在墙报、黑板报上，有些刊登在《起宏图》《无限风光》战报上。还有一首诗，发表在1970年8月28日的《旅大日报》上。在日记上能找到的，也有二三百首。有的现在看来也挺顺眼：

七律·天涯

志飘四海唱凯歌，血洒江天展雄图；
笑望冰山化长河，喜看丹心成忠果。
深情厚谊笔难书，新仇旧恨刀铭刻；
胸装四海风雷雨，红遍乾坤齐长乐。

这首诗是1970年6月12日写在日记扉页上的。格律不通，平仄不懂，还大言不惭说是七律，好在押韵、对仗尚可。如把首联两句换个位置，效果会好些。

那时，找不到诗词格律方面的书。我和同学暗中换读的也只有马克思的《致燕妮》《普希金抒情诗选》类的自由体诗。平时和滕书海、李洪晨一些同学在一起讨论，大都是顺口溜、快板诗和散文诗。直到有一天，青年点来了一位鞍山青年，说是慕名而来，要会会我，把我吓了一跳！

冷眼看去，此公其貌不扬，矮小黑瘦，唯其双目，却是炯炯有神。深入交谈，便觉此君口出狂言，果有奇才：古诗名句，信手拈来；得意之作，顺口朗读；诗词格律，娓娓而诉……半斤烧酒下肚，更是口若悬河，滔滔不绝，听得我如痴如醉……虽时有子曰诗云，之乎者也，却毫无腐儒卖弄之意，大有相见恨晚之感……红日西沉，就此别过。

真是听君一席话，胜读十年书啊！我时常写信向他讨教。他在回信中为我引经据典释疑解惑，附寄他写的古体诗，对我的诗歌创作大有助益，使我醍醐

知青在盘锦

灌顶，茅塞大开。他的诗大多是状物咏怀之作，而我更喜欢歌颂火热的生活，更爱写反映现实的自由诗。

令我庆幸的是，我在盘锦结交了良师益友刘永生。他饱读诗书，学贯古今，却行事审慎，治学严谨，不事张扬，华蕴于心。惟有从他诗词中，才能品味出底蕴深厚，意境高远。永生对我的诗词边改边讲，循循善诱，举一反三，不厌其烦……使我掌握要领，古为今用，勇于实践，大胆创新，终于捅破了诗词格律最后一层窗户纸。永生还多次鼓励我，要紧扣时代脉搏，讴歌火热生活……

☆孙喻奇的六本知青日记

真是不谋而合啊！1973年，我创作出长诗《轮转工人放歌》。经潘国有认真修改，王升平精心润色，于1974年在《盘锦日报》元旦号上发表。头版整版是毛主席标准像，四版一大半版面是这首长达二百余行的《轮转工人放歌》。以"放歌"的形式写，不仅歌颂盘锦大地，更能放声歌唱祖国的壮美山河。

当年，还写过一首长达500行的《绕阳河之歌》。在日记上密密麻麻写了二十多页。编辑说太长，让我砍一半。对凝聚着自己心血的得意之作，总是难以下手。但讴歌辽河儿女，我始终没有停笔。

盘锦域内，有21条大小河流由此入海。地处九河下梢，自古十年九涝。与河奋斗，趋利避害，辽河儿女书写了惊天地、泣鬼神，雄壮而又凄美的英雄史诗……我们下乡到盘锦的14万知识青年，已经融入辽河儿女行列中，在兴修水利、抗洪抢险的关键时刻，舍生忘死，顽强拼搏，谱写出一曲曲动人心弦的时代壮歌。

1986年夏秋之交，上游洪水再次狂泻而下。素日温顺的绕阳河，猛然间似饿虎狂狮，嘶吼着狂奔而下！河道内外的油田、稻田频频告急！曙光油田杜72井被洪水淹没，发生井喷。西线抗洪指挥部领导刘安果断调集精兵强将战井喷。我们六七名记者挤在一辆吉普车上，急奔现场。吉普车迎着水浪往前冲，直到熄火才停下。这时，洪水已没腰。我双手握紧照相机，油田电视台的赵志文扛着摄像机，迎着洪峰，冒死向前……

原油从井口喷上天空，再洒落下来。战井喷的勇士们毫不畏惧，抢关阀门。他们头上、脸上、身上落满原油，如同乌盔黑甲。勇士们披挂这厚重的盔甲，擒服了狂暴的油龙，绽出自豪的笑容。残阳映照下，滚滚洪流中，勇士们巍然屹立、光彩照人……

拍完照片摄完像，我和赵志文对视一眼，不由大笑起来：我俩头上、脸上、身上也落满油污。我俩回到指挥部，用了好多汽油才洗干净。

进了餐厅，吓了一跳：满桌菜，还有酒！这阵势，可是抗洪以来头一遭！西线总指挥刘安（时任辽河油田党委常委、宣传部长，后升任党委书记），端起了酒杯，亮开了嗓子："喻奇、志文不怕死，好样的！洪峰、井喷，弄不好要死人的！那么多记者不敢下水，不敢靠前。喻奇、志文舍生忘死上一线，拍下了斗洪峰、战井喷的宝贵镜头，了不起啊！照老石油的传统，要为胜利归来的英雄摆酒庆功。今天我破一回抗洪不准喝酒的例，炒菜烫酒包饺子，向喻奇、志文敬酒！"他这人率直，喜怒形于色，只给我和志文敬了酒，对那些不敢下水没靠前的记者，眼皮都没夹。

抗洪抢险胜利了。辽河油田党委向《辽宁日报》寄去一封表扬信。辽报党委书记、总编赵阜批示：孙喻奇同志为新闻队伍树了个好榜样……

1987年春天，东北三省报举行文字编辑记者摄影大赛。在各报分别举办摄影比赛基础上，评委会从数百幅作品中优中选优。我在绕阳河洪水中拍摄的《战井喷》荣获金奖。

魂牵梦绕的绕阳河呦，日夜诉说着喜怒哀乐：辽河儿女拼死抗洪抢险擒乌龙；盘锦军民并肩砥柱中流降黄龙；两岸民工奋勇会战万金滩，修筑绕阳河拦河大闸，兴建两岸浇灌水利工程，趋利避害牵金龙，让绕阳河水成为涌金流银的幸福河。

绕阳河呀绕阳河，太平人民的母亲河，川流不息，浪花欢腾，诵唱着祥和富足的民生歌……

余 音

千百年来，辽河三角洲这块得天独厚的丰饶宝地。繁衍着一辈辈爱国敬业、重情重义的父老乡亲；涌现出一个个可歌可泣的英雄儿女……

我最敬佩的，是女英雄张冬梅。她在与凶徒色魔的搏斗中壮烈牺牲。

凶手刘建伟强奸作案十几起，没一个报案，胆子越来越大。1989年11月17日夜，刘建伟同表兄柴树安潜入盘山县吴家中学女生宿舍，扑上炕，欲强奸三名女学生。三少女奋起反抗。张冬梅揪头发、抠眼睛，死死压住刘建伟，让两个同学快跑……刘建伟怕喊来老师，急欲脱身，拔刀扎向张冬梅后背。鲜血喷涌而出，冬梅并未松手。一刀、两刀、三刀、四刀……冬梅咬紧牙根，死不放手！刘建伟丧心病狂，掉过刀来，直刺冬梅心窝。一腔青春热血迸溅到雪白的墙壁上，恍如寒冬冰雪中绽放的一丛红梅……

时隔20多年，那宿舍白墙上的鲜红血滴，冬梅同凶徒搏斗的惨烈场面，至今仍历历在目。冬梅在生死瞬间，宁肯洒血舍命，也要坚守少女贞操，也要掩护同学脱险，也要抓获色魔凶徒！这凛然正气，久久震撼着人们心灵……

在深入学校、村屯长达一个月的采访中，我多次感动地掉泪。老师同学说，冬梅是三年五班团支部书记，常帮大家解决学习和生活中的难题……左邻右舍说，冬梅自小就带着伙伴们学雷锋，为乡亲做的好事像星星，数不清……

冬梅在危难时刻挺身而出，不是一时冲动，而是日常点滴积蓄的正能量，在瞬间的集中迸发！英雄的成长历程，能使众多人校正人生轨迹。我和李勇夫连日带夜，含泪赶写出长达两万多字的特写《张冬梅》。那些年，党报只出四个版。《盘锦日报》以整整四个版的篇幅刊发。一石激起千层浪，张冬梅事迹引发轰动性连锁反应。《辽宁日报》以"雷锋式青年——张冬梅"为题转发。

《中国青年报》以"冬梅傲雪绽"为题，发一版头题，报社领导高峻亲自配评论：《赞"我愿燃烧"》。

团中央和省、市连连发出《深入开展向张冬梅学习活动的通知》。省政府追认张冬梅为革命烈士。盘锦市政府决定将吴家中学更名为冬梅中学，建立张冬梅纪念馆、设立张东梅塑像。成千上万的人民群众在冬梅事迹展览馆深受感染，感慨万端，留言簿写满了一本又一本。省委副书记王巨禄、市委书记王向民等领导郑重题词。省委常委、宣传部长王充闾赋诗一首："一枝冷艳永凝香，铁骨铮铮做脊梁。威武不屈成壮烈，中华正气赖弘扬。"一波又一波学冬梅精神，做时代青年的热潮，从辽河两岸涌向祖国的四面八方，山川大地荡起激越的回声……

光辉岁月，英雄辈出。学海航灯魏书生、拒腐廉政李清明、修脚劳模张宝基、油田骄子谭远红、福星高照李振铎、生态庭院王京平、生态养猪专家李正龙、人工养蟹大王李晓东……他们有的被评为全国党代会代表、全国人大会代表、全国劳动模范、全国十佳青年……张冬梅、徐慧玲、刘凯、张勇被追认为革命烈士。他们身上，集中体现了"团结、拼搏、诚信、文明"的盘锦地域精神！

辽河油田宣传部丁壮猷（后升任常务副部长，主持工作）和张铁民等新闻界朋友议论：喻奇应该把这些典型编辑成书。因为涉及新闻、通讯、特写、报告文学、文艺评论、小说、诗歌、散文、论文、美术、摄影等，内容庞杂，就把这套书的第一本定名为《五彩贝》。当时出碟出书，时兴"包装"，请名人写序。我觉得用不着，就请老丁作序。真是心有灵犀一点通，老丁这篇序的标题就叫"无需包装"。《五彩贝》出版后，《盘锦日报》《辽河石油报》都发表了书评。评价这本书有历史价值，是对盘锦人民的汇报，更是沉甸甸的回报。朋友圈子里热议的话题，却是这篇序写了喻奇知青往事，为人处世，活灵活现，生动有趣，太棒了……我打趣道："这不喧宾夺主吗？如此看来，再不能请老丁写序了……"逗得老友们哈哈大笑。

这些英雄模范人物的追求、坚持、拼搏、奉献的风范不时激励着我去发现、去宣传更多先进典型。勤劳智慧的盘锦人民不断改进生产方式，勇趟改革

知青在盘锦

新路子，创建出一个又一个新模式：花园式生态养猪模式、人工育苗稻田养蟹模式、北方庭院生态种养模式、精神扶贫启智致富模式……引领本地和全国农业生产实现多项突破。辽河油田、华锦集团、北方沥青等企业面向市场，争先创新，为省内外企业改革改制，转型转向提供了宝贵的成功经验。这些辉煌的业绩，已经载入不朽的史册。

翻开盘锦发展史，时时看到这些英雄模范矫健的身影，处处都有经济发展坚实的足迹。

我在广阔天地磨砺了意志，坚定了信念，强健了体魄，为自己的人生筑就了宝贵的基石。盘锦人民奋发向上，锐意创新，顽强拼搏，无私奉献的精神时时激励着自己。

我们大连四中当年下乡到盘锦的有1195人。绝大部分回到大连。尚有40多人仍在盘锦发挥余热。那时，写过一首颇有使命感的诗：

岁月如歌梦似烟，萦怀经久忆当年。
旌旗举处霜天热，汗水滴时碱地寒。
敢有作为迎困苦，勇担重任踏艰难。
和衷共济宏图起，不负知青使命坚。

知青的人生之路，早已融入了盘锦的辉煌……

2017年3月

孙喻奇 1949年生于山东莱州市。自1958年始，先后就读大连东北路小学、中山路小学、民权小学、大连四中、营口大学、辽宁大学、中国社会科学院研究生院。教授级高级记者。

1969年春插队落户盘锦垦区盘山区太平公社孙家七队。下乡两年，连续两年被评为活学活用毛泽东思想积极

☆知青合影（上排右一孙喻奇）

分子，参加垦区和地区代表大会。1971年秋抽调到盘锦日报社编辑部摄影美术组。1975年冬调到营口日报社，任过团委书记、新闻记者，市青年文联秘书长。1984年秋组建盘锦市报，先后当过经济部、政教部主任，在全国首创《标题新闻》，《人民日报》《解放军报》《经济日报》等多家报纸采用这种简明醒目的新闻体裁。当选盘锦市文联、青联委员，创办、主编《盘锦青联》报。1985年秋调至辽宁日报社记者部，后任辽报驻盘锦记者站站长。2009年退休，回大连定居。

孙喻奇系全国或省市记者、作家、收藏家、摄影家、书画家协会会员。曾被列入国家人事部全国人才库、全国收藏家大辞典、中华文化名人大辞典等多部典籍。先后出版《五彩贝》《辽河逐浪》《砥柱中流》《血铸金盾》《精彩腾越》《七彩虹》《青春的风采》等多部作品集。先后被省、市授予抗洪英模、外宣标兵等多项荣誉称号。

知青在盘锦

我们的家乡双井子

◎ 李 华　朱东惠

家乡不仅仅是出生地，也应该是我们少年或刚刚步入青年时光成长生活的地方，是在我们一生中留下最宝贵记忆、有着千丝万缕联系的人和物的所在地；家乡也可以说是形而上的，是精神层面的，是思念与回忆的承载体，是精神的家园。

我们夫妇二人就有这样的家乡，就有这样的精神家园，就有这样的刻骨铭心思念的桑梓之地。她位于大辽河入海口之西，举世闻名的红海滩之东，是一个紧枕大海波涛的叫作"双井子"的地方。

1968年9月，16岁的李华成为第一批上山下乡知识青年队伍中的一员，同沈阳市十一中学和其他学校的100多名同学，来到盘锦垦区荣兴农场双井子大队插队。那时的双井子是个什么状况啊！可以说是苍凉

☆ 李　华

的荒原，闭塞的海隅。草萋萋风萧萧，孤兔为乐，野花无香。每天东大井子、西大井子两个荒村的几缕炊烟是仅有的几丝生气，两道满是碱花的古老车辙缓缓伸向那远方的农场场部……更何况那时生产条件落后，种田技术落后，就是靠强体力劳动"战天斗地"，知青们吃了多少苦，遭了多少罪，现在讲给孩子们听，他们是无法体会和理解的。自然条件恶劣，生活困苦，但知青们咬着牙

挺过来了。当地的老乡们淳朴善良，对知识青年们非常好，同学们同双井子的乡亲们建立了深厚的感情。由于表现出色，李华被选为双井子大队的"赤脚医生"，每天背着药箱子，骑着一辆旧自行车，东大井子、西大井子往来奔波，风里来雨里去自不必说，半夜三更出诊更是家常便饭，有时遇到危重病人，更是几天几夜陪伴……现在回想起来，那时的生活和工作是最充实的啊！

1972年，朱东惠的家从吉林搬到了双井子，东惠的父亲被分派当了双井子小学的校长，之后又到农场中学工作。李华的父亲在辽宁省公安厅工作，被下放到辽西走"五七道路"。由于遭际相同，李华同东惠家走得比较近。记得第一次到东惠家为三弟东仁看病，一家人对李华热情极了。服侍好病人后，李华好奇地盯着墙上镜框中的一位英气勃勃的青年军人照片看，一旁的老母亲不无得意地介绍："这是我二儿子东惠，在本溪64军当侦察兵。我这个儿子可有文采了，经常写文章在报纸上发表，还会写诗、写小说……"老母亲的话说得同样爱好文学的李华心中怦然一动。以后李华每次去东惠家，总是有意无意地问问东惠的情况，看几眼照片……

1972年底，东惠休探亲假，回到了还没见过面的家乡"双井子"。已经深深喜欢上了李华的老母亲对儿子讲了李华。毫无思想准备的东惠，只是憨笑，但还是好奇地让老人家领着自己到大队卫生所看了李华。许是前世的缘分吧！这一看，李华的影像在东惠的脑海中再也挥抹不去；照片上的东惠变成了活生生的东惠，那挺拔的身躯着一身合体的绿军装，"三块红"衬着一张白皙的俊脸，李华心中像有块糖在溶化。后来我们定情后询问对方：见第一面时是否爱上了对方？我们都老实地回答：是！也许是天意让我们走到了一起，东惠患上了小感冒，李华多次到家为东惠诊治，我们有了深谈深交的机会，彼此更有好感。东惠归队后，大嫂秉承老母亲的旨意，充当了月下老人，询问李华："对我这个二弟印象如何？你们可否……"李华红着脸回答："让东惠先给我来信……"从此，我们开始了长达6年之久的恋爱生活，通信几百封……家乡双井子成了最美好的幸福之井，成了我们终生永远不能忘怀的定情之地。现在想起来我们真是有些不知天高地厚，那时李华是一无所有的下乡知青，东惠是一

知青在盘锦

文不名的战士，但我们谁也没气馁，没惶惑，坚信我们会有美好的未来。

1974年李华上了中国医科大学，东惠提了干，我们的爱情之舟顺利地向前驰航。在双井子劳动工作了6年，从16岁的少女到了23岁的大姑娘，李华一生中最美好的时光是在双井子家乡度过的呀！临离开家乡的头天晚上，李华去东惠家告别，老母亲做了最拿手的炖鸭子，包了饺子……依依惜别时声声叮咛：别忘了双井子，别忘了这里的亲人们……李华眼噙泪花让老母亲放心：这里是我的家乡，是我的家啊！我怎能忘记呢？我会年年回家，回家乡……

☆李华和朱东惠

1978年，我们在家乡双井子举行了婚礼。记得那一天几乎所有的乡亲们都来了，东惠陪着老亲少友喝了一天酒，却没有大醉，家乡的美酒醉心不醉人啊！刚刚改革开放之初的家乡还是贫穷落后的，那时我们回家下了火车，过了大辽河，最好的待遇是坐"四轮子"（小型拖拉机），到双井子住的是小平房，睡的是硌人的炕。我们遵守向老人们许下的诺言，不管工作多忙，每年我们总要回家，回家乡双井子一两次。每次回去，我们都感受到家乡的变化，家乡在一年年地走向富裕。尤其近年来，双井子铺上了平直的柏油路，村落街道变得整齐洁净，成为远近闻名的河蟹之乡，乡亲们的收入和村里的总产值照比改革开放之初增长了几十倍，可以说是成了幸福的小康村落。过去我们回家，坐火车、赶汽车、走旱路，要奔波一天。现在回家，自己开着车，一个小时就到了。家人们丰衣足食自不必说，有的还有了自己的小汽车。抚今追昔，谁能不由衷地感叹：党和国家的改革开放之路是走得太对了！

光阴荏苒，我们的年华如大辽河水流逝，瞬间40余年过去了！这40多年中，我们吃了不少苦，可由于有双井子生活的那段经历，什么苦都是可以克服的。我们奋斗人生，事业有成，李华在辽阳市中心医院任妇产科主任13年，成为医学专家；东惠在军营18年，转业到了辽化大企业任一名处级干部，成为中国作协会员，中石油作协副主席，创作了《大河风流》三部曲长篇小说，由单田芳大师播讲，在全国流行。我们的儿子在北京一所军校毕业，工作生活都很顺利。说这些不是自诩，而是向家乡双井子致感激之情，大辽河水、双井子的稻米养育了我们，我们没有让家乡失望。

坦白地讲，往往人在年少时不知家乡的美、故土的情、故人的亲，嫩绿年华亦不知乡愁为何物，乐于离家去国，寻找所谓的前途。多尝忧患之后，愈是年长，对家乡、对故人愈是情挚意浓。如今我们每次归家回到双井子，那故乡景、故乡情、故乡人、故乡魂，那种种亲切感、温馨感、沁人心脾的滋味儿，真是让人难以尽述！写到这里，油然忆起了余光中的《呼唤》一诗：就像小时候／在屋后那一片菜花田里／一直玩到天黑／太阳下山，汗已吹冷／总似乎听见，远远／母亲喊我／吃晚饭的声音／／可以想见晚年／太阳下山，汗已吹冷／五千年深的古屋／就亮起一盏灯／就传来一声呼唤／比小时候更安慰、动人／远远，喊我回家去……

渤海落日，盘锦罡风。双井子啊！你的儿女对你执着的苦恋，已经汇成了一支最深情的歌，唱彻古终。

☆李 华

李 华 女，1952年6月出生。下乡前就读于沈阳十一中学初一（四）班。1968年9月下乡到盘锦垦区荣兴农场双井子大队，1974年9月抽调到中国医科大学医疗系读书，1977年12月毕业后，分配到辽阳市中心医院妇产科工作，历任副主任医师、主任医师、妇产科主任等。

朱东惠 男，1951年生，军人出身。中国作家协会会员，中石油作家协会副主席，辽阳市作家协会主席。长篇系列小说《大河风流》《裂岸》《此岸》《彼岸》曾获东北三省文学奖、"五个一"工程奖，并由评书大师单田芳改编为100集评书在全国播放。

☆朱东惠

知青在盘锦

不能忘怀的知青往事

◎李万鹏

1977年8月8日，是一个值得纪念的日子。我作为鞍山市十五中七七届的毕业生，同众多的同学一起，汇入了我市最后一批知识青年上山下乡的洪流中，下乡到了营口市大洼县榆树农场郭家大队。虽然仅在农村生活锻炼了一年多的时间，走过的却是一段不平常的路，使我在人生的历程中补上了重要的一课，以至影响了我工作。回首知青往事，有苦有甜，有辣有酸，有真诚的感悟，也有挥之不去的眷恋。

劳动是艰苦的

我下乡的时候，正赶上是秋天。秋天是收获的季节，盘锦（当时归营口管辖）的秋天是美丽的，遍地芦花飘雪，稻浪金黄。在大队欢迎我们的第二天，我被分到了三小队，开始了收割的半天培训。队长和农民师傅手把手教我们如何割稻子，割完后如何捆扎。经过反复实践、反复摸索后，我们迫不及待地开始上场了。

我们男生分到8条垄，女生4条垄。由于是新开

☆李万鹏

垦的耕地，又是平原，一望无际，有1500米以上。割稻子也是讲技术的，正确操作应当是镰刀从下到上，平割不仅割不下来，还有割着腿的危险。我们在干了大半天之后，才割完这8垄地，后头一看，女生一半也没有割完，我们便回头帮助迎接她们。

收割后的稻子放在地里，还要经过捆扎，需要我们背运到场院垛起来。背稻子时，把一捆捆稻子码好，再捆扎成一大捆后，需要别人帮助才能站起来把偌大的一堆稻子背到肩背上去。走在田间的小路上，一歪一扭，从后面看几乎整个人都埋没在稻子堆中了。远远望去，只见一个个黄灿灿的小山包一样的稻子山在颠簸着、蠕动着。稻子粒不时地顺着领口钻进衣服里，粘在汗流浃背的身上，如芒在背。休息时，我们躺在收割后的稻捆上，嘴里含着稻穗，品尝着收获的甘甜，极目而望，秋风萧瑟，天高云淡，稻浪翻滚……所有的劳累和烦恼都烟消云散了。

下乡一年多的时间，使我印象最深的是冬天"出工"修河堤。由于我们下乡的农场主要作物是水稻，灌溉水稻的水线，俗称上水河堤。长时间不清理水线的淤泥，上水线的储水量就小，满足不了水稻灌溉的需求，就得清理淤泥，叫修河堤；加上那几年大批的知青到盘锦后开垦了不少新的耕地，也需要修很多的新的灌溉渠道，这些活多是在冬天的时候来干，俗称"出工"。

1977年的冬天，出奇的冷，平均气温在零下20多度。因为工地离我们的大队比较远，所以必须在工地附近找住处，因为有大批的民工在此，所以我们找的住处到工地还得走十多里的路。每天天没亮，我们就吃完了早饭，肩扛、手提着劳动工具，铁锹、铁镐、扁担、抬筐、铁叉、炸药包出发了。到了工地，我们先在冰土层打眼放炮，抡锤抡镐，挖土抬土，由于我人高马大，身体结实，干的是最重的活——抬冻块，二百多斤的担子，两个人一抬就走，一干就是一上午，口渴了啃点泥塘里的冰。由于天气寒冷，我们干起活来谁也不敢也不能停下来，因为一停下来，被汗水湿透的衣服紧贴在身上——冰凉刺骨。

晚上，我们住处的温度和外面差不多，进被窝睡觉之前都要踌躇再三。我们要把所有能压在身上的东西：棉袄、棉裤、大衣、毯子都压在身上，头上还要戴上棉帽子。可是进被窝后身子还在发抖，好长时间才能缓过来。早上起床，也要"下定决心，不怕牺牲"。因为衣、裤凉冰冰，就连脸盆里的水也冻成了冰。挂在屋里的毛巾也成了硬邦邦的冰棒。比较使人欣慰的是那20多天的伙食特别的好，为了此次"出工"，大队特地杀了几头猪，大米饭管够，由于每顿餐见油水，又能吃饱，所以我们大伙的干劲始终很足，每次农场评比，我们郭家大队排名都是第一。

　　下乡劳动一年多的时间，给我印象较深的还有春天插秧。由于技术不好，个子又高，插的秧歪歪扭扭，时间长了，腰都直不起来。队长见状，改让我挑秧；挑秧可是个很累的重活，窄小的田埂又窄又滑，挑着一百多斤的秧苗担子走在田埂上，经常摔得满身满脸都是泥水。拔草也是要命的累活，它不是靠力气，而是凭腰功。干这种弯大腰的活对我这个一米八的小伙子真是不堪其苦、不堪其累。特别是挠秧，如同旱田给农作物松土，插过的秧刚缓过苗来时长得很小，挠秧时须两腿岔在垄的两边挠开，腰必须下弯至90度，要求的速度又特别的快，一到地头，我们也不管什么地方，躺在地上再也不想起来了。有的人干脆捡块土坷垃垫在腰下，来个"矫枉过正"。那酸痛劲，有一段时间就好像这个腰已经不存在了。晴天，上面太阳晒着，下面水泡着，一弯腰一身汗。汗水连成线似的往水里滴落，雨天就更分不清脸上淌的到底是汗水还是雨水了。

　　在这一年多的下乡时间里，我干了多少天活，赚了多少工分，我已经记不清了，只记得每天得工分为10到15分，10分为3元，这在盘锦算是很高的，高考被录取回城结算的时候，还找我280元钱（扣除伙食费、旷工费等）。当我把这280元钱交到母亲手里时，母亲激动得流出了热泪，嘟嘟囔囔地说："儿子也能赚钱了。"

生活是甜蜜的

　　我在知青下乡的一年多时间里，虽然劳动艰苦了一些，生活条件差了一

☆李万鹏下乡前全家合影

点,但我每每回忆起来,还是觉得很甜蜜的,这几年,随着年龄的增长,时常想起当知青的生活来,每当跟同事们回忆起农村知青的那点窘事,大家都会心地一笑。

1977年8月8日,我随全国最后一批知青,汇入了上山下乡的潮流。由于当时我是市委文化宣传口的子弟,按照"厂社挂钩"的原则,我下乡到营口市大洼县榆树公社郭家大队。记得当天已经进入了三伏,天气特别的热,我们乘坐在大卡车上,刚开始还挺兴奋,后来就迷迷糊糊睡着了,等到大队的时候,已经是下午了。我当时带的行李和箱子都是大姐下乡回城用过的,除此之外,我还背着父亲偷偷带走了家里的两本书,一本是马克·吐温的《热爱生命》,一本是浩然的《艳阳天》。这两本书不仅伴随我下乡的生活,至今我还时时翻看,爱不释手。

我们郭家大队的青年点在榆树农场算是最小的青年点,有100多人,还有几个沈阳知青,这些人被分成三个小队,集体住宿的被分三趟房,靠大道边的是三队,里边的依次排开为二队和一队。有部分老知青到当地农民家里住,享受与我们不同的生活。我与另一个知青被分到了西侧的一个房间,是西偏房,是最冷的一个房间。

知青在盘锦

记得我们到青年点已经是下午三点多钟了，大队领导致欢迎词，带队领导及知青代表分别表态度、表决心；知青代表是一中的刘宇，后来与我一起参加了高考，考入了北京钢铁学院，成为我的忘年好友。会后我们来到食堂吃饭，青年点为我们杀了一头猪，精心准备了饭菜，至今回忆起来，那是我那几年吃的最美、最香、最饱的一顿饭菜。吃完饭后，我们来到了住处，简单收拾一下铺盖，就睡觉了，好像还做了几个梦，没有噩梦，都是美梦，一觉睡到了天亮。

第二天，以致接下来的伙食就像"王小三过天，一天不如一天了"。刚开始还有点肉片，有点油星，后来连一点油星也没有了。除了主食大米饭，菜就是开水里放几叶白菜。特别是冬天脱谷的时候，吃的是大米面饼子，没有任何菜叶和咸菜，弄得我们整天胃里直返酸水。我在家里有两姐两妹，就我一个男孩，虽然人口多，但父亲工资高，还有稿费补贴，家境条件很好，每天都与父亲享受小灶。到了星期天，老爸还在他的稿费里拿出十元八元的弄只鸡或鸭的，全家改善一番。有段时间，我实在受不了胃里没油水，就偷闲跑到农场小卖店买饼干改馋，那饼干比现在的馅饼还大，比较难吃，但也比伙食饭强呀。偶尔碰到肉罐头，就挑荤油多的，回去拌大米饭，那是真香呀。还有一个办法就是求回城探亲的知青捎带一些肉酱或鸡蛋酱，我记得这一年多能捎五六次。但是美味不能一个人享用，特别是我们新来的知青，为了给老知青一个好印象，往往是捎回来了几大罐肉酱、鸡蛋酱拿出来大家享用，三顿两顿就没了。

记得有一天，不知从哪儿蹿到我们青年点一只狸猫，有七八斤重，被我们几个在家的知青堵住，用铁锹打死。正要扔的时候，不知哪位老知青说：这东西与鸡炖在一起才好呢。于是大家凑了点钱买了只老母鸡，炖了起来。到了收工的时候，大家远远地就闻到了香味，于是连跑带颠地抢着吃起来。待大家吃完美食准备离开时，一个老知青道出了实情，"那是猫肉呀"，男知青先是惊讶，倒是没在乎；女知青听到之后，马上恶心起来，有的弯腰呕吐，有的往宿舍跑，还有的骂我们男知青缺德……

我们三队的伙食长是个女的，长得眉清目秀的，平时也挺善良的，可在吃饭方面手却很黑。每顿饭煮熟之后，她就拿把叉子，把半锅的米饭使劲地往上挑松，变成了满满一大锅饭，然后再盛给我们。满满的大碗米饭往下一按，也就成半碗了，大家吃几碗都吃不饱，很有意见。经分析，几个老知青断定这里有鬼，她克扣我们的口粮，可能是为了自己攒点大米拿回城里孝敬家人。于是几个老知青经常查岗盯梢。终于有一天见她拉着四袋稻子脱米时，被几个老知青抓了现行，经过谈判协商，以每个知青平分八到十斤大米了事。

我下乡的一年多时间里，赶了一个冬天。那个冬天平均温度在零下20多度，是我一生至今感觉最冷的冬天。我住在三队青年点住房的西偏叉，是最冷的一个小屋。记得我与同寝的战友半夜测过温度，都在零下五度左右。傍晚一盆洗过脸的温水第二天都能结成冰，毛巾整天都是硬邦邦的，打在脸上能起个大包。实在冷得不行，我与同屋的知青刘宇两个人一被窝，合盖两床被，相互取暖。有的知青不堪其冷，晚上起夜小便就往脸盆里撒，有的干脆直接尿到了地上，弄得满屋尿骚味。

当时我们的生活条件虽然艰苦，但是我们的文娱生活却丰富多彩。由于我们大队的知青来自于我市的文化宣传部门，各文艺团体子弟，各类人才都有。我们知青宿舍中随时都可以飘出美妙的歌声，有京剧评剧选段、电影歌曲、民歌等等，不次于舞台上的明星，还有精通乐器的骨干，二胡、笛子、扬琴、小提琴、手风琴、口琴等，有时能奏起来像一支庞大的管弦乐队，其音域可谓"绕梁之日，余音余尽"之感觉。听老知青说在我来下乡之前，全县搞了一次文艺汇演，我们大队的节目个个精彩，整整超过了县里的演出。还有爱好文学创作的，像我这样的之流，像模像样地搞一些诗歌、散文、小说的创作；还有几个喜欢绘画的（后来都上了鲁美），经常以农村的稻田、收割、插秧、脱谷为背景，描绘出盘锦大地真实的生活劳动场景，当时就有几幅参展并获奖。

近几年，我时常碰到青年点的老知青，每当谈起过去的知青往事，我都好奇地问，我们大队青年点成婚的有几对，答案有说一对的，也有说两对的，都一致认为没有超过三对的。我说不对呀，当时我觉得你们个个都眉目传情，成双成对，好像都是在搞对象呢！其实呢，我也是一样，十八岁的年龄，情窦初开，远离父母家人，谁不想有个依靠呢。

与我一车下乡的知青还有十五中学九年五班的女同学，在下乡的时候我们惊讶地发现，我们不仅同坐一个卡车，还一起被分在三小队，由于她父亲是电影公司的头儿，而且还一起分到三队。她长得浓眉大眼，身材也好，还与我有一个业余爱好——热爱文学。我们经常在一起交换文学书籍，我在家带来的两本书成为了纽带，劳动时，我们也在一起相互帮助，返城探亲的时候相互到家探望，相互都有好感。后来，我们都参加高考，我1978年后考上了，她杳无音信失去了联系，再次见面已是若干年以后，我有现在妻，她也嫁给了我十五中另外一个同学。虽然是同学，但是有了知青那段战斗的友谊，我们好像还是比其他同学更近一层，以至于她那个班的男团支书有点吃醋。记得有一次十五中同学聚会的时候，他借酒劲对我说一句"戴眼镜干不过水蛇腰"。当时我还没听明白，后来经旁边同学解释，我才恍然大悟。

高考是神圣的

1977年10月的一天，也就是我下乡两个月的时候，得到了国家恢复高考的消息。当时，我正在地里干活，快要收工了，劳累了一天的知青战友们，早已饥肠辘辘，有气无力地坚持挥锹挖土，期盼快点收工回家吃饭。这时，一个老知青跑过来宣布了"国家决定从今年开始恢复高考制度"的消息，这消息如同打了一针兴奋剂，使我们欣喜若狂，加快了劳动的节奏。迅速地完工后回到了青年点后，我顾不上吃饭，赶紧跑到大队部给家里打了个电话，证实了这个消息。第二天，我就请假辗转回到家里。这时城里高考补习班已经开课一个星期了，人满为患，我好不容易找到了我的班主任老师，又凭我老爸的关系找到了当时全城最火的高考补习班"欧阳代娜班"，开始了艰苦的高考学习。

其实，参加高考，对于我们这届知青的那点知识功底，谈何容易。

我出生在1959年4月21日，刚生下来不到一岁就赶上"三年自然灾害"，我的姥爷就是那时候饿死的。母亲说，就因我是我们家独苗（我还有两个姐姐），父亲工资之外，还有点稿费，全家省吃俭用，好吃的都先给我，才使我不至于营养不良。刚上小学，"文化大革命"就开始了，我所在的小学——钢都小学也不得不停课了。之后恢复上课不到两年的时间，又开始学习"黄帅"，又开始停课批判我们的老师了。当年我的小学老师，后

☆李万鹏（左）与同学李焕江合影

来钢都小学副校长李茂英回忆说，当时我们班学习正步入一个正常、健康的轨道，大家学习兴趣正浓，突然来这么一下子，所有的计划和想法都停滞了。我记得当时我是班级的学习委员，成绩应该是数一数二的。步入中学之后，又是学"杨莹"，继续给老师贴大字报，然后我们还积极响应当时鞍钢的全国劳模"宋、李"的号召，"一年学工，一年学农"，我们这些乳臭未干的小屁孩儿在鞍钢三炼钢厂干了整整一年的杂活。回校之后，又赶上了我们十五中学建战备教室，全市的中学学生支援我校，我们还要带头干，比别校出工多。可以毫不夸张地说，中学时代我们没有学过一篇古文，没有练过一篇小楷。中学毕业后，我们又赶上最后一批知青下乡。应该说我们这届青年是最倒霉的一届。2007年在我主持下（因为我是班长），我们班搞了一次中学同学30年聚会。这次聚会，我看到了，我们班有80%的人都已经下岗回家了，还不到50岁，却都老得像六七十岁的老头老太太，满脸都是沧桑，让我唏嘘不已，感慨了好几年。从那次聚会之后，我们班的同学一年去世一个，到现在已经是六个人了，每次到火葬场，我都切身地感觉到了他们的艰辛。

在那些不读书不看报、百无聊赖的日子里，我有幸凭着我们的条件，钻进了书海里，为今后的高考打下了基础。

当时，我的父亲是个作家，尽管是个保"王"派，站错了队，但他的作品没有问题，成了"文化大革命"三部没有下架的作品之一，一个是反映农村的

知青在盘锦

《艳阳天》，一个是反映战争的《海岛女民兵》，一个就是家父的反映工业题材的《沸腾的群山》了。所以，我们家没有被抄，那屋子的书籍变成我汲取知识的天堂了。记得我可以两天不吃不喝读完《基度山伯爵》，一天一宿看完《铁道游击队》，休息日跑到铁架山，现在东山风景区，大声朗读付雪翻译的《约翰·克利斯朵夫》，为大段精彩的描写呐喊、掉泪。在我16岁的时候，我就读完我们家所有的作品。除此之外，我还通读二三遍范文澜的《世界通史》及中国历史和地理方面的书籍，记得当时世界各国的首都我能脱口说出。

就在我们复习高考正酣时，我们青年点所在的大队派人来找我们，要求我们这些参加高考的知青必须完成一定的工分，参加一定的劳动才能参加高考。我与其他一些知青带着一批复习资料回到青年点。白天出工干活，晚上复习功课，当时还总是停电，于是我们准备了蜡烛，每天都复习到下半夜。由于白天干活，晚上熬夜，灯光又不好，加上着急上火，我的视力急剧下降。原来1.5的视力变成了近视眼，戴上了眼镜。

记得1977年那次高考当天特别的冷，外面还下了一尺厚的雪，我们所在的大队天不亮就套一辆辆马车送我们到田庄台考点去参加考试。从青年点赶到田庄台考点平时一个小时的路，那天走了3个小时。到考点的时候，我们的手脚都冻僵了，于是我们烤火，好一阵了才把身体恢复过来。记得语文的作文是《在沸腾的日子里》，由于复习的时候欧阳代娜老师压过题，我非常顺利地完成了，史地也很顺利，记得有一道题是孟良崮战役，由于我看过《红日》这本书，所以也圆满地答完了试题。全考场其他人没有一个答上来，当时令监考老师惊讶不已。到了数学考试的时候，我就蒙了，做完一道一元一次方程之后，就再也不会做了，记得有一道证明等腰三角形的题，我足足憋了一个小时，也没有做出来。考完出来后一问一起考试的知青战友刘宇，他说连个虚线就可以，气得我直拍大腿。

当初参加高考的青年特别的多，十届青年都赶在了一起，数学又是我们的短板，所以我根本没有抱太大的希望。就又参加队里的劳动了。没想到，有一天我正在场院里脱谷，队里广播我接到了体检通知。我穿个破棉衣，腰里扎个旧麻绳，戴个破军帽，就赶到大洼县去参加体检。记得当时还有一个附近的邻队青年点点长姓王，也参加了体检（后来曾任鞍山市市长），他看我这模样，问我是农民吗，我赶紧说是。他半信半疑直摇头："老农还能考大学？"后来我们就熟悉了，并成为以后的高考考友，每每提起此事，都成为笑谈。

接到高考体检通知后，我的信心就开始膨胀起来，因为我们青年点当年参加高考的有十几个人，只有我和我的室友刘宇参加了体检，以至于接到了鞍山师范学校等几所中专的录取通知，我都不屑一顾，我的目标是北京，最次也是辽大。接下来的两件事对我的打击很大，一是我们大队孙书记和队长把我们

☆营口师资班部分同学合影（左一为省政协政研室主任芾峰，中间为李万鹏）

叫去训了一次话，话说得相当严厉，说我们这些参加高考的知青必须赚到一些工分，参加一定劳动才能报名参加高考，否则连招工回城都不予考虑。我经不住吓就回到青年点，开始极为艰苦的劳动学习生活，白天干活赚工分，晚上复习迎接高考。二是当我赚到一定工分批准我可以回家参加复习高考补习班时，发现那些后来远远不如我的高考考友成绩突飞猛进，特别是数学，他们已经可以达到及格的程度，而我还是十分左右的水平。我开始担心起来，期望值下降。果然到了1978年高考的时候，尽管我的语文答得相当好，作文又一次压正了题，史地89分，据说可以在大洼县排前三名，但数学仅完成了一个因式分解，好像是四分题，其他一律不会。

好在1978年再一次体检的时候，一个信息救了我。记得当时我正在大洼县参加体检，一个大洼招生办的同志征求我的意见，问我辽宁师范学院营口师资班去不去，当时情绪低落的我不假思索地说："去"。于是，我还真的被这个学校录取了。

1978年9月，我踏上了辽宁师范学院营口师资班的学习路程，当时我学

知青在盘锦

的专业是政史，我喜欢文学，对政治特别不感兴趣，稀里糊涂地学到年底。当时全国下乡知青正闹回城，且有了突破，不知谁找到了省知青办，恳求营口师资班的沈阳、鞍山知青回到各自的辽宁师范学院师资班学习，很快得到了批准，于是我和几位沈阳的知青回到家乡鞍山师资班（现在鞍山师范学院）和沈阳师资（现在沈阳师范学院）。

来到鞍山师资班78级中文系二班学习，我如鱼得水，开始如饥似渴地学习，尽管时间只有一年半，但我平生第一次感到系统学习的快乐。

1980年8月，我顺利地毕业，被分到鞍山市第四十七中做一名语文老师，开始我的人生起点。那时，我刚好21岁。

李万鹏 1959年4月出生，1977年8月由鞍山市第十五中学九年一班下乡到大洼县榆树农场郭家大队。下乡期间一直务农。

1978年9月，考入辽宁师范学院营口师资班，后转入鞍山师资班（现鞍山师范学院）。

1980年8月毕业分配到鞍山市第四十七中学担任语文教师。1981年后，先后调任鞍山市科协记者编辑、鞍钢经理办调研员、金钢信托投资公司主任、鞍钢海南实业总公司生活服务公司经理、鞍钢实业鞍山分公司副经理。

1996年，调任黑山县副县长、鞍山市科协副局级调研员。2004年，调任鞍山市政协法制委副主任，2012年至今，任鞍山市政协文史和学习委员会主任。

我的知青生活

◎李春媛

1968年9月22日，我们沈阳市十一中学高二（二）班、初三（四）班、初一（四）班、初一（七）班的200多名同学早早地来到沈阳南站，在亲人的送别中，登上了开往盘锦的火车。盘锦地区当时叫盘锦垦区，被誉为辽宁的小江南，有鱼米之乡的美誉。当时传说我们到盘锦是军事化管理，是兵团编制，这让我们高兴极了。那天父亲送我到南站，列车启动了，看到站台上的父亲，我的双眼湿润了，但是很快就被大家的豪情所感染。列车载着

☆李春媛知青照

我们这些满怀热望、满怀理想的青年人，奔驰在辽阔的大地上。看到列车外广阔的土地和美丽的景色，我们情不自禁地唱着《我们走在大路上》《中华儿女志在四方》等歌曲，嘹亮的歌声在车厢里回荡，那种兴奋劲就甭提了。下火车后天下起了小雨，我们又改乘大解放汽车，在泥泞的道路中艰难地行进，走走停停，晚上9点左右，我们才到达目的地——盘锦地区荣兴农场双井子大队。

欢迎我们的队伍已经散了，因为我们来得太晚了。同学们一路旅途劳顿又渴又饿，再加上连绵不断的小雨，搅得没了心情，面对贫下中农准备的丰盛饭菜已经没了胃口，只想早点休息。可是来到宿舍时我们惊讶了：哪里有什么宿

知青在盘锦

舍呀，原来是牛棚和马圈改修的，只是把牛粪马粪起出去，用厚厚的稻草铺在地上，上面再铺上苇席。窗户是用塑料布钉的，苇席稻草下面，偶尔还爬出几只小螃蟹，不时传出几个女生的尖叫声。第二天起床洗脸刷牙才知道，我们那里没有普通农村的水井，喝的用的全是水泡子里的水，人与动物同饮一泡水，水泡子的水是从辽河和当地的水库，通过大大小小的水渠引进来的。最令我们尴尬的是没有厕所，很不方便。下乡之前学校请了一位当地的老乡介绍盘锦地区的概况时，老乡曾经介绍盘锦有"两个大"：一是风大，二是厕所大。盘锦的风一年刮两次，一次六个月，风大的时候，可以把人刮跑；而"厕所大"则是说：广阔天地，皆可以做厕所用。来到这里后我们才真正体会到，这"两个大"真的是名副其实啊！

刚到盘锦时我们虽然不叫兵团，但从一开始就是军事化管理，有解放军参与我们知青的管理，每天早上要出操，吃饭前要背毛主席语录，跳忠字舞，正规而又严格。几天以后大队给我们每个青年发了镰刀和铁锹。这时已经是秋收季节了，一望无边的稻田，黄灿灿的稻穗，水渠两旁的小树和稻田交相呼应，大大小小的水渠里长满了芦苇，水里的小鱼螃蟹随处可见。我们的临时住所后面是一个方圆几十里的水库，景色美极了！可惜没过几天，我们就没心情欣赏这美丽的景色了。我们四个班的同学，分到了两个生产队，高二（二）班和初一（七）班留在了东大井子，初三（四）班和初一（四）班及我们初一（七）班的五名女同学（曲雅琴、肖玉香、冯桂珍、徐淑凡和我）来到了三里地以外的西大井子。我们被安排在老乡家里，为了安排我们这些知青，老乡凡是男劳力都离开自己家给我们腾地方，几个男老乡挤在一起，有的新婚夫妻也"被迫"分居了。就这样我们120多名知青进驻了这个仅有20多户老乡的村庄。从此在这里开始了我们的知青生活。

我们来到西大井子后很快就参加了秋收劳动。大家在老乡的指导下拿起镰刀，每人六根垄开始收割成熟的稻子。开始时我觉得手忙脚乱的，手上的镰刀也不听使唤，脚下又净是泥水，走一步，鞋就陷进去拔不出来。记得当时我弄得满身泥水，手上一会儿就起了水泡。一不小心不是被镰刀割手，就是被稻叶扎手，还累得够呛，腰痛得直不起来，抬眼一看也没割多远，心里别提多难受了，真想哭啊！又怕人家笑话，只好强忍住泪水，心里默念着：下定决心，不怕牺牲，排除万难，去争取胜利！渐渐地，手上的水泡变成了茧子，腰也不那么疼了。我们终于闯过了这一道劳动关。

　　插队以后，劳动是我们的第一要务。我们每天都和老乡一起参加劳动，虽然我们那里只出产水稻，但是农活却很复杂，每年开春从平地开始，催芽、育苗、拔苗、插秧、拔草、收割、背稻子到脱谷等需要很多的程序；中间还有很多复杂的环节，比如：育苗时，要先夹障子，夹障子之前还要编障子，还要做苗床，要插尼龙架，还要盖塑料布，把已经发育好的稻芽撒在苗床上，才能在大棚里茁壮成长；而育苗结束后还要洗塑料布。总之农活种类繁多。其中很多农活，还有很高的技术含量。在农村的几年里，大部分农活我都干过，农活的苦和累我是亲身领教了。特别是我们到农村的第一年，春天育苗是我们经受的第一次严峻考验。初春四月的盘锦，风很大，天很冷。育苗开始了，在水里干活需要水靴，可那时还没有那种插秧专用的水靴，只能光着脚下水。水田里结着一层薄薄的冰，有时冰碴会把我们的腿划破。我们把裤子卷到膝盖上面，站在冰冷的水田里插尼龙架，给稻苗盖塑料布。刺骨的冰水拔得我们心里直发颤，时间长了腿脚都麻木得几乎没有知觉了，腿上的小口子裂的像芝麻粒一样大，还渗着血丝，风一吹痛得钻心。再加上有时风大，刮得人摇摇晃晃地站不住，只好把手和胳膊插在泥里，弄得满身泥水。有时风把人吹倒了，就会一屁股坐在泥水里。当然，这样的苦吃多了，也就无所谓了。

　　一年四季里最累的是春季插秧，为了不误农时，最早的时候是早上两点上工，一直干到晚上八点看不见时才收工。我还记得当时的口号是"大干红五月，不插六月秧"。记得有一次我连续几天都是早两点下地，直到晚上看不见才回来，身体严重透支，真的是吃不消了。从地里回到宿舍，不知道是怎样上的床，只记得是燕子（孙燕青）帮我脱的靴子，然后就呼呼大睡起来。可就是这样，第二天还得照样下地。那时我们每天平均要插将近两亩地的秧，在水里一站就是十几个小时，直不起腰，想靠在哪儿蹲一会儿或坐一会儿，都是不可

知青在盘锦

☆ 插秧补苗

能的。另外最难忍受的是当地一种叫小咬的昆虫，比蚊子厉害多了，让它咬一口可不得了，当时就会肿起来，而且几天不消，甚至起红线。每年有半年的时间，我们都要忍受这种小虫子的折磨，真是苦不堪言。

插秧过后接下来的是拔草，稻苗小时，稗草也小，虽然好拔，但是我们不好辨认，经常把稻苗拔掉稗草留下。在老乡的指导下，我们逐渐分清了稻苗和稗草的区别。终于也能像老农那样，拔得又快又好了。

艰苦的劳动锤炼了我的身体，也历练了我的灵魂。我体会到了农民的辛苦，知道了每一粒粮食的来之不易；我深深感到了劳动的光荣，它可以改造一切、创造一切。

记得当初宣布我们班去盘锦时，大家都觉得很幸运，因为盘锦是出产大米的地方，大米饭应该是可以管饱的吧？可是来到这里后才知道，那不过是我们自己的想象。在我的记忆里，我们吃得最多的是高粱米干饭和高粱米粥，而且没有青菜。食堂里有几口大缸，里面全是冬天里腌下的咸萝卜片。每天吃饭时，我们就从缸里捞几片萝卜片在粥里涮一涮吃，几乎是整月整月地见不到肉和青菜。生活虽然艰苦，但那时政治空气比较浓，我们除了劳动，每天晚上还要参加政治学习，参加各种名目的会议，能锻炼我们的是各种会议的发言，斗批改、表忠心等，我们知青都争先恐后地争取发言，有时会议开得很晚，第二天照样上工。那时的我们真是以苦为乐、以苦为荣啊！

在那种浓厚的政治气氛中，我自尊自强，积极要求进步，多次向党组织递交了入党申请。这个理想虽然在农村没有实现，但为我思想的成熟打下了良好的基础。农村的艰苦环境锻炼了我，盘锦这块土地哺育了我，盘锦老乡朴素的情感感染了我。我在那学会了包容，学会了自立，培养了战胜困难的勇气和坚韧不拔的毅力。我16岁到农村，22岁才回城，历经6年的知青生活，我在知青的大家庭中提升了自己。回城以后，经过不懈的努力，我终于光荣地加入了中国共产党，实现了自己人生的梦想。

知青的特殊经历丰富了我的人生。它是我的人生中最艰难困苦的一段生活经历，同时也是我人生境界的第一次升华，这一切也为我返城参加工作奠定了很好的基础。我感谢这一阶段的生活经历，对此无怨无悔！真的，"青春无悔"对于我来说不是口号，而是心声。

李春媛 女，1952年3月出生。下乡前就读于沈阳十一中初一（七）班。1968年9月22日下乡到盘锦垦区荣兴农场双井子大队东大井小队，1974年12月抽调回城，在沈阳住宅建设一公司做工人；1975年9月起先后在公司团委、纪委、组织部工作；1992年调至沈阳市房产局，先后在组织部、办公室、产权监理处任职，副处级。2007年退休。

江南村的记忆

◎ 李振海

一、江南村概况

江南村始建于1968年10月初。是盘锦垦区盘山中学、盘山镇中学下乡知青的青年点。"江南村"一名为垦区革委会命之。

江南村位于盘锦垦区清水农场五岔村西北三四里处的一片退海平原之上。其村址原为出海打鱼归航的渔船晒网的一个停靠码头（据当地农工说，10年前也就是1958年仍有渔船停靠）。其地势高出周围数千亩荒滩约半米多。其土丘之上散布、堆积、半掩着大量的蛤蜊、毛蚶的贝壳。俯瞰如萋萋苇滩中的一座孤岛。

江南村共建有18栋砖瓦木架结构的瓦房。进驻4个连队（其中盘山中学3个连队、镇中1个连队），有500名左右的知青。并设有营部、卫生所、广播室、缝纫组、小卖部、各连队食堂及仓库。中间盖有一座俱乐部。一连四排还是一个文艺演出队。

江南村18栋瓦房的施工期跨越1968年秋至1969年夏两个年度。俱乐部建于1971年。1969年秋在一连屋后（江南村西北角）用推土机修成占地四亩的全营用的大水泡。

1968年10月3日为盘山中学、盘山镇中学知青的下乡日。在江南村未建成之前，分散住在五岔村的农工家，镇中知青则到五岔村南的东方红知青点，和大洼区知青住在一起。

江南村建成后，在五岔村留有一个连队与该村农工共同耕种五岔村农工原有的土地。一部分农工则分配到江南村的4个连队，与知青共同耕种江南村周围新开垦的4000余亩稻田。

进驻江南村前后，也有沈阳等外地知青零星调入各连队的，还有盘山中学还乡知青自己跟随集体一起下到江南村的。

1970年、1971年又有沈阳当年下乡知青来到江南村。截至1975年盘山中学和镇中的知青先后全部返城。1978年全国知青上山下乡运动结束。随后外地老乡陆续落户江南村，成了这里新的主人。

但江南村成了那一代（老三届）盘锦知青的永久记忆。在离开江南村的岁月里，几乎每年都有在此下乡的知青专程来此凭吊、追忆。

"为什么我的眼里常含泪水，因为我对这片土地爱得深沉……"（诗人艾青语）

为什么江南村成为我们挥之不去的记忆？因为我们青春的热血、汗水曾在这里流淌。我们曾结伴同行，将自己如花似火的青春付与这里的盐碱荒滩、芳草绿地。

二、江南村知青的生产劳动

1968年10月3日下乡到清水农场五岔村时，正值水稻秋收时节。农工种植的水稻使田野染成一片金黄。

在五岔村农工家住下，在村小学吃过忆苦饭后，就开始了水稻收割劳动。收割对于我们这些并非生长在大城市的小城镇的青年学生来说并不陌生，每年都有学校组织的下乡劳动，也帮助家里拾过柴草、剜过野菜。在歌声和汗水中结束了数天的收割劳动，有的手上打起了水泡，有的划破了手指。

接着知青们参加了江南村的建房劳动。载重汽车车厢外又挂着拖斗，拉着成百上千吨的砖、石、瓦、沙、人字房架，从简易的从未受过重压的土路上碾

知青在盘锦

过。几趟以后就留下了深深的两道车辙。汽车起伏颠簸着艰难地前进,轮胎陷进去,走不动了,知青们就在路旁割苇子铺路。知青们参与装卸红砖的劳动。有时夜里来砖,就连夜起来卸砖。也曾去离江南村西北十来里的靠海边的水闸处从船上卸砖。

推土机轰鸣着将土岗推平、压实,在夯实的地基上砌石头,在石头上砌墙,在墙上架上人字架房梁,在梁上钉板铺瓦。这样的基础很结实,几十年后,房屋也很少有裂缝、下陷的。

☆李振海(摄于1969年春)

上冻以后,房屋不得不停建了。但已基本完成了两个连队的住房。当年搬进江南村的两个连队,因为水泡还没挖出,刷牙、洗脸、洗衣服都要到房前屋后的水沟旁解决。食堂用水是用牛车从五岔村中的水泡拉来的。由于已进冬季,可是墙缝未勾,棚顶未吊,北风呼呼,屋内脸盆结冰,毛巾上冻。知青只能戴着口罩、皮帽睡觉。

在严寒的冬季,知青们割苇子、打苇栅子,下苇塘拔钢草、搓草绳,为来年春季育秧做准备。

1969年3月份,开始抢黑土(育苗用)。4月份开始做苗床、夹风帐子、温室催芽、泡苗田、播种育苗。最艰苦的是早上顶冰碴下水。薄薄的水靴隔不断泥水的冰冷。双手插进泥水里蒙尼龙(塑料)布,手指红肿刺痛。这里春天是多风的季节,百里平原无遮挡,白白的大米饭上,常被五、六级以上的漫天风沙蒙上一层黄土。5月份开始插秧,当时的口号是"大战红五月,不插六月秧"。"田家少闲月,五月人倍忙。力尽不知热,但惜夏日长。"插秧大忙季节,使知青们第一次体会到"汗滴禾下土"的滋味。每天凌晨三点即起,中午有一个小时吃饭和休息的时间,晚上日落后收工,两头看不见太阳。

育秧田在五岔村南,用牛车将泥片秧运到地头,再用人踩着田埂挑到田里。由于是在苇塘里新开的稻田，芦苇、三棱草等草茂根深。刚刚插完的秧田，回头再拔草时，草密的地方已经封垄。田中的上、下水沟里夏秋时密密的芦苇没过人的头顶。金黄的稻浪镶上绿色的围屏。

当时每个连队耕种1000多亩水田。我们和编在一个连队的五岔农工一起进行生产劳动，技术上的农活都由农工来指导帮教（例如：催芽、播种、育苗、插秧、收割、脱谷等）。秋天的翻地和春天的水耙地都由农场的机耕队用拖拉机来完成。插秧、拔草、挠秧、收割、往场院里背稻子全用手工人力。化肥、农药用的很少。稻种那时还没有像现在亩产千斤以上的，最著名的且普遍使用的是"丰锦"稻种，亩产在当时只有400—600斤。但可以说是"绿色食品"，米质要比今天享誉全国的盘锦大米还要好吃。每年的秋冬知青们还要参加垦区组织的修疏河堤沟坝的劳动，自带行李工具，自办伙食。

三、江南村知青的生活

国家每月给每个知青的口粮是45斤（品种有大米、玉米面、高粱米、白面），高于城镇居民的口粮标准，副食主要是大白菜，豆油每人每月三两。每个连队养几头猪，知青自己成立连队食堂，由炊事班做饭。连队挖一个贮存白菜的菜窖。知青的医疗实报实销。

由于知青大都是17—22岁之间，正处于长身体期间，再加上繁重的体力劳动，特别能吃饭。副食很差，少油且漂着腻虫的白菜汤从秋天一直吃到第二年的夏天。知青将此菜戏称为：清水五岔汤（清水为场名，五岔为村名）。只有在节日里连队杀猪时每个人能吃到一碗炖肉。带尖的一大碗炖肉，再加上两个馒头，一顿都能吃下。真是香极了。

每到劳动收工时常常是饥肠辘辘。家里给的零花钱偶尔能在小卖部里买上一斤半斤饼干吃，那简直是世上最美的佳肴。由于少油水，一连就曾发生几个人用桐油炒饭而中毒的事情（桐油是营部领来做塑料布的替代材料用的）。

在五岔村南每连都有一个菜园地。由连队派去3—5个人种菜。主要是种茄子、辣椒、豆角之类。由于土地及种植技术不佳，产量不足以供应连队需要。

一年好景君须记，正是稻香鱼肥时。到了八九月份，农活轻多了。每天割几捆苇梢做牛、马饲料就完成了一天的劳作。江南村的上、下水渠，还有西边的大苇塘里，有水就有鱼、有螃蟹。鱼种多得很（鲫鱼、鲇鱼、楞巴头、梭鱼等）。鱼、螃蟹三五个人一次就能捉到一二桶。大锅烀、小锅炖，味道鲜美，大饱口福。知青们将这段秋日戏称之为神仙般的日子。捕鱼捉蟹是知青单调生活中最快乐的游戏、最沉醉的享受。知青捕鱼没有网，似乎也无需用网。一双手、一把铁锹、一个脸盆足矣。知青岁月无以乐，幸有肥美鱼和蟹。

知青的文化生活是比较单调的。吃饭—干活—睡觉是知青生活三部曲。早上营部的大喇叭里播放着新闻。营部有一两份报纸，偶尔也能在露天场地看电影，但都是那八部样板戏和过去已看过的如《地雷战》《地道战》等几部老片。但在下乡期间，歌声总是充满连队。吃饭前唱歌，上工、收工回来的路上唱歌，集会唱歌（大都是毛主席语录歌、歌颂领袖等歌曲）。歌声高亢嘹亮，燃烧着青春的激情和热血。

"农村是一个广阔的天地，在那里是可以大有作为的""看一个青年是不是干革命的，拿什么做标准？那就看他是否与工农群众相结合""到农村去、到边疆去、到祖国最需要的地方去""知识青年到农村去，接受贫下中农再教育很有必要"，这些思想深植于知青的头脑之中。这是知青们在异常艰苦条件下，仍然充满着乐观奋战激情的巨大的精神动力源泉。

江南村这里海风强劲，秋阳高照。沟渠密布，水草丰茂。鱼蟹肥美，苇荡雄浑。鸥鸟翔集，稻浪连天。蚊虫凶肆，白雪飘飘。可望十里烟火，隐见天边青山，兼具南天与北国的风物景观。鱼儿听过我的歌，小河亲过我的脸，是当年知青们的第二故乡。

四、不见了那片芳草地

在阔别多年后，1987年，我们几名当年的知青相约专程去重游青年点故地，去追寻以往逝去的梦幻。这是位于大洼县清水农场西南的一方土地。渐近青年点，远远地望见18栋瓦房屋顶的轮廓时，我的心不禁急跳了起来，仿佛游子久别忽归那样一种心情。我们的热血和汗水曾滴过这片土地，我们青春中最美好的一段年华曾在这里消磨，是苦是甜、是酸是涩我已品味不出。然而不知怎的那片芳草地时时让我魂牵梦萦，时时勾起我前去寻觅的强烈欲望。

今天，我终于走在通往青年点的乡间大道上了，投身到昔日曾耕耘过的这片土地的怀抱里了。当我用像孩子寻找母亲的饥渴眼神寻找那片芳草地的时候，我心中那美好的梦境忽地消失了破碎了，而且是无影无踪。当我在田野上茫然四顾，除了满眼的稻谷之外，寻不到一丝绿色，沟塘干枯，芦苇无存，千亩鸟飞绝，万渠鱼踪灭。在悲凉惆怅中，昔日这片芳草地的各样景物在我的眼前又回旋起来。

那是方圆几千亩的正趋向发育成熟的苇荡。一条小河蜿蜒着从它的中间流过。这里芦苇茂密，沟渠纵横，平坦中有坑塘点点。那是鸟的乐园，鱼的家乡。

当那春雨四月，潮湿的海风吹过，这里便开始了无限的生机。空气里弥散着泥土和小草的芳香，沟汊边，草滩上，冬眠之蟹苏醒爬出洞穴开始觅食。那一孔孔一丘丘的洞穴多如天上的繁星。这种蟹体态长圆，青白色，生着一对大蟹螯。洞穴多在陆地上，一遇敌害来不及钻洞，就停止不动，扬起一对大螯做迎敌状。但只要用拇指和食指在其背壳两侧一捏就能把它抓起。每当蒙蒙细雨时，它出洞觅食更加活跃。当地的妇女拎着水桶捕捉它们，做成蟹豆腐，味道很鲜美。或捣碎喂猪鸡鸭，是上等的饲料。而我们知青却捉它来专门煮吃。虽然这种蟹论大小和味道都不如河蟹，但在春天这个没有太多的鱼鲜可食的季节却不失为佳品。插秧前，拖拉机进行水田耙地，随着犁耙的行进，蝼蛄之类的昆虫不断地被翻出浮上水面，引来成群的海鸥啄食。地上拖拉机一簇火红，低空里忽闪着无数白色的精灵。机器轰鸣，鸥鸟欢叫，构成一副鸥鸟逐机翔集盘旋的奇异图景。"芦芽尖尖细雨蒙，春蟹万点滩纵横。遍地淙淙桃花水，鸥鸟翔集逐机鸣"，是春到这片芳草地的一副套色木刻。

秋天，是这片芳草地最令人沉醉的季节。一年好景君须记，正是稻香鱼肥

知青在盘锦

时。芦苇摇曳着硕大的散穗，在田间上下水线高高密密地顽强生长。似一道道绿色的屏风把飘香的稻浪隔成无数个条条涌向天边。水渠截一道坝埝，形成高低落差，在坝埝开口下方用木棍支起一块苇帘，让水流从帘上流过，就搭成了过鱼的网。鱼群游动似乎很有规律，白天过的是银翅银鳞的大鲫鱼，夜晚过的是白肚青背的大鲶鱼。亭亭玉立的芦苇像一条绿色的飘带沿着弯曲的小河两岸飘向远处。苇中鸟儿在鸣叫，鱼儿在水里跳跃。下去五六个人到小河沟里去摸鱼捉蟹，一个人拎着水桶在岸上捡鱼，会使你应接不暇。不消半天工夫，就满载而归。鲤鱼、鲫鱼、楞巴鱼、鲶鱼、梭鱼、螃蟹、大白虾……品种多得让你眼花缭乱。回归的路上，压得挑鱼的扁担吱吱地响。这里简直有水就有鱼。"脚踩螃蟹瓢舀鱼"，是毫不夸张的写照。有时临近晌午，饥肠辘辘，索性就地拣拾干草，点起一堆篝火，烧鱼烧蟹烧虾，饥餐美味，野趣无穷。"江南村上秋日暖，稻香苇苍鱼蟹甘。沟汊边，小桥旁，野火点点尝鱼鲜。"肥美的鱼蟹不时在知青宿舍的小锅里蒸煮，一天辛苦劳累，似乎都在这一刻里得到宽松，人人脸上流露出喜悦，一边大嚼一边谈笑。诙谐道："喝喝美酒，听听音乐，简直是神仙般的日子。"其实我们当时既少美酒，又无音乐，而这捕鱼捉蟹后围坐一起大饱口福，成了我们精神上和物质上最大的享受了。它给了我们平淡而艰苦的知青生活平添了多少欢乐和情趣啊！

我的知青岁月给我留下的苦涩多于甘甜，蹉跎多于进取。然而我生活过的那片芦苇荡的自然风物，却是我心中的"芳草地"。宛如一支歌在我心中流淌，多少苦涩，多少悔恨，都不能冲淡和磨灭我心中对她的深情眷恋。多少年过去，却仍然那样依依使我难以忘怀。

这次市政协征集编撰《知青在盘锦》文史资料，又一次勾起我的那些深切记忆，把近些年填写的几首诗词送上，再做一个简略的表述吧！

沁园春·江南村

我于1968年10月3日下乡盘锦垦区清水农场江南村。如今光阴已逝去三十年矣。作此拙词献给我当年的知青朋友，并以此祭奠已逝的梦幻。

苍茫苇海，接天稻浪，双台河口。望天边山影，烟火十里，鱼儿欢跃，鸟儿叽啾。天宇辽阔，大地斑斓，展现出醉人金秋。少年时，风雨耕耘日，令人回首。

　　遥想知青岁月，丹心赤诚犹如血色。那千亩稻田，酥手开拓，劳动歌声，捕鱼篝火。朝霞落日，夏雨冬雪，经历了酸甜苦涩。云散尽，唯有血与汗，在此滴过。

1998年3月20日

浪淘沙·知青农事

　　细雨落碱滩，芦芽钻天，桃花流水浸稻田。滩上春蟹万点行，鸥鸟身边。携手荒原上，一群少年，号声唤醒睡梦甜。晨昏不见日升落，秧绿田间。

如梦令·上江南村

　　稻黄苇苍蓬红，相邀一起举觞。问君去何方？遥想江南村上。村上村上，风雨同行难忘。

念江村故友

　　别君不知君远逝，水阔鱼沉无处问。
　　苇荡苍茫响秋韵，是否梦里上江村。

2003年10月3日，于下乡三十五周年之日，旧友相邀重回知青故地江南村。知青瓦屋犹在，睹物思绪百感。朋辈笑语杂沓，往事不绝于耳。这里哪怕还有一抔土，也会勾起无尽的回忆。

再返江南村知青故地

　　或云江村无可看，知青情结梦魂中。
　　风雨三十五年后，陈砖旧瓦动离情。

知青在盘锦

调仿《永遇乐》上江南村

2010年10月3日，晴空万里，稻浪金黄。吾与数十名当年知青重访知青故地。算而今43年过去，陈砖旧瓦无声，想只有那翔集鸥鸟能窥深情。

十月金秋，斑斓大地，双台河浦。鸟翔鱼跃，兔走雉飞，初识苇荡处。碧波接海，蛤蜊岗上，渔人晒网曾住。一代知青怀热血，融暖风雪之屋。

红旗猎猎，歌声高亢，鸥鸟逐机低舞。四十二年，回首频频，上江南村路。秧苗蓬勃，鱼蟹肥美，徜徉荒原风物。挥不去，稻浪苇海，知青故事。

2017年2月

李振海　1948年2月出生。1968年10月3日由盘山中学（高一）下乡到大洼镇清水农场五岔村，后转入知青点江南村，任江南营一连连长。1971年10月招工到盘山县仪表厂工人。1978年9月调入盘山县中学任团委书记（1983年9月考入辽宁省教育学院教育管理系，1986年大学专科毕业）。1988年调入盘山县人民检察院工作，历任办公室主任、法纪科科长。2008年于盘山县检察院退休。

难忘的知青情怀

◎李淑英　李敬华

我和老伴李敬华都是 68 届沈阳下乡到盘锦的知青。我是沈阳九十四中初一（二）班的，1968 年 9 月 21 日下乡到新立农场苏冷大队冷家小队，历任排长、指导员。1971 年初任大队革委会副主任，分管青年工作。曾多次出席辽宁省、盘锦地区知识青年活学活用毛泽东思想讲用会。

☆知青合影（左一李淑英）

老伴李敬华，沈阳九十五中初二（七）班的，1968 年 9 月 23 日下乡到唐家农场代家大队五小队。1970 年在连队指导员岗位上调到场部工作队。

1971 年 10 月盘锦地区第一批 29 个回沈阳的名额，我们俩都在其中。地区革委会直属机关接收并安排了这批人员，我俩被分配到农机

☆李淑英、李敬华夫妇

局。共同的经历和志向让我们走到了一起，1975年海城地震那天我们结婚了，组建了自己的家庭。

1975年末营口市与盘锦地区合并，我们又调到营口市工作。我先后在盘锦地区农机局、芦苇局、营口市芦苇局、营口市农业局工作，在营口市农业局中层干部（副处级）岗位退休。老伴李敬华调入营口市林业局，在营口市森林公安局副局长岗位退休。

知青生活是苦涩、艰辛的，但知青经历在我们的生活中留下了难以忘怀的印象。知青是我们这一代人共同的名字，我们在同一条道路上奔跑，在同一个战壕里奋斗。同样的经历和磨练把我们这批人紧紧地联系在一起，心相通情相连，知青情结是我们无法割舍的情怀。

青年点里过除夕

1969年的春节，是我们下乡后的第一个春节。就是这个简朴而平凡的除夕，却使我难以忘怀。

临近春节，同学们都翘首以盼回家。可就在这时，场部下发通知，号召知识青年与贫下中农过一个革命化的春节。值此除夕，数九隆冬的盘锦，北风飕飕地吹，茫茫盐碱地，只有十几户人家的冷家堡略显冷清，可知青食堂却热气腾腾。几位贫下中农在为知青杀年猪，准备年夜饭。

小队部挂上了条幅，上面写着："与贫下中农过一个革命化的春节"，烘托气氛。小队长从各家借来了桌子，炕上、地下放了两大排，摆满了大碟小碗的菜。贫下中农代表与我们一起就餐。虽然没有酒，但这一氛围足以驱赶我们心中的郁闷。指导员提议，我们唱首歌吧。一首《北京的金山上》调动了大家的情绪，联欢会也随即开始了。同学们你唱一首歌，他演奏一支曲，这个班出个小合唱，那个班来个三句半，气氛非常热烈。贫下中农小队长说："今天我们贫下中农也不能示弱啊，我给大家唱个《东方红》吧！"他虽然唱跑调了，可还是坚持唱完了，逗得大家哄堂大笑。他却说："我的目的就是让你们笑！你们高兴就好！"

夜幕降临很久了，食堂的贫下中农也为我们准备好了包饺子的面和馅，我们各自带回到老农家开始包饺子。饺子皮擀得薄厚不匀，饺子包得大小不一，男生就更是手忙脚乱了。房东大娘、大爷也都过来帮忙。这年的年夜饺子各寝室都是与贫下中农一起吃的，就像在自己家一样。

午夜时分，贫下中农家稀稀啦啦地响起了鞭炮，我们分住在前后街的同学不约而同地拿出所有的手电筒相对摇晃，以示拜年啦。手电筒的光亮虽然微弱，但是由点连成线也是除夕夜晚一道靓丽的风景。随着手电筒光亮的移动，前后街的同学向小队部聚集，所有的手电筒光亮集中一柱，好似我们青春的火焰在闪耀。由于是第一次同学们在一起过年，都忘了离家的烦恼，很久很久才散去。

这个除夕，我们虽然没有鞭炮、没有锣鼓，也没有新衣服，但从内心感到很有意义。用当时一句时髦的话来说：我们离家远了，离贫下中农近了。

抹不去的记忆

1968年下乡到盘锦时正值秋收时节。我们参加的第一次劳动便是割稻子。站在稻浪起伏的稻田前，我们无从下手。是贫下中农手把手地教我们如何打要子、捆稻子。

割稻子结束了，紧接着就是背运。队长发给男生每人一条扁担两根绳子，挑稻子。女生发了一根绳子背稻子。背了两天，我觉得背得又少又累，索性找队长领了一条扁担两根绳子去挑稻子。起初走起路来左右摇晃，跨沟的时候是逢沟必掉。我就琢磨贫下中农怎么不掉，模仿他们的动作，果然很奏效。挑稻子逼着你得小步快走，悠起来才省劲。背稻子时我背三捆累够呛，现在挑四捆，重量分布开了觉得轻巧多了，后来我就挑六捆。在我的影响下，又有两名女同学也加入了挑稻子的行列，从此挑稻子的队伍里就有了娘子军。

由于挑稻子不会换肩，我右肩上衬衣摁扣硌得肩膀都出血印子了，衬衣都沾在肩上了，挑起担子钻心地痛。我就在心里默诵"下定决心，不怕牺牲，排除万难，去争取胜利"鼓舞自己。有句话叫"小车不倒只管推"，我也要扁担不折只管挑！坚持就是胜利。我们几个女同学互相鼓舞、互相鞭策，终于完成了背运任务，心里充满了经受考验后的愉悦。男生能做到的我们女生也行，谁说女子不如男！

我们的知青生活是在一系列的会战中度过的，插秧会战、除草会战、秋收会战、冬季农田基本建设之水利工程大会战，还有沟海铁路会战，等等。会战中，我们风餐露宿、披星戴月、艰苦奋战，各种滋味不在其中无法体会。比如插秧会战，起早贪黑，两头不见太阳。清晨我们睁着蒙眬的睡眼起床，嘴里嚼着饭下地，中间休息时，倒在田埂上便睡着了。有一次我参加大洼区召开的插秧现场交流会，辗转清水农场的几个知青点，到田间地头参观，回到连队已经是凌晨了。眯了一小会儿就随着同学们出工了。基本上是连轴转了。工间休息时，向同学们转达了区里对插秧会战的要求和先进农场的经验，鼓舞了同学们的士气，大家干劲倍增，"欲与天公试比高"的精神油然而生，稻田地里红旗招展、你争我赶、热火朝天。经过二十几天的奋战，我们连队第一个向场部报捷，夺得了头彩！

挑稻子和连轴转的经历，对我是很大的磨炼和考验。在此后几十年的工作生活中，不管遇到什么困难，只要回想起挑稻子和参加插秧现场会的经历，就什么困难都不在话下了！付出了艰辛，得到了历练，收获了坚强，这是我人生的一笔宝贵财富，是我永远抹不去的记忆！

四十年情愫依然

同学、知青这两个再简单再普通不过的词语，在浩瀚的文字海洋中是极其微小的两滴水，但在我心中却常常泛起波澜。

每当我在公园散步，在商场购物或在活动室聊天时，只要有人提及同学或知青的话题，就会把我的视觉和听觉牢牢地吸引过去，引起共鸣，唤起了我对往事的回忆。

1968年我们全班同学来到新立农场冷家堡插队落户，迈出了步入社会的第一步。到农村我们住茅草房，吃泡子水，走"水泥路"。第一次劳动是割稻子，尽管贫下中农手把手地教我们如何拿镰刀、打要子、迈步，但我们做起来还是很费劲，好长时间也割不出几米。还是男生悟性好，他们割到地头就调头回来接女生。男女生之间尘封了多少年的界限在这一刻消失了。"这几天怎么样，还行吗？"男生关切的询问使得阻碍我们交流的鸿沟在这一刻填平了。远离亲人，在异地他乡，我们有生以来第一次感到，来自同学的关怀是那样的温暖。

从1970年末开始，零零星星地有同学离开青年点，分配到工厂，但他们一到周末就赶回青年点住上一宿。1976年同学全部离开青年点后，相互间的来往就少了。但共同经历的一幕幕时常浮现在脑海中，心中的那份牵挂依旧。

1994年夏天的一个凌晨，我家的电话突然响起，是在盘锦的几个同学辗转四五个电话才打到我家的："明天去看你，我们睡不着啦，也不让你睡。"我顿时没了睡意，与她们聊了一晚。等到天明，我临时出去办点急事，待我回来时，她们把麻将桌已经支好了，见我赶回来，把桌子一推转身上床聊了起来。事后女儿对我说：没见你们同学有什么来往，她们和你怎么那么亲？我告诉她：你知道我们一锅饭吃了多少年，一铺炕睡了多少年，一块田又耕了多少年！那叫风雨同舟，患难与共啊！能不亲吗！女儿被深深地感动了。

俗话说，日有所思，夜有所梦。对于孤身生活工作在营口的我来说，时常梦中与同学开心相会，到小河沟堵鱼，在上水线抓蟹。这梦境督促我抓紧联系沈阳的同学，生活中我不能遗失这份友情。几个同学的相聚，迅速点燃了渴望与更多的同学相见的情感。我们要尽快拾起我们那份濒临遗失的同学情谊。

1997年5月17日，在下乡第30个年头的时候，我们组织了第一次同学聚会。沈阳新光酒店洋溢着祥和、热烈的气氛，店内拉上了彩花、贴上了对联，上联：想当年红旗漫卷心扣大地，下联：看今朝青山起舞志贯长虹。横批：三十春秋一梦新。离约好的时间还有一个多小时，有的同学就迫不及待地来到了酒店，外地同学更是提前一天赶回来参加这期盼已久的迟来的同学聚会。

知青在盘锦

"伴随着九七香港回归的脚步，我们迎来了这盼望已久的迟来的同学聚会。'知青'是我们共同的名字，'知青'二字让我们心相连手相牵，无论是时间还是地域都无法阻隔我们的同窗情知青谊……"主持人一番热情洋溢、充满激情的开场白把大家带回了那个特殊的年代，那段难忘的岁月。同学们频频举杯，尽情畅饮，一桌桌的菜肴没动多少，酒水却喝了很多。大家尽情地高歌，自由地起舞，三五成群地凑在一起叙说过去，畅想未来。到了下午五点多钟，大家觉得饿了，服务员很斯文地用小碗给大家上面条，大伙觉得"不解渴"，索性让服务员用盆上。你挑一碗，他挑一碗，顷刻间一盆面条就没了，没挑着的就去别的同学碗里挑一筷子。活生生地再现了青年点的情景，大家沉浸在无限的甜蜜之中。

从上午10点集合到公园照相，直到晚上10点，时钟整整转了一圈。酒店为我们延长了打烊时间，但同学们还是热泪盈眶，一双双手紧握，久久不愿离去。同学的热烈相拥，让酒店的服务员为之感动。这次聚会后，同学们一发而不可收，大大小小的聚会接踵而来，野餐、郊游、爬山、游泳……尽享同学聚会的快乐。

☆下乡30年相聚闾山（摄于1998年9月）

1998年是知识青年下乡30周年。在当年下乡的那一天，我们组织了一次荣归故里联谊会。同学们从沈阳、营口、辽河油田、盘锦聚集在当年下乡的青年点，与分场领导、贫下中农召开联谊会。述说心中的那份激情与感动，走访当年的房东，看望五保户，一桩桩往事历历在目。房东李大娘拉着我的手，深情地说："难得你们还回来看看我啊！""我忘不了您当年对我们的照顾，以后我们会常来的，这里是我们的第二故乡啊！"我们知青的脉搏会融入赠送给分场的落地钟一起跳动！

这次聚会我们还游览了北镇的医巫闾山。虽然我们已步入中年，爬山体力不支，但同学们在一起还是兴致勃勃，一路欢歌笑语。摄像师全程跟随，经过配乐解说等后期制作，一张完美的光盘留住了这次聚会的所有瞬间。时至今日，我还时常拿出来自我欣赏、自我陶醉一把。

2008年是知识青年下乡40周年，我们又相聚沈阳，这次聚会大家畅谈的是如何快乐幸福地享受夕阳之美。通讯录中又多了一项，那就是出生时间，相约在60岁的时候要彼此送上一份真诚的祝福或亲临祝寿。争做百岁老人是大家共同的企盼，到那时我们就是拄着手杖也要再相聚。如今每逢同学生日，或举行小型的生日宴会，或微信送上一束鲜花、蛋糕或者祝福语。过生日的同学沉浸在无比的幸福之中，同学的祝福使之心潮澎湃，同学情升华为手足情。

当年风华正茂的我们，经过40年的风雨磨砺，如今已逐渐被卷入银发浪潮之中。暮年回首，我们感到知青的经历是人生的一笔财富。有知青这杯酒垫底，无论遇到什么艰难困苦，我们都能从容面对，笑傲胜出。当年的知青，如今有的登上了上层建筑的舞台，成了一名政府官员；有的戍边归来，奋战在惩恶扬善的战线，成了英雄；有的在失业、下岗的困惑中振奋起精神，走上光彩之路，成了纳税大户；有的已在家享受子孙绕膝的天伦之乐。

有一段经历值得格外珍惜，有一种记忆值得格外铭记。共同的经历让我们同学的情结更牢固、更持久，它将伴随我们到永远。

李淑英　2008年12月

知青在盘锦

农家院里的螃蟹节

在盘锦市新立镇有一个极其普通的院落，来来往往、出出入入的车辆和人流都是当地或附近的平民百姓。可在这里却连续举办了八届螃蟹节，参加螃蟹节的主角都是来自沈阳、营口、辽河油田和盘锦市，也同样是一群普普通通平民百姓。为何这个院落有如此的吸引力呢？这缘于"贫下中农""知青"这两个特殊时期的特殊群体和特有名词，把他们紧紧地联系在了一起。

螃蟹节的主办方、承办方和协办方均为当地颇有名气的集省十大标兵、劳动模范、致富带头人、优秀政协委员等多项荣誉为一身的李成民和他的妻子邵金凤。成民的父亲铁山大叔是冷家的贫下中农，我们刚下乡到冷家时，集体宿舍还没有建好，都暂时住在贫下中农家。铁山大叔家住了七名女同学，他把最宽敞的房子腾出来给知青住，换了新炕席，像迎接远方的贵客一样，把青年接到家。偶尔遇到谁生病了，不用通知青年点食堂，大婶就把热气腾腾的荷包蛋面送到青年跟前；女孩子遇到特殊情况那几天，身体不舒服，大婶就把红糖水送到嘴边；青年吃饭清汤寡水的，大婶就把自家的咸鸭蛋端上饭桌；脱谷夜战时，大婶总是烧好了洗脚水等着青年回来；我们睡下了，大婶把同学们的鞋垫拿出来烙上，待我们胜似亲娘！在大叔家我感受到了家的温暖。

同学们陆陆续续地分配了工作，离开了冷家青年点，但还是隔三岔五地回来看看大叔大婶。结婚的青年生小孩儿，大婶就把她接到家里坐月子。有一位后调到冷家的青年，在原青年点是出名的淘气典型，来到冷家后，在铁山大叔和大小队干部的帮助下，一跃成为先进典型。挑起了连队最难管理的食堂伙食长的担子，青年点的伙食不但有了起色，而且管理得井井有条。大队主任感慨地说："这是浪子回头金不换啊！"

在知青岁月中，我们与贫下中农建立起的友谊是真诚的、炙热的。我们十六七岁还是稚嫩的孩子就离开了父母，在这里得到了像铁山大叔这样的贫下中农无微不至的关怀，我们终生难忘。大叔牵线成婚的几对青年，日子过得红红火火，夫妻恩爱，幸福美满，他们对大叔更是敬重有加。铁山大叔八十大寿的时候，我们又都相聚在大叔家，也从此拉开了螃蟹节的序幕。

刚开始的几年，每到螃蟹成熟的季节，铁山大叔和成民都张罗把青年请回来吃螃蟹，住上几天。后来成民承包了部队农场，青年回来就更方便了。不光是秋天回来吃螃蟹，就是平时同学们也是三五成群地驱车前往，来这里住上几天。大棚西红柿、香瓜熟了就去采摘，在路边叫卖。金凤告诉我们："还是我来吧，这地方，他们认人，你们卖他们不放心买。"可见金凤夫妻在这一带的诚信度有多高！去年的螃蟹节，水稻已经开镰收割了，我们接过老农手中的镰刀，重新体验一把当年秋收会战的感觉。初次割稻子的场景历历在目，澎湃于心。

☆农家院里的螃蟹节（摄于2014年9月）

每年进九月份，成民就张罗请我们回去吃螃蟹，同学也筹备着回农场。每年都是大车小辆的前往，好不热闹。每次回去同学们就像进了自家门一样，爱打麻将的支起了麻将桌；打扑克的围坐在床上；爱钓鱼的拿起鱼竿就走；帮厨的就直接进了厨房，真像过年一样热闹。成民、金凤高兴得合不拢嘴。"有空你们就来，农村就这条件，你们不嫌乎就行。"金凤和我们唠着。"我们在这儿的时候，还没有这条件呢，再说我们是奔你们全家来的，不来心里惦记啊。"

知青在盘锦

☆农家院里的螃蟹节（2016年9月）

热烈的相拥，久久不愿放手。

丰盛的午餐很快就开始了，满桌的蒸螃蟹、卤螃蟹和时令菜，让我们大饱口福。朴实憨厚的成民倒背着手，一会儿这桌看看，那桌瞧瞧，一会儿这桌端上来一盘螃蟹，那桌加点菜，忙得不亦乐乎。最近这几年只要我们回去，成民肯定要杀一头自家养的大肥猪，猪肉血肠那叫一个香啊。这些还不算，临走的时候，成民将提前收割打磨好的新大米和螃蟹每人备足一份，咸鸭蛋、小河鱼和香瓜都让我们带回去品尝。

今年的螃蟹节，正值我们下乡纪念日9月21日。晚餐后院落的大灯为我们提供了很好的照明条件，庭院舞会开始了。这里的地面虽然没有舞厅那么光滑，音响效果也没有舞厅那么好，但我们的情致却是超凡的。金凤从不涉足舞厅，但今天几名男同学带起还真够范儿。有的同学跳，有的同学唱，有的同学在训练指导……庭院舞会为我们这次螃蟹节增添了别样的乐趣。大家不约而同地产生了共鸣，下乡50年再狂欢！

今年的螃蟹节过后，我们在思考这样一个问题：是什么力量让我们这么如痴如醉地心系农场梦牵老农？是成民的螃蟹和大米，还是成民的螃蟹宴？答案只有一个：是真诚和感恩，是缘、圆、源三个同音不同义的字。

人生路漫漫，坎坎坷坷皆平凡。知青经历在岁月长河中是短暂瞬间，但在我们的记忆中却留下永恒的印记。螃蟹情结让我们与贫下中农的情谊得以升华再升华。心系盘锦、情缘冷家，盘锦的红海滩红染天下。

李淑英　王荣邦　2016 年 11 月

向盐碱滩要粮

盘锦号称辽宁的"南大荒"。知识青年来到这里，首要任务就是开垦"南大荒"，向盐碱滩要粮，变"南大荒"为南大仓。

1968 年 9 月我们初一（二）班 47 名同学来到新立农场冷家堡时，这里只有 15 户人家，107 口人，40 个劳动力。240 亩耕地，亩产 400 斤左右。秋收结束后，在脱谷前的空档，我们打响了开垦盐碱滩的战斗。

盘锦虽说地大物博，人烟稀少，但在冷家这一带，相对来说，自然屯还是比较密集的。冷家东邻前湖大队两公里，南邻二十里铺三公里，西与五里铺一路之隔，北与苏家洼子一坝之隔，可开荒地不多。

开荒首先是拖拉机作业，丈量好距离，这边儿挖一条上水线，那边儿挖一条下水线。拖拉机挖好后就是人工作业了。我们再把沟清到标准要求，将坝筑好。拖拉机把盐碱地翻过来，为明年春耕做好前期准备。封冻之前我们共开垦荒地 160 余亩。荒地开垦了，农田水利工程任务可就重了。我们每天都是早起晚归，这儿挖个沟，那儿开个渠，使用筒锹的手艺可都练出来了。起初我们还真不会用这工具，也从来没见过。筒形的还带半尺多长的铁弓子。没有脚踩的地方，怎么挖呀？看见老农，筒锹玩儿得那么溜，我们真羡慕。模仿老农的动作，原来靠的是个冲劲儿巧劲儿。掌握了技巧，干起活来也就得心应手了。每天男生完成土方量达十多立方米，晚上回到宿舍可就筋疲力尽了。就这样，我们持续干到脱谷，才放下土方活儿。

转年开春，往地里送粪铲黑土、育苗。在育苗与插秧的空档，我们还是挖沟筑坝。为新开荒地进行农田水利配套建设。我们紧锣密鼓地大干着。场部提出"三个一不过十"。即四月一日育苗，五月一日插秧，六月一日插秧结束，最晚不超过六月十日。新开的荒地，作业难度更大，芦苇根子横七竖八的。人工插秧无法进行，我们就采用大直播的方法。女生每人胸前套个大书包，催好芽的种子，直接甩到地里。这样可省事儿了，不用弯腰插秧了，但产量如何可是个未知数。直播的稻田没有成形的垄，挠秧、除草、收割等环节费时费工，但终归也是我们付出的汗水呀，还得认真对待。为了秋后的收成，我们一点不敢慢怠，精心地侍弄着。秋后生产队估产，新开的直播地比熟地只低40来斤，新开荒地产量报捷，更加坚定了我们继续开荒的信心。俗话说，一年生二年熟，经过一年耕种的新开荒地，来年收成就提高了。1969年冷家耕地面积达到400多亩，总产量约20万斤。有面积就不愁产量啊，我们信心满满地准备下年继续开荒。

农活就是这样，年复一年、日复一日地重复着。只要农活衔接有空档，我们就开荒，搞农田基本建设。边边拉拉可利用的零散地块儿都开垦出来了。到1972年，知青总共四届达90人，全村劳动力130人。总计开荒约300亩。唤醒了沉睡多年的盐碱滩。增产粮食12万斤。连队土地面积由原来的240亩增加到540亩，亩产由原来的400多斤提高到700斤。与当时"达纲要、跨黄河、奔长江"的口号比较，黄河我们是跨过去了，长江还没达到。但在当时自己与自己比，当下与过去比还是有很大进步。不仅向国家多交了公粮，也解决了知青的口粮问题。我们可以自给自足了，不用吃国家返销粮，感到无比欣慰。

李淑英　李振民　2017年3月

沟海铁路的奠基人

一列南下的火车，风驰电掣般地驶上了沟海铁路线。我们四位企盼荣归故里的知青，心绪也随之飞扬起来。当年参加沟海铁路会战的场景历历在目……我们施工的路段就在新立农场唐家段。当列车驶入这一路段时，我们兴奋地拥抱在一起，欢呼雀跃，激动不已。

那是1970年的初春，我们连队的7名知青战友一道加入唐家农场民兵营，参加了沟海铁路的会战。修战备路就要用战备思想作指导。由于会战时间紧、任务重、要求高，各农场都以民兵的阵容参加会战。

出发那天，我们除了自己的行装外，还要备足劳动工具。天还没亮，我们就往车上绑架杆、装行李，筒锹、扁担、草包、土篮子、大锤、镐、独轮车、砧子、钎子、粮食、炊具等装了满满一车。

我们7个人分乘两辆马车，出发时伸手不见五指，天上的星星一闪一闪的，好像在护送我们踏上征程。马车行走了大约两个小时，天也见亮了，太冷了，我们实在坐不住了。赶车的二大爷，边赶车边冲着我们大声喊："都下车，跟车跑一会儿再上来，不然会冻坏的。"这招儿真灵，跑一会儿，身上暖和了，再上车歇一会儿，我们就这样重复着……太阳升起来了，也没有劲儿跑了，我们或三或四地相互依偎着前行。脚冻得像猫咬似的，手也麻木了，我的神志也有点模糊了。只看见二大爷嘴在动，不知说的什么。这时有两位同学强行把我架下车，架着我跟车跑。等我暖和过来了，他们告诉我，是二大爷强制让他们架着我跑的，不然就冻坏了。

傍晚时分，我们到达了新立农场白家大队宿营地。一间空荡荡的大房子四处漏风，窗户是用塑料布钉的，还有漏洞，对面儿两铺大炕是用稻草铺的，没有电灯用煤油灯照明，没有取暖设备。我们30多人就在这安营扎寨了。天黑地冻，又冷又饿，脚冻得又痛又痒。有人喊：开饭啦！大饼子，酱油汤。因为脚冻得太难受了，我拿了一个大饼子，走到锅台旁，扒出点儿火烤烤脚。火扒出来了，鞋又脱不下来了，费了好大劲儿，才把鞋脱下来。刚要烤脚，却被二大爷一脚把我踢翻在地：不要命啦！他让两个同学把我按在炕上，从外面端进来一个盆，连雪带泥地给我搓脚。我当时挺恨二大爷的，都冻成这样了还用雪搓。别说还真管用，这一搓还真好受多了，也逐渐暖和过来了。后来听人说，必须这么做，要是用火烤脚真的就完了。我真感谢二大爷的土办法救了我这只脚。

"马上休息，明天5点钟起床，5点30分出发，天亮之前必须到达施工现场。"连长下达了命令，大家马上就寝了。我们分别住在对面两铺大炕上，每

知青在盘锦

铺炕上十七八个人。在30天的施工时间里,我们几乎没有脱衣服睡过觉。一是屋里太冷,其次是干一天活儿,累得筋疲力尽,吃一口饭倒炕上就睡着了。

第二天天还没亮,我们就进入了施工现场。广播里传来对战备路施工的要求:

工期短、任务重、质量高,圆满完成筑路任务,向盘锦人民交一份满意答卷。沟海铁路全长101.7公里、路基底宽14米、上顶宽6米、高3.2米。解放军铁道兵和民兵5万人参加会战。我们连队分的任务,35延长米,土方量约6100立方米,真可谓是宏伟工程啊!

领到了任务明确了要求,会战打响了第一炮。初春乍暖还寒,再加上冷空气的来袭,气温特别低。取土的地方离路基足有150米远。一镐下去,一个小点儿,不疼不痒的。我们就用钎子砧子冲出个坑,再用镐刨,逐渐地把冻土层掀起来,暖土才能上路基。看见有的连队,用炮崩冻土层,我们在晚上收工后,也留下两名炮手,实施爆破作业,效果果然不错。刚开始平地铺土,我们还能个人为战,用独轮车推,用扁担挑,用草袋背。修战备路,要求特别严格,铺一层土拖拉机就压一层。铺上去六七十厘米的土,压到十厘米,压得我们真心疼啊!路基增高到一点五米之前,全靠人工背土,独轮车推土。当路基铺到一半儿以上的时候,独轮车,一个人根本就推不上去了,我们就想了个办法。两个人一辆车,一个人推车,另一个人把绳子套在身上,另一头儿拴个钩子,当车到一定坡度的时候,勾住车往上拉,这样才能把土推到顶上去。任务紧张的时候,两辆车轮换着推。你刚到取土地点,另一辆车已经装满了,放下空车推起满车就向路基顶部推去。没有喘息的机会。一天刨出来的暖土都得运到路基上去。不然第二天就又冻成块儿了。有时我们干到晚上六七点钟才收工。施工加上往返路程,每天得工作十五六个小时。回去之后吃饭的力气都没有了,就想睡觉,第二天还要起早。

工地的政治气氛很浓,彩旗招展。各民兵营都有自己的口号和誓言:大干苦干30天,完不成任务用肉添!修好战备路,造福盘锦人!大干苦干加巧干、宏伟目标定实现!工地指挥部设有广播站,定时公布工程进展情况,表扬好人好事，宣传各营团结互助协同作战的典型事例。各级领导的指示，也通过广播传达到施工现场和各民兵营。革命歌曲、样板戏唱段的播放和播音员的宣传鼓动，也极大地激发了全体施工人员的热情。竞赛的口号声此起彼伏，施工现场变成了竞赛场。之前相邻的两个营相接的路段，谁都不肯多添一车土，形成了一道沟。开展竞赛后，大家都争先恐后地往相接处填土。思想上的鸿沟消除了，施工现场的豁口填平了。

各营都有自己的报道员，都争先把自己的好人好事宣传出去，鼓舞士气，战地广播站是民兵们的加油站。我们连还给报道员下达了指标，每天要向广播站投稿三篇。报道员，施工时注意观察，发现挖掘闪光点，晚上挑灯夜战完成稿件。每当我们的稿件被采用，通过广播回响在工地上空的时候，大家情绪激昂，干劲儿倍增，一切疲劳都抛到九霄云外了。土车推得飞快，本已装满的土车，推车的喊了一嗓子：再来一锹！也是为盘锦多出一份力，多做一份贡献哪！推车的同学脱掉了外套，头上冒着大汗，喘着粗气，谁也不肯休息一会儿。连长只得强行命令休息，大家这才坐下来喘息一会儿喝点儿水。这时的连长，不是吹风机，而是要当灭火器啦！

我们每天不仅劳动强度大，而且作业时间长，施工进度要求还那么严。一天的计划必须完成，只能超额不能拖延，这就得铆足了劲儿去干。到工地一周的时间过去了，我们已经过了疲劳期。逐渐适应了大强度的劳动，也逐渐摸索出技巧来了，干起活儿来也就得心应手了。

尽管我们起早贪黑地干，但由于我们年龄小、体力弱，工程的进度还是稍慢一些。连长适时召开现场分析会，分析原因，制定追赶措施。我们采取装车、推车、拉车分工合作的方案施工，各个分工小组实行轮换制。装车处不能有空车，推车的到装土处推车就走，每个推车手两台车作业。以前是一个人带钩拉车，现在改为两个人拉车。大大提高了工作效率，争取了时间。加之加班加点儿地施工，我们在规定期间内提前一天通过验收，向战地指挥部报捷。唐家农场民兵营也被指挥部评为先进民兵营。

沟海铁路的酣战，是一场意志的考验，是一场体能的较量。经过这次会战

知青在盘锦

的洗礼，我们的意志更加刚强了，体魄更加强健了，战胜各种艰难险阻的决心更加坚定了。这次会战，我们付出了艰辛，得到了历练，收获了成功。在人生的道路上铺下了克服各种艰难险阻的基石，也是一种难忘的记忆，回味无穷。

李敬华　李志强　2017年3月

难忘的岁月　宝贵的财富
——参加大梨树"知青文化节"有感

金秋时节，硕果飘香
"大梨树"披上了节日盛装
"知青文化节"吸纳八方挚友
追溯知青岁月　畅叙往日情怀
回到了青年点　住进了庄稼院
走进了知青城　浏览了老照片
激情燃烧的岁月在胸中荡漾
知青时代的追忆让我们热泪盈眶

忘不了啊
离开家人　踏上下乡征程的那一刻
离家远了　离毛主席革命路线近了
忘不了啊
第一堂劳动课　开镰收割的景象
老队长手把手教我们"打要"挥镰
忘不了啊
红旗招展的清水河畔水利工地
我们披星戴月地奋战
为的是召唤万亩良田

忘不了啊
沟海铁路会战的艰苦场景
为圆盘锦人民百年梦想
我们风餐露宿又何妨
忘不了啊
与贫下中农朝夕相处的日日夜夜
房东大娘嘘寒问暖胜似亲娘
忘不了啊　忘不了
知青岁月一桩桩一幕幕
如今展现仍是一幅穿越时空的不朽画卷
留给我们的仍是无限的追忆与遐想

皮肤晒黑了　但我们的心练红了
双手磨起了老茧　但我们的体魄强健了
环境艰苦　但我们的意志更坚了
有知青这杯酒垫底
再艰苦的环境　再巨大的困难

我们都所向披靡

艰苦奋斗　奋力拼搏
甘于奉献　不求索取
是知青这代人品质和情操的真实写照
伟大祖国改革创新的伟业上
共和国知青们画上了浓墨重彩的一笔

明星榜上有知青的名字
改革大潮的浪尖上有知青的身影
卫国戍边的征程上有知青的足迹
科技攻关的酣战中有知青的艰辛
上层建筑领域有知青在掌舵
伟大祖国的航船有知青在领航

我们骄傲　我们自豪
有一段经历值得格外珍惜
有一种记忆值得格外铭记
知青经历在我们人生旅途上留下了永恒的印迹
有艰辛　有坷坎　有困惑
更是一笔宝贵的财富
这就是它让我们魂牵梦绕的魅力所在

岁月如梭　光阴荏苒
虽然我们的身影涌入了银发浪朝中
我们的步履踏入了夕阳的余晖里
但我们可以高傲地说
四十五年情愫依然
四十五载青春依旧

李敬华

2013 年 9 月 14 日

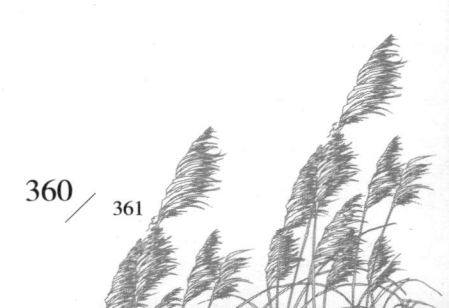

两段小小的回忆

◎ 杨 麟

一、吃芋根头

秋天到了，街上有卖芋根头的。芋根头是北方专门腌渍咸菜的一种植物，如果直接食用既辣又艮，很不好吃。可是，想起当年插队做知青时吃芋根头，觉得很香、很好吃。于是，我动员妻子也买了几斤。晚上，当煮熟的芋根头摆上桌时，往事一下子跳到了眼前。

1975年2月的海城地震也波及了盘锦。当时，我插队的盘山县胡家农场坨子大队青年点的房屋被震塌了，我们被分散到一些社员家里。我的房东是一对年近花甲的老夫妇。我每天收工后，从伙房打完饭就回到老人家里，边吃边跟他们聊天。青年点的生活很苦，米饭白菜汤，几乎天天如此。两位老人家常常从碗柜里拿出家里的小菜给我吃。开始时我还推脱，后来我看他们心诚，就盘腿坐在桌边像家里人一样了。社员的日子不比青年点好多少，可他们做的菜比我们做的好吃得多。

这年秋天，生产队分芋根头，老夫妇分得了20多斤，我帮他们背回了家。晚饭时，大娘端上一盘煮熟的芋根头，又从缸里舀来一碟大酱。她用筷子夹了一块芋根头，蘸上酱递给我。我还是头一回见鲜芋根头蘸酱吃，在城里它都是用来腌咸菜的。平时吃老人家的东西都不客气，这回我接过来就咬了一口。

嚼！味道真不错。大爷问我怎么样。我做了个鬼脸，说："好吃。吃这个，给个县长也不换。"一盘熟芋根头和那碟大酱不一会儿就被"消灭"了。大娘又端来一盘。我不好意思再吃了，就放下了筷子。大爷看出来了，说："明天多煮点儿。"大娘"嗯"了一声。

看着地上那堆芋根头，我不忍心吃。因为那是他们过冬要腌咸菜的。就撒谎说明天青年点有事，晚饭不能回来吃了。

第三天，我端着饭盒刚进屋，大娘就把冒着热气的芋根头摆上了桌，小碟里的大酱也换成了炸鸡蛋酱。大爷冲着我说："快吃吧，别凉了。"我没说啥，闷头吃了起来。那天晚上我没跟他们唠嗑，在被窝里像烙饼似的，翻来覆去地好长时间才睡着。

一晃好多年过去了。夹起一块妻子煮熟的芋根头搁在嘴里，怎么嚼也嚼不出那时的滋味来。妻子只吃了一口，孩子压根儿没吃。看着剩下的芋根头，我默默无言。

夜里，我真的失眠了。我不知道人的胃口怎么变得这么快，我不知道那两位老人是否还健在，我不知道相声《珍珠翡翠白玉汤》讽刺的是不是我们这一代。

二、好大一阵风

1999年那次出差，恰巧路过胡家镇。因为是小站，火车仅仅停车几分钟。我急忙把头伸出窗外，真想看看离开了多年的地方如今变成了什么样。房屋增加了，树木长高了，当年那条由远方通向车站的逶迤小路变宽、变直了，还铺上了柏油。看着路上一辆辆风驰电掣的汽车，使我油然想起了发生在这条路上的一件趣事。

那是1976年，我在胡家农场插队时，盘山县组织我们几名知识青年去大寨参观。因为要在北京中转，所以不少人让我为他们捎东西。从大寨回来一到北京，随身带去的4个大旅行包就被我装得鼓鼓的。

在胡家镇下了火车正是大晌午，漫天刮着南风，刮得人眼都睁不开。小小

知青在盘锦

的站台上只有孤零零的我和那4个大包。平时接站的马车也不知道被风吹到哪儿去了。看着满地乱跑的黄叶，我恨这该死的风。这里离青年点还有16里旱路，没有车可真的没了辙。

幸亏车站旁有个铁匠我认识，跟他借了辆自行车。铁匠一边帮我把4个大包往车后货架上绑，一边对我说："今天刮南风，你往北边走不用蹬车就能到家了。"他说得怪轻松的，可这叫16里路啊！谁能保证风不停、不变呢？

我好不容易坐到车的鞍座上。不过，脚蹬子已被旅行包压住，我的脚只能"八"字分开，毫无着落。铁匠使劲往前推了我一把，车"嗖"地跑了起来。车速越来越快。车速一快，我便下意识地捏捏车闸。坏了！这台车没有闸哟。看来风不停车也难停。风疯了似的，越吹越猛。车被吹得像浪尖上的小船，一气把我吹出了五六里地。前面是那道防洪大坝。平时单人骑车都得下来推着上去，今天怎么办呢？正在担心时，忽然又来了一阵强劲的风。我马上把身子挺了挺，意在张大"风帆"，好把坐下这条"旱船"掀上大坝。果然，车子真的像一片树叶似的被吹上了又陡又高的坝顶，我心上的一块石头也算落了地。我知道，前面的路平坦了。于是，我悠然畅想："长风破浪会有时，直挂云帆济沧海……"

火车开动了，我重新回到现实，车厢这边是一望无际的稻田，被风吹起了层层绿浪。那边，广阔无垠的芦苇在微风中摇曳。苇海中，一根高高的立柱上安着一个风力发电机，那三片风叶潇洒地转动着，好像在向我指点着这些年的发展变化。当年大家在炕头上抱怨这里"一年一次风，从春刮到冬"。现在呢，有了风力发电机，大风也造福于人类了。世上的事就是这样千变万化，而万事又都有个规律，只要能……

火车渐渐驶离胡家。我回首遥望那依稀的井架，从心底祝愿这里的乡亲们一帆风顺。

回忆起第二故乡，真是感慨万千。再用我的一首歌词表达一下盘锦情结吧。

回到插队的村庄（歌词）

一

还是那片土地还是那些人，
不变的还是那颗朴素的心。
厚茧的双手使劲地拽哟，
从村头拉我进了他家门。

当年的小伙伴身后跟着他的儿孙，
当年的小树苗早洒下大片绿荫。
喝不够老滋老味的老井水，
唠不够陈糠烂谷的老情分。

二

这里是我的第二个故乡，
心灵深处有它烙下的印。
扎根的口号没能留住我，
回城的心却埋下乡村根。

这方土养育迎难敢进的一代人，
这段情几十年后依然常说常新。
这故事我会留给后一辈，
这村庄始终牵着我的心。

2017年2月

杨　麟　1956年4月出生。1974年9月26日离开沈阳市49中学到盘山县胡家农场坨子大队插队。八个月之后被调到农场文艺队，进行演出、创作。这支文艺队每年参加盘锦地区、盘山县、营口市汇演的节目都是他编写的。创作的节目获奖众多，荣获盘山县文化局颁发的"优秀业余作者"奖状，并调到盘山县文化馆工作。粉碎"四人帮"后被调到盘锦地区文艺队（当时为营口市歌舞团）任专职创作员。创作的话剧《一份讲用稿》，代表营口市参加辽宁省汇演，获得一等奖。1980年底回到沈阳。长期在沈阳北方客货联运公司工作，任总经理兼党委书记。2014年退休。

洒在盐碱地里的青春血汗

◎杨大勇

☆杨大勇（摄于1968年）

2016年寒冷的冬天，我亲爱的老母亲永远地离开了我们。当我在微弱的烛光下守夜时，母亲的恩德，母亲的慈爱，一起浮上脑海，母亲当年送我去盘锦插队当知青的情景更是历历在目。那是1968年9月一个初秋的清晨，铅灰色的天空淅淅沥沥地下起了雨，16岁的我背着行装躲在母亲撑起的雨伞下走出家门。母亲在雨中千叮咛万嘱咐，送我到学校门口，送我踏上了令人兴奋又充满未知数的知青道路。

稚嫩的激情

雨渐渐停了，我却像一滴水融入了知识青年这个千百万人汇聚成的沧海之中；秋风阵阵吹拂，我像一粒未经培育的种子飘落到辽宁"南大荒"的沃土之中。中午，我和同学们从沟帮子火车站登上大卡车，一路高唱《军垦战歌》："迎着晨风，迎着阳光，跨山过水到边疆……"，来到盘锦垦区太平公社太平大队，我们面前是一望无际的盐碱地。

在这盐碱地上，我们每天由解放军军训指导员带领，迎着朝阳出操跑步，做"三忠于";踏着晚霞站排收工,参加"晚点名";三餐无忧的供给制半军事化生活使我们沉浸在做一个军垦战士的理想主义憧憬之中。

在这盐碱地上,我们拜贫下中农为师,学会了许多基本农活和朴素的人生道理。喊出了"洒血挥汗迎曙光"的豪迈誓言,经历了由太平公社改为曙光农场的喜悦时刻。

在这盐碱地上,我们不畏艰难险阻,经受了磨练和苦难,顶风冒雪,挥锹抡镐,修路挖渠,打井盖房,修起了导水路,建起了青年点,迎来了沟盘铁路火车轰鸣,友谊车站就设在我们村里。

在这盐碱地上,我们发扬艰苦奋斗精神,披星戴月,挑灯夜战,引水灌溉,挑肥担苗,大打农业翻身仗,低产旱田改成了高产水田,用辛勤的汗水换来了百亩良田稻花香。

寒冬腊月雪封门,正在一筹莫展时,农民兄弟帮我们挖个雪洞钻出来;大年三十除夕夜,正在思念家人时,房东大嫂端来热乎乎的饺子;苦战田间饿难耐,正在饥肠辘辘时,队长大婶把我们找到家里,每人发给一个用稻壳磨碎做成的黑饼子。

那时生活虽然艰苦,但多数人都乐观向上,充满了改天换地的豪情壮志,我们小队知青伙房是一座用盐碱土堆砌的具有50年历史的干打垒土房,我们在这里学习、开会、做饭、唱歌,屋里屋外充满了欢声笑语。同学们蘸着石灰水在墙上写下

☆青年点伙房前合影(后排右一为杨大勇)

了四个大字"其乐无穷"。下乡第一年的初冬,由于盐碱地上只生长大葱、大蒜,我们没有准备过冬菜,伙食长王英民急得到处打听。老乡说高升公社出

知青在盘锦

产大白菜，我和杨柏新同学决定陪他走一趟。天还没亮，孙继丹大姐就把饭做好了，我们仨人站在毛主席像前做了"三忠于"，就顶着风雪向东北方向出发了。走过一村又一村，饿了就啃自己带的干粮，50里路整整走了大半天，我们找到高升公社民政助理，他听我们讲明情况，马上给东关、南关大队挂电话，要求各派一名妇女主任领省城来的知识青年挨家预订白菜。我们又提出没钱住宿，他马上给旅店挂电话安排免费住宿。第二天下午，我们完成了预定任务，考虑到来时的小路太难走，决定沿公路往回返。刚出高升镇遇到一辆运干草的马车，我们请求搭车，车老板不同意，我们就跟车跑，后来王英民实在跑不动了，我和杨百新也只好停下来等他。当我们走到喜彬公社门前时，发现那辆马车翻在路边沟里，车老板一筹莫展，我们仨人二话没说，马上帮助抬车，重新装完车以后，车老板冲我们只说了两个字："上车"。我们一路搭车到了盘山，又走了18里路回到霍家屯，副指导员张兆珍和排长马桂芳听我们讲述完经过，立刻向解放军指导员汇报。第二天，冉龙太指导员联系了一辆汽车，亲自带我们到高升运回了白菜。48年过去，我们买冬菜的"三剑客"之一杨百新已于几个月前作古，王英民也常年卧于病榻。

下乡第二年春节过后，军训的解放军撤走了，供给制改成了工分制，每个人都按要求制定了"扎根农村六十年计划"，当一名军垦战士的理想破灭了。1969年春天，省里提出"打好农业翻身仗"，要求盘锦全面推行旱田改水田，我们大干一冬春修了水渠，顶凌播种育了秧苗，可是渠里、田里却迟迟不见水，无奈又种了旱田。插秧期将过时，省革委会主要负责人大驾光临，强令用拖拉机毁掉了已经出土的高粱、玉米，从大伙房水库调水，用汽车从沈阳郊区运来秧苗。省革委会一名副主任坐镇我们大队指挥插秧，在省革委会机关支左的一位沈阳军区司令部作训参谋代行了我们队生产队长的职权，要求出工时间是早晨三点半，晚上看不见，每天晚饭后还要去大队部听省革委会副主任做动员讲话。大把大把的秧苗、大把大把的进口化肥、大把大把的汗水一股脑抛进水中。到秋天却是颗粒无收，瘪瘪的稻穗割下来就直接倒进了牲口圈。我们生产队一个工分的分值是倒挂两角七，白干活倒找钱，队里才不赔。我们的美好愿望化成了泡影，激情变成了失望。

向命运抗争

面对灾荒，拉家带口的老乡们慌了神儿，纷纷外出打工，有的去修铁路，有的去下苇塘，各自想办法养家糊口。我们生产队知青是由辽大附中高三（四）班和初一（四）班部分同学组成的。面对着贫穷和灾荒，高三（四）班的同学们决心带领我们小班同学一起向命运抗争。在生产队长撂挑子的情况下，一个由下乡知青和还乡知青组成的新领导班子挑起了重担，李晓兵担任生产队长，王玉田担任政治队长，齐月轩担任会计，高学成担任水稻技术员，老贫农代表霍殿金、老队长王永年和下乡当年就曾当过大队革委会副主任的辽大附中学生会主席李富明做坚强后盾。

春耕刚开始，上级就要求我们这些新开水田地区学习外地经验，育苗时要将稻种用温水充分浸泡，美其名曰"高温多水催长芽"，然后再播种。然而，当时天气寒冷，上面指令 4 月 1 日必须踩着冰碴播种育苗，确保"大战红五月，不插六月秧"。我们队知青技术员高学成是个善于琢磨的人，他认为稻种芽太长下到地里很容易冻死，于是决定与上级要求反其道而行之，来了个"低温

☆青年点合影　张晓军（右一）
十年后与杨大勇结为连理

限水催短芽"，稻种一露芽就下到地里，适应寒冷地温后利于生长。结果是，其他生产队的稻种大部分被冻死了，唯有我们队的秧苗一片郁郁葱葱。大队革委会迫不及待地要求我们发扬"龙江风格"支援其他队秧苗，我们则提出"以苗换工"，谁帮我们插秧，我们就支援谁秧苗。当时，我们知青干劲特别足，每天起大早，贪大黑，争抢着冲在育苗插秧第一线。为了加快插秧进度，需要把秧苗连土一起铲下来挑到插秧的地里。我每天都挑着百多斤重的担子在泥水

知青在盘锦

中艰难地跋涉，脚跑肿了也不休息。插秧后还要挠秧，把受浸泡而板结的盐碱土从秧苗根部疏松开，干这活得哈着腰边走边挠，累得实在不行了，我就双膝跪在泥水之中向前爬行。许多同学累得受不了，午饭后倒在炕上就睡着了，作为青年点排长的我只好挨个拽，拽起这个，那个又倒下，气得我大声喊"是人的都下地干活。"一位高中同学有气无力地反驳我："你说的是人话吗？"可是当我含泪走出青年点以后，同学们全都出来下地干活了，一个都不少。

我们就是这样，用自己青春的汗水冲刷着白花花的盐碱地，使其长出了黄澄澄、沉甸甸的稻穗。那一年我们付出的辛苦格外多，收获也特别大。金风飒飒的收获季节，我们迎来了历史上前所未有过的丰收年，水稻产量比上年增长20多万斤。齐月轩在盘锦地区学毛著讲用会上汇报了我们队知青成长的经历，张兆珍还代表我们这个知青集体在全地区做了巡回讲用，引起很大反响。

不久，连长通知我去参加盘锦地区落实中央26号文件检查团，到大洼区新建农场检查知青工作。回来后又让我在大队讲用会上发言，并调到大队革委会做报道员兼通讯员。后来，场革委会政工组的"五七战士"刘开祥帮我修改了讲用稿，让我在农场积代会上发言，树立为扎根农村干革命的典型。开会的当天晚上，我就开始发高烧，场部医院的医生陪我住了一整夜，毫无办法。"五七战士"老陈找来几个同学，用门板把我抬到火车站，可是列车员直喊"不托运尸体"，大家苦苦哀求："他还有气。"这才破例让我们上行李车到了城里。在医院一个单人病房里，我整整昏迷三天，醒来时，听"五七战士"老杨正在问医生：既然是猩红热为什么不送传染病房？医生回答，没必要了。当时我以为自己肯定是要完蛋了，老杨见我醒来，马上问我是不是要告诉家里，我说，算了吧。可是，谁也没想到，在同学们轮班精心护理下，一周后得到恢复，我强烈要求出院，医生说不清我到底是什么病，只好在出院证明上签"高热待查"。

不久，领导通知我到东郭苇场万金滩水利工地，在盘锦地区绕阳河闸工程指挥部担任报道员。在绕阳河边一望无际的大苇塘里，我们和工人一起割掉芦苇，支起帐篷，搭建通铺。早晨一觉醒来，发现帐篷里满地都是冒着泡泡的螃蟹洞。修建绕阳河闸第一期拦河工程的三个多月里，工地上红旗招展，成千上万的民工挥汗奋战，其中大部分是盘山区各农场的沈阳、大连知识青年。我们两个报道员白天到工地采访，晚上写稿、排版、刻蜡纸，与广播员一起印《工地战报》。第一期工程结束我被评为学毛著积极分子，指挥部希望我继续留任，但大队革委会主任贾文信语重心长地希望我回生产队参加劳动，锻炼自己。据我当年的日记记载，在紧张的秋收季节，从11月26日夜里12点到27日夜里12点，我曾经连续24小时在场院干活没休息，后来竟然抱着一捆水稻站在脱谷机旁睡着了，脱谷机高速旋转的钢轴把我的棉裤卷了一个洞，离肉体只隔一层布了，身高力大的知青杨力一把将我拽了出去，避免了一场人身事故。

纠结与迷茫

冬去春来，1971年3月4日，农场领导找我谈话，调我到场部做出纳员兼仓库保管员。上任第一天我就闹了个笑话，有人来交款，我从未见过200元巨款，把20张10元面值的钞票一张挨一张摆在桌上，逐个清点。看着我憨态可掬地在那数钱，场部财税金融组的同事们被逗得哈哈大笑。3月17日，农场召开首届党代会，我正在场部院子里给各大队分发化肥，有人嫌碳酸氢氨包装袋子破损后的气味，就挑好的装，我坚持不准挑，挨着拿，于是就吵了起来。这时，场革委会办事组组长老郑走出来对我说，徐成义书记正在会场作党代会报告，号召全场人民向你学习，你却在这和人吵架，影响多不好，吓得我只好闭嘴。后来逐渐掌握工作规律，情况开始有所好转。我要求自己不仅要管好物资保管账，更要服务好农业翻身仗。地处偏远的仙水大队来人买化肥农药，我就用扁担挑着沿乡间小道给送过去。有买玻璃的，我照尺寸给切割好。我还学雷锋建立节约箱，装卸工卸货时我也背着200斤麻袋包走跳板进仓库。经常有十几辆大车等着我给木材检尺，我都一丝不苟，尽量让大家满意。年底，我被授予"曙光农场模范共青团员"。

也是在那一年秋天，发生了"九一三"事件，老百姓思想比较混乱。应当

知青在盘锦

地驻军邀请,场部派我和杜家台大队党支部书记马奎和到部队参加批判会,我的任务是按政工组写好的发言稿照本宣科,批判《五七一工程纪要》中的"知识青年上山下乡变相劳改论"。批判稿虽然冠冕堂皇,但现实也摆在每个知青面前。经过几轮抽调,当年激情四射的知青开始陆续离开农村,我们青年点有的上了清华、辽大,有的进了机关、油田,有的参军入伍。有时回到青年点,同学们数落我,你太傻了,在农村干一辈子什么都不是,只有参军、当工人,或者大学毕业才算参加革命工作。我抽空到部队、大学和油田去看望同学,深感自己成了"井底之蛙",远远落后于时代的发展。父母看到别人家的孩子开始回城,心里也着急,希望我能早点回去。可是我内心却很纠结,当初要扎根农村六十年,现在说话不算数了,怎么对得起贫下中农的培养?进工厂、上大学都挑表现好的抽调,连一年前接替我当出纳员的小曲都回大连上学去了,这种导向很明显,没回城的就是表现不好呗。1972年9月,知青科科长徐景焕通知我参加招工体检,分配到离沈阳城60里地的一座钢厂。

终身的财富

刚进工厂,我也曾经历了很多困难和挫折,当过挖土方的力工、守大门的保安、浴池的清洁工、炼钢的炉前工。当守卫班长时,因为替同班工友承担一起轻微事故责任,军代表怒气冲天地要把我俩退回青年点。自己一度很苦闷,但我坚信,再苦也苦不过农村插队,知青经历足可以使我战胜任何艰难困苦。我拿出在盘锦绕阳河闸工地当报道员时学到的本领,给广播站写了一篇报道稿件,被领导发现后借调到沈阳市六五〇轧机工程会战指挥部政工组写材料,几个月后加入了党组织,当上了轧钢分厂机关党支部委员兼团支部书记,选送到市冶金局青干班学习并调到钢铁总厂宣传科工作,准备委以重任。可我却总也忘不掉知青情结,经过反复申请,终于在1975年23岁时当上了苏家屯区沙河公社知青带队干部,回厂不久恰逢粉碎"四人帮"拨乱反正,被派到炼铁车间担任副指导员。后来由于苏家屯区知青带队办地极力推荐,我被调到沈阳市冶金工业局做宣传工作。后来又先后调到中共沈阳市委第一工业部、经济工作部、省委共产党员杂志社、省委组织部、省人事厅、沈阳市纪委、沈阳市政协工作。退休后，我参加了关心下一代工作，常常组织当过知青的老同志用各自的知青经历来教育孩子们，勉励他们珍惜今天的幸福时光和学习条件，做一个有理想、有志向的人

　　回首往事，我始终认为，在盘锦插队的经历是我最牢固的人生基础，从盐碱地里走出的脚印永远是坚实有力的。

2016年12月

杨大勇　于1968年9月到盘锦垦区太平公社太平大队插队，1972年返城。曾任沈阳市纪委常委、市政协副秘书长（正局级），退休后担任沈阳市关心下一代工作委员会副主任。

当知青的那些事

◎杨占宇

☆同宿舍知青（后排左杨占宇、右陈专初；前排左李华兴，右李遁杰）

带着青春的理想，涌着青春的热血，如革命老前辈们当年上井冈、下洪湖、奔延安、赴太行的雄心壮举，1965年10月，我们沈阳和平区100多名青年，响应党的号召，自愿下乡来到盘锦唐家农场朱家青年队。在青年点里，弱骨嫩肩的知青们，挥镐舞锹，战天斗地，在生产中、生活上、学习时留下了许多往事。那些事是青春年华书写的历史，是烂漫花季谱出的乐章。我把它无遮掩地奉献给孩子们，奉献给知青战友，奉献给读者。

一、干部选拔

青年队按部队的连（队）、排、班组建，队里领导由当地大队副书记王洪祥担任，其余排、班长全由知青担任。

1965年12月的一天，在新四队水稻脱谷劳动间休时，王书记宣布了一个命令，刚从沈阳下乡才几天的女知青小张担任青年队副队长。大家感到很突然，不理解：她刚来，还没有展示自己的才华，也没看出有啥能力，能行吗？我们这100多名知青，毕竟已干了两个多月的农活，也有表现突出、要求上进的人，却没有被提拔。知青们对这种提拔不满意，牢骚满腹，"连升三级，一步登天"的俏皮话在知青中间传开。张姑娘是沈阳高三毕业生，是名有理想、有信念的好青年，她来那天是坐农垦局领导小车来青年队的，端庄秀丽的面容，健谈的口才，给领导留下了很好的印象。提拔也就顺理成章了。但知青们脑子里装的都是从知青到班长、从班长到排长、从排长到队（连）长台阶式提拔的传统观念。1966年春节过后，一些队里骨干被农场作为干部培养对象到其他大队插队锻炼去了，张副队长同其他骨干离开了青年队。

　　班排长在知青中是有威信、有影响的，干部提拔是认真的、严谨的。记得，1966年春节刚过，二排生产排长孟庆胜因有重用被调走，他在二排全体知青大会上这样介绍新排长赵文东。他说："赵文东是名老知青（我们称64届知青为老知青），他了解农村，懂得农田管理，别看个头不高，是个办事认真、处事果断的年轻人，你们看，"孟庆胜指着赵文东的行李卷说，"他的行李卷整整齐齐摆放在那里，他衣帽整洁……"赵文东当了两个多月的生产排长，干得很出色，后抽调到大洼化肥厂，改革开放后去了日本。

　　1966年"文化大革命"开始后，干部提拔有时像流星一样，一闪而过。知青张某是个典型的东北大汉，刚下乡为班长，1966年6月3日第三批沈阳知青来青年队，组建了三排、四排，他被提拔为三排生产排长。他工作认真负责，在排里有很高威信。有一天，突然被提拔为农场贫协主任（贫协虽说是群众组织，在阶级斗争年代还是有分量的），农场开大会也坐在了主席台上。他身份变了，知青们感到很突然。但事情变化也是让人们想不到的。做了一个月贫协主任就被免职了，因为成分问题。真是来也匆匆，去也匆匆。张某是个心胸开阔的人，升官也没有目空一切，免职也是坦然面对。

二、爱情　婚姻

繁重的农田劳动之余，休息是青年们最快乐的时候。青春年少，浪漫花季，每个人都有美好的想象空间，茶余饭后，海阔天空。在青年队里，男女之间自我禁锢，善男童子、贞洁淑女们不敢越雷池一步，思想保守。即使在"文化大革命"最乱时，男女界线也是分明的。

爱情看似复杂，有时又是那么的简单。1966年6月来的第三批沈阳知青中，有一位女知青，个人条件差点，家里在新民农村给她找了一个对象。当年秋季，她的那位来到青年点，住在男宿舍。当时，知青公开谈恋爱的很少，谈婚论嫁的更没有，这件事在青年点很新鲜。知青"老狼"是个谈吐诙谐的人，他带几名男知青到那位农民青年住的宿舍，一推门就喊："查岗了！"走到那个农民面前："你是青年队的吗？"那个男人愣了一下磕磕巴巴地说："我是××的对象。""老狼"故作惊讶："什么对象，你知道不，我们青年队，从沈阳来时都是一个男的一个女的，配对来的，你带走一个女的，那我们男的就多一个光棍怎么办？""老狼"幽默的一席话，让那位男子不知所措。看他那尴尬的样子，"老狼"乐了，用手拍了拍他的肩膀："开个玩笑，你小子有福，在我们青年点娶了女知青，结了婚，要好好对待我们沈阳青年。"第二天，那男子和女知青办理了有关手续，离开了青年点。

随着年龄增长，一些女知青在青年点周围农村找婆家找对象。1967年4月，我在青年队菜园当团支部书记，菜园有一名沈阳女知青是上海人，我们都称呼她"小上海"，菜园有位老贫农、老党员、老模范叫王永新，他看到"小上海"很好，就把她介绍给了自己的儿子。结婚那天，菜园的知青都去了，婚礼很简单，向毛主席像敬个礼，就算完成了。后来先后有10多名女知青嫁到当地，她们生活都很好。嫁到唐家粮库的女知青敬永霞在1985年盘锦抗洪抢险时表现突出立了功，受到市政府嘉奖。

三、堵坝抢险

1965年11月21日，我们刚下乡1个月零4天。那天傍晚，割稻子收工，各班知青排着队，唱着歌往回走。歌曲是青年队队歌。词是盘锦农垦局的一位同志写的，曲是知青朴茂生的哥哥朴东生（中央乐团的人）谱的。歌词是："我们是下乡的年轻人，革命意志强，唱着革命的歌，走在康庄大道上。奋发图强斗志昂，务农志气豪。风吹不摇，雨打不动，伟大一颗心，永远放光芒。"知青们正兴高采烈快到村口时，二班知青曲东明手拿铁锹，从青年点跑出来，边跑边喊："不好了，河坝被水冲开了。"说实在的，出了大事，既是考验我们的时刻，也是表现自己的好时机。听到喊声，队伍一下子乱了，人们往队里跑，拿工具、拿草袋子，争先恐后地向大坝飞奔。到二干水渠，看到水中拦坝有一米宽的豁口，水从豁口哗哗地向外奔流。当时盘锦吃的水是河泡子水，这坝是入冬前向各村的河泡子灌水，以便冬季供水而堆起的土坝。团支部书记周宝融在前面拿着一根棍向豁口插去，试试深浅，然后将棍往后一扔，跳入豁口，知青杨军和我也紧跟着跳下去，接着十几名男知青纷纷跳入水中。深秋季节，水中刺骨的寒冷，十几名知青用身躯堵住了水流。这时，我们有一种感觉油然而生，我就是董加耕、邢燕子，我就是新一代的青年。岸上知青们拿芦苇、拿草袋子装土，一派紧张繁忙景象。经过两个多小时的奋战，水被这群只有十七八岁的沈阳知青们堵住了。这时天像拉上幕布一样，四周骤然黑了，当我们脚踏上岸时，秋风一吹，浑身凉丝丝的，但胸膛中跳动的一颗心却是热乎乎的，因为我们做了一件好事，完成了一次集体主义的壮举。

四、出工水利

下乡在农场出工是经常事。1966年夏季，我们青年队出20名知青到盘山修河闸。盘锦有20多个农场、公社上千人出工。工地有个叫王小二的摔跤能手，在工间休息时民工围一个大圈，大家玩摔跤，王小二接连摔倒了六七个民工，他的队友帮助叫阵，围观的民工不敢出阵，咱们青年队的贲延生在同伴支持下，脱掉外衣，走进圈内应战。一开始王小二没把贲延生放在眼里，可是一动起手来，感到这小子不好对付，连续使了几招都没好使，最后，被贲延生用跪腿摔倒在地上，引起围观民工的热烈掌声。朱家青年一下子在河闸出名了，"沈阳青年了不起"，一些民工伸出大拇指赞扬道。河闸摔跤胜利，引起了青年队的摔跤热，休息时男知青就在院内围成一个大圈，几个人就玩起摔跤来，青年队也出了几个摔跤好手。

1968年3月，我们65届知青转到石庙子青年点。11月出民工去吴家大堤。唐家农场的任务在兴隆台，农场需要青年队出两人看守工地上的土车、锹镐等工具。我和沈彦航主动请缨，要求承担这项任务。我们住在靠大坝挖的地窨子里，地上铺满稻草，挂上一块大塑料布，晚上躺在被窝里缩成一团，冻得直哆嗦，真是天当房地当床，一夜巡查五六回，白天负责烧水供应全农场的人喝。环境虽然艰苦，但是我们总把完成任务和改造世界观、和反帝防修联系起来，虽苦虽累毫无怨言。现在，每当想起青年队的往事，就感慨万千。我们把青春献给祖国社会主义建设，青春无悔。

五、当年沈阳人曾让辽南的小村落沸腾起来

20世纪60年代，盘锦垦区唐家农场石庙子小屯，是个只有16户农工的小村落，紧靠营盘公路，离大洼有12华里路。一条从西边的公路过场部到东头的疙瘩楼水库的线道将小村落分为两部分。青年点在村南边，有48名"文化大革命"前从沈阳下乡的知青。青年点西有两户农工，村北边有14户农工。

我们65届知青，有三栋平房，为了迎接新知青，大家集中到一栋房内。1968年9月16日，沈阳知青坐高栏板解放汽车来到石庙子。沈阳四十一中初一1个班分到石庙子小队，另外分配到白家大队的有沈阳五十五中初三1个班、沈阳七十九中初二1个班。初一1个班因为他们青年点未建成，暂时住在

石庙子，加上老知青，小村落一下来近300名沈阳青年，人一多就热闹起来，小村落处处洋溢着青春气息。

知青们都是十六七岁的孩子，10月末，我们老知青男生都随农场出工修河堤（现兴隆台附近）去了，新知青吃

☆朱家知青在大洼县合影（摄于1969年3月）

饭都在大食堂。因买饭站排，四十一中知青同七十九中初一知青发生摩擦，动起手来，七十九中知青没有占到便宜，从临近大队勾来他们的初三校友知青江子，江子带几个人，雄赳赳、气昂昂来到石庙子，四十一中知青一看到对方勾人来了，吓得躲在屋里，向外窥测。四十一中一名知青发现江子是他家邻居，推门就喊，江子哥，江子哥，江子一看是邻居，气一下子就消了，原本是要大打出手，好好教训四十一中知青，现在一看是大水冲了龙王庙，自家人不认自

☆朱家青年队65届知青唐家合影（摄于1996年秋）

知青在盘锦

家人了，顷刻间，化干戈为玉帛。知青刚下乡时，年轻爱冲动，常有舌头碰牙的时候。

12月末，沈阳五十五中初三班、七十九中初二班、初一班，三个班知青离开石庙子，搬到白家新房去了。他们前脚走，沈阳农学院师生拉练后脚就到石庙子，200多名师生住在石庙子。我在牛号当饲养员，那时，讲接受贫下中农再教育，沈阳农学院派两人和我们一起住在牛号。一铺大炕上，住着一名沈阳知青我，一名沈农教师曾斌，一名大学生赵善元，一名贫下中农刘永善。四个人，四种身份。特殊年代，发生的特殊事情，让我们在小屯相识。我们四人一起铡草，一起喂牛马。曾斌老师拿个小黑板，写了毛主席语录：我们的责任，就是向人民负责，每一句话，每一个行动……那时，我们在牛号，对事业那么虔诚，对工作那么认真。我常有这样一种感觉，脚踏污泥，胸怀祖国，身居茅屋，放眼世界。铡草喂马养牛，寸草铡三刀，不喂料也上膘。我们比着看，看谁铡的细。向先进学习，在青年点每一句话，每一个行动，都和改造世界观联系起来。

1969年春，小队的农民、知青和沈农师生组织了文艺晚会，饲养点的我和农民刘大爷、曾斌老师、赵善元组织了一个小合唱。青春在这里闪光，农村因知识进步，因歌曲而欢乐。4月末的一天，我赶车从粮站给青年点买粮，卸完车，赶车回牛号，碰到赵善元，喊住我，他说，我们要走了，把这套毛选送给你。我接过书，有一种恋恋不舍之情。后来，每当翻开毛选，就想起赵善元、曾斌老师，想起当年的往事。

是沈阳人让小村落热闹起来，是小村落让我常常想起往事。

2017年2月

杨占宇 1965年10月下乡到盘锦唐家农场朱家青年队，1968年随集体转到石庙子青年队。1971年11月到辽河油田油建一公司。2007年在油建一公司油北退休办主任岗位退休。

生命碎片

——知青记忆拾零

◎ 杨永信

我奶奶是个草根哲人,起码我这么认为,历史证明她真是。

奶奶一生留下许多至理名言,让我刻骨铭心的有两个。一是,人体是台磨米机,一辈子能吃多少命里有定数,多吃早死。这后来被科学所证实,七分饱,人长寿。第二个是,人一辈子就是本"洋皇历",一页一页地撕,扯一页扔一页,扯到最后,啥也剩不下。这第二个起初我不敢苟同,因为那时我心里还有"留取丹心照汗青"和"死得其所"之类的东西。直到岁月之轮一路碾来,逼出了我两鬓白霜,方觉老人家的话还真是有道理。

一段鲜活的人生,就如同一本崭新的日历,一页一页信手撕下,又随手抛弃,不觉中,时光的利刃,一刀刀把生命割成碎片。最初并不珍惜,因为有很厚的一本供你撕扯,直到那日历越来越薄,甚至所剩无几时,你方开始追惜那逝去的岁月。可此时,那些生命已变成一堆碎片,大多都不知去向,只剩几片你刻骨铭心的记忆。有些记忆你终生难忘,别人却不觉;有些记忆,别人刻骨,你却没印象。这就是个体生命的轨迹不同。但也有让一代人或几代人,一个民族或一个国家都刻骨难忘的记忆,那不是民族大殇,就是国之大幸。

在我的生命碎片中,有一大堆关键字——大跃进、人民公社、三面红旗、

知青在盘锦

三年自然灾害、万吨水压机、学雷锋、"文化大革命"、知青上山下乡、成分、地富反坏右……

1970年8月，我从沈阳三十六中学被"毕业"。之所以说被"毕业"，是因为中学只读了不到一年，还包括学工学农八个月。同时也被"知青"了，因为满打满算读了六年书，跟知识青年根本不沾边。好在那时"知青"只是个大概念，是一群毕业后没有工作的人群的总称。于是我就来到了盘锦地区一个叫羊圈子苇场的地方。那年我十七岁。

南北大炕和小喇叭

那时的东北农村有两大特色，南北大炕和一家一个的小喇叭。

一般情况下，南炕住人，北炕堆土豆、地瓜、干玉米和老倭瓜之类的过冬粮食。知青的到来，使社员家的北炕就成了"青年"的临时卧榻（刚下乡那阵儿没来得及建青年点，都住在老乡家，"青年"是老乡对知青的统称）。

我最初下乡的点是大羊大队。我们四个男生被分在菜把式老姜头家住。姜大爷耳有点儿聋，种一手好菜，是生产队菜园子的组长，经常带一群妇女和半拉子（老弱男劳力）在菜园子里忙活。姜大爷的大儿子当兵去了，家里还有老伴、一个女儿和小儿子。姜大娘心眼儿极好，把大儿子留娶媳妇的西屋腾给我们住，于是我们四个就免去了住北炕之苦。

说北炕之苦不确切，用今天的话说该叫窘更准确。第一，北炕从来不住人，烟道都因多年潮湿而不好烧，不是不热，就是呛得鼻涕眼泪一起淌，熏得被褥总有一股生烟子味；第二，北炕人和土豆、地瓜、苞米棒子、老倭瓜挨着睡，让人有住在仓房之感；第三最尴尬，房东一家住南炕，青年住北炕，相互基本无遮无拦。我们有六个女同学住一王姓社员家，该家夫妻带六个孩子，四女二男，大女儿十六岁，小的两个是儿子，一个四岁，一个七岁。那时农村极穷困，全家两床破被，扯来拽去，人又没内衣可穿，女同学都不敢上厕所。睡到半夜，那两个小小子站在炕沿上闭着眼就滋尿，北炕沿下的鞋窠就成了便盆。后来，那六个女同学睡觉前就把鞋用毛巾包了，搂进被窝里，戏称搂孩（鞋）子睡。

小喇叭更是个特色，后来听说，不只东北，那时全国农村都有小喇叭。小喇叭是一级政府货真价实的喉舌，24小时不许关闭，尤其黑"五类"家的小喇叭更不敢关，因为书记、队长、民兵连长，所有带长的都有可能随时向他们下指令："……那啥，撂了碗别磨蹭了，你们几个'带色'的，赶快拿铁锹到村头把道垫吧垫吧，明早上边的要来检查工作。……还有那啥，现在各家各户都住青年了，要把北炕给烧热乎点，别舍不得柴火，生产队不是一家给分五捆了吗？谁不把炕烧热乎，看我不踹他家门！……那啥，王大埋汰今个儿头晌又带那几个半拉子在坨子地偷着烧豆子吃了吧？蒙不了我，还把灰埋上了，咋就那么馋！冲灶坑打自个几个嘴巴子！……那啥，西下洼子的豆子得赶快收，这天说变就变，一场秋雨灌上，再一捂可就毁了，都变豆芽了。没太成就没太成吧，倒腾场院去晒着去，比沤烂了强。明个儿全队人去突击一天……"

风雪元旦夜和红烧野兔肉

当知青五年，最刻骨铭心的记忆就两个字——饥饿。那时国家每年给知青调拨成品粮，每人300公斤，要比农村人口的口粮指标高将近一半，可还是吃不饱。这其中有多种因素，一是知青都是青年人，正是能吃的年龄，不像农民，一家老少可以均背；二是副食缺油少肉，肚子没底，干吃不饱；三是伙食管理不善，没能合理调配。记得当时有个遣送回乡的"四类"分子偷着说："600斤粮挨饿？400斤就能吃饱，剩的200斤喂猪。"就为这，这个"四类"被定为"反对知青上山下乡罪"，连批了好几天，差点被知青打死。当时我也觉得这个"四类"甚是可恨，我们知青挨饿受冻已经够可怜了，他还吹阴风。直到30年后，我突然醒悟，那个"四类"确是冤枉的，200斤粮食再加上野菜，能喂一口大肥猪，一个人一年吃口大肥猪，再加上400斤成品粮，能挨饿吗？现在我们全家上上下下六口人，一个月30斤粮食都吃不了，主要是各种

知青在盘锦

副食起了作用。从人单纯吃粮食，到把一部分粮食喂猪，人吃猪肉，这看似简单的道理，中国竟探讨了20来年。

回城后，20来年我都经常做一个同样的饿梦，不是噩梦，是饿梦。我总梦见自己又回到知青年代，饿得前腔搭后腔，就要死了，然后大汗淋漓地惊醒。大多知青都有打饭经验，要是吃大锅饭，就先盛半饭盒，大嘴连嘛地吞下去，再狠狠压满一饭盒，找背静地儿慢慢吃去；如果先盛一饭盒，再要加饭时锅里就没了。

所以知青都爱出民工，出民工虽然累，但能吃饱饭，有时偶尔还能吃上顿肉。东北农村到冬天大多都猫冬，可我下乡的盘锦大苇塘一年四季没闲着的时候——种完大田种水田，种完水田铲大田；铲完大田，水田拔草，拔完草大田追肥……冬天还要下苇塘修河。修河是全苇场或全地区的会战，不但比进度，也比伙食。带队的头儿在家说了算的，后方的伙食就供得好些，说了不算的，伙食就孬。那年是个怂队长带队，别的队都先后杀猪送肉来，可我们的菜连个油星都没有。大伙急了骂娘，尤其知青骂得更厉害，带队的挂不住脸了，亲自回生产队去跑伙食，最终把个20多年的老驴给杀了。那驴肉炖了大半天都嚼不烂，只能像嚼甜秸一样，嚼嚼味就吐出来。

1973年是暖冬，元旦那天，雪下得忒大，还边下边化，知青点的柴火垛湿湿的，做不了饭，每人发半斤过年的白面回去自己想辙。哪有辙呀，我们同室的四个知青商量来商量去，豁出去了，到火车站下馆子去。火车站是场部所在地，离王屯12里地。不但下着大雪，而且都下午四点多了，天已快黑，顶风冒雪踏泥泞去吃一顿饭，在今天是件不可思议的事，可那时，我们心里却像揣着一团火，确切说，是瘪肚子里燃着一团火。有个相声说，屁股后面跟个大老虎，谁都能爬上珠穆朗玛峰。

我们走到火车站时已是晚上七点多了，天已大黑。更重要的是，车站那个唯一的小饭店早已打烊。饥饿和疲惫令我们脾气更坏了，我们拼命地打门，像土匪进庄一样。那时知青在农村留下的总体印象都不太好，小饭馆打更的老头战战兢兢地来开门，说饭馆早关板了，没啥吃的。我们让他管是啥，给弄点吃的，都要饿死了。能看出那老头很害怕，连忙进厨房忙活去了。不一会就飘来股股香气。四盘烧肉、四盘筋饼摆在了我们面前。老头说是野兔肉，给领导留的，知青小将需要，就是革命需要。我们真幸运，那老头就是厨师，因雪下得大，就睡在了店里。我们一人又要了半斤老烧酒，大吃海喝起来。

那顿饭我们每人花了一元五角钱，往王屯回时已是半夜。在过铁路"五七干校"修的小铁路时，我们都滑倒了，大家就索性仰面躺在路基坡道的雪地上，任雪花在脸上飘落、融化。那感觉真好，雪花软软的、凉凉的，落在酒足饭饱后的面颊上，咳……无法用语言来形容。几十年来，我再没第二次享受过那种感觉。

草根诗人和革命豪情

草根是时髦的现代词，可真正的草根却发生在那个动乱年代，草根教授（工宣队）、草根医生（赤脚医生）、草根文艺明星家（文艺宣传队）、草根书法家（大批判小组）……为数最多的该是草根诗人。

那时天津有个叫小靳庄的小地方，就因为全民唱红歌、作红诗而出了大名，于是"文化大革命"总司令部（中央文化大革命领导小组）就号召全国向他们学习。这下可好，一夜之间，全国冒出了千千万万个李白、杜甫。田头唱红歌，炕头赛诗会；车间到处都贴着草根诗人的大作，食堂开饭前都要集体跳"忠字舞"。就连街道、里弄都要大跳"忠字舞"。就像现在广场上全民健身一样，不同的是，现在健身是自愿的，那时跳舞是"政治任务"；现在健身是酒足饭饱后，那时跳舞大多在饭前，以跳舞的方式"表忠心"。在企业和单位，上班前、下班后还要跳"忠字舞"，每个人都要做"斗私批修"，"灵魂深处爆发革命"。这一行动的统称叫"早请示，晚汇报"。

记得那年我奶奶83岁，一生没有名字的老太太，也由杨马氏变成了马文学；头发由后脑一个髻，变成了"五四式"的三齐头。由于我93岁的爷爷腿脚已不灵利，被特免"早请示，晚汇报"，奶奶却早晚都要到院子里跳"忠字

知青在盘锦

舞"。奶奶和爷爷住的小院在沈阳南市场的八卦街。院子本来不大,家家又在门前盖了柴煤棚,院心还是个自来水井,跳舞就没地儿了。其实每家人就在自家门前跳。每天我爷爷、奶奶早早把饭摆上桌,不敢吃,等居民组长在院子里喊跳舞。居民组长一喊,我奶奶就走出自家柴煤棚的门,开始跳"忠字舞"。那时没有录音机,组长起个头,大伙一起唱着跳。我奶奶是个胖胖的老太太,小脚比粽子大不了多少,跳舞根本抬不起腿,就用手来回划拉,严肃得一丝不苟的胖脸,娃娃一样的三齐头,甚是滑稽,总能惹来众人的窃笑。我爷爷耳聋,不时在屋里大声喊着问:"完了吗?跳完了吗?"他手里攥着筷子,不跳完不敢吃饭。

在青年点我们就闹得更甚,田头赛诗、田间赛诗;赛诗会、红歌会,天天搞得如火如荼。我就是那时在青年点出的风头。由于从小喜欢文学,写起诗来总是得心应手。其实说来那根本不是诗,连打油诗都算不上,顶多是极左口号加韵脚,有的连韵脚都没有。比如"革命小将一声吼,地球也要抖三抖!""东风吹,战鼓擂,现在世界谁怕谁!""扎根农村八十年,敢让大地变新颜""地、富、反、坏、右,必须天天斗;一天你不斗,一天他难受"……

每天下工吃完晚饭,我们建新青年大队四个小队共六七百人,齐聚某个小队的食堂,席地而坐就赛诗。做不出诗的还要被点名批评。当时我经常要为别人捉刀弄诗。记得有一个同学总也做不出诗,有一次被点了名,急了,忽然想到自己洗了一天地膜布,累得要死,晚上还挨批,就顺嘴来了一句:"尼龙布三百条,革命小将逗英豪。"就这句,被"工宣队"带队干部好一顿表扬。从此这个同学诗兴大发,文思泉涌,成了作诗最活跃分子,还火线入了团。

因为我写的"诗"还带有点文学性,就成了建新大队的"文人"。后来还写了《青年点点歌》。回城挺多年后,在街上碰到个同学,他还记得这首歌,激动地唱给我听。可我当时早就都忘了,但也有点激动,激动的是还有人记得我的作品。

那的确是个荒唐的年代,但我们的激情却不是荒唐的。我们把"伟大领袖"的号召实实在在当成了一种神圣的事业。要说"知青上山下乡"的最大收获,那就是收获了一种精神,一种大无畏的,"一不怕苦,二不怕死"的精神。回城后这几十年,无论遇到什么困难,对知青来说都是小菜一碟,因为比起那时的苦都差多了。记得我当时是一队的团支部副书记,为建队里图书馆,花好几个晚上,用塑料底刻了个藏书章,手都磨出了血泡。回城后我把藏书章传给了小青年,后来不知哪去了。这辈子我最后悔的事就是没把那个藏书章带回来。

红纱巾和带眼儿的衣裳

知青上山下乡最现实的社会意义是快速沟通了城乡之间的人文交融。

我们出生在城里的孩子,大多都有一段乡村梦,那里是我们寒暑假的天堂,是爷爷、奶奶、姥爷、姥姥给我们营造的美丽的童话世界。在我儿时的记忆中,农村就是生动的小溪,雨后的蛙鸣,冒黑烟的油灯,满院子的鸡、鸭、猪、狗和慈祥的姥姥。成年后,当我们以一个永远的农民的身份融入这个童话里,一切都被颠覆了,取而代之的是贫穷和饥饿、耿直和狭隘、落后和无知,还有人为的无休止的批斗。

农村以前有句俚语,农村的孩子,城里的狗。意思是说,农村的孩子没见过世面,脑子不灵光,容易被骗。

许多历来瞧不起农村人的城里人,也开始巴结农村人,因为他们的孩子正在被人家教育着,尊师重教是中国人的美好传统。以往,谁家总来农村的亲戚会被瞧不起,会被说成是破大家;可有了知青这档子事,谁家再来农村人,街坊邻居都另眼相看:瞧,人家孩子在农村干得多好,队长全家都来了!于是家长都请了假,热心招待这农村来的上帝。那上帝也心安理得地把自己当起圣贤来,边大口嚼着美食,边品头论足地评论着人家的孩子。

那是城里人和农村人历史上空前的大交融时代,也是城乡文化的大交流时代。记得刚下乡时,知青大多都有一件毛衣,每到春秋,穿在身上很是好看。尤其女知青,五颜六色的,让农村妇女很眼热。可农民自有农民的智慧:那带眼儿的衣裳能暖和吗?风吹不透?他们把毛衣说成是溜须的货,中看不中用。

知青在盘锦

可久之，又都经不起美的诱惑，有大胆的农村人借来穿，哎，还真暖和呀！于是出现了织毛衣热，田间、炕头，总能看到有女知青教当地妇女织毛衣。农村人还求知青放假时，到城里给带毛线。没多久，女社员大多都有了自己的毛衣，尽管毛线的质量不一定很好，有的还是用线手套拆了线，染了色织成的，但着实给农村女人增加了不少色彩。在这之前，农村女人冬天厚棉袄，春夏小夹袄，实用却少美感。毛衣文化不但给农村女人带来了美，还参与了年轻人的爱情。后来农村女人也学知青谈恋爱的方式，男人给女人买毛线，女人给男人织毛衣。后来我有幸参与了现代民俗的研究，发现东北农村穿毛衣的习惯确实是知青传下去的。

还有一样东西是知青传到农村的，那就是纱巾。怕晒黑，又怕风沙迷眼，女知青都有一条纱巾，顶着太阳时蒙在头上，太阳不强时围在脖子上，好看又实用。当时我们点的女知青每人一条红纱巾，女社员看了很心动。可那时纱巾在城里也是奢侈品，不但贵，还不好买。再说，一条好纱巾，被太阳暴晒没几天就掉色了，很可惜。女社员就发明了她们的方法，用白蚊帐布替代纱巾，既廉价，又凉快，还防晒。这方法没多久就在农村妇女中普及了。实践证明，农村妇女的发明是正确的，这方法一直延续至今。几十年后，我再到农村，看到不少农村妇女还在戴着蚊帐布干活，尽管这时纱巾已很普及、很廉价，但她们还是戴蚊帐布，可能她们认为这才是传统、是正宗，但她们怕早忘了这传统的由来。

当然，知青从农村学的东西更多，从手不能提篮、肩不能担担的孩子，到扔了耙子能抓起笤帚的准农民；从不分草苗的学生，到旱盼雨、涝盼晴的忧民之士，变化太大了。有人说，现在共和国的脊梁是无数知青在扛着。这话虽不准确，却也有些道理。直到今天，步入花甲之年的我仍特别喜欢农村的感觉，能闻出小灰沤出的粪香，喜嗅暮色降临时村庄炊烟的柴草味。就为这，我买了个带院落的宅子，每天起早贪黑地侍弄我的花园。我种的冬瓜有五六十斤重，满棚的丝瓜吃不完。总有人路过门前赞叹，继而问一句："当过知青吧？"

老祖坟和小场院

知青最想家的时候就是逢年过节。

每到过节,点里改善伙食,还会有酒。喝了酒的知青,内心的压抑就会迸发,发泄的常有方式就是打、闹、唱、哭。在王屯时,我们的小青年点一共有三十几人,每到过节时,可就热闹了,先是拼酒,然后大声吵闹,摔东西,最后,门前的柴垛就成了小舞台。口琴是青年点的普及乐器,差不多都会吹。还有六弦琴。大家零零散散地或躺或坐在柴垛上,悲悲切切地唱着"黄歌"。所谓黄歌,就是带有爱情和抒情的经典歌曲。那个年代,除了八个样板戏,所有文艺形式都被视作资产阶级的、反动的。"黄歌"中,知青传唱最多的是《茉莉花》《山楂树》《渔光曲》《敖包相会》等,还有俄罗斯民歌《红莓花儿开》《一条小路》《莫斯科郊外的晚上》《三套车》等。

由于是发自内心的情感喷发,歌声便格外凄婉动人。往往是一个人先唱出了头两句,众人就陆续跟唱,歌声绵绵不断,把大家会唱的歌曲基本唱一遍,然后再从头唱起。就此反反复复,直到有人哭泣,歌声就开始变调了。总是个别心理脆弱的女知青先抽泣,然后众随。最后,哭声替代歌声,夹杂着脾气暴躁的男生的叫骂声。路过的老乡就会叹息地摇着头:"唉,这帮孩子,怪可怜的!"

记得那年中秋节,吃完晚饭,我被队长安排看场院。端午节和中秋节是农村最重视的节日,因为知青没有家,看场院的活就理所应当成了我们的任务。

王屯一年要轧两个场院,大的要等地里的庄稼全放倒了,选个高地现轧,小的每年就在村头的王家祖坟旁提前轧好,早熟的粮食先上场。王屯基本以王姓和张姓为主,王姓是第一大户,他们的祖坟也最大,像个小山,上面长的老榆树都有一搂粗。小场院就在祖坟下面。可能他们认为,把一年辛苦打下来的粮食让老祖宗看着是最保险的,也可能是在向老祖宗汇报一年的劳动成果,以表孝心。

知青在盘锦

那年中秋夜是个大晴天,一轮圆月早早就贴上了夜空。我躺在新粮上,望着明月,心情酸楚,想着远在沈阳的父母和爷爷奶奶。那时我两个弟弟也都去不同的地方当了知青,家里只剩两个还小的妹妹和八九十岁的爷爷奶奶。爸爸因患肺结核住进了工厂的疗养院。那是怎样的一个家呀!想到这,我不由心中流泪。正这时,我看到一个人影,偷偷地闪进了小场院。

那时农村都吃不饱饭,偷粮食的事常发生,我警觉地抓起一把木锹迎了上去,竟是村里的社员铁子。铁子姓张,当时和我们差不多的年龄,但很有劲,一身疙瘩肉,是个老实的后生。由于他家出身中农,虽然也是被团结的对象,但总不属于根正苗红,在公开场合就很少说话。尤其铁子的爹,因年轻时在沟帮子给做生意的人当过二掌柜,就更不敢多言多语了。由于我的家庭出身也不好,跟铁子就有一点同病相怜之感。

铁子见了我,忙压低声音:"我替你看一会,我爸叫你去一下。""你爸叫我?啥事啊?"我很诧异,铁子的爸都六十多岁了,极少言语,跟知青更不咋说话,叫我去干啥呀。"去就知道了。"铁子从我手中抢过木锹,催我快去。

迈进铁子家门的一瞬,我犹如进入了曾多次梦幻过的境域——干净的屋子,温馨的气息,在不算太亮的灯光下,一溜大躺柜,铜契子擦得瓦亮,上面摆的四个帽筒子瓷瓶更是一尘不染。柜子上方的墙上挂着一排玻璃镜框,里面镶着家里人的大大小小的照片。炕虽然也很大,但由于铺了干干净净的炕被,就不像多数农村大炕那样,一条苇席贯东西,空空旷旷。在炕中间的炕被上又压了块小褥子,上面放着个古色古香的雕木小炕桌,一看就是老老年传下来的那种。这是个殷实的小康之家的摆设。这个境域我曾不止一次地听爷爷描绘过,他说当年我们家就这样,甚至比这还要好。可下乡当知青后,却从没见过这等滋润的农家。

见我站在门前发愣,铁子的姐姐忙说:"快洗手吧,菜都凉了。"这时我才看到,小炕桌上早摆好了饭菜,冒着热气,中间还烫着一壶酒,酒壶也是那种很古老的瓷器。这时铁子的妈端着个老铜盆过来,里面盛着半下温水。老太太微胖,白白净净的,小脚,小眼眯眯的只会笑。

我不知是怎么洗完的手，被让上炕时，铁子的爹已端端正正坐在了我对面的桌边。我有点不知所措，想问铁子他妈和他姐咋不一块来吃，可这会那娘俩早到西屋去了。铁子的爹给我倒了一盅酒，又端起他的酒杯。我就晕晕乎乎地跟着吃喝起来。确切说是铁子爹在看着我吃喝，他只是做做样子陪着，偶尔问一句："听说，你祖父也在沟帮子吃过劳金？"我说："是，说在哪个首饰铺当银匠。""现在跟你们去沈阳了？有80多了吧？""90多了。""啊，那么大岁数了！……吃！吃！你吃，我们吃过了……"

那一顿饭吃出了我半辈子的心事。至今我不知道铁子爹为啥请我吃饭。他有所求吗？我啥也给不了他呀！第二天下地干活时，我有意靠近他，想表谢意，他却一如既往地默默躲开了。40年后，我们集体回青年点去怀旧，我特意去找铁子。可他们家已不在王屯住了。听说铁子后来当了苇田工人，早搬走了。我没敢打听铁子爹咋样，算来他可能已不在人世了，我怕听到坏消息。

三头猪和一群馋鬼

苇场在苇塘边开两大块荒地建点，将全苇场的知青都归到两个大青年点中。小青年的点建在斗坨子，起名东升；我们老青年的点建在新立屯附近，起名建新。每个青年点都六七百人，由老农干部带队。知青集中了，不但好管理，也少了"扰民"。那时知青在老农中的印象，令我们现在想起来都有些脸红。

小点并大点之前，苇场"知青办"下令：所有小点的财产（猪、鸡、鸭和粮食）都不准私分或突击"消灭"。我们小点唯一让大家困惑的是三头200来斤重的猪。从春到夏，由夏到冬，这三头猪可是大家的希望，原本想春节前都杀了，头蹄下水给大家改善几顿生活，然后把肉分了带回家去过年。眼瞅着过年了，上面却下了这一纸命令，让大家的希望都破灭了。

点里的知青不甘心，可又没人敢违命，一个个愁眉不展。有两个脾气大的知青就把气都发泄在那三头猪身上，拿着树条子撵着猪满地跑。跑着跑着，那两个知青似乎发现了什么，喊来大伙一块追。于是大伙都醒悟了，轮着班地追赶那

知青在盘锦

三头猪。没多久，那三头猪都跑不动了，趴在地上，口吐白沫，待毙之状。于是有同学赶紧去找队长。队长姓王，脾气挺大，但人好耿直。他见了那三头吐沫的猪，忙让人去喊"徐大愣"，因为只有大队书记有权处理这事，是"知青办"的文件特意强调的。去大队的人刚走，王队长就又让人进村喊杀猪匠。

"徐大愣"是军垦兵团的转业干部，在大队当书记，人耿直，干事毛愣，不怕事。等他骑着那台破"二八大头踹"赶来时，那三头猪早躺在案子上放完血了。"徐大愣"火了，冲王队长一顿臭骂："咋不等我来就动上刀了？你这是抗命……"王队长也不回声，等"徐大愣"火泄完了，王队长不紧不慢地说："来不及了呀，眼瞅着这几头猪上下倒气，要死了怪可惜的。青年养这几头猪容易吗！"那时防疫站规定，不能吃死猪肉，病猪活着杀还行。王队长也是个耿直人，"徐大愣"相信他，就没说啥，扭头走了。王队长追着问他："猪肉咋办？""徐大愣"头也不回地说："扔了喂狗！"

就这样，三头猪保住了，一群馋鬼可开了荤，还分了肉。当天晚上，队干部们都被我们请来了。青年点第一次请队干部，因为这是王队长的功劳。大炖"老虎肉"，20人的大锅，满满一下子。每个人都吃得小嘴油汪汪的。有人逗酒足肉饱的王队长："你不怕病猪肉吃了得病啊？"王队长打着饱嗝说："你们肚子里那几根鸡肠子还缠巴我？搭眼我就看出来了！不易呀！不易！不易哟！"边打饱嗝，边擤鼻涕地走了。

逃票大军和天下民心

知青一年放两次假，夏天的农闲假和冬季的春节。放假的季节是知青真正的节日。临放假前一个多月，大家就开始筹备买东西了，夏季往回扛土豆、早苞米，吃的用的东西，春节就买笨鸡（那时没这个称呼，也没有不笨的鸡）、花生、河鱼之类的年货。那个年代尽搞革命、搞运动，抓生产被说成是资本主义，所以物资极度匮乏，在城里吃的用的东西几乎百分之百发票供应，大到"四大件"（手表、自行车、缝纫机、收音机），小到电灯泡、豆腐、婴儿饼干、韭菜……我们知青背回家的东西都是城里难买的货。

我们家的祖籍在秦皇岛的海边，特别爱吃毛虾，那时城里根本买不到。每到放假，我就走二十多里路，到石山镇去买毛虾。我还和一帮同学到枣园子挨家挨户收花生。那时花生在农村也是稀罕货，是秋收后社员冒着被抓的风险，偷着下地捡的。捡花生也是资本主义。捡的花生大多都是瘪子和小粒，但也舍不得吃，用来换点零花钱。那时农村社员一年到头见不到现钱，平时靠抠鸡屁股，弄几个蛋换个油盐酱醋。当时手里有现钱的有三种人：吃工资的非农户、下乡的"五七干部"和知青。知青的钱虽然不多，就靠父母给的那点儿，但知青人多，现钱的总量还是很大的。为此，每到年关，有点农副产品的社员就早早等着知青上门了。交易是隐蔽的也是热闹的。有热心的社员，领着知青挨家串，帮着讲价，他知道谁家有啥货，到最后两头得点小好处。

春节放假那天是最壮观的，天不亮我们就起床了，确切说，一宿也没睡好，离家半年多了，谁不归心似箭。冒着透骨的寒风，扛着大包小裹，脚下踩着嘎崩山响的碎冰碴，心里早折腾得冒火了，丝毫感觉不到冷。十二里路根本不觉远，天刚麻亮我们就到火车站了。小火车站叫羊圈子，不大的候车室，不长的站台，根本盛不下几百上千知青的热情。

火车进站了，小站的一切规矩都被打乱，什么排队、检票，知青心中没那个概念。胆小的买几站地的票，胆大的干脆不买票，买全票的几乎没有。坐火车的过程，几乎就是逃票的过程，非常刺激。乘务员从车头往后查票，我们就往后窜，等车停了，下了车再往车头跑；要是从两头往中间查，我们就往中间挤，到个小站，下车再往两边跑。那时火车非常挤，过道走不过人，厕所里都是人，查票的乘务人员拿我们根本没办法。偶尔被逮住了，他们也没辙。知青们身无分文，补票没钱，要命一条；钱都买东西了，有点小钱早藏起来了。知青藏东西天下一绝，鬼都找不到。记得我们有个同学一次被逮住了，乘警让他补票，他说没钱。乘警让他管同学借，他说不认识。乘警问，不认识你跟他说话？他说，不熟，是一个排的，不是一个营的。说完乘警都笑了，他也笑了。乘警让他走了。现在想来，乘务人员是不得不"例行公事"，要真想抓，我们

知青在盘锦

谁逃得了哇！

还记得那次农闲放假，我把兜里仅有的五元钱和点里发的三十斤粮票藏在了"贼鞋"（黑色布鞋，像乌贼）的鞋垫下，到沈阳后，我无法从票口出站，只能从南两洞桥滑下去。那时晚上快十点了，我扛着多半麻袋土豆，兴奋地往铁西的家里走，舍不得花五分钱坐公交车。走着走着，我就想起了鞋里的钱和粮票，忙看时，左脚的钱还在，右脚的粮票却不知了去向。我当时脑袋嗡地一下，都要炸开了。三十斤粮票，是我一个月的口粮啊，丢了就意味着这个假期我要吃家人的粮份了！我毫不犹豫，扭头就回去找。一路没有。我又把土豆藏在黑暗处，从跳下来的南两洞桥爬上去找，终于在调车场的轨道里发现了那个裹着粮票的扁纸包。那一瞬间，我感觉空气都是甜的。可正在我兴奋时，却被两个查票纠察队的逮住了。我好说歹说求他们放了我，可说啥也不行，非要带我去补票。那时从羊圈子到沈阳的火车票钱是三元二，我手里正有五元钱；可这五元钱是我整个假期的压兜钱哪！我说死不去，他们就撕扯我。我那时年轻力壮，他们两人根本弄不走我。正待我伺机逃跑时，他们俩大声向不远处的几个检车工求救。那几个检车工凑过来，看了看我，就七嘴八舌地冲那两个纠察队的开火了：谁家没知青啊！你家没有哇？看你俩把孩子吓得！那么认真干啥！戴两天红胳膊箍瞧你这嘚瑟，过几天你还得回段里来！……

他们把那两个"纠察"围在中间好一阵数落，我乘机溜掉了。走在调车场的轨道间，红红蓝蓝的信号灯在我眼中支离破碎了，我热泪盈眶，不是因为所幸逃票，而是感受了天下民心。

恋爱桥和知青情事

疯狂的年代，恋爱的季节，知青的爱情是具有非常浓烈时代气息的烈焰，也是充满荒诞和异样激情的人生荒火。据后来有关部门统计，当年知青在青年点的恋爱率达百分之九十八以上，很少有没在农村谈过恋爱的知青。知青的恋爱因素有以下五种情况：两情相悦（真正爱情）、同病相怜（都是政治地位低下者)、心灵慰藉（生活和心灵相帮）、政治婚姻（仕途相携）、害怕孤独（怕不谈恋爱被边缘化）。这些因素中以第三种和第五种因素为多。因此，知青谈恋爱者多，成功率却较低，最后能走进婚姻殿堂的，只占五分之一不到，大多在回城或上学、当兵之后都分道扬镳了。但知青当年轰轰烈烈的近乎原始的恋爱风暴，实实在在给那个时代留下了亮丽的一笔。

我们羊圈子知青的恋爱火焰是在并大点后才开始燎原的，在这之前，谈恋爱的还是极少数，谈者大都是较隐蔽的。后来就到了"改苇造田"工程的攻坚阶段，每天的活很累，"早晨三点半，晚上看不见，地头两顿饭"。再加上无休无止的政治学习、批判斗争、"斗私批修"，每个人从精神到肉体都达极限，接近崩溃的边缘。这样，最后一扇拯救人类灵与肉的大门终于被撞开了。在地里干活时，女生的任务完不成，男生帮着干；下工后，男生的脏衣服女生帮着洗。有谁挨了欺负，相悦者挺身而出；有谁生了病，相怜者悉心照顾。就这样，爱情的春笋一夜之间纷纷破土。对这种现象，后来的婚姻专家论断为是"原始异性萌动期"，少有爱情，这也是后来大多恋爱者都没走进婚姻的症结。但那些恋爱壮举，着实为知青枯燥的青春期平添了无限色彩，也给那些无助的心灵铺下了一块松软的缓冲地。

回忆那段时光，现在我们都会激动不已。每天下工后，吃完晚饭，开过大批判会或赛诗会，知青恋人们的爱情生活就开始了。平时无闲打扮的女生，也会尽量穿戴得干净些；不爱修饰的男生也开始注意仪表。宿舍是攻坚地，谁先占下了，其他人就会自觉离开，去寻找属于自己的天地。秋冬的柴垛、草料房、马厩后的背风地；春夏的河堤、坝埂、苇丛中都是知青恋爱的圣地。

我们大青年点是在大苇塘边修建的，一条一里多长，只能走两辆车的土路，是我们硬用草包背土在苇塘里垫起来的。路两边还栽了两排柳树。在小路和乡道连接处，修了一架三孔小石桥，起名建新桥。可我们都管它叫"恋爱桥"，因为这条小路边的柳树下和苇丛中，是知青恋人集聚最多的地方。每到夜色降临，这里一对对情侣就光临了，多得几乎无法相互躲避，久之就视而不见了。亲亲腻腻的爱举对恋人再正常不过了，可在这里却成了奢侈；拉拉手、吻一下，不知前后左右要扫描多少次，半路还总会被惊散。没办法，知青能去的恋爱地儿太少了。就这样也没耽误爱情之火的燃烧，进入高潮时，眼睛就是窗门，一闭便入无人之境。那个年代，婚前性行为是可怕的魔鬼，怀孕就意味着灭顶之灾，但大多知青都经历过降妖除魔的历险。之后的日子对情侣双方都是磨难，盼那个平安无事的生理周期，胜过盼星星、盼月亮；越盼它越不来，害得一对小恋人心惊胆战，起誓发愿，再不敢干了。可一旦平安无事，一切还会从头再来。戒爱要比戒毒难一百倍。

改苇造田和千年遗祸

☆杨永信、郝玉琦合影

1998年，我看到了一则羊圈子苇场的电视广告，某养鱼池卖鱼苗。我眼前一亮，这不是我们青年点吗！原本一排排的宿舍，淹没在荒苇中，有的没了房顶，有些已被扒倒，成了残垣断壁。几乎所有房子的门窗都朽烂，破败不堪。只有刻着"广阔天地，大有作为"水泥标语的大队部还算完好，变成了养鱼苗工人的宿舍。我们的稻田呢？我们辛辛苦苦开出来的上万亩稻田哪里去了。为了寻找梦中的稻田，我天天按时等在电视机前，无数遍地琢磨那个广告，可我梦中的稻田却千呼万唤不露面。终于有一天我顿悟了，电视屏幕上那一望无际，白亮亮的水面下就是我们开的稻田哪！我们用青春和热血创造的成果，竟成了养鱼池。

一时间我心里有被情人背叛的感觉，他们这么做是犯罪呀！

于是我借到盘锦出差的机会，绕道到了青年点。那是在我离开青年点二十多年后第一次回去，眼前的青年点比电视广告里还破败。一时间我百感交集，心情比这荒草残垣还凄楚。正当我站在旧时的梦墟上发呆时，一个二十几岁的小青年迎过来："哎，大哥，买鱼苗啊？跟我进屋看看，缸里有样子。"

我突地转回身，兴师问罪地冲他吼道："你们真败家，这么好的稻田咋改养鱼池了？"

那小青年被我的一声高嗓震住了："你……你是'青年'吧？"

"是，咋地？"我向他逼近。

小青年听说我真是"青年"，本能地退了几步，冲大队部方向惊呼："老搜（叔），有青年来了。"

片刻小青年的老叔应声跑来："又有'青年'来了？这些日子来了好几个了。这广告还真有用……"

这个老"搜"比我能小三五岁，看来他对当年知青的事似乎门清，一口气就说出了三四个当时最能打架斗殴的知青的名字，问我认不认识。我不由脸红了，都20多年了，难道我们知青留给当地老农的就这些印象？我突然为刚才不礼貌的语气愧疚，忙换了口气说："啊……出差路过，回来看看。"

于是老"搜"就回答了我的许多疑问。他说，我们青年都回城后，这些新开的稻田就不咋种了，因为是用苇田改造的稻田，杂苇的根子除不净，稻子根本长不好，有时连种子都收不回来。后来分田到户，没人要这里的地，他就包了当养鱼塘了。我对他的回答不甚满意，抢白说："啥地不是慢慢种熟的？再说，这么好的房子拆得乱七八糟，太败家了！"

老"搜"说："不拆拿啥建养鱼池？地的事我也说不明白，我这养鱼池也干不了几天了，上边要弃耕还苇呢，这不打广告甩货呢嘛！哎，对了，一会儿有环保勘测的人来，你问他们吧。"

没一会，环保的人还真来了，一听说我就是当年在这"改苇造田"的知青，犹如找到了元凶，七嘴八舌地向我开火——"改苇造田？造孽！咱这是世界第二大苇塘，光你们知青'改苇造田'就给祸害了二十多万亩。二十多万亩的好苇田哪，都给毁了，到头来既不长苇子也不长稻子，不是作孽是啥？你知道苇塘和湿地是啥？它和森林一样，是地球的肺，几十万年才能形成一块有规模的湿地呀！

知青在盘锦

我呆呆地听他们数落，一句话也说不出来，若不是那个年龄大些的头头打圆场，我真感到无地自容。他说："那不是他们的错，那是'政治任务'。你们没赶上，不懂。"

那一刻，我的世界时空停滞了。我呆呆地看着他们勘探、测量，又呆呆地看着他们上了汽车远去。汽车快到"恋爱桥"时，那个年龄稍大的头从车窗探出来："哎，别听他们的。你们也有收获，还不小呢。你们收获了一种精神，他们没有！"

2017 年 4 月

杨永信 笔名康乾，1953 年 5 月出生。1970 年 8 月 28 日由沈阳三十六中学下乡到盘锦地区羊圈子苇场建新大队一队（大队是青年营）。做过大队通讯报道员、一队团支部副书记。1975 年 8 月 28 日，抽调回沈阳市市政公司当工人。此后历任沈阳市市政水泥制品厂工会干部，沈阳延风制药厂办公室主任、销售处长，《中国工商报》辽宁记者站记者，新华社辽宁分社信息社编辑，《上海证券报》辽宁记者站站长，沈阳盛鹏科技有限公司 CEO，沈阳康乾保健品有限公司法人代表。

国家二级作家。社团兼职：辽宁省作家协会会员、省民间文艺家协会会员、省民俗协会常务理事，沈阳市民间文艺家协会副主席、市作家协会会员，和平区文联副主席、和平区民间文艺家协会主席、和平区曲艺家协会顾问。

1982 年开始发表作品，主要从事小说、报告文学、诗歌、影视剧本的创作，也兼顾曲艺作品和民间文学。共发表专著 8 部，电视剧本 45 集（部），上演的舞台剧（小品）6 部，总量 300 多万字。作品发表在国家、省、市三级刊物和出版社，发表作品的主要媒体有：春风文艺出版社、辽宁大学出版社、沈阳出版社、远方出版社、《鸭绿江》杂志、《当代工人》杂志、《芒种》杂志、《江城工人》杂志、《辽沈晚报》《沈阳晚报》《千山时报》《晚晴报》等。

青年点里的那些事

◎肖玉香

我一生中最难忘的日子是1968年9月22日。那天早上,爸爸和哥哥送我到了沈阳南站,找到了举牌人,排好了队伍进站准备上火车。这个举牌人将要把我们这些年轻人带到我们以后生活劳动的地方——盘锦垦区荣兴农场双井子大队青年点,而我们这些从城里出发去青年点的中学生们,又将被冠上一个新的名字——知青。在那个年代,我们知青都是响应毛主席的伟大号召,怀着建设祖国的信念奔赴青年点的。坐在窗边的我

☆肖玉香

向着车窗外的父亲和哥哥道别,心里有多少的不舍!当火车将要开动时,父亲突然把心爱的苏联手表摘下来戴到我的手腕上,强忍的泪水冲出了父亲的眼眶,他紧紧拉着我的手嘱咐我:"在那里好好干,一定要照顾好自己!"车窗外的父亲,在我心里他是多么坚强的人啊!日子再怎么艰难,他也没掉过一滴泪,而在今天,难以割舍的父女之情和为女儿的担忧,却让他流下了泪水……火车缓缓地开动了,我们这些离开父母即将远行的孩子再也控制不住自己的眼泪,哭了起来,这时不知道是谁喊了一句:"同学们静一静,让我们唱支歌吧!就唱《年青人有颗火热的心》……"火车带着我们的歌声、载着我们的梦想渐

知青在盘锦

渐驶离了站台。

几经辗转，我们终于来到了双井子，眼前呈现的，是一片白茫茫的盐碱地。我抓起一把盐碱土装入信封，寄回了家。

青年点的生活很艰苦，我们喝的是大坑水。因为那时盘锦这里还没有活水水源，只是用这样的一个个大坑做蓄水池，由人和家畜共用。坑里面脏兮兮的，小水虫乱跑。刚开始的时候，我们看到这水都想吐，真的喝不下去。可人不喝水哪儿行啊！我们就劝自己：我们是来建设的，不是来享福的，强迫自己闭着眼睛喝下这大坑水。日久天长，也就习惯了。

一天，领队的老乡刘焕文带我们去河沟里割苇子，河沟里的鱼很多，老乡用镰刀一钩就把鱼钩上来了，然后用苇子把鱼串上。我们这些城里的孩子哪见过这么多的鱼呀？开心地忘了想家。等割完苇子，我们每人也都串了一串鱼，回到青年点，用大锅一炖，大米饭就着自己亲手抓的鱼，那可真香呀！

天渐渐冷了，我们知青都被分到各家各户居住，我和几个同学被分配到了西大井子，从此就与班里分开了。我们几个姑娘被分到了老乡杜大娘家，就住在她家的小仓房，杜大娘让老乡们帮我们在小仓房里搭了个小火炕，怕我们这些城里的姑娘冷，杜大娘每天晚上都会给我们烧上一把稻壳子，使我们的被窝一宿到亮都是热乎乎的。

夏天到了，每天出完工，汗水泥水湿透了全身，黏乎乎的，十分难受，可没有地方洗澡呀！后来我们发现了一个上水线的大闸，大闸下面有一块用水泥修的两米左右地面，于是这个地方就成了我们洗澡的浴池。每次洗澡得让一个女生在上面看守，如果有人经过，望风的人就喊"有人来了！"我们就赶快钻进水里，人走了再洗。洗去全身的汗水和泥水，真是舒服极了！

看电影得夜行十五里地到荣兴农场场部，那儿有露天放映场，这是大家最高兴的时候。每次去看电影大家都你追我赶谁也不愿落在后面，想早早地去找个好位置。看完电影夜已经深了，路上没有路灯，周围黑茫茫一片。这时我们这些女生是走在前面的，而男生们再不像来时那样跟我们女生比赛了，他们静静地走在我们的后面，一问才知道，他们是担心我们女生的安全，特意保护我们的。

青年点里有很多有趣的事，比如买鞋带抽出线来钩饰物、织衣服，这是女孩子们特别愿意做的手工；青年点里也很热闹，爱唱爱跳的王荣杰会时不时地给大家表演一段《红灯记》。对了，那时还有几个谈恋爱的，白天不好意思说话，等到晚上才偷偷摸摸地出去走走。为了怕人看见，他们常常约在下半夜，等着大家都睡着了再出去。可有时一个太累了，坚持不到时间就睡过去了，而另一个就会在外面傻等到天亮！

我们青年点还有个养猪场，当时是初二（三）班的何光任场长，领着我和另外几个人（四男四女）养这些猪。我们起早贪黑地打猪草，大猪生小猪的时候，忙得我们都忘了吃饭和睡觉，猪长大了便成了我们的盘中餐，改善了大家的伙食，我们都觉得很有成就感。

青年点里原来是有老乡给大家做饭的，后来大队要求我们知青自己把食堂管起来，大家推选我进了伙房。就这样，我起早贪黑地为大家奏响了锅碗瓢盆交响曲。最有意思的是贴大饼子，把和好的苞米面团成小面团，一个挨一个地往锅边拍，跟小时玩摔泥巴似的，有趣极了！有开心的事，也有可怕的事，有一次我去拾柴火，不小心被蛇咬伤了手指，当时吓坏了，同学赶紧把我送到卫生所打了封闭针，事儿是没有了，可到现在手指上还留着印迹呢！

还有几件有惊无险的事——

一是刘大娘家鸡蛋丢失风波：有一次邻居刘大娘家的一筐鸡蛋说啥也找不到了，她怀疑是知青偷吃了，弄得大家别别扭扭的。可是过了些天，她家的老母鸡从柴火垛里领出了二十几只小鸡崽，这个误会才算解除了。

二是一张报纸引发的"反动标语"案：那时只有大队部有报纸，我们见到了，就你争我夺地看，有的同学还时不时在报纸上留下几个字。不知道咋弄的，有一次大家胡乱写的字据说居然连成了一条"反动标语"，农场保卫组来调查，核对笔迹，可把我们吓坏了！幸亏这件事最后是不了了之。

三是宁忠友遇险：初三（四）班的宁忠友是看水员，一次，他为了清除放水管里的杂草，不小心被吸到了管线里，当时他的头和脚都卷在里面，只有腰

知青在盘锦

部露在外头，自己完全动弹不得，情况十分危险。后来当地解放军设法把皮带系到了宁忠友的腰上，这才把他拉了出来，当即把他送到了田庄台医院，总算没出什么大事。

　　1971年11月7日，我被抽调到辽河油田，结束了3年的知青生活。几十年过去了，我仍然很怀念那时单纯、无忧无虑的日子，怀念那些淳朴的老乡，怀念同学们之间那深厚的友谊。

肖玉香　1951年出生，下乡前就读于沈阳十一中初一七班。1968年9月，下乡到盘锦垦区荣兴农场双井大队西大井子小队。1971年11月，抽调到辽河油田试采团机关二食堂，做食堂炊事员、保管员工作。1976年11月，到兴油技校任会计。1986年，调沈阳采油厂作业队任会计。1998年6月退休。

难忘的知青岁月

◎ 肖军锋

时间过得真快啊,转眼间50年快过去了。每当想起那知青的日子,脑海里的情景就像大海的波涛一样,一浪接一浪连绵起伏地不断涌现。

永恒的记忆

1968年9月22日是我终生难忘的日子。这一天我随大批知青从沈阳满怀豪情地来到了盘锦垦区,从那时起我就和这片土地结下了不解之缘……

记得1969年下乡的第一个春天,天气特别寒冷,三月的海风吹得人感到刺骨的凉。早晨起来我就觉得头有点晕,随口告诉了好朋友周立杨就跟着同学们一起去育苗了。在泥泞的育苗池里每活动一步都要费很大的力气,先拧一下后脚跟才能拔出带有很多泥的靴子来,沉重的靴子让我感到头晕得更厉害了。这时周立杨正好被安排在岸上给大家递草绳,我冲她喊了一声:"我的头好晕啊!"她马上找来了连长张树国。连长是我们一起下乡的初三同学,他跑过来在障子的远处看了看我说:"没事!"就又忙别的去了。这时候一种要上吐下泻的感觉让

知青在盘锦

我眼前发黑、浑身冒汗,我知道自己挺不住了。周立杨看见我脸色不好赶紧跑去叫连长,张树国跑过来一看大喊一声:"快上来!"这时候我离用芦苇围成的障子边有二十多步远,刚挪动一步我就站不住了,身体直打晃。张树国急中生智,马上跑到离我最近的障子边扒了一个口子说:"快从这上!"这儿虽然离我很近,但就这五六步我当时感觉是那么遥远那么艰难,只觉得天晕地转眼前发黑,迷迷糊糊的我坚持着不知道是怎么走到那里的,只记得刚一到障子边我就趴在那儿昏了过去,什么也不知道了……后来听同学们说是连长和周立杨一起把我拽上岸的。他们两人一边一个架着我走,可那时候周立杨的身体也不好,连拖带架地走了几步他俩就一起摔倒了。连长一看不行就急了,让周立杨把我扶到他的背上,他背着沉重的我(当时我穿着一身棉衣,大靴子沾满了泥),快速地奔向场院的小屋,边跑边喊"赤脚医生"。到了屋内他们把我放倒在炕上,连靴子都没来得及脱,队里的"赤脚医生"李华就赶到了。半个多小时后我醒过来一睁眼看见杨队长、连长、"赤脚医生"和周立杨都站在我身边,我不知道自己怎么会躺在这里。大家见我醒过来了都松了一口气,队长说:"去田台庄医院吧,备个马车!"但我却不想去,只觉得自己一会好了还能下地干活呢!可无奈的是刚一动就浑身发软,连长一看这个样子便嘱咐周立杨说:"你照顾她休息半天陪她回去吧!让司务长做点病号饭。"大家知道吗?当时的病号饭就是一碗面条,但在那时候面食很少我们根本吃不到,所以一碗面条该是多么珍贵呀!回来后周立杨向司务长转告了连长的话,当时司务长是我们班的老段,没想到他听后却说了一句:"用吃病号饭吗?"我听了他的这句话很不高兴,就没好气地说:"不用!"结果他还就真的没做。这件事过去三十年后,1999年元旦,我们同学第一次聚会时,见到了老段提起这件往事,我开玩笑地和他说:"我一生就昏过那一次,可连一碗面条我都没吃到。"他也感到十分愧疚,立即表示一定好好请我一顿作为补偿。但那碗面条是永远也补不回来了。哈哈,当时的同学们是多么的天真单纯啊!

这件事情发生的第二天,我给家里写信,告诉了爸爸妈妈。本想能得到父母的安慰,没想到挨了一顿批。爸爸在回信中说:"以后写信只许报喜不许报忧！"后来我才知道妈妈看到信后哭了一场，所以爸爸才这样要求我。要知道那时我才十六岁啊！现在十六岁的孩子可能还在爸爸妈妈的呵护中，而那时的我们却要学会独立！当然，也正是因为我们经历了那一段艰苦的岁月，我们才坚强起来、成长起来，在以后的人生道路上，无论遇到什么坎坷，我们都不再畏惧。

这么多年来，我对当时帮助过我的连长一直心存感激之情，当时我不好意思说声"谢谢"，话到嘴边总是没说出来。事情过去了三十多年，直到在一次同学孩子的婚宴上我又看见了老连长张树国，这才对他表达了这么多年来一直想说的话，我对他深深地鞠了一躬，并说了一声："大哥，谢谢你！"

如今张树国大哥早已经不在了，但在我的知青岁月中他给我的关怀，却永远留在我的记忆中。

场院的冬夜

小小的年纪就来到了农村，多少个不适应啊！不习惯的生活方式，不习惯起早贪黑的劳动，不习惯作息时间的改变，不习惯农村的伙食……但是我们干什么来了？是要和农民打成一片，要接受贫下中农的再教育，所以一切的改变都要从"不习惯"开始。

记得下乡后的第二个冬天，天气格外冷。海风吹得人真是透骨地寒。脱谷的活对于我来说太不喜欢干了！不是怕累，而是因为一天二十四小时要三班倒，白天还好说，每天夜间十二点到早上八点这班简直就困死人了。我们要像机器人一样整夜做着同一个动作，大家排成队一个挨一个地把稻子送进机器里脱粒，每个人手把着一小捆稻子，左右翻滚着手臂。握稻子的手不能松也不能紧，松了稻穗脱不干净，紧了手就会被卷进机器里。要是一犯困就会更危险，所以多困都要坚持着。

这一天又是我第三班，围着脱谷机我们来回地走着，黑黑的夜里没有一个人在说话，只听见机器的轰轰声和噼里啪啦的稻穗声，那声音就像催眠曲。一

知青在盘锦

小时、两小时过去了，我的困劲又上来了。迷迷糊糊中突然手中的稻穗被机器狠狠地抽了进去，我好像从噩梦中刚醒来一样吓了一大跳。不好！刚才我那是要睡着了，怎么办？我不能就这样，这一夜下来还不知道会发生什么事呢！于是我想了一个解决的办法。

"尹凤英！"我悄悄地喊着她，"走，咱们找地方睡觉去！"我俩趁大家不注意来到一大堆刚脱完的稻草旁，扒开厚厚的稻草把我们自己埋了进去。哈哈太好了！谁也发现不了我们。就这样我们俩迷迷糊糊地躺在了那里，被冻得咝咝呵呵的。大概过了半个小时左右，领着我们干活的杨队长发现人丢了两个。可了不得了，这么黑的天人上哪去了？会不会出什么事啊？这可离青年点好远啊！于是他让大家放下手里的活一起找人。大家在场院周围四处找啊！喊着"肖军锋——""尹凤英——"喊了一遍又一遍，我们听得一清二楚就是没敢出声，其实也是怕队长说我们。大家围着稻草堆边喊边找，只觉得人群离我们越来越近，好像就在我们身边。不知道是谁一下踩到了尹凤英的脚，她"嗷"地一声坐了起来，这下大家都跑过来了。好家伙我俩当时真是无地自容，低着头等着队长数落。可是杨队长只说了一句："困了就回去睡，在这睡冻坏了怎么办？"队长不但没有责怪我俩，还温柔体贴地说了这么一句，这句话到现在我还记忆犹新。但当时我俩就觉得不好意思，什么也没说就又走进了脱谷的队伍中。

事情虽然过去这么多年了，但一想起这事我总觉得对不起杨队长，对不起那些同学们。因为当时年龄小，不会也不敢去面对自己的错误。

2008年9月，我和学校的一百多名同学组成知青回访团重返盘锦，有机会回到了我40年前下乡的荣兴农场，看见了那熟悉的土地，那热情的人们。我也真想再见见我的杨队长。在双井子大队的队部前，熙熙攘攘的人群中，只听见："肖军锋，肖军锋在哪？"这声音怎么这么熟悉？这么亲切！顺着声音我看到了，是杨队长！真是太高兴了。老远就看见一个同学把杨队长领到我的面前，他伸出了那双有力的手握住我的手，问我的第一句话就是："还记不记得你在场院睡觉的事了？"我的天哪！真没想到40年了杨队长还记得这么清楚，太不可思议了！我当时也不知道和他说了多少想说的话，反正激动的我无法控制心情，就想和杨队长合个影。这真是只有经历了才能体会到的感觉，而这种真挚淳朴的情感，让我至今难以忘怀。

水库历险记

1970年的春天来得比较早，我们青年点的活基本都干完了，队长通知我们要到水库对面的村子去挖沟。临行时村里的老乡告诉我们说："现在水库的冰面已经不结实了，冬天水库的冰是斜茬的能冻住，三月份水库的冰是立茬的，下面已经开始融化很危险，千万不能在冰面上走。"我们记下了。

按照队长的指示我们沿着水库边绕到对面的朝鲜族村庄，在那里帮助当地的老百姓干了两天活。这两天我们吃住在朝鲜族老乡家，香香的白米饭还有辣辣的泡菜真让我们一饱口福。还有那不同风格的地铺，干干净净的，真舒服啊！

由于天冷土地没有完全化冻，挖起沟来十分费力。我们女同学负责背大冻土块子，男生连刨带挖，两天下来大家都已累得筋疲力尽了。第三天下午结束了劳动开始返回青年点，同学们依旧按原来的路往回走。当我们走到水库边的时候，同学们已经走得没剩几个了。我和赵凤莲姐妹俩等四个女生望着远去的同学商量着：从水库中间穿行吧！这么走近些也能按时返回青年点。这时候疲惫的感觉已经占据全身，临行时老乡说的话早已抛在九霄云外了。

我们四个人直接从水库的冰面上穿行，不知道走了多久来到了水库的中间。突然冰面上出现了一道沟有近二尺宽，只见冰下面的水在缓缓地流。我们几个站在那里相互看了看，谁也不愿意再往回走，因为这个水库太大了路太远了。这时候赵凤莲的姐姐说："我先试试吧……"大家看她又瘦又小而且还是大姐就同意让她试试。姐姐在我们的搀扶下试着迈过去一只脚，没想到她的一只脚刚踏上对面的冰，冰就塌了，她的一只脚掉在了水里，吓得我们赶紧把她拉了回来。望着她那只湿漉漉的脚我们再也不敢往前一步了，浑身的汗毛都立起来了，我们也不知道是怎么走回来的。记得当时的我们都吓傻了，谁也不敢迈大步，生怕不知道什么时候会从什么地方掉下去，你可要知道如果我们真的掉下去了，周围没有一个人会知道的，我们只有喂鱼了，现在想起来还后怕呢……

回到青年点，那些同学们都已经到了两个多小时了，本想早点回来没想到适得其反。不过还真得感谢老天爷让我们这么幸运，使得我们有惊无险。回来后想起老乡嘱咐的话我们后悔极了，这真是"不听老人言，吃亏在眼前"啊！

这件事使我至今难忘，也许当时太年轻，现在回想起来，当时的我们是多么的幼稚啊！不知道和我一起经历此事的同学，还会记得我们的那次"历险"吗？

琴声相伴那难忘的岁月

刚下乡那会儿什么都感到新鲜，但时间一长就会觉得有些乏味了。为了增加一些情趣，同学们每天劳动回来就会拿起自己心爱的口琴尽情地吹起来，吹去一天的疲劳，吹去想家的烦恼，吹来愉快的心情，吹来对未来生活的向往……记得那时候我和张静贤、王敏等好多同学都有口琴，我们有的时候一起合奏，有的时候我则一个人爬上稻垛望着天上的月亮吹。我还经常学着王玲的样子用手在口琴下面打着拍子，那琴声就会变得非常有节奏感，显得那么悠扬、那么动听。

一天下工回来的晚饭后，我们又来了情绪，大家坐在炕沿边，面对面一曲又一曲地吹着。那单音和重音的合奏声是那么悦耳，它飘过窗外传出很远。此时的我们倍感音乐的伟大，这音乐可以催人泪下，也可以给人以巨大的力量。不知不觉已经到了晚上九点钟，大家却全然不觉，仍在兴头上。这时候对面屋住的初三（四）班男同学大喊了一声："别吹了！睡觉了！"而此时的我们一点困意也没有，就像没听见一样仍在继续。突然屋里一片漆黑，为了表示抗议他们把电闸拉了下来。我们忙喊"开灯！开灯！"但却没有任何反应，大家只好分头睡觉了。

那天半夜里我们北炕的同学不知道是谁先醒了，喊了一句："烫死我了！"这一喊大家都坐了起来，一摸炕好烫啊！睡在炕头的董洁珍还没有醒，我们边叫她边冲着对面屋喊："开灯！快开灯！！"大约喊了有五六分钟，对面屋的那帮"大觉包"才有人醒过来，拉亮了灯。结果我们一看每个人的褥子都有不同程度的损坏，第二个位置马秀华的褥子都烙黄了，可想而知董洁珍的情况一定更糟糕。等大家把董洁珍叫起来一看，那褥子已经完全烙煳了，她的背心后面全都成了焦黄色，大家一阵大笑啊！也许她太累了，也许她正在做美梦呢吧！要不她怎么一点感觉都没有呢？

第二天天一亮我们就把满腹的怨气发泄给了对面屋男生，可他们听明白是怎么一回事后反而乐坏了，起着哄说："让你们吹吧吹，看差点把炕吹着了吧？"当然这也都是笑谈，尽管我们心里明白：吹口琴实在和差一点儿把炕烧着没有一丁点儿的关系，但从此以后我们也有所收敛，再也不会自顾自地吹得太晚影响别人休息了。想想那天，没出大事还真的是万幸啊！

不管怎么说，在农村的那段日子里，小小口琴是我们唯一的乐器。我们时常通过琴声来抒发自己的情感。记得那时候，不管是欢快的、悲伤的、振奋的、抒情的，只要那个年代允许唱的歌我们都会吹。不用找歌本也不用记谱子，因为歌儿都在心里。

琴声相伴，我们走过了那段艰苦的日子。我们苦中作乐，苦中有乐，乐在其中！

海风·海蟹·海花

海风 没到海边来的时候，对海风没有一丝印象；下乡来到盘锦海边，领略到了它的风采，才有了深深的感受。

记得第一个春天插秧的时候，我们都是光着脚下到水田里的。海边的春天很冷，时时刮着海风。水田表面还带着薄薄的冰碴，踏破冰碴迈进田里不一会儿冻得腿就没有了知觉。由于有的地是种过的，有的地是新开垦的，所以水就

知青在盘锦

会深浅不一，深的地方水到大腿根，浅的地方刚刚没过脚面。就这样我们每天反反复复地在田间里来回走着，一脚深一脚浅，湿漉漉的腿被这无情的海风天天吹着，没过多久我和同学们的腿上都布满了数不清的口子。旧的口子还没长好，新的口子又落在了上面，真是疼痛难忍。感觉那腿的皮厚厚的，不像是自己的。

夏天最累的活是拔草，头顶着火红的太阳弯着腰，在长长的稻田地里拔去长出的杂草，那才真的叫"面朝黄土背朝天"呢！感觉到田里的水都是热的。当我们汗流浃背的时候，海风柔柔地会吹去我们身上的燥热。这时候我会直起腰来擦擦脸上的汗水，看一看自己已经落在了大家的后面。

秋天来了，一眼望不到边的稻田，金灿灿的稻穗沉甸甸地弯下了腰。海风吹得稻浪连绵起伏，一浪接一浪，壮观极了，在阳光地照耀下那景色真是美不胜收。

冬天的海风有些凌厉，吹得人刺骨地冷。而脱谷、挖沟、背土块这都是冬天的活，再冷也得干。那时候的农村都是小土房，连一棵树都看不见，海风吹来的时候无遮无挡，冻得人无处藏身，大家都盼着春天早日到来。

时过三十年，我来到了海滨城市大连定居，海风已常年与我为伴。然而不管是冬天冷漠无情的寒风，还是夏天温柔滋润的轻风，都只是在我面前一掠而过。只有那当年做知青时在垦区海边领略过的海风，才一直吹进了我的内心深处。

海蟹 在我记忆中最深的就是那海边的螃蟹。入夏时节我和同学们乘着夕阳下工回来，光脚走在那一望无际的盐碱滩上，就会看见黑压压的一片全是螃蟹，好多呀！小的也有鸡蛋黄那么大。我们好奇地悄悄走近一看，"唰"地一下全没了，哪去了？原来都进了洞里。这些小东西一个挨一个地紧贴着洞口，口吐着沫子目视洞外，只要你稍稍地离开，它们马上就会试着爬出来，可有意思了。这时候我们把手斜插在离洞口一柞远的地方，切断它们的后路，每个洞里都会有五六只螃蟹成为我们的俘虏。我和同学们把套袖摘下来用芦苇系上一头，把捕获的螃蟹一只只地抓进去，一会儿所有的套袖就装满了。后来我们再抓海蟹的时候就拿裤子装，满满两条裤腿的海蟹一前一后往肩上这么一扛，那种胜利的喜悦难以言表。回到青年点我们把螃蟹倒在食堂的大锅里，只见郑宝珍往里面撒点盐站在炉台上拿大铲子那么一搅和，一会儿这些螃蟹就成了我们的美味佳肴了。

在我离别农村以后，爸爸去给我办调转手续来到了青年点，男同学就是这样招待爸爸的。他们抓来许多海蟹煮熟以后把大锅盖翻过来当桌子，把螃蟹摆在上面，在月亮下围坐一圈向爸爸诉说想离开农村的苦衷。"肖叔叔，把我们也带走吧！"这是爸爸回来后和我说的，这句话代表了所有同学们的心声。当时的我听了以后心情真的很不好受，好像那个场面就在眼前。

现在虽然定居到了大连也经常吃海蟹，但是在市场买到的蟹子不管有多大多新鲜，都没有当年我们自己抓的海蟹那种味道，那种味道说不出、忘不掉……

海花 青年点的新房盖好了别提我有多高兴了，再也不用住老乡家了。倒不是嫌弃他们，主要是那大虱子让我受不了。顺着那炕边就爬过来了，烫也不死，冻也不死，愁死人了。这回我们有了自己的青年点我真的好兴奋。

我和谢荣莉被分住在一起，是一间只能住两个人的小屋。那时候我觉得最幸福了，高兴之余不忘每天下工回来采一把海花放在我们屋窗台的玻璃瓶里，也好在劳动之余放松一下自己。

那花不是生长在海里的花，是长在盐碱滩上的一种花，什么颜色的都有。有粉色，有黄色，有白色，还有绿色。花的形状长得像大米粒一样，枝条上没有叶子，光秃秃的杆上全是花，就像一把伞。那花的耐旱力特别强，我每天把新采来的各种颜色的花放在瓶子里，然后把前一天的花扔掉。那被扔掉的花很有意思，半个月都不会发蔫，还是那么鲜艳。有时候我在想，这花的生命力为什么这么顽强啊，太奇怪了！后来才领悟到是因为它生长在盐碱滩上，要经受比别的花儿更多的艰苦磨难，浪打风吹。

我喜欢海花，忘不了它，也许是因为海花在我少女时期曾留下了那么多美好的记忆。到现在我仍然非常喜欢花。我在自家的窗外栽了许多蔷薇花，虽然火红的蔷薇花在绿叶的衬托之下娇艳欲滴，但它远远不像盐碱滩上的海花那样顽强，用不着精心和刻意地呵护，依然会那么亭亭玉立，百媚千娇。

永存的知青情怀

有那么多要写的东西，只因有那太多太多挥不去的记忆和抹不去的知青情怀。

到农村插队两年多的一天，爸爸来信说："如果你收到电报不用害怕，那是调你离开农村。"果然没到一个月，也就是1970年10月下旬的一天，我的梦如愿以偿了。爸爸来电报通知我速到黑龙江沈空"五七干校"报到，在那儿待命。

接到电报的那一刻我正在田间，真是无法形容当时的心情，拿着电报就高兴地往回跑。路上遇见班里男同学排着队在坝埂上正和我走对面，他们用诧异的眼光看着我，不知道发生了什么事。当时的我没顾得上和同学们说一句话，直奔大队部找到书记，说明情况后请求带走我的户口和粮食关系。没想到大队书记十分生气地说："不行，你们这些干部子弟说走就走，不给！"我当时想：不给就不给。随即转过身说了声："不要了！"就跑开了。

回到青年点，同学们知道了我要走都为我感到高兴，纷纷商量着怎么为我送行到营口。我们西井子小队离荣兴农场有三十里路，到了农场还要坐公共汽车到渡口，然后乘摆渡过辽河才能到对面的营口市。如果农场这段路来回步行的话，那一天的时间就太紧张了。于是大家出主意让班长宋心红找杨队长联系，最好为我们出趟马车。真没想到杨队长那么通情达理，很痛快地答应了我们的要求，准备好了一辆大马车。当天晚上我和同学们都睡不着觉了，一是我要走了大家的心情也是五味杂陈，二是同学们好久没去营口了，也想乘机好好放松放松。大家商量着明天一起照张相留个纪念，剩余时间还可以在市里逛逛。

第二天我和班里所有的女同学早早就坐在通往农场的大马车上，杨队长代表老乡把我送到村口，然后千叮咛万嘱咐地告诉同学们早点回来。望着杨队长渐渐远去的身影，我从心里真的好感激他。一路上大家欢声笑语，不知不觉就来到了渡口，乘摆渡过河到了对岸营口市。在市里同学们帮助我办理了行李托运手续，然后我们高高兴兴地来到了照相馆。

来农村这么长时间大家还从没有照过相，因为没有任何机会。今天班里所有的女同学能在一起合个影我们都兴奋不已。同学们提议在照片上留字：送军锋。这是我下乡后和同学们的第一张也是唯一一张合影。这张珍贵的照片留下了我们花季少女的容颜，记录下了同学们风华正茂的英姿，也深深地记载着我们同学之间那份最真诚的友情。遗憾的是照片里没有男同学，很后悔走时没和他们告别，到现在我还经常为这事责怪自己。

郭国荣是我的好朋友，她是和哥哥[初三（四）班郭国文]一起下乡的，一直和我们生活在一起。她和大家一同去送的我。全班女同学合影她没参加，我俩单独留下了纪念照。遗憾的是至今我没能联系上国荣，真的很想她。宋真纯在我们女同学里年龄最小，我俩的照片已成了永久的回忆，因为她早已不在了。

☆知青合影（三排左起谢荣莉，李华，徐宣敏，尹凤英，郑宝珍，耿惠芬，王敏；二排左起何光，杨素兰，杨莉，宋真存，马秀华，杜静馥；一排左起郝庆荣，宋心红，肖军锋，张静贤，张红媛）

从照相馆出来同学们依依不舍地纷纷和我告别，但没有想到的是这一别就是29年！直到1999年我们班同学的那次聚会，我才得以和大家再相见。

从离开盘锦的那一天起我就告别了艰苦的知青生活，告别了我的知青路。虽然这段路走得时间不算长，总共只有两年一个月零八天，但总有那么多难以忘却的情怀经常浮现在我的脑海里。

知青在盘锦

回想起那段日子甜酸苦辣什么滋味都尝过。有过初恋的甜美，也有过想家的酸楚；有过劳动中的艰辛苦涩，还有过挨批后辛辣的触痛……那每天和同学们迎着日出去上工，送走晚霞还未归的情景；那"大战红五月，不插六月秧"的豪迈誓言；忙时凌晨两点钟打着手电下水田，一天三顿大饼子吃在田间；拔草时蚂蟥叮在腿上的那种胆战；背稻子时绳子勒到骨头缝里难以忍受的那种疼痛，这一幕又一幕的亲身经历让我怎能忘记？

我常想起早上五点起床和同学们集体去跳的"忠字舞"；常想起李华在我脖子上怎样地练针灸；常想起老蔫大嫂给我们做的那碗香喷喷的猪肝；常想起老乡手把手地教我们编苇席；常想起拉肚子时杨素兰怎样地为我洗裤子；常想起和同学们到二界沟一起去看打鱼船儿归……

张静贤经常和我说：你在农场待的时间短，所以一想起来都是快乐美好的事，也许她说得对吧！后来和同学们相聚时才知道班里最后一批回来的同学是在1975年。可想而知在那苦涩的岁月里，他们是怎样同甘共苦、互相关心，度过了最艰难的日子。青年点先后调走的同学也不少，有当兵的，有到油田当工人的，还有回城的，而留下的同学要一次次地承受这离别的痛苦，还要面对现实继续留在农村。他们比我受的苦要多得多，比起他们来我真是很幸运。

两年的知青生活让我对那片土地有着很深的感情。在那里我和同学们用青春播种着理想，守候着希望。我们一同流过泪，一同洒过汗。农村艰苦的劳动不断磨练着我，使我学会独立学会坚强。爸爸说："你有农村的这段经历，以后遇到什么困难都不会害怕。"是的，艰苦的知青生活锻炼了我们的意志，造就了我们这一代人刚毅的性格，也铸就了我们坚韧不拔和积极向上的进取精神。知青的这段历史把我们在人生道路上最艰苦、最坎坷、最美好、最壮丽的经历记载得淋漓尽致。知青的路留下了这代人成长与拼搏的脚步，这也是我们人生中最宝贵的一笔精神财富。知青的名字必将载入千秋史册。

一晃40多年过去了，到了2018年就是我们知青下乡整整50周年了。回首往事总是有那么多难以忘怀的情景，想起来就会浮想联翩感慨万千。只因我们把自己的青春奉献给了那片土地，在那艰苦的岁月里，人人都有着许许多多难以忘怀的故事。

如今的我们满头青丝已变成白发,根根银丝留下了岁月的痕迹。但每当同学们聚在一起的时候,大家还是那样激情满怀,还会像年少时那样开怀大笑,那样高歌欢跳。一同追忆过去,追忆那苦涩磨难的日子里是怎样共同走过;畅谈现在,畅谈我们现在的美好生活,畅谈如何健康才会让我们这份真挚的友情常在;畅想未来,畅想着下乡五十周年再相聚共同返乡时的幸福情景。同学们相互倾诉心中的感慨,没有班级的界限,没有年龄的区分,只有那真挚的友情在自然中尽情地流露……

知青生活在我的人生道路上是非常短暂的一瞬间,但我的那段知青梦留在了农村,留在了同学们的情谊中,也永远留在了我的心中。

肖军锋 女,1952年出生。下乡前就读于沈阳市十一中初一四班。1968年9月,下乡到盘锦垦区荣兴农场双井子大队西井子小队。1970年12月入伍在黑龙江省某部当兵,1974年复员在辽阳市白塔仪表厂做检验员,1976年4月调到阜新市中心医院机关工作。工作期间于1984年1月参加全国党政干部自修大学考试,1986年12月毕业于辽宁大学党政干部专业,同年加入中国共产党。曾任阜新市中心医院工会副主席,高级政工师。2001年内退,2002年应聘到大连世纪人才市场交流部,任行政部长。2007年11月正式退休。

知青在盘锦

青年点八年笔耕不辍
三百万字文稿留存至今

◎沈殿忠

我原是沈阳市三十八中学初中二年级的学生,1968年9月响应"再教育"号召,参加"上山下乡运动",离开城市,来到当时被称为"南大荒"的盘锦,一共在青年点生活8个年头。

我下乡时,有备而来,除了小行李卷,还有书、纸、笔。从到农村的第二天起,开始写稿,包括:写日记、写读书笔记、写思想片段、写人生思考,还写了不少长篇的专题论述,同时也留下一些那个特殊年代的记录材料,期间断断续续也偶有一些杂诗,以及一批知青书信,一直写到离开农村的头一天晚上,这些手稿今天自称为《我的知青文存》。8年里写的全部手稿,一直带在身边,从青年点(8年)带到县农机厂(1年),再到县委宣传部(3年),最后带到辽宁社会科学院(在职工作近34年),一直到退休后(已过3年)的今天,基本没有遗失。但是,知青8年写了多少字,很长时间里不清楚。进入新世纪,委托一个打印社(大概费用有1万多元)形成电子版,才知道约有300万字。这一次,盘锦市政协文史委征文,我进一步仔细核算全部文稿的字数,得到详尽结果,一共是304.9万余字。由于其中的10多万字,主要是别人写给我的信,而我写给别人的信大概都遗失了,虽然今天仍在以存信为线索祈愿寻找，但此愿难圆啊。因此，还是说我留存至今的个人知青文存约有300万字吧。但是，我感到在中国当年的1800万知青中，这可能是唯一一件达到300万字规模、留存至今、并且是一个人撰写的知青文存。我知道，当年的知青中写文稿的人很多，但是坚持多年写下来的人不多；坚持写的人不是很少，但是把几十年前的文稿留存至今的人不多；留存知青年代文稿的人也不是很少，但是一个人独立撰写达到百万字以上规模的人不多。我希望，在今后的历史性发掘中能够有人打破我的这个纪录。

我的知青文稿中，有一部分是日记。1998年下乡30周年的时候，辽宁人民出版社曾经出版了一本我的日记选编，题为《思想沉浮录——一位知青尘封30年的日记（1968.9—1975.11）》。从该书中，不仅看到了我在农村生产生活的概况，更看到了我在农村读书写作的概况。就日记所涉个人知青事情的比重看，"事"的记叙比较"简"，"情"的记叙比较"繁"。如，我们下乡时是秋季，正是秋收时节，在盘锦就是割稻子。我的日记就写了几个字："昨天下午开始学割稻子。"但是，下面是一大篇思绪，其中写道："只要有全心全意为人民服务的精神，只要有艰苦奋斗的精神，是一定可以干好的。革命不是容易的事，是件很艰苦的事情，要革命，就要艰苦奋斗，不想艰苦奋斗就别来革命。革命就要有困难，革命就要克服困难，怕困难，就别想革命。"此种格调，时常溢出。七八年的农村岁月里，我的"知青日记"基本上是连续的。也不是每一天都有确切的记录，但是每一个月都有很多日子写下了内涵丰富的记录，直至离开农村的最后一天。在1975年11月末结束我的知青生活时，日记中写道："今去办理户口和粮食关系，顺利。"但是心潮汹涌，溢于言表："此时：我端详着自己的过去，沉思自己的现在，展望自己的未来。生活中没有什么使我忏悔的目标、追求和使命。""要把历史的高潮和低潮都铭记在心。""注视着祖国的前途，人类的命运，充满着多少惊心动魄的风云。此际，怎样迎接那连天烽火的来临。"情趣昂扬，贯穿始终。

我的知青文稿中，有一部分是读书笔记，这是大头，超过76万字。实际上不止这个数，因为在其他部分的文稿中，也在不同程度上包含了读书笔记

知青在盘锦

的内容。笔记一分为三，一是综合类，如读马恩列斯毛著作的笔记。这方面，我的功夫用得很多，直至最后结束知青生涯时，是在通读完《资本论》（1—3卷）后，才满怀感慨离别农村。最近，我重读《资本论》（1—4卷），前3卷用的还是知青时期的那个版本。重新看到那些留在《资本论》（1—3卷）几乎每一页上的圈圈点点和密密麻麻的画线，感到了又一种"激情燃烧的岁月"，或者是"别有一番滋味在心头"。当然，知青时期读马列的条件很艰苦。我记得，恩格斯的《反杜林论》是在农闲时修水利、挖沟渠过程中读完的。当时干活，每人一天一段，我身高体壮技巧，一天的活，半天可以干完，然后，躲到一边去，看半天书。当然，此类读书笔记不局限于此，还有不少读国内外其他"领袖"人物著作的笔记，包括读国外革命领袖或者"修正主义"头子的书，以及国内相继成为"走资派"的一些人的书。当时，读这类"坏人"的书要有一点遮掩，悄悄地读，不能大模大样地读。二是人文科学类，主要是读哲学、经济学、历史学、文学，以及上一世纪50年代被作为学科取消的政治学和社会学方面的书。这一类的笔记很多、很杂、很有意思，有些当时就分编成册了。读这一类书有一点走错房间的意味，"文化大革命"前我是专注于"数理化"，就想成为科学家；没想到命运改变了我的理想，阴差阳错、歪打正着，撬动和激发了我对于社会科学的兴趣，由此成就了人生的另一番事业。三是自然科学类，这方面的读书笔记也很多。下乡前，我是初中生，下乡后，从高中的数理化课本开始看，几年下来，高等数学和大学的物理、化学，以及地质学、天文学、生物学方面的教程看了不少。几乎每学一门课、每读一本书，都多多少少地写了相关的笔记，并且做了不少学科教程的索引（文稿中的索引部分有4.6万多字）。总的来看，我的读书笔记不自觉地注意到社会科学与自然科学的相互渗透，比较侧重人与自然关系的思考。由此想起，我下乡盘锦12年后直接调入辽宁社会科学院，在研究所从事专业研究工作，做学问的方向始于自然辩证法研究，终于环境社会学研究，同当年的阅历大概有一脉相承的关系。

我的知青文稿中，有一部分是人生思考，涉及人生观中的一些重要问题。

相关文稿中主要是"论社会"（近19万字）、"论学校"（10万余字）、"论学习"（约12.4万字）、"论劳动"（近7.5万字）、"论工作"（7万余字）、"论理想"（约0.74万字），合计超过46万字。其中"论社会"写了15节，除第1节"绪言"外，余下各节标题分别为：社会环境分析、城市社会分析、社会政治分析、社会经济分析、社会文化分析、社会历史分析、国际社会分析、社会革命分析、社会英雄分析、反修运动分析、理论学习分析、学校教育分析、社会影响过程分析、社会效果分析。最近，为了撰写盘锦知青征文，简单浏览一下上述分析，感觉其中不少还是有相当程度的学术意境。"论工作"这部分文稿，主要是立足于我学生时期"参与社会工作"和下乡后走向社会"参加工作"的实践，结合两部分经验有感而发。在学校，当时有的人在校学生会任职，有的人在校团组织任职，唯独我既在校学生会任职，又在校团组织任职，颇以为经验不少。在农村青年点8年里，我既没有担任过生产队队长或者更低层次的生产小组长以上的职务，也没有担任过青年点点长或者更低层次的班长以上的职务，主要是劳动力，干农活，种稻田。但是，走到哪，干到哪，读到哪，写到哪，思考到哪，颇以为感触很深。相关文稿一共写了10节，除第1节"绪言"外，余下各节标题分别为：工作过程的思考、组宣工作的思考、带头与办事的思考、工作关系的思考、工作与学习的思考、工作方法的思考、工作经验的思考、责任心与事业心的思考、工作与成长的思考。几十年后，当自己已经从在职岗位上退下来的时候，想想年轻时关于工作规律性的一些思考，感觉还是值得的。

我的知青文稿中，有一部分是专题论述，主要是血统论问题（近20万字）、"文化大革命"问题（约43.8万字，其中，除了一部近10万字的"文化大革命"专论，还有一部《论"红卫兵运动"》也近10万字）、"再教育"问题（约

☆沈殿忠

知青在盘锦

14.4万字，算是那个年代对于知青问题的专门研究）。在"文化大革命"中（其实"文化大革命"前也是这样），血统论是一个有重大影响的社会思潮，也是一个有广泛影响的社会问题，还是一个有深刻影响的社会传统，关系到非常重大的社会政策。遇罗克为此走上断头台，并不是他一个人的悲剧，而是我们这个国家和民族的社会悲剧。那个特殊的年代里，在批判血统论的问题上，我们很多人的价值取向是一致的。区别是，遇罗克等人走的是体制外批判的道路，我们另一些人走的是体制内批判的道路。应该说，批判血统论具有历史的必然性，体制内批判和体制外批判都有历史的合理性。当然，不同的批判也有各自的历史局限性。这里不是专门介绍我的血统论批判，但是可以把代表性的文字一字不移地转贴如下，在我当年完稿后曾经复写（可能有的人已经不知道何为复写纸了）多份，并且在社会上散发过的一部"论著"中，开篇即说道："我们注意到这样一种历史事实，自从有阶级社会以来，每一阶级事业与利益的继承人大都是属于本阶级出身的人，即与本阶级的家庭有血统关系的人。特别是在社会的相对稳定时期更是如此。虽然，并不是某一阶级出身的人全部成为本阶级的继承人。这种历史事实说明了什么呢？说明了家庭的血统影响的重要性，也仅仅说明了家庭血统影响的重要性，并不说明家庭血统影响的决定性。这只要看到新中国的社会主义社会中各种阶级家庭出身的青少年，他们大都是革命或能够革命的事实，就会知道，血统对于一个人最终成为哪个阶级的成员，并不起决定作用。"孰是孰非，自有后人论短长。

　　我的知青文稿中，有一部分是特殊记录。曾记否，我可能是知青中第一个去省政府上访的人。下乡仅仅几个月的时间，由于倍感不公平的待遇，深夜出走，回城告状，至今我还保留着这份上访信的草稿，近6000字。同时，在我保留的原生态材料中，还有一份当年对于我的批判会记录，是我在现场听取批判时发挥善记特长亲手记录的。说起来有意思的是，现在人们对于那个年代"批判会"的认知，很大程度上是从小说或者影视作品中得到的，声色俱厉，无限上纲，火药味十足，乱哄哄一片，其有写实，也有"创作"。我的记录则从一个微观视角，无意中还原了当年在社会最基层的生产队（现在叫村民小组）里，召开一次对于个人的批判会是什么样子。从记录中可以感受到，气氛大体平静，发言七嘴八舌，常常东拉西扯，主题若即若离，表述参差不齐，不时家长里短，总的看有压力，但没致命。批判会告落，我除了夜半屋后作为男儿唯一的一次"有泪轻弹"，还可以保持常态的生活方式。当然，我的知青生活有一点特殊，8年里吃在青年点、长在青年点、工作在青年点，却始终没有住在青年点。因为，青年点的氛围有点嘈杂，不适宜读书写作，所以，我8年的知青岁月一直住在农民家，尽享得天独厚的读书写作待遇。在史家二队前后住过两家，他们的陋屋和屋中一盏有点昏暗的灯光，给我提供了那个年代最优化的读书写作条件。8年里风风雨雨，不论是大自然的风雨，还是人世间的风雨，老乡们都置若罔闻般地留住了我，至今回忆起来仍然充满温馨意味，充满感恩之情。

  我的知青文稿中，有关那个特殊年代的特殊记录还有不少，如村史调查稿、儒法斗争简史通俗讲话稿、大字报稿，等等。这些"继续革命"痕迹很重、"阶级斗争"烙印很深的文字，反映了一个时代的偏激，内含了一个民族的创伤，印证了一个国家的痛史，记载了那一段社会发展的艰辛探索。对于今天的人们而言，这些历史记录已经太遥远、太陌生了，但是对于那个年代社会史的研究，还是弥足珍贵的"原始文献"。当然，任何一个时代的生活，都不可能完整记录下来，我也不能免俗。曾说否，我是知青中打工者的"先驱"，说的就是青年点的同学们"放假"回家时，我由于生活所迫，独自一人，来到县城，干临时工，挣一点血汗钱，略补无米之炊，同时也领略了另一种"社会大学"的风貌和内涵。遗憾的是，这些经历没有形成完整丰富的文稿，仅仅在日记里有一点零散的记载。比较而言，在我的"特殊记录"文稿中，篇幅最大的还是当时科学实验的记录，现存有6.7万多字，在全部"特殊记录"文稿中占51%以上。这个比重也是我知青活动状态的一个反映，表明在当年的所谓"三大革命运动"（即那个年代的阶级斗争、生产斗争、科学实验）中，比较重视科学实验的选择。而且，有关"科学实验的记录"不仅是技术问题的记录，还有很多科学心态、实验方法、分析思路、探索理念方面的认识。

知青在盘锦

我的知青文稿中,还有其他一些内容。如有一部分是"思想片段",超过14万字。什么意思呢?就是随时记录的一些思考。很多是在田间地头干活时,突然有了一个想法,马上掏出笔,把想法写在一小块纸上,什么纸都有,大大小小、整齐不一,隔段时间,粘贴起来,一册一册,也保留至今。需要提及的是,分散在"思想片段"和人生思考的"论学习"部分中,很多是探讨学习方法问题的。这些思考在今天看来,很大程度上已经进入方法论层次。也就是说,我在知青年代比较重视方法和方法论问题的思考,这种思考,终身受益。再如,有一部分是书信,数百件,近17万字。从市面已经出版的"知青书信"看,不少都有后来加工的痕迹,而我的知青书信存稿统统是货真价实、原汁原味的东西。问题在于,我留存的知青书信主要是收到的来信,是别人(知青同学)写给我的信,至于我写给别人的信,大概已经极难寻找了。不过,存稿中个别也有我的原信,不知何故留存下来,是不是当年就没有发出,不得而知了。根据我在北京潘家园的观察,这些知青书信每一封都可以卖几个小钱,因为有人收藏,有点价值,但是我不会卖的。又如,我的知青文稿中,有一部分是杂诗,数百首。历史上,人们在穷困潦倒之际,往往流连于吟诗作赋。可能受此影响,我的知青岁月时有习作,虽情趣格调不低,但吟唱水平不高。曾经合编成一本手抄稿《新开集》(村旁有新开河,取名于此),被一位朋友拿走,后来失联,至今找不到。

我的8年知青文稿,累积300万字,一时觉得似是鸿篇巨制。如果说有"青春无悔"的话,它足以让我青春无悔,足以让我为整整一代人的独特青春做个注脚。当然,300万字知青文稿与我后来在地方社科院工作30多年的研究成果相比,真是"小巫见大巫"了。知青时期,我梦寐以求的理想就是读书写书,来到社科院之后,才知道这个单位的主业就是读书写书,豁然有了"一生理想、圆满实现"的满足感。几十年下来,个人撰写的文稿有点"著作等身"了,已刊稿和未刊稿加在一起,连同知青文稿,近2000万字,而且还在与日俱增。但是,假如有朝一日能够出版个人全集的话,我还是愿把知青文稿放在首要的位置。

2016年12月

沈殿忠 1950年出生，2013年退休。曾担任辽宁社会科学院社会学研究所所长，兼任省人大常委（1998—2012年，连续三届）、中国农工民主党第十二届中央委员（1997—2002年）、农工党中央社会与法制委员会副主任（2007—2011年）、农工党辽宁省委副主委（1997—2011年，连续三届），以及第七届（1990—1995年）全国青联委员、沈阳市政府参事（2006—2012年）等职。

1968年9月由沈阳市三十八中学下乡到盘锦垦区大洼新开农场史家大队，先是在史家八队待几个月，然后转入史家二队，一直到1975年11月底被招工，是史家二队青年点里最后一个离开的68届知青。在青年点生活的8个年头，没有担任过生产队和青年点的任何职务，也没有在生产队和青年点外担任过任何社会职务。8年里始终是知青劳动力，每天早起（无论冷暖，下地干活特别早）、午休（休歇很短，很多时候是在农田水利的现场）、晚归（收工后在青年点吃饭，然后回农民家住宿）、夜读（睡前的绝大部分时间用于读书写作，往往至深夜凌晨），日复一日，天天如此；每年春种（插秧挑苗）、夏锄（锄草）、秋收（收割背运）、冬"战"（农田水利大会战），年复一年，年年如此。参加了当年盘锦很多重大工程的劳动，如修建沟海铁路（沟帮子—海城），在工地起早贪黑干了数月，睡的工棚一铺炕上一二十人，就是在这个背靠背的拥挤空间学会了抽烟（直至1986年戒掉）。干活之外，埋头读书，坚持8年，笔耕不辍，撰写了约300万字文稿，留存至今。1975年结束知青生涯，到大洼县农机厂铸造车间从事翻砂工作近一年。1976年10月，调入县委宣传部理论科，主要业务是写稿、讲课、大会发言，等等，还一度分工党员教育，多次申请加入中国共产党，未成。

1980年初调入辽宁社会科学院，先后在哲学研究所、自然辩证法与科技发展研究所、社会学研究所从事专业研究工作。此前此后，没有上过大学，至今没有取得任何一种大学文凭和学位（包括全日制或者在职学习

的学士、硕士、博士，等等）。1983年后，比较顺利地相继评聘为助理研究员、副研究员、研究员（终为二级研究员，是国内社会科学职称系列的顶点，目前国家在该系列不评一级）。1995—2013年担任辽宁社会科学院社会学研究所所长（1992—1995年担任副所长）。1996年加入中国农工民主党，在党内担任过中央委员和省委领导职务，在党外先后兼任过数十项社会职务，获得了国务院"政府特殊津贴证书"（1993年），"全国五一劳动奖章"（2006年），辽宁省委、省政府表彰任命的"省级优秀专家"（2005年、2010年），"辽宁省五一奖章"等荣誉称号。

一个六八届知青的成长历程

◎吴佳箴

我出生于1947年，沈阳十一中67届高中毕业生，1968年9月22日下乡到盘锦荣兴农场双井子大队。三年知青生涯，我和同学们一起风餐露宿、开荒修渠、春播秋收、自盖营房。其中记忆较深的是一次我们跟车去营口水源公社拉砖，满载的汽车经过封冻的辽河时，冰层嘎嘎作响，产生了明显的裂痕，不觉身冒冷汗。为了抓紧备料，晚上就睡在砖窑上，北风呼啸，心在颤抖。早春四月水凉刺骨，光着的腿脚被苇茬划

☆知青吴佳箴

破，鲜血和泥水搅在了一起，但我们都无所顾忌。到了插秧时我们健壮的男同学挑苗，百十斤的担子一路小跑。秋天割稻子就像上了百米赛场。由于我表现好，被评为五个一等劳力之一。后来被连领导指派担当伙食长这个重任，在物资匮乏的情况下需要公平和无私，尽力让每个人能吃饱。1971年经连领导和贫下中农推荐离开了连队，参加了辽河油田的会战。

在油田32146队当过钻工、机工，其工作艰苦情况如电影《创业》一样。后因美术特长被调到钻井处工会搞宣传。1980年又调到油田工会当美术干事。油田文化处成立后，任美协副主席兼秘书长。1986年在鲁迅美术学院版画系毕业，兼任盘锦市美协副主席、辽宁省美协理事、中国石油美协常务理事、中

知青在盘锦

☆ 沈阳十一中知青在双井子（后排左起李雪生、史建盛、武殿臣、蔡贵友、吴庆会、施大中、赵墨；中间左起李双林、马驰；前排左起钟国庆、马伟华、吴佳箴、于洪思、郑德厚，摄于1969年初夏）

国版画家协会会员。曾任盘锦市政协委员、兴隆台区政协常委。2000年买断工龄离开油田，长期致力于雕塑、美术、歌曲的创作。

在农村的3年、油田的30年，锻造了我的意志品质，坚定了我的追求和信念。我认为知青和广大的石油工人都是为国家的发展建设做出巨大贡献的中坚力量，他们的精神是值得我们歌颂和赞扬的。30多年来我一直用美术、诗歌的形式去讴歌他们的精神品质，出版了反映石油工人战斗生活和时代杰出人物形象的作品集。作品在国内的多家报纸杂志发表，参加

☆ 老知青雕塑家吴佳箴

☆版画《辽河在咆哮》（吴佳箴创作于1985年）

国家级、省级美展并获奖。由我具体组织创作的辽河油田的版画曾在全国石油系统和辽宁省美术界有着异军突起的影响。近几年中，我又创作了知青的雕塑、诗和歌曲，就是让人们永远地记住那段历史，不要忘记他们的历史功绩，让后来人继承和发扬他们艰苦奋斗、勇于奉献的精神，为实现中国梦而努力奋斗。

2016年10月

当年的我们

◎张静贤　杨素兰　宋心红

1968年的9月22日，那是个终生难忘的日子，我们沈阳十一中学四个班即：高二（二）班、初三（四）班、初一（四）班、初一（七）班共236名同学，响应毛主席"知识青年到农村去，接受贫下中农再教育"的号召，告别了沈阳，怀着激情、理想和改天换地的豪情壮志，奔赴了辽宁的"南大荒"盘锦垦区。

我们初一（四）班共有50名同学来到了这里。当年的我们大多数十六七岁，正是学知识、长身体的青少年时期，对农村、对劳动、对生活一无所知。幼稚的我们凭着一腔热血，很快忘记了亲人在火车站台告别时的眼泪和依依不舍的神情，一路上欢声笑语，先坐火车后乘大卡车到了平安河村。然后我们跟着拉行李的牛车冒雨步行，天漆黑了才到达目的地——荣兴农场双井子大队。

我们住的地方十分简陋，男生是在牛棚改成的集体宿舍，牛棚上面是芦苇和苇席，屋顶是星光，四周的墙全透风；女生住的是一趟土坯房，间隔了几间屋，门扇都没有。地上是一尺左右高的稻草，上面铺张苇席，便是我们睡觉的炕了。看到这情景，隔壁初一（七）班的女同学顿时哭了起来。可我们班的同学没有一个人哭。我们的信念是："天大的困难都要克服，而且都能克服！"从此，我们的生活彻底改变了。

寒冬来临的时候，我们告别了牛棚和土坯房，被安置在贫下中农家里。我

☆知青合影（后排左起孙雅芬、杨素兰、杨莉、马秀华、杜静馥；前排左起曾庆浩、董洁珍、王玲、宋心红）

们初一（四）班的同学被分配到西大井子小队，在这里过上了一个让我们倍感温暖的冬天。

西大井子小队是荣兴农场最西边的一个偏僻的小村庄，它的西面是紧靠渤海湾的二界沟渔村；南面是一眼望不到边的海滩；北面是"五七村"，也是解放军某部农场所在地；东面是东大井小队，一直往东再走20里，就是荣兴农场场部。

西大井只有三十多户人家，家家户户的房子都是用土坯子盖的，因为是盐碱地，种啥啥不长，农户们连个菜园子都没有，家家院子前后都是拴着猪、荒着地。也就是这么几十户的人家却安排了我们［初一（四）班、初三（四）班］100多名同学的住处。从此，我们就与这里的贫下中农一起生活、劳动了。

我们的青年点是按部队式编制管理的。我们班的同学和初三（四）班同学一起是一个大连队，下设排、班。上级派来了两名解放军战士，为我们搞军

知青在盘锦

训，还派来了贫下中农代表教我们干农活。正规的学习、军训，有纪律的劳动生产，迎来了一派崭新的气象。在当时"三忠于"活动盛行，我们每天吃饭前都要把以班为单位从伙房打来的饭先放在一边，全体起立，面向伟大领袖毛主席的画像，向毛主席敬礼；手举"红宝书"，做"三忠于"活动，然后才能吃饭。那时的我们虽然劳动累点儿、生活苦点儿，但精神都很快活。

1969年的春节到了，上级号召我们：春节不回城，斗、批、改中立新功，过一个革命化的春节。大家都响应号召，坚守岗位。

春节后迎来了春耕大忙时节。春季的农活是清淤，清理上水线、下水线。每人一把筒锹，任务量男女都一样，要求深度、宽度、坡度都要达到标准。

四月育苗，五月插秧。在"大战红五月、不插六月秧"的会战口号下，同学们全力以赴大干、苦干，每天都是天不亮就下地，天黑了才收工，一天工作十多个小时，尽最大可能抢时间、赶速度，生怕误了农时。

我们班的同学聪明伶俐、手脚灵活，很快在实践中学会了插秧技术，并在农业生产活动中成为主力军。插秧能手李华、马秀华等同学，一天插秧的亩数超过了老农最快的插秧手。她们速度快、质量好，成了我们班同学中典型。

为了鼓舞大家的斗志，几名同学主动办起了"红色宣传站"。宣传站在劳动之余撰写稿件，表扬表现突出的同学，促进大家为农业生产多做贡献。可以说，我们初一（四）班的同学正气一直占上风，那英姿飒爽、蓬勃向上、不知疲倦、勇往直前的精神，至今都令我们骄傲和自豪。

紧张的插秧季节过去，除草时节到了，我们这群不知疲倦的小家伙像上满了弦的弓箭似的，就连拔杂草这活都你追我赶，争先恐后，愣是使进度加快了不少。那个时候，我们班的同学浑身就是有使不完的劲，争着在"三大革命运动"中锻炼自己，为农业生产做贡献。

国庆节后开镰收割，那个活可是个叫劲儿的活。它讲技术、讲速度、讲质量。要求稻茬要低、稻捆要紧、速度要快。割稻子能手张红媛为我们做出了榜样，我们大家都争先恐后地向她学习。

其实最让我们吃紧的活是背稻子。这个活在一般的农村里是没有的，可我们生产队里只有两辆破牛车,其他什么运输工具也没有,稻子割下来不能烂在地里,只能靠人力背到场院去。开始我们背稻子就用一根绳子,能捆多少我们就背多少。回想起来,这个活是最折磨我们女孩子了!因为那时我们都是发育成长期,四五捆稻子背在背上,前勒后压,喘气十分困难。就在我们面对着这个难关发愁的时候,不知是谁发明了一个"扦子背稻法":把稻捆穿到扦子上,上面高高地

☆孙雅芬和宋心红合影

超过了头,下面只能看到我们的双脚,远远看去像一座座小山一样的稻堆在移动。这个办法为我们繁重的劳动助了一臂之力,不但感到不那么勒了,而且劳动效率也提高了,由一趟背四五捆增加到七八捆。一趟又一趟,那些浸透了汗水和疼痛的日日夜夜至今还记忆犹新。

岁月如梭,转眼三年过去了,这时候的青年点已发生了很大的变化。让人最羡慕的部队子女纷纷当了兵,有的同学随着父母的工作变动,也离开了西大井子。1971年底,油田招工又走了些同学,在一片走骨干、留骨干的安慰声中,走的同学高兴地走了,留下的同学心情却沉重了许多。

岁月是块铮铮的磨石,该磨去的都磨去,只剩下该剩下的东西。我们继续留在农村接受贫下中农再教育,每天都在正常的工作、生活,但那爽朗单纯的笑声越来越少啦!我们清醒地认识到:没有靠山靠自己,要靠自己继续打拼。我们盼望着:轮到自己回城的那一天……

那个年代与天奋斗、与地奋斗,岁月是不舍昼夜的淘沙浪,你不前进便被历史的浪潮淹没。我们没有别的选择,只有积极地笑对人生,在艰苦的环境中让自己长大。

1974年是青年点变化较大的一年,我们独立青年连队建立了共产主义劳

知青在盘锦

动大学,设有兼职的语文、数学老师,青年点还根据青年特点专门设了乒乓球室,乒乓球爱好者们自己动手打了一个规格标准的案子,球网、球拍齐全;室外有排球、篮球场地……丰富着青年连队的文体生活。"共大"的建立使单调的青年点文化生活活跃起来,这种生机勃勃的景象也促进了农业生产的发展。那一年,我们青年点还接上了自来水。

1975年底,我们初一(四)班的同学,全部返城。

经历了七年的风雨洗礼,我们已经从少年成长为青年,我们在农村这个广阔天地里摸、爬、滚、打,我们青春的激情和汗水,播洒在了南大荒的这片盐碱地上。

知青岁月丰富了我们的人生,劳动的艰苦、生活的艰难、思想的困惑、灵魂的洗涤、心灵的锤炼……这一切都像是一部读不完的书,饱含着人生的欢悦、不幸和艰难。

张静贤 女,1952年生,下乡前是沈阳市十一中初一(四)班学生。1968年9月下乡到盘锦垦区荣兴农场双井子大队西大井子小队,曾任知青连指导员、团支部书记。1975年1月抽调到沈阳液化气公司汽车队,任办事员、车队司机、团支部书记。1986年6月任沈阳液化气公司党委宣传部、党办、经理办办事员。1993年5月起任液化气公司车队副队长、党支部书记。2000年9月转到沈阳市煤气公司。2007年6月退休。2016年11月去世。

☆张静贤

☆杨素兰

杨素兰 女,1951年生,下乡前是沈阳市十一中初一(四)班学生。1968年9月下乡在盘锦垦区荣兴农场双井子大队西大井子小队,曾任知青连指导员。1972年9月回城在沈阳市第三运输公司汽车三队,曾任工人、党支部干事、工会干事、车队副队长等,2001年11月退休。

宋心红 女,1950年生,下乡前是沈阳市十一中初一(四)班学生。1968年9月下乡到盘锦垦区荣兴农场双井子大队西大井子小队,任知青连指导员、团总支副书记。1972年12月抽调到沈阳机械工业学校读书。1975年7月毕业后分配到辽宁兴城国营锦山机械厂。1978年12月调入沈阳市飞轮厂,任工人、科长。1990年12月任沈阳市皇姑屯军用饮食供应站办公室主任、站长等。2005年8月退休。

☆宋心红

他将生命留在了那片土地上

◎宋吉明

1968年12月25日,一个用尖刀刻在我心上的日子。

初冬的黄昏,一望无际的盘锦大地一片枯黄,还剩下一半悬挂在西边地平线上的夕阳,滴血样地鲜红。青年点食堂烟囱升起的袅袅柴草炊烟像一面灰白色的旗帜在寒风中摇曳,召唤着劳作了一天的人们收工。早已是饥肠辘辘的同学们被这此时此刻世上最亲切的大饼子和清水白菜汤的气味所引领,从场院、从建房工地,拖着疲倦的脚步奔向食堂。

食堂门前不见了往日饭前必行的"三忠于,四无限"的列队,只见大家互相惊恐地传递着一个可怕的信息:"刘立忠脑袋叫木头砸了!""砸得怎么样?""脑袋砸扁了,脑浆子都出来了!""在哪呢?""在'马号'。"……大家顿时忘记了饥饿,忘记了疲劳,向马号跑去。

新建农场的七营一连原来叫顾家大队顾家小队。那年秋天,只有二十几户的小村子一下子从沈阳来了一百多个知识青年,其中有沈阳市第二十中学高三年级的一个班,还有沈阳市第三十二中学初一年级的一个班。从此以后,小村子便打破了往日的平静,十几位贫下中农除了生产队长、车老板、饲养员,连领着干活打头的人都不够了。刘立忠是来自三十二中学初一年级的一个小男孩,还不到十六岁。看在他身体瘦弱,家庭出身好,被分派了一个俏活,在"马号"协助一位贫下中农老大爷喂牲口。由于下乡来的时间短,年龄相差大,不在一起干活，他又不很活跃，二十中学的同学大多数还不知道谁叫刘立忠。

"马号"就是生产队里饲养牲口的牲口棚。在十几米长牲口棚的东头有一间小屋，既是饲养员休息的地方，也是生产队的队部，当时叫连部。在那个阶级斗争的年代，家庭出身不好的人是不能随便来这个饲养重地的，为的是防止阶级敌人给牲口下毒，破坏生产，破坏"文化大革命"。"马号"的房间很小，刘立忠已经被抬到了炕上，同学们被挡在门外。"马号"的院子地上放着一块两米多长、一米来宽，十几厘米厚的木板，大约能有二三百斤重。木板旁有一堆稻草灰，从稻草灰的边缘还隐隐约约地看得出发黑的血迹。听说是在快收工的时候，装着这块生产队准备用来做车辕的木料的大车从外面回来，车停在院子里，车老板在车上，刘立忠和饲养员在车下，从车上往下抬木板。刘立忠人小力单，脚下一软，倒在地上，木板正好砸在头上，当时就一声不吭，只见口鼻向外喷着鲜血。

天黑下来了，一辆给青年点建房工地运料的解放牌大卡车开进了"马号"的院子。在生产队队长的指挥下，十几名高中男同学用担架将刘立忠抬到了后车厢上，汽车冒着初冬夜晚刺骨的寒风向位于大洼镇的解放军215医院驶去。行驶在土路上的汽车像穿行在大海波涛中的一艘小船。为了减小颠簸，在车上，大家一只手扶着车厢板，一只手抬着担架。又饿，又冷，又累，只觉得担架越来越沉。身上的衣服好像被寒风一件一件地剥去，身体在发抖，心在发抖。来到农村后的三个多月里，白天繁重的劳动，晚上令人心惊胆战的批斗会，夜里难以入眠的寒冷，一天到晚无休止的饥饿，想家时传染病般的集体哭泣。对于这些在父母面前还是孩子，第一次离家的十几岁的小青年，每天都好像在噩梦中度过。前几天，离顾家不远的高家来了一伙大连的知识青年。中午吃饭时，还与同学开玩笑说将来要找个大连媳妇的刘立忠现在就静静地躺在大家的身旁。从来没有见过这么漆黑的夜空，连星星和月亮也躲了起来，大概是不忍心看到这么一幅悲惨的场景。凛冽的寒风声裹挟着汽车的轰鸣，在寂静的原野里像一声声凄惨的哀号。时间怎么过得这么慢，在大家身体和知觉几近麻木的情况下，终于来到了医院。

知青在盘锦

解放军 215 医院是一座灰色的三层楼房,是当年大洼镇唯一的一座楼房。大家抬着担架一路小跑到了手术室门前,担架由医院的人接了过去,一道白色的门将刘立忠与同学们分开了。三个多月没见过楼房的同学们一屁股坐在手术室外走廊的水泥地上,在刺眼的日光灯下,没人说话,也不知道还应该做些什么。不知又过了多长时间,在朦胧的睡意中突然被叫醒,说是要给刘立忠输血。大家一下子又精神起来,被带到一个房间里验血型。血型合适的人留了下来,其余的人上了卡车就回去了。第二天,又去了一批同学到医院输血,前后同学们几千毫升的青春热血流入到知青战友的身体中。前几天割稻子,速度名列前茅的一名女同学在那次输血后,由于没有营养补充,也没有很好休息,身体从此就垮了下来,后来办病号回了城。

手术后,刘立忠的性命是保住了,却成了个植物人。在同学们的轮班精心护理下,在医院里躺了四年后,终于在其父母撕心裂肺的哭喊中告别了亲人,告别了同学,告别了人世,将生命永远地留在了盘锦的那片土地上。

2016 年 11 月

宋吉明 1949 年 9 月出生,博士、教授级高级工程师,享受国务院政府津贴。1968 年 9 月由沈阳市二十中学下乡到新建农场顾家(七营一连)、新建农场基建队;1972 年 2 月到沈阳市第二教师学校学习,毕业后在沈飞(松陵)中学教学;1978 年 2 月考入辽宁大学,1982 年 2 月分配到辽宁省环境监测中心站工作,其间 1988 年 9 月,考取公费到日本筑波大学留学;1992 年 6 月回国后在辽宁省环境科学研究所任所长,2004 年 1 月退休。退休后,受聘于东北认证公司任总经理助理、总工程师。现任东北认证公司培训中心主任。

我的知青三味

◎张　浩

一、出校门又进校门

1972年秋，三家子大队副书记老杨郑重地找我谈话："给你一项重要任务，到大队小学兼音、体、美老师。"此时我下乡只一年多，刚出校门又进门，我的心情说不上是高兴还是烦恼，总之很矛盾。我下乡当知青是来接受"贫下中农再教育"的，又去当老师，能不能影响我今后的前途呢？那时老师是"臭老九"，弄不好是要挨批的。可我无权选择，只能听命，因为杨书记曾当过小学校长，我深谙他的一片苦心。

小学校坐落在坑坑洼洼的土道边，五间土顶土墙的土屋就是教室。墙上土坯裸露，棚顶苇笆、曲椽垂尘落土。课桌是圆木一破两半钉成的条案，条凳从没刷过油漆，却被磨得油光铮亮。水泥抹在墙上，刷了墨汁就是黑板，看来已许久未刷墨，变成了灰色，粉笔写在上面很不清晰。总之，乡村小学和城里的学校没法比。当时我更关心的是音、体、美的教学条件。音乐课的唯一教具是一台漏风、跑气带走调的破脚踏风琴；体育课的教具就是教室门前那一百来平方米，还算平整的土操场和两根圆木直立起来钉成的篮球架；美术课的教具更可怜，就只有一本破旧的《板报图案》和半盒彩色粉笔。看着我的全部教学家当，很是心酸，同时又从心里为农村孩子的求学条件感到悲哀。好在在学校时，音、体、美是我的长项，我从沈阳带来的手风琴、小提琴、羽毛球拍和一整套的绘画用具都派上了用场。

全校五个年级，共一百二十多名学生。我根据实际情况排了六堂课，每星期音、体、美各两堂课。那时受"文化大革命"的影响，农村的孩子也和城里的孩子一样，不重学，不尊师。上文化课基本是老师在前面讲，学生在下面讲；老师讲完转身就走，更不留作业，学生也不提不问。

因为音、体、美课多少有点兴趣，大多数学生上课纪律还行。也有不爱上的学生，总是捣乱。我批评他们说："作为学生不学习咋行，长大拿啥本事吃饭，用啥建设祖国？"他们的回答令我哑然：学习有啥用，你们不都下来接受再教育了吗！我爸没文化，一样可以当队长，可以教育你们。

那一刻我真的无言以对，满肚子的道理，却理屈词穷。可我还是发火了："咋？你爸没文化就光荣了？火车、拖拉机是咋造出来的？万吨水压机是咋造出来的？吹牛吹出来的？告诉你们，上别的课啥样我不管，我的课都给我老老实实地好好学，我看谁敢捣乱！"

没想到我的一声吼竟起了大作用，从此音、体、美课再没人敢捣乱了。其实是我"知青"的身份把学生震住了。那时知青在农村的名声不太好，打架斗殴是家常事，一提"青年"，都有几分惧怕。可能这就是杨书记让我兼小学教师的良苦用心。

一是我认真教，二是学生不敢不认真学，音、体、美课不久就很有起色了。杨书记和李校长都很高兴，说："要都是青年来当老师就好了！"学生学进去了，慢慢地对音、体、美课产生了兴趣。我教孩子们画火车、拖拉机，也画向日葵；教孩子们唱《东方红》的同时，又教他们唱好听的《红梅赞》《我为祖国守大桥》……我还组织学生们开展篮球比赛和田径赛。后来，我们学校参加苇场（全公社）的绘画和歌咏赛时，都获了奖。

十个月后，我被调到五千五芦苇收割指挥部办小报，从此离开了小学校。十个月的教学生活，给我的知青岁月涂上了浓墨重彩的一笔。这期间给我留下最深印象的是一个三年级的小女孩，她叫啥名字我忘记了，白白净净，亭亭玉立，不像乡下孩子。用今天的话说，这个女孩绝对是个明星坯子，不但人长得漂亮，而且天生一副好嗓子，一群人唱歌，她的声音一下就跳出来。更主要的是，她对音乐极有天赋，一教就会，非常有灵气。四十多年后我还能经常想起这个女孩，经常和老伴谈起她。很惋惜，她生错了年代，如果生在今天，起码能在央视的"星光大道"上踩出一溜火星子。也不知她后来咋样了，我想，怕也逃不过从炕头到锅台，从锅台到猪圈的命运。想来人这一辈子都是命，我常设想，如果真当一辈子乡村教师，我又能是啥样呢？不敢想。

二、梦中的"挺进报"

小的时候我特爱看小说，《红岩》中地下党办《挺进报》的情节曾令我心血沸腾，感觉很刺激，所以久有心愿，将来也当个报人。没想到我的梦竟然在当知青时圆了！

五千五是苇塘的一个大闸门提水站。因为那儿是苇塘中心，又是高地，所以盘山地区"芦苇收割指挥部"每年都设在这里，《战报》编辑部也就设在这里。《战报》可以视为芦苇收割指挥部的"机关报"。报纸是和《挺进报》一样的那种钢板刻出的油印小报，八开纸对折，有时一张，有时两张或三张，根据内容多少定。说是编辑部，其实就一块钢板，一支铁笔和我一个人。主编、责编、美编、排版、校对、发行我一人兼。好在那时不用下去采访，各单位都有报道员，而且宣传热情极高，稿子源源不断，我只须按领导的精神编稿就行了。当然，稿件的质量和真实性就不能保证了，上来的稿子都是根据各级领导的意图写的，大都是喊口号，唱赞歌。那时就时兴这一套。于是我办的《战报》总是被领导看好。

至今我还保存着一些那时办的小报。后来我们合并成大青年点，叫建新大队，全大队七百多人，我又成了《建新战报》的主编。这时我已经有了一些办报经验，报纸的版面更灵活，更有美感。我还根据自己的爱好，开办了文艺副刊，经常刊载一些诗歌和小说啥的，有时我还在上面刻一些类似版画的美术作品。我的书法和绘画技艺，很大程度上都是那时练成的。不久，也有要好的同学和朋友及当地老农向我求画。四十多年后，我回青年点，看到还有当地老农保存着我当年画的毛主席像。最令我激动的是，大队部的门上方，还完整地保存着我当年刻上去的"广阔天地，大有作为"的水泥字。

一晃四十多年了，我已成了退休老头，搬了多次家，很多东西都扔掉了，唯有当年的报样还收藏着。每每展开看看，总觉得自己还很年轻。几十年来我一直坚持书法和绘画，早已成了市书法协会会员。我的作品虽然还没达到拿出去卖钱的程度，但亲朋好友的索画已够我忙的了，我享受着创作的过程。在家我有自己的画室，网上有我的艺术空间。我感到活得很充实。

三、收获快乐　饶上爱情

当知青这五年，最难忘的算是在大队文艺宣传队的经历了，因为那段时光我不但收获了快乐，也收获了爱情。

大队文艺宣传队是自力更生、土法上马的那种，很多乐器都是队员自己的，我的手风琴和小提琴自然也在其中。后来国家对知青的管理加强了，随着小青年的加入，大工厂和青年点对口，我们宣传队的乐器也有了很大改观。我们的对口单位，沈阳高压开关厂给我们添置了扬琴和不少管乐，还有演出道具等。这样，我们的宣传队就真像个样了。

☆大队文艺宣传队员张浩

我们宣传队的全名是"建新大队业余毛泽东思想宣传队"。是业余，就必须白天劳动，业余时间排练、演出。那时真是艰苦，白天插了一天秧或背一天土包，一身臭汗，两脚泥，吃两口饭就操琴练嗓，一排练就到半夜。现在想想，那时真不知哪来的劲头，没一个喊累。几十年后，我女儿也在北京开了个艺术培训班，工作起来总喊累，我就用那段经历教育她，她却说我们当年傻。用现代人的价值观看，我们当年是真够傻的，天天业余排练，业余演出，不多给一分钱，连工分都不多记一笔，可一个个都劲儿劲儿的。

那时提倡"轻骑队"，就是现在说的一人多能，有点像"玖月奇迹"，连蹦带唱都得行。每个队员不但要有自己的绝活，还得能给别人跑龙套、打下场。队里没有拿把的"大腕"和"戏霸"，无论是台柱子还是"龙套"，大伙儿平等，非常快乐。我的绝活，也是队里的保留节目就是手风琴独奏《我为祖国守大桥》。我老伴（那时还不是）梅北燕的绝活就多了，独唱、合唱、表演唱、舞蹈，十个节目她几乎要上五六场，就为这，我当时就决定把她"拿下"，后来我成功了。现在我老伴也退休了，北京、沈阳两边跑，边帮着女儿照看孩子，边给女儿的艺术培训班瞎出主意；当然，十次有九次人家不听她的，但她吃一百个豆不嫌腥，仍乱参谋不止。

我们老了，可我们的记忆永远年轻。

张　浩　1953年4月出生。1970年8月28日毕业于沈阳三十六中学，下乡到盘锦地区羊圈子苇场建新大队一队（大队是青年营）。下乡期间做过小学教师、小报编辑、大队文艺宣传队队长、团委副书记。1975年8月26日招工到沈阳东北制药总厂，直到退休。在东北制药总厂当过工人、企业宣传部电视台编导。沈阳市书法家协会会员。

知青生活纪实

◎ 张 菱

看许多知青回忆那段难忘的经历，心中常常荡起对知青时代的回忆。我，一名曾"插队落户"盘锦地区的女知青，对那段经历始终难以忘怀！看着现在这些年轻人，看着他们的今天，想起那些渐渐远离的昨天，想起那些风风雨雨的日子，深深感悟那段经历对于人生的意义。经历过那些风雨，才倍知宁静的珍贵。

走向双台子河

☆张菱下乡之前

1972年冬季，我17岁，从沈阳四十八中学毕业，12月19日，"插队落户"来到盘锦新兴农场育新村青年点，成为一名知识青年。几天之后，我弄清了方位，青年点位于双台子河东岸，临河向海，紧靠着一望无际的苇塘，是个美丽的地方。而在它对面，双台子河西岸就是关押囚犯的盘锦新生农场。我的哥哥，一名"政治犯"，正在那里服刑，我们兄妹被如此无情地分置在双台子河两岸。

1968年深秋，哥哥从沈阳二十三中学毕业，插队去了康平县，落户在一个县城附近小村庄。一年之后，他从知青成为"政治犯"。当时爸爸已成"走资派"，在接受监督审查，无法前去了解情况。妈妈匆匆赶往哥哥的青年点，得知哥哥正关押在县看守所，在等待判决。不久哥哥来信，说他的刑期是13年，将押往沈阳"大北监狱"，同时告知到沈的大致日期。全家以为哥哥会在沈阳服刑，一边计算日子，一边做探视准备。一个星期天上午，我和妈妈来到"大北监狱"。站在监狱铁门前，妈妈拎着一些生活用品，我紧紧站在她身旁。一名持枪守卫警惕地注视着我们。在极度紧张、害怕、恐怖中，我拍打着监狱那扇大铁门，铁门开了，妈妈走上前，把哥哥的来信递进去。一会儿，里边的人说，很不巧，他刚于昨天被押往别处，至于去了什么地方，回去等待本人来信。几天后，我们收到哥哥的来信。原来哥哥服刑地不在沈阳，他在"大北监狱"辗转停留后，就和其他"政治犯"一起，被押到盘锦新生农场。

　　哥哥来信之后，爸妈对我的规定是：准许与哥哥通信，信件必须经过父母检查。在我插队盘锦离家之前，这规定被修改为：在青年点不准许与哥哥通信。看得出，爸妈在竭力割断我们兄妹的联系，以为这样才能让一对儿女逃离厄运。可怜父母哪里料到，命运捉弄，老天安排，愿望与现实竟如此相反，且相反到如此残酷地步，冥冥中老天偏让他们的一双儿女朝着一个方向走去，先后走向盘锦，走向双台子河。在河的两岸，遥遥相对，日夜月年！双台子河水翻滚，奔往大海入口，我们兄妹二人，一个囚徒，一个知青，一个在"监房"，一个在青年点，共同聆听河水吟唱，相伴在"广阔天地"里，天天"改天换地"，日日"改观换魂"，苦撑苦熬着这段难耐的日子！1975年夏秋，爸爸得到"解放"，他马上来盘锦看望他的儿女，还给我和哥哥带来一大摞妈妈烙的白面烙饼。爸爸先来青年点，然后又去新生农场。在育新村，在他得知我被列为"入党积极分子"，四连党支部指定两名党员作我入党培养人的时候，非常严肃地要求我，让我带他见见这两位党员。我说，"爸爸，你还是别去的好，我虽然写了入党申请书，可知道自己根本入不了党，只是不想表现落后罢了。想想哥哥的事儿，政审都通不过的。"爸爸不听，执意要见，我没有办法，只好领爸爸来到连队马厩大车房，让他见了牲畜饲养员、当地农民齐殿阁。齐殿阁是名老党员，年龄四十多岁。他们两人谈话时，还不允许我在场，我就站在马厩外面等着爸爸，也不知道他们两人说了些什么，可能都是党的话吧！爸爸出来后，我本不想让他见到那第二位党员，可恰巧又在路上遇到了他，我只好将这名知青党员介绍给了爸爸，他们俩站在四连仓库外西墙处聊起来。或许看到这名党员年轻，爸爸只跟他聊了几句，就告辞了。第二天我送爸爸到盘山汽车站，换乘前往新生农场的汽车。在陪爸爸排队购票时，我鼓起勇气，小声跟爸爸说，让我去看看哥哥吧？听了我的话，爸爸转过头来，严厉地说，"不行！"那口气足使我不敢再提这要求！我只能站在那里，看着爸爸上了汽车，朝那个方向驶去……斗转星移，我熬过"接受再教育"的四年，通过招工抽调返回沈阳；哥哥在那里度过近十年岁月，直到"四人帮"垮台，开始平反冤假错案，才无罪返回沈阳。

九道湾更名"育新村"

1968届沈阳知青垦荒进入九道湾后，原地名更为"育新村"。1970年春，新兴农场七营（九道湾）向新兴农场"整建党领导小组"、"革委会"先后递交了三份书面报告，申请成立"七营党支部"和"革委会"，"九道湾"更名"育新村"，新兴农场同时对三份报告批复后，"九道湾"更名为"育新村"。

1970年2月28日，七营（九道湾）在写给农场"整建党领导小组"的一份书面报告中，请示组建中共"七营党支部"，同时提出党支部书记、副书记及支部委员的具体人选，请农场"整建党领导小组"批示。同时写给新兴农场"革委会"一份书面报告，提出成立组建"七营革命委员会"，相应提出两套组建方案。或许因为当时七营党政组织没组建起来，或许是七营"公章"还没刻制好，这两份报告上面均没有大红"公章"，仅盖有"赵自明"私人印章。1970年3月13日，"七营革命委员会"向新兴农场革委会递交了一份书面报告，提出更名"九道湾"为"育新村"，报告说"经我营干部、'五七大军'、贫下中农和知识青年讨论，原'九道湾'更名为'育新村'，请批示。"报告落款为"七营革委会"，同时盖有鲜红"公章"——盘锦大洼区新兴农场七营革命委员会。

1970年3月18日，"九道湾"改为"育新村"。这天"新兴农场整建党领导小组"和"新兴农场革委会"对七营党支部和革委会成立报告批复如下："经场整建党领导小组讨论同意七营成立党支部，党支部委员由四名同志组成。书记赵自明同志；副书记单志忠同志；委员刘海先同志、陆常洲同志。经场革委会讨论同意七营成立革委会，革委会委员由七名同志组成：赵自明同志为主任，刘海先、单志忠同志为副主任，张素青、刘井臣、董金龙、胡怀忠同志为委员，不设常委会。并同意你们原名'九道湾'改为'育新村'。"新兴农场这份文件在育新村发展史上意义重大，它标志着育新村青年点正式设立，标志着七营党政组织正式建起，标志着"九道湾"有了新名字——育新村。这里所以更名为"育新村"，有知青回忆说，南边清水农场，有个先进青年点——育红村，这是一个1963年建起的青年点，1969年成为大洼区知识青年先进集体和盘锦地区青年点的学习榜样。为表示学习育红村、赶超育红村决心，那就"南有育红""北有育新"！从此这个地方因为知青的到来，拥有了新名字——育新村，直至今天。

1973年4月2日，经中共新兴农场委员会批准，育新村党支部改建为"育新村党总支委员会"，赵喜禹同志为书记，刘海先、太史萍同志为副书记。

"延边水稻联合脱谷机"

水稻运进场院了，金黄色高高的水稻垛，一座接一座，平地而起，冬季脱谷开始了。

脱谷场院很热闹，几百名知青聚在场院，大家一起劳动干活，四个知青排组成四个脱谷小组，每组使用一台脱谷机。脱谷机的前前后后，我们分头忙碌着，有人解开水稻捆，有人分匀水稻把，有人在机脱谷，有人挑拣稻穗，有人

知青在盘锦

捆扎稻草，有人运送稻草，有人挑着稻乱子（乱稻草），有人挥锹扬场，有人扫起乱飞的稻粒，有人装灌麻袋，有人缝好麻袋口……一切井然有序，紧张繁忙。那些老式脱谷机被连成一排，不停地旋转着，马达隆隆轰鸣，说话要大声喊叫，对方才能听清，水稻送上脱谷机，稻粒迅速脱落，落在机前。稻粒上的刺芒十分锋利，手指皮肤很快被磨破，我们戴上尼龙手套，可手上仍到处裂口，不停渗着鲜血，脱谷只能戴尼龙手套，这种手套与手掌紧贴在一起，才能保证脱谷安全，其他劳动手套宽松，弄不好会卷进脱谷机，出现伤亡事件，最初几年连队使用的都是那种老式脱谷机。

☆四连沸腾的脱谷场面（摄于1973年冬）

1973年的冬天，我们四连购置了一台大型水稻联合脱谷机，安置在场院的西北角，与那些老式脱谷机一起，参加冬季"脱谷大会战"。这台联合式脱谷机，体积较大，可同时多人上机脱谷，同时进行多项作业，老式脱谷机只能两人在机脱谷。这台机器安装完毕，全连知青对机器评头品足，认为它是最先进的水稻脱谷机，我们称它为"延边"，一提到这台机器，大家都会说"延边"如何、如何……。当时我不知道"延边"是它的产地，还是它的品牌。很久之后，负责管理机器的知青才告诉我，"延边"是它的商标品牌。"延边"不负众望，工作效率令人满意。我们站在"延边"机台上，每人手里紧紧抓住一把水稻，把稻穗伸压向机器转轮，转轮高速旋转着，我们一边滚动水稻把，一边依次从机前走过，手中水稻从转轮上面滚过，稻粒飞速脱落下来，汇集成堆，灌装成袋。经过一段磨合后，大家熟悉掌握了"延边"性能，脱谷进度不断加快。为早日完成"脱谷大会战"，连部决定"延边"二十四小时不停机，上机脱谷人员实行两班倒，在"延边"的连续运行中，一座座水稻垛，变成一个个麻袋包。

有一天，我所在的一排女知青夜班脱谷。晚饭不久，我们十几名女知青来到场院，进行分工后，大家依次站上机台，在"延边"震耳欲聋的叫声中，开始脱谷了。盘锦冬夜，气温很低，为防止稻粒落入衣服里，刺芒划伤皮肤，十几名女知青裹得严严实实，每人穿着棉衣棉裤，外面再穿上"破棉袄"，套袖套在胳膊上，尼龙手套套在手上，男式棉帽戴在头上，厚厚的围巾系在脖上，大白口罩扣在脸上，只露出两只眼睛，"劳动保护"如此严密，已无法看出男女。我们大家拿着水稻把，从机台上走下，再拿起一把，走上，再走下，机械重复着同一动作，辗转往复，连续不断。一片空旷田野里，漆黑寂静，阵阵寒风与"延边"轰鸣交织在一起，还有闪烁的电灯泡，陪伴着我们……

大约九点时分，我们接到通知，说一会儿有省领导来看望大家。过一会儿，通知又说，这名领导同志是尉凤英，此时她刚刚当选辽宁省妇联主任不久。十几分钟后，我看见一群人影，从青年点宿舍方向，朝场院走来，想是省领导来了。借助灯光，我看见尉凤英走在这群人中间，她身披草绿色军大衣，来到我们面前。我们关闭了电闸，"延边"停止轰鸣，我们停下手中的劳动，同尉凤英一一握手。尉凤英看着我们，说了许多鼓励的话，我们十几名女知青听着这些，静静地站在那里，没有人吭声，没有人答话，全都默不做声。她说的那些话，我基本没有记住，可有一句话，自己至今没忘。见我们不说话，她说："你们捂得这么严，我都看不出你们是男生还是女生。"她话音刚落，我们大家异口同声地说："我们是女生。"听到我们回答，听到我们声音，她惊讶地说："原来你们都是女生！"这一问一答，成为现场唯一的交谈。就是这样，在育新村青年点，在冬季夜班脱谷场院，在"延边"联合脱谷机旁，辽宁省妇联主任尉凤英同育新村四连一排全体女知青见面交谈了。我永远记得那个夜晚——1973年12月5日。

我们的黑板报、广播站和报纸杂志

  在育新村青年点里，从大队到各知青连队，从内墙到外墙，全村到处设有大小不等的黑板报、墙（壁）报，大大小小加起来十几处。当你走进村子时，就会发现，村口路边、房山墙上的这些黑板报、墙壁报，作为青年点的自办媒体，构成育新村里一道人文景观。其内容紧跟政治形势，随时加以调整。各连、排设有宣传报道员，向大队、连队黑板报、墙（壁）报提供各类稿件，各连团支部宣传委员专门负责此项工作。这些自办媒体与社会媒体广播站和报纸杂志一起，为知青们提供着各类信息，成为大家的精神食粮。

  刚来育新村时，连队黑板报的更换由老知青负责，随着他们不断抽调离开，我接手了这项工作。我抽调离开之后，又由其他知青负责，大家轮流承担着这项工作。中学时，尽管我"家庭出身"有严重问题，没有资格加入红卫兵、共青团，却一直从事宣传报道工作，负责更换学校、班级的黑板报、墙（壁）报。1975年3月28日，我当选为四连团支部委员。3月30日，团支部第一次会议决定由我和70届沈阳知青金英姿担任宣传委员，制定宣传工作计划，我负责更换黑板报，这对我来说就是旧业重操，轻车熟路。在我们四连主要有两块黑板报，分别在食堂前面、连部那排房子的两面东西山墙上。那时黑板报要紧紧围绕党的中心工作及大队、连队各项工作，及时进行更换。在各种农活"大会战"前夕，黑板报要及时调整为"大会战"内容；对"扎根农村干革命"进行讨论教育时，要调整为"扎根农村干革命"的文章口号；在全国"批林批孔"运动中，要调整为"批林批孔"的文章口号；在五四、七一、国庆等节日，也要更换相关内容。每次更换前，我都要事先向各知青排约好稿件，或自己动手写好稿件。更换的时候，我到连部找来彩色粉笔、白色粉笔、黑板擦等，搬来连部的一把木椅子（只有连部有木椅子）。我站在上面，把上期内容擦掉，把新内容写上去，每次更换需小半天。每次完成后，我都会站在那里，仔细看上一会儿，把那些不理想的地方，加以修改，直至满意。而此刻的我，真好像又回到中学校园，刚刚更换完学校的黑板报，感觉真是蛮好！当年黑板报是一种重要常见的自办媒体，吸引着大家的目光。

那时在育新村青年点设有广播站，在大队部门前一高处安有一只大喇叭，每天早晚定时转播中央人民广播电台、辽宁人民广播电台的新闻节目，此外还播报各连队知青报道员写来的宣传稿件，以及大队的各种通知，广播站配有一部手摇式唱片机，存有二三十张唱片，《我们是毛主席的红卫兵》《打靶归来》《老房东查铺》《打起手鼓唱起歌》《新苫的房，雪白的墙》等歌曲经常响在青年点的上空。千万不能小看这条广播线路和这只喇叭，它可是我们青年点的一条生命线。1970年夏季，全村知青就是靠着它们，打胜了一场青年点保卫战！那年大雨连连，距离育新村二里远的辽河入海口，海水严重倒灌，防洪大坝溃堤，这只广播喇叭及时播出险情，全体知青以广播为命令，火速冲向溃堤现场，奋勇抗洪保住了大坝和青年点。1975年2月4日19点36分，海城、营口等地发生7.3级地震，此前辽宁省委就是通过这条农村有线广播网，对这次地震做出预报、预防。记得当时青年点广播喇叭不停地播报着有关地震的前兆及相关逃生知识。也正是因为预报及时，大家有了思想准备，在地震来临那一刻，地处辽南震区的育新村青年点没有陷入全局性恐慌，我们从容应对眼前发生的一切，行动迅速，动作井然，地震损失降低到最小，而这次地震预报也成为我国地震预报最为成功的一次。

中央、省市新闻广播部门积极创办知识青年节目，活跃农村知识青年文化生活。1973年10月，辽宁人民广播电台开办《对上山下乡知识青年广播节目》，节目每周广播两次（含重播），每次20分钟，广播时间为每周六12:40—13:00，19:30—19:50（重播）。1974年1月19日，中央人民广播电台开办《对上山下乡知识青年广播节目》，每周广播四次（含重播），每次30分钟。广播时间为每周三、六的第一套节目13:00—13:30，第二套节目20:30—21:00，这些节目通过辽宁农村有线广播网，在辽宁各青年点播出。

辽宁省各有关部门积极为知识青年订阅投递报刊。1976年省知青办和省邮电局联合下发《关于做好知识青年点的报刊发行工作的联合通知》，要求各

知青在盘锦

市地县知青管理部门要做好青年点的报刊发行工作，严禁挪用知识青年报刊经费，这笔经费由各级知青部门集中管理使用。所订报刊由邮电部门进行集中征订，按每个青年点所订报刊，分别投递。对一些限额征订的报纸杂志，要优先满足青年点征订需要。为此大洼县还把全县知识青年点所定报刊进行统一管理，集中到县级邮电局订阅。大洼县发出文件，对各农场、公社提出：各农场、公社、乡镇青工科，要按照全县分配的报刊份数，分配给各个青年点，具体为平均15人订阅《人民日报》和省报或市报各一份，《参考消息》、《红旗》杂志、《辽宁青年》杂志各一份，人少的青年点至少订阅一份报纸；对于青年点的报纸杂志不得随意扣压，要及时送到，确保知识青年看阅报刊。1977年，新兴农场为全场青年点订阅报刊：《人民日报》182份、《辽宁日报》91份、《营口日报》91份、《参考消息》182份、《红旗》杂志182份、《辽宁青年》杂志182份。育新村青年点大礼堂西面是我们的阅览室，有三四十平方米左右，在这里可阅读到上述报纸杂志，每到"雨休"时，阅览室里面总是坐满了知青。

我们的养鱼塘，兼游泳池、滑冰场

为改善生活，1972年夏秋，在育新村的南边，我们修建起养鱼塘，这也是当地第一个养鱼塘。人们挖掘出大量土方，垒起一道三四米高的坡坝，围起近两千平方米的鱼塘，投放数万尾鱼苗儿之后，大家就盼望着鱼苗儿快些长。两三年过去，一个夏秋之季，全村知青吃到了鲜鱼，喝上了鱼汤，那时养鱼生长期较长，鱼苗自然成长，完全属于绿色食品。

在夏天，养鱼塘被当成游泳池，大家同鱼儿一起畅游。青年点的纪律规定，不许在鱼塘里洗漱，不许使用香皂、肥皂，其实我们自己更舍不得这样做。下乡的第一年夏季，水稻拔草时，天气热起来，地里农活也不算太累，我们产生了游泳兴致。一天下午，我们知青排几十名知青站在水田里，一字排开，一边拔着草，一边谈天说地，说着说着，就说起了游泳的事儿。有人提出，晚饭后，全排知青去养鱼塘游泳。建议马上得到一致响应。"插队"落户

☆全村知青会战在青年点养鱼塘工地（摄于1972年夏秋）

水乡，许多知青都把游泳衣裤从家里带来，等待游泳的机会，这次机会终于来了。收工时，男、女两位排长再次确定了集合时间，大家各自返回宿舍。晚饭后，我们女知青在宿舍换上游泳衣，外边穿上衣裤，按约定时间，来到养鱼池。只见男知青在排长杜斌带领下，已经在水里高兴地游着了。见此，我们女知青脱下外面衣裤，纷纷进入水中，好凉快，好高兴！或许是养鱼塘建在盐碱地的缘故，在水里，我觉得脚下的土不太黏，有种"水中的干爽"，感觉挺好。我们游啊游，游个不停！记得我还问老知青，那么多鱼苗儿，怎么看不见呢？他们说，我们这么多人在这儿游泳，早就把鱼吓跑了！杜斌排长还时不时地提醒我们，别往鱼塘中间去，注意安全……天色渐渐暗了下来，尽管意犹未尽，但必须返回宿舍了，大家从水中走出，恋恋不舍地离开鱼塘，回到宿舍。几天后我们几个女知青还结伴儿，跑到大水渠中游了一回，当地把水渠称为"上水线"，感觉没有养鱼塘好！

冬天养鱼塘又变成滑冰场。冬季的养鱼塘封冻了，冰面被冻得结结实实，

知青在盘锦

比较光滑，一些知青尤其男知青，还把冰鞋带到青年点，专等冬天去滑冰。那时我不会滑冰，看他们穿梭冰面，往来自如，好生羡慕。记得一个冬天傍晚，我从南边的芦苇塘回来，经过养鱼塘。远远地，我就看见一个人在上面滑冰，只见他头戴滑冰帽，穿着冰鞋，倒背双手，悠然自得，潇洒地穿梭着，一个圆圈，一个圆圈，往返来回，整整那么大一个养鱼塘，就他一个人，好个宽敞！当我走近后，才看清楚，滑冰人原来是"老哥"张志伟，青年点的"赤脚医生"。我开始喊他，听到我的喊声，"老哥"抬起头，见到是我，高兴地说，你看这冰场多好，不滑冰，简直浪费。他还问我，你不来滑一会儿？我不好意思地告诉他，我不会滑冰。他说，那就学，一学就会，不难的。站在那里，我看着他，看了好一阵子，才回宿舍。从那以后，"老哥"的潇洒冰姿，一直留在我的脑海，我自己暗下决心，一定要学会滑冰！后来大学期间，体育课开设了滑冰，我真的学会了，滑冰课考试我还得了一个"优"，全年级仅三名女生获此成绩！冬天在学校冰场上，我尽享着冰上感觉。每当看到冰道上面，那些川流不息的滑冰人，我总会想起"老哥"，想起他独享两千平方米冰场的场景！

☆新兴农场篮球比赛（摄于1972年，场部食堂前篮球场）

那时乒乓球、羽毛球也是大家喜欢的体育项目。农闲时连队经常组织乒乓球比赛，在食堂中间空地上，摆上一个乒乓球台，中午、傍晚时，球台四周围有不少知青，通过计分淘汰，大家轮番上阵拼杀。每次乒乓球比赛，都会有许多人报名参加，"高手"经常在一起切磋球艺。一次连队乒乓球比赛，卫生员张宏获女子单打第一名。

在连队食堂北墙外，有一块较平坦空地，那曾是我们的羽毛球场地，食堂挡住了吹来的南风，就可以在这里挥拍打羽毛球了。我有一副"蓝翎"牌羽毛球拍,是我刚上中学那年,姨父为我买的,后跟我来到育新村。在那些风和日丽的农闲日子,我们会在这块平坦空地上,为那只小小的羽毛球全力拼杀。每年春秋两季,新兴农场都举办篮球比赛,育新村男女篮球队是农场里较有实力的队伍,1973年春季双双获得比赛冠军。

我们的"知识青年民兵连"

育新村青年点,在行政建制方面,分设四个知青生产连队,在民兵建制方面,还是一支过得硬的民兵队伍——"知识青年民兵连",全村知青集体编入这个民兵组织,新兴农场为民兵营。在1974年这支"知青民兵连",共有民兵534人,其中基干民兵493人,他们一手拿锄,一手拿枪,亦文亦武,亦学亦农,积极投入农业生产,热情参加民兵训练,始终战斗在农业生产的关键时刻,出现在抗洪抢险的危险地段,活跃在军事训练实战任务之中。按照我国兵役法规定,民兵分为基干民兵和普通民兵,二十八岁以下退出现役的士兵和经

☆育新村知青军事化"野营拉练"(摄于1971年春)

知青在盘锦

过军事训练的人员，以及选定参加军事训练的人员编入基干民兵组织，其余十八至三十五岁符合服兵役条件的男性公民，编入普通民兵组织。基干民兵为一类预备役，普通民兵为二类预备役。

当年民兵工作要求，民兵连长、民兵二八和六〇迫击炮兵、配发武器的民兵连军械员分别由盘锦地区、大洼区（县）有关部门组织进行训练，民兵排长、武装基干民兵、攻打坦克班和民兵专业分队，由农场、公社、乡镇组织进行训练。基干民兵训练以班、排为单位进行，主要以地雷爆破等单兵战术训练为主。所持枪械民兵要通过严格政治审查，必须经贫下中农评议推选，由党支部审查，报农场武装部经农场党委批准，不符合条件人员将被及时调换，以保证枪杆子掌握在政治可靠的工人、贫雇农、下中农手里。民兵武器装备实行集中管理，武器由各大队统一保管，弹药由农场武装部集中保管，动用武器须农场武装部批准。

育新村青年点党组织十分重视民兵队伍建设。全村做到了民兵造册，民兵制度上墙。四个知青生产连队相应组成八个民兵排，十六个民兵生产突击队。对青年点实行军事化管理，随着军号响起，全村知青民兵完全能够做到"招之即来，来之能战，战之能胜"。在1970年"小五连"防洪大坝抢险中，因育新村知青民兵队伍平日里训练有素，当紧急情况来临之际，仅用三分半钟时间，数百名知青民兵全体紧急集合完毕，火速列队出发，大家争分夺秒，集体赶往护堤前线，取得抗洪护坝的胜利。当时的育新村民兵连长知青胡怀忠，带领大家高喊着"下定决心，不怕牺牲，排除万难，去争取胜利"的口号，跳进激流滚滚的洪水浪涛之中，用身体组成三道人墙，堵住了二十多米宽的堤坝缺口，经过三个多小时拼死激战，修好加固了大堤，青年点新开垦的数千亩水田，和刚刚修建起的数十间知青宿舍，安然无恙。随着知青招工招生工作进行，每年都有一批知青离开青年点，离开这支民兵队伍，青年点党组织就根据情况变化，对民兵队伍及时调整补充，充分保证这支队伍始终处于健全状态，每年还举办两次民兵排级以上干部训练班，掌握"真打实战"的本领。

这支民兵队伍坚持"劳武结合"的军事训练原则，因地制宜展开军事训练项目。注意把日常工作同民兵训练结合起来，做到"每天列队出操训练，节假日紧急集合训练"等；为使拖拉机、大马车能够平时作为运输工具，战时能够承担起前线运输任务，青年点相应培训民兵拖拉机手、民兵使役员（车夫）；青年点卫生所及各连队卫生员，组成民兵连卫生班，平时为知青提供医疗服务，战时负责抢救伤员，训练这些知青医务人员基本掌握战场包扎、肢体固定、输血、转送等紧急救助技术；结合青年点体育活动开展，进行手榴弹投掷、武装越野等军事训练科目；结合青年点经常参加农田水利基本建设，进行爆破项目训练；在节假日进行站岗、放哨等训练活动等等。在1973年，育新村青年点民兵连四次参加新兴农场民兵营军事训练，育新村四连70届沈阳知青、女民兵马湘君在新兴农场民兵营"大比武"射击比赛中，获五发47环的成绩，居第一名。截至1974年秋季，从这支知青民兵连中先后走出九名战士，应征入伍中国人民解放军。

☆女民兵马湘君

1974年9月，大洼区召开首次民兵代表会议，六名先进民兵集体代表会上发言，育新村民兵连发言题目是"以民兵工作'三落实'为指针，认真搞好青年点民兵建设"。

迟来的追悼

1974年的冬天，格外寒冷。这年严冬我们连队发生了一件不寒而栗的事情，直到今天，一提起这事，我仍感到刺骨心寒！

12月，水稻正在脱谷、扬场。2日傍晚，从场院收工回来路上，我遇到一名男知青，就见他慌慌张张地对我说："不好了，梁颖敏出事了，刚才我们在

知青在盘锦

一起清淤，他突然倒在沟里，已经把他送到农场医院了。"听了这话，我吓了一跳。可一想，既然去了医院，就不要紧了。吃过晚饭，连队开始了"学习小靳庄故事会"，这时传来噩耗——"梁颖敏死了！"这消息瞬间传遍了整个连队，我们大家都惊呆了，谁都不相信这是真的，无法接受这一事实！男知青赶着马车、驴车，冲进黑暗，冲向农场医院。整个四连凝固在悲哀中，没有了往日的喧嚣嬉闹。

事实就是这样残酷！下午还与大伙说笑的梁颖敏，真的离开了我们，离开了连队。死亡原因为"蛛网膜下腔出血"。此时此刻，我们心情，别提多么沉重，多么难受了！一个由68届沈阳知青组成的"治丧小组"自发产生了，决定全连知青为梁颖敏开追悼会，为他出殡，送他上路。停下手中农活，大家分头忙碌着。我被分配制作花圈，在宿舍土炕上，和其他女知青用彩纸做出各色纸花。我们默默地做着，谁都不说一句话，泪水顺脸淌下，大家心都碎了。花圈做好后，带着哀思，立在那里。很奇怪，好多天过去了，仍没接到召开"追悼会"的通知。一天晚上，收工回来，我发现花圈都被运走了。这才知道，"治丧小组"与上级农场之间，就一些问题处理产生严重分歧，迫使我们取消原定计划。无奈之下，我们没有为梁颖敏举行追悼会，没有为他出殡发丧。农场派人把梁颖敏葬在农场附近坟地里，他带着全连知青的思念遗憾，永远躺在了那片土地上。面对这突如其来的变故，他的女友悲痛欲绝，无法接受，以至几十年后，我们四连知青聚会她从不参加，因她自己没有勇气面对这些知青伙伴，面对那些伤心往事。

梁颖敏，68届知青，毕业于沈阳一中，家中唯一男孩儿。在连队他是排长，带领着几十名知青。他劳动以能干著称，是好劳力，每次重体力农活，几乎都少不了他，他的"领导作风"严厉，我们这些年龄较小的知青，对这个"老大哥排长"又敬又怕。在插队第二年，我成为他的"战士"。一次我生病了，劳动"歇气儿"空闲，他来看我，坐在我宿舍一只木箱上，他掏出烟，一边抽着，一边同我聊着，那烟雾，那烟味儿，好似就在眼前……最让我痛心的是，就在他逝去十天以后，还不到半个月时间，青年点大规模"招工抽调"开始了，许多知青回到沈阳工作，最具备"招工抽调回沈"资格的"梁排长"，竟没能等到这一天！敬爱的"排长"——梁颖敏，此刻让我带着近四十年的追思，带着育新四连知青的心愿，向你表达迟来的悼念，你没有离开我们，你与我们同在！

返城前"最后一项工作"

1976年12月，我离开育新村返回沈阳工作，与我一同返沈的还有中学同班同学老延智。四年前，我们一同离开沈阳，来到盘锦农村，这次又一同离开盘锦育新村。我永远记得，在离开青年点之前，完成的最后一件工作是老延智交给的——去大洼县团委，为这次抽调回沈四连知青办理共青团组织接转手续，虽然当时他已隶属育新村科研队，共青团组织关系仍在四连。

年底前的那几天，抽调回沈的知青们就要离开育新村了。大家各自忙碌着，收拾整理行李物品，工作接收单位的客车、汽车已从沈阳赶来，停靠在农场场部，在等待大家办理抽调手续，装载行李，登车返沈。12月27日上午，我向育新村大队部走去，想打听一下行李物品装车的时间，在村中那条东西土道上，我见老延智正朝四连走来。见到我，他说，可真巧，我正要去找你。我问他，找我什么事，他说，打算让你去县团委办理四连回沈知青的团组织关系，刚才我在大队部，大家谈论起这件事情，他们告诉我，抽调回沈阳的知青要随身携带团组织关系证明，到沈阳后进行接转。我问，为什么要我办理？他说，办理团关系要去大洼县团委，当天肯定回不来，听说你有堂兄在那儿工作，我们几个人商议，认为这件事情你去最合适，如果回不来，你能找到住宿的地方，其他人没有这个条件。原来是这样，我立即答应下来。老延智接着说，现在咱俩分头行动，这两天接收单位汽车就来育新村拉行李，你把行李物品整理好，交待给我，我负责把你的行李物品装上汽车。你提前走两天，明天就去大洼县办手续，办完后别返回育新村了，直接去盘山坐火车回沈阳，我这就去大队开团关系介绍信，下午交给你。我俩说好后，他朝大队部走去，我回

知青在盘锦

到宿舍整理好物品，两个大包裹和一只木箱。下午老延智来到我宿舍，我把物品指点给他，他把团关系介绍信交给了我。12月30日，这次招工抽调回沈阳的知青，集体乘坐工作接收单位客车返回，而在两天之前，我接受老延智交办的工作，也是青年点里的最后一件工作，只身前往大洼县。

☆张菱在辽宁大学

12月28日清晨，早早地我就起来了，吃过青年点"最后的早餐"——大米饭、炖白菜，六点钟刚过，怀着一种复杂的心情，我走出了育新村青年点，离开了那片知青居住区，去赶往农场场部乘坐公共汽车。如果晚了，极有可能乘不上车。经过一天的折腾，下午赶到大洼县，我来到堂兄单位，把自己招工回沈阳的事情告诉了他，还告诉他来大洼县所要办理的事情。他说，现在马上到下班时间，别去县团委了，明早上班再去。第二天早八点之前，我赶到大洼县团委，一上班就开始办理手续，我询问清楚回沈如何办理接转等事宜后，拿着大洼县团委开具的介绍信，又去堂兄单位。堂兄正在等我，他给我买了两包蛋糕，那是当时大洼县的高档食品，让我作为火车上的午饭。堂兄送我来到长途汽车站，他站在车下，看我坐上开往盘山方向的汽车，汽车慢慢开动起来了，我看到他眼中的无奈。堂兄作为盘锦的沈阳知青，已抽调到大洼县文化馆工作，成为国家正式职工，再不能参加知青回沈的抽调招工，看着我能回家，他心里肯定不是滋味。后来堂兄通过工作调转也回到了沈阳。这天的晚上，我回到家中，重新又成为沈阳市的居民。从此以后，在"户口簿"的"从何地迁来"一栏中，永远清晰地标明"盘锦"。

元旦前，我赶到接收单位取回自己的行李物品，上班后的一个下午，我来到共青团沈阳市委，递交了共青团组织关系接转介绍信。

张　菱　1955年出生，1972年底毕业于沈阳市四十八中学，12月19日插队落户盘锦地区大洼区新兴农场育新村四连，曾任连队团支部宣传委员、连队报道员，是育新村女子篮球队队员。在1975年抗震救灾中，获新兴农场表奖。1976年12月，通过"招工抽调"返回沈阳，分配到沈阳市物资局金属回收办公室。1977年冬考入辽宁大学经济系，1982年获经济学学士学位，毕业后分配到沈阳市政府办公厅工作，退休前为市政府办公厅处级调研员。曾为海内外媒体撰稿。

2015年11月，牵头撰写《当年的产粮"高手"育新村知识青年点四十八名辽沈知青集体回忆录》，由美国学术出版社（American Academic Press）出版，在北美地区销售发行。

育新村青年点大事记

◎张 菱

1. 沈阳知青迁入九道湾。从1970年3月4日起，第一批知青搬迁进入九道湾，约130人，均为沈阳三十五中学68届知青，来自新兴农场红卫（腰岗子）生产大队，他们组建起后来的育新村三连。第二批约220人，也都是沈阳三十五中学68届知青，来自新兴农场红卫（腰岗子）生产大队，他们组建起后来育新村一、二连。第三批约100人，都是沈阳一中68届知青，来自新兴农场东方红（坨子里）生产大队第二小队，他们组建起育新村四连。

这一年里，先后有451名68届沈阳知青迁入九道湾，他们当中年龄最小16岁，最大22岁，分别为初一至高三、六个年级的中学毕业生，他们共开垦、耕种稻田约4000亩，90%为新开垦耕地。

2. 九道湾更名"育新村"。沈阳知青搬迁进入时，这里称"九道湾"，这批沈阳知青新组建起九道湾生产大队即新兴农场"七营"，1970年3月18日，经新兴农场批准九道湾更名为"育新村"，村党支部、村革委会同日成立。

3. 育新村68届沈阳知青自力更生，战胜饥饿，解决温饱。当年知青粮食标准、伙食费用均由国家确定划拨，数量较少，知青劳动体力支出较大，来到盘锦很长一段时间里，这些知青都处于饥饿状态。1969年初，来自新兴红卫的一、二、三连率先进入九道湾开荒，每天他们住在红卫生产大队（腰岗子），耕种在九道湾，秋后新收获的水稻，使这些知青摆脱了饥饿，同时有能力留足留够下年口粮，率先部分解决温饱。1970年春，新兴坨子里的四连也进入九道湾开荒，每天他们住东方红生产大队（坨子里），耕种在九道湾。秋后的丰收水稻，也让他们摆脱了饥饿，同时有能力留足留够下年口粮，至此四个知青连队温饱问题，全部得以解决。1970年育新村水稻平均亩产615斤，跨过"黄河"（500斤），451名沈阳知青从此战胜饥饿，永远告别了饥饿。

4. 1970年"小五连"抗洪抢险。在育新村青年点西面有个自然屯"小五连"，地理位置处在辽河入海口弯处，行政归属育新村。1970年盘锦地区内涝外患，7月20日20时，流经"小五连"的海水严重倒灌，冲开堤坝，坝体出现约2米长豁口。警报发出后，全村知青火速前往"小五连"抢险，育新村二连知青第一批赶到堤坝，数十名男、女知青跳入水中，大家互相紧紧挽住手臂，组成三道人墙，用人体阻挡滚滚涌入的海水，坚持等待战友们加固堤坝。经过几小时奋战，成功地堵住缺口，保住育新村的新开耕地和新建房屋。

5. 育新村青年点首次出现在媒体。1971年1月24日《盘锦日报》第三版，盘锦地区上年度"光荣榜"——粮食产量跨"黄河"先进大队：九道湾大队。此时青年点已更名育新村，媒体仍用原来名称。

6. 育新村青年点成为新兴农场先进集体。1971年5月17日，中共新兴农场委员会做出"关于'远学大寨'、'近学平安'、'本场学育新'的决定"，决定说"育新村是全场学平安学育红一个先进典型。认真学习育新村的经验"。

7. 育新村青年点成为大洼区先进青年点。1972年3月20日，中共大洼区委做出"中共盘锦地区大洼区委员会关于深入开展学习育红村和育新村的群众运动"决定，以"中共大洼区委文件洼发〔1972〕21号"发至大洼区各个农场，这年4月21日《盘锦日报》第一版登载了上述决定。

8. 育新村青年点成为盘锦地区先进知识青年点。1972年度盘锦地区先进单位集体表奖大会上，育新村青年点获"盘锦地区先进青年点"称号，荣登1973年1月29日《盘锦日报》"光荣榜"。

9. 育新村成为辽宁省先进知识青年点。1972年11月19日，"辽宁省上山

知青在盘锦

下乡知识青年批修整风讲用会"在沈阳开幕,这是辽宁省第一次对全省知识青年先进集体进行评选,会上省内七个先进青年点作大会发言。育新村发言题目是"在三大革命斗争中造就一代新人——盘锦地区新兴农场育新村党支部事迹介绍"。育新村青年点作为盘锦地区知识青年先进集体唯一代表出席大会,同时成为本次省级先进知青集体中的"头雁""头榜头名状元"。

10. 辽宁省领导来到育新村青年点。陈锡联、尉凤英、李素文、杨迪、杨弃等沈阳军区、辽宁省市各级领导先后来青年点视察,社会各级媒体对育新村报道力度相应增大,育新村青年点开始受到社会各方关注。

11. 育新村四连坚持科学种田,"后来者居上"。来到九道湾开荒第一年,育新村四连就坚持开展科学种田,第二年四连水稻平均亩产880斤,跃过"长江"(800斤),1973年超过"千斤"。由于始终坚持科学种田,这个知青连队水稻产量连年持续稳步递增,其做法也引领着全村水稻粮食产量持续增长,因此这个连队始终是劳动生产率最高的知青生产连队,也使得这个最后迁入育新村的知青连队,"后来者居上"。

12. 育新村青年点水稻产量跨"黄河",过"长江",超"千斤"。1970年,育新村青年点成立当年,水稻平均亩产615斤,跨过"黄河"。1973年全村水稻平均亩产903斤,越过"长江"。1975年全村水稻平均亩产1100斤以上,超过"千斤"。

13. 育新村青年点水稻科学研究的发展。1970年春,育新村四连成立起知青水稻科研小组,负责人为68届沈阳知青张强。科研小组针对水稻生长的各环节,展开实验研究项目百余项,研究成果及时用于水稻生产,收效显著。后来这个科研小组发展为育新村水稻科学实验队,人员由最初几人发展为数十名知青,拥有百亩水稻实验田,在辽宁《新农业》杂志1974年第6期、第8期,他们分别发表《尼龙秧田敌稗灭草的体会》和《水稻全层施肥》,1976年7月,辽宁人民出版社出版了他们的《水田药剂灭草的斗争实践》一书。

14. 中国水稻专家杨守仁教授的实验田。我国著名水稻专家杨守仁教授是籼粳稻杂交、水稻理想株型和水稻超高产育种理论开拓者、奠基人,上世纪50年代起任教沈阳农学院。"文化大革命"中在科研项目随时被停止的情况下,杨守仁教授果断地将正在研究种植的"513"水稻品种,交给育新村水稻科研小组,由他们在实验田连续种植,采集整理相关数据。从1973年起,"513"水稻品种种植在育新村实验田,连续种植四年之久,科研小组采集整理出系列相关数据,交给了杨教授。这块实验田位于村南北大道东侧,紧邻大道那条地中间位置,约数亩。

15."水稻生产工厂化"实验项目。1975年,按上级意见,育新村水稻科学实验队承担进行"水稻生产工厂化"实验项目。该项目采用必要工业手段,直接向土壤播种水稻种子,同时取消育苗、插秧、拔草等生产环节,实验取得预期效果。这块实验田位于村口南北大道西侧,紧邻大道那条地的中间位置,现育新村民委员会楼院北面,约数亩。

育新村青年点水稻作物历年平均亩产量一览表

年份	平均亩产	备注
1970	615斤	
1971	740斤 750斤	两种产量统计数字,分别来自于不同档案资料; 育新村四连平均亩产880斤
1972	750斤	育新村四连平均亩产过"长江"
1973	903斤	育新村四连平均亩产超"千斤"
1974	924斤 936斤 950斤	三种产量统计数字,分别来自于不同档案资料; 育新村四连平均亩产超"千斤"
1975	1100斤以上 1000斤以上 930斤 800斤以上	四种产量统计数字,分别来自于不同档案资料。
1976	1200斤 1000斤 898斤	三种产量统计数字,分别来自于不同档案资料。

续表

年份	平均亩产	备 注
1977	998 斤	
1978	1130 斤	
1979	1100 斤以上	

16. 育新村青年点"共产主义劳动大学"设立、开学。1973年6月15日，辽宁省有关部门来育新村，研究落实"共大"开办事宜。7月20日，在青年点大会议室，育新村"共大"举行了开学典礼。7月27日，国务院科教组来人到育新村，现场听取"共大"语文授课，语文老师孙志忠（沈阳一中68届高三毕业生）讲授课文《张勇之歌》选段"怀念"。

17. 育新村青年点首位知青党、政一把手。青年点建设初期，正职党政领导由当地农民干部赵自明、赵喜禹担任，知青干部任副职。从1973年起，知青开始担任起育新村青年点党、政一把手。1973年7月，赵喜禹调任新兴农场革委会副主任，负责分管生产工作，四连知青黎春奇任新兴农场党委副书记兼育新村大队革委会主任、党总支书记。这是自青年点建立以来，第一次由知青担任党政主要领导职务，此后沈阳知青王文权、张强先后担任该职，1977年后村党政主要领导再次由当地农民干部担任。

18. 育新村女知青代表出席辽宁省妇女代表大会，当选省妇联委员。1973年8月15日至19日，辽宁省妇女第二次代表大会在沈阳中华剧场召开，本次大会妇女代表1403名，尉凤英当选辽宁省妇联主任。盘锦大洼区11名妇女代表出席大会，育新村四连指导员李金灿作为女知青代表参加了这次大会，同时当选省妇联第二届委员，为大洼区唯一妇女代表。

19. 首批"带队干部"进入育新村青年点。1974年起，知青工作开始实行"厂社挂钩"，毕业生家长单位参与组织管理知青下乡事宜，向青年点派出管理干部——"带队干部"，每年轮换一次。1974年育新村迎来首批"带队干部"，共七人，分别是省民政局政治处负责人阿英嘎、辽宁日报群众工作部副主任温淑君（女）、省歌舞团核心组成员杨爱华（女）、辽宁人民出版社编辑陈志强、东北电业局物资组长黄春年、省邮电管理局七〇五厂团总支书记郭天生、辽宁省机械局叶盛林，他们在青年点工作时间为1974年9月至1975年9月。

20. 育新村青年点自来水塔的修建使用。1974年，育新村领导决心解决吃水问题，组织"带队干部"带领知青修建自来水塔。"带队干部"、东北电管局物资组长黄春年带领有关人员先后走访大洼、盘山、沈阳等单位，设计制定出水塔建设图，又从盘山电厂等单位协调运来施工所需物资，成功建起过滤池和水塔，1974年秋冬之际，自来水塔建成投入使用，从此全村知青喝上自来水。

21. 育新村青年点经历营口、海城地震。1975年2月4日19时36分，辽宁营口、海城发生7.3级地震。育新村青年点震感明显，大幅度摇摆、颤动持续约两三分钟。这次地震造成村中地面多处开裂，裂缝最宽达30多厘米，大队俱乐部礼堂墙体撕裂出口子，许多沟渠返出泥沙，冒出泥浆，全青年点无人员伤亡，无房舍倒塌，无大牲畜丢失，猪圈、养鱼池、自来水塔无恙，"挂钩"单位接知青放假回沈的几台客车完好无损，知青连队干部各尽其责，全村知青情绪基本稳定。第二天是青年点春节寒假日，除留守人员外，其余知青集体返程回沈。

22. 防冰雹"土炮弹"意外爆炸伤人事故。1976年9月25日15时30分左右，在育新村青年点一连防冰雹"土炮弹"发射地点，七四届沈阳知青、基干民兵连长滕力发射"土炮弹"时，"土炮弹"意外炸响，滕力严重负伤，眼睛里灌满泥土，左手掌被炸至粉碎状态，无名指甲破碎拔掉，面部留下无法褪去的黑痕，经大洼县医院连夜抢救，脱离生命危险。

23. 育新村青年点知青吴宝田等参军入伍。1969年11月23日，六八届沈阳一中毕业生、东方红二连（育新村四连前身）知青吴宝田应征加入空军雷达兵部队，他是第一个应征入伍的育新村知青，此刻该连队正处在向育新村四连的过渡时期。青年点存在的10年时间里，育新村约有30名男、女知青应征入伍，分别加入解放军陆海空部队，男知青占90%以上，应征女兵里有一名是六九届北京女知青。

24. 育新村青年点知青单志忠进入清华大学学习。1970年8月，六八届知青、沈阳三十五中毕业生单志忠被推荐选送进入清华大学学习，他是育新村被推荐选送进入大学的第一名大学生。10年里，约有40名育新村知青先后被推荐选送进入清华大学、东北工学院、大连工学院、大连海运学院、青岛海洋学院、沈阳机电学院、铁岭农学院、沈阳医学院（中国医科大学）、辽宁中医学院、锦州医学院、辽宁师范学院、沈阳第二师范学校、营口师范学校、赤峰卫生学校等高等院校学习。

25. 育新村青年点知青高考录取率居全县青年点之首。国家恢复高考制度后，育新村知青踊跃报名参加考试，青年点专门为参考知青聘请老师，进行考前辅导。在1977年首次高考中，育新村青年点的七名知青被省内外高等院校录取，五名知青进入中专学习，在1977年、1978年两次高考录取中，育新村青年点知青录取率居大洼县青年点第一位。

26. 育新村青年点结束历史使命，相继撤销。1979年12月，育新村青年点沈阳知青接到撤离盘锦地区通知，开始离开育新村，陆续返回沈阳，盘锦籍知青同时开始撤离，到1980年育新村知青全部撤出，至此育新村青年点结束了十年历史使命。

27. 在育新村青年点故去的知青共三名，均为沈阳知青，他们是：张凤奇，男，七〇届，四连知青，1971年12月死于意外斗殴，葬在当时新兴农场医院旁边；潘艳华，女，七二届，19岁，三连知青，1974年9月18日死于乙型脑炎；梁颖敏，男，六八届，四连知青排长，1974年12月2日死于蛛网膜下腔出血，葬在当时新兴农场医院后边。

2011年12月23日

我的知青记忆

◎ 张 萍

我从家庭走向社会的第一站从这里开始,我曾在这里生活,在这里劳动,在这里被磨砺,在这里丰富了我生命的情感……这里是一片难忘的土地。

一、一窝野鸭蛋

我插队的地方名叫张家堡,有二十来户人家,是一个四邻不靠、孤零零的被芦苇荡环绕的小村子。村里的稻田全都是在芦苇丛中辟出的一块一块的小平地。这样一处寂静的、原生态的地方,正是各种湿地生物的栖息地。我常常看到水生物的出没,它们之间此起彼伏的叫声,像一首交响乐伴随着劳作的我们。

一次,我们小组在一块地里插秧,边插边听着水鸟"咚咚"的叫声,突然有听见"扑啦啦"野鸭飞起的声音。沈阳铁中老高三的大姐高希颖正好插秧到田头,她把手在水里涮了涮说:"我去看看有没有野鸭蛋。"边说边走到对面的苇丛中去了。我们继续插着秧苗,就听见她在里面大叫:"哎呀,一窝野鸭蛋呢!"一群人"呼啦"一下全都朝她喊的方向跑了过去,扒开层层的芦苇我们看到了五个野鸭蛋静静地躺在那个用芦苇编成的小窝里,顿时我们大声欢呼起来。

知青在盘锦

收工回家的路上，我们算计了一下，共十个人，正好一人半个鸭蛋。来到食堂交给烧饭的李大爷，告诉他分配方案。开饭前，李大爷隔着窗户，朝我们喊："鸭蛋熟了！"十个人齐刷刷地来到了灶台前，只见李大爷拿着刀，把五个鸭蛋一一切开，与此同时，屋子里散发出一阵阵鸭蛋的油香味道……对于我们这些平日里见不到荤腥的正在成长的少年来说，这仿佛是上天送来的美食一般呀！

我迫不及待地抓起属于我的那半拉鸭蛋，就像猪八戒吃人参果一样，一口就吞到了肚子里，至今没想起当时咀嚼的感觉，但那弥漫在伙房里的阵阵香气却使我记忆犹新。

☆张萍（前排右一）

二、吹风机

那是1971年的春天，我被派在食堂做饭，因灶台不好使，上面给拨了一台吹风机，填上柴后，拉一下开关，机器一吹，火就往灶坑里面钻，又快又省柴。

有一天，我淘过米，拉开了吹风机，机器呜呜作响，火苗呼呼往里蹿，忽然间，我听到风机响声不正常，低头一看，飞转的机器里火星直闪。急忙之间，我舀了一瓢冷水，泼到了机器上，这下可糟了，火是熄了，可机器也哑巴了，伙房里顿时一片宁静……我把管理员找来，他说我不该泼水。

收工回来，同学们吃着夹生饭，我心里很不是滋味。第二天早上，做饭时没了吹风机，灶台里的烟窜得满屋都是，呛得我直流眼泪，借着这机会我大哭了一场，边哭边想：咋办呢？吹风机挺贵的，青年点买不起，可没有这个还真不行。电器怕水这是常识，我都不懂，自己怎么就这么笨呢。烟还在不停地冒，眼泪也一直地流着……就在我伤心到极点的时候，脑子里灵光一闪，想起于楼那儿新建的油田矿区，那里的工厂是不是能帮助我们呢？去于楼走大路会很远，但从我们村里的苇塘穿过去，也就不到一小时的路程，我决定去试试。

同学们上工了，我赶紧登上了水靴，趟过苇塘来到油田矿区，一路寻找着，终于找到一个像是工厂的大院儿，院里摆放着几台变压器，里面车间的大门开着，门口坐着几个人。我在院外有点犹豫了，从小到现在也没与陌生人打过交道，没说过求人的话，不会说也不敢说，这可咋办呢？但转念一想青年点里五六十号人要吃饭，自己犯的错误要承担呀……咬咬牙、鼓起勇气，就像一个壮士一样地走了进去。先打了招呼，然后把事情原委讲出来，讲着讲着就忍不住哭了起来……也许是知青的遭遇获得了同情，也许是我的眼泪打动了他们。总而言之，这是我人生中第一次成功的"演讲"，工人们同意帮助我……

回来的路上，我像踏在云雾里一样，心里想怎么会这么顺利呢？是谁给的力呢？真是柳暗花明又一村呀！

三、村里有个姑娘叫淑霞

1968年下乡时，我是班里的"黑五类"，到了农村后，青年点组织文艺宣传队，不让我参加；入团申请书写了多次，也讨论了多次，就是不批准。我很孤独，也很郁闷。村边的芦苇荡是我一个人常去的地方。秋天来了，苇花开了，白茫茫的一片连绵不断；秋风吹过，白色的绒花随风摇曳，好似一层层的浪花涌动。我常常驻足芦苇之中，聆听风的指

☆张萍与淑霞

尖弹拨芦苇，发出的不可言喻的美妙声音，只有在那一刻，我会感到快乐；只

知青在盘锦

有在那一刻,能让我忘记知青生活的艰辛与烦恼……

就在那时,一个人来到我身边,她就是淑霞。村子里的姑娘,她比我大一岁。盘锦当地人都称姑娘为"丫头"。割稻子时,她在我前头接我的垄;在地头休息时,她帮我磨镰刀;大枣成熟时,她偷偷地塞给我一把;端午节时,她把粽子、鸡蛋拿到芦苇丛里看着我吃……总之,她使我快乐,是我生命中的"贵人"。

1974年底,盘锦开始了大批招工,由贫下中农"背靠背"评选,我被选上了,是被选上的知青中年龄最小的一个。一些比我大的找队长,说我出身不好、年龄小,不该先走,但是队长坚持了评选结果(这是我后来得知的)。

记得参加体检的那天,我们一行人来到场部卫生所,由派来的医生逐个检查,然后填表,没有什么麻烦,个个顺利通过,大家都高高兴兴地走出了场部。从新开农场往南就是二干,过了二干桥,站在二干南侧的大坝上,我远远地看见了一个身影,穿着件草绿色的衣裳,长长的辫梢被风吹得丝丝飞扬……越往前走越看清楚了,原来是淑霞。她面东背西,防着风,又怕看不到我,头微微向着北边张望,一脸不安的神情。到了近前,我说:"淑霞,你咋来了?",她一下子抓住我的手说:"体检合格没?"我说:"合格了呀!"她马上绽开了笑脸说:"我昨晚一夜没睡好,怕你体检不合格,所以跑来这等你。好不容易选上了,要是体检被刷下来可咋整。"……我惊呆了,张开口半天说不出话来(写到这我已是泪流满面了)……体检本来是一个不被注意的小环节,竟然被一个丫头看得如此重要,可见淑霞对我有多好!几十年过去了,我仍然无法忘记这被感动的一幕。

淑霞,你用你的淳朴、善良,帮助我、关爱我、保护我,让一个纯洁的灵魂仍然保持着对人间温暖的感恩……谢谢你给我的爱,我今生今世不忘怀……这里我借此文向我们那个年代里的"小芳"们致敬,并祝你们永远幸福、安康!

张　萍　1953年出生，1968年9月20日从沈阳第十九中学初一四班下乡插队到盘锦新开农场八家大队七小队（张家堡），1971年调到第三小队担任报道员。1974年12月被招工到中国石油天然气总公司辽阳分公司动力厂直至退休。

难忘的知青大哥

◎ 张立华

1976年冬天的一个下午,纷纷扬扬的大雪铺盖了整个盘锦大地,呼啸的北风夹着雪花,一阵阵扑打在旷野里孤零零的青年点儿宿舍。我和下乡一年多的同学们,遇到了从来没有过的寒冷,一个个蜷缩在被窝里。

☆张立华(上排左一)

这时房门突然被打开了,走进了厂带队的青年干部于静涛。他26岁的年龄虽然只大我们几岁,个子也不比我们高多少,可他的成熟、阳光、热情,尤其是对我们每一个知青有求必应的友善,成了我们心中的知青大哥。

于大哥出公差,从沈阳刚回来,背着大兜子一进屋,我们就看到了他笑盈盈的脸孔,阴冷的寝室仿佛一下子照进了阳光、涌进了温暖,屋子里顿时欢腾起来。知青同学们全都钻出了被窝,糊上了大哥。

于大哥乐呵呵地向同学们分发着从沈阳带来的知青家信和家乡父母带来的"好嚼裹儿"。同学们有的拉着于大哥的手,有的拽着于大哥的胳膊,甭提多亲啦！

大家本想和于大哥热闹一番，可是于大哥马上要离开，因为他听说盘山县正在开厂带青干部会议，忙着要赶最后一班去盘山县的郊车。我们知道于大哥工作认真，只得放手，眼巴巴地瞅着于大哥离开了我们，期盼着他明天的归队。

万万没想到，不出一个小时，我们得到了于大哥的消息，而且竟是惊天的噩耗：他在村口因车祸送了命，再也回不来了！

同学们先是惊呆了，继而全部冲出宿舍，冲向村口、冲向出事地点，大家看到了永远不想看到的悲痛欲绝的一幕：因为是最后一班郊车，后面上车人的拥挤，把于大哥压倒在还没有停稳的车下……

于大哥紧闭着双眼，微皱的眉宇，好像还在遗憾着，没有赶上到县里开会的最后一班车。他对工作太认真、太负责任了，为啥要赶着这么大的雪上路，赶着这么大的雪去开会呀？我们在心里百遍地问、千遍地埋怨，惜哉！痛哉！

同学们不相信于大哥就这样地离开了我们，谁也想不到刚才于大哥临走时，和我们笑呵呵摆手那一刻，竟是诀别！许多同学看着已是阴阳两隔的于大哥，仍不忍放弃，急切地抬起了他，拼命地往农场医院跑……

我们必须面对无情的现实，于大哥永远地离开了我们。足有一个多星期，青年点没了欢声，更无笑语，大家沉浸在无限的悲痛之中……

40多年了，于大哥仍然没有离开我和同学们的心里，每当大型同学聚会、每逢好友餐桌小叙，常常会把于大哥提起……

有人梦见于大哥领着知青在田间挑苗，有人梦见于大哥牵着骡马和我们耙地，尤其是他和知青谈心的场景，交流的话语，至今历历在目，犹然在耳。于大哥，您是我们知青的好兄弟，您永远活在我们知青的心里。

2017 年清明

知青在盘锦

张立华 1956年出生，1975年毕业于北镇县第三中学，同年8月下乡插队在盘锦地区盘山县甜水农场大板大队第三小队，1979年跟随落实政策回原单位的父亲到沈阳，入职辽宁日报社行政部门直至退休。

知青往事

◎ 张发俊

1970年9月3日,我带着一只大揭盖的小木箱,背着行李,戴着大红花,登上了南去的列车,下乡到盘锦新立农场苏冷大队五里堡小队,开始了我的知青生活。

一、我的"故乡"盘锦

我们下乡的小队,离县城15里,因而得名五里堡。五里堡有一条小河,叫"螃蟹沟",秋天,螃蟹沟里到处是螃蟹。沟南住着12户人家,沟北住着8户人家。一座简易的小木桥,连接着南北农家的往来。

五里堡饮用水比较困难,开春便挖个大坑,把辽河水引进坑里,俗称"水泡子"。整整一个年头,人们就要饮用泡子里的水。

夏天,乡亲们养的猪、鸭、鹅,也经常到"水泡子"里光顾。打上来一桶水,鱼虫还在里面游呢。

冬天,人们到"水泡子"里砸冰,再用麻袋背回来,把冰融化了饮用。这就是当年盘锦流行的"四大怪"中的一怪,即"冬天吃水用麻袋"。

当时,盘锦经济非常落后。我下乡的小队,家家没有厕所,男人"方便"到东房山头,女人"方便"到西房山头。南北可以不打听,但东西你必须搞清楚。男人如果走错了方向，可就要挨打了。

  1970年9月3日，我们乘坐的专列驶向了营口，下了火车转乘大卡车到了盘锦（当时盘锦没有火车站）。盘山县广场上锣鼓喧天、红旗招展，欢迎的人群有上千人。"热烈欢迎沈阳知青到盘锦炼红心"和"热烈欢迎沈阳知青到盘锦接受贫下中农再教育"的标语口号随处可见。

  我们十八个知青，乘坐小队安排的两挂马车，来到了五里堡。贫协主任致欢迎辞，他说："革命小将们，是毛主席送你们到这里，我们欢迎你们……"我们走进食堂，只见灶台旁黑乎乎一片，用手一摸，一群苍蝇腾空而起，这个恶心呀！每人一碗大米饭，一碗猪肉炖粉条，一天没吃东西了，真是饿了。等我们盛完饭，屋里屋外、男女老少把我们围住了，不愿离去。喂牲口的大伯说话了："猪肉炖粉条子，有的人家过年也吃不上呀！"

  吃过了晚饭，天色已经黑下来，队长把我们安排在老乡家里住下。

  从此，漫长而又艰辛的知青生活开始了。

二、修河堤

  盘锦主要农作物是水稻，灌溉水稻的水线，俗称上水河堤。长时间不清理水线的淤泥，上水线的储水量就小，满足不了水稻灌溉的需求。到了冬天就得清理淤泥，叫修河堤，俗称"出工"。

  1973年出工修河堤，是我一生中最难忘的22天。

  1973年正月初六，我们六名青年点干部回到盘锦，到了坝墙子农场参加修河堤会战。我们干了22天，艰苦和劳累是难以想象的。

  我们在离工地20里地的一个军营闲置的仓库里住下。仓库是三间红砖房，破损的石棉瓦天棚漏着天，夜晚能看见天上的星星。三间屋的门扇和窗扇都被人摘走了，光秃秃的。还好地面是水泥的，放上行李，就是我们的床。我们用稻草编成的帘子挂在门框上，就成了宿舍的门。用稻草把窗户堵上，支起锅灶，这家就算安顿完了。

我们六个人每天轮流做饭。当时，我们吃的是大米饭，一日三餐都是盐水煮白菜。来的时候队长给我们买了一瓶猪肉罐头，三斤咸盐，轮到谁做饭也舍不得放点罐头解解馋，只是闻闻味。大约过了七八天，这瓶启开的猪肉罐头，突然失踪了。我们这个心疼呀！一是哭，二是立刻展开调查。我们经过内查外调，最后一致认为，可能是被野狗叼走了。以后的日子一点油星都没有了，上顿下顿盐水煮白菜、大米饭。

每天天将亮，我们就吃完了早饭出发了，肩扛着、手提着劳动工具，铁锹、铁镐、扁担、铁叉、炸药包，还有我们的午饭，步行20里地来到工地。

我们先在冻土层打眼放炮，然后卷上一颗"大老旱"抽烟，歇一会儿。接着就分工协作，抡大锤的、抡镐的、挖土的、抬土的，一干就是一上午。

到了中午吃饭的时候，把带来的一盒大米饭和一盒盐水白菜，用自己的腋窝或是胸膛暖开，让饭菜与饭盒分离。不用任何餐具，就用两只手，一只手拿着冻坨的大米饭，一只手拿着冻坨的盐水白菜，一样一口。就是一个字"啃"，啃完了中午饭，口渴了再啃点儿泥塘里的冰。

天黑了收工回家，点着煤油灯，吃完晚饭睡觉。屋里太冷，我们穿着棉衣、棉裤，戴着棉帽子，盖上被才能睡着。

这22天里，赶上三天夜里下大雪，我们全然不知。当夜里被冻醒，感觉身上怎么这么沉，睁眼一看，雪落在被上已有半尺多厚了。雪是从房顶漏下来的，也有从堵得不严实的门帘子刮进来的。

这22天不知是怎样度过来的，当时的生活环境，今天的人们也许不会相信。在零下20摄氏度的严寒天气，没有任何防寒措施，我们竟然熬过来了。我们的经历，也证实了老人们常说的那句话："人，没有吃不了的苦，没有遭不了的罪。"

我们终于胜利了。这次坝墙子出工，我们得到了新立农场颁发的一张大红奖状，上面写着"战天斗地，兴修水利，成绩突出"。再看看我们六个人，胡须长了好长，个个像个小老头。

三、填不饱的肚子

当时盘锦有这样一句顺口溜,叫"三新一坝,新立最差"。即新立、新开、新建、坝墙子农场,从生活条件来看,这四个农场,新立农场是最差的。

每年四五月份,是盘锦农活最忙的时候。为了不插六月秧,三月底到四月初育苗,五月插秧。作息时间是"早晨三点半,中午连轴转,晚上看不见"。劳动强度大,每天五顿饭。由于没有油水,每顿二两一个的玉米面饼子,我们每个人最少能吃十个。当时青年点有食堂,我们每年每人分到的毛粮稻子是600斤,由于不够吃,队里就拿稻子到黑山县用一斤稻子换二斤玉米。

1973年快到春节放假的时候,我费了好大劲弄到100斤大米。扛着大米算是孝敬父母,登上了回沈阳的列车。

当我扛着100斤大米回到家时,已累得气喘吁吁了。我对母亲说:"快给我做饭吧,我都要饿死了。"母亲欢天喜地地吩咐我大妹妹:"快给你哥做饭,多做点,把明天早晨全家的饭都带出来,尝尝你哥拿回来的新大米。"我大妹妹焖了一锅大米饭,还用芋根头咸菜给我炒了碟鸡蛋。我狼吞虎咽地吃了一碗又一碗。

母亲坐在旁边望着我,脸的笑容渐渐不见了,泪花从她那慈祥的眼中溢出,顺着脸颊流下来。

那天晚上,母亲问了我许多在农村生活的情况,我尽管说得轻描淡写,但母亲的脸上始终没有出现灿烂的笑容。

四、十头乳猪

为了能填饱肚子,当知青那几年,只要是能吃的东西我都吃过了。

刚下乡的时候,抓过野鸭子,捡过野鸭蛋,那真是美食。我还吃过喂牲口的玉米,偷吃过小队种植的"毛豆"。最使我难忘的是我和一个知青,一顿吃了十头乳猪。

1972年，我当仓库保管员兼猪倌。小队共养了七八头猪，其中有一头母猪。春天，母猪配种以后，等到立秋左右就要下小猪崽。青年点有一个知青听到消息以后，时常打听母猪什么时候下崽。等到母猪叨草铺窝的时候，他就偷偷告诉我，乳猪可好吃了。他对吃比较有研究，说乳猪是国宴上的一道菜。我说那可不行，队长知道了还不整死咱俩呀！他说没事，你就告诉队长，母猪下崽以后没水喝，受到惊吓，把猪崽吃掉了（当时老乡家养的母猪下崽后，也有吃掉猪崽的先例）。到了母猪下崽的那个晚上，我俩偷偷在猪圈旁守候。老母猪生下一个崽，他就用事先准备好的钢筋串上一个，再用盐水和好泥巴裹起来，串到第八个的时候，我说别串了。他还耐心地等待，一共串了十个。这个老母猪真是高产，一共生了十四个崽，留下了四头活泼可爱的小猪崽。你还别说，不是我看着，母猪真咬小猪崽，生完崽的母猪把胎盘都吃了。我赶紧按照老乡的指教，给母猪端来热气腾腾的猪食、泔水。四头活泼可爱的小猪崽，依着母猪身下吸着奶水。

等我把活忙完了，他已经把烤好的乳猪拿回来了。我俩找了一个隐蔽的地方，开始品尝乳猪的味道。我扒去泥巴，一大口接一大口地狼吞虎咽着，整个乳猪的肉、骨、内脏、肠肚一点也没剩。十个活生生的小生命就这样被我俩吞掉了。

张发俊 1953年出生，沈阳五十中学初中学生，1970年9月下乡到盘锦新立农场苏冷大队五里堡小队，当过农工、仓库保管员、猪倌、食堂炊事员。1974年11月招工到沈阳市房产局砖厂当工人，1985年调入沈阳惠天热电股份有限公司监督检测中心，历任中心计量处处长、下属公司经理、中心主任、总支书记。2013年退休。

回望知青岁月

——听妈妈讲那过去的事情

◎孟淑兰口述　张丽娜整理

1970年，我作为鞍山知青，从鞍山下乡来到盘山县棠树林子公社孟家大队。如今已经过去了47年，那艰苦而难忘的岁月，曾经是知青的回忆，永远在我心里铭记。

拓垦炼红心

1970年，我和班里的33名同学从鞍山下乡插队到了盘锦的棠树林子公社孟家大队。从来没有到过农村，我们感到一切都是那么新奇。刚到乡下时，到田里锄草，连刚长出的麦苗和韭菜都分不清楚。望着那一大片麦苗，以为是长得茂盛的韭菜。有的同学由于眼睛近视，拿起锄头就铲，铲掉了一大片老乡辛辛苦苦耕种的麦苗。农村的活计，对于从小在农村长大的老乡来说，耳濡目染，并不觉得辛苦和艰难。可是对于一直生活在城里，从没接触过农活的知青来说，要想熟练地掌握和适应并不容易。每天顶着烈日风沙、高温酷暑在田里劳作，一干就是一天，对于我们这些十七八岁的孩子来说，真的需要坚强的意志来支撑。

20世纪70年代初的盘山县棠树林子公社孟家大队,有村民200多人,当时的农村没有进行各项开发建设,土地资源丰富,地多人少,有的土地就那么撂荒着。陆续下乡插队到当地的知青大大增强了当地的劳动力量。附近的荒地全部被知青们开垦了,种上了小麦、苞米、高粱,粮食产量有了很大的提高。每天的日程安排很紧密,夏季每天早上四点钟就起床去田里劳动了,六点钟回到青年点吃早饭,七八点钟又出工到地里,顶着烈日在田里劳作,干得汗流浃背,一直到日头落了才收工。吃完晚饭,是每天的政治学习时间,学习毛主席语录,忆苦思甜,以及报纸上的时事政治和各类会议精神。有时大家谈一谈感想,同时把第二天的工作安排一下。这样的劳动虽说辛苦,但还算充实,同时也是对思想、意志和品格的一种磨炼。农村老乡热情善良而淳朴,把知青当成孩子一样看待。即便农活干错了,也没有过多的责怪,都很理解我们这些初下农村十七八岁的孩子们。在这广阔的天地里锻炼,劳动强度很大,特别是春季插秧和秋收的时候。用老乡的话说,就是"早晨三点半,中午含着饭,晚上看不见",有时还要打夜班,辛苦可见一斑。刚做这些农活时,手上都是大血泡,慢慢地结成了厚厚的老茧。由最初的手不能提篮,肩不能担担,直至在老乡手把手地指导下,清淤、整地、播种、育苗、插秧、收割、脱谷、扬场……干起来有模有样了。

为了改变盘锦农村的落后面貌,知青们留下了数不尽的汗水。打冻块是当时盘锦农村冬天的一项主要工作,通过打冻块提高土壤肥力。在零下近30度的寒冬,干这个活儿也是大汗淋漓。男知青抡起大镐,把池塘里10多厘米厚的冰层费力地刨开,再将池塘底的淤泥用筒锹挖出来,再用挑筐运到两三公里远的农田里,来年把这些土肥均匀地铺到肥力比较差的田里。这样土地变得肥沃了,粮食产量有了很大提高。"今日盘锦,锦上添花,花开园美,美如图画",这是当年我们的誓言,要把盘锦改造得更加美好的可贵的青春理想。

后来,我调到孟家小学当老师,与孟敏、王秋、杨刚等一批优秀知青一道,为基层农村的文化教育事业做出了努力和奉献。机缘巧合,我在盘锦有了

知青在盘锦

温馨的家,这里成了我的第二故乡,而他们,这些可爱的同学们,他们陆续返回了鞍山。这些年,我们时常联系着,互相牵挂着……

布谷送歌声

☆王秋近照

知青来自大城市,有活力,有知识,把当时最流行的革命歌曲手抄本、风琴、吉他、诗歌等带到了这片比较闭塞的土地,活跃了当地农村的文化生活。

当时的棠树林子公社特别缺乏具有文艺特长、能歌善舞的老师。颇有艺术天赋的王秋被推荐到孟家小学做音乐教师。开朗活泼的她能够自弹自唱;把7个碗放成一排,用筷子也能敲出悦耳动听的《我爱北京天安门》。她还发挥特长,组织了一支十多人的文艺宣传队。她以当地的新人新事为题材,自编自导,排练了许多群众喜闻乐见的歌曲、舞蹈等文艺节目,文艺宣传队的活动开展得有模有样,经常代表孟家大队到各青年点、其他大队、棠树林子公社演出,多次获奖。有时春节也不回家,组织文艺演出给老乡拜年。农村的文化生活很贫乏,每当有文艺宣传队演出的时候,老乡们都拿着木头板凳,拖儿带女,或者站在自行车后座上,把演出现场围个水泄不通。文艺宣传队丰富了老乡的业余生活。王秋在学校在大队里干得有声有色,为人却低调谦和,和老乡关系处得非常融洽,打成一片。她着装非常朴素,只穿蓝裤子,白上衣,齐耳短发,戴一副眼镜,从不穿什么漂亮衣服,学生或老乡见了她都亲切地称她为"王眼镜"。她说,最初插队下乡的那份辛苦,也有思想动摇的时候,想回到城里,回到父母的身边。当她把回城的想法对母亲说时,她母亲说,不管怎样艰苦,一定要咬牙坚持,别人能适应这个环境,你也能行,吃点苦不算什么。母亲的话，坚定了她的信心。插队下乡的知青生活成为她人生中最为丰富、最为珍贵的回忆。

汗浇桃李鲜

杨刚，当时是鞍山知青在孟家大队青年点的点儿长，虽然和大家同龄，但是他的组织能力、工作能力都很强，口才好，文学、音乐也都很擅长，是知青中的佼佼者。业余时间，他积极组织知青们开展政治学习，空闲时间，带领大家在青年点的院子里打篮球，围着唯一的篮球架拼个热火朝天。由于他的表现突出，公社将他调到孟家小学做老师。他格外珍惜这个机会，为了把教师工作干好，不辜负公社和大队的这份信任，他在报到之后，没有直接带班，而是到教学经验丰富的老师带的班级去听课，虚心学习如何管理班级和讲课的经验。

无论刮风下雨，寒冬酷暑，每天早晨6点半他都准时到校，给学生布置早自习的学习任务，对前一天的作业挨个"过筛子"。用心和学生交流，考虑到农村的书籍比较贫乏，每当读到有意义的文章或故事，他都及时地讲给学生。每到放农忙假的时候，他带领学生劳动的同时，还绘声绘色地给同学们讲革命故事。孩子们都非常喜欢这个老师。由于他的虚心、爱心、用心、耐心，他带的班级成绩优异，各项表现都很突出，期末考试在全公社多次名列前茅。虽然时间已经过去了多年，但是他教过的学生、同事对他的真切关照，生活上无私的关怀，他都是如数家珍，特别是对孟家六队的马桂珍老师更是非常感激。刚到孟家时，感觉生活不适应，思念亲人，对新工作有压力，是马桂珍老师和这些可敬可爱的同事们将如何备课、书写备课笔记、教案，怎样把课讲得生动有趣，使班级更有凝聚力，悉心传授给他。那份鼓励，生活上的帮助，增强了他做好工作的信心和动力。

时光倏忽而过，40多年过去了，我们这些曾经的知青们都已过花甲之年，继续着自己的生活，可是那些在盘锦插队下乡的往事无法忘却，那段难忘的青春岁月，和当地老乡的感情已烙印在了心坎上。

知青在盘锦

附这几位老知青战友的简要经历：

☆孟敏近照

孟 敏 1955年10月出生。毕业于鞍山市第二十七中学，1973年下乡到盘山棠树林子公社孟家大队二小队。下乡期间，积极与广大贫下中农打成一片，工作比较出色。于1974年经大队领导推荐，公社教育组同意，调到孟家小学做教师，担任班主任工作。工作中，潜心专研，虚心请教，多次为全公社讲公开课，得到一致好评；所任教班级的期末考试成绩多次在全公社位居第一，被评为全校的先进班级，个人被评为优秀教师。1978年符合知青回城政策，招工到盘锦第三建筑公司工作。1984年调回鞍山，在鞍山市铸钢厂财务科工作，后任鞍山市鑫庆燃料油经销处法人代表。2005年退休。

王 秋 1955年8月出生。毕业于鞍山市铁东区第六十二中学，1974年下乡到盘山棠树林子公社孟家大队，擅长钢琴、编舞、书法等，由于文艺特长突出，被推荐到孟家小学做音乐教师，组织了一支文艺宣传队，经常参加全公社的文艺汇演并获得一等奖，丰富了农村的业余文化生活。1976年招工回城，分配到鞍山市中心医院当护士，工作积极勤奋向上，1978年调到鞍山市卫生局医政科做统计工作，1995年被任命为鞍山市卫生局组织部部长（正处级），2008年提任市卫生局副局长兼工会主席（副局级），2015年退休。

杨 刚 1955年2月出生。毕业于鞍山市第一中学，1974年下乡到盘山棠树林子公社孟家大队，任青年点的点儿长。个人爱好广泛，擅长绘画、演唱美声歌曲、演奏笛子。1975年被推荐任孟家小学教师，活跃了学校的文化生活，带动了学生兴趣特长的发展。1976年回城，到鞍山焦耐设计院工作，1977年公费保送到西安交通大学深造学习2年，主攻土木工程专业。毕业后，回到鞍山焦耐设计院，经过5年的不懈努力，充分锻炼，被评为国家注册建筑师。2015年退休。

作为知青的子女,我深深知道那段挥洒过许多汗水、付出过辛勤劳动的盘锦这块土地在长辈们心中的分量,青春鲜亮的记忆永远都无法磨灭。艰苦的岁月反而促使他们面对生活愈加坚韧、勇敢和乐观,他们向上向善的品质也深深地影响着我,使我感悟到在成长的路上要与书为伴,与人为善。

张丽娜

☆孟淑兰与女儿张丽娜(双台子区政协办公室副主任)合影

知青在盘锦

盘锦知青话当年（小诗四首）

◎张雨涛

一、开垦

盘锦大洼云海帆，
垦区农场喜开颜。
学生毕业农村去，
插队乡间当社员。
盐碱荒滩一片片，
茫茫野草望无边。
狂风阵阵沙尘起，
蔽日沉沉昏暗天。
道路坑洼人不见，
村庄迷影少炊烟。

知青到此来开垦，
改造山野不怕难。
热血男儿多壮志，
辽河改建记心间。
开荒垦地多流汗，
万里荒滩变稻田。
磨破肩头衣碾肉，
泪花点点挂腮边。
收工傍晚回屋看，
忍痛悄悄去换衫。

苦累之中拼力干，
磨出老茧很一般。
春秋季节活繁重，
早起晚归星满天。
艰苦生活磨意志，
众人成长不平凡。
青春岁月无虚度，
盘锦知青献秀年！

二、插秧

两个苗筐担在肩，
帅哥健步奔田间。
知青美女插秧快，
你赶我追撵向前。

绳纤拉直成样线，
秧苗林立在水边。
插完一亩绿一片，
插过万顷绿满天。

大地旧颜全改变，
稻苗翠绿让人欢。
犹如绿毯全铺地，
景色迷人很壮观。

三、秋收

秋季丰收放眼看，
金黄穗浪望无边，
稻香阵阵随风起，
饱满果实沉甸甸。
收稻开镰拼劲干，
又割又捆不停闲。

腰疼夜晚床难上，
捶背揉腰泪涟涟。
车载人扛忙运稻，
院中堆集像小山。
挑灯夜战忙脱谷，
机器隆隆响得欢。

脱谷分工流水线，
疲乏劳累苦也甜。
分粮户户心欢笑，
永记知青贡献添。

四、知青往事

离别盘锦四十年，
往事如梦梦中见。
青春岁月留盘锦，
风华正茂恰少年。
开垦荒滩拼力干，
艰苦岁月何惧难？

辽河大堤新改建，
知青男女全参战。
插秧收割两不误，
早起晚归月相伴。
辛勤汗水洒大地，
留下万亩好良田。

盘锦腾飞在发展，
日新月异乾坤变。
历史画卷会铭记，
知青在此做贡献！

2017 年 2 月

张雨涛 1956 年 12 月出生。下乡前为沈阳第四十四中学九年八班学生。1975 年 8 月 20 日下乡到盘锦大洼唐家农场代家大队第四小队。下乡期间主要从事农业生产活动，参加过辽河大堤改建会战，积极参与连队组织的各项活动。1978 年 9 月接班回城，在沈阳农机液压件厂上班。1979 年考入沈阳广播电视中等专业学校，毕业后到厂技术科从事模具设计工作。后调到华晨汽车集团控股有限公司，在工艺技术部工作，从事技术工作 35 年，工艺工程师。2016 年 12 月退休。

绕阳河——我的母亲河

◎陈大生

当滚滚的车流满载青春稚嫩的面孔驶入颠簸、坑洼的大堤时,大堤内的你静静地流淌,无声无息,我从未听说过你的芳名。

车轮卷起的尘土一路飞扬,只见车首不见车尾,放眼望满目荒芜。

两岸的垂柳和白杨树星星点点,挡不住秋日的骄阳肆虐,滚烫的热浪拂过白皙的脸颊,烙下片片红霞,歌声、笑声在田野上飘荡,我俯下身捧起一"洼"水,咸咸的、涩涩的,带着芦苇的清香。

大堤内婆娑的芦苇荡,一眼望不到尽头,芦苇花好似雪花般漫天飞舞,偶然惊起的白鹭、野鸭嘎嘎地鸣叫着飞过头顶,似乎在欢迎远方客人的到来!

已是收获的季节,但大堤外板结的盐碱地里,稀疏的玉米秆高不过三尺,未结米穗,难觅田间劳作的农民。偶有几间土砖砌盖的农舍,孤零零地伫立在田地间,听不到鸡鸣犬吠,看不到游玩的儿童,一切都显得那么凄凉、孤寂,我

☆三连总参子女知青和带队干部在绕阳河畔(前排左二陈大生,摄于1974年9月)

的心头涌起一丝莫名的惆怅。难道这就是传说中兔子不屙屎，长苇不长粮，苇塘8万公顷的"南大荒"？

当青春的岁月终于扎根于这片热土，当我再一次感受坑洼、颠簸的大堤时，我知道了你的芳名——绕阳河。

在大江大河中你名不见经传，但千百年来你奔流不息，滋润着两岸飘着稻香的沃野和广袤的芦苇荡。

大堤内，枯水的季节你宽不过丈余，深不过膝盖，却细流涓涓永不枯竭，白天雁鹤成群，夜晚蛙鸣四野，河蟹横行。捉来的鱼，成为那个年代知青餐桌上难得的荤腥大餐。

洪水的季节你宽约数里，深不见底，黄沙裹着淤泥滚滚而来，九河下梢，一泻千里，芦苇荡、野鸭、白鹤不见踪迹。

为保家园，知青们舍生忘死，固守堤坝。溃口处，我和战友身绑麻绳跳入激流，用沙袋和人墙封堵溃洞。

大堤外，知青们挖渠垒堰，战天斗地，开发"南大荒"，一把筒锹战盐滩，无人敌，十八磅大锤三百下，鬼神泣，旱田变水田。从此绕阳河的涓涓细流，把寸草不生的盐碱地变成了稻香蟹肥的沃野良田。

转眼间，我离开那片热土已三十七载。往事如烟，岁月无痕。

在我四载的青春岁月中，许多平凡的故事逐渐在记忆中消失和淡忘，但绕阳河却让我魂牵梦萦，成为永远的思念，因为我曾为她梳妆打扮，因为我曾吮吸她甘甜的乳汁，因为我的心底里永远流淌着她纯洁的血液，绕阳河——我的母亲河。

这次征文，也征集知青生活中的点滴趣事，我想起了绕阳河畔捉河蟹的情景。

"盘锦河蟹"，学名"中华绒螯蟹"，是我国著名的淡水蟹，中秋时节，黄满膏浓，蟹香纯正，其独特的盐碱地的鲜美味道，让人口齿留香。逢年过节，亲朋好友欢聚时，餐桌上能有一盘盘锦河蟹，可称得上是一道美味大餐。

1976年9月，作为知青我在盘锦劳动生活已有两年时光。那个年代，青

知青在盘锦

年营的生活和所有下乡、插队青年一样非常艰苦，十几天甚至几个月难见一顿荤腥。记忆中最好吃的菜是黄豆泥（将黄豆炒熟，磨成粉后熬糊），拌在大米饭里一顿能吃一斤半米饭。盘锦大米，晶莹剔透，米饭上浮着一层淡淡的微黄色的油花。

一次劳动中，我扭伤了腰，养病月余，整天闲来无事，偶尔到食堂帮厨择菜。一天，邵指导员（贫下中农）找到我说："你病养得差不多了，重体力活不行，干点轻活吧，连队决定让你挑两个人，去河边捉鱼，任务是每天两挑鱼。"第二天，我带着选好的两个人来到了离青年点4里地远的绕阳河边搭了一个简易的窝棚。

绕阳河，九河下梢，枯水的季节最窄处五六米，洪水的季节宽约三四里，平常的季节河水清澈，芦苇漫塘，鸭鹤成群，水草肥美，碧波荡漾。

我们在最窄处的河道上垒起一米宽的水坝，只留50厘米宽的水道，架上20米长的漏斗网，每人手拿一根长杆逆流而上，走出约一二里地后在齐腰深的水中排成一行顺流而下，用长杆击打水面驱赶鱼群，每天往返几趟。别说，每天晚上还真能弄到一挑子30来斤的鱼，为连队的知青改善一下伙食。

10月的一天晚上，月光格外明亮，周遭一片寂静，远处青年点平房的灯光一排排的好像天上的星星在闪烁，我们三人在简易窝棚里点着蜡烛、吸着烟侃大山。约晚八点，忽听棚外"哗哗"的声音在响，由远而近，由小到大，随之哗哗声不绝于耳。

"涨水了，快跑！"三人连滚带爬地向坝顶冲去，一路上跟斗把式的，也不知脚下踩到了什么东西吧唧吧唧的声响，还直打滑。到了坝顶，借着月光往坝下一看，没涨水呀？！但哗哗声仍然不绝于耳，还感觉有东西直往脚上爬，低头一看，嗨，妈呀！只见黑压压巴掌大的螃蟹爬满河床。三个人惊呆了！原来哗哗的声响和我们慌乱中一路奔逃时踩在脚下的东西竟是现今驰名的美食——盘锦河蟹。

原来时值金秋月圆，螃蟹昼伏夜出，月圆时出来觅食，因喜光亮而被我们窝棚里的烛光吸引而来。

还等什么？我们赶紧打亮手电，戴上手套，一顿划拉，不管大小拼命地往桶里装，腿上、胳臂上不知被螃蟹的大鳌夹了多少个大包，还流着血，此时也顾不得疼痛，兴奋和奇遇战胜了一切。装了满满四大桶，急忙送到了连队食堂，一连抓了三个晚上，说来奇怪，第四天，河堤上一只螃蟹也不见了。

而今，盘锦河蟹几十元、上百元一斤。每当我吃到鲜美的盘锦河蟹时，就会想起 30 多年前我在绕阳河堤捉河蟹的奇遇。然而那个年代我宁愿吃鱼，也不吃河蟹，因为河蟹肉少。当饭都吃不饱时，你根本体会不出盘锦河蟹的鲜美味道。

2015 年 3 月

陈大生　1974 年 7 月毕业于沈阳市三十二中学（现沈阳市外国语学校）。同年 9 月随解放军沈阳总参外训大队的子弟下乡到盘锦胡家农场红旗青年一营三连。1978 年 3 月参军，1982 年 1 月退伍后分配到东北大学，任过学生干事、年级辅导员、校公安处民警，2010 年 10 月转入沈阳市公安局交警支队调度室工作，一级警督。

那一夜，那一天

——知青生活点滴

◎陈桂珍

我是一个很没出息的人，一生中做了很多没出息的事。现在想来，我所做的最没出息的事，可能就是当年下乡在盘锦，从盘锦回大连乘坐火车时逃票的那件事了。

记不清那是下乡后的第几年。当时我们班同学一起住在生产队给我们盖的知青宿舍里，女同学住的房间都从一个门进，一进门有三间屋，东西各一间，中间一间，我和三四名同学一起住在东面屋，对面西屋里只住了两名同学。当时已有一部分同学被抽调到油田工作，还有一部分同学转到别的农村去了，青年点已失去了往昔的热闹，显得有点儿冷清。

那天中午饭后，我正在屋里休息。偶然往窗外一望，看见两头猪在窗外溜溜达达地找食吃，突然间，我顽劣之心大发，也不知从哪儿找来半截粉笔，和同屋同学一起跑到屋外，先在自己屋的门上写了两行字：望窗外碱土千顷，看屋内豪杰数人。又来一横批：不是饭桶。然后又在对面屋的门上写道：望窗外肥猪两口，看屋内废物一对。横批：饭囊酒袋。写完后，嘻嘻哈哈乐了一阵子就去上工了，把这件事完全抛到了脑后。

第二天中午，住在中间屋里的一个同学跑过来问我："你知不知道，你写的东西被人举报到大队部，马奎合（大队主任）要在全大队批斗你。"我一听，吓傻了。脑子里"嗡"的一声，眼前立刻浮现出我所见到的各种批斗大会的场面，急忙问："为什么？"同学回答："马主任说你诬蔑社会主义的土是碱土，说自己不是饭桶而是豪杰，明显是对现实不满，对下乡接受贫下中农再教育不满。"完了！玩笑开大了！这一上纲上线，我纵有十张嘴也说不清。我感到很惶恐，完全没了主意。同屋的同学也很着急，七嘴八舌地劝我回大连，我的挚友赵莉自告奋勇，要陪我一起走。看来只能这样了。我慌慌张张地收拾了一下东西，就和赵莉一起开溜了。走得匆忙没想太多，半路才想起来口袋里没几个钱，这可如何是好？想来想去，只有一个办法：逃票。

　　我俩上了车，找了一个角落坐下。心里有鬼，还没怎么着呢，已经忐忑起来，心虚地坐在座位上，头都不敢转。过了一会儿，乘务员过来查票，我俩红着脸，嗫嚅着补了两张离盘山不远的一个小站的票。这是我俩事先商量好的。在盘山和海城之间有一个小站，没有关卡且能换乘到大连的火车。小站的名字我已忘记了。等到了车站后，天已经黑了。所幸站台旁有一间小小的候车室，里面有一张窄窄的长凳。折腾了一天，身心疲惫，我很快便在长凳上睡着了。车站里的蚊子很多，再加上心里有事，我翻来覆去睡不实。迷迷糊糊中，只觉得赵莉一直坐在我身旁，一只手把着我的胳膊，另一只手在不停地帮我赶蚊子。此情此景，我永世不忘。

　　好不容易熬到半夜，火车要来了。忽然有一个人过来让我们买票，无奈，我俩只好用仅有的一点钱，买了两张到大石桥的票。上了车后，火车一过大石桥我俩就开始紧张起来，赵莉显得比我还要紧张。红着脸，两眼紧盯着车厢门口，生怕乘务员出现。可能是半夜工作人员都去打盹儿了，一直没有人来查票。我俩悬着的心慢慢地松弛下来，我不知不觉地睡着了。突然一惊醒来，睁眼一看，只见在昏暗的灯光下，满车厢的人都睡得东倒西歪。再一看，赵莉坐在我旁边，更是睡得稀里哗啦，频频点着头，那踏实劲儿，感觉就像买了双份票似的。我心里觉得很好笑。强撑了一会儿又睡着了。就这样，一路点着头到了大连站，天已蒙蒙亮了。我俩下车后，又开始犯合计，没票出不了站。怎

知青在盘锦

办？正踌躇不决，一抬眼，远远望见了胜利桥，当即决定顺着铁路往前走，到了桥下再说。我俩磕磕绊绊地走着，一路非常紧张，鬼鬼祟祟地生怕有人来抓我们。好不容易走到了桥下，只见有一个小土坡通到桥边，我俩爬了上去，惊喜地发现桥上有一个洞，我俩赶紧从洞口钻了出来，这才长长地松了一口气。

这就是我的逃票经历。起因很荒唐，令人很难相信。年少不谙事，一个恶作剧，差点酿成大祸，招来无妄之灾。所幸两个月后我回去，此事不了了之。我想，可能是我们小队队长梁浩岭、张海兰充当了"灭火剂"，把此火熄灭了吧。他们一直对我非常好。

一眨眼许多年过去了，往事悠悠如梦，很多事都已忘却，但也有很多事尘封在自己的记忆里，不愿提及，但永难忘记！

陈桂珍 1950年5月出生于大连，1966年大连四中毕业。1969—1975下乡在盘锦曙光农场杜家大队第五小队。1975年抽调到大连玻璃厂，工人。1997年下岗。

我的梦想

◎陈新桂

1970年春天,已经是我下乡到盘锦的第三个年头了。有一天我突然接到大队的通知,要我到农场生产组报到,走了近二十里到了农场,才知道是调我到荣兴农场农机修理厂工作。从此我离开了双井子大队青年点,开始在农场场部路东的修理厂当工人。

农机修理厂是一套班子挂两个牌子,一个是农机修理厂,另一个是农机站。修理厂里有车、钳、铆、电、焊等工种,农机站有各种车辆,包括链轨拖拉机、手扶拖拉机等。我们刚调来的八个知识青年,男生分到农机站,女生分到修理厂。我被分到钳工班,跟着班长

☆王莉(左)与陈新桂(右)

罗师傅学习用铁锉、用冲床、用老虎钳,每天不闲着。其实我心中最想去开拖拉机,梦想成为一名女拖拉机手。那时每天看着拖拉机出出进进,十分羡慕驾驶室里的男生们。

因为来了知识青年,厂里的宣传工作如学习毛主席著作和人民日报社论、出板报等都让我们去做。不久春耕大会战开始了,拖拉机要到全农场各大队搞

知青在盘锦

春翻地。这时厂领导找到我，让我去宣传春耕会战中的好人好事和了解会战的进度。机会终于来了，我可以接触到拖拉机了！我非常高兴，满口答应。其实在修理厂工作早八晚五，三顿饭在食堂吃，中午还休息一小时，相当安逸。而为了赶农时，春翻地要日夜连续作业，一台拖拉机只有两名拖拉机手轮班干。他们很辛苦，风餐露宿的，在哪里作业哪里负责给送饭。春天时盘锦那儿没啥菜。饭，天天是大米干饭；菜，经常是黄豆小鱼加雪里蕻炒在一起的咸菜，再加一暖壶开水。为了学习开拖拉机，了解拖拉机在各大队的作业情况，我常常一天一宿跟着拖拉机作业，早晨回到宿舍睡到中午，下午写稿、刻钢板，再油印出来，取名《农机战报》，每星期出二三期。有空我就去找在各大队正在作业的拖拉机，我一边把他们的闪光点报道出来，刊登在"战地黄花"栏目中，一边努力向司机师傅请教学习开拖拉机的技术。开始时只是坐在拖拉机副驾驶的位置，仔细观察师傅的操作，看着他们踩离合、给油门、扳动操纵杆，再回头看看一片片翻过的黑油油的土地，真的是很有成就感。

我想开拖拉机的想法没瞒过师傅们的眼睛，每当拖拉机空跑时，他们就让我练习开一开。因翻地是要求有技术的，要控制着后边几排犁刀的起落和翻地的深浅，我还不会操作，而空跑一般问题不大。链轨拖拉机速度不快，很快我就以为自己开起来没事了。可有一次到前进大队一个村子里加水，拖拉机开进村后，引来了村里很多孩子围观。加水后，我主动坐进驾驶员的位置，启动了拖拉机，给油门，车往前动了，这时一个孩子突然从拖拉机的前边横跑过去，我立刻猛拉操纵杆，使拖拉机停了下来。可是我已经惊得一头冷汗，以后再也不敢大意了。随着春耕翻地作业的进度，我开拖拉机的动作也熟练了好多，后来甚至连翻地的技术都掌握了。我们荣兴农场都是水田，每块地都很平坦，翻地时只要注意到地头，准确地把犁杖抬起来后转弯，再放下，便可以继续了。师傅们休息时，我便主动提出去翻地。那时开着东方红拖拉机驰骋在盘锦大地上，闻着被翻过的土地散发出的土香味，真是心旷神怡啊！

可是事情并不都是那么美好的，记忆深刻的是在辽河岸边小庄子大队发生的险事。记得是拖拉机去小庄子东南的一块河滩地翻地，那块地东边的地头下边就是辽河。夜班的师傅俩人换班干着，很快大部分土地都翻完了。夜里两点多大家都有点儿犯困，我就主动要求去替他们一会儿，想让他们休息一下。师傅坐在副驾驶位置上打盹，我开着拖拉机一圈圈地翻着地，开始精神头还挺足，不知什么时候我也打盹了，原来把着操纵杆的手也松开了，拖拉机信马由缰地自己跑了起来，可能是遇到地头坝埂，拖拉机震动了一下，坐在旁边的师傅突然醒来一把拉回操纵杆，拖拉机才停下来了。我赶紧跳下去看了看，只见前边的部分链轨已经探进水里了。真险啊！再晚一会儿就掉到辽河里喂鱼了。多少年过去了，每每想起此事都会感到十分后怕。

经过春耕大会战，我了解到拖拉机手们工作的艰辛，每年春秋两季的翻地任务是他们的重头活儿。他们不但要会驾驶还要会维修，一旦出故障，要在地头打开链轨一点一点地检查。需要零件时，还要到所在大队用手摇电话机给厂部打电话，等零件来了，安装好再试车，然后才能接着完成余下的任务。

后来我们修理厂的师傅又研究出来一种用来平地的新农机。开现场会的时候，领导让我去驾驶做示范。因为有开大拖拉机的经验，开手扶拖拉机简直太容易了。用这种手扶拖拉机可以代替原来用牛平地的老做法，与会的各队领导，看到一个女青年都可以驾驶，都表示了认可。

可惜的是那年下半年我就被调到场部工作了，最终还是没有当上拖拉机手。1972年3月我被选送到沈阳机电学院（现沈阳工业大学）去上学，就要离开荣兴农场了，我去看修理厂的师傅们，他们笑着问我："在农场最大的遗憾是啥呀？"我说："没让我当拖拉机手啊！"大家都笑了。

陈新桂（原名陈新贵） 1949年7月出生。下乡前就读于沈阳十一中初三（四）班。1968年9月22日下乡到盘锦垦区荣兴农场双井子大队，1970年3月调到荣兴农场农机修理厂当工人，1970年9月调入荣兴农场机关工作，1972年3月选送到沈阳机电学院

知青在盘锦

上大学，1975年9月分配到沈阳电视机厂，历任技术员、助理工程师、部门负责人。1986年11月调入东北民航管理局通信导航处，任工程师。1993年调入北方航空公司，历任工程师、高级工程师及部门负责人。2004年8月退休。

知青往事

◎范崇良

马 倌

我是由大连下乡至盘锦的68届知青,是和哥哥一起来的。说来也巧,下乡那天正是我17周岁生日。

我下乡的盘山县太平公社贾家大队二生产队有知青100多人。我年小体弱,队长照顾我,让我去放马,我的知青生涯多半是在马的陪伴下度过的。30多年过去了,有两次惊险场面我至今仍不能忘记。

那是在一次放马的归途中,我骑着马狂奔。正在得意之时,突然发现被暴风雨刮倒的电杆上的广播电线拦住了去路。因发现的太晚,此时做任何事情都已来不及了。慌乱中我下意识地死死抓住马鬃趴在马背上想从线下钻过去,但感觉告诉我,那几乎已经是不可能的了。我牙一咬眼一闭,只好由它去了。霎时间,马是钻过去了,而我却被广播线勒起,我抓住马鬃的手被巨大的

☆范崇良与哥哥合影(摄于1970年夏)

知青在盘锦

力量挣脱了。继而我被勒住仰倒在马背上，这时电线又勒住了我的下巴，而我的双腿还在死死地夹住马肚，电线终于像拉紧的弦，突然由我的下巴滑脱弹了回去。我艰难地在马背上重新坐了起来，脖子和下巴像火燎了似的火辣辣的痛。这惊险的一幕被来接我的饲养员看个正着。险情一过，饲养员兴奋至极，激动地大呼："你真了不起，没有谁能比上你，我要去告诉毛主席，你骑马骑得最好！"此时我已精疲力竭，也不知后来他又嚷些什么。从此我在大队里因善骑马而小有名气。在紧急情况下还真派上了用场。

那是1971年6月10日的中午时分，"五七战士"满开森同志在一场暴雨中，遭到雷击。由于电话线路中断，我奉大队命令，骑马前去公社求援。

大队距公社有5公里左右。风雨中我策马疾驰在泥泞的乡路上，雨水和马蹄溅起的水花一齐向我袭来，我和马全身都湿透了。骑无鞍马是很累的，何况马浑身已湿透滑得很，双腿夹紧马才不会摔下。救人性命，刻不容缓，不敢有半点疏忽。为了争取时间，我不时地催马向前，途中两腿累得几乎没有一点力气，几次险些落马。坚持到公社所在地，我翻身下马时两条腿已站立不住了。我挣扎着踉跄闯进话务室，在他们的帮助下及时与盘山县医院取得了联系，胜利完成了任务。

从公社出来时雨已经停了，此时心情也好了许多。当再度跨上马时，我的屁股钻心地痛。用手摸了一下，发觉鲜血已染透了裤子，原来是屁股被马背擦破了，我脱下衬衫卷成一团，塞在屁股下以缓解我的伤痛。我骑马向回奔去，马是认识家的，老马识途嘛。回程很快，一会儿光景就进村了。就在要接近马厩的时候，马却越跑越快，怒耸白鬃，撒蹄飞奔。当我发觉马在疯狂地奔跑而不听我的口令时，顿时意识到了问题的严重性。这是一匹生马，我丝毫不了解它，它要带我闯圈了。如果我不能在马闯进圈之前及时下来，这将给我带来极大的危险。不！我绝不能坐以待毙。紧急中我紧紧地拉住缰绳，想迫使它减速，它歪着脑袋毫不减速。我又用缰绳打了几下马的额头，想强迫它停下，怎奈马低着头仍旧倔犟地狂奔。此时我感到使用任何方法都已无济于事，无法使马停下了。马越跑越快，距马厩也越来越近，路边的人们惊呆了。有人向我高声喊道：快下马！快下马！此时我什么也顾不上了，只有一个念头，我要跳下去，否则后果不堪设想。紧急中我在为下马做最后准备，为利落起见迅速将垫在屁股下的衬衫抛掉，仔细观察前方路面的情况，以寻找最恰当的时机行动。不行！前方有一堆盖房用的房基石，必须躲过。我左手抓住缰绳和马鬃腾出右手，右腿也蜷曲着几乎要跪到马背上，眼睛盯着石堆。马更加疯狂了。当马刚越过石堆，我紧紧抓住这最好也是最后的一次机会，以最敏捷的动作迅速跳离了马背，但身体也失去了重心，向地面上坠落时，手还在紧紧地抓着缰绳。就在我双脚刚要着地的一刹那，由于我的突然举动使马受到惊扰，它毫不留情，突然向右急转，调转过屁股向我踢来。在那瞬间，我得益于它向右急转的举动，竟奇迹般地被马缰由仰姿拽得直立起来。我顺势猛扑过去，一把抓住马的笼头，马被制服了。此时人们纷纷围拢过来，见我安然无恙，格外激动。

在此次事件中"五七战士"、知识青年、农村社员都尽了最大努力，当然还有那匹烈马。后经医生证实，满开森同志死于雷击当时。医院已无力回天。

现在我依然喜欢马，因为它是人类最忠实的朋友。

别开生面的送别会

那是在1969年9月的下旬，为知青们建造的青年点新房已经竣工了。知青们就要离开居住了一年多的社员家，搬迁到新的居住环境生活了。

此时生产队和青年们都在有条不紊地做着搬家前的准备工作。虽然搬迁距离不远，但是感觉到社员对青年们浓浓的留恋之情溢于言表。

搬迁的头一天晚饭过后，生产队集合在队部召开一个送别会。那天到会的人很多，只见队部屋里的土炕上和地上坐满了人。

会前由贾连生"四队长"代表二队贫下中"能"（当地方言农民称作"能民"）作了一席依依惜别的讲话后，即由知青史喜荣主持进入联欢正题。联欢会上大家纷纷给史喜荣递条子推荐唱歌人选。不一会儿史喜荣的手上就攥了一把条子，所有"歌手"们一个接一个地轮番演唱，颇为热闹。我是"小老

知青在盘锦

弟"，只能坐在旁边看，看着腼腆的姑娘们一展歌喉好不快活！正在大家歌兴正浓时，贾德生主动请缨，要为大家献上一曲大鼓书。我当时一怔，心想：真没想到贾家二队竟有曲艺高人啊！于是急切观望贾德生的举止。他在开场白时说了一番动情的话，大意是知青们插队住进二队社员家一年有余，朝夕相处感情至深，可是知青们即将离开社员家很是不舍。说到动情处只见他声音哽咽，泪流满面。

大鼓书马上要开始了，可是没有道具啊！我想最起码得有一个鼓吧？要不然怎么叫大鼓书呢？我担忧地看着贾德生。只见他临阵不乱，在炕上盘腿坐着，左手拿着不知从哪里找到一片像是硬纸壳样的东西。于是大鼓书开演了。演唱的曲目是毛泽东诗词《七律·人民解放军占领南京》。

当时他并未完全从伤感的情绪走出来，只听他用悲伤的声音唱道："钟山那个风雨啊他就那个起苍黄。"唱到此时，他用右手食指有节奏地弹击两下左手中的硬纸板以示击鼓。所以整个演奏实况如下：

钟山　那个　风雨啊　他就那个　起苍黄（击鼓）
百万　那个　雄师啊　他就那个　过大江（击鼓）
虎踞　那个　龙盘啊　他就那个　今胜昔（击鼓）
天翻　那个　地覆啊　他就那个　慨而慷（击鼓）

在此由于篇幅关系我只列出上阕的演奏方法，而下阕与上阕的演奏方法如出一辙。看来这种大鼓书学唱起来并非难事！大家可以慢慢领悟自学成才。听完他的演唱我感觉到，也许这就是自古以来在农村广为流传的民间唱调吧。说是大鼓书我有些难以接受，不过当时文化生活十分单调，权当是"贾氏大鼓"书吧。

从此只要我听到毛主席的这首七律诗词，就会不由地想起"贾氏大鼓书"来，并哼唱几句自娱自乐。

采购蔬菜被扣

20世纪60年代末,我作为一名知青由大连下乡至盘锦垦区曙光农场贾家大队。当时青年点有200多名沈阳、大连知青,共分为两个连队,每个连队100多人。对于一个200多人的大食堂而言,蔬菜的采购就显得十分重要,尤其是每年的冬菜储运工作就更会让主抓伙食工作的司务长挠头。

那是1970年的初冬时节,一日我和其他几位知青得到通知,要求我们次日去100多里以外的北镇县青堆子公社为青年点拉运白菜。我们十分高兴,几位知青在一起摩拳擦掌,恨不得马上就动身去看看外面的大世界。这一夜我们谁都没有睡好。次日凌晨3点,六辆马车排成队列,在夜色中顺着县道浩浩荡荡向北挺进。带队的是省"五七干校"的插队干部陶治安同志,当时他是被农场"青年工作组"指派专门负责抓我们青年点伙食工作的。那时的生活物资奇缺,知青们每天还要从事繁重的体力劳动,他看到知青们吃不饱肚子,可着急了,每天都要不辞辛苦地到处奔波采购,好让知青们能够吃饱一点。因此知青们都很敬重他,亲切地称他为"陶叔"。

去时因为是空车,100多里的路程接近中午时分就赶到了。当地生产队为了迎接我们采购团的到来,特地为我们准备了"上好"的午饭,高粱米饭、白菜炖豆腐,还有少许的盐水花生米。这顿饭吃得香极了,大家以风卷残云之势把饭菜打扫得干干净净。

下午装车,天将黑才将六台大车的白菜全部装好,共计20000多斤。看到这些白菜明天将要被运回青年点,可以解决200多名知青的冬季吃菜问题,别提我们有多高兴了,陶叔在一旁更是高兴得合不拢嘴。

次日清晨,我们套上马车踏上了返程的路。初冬时节北方的清晨是很冷的,我们在一个供销社买到了一些饼干来充饥。

中午车队到了沟帮子镇。按照惯例知青们先进饭店买饭,车把式在外面抓紧时间喂牲口,然后换班吃饭。我们在陶叔的带领下进了饭店,早晨没吃饭,

知青在盘锦

☆石油工人范崇良（摄于1972年）

又在车上冻了大半天，我们早已是饥肠辘辘。当我们正要吃饭时，突然外面传来了消息，我们的白菜车悉数被市场管理所扣下。开始我们没有把问题看得很严重，谁会无缘无故地扣留知青的白菜车呢？出去解释一下应该没问题吧。陶叔还没吃饭就急忙出去和人家解释，可是市场管理人员根本不听解释，强迫我们立即到市场管理所卸车，并告诉我们白菜全部没收。理由是蔬菜应由蔬菜公司按计划统一调拨，任何人不得私自采购。我的天哪，这可如何是好！我们费了这么大的周折好容易买回来的菜怎么说扣就扣呢！现在看来这是极其可笑的，也是站不住脚的理由，如果现在谁要是再以这种理由为本地的经济发展设置障碍，我想他一定会被绳之以法的。而在计划经济的年代却是极其严肃的事，我们无论怎样好言解释，人家就是不放行。我们这个气呀但又没办法，当时我们几个知青私下议论准备强行闯关，但都被陶叔制止了。

就这样僵持了几个小时，也没有一点进展，管理人员仍旧不肯放行，大家无奈只好很不情愿地将20000斤白菜全部卸下。卸车后天色已晚，距家还有50多里的路程，大家赶着空车，心情沮丧满肚委屈，全然没有了昨日出发时的心情。到家时已经是下半夜了。

次日陶叔没有休息，为索回被扣的20000斤白菜，他去农场开了介绍信，然后赶去北镇县政府办理相关手续，再到沟帮子镇市场管理所递上了由北镇县政府出具的批文，才被允许放行。那时通讯非常落后、交通也是极其不便，办完这些手续用了好几天的工夫。再要从家里组织发车、装车、运回还得一周时间，恰恰又赶上西伯利亚的寒流适时袭来，等我们将所有手续办好，白菜已被冻了大半，只好扔掉了。当年知青们又挨过了一个漫长的冬季。

2017年2月

范崇良 1952年3月出生，1965年考入大连第八中学，1966年因"文化大革命"运动，学习中断。为了下乡时能得到哥哥的照顾，由大连八中转入大连四中，并于1969年3月16日跟随哥哥与大连四中的同学一起下乡到盘山县太平公社贾家大队第二小队。1971年11月招工进入辽河油田32207钻井队。曾历任钻工、司钻、工程技术员，1980年调入钻井一公司科技科工作。

在科技科工作期间，曾担任油气处120万氢烃工程日语口语翻译、省重点工程盘锦天然气化工厂建设日语翻译，在石油系统辽河油田《钻井科技》期刊发表过四篇日语译文，每篇万字左右。1989年被评为局先进科技管理个人，1993年被评为公司科技先进工作者。2012年正式退休。

回顾我的知青生活

◎ 欧阳晓明

纪念下乡45周年活动记

1970年8月30日,我和姐姐晓光同沈阳四十中学的同学们一起下乡到盘锦辽滨苇场。为了纪念下乡45周年,原辽滨苇场红卫营的知青们组织了重返辽滨的活动,杨群英、高梦秋等几位同学是主要召集人,还成立了组委会。

我在辽滨苇场劳动生活了近7年,自从1976年底离开那里回京后就一直

☆下乡45周年重返辽滨(摄于2015年8月30日)

没有与红卫营的伙伴们见过面。40年弹指一挥间，这次回到辽滨，又见到当年朝夕相处的知青伙伴，过去的一些事情在脑海里一幕幕走过，真是心潮起伏难以平静，也许是人岁数大了，喜欢回忆了，萌发出把当年的一些片段写下来的想法，这也是一种纪念的方式吧。

但是我手懒、笔拙，有心愿却迟迟启动不了；记忆力差，很多事和人都记得很模糊；长期在机关工作，常写枯燥无味的公文，所以总怕写不好，不尽如人意。不过换一种思维，记事是为表达一种心情，实现一个心愿，也想给我的下一代、再下一代看看我们当年经历。所以想什么写什么，就不在文笔词句上修饰了。

先讲这次聚会吧。8月29日我坐上北京至沈阳的火车，火车将要到达沈阳北站时，心情无比激动。梦秋、建一、小秋来车站接我，75届的几位弟弟妹妹也来了，他们都非常热情，后来又陆续见到了很多同学。来沈阳之前我做了一点儿功课，对着青年点的老照片想名字，脑子里的印象还是那群青春少年。没想到一见到昔日的伙伴还是有很多认不出来。待大家报了名后，才逐渐从现实的模样找到当年的影子，毕竟大家都过60岁了。其实我也一样，几乎每个见到我的人都说，晓明你变化真大，在路上遇见肯定认不出你来了。是啊，我62岁了，岁月的痕迹留在了我们每个人的身上。

30日早上，我们三个连老知青共180多人乘车从沈阳出发，9点多到营口渡口，为了找到当年的回忆，这次不是乘车从辽河大桥上开过，而是乘渡船过河。回想当年，我们偶有休息日就到营口来玩，农闲回家也是在营口上火车，经常从渡口乘船过河。过河后到红卫营还有8里路，当时为了少走路，我们经常在运载货车的渡轮上一个车一个车地央求司机师傅搭我们一程，每当爬上敞篷的大卡车，向红卫营风驰驶去时，小小的得意心情现在还记忆犹新。我们下船后，闫主任、贾主任和刘才厚大哥在岸边接我们，又一起走到场部，我们每个连的知青都与老领导分别照了相。

2006年我和晓光曾经一起回过辽滨，当时只见过贾主任，另两位老领导39年未见了，很兴奋。特别是他们几乎记得每个人，如一时认不出来，一说

知青在盘锦

名字就能记起。这些老领导是教会我们干农活的师傅，是关心我们生活的长辈，是我们知青成长的领路人，在我们的成长过程中起到关键的作用。

☆知青合影

在辽滨苇场的欢迎会上，我们各连准备了好几个节目，有诗朗诵、合唱等，诗和歌词都是知青自己创作的，特别是那首《辽滨是我们难忘的家园》的诗，把我们从1970年来到辽滨的吃住劳（动）的情景，发生的重大事件（如地震）、我们艰难、辛勤、拼搏的经历，我们喜悦、欢笑、心酸的心情都写在诗里。老知青们热情奔放，放声高歌，表达出对辽滨这片我们曾经撒下过汗水和泪水土地的深切情怀。

当年的辽滨现在已成为"盘锦辽滨沿海经济区"，列入辽宁"五点一线"国家发展战略。辽滨的区位优势明显，我们参观了规划馆，开发区制定了宏伟的规划，将建设成为海洋工程装备园区、石油化工基地、辽河石油装备园区、保税区、临港加工区、物流区，等等。但是，一切都还刚刚起步，到处都在建设，希望这里发展得更好。

☆欧阳晓明

遗憾的是，过去的红卫营已经荡然无存，房子已经拆了，千亩稻田不见踪影，原来从红卫营通往刀把子（我们刚来时住的地方）的那条土路变成宽阔的柏油路，一连原来的35号地头位置变成了城市绿地。昔日的农村大地已建成新兴工业区，没有留下能让我们找到乡情的痕迹。

☆知青合影

从开始到活动结束，大家一直在唱啊、跳啊，按不同的组合分别合影。大家忆过去、说现在、讲未来，神采飞扬，童心焕发，哪里像是爷爷奶奶辈的人啊！杨群英是活动的总指挥，还是那么风风火火；高孟秋是一连的牵头人，还有王淑敏、李忠绵等同学热情地参与形成了很强的凝聚力；赵静秋是我的好朋友，尽管遭受了爱人早逝的打击，但她用积极的生活态度挺了过来，现在工作家庭都很好，生活过得很充实；吴淑华、郑应杰当时都是连干部，比我们懂事，现在依然那么沉稳淡定；吴英杰过去像个小精灵，现在还是那么活泼；刘淑贤虽然被疾病缠身，却能以乐观豁达的心态克服困难，参加各次活动。还有很多我看到或没有看到的人和事，这里就不一一评述了。

45年的时间飞逝，留在记忆中的都是友情趣事。很多人见了我都说：记得当年你们从家里带回的辣椒酱真好吃，你们酿的南方米酒味道独特，你们经常在水库里游泳，等等。一件件往事片段仿佛从大脑的外存空间调回我的内存记忆中，如果能记下来，多么有意义，多么有意思啊！

辽滨是留下我青春记忆的地方。1970年8月30日，我将满17周岁时下乡到辽滨苇场，1976年12月底，23岁的我离开辽滨回到北京。我的工龄从下乡的那一刻开始计算，一共43年，工作经历的七分之一在这里度过。

知青在盘锦

1970-1976知青生涯磨砺

6年多里，在辽滨红卫营我们经历了许多苦和累，甚至遇到过危险，我们从劳动中也获得快乐和感悟；在这里，磨炼了我们吃苦耐劳、不怕困难的性格，形成了我们的人生观和价值观。我们把人生中最具青春年华的时光留在了辽滨。

现在社会上对知青下乡的对与错、得与失争论很多，我们最清楚，最客观、最有发言权。但是当汽车缓缓离开时，我和大家招手再见，依依不舍，这一刻我突然想，其实争论什么都不重要，重要的是我们知青经受住了时代的考验，我们结成了一群患难与共的战友、情同手足的朋友。更重要的是我们今后要快乐生活每一天！

初到辽滨

1970年8月我和姐姐晓光从沈阳四十中学毕业。那年的中学毕业生大约有一半人留城分配工作，一半人下乡。我被分配下乡到辽滨苇场，晓光当时是可以留在沈阳的，但是她坚决要求和我一起下乡到辽滨。

8月30日沈阳四所学校的450位知青在沈阳火车站挥泪告别了家人，大家怀着远离家乡的惆怅和对农村广阔天地的憧憬来到辽滨。我们都清楚摆在前面的路是上山下乡接受贫下中农再教育，但是谁也不知道这条路要走多远，要走到何时。而且我们也没有做好经受艰苦生活劳动考验的思想准备。

初到辽滨，大家组成一个大青年点，称"红卫营"，共三个连，40中学的同学大部分在一连。当地没有农民居住，我们在这里开荒种地，把昔日的盐碱荒滩变成水稻良田，每个连大约有500亩地。辽滨苇场派来了当地干部指导我们生产生活，贾德林是大队（营）主任，赵成年是我们一连的连长。省直机关的下放干部作为带队老师也与我们同吃住、同劳动。我记得贾主任赵连长在开会时，讲道理浅显易懂、入情入理，风趣感人，接地气不说教，有意思不枯燥，我们都很爱听。他们带头干活，手把手地教我们农活。时间长了，他们做人做事的原则、是非对错的判断、对知青们的感情、对青年点的责任心、克服困难的勇气都潜移默化地感染着、影响着我们。他们是我们成长路上的领路人，在我们的人生观、价值观形成过程中起了重要作用。

初到辽滨时我们住的地点叫刀把子。刀把子是在一望无际芦苇荡中的一块高地，我们住在辽河边上冬天割苇子工人住的临时工棚，简陋破旧，冬不挡风、夏不遮雨。我们一、二连女生住的工棚有三间屋，中间屋为灶房，有两口大锅可以烧热水，东西两间大屋住了两个连的100多位女生，屋中间有一个狭窄的过道，过道两边是上下通铺，人挨人地睡在铺上，每人平均只有两块半砖的宽度。

☆欧阳晓明挑水

整个辽滨是盐碱滩，不能打井取水，喝的淡水是从水泡子里挑来的，水泡子是一个人工挖的四方大坑，从水库引进淡水，在坑里沉淀后用于饮水做饭洗衣。水是浑浊的，水里飘着悬浮物，略带有咸味，一般要几个月才向水泡子里补充新水。这样的水大约喝了三年左右，也许这锻炼了我们的肠胃抗细菌能力强。后来苇场为红卫营接通了自来水管，我们才彻底告别了水泡子。

辽滨出产大米，因此我们一天三顿都是大米饭，这在当时城里属于稀有的细粮，开始我们很高兴，后来大部分的知青都吃得胃酸了，有的人得了胃病，面食只有在生病时才可能见到。菜是天天顿顿白菜汤，冻的白菜帮子也照样煮在汤里，油几乎看不到，酱油也是稀缺品。但是不知是什么原因，女同学都胖了，男同学都瘦了。

初到辽滨，我是一个手不能提篮、肩不能挑担、瘦弱纤细的女孩。第一天干活是建红卫营宿舍，首先挖土垫地基，我和一位女同学抬土。谁知刚刚抬了几担肩膀就疼痛难忍，扁担放在肩上像针扎一样，记得我曾经抬着土只走了几

知青在盘锦

☆欧阳晓明的知青年代

步就受不了,扔下扁担蹲在一旁。当时是否哭了已经不记得,怎么坚持下来也记不清了,总之后来用锹的手从磨出水泡到成老茧,肩从压得红肿到坚硬。终于我们建好了自己的宿舍、食堂、营部,从工棚搬进砖房。几年后有一次与贾主任聊天谈到初来时的情景,他说,那时晓光干活还可以,晓明可真不行。我才知道我的"偷懒"行为早就被他们看在眼里。

有一件事我记得特别清楚。初到辽滨的那个冬天特别冷,有一次下大雪,呼啸的北风卷着大雪横扫辽滨大地,天昏地暗,我们几间工棚在空旷的田野里形单影只,我从来没有见过那样可怕的狂风暴雪。洼地被雪填平,高地被风扫净,工棚北墙已经被风堆起与房屋平齐的雪墙。我们穿着厚厚的棉衣蜷缩在被窝里。连续下了一天多,雪停了,风还在继续刮,带队老师进来喊我们出工打柴,因为这是我们来的第一年,没有储备足够的柴火。寒冷的大风面前我们畏惧了,我们缩着头都不肯出工。这时带队老师将绳子往腰上一缠,带上皮帽子,微弓着腰顶着凛冽的北风向大坝走去,这一瞬间就像相片一样定格在我的脑海里至今不能忘记。在老师的激发和带领下,我们也拿起镰刀和绳子冲了出去。当顶风前行时大脑一片空白,只想着一个字"走"。到了苇地,砍了芦苇捆成捆,或扛或背,顺着北风又把我们东倒西歪、一路小跑地吹了回来。虽然这件事在我6年多的知青生涯中只是一件小事,但是对一个刚刚下乡的青年学生,第一次认识到克服困难是需要勇气的,勇气有时来自榜样的力量。

经历大地震

1975年2月4日19点36分,辽宁海城、营口一带发生了一次强烈地震,震级7.3级,震源深度16—21公里,震中烈度为9度强。我所在的辽滨苇场与营口仅一河之隔。回顾当时地震发生的情景,至今还历历在目、惊心动魄。

那年，我们青年点（红卫营）原本在2月5日放假回家，除我的家在北京外，其他知青的家都在沈阳。我姐姐晓光在前几天从铁岭农学院回到青年点做农业调查。2月4日大家怀着即将与亲人团聚过年的兴奋心情做着回家准备，有的人洗衣被，有的人去营口买东西。早上7点多的时候，发生了第一次小震，大约4级左右，房子晃动了几下，当时缺乏地震知识的知青们，不仅没有紧张，反而觉得很好玩，谁也没有料到一场大地震正在向我们袭来。

晚上7点多天色已黑，我们正在宿舍里闲聊，突然间天摇地动，地声隆隆，房屋咔咔作响，我们万分恐慌地向外跑，剧烈的震动把我们所有人都甩倒在地，能不能跑出室外，只得听天由命了，所幸的是我们的房子没有垮塌。

大震一过，我们爬起来跑到外面，这时电已断，红卫营一片漆黑。只见远处闪烁着蓝白相交的地光，周边地下隆隆作响，附近有哗哗流水的声音，非常恐怖。到底发生了什么，还会发生什么，一切都无从得知。突然听到有人喊会不会发生海啸啊？一想到我们这里距渤海不到10里，又是一阵惊恐，大家慌不择路地向大坝上跑去。三个连知青200多人聚集在坝上，人群中弥漫着恐惧、不安、躁动的气氛，如果有人此时喊一声危险，我想一定会引起又一次盲目地狂奔。

这时黑暗中突然听到贾德林主任（辽滨苇场派驻红卫营的干部）镇定冷静的声音，他说，大家不要慌，这是地震，要保持镇静，我相信组织上一定会想办法来援救我们。明天一早，我们就与场部联系，一定会保证大家安全的。他的语气是那么坚定有力，没有一丝惊慌，我永远也不会忘记。我顿时感到，我们是一个集体，有党组织，再大的危险和困难都能克服。在这关键的时刻，贾主任短短的几句话就像定海神针一样稳定了我们的心，平息了恐慌的情绪，增强了信心，也有效地防止了因恐慌可能引起的次生灾难。贾主任，一位普通的党的基层干部，危机时起到了中流砥柱的作用，以实际行动在群众中树立起了共产党人的光辉形象。

天亮以后，我们发现青年点所有房屋的砖砌烟筒无一例外地倒塌了，一些房屋遭到破坏。还发现多处地面出现大裂缝、陷坑，房前屋后、稻田地里到处

知青在盘锦

可以看到地下的喷沙和积水，地震时听到的流水声就是地下水从裂缝中喷出的声音。电停了，水断了，接着又传来铁路震断的消息，我们暂时无法回家。余震不断，房子里不能住，只好在外面用芦苇和稻草搭建了临时窝棚。数九寒天，冰天雪地，窝棚里不能生火取暖，真是寒冷难忍。然而整个抗震过程中，知青们空前团结，积极抗灾，相互帮助，共渡难关。

在北京的妈妈第一时间从同院的交通部部长曾生那里得到地震的消息，两个女儿都被困在灾区，心急如焚。她一刻不停地拨打长途电话，终于拨通了场部电话，才得知我们都安全。我记得，当传来妈妈从北京来电话的消息，大家都非常高兴，认为北京已知道我们这里地震了，一定会采取救援措施。过了一天，一架飞机在青年点上空盘旋，我们高兴地向它挥舞着围巾，希望飞机能看到我们，把这里的情况带到中央。现在看来这些想法有些幼稚，但是反映了当时身处灾区的知青们信任组织、企盼援助的朴素感情。

几天以后，终于传来铁路通车的消息，据说每天只有一列火车从营口开往沈阳，我们决定到营口乘火车回家。那天一大早，我们坐场部派的卡车和拖拉机到河边，然后走过封冻的辽河直奔火车站，可是到了车站得知当天的火车被取消，怎么办？经多方打听，了解到傍晚有一列大连开往沈阳的火车，途经大石桥，大石桥站距离我们所在的营口站有60多里路。我们已归心似箭，于是凭着年轻气盛，迎着刺骨的寒风，扛着东西，义无反顾地走向大石桥站。

我们走了一段路后就饥肠辘辘了，路边的商店都关闭了。在地震期间，食品是老百姓保生存的基本储备，我们拿钱也买不来，用大米也换不到。

傍晚我们走到了大石桥火车站，地震对大石桥一带房屋的毁坏程度更大。记得车站旁边有一座三层楼房，从上至下裂了一条大宽缝，一侧已经倾斜欲倒，像是在警告人们地震巨大的破坏性；站前广场上有一辆宣传车，不断地广播说当天晚上可能再一次发生强烈地震，请市民们做好准备；站台上站满了等待上车的人，我们能否坐上当天晚上唯一的这列火车还是未知。饥饿、寒冷与恐惧、无望交加，当时的心情真是非常凄凉。

大家商量了挤上火车的策略，绝不能落下一个人。晚上8点左右，从大连开往沈阳的火车终于来了,车刚一停,几个身强力壮的男生飞身把住车门,一组人帮助其他人从车门挤入,另一组人冲进车厢打开窗户,把女生一个个从窗户拽入车厢,最后全体知青都上了车,尽管车厢里非常拥挤,我们却感到非常欣慰。"人心齐,泰山移"又一次被证明是一条颠扑不破的真理。

火车到沈阳已经是深夜,下车后看到路灯下的街道上没有行人,整个城市安宁寂静,人们已经进入梦乡。我们长舒了一口气,经过几天地震的煎熬和路上千辛万苦的努力,终于回到了安全的港湾。

种水稻纪实

当年辽滨苇场红卫营的情况是:主业,种水稻,我们有三个连,每个连大约种500亩水稻田,平均亩产能达到近1000斤。每年留够我们自己一年的口粮后,打下的稻子都交了公粮;分配机制,平时采取大寨工分制,忙时采取计件工分制,以连为基本核算单位,年底以各连的收入按每人的工分数进行分配;治理方式是最初由苇场派干部任连长、指导员带领我们种田,后来就由知青自我管理,当地干部做指导。我在1975-1976年期间先后当过一连的连长和指导员(相当于农村的小队长吧),这段时间对我日后的工作计划性、组织领导能力有很大的帮助。

知青中大部分人是下田种水稻,除此之外还有饲养员、炊事员、会计出纳、赶车夫(后来是拖拉机手)等后勤保障人员。辽滨的水稻田是在盐碱滩上开垦的,土地广阔而又平整,被纵横贯通的大小水渠(称"上水线、下水线")隔成条条块块、整齐划一的水田。从大水库引来淡水通过上水线灌进稻田,过些天水咸了,再通过下水线将水放走。长此以往循环,盐碱地逐步被改良。此外,平时也要根据季节、天气、稻子的生长期来控制水位。因此,稻田里保持的水位高低、换水的时间和次数都直接影响水稻的产量。连里有几位男生是看水员,每人管理100来亩地,调节着每一块地的水位,在田间地头总是能看到他们扛着铁锹来去匆匆的身影。看水员属于"技术工种",我那时特别向往当

知青在盘锦

一名看水员，无奈他们是独立工作，经常在夜里上水放水，女生是不能当的。

在辽滨的6年多里，我们几乎是日出而作，日落而归，日复一日、年复一年地在田里忙着种水稻。水稻是怎样种的？这也是一项系统工程，工序复杂，一环接一环，伴随着辛苦也有许多趣事，我梳理了一下，粗线条地道来。

一年之计在于春，每年初春3月就开始一年的忙碌。首先做育苗的准备工作，大田已经在前一年的秋天由拖拉机翻过了，选择50亩左右作为育秧田。我们用芦苇编成遮风帐子，将秧田隔成一块块，起到挡风保暖的作用，在每块田里再平整出一个个育苗床。其二是把种子先用水浸过放在草袋子里，保持它们的温度和湿度待撒种育秧，准备好育秧用的竹坯子、薄膜、草绳，等等。其三是清理上下水线的淤泥，修补堤坝。辽滨是黏土地，挖土用的是筒锹，要用力快切，用力得当的话，只听"嚓嚓"的声音，两三下子就可挖一大块泥。我记得，我们清理上下水线时，每天每人包25米左右长的水渠。我当时最佩服一位女生叫陈朝，身体并不强壮，但干活特别利索，一般下午3点前就干完了，沟挖得笔直，坝也修得平整光滑，衣服还干干净净的。而有的人则弄得浑身是泥，天黑时才勉强干完活，活也干得不利索。我从这里悟出一个道理：干农活也有技术含量，是需要智慧的。刚下乡的时候，我什么都不会干，后来熟练了，也琢磨出干活的巧劲儿，就变得比较能干了。

锹是我们最心爱、最重要的工具，我们把它锉得很锋利，用砂纸打亮，还涂上一点儿油防锈，锹把也修整得很光滑。那时，在太阳底下拿着闪亮的铁锹走在大坝上，真有些飒爽英姿的感觉。

我还记得，育苗需要大量的草袋、草绳。我们如果到供销社买，质量不好还很贵，到附近的老乡家能买到他们自己编的草袋和草绳，质优价廉。但是1976年农村正在"割资本主义尾巴"，如被发现私卖自产产品要挨斗，老乡们都不敢卖。于是我们派了几个人白天到附近的村子里观察，看谁家有稻草垛，说明这家可能会自产这些稻草制品，进去看货并与老乡谈好价格，等天黑后再开拖拉机偷偷地拉回来。现在看来很可笑，但那时的极左思潮弥漫着整个城乡。

4月是育秧时节，秧田里灌上水，早晨穿着靴子踩着冰碴开始干活。我们分成若干个小组，育秧的程序是：用木耙平苗床——施肥——撒种——用扫帚拍打种子到泥里——撒土覆盖——插竹坯子——盖塑料薄膜——揽草绳等七八道工序。待小苗长出后，每天上午要拉开薄膜晒太阳，晚上盖上薄膜防冻，小苗在秧田里大约要育一个月左右才能移到大田里插秧。

4月我们还要做插秧前的准备：平整土地。拖拉机耕耙过的地高低不平，地的边角也没有翻到，我们首先根据地势把地隔成大约一亩左右的地块，灌上水后，一锹一锹把地找平，之后再用牛拉着木耙趟平，达到可以插秧的标准。500亩水田在我们手里修理得平整如镜。

5月是插秧大会战，最辛苦的一个月。我们当时的口号是"早上三点半，晚上看不见"，即早上3点半起床，吃过早饭天刚蒙蒙亮就下地，晚上要干到看不见才回来（晚6点以后）。

☆欧阳晓明在插秧

三人一组，一般是一位男生负责挑秧，两位女生插秧。从秧田地里用铁锹铲起一块块带着土的苗，挑秧的男生挑着沉甸甸的秧苗筐，踩着狭窄的堤坝，一趟趟地奔跑；女同学从早到晚面朝黄土、背朝天，弯着腰插秧，一棵一棵、一行一行、一亩一亩地插，腰累得像要断了似的，有时真想坐下来歇歇，可周围都是水田无处歇息，只有靠坚持、坚持、再坚持，直至插秧大会战结束。当看到我们的田地被排列成行的绿色秧苗装点起来时，心中也总是升起一丝成就感。

☆抛撒化肥

6月份是除草、施肥时节。那时没有除草机，完全依靠人工。当插好的秧苗扎根后，为了让稻子多蘖叉、能高产，必须用手为它松土，我们称之为"挠秧"。知青们每人三垄，排成一排，从稻田的这头到另一头给地球"挠痒

知青在盘锦

痒"。施肥，就是拿着装化肥的脸盆，用手撒匀，女生的动作像仙女撒花一样优美。

7—8月是拔草时节，那时苗长高了，稗草也跟着长高了，我们还是排成排，从稻田的这头拔到另一头（800—1000米）。一年要拔三遍草。

☆知青们在稻田除草

9月下旬正是螃蟹最肥的时候，盘锦的螃蟹很有名，地里、上下水线边到处都是螃蟹洞，在宿舍里也经常能看到螃蟹爬。如果两三个人晚上拿着手电筒去捉，2个小时就能捉100多只螃蟹。但是我们知青们也很"坏"，想吃螃蟹另有捷径。每到这个季节，我们在田间地头竖起"禁止在地里捉螃蟹"的告示牌，不少营口的城里人傍晚骑车过来抓螃蟹。看到他们来时我们不管，天蒙蒙亮时，我们的民兵就上岗了，截住那些违规抓螃蟹的人，经教育人放了，螃蟹留下直接进食堂。营口人对我们这些知青是又恨又怕，曾有人将"红卫营"叫作"胡子营"。

10月份开始又进入收割大会战。那时没有收割机，靠我们用镰刀将稻子一刀刀割下来，捆成捆码在地里，待吹干后再背到场院里。虽然收割腰也很累，要比插秧好一些，但是握镰刀的手都要经过磨出血泡变成手茧的过程。

有一个小插曲我记忆犹新：收割结束了，我们拾稻穗，经常看到老鼠在地里跑来跑去，我们就踩死它们。有一天我看到一个小老鼠跑过来，我习惯性地一脚踩下去，没注意老鼠跑到哪里了，我继续向前拾稻穗，觉得裤腿里有什么在动，突然意识到可能是老鼠，吓得我大声尖叫并使劲地跳，终于把老鼠甩了出来。从此以后，老鼠是我最害怕的动物之一了。

进入收割阶段，田里和上下水线的水都放了，地边还有一些水沟存有水，水里有鱼，连里就派几个人去捞鱼。他们把水沟两端筑上坝，然后用脸盆把沟里的水往外舀，水快干时鱼就都露出来了，一次能捞30—40斤鱼，有的鱼有一二斤重，正值农忙时节，够我们全连人打一次牙祭了。

11月份是背运的季节。所谓背运就是把田里的稻子用人背到场院里再脱谷。尽管水田里的水都放净了，但是地并没有干透，牛车、拖拉机会陷进去。再说，我们也没有足够的车辆运稻子，还是靠我们这些知青劳动力人背肩扛。我们用绳子将七八捆稻子捆成一大捆，开始的时候我们用背的方法，绳子会深深地勒入肩胛，疼痛难忍，走路也很吃力。后来我们发明了一种方式，把捆好的大捆稻子扒开一个窝，头伸到里面，把整个大捆稻子顶在头上的，重量落在肩上，解放了手脚和腰。远远看去就像一座座移动的小山，样子怪怪的，可惜没有留下照片。500亩地的稻子就这样一点点地搬回了场院。

入秋以后，我们有时还参加县里的水利工程建设，挖渠筑坝，各个农场的人在一起会战，也是热火朝天的。

12月至下年的1月，天寒地冻时正是脱谷交公粮的时节。主要流程是：在脱谷机上把稻粒打下来——用木锨扬场把稻粒、碎稻草、土块分离出来（利用风和重量惯性）——用电筛把稻粒中的土筛出来——装麻袋待交。我们脱谷是两班倒，每班12小时，即中午12点和夜里12点时交接班。脱谷体力上并不太累，但是枯燥、疲乏，又非常寒冷，特别是夜里12点接班真是太痛苦了。由于太困，有时边脱谷边打瞌睡，手里的稻子被飞速运转的脱谷机卷了进去，手也险些被打，人立刻惊醒，这种事时有发生。那时候，我们还都是大力士，装着稻粒的麻袋100多斤，扛在肩上行走自如。

1月底进入冬季农闲，知青们放假回家，临行前要进行年终结算和分配，每人好像能分到二三百元，比起在贫困地区插队的知青要幸福多了。

知青生活二三事

在我6年多的知青生活里，发生过几件事一直让我记忆犹新。

知青在盘锦

1. 一次冒险行为

我们所在的辽滨苇场坐落在辽河入海口旁,说起辽河,每日滔滔不尽的河水从此处流入渤海,而渤海海水随着涨潮也会回流到辽河,水位在潮汐的作用下时高时低,我们经常可以看到清澈蓝色的海水与浑浊的河水交融在一起的景象。

在辽滨苇场的那些年,每年冬天脱谷交粮之后就进入农闲,青年点放假知青回家,一般放假一个月左右,春节过后再回到辽滨。每当冬季放假时,辽河已经封冻,从家回来时也尚未开封,我们来回都是从辽河上走过,在营口火车站上下车。封冻后的辽河的河面上并不平坦,由于冰层形成得很不规则,浮冰层叠挤压,冰排堆积隆起,形态各异。这种景观是由于结冰期的寒冷气候与海水潮汐不断博弈形成的,寒冷一次又一次地企图封冻河面,海水涨潮又会一次又一次把已经封冻的河面撑开,形成冰排之间的流动、冲撞、挤压,最后气候战胜了海水的潮汐,河封冻了。然而,在春天的解冻期,气候与海水潮汐的博弈是在冰下,一旦冰面的硬度抵抗不住潮水的进攻,入海口处的辽河可以在瞬间开河,湍急的河水带着一块块浮冰顺流而下。

记得1975年春,由于父亲病重需要照顾,春节后我从北京回来的比往年要晚些。3月的一天,我只身一人坐火车回辽滨,到达营口时已经下午三点多,走到渡口时太阳偏西了。当时辽河已进入解冻期,河面上无一人行走,看到这种情况我意识到过河很危险,但是如果过不去河,意味着我需要重新坐火车(当天已没有火车),绕道沟帮子、盘锦再乘长途车才能回到红卫营,恐怕还需要两天多时间。那时买火车票、汽车票、住旅馆可不是那么方便,一旦买不到票、住不上店,我有可能就要在火车站或汽车站过夜了。

就在我束手无策的时候,一个外地人跃跃欲试地打算过河,岸边的人都劝阻他不要过。我走过去对他说,咱们俩一起走过去吧。我鼓起勇气,扛着东西,跟在他的后面。河边的冰已经开始融化了,我们跳过岸边的青沟走向河中间。远离了两岸的喧嚣声,河面上寂静无声,安静得使人胆战,雾茫茫的河上只有我们两个身影，当时身上直冒冷汗，心提到嗓子眼，非常恐惧。辽河宽度大约有1000多米，走了20多分钟，终于到了河对岸。

河对岸是营口市河北小街，我们青年点红卫营距离河北小街大约还有8里路，我搭了一辆马车到青年点，在大门口遇到推着自行车打算回家的当地派驻我们连的干部赵成年连长，他的家就在河北，靠近河边。他得知我是从河上走过来的很吃惊，说是太危险了。没有想到的是，当他骑自行车回到家时，就看到辽河已经开河，与我过河的时间

☆欧阳晓明和姐姐晓光在田埂上

相差不到两小时。后来赵连长说，由于辽河入海口开河事先没有预兆，几乎每年都有"胆子大"的人在开河时被困在河面上，河上全是冰凌、冰排，船根本无法下去，岸上的人眼睁睁地看着而无法施救。为此他心惊胆战，一夜都没有睡着，越想越是后怕啊！

后来我和赵连长先后把过河的事告诉了我妈妈，本来我还窃窃自喜，侥幸自己在开河之前过去，没想到受到妈妈地严厉批评，其严厉程度也是罕见的。妈妈说我做了一件愚蠢的事。她说：危险有两种情况，一是自己无法控制无法避免的危险，例如你们遭遇地震，这种危险就要勇敢应对，不能退缩，必要时还要挺身而出；另一种是可以避免的危险，就应尽量回避，不要去做无谓的冒险，不要逞个人英雄主义，更不能存在侥幸心理。如果这次在过河时开河，将酿成无法挽回的悲剧，会给多少人带来痛苦。尽管没有发生问题，但是这种侥幸的、投机的心理是要不得的。妈妈的话对我震动很大，尽管父母的一生是经历过千难万险、出生入死的，但是她对危险的客观分析和理性态度让我一生牢记。同时我也深深地感到，我的生命不仅仅属于我自己，它属于我们这个家庭，属于社会。要珍惜生命，要对爱你、关心你的人负责任。

2. 一次发烧治好我的皮炎

☆知青姐妹们合影

记得1970年下乡前，我在沈阳四十中学念书。由于心情不好患了神经性皮炎。神经性皮炎是顽症，没有特效药，当时也就买些带有激素的外用药擦擦。1970年下乡后，皮炎也一直没有好转。有一年夏天（大概是1973年），我突然上吐下泻，后来又伴有高烧，最高烧到40.3度，走起路来摇摇晃晃，迷迷糊糊。连里领导决定用牛车（当时还没有拖拉机，牛车是连里唯一的交通工具）把我送到10里外的场部医院，场部医院的医生诊断我为细菌性痢疾，马上打吊针，治疗得还算及时，先后连续滴了几瓶药就见好。高烧之后，我发现神经性皮炎也一扫而光，再也没犯，真是坏事变成好事了。奇怪的是，第二年的同一时间，我又得了第二次菌痢，这次发烧到39.8度，也许是上天为了巩固治疗皮炎的效果又让我发烧一次。

3. 卸石头船

在辽滨，大家农闲时也干点儿副业，有一段时间经常卸石头船，当时卸一船石头挣50元钱，不是每人50元，而是一共50元。大船运来的石头是用来建房子或者是修水利工程的，都是大块的。船停靠与岸边相距4—5米，用两块长约7—8米、宽30—40厘米的跳板连接，一头搭在船上，一头搭在岸边。我们先要把石头从船舱搬到船上来，再通过跳板把石头搬到岸上去。稍小一点的石头我们用两手抱在身前运来运去，大的石头一个人搬不动就得两个人抬，石头砸到手脚时有发生。人走在跳板上直颤，下面就是滔滔的辽河水，开始时我们都紧张害怕,后来找到走跳板的窍门,抱着或抬着石头顺着跳板上下颤动的节奏,带着小跑过跳板。当年也发生过"英雄救美"的事迹,我们的一位女生一不小心从跳板上掉了下去,一位男生毫不犹豫地跳下去,把女同学救了上来。

☆知青伙伴在宿舍前

对我们这一代人来说,最美好的青春时代留在了农村广阔天地,知青生活是艰苦和辛劳的集合,当年我们苦恼过、抱怨过,甚至有人对前途绝望过(我们连有一位男生自杀),当然我们也苦中有乐,累中取乐,乐在其中。40多年过去,随着岁月的流逝,我们已经能以宽容、理性的态度看待知识青年上山下乡这一运动,能以平和、轻松的心态回忆当年的艰难经历。我写这几篇回顾,只想用我们的经历让后代知道,艰苦的历练是一种精神财富,它将为今后的人生道路打下基石。

2016年10月

欧阳晓明 汉族,湖南省宁乡人,1953年9月出生,硕士研究生毕业。1970年8月毕业于沈阳四十中学,下乡到盘锦辽滨苇场红卫营,曾任红卫营一连连长、指导员。1976年12月因父母身边无人照顾调回北京。1977年至1983年就读于哈尔滨工业大学工业自动化专业本科、硕士研究生。1983年至1989年在航天工业部第七一零所工作,曾任科技系统研究室主任,从事用系统工程的方法应用于经济系统和科技系统研究工作。1990年至1995年先后任国家科委火炬高技术产业开发中心处长和中国技术创新公司副总经理。主要从事高新技术产业政策制定、科技项目评审、投资分析、经费管理等工作。1995年至2013年历任全国工商联经济部副部长、部长、副秘书长、秘书长。在工商联工作19年,

知青在盘锦

主要从事民营经济发展的政策研究和为企业提供各类经济技术服务等工作。

现任北京大成企业研究院常务副院长。

曾获国家科技进步二、三等奖各一次，享受政府特殊津贴。

·盘锦文史资料第二十一辑·

知青在盘锦 下

ZhiQing zai PanJin ★★★

盘锦市政协学习和文史委员会·编

辽宁人民出版社

难忘那片盐碱滩

◎周希武

1974年9月2日，是一个平常的日子，但对于我是一个终生难忘的日子。这一年我18岁，随着上山下乡的热潮，我同来自省煤管局、省公安厅、省一轻局、省二轻局、省电子局、省计量局等省直单位的70多名知青，乘坐家长单位的大客车，从早上出发一直到晚上8点多钟，来到了陌生的盘锦新兴农场西河沿大队第五小队。往届老知青热情地欢迎了我们。吃过晚饭，分配住房：平房和土炕。在土炕上睡，刚开始还觉得新鲜，走了一天有点累，躺在炕上迷迷糊糊刚要睡着，蚊子的嗡嗡声就响彻耳边。为防蚊子叮咬只好蒙头睡，九月的天气还很热，热得受不了，睡着后手和脸露在外面，第二天早晨起来，每个人手上和脸上的红包都不少。

盘锦大地是一望无际的平原，地里全是稻田。我们西河沿五队是纯知青队。驻地是一个四合院，南北两趟房住人，东边厕所，西边伙房。新老知青共计100多人。有当地干部连长、指导员等7人，县里带队干部2人。

第二天就开始下地干活，队里地很多，从知青点走到地里须用20多分钟。到了十月稻子熟了，开始割稻子，每天天不亮下地，天黑了才回来。战斗口号是"与天奋斗，其乐无穷，人定胜天"。刚开始大家什么农活都不会干，由连长、指导员示范。之后自己比画，在干中学。金黄色的稻田，一望无际。割后的稻子码在地里，由人一捆捆背到场院。稻子堆得像一座座小山，丰收的

知青在盘锦

喜悦洋溢在每个人的脸上。打完稻子交公粮，用马车一车一车运到农场粮库。那时年轻，不知道累，晚饭后自娱自乐，吹拉弹唱的、下象棋的，伙房的食堂大厅能容纳百十来人，还有一个乒乓球案子，大家在一起很热闹。那时男生、女生界限比较清，来往很少，说话也不多。

那时吃水条件差，很不卫生。夏天吃的是人工挖的大水池存的水，水中有鱼、虫、水草等杂质。冬天的时候，房后有条河，结冰后从河里刨冰块拿回来化水吃。

记得刚到农村不久，我们四个人住一屋，天热，门窗都开着，大家已经睡着了。不知何时有螃蟹爬进屋来，吐泡声把我们几个惊醒，大家下地七手八脚捉螃蟹，螃蟹个头还不小。我们每个屋都有小铁锅，塞上几把柴草，顷刻煮熟，四个人分食尝鲜。野生螃蟹很多，四处乱爬，但是能进屋，我们还是倍觉新奇。

很快就要过年了，大家都准备回沈阳。我自告奋勇和一个老知青留守，负责看守知青点。1975年2月4日晚上7点多，我们在屋里说笑，突然感到地在摇动，听到房梁咔咔作响，我们十分惊慌，跑到院子里不敢进屋。二月里天气十分寒冷，有人在院子里拢了一堆火，那时确实体验到了"火烤胸前暖，风吹背后寒"的感觉。后来才知道这是海城地震。在漆黑不见五指的寒夜中大家都走了。只剩我们两个人。那时大家对地震都很恐慌，大队干部不让进屋住，我们二人在柴垛边用柴草临时打地铺，盖被就睡。那是三九严寒天啊！真是天当被，地当床。下半夜我被叫醒，睁眼一望，天降茫茫大雪，棉被已被雪覆盖上了，白茫茫一片，只见白雪，不见其他。很快过完年，大家都回来了。我和另一人被安排夜间值班，如有地震就吹哨，大家好往外跑。有一天夜间和我值班的那人突然越窗而出，吹起了哨子，我赶紧追出去，慌忙地问："何事吹哨？"他一边吹一边说："地震了！"我说："没震啊！别吹了。"这时众人有从窗户跳出来的，也有从门里跑出来的，纷纷责问："没震吹什么哨子啊？惊了一场好觉。"

第二年的夏天，有一天偶遇大队李主任，问我说："小伙，安排个活你能干吧？"那时都以服从为天职，我说："可以。"他说："那你去喂猪吧。"这样我就去喂猪了，也就是去后勤干活了。

猪圈的规模有200多平方米，我接过来的时候，有5头老母猪，几头小猪崽，其余的得了瘟疫死掉了，很是凄凉。我下乡之前在区医院实习半年，略懂一些医学。我将

☆猪倌周希武

猪圈四周撒上白灰，圈好猪，不让外来猪进来，以免传上病。清猪圈，打扫卫生，认认真真地干起来。后来猪的规模发展到将近100头，猪圈不够了，我自己搬砖砌，猪圈扩了很多。冬天放猪时，可以骑在猪身上，像骑马一样去放猪。那时农忙的时候，一个月可以杀两头猪，育肥的猪都有300斤以上。刚开始时请人杀猪，后来知青自己杀。有一次想杀猪，几个人把猪捆上，由于手生猪叫得格外响亮，引来猪群，猪群一点一点向被捆的猪逼近。几个人抄起扫把、铁锹驱赶，全不管用，猪群在头猪的带领下仍是步步逼近。这些人慌了，大声喊我，我急忙从屋里跑出来，见到这情景也觉得可笑，人猪对峙，猪多人少，猪群有不达目的不罢休的气势，这些人已无法阻止猪的进攻，就要逃跑了。这时我站到人和猪群中间，大喊一声"都回去"，这些猪像听到命令一样，在头猪的带领下夹着尾巴没命地跑。在过房山头夹空的时候，因只能容一头猪通行，猪都争先恐后，生怕被我撵上，转眼之间院子里一头猪都不见了。到杀完猪，也没有一头猪回来。杀猪的几个人说："今天你不来，这猪都杀不成了。"

常言道："是非只为多开口，烦恼皆因强出头。"有一天，我看到马车要走，就问："去什么地方？"说是去大队，当时车上就有赶车的和伙食长在，我跳上车一起去大队，大队离我们有三里地，下车后我去大队小商店，也不知他们二人去干什么了。过了几天大队书记来找我，责问我是否说过有人给他送猪肉，造成了很不好的影响。我是丈二和尚摸不着头脑。这件事我也没有多开

知青在盘锦

☆新兴镇西河沿大队五队稻田合影（右二周希武）

口，更没有强出头，便被无端指责，不知此话从何而起，只能回答没说此话，但大队书记认定的事，他是不会善罢甘休的。又过了几天他到我屋对我说："你说我冤不冤，我没吃着猪肉，有人说我吃你们知青的猪肉。"我说："那我和你可是同病相怜啊。"他不明白同病相怜为何意，追问我。我说："你没有吃着猪肉，有人说你吃了，我没说，也不知道有人给你送猪肉，有人说我说的，咱俩不应该同病相怜吗？"书记听后无语，少顷扔下一句，"你就在农村待一辈子吧！"他悻悻地走了。我的烦恼也就涌上心头。有的人知道后前来劝解，其实事情的起因我都不知道，不知怎的就弄到我的身上。过了几天书记又来了，说："是赶车人说的。"我说："那是不是赶车的人，也要留在农村一辈子了？"书记无语，听出我的话大有讽刺意味，话不投机，无趣地走了。

生产队成立了宣传队，唱的歌曲有时代的气息，有关阶级斗争的事。我写了一首歌词，记得头两句是"月儿弯弯挂树梢，星星眨眼对我笑"。后来几位美女被选到农场宣传队去搞文艺宣传。文艺骨干一走，小队的宣传队就解散了。

1977年恢复高考，知青点有几个人考上了大学。十几年没有高考，高考录取的人又很少,有许多人不敢报考,考上的人是极少数。所以能考上的人还是很幸运的。

1979年知青全部回城。后来几次返回知青点看望,最近的一次是二十几个人回了一次知青点。可真是今非昔比,大家分别乘坐自家小汽车,从沈阳到盘锦只用了两个多小时就到了。我们到盘锦红海滩游玩,拍照留影,晚间到当地农民家住宿。第二天,早起到大坝,环视曾经生活、劳动过四年多的地方,稻田还是一望无际,又是一个丰收年。30多年间,这地方确实有了翻天覆地的变化,房子宽大明亮,家家用上了自来水,泥泞的道路变成了柏油路。

回想往事,使我难以忘怀盘锦大地上的一草一木,生活的点点滴滴,寄情赋诗一首。

回 首

还是那条路,没了那间屋*;
还是那乡音,还是这块土。
体味你的心跳,注视你的容貌;
我的第二故乡——盘锦。
当年下乡到盘锦,迈出人生第一步;
百里芦苇荡,千里稻花香;
满地螃蟹爬,泥鳅翻浪花;
漫天舞飞蚊,长嘴似刀枪;
一天、两天、三四天,
一年、两年、三四年;
那风风雨雨,那坎坎坷坷;
欢乐时光阴似箭,愁烦时度日如年;
吃的是大米饭,住的是平顶屋。
患难见真心,乡情多淳朴;
教我农活是大叔,最难忘的小二丫;

知青在盘锦

开口叫朱岩大哥，希武大哥，笑声一片。

当过知青的人，再苦不觉苦；

山高江河长，千里万里远；

这是我人生走过最难忘的路。

回首昨日的路，

有人从苦难蹉跎中锻炼，为后来成长奠定了基础；

有人饱经风霜历经磨难，成为被耽误的一族。

再回首，

数年寒暑朝夕伴，风风雨雨同悲欢；

而今深情无寄处，只盼重聚在眼前；

四十多年弹指一挥间，逝去的不再，

让我们笑迎盘锦美好的明天。

（*"没了那间屋"指青年点的房子被洪水冲毁）

2016年12月

☆每当旅游都带上我们的"旗帜"
（右一周希武）

周希武 1974年9月2日下乡到盘锦新兴农场西河沿大队五队。次年到后勤养猪。至1979年5月中旬回沈阳，在辽宁省煤管局劳动服务公司工作，曾任团支书职务。1982年获得自学考试辽宁大学单科结业证。1985年调到沈阳煤炭科学研究所，任劳动服务公司经理。2000年下岗后自谋职业，在五爱市场经销玩具。2016年3月办理退休。

那年月（选编）

◎郑学清

人生，总有些经历，想尘封，却又难以忘怀。那些记忆，时时刻刻会闪现在脑海，如老电影的回放。那些难以忘怀的日子，一如我的网名——"知青岁月"。那是一代人的经历，那是中国历史上一段独有的印迹。也许是我老了，喜欢回忆？我实在不想将那段历史，那段于我来说最美好的年华，最刻骨铭心的八年经历，带进坟墓。于是，我把记忆中的八年，如实地转化为十几万中国的方块文字，以祭奠那一代人逝去的青春年华……

一、青春的记忆

2003年9月20日，时值知识青年上山下乡35周年之际，有幸应邀参加了盘锦市大洼县委、县政府组织的"激情岁月"知青联谊会活动。活动期间，我们游览了当年下乡时还没有形成的著名的红海滩、丹顶鹤自然保护区，参观了全球"五百佳"的西安乡生态养殖场，还参观了大洼县经济技术开发区。

☆郑学清（摄于2003年9月）

知青在盘锦

坐在行驶的车内，观看着宽阔街道两边一幢幢拔地而起的高楼大厦，远处林立的高高的钻塔，一排排磕头机（采油树）此起彼伏，一片片泛着金黄的稻穗压得稻秆直不起腰……

面对着发生了巨大变化的眼前的这一切，我浮想联翩，记忆的闸门也由此打开……

1968年9月24日，我们这一代热血青年，高举理想和信念的大旗，唱着"革命青年志在四方"的革命歌曲，告别了家乡，告别了父老，登上了火车，奔向了被称为"南大荒"的盘锦垦区。

我们所在的知青大队，两个学校（沈阳三十一中学、三十六中学）5个班的同学，用双手开垦出大片的荒地。一片片盐碱地插上了稻秧，地里流着我们的血，流着我们的汗，流着我们的泪。同学们的脚被苇茬扎烂了，手指甲被泥土抢掉了，初春时节寒风料峭，我们站在冰冷刺骨的水田地里瑟瑟发抖，疼痛、艰苦，我们没有哭。可是到了丰收的季节，我们的心凉了，我们的泪流了，那是因为我们一年的辛苦换来的收获，只是每亩一麻袋的稻瘪子！

血没有白流，汗没有白流，几年的艰苦创业，昔日的"南大荒"也终于变成了今天的"南大仓"。

时光流逝，参军的同学走了，上油田的同学走了，抽调回城的同学走了。"八年抗战"的我，也终于回到了家乡。

可是，我忘不了留在清水的岁月，忘不了永眠在那块土地上的同学，忘不了有病在床时年近八旬的房东奶奶，给我煮的那碗卧了鸡蛋的粉条挂面和她那慈祥的笑容……

那一年，党的"九大"闭幕的晚上，大队党总支组织全体知青和农工上街游行，庆祝党的"九大"胜利闭幕，我们尽情地燃放着鞭炮，高喊着口号，唱着革命歌曲，谁也没有注意队伍里缺少一个人。即使是游行结束后，住在同一个老乡家的几名女同学回到屋子里时，也没人在意她们中间少了一个人，更没有料到这个人已经永远离开了我们。

她死了，她被一个直径不到两米的小水坑给淹死了。那一年是1969年，她还不满20周岁。

她死了是一个男同学发现的,那时已经快半夜12点了,游行结束后,住在与我相邻老乡家的那个男同学上厕所时,看到那儿有个死人,吓得跑回来喊我。

我拿着手电带了两个同学到那儿一看,不禁一惊,死人正是我们班的那个女同学。只见她一脚在里一脚在外,裤子还没有提上卧倒在茅厕门口,脑袋浸泡在一个小水坑里,我们把她拽出来时她的头已经被水泡得很大,苍白的脸,样子很恐怖。

她叫刘迪,是和姐姐一起来的。她的性格内向,不爱多说话。她患有癫痫病,可能是因为一个人上厕所天黑害怕,引发癫痫病而倒在水坑里被呛死的。

当地的老乡信命,说她自己知道那天死,因为那天她很反常。

那天晚上,平时很少挑水的她把老乡家的水缸都挑满了,把屋子收拾得很干净。她放开被褥躺下后,听说游行,起来后又把被褥重新叠好了。老乡说这就是她知道那天要死的先兆。

在以阶级斗争为纲的年代里,因为担心是被阶级敌人所害,她的遗体停放在医院太平间一个星期,经确认不是阶级敌人而为后才被安葬。

按照毛主席说的"只要他是做过一些有益的工作的,我们都要给他送葬,开追悼会"的教导,下葬那天,我们给她开了追悼会,因为我是排长,所以也是我宣读的悼词。就这样她永远地留在了那片"广阔的天地"里了。

这次盘锦之行,我们路过了那条县道,经过三十几年的风吹雨淋,掩埋她的那座土坟已经不见了,她已与那片土地融为一体了,留下的只是我们永远的记忆。

那是1970年的夏天,我病了,两三天没起来炕,食欲全无。年近八旬的房东奶奶,看着我那痛苦的样子心里焦急万分。那时我们所在的三家子大队是个困难队,一年辛苦到头还要"倒挂",老乡家的日子过得很紧。也不知道房东奶奶是从哪里弄来的挂面,因为没有蔬菜,老奶奶用粉条下了一大碗热汤挂面,里面还有两个荷包蛋。

看着那碗特别的汤面和房东奶奶饱经沧桑又慈祥的面孔,我的心里一阵酸楚，那份感激之情难以言表。

这件事让我终生难忘，甚至在回城后的这二十几年里，睡梦中我还经常见到她想起她，要不是这次盘锦之行时间安排得太紧，我一定会到她老人家的坟上献上一束鲜花以表达我对她的思念之情。

回到沈城已经 27 年了，时光飞逝，转瞬间我已年过半百。可是面对黄土背朝天的那 8 年的贫下中农的"再教育"，让我有失去更有收获。那 8 年的生活虽然艰苦，可正是这艰苦的生活，就像一个大火炉，它练就了我的坚韧和刚毅；那 8 年的磨炼，编写了我人生旅途的一部终生受用的生活词典，让我经常翻开它，阅读它。

盘锦，那片让我魂牵梦绕的土地，它留下了我们这一代人如火的青春和热情，留下了我们这一代人曾经的理想和信念，也留下了我们这一代人永久不能忘怀的记忆……

2003 年 10 月

二、奔向"南大荒"

呜……

一声汽笛的长鸣，满载着刚刚经过"文化大革命"洗礼、响应伟大领袖毛主席号召的血气方刚青年人的列车，就要启动了。

这一天是 1968 年 9 月 24 日。

列车的始发地：沈阳；他们的目的地：辽宁的"南大荒"——盘锦。

列车慢慢地启动了，刚刚还是满车厢的欢歌笑语，瞬间变成了轻声的呜咽，车上的人蜂拥般地挤向车窗口，不停地向自己的亲人、向前来为自己送行的人们挥手。车下的人群也不断朝车上的人们挥着手，并随着列车的启动，也开始挪动他们的脚步，列车的速度快了，人们的脚步也不断加快，由走变成了跑。

车厢里的轻声呜咽变成了大声哭泣，车下的亲人们也是泪水涟涟。叫喊声、叮咛声、哭泣声混杂在一起……

这节车厢里的青年学生，来自同一所中学，一所当时就是让人称羡的重点中学——沈阳市第三十一中学。

在读书的时候，他们曾有过梦想，有过远大的理想，那就是要上大学，将来做一个国家的栋梁之材。

而今，他们却要离开生养自己的父母和这块熟悉的热土、这个已经生活了多年的城市了。说心里话，每个人的心情都非常复杂，在那个狂热的年代，这些孩子们是那样热爱伟大的领袖，也曾经表过决心，要永远忠于伟大的领袖，又有谁能不响应伟大领袖"上山下乡接受贫下中农再教育"的号召呢？

革命青年志在四方嘛！

可是，就要离开亲人了，心里当然不是滋味。默默地坐在车厢一角的我，心里也是一阵酸楚。我不敢望向车窗外面，也不敢看前来为我送行的亲人们。因为我心里清楚，此时的他们一定是眼含泪水，或是站在原地，或是在跟着列车跑着，并且在不停地摇晃着手臂……

都说男儿有泪不轻弹，可这些学生毕竟还年轻，最大的不过二十一二岁，小的才十六七岁呀！他们还年轻，他们真的还年轻呀！

他们还年轻，他们还小。生长在红旗下的他们，经过岁月的坎坷。"三年困难时期"让他们体验到了饥饿。

小学三年级的时候，我曾饿晕在课堂上。在"如火如荼"的年代，我和大多数"红五类"出身的学生们一样，曾戴着红袖标，挥着"红宝书"，高喊着"破四旧、立四新"的革命口号，上街散发传单。那时的我们好像什么都懂、什么都明白，和那些大人一样，全身心地投入到那场"轰轰烈烈的、史无前例的"运动之中。

我们懂什么呢？只是因为我们太热爱全国人民心中的"最红最红的红太阳"了，我们真的太听毛主席的话了，毛主席怎样说的我们就一定会怎样做！

其实我们真的什么都不懂，辨别是非、真假、对错的能力是那样的差。这次下乡也是，我们只是凭借着一股狂热精神。

那时一年多的停产停课闹革命，给国民经济带来了严重后果。党中央终于

知青在盘锦

下发通知，要求工厂恢复生产，学校也要复课闹革命。没多久，毛泽东同志就发出"知识青年到农村去，接受贫下中农的再教育，很有必要"的重要指示，一场轰轰烈烈的上山下乡运动就这样拉开了序幕。

这一年的八九月份，一个来自盘锦垦区的下乡知青报告团，到了沈阳市第三十一中学，为首的是一个姓卢的1966年下乡的女青年。

报告团在这所学校引起轰动，在学校的大礼堂里，面对1400多名学生，那位卢知青描绘着盘锦的现在，又给学生们展示着盘锦的未来。她满怀深情地说："盘锦是一个美丽的地方，那里有一望无际的大苇塘，看不到边的水稻田，春天机械化插秧，秋天康拜因收割，有水的地方就有鱼，螃蟹直往道路上爬……盘锦那里都是国营农场，就像建设兵团一样，是农业工人，挣的是工资，是现代化的农民。盘锦需要你们，欢迎你们到盘锦来接受贫下中农的再教育，欢迎你们到盘锦来同我们一起战天斗地，知识青年到那里是大有作为的！"

她的话还没落音，大礼堂里已经掌声一片。

一幅典型的现代化国营农场和鱼米之乡的景象！这样一派美好的景象哪个学生听了会不动心呢？

就在报告团走后的几天里，全校各个班级都展开了热烈的讨论，我所在的这个班当然也不例外。因为刚刚复课闹革命，学校也成立了革命委员会，可是学生间的派性仍然十分严重，各派之间的争论也较为激烈。

然而，不论是争论还是争吵，但是在对待上山下乡这个问题上，却达成了共识，一致选择到那个令大家神往的美丽地方。于是选出一个人代表班级的同学写了一份"决心书"送到了校"革委会"，强烈申请要求到盘锦去，到那里去做一名社会主义新型的农业工人。我们的申请很快得到了校"革委会"的批准。

就这样，我所在的这个班级就同另外三个班级（高中三年级一个班、高中二年级一个班、初中一年级一个班）一道，在那年的9月24日那天踏上了奔向盘锦的专列。

列车飞快地行驶，车厢里已经没有了呜咽声，年轻人多了气氛很快就活跃了起来，一会儿大家说说笑笑，一会儿歌声朗朗。"到农村去，到边疆去，到祖国最需要的地方去……""毛主席的战士最听党的话，哪里需要哪里去，哪里艰苦哪安家……"，歌声在车厢里回荡着，又顺着车窗飘到车外，飘得很远很远。我们唱的是年轻人奔放的热情，是年轻人远大的理想，更是年轻人美好的向往，在我们心中描绘的未来，是一幅非常美好的景象。

坐在车窗旁边的我，时而和大家一起欢快地唱着歌，时而默默地凝神车窗外，若有所思地看着车窗外那一掠而过的景色。其实我不想上盘锦，我觉得那儿离家太远，可是那么多要好的同学都决定上那儿，自己又不想一个人孤单地离群而去。无可奈何的我，只有随着同学们一道远行。

中午时分，列车到达了沟帮子火车站，我们要在这里改乘汽车再去我们所要去的农场（公社）。下了火车后，也许是饿了，我们仍然以班级为单位，一些人围坐在行李周围，吃着亲人给装来的面包和水果之类的，一些人则到附近的饭店去了。仲秋时节，天气依然很热，"秋老虎"好像一点也不给这些学生留情面。坐在太阳底下的我们，额头上渗出了滴滴汗珠。已经是午后3点多了，接我们的车还没有来，一些学生开始沉不住气了，着急的心情已经刻到了脸上。而此时的我仍然坐在自己的行李上，瞪着我的那双大眼睛，面无表情地望着天空，望着天空中飘浮着的朵朵白云，谁也不知道我的心里在想什么，就连我自己都不知道。下午4点半左右，学生们开始骚动，附近传来汽车喇叭的滴滴声。不知是谁在大声喊："车来啦，车来啦。"

车来了，盘锦垦区"革委会"派来了车，也派来了专门接学生的代表。代表们和各个学校带队的老师会面后，即刻组织大家以学校为单位上车。

我们学校的四个班级和其他学校的几十个班级的学生一道，被分配到清水农场，农场"革委会"派来一位副主任来接学生。学生们很快把行李和随身携带的物品装上了车，然后也都爬上了汽车。满载学生的浩浩荡荡的汽车队，风驰电掣地顺着沟帮子到营口的公路向南急驶而去，车的后面随着汽车的狂奔卷起一阵阵尘土，迷得人们睁不开双眼。经过一个多小时的颠簸后，车队在大洼镇拐下了公路顺着县道向西开去。因为是土路，汽车的速度显然慢了很多。车

知青在盘锦

行了有三里的路程，拉着我们学校学生的几辆车放慢了速度。只见前方的路北有一条南北向的村间小路。路的两边站了两排年轻男女，身上背着"红宝书"，正在唱着"忠字歌"跳着"忠字舞"。那舞跳得虽然笨拙，但是看样子那些青年男女还是很兴奋的。也许是有知青要来的原因。看到满载学生的汽车开来，这些年轻人跳得也更欢快了。他们就是北面村子清水农场三家子大队"革委会"组织前来迎接下乡学生的当地青年。汽车真的在这儿下了道，来自村子里的人们停止了跳舞，在一个人的带领下高声呼喊着口号：

"毛主席万岁！万岁！万万岁！"

"无产阶级文化大革命胜利万岁！"

"热烈欢迎知识青年上山下乡！"

……

汽车开到他们跟前时，口号声戛然而止。可能是因为从来没见过这么多的由大城市来的同龄人，他们用惊愕的目光看着这些学生的衣着，一些人开始喊喊喳喳地小声议论："穿什么的都有呀""怎么还有戴这样帽子的呀"。这些学生穿的戴的甚至就连这些学生，对他们来说仿佛是那样新奇。

乡间的道路是那样的不平，汽车开得很慢，迎接的人们紧随车后。汽车进了村子后，径直地开到了大队"革委会"前的一片空地上。当学生们卸下行李后，太阳也已经感觉到一天的辛苦劳累，连声招呼都没打，就悄悄地下山了。太阳下山了，村子里沸腾了，男男女女老老少少从四面八方围拢过来。

☆郑学清（摄于2008年10月）

这个村有300来户人家，一个大队分为五个生产队，分到这个大队的学生是来自沈阳两所中学五个班级的。在大队"革委会"的安排下，我所在的这个班被分到了二队。那个队的队长很快就将50来个学生分派到了各家各户，奔波一天的学生们也终于安顿了下来。

天黑了，天空中繁星点点，老乡家

的灯也陆续亮了起来，村子里仍然没有静下来。

也许是因为村子里突然涌进那么多陌生的面孔，老乡家的狗不停地"汪汪"叫着。

我和几个要好的同学被安排到村子西南的一户姓刘的老乡家，稍作休息后，我们接到开饭的通知。于是到为学生们搭建的临时伙房打回了饭菜，狼吞虎咽地吃下了我们上山下乡的第一碗饭，那一碗雪白雪白冒着诱人香气的大米饭。

这个夜晚是个不平静的夜晚，不知是因为过度的兴奋，还是什么原因，我和我的同学们都没有丝毫的困意，仍然在和热情的房东大叔大婶聊着天……

9月下旬，水稻还在晒田，没有到收割的季节，各生产队也没有安排学生们下地干农活。离10月2日开镰还有一周的时间，我们闲来无事，有了充足的时间在村子里外到处转转，也到其他同学所住的老乡家串串门。第二天早上我们起得很早，在水泡子边上洗漱后，我和同学陪同前来送我们的同学小杨、校友大黄在村子里周游了一圈。这时我们才发现，村子里和村子的周围难得能看到几棵树，大队"革委会"位于村子的中央，它的前面是一个水泡子，是全村最大的生活用水的蓄水池。平静的水面上，时不时有鸡鸭、甚至还有猪进去饮水。站在水泡子边上，能看到一群一群的小虫子在水中乱窜着。我们沿着村间小路走出村外，田野里成片成片的苇棵子，一片一片泛着白色，偶尔能见几棵碱蓬草的不毛之地，一块块稻田散落其中，金黄色的稻穗还算是沉甸甸的，这就是老农一年辛辛苦苦的劳动果实。看着眼前的这一切，我们的心里涌出一丝丝的苦涩，难道这就是令我们神往的那个美丽的地方吗？这是一个近海之地，是辽河入海形成的冲积平原，海拔很低。因此，盐碱严重。有很多老乡家就是把天然形成的碱搂回来，用来洗衣服。老乡还给我们讲了一个真实故事："文化大革命"前，这里就很穷，有一个外地人来这里走亲戚，看到了那一片一片泛着白泡泡的盐碱，他发现了商机，用大锅熬了好多"大碱"运回家乡卖，发了一笔小财。在这里，你洗头可以不用肥皂，在水里兑点儿那碱就很滑溜。来到这里的第三天，"贫下中农的再教育"真的开始了。在"以阶级斗争

知青在盘锦

为纲"的年代,一切当然都是按照"左"的思路走。既然是"接受贫下中农的再教育"来了,自然第一课就是由农民来上了。那天上午,200多名知青背着"毛主席语录袋",按编制(那时我们才知道,我们在这里是按军垦形式来编制的)整齐地坐在营(大队)"革委会"前面的那片空地上。这是知青上山下乡"接受贫下中农的再教育"的第一堂课,当然是阶级教育课,一堂生动的"忆苦思甜"课。先是大队"革委会"主任做了一番教育,然后走上来一位姓陈的小脚老太太,她用生动朴素的语言给知青讲述那"过去的事情"。老太太讲了新中国成立前她要饭吃的苦难,讲了日本鬼子糟蹋残害中国人的残忍,讲了儿子参加抗美援朝至今下落不明的心酸。讲到动情处,她激动地高呼起"打倒小日本""打倒美帝"的口号。瞬时间"不忘阶级苦,牢记血泪仇!""毛主席万岁!"的口号声,此起彼伏,响彻了那片空地的上空。举起的"红宝书",也掀起阵阵"红浪"。陈老太太作完"忆苦思甜"的报告后,村子里的"牛鬼蛇神"被拉了上来,那些人是以一个外号叫"孙无赖"的本村大地主为首的"四类"分子。当这些"牛鬼蛇神"被拉上来后,"打倒地富反坏右!""千万不要忘记阶级斗争!"的口号再一次响起。这些刚刚结束"文化大革命"历练的"革命小将",有的已经按捺不住年轻澎湃的血性,竟然走到前面,摁下了"牛鬼蛇神"的头,也让他们品尝了"喷气式"的滋味。

秋天的日头很毒,在太阳底下坐着的知青,汗水流在脸上,也湿透了衣裳。虽然席地而坐,时间长了也很累,但情绪依然激愤。

下午,我们又排着整齐的队伍,在大队"革委会"主任的带领下,来到了五里外的大洼镇,参观了"阶级教育展览馆"。在那里我们看到了日本人占领东北时在盘锦的强盗行径,那万恶的日本"开拓团",移民东北欲把东北变为他们本土以外的国土的罪行,真是罄竹难书。我们也参观了泥塑"收租院"。

那天,我们上了一堂深刻的爱国主义和社会主义教育课。走出"阶级教育展览馆"的知青们,心情沉重。那几天的"阶级教育",在当时来说,也是触及了这些知青的灵魂。那几天,仍然没有安排我们下地干活,我们在一边学习一边等待。

10月1日那天，因为是国庆节，大队"革委会"为知青杀了一头驴。晚饭是包饺子，当然是驴肉馅儿的喽。知青们按班打回来白面、驴肉、白菜和油盐等物品，在老乡家自己包起了饺子。

　　很多知青在家从没干过活，包起来很笨拙。好多饺子一下锅就成了片汤，可是毕竟是自己动手包的，吃起来也觉得很香，何况那是驴肉馅儿的呀。俗话说"天上龙肉地下驴肉"，那可是我今生第一次尝到驴肉的滋味呀！我吃得香，香在嘴上，更香在心里！

　　7天的时间很快过去了，10月2日那天"开镰"了，秋收开始了，知青们手里拿着生产队发的镰刀，排着队出发了，正式参加了农业生产劳动。

　　就这样，响应毛主席号召"到农村去，接受贫下中农再教育"的知青大军，从开始的"受教育"很快就变成了农业战线上的一支生力军，成为农场的半壁江山。

2005年10月

三、"准"反革命

　　"路线是个纲，纲举目张，抓纲不带目那是空头政治……"这是我们知识青年响应伟大领袖的号召"接受贫下中农再教育"，来到盘锦垦区清水农场三家子大队后，每逢开会时老农队长必讲的一段话。

　　说心里话，刚到这个生产队时，那个叫宋治林的老农队长的开场白，曾经着实让我吃了一惊。我心里寻思，别看这老农没文化，政治素质可挺高，满口不离政治，而且还一套一套的，真有水平。

　　在那个"左"的年代，到处都是"左"的印记。说话离不开政治、离不开革命，祖国大地一派"左"的气象。

　　我们下乡到三家子大队（按原军垦编制叫十二营）的200多名青年，有出身贫下中农的，也有出身地主富农的。那个时候，出身好的说话要注意，出身不好的就更要格外小心。否则不知道什么时候无意间说错了话或者说走了板，

知青在盘锦

那可就坏事了。经过无限上纲后，轻则挨批斗，重则扣上一个政治帽子，让你难以招架，不得翻身。

我的一个姜姓的同学，家庭出身不好，"文化大革命"时曾受到"红后代"的排斥。下乡后，老老实实，一句错话不敢说，一个心眼儿努力干活。可是有一天，因为肚子疼，请了个假，没有出工，自己躺在老农家。

肚子疼痛难忍，翻来覆去无法躺稳，就信笔胡来，在纸上胡诌了几句话，大意是：天那，矣兮哀哉，吾腹之痛，阵阵难忍……

哎，本来是胡乱写的几句话，可是写者无意，观者有心。没有想到，他写的几句话，却不知道被谁作为要求进步的具体表现而报告给了队里。嘀！这还了得！你的出身不好还敢说没人管你，你这不是发泄对社会主义的不满吗？

由于他发泄"对社会主义的不满"，又让一些"进步人士"勾起了回忆。在那个狂热的年代，家家户户都要挂毛主席像，当然教室也不例外，黑板上方的正中就是伟大领袖毛主席的画像。

1966年，学校都已经停课闹革命，"红后代"都上街破"四旧"去了，"黑五类"只能乖乖地待在教室里。可是他却没有闲着。一天，他闲来无事，在黑板上画毛主席，他的美术功底并不好，画得自然就不像了。

这下子坏了，被"红后代"发现了，说他丑化伟大领袖形象。这个罪名可不轻呀，这次又发泄对社会主义的不满，旧事重提，他成了累犯了，被开了批判会。受到打击的他从此变得沉默寡言。同学们都回城后，我曾经联系过他，然而见面后，他还是那样不怎么爱说话。

我的一个姓岳的同学，他的弟弟跟着他随我们班一起来到三家子。他的父母都是知识分子，在一所大学任教，"文化大革命"期间那叫"臭老九"，排在"地富反坏右封资修"的后面，也是批判对象。

一日，太阳出山后，月亮尚未隐去，时值农历中旬，月亮又圆又大。那天，天空晴朗，万里无云，东边的太阳红似火，西边的月亮白如银，那个景色美极了。

可是岳某人却口无遮拦，非要说："天上有两个太阳，一个在东边，一个

☆知青合影（前排右二郑学清）

在西边。"

你不是找病吗？天上怎么会有两个太阳？天上就一个太阳，那是我们心中最红最红的红太阳，你这不是反对伟大领袖毛主席吗？结果可想而知了，他挨批了。

他挨批了本来不是件好事，可是没有想到他却因祸得福，成就了他的终生姻缘。

一个和我们编在同一个队的36中学卢姓女生，也是因口惹祸。那时候，无论做什么，我们每天必须做的就是"早请示、晚汇报"，所以每天必须带着毛主席语录。

装毛主席语录的是用红布做的口袋，天天背着，平常还可以，可是一到跳"忠字舞"的时候，那个"语录"袋就左摆右颠直撅达。对背"语录"袋一直没有人敢提出异议，可是她却忍不住了，说什么"像背个马粪兜子"。这不是现行反革命吗！本来家庭出身不好，还反对毛主席反对毛泽东思想？大会批小会斗，把她折腾得够呛。

知青在盘锦

正是因为她和岳都挨了批挨了斗，同病相怜，他们俩成了一对恋人，回城后他俩结婚了。

"左"的思潮，"左"的禁锢，"左"的海洋，"左"的天地。那时候，我们每天早上要向毛主席"请示"，晚上要向毛主席"汇报"，吃饭前还要跳"忠字舞"，开会时要"斗私批修"、要"狠斗私字一闪念"，"左"的词语一串串。出身不好的容易惹祸上身，出身好的要是不注意也会引火烧身的，那可不管你是谁。下乡的第二年，我曾因为"反军"的罪名几乎上了批判台。

那是1970年夏天的事。

下乡后，我只割了半天稻子，就被调到食堂当了司务长。四个半月后，又被调走当了排长。

唉，那个时候干农活可真是累，我们的肚子里没有油水，饭量又大，吃不饱，看着食堂门口摆放的四口大缸，我的心里气血往上涌。

那四口缸，特别大，一口缸就能装四挑水。这四口缸，上面漂着一层馒头，底下就不用说了，苇子棍都扎不进一拃深，都是食堂倒掉的剩饭剩菜。我当过司务长，从不浪费，看到这个情况，我心里疼呀！因此就和接我任的女司务长发生了争执。

本来我是正确的，可是和我关系非常好的"带青"解放军谢松青，不但不说公道话，反而指责我。

我心知肚明，因为他可以用二两粮票买半斤饭，青年们可不行。

当时我很气愤和他吵了起来。嗬，我们两个越吵越厉害，他说话也很难听，情急之下我说他放屁。嘿，这下子我可惹了祸了，不得了了。你骂解放军？你这是反军，反军就是反革命！

带队的解放军和大队革命委员会要组织批斗会批斗我。可是在动员青年发言时没有成功，我的同学们都不愿意发言。

在小队、大队都没能组织起来，于是报告给清水农场"革委会"，准备把我送到农场去开批斗会。后来不知道是什么原因没有那么做，我算是逃过一劫。

没有被批判，可是我被撤了，被调到别的"连队"当了"战士"。那个队我是人生地不熟（青年都是外校的），我在那苦干了两年，终因我能干，又调到五队当队长去了，那时候解放军已经走了很长时间了。

有过知青经历的我，对知青文学很感兴趣也很注意，我看过《年轮》《雪野》等电视剧，这些电视剧给我留下过深刻的印象。

然而，电视剧里所反映的"左"的桎梏，远不及我们的知青路上遇到的那么严重、那么沉痛，那些事情在我的心头上烙下了深深的不可磨灭的印记。

2005 年 3 月

四、那一担沉甸甸的稻谷

年轻时头脑发热，办事爱冲动，好逞能。我做过"蛮"事，也做过傻事，更做过什么叫"死要面子活受罪"的事。

那一年（1973 年）秋天，我在五队当青年队长，那时的我二十三四岁，正值青春年华，身体虽然比较清瘦，却长得结实，有一股蛮劲，不论做什么农活，从不认输，从不服谁。

也是因为长了一张"臭嘴"，遇事爱较真，经常得罪人。三年前和"带青"的解放军吵了一架，我就被免去了排长职务，调到别的队当了"战士"。其实等于到那儿改造去了，我要从头开始了，那是我人生的又一个起点，那是个零呀！

我的心里不服气，可是在那个仍然是极左思潮统治下的年代，你斗不过政治呀！不服不行啊！没把我打成反革命就已经够幸运了！

我在那个队一干就是两年多，那几年我真是埋头苦干，真有点像个劳改犯人，加上我年轻，饭量又大，那点口粮我根本吃不饱，一米八大个子的我，瘦得体重只有 130 多斤。

也是那年，父亲"带青"，也到了盘锦。正值秋天挑稻子的时节，父亲从几十里外他"带青"的三十里铺，来到我那个大队看我。

大队派人把我从地里叫了回来，父亲看到我时，我从他的目光里也感受到了，他的心里十分难受，只是没有说出来罢了。

知青在盘锦

那也正是中午时分,我要父亲在食堂吃了中午饭再走,可是父亲没有吃,他一定是怕吃了饭我就会少了一顿饭的饭票。

也是从那个时候起,家里知道了我在乡下生活的艰苦,于是一家人每月从嘴上节省出10斤口粮,给我邮来粮票。可是他们并不知道,那10斤粮还不够我吃三天的饱饭呀!

那几年我就是这样,凭着坚强和坚韧的毅力,从困境中挺了过来。也正是由于我的能干,又有股钻劲,对什么农活都弄得比较明白,深受老农和队里的赏识。在那个二百几十户的三家子大队,大多数人都知道我的存在,都知道那个外号"郑三炮"的挺大眼睛的大个子特能干。

就在那年秋天,刚刚割完稻子的时候,大队决定调我到五队当了青年队长。

到了五队后,正是搬运稻子的时候。老农队长负责带领一批人在场院垛稻子,我负责带领一批人去搬运,也就是女的背男的挑,女的一次背半码(五捆),男的一趟挑一码(十捆)。

那天我们挑稻子,上午9点多钟时正挑到最远的那块地,那块地离场院有800米的路。挑那趟稻子是我这辈子最难忘的一件事,几乎毁掉了我的身体和我的健康,想起来真是后怕!

我带领大家到那块地,每个人都捆好了一码稻子,地里还剩下三码多稻子。当时我想,如果再派四个人来挑一趟,那就要浪费工时。我就和那个在队里有一定威信的老农张某说:"三哥,我们一人加几捆吧,就不用再来人了。"

于是我带头加了一码,我认为是没问题。可是有的人加了有的人没加,几个力气大的也就加了两三捆。尤其是那些老农,他们干农活很滑头的。我环顾大家,大多不语,我知道没人再愿意多挑了,我的心里有些气愤。气愤之下,我把剩下的16捆稻子都捆在了我的担子里。

捆好后我下令走,可是当我弯下腰把那两米多长的扁担担在肩头向上挺起的时候,就听咔的一声响。我说:"三哥,不好,扁担要折。"他把他的那根"挑山不颤"的"荒子(老农为了让扁担能用上一辈子,都买那种比较圆的很结实的扁担)"换给了我。

我带大家上了路。

　　走在那条窄窄的沟埝上，那担稻子真的好重好重，我的腿有些打颤，我坚持着，照样把胸挺得高高的，我装作若无其事的样子，好像那担稻子一点也不重。

　　可是我真的有点儿要挺不住了，那四百多米长的稻田埝埂就像是几百里的路，真的好艰难。在过那条横在下水渠上的跳板时，那块跳板随着我的脚步一上一下的颤抖得很厉害，我迈出的每一步都是那样的艰难，就像喝了二斤老白干似的，脚一深一浅地根本落不稳。

　　终于过了那条下水渠，上了县道。我也真的挺不住了，我好想撂下担子歇一歇缓口气。

　　在我们下乡的那地方有一个谁都知道的农规，那就是挑稻子的途中是不允许放下担子的，那稻子码在田中经过晾晒后，连接稻粒和稻穗的那个又小又细的梗子已经很脆了，你要是一放再一起就会掉很多粒子的。

　　可是我要是真的放下担子又有谁会说什么呢？我是队长呀，更何况他们谁不知道那担稻子的分量呀！我也真的想放下来，可是不能放。我可不是为了怕掉粒子呀，是因为我发现背稻子的那些女农工和女青年们，已经迎面走了过来。我不能放，坚决不能放，要是在她们面前放下那担子，我的脸就没地方放了。决不能让她们见笑，也决不能丢了脸面！说什么也要咬牙关挺住，挺过去。

　　呵呵，让她们看看我就是这样能干。可是又有谁知道我挺不住啦！我真的挺不住啦！那担稻子压在我的肩上，就像两座山一样沉重呀！那一捆稻子少说也有九斤十斤呀，三十六捆，那可是三百多斤呀！

　　终于挺过了那三百多米的县道到了场院。当我放下那担稻子后，我的两腿一软，就瘫倒在稻垛旁边，我的眼前一片漆黑，就觉得天旋地转，千万颗小星星在眼前乱窜，我的嗓子眼儿发咸，有一股东西直往上涌，我一咬牙将那涌上来的东西咽了下去。

　　我吹响了休息的哨音。

　　半小时后，我又带领大家继续挑稻子了，可是我还没有缓过乏来。

后来那个老农队长告诉我说，在我嗓子眼直打转的那是一口血，还说幸亏没吐出来，要是真的吐出来这一辈子你就毁了，你就会得肺痨的！

我们那个大队真的有一个这样得病的人。那个人姓王，在村里也是王姓中辈份很高的。就是因为他的农活干得好，对"打头的"不忿，和那个"打头的"打赌，秋后打高粱茬子时，那个"打头的"用锄头打一个，他用手拔一个。就这样两垄地到头也没分高下，可是他累得吐了血。从那以后他就痀瘘气喘的，一辈子干不了重活。

唉，真的好吓人呀。幸亏我没把那口血吐出来。

从那以后才更加明白了什么叫"死要面子活受罪"这个理儿。

那担沉甸甸的稻谷呀，那担沉甸甸让我终生难忘的稻谷……

2006 年 3 月

五、"带青"的老崔头

时间过得真快，一晃从盘锦抽调回城将近 30 多年了，可是那个"带青"的老崔师傅的音容笑貌，还经常浮现在我的脑海里，我心里一直挂念着那个慈祥的老头儿……

那还是 1975 年的事儿了。

老崔头在一个和他年龄差不多的老太太的带领下，进驻了我们的青年点，接替已经完成任务的鞍钢齐大山矿派来的那四个"带青"干部。

那年，老崔头的年龄和我现在的年龄相仿，他的个子也和我差不多，将近一米八，眼睛上架着一副老花镜，嘴角上总是挂着一丝微笑。

来到青年点后，他从上届那四个"带青"干部的口中得知了我的全部情况。

我这个人生性倔犟，上来那个犟脾气九头牛也拽不回来。论干农活那是没说的，就是当地的老农也会竖大拇哥的。

凭着我的能干，1973 年我被调到五队当了青年队长，在 1974 年青编队后，我担任了二队队长。在干了一段时间后，因为和留聘在青年队担任队长的那个老农合不来，我没办法再干下去了，就摔了耙子。

农民就是农民，那根深蒂固的小农意识太强了，那嫉妒心太强了，那报复心也太强了。那老农队长你得罪了，就等于你在给自己前进的道路上设下了障碍、埋下了"地雷"！尽管我很能干，可是从那以后的几次招工回城和招收工农兵学员上大学都与我无缘，他就是不让我走。机会就这样一次次毁在了那个老农队长的手里，让我至少比别人在那个艰苦的环境里多磨炼了两年。

我恨那个老农队长，尤其是在1975年的那次招工后，我恨不得要杀了他。

那次招工，他依然不放我回城。那四个"带青"干部，为了我的事煞费苦心，可是没有用。

就是在那次招工选举会过后的几天，他们的头儿和那个叫田悦珍的女士流着眼泪和我道了别。他们和我一样无奈，那个人给他和她散布了好多流言蜚语，让他们也难以承受。

我真的很感谢那个崔师傅，从来到三家子那天起，他就在默默地为我铺着路。他很油，他在我和那个老农队长之间左右逢源，让我和那个老农队长缓和矛盾，他告诉我至少在表面上也要给人一种和解的印象，要把那些愤恨藏在心里。

他和我很好，后来和我住在了一个屋子里。

那年"十一"前，他告诉我要回家看看，就在他要走的头一天下午我没下地干活，我从当地一个老农家借了一副兜网，给他捉了将近一水桶螃蟹让他带回家，他高兴极了。

10月2日晚上，他回来了。那天晚上，我睡得正香，他把我从梦中喊了起来，他特地给我带来月饼、苹果等好吃的东西，三更半夜叫醒我让我吃。

青年点的伙食不好，虽然吃的是大米饭，可是那上顿白菜下顿白菜一点油星也没有，当然他也很难熬。有一天他问我还什么时候抓鱼去，我知道他也想吃鱼了。

我和我的哥们又借来网在那条下水沟蹲了半宿，抓了一桶鱼。那些天，我每天中午炖六条鱼，他会端着饭碗准时来到我这吃属于他的那两条鱼。

那年夏天农闲时我们放假回城了，他特地邀我和我那个哥们老牛到他家去玩，我们俩提前两天离开沈阳到了他的家。他的家人和他一样很好客，做了很多好吃的招待我们。说真的，有些东西我很少吃过，当然我也一饱口福解了嘴馋。

1976年初的那次招工开始前，他又开始了紧张的工作，那是为了我，为了我能顺利地回城。

他的那些工作没有白做，那次招工选举前老农队长就通过他的亲信放出口风，要全体青年都选我，果然选举结果我是满票。

这个结果当然他很高兴，可是，他还是找到我和我语重心长地谈了一次。他劝我这次最好不走，他说我这个年龄也不小了，应该在这儿把组织问题解决，那样回城后才容易有发展。

事实证明他说的是对的，我回城将近8年才入党。

那时他在区委工作已经二十四五年了，可他还是一个非党人士，他真是个"老滑头"。

那个"带青"的老崔师傅，真的不知道他现在怎么样了，如果他还健在应该有八十多岁了，我在心里常常想起他、挂念他。没有他，我至少还要在那个环境下再煎熬一两年。

今年6月份的一天，一个鞍山的朋友来到我这儿，我向他打听了那个老崔师傅的情况。他告诉我说，那个老崔头早就过世了，才六十几岁。如此算来，他已经辞世二十多年了，不由得让我心头一片怅然。

2006年11月14日

六、开河

提起人工河，人们都知道那著名的京杭大运河。

学过历史的人都知道，隋炀帝开凿那条河可不是为了给老百姓造福，只是隋炀帝自己也没料到在他离开这个世界以后，那条河却成为贯通南北的水路，客观上也在为人民造福呢。

我曾经想过，那隋炀帝动用几百万老百姓开凿那条大运河时，工程一定很大，那几百万老百姓累死饿死也许有一半。那是封建社会的事，几百万老百姓究竟是怎么个劳累，我们也无从所见。

下乡了，经常出民工修水利，那活可不轻巧。那年我们到东风农场挖一条好大好大的排水沟渠。说是沟渠，其实是一条很大很大的河。那条几十里长的河，开口宽50米，落底宽36米，深5米，那条河竣工后好壮观。

我们出工住的那个村叫"二道边"，是东风农场的辖地。

二道边离叶家铺很近，我们在下乡后不长时间就知道了，东风农场的叶家铺那可是张大帅张作霖的老家呀。

叶家铺的东边是张家店，那个村子里的人大多数都是张氏宗族，至于张大帅张作霖的老家为什么不在张家店而在叶家铺，那个时候真的没时间去考证。只是在休工的时候我和几个好奇心比较强的同学跑到叶家铺去看过，在村子西边，有一大片长满了杂草的荒塚，一座座大大小小的坟丘散落其中。

也许是"文化大革命"极左思潮的影响，张作霖是在被批判之列，那片坟茔好像多年没人祭拜过，有的坟的封土已经快和地面相平了。老农告诉我们说，那就是张大帅家的祖坟。

那个时候我们知道了张大帅的祖籍是在盘锦，并不是什么海城、什么沟帮子。下乡回来后，曾经有想过写篇关于张大帅的祖籍的文章，也是因为资料太少，最终没有写出。

2003年9月20日，有幸参加了盘锦大洼县组织"知识青年下乡35周年纪念"活动，我们到了张氏墓园瞻仰了一番。

今天的张氏墓园，是2000年由盘锦市人民政府出资修缮的。那一座座石基座的坟墓前矗立着张学良将军的高祖、曾祖、祖父等家族亲属的墓碑。

昔日的那一片荒塚，已经成为今人的瞻仰之地。世事沧桑，那个年代的人们谁会想到，胡子头起家的那个纵横一世的是是非非的张大帅张作霖的祖坟，不仅被修缮一新，还成为"盘锦市历史文物重点保护单位"，恐怕连张大帅本

知青在盘锦

人做梦也没有想到过吧。

张氏墓园已经成为盘锦的一块旅游招牌，甚至有人说：没到过张氏墓园就等于没到过盘锦。是非功过，谁人说得明白？

到张家祖坟看上一眼，这是我在那次出工挖那条大河的最大的收获。除此之外，那就是艰苦和劳累！

开那条河，我们的艰苦和劳累真的没法说。那个独轮车装得满满的，男人负责推车，刚开工时是平面作业，我们还能推得动。随着工程的进展，那条大沟也渐渐深了下去，那一车土再有力气的人也推不动了。因为要走盘道，只能是男的在后面推，还要有两个女人在肩头斜套一根带有铁钩的绳子，将铁钩搭挂在独轮车的横梁上，弓着身子在前面用力拉。

沟是越来越深，挖出来的土堆成的坝也越来越高，装着有半立方土的独轮车，那重重的分量都压在那一只轱辘和推车人的两条胳膊上，在用土堆成的盘道上，每运送出一车土也是越来越艰难。

那时的人真的很能干，很能吃苦，一天下来每个人都像瘫了一样。可是到了工地后，看到红旗招展，人们的劲头也就又来了，农场与农场之间比着干，大队与大队之间比着干，小队与小队之间仍然是比着干，都怕落在后面。十里工地一派热闹繁忙的景象。

那活苦、那活累！可是说心里话，我这人不怕那苦、也不怕那累，我愿意每次出工都能轮到我的头上。是苦是累，我年轻，我有力气，我不怕，为了什么？那个时候我可不是为了什么贡献，出工我能吃上饱饭呀，就是这么简单，就是为了能吃上一个多月的饱饭！

每天开饭时，尤其是中午和晚上那顿饭，我都会用我的那个大号饭盒狠狠地摁满一盒饭，再装满一盒菜，狼吞虎咽地，那样子就像几天没吃饭了似的，吃得好香。

有一天，还没到中午，我已经饿得没了力气，心里就盼那日头快点转到南边。可算盼到了开饭，这顿中午饭我吃了很多，高粱米大米两掺儿做的二米饭，几乎看不到油腥的白菜炖海带，我吃了两盒半饭、一盒半菜，呵呵，加起来一共是四饭盒呀!

吃完了午饭,和几个同学在那儿休息时,抚摸着自己的肚囊,双手比画着那四盒饭菜的体积,那些东西究竟是怎么装进去的,自己的胃有那么大吗?不可思议!

就是这样,几万知青和老农们,用人力、用最古老、最原始的工具和方法,摸爬滚打在开凿那条沟渠的"大会战"的工地上。

人是伟大的,人比那造物主伟大。人能用一双双手修筑出万里长城,人能用那一双双手开凿出几千公里的大运河,人能用双手堆出像乾陵和秦陵那样高那样大的一座座山……

那时的我终于体验到了人的力量。

一个多月后,那条宽50米、深5米的人工河竣工了。站在宽宽的沟渠边上,每个人的脸上都有一种成就感。

那条后来成为盘锦地区排水总干线的人工河,就在我们的脚下,虽然在那沟底还只是有着半米多深由地下渗出的水,可是在我的心中隐隐地觉得那不是地下渗出的水,那是几万人一个多月时间流出的汗水呀!

那一个多月的艰辛和劳累,有谁没流下几公斤几十公斤的汗水?有谁没从身体上掉下几公斤肉?

在盘锦"接受贫下中农再教育"的岁月里,我们这些知识青年和当地的老农一道,用我们的双手和手中的那把筒锹挖出过无数条沟渠,那是盘锦这片盐碱地上用来为几十万亩稻田灌溉和排水的一张网。只是那些沟渠没有这条沟渠大,没有这条沟渠壮观!

那条用我们双手开出的河,已经成为盘锦几十万亩稻田的命脉……

2006年1月

知青在盘锦

郑学清 1950年2月出生。沈阳市第三十一中学初中三年三班学生，1968年9月下乡到盘锦清水农场三家子大队，下乡初期担任过司务长、排长，后来担任过青年队长。1976年2月，招工回沈阳，到沈阳重型机器厂工作。在厂党委宣传部工作八年，担任过宣传科长；后调到房产处担任总支书记、副处长；工会办公室主任、退休办主任等职。2010年2月退休。

难忘的知青生活

◎郑秋芬

我是盘锦一中1968届高中毕业生,与同学们一道响应时代的号召,于1968年9月29日下乡到大洼区清水农场畜牧场(1969年3月转入清水农场育红村)。

☆知青党员(左起袁佑玲、郑秋芬、郑春华、卢秘娜,摄于1970年育红村)

那晚,夜幕降临,村落里几乎没有电的闪光,没有电的音响,由近及远地望去,才可见到稀稀拉拉微弱的农家灯火,没有城镇的影像。那一片冷冷清清的盐碱滩,仿佛还沉睡在远古的洪荒时期,与现代文明相隔甚远。那里没有百姓住户,只有两栋大仓库,几十间牛马棚、猪舍等。就是在那里,我们开始了艰苦且漫长的"接受贫下中农再教育"的知青生活。

知青在盘锦

生活环境变了，学习环境变了，一切都变了。我们当时住的宿舍是一个大仓库改造的，男生40多人住在一起，女生30多人住在一起，全是用木板搭在一起的对面大炕。白天不说，一到晚上睡觉可就热闹极了。因为人多，有的说梦话，有的咬牙，有的放屁，还有的因为想家在被窝里直哭，真是什么声儿都有，什么味儿都有，吵闹极了。畜牧场牲畜多，牛、马、羊、猪圈都在一起，卫生条件极差，苍蝇、蚊子嗡嗡乱飞。炊事班做饭，饭熟揭锅时，不时会有苍蝇落到锅里。有的同学打趣地说："这可是小豆饭啊，吃吧，不干不净，吃了没病。吃点苍蝇、蚊子，可以增加蛋白质。"即使这样，大家也还是用自己的双手把屋内尽量地装饰成生活气息、学习气氛浓郁的环境——用报纸把四周墙壁糊起来，使屋内亮堂了许多；还在大红纸上用广告粉写上"做革命接班人，做南大荒的开拓者"一排醒目的大字，挂在屋内墙上，作为激励每个人的座右铭。

在学校是从书本上学知识，在农村是跟贫下中农学知识，学习他们那种纯朴的生活作风，学习他们的好思想、好传统。40多年过去了，回想在青年点的日子，尽管那时生活很苦，学习条件也很差，但苦中也有乐趣，也正是那段刻骨铭心的经历，使我懂得了什么是生活。和贫下中农一起生活、学习和劳动的情景，至今历历在目，久久不能忘怀。

小羊倌

记得当时和另外一名初二的小女同学被分配放羊。畜牧场共有300多只羊，带领我们两个小知青放羊的是一位李姓大爷。当年他虽然已经50多岁了，但干起活来却和年轻人一样，真是我们在农村这个新课堂里的好老师。

那时的10月天气是很冷的。我俩去放羊的第一天，李大爷拿来两件破大衣、两根放羊鞭子、两条草绳（草绳是用来系腰的）。破大衣我们女孩子实在不愿意穿，特别是把那条草绳系在腰间，也特不情愿。但没办法，因为当时主导思想就是"接受贫下中农再教育"，只好服从李大爷的安排。打开羊圈的大门，300多只羊像开了闸的水一样涌了出来。羊吃"走草"，你得拿着鞭子紧跟羊走，走慢了就跟不上，所以一天下来，非常疲劳。羊喜欢干净，圈里怕潮湿，地上必须铺草，要不然羊会烂蹄夹。所以放羊回来得把羊圈打扫干净。

第一次收拾羊圈，刚一进去，满脚踩的都是羊粪、羊尿，扑鼻的膻味真是难闻。当时想，这要是有个口罩该多好啊！却见李大爷习以为常地走进羊圈，用叉子把洋草归弄一堆，用他那长满老茧的双手抱出羊圈，再把羊粪扫在一块，堆放一起。在李大爷率先垂范引领下，我俩终于用手捂着鼻子进了羊圈，同李大爷一起把羊圈收拾干净了。李大爷勤劳朴实的精神，至今难忘。

到野地放羊，我们学着李大爷的样子，喊着口令，将领头的两只山羊驯服好。羊群不管走多远，只要听到口令，就马上掉头回来。羊的习性和其他牲畜不一样，可真稀奇，天气越冷它们越散群，天气热了几百只羊却往一起挤。

我虽然只当了两个月的小羊倌，却体验到知青生活劳动的艰苦。艰苦的生活磨炼了我的意志，艰苦的劳动培养了我吃苦耐劳的精神。

下苇塘

有史以来，下苇塘割苇子本不应该是我们女孩子干的活儿。但当时知识青年经常唱的一首歌的歌词是这样的："毛主席教导记心怀，一生交给党安排，笑洒满腔青春血，喜迎全球幸福来。"因此，我们女孩子也积极申请要求下塘割苇子。那时收割芦苇都得在隆冬的三九天才能进行，头一天晚上，大家都做好了准备，就等第二天下塘了。

真是倒霉的天气，晚上下了一夜大雪，足有一尺厚。早晨出门一看，晶白色的雪地闪着刺眼的银光，风越刮越大，天气好冷啊！同学们还是排着队，扛着红旗向苇塘走去。一路上，大家小心翼翼地一个跟着一个踩着脚窝走，唯恐把鞋弄湿弄脏，深一脚浅一脚向前跋涉着。那凛冽的寒风吹透了我们厚厚的大棉袄，头发变成了黑白相间的硬块，眉毛、围脖、帽子边全都结成了白色的冰晶、冰棱子。从早上6点钟出发，一直走到9点多钟才到苇塘。

知青在盘锦

☆去稻田施化肥（摄于1970年初夏）

到了苇塘，同学们都傻眼了，哪里还有什么选择的路啊！只好双脚任意在雪地上走动，挥刀甩膀子干了起来。鞋早已湿透了，忘记了寒冷，忘记了冰脚，满身出了热汗。回头一看，一捆捆芦苇整整齐齐，一排排躺在那里，心里有一种说不出来的高兴。连长喊："中午开饭喽！"嘿，打开饭盒一看，玉米面大饼早已冻硬了，菜也冻成了冰坨儿。学着老农的样子，把玉米面大饼子放在怀里暖一暖，然后一点一点地啃着吃，渴了就在地上抓一把雪放嘴里，但还是觉得玉米面大饼子很香、雪水很甜。到了晚上收工时，才觉得腰酸腿疼，手上刮得都是血口子，火烧火燎地痛，同学们还是高唱着《打靶归来》返回了青年点。这时可有活干了，又忙碌起来，同学们一边用稻草烧炕，一边用火烤鞋，有的同学把鞋烤糊了，还有的烤了一个大洞。回顾当天收割芦苇的情形，同学们是有说有笑，说着说着慢慢进入了梦乡。

回顾自己走过的知青下乡之路，那便是我一生为社会、为人民做贡献的开始。知青生活锻炼了我，使我学到了很多实践知识，懂得了怎样才能使自己成为对社会有用的人才。1969年9月，我在知青中首批入党！

我是从青年点迈向社会的。1970年6月，盘锦地区全面开展了整建团工作，清水农场被列为试点单位，我有幸被选为清水农场（"文化大革命"后）的第一任专职团委书记。而后农场决定选送我去天津南开大学深造，但大洼"革委会"领导还是把我留了下来，调到大洼区宣传馆（后

☆郑秋芬

来分为三个单位：评剧团、文化馆、图书馆）任副馆长。当时自己思想非常单纯，并没有什么怨言，只是在想，党叫干什么就干什么，一生交给党安排，积极地服从了组织的安排。这一生的工作中，我一直这样服从组织调动，曾任大洼区"革委会"青工组办公室主任、信访科科长、大洼县招待所书记、县外事侨务办主任，始终做中层领导工作。在职期间，曾被推选为大洼县政协第五届、第六届政协委员。

　　回顾这些年来的工作，我深感是知青生涯锻炼了自己，使自己成熟起来。40多年前的知青生活让我终生难忘！

2016年10月

珍藏的记忆

◎ 赵凤莲

一、我的知青生活

1. 送行

第一次离开家，离开亲人，是我告别母校，站在知青行列要到农村广阔天地去的那一天。虽然时隔40余载，当时的情景依然历历在目。记忆把我又一次带回了离开家那一瞬间。

1968年9月22日是我永生难忘的一天。上午8点半左右，妈妈领着妹妹和弟弟来为我和姐姐送行。我和姐姐都在沈阳十一中读书［姐姐赵凤珍在初三（四）班，我在初一（二）班］，为了不让妈妈分心，我告别了本班同学选择和姐姐一起去盘锦。

为出门的亲人送行是人之常情，再平常不过了，可此次送行却叫我难以忘怀，每每想起都会泪挂满腮……那年，母亲还不到50岁，可她体弱多病，又是被裹了足的小脚，平日她足不出户，今天她却领着弟弟妹妹步行几里来为我和姐姐送行，她紧紧拉着我和姐姐的手久久不肯放开。说得最多的话就是：女孩子出门在外要学会保护自己、照顾自己。

开往火车站的汽车徐徐开动了，望着略显苍老的妈妈、没长大的妹妹和年幼的弟弟，想着因公双腿粉碎性骨折，还没痊愈瘫在床上的爸爸，我的眼睛湿润了。此时的我不敢哭，也不能哭。妈妈平时总是说我是个能帮她撑起家的孩子，在离开家的时候，不能让她放心不下……

离开家的那一瞬间，已时隔48年，每每想起离别时的情景，都会一股热浪涌上心头，哽咽得说不出话。那时还是少女的我，如今已经当了外婆。对妈妈当年的送行，那份牵挂、那份不舍有了更深的理解。妈妈虽然已经离开我们近30年了，那份爱永远温暖着我。

2. 新家

1968年9月23日清晨，正值雨后的秋天，有一丝丝的寒意。我们这些从城里来的学生，站在一望无际的水库堤坝上，吸着附有泥土芳香的空气，看着不远处参差不齐、排列不整的泥土房。几只散养的小鸡在母鸡的周围啄着食，几头老牛优哉游哉地啃着草。我的心一下子被掏空了，这就是他们说的国营农场，我就要在这里度过青春年华吗？

看着、想着，思绪又回到昨天——

大约9点钟，满载着上山下乡学生的火车一路向南开去。快到中午时分，我们在沟帮子下了车。大家吃着自带的干粮，坐着敞篷大卡车匆匆上路了。

一路经过盘山县、大洼镇才到了我们要去的荣兴农场场部。经过一路颠簸，同学们高兴地下了车，还以为这下可到了目的地。谁知，稍作休息又上路了。大家不知道哪儿是终点，只知道越走越荒凉，越走离家越远。

老天好像故意要和我们这些无助的学生作对，竟下起了雨。乡间道路狭窄泥泞，汽车轮子原地打转不肯前进一步。无奈，只好把行李卸到牛车上，同学们顶着雨徒步前行。路太泥泞了，三步一提鞋、五步一摔跤，有些同学索性光着脚走。同学们经过这次长途跋涉，提前领悟了当地老乡说的这里是"晴天一身土，雨天一身泥"的含义。路过了几个村落，可都不是我们要去的地方，直走到"天尽头"才到了我们的家——荣兴农场双井子大队。

那时已是午夜了。雨停了，漫天的星星眨着眼睛，欢迎我们这些来自远方的"不速之客"。没有人知道我们为什么要来,更不知道什么时候才能归去。

3. 尴尬

你有叫人难为情的事吗?你有叫人不知所措的尴尬局面吗?我有。想起来就觉得耳朵发热、脸发烧。

盘锦地区机关所在地在盘山,谐音是"盼山"。盘锦是一马平川的退海平原,长期居住在那里的人企盼有座山,给美丽的家增添一道风景。寓意一样,双井子大队,不管打多深的井,水都是咸的,长期生活在那里的人渴望有眼淡水井、甜水井,那真是生活幸福赛神仙。企盼也好、渴望也罢,那只是梦想与传说。

为了解决生活用水,在当地每个居住点都有一个硕大的蓄水池,通过沟渠灌进辽河水,以供人畜共用。要不是身临其境,怎么也想象不到鸭子在池塘里嬉水、老牛在池塘边饮水、人们从池塘里往家挑水。当时在知青里流传几句七字谣:"端起水杯想起家,这里的水有小虫,喝在肚里直扑腾。"刚来时有些同学不习惯,水喝得少嘴唇都裂口子。尤其是冬末春初辽河还没开化时,人们只能砸冰取水、甚至连冰带泥挑回家。那真是一桶水半桶泥。吃水都困难别说洗澡,就是洗头都是奢侈。对我们这些爱干净、如花似玉的女孩来说,有啥比这更难受的?真不敢想象,那时我们是以怎样的毅力度过来的。

水稻过了"十一"才开镰,队里利用收割前的这段时间,组织我们在准备建青年营的地方挖一个蓄水池。到农村后的第一次出工开始了。

大家干得热火朝天,挖的挖、抬的抬,男生和体力好的女生都是双肩用背篓背,年纪小的女生是两个人用扁担抬(忘了当时和谁一组)。当我们去装土的时候,负责挖土的男生说:"她俩太小少装点儿。"不知天高地厚的我哪肯示弱,竟敢说:"没事,再来点儿。"哪知这一"再来点儿"不要紧,闹出了笑话。刚一起身,放了一个响屁。周围的人哄堂大笑。负责挖土的男生又说:"我说少装点儿,你非要'再来点儿',压出屁来了吧!"让他这么一说,大家笑得更厉害了。我当时被笑得无地自容,扔下扁担就跑了。中午都不好意思去食堂打饭，工地也不想去了。还是姐姐好，她说："没事，大哥哥大姐姐是心疼你，哪有取笑的意思，再说，笑笑就完了，谁还老记着。"想想也是。第二天怀着忐忑不安的心上工了，不知是姐姐提醒了大家，还是人们真的忘了，没有人再说这件事。我暗自高兴，心想别看姐姐平时少言寡语，关键时刻看问题还真透彻呀！

这件小事已经过去近50年了，依然记忆犹新。年轻那会儿，想起此事还觉得脸红。现在老了，想起此事就觉得是个笑谈。近年，我时常讲给身边的人听，大家笑，我也笑。笑得是那么开心、那么甜蜜、那么幸福、那么自如。

4. 温暖

刚到农村时，我们住的是大草棚和小学教室。据说，大草棚原来是牛棚。在我们来之前把牛粪清理出去，就地垫上芦苇，上面铺上苇席，那就是睡觉的床。墙上搭着木吊杆，是行李架。洗漱用具依次放在地面上，棚顶裸露着陈年发霉的苇秸秆，上面布满了灰尘。这是我有生以来见到的最"标准"的女生寝室。我和姐姐她们就住在这里。

到农村时已是初秋，天是一天比一天冷。再加上棚高屋大，一丝烟火都没有，睡觉时都得戴着帽子，连袜子也不想脱，有的甚至戴着口罩。嗨！冻得睡不着的滋味真是太难受了。我很幸福，冷了就钻到姐姐的被窝里，能甜甜暖暖一觉睡到大天亮。

青年营工地上堆放着盖房子用的砂石料、红砖，这个冬天要想住进去简直就是望梅止渴。无奈，军代表和大队干部研究决定知青搬进老农家。

这个决定无论在当时，还是在现在都算得上是个伟大、正确、英明的决定。不然，这些城里来的学生就要冻死在广阔天地，哪还能大有作为了？！

双井子大队只有六七十户人家，要安排二百多学生困难不小（出身不好、"文化大革命"中有问题的农户家又不能安排学生）。但在入冬之前还是竭尽全力都安排好了。善良、朴实、热情、好客是中华民族的美德，这一点，在住进老乡家后，我是深深地体会到了。

知青在盘锦

老乡们听说学生要到家里住都很高兴，忙着打扫房屋、重新摆放东西腾出地方，都想把最好的地方让给学生。条件好的住女生，条件差些的住男生。房屋宽敞的连二炕中间拉个帘，房间小的，学生、老乡就睡在一铺炕上。

不管怎样，这个冬天总算告别了大草棚。有了温暖的家，这颗心不再拔凉拔凉的了。

第二年初夏，我们搬进了青年营。新盖的红砖瓦房排列整齐，窗明几净。青年营里除了咱校的200多名学生，还有来自大连的学生。他们鉴于沈阳知青刚来时住宿的困难，是等青年营盖好了才来的。和我们相比，他们少吃了不少苦，同时也少了许多经历。在某种意义上，经历也是一种财富。确切地说，是一种无形的精神财富，取之不尽、用之不竭。

5. 回家

1968年12月22日，毛主席的"知识青年到农村去，接受贫下中农的再教育，很有必要。"的最高指示发表后，上级要求庆祝，我们只好围着田埂转，然后，就是学习讨论、发言表态。一顿折腾后，不知是为了减轻铁路运输负担，还是哪个人头脑发热，竟提出了"春节不回城，过革命化春节"的口号。这对离开沈阳4个多月，就盼着回家过年的知青来说，如同五雷轰顶，顿时炸了营，不少小同学都哭了。

那时的学生听话，尽管满腹怨言，大多数同学还是坚持在农村过完春节，才分期分批陆陆续续回家的。

我是坚持插完秧回的家。现在我还清晰地记得，当列车驶进沈阳站时，高兴地心都快要蹦出来了，恨不得一步就迈进家门。

那时，爸爸单位住房紧张，锅炉房的两间休息室就是我的家。由于屋大窗高光线不太好，当我进家时妈妈正在择菜，我连喊了好几声妈妈，她才反应过来并大声说："我想是谁家的胖姑娘叫我妈妈呀？原来是我的莲回来了！"妈妈捧着我的脸，仔细地端详着喃喃地说："黑了、胖了，胖得脸都多出了一条。"我高兴得趴在妈妈的肩上哭了……妈妈一点儿也没说错，我是胖了，跟离开家时相比我足足胖了五六斤！

胖是一定的，每天劳动强度大，吃得多、睡得香不长肉才怪。记得有一天半夜脱谷回来又冷又饿，食堂做的醋熘白菜、大米饭，吃得那叫一个香。之后，也曾吃过无数次醋熘白菜，不管是妈妈做的，还是成家后自己烧的，无论是大小饭店，还是星级宾馆，再也没吃过那么好吃的醋熘白菜。谁不知道青年点里的菜缺油少盐，还有个吃？！只不过是应了那句老话：饿了吃糠甜如蜜，不饿吃蜜也不甜。

我问妈妈，我和姐姐走后，弟弟妹妹又小，爸爸还不能动，你是怎么挺过来的。妈妈却说："都过来了，不说了，就是太惦记你姐俩了，讲讲你们的事给我听听。"她还说我们走后，大街上院子里都看不见大孩子，好一阵子她都不敢站在门口向外看，有一种凄凉的感觉，会想我们的……

妈妈是那么坚强、那么善良，尽管她体弱多病，总是默默地操持着家务。虽然生活拮据，但她总是一丝不苟地呵护着我们。她目不识丁却通情达理，总是用朴实无华的语言，讲着做人做事的道理。亲朋好友、左邻右舍都说家里姊妹几个，我最像妈妈。是的，妈妈的爱滋润着我，妈妈的言谈举止、为人处世影响了我的一生。

我羡慕那些生活在父母身边的人，更羡慕那些已年过花甲父母还健在的人。自从1968年离开家后就一直生活在外，父母健在时，逢年过节都要回家。那种忙忙碌碌、站台上熙熙攘攘的情景叫人兴奋，有一种归属感。

父母健在真幸福，回家的感觉真好。

6. 难舍

1969年12月12日傍晚刚刚收工回来，大队"革委会"苏主任找我谈话，告诉我场部宣教科通知，让我明天到大洼区阶级教育展览馆报道，任务是借调去当解说员。

突如其来的消息把我惊呆了，我三步并作两步跑回寝室把这个消息告诉了大家，同学们为我高兴拥抱在一起。姐姐乐得眼泪都掉下来了，悄悄地跟我

知青在盘锦

说:"太好了,可算不在这遭罪了。"

那天夜里我怎么也睡不着,除了兴奋外,来到农村后的点点滴滴又一一浮现在眼前。我是随姐姐班来盘锦的,跟着哥哥姐姐来这儿的弟弟妹妹们有七八个。与他们不同的是,我本人就是沈阳十一中的,除了姐姐,我还有自己的生活圈子,初一(四)班的李华、王玲、杨淑兰、曾庆浩、常玉顺,高二的韩可心我们都是校文艺队的。日常活动我都是和初一(四)班的同学在一起,从大草棚搬到老乡家是和杨淑兰、董洁珍、马秀华住在一起,我们互相照顾、相互体贴,吃的是一锅饭、睡的是一铺炕,像是一家人。迁回青年营分在九班,班长是张静贤,我和她、王艳玉亲如姐妹。张静贤豁达开朗,王艳玉诚恳贴心,我的性格在她俩之间。虽然一别近50年,许多同学仍在我的记忆中:宋心红、尹凤英、肖军峰、杨大新、耿慧芬、徐宣敏、李桂英、王敏、杜静馥、红原,还有几个男同学的名字:张国生、韩潮、王兆国、刘永浦。总之我和初一(四)班的同学相处得很融洽,真要感谢他们真诚地接纳了我,让我有了闺蜜和同窗好友的感觉。这种感觉是姐姐给不了的,又是生活中不可缺少的。这种感觉恰到好处地排除了我远离本班同学、远离家的孤独与寂寞。

明天就要离开了青年营了,想想在一起生活的日子,我和初一(四)班的同学真是难舍难分。

农村的生活又苦又累,天复一天、日复一日地重复着吃饭出工、收工睡觉。这种单调乏味的生活摧残着青年人的心,好在有文艺队,才给沉闷的生活带来一丝丝快乐,同时也愉悦了文艺队员自己。

我清晰地记得,文艺队在大队的第一次演出,给老乡带来了无限的惊喜和欢乐。演出结束他们还迟迟不肯离去,有些人追着和我们说,哪天还演别忘了在喇叭里广播一下。在农场我们的演出也是最受欢迎的。只要听说双井子大队文艺队来了,礼堂里就会挤得水泄不通,连窗台上都会坐满了人。每当听见雷鸣般的掌声,每当看见雀跃涌动的人群投来欢迎和羡慕的目光时,激动的心都快蹦出来了,觉得我们是世界上最快乐的人。

雨天同学们可以呼呼睡大觉,文艺队要利用雨休排练节目。劳动了一天已经很累了，只要听说场部有演出，大家会忘记疲劳兴高采烈地去演出。来回要走近四十里，一路上有说有笑一点都不觉得累。因为我们是能带来快乐的人，真是愉悦自己、快乐他人。

明天就要离开青年营了，回忆在一起排练演出的时光，我和文艺队的同学们真是难舍难分。

去大洼区文化馆报到要走到场部才能坐上汽车，青年营离场部十八里地，还要拿着行李和洗漱用具。我正在不知所措时，文艺队长韩可心领着高二的大哥哥李青海、关庆会、朱力怀来了，帮我抬着行李一直送到场部。冬天，公路路面湿滑，车不好坐。临时抽调在场部工作的王淑云大姐，帮忙找了供销社的车，我才顺利准时到了大洼。

当我坐上汽车望着他们远去的背影时，我的眼睛湿润了。兄长情、姐妹情、同学情、队友情真叫我难舍难分。

真不敢想象如果没有他们的呵护、情谊，我将怎样度过那煎熬的蹉跎岁月。

二、展览馆的姑娘们

1969年12月中旬，从各农场借调的解说员，陆续来大洼阶级教育展览馆报到了。十三名女生、两名男生，其中两名是当地还乡知青、一名是大连知青，余下的都是沈阳知青。尽管大家初次见面，可凑到一起就像老相识一样有说有笑，好不热闹。

展览馆坐落在大洼镇中心。和大洼银行为邻，对面是大洼区政府大院和邮政局，侧面过道是区武装部办公室。镇不大但五脏俱全，百货、副食店、浴池、理发店、电影院、新华书店、农具厂、化肥厂、客运站、货运队样样都有一个。人们调侃地说："一条马路走到头，不是稻田就是水沟；十字路口站个警察，却没设岗楼；想修个公园，可惜没有猴。"我环视着这个在地图上很难找到的无名小镇，心里有一种说不出的茫然。如今才知那是我离开学生时代走向社会的起点，是我生命航程中的第一个停泊的港湾。她承载着我青春岁月

知青在盘锦

☆赵凤莲在阶级教育展览上讲解（摄于1970年夏）

的梦幻遐想、盛开着我花样年华的绚丽多彩……

我们来到馆里时筹建工作已接近尾声。版面工作已经就绪，泥塑馆、景箱安装正紧锣密鼓地进行着。馆里除了领导和一些管理人员外，大部分美工都是从农场、公社临时借调上来的。有知青、"五七干部"、因"文化大革命"搁浅在大中院校的学生。可谓人才济济、各显神通。这些对于我们走出校门就来到农村插队的知青来说，一切是那么新鲜，一切又是那么陌生。

我们13个女孩，7人住在县机关托儿所闲置房。我和另外3人住在银行宿舍，还有两个和馆里原工作人员住在一起。就餐在区机关食堂，每月发放30元的生活费（15元交生产队记工分，可交可不交自由选择）。早八晚五的作息时间，从此告别了面朝黄土背朝天、冷屋凉炕食无油盐的苦涩生活，高兴劲儿就甭提了。

环境的改变，让我们倍感青年点同学生活环境的艰辛。大洼周围几个农场的同学不时地来到馆里，特别是从家回点赶不上车或太晚不方便时，我们都会把她们留下。无论她们要找的同学在不在都是一样的，不为别的，只因她们是知青。青年点的同学有事找到我们，大家都会不分彼此想方设法去办，不为别的，只因他们是知青。时间长了，同学们送我们一个美称叫"知青兵站"。这是同学们对我们的认可褒奖，也是展览馆姑娘们的骄傲。

记得馆里林志敏阑尾炎住院，同病房有一位大连知青小孙，脱谷时绊倒在两个脱谷机联动杆上，被甩了好几圈险些丧命。我们知道了她的遭遇，看着她大腿和腹部大面积的创伤难过极了，在她住院期间大家经常去看她，陪她说话解闷。我在大洼时间长接触多，调到大连后我们也常联系。不为别的，只因她是知青。她痊愈后回到家乡大连，在海事大学做电教工作，放录像、录音等。因身上的疤痕至今孑然一身。

圈河围场一位男同学在抬木桩放下时步调不一致，木桩重重地打在他头上，从此成了植物人长期住在区医院。他母亲每月都从沈阳来看他。最后母亲还是忍痛拔去鼻饲管、关闭了吸痰器，选择了让他安静地离去。在她要离开大洼时，为他医治护理的人员、点里知青和展览馆的几个姑娘前去送行。车就要开动了，她突然转身下车搂着我们失声痛哭。每当想起那一幕心就隐隐作痛。不为别的，只因我们是知青，她是知青的母亲。

这是展览馆姑娘们的知青情结、是展览馆姑娘们对患难同学深深的爱。

当年展览馆馆长刘国凡是个四十开外的男同志。家住营口，和他爱人分居两地，是个丁克家庭。对我们管教很严，号称"三不准"，不准打扮、不准谈恋爱、不准一个人单独行动。对馆里的男青年说得更明确：搞对象可以，但不能打解说员的主意，她们还小。用他话说，组织上把她们交给我，我就要对组织负责，更要对她们健康成长负责，要让远离孩子的家长放心。他逢年过节才回家，平日晚饭后都会把我们召集在一起读书、练字、定期朗读学习心得。有的人美术字就练得很好，文字水平也有不同程度的提高。每每想起老馆长似慈父般的爱，心里就热乎乎的。这是展览馆姑娘们的福气。

其实就是让我们打扮，在那个年代也没什么好打扮的。没有胭脂，没有头饰，没有女孩喜欢的衣裙花衫。有的只是我们的青春妙龄、有的只是我们知青特有的举止和气质。我们只要三人成行，就是一道人见人爱的美丽风景线，给这个小镇平添了不少生机和色彩。这是展览馆姑娘们的自豪。

在展览馆的时间并不长，我们只相处了22个月就结束了，可留在我们脑海中的记忆是深刻的，生活、学习、成长的过程是绚丽的。傍晚闲暇时一起读书学习、一起挥笔练字学画。农忙时一起到田间地头搞宣传，坐着马车、汽车穿梭在各农场之间，一路欢声笑语，不知疲倦。春节我们一起回沈阳探亲，无论到谁家，家里都会热情款待。每当姐妹们聚在一起，每当在电话里、微信中聊起那段美好时光就会兴奋不已，说到情深处还会咯咯地笑出眼泪来。这是展

☆分别三十年重相逢。当年的知青解说员和老馆长刘国凡合影（左起刘金常、胡凤玲、李秀梅、闫雪蓉、赵凤莲、刘国凡、杨凤云、林志敏、佟丽、王雅琴）

览馆姑娘们甜美幸福的回望。

多么希望再回到那个无忧无虑的豆蔻年华，多么希望时间倒流，再让我们饱尝一下心底无私天地宽的生活氛围。尽管那时阅历浅薄，可心气十足。尽管那时物资匮乏，可精神饱满丰盛。感谢有这样一段经历，让回忆多姿多彩。感谢有这样一段时光，为我们的过去增加一道赤橙黄绿青蓝紫的彩虹。

岁月如梭，年轻真好！

三、在大洼银行的那些年

离开展览馆来到大洼银行，没成想一下就在那工作了整整十年（1971年10月至1981年5月）。十年，在人生中说长不算很长。但那是我一生最宝贵的青春岁月，是人生轨迹定格的关键时期。在那里我入了党、结了婚、成了家、生了子。那段酸甜苦辣的日子、那里的人、那里的事叫我永生难忘。

说那是一段酸甜苦辣的日子一点也不为过，确切地说苦里透着甜、甜里浸着酸。

1. 寂寞无助的节假日、远离家乡亲人的苦楚

那时在银行工作的我,最怕节假日、星期天。这里的生活和青年点、展览馆都截然不同。青年点尽管生活艰苦,大家是同吃、同住、同劳动,再苦再难一起扛。展览馆就甭提了,老馆长对我们是半军事化管理,以集体行动为主。工作、学习、生活在一起,连回家探亲都是一起走、一起回。银行就不同了,员工是上班来、下班走。吃、住在银行的单身不少,可他们都是当地人,每逢节假日、星期天就回家了。尽管女寝室住的三个女同志都是沈阳人,却难求一致。她们正处在谈情说爱阶段,对恋爱中的人来说,天天都是节假日,天天都是星期天才好。

姐姐在青年点时,我可以回青年营。姐姐1972年底抽回沈阳,我真就无处可去了。好在有几个要好的姐妹在大洼,有事没事也走动走动。白天还好说,到了晚上一个人时,静得都能听见自己呼吸的声音,心里真不是滋味。那种寂寞、那种孤独、那种无助,不身临其境真是无法想象。值得庆幸的是我胆子比较大、性格比较果敢。不然真的不知怎样度过那悄然无声的漫漫长夜。

记得1975年国庆节放假三天,家在附近的员工都回家了。我也习惯了这种寂寞、孤独的节日生活。晚上,结伴看了一场电影,回来就睡觉了。

一阵叮叮当当的声音把我从睡梦中惊醒,不知是怎么回事,又不敢开门看个究竟。心里有些害怕,脑子却很清醒。摸黑把衣服穿好,把脸盆、剪刀、小镜子,还有一根卷防空窗帘用的木棍子都拿到身边,做好了决斗的准备。不知是室外没动静了,还是我实在太困睡着了,醒来时天已大亮。推开门一看什么也没有啊?!去问门卫,他却说:"赵姐,我还以为是你呢?!"对他的回答我真是哭笑不得。

节后,大家分析是食堂养的猪没人喂,饿得跳圈跑出来了。进到走廊碰到水桶,以为有吃的拱水桶发出的声音。一点儿没错,白天我挑完水,桶没送回食堂。想想真是好笑,把它饿得够呛,把我们吓得够呛。

这事不知怎么让行长知道了,把门卫好顿批评:"不管怎样,有动静就得

知青在盘锦

出来看看，要是有人撬金库你也不管呗？"其实门卫也挺可怜，比我还小两岁，胆子也不大。从那以后领导也警觉起来，节假日、星期天行里人少，就让两个门卫一起值班。可好，他们又有加班费挣了，挨顿批评也值。我虚惊一场，未伤及皮毛。每逢节假日、星期天，行里又多了一个人壮胆，岂不也是件好事。

现在说起就是个笑话，在当时却是件很凄苦的事。如真是坏人我会怎样呢？！想想真是毛骨悚然啊……

2. 难忘恩师情

☆赵凤莲的荣誉证书

下乡时，我是初一学生，刚刚学到一元一次方程就因"文化大革命"停了课。记得1981年补习文化课前的摸底考试，险些把根号当除号用闹了个大笑话。通过补习初中、高中文化后考入电大保险专业。后来能在大连人保财务处任职并聘为高级会计师，除了个人的努力，与我在工作中遇到的"另类"恩师息息相关。每每想起真是感谢他们把我视为己出，言传身教，才会使我在财务上有了扎实功底，在实际工作中才能做到游刃有余。同时我在他们身上也学到了书本上学不到的知识，就是怎样做事，怎样扎扎实实地做事；怎样做人、怎样做个平平凡凡的好人。

（1）洁身如玉、性情高傲——恩师张淑霞

我刚到银行在柜面做出纳员时，带我的是一位四十五六岁的女同事。她梳着齐耳短发一丝不乱，衣着得体干净利落，举止大方温文尔雅，话语不多性格内向。行里的人说她是老姑娘，洁癖、好胜、特性，没人愿意和她搭对子。

起初和她在一起工作，处处小心翼翼生怕惹恼了她。时间长了却也不觉得她有什么不好，只是做事太认真，无论大事小事都一丝不苟。我们俩主管储蓄业务，柜面上的各种凭证总是摆放得整整齐齐，连复写纸都垫得好好的（那时除了支票是客户买，其余凭证都是银行免费提供）。要是客户用完她会再依次垫好复写纸放好，要是内部员工来拿她就不太高兴，有时还会质问工作前怎么不准备好。

那时记账用的都是蘸水笔，她用的墨水和笔是不允许别人用的，而且是年初一次备足。翻开她的账本从第一页到年终扎账就像一天记下的一样，那才养眼呢！她还告诉我刚蘸了墨水的笔不能直接往账本上写，要在废纸上试一试，不然会深浅不一。难怪她不让别人用她的墨水和笔。工作起来更是认真，那时达标为不超过千分之三的差错率，她一连几年达标。别人可都是望尘莫及呀！加之她又不会阿谀逢迎，难免有人会嫉妒她，说三道四。可我觉得这也算洁癖、好胜、特性的话，我宁可学她了。

我从心里敬佩她，力求师徒步调一致，她也毫无保留地手把手地教我。真是严师出高徒，我记的账数码书写规范、字迹清晰漂亮、账面整洁。无论当时在大洼银行，还是调到大连保险，账记得都是属数一数二的好。每当有人夸我时我就会想起她，我的财务启蒙恩师张淑霞。

（2）学识渊博、摘帽右派——恩师老宋

1972年，我所在的银行由分理处升格为县支行。下属十六个银行营业所和两个信用社，职能也由单纯的银行往来业务又增加了对下属营业所和信用社的管理和指导。我从营业室调到办公室任文书、打字员兼行政会计的出纳员。会计是一个五十岁左右的男同志，大家都称他老宋。高高的个子，比较瘦。戴着一副近视镜，一看就是个文化人。听人说他原是垦区机关秘书，反右时被打成右派摘帽后下放到银行当总务，管吃、喝、拉、撒、睡等一些生活琐事。

他没学过会计学，只是看了有关财务的书，按照财务报表就建起了账目。我很是羡慕他的博学通达，可他很谦虚说在银行待久了，耳濡目染对账务不是太生疏，加之是拨款报账式没有成本核算比较简单。话是这么说，可别忘了隔行如隔山哪。这和他的文化底蕴和聪明才智是分不开的。

他还跟我说趁着年轻要好好学习，知识不压人，用时方恨少。除了课堂，

知青在盘锦

工作实践也是最好的学习机会。有些财务说明、分析本是他的工作，但他总是放手让我来完成。由于他文笔好，行里有些调研报告、总结也会让他来写。他会叫我先打个草稿，再由他修改。文章一经他手，别看就动了几个字，上下段落一颠倒就感觉大不一样了。对他我真是肃然起敬。就这么个好人怎么能是右派，真是百思不得其解。

一天，外面下着雨没人来办事。我再也憋不住了，斗胆问起他是怎么被打成右派的。他说那时他在垦区机关做秘书，是"打右"办的成员。前一天还工作得好好的，第二天他竟成了右派。打右是有指标的，班子开会凑数把他定成右派。原因是他出身富农，罪名是反对粮食统购统销政策，言论是粮食供应量太少吃不饱。当时，连申辩的机会都没给，右派的帽子就轻而易举地戴在头上了。当天晚上孩子们都睡了，他和他爱人相互依偎坐到天亮什么话也没说。第二天就下放到基层劳动改造去了，参加的第一次劳动就是修水库，手上磨起水泡，肩膀也压肿了。由于他改造态度好，很快就摘掉了右派帽子。在这当中，他说他最大的收获是头脑更清醒了、身体更强健了、和家人的心贴得更紧了。

听者，泪流满面、思绪万千。他却平铺直叙，就像在述说别人的事一样。他的淡定，教我学会了坚强，教我学会了在逆境中怎样成长。

真是种瓜得瓜、种豆得豆。他儒雅好学、沉稳厚重的品格潜移默化地影响着他的儿女。1977年恢复高考时，四个孩子除了大女儿已结婚生子没参加外，三个儿子都考上了大学。值得庆祝的是二儿子被沈阳医科大学录取，小儿子考上了上海交大。

他和他爱人王老师退休后开办了私家幼儿园，因教子有方远近闻名，前来报名的人络绎不绝。他们晚年生活幸福、充实。用他的话说："笑到最后才是最好的。"

尽管我的恩师都一一离我而去，他们的音容笑貌仍在我的记忆中清晰可见。回忆起往事、回忆起恩师对我的点点滴滴，心里一阵阵酸楚，他们给予我的太多太多，我无以报答。只能学着他们的样子做人、按照他们的言行做事，做个实实在在的、平平凡凡的好人。也许这正是他们所期望的。

3. 春天般的温暖似清泉——有点甜

都说单身苦，苦单身。苦就苦在没人疼，无人助。细想想要是个单身女子，又带个孩子岂不是苦上加苦。那些年要不是有组织上的关怀、同志们的帮助，真不知我和女儿将怎样生活在异地他乡。如今虽年过花甲，时过境迁，每每想起当年的那些人、那些事，仍心存感激热泪盈眶。

我所在的大洼镇经济落后，生活艰苦。记得我怀孕时就想吃个雪糕，大洼愣是没有。同寝室的小佟家在盘山，回来时给我带回一饭盒。尽管用油布、棉垫左包右裹，经过近一个小时的颠簸，打开时已化得不成形了。小佟难过地说："赵姐，下星期跟我一起回家，不就是想吃个雪糕吗？！"看她那诚心诚意的样子，真比吃了雪糕还舒服。

月份大了，行动不便，铁秋和小佟两个小我五六岁的妹妹对我更是照顾有加。脱下来的换洗衣服俩人抢着洗，连早上洗脸水都帮我打好。可我又为她们做了什么？！真是空当了姐姐。和我年龄相仿的都成家立业了，我都成寝室的三朝元老了。嗨！真是无奈呀！

我的分娩期是十月中旬。九月底就回沈阳待产。直到次年开春三月底才回大洼。新盖的福利房虽然已竣工还没人搬去住。新房冷，位置又偏。无奈，回大洼后我们母女就先住在寝室里。好在我女儿夜里睡大觉，不哭不闹，可毕竟给大家平添了不少麻烦。有时孩子夜里醒了，怕影响她们睡眠就不开灯，无论谁发现了，都会帮我把灯打开。平时睡了取暖炉就自然灭了，现在怕孩子冷，谁醒了都会主动填煤炭，屋里总是暖暖的。业务的发展，行里又多了不少新同事，寝室里也多了几个小妹妹，虽然和她们不熟悉，可她们待我们母女似同亲人。世上真是好人多。

刚回去时托儿所没空位，一时又找不到合适的人带，齐行长就说服他老岳母先看着。起初老人家还不太情愿，可时间长了要送托儿所了她倒舍不得了，刚开始竟悄悄去托儿所看孩子哭不哭。还为孩子改做了三四条小棉裤，可惜后来都送给同事的小孩了，真应该留着做个纪念。哪怕留一条也好哇！

知青在盘锦

那时镇里盖的福利房很简陋，上不吊棚、下不铺地，都是自己"装修"。领导考虑我的实际困难破例为我的那间抹了水泥地面，同志们又帮着糊了棚。往福利房搬要置办的家什可不少，别的不说，水缸、水壶、锅碗瓢盆就一大堆。办公室领导说："她在这住不长，这些东西也不便带走，食堂有的就先凑合着用吧。"领导发话了，大家连冬天用的取暖炉子、烟筒都一起给搬来了。着实省了一大笔开销，确实帮到了实处，真是不知怎样感谢才好。

远亲不如近邻，真是一句至理名言，对此我是深有体会。那时镇里都是一趟趟平房，家家都夹个小院。邻居乔玉斌就把我们两家夹在一个院里，还帮我把窗户、门上都安上了铁栏杆。我说："屋里空空如也，不必戒备森严。"他说："防人不防偷，免得你害怕。"他爱人更是细心，不论做什么好饭菜都忘不了我，还说："就是怕你不好意思，不然就在一起吃，一个人的饭没法做。"我至今忘不了他们夫妻俩的情义，就是亲兄弟也不过如此。

最让我感动的是他们不是亲人胜似亲人的那份牵挂。记得有一次，我和齐行长去营口开会，回来时天色已晚。那时通讯、交通都不方便，到了镇里路灯都亮了。托儿所也下班了，孩子也不知让谁接走了。齐行长说，家里人知道我和他一起去开会，先回他家看看再说吧。果然，女儿在他家正和小姨们玩得高兴，我提着的心总算放下了。行长老伴和孩子们都不让走，姥姥更是一再挽留。我想不走也好，不然他们还得送我也是麻烦。正当我们已睡下时只听有人敲门，问后才知是我家邻居乔玉斌和黄守安，他们见我这么晚还没回家，很是担心，走了几个同事家又找到这，得知我们母女已安好入睡才放心离开。

那一夜我失眠了，翻来覆去就是睡不着，我和他们非亲非故却待我视同亲人般的牵挂和疼爱。这份爱、这份情叫我无法入睡。今夜回忆起往事我再一次失眠，泪水夺眶而出。心情久久不能平静，这辈子我都忘不了这份情、这份爱。是这份情、这份爱成全了我、滋润着我，也鞭策着我在以后的生涯中真诚地关心、帮助、体贴他人，不敢有丝毫怠慢。只有这样心才能安静，灵魂才能得到洗礼。

我庆幸生长在那个年代，沐浴着春天般温暖的雨露阳光。现在的年轻人是很难想象的，也不可能真正理解什么是组织关怀，同志们的帮助。会疑问有这么好的单位，会有这样善良的人，不会是痴人说梦吧？我会明确地大声告诉你，是的，这是我亲身经历的事，没有半点虚构和浮夸。请你相信人间自有真情在，那时的人就是这个样。

我是多么希望真诚、善良、友谊、互助永驻人间。

4. 就要离开大洼了，心好酸！

1980年年末是我在大洼银行度过的最后一个特殊的年末。那时没有电算化，12月31日正常业务日清月结后，年终岁尾扎账结转、利润解缴国库全靠手工操作。这一天，银行张灯结彩，员工要忙个通宵。政府有关领导也会到场同员工聚餐庆祝，热闹劲不亚于年三十。

因孩子小，吃完晚餐，在银行待到天黑，领导就叫我回家了。走出银行大门，回望窗内同事们忙碌的身影，瞬间鼻子酸酸的。我知道，这是我在大洼银行度过的最后一个年终决算了。

前几天爱人来信，说在展览馆好朋友李秀梅的帮助下（她公爹是大连保险公司老总），很快就能调到大连了。这消息让我兴奋，我抱着孩子独自一人走在街上，尽管心里酸楚，脚下却是轻盈的。我喃喃地对孩子说："我们就要见到爸爸了，就要和爸爸在一起了。"不知女儿是否听懂了，她把冰凉的小脸紧紧贴在我泪湿的面颊上。那一刻，无法形容我错综复杂的心，是苦、是甜、还是酸。

事情办得很顺利。1981年五一节前夕，我离开大洼调到了大连。现在我仍然清晰地记得，迁出户口的那一天我哭了，和要好的朋友告别时我哭了，和左邻右舍及同事们在一起聚餐时我醉了，去大连的车上和行里送行的同事握别时，我哭得不能自已。

我知道，我清清楚楚地知道，大洼很艰苦，做梦都想离开。可那片热土无私地养育了我，那里的人真心实意地帮助疼爱过我。我和女儿与这片盐碱滩有着千丝万缕的联系，和这里的人们有着割舍不断的情义。就要离开，还真舍不得。

知青在盘锦

忘不了，情系心中的大洼，您是我的永远的——故乡。

忘不了，水乳交融的同事们，你们是我永远的——亲人。

赵凤莲 1951年5月出生，1965年9月至1968年9月就读于沈阳市第十一中学。1969年9月22日至1969年12月12日，插队到盘锦垦区荣兴农场双井子村；1969年12月12日至1971年10月借调到盘锦地区大洼阶级教育展览馆当解说员。1971年10月至1981年5月在大洼银行工作。1981年5月调到大连保险公司工作，直至退休。在这期间，补习了文化课，获得初、高中毕业证，1987年毕业于电视大学保险专业。先后任会计主管、财务处副处长并聘为高级会计师。

知青生活片段回顾

◎赵希顺

一、过年

1972年的腊月,临近春节。一天晚上,刚好在大队值班的我,接到哥哥打来的长途电话——父亲去世了,让我快点儿回家。不及细问,那头挂了电话。突如其来的噩耗,让我大脑一片空白,心里难受得透不过气来。缓过神来,想到从此将与父亲阴阳两隔,再也见不到他了,抚养我这么大,还没有尽到一分钱的孝心,竟与世长辞,想到父亲病痛中喝口水都没人倒,吃碗饭都成奢望的惨状,伤心至极,禁不住大放悲声。

当时已是晚上九点多了,我一人住在大队,尽管心急如焚,要连夜赶回去是不可能的。那时回大连,每天只有一趟车,即中午从太平站上车,先到海城,然后再乘由北边到大连的车。等我辗转到家时,已是接到电话的第三天清晨了。

父亲躺在炕上,像睡过去一样,表情很安详。父亲长年患有高血压、动脉硬化等疾病。自母亲三年前去世后,父亲如同失去伴侣的孤雁,一个人孤单寂寞,凄凉地打发着日子,内心忍受着难以想象的痛苦。本身疾病缠身,又不会做饭,大多时候都靠邻居施舍,过着饥一顿饱一顿穷困潦倒的生活。虽然我们家是军属,但那时候没有义工帮忙,偶尔礼拜天学雷锋的小学生们来帮助打扫

知青在盘锦

卫生。众多儿女中，两个下乡，三个在外地支援三线建设，除了大西北就是大西南，一个比一个远，距家最远的大学毕业去了西藏。在连的两儿一女都有家庭和工作，只能抽空回来照看一下，没法从根本上解决问题。多病的父亲几年间一直无人照看，这次就是患病后从炕上摔下来，挣扎了好长时间也没爬起来，等邻居发现时为时已晚，心有不甘地撒手人寰。

父母活着时，哪怕疾病缠身，穷困潦倒，那也是个家，有家就有温暖，过年就有回家的奔头。父母没了，家就没了，没有什么可留恋的了。安葬完父亲，在家只待了两天，就返回了大队。

回来没有几天，就快过年了。知青们忙碌地打点行装，备好大米，从柳条包里找出只有回家才穿的干净衣服，男知青戴上或真或仿的军帽，显得英姿勃勃，女同学围上或红或蓝的围巾，让青春的脸庞增添几分妩媚。回家过年，这是让所有人都心驰神往，激动不已的高兴事。是啊，辛苦了一年，离家了一年，父母在呼唤，亲人们在期盼，谁不想回到自己熟悉温暖的家啊！想家的情结萦绕在每个人的心头，回家的兴奋更荡漾在每个人的脸上。那几天，知青们或结伴，或单行，人多一起走的有的生产队还出车给送到太平车站。几天后喧闹的青年点已是人去屋空，了无声息，一切归于平静。

张家大队有三个小队的知青近200人（包括沈阳、鞍山的）合用一个青年点。知青放假后，好几栋房子空无一人，需要有人照看。大队选中了二年四班的高连振同学看点，等同学回来后再让他回家度假。我因为刚从家里回来没有几天，主要还是因为父亲不在了就不愿回去。虽然大队领导几次三番地动员我，怕我孤单，我依然不为所动。我回答说，我跟高连振做伴，一起看青年点。领导见我实在不走，也只得作罢。

1972年的春节，像经过长途跋涉的客人，终于迈着不快不慢的步伐来到了。除夕的白天，我和高连振到青年点的房子巡视了一番，把没关好的门窗关好，又到伙房查看了一下，然后回到大队部，坐在炕上东扯西拉地聊着队里的事。下午时分，大队王书记拎来一块连皮带骨的肉，约有二斤多吧，还有一棵白菜，让我们过年。我到社员家借来个小锅，添上水，把肉砍成几块放锅里煮。让连振看着锅，我走了二里地，到公社供销社花6毛钱买了瓶果酒。回来时屋里热气腾腾，飘着诱人的香味。那是我们久违了令人垂涎欲滴的肉香。看着肉烂得差不多了，我把切好的菜下到锅里，我们俩边看着快熟的肉，边咽着老往上涌的口水，一会儿工夫，白菜也熟了。这就是我们大年三十的年夜饭。虽然简单的只有一个菜，对于平常见不到油水的我们来说已经很知足了。我们把各自的饭盒盛满，每人倒了一杯果酒，吃着亲手做的年夜大餐。

那时候不会喝酒，甜兮兮的果酒虽然不辣，觉得好喝，但有后劲。过了一会儿，在酒精的作用下，连振不知想起了什么伤感的事，也许想着大年三十无法跟家人团圆，竟趴在桌子上哭了起来。开始，我还劝他，让他坚强一些，男人怎么说哭就哭呢。苍白的话语不但没有打动他，伤心的哭泣竟把我也感染了。想起早逝的父母，想起再也没有父母的呵护，更没有一个遮风避雨的家，也禁不住悲从中来，泪洒衣襟。男儿有泪不轻弹，只缘未到伤心处。两个男子汉用心酸的泪水度过了除夕夜，迎来了1972年大年初一的黎明。

在那个城乡都吃不饱，物质极度匮乏的年代，说是过年却没有过年的味道。既没有鞭炮震响的除岁，也没有贴对联福字的欢欣喜庆。夜幕降临，整个村子都静悄悄的，昏暗的灯光照着各家都差不多的贫穷。唯一不同的是饭桌上比平常多了点儿油水。过年杀猪，这是所有农村的习俗。虽然养了一年的猪才长了百十来斤，这也够全家人欣喜的了，没养猪的人家也想方设法买点，在过年时改善一下伙食，再穷也得吃顿饱饭，也得吃点好的。

大年初一的早上，我们刚起来时间不长，从窗往外看去，空旷的田野上，一个人从张家一队的方向走过来，再近一些，才看清是大队的张春富主任。张主任当年50多岁了，管全大队的生产，每天也是风里来雨里去地闲不住，和大队班子其他成员把工作干好。老人慈眉善目和蔼可亲，知青们都亲切地叫他张大爷。原来张主任是来叫我们去他家吃饭的。心地善良的他惦记着我们两个没回家过年的孩子，特意来大队找我们的。我俩口是心非地推让了一番，还是跟着到了他家。他老伴正在屋里忙活，小炕桌上摆满了诱人的菜肴。有酸菜粉条炖猪肉，油汪汪的炒鸡蛋，一大碗细如凝脂般的蒸蛋糕……这在当时已经是最丰盛的饭菜了。两位老人招呼我们脱鞋上炕,到这个份上就没有装假的必要了。加上昨天晚上被果酒闹得也没吃饭,感觉真饿了,于是也不顾形象,敞开肚皮吃起来。两位老人不停地给我们夹菜盛饭,直劝我们多吃,生怕我们没吃饱就撂筷,如同疼爱自己孩子般的真情实在令人动容。

滴水之恩没齿难忘。多年来我一直记着大年初一在张主任家吃的这顿饭菜。回城以后,我几次回农村时都去看他,最后一次是1985年,也就是《探亲》那篇文章说的那次,我写信告诉他,春节放假时回张家,他找人代笔给我回信,高兴地说欢迎我来。谁知天有不测风云,当我风尘仆仆顶风冒雪赶回去时,老人在年前就去世了。心地善良受人尊敬的张大爷被疾病夺去了生命,没能过上1985年的春节,我更没有与他见上最后一面,令人唏嘘不已,遗憾不已。此是后话了。

以后的几天,二队从队长到社员的几户人家,分别请我们去家里吃饭,家家的饭桌上都摆上了平常见不到的荤菜。那几天,我们沉浸在浓浓的亲情中,感受到了亲人般的关怀和家的温暖,这也是我日后多次返回农村的动力。

人生苦短,整整45年过去了。这期间,我在城里、在外地、在军营分别都过过春节,各种山珍海味、美食佳肴也都品尝过,让我最难忘记,最动心的还是在张家大队的那次过年。

二、磨粮

下乡当年的11月份。有一天,队长找到正在干活的我,开门见山地说,青年点没有伙食长了,你把这个担子挑起来,当伙食长。"当伙食长?"我一听急忙说,不行,不行,上学时我数学都没及格过,哪会记账当伙食长,那么些学习好的,叫别人干吧。我说的是实话,当时小队知青连沈阳加大连合起来有五六十人,虽然说不上人才济济,但能说会算头脑灵活的却比比皆是。听我这么一说,队长依旧没有让步,不紧不慢地说,这是队委会研究决定的。不是随便找个人就能当伙食长,贫下中农支持你,也信得过你,大胆干吧。话说到这个份上,再也没有理由拒绝,只得硬着头皮勉强答应了。

所谓伙食长就是青年点的生活管家,管好全点的吃喝烧用等问题,但要当好这个角色还真得费点心思。

3月份我们刚下乡时沈阳的知青已在头年10月先到了。两地青年合起来共有62个人。半年过后,除个别转点和因病回城的,到我接手时知青还有50多人。下乡第一年国家还给生活费,月人均大约十块钱。用这点可怜的生活费安排好青年的生活实在不是件容易的事。后来我才知道,这点少得不能再少的钱还被大队曹会计给贪占了一些。此事是后来在"一打三反"运动中,查他账才被揭露出来的。他贪了多少,怎么贪的我是一无所知。一个出校门时间不长毫无生活经验的学生和一个成年的大队会计,在智商和阅历上相比,只能甘拜下风。

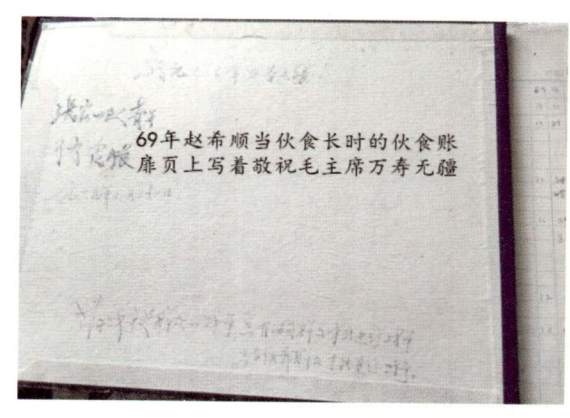

☆1969年赵希顺当伙食长时的伙食账扉页上写着"敬祝毛主席万寿无疆"

春种秋收。我们披星戴月忙活大半年种的水稻终于收上来了。真是一粒大米一滴汗,粒粒皆辛苦啊!虽然产量不是太高,我们也满怀丰收的喜悦。当时我们下乡在盘锦,令人羡慕和自豪的就是能吃上大米,城里细粮太少,这回可以天天吃大米饭了。但是上面有规定,知青的口粮全年只有600斤,且是毛粮。1斤毛粮出7两米,600斤毛粮才出420斤大米,被365天一除,每人每天不能超过1斤

☆1969年任伙食长时记的往来账

知青在盘锦

2两，也就是每顿4两饭。怕的是吃超了到月底没米下锅，巧妇难为无米之炊啊。细账这样一算，心里清楚了，每次做饭必须按人头称出来，一视同仁谁也不多。四两缺油少菜的米饭对于正长身体每天劳作有时十几个小时的我们来说，如同一个枣掉进肚子里。挨饿的滋味每个人都有刻骨铭心的记忆，就无须赘述了。

作为伙食长，外出采购或磨粮是常有的事。有一次，大米快吃完了，跟队长要车磨粮。当时队里有两挂大车，一挂去沟帮子拉脚了，另一挂去送公粮，都抽不出来。那天早晨，队长正在队部院里安排活，听我说今天要车磨粮，叫过一个赶过牛车的社员说，你今个去给青年磨粮，马车都出去了，把院里那头老牛套上去磨吧。队长说的那头老牛从外表看瘦骨嶙峋，弱不禁风的样子，迟缓地在院子里漫步，饲养员都不正经喂，让它自由活动，用现在的话说早就退二线养老了。但别的车没有，也只能将就了。

赶车的社员年龄和我相仿，长得精瘦，也是皮包骨，外号叫小干巴。一口里出外进的牙被十几年的"蛤蟆癞"（一种劣质烟）熏得又黑又黄。当地人抽烟都有吐口水的习惯，小干巴的口水吐得与众不同，一张嘴，口水从牙缝里挤出来，带着压力能滋出好几米远。小干巴把车套好后，看着条条肋骨清晰可见的老牛也拉不了多少，只装了六七麻袋稻子就晃晃悠悠地出发了。当时的张家大队没有磨米厂，只能到外队去。"上太平磨中不的？"小干巴一口地道的盘锦话，尤其最后一个字往上挑的长音，使人联想起当地的风俗特点"十天九日风，吃水靠大坑，家家留后门，说话带回声"。真是太形象了。当我们赶到太平磨米加工厂后，前面已经排了挺长的队伍。有远处赶车来的，也有跟前或背或扛口袋来的。不巧的是我们刚把粮食卸下来，机器突然不转了。原来是停电了，那时农村电力紧张，停电是常有的事，外出磨米最怕的就是这个。这一停不知什么时候电才能来，谁也说不准。"要不咱去宋家吧。"小干巴征求我的意见。宋家在太平的东南方向，已经出了太平农场的地界，离盘山也不太远了。事已至此，也只好这样了。经过这一折腾，慢腾腾的牛车赶到宋家时天早过晌了。这地方磨米的虽然也排了不少人，但是一直没停电，一份份磨得挺顺当，等我们磨完装车的时候，天已渐渐地黑了。

忙活了大半天，人和牛都早已饥肠辘辘。老牛拉着两个人再加上七八百斤粮食，无法快起来，和人走的速度差不多。这十六七里地到家怎么也得将近两个钟头。不知农历是腊月初几了，寒气袭人。上弦月露出了弯弯的月牙儿，暗蓝色的夜空星星眨眼，看着世间的一切。四周静悄悄的，只有车轱辘碾压雪地发出的嘎吱声。滴水成冰的季节，忙完了活感觉身上格外冷。我蜷缩在麻袋中间，下乡前最疼我的母亲去世了，我没有棉裤可穿，一条破旧的卫生裤白天干活时尚能对付，晚上坐在牛车上根本抵御不了盘锦的寒冷。我把磨完粮装麻袋喂猪的稻糠压在腿上御寒，感觉能好一些。冬天两顿饭。这个时辰社员和知青们早都吃完饭躺在被窝里了，我们还在路上。小干巴着急回家，拼命地吆喝着，空旷的田野上飘荡着他声嘶力竭的喊叫声，传出很远。鞭子带着呼啸不停地抽在牛身上，已经垂暮之年的老牛似乎没有疼的感觉，仍然不紧不慢地迈着自己的步子。见老牛麻木不仁没有反应，小干巴用上了新式武器，从兜里掏出一个巴掌长的大钉子朝牛尾巴肉嫩的地方扎去。再厚的牛皮也有薄弱的地方，迟钝的老牛受不了钉扎的疼痛，猛然向前紧跑几步，跑个二三十米气喘吁吁地又慢了下来，看它跑不动了，又扎一下，如此反复了好几回。可怜的老牛负载千余斤的重量，还要忍受鞭打钉扎的折磨，所以用吃苦耐劳忍辱负重来称赞老黄牛精神是多么恰如其分。此是后话了。看着小干巴频频下手，于心不忍。我说，干巴别扎了，一天也没给它喂料，哪有劲跑啊。听我这一说，小干巴住了手，最后还恨恨地骂了句，这个败家玩意儿。

牛车赶到青年点都八点多了，大部分青年都进入梦乡。沈阳的伙食员张桂琴留给我的那份饭早已冰凉。锅台上压着她写的一张字条：鼓风机坏了，差点没做成饭，明天赶紧去修吧。我们青年点50多号人，用稻草做饭好长时间不开锅，很容易做成夹生饭，所以一直烧煤。鼓风机坏了可是个大事，也是直接关系到全点的吃饭问题。想到这里，我急忙赶到队长家，把鼓风机坏了明天要车去盘山修理的事说了一遍。队长说，明天马车正好要去盘山，你跟去就行了。

第二天一早，我把鼓风机搬到队部。由膘肥体壮的菊花青大儿马驾辕，同样是水光溜滑的三匹拉套的马组成的大车准备停当，车把式一个响鞭，马车驶出队部院子，马脖子上的铃铛清脆悦耳，四匹马迈着轻快的步子往盘山跑去。新的一天又开始了……

三、难忘万金滩

下乡四年，出工数次，记忆最深的当数去万金滩那回。

那是1970年的国庆前夕，正是稻黄蟹肥的时候，张家大队接到了去万金滩兴修水利参加会战的任务。这次出工因为时间紧任务重，要求各小队派身强力壮的劳力参加，中途不许回来。接到任务后队里派了五名沈阳知青、两名大连知青，还有两名年龄比我们还小点的社员去参加这次会战。我有幸和另一名本班的同学被选上。第二天，当出工的粮食工具行李等物品准备停当，天已过晌了。大车拉着我们九个人一路向南朝80多里地外的万金滩奔去。此时，在知青和贫下中农起早贪黑的共同努力下，辛苦一年种的水稻丰收在望，盘锦大地一片金黄，再过几天就好收割了。人们盼着辽宁农业早日翻身，知青们更是盼着多打粮食能够吃上饱饭。

空寂的土道上，车把式挥着长鞭不时地吆喝着不听话的马匹，不听话就来上一鞭子，赶着大车快速前行。路边的水渠里谁家的几只鸭子悠闲地梳理着羽毛，马车驶过惊得它们快速游去。偶尔对面有人骑着盘锦特有的不带前后瓦盖的自行车与我们擦肩而过。轻风拂面空气飘香，我们惬意地倚在行李上身子随着马车摇晃，享受这少有的空闲，欣赏着诗情画意的田园风光，一切是那样宁静安详。

傍晚时分，我们在距离万金滩还有近20里的一户人家住了下来，第二天继续上路，又走了一个多小时，一条四五十米宽的河横在面前，万金滩到了。马车把工具行李卸下后转身返回，小船把我们摆渡过去，穿过密不透风的芦苇荡，找到了我们住的简易工棚。安顿好住处后我走出门外，只见浩浩荡荡的芦苇一望无际，烟波浩渺用在这里毫不夸张，除了来出工下榻的周围没有任何人家。此前工棚有人住过，门口到处都是垃圾粪便，九月末的天气尚热，苍蝇碰脸蚊子扑面，做饭的正往锅里炝饼子，一弯腰的工夫，黑压压的苍蝇在和好的苞米面上兴高采烈地品尝着，虽然挥手赶去，仍有不少漏网的掺在苞米面里炝成饼子被吞进肚子。也许应该感谢那些苍蝇给我增强了抵抗力，若干年后直到今天，无论吃什么样的饭菜我都很少有闹肚子的时候。

休息了一下午，大队带工的给各队分配任务，为了赶进度，尽早建成排灌站，上工要求两班倒，干一班的要从早上6点干到下午2点，二班的要从下午2点干到晚上10点。而住的地方离工地有十多里地，急步快走也要一个小时出头，距离大约有从张家到太平火车站那么远。早上我们带好工具急行了一个多小时，在6点前赶到了工地。

这次工程是整个盘山县的工程，规模很大，我们到的时候地面已被下挖了好几米，偌大的工地上数百人蚂蚁搬家似的忙碌着，挖的挖，抬的抬，推的推，好一派热火朝天的景象。我们按照分好的地段挥舞着铁锹甩开膀子干了起来。沟底到地面好几米的落差，45度的斜坡土车子根本上不去，前面至少有两个人用铁钩子连拖带拽，推车人如果把不稳很容易将一车土扣在地上，挑筐的挑着100多斤的担子摇摇晃晃地爬坡，如果地滑没有踩稳也时常连人带筐摔在地上，能甩锹的动作潇洒地把土直接甩到好几米高的地面。九月末的天气，秋老虎的余威还未散去，人们挥汗如雨地干着，一阵工夫身上如同泥猴一般。为了盘锦的明天，人们毫不吝惜自己的体力，我们每天咬牙坚持着，发挥着体内最大的能量，一天下来筋疲力尽，还要往回走一个多小时的路程，回到住的地方，浑身散了架一般。超强的体力劳动磨炼着我们的意志，有的人打了退堂鼓，更多的人接受了挑战，尤其干完二班往回走的时候，四周漆黑，中间一条30厘米宽的小坝棱，两旁是两米多高的苇子，风一吹苇子唰唰地响，令人不寒而栗，借着微弱的星光，我们磕磕绊绊地走着，谁也不敢掉队，那时胆小，生怕黑暗中蹿出令人毛骨悚然的怪物。完工的最后一天，我们干的是二班，我推着装满铁锹土筐的车子往回赶，黑暗中一脚踩空来不及反应，握车把的手磕在踩硬实的坝棱上，右手小手指甲整个被磕掉了。十指连心鲜血直流，伙伴们

知青在盘锦

帮我撕下块布条简单地包了一下，继续上路。

40多天的征战终于结束了，这是我历次出工中时间最长、感觉最累的一次，不用说干活，每天来回20多里地的奔波也够人受的。磨破的鞋早已露出了脚趾头，破旧的衣服里虱子已经安营扎寨，是该好好地歇歇了，疲劳不堪的我们都盼着早点回去，谁也不愿多待一天。大队带工的已通知各队来车接我们，归心似箭。

第二天小船又一批批地把我们摆渡过去，着急回家的人们在河滩上等着自己队里的马车。陆续地各队出工的人被一辆辆马车接走了，绵延好几里的河滩上孤零零地只剩下我们几个人和一堆破烂行李。咱队怎么没来车呢？是不是车坏道上了？我们没有底气地猜测着，一个小时过去了，又一个小时过去了，始终没有马车的影子，时间在我们身边悄悄溜走，望眼欲穿的我们躺在河滩上看天上的白云，听着河水的流动渐渐地睡着了，不知过了多久，一阵冷风把我们吹醒，确切地说是冻醒了。看时辰估计已是下午了，依然没有车的影子，都这时候了，车肯定是不会来了，失望的情绪笼罩着无助的我们，欲哭无泪。

太阳即将落下地平线，残阳如血。秋末冬初的盘锦早晚已经寒气袭人，小风刮来吹在我们衣衫单薄的身上令人瑟瑟发抖。从早上吃饭到现在七八个小时过去了，我们又冷又饿，一个多月的苦干我们个个蓬头垢面衣衫褴褛与流浪乞讨的没有丝毫差别。天渐渐地黑了下来，大地一片苍茫。在这前不着村后不着店的旷野上怎么办？哪里能有住的地方？回工棚摆渡的小船早已没了踪影，往前走，扛着行李挑着土筐人困马乏的我们又能走到哪里？没有人说话，更没有人给出答案，黑暗迅速包围了饥寒交迫的我们，一行人拖着沉重的步子，麻木地行走在深秋的原野上。

突然，不知谁喊了一声，前面有灯亮。我们立即抬头往前看去，在我们前面几十米处确实有亮光，周围影影绰绰地好像是围墙。有灯光的地方肯定有人，今晚就能有住的希望。生存的本能鼓舞着我们，不知哪来的劲儿，立即加快脚步往亮灯的地方奔去。到了跟前才发现是一个持枪的哨兵在站岗，铁门紧闭，四周的高墙上拉着电网。原来这是一个劳改农场，里面囚着正在服刑的犯人。关键时刻也顾不了那么多了，我们跟哨兵如此这般地说明了来意，热心肠的哨兵做不了主，电话打到里边，少顷一个干部模样的人走了出来，我们又把原话七嘴八舌地重复了一遍。看着我们破衣拉花的样子，这个领导相信了我们，这个同情我们处境关心怜悯我们的干部把我们领进了一个铺着苇席的大通铺房间里，进了房间身上立马觉得暖和起来，也是苦心人天不负，让我们遇到好人了，否则一句"劳改重地、严禁入内"便会将我们拒之门外。如果是那样真是哭都找不到北了。我们几个人凑了不到一块钱，每人买了一碗米饭，食堂大师傅给我们盛了满满一盆炖白菜，饿急了的我们风卷残云般地填着肚子，连菜汤都没剩下。随后借用劳改队的电话给大队报信，接电话的王书记听说我们完成任务后落在万金滩没人管，立即派人到小队，通知队长连夜出车，第二天一早务必把我们接回来。得到领导的答复，我们放心地踏踏实实地进入了香甜的梦乡。

　　早上还在睡梦中的我们突然被一阵哨声惊醒，原来天已大亮，趴窗一看，犯人们在管教的指令下正排着队准备上工。多年后我回忆这段经历时颇有感慨，自由对于人们来说是多么宝贵！天阴沉沉的，太阳隐在云层里不肯出来，风刮着苇叶草屑在空中飞舞，我们把草绳子捆在腰上，让破衣紧实一点，尽量让体内的热量少流失一些。我们一起向那位在我们就要露宿荒郊野外时提供真诚帮助的管教干部道谢，告别了感觉神秘又让人生畏的地方，坐在路边等着队里马车的到来。约莫一顿饭的工夫，见远处有车向我们驶来，再近一些有人看清了赶车的社员，那不是咱队的马炳贵吗？队里的车来接我们了，人们欢呼起来。说话间马车到了跟前，四匹马打着响鼻，跑得浑身是汗。人们手脚麻利地把东西装上车，坐好后，赶车的响鞭一甩，马车顶着北风，朝几十里外的张家四队跑去。

四、真情

　　马秉义是张家四队的社员，比我们属虎的大六岁。1969年我们下乡时，

知青在盘锦

他已是二十五六岁，风华正茂的棒小伙了。他中等身材，体格壮实，是老百姓常说的那种车轴汉子，端庄黑红的脸庞透着温和质朴的气质。因年龄比我们大好几岁，知青们都叫他秉义大哥。他待人和善，透着与他年龄不相称的老成持重。家中只有一个与他相依为命的老母亲，娘俩儿过着日出而作，日落而息，平静恬淡的生活。秉义大哥虽然不事张扬，却有一身好力气。年轻人都争强好胜，干活闲暇或队里开会前，经常掰掰腕子，看谁的手劲儿大。比试结果，几乎没人是他的对手，劲儿大的虽然能与他僵持一阵子，最后还是败下阵来。虽然赢了，他也从不喜形于色，只是憨憨地一笑了事。要论干起活来，才是方显英雄本色。那带铁丝弓子的大筒锹，在他手里挥洒自如，一锹下去，挖出的土方足有六七十斤，一个土筐放一锹，足够一个人挑的。秉义大哥是队里干活的绝对主力，这一点在众多社员和知青中，大家是一致公认的。后来我们才知道，之所以这样低眉顺眼地与世无争，是因为他有一个致命的短处，出身富农，在"黑五类"中名列第二，比反革命的名称还靠前。在那个年代，这样的成分如大山一般压得人喘不过气来。他没有任何资本像他人一样欢歌笑语，也没有一点胆量，敢计较个人得失。有的只是默默无闻，苟且偷安。

与秉义大哥的真正相处，缘于一次出工。那是我们下乡后经历的第一次出工，也是让我觉得如同扒掉一层皮的出工，其中的苦与累，至今想起，仍觉不堪回首。

下乡半年后的9月份，虽过立秋，依然烈日炎炎。队里接到了去鸭场（属渤海公社）出工的任务。那时的出工，大都是兴修水利，挖河修坝，把河底的泥整到堤岸上，河面挖多宽，河底挖多深，就根据排灌的需要了。那时没有机械，完全靠体力与大自然抗衡，口号是与天奋斗，与地奋斗，与人奋斗其乐无穷。也真佩服那时人们的坚定信仰和实干精神，骄阳似火的工地上，人们个个赤膊上阵，挥汗如雨地消耗着自己的体能。毒辣的太阳晒得人头昏脑涨，嗓子冒烟，体内的水分早已随汗水蒸发，想咽口唾沫润润喉咙都很困难。中午，各队把饭送到工地，一桶水如同今天的啤酒大赛般顷刻见底。饭后，抓紧时间让散架的身体休息一下，积攒体能来迎接下午的劳动。于是找块略微干爽点儿的地方躺下，学社员的样子，把土筐扣过来，形成脸盆大的一点阴凉，遮挡一下刺眼的阳光，呼呼地睡去。不知有没有半个小时，工地催工的哨音吹响，不情愿地爬起来，活动一下酸痛的筋骨，继续重复上午的劳动。

虽然下乡已经半年，也经历了劳动锻炼，但毕竟生产队和出工劳动强度是不一样的。由于干得太猛，手掌第二天就打了好几个血泡。碾破的泡染红了锹杠，皮也掉了一块，钻心地疼。不能挖土了，改为抬筐。200多斤的大筐一趔一滑地从河底抬到上面也非易事，和我搭档抬筐的秉义大哥总是把筐绳往自己身边拉，他抬大头，让我抬轻的，争让了几次，没有效果。同样的五尺汉子，哪能总让人照顾，水泡稍干瘪一点儿，我又开始挖土。

晚上，我和秉义大哥紧挨着睡在一起。当时因为天气挺热，再加上第一次出工没有经验，也不知当时怎么想的，出工时竟没带行李。9月份的盘锦，昼夜温差挺大，到下半夜就颇有凉意了，半夜起来小解，看见身上盖了被子。原来，不知什么时候，秉义大哥把他的被子横过来，自己盖一半，另一半搭在我的身上。举手之劳，让我倍觉温暖，此事一直铭记在我的心上。

半个多月的苦干，终于咬牙挺了过来，我一天工没舍得耽误。在艰苦劳累的工地上，我与秉义大哥朝夕相处，感觉非常投缘，出工结束，我们已成为愿意天天在一起的好朋友、好兄弟。

老实本分、人缘很好的秉义哥，尽管每天都谨小慎微地与世无争，噩运还是降临到他的头上。

那是1971年3月的备耕时节。农场工作组在我们张家四队召开"一打三反，彻底揭开张家大队阶级斗争盖子"的现场批判大会。全农场13个大队，6个场部直属单位的数百人黑压压地挤满了队部前的空地。平静的张家四队刹那间风雨飘摇，一派肃杀之气。

"把破坏抓革命促生产，走资本主义道路的牛鬼蛇神带到台上来！"高分贝的扩音喇叭里传来主持人的厉喝声。我们在台下的人群中静静地看着，七八个所谓的牛鬼蛇神被民兵都押到台上，弯腰站好。突然，心里一沉，秉义大哥怎么也被押上来了？他是全队最能干的，也是大伙有目共睹的啊，从来没说过

知青在盘锦

对党和社会不满的话，就因为成分高就得挨批判，还有那几个，有的已经老态龙钟行动不便，有的面黄肌瘦步履蹒跚，不知这样的人是用何种方式，采取什么样的行为，既破坏了革命，又破坏了生产的。红色的江山坚如磐石，资本主义道路在什么地方，他们能找到吗？在那个特殊的历史时期，哪有公理公正，谁又敢仗义执言，有的只是欲加之罪，何患无辞！

批斗大会开了六七个小时，各大队逐一发言，场部的工作人员，不时地带领呼喊口号，烘托着会场气氛。中午时分，农场和大队供销社也来到现场，把食品和汽水卖给来开会的人，让他们补充能量，把这些破坏社会主义革命的人批倒、批臭。激昂亢奋的批判声通过高音喇叭，一直回荡在四队上空，将近一天了没有消停过。

太阳渐渐西沉，在落日的余晖中，令人窒息的现场会终于结束了，徒有同情心的我们终于舒了口气，迈着沉重的步子回到青年点。

受此磨难，秉义大哥的自尊受到严重挫伤，感到在人前抬不起头来，多少天躲避着人们的目光不说一句话。也许怕坏分子的名声影响和连累别人，他忍受着精神上的极大痛苦，用沉默，极度的沉默来安抚自己受伤的心灵，舔干流血的伤口。

噩梦醒来是早晨，经过暴风雨的洗礼，春回大地。

2009年，是我们下乡40周年的日子。这年的国庆前夕，我重返旧地，又一次回到了有时梦里都能见到的张家四队。事前，我与秉义大哥电话联系，告诉了到的时间。

我乘坐当天下午2点30分大连到山海关的列车，4个小时后，列车正点到了盘锦站。9月末的天气已是昼短夜长，出了站台，车站广场上已经华灯初上。车水马龙，川流不息的人群彰显着昔日这个不起眼的县城的日渐繁华。盘锦车站就坐落在原先的盘山。还记得1970年的初春，冰封大地还没解冻的时候，我曾和三个知青战友在这里修过沟盘铁路，苦干一个多月。当年夏天，也曾在盘山街里修过路面，同样洒过汗水。整整40年过去了，沧海桑田，换了人间。尽管盘山在日新月异地发生着变化，但我无暇顾及，我要去的地方是张家四队,那是我刚下乡就落脚的地方,也是我一生都不能忘记的地方。

出租车倒是不少,但一听说要到太平农场最北边的张家四队,全都摇头,随后,油门一踩,绝尘而去。也难怪,谁愿去黑灯瞎火,几十里外路况不熟的农村,回来还得跑空车?后来,我用比大连到盘锦的火车票还贵的价格终于搭了一辆。司机出了街里先往西,到了太平路口又往北,跑了20多分钟,突然一条大坝横在面前,没有路了。原来,京沈高速公路从太平境内穿过,原先的路改道了。前不着村后不着店的荒郊野外,四周漆黑一片,连个问道的人都没有。我们只得从原路返回,多跑了好几公里,终于上了正道。又跑了一段路程,我认出了这是张家地界,离四队已经不远了。在去往四队必经的水泥桥下,明亮的车灯照在一个人的身上,定睛一看,正是时常想念的秉义大哥。我立即下车,两双曾经并肩战天斗地的手紧紧握在一起。他告诉我,六点半就在这等我了。整整一个多钟头的时间,他一直痴心不改地站在萧瑟的秋风里,除了远处住家的灯光,四周月黑风高,没有人迹,真给人不寒而栗的感觉。多么可亲可敬的兄长!心头一热,拉着的手一直没有松开,直到走进家门。同样热心实诚的嫂子,早把饭菜做好,她怕菜凉了,每个菜都用碗扣上,暖暖的情义真如同到家一样啊。饭后,嫂子又烧了热水,让我烫脚解乏。

茫茫人海,芸芸众生,大千世界里,人与人之间,还有什么比真情更完美、更珍贵,更让人难忘呢?

在盘锦,虽然有同学(包括沈阳知青)、战友、同事等众多熟人,但那次回去,没跟任何人打招呼,一直在大哥家住了四天。我让他带我从村西头到东头,从河南到河北(我队中间有条人工河),所有的人家都走遍了。大米水饭,葱叶子蘸大酱(自家酿的),刚网上来的小河鱼,顶盖肥的螃蟹……当年下乡时吃过的农家饭又重新吃了一遍。当然,每天的酒是少不了的,在第二故乡,酒逢知己,哪有不喝的道理呀。炕头上,觥筹交错间,与当年为打农业翻身仗共同奋战的社员共同追忆那些逝去的往事,讲述一个个不堪回首又难以忘怀的场面,谈论着三地知青每个人的音容笑貌,秉性特点……一切都是那样清晰,一切仿佛就在昨天。回忆,把我们带回到40年前。能陪我喝酒唠嗑的

知青在盘锦

老人已经不多了，岁月更替，人间轮回。当年流鼻涕穿开裆裤的小屁孩都是四五十岁的中年人了，当年三栋房的青年点仅剩一间，由外来户住着，队里两位最年长的老妪，一个85岁，一个81岁。好在她们同城里的退休人员一样拿着退休金，可以衣食无忧地安度晚年。

四天的时间倏忽而过。第五天我就要返连了，早饭后，秉义大哥给我拦了辆去往盘山的车，几个人簇拥着我，互道珍重，一一握手告别，再见了，张家四队！再见了，第二故乡的亲人们！

五、探亲

曹连合是当年张家二队的生产队长。1971年我在大队工作时到二队蹲点，与他朝夕相处结下了很深的感情。由于孩子多生活困难，才50出头就满脸沧桑，青年们都叫他曹大叔。那时在抓革命促生产的口号下，农忙时白天十几个小时的劳动，晚上还要搞阶级斗争，批判坏人坏事，进行路线分析。过度的劳累让曹大叔患上了严重的胃病，常常捂着胃蹲在地上，实在扛不了就吃个止痛药顶一下。这么严重的病按理应该好好休息，可对工作认真负责生性要强的他从不躺下，每天都带领知青和社员起早贪黑地苦干着，用实际行动给我们做出了榜样。那时候我们是来接受贫下中农再教育的，曹大叔的言传身教、一举一动，尤其他那泼辣实干的精神，深深地打动了我。工作中我们配合默契，共同探讨生产上出现的问题及解决的方法。工作中的互相支持，生活中的关心体贴让我们成为患难与共的朋友和知己。

回城后，空闲的时候时常想起农村的往事，想起那些难忘的日日夜夜。尤其挂念曹大叔的病情，他的身体怎样了，病情是否有好转？队里其他人家的生活都过得怎样？还是那样贫穷吃不饱吗？

随着时间的推移，想回去看看的念头愈发强烈。

那是20世纪80年代初的某年大年初一，中午全家团聚吃完饭后，我就急忙准备东西，当晚乘坐9点多大连到三棵树的最后一趟火车，下半夜1点多到

☆盘山区第一届团代会（三排右五赵希顺，摄于1972年8月）

了海城。那时到盘锦没有直达车，只能先到海城再倒车。因为过年，空荡荡的候车室里冷冷清清，只有零星几个人或躺或坐在长条木椅上打瞌睡。没有熟人，没有伙伴，感觉时间特别难熬。多亏一个精神不正常的人手舞足蹈或唱或跳地活跃着气氛，缓解了冬夜里漫长的等待。

好不容易挨到天亮，肚子有些饿了，想出门找点儿吃的，开门一看，不知夜里什么时候下的雪，地上白茫茫一片。那时商业网点还不发达，正赶上过年，走了100多米没有一家饭店开门，只好顶着风雪回到候车室。此时的雪下得很急，不是轻飘飘漫天飞舞的那种，而是像筛面那样直直地往下落。我想如果是夏天，这么急的雪化成水肯定是大暴雨级别的。又过了一个多小时，由沈阳开往沟帮子的沟盘线火车终于进站了。车厢里照样没几个人，这样恶劣的天气，没有急事人们是不会出门的。四个小时的行程，到太平站的时候是中午11点半左右。下了火车这才发现整个大地银装素裹白雪皑皑，真是好一派北国风光。

雪仍然一刻不停地下着，风也越刮越猛，凛冽的北风呼啸着吹得人上不来气，也走不动路。茫茫原野上没有一个人影，只有我自己在雪地里艰难地跋

知青在盘锦

涉。此时气温已降到零下十多度，冻僵的手不停地左右倒换提着旅行袋，真是举步维艰。那时，太平到张家的大道两旁每隔几十米就有一座高压线塔，凭着下乡时不怕吃苦的精神和在部队练就的坚韧不拔的毅力，我数着高压线塔费劲地走着，走完一个喘喘气，歇个几分钟再奔下一个。老天好像故意在考验我的毅力，北风怒号大雪没膝，我一步一步地喘着粗气，不是在走，而是在挪。茫茫雪地里没有一点遮挡，看了一下手表都下午3点多了。这段平常一个多小时的路现在四个小时过去了才刚刚走了一半。这样不行，必须加快步伐，否则天黑到不了张家非冻死在路上不可。我紧了紧腰带，抓把雪填在嘴里。危机感促使我不敢懈怠，只能更加奋力地前行。

又走了一段，终于见到远处有人家了。我知道那是常家，过了常家就快到张家了，再努力一下就胜利在望了，我兴奋地鼓励着自己。就在这时身后传来声音，回头一看，一匹老马拉着两个人正费力地奔走着。老马瘦弱不堪，鼻子和嘴巴上挂满了冰凌。原来是家住张家六队的太平火车站的张连友站长去站里处理事情往回走，正巧碰上了我，真是天无绝人之路啊！张站长让我快上车。可怜的老马拉着我们三个人，更加吃力地前行，遇到雪坑车陷在里面，我们就下来推一把。

终究马比人快，半个多小时后，马车走到了张家二队和六队分界的地方，张站长往东去了，我提着旅行袋往西走。曹队长家离坝西不太远，凭记忆我找到了他的家。当我出现在他们面前时全家人都惊呆了。当时的我成了雪人，厚实的棉军裤膝盖下全湿了。大叔紧紧地握着我的手不愿松开，眼里噙着泪连声说，希顺啊，你受苦了，哪有这样的天出门的？大婶急忙到外屋热饭。这时极度疲劳的我趴在炕上，一动也不想动，早已饿过劲的肚子反倒一点儿也不饿了。大叔瘦削的脸更加苍老，泥土房里依然家徒四壁。问到病情，大叔说多少年了，一直没有好转，在没钱没药的农村，只能过一天算一天了。听罢心里难受，一脸怆然。

人都是有感情的。聊天当中，曹大叔跟我唠起了当年在队里出力流汗的二年四班同学的情况，虽然有的离队已经七八年甚至十多年，他依然能记起那些男女同学的名字。那时的通信不发达，同学间相互联系的很少，我把所知道的一些信息尽可能详细地告诉他,曹大叔眼神里流露出一丝企盼:他们啥时候也能回来看看?

　　初四上午,我又去看了几户社员后就要离开张家二队了。雪早停了,风还刮着,天气依然很冷。曹大叔一家把我送到当街门口,大婶拿出煮熟的自家都不舍得吃的咸鸭蛋和一些鸡蛋让我带回去。那时的鸡鸭蛋还都是稀罕物,推辞不掉。我带着对这家人的不舍,一路顺风赶到太平,踏上了回城的列车。

故乡行有感

一声召唤,
我们集合在中山公园,
天未亮,人已喧。
盘锦发来邀请,
去参加秋收开镰。
九·二五的早晨,
二百名当年的知青,
个个喜上眉梢笑容灿烂。
高速路上车轮滚滚,
百公里的时速还感觉跑得太慢。
四十七年的情怀,
四十七年的挂念,
四十七年的离别,
四十七年的变迁,
吸引着我们归心似箭。
到了!
盘锦的秋天艳阳高照,
盘锦的秋天金黄一片。
彩旗飘飘人们载歌载舞,

唢呐声声不绝的锣鼓震天。
第二故乡盛情迎接着我们,
还有那张张可亲的笑脸。
我们扫去了旅途的疲劳,
仿佛有到家的温暖。
喝口家乡水吧,
是那样惬意舒坦。
去看看青年点,看看老房东,
去看看我们走过的路,
去看看我们种过的田,
是我们共同的心愿。
当年的青年点已被新房代替,
当年的老房东已不多见,
当年的我们现在都六十多岁了,
时间无情是我们的共同感叹!
四十七年只是历史长河的一瞬,
四十七年也足以让沧海变成桑田。
岁月悠悠时光荏苒,
给我们的惊喜是,

知青在盘锦

第二故乡，换了人间！
会议室，炕头上，庭院里，
与老农话当年，风霜雨雪，我们战天斗地，插秧拔草，更是烈日炎炎。
浑身泥水，我们全然不顾，蚊虫叮咬，成为笑谈。
谁的肩膀没被磨破？
谁的腰杆没被压弯？
谁在夜里不思念父母？
谁不盼着回家团圆？
姑娘们纤细的手磨出了血泡，
小伙们握锹杠的手布满老茧。
忍饥挨饿，
收工的时候腿都打颤，
没有菜吃，
只能用凉水化点儿盐。
这就是我们知青，
在贫瘠的土地上，
经受着煎熬，经受着磨难，
经受着坎坷，经受着考验。

寒来暑往，我们学会了各种农活，
迎接挑战，我们实践着自己的诺言。
一分耕耘一分收获，
吃着自己种的大米，
虽然没有菜，
感觉也是那样香甜。
历史自有后人评说，
我们用行动交出了一份合格的答卷。
盘锦大地啊！
可知道今天的你为什么这么秀美，
今天的你为什么这么壮观，
可以无愧地说，
那是因为有我们，
当年万千知青的无私奉献！

赵希顺为2016年9月25日盘锦首届开镰节创作

赵希顺 出生于1950年11月，原大连第四中学学生。1969年3月17日下乡至盘锦太平农场张家四队。1971年入党，任张家大队党支部副书记。1972年任曙光（太平）农场团委书记，1972年12月参军，离开盘锦。1976年回城在大连第二轧钢厂工作至退休。

难舍的情意

◎赵素春口述　张丽娜整理

　　知青的经历是记忆中永远无法抹去的一段回忆。如今，距离1968年下乡到盘锦已经48年了。48年，对一个人的成长来说，都是已近中年，而我们这些68届知青已是即将迈向古稀之年了。回想起知青的生活，历历在目，刻骨铭心。有时在想，这一代人的知青经历，虽然艰辛，但从一定角度看，这段经历也是人生中一段不可多得的宝贵精神财富。知青岁月令人回味、永生难忘！

　　1968年9月，我作为沈阳市第八十四中学的毕业生，首批下乡到盘锦的曙光农场。那时我们初三即将毕业，面临着是就业还是升学的选择。之前，盘锦的有关部门到学校去宣传，介绍盘锦的美丽景色和富饶的资源，同学们了解到盘锦是鱼米之乡，有水就有鱼，金黄的稻田，令大家非常向往。学校每个年组有9个班级，全校挑了4个班，都是年组中最优秀的班级准备下乡到盘锦。我们班因为表现特别突出而被选上。我所在的班级有60多人，只有个别同学由于身体不好或家里有困难没下乡到盘锦，而是下乡到沈阳的郊区。当时同学们面临是报考师范学校或高中的选择，而我们班级整体被选中到盘锦下乡，同学们感到非常的自豪（因为当时其他的班级有10多人下乡到昌图等地，大家认为那是插队而不是下乡）。这期间，我还被选为学生代表到北京去见毛主席。

　　1968年9月19日，一个秋季阴雨连绵的早晨，天刚蒙蒙亮，还飘着小

知青在盘锦

雨，弟弟妹妹送我去沈阳南站，乘坐绿皮火车，前往盘锦的曙光农场。火车站人山人海，挤满了即将远行的学生和送别的家长。家长站在站台边上，同学们坐在车厢里有说有笑，但随着汽笛声一响，同学们哇地一声都哭了，这时广播里响起了毛主席的教导，盖住了同学们的哭声。过了一会儿，大家又恢复了小孩儿的天性，似乎很快忘记了与家人离别的不舍，在车厢里又有说有笑起来。大约中午12点，我们在沟帮子火车站下车，又坐着带斗的卡车往曙光农场进发。同学们坐在前面，后面装着行李，由于当时的路况特别不好，赶上下雨，道路非常泥泞，汽车经常陷在泥里开不出去，于是同学们又从车上下来垫土平整道路，就这样走走停停，缓慢地行进，将近傍晚才到曙光农场的张家大队，离目的地兴隆大队还有二里地，车困在了泥里，实在走不了了，于是同学们步行前往目的地。由于天蒙蒙亮就出发了，坐了一天的车，非常疲倦，并且当时已是晚上，村子里不通电，没有一点光亮，这二里地走得实在是遥远又漫长。就这样一路跋涉到达了兴隆大队的三队（这是当时最贫穷的一个小队）。虽然天已经完全黑了，可生产队长、会计、妇女队长还是带领很多人在路边跳着"忠字舞"把我们迎到了队部里。

  班级50多名同学在妇女队长的带领下来到了老乡的家里，分成两拨吃饭。老乡的家里是连二的屋子，炕上放着一尺半宽、两尺半长的桌子，点着煤油灯。就要吃饭了，由于坐了一天的车，同学们早就饿了，心里想一定是大米饭，可是吃的却是高粱米水饭，不免有些失望，心里想盘锦不是"鱼米之乡"，盛产大米吗？菜是地瓜炖大白肉，其实这是小队把最好的伙食拿出来款待远道而来的知青们，已经倾其所有了。

  当晚，在妇女队长带领下，张家几个同学，李家几个同学地分批安排好住宿。我当晚被分到了孙洪祥家，连二的炕上，用苇席隔成了两间屋。

  天亮了，同学们终于能够看清楚这个村子的真实模样了。村里光秃秃的，一棵树也没有，从东到西，村里只有唯一的一条村道，坑洼不平，泥泞不堪，20多户人家的房屋并排建着，都是平顶泥土房，没有电灯，村的东西两头各有一处水泡子，村民们用来取水做饭。看到这些，同学们的情绪不似来的时候那样高涨了。

第二天，大家都穿着胶鞋，拿着镰刀，在老乡的带领下割稗子，割高粱，掰苞米。就这样，每天一会儿割稗子，割高粱，一会儿掰苞米，由老乡带领我们熟悉各种农活。老乡非常有耐心，热情地教我们，大家都不熟练，把黄胶鞋割了许多口子。十一国庆节之前，同学们都给家里去信了，信里倾诉着对家人的思念以及下乡后的所见所闻。国庆节之后，同学们又都收到了家里的回信，又都哭了一场。国庆节时大队里考虑到这样艰苦的条件，于是把队里仅有的一匹腿瘸的马杀了，改善知青的生活。每组分一块肉，分几斤面粉，给同学们用马肉包饺子。为了知青们，老乡倾其所有！半个月后，在同学中选出伙食长，到18里开外的农场场部去取农场的供应粮。因为当时的场部为了照顾知青，特批改吃商品粮，一个学生一年600斤粮食，都是大米白面，有时还供应猪肉，同学们自己开伙。

生活条件得到了一些改善，半个月赶马车去拉一次细粮，去生产队买些蔬菜，过了一段时间，同学们的心开始逐渐安定下来。

慢慢地，在老乡的带领下，同学们开始学习熟悉各种农活。我们所在的小队，以往种的都是旱田，我们这些知青来了之后，在1968年的秋天，开始实施旱田改水田的浩大工程。首先是改造上下水线，建育苗池子（苗床），挖埝埂，还要挖水稻池子，一个冬天要把所有旱田改水田的基本工作做足。冬天要出工去挖河，接着又到胡家去清淤，这样上水线与下水线就像蜘蛛网一样都连起来了。深冬到了，那个时候的冬天太冷了，知青们也没闲着，去苇塘搂草、捡粪、搓草绳、编苇苫子，大家干得热火朝天。转眼要到春节了，大家响应上级的号召春节不回家，与老乡一起过"革命化"春节。每个老乡家里安排了两三名同学一起过年，在吃年夜饭之前要进行忆苦思甜，先吃糠做的窝头，再吃饺子。我被分到了姓孙的一家，共同过春节。同学们在一起很团结，老乡很尊重我们。之后不长时间，上级给知青所在的每个生产队派来一名解放军战士，任指导员，同学们实行解放军编制。全班50多个同学分成两个排，我担任二排长。1969年3月，我所在的生产队又分来了20多个大连知青。每天早晨，

知青在盘锦

解放军指导员带着我们到生产队门前对着毛主席像三鞠躬，祝毛主席万寿无疆，之后进行体能训练，接着再集体吃饭。知青们的生活与部队很相似，有时军训，半夜一声号响，立即起来收拾床铺，打起背包，集合到村外跑步，然后再回来。晚上学习，有时学习毛主席语录，有时开展"斗私批修"，大家都要发言，做批评与自我批评，比如说自己存在怕苦怕累的思想，等等。有时由排长起头儿唱歌，精神生活还是很丰富的。我们是下乡3个月之后才安上了电灯。由于那个时候家家都是小小的煤油灯，到了晚上，没有其他的光源，真切体会到了什么叫伸手不见五指，漆黑一片的感觉。

老乡带领我们熟悉各种农活，没有靴子，春天我们光脚到满是冰碴的河里挖沟，每天都干，冻得腿都出血了。由于水质非常不好，我的齐腰长的大辫子由于经常用这种水洗头发，最后成了乱麻一样的发质，通不开了，没有办法，剪成了短发。

旱田已经全部改成了水田，第二年的5月，要插秧了，上级提出"大干红五月，不插六月秧"的号召，安排是男生挑秧苗，女生插秧。插秧之后还要挠秧，之后要拔草，都是光脚干活。夏天要封垄了，一直干到上秋。秋天田野里呈现出稻浪泛金波的壮观美景。这时我们对各种农活已经完全熟悉，和老乡干活已经不相上下了。在稻田里收割的稻子已扎成了很多捆，到了冬季，知青们往生产队背稻子，虽然汗流浃背，但是大家劳动热情高涨。

1969年的秋天，青年点也建起来了，我们大队盖了四大间、两趟房子（一个小队一个）。青年点里，沈阳青年集中在一起，有解放军指导员带着我们（大队的叫教导员），还建了一个礼堂，经常唱革命歌曲。同时也进行体能训练，锻炼意志，增强体魄。

1970年修盘山大坝和盘山铁路，我们沈阳知青也都贡献了一份力量，男生负责推土，女生协助推车。当时是冬天，天气很冷，晚上睡觉只好戴着口罩，穿着棉大衣。即便这样大家也是圆满完成了任务。

1970年，生活条件进一步改善了，大家都买得起水靴了，春天干活不必光脚下到冰水里了。1972年，68届有10多名同学被抽调到油田工作。1975

年青年点开始清点儿,剩余的同学全部回到沈阳。我由于表现突出,在1970年年底被抽到盘山城里,最初安排到盘山县饮服公司的迎春饭店工作,学习面食的各种做法,三个月后,由于表现优异,安排做财务工作,开始做出纳,后来做会计。1973年,担任饭店的副主任。1975年调到盘锦旅社任副主任。1981年又抽调到盘山县委财贸部做文书工作。1985年盘锦建市后成立双台子区,调到双台子区政府办做文书工作,1987年提任区政府侨务办副主任,1989年任胜利街道办事处副书记,1991年调任区政协工委办副主任,2000年提任工委办主任,2003年离岗退休。

每当回首知青的往事,有苦有甜,有真诚的感悟,也有挥之不去的眷恋。1989年,我和10多位同学与当时盘山妇联主任又回到了下乡的青年点,回到我们曾生活过的虽贫穷但无法忘怀的小村庄,又一次从东头走到西头,那时村子的面貌就已经发生了很大的变化,土房变成了砖房,路两边开始植树了,荒凉的盐碱滩已经全部改造成了水田。带着礼物专程去看望了我曾住过的房东家,一进屋,看到老人已经失明了,但是对我们却仍是那样的热情,

☆赵素春(摄于2000年12月)

屋里的墙上还挂着当年我们这些知青的照片。这使我不禁回想起当初下乡住在老乡家的情景。那时,生活水平很低,可是为了改善知青的生活,老乡到河里捕鱼,在河沟里给我们抓泥鳅,用铁丝穿上在火上烤,冬天在火盆里给我们烤土豆,特别是那种红皮蒜,那种甘甜的味道使我难忘,即便现在,我也偶尔买一些,回忆那种知青生活的味道和老乡对我们的情谊。

2016年,时隔26年,我在家人的陪伴下,又故地重游了心中永远无法释怀的曾下乡的村庄——我的第二故乡。当它出现在我的面前时,既陌生又熟悉,倍感亲切。村里绿树成荫,大气整洁的院落,非常气派的北京平,房顶安装太阳能热水器,花草遍地,柏油路修到了家门前,它已是隐没在花园中的村

知青在盘锦

庄,不是当初贫穷荒凉的小村落,国家的富民政策,市委、市政府的美丽乡村建设让它愈加幸福和美丽。这份乡土乡情使我久久不忍离去,小村庄已深埋在我的情怀里。

2016 年 12 月

茄子情结

◎郝玉琦

几十年了,一看到茄子,我心里就本能地掀起一阵波澜,无论绿茄子还是紫茄子,圆茄子还是长茄子,那段刻骨铭心的记忆就会被呼唤出来。

火辣辣的年龄,光怪陆离的岁月,特殊的历史时代,编织了我的青春梦幻,那是我遥远的知青梦……一台仰面朝天的手扶拖拉机,静静地躺在铁路路基下的水坑里,一车鲜嫩的茄子从麻袋包中散落,埋住了我和一颗战栗的心。那一刻我以为车是翻在铁路上了,听着远处渐近的隆隆火车声,我四肢无力,挣扎不起,默默地等待着那个可怕的时刻……那年我十八岁,刚刚当上青年点的"火头军",驾驶着手扶拖拉机到沟帮子去买菜。那是我这一生中感觉最长的一列火车,隆隆声整整碾过了半辈子……

四十几年后,满鬓白霜的青年点同学聚会,我竟成了被讨伐的对象。有人说我当年做的饭菜天下最难吃,有的说我做饭不淘米,贴的苞米饼子糊得像鞋底子,还有的说我打饭"看人下菜碟,不公平"。大家谈论得很轻松,又记得很清晰,好像就是昨天的事。听是调侃笑谈,却也件件是真。谈笑中我不由心生酸楚,看来人心之中确实是有本账啊,竟记下了那么多的怨恨和不满,却少有感恩……

那个年代,知青的"火头军"是最难当的,粮食不够吃,副食品极度匮乏,甭说肉,连油都很少。大家干活又苦又累,吃了上顿想下顿,一天到头,

知青在盘锦

就这顿饭是盼头，要是做得没滋没味，不挨骂才怪！那时我也才十七八岁，在家哪会做饭哪，让我当伙食长，是因为在毕业时我带头报名下乡，"火线"入团的缘故。让我干我就努力干呗，就想干好，让大家吃好。记得农忙时，我天天早上三四点钟就要起来做饭。下地早，五点就要开饭，那时叫"早晚看不见，地里一顿饭"。中午，还要带炊事班的同学挑着饭往地里送。刚开始真挑不动啊，肩膀天天是肿的。压水井离伙房又很远，挑一桶水来回得半个小时，春夏还行，一到冬天可就遭罪了，井沿全是冰，一跐三滑，不知把水桶摔瘪多少回。这么努力我不指望大家说我好，能把伙食搞上去就行，可我还是总挨骂。那会儿我就想，我就是那车翻倒的茄子，大伙吃不饱，活又累，而且心不顺，拿我出出气就出出气吧！

没想到，四十多年了，这些老同学还记着他们的怨气。记着就记着吧，我知道他们不是冲我的，是冲着那时的艰难困苦，好在那个年代已过去了。无论是苦还是甜，回忆起来都蛮有滋味的。

郝玉琦 1952年8月出生，就读于沈阳市第三十六中学。1970年8月28日下乡盘锦地区羊圈子苇场建新大队一队（大队是青年营）。下乡期间做过小队伙食长。1975年8月26日抽调到辽阳石油化工厂，工人退休。

初始的知青生活

◎ 荆亚军

1975年12月15日，是我一生难以忘怀的日子。这一天，我到大洼县新立农场前胡大队，成为一名盘锦"知识青年"，距今已经40多年了。40多年来，那段艰难困苦的知青生活，特别是最初时的生活和劳动的情景，时常浮现在眼前。

记得那天，我和赵爱民等10多个家住辽阳的铁道兵第九师子女，与亲朋好友依依惜别，满怀扎根农村干革命的豪情，告别了父母，告别了亲友，告别了故乡——辽阳，在师政治部群工科侯干事的带领下，乘火车到达新立火车站，又换乘汽车到后胡大队旁边的师农场吃午饭，然后我们被送到了前胡大队。早已在那里等候迎接我们的老农民和老知青，以热情的锣鼓和喜庆的鞭炮声来欢迎我们。大队党支部书记、"革委会"主任李连富，副主任梁玉生，候任五队队长郑凯（70届沈阳知青）等领导和我们一一握手表示欢迎。当天，我们被分配到老乡家居住，我和史立明、谭建军、储得民被分到农民孙洪山家里。他家只住着老两口，其子女为了给我们腾出地方，都投宿到亲戚家去住了。

第二天，我们早早起来，主动帮助擦桌扫地、抱柴烧火、打扫院子。当我们要去挑水时，孙大爷坚决不让，他说，你们年龄太小，根本挑不了，我们拗不过他，只好作罢。好像是当天下午，我从供销社买东西回来，屋里只有房东大娘一人坐在炕头做针线活，我看到水缸里只有多半缸水，便悄悄挑着两个空

知青在盘锦

☆送亚军（中）入伍（摄于1978年3月）

桶，走到近一里路远的水泡子那儿挑水。开始掌握不好技巧，打上来的水总是不多，后来，我拎起水桶将桶口向下扎进冰窟窿里，将水桶灌满水提上来，在冰面上放稳摆好，把扁担的中间放在左肩上，扁担钩钩住水桶提手，身体下蹲，屈膝，挺胸抬头，两眼环顾前后，双手握住扁担钩，找找平衡，摇晃着慢慢站起来，在扁担一会儿前高后低，一会儿后高前低地晃晃悠悠中起步行走，还没走几步，水桶里的水就洒落了好多，就这样还休息了五六次。当把水挑回房东家时，两个桶里都只剩下了半桶水。从那时起，我暗下决心，尽快闯过挑水关，迈好锻炼第一步，还抄改了一首小诗："不做温室一朵花，愿做青松经风刮，上山下乡干革命，盘锦大地把根扎。"以此明志，激励自己。1978年2月，我应征入伍体检时，才发现脖子后面脊椎骨处隆起很高一个大包，医生说与长期挑担子挤压有关系，没有大的问题，不会影响你当兵。我想肯定是长年累月挑苗抬抬、挑稻挑水所致，这个大包至今清晰可见，成为我知青生活颇有收获的历史见证，这是后话。晚上，带队干部指导员黄廷雨、排长王洪才召集我们开会，后勤部副政委韩智讲话，对我们这些新来的知青提出了殷切的希望。

几天后，41团、42团、44团、45团的子女，陆续全部到达前胡大队。大队在青年点食堂召开了简短的会议。会议由大队副主任梁玉生主持，宣布成立前胡大队五队，郑凯为五队队长。会上，青年副主任李世铭（74届沈阳知青）介绍了体会，铁九师子女刘建民代表我们表决心，指导员黄廷雨讲话，提出了"八不准"，要求我们给父母争光，不要给部队丢脸，最后大队党支部书记李连富讲话，他说："你们是部队的知青，五队是年龄最小的生产队，在劳动中要特别注意安全，防止伤病事故的发生。"从此，"小五队""军青"作为对我们特有的称呼，不胫而走，沿叫至今。以后听说，前胡大队共有80户左右农户，各种拖拉机20多台，耕种4000多亩地。大队共有四个生产队，其中：一队和二队是知青队，全部是沈阳市下乡知青（从六八届到七四届），共有300多人，两个队耕种近2000亩地；三队和四队为老农队。我们铁九师子女组成的五队，当时不到50人（1976年春节后增加到54人），耕种近700亩地。此后，我们便直接投入到脱谷大会战的倒垛运稻、脱谷扬场、装袋送粮的劳动中。

  冬天的场院，大型脱谷机轰隆隆响彻场院，各种机械嗒嗒地运转不停。记得好像我们是配属一、二队老青年脱谷，分了大概四个组，有往大型脱谷机运稻捆的、有在脱谷机出口运稻子的、有扬场的、有装袋送粮的。我接触到的第一个活就是扬场，面对稻堆，站在风向的侧面，双手握住木锨，撮起稻谷，用力向空中甩去时，木锨稍微倾斜，把稻子在空中撒开。开始掌握不好，稻灰和碎稻草（当地农民称之为"稻乱子"）落得满身满脸，稻子也散得满地都是，不能全部落在稻堆上。扬了10多分钟，就感到胳膊发酸，费了很大的劲儿，身体好累。郑队长看到了，和蔼诚恳地对我说，这样干不行啊。然后他亲自示范指导，我又重新学习并渐渐地掌握了扬场的动作要领。在兴奋和劳累之余，第一次感受到粮食的来之不易。小时候吃饭时，父母不让剩饭，掉在饭桌上的饭粒和馒头渣，让我捡起来吃的情景又浮现在眼前，深深感受到父母的教诲是那样有道理。也许是父母教育的结果，也许是自己亲身体会到了种粮的艰辛，我一直保持着吃饭不掉饭、不剩饭、不扔饭的习惯，并告诉晚辈们也要这样做。即使是现在，无论任何名义的聚餐，我都主张够吃、吃好为原则，不要剩饭剩菜，坚决反对铺张浪费、大吃大喝。

  大概是1976年的元旦刚过，我们从农民家里搬迁到刚刚搭建好的棉帐篷居住。数九隆冬，寒风凛冽，帐篷里尽管有地火龙，室内温度仍达不到零上10摄氏度，晚上睡觉尤感寒气逼人。我们有的戴着棉帽钻进被窝，有的用被子蒙住头睡觉，几乎所有的人都被冻醒过多次，很多人冻得腿抽筋，疼得嗷嗷叫，这样的生活环境一直持续着……于是，大家都盼望着早日放假，春节回

知青在盘锦

☆ 前胡大队五队队长郑凯和荆亚军41年后重逢

家，脱离这个生活环境，曾经"永不想家"的承诺开始改变，"扎根农村干一辈子革命"的誓言逐渐动摇。谁能想到更重的劳累和更多的艰辛，还在后面等着我们……

40多年过去了，真是弹指一挥间。当年十六七岁的青少年，现已两鬓斑白，年近花甲。两年多的知青生活，不算长，也不算短，饱尝了酸甜苦辣的艰辛，留下了刻骨铭心的记忆，不可磨灭，终生难忘。如今，回顾往事，认为我们是"被坑害的一代"有之；有怨恨、有遗憾的有之，可谓莫衷一是，众说纷纭。我作为知青的一员，不想对知青上山下乡，接受贫下中农的再教育的对与错进行评价和评说，也从未因为有知青的生活经历，感到骄傲和自豪。就我个人体会而言，在农村两年多的知青生活，确实锻炼了我的意志和毅力、人格和品德，为我在以后的工作中，不畏艰难困苦，打下了良好的、坚实的基础。我人生中最美好的青春年华在那里度过，没有遗憾，没有后悔，只有回忆，只有希望。希望我们前胡知青，不忘过去、正视过去，把握现在、珍视现在，让我们以后的生活更加丰富多彩，生活在健康快乐、祥和幸福之中！

荆亚军 1958年5月出生，中共党员。1975年12月由辽阳市下乡到大洼县新立农场前胡大队五队，任作业组长。1978年3月应征入伍，历任班长、排长、指导员。1984年1月转业，历任科长、主任、处长，中铁十九局集团有限公司纪委副书记、监察处处长，2014年1月退居二线。现任中铁十九局集团第一工程有限公司法律顾问。

升腾的情思

◎ 胡 凡

一、奋战辽河大坝

1971年12月,数九寒天,霜雪飘飞,大地冻得结结实实。盘锦辽河堤坝上,红旗舞动、锣鼓喧天,场面壮阔、声势浩大。约有万名知青如人海波涛般从四面八方聚首在这里,把辽河堤坝踩踏得簌簌作响。知青们几乎都穿着清一色的服装:黄、蓝、灰棉服或军大衣,也有部分知青腰扎皮带或系上草绳,在那个年代这样的装束谁也不笑话谁。

领导会战前的动员很会抓住知青的心。一是从战略意义上讲,修堤筑坝、保卫盘锦。二是要发扬"一不怕苦,二不怕死"的精神,为今后招工回城打好基础。说句心里话,从下乡后,我自知家庭出身不好,因此各种劳动都表现出一种坚强的毅力。我总觉得有使不完的力气。在以往的几次出工或平时干农活,经常受到连里的表扬,并被连里树立为劳动方面的第一杆大旗。由于表现突出,我是盘锦东郭苇场知青可以教育好的子女中第一个入的团。为此当时辽宁电台的记者还特意来到青年点,让我摆上姿势拍摄了领

☆下乡前的胡凡

知青在盘锦

着几位知青学习毛主席著作的场面。后来听说那张照片曾出现在辽宁省第四届团代会图片展览中。

领导的动员像一声进军的号角，霎时间，人、锹、镐、锤、车齐上阵。此时，那僵死冰冻的大地如钢铁般的坚硬。我首先举起了10磅重的大锤，使劲地砸地，真是大锤砸地咣咣作响，只见地上冒出一股白烟。我记起了当时老农常说的一句话，手巧不如家什妙，我们事先备好的钢钎派上了用场。论抡锤技术在当时我也算小有名气了，可以连续抡个几十下，打得钎子似菊花绽放。由于抡锤过猛，我手上的虎口被震裂过几次，手掌上的血泡也接二连三地出现。后来我得知，抡锤也要讲究点技巧，用力过猛最易伤手。我真记不清了，手上伤过多少次，累过多少次，腰酸过多少次，但我都是顽强地坚持下去。我清楚地记得，有一次我实在抡不动了，大锤缓缓地飘落，正好砸到了手扶钢钎的知青手上，只见他手上瞬间凸起一个紫泡。现在回想起来，我感到既幸运又歉意，幸运的是我的那锤下落时力量已经不足了，如果是重锤下去或再偏一点就很难预测后果了。歉意的是我毕竟给人家造成了伤害和痛苦，只是人家高风亮节才没和我计较。我们累了就换着班地干。一块块冻土被我们啃下来，还要把这些坚硬的土块和残土装上独轮车，再运送到距离几十米开外坡路的大坝上堆积平整。手推独轮车，我平生在城里从没见过，可以说只有在这样的工地上才能出现。这种车可不是谁都能推的，更何况还要装上残土往上坡路上的大坝上推了，这不仅要求要双臂有力，而且腿功、脚功都要坚实有力，才能支撑住，稍不留神就会翻车。为了充分调动知青的积极性，我们采取了"男女搭配，干活不累"的理念，女同学一般是装车或在车前系个绳子，在前方引领或助力护车，这一方式果然奏效。我们的攻坚战一次次打响，堡垒也一次次地突破，工地上经常出现广播声、号子声、咣咣砸锤声、欢呼声、呐喊声……多种声响汇聚在一起是那么豪放和动听，仿佛组成了一支支地动山摇的时代欢乐交响乐，催人奋进。

自从我被树立为四新队这面大旗后，一直感到压力很大，不知是一种虚荣心作祟或是一种男女搭配的力量在支撑着我，在这次出工中，我累了咬紧牙，手上打泡坚持着。我推的独轮车装得又高又满，几次险些翻车，但在关键时刻，我都能使出吃奶的力气，并坚守推独轮车的诀窍：上坡时要前腿弓、后腿绷，两手握把找平衡。因此从没翻过车。我真的说不清楚，当时好像谁在我身上注入了一股神奇的力量。反正当时只有一个念头，劳动方面要样样争第一。其实在这次出工前几天，我因左臂上长了一个小小的粉瘤，在沈阳做了手术。还差两天就拆线了，但得知要有重要工程，我赶紧返回青年点。虽然只缝了三针，但毕竟还没有拆线，由于那几天强度太大，用力过猛，我的伤口裂开了，但我还是坚持下来了，至今左臂上还留下了一个小小的疤痕。在当时我不知道什么叫后悔，时隔久远，现在仍没后悔。我曾在日记中写过，我曾经在那片土地上表现过、历练过、奋斗过，我可以自豪地说，为了保卫辽河、保卫盘锦，我贡献了一点点力量。

让我庆幸的是短短的辽河修坝会战结束了，大多数知青都是坐着马车顶风冒寒地来去，而我们是连里派来了拖拉机，我们是乘着拖拉机载着欢歌笑语而来，携着愉悦的诗篇而归。当时还写下了一段小小的诗句：

红旗飘飘鼓声脆，欢歌笑语情鼎沸。
地冻似铁石如钢，百锤千锤不觉累。
挥锹抡稿铁骨铮，挑担推车意志锐。
战天斗地何所惧，风流人物知青最。

迎着朝霞，拖拉机缓缓地启动。望着我们亲手筑起的高高的如铜墙铁壁般的辽河大坝，我的心也跟着晨光升腾起来。

二、难忘的收割芦苇会战

当年的知青就盼着几件事，一是盼着回城，但遥遥无期。二是盼着家书，万一信中写点什么意外也可回城待上几天。三是盼着挂锄和猫冬过年……

知青在盘锦

可1972年的冬天就没有那么幸运了，连里刚接到通知，有部分知青要去万金滩苇塘参加抢收芦苇的会战，而且是15天之内必须抢收结束。顿时四新青年连里像开了锅一样热闹。但这次收割芦苇和以往不一样，每天每人超出定额部分会略有提成。这可让我们喜出望外呀！我们以前也得知一些信息，收割芦苇的劳动力除了苇场工人外，大多数是来自当时比较贫困的台安县农民，不知道这次出于什么原因，让知青补充了"兵援"。当时不知道是出于好奇、无奈或是有点小利益的驱使，我也跟大家一样踊跃地报了名。我们住的是苇塘工人宿舍，南北炕上各住十多人。连长通知我们，午夜就得出工，开始我们还不理解，为什么大白天不干非得午夜起来干呢？后来才得知，那是苇塘工人在多年的实践中总结出来的经验。原来一是寒冬的午夜气温虽然最低，但那时的芦苇发脆，便于收割。二是如果太阳出来后，苇塘里残余的冰被人踩踏之后容易冰融雪化，对割、捆、运等环节都会带来一定难度。

午夜的时钟刚刚响起，我们就起来了，各自揉了揉蒙眬的睡眼，吃上几口饭，就全副武装地跟随大军直奔苇塘。北方的寒冬凌晨，朔风凛凛，凌厉的寒风很有穿透力，苇秆被吹得嘎嘎作响，嗖嗖的北风像把尖刀一样刮在我们的脸上。一路走着，呼吸的气体都冒着白烟，胡须都挂上了银霜，仿佛空气里都结了冰……收割芦苇体力当然重要，但多少还要有点儿小技巧，要用左手搂着芦苇秆，右手握着镰刀，紧贴着苇秆的根部，横扫一刀下去，芦苇便齐刷刷地倒下。臂长、体力、技巧三者合一，当摇动苇秆的一刹那，干枯的苇花会四处弥漫飘落，让你睁不开双眼，割上几刀就得揉揉眼睛，有时苇花进入眼睛里，那滋味别提多难受了。临来之前我们每人发了两副劳动布手套。可第一天下来，第一副手套的五指已是面目皆非了。谁也舍不得扔掉那残缺破烂的手套，每天回去后用针线缝缝补补继续用。在那十多天的收割中，我和很多知青一样，手上多次被苇秆划出一道道口子，有时边干边流着血，黏糊糊的血沾满了手套。我忍着痛苦，心中只有一个信念，多割几捆苇子，能挣上点现金。很多知青还采取了自愿结合的办法，即一人割，另一人捆，然后二人一起过秤、装车。这样做的好处是：一人前行割苇子，防止被割下的苇子被他人偷窃；二是大捆的芦苇一人装车很吃力，二人合作既省工又省力。几个环节下来就是一身汗，汗水一滴一滴从脸上滚下来，寒冷的北风和汗水交织在一起，任凭汗水冲刷。我们经历过了一个个透心凉，正如著名作家雨果在《悲惨世界》里所描述的"冬天把天上的水和人的心都变成了冰"。雨果的这句话，可以说是我们当时的劳动场面的真实写照了。但毕竟已经受过累的锻炼，经受过苦的浸泡，经受过岁月风蚀的知青们，横亘在眼前的沟沟坎坎算不了什么。虽然当时累点儿、苦点儿，但我们收藏了蓬勃的青春，收获了经历和财富。即使在当时那艰苦环境里收割芦苇，苇塘里还是时常传来欢笑和歌声。

繁星已渐渐隐去了，晨光驱开了朦胧的夜色，一轮旭日从东方升起，我望着那一捆捆被我亲手割下的芦苇被装上了车，心里高兴极了，那一刻，我忘记了口渴、忘记了疲劳、忘记了疼痛……

那段收割芦苇的悠悠往事，已经过去几十年了。但每每想起来还是那么清晰，它在我的心里扎下了烙印，仿佛就在昨天。

2017年1月30日

胡　凡　1952年10月出生于沈阳。1970年8月28日下乡到盘锦东郭苇场四新连（龙王大队），历任班长、排长、代理连长。1974年1月招工回沈阳，分配到东北制药总厂。

1980年考入辽宁大学中文系（夜大专科），1991年考入中央党校经济管理系（本科）。曾任东北制药总厂工人、计划员、车间工会主席、副主任，车间主任兼书记。1994年任东北制药总厂四分厂厂长兼书记（该厂原是沈阳第二制药厂，被东药接管后更名为第四分厂），高级政工师。

曾多次在厂报、行业报及多种期刊杂志上发表过通讯、杂谈、诗歌、散文等文学作品。2012年退休后任辽宁知青协会副会长、《辽宁知青诗歌集锦》执行主编。

那段短暂的知青岁月

◎ 胡春明

2008年9月20日的清晨,我们"沈阳市第十一中学六八届知青回访团"分乘两辆客车,从沈阳急切地赶往当年我们插队落户的盘锦地区荣兴农场双井子大队。车上欢歌笑语,我们变得年轻,因为找回了当年的你我,直呼其名或被叫绰号也心安理得。一路畅谈,从沈阳到盘锦只用了两个多小时。

40年前,十七八岁的我们,满怀豪情壮志来到这里。也是这段路,乘火车、坐汽车、换牛车,顶风冒雨艰难地走了一天。

40年后,我们早已成熟,霜染两鬓,满身风尘。岁月无情人有情,我们依旧痴情不改,坚定地要去寻找那段刻骨铭心的记忆,去找回那苦难中既是同学、更像兄弟姐妹的友情,去探寻构建我们精神支柱、做人准则的基石。

这次组团回访,我对那短暂的一年多的知青经历又有了清晰的记忆和深刻的思考……

一、梦回"南大荒"

1. 燃烧的激情与简朴的行囊

1968年9月,初一(七)班的同学们刚刚坐到教室开始"复课闹革命"

就接到"知识青年到农村去,接受贫下中农的再教育"的通知。最初只是初三以上年级的学生下乡,初一的学生继续在校读书。校园内,我们惊奇地看着高年级的校友忙碌地做着下乡前的准备。就在他们临行前的一周,突然接到从初一到高三的学生全部下乡的通知。为确保下乡工作的顺利实施,按照有关要求,初一(七)班"排委会"——排长胡春明、副排长杨来润和政治干事杨立凡立即对全班的46名同学逐一开始了家访,思想准备和物质准备同步展开。

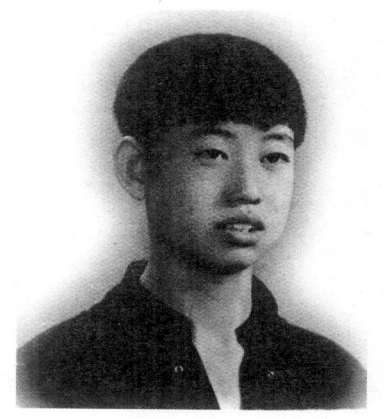

☆胡春明

盘锦垦区荣兴农场专门派来接收干部,风趣地介绍了荣兴农场的自然情况:"盘锦既是辽宁的'南大荒',也是辽宁的大粮仓和鱼米乡""盘锦有四大:风大、厕所大、蚊子大和水泡子大""盘锦一年刮两次风,一次刮六个月""你们在那里会大有作为的"。同学们听后热血沸腾、激情燃烧,对盘锦充满了向往。

我们的行囊十分简单,柳条包、木箱、帆布旅行包,里面装着知青的全部家当。书包内放着的《毛主席语录》,是我们的精神食粮,左胸前佩戴的毛主席像章是那个时代特有的标识。简单的行装里承载着崇高的信仰,这是战胜一切困难的强大精神力量。

2. 艰难的行程与首战的告捷

9月22日上午,在原沈阳南站,同学们怀着豪情壮志和对沈阳的眷恋,在家长及亲友们的嘱托中,踏上了开往辽宁"南大荒"的列车。风雨总是眷恋那个时代的青年,环境也给了我们更多锻炼的机会。那时从沈阳到盘锦没有直达的火车,只能到沟帮子转换敞篷的解放牌汽车,下面放行李,上面坐人。汽车一路颠簸南下,淅淅沥沥的小雨相伴而来。风雨中同学们激动地看到荣兴农场场部的大道上,欢迎的农工乐队冒雨吹奏《天大地大不如党的恩情大》的乐

知青在盘锦

曲，目送着一车车稚嫩的"知青"学生车队，在泥泞中艰难地开往各自的新家。

从场部到平安河大队，天色渐黑，雨越下越大，风雨中汽车深陷在泥潭中无法前行。距离双井子大队还有一段路程，无奈中我们四个班200余名同学，连人带行李再次转换到及时赶来的双井子牛车队上。纵然顶风冒雨，我们仍豪情满怀地"开赴"到双井子，这一"与天奋斗其乐无穷"的壮举，标志着我们的首战告捷。

3. 荒凉的土地与坚强的种子

双井子大队坐落在距场部十八里路的最西端，南临大海，西靠二界沟渔村，北依荣兴水库，三面环水，到处是白茫茫的盐碱滩。以水稻为主业，以渔、苇为副业。双井子分为东大井和西大井两个自然屯，总计五十余户人家，居住分散，十分荒凉，是名副其实的"南大荒"。不同的是，这里是国营农场，老乡们最引为自豪的是被称为"农工"，村干部发工资。体制上的特殊性，使他们不仅具有农民的纯朴，同时还兼有工人的觉悟，这为知青的成长提供了得天独厚的环境。

这样一个小小的村落要安置二百余名知青的食宿、生活和学习，谈何容易！为此，老乡们将所有的耕牛从牛棚中赶到野外散养，经过彻底清理，用大捆的芦苇摆成南北两排长长的大通铺，再铺上苇席，把牛棚变成了知青的集体宿舍。于是，灯光昏暗的牛棚成了我们休息生活、休闲娱乐、畅谈理想的天堂。军代表周广学、张德成是我们最初的领导，当地的农工则成为老师。同学们依然保持了原有班级的组织管理形式，在军代表的严格管理下，我们每天起床、集合、出操、吃饭、学习、劳动、休息，一切紧张而有秩序。

在党支部书记苏福的特别安排下，大队为二百余名知青准备了"忆苦思甜饭"，由苦大仇深的贫下中农做"忆苦思甜"报告。在那偏僻荒凉的双井子，同学们虔诚地"手捧红宝书，心向红太阳"，怀着坚定的信念，皱紧眉头勇敢地喝下第一口苦涩的泡子水，从容地度过了那段艰苦岁月。

荒凉的盐碱滩有了欢歌笑语，沉睡的"南大荒"有了蓬勃的生机，偏僻的村落热闹起来，知青的心中埋下了成长的种子。

秋风袭来，严冬即将来临。我们搬出牛棚，分别被安排到"贫下中农"的家中，纯朴的农工待我们如同亲人，我们很快便融进了双井子的每个家庭。

4. 艰苦的磨难与成功的秘诀

1969年春，在有关部门的组织下，大队在拦海坝外为我们建起了青年点。十几间红砖瓦房分列两排，组成了几个大的青年连，开会集中在礼堂，坐在屋内便可以清楚地看到点点帆船，我们的生活充实了许多。青年点简朴的红砖瓦房，在这片荒凉的村落中显得豪华、壮观。青年点，真正成为知青自己的家，在这里演绎了知青的苦乐年华。

初春，乍暖还寒，我们便迎着寒风开始育苗，在刚刚化冻的泥土中平地，踩在冰冷的泥水中插秧；夏天，顶着烈日挠秧、拔草；秋天，拼着体力收割，凭着毅力搬运。水田，最重的活就是挑秧，自然由男同学承担。插秧、拔草等弯腰劳动同样折磨人，我们班的女同学却有股不服输的劲头，总是冲在前面，从不叫苦叫累，被同学们赞誉为"三八作业班"。

艰难中，女同学表现出更大的坚韧和乐观，她们发现白鞋带九分钱一副，便买回来利用"雨休"时间，将里面的线一根一根抽出来接上，勾成被蒙、桌蒙、无线电蒙等各式各样的装饰。她们还自己动手做鞋，做成当时时髦的天津便、拉带鞋、五眼鞋等，有些作品至今还在家中珍藏。

寒冬，我们的伙食更加困难，食堂只有清炖冻白菜和青萝卜咸菜，冬季大部分时间都是这样熬过来的。

1969年底，同学中开始有人陆续走出青年点，走向各个岗位（杨来润1968年底就参军入伍了，后在省建投公司工作，退休）。他们带着知青坚强、勤奋和忠诚的修炼，去经受人生新的考验。

☆杨来润

知青在盘锦

我也在那时应征入伍,进入了解放军的大学校。天道酬勤,机遇依然不断光顾这些坚强、勤奋和忠诚的知青。他们带着"知青"共同的印记,有的成为高等院校的教授,有的成为政府机关的干部、公务员,有的成为企业骨干、行业标兵和岗位能手,彰显出知青当年的风范。

5. 精神的财富与美好的回忆

40年的人生奠基,铸就了一代人的精神,熔炼出时代的品德。

知青的感受令我们回味一生,知青的磨难让我们享用终身。磨难是一种经历,更是一种资源。磨难是一种财富,要通过精神才能转化,这巨大的精神财富,不能不去挖掘。

历史可以跨过单个人,却无法跨过一代人。40年,我们经历了许多,也淡忘了许多,但是双井子的知青经历却永远无法忘记,在这里发生的一切,历历在目如同昨天。

那时,我们豆蔻年华;那时,我们英姿焕发。岁月无情,40年的光阴将我们催化成年近六旬的老人,我们的子女早已成人,我们之中有许多人已经成为爷爷、奶奶或姥爷、姥姥,我们要珍惜我们的晚年,幸福每一天。

我们的经历是一本书,应该转化成教育子女、儿孙的资源,我们的故事值得骄傲,装在心里留作永久的回忆。

浩瀚的大海与清澈的蓝天相映,白茫茫的盐碱滩与红盈盈的碱蓬草交辉;苇海与稻田同旺,沟渠与水塘同流;人与风共舞,苦与乐共享;人与人同心,天、地、人和谐,自然天成。我们来了,又走了。回来了,又离开了,真情难忘。我们留下了青春,带走了精神,捧来了真情,珍藏了牵挂。啊!辽宁的"南大荒",我们魂牵梦绕的地方!

二、在"人保组"工作的日子

1968年10月14日,下乡到盘锦垦区荣兴农场双井子大队仅22天,我就被抽调到场部人保组工作。人保组坐落在场部中心位置，是原日本警署的旧址，一所日式三层小楼，顶层是尖顶的岗楼，站在岗楼上，通向全农场的八条大道，尽收眼底。

"人保组"，简单说，应当相当于现在的公安派出所。当时，公、检、法被"砸烂"，全国各级公安政法机关"一条龙办案"，人保组的工作就是"包打天下"。大到刑事、治安案件，勘查现场、应急处置，小到调解夫妻吵架、邻里纠纷、维护公共秩序等事项，都一揽子包办，不在话下。

1. 巧放"嫌疑人"

在那个"阶级斗争为纲"的年代，人们普遍警惕性很高。我在人保组工作期间，就经常有大队民兵或群众将"可疑人"扭送到人保组来。

1968年深冬的一个傍晚，海边一个大队的几个民兵押解着一名五十多岁、背着一个大包袱、操着山东口音的男子来到人保组。经过小刘（我的工作搭档，当地青年，后任派出所所长）的审问，这名"嫌疑人"自己介绍说：他是从山东某地来这里寻亲的，没想到亲人没有找到，却被带到了这里。

当时，我感觉到此人纯属憨厚老实的农民，没有什么问题，应该尽快释放。可小刘对这名"嫌疑人"反复审查依然不放心，坚持继续对其留滞审查。

当时在办公室里有两张床，我和小刘各睡一张。两张床下堆满了取暖的木材和煤块，房间中有一个铁炉子。小刘坐在办公桌旁的椅子上，不厌其烦地审问着那名坐在地板上的"嫌疑人"，我坐在另一把椅子上看着、听着。开始，小刘还在认真地记录着，后来实在没有什么内容可记录了，可能也觉得同这名很难听得懂的山东人问话实在是困难，便不再询问了，停下来往铁炉子内塞木材。那名"嫌疑人"坐在地板上开始打盹，被小刘喝止。此时已经过了半夜，我躺在床上慢慢地睡着了。凌晨，我被房间的高温热醒，发现小刘还在不停地往炉子内塞木材，我坐起身来，让忙了一夜的小刘回家吃早饭。然后，我看了看那个"嫌疑人"，见他还坐在地板上打瞌睡。我看着这名无辜的山东人实在可怜，心里想：公开释放，小刘肯定不会同意。怎么办呢？好，就用这一招

知青在盘锦

吧！我推醒了这名"嫌疑人"，指着一侧的窗户对他使了个眼色，说："我到门口站一会儿，你别趁我不在的时候跑了。"他点了点头，没有说话。随后，我便走出房间，关上房门站在小楼门外边的台阶上等待。过了近20分钟，当我回到房间后，发现房间内已经空无一人，那个人一定是听明白了我的意思，跑了。小刘吃完早饭回来后发现人没了，问我是怎么回事。我说那个人趁我上厕所的机会跳窗逃跑了。小刘无奈地摇摇头，此事只能不了了之了。

此后，类似的人和事，被各大队的民兵抓到并扭送到人保组的，都被我巧妙地放走了。

2. 决不放过"恶人"

在人保组工作中，我对那些行凶作恶、欺男霸女、强奸、盗窃案件中的"恶人"决不放过。经我直接办理并被判刑的案件有好几件：

哑女被辱案。一天，小刘急匆匆地找到我，说海滨大队一名男子跑到一名聋哑妇女的家中，正准备实施强奸的时候，被邻居们发现，将其捆绑、看押在街道的路边，脖子上挂着大牌子，正在批斗。我们两人迅速赶到现场。由于邻居们发现及时，违法犯罪行为已被制止，没有造成更严重的后果，经过我们教育后，交给单位对其进行了处理。

李×强奸案。盛夏的一天半夜，种子大队的李×闯进邻居家中，将正在熟睡即将临产的妇女强奸。接到报案，我和同事迅速将李×从家中带回人保组。经过审问，李×对犯罪事实供认不讳。我们及时将材料上报盘锦垦区人保组，一周后，我们接到垦区人保组的电话通知，案子判下来了，李×被判了五年有期徒刑，已经收监。

张××拎包盗窃案。张××，19岁。在大连海港码头，将一老人装有一生积蓄的包袱盗走。归案后被判有期徒刑五年。

刘××掏包惯犯。刘××外号"小土豆"，是一名掏包惯犯，每次被抓获后，我都要苦口婆心地规劝他一番，他也每次都对我千恩万谢的，甚至下跪磕头，被我制止。后因在看守所内他利用放风之机组织犯人越狱，被当场打死。

3. 善待群众

我作为知青，在人保组工作期间，始终坚持着做人的本分和爱憎分明的立场，一方面嫉恶如仇，另一方面善待人民群众。

干渠"女尸"。寒冬的一个清晨，我突然接到林苇队的报警电话，一名巡查干渠的管理人员发现在干渠内有一名中年妇女躺在沟渠里，好像已经被冻死了。我一听"好像冻死了"，就是还可能没有死。我当即要求报警者马上将人抬到林苇队的屋里，我们马上就到。报警者迟疑地说，人要是已经死了，抬到屋里太不吉利了，如果抬进屋里死了我们要担责任的。我再次强调并用命令的口气说："人无论死活都必须马上抬到你们屋里，否则你们要承担一切后果！"放下电话，我立即同场部医院联系，要他们出一名医生和我们一同出现场。

很快，我们骑车来到林苇队。看到躺在屋内地上的那名妇女仍处于昏迷状态。经过医生检查，人没有死，只是长时间受冻所致。注射一针强心剂后，那名妇女的全身开始剧烈地抖动，一个多小时后，人也逐渐有了意识。经过询问得知：头天晚饭后，她因家庭琐事同丈夫发生争吵，一赌气便穿着单衣从家里出走。她带着一肚子怨气，在干涸的沟渠内盲目地行走，最后昏倒在沟渠中，幸亏被林苇队巡查沟渠的管理人员发现，才幸免于难。经过同家人联系，她被丈夫接回家中。处理完这件事，我们回到场部时，已经是中午了。

知青意外。盛夏的一个黎明，我正在人保组值班，突然接到场部"革委会"主任兼人保组组长李慕超的电话，说平安河大队民工在田庄台镇的台前大队挖干渠时，因遇暴雨，他们住的临时房屋半夜时突然倒塌，造成人员伤亡，要求我们立即前去处置。人保组迅速召集了四五个人，骑车赶到现场。

现场一片狼藉，人已经被送到田庄台镇医院。于是我们又直奔医院，见到了伤员和六名死者。经过对多名伤员的仔细询问，走访了倒塌房屋所在单位领导和周围群众，对房子的状态、使用情况进行了了解；又对现场进行了实地勘查，从而对这一伤亡事故有了全面的了解。

现场位于台前大队路边的一个废弃的拖拉机库房，已年久失修，随时可能有倒塌的危险。库房内空置着，平安河大队的16名民工便选择这里做了休息、睡觉的工棚。凌晨，正在熟睡的民工被库房外的电闪雷鸣和暴雨声以及房梁的断裂声惊醒。一名绰号"魏傻子"的年轻人第一个冲出房门，紧跟着又有几个人冲出门外。慌乱中，一声沉闷的轰响，瞬间整座房子倒塌了。在电闪雷鸣和暴雨声中，在这荒郊野外，灾难的突然降临，叫天天不灵，唤地地不应，只能靠自己。大家互相呼喊着，用双手拼命扒着残砖碎瓦，抬起沉重的房梁，将朝夕相处的同乡救出来。经过反复清点，人数全了，于是轻伤员抬着重伤员一步步来到田庄台镇医院。经过医院确认有6名民工已经死亡，其中有4名是下乡知青（两名沈阳十六中学的，两名大连市某校的），两名当地农工。

在参与调查中有两件事我至今难忘：事发时，那名绰号"魏傻子"的年轻人，感觉危险便毫不犹豫地第一个冲出房门跑进电闪雷鸣的暴雨中，在这次事故中只有他毫发无损；而另一名大连知青，跑出门外后，又返回岌岌可危的库房去抱自己的棉被，结果在门前，被一根粗粗的房梁压在腰上不幸遇难。事实证明，在私利面前，聪明人往往更容易变傻，而傻子却常常表现得异常聪明。

经过人保组的积极工作，事故的性质基本清楚。下一步的工作就是协助处理死者的善后。时值夏季，为了防腐，在其他同志的协助下，我带着对知青和群众的感情与尊重，小心地将6名死者遗体整理、安放到冰块上。然后，又拿着6名死者的照片赶到田庄台镇的照相馆，扩放成12寸的遗像。死者亲属到来后，见到我们精心、细致的处置，非常满意。一场重大伤亡事故，得到了妥善的处理。

4. 难舍同学情

我到场部后，无论工作多忙，始终没有忘记还在双井子大队艰苦奋斗和我一起插队的同学们。只要有时间和机会我都要跑到18里外的双井子去看望大家。同学见面分外亲热，赶上插秧，我就跟着插秧；赶上背稻子，就一同背稻子；赶上吃饭就跟着吃饭。时间晚了，就和好朋友路廷都挤在一个单人蚊帐内，忍耐着极度的闷热、潮湿，将就着住一宿。

双井子的同学们到场部或外出经过场部时，也都会到我这里看看，他们遇到什么困难我都尽力去帮助解决。

一天，有几个女同学去营口，赶回到场部时，天已经黑了。距离大队还有18里路，路的两侧是一房高的芦苇，她们实在是不敢走了，于是找到我，迟疑地问我能否帮助安排在农场住一宿。我二话没说，将她们领到场部招待所住下。多年后，这几名女同学依然念念不忘我当年为她们解决困境的情形。

1969年12月冬季征兵，我光荣地应征入伍，从此离开了荣兴农场，离开了农场人保组。但是在那短短一年多的时间里，我所经受的锻炼，为我一生的工作和事业打下了良好的基础。历经辗转努力，1979年初，我调入辽宁公安司法管理干部学院工作，不但回到了我的"老本行"公安司法战线，又有幸与十一中学相邻，隔窗守望母校30年。秉承着十一中学的荣耀，带着知青年代的修炼，我一步步从教师、讲师晋升到副教授、教授，直至2011年退休。任职期间，我为全省各级公安政法机关培养了数以万计的警务技能与查缉战术

☆ 1969年参军入伍与青年点同学和人保组同事留影

的专门人才，成为全省"公安大练兵"的教官和主考官，并在 2007 年 9 月 21 日，经国务院总理温家宝签发，被授予二级警监警衔。我的经历，见证了我们这一代知青勤勉奋进的品格，实现了我在知青年代、在人保组工作时就已经铸就的惩恶扬善与报效国家的希望和梦想。

三、追忆学长田凤山

我是和高中的高长山、田凤山等几名同学一起被抽调到场部人保组工作的。我被分配在"彻查组"同时兼"群专组"，田凤山和高长山被分到专案组。

1969 年 9—10 月间，田凤山同一名当地干部老于去山东外调，途中经常感觉自己浑身无力，两人便来到一处门诊部就医。经过化验，医生单独告诉老于，田凤山得了白血病，必须立即回去治疗。老于急忙将情况汇报到场部领导，为了稳定田凤山的情绪，老于编造了理由，两人当即赶回场部。

回到场部后，领导决定让我和老于两人立即动身，带着田凤山到沈阳的大医院就医，同时，与田凤山在沈阳的姐姐和姐夫联系，协助联系沈阳的医院。在沈阳聚合后，我和老于、田凤山及他的姐姐、姐夫五个人，坐在由田凤山姐夫借来的面包车上开始了寻医之路。按照我们所了解的沈阳大医院，先是到了医大，医生看了化验单和相关检验结论，摇着头无奈地说："我们医院实在无能为力。"于是我们又到了其他医院包括解放军二〇二医院、陆军总院等，结果都是婉言拒绝。后来几经辗转，田凤山才住进了二〇二医院。

听医生介绍大白鹅和甲鱼补血效果好，于是我们分别行动，老于回盘锦向场部领导汇报情况；我去位于沈阳老北站西侧的省水产公司买甲鱼；田凤山的姐夫去新民老家买大白鹅。我来到省水产公司，大约花了二三十元钱买了至少十几个大甲鱼，装了满满一挎包，送到医院病房交给护士，由他们负责熬制甲鱼汤。

我回到家中只住了一夜，这也是我下乡以来第一次回家。第二天清早，我便来到医院看望田凤山。他见到我后非常高兴，精神也很好。由于我急于赶10点多钟沈阳到营口的火车回盘锦，我们没有时间多聊几句。他端出护士熬的甲鱼，说味道非常好，坚持让我尝尝，我推迟不过尝了一小口，果然鲜嫩可口。

我同他道别时希望他不要送我，但是他当时很乐观，一再表示他的身体没事，坚持送我，我们两人边走边聊，一直到二〇二医院的大门口，才依依不舍地挥手道别。

下午，当我回到人保组时，见到大家情绪沉闷，我预感到情况不好。果然，大家告诉我：中午时场部接到了田凤山去世的消息。当时我十分震惊，想到早上同他分别时，人还活蹦乱跳的，现在竟然已经是阴阳两隔了，禁不住落下泪来。

同田凤山相处的那些日子，觉得他为人忠厚老实，同大家相处和睦，很有老大哥的风范。那时候，大家最大的改善就是晚上几个人到附近的小卖店，凑钱买几个水果罐头或猪肉罐头，再买上一两斤饼干，回到宿舍大家围坐在一起，互相谦让着，你一口，我一口，享受着这世界上最好的美味，用最朴素的语言，交流着人世间最真挚的情感。现在，每当回忆这些往事，我都会想起他——我们的学长田凤山。

胡春明 1951年2月出生。中共党员。下乡前就读于沈阳十一中初一（七）班。1968年9月22日下乡到盘锦垦区荣兴农场双井子大队，后抽调到场部人保组工作。1969年12月参军，曾任战士、文书、班长等。1975年3月退伍分配到沈阳市铁西区文化局，任政工干事，9月带职到辽宁大学哲学系哲学专业学习，1978年9月毕业后回铁西区委宣传部任宣传干事。1979年4月调入辽宁省政法干校（现辽宁公安司法管理干部学院），历任讲师、副教授、教授、三级教授，被授予二级警监警衔。2011年1月退休。

难忘的知青岁月

◎ 看今明

☆ 看今明在西三大队稻田（摄于1977年7月）

我是1975年8月由大洼中学下乡到大洼区城郊农场西三大队的（最初归大洼镇，后划归城郊农场），被分配到第五生产队，任青年队长、大队团总支书记。当时我们的青年点有来自于沈阳、大连、鞍山、抚顺、本溪和盘锦的几届知青600多人，知青实行混合编制，即知青集中在青年点食宿，平时劳动插队到各生产小队，与农民一起劳动，知青的日常管理由青年点负责。1976年9月2日我被提拔为大队"革委会"副主任，分管知青、社会治安和工、青、妇、民兵等项工作，11月24日加入中国共产党；1979年3月随着知识青年返城大潮，最后一批离开青年点回城。屈指算来，距今已经41个年头了！时光荏苒，岁月如梭，回首往事，多少人和事都成为过眼烟云，但唯有上山下乡这段知识青年的岁月最为难忘，许多面容时常浮现在脑海，许多往事仍历历在目……

泡子水与"万岁汤"

大家都知道，阳光、空气和水是生命的三要素，缺一不可。下乡到农村后，阳光明媚，空气清新，没有雾霾，没有空气污染，但恰恰是每天须臾不离、必须饮用的水却成了最大问题。

当时，盘锦农村曾有"四大"之说，即"蚊子大，风大，厕所大，水缸大"，其中"水缸大"就是指水泡子，它就像天然的"大水缸"。所谓水泡子，就是在地上挖个亩把大的深坑，然后靠水泵提水或者是靠雨水蓄满水，供人们饮用。由于盘锦是退海平原，土壤盐碱性大，水泡子里的水长年累月泡在盐碱地里变得非常咸涩。水泡子夏季杂草丛生，是青蛙、蚊子以及水蚤等浮游生物滋生、繁殖的场所。舀起一瓢水来，肉眼就能清晰看见孑孓、水蚤等水生微小动物在游动。加之没有围栏，这里又成了鸡、鸭、猪、牛、羊时常光顾的地方，水污染自不待言。到了冬天，泡子里的水量就减少了，冻实了，人们用冰镩子和铁镐刨冰块，回到青年点就着热锅化水做饭做菜，知青们还用带着冰碴的水饮用和洗漱，有的索性把冰块在脸上来回擦几下，就算洗脸了。

平时在田间劳动口渴了，我们就到田间地头的水渠边，用手扒拉扒拉水上的漂浮物，然后双手并拢形成碗状兜住水就喝。好在那时候还基本没有使用化肥和农药。每当夏秋季节，在知青中发病率最高就是肠炎和痢疾，这与饮用泡子水有着直接关系。尽管知青们也采取了很多措施，比如用明矾净化、用水缸沉淀，等等，但水质都没有得到根本改善，最后我们只好用"不干不净吃了没病"这句话来自我安慰、自我解嘲了。

到了农村遇到的第二个大问题，就是无菜可吃，一日三餐喝着"万岁汤"。所谓"万岁汤"，就是把各种蔬菜切碎了放在一口大锅里煮成汤，而且是顿顿、天天、长年累月地喝，便被我们戏称为"万岁（碎）汤"。当时，我们知青每人都有"三件宝"，即铁锹、羹匙、破棉袄，其中的羹匙主要就是用来喝汤吃饭的。下乡的第一年我被分配到第五生产队，是个水田队，我们吃菜主

知青在盘锦

要靠到外面去买。当时的盘锦是辽宁的"南大荒",土壤含盐碱量高,种菜、种树都很难生长和存活,蔬菜就非常稀少,尤其是我们一帮小青年每天劳动也挣不了几个工分,即使有菜,顿顿吃菜,我们也享受不起啊!所以只好顿顿喝汤了。

那时做汤也真做出了花样,什么白菜汤、菠菜汤、黄瓜汤、茄子汤、芹菜汤,还有豆角汤、土豆汤,甚至还有韭菜汤、辣椒汤,不一而足。一大锅汤烧开后,上面时常漂浮着一层腻虫,用水舀子撇出去后,然后淋上点油花,搅吧搅吧就成了"万岁汤"。那时候的我们才十八九岁,正是长身体的时候,也是需要营养的时候,天天的"万岁汤"喝得我们肚子里空落落的,加之农活特别累,自然特别能吃,男生一顿能吃上四大碗大米干饭,女生也能吃上三大碗。那时每个青年每年供应600斤毛粮,相当于每月30多斤成品粮,根本不够吃,只能向家里要粮票来补贴。连续喝了一段时间"万岁汤",就有知青向我这个青年队长反映,我喝得也是挺不住了,就跟我们的伙食长李霞商量能否改善一下,她是我的同班同学,有什么事都很好沟通,但这次她却表现得非常为难,她说,"班长(我在校时是校团委副书记,班级团支部书记兼班长)啊,你也不是不知道,咱们每人每月就供应一两油、二两肉,就那么点儿伙食费,我们靠啥改善啊?我尽力吧!"但她说是说做是做,从此以后她积极地想办法,千方百计调剂伙食。有时她求亲靠友到城里买来几斤肥肉熬油放在汤里沾点油星,有时又到别的蔬菜队里买来便宜的菜偶尔做几次炖菜。那时的青年点,谁回家带回点儿咸菜、炸酱等,就会被大家一抢而光。日子就这样艰难地过着,转眼到了第二年,农场决定我们生产队由水田改为菜田,为县城居民提供蔬菜供应,随之我们的"万岁汤"也有了些许的改变。

带队修筑辽河大堤

1976年11月初,水稻收割之后,也是我担任大队"革委会"副主任不太长时间。一天,时任大队党支部书记、"革委会"主任柳绍田找我谈话,他说:

"全县组织大会战，去修固辽河大坝，全农场去500人，每个大队抽150名青壮劳力，组织上决定由你带队出工，你看行不行？"我当时就表态："行！请组织放心，我一定完成任务，绝不给咱大队抹黑！"态是表了，但实事求是讲，自己的心里也不太托底，一是自己年龄小，当时才19岁，带着100多名大老爷们，其中绝大多数都是我们青年点的小青年，年轻气盛，生性好斗，出了事咋办；二是自己对水利施工也不太懂，队伍中干了大半辈子的农民能不能服气……但自己生性不服输的性格，决定了要义无反顾地干一场。第二天，便动员每个生产队抽调30人，一共5个生产队，共抽调了150人，其中80%是下乡知青，20%是当地农民。人员组织好后，我就率领这150人，带着行李，分乘几辆敞篷大卡车，打着"西三大队"的队旗，一路高歌向位于辽河岸边的大洼县西安农场上口子村进军。

到了上口子村才得知，上口子村处于辽河的左岸，是盘锦最东端的一个村子，地势低洼，十年九涝，当时村里也就百八十户人家。我们农场来自于西三、五七、青堆子、三家子四个大队近五百人同时进入该村，一个小村子一下子涌进四五百人，村子里马上就沸腾了，但同时这么多人的吃住也成了问题，农场要求我们以大队为单位，各自解决食宿问题。于是我将150人以小队为单位，划分为5个团队，分别去租房解决食宿问题。可惜只租到10个房间，只能入住六七十人，剩下的人住哪？我们只好在老百姓的院子里或地势稍高一些的空地上搭起了用塑料薄膜覆盖的简易帐篷，地上铺上稻草，蒙上一层塑料布，摊开被褥，就算住处了。同行的青年点同学都劝我住到老百姓屋子里去，我执意与第五生产队的张铁、孙学军等同学住在了帐篷里。起初还挺好，但过了几天连续下了几场雨，之后又下了小雪，当时的盘锦特别冷，气温也骤然下降，地铺下渗进雨水湿漉漉的，半夜就结上冰，被褥也被打湿，一到晚上入睡时，浑身冻得瑟瑟发抖，只好身体抱成一团勉强入睡……一天，住在房子里的还乡青年柳绍荣把自己铺用的一块狗皮褥子，硬是铺在我的褥子底下，我执拗不过他，只好接受了，铺上了这块狗皮褥子，不仅身子暖了，心就更温暖了。

每天天蒙蒙亮，我们随便扒拉一口饭，就赶往工地抬土筑堤，当时在工地

知青在盘锦

流行着一句话，叫作"早晨四点半（起床），中午大坝见（大坝上吃午饭），晚上看不见（天黑才收工）"。那时也没有什么机械化，主要靠人背肩扛运土，或者一个人挑起两个土篮运土，或者一个人推着单轮车运土，或者一个人扛着装着土的草袋艰难前行，或者把草袋片子用绳子系起四个角，中间穿根扁担，一前一后两个人共同抬土。不管是装土的，还是运土的，大家都你追我赶、争先恐后，不知手上、肩上磨出了多少血泡和老茧，也不知压折了多少扁担和杠子。中午饭菜都送到工地，大家就在大坝上对付一口，撂下饭碗，就又热火朝天地接着干。天黑了才收工，每个人都拖着疲惫的身体返回驻地，有的回到房间就歪倒在床铺上累得睡着了。我每天除了指挥大家运土筑坝，晚饭后还要到农场现场指挥部汇报工程进度，接受新的任务。起初，我们西三大队由于所分的地段地势比较低洼，取土困难，加之秋雨连绵，道路泥泞，我们的进度落在了后面，我的火一下就上来了！于是，我就召集全体出工人员作了战前动员，号召大家"不蒸馒头争口气"，抢时间、赶进度，坚决拿下第一名！大家的干劲被调动了起来，各队队长身先士卒带头干，青年点的同学们更是热血沸腾为荣辱而战，经过一周的奋战，我们的进度终于跃到了第二位，受到了农场指挥部杨指挥的表扬。

一天，农场政工组的王组长来到工地找到我，递给我一份表格，我接过来一看，赫然印着"入党志愿书"五个大字，我激动地站了起来。王组长对我说："经过你本人的申请，组织上的考察，特别是这次你带队出工的出色表现，农场党委决定吸纳你入党，你先填好表，等待党委批准。"我怀着十分激动而幸福的心情填好了入党志愿书，交给王组长。事隔两天后，王组长又来了工地，宣布："经农场党委研究决定，批准看金明同志为中国共产党党员。"我高兴地跳了起来："我入党了！我入党了！我光荣地成为中国共产党党员了！"我永远铭记这幸福的一天：1976年11月24日！我成为粉碎"四人帮"后所在农场的第一批党员，当时我正好19周岁！

经过20天的艰苦奋战，我们终于完成了辽河大堤的修筑加固任务，成为全农场第一个又快又好完成任务的大队，受到了农场党委的表彰，场党委孙书记、刘书记不管大会小会，逢会就表扬我，我俨然成了"新星"，弄得自己很不好意思。

收到的第一封情书

"村里有个姑娘叫小芳，长得好看又漂亮，一双美丽的大眼睛，辫子粗又长……"每次听到这首歌时，我便不由自主地想起发生在青年点的那件事，就想起一位姑娘，但这位姑娘不是村里的姑娘，而是一名女知青，没有一双美丽的大眼睛，但也很漂亮；没有粗又长的大辫子，但也梳着清爽的齐耳短发……

那是发生在1977年春天的故事。一天中午我从大队下班，正前往青年点准备吃午饭，这时就听到身后有个女生呼唤我的名字。我立刻站住回身一看，原来是一名鞍山的知青Q某某（为了保护个人隐私，也体现对这名女生的尊重，请允许我用某某代称）。她快步走到我的身边，跟我说，"我给你写了一封信，请你回去再看"，边说边把信封递到我的手中，转身就跑了。我疑惑地看着她的背影，径直回到宿舍，小心翼翼地打开信封展开信纸，哇，原来是一封情书！信中用大量的笔墨和华丽的语言，称赞了我的英俊、潇洒和才干，接着又表达了对我的爱慕之情，希望跟我能成为男女朋友。我边看信边心跳加速，面红耳赤，边看信边羞愧难当，好像做了什么错事，看完信连忙把信撕得粉碎，生怕落在别人的手里成为笑谈和把柄。一连十几天，只要我看见这个女生，就远远地躲开她，生怕与她见面。可谓躲得了和尚躲不了庙，一天她在我回青年点的路上把我拦住，笑着问我："你为什么总是躲着我啊？我又不吃人！"我一看实在是躲不过去了，索性就跟她明说了吧！我说："谢谢你对我的赞美，但我现在年龄还小（当时是20岁），还是大队干部，不能带头搞对象，否则影响太不好了，请你理解吧！"说完我就快步地离开，把她晾在了那里。

后来这个女生就跟当地的一名还乡青年处了对象，之后又随着知青返城大潮回到了鞍山，再后来听说她结婚生子了，生活还很好，我也一直在默默地祝福着她。这就是那个年代"革命"青年对待"情书"的态度，是我那个青葱年龄发生的一件青涩而又"浪漫"的事。

被禁唱的"黄歌"——《莫斯科郊外的晚上》

提起苏联的《莫斯科郊外的晚上》这首名歌，许多人都耳熟能详，禁不住浅吟低唱，特别是在五六十年代出生的人群中更是脍炙人口、广为传唱。但就是这首词曲都非常清新、悠扬、流畅的歌曲，在我们下乡期间却被定性为"黄色歌曲"，不许歌唱！今天看来这是何等荒唐之事，但却真切地发生在那个极左的年代。

一天，青年点的带队干部把我叫到她的办公室，生气地说："看金明，你得管一管，青年点有人在唱'黄色'歌曲，这是靡靡之音，影响青年的干劲儿和成长。"我便问："是哪首歌曲啊？"她说："就是那什么《莫斯科郊外的晚上》。"我一听便恍然大悟，原来是这首歌啊！其实我早就听到有人在唱这首歌，当时感觉这首歌词曲都非常优美，特别抒情，在那个样板戏满天灌、革命歌曲满天飞的年代，这首歌犹如一泓清泉在人们的心中流淌，沁人肺腑，令人耳目一新，我也深深地被感染了。但带队干部说了，我又不能不管，便找到了歌唱者蒋晓明。晓明是我们盘锦的知青，多才多艺，弹得一手好吉他，生就一副好嗓子，每当劳动之余，他就常常坐在青年点东山墙下，边弹吉他边唱着各种歌曲，有时是一人唱众人和，有时唱得大家热泪盈眶，更加想家、想爸妈。这已成为那个枯燥、寂寞年代我们青年点的一道调味品和精神慰藉，我又何忍不让他唱歌？于是，我就悄悄地对晓明说："以后你再唱这首歌时，别在人多的时候唱，你最好在自己的房间唱，或者趁没人的时候再唱。"晓明对我很尊重、很配合，以后便没有在公众场合唱过。我也算给带队干部交了差。事隔不久，"四人帮"被粉碎了，广播喇叭开始播放一些老歌，先是播放电影《冰山上的来客》插曲，再后来又播放了《莫斯科郊外的晚上》等一批经典歌曲，这才算给这首歌正了名，解了禁！若干年后，我见到这位带队干部提及此事时，她也不禁哈哈大笑，感念那个年代的荒唐与可笑。

脸盆烙饼分外香

每年冬天腊月二十左右，经过春种、夏锄、秋收和冬季兴修水利工程等四季艰苦劳动后，辛苦了一大年的知青们就陆续放假回城了，青年点食堂也就随之停火了。我因是大队"革委会"副主任，除了分管知青工作外，还分管着大队的一些工作，得等到腊月二十八九才能回家。这样一日三餐也就成了问题，起初大队的书记、主任和会计等，都多次邀请我到他们家中吃饭，好吃好喝地招待我，一顿两顿可以，时间长了我就婉言谢绝了。因为那个年代，每个家庭生活都不宽裕，你多吃一口，人家就少吃一口，特别是你去了，人家还得给你做点儿好吃的，就更不好意思再去了。

我的窘况被青年点四队的伙食长柯柱发现了，他就放弃了假期与家人团聚的机会，留下来为我做饭，着实帮我解决了大问题。记得一次我到农场去开会，那天恰好是农历小年，天又下着鹅毛大雪。傍晚散会后，我就从场部踉踉跄跄走回到青年点，由于又累又饿又冷，一进屋我就一头扎到炕上。柯柱问我："你吃饭没？""没有。""那我给你烙饼吧，今天是小年！"我笑着问："你有锅吗？有擀面杖吗？"他回答："没有，可以用脸盆当锅，酒瓶子当擀面杖。"说着他就开始和面、洗脸盆子，把烧炕的地炉子加上煤，用酒瓶子来擀面，几个回合就把一个面团擀成饼状，然后把脸盆放在炉子上，倒上少许油，放上面饼，反正面翻了几次饼就熟了，但由于炉火太旺，饼烙得有点焦煳，但我也顾不了这些，像饿狼一样接连吃了两三张饼，感觉脸盆子烙出来的饼怎么是那样酥脆、那样香甜、那样解馋……是那个年代吃到的最好的烙饼，至今想起来仍余味无穷。

其实当时我也清楚地知道，青年点的脸盆子没有太干净的，白天用于洗脸、洗脚、洗衣服，晚上就做尿盆子，天寒地冻的谁也不愿意起来到公共厕所去，所以脸盆就一盆多用了。我想也许正是脸盆身兼多职，才兼容并收地吸纳

知青在盘锦

了各种味道，也恰恰是这种复合味道，经过火烤、油浸才烙出风味独特、香酥绵长的大饼吧？！也正是青年点的陪伴和患难与共，我与柯柱结下了深厚的友谊，成为一生的朋友。建市以后，我俩陆续来到市直机关工作，每次相见提及青年点烙饼，我们都唏嘘不已，百感交集……前几年，在我们的青年点面临被拆掉，建设食品工业园之前，我和柯柱，还有同时下乡到西三大队第五生产队的知青战友，后来成为我妻子的王丽娜一起，到西三大队青年点去看了看，并拍了一些照片，努力留住难忘的记忆。

☆欢送本队知青回城（一排右四看今明，左四迟杰，三排左三王丽娜，摄于1976年3月）

我从1975年8月下乡到1979年3月离开西三大队，前后三年半。这段时间正是我世界观形成时期，是我从懵懂的知青逐步成熟、逐渐成长的时期。其间我参加了县里召开的"优秀下乡知识青年典型报告会"，1976年至1978年，连续三年被评为全县的"先进青年"，并参加了县里的三级干部大会。三年多的知青生涯也为我一生的工作、学习和生活奠定了坚实的基础。

1979年随着知青返城大潮回城后，就因为我是知青，又是共产党员、大队干部，好多单位争着抢着要我，最后服从组织安排，到急需人手、远离县城的大洼县委党校（当时县委党校就是现在辽河油田党校校址），做了党委秘书；1984年，又被调到大洼县委办公室做秘书工作；1985年6月，盘锦市成立不久，被调到市委办公室做秘书工作；1993年4月，任市委办公室副主任；2000年2月，任市委副秘书长；2003年2月，任盘山县委副书记；2005年9月，任市委副秘书长、市委办公室主任；2011年3月至今，任市科协党组书记、主席。一路走来，每次工作变动、职务变化，都服从组织安排，任凭组织调动，而且是干一行爱一行，爱一行就努力干好一行。

之所以如此，我想主要还是源于下乡知青时期奠定的坚实思想基础和人格基础。正是因为下乡期间，艰苦生活和繁重劳动的磨炼，使我形成了艰苦创业、坚韧不拔、宁折不弯的性格；正是因为下乡期间，纯朴的乡风乡情，塑造了我纯朴、善良、正直、刚毅的品性；正是因为下乡期间，组织的培养、领导的关怀和群众的支持，使我知道感恩，容易满足，格外珍惜岁月，珍惜生活，珍惜友谊，珍惜所拥有的一切；正是因为下乡期间，与农民和知青同吃、同住、同劳动，使我深知他们的疾苦与辛劳，对基层的干部和群众有着更深厚的感情，也养成了勇于吃苦、甘于奉献的吃苦耐劳精神……

如今，40多年过去了，不管政治风云如何变幻，不管自己的人生如何起伏，不管人们对知识青年上山下乡这段历史如何看待，但我对自己下乡知青这段时光无怨无悔，倍加珍惜，它已成为我人生的宝贵精神财富，令我难以忘怀；它已成为我受益终身的百科全书，读它千遍万遍也不厌倦……

2016年8月18日

王丽娜（看今明爱人） 1957年12月出生，1975年8月毕业于大洼县中学，下乡到大洼镇西三大队第五生产队。下乡期间，在从事生产劳动的同时，还承担生产队

知青在盘锦

的理论辅导员和宣传报道员工作，担任团支部书记。1976年8月，选调到大洼镇委机关工作，担任过机关文书、妇联主任、团委书记等职务。

1986年5月，调到盘锦市委档案处、市档案局工作，任业务指导科副科长、科长，1997年6月提任市档案局党组成员、副局（馆）长。1998年9月评聘为副研究馆员，2004年9月晋升为研究馆员。被聘为辽宁科技学院实践教学指导教师，省档案局档案专业兼职教师，国家级和省级档案规范化管理评审员，列入辽宁省科技专家库。荣获省人事厅、省档案局先进工作者，市委、市政府优秀共产党员、优秀公务员、先进工作者等荣誉称号。主持档案科技研究创新课题项目，先后获得国家和省档案科技研究优秀成果一、二、三等奖，市委优秀调研成果奖，市政府科技进步二等奖，市社会科学优秀成果一、二等奖，共30多项奖项。

组织创办《辽宁盘锦历史档案精品展》大型展览，组织编辑《盘锦档案通览》《魅力盘锦》等反映盘锦地域文化史料。

2008年7月，调任市民政局党组成员、副局长（2009年6月享受处级生活待遇）。在市民政局工作期间，紧紧围绕推进基层政权和构建和谐社区建设、推进社会养老服务体系建设、殡葬改革与城乡公益性公墓建设、加强行政区划与地名管理、实行婚姻登记规范化建设和管理等工作，开展走基层组织调研培育试点，建章立制，积极有效统筹推进工作。

2007年至今，当选为政协盘锦市第五、六、七届委员，市政协文史委兼职副主任。先后撰写了《关于加快辽东湾新区港产城一体化发展》《关于做大做强辽宁盘锦农垦文化展馆》和《关于大力挖掘地域文化资源，促进全域旅游加快发展的提案》等多项提案，并获优秀提案奖。参与了《亲临盘锦建市》《大地飞歌》《记忆》《盘锦政协30年》《知青在盘锦》等文史资料的编辑工作。

我的知青生涯

◎侯桂范口述　王勇立整理

1949年10月，我出生在沈阳市沈河区大西菜行附近的一个工人家庭。1966年在沈阳市第八十二中学读初中三年级。"文化大革命"开始后，学校停课闹革命，"大批判""破四旧"。1968年秋天，党和政府决定让青年学生一律下乡，到农村接受贫下中农的再教育，学校也进驻了解放军宣传队，带领师生学习落实中央文件。在动员大会上，我以共青团员的身份发言响应毛主席的号召，到农村去接受贫下中农的再教育，以青少年的激情报名下乡。

一、当了知青——我匆匆走上了人生路

1968年9月23日清晨，妈妈、爸爸、妹妹、弟弟帮我拿着行李，我身着军装，头戴军帽，身背红色毛主席语录包，乘公交车去沈阳火车站。火车站内外人海如潮、红旗招展、锣鼓喧天，热闹非凡。"到农村去接受贫下中农再教育"等口号此起彼伏……列车一声长鸣徐徐离开沈阳火车站，"再见，一路平安！""到地方给家写信！"的喊声回荡在省城上空……我打开车窗探头向亲人们挥手告别时，再也止不住的眼泪流了出来。我看到妈妈、爸爸、妹妹和弟弟也都哭了。这是我终生难忘的一天，定格在1968年9月23日，那年我19岁……

知青在盘锦

火车上,有母校的老师,我的班主任李程芳,还有到学校专程迎接我们的贫下中农代表——盘锦垦区新立农场胡家大队李家小队队长李连成(至今健在,已90多岁了)。大家高唱毛主席语录歌……我们像刚离开母燕的乳燕快乐自由地飞翔在辽阔的天空,谁也不知道在那茫茫一望无际的芦苇荡,在沃野千里稻谷飘香的田野里能飞得多高多远……

一路欢歌笑语,不知不觉4个多小时过去了。11点钟火车到达沟帮子火车站,我们打着红旗排着整齐的队伍走出了火车站。站前广场上排满了绿色的解放牌大卡车,我们按照顺序登上了开往盘锦垦区的汽车。车上红旗飘舞,歌声飞扬,沿途芦苇在微风吹拂下绿浪滚滚,金黄色的田野稻穗低头欢唱,丰收的景象很是迷人……12点左右,大卡车停在盘锦垦区盘山县城最繁华大街的工农兵饭店门前。午饭在这里招待,我们排好队,向毛主席像敬礼做"三忠于",背诵毛主席语录之后吃饭。县政府给同学们安排了丰盛的午餐,猪肉炖粉条每人一碗,香喷喷的大米饭管够,同学们吃得好顺口!一会儿饭菜都吃光了!餐后我们又登上开往新立农场的大卡车,奔向我们的目的地。汽车行驶在尘土飞扬的乡间土路上,一个小时后到达新立农场"革委会"。"革委会"门前路的两旁站满了打着红旗手拿毛主席语录本的小学生、农民群众和农场机关干部,大院内主席台上大幅横额写着"热烈欢迎知识青年到农村来接受贫下中农再教育",主席台上就座的有农场的领导、解放军代表,还有66届知青代表等。

农场"革委会"主任李世善(原盘锦垦区副区长、老干部,刚刚被解放安排工作)发表了简短的欢迎词。接着是活学活用毛泽东思想积极分子发言,向我们讲述了扎根农村干革命的先进事迹,展示了受到表彰奖励的荣誉证书。这是给我们上的第一堂大课。我决心向老知青学习,发扬不怕苦不怕累的精神,向贫下中农学习,搞好团结,扎根农村干好农活,帮助农民群众学习文化知识,在广阔天地里锻炼成为有理想、有文化的新一代农民。大会结束时全体起立高唱《大海航行靠舵手》,锣鼓喧天,鞭炮齐鸣,革命口号声不绝于耳……欢迎大会后,农民代表李连成队长把我们一行60多人领到新立农场胡家大队李家小队（后来有30多人分到胡家小队），这就是我走向社会，在盘锦——昔日的"南大荒"，下乡劳动插队落户的开端……

　　李家小队只有十几户人家。我们到达时天已黄昏，全村老乡站在小队部门前欢迎我们，老队长几句朴实真诚的话语，赢得了大家热烈的掌声。我们为乡亲表演了几个小节目。祖辈居住在这个小村屯的农民们还是第一次在家门口观看来自大城市的中学生们的表演，个个笑逐颜开拍手叫好。郑颖石同学唱了一首《见了你们格外亲》，她甜美的歌喉，奔放热情的表演，在人们心中留下了美好的记忆。

　　我们都被分配到老乡家住，大伯、大娘、叔叔、阿姨们热情地把我们带回家，他们高尚无私，真诚热心的接待，使我们深受感动。班主任李老师陪同我们在李家小队住了一个星期，离别的时候，他紧紧地拉着我们的手，语重心长地叮嘱我们很多很多……这位酷似父亲的老师怀着惜别的心情，登上了开往省城的汽车。几天后，垦区给各农场派来了解放军教导员和指导员，知青有了军人领导和农民老师。我就这样成为一名知青，匆匆走上了人生路。

二、小小风波——懒散知青遭遇辣烟呛

　　李家小队来的是一位和我们知青年龄相仿的解放军指导员（也称连长）和小队李队长共同领导我们。李队长组织老乡把小队部改成青年点，能住进30多人。在屋中间砌一道芦苇土墙，分成两个房间，男生女生各占一半，土坯火炕铺上芦苇编的炕席，行李卷往炕上一放，这就是我们休息、睡觉的宿舍了。在宿舍旁边又盖了一间土坯房用作厨房，安上一口大铁锅做饭，一口小铁锅做菜，旁边放一口大水缸。同学们自备饭盒打饭菜回宿舍去吃。在农村的知青生活就这样开始了。

　　当时正值秋收大会战。我们这些人根本没看过割稻子用的月牙形镰刀（老乡称高丽刀），老乡们就手把手地教我们怎样使用镰刀、怎么割。中午收工时我们只割了一小块地，留的稻茬高低不一，稻子摆放也不整齐——和农民的差

知青在盘锦

距太大了。下午又教我们怎么捆稻子。晚上收工时很多人手上磨出了紫色的大血泡，累得腰酸背疼，全身难受，回到青年点往炕上一躺，晚饭都不想吃了。我比大家强一些，因为我在家经常挑水、挖黄土（冬天打煤坯用）、做饭，干较重的家务活锻炼出来了，身体素质比较好，所以劳动中累点儿也能顶得住。收割完后是背稻子，将码在地里的稻子用绳子捆好，背到土路上装马车运到村里的场院，垛上垛。经过一段时间，等冬天上冻时脱谷，稻谷送交粮库，经过加工后就是白花花的大米。课文讲的"谁知盘中餐，粒粒皆辛苦"，通过劳动真正体会到了……背稻子，农工们一趟能背5捆，我们背3捆，有的同学只能背2捆。日落收工，同学拖着疲惫的身躯迈着沉重的步子一瘸一拐地走回青年点，有些人连衣服都不换一头倒在炕上，还有人悄悄地流下了眼泪。经过一个月的艰苦劳动，大家逐渐适应了，脸晒黑了、体力增强了、饭量也增加了……

那时的副食很少又没有油水，食堂的用粮量每人每顿饭才半斤米，多数人吃不饱，男同学更甚一些。由于活累又吃不饱，很多同学早上不愿起床。一天早上，解放军郑指导员到青年点宿舍叫大家起床上工，见大家躺着不起来，就一个一个地拽，可还是有几个同学不起来。郑指导员气急了，到食堂拿来一把晒干的红辣椒，像熏蚊子一样用稻草点燃，放进男生宿舍，把他们全都呛到了屋外。发生这样的事，同学们把郑指导员告到了农场"革委会"，要求回城不在这里呆了。上级调查核实，严厉批评了郑指导员，并要求他在社员、知青大会上向同学们承认错误、赔礼道歉，作深刻检查。同学当中的干部比较成熟，觉得此事性质没有那么严重，这样做会影响解放军的形象。我们班长牵头召集青年点的团员开会，总结回顾郑指导员的工作：他对知青生活非常关心，像哥哥一样帮助每一个同学；他是一个卫生员，每天背着医务箱为同学们服务，吃药、打针、包扎伤口，等等；他是军人，年龄和我们知青相仿，他的初衷是为了完成出工任务。大家统一了认识：郑指导员是一个好同志，有的同学不配合也有一定错处，不能把责任推给指导员一个人，不同意上级领导让郑指导员大会赔礼道歉做检查的决定。在同学们的要求下，大会改成"怎样把知青生活搞好"的讨论会，郑指导员看到知青们对自己这么好，感动得流下了眼泪，他哭了，大家也哭了。我们的手紧紧握在一起表示要互相理解、互相鼓励，团结一心努力学习、努力劳动。

三、当好伙夫——细琢磨肯吃苦饭菜可口得赞扬

怎样把知青生活搞好？大家通过交谈查摆出青年点管理不善的一些问题，首先要搞好青年点的食堂。领导决定食堂由知青自己管理，我被大家推选进了食堂炊事班。让大家吃饱吃好是炊事班的首要任务，我们认真地担起了这个重任。炊事班有三名同学，两男（马仁其、苏洪良）一女（我）各有各的分工，做饭、做菜、挑水、准备烧柴，每天开火前都要做好充分准备。为了让同学们吃得饱，保证每人每顿一碗米饭再增加一个玉米面饼子。做饭也是一门学问，大锅饭好吃，火不好烧，米与水的比例要放合适，米下锅铺平，米上水厚度超过手指二节半，然后大火烧开，边烧边铲，水干了盖上锅盖小火再焖20分钟，清香扑鼻的大米饭就做好了。做饭的技术还是中学时去校外支农跟做饭师傅学的，现在成了我的一技之长。还有更拿手的就是做玉米面锅贴大饼子，又香又甜出了名。在家时跟妈妈学会了蒸馒头，现在我举一反三，用来做玉米面大饼子。把玉米面发酵后兑碱醒面，用嘴尝面碱味浓是碱大了，面味酸是碱小了，面味甜碱兑得正合适。贴饼子也有技巧，首先把锅烧热，饼子贴上去不会往下出溜。我蹲在16印大锅的锅台上一下一个准地能在锅里排三行50多个饼子。还得灶下火烧得好，盖上锅盖20多分钟小火慢烧，贴在锅那面硬皮才不会糊。这些都得根据实际经验去掌握。起锅的时间到了，把锅盖挪开看到热气腾腾的大饼子，用铲刀起下来，大家都叫好。他们吃饱吃好我就完成任务了。当时我们吃的水是村庄后边一个大洼坑里的。夏天水坑里鸭子游水，蚊子繁殖。冬天在水坑冰面上打一个窟窿挑水，有时一不小心就会摔跤，连人带水桶一起在冰面上出溜很远，浑身上下湿个透，北风一吹立刻冻成冰，走起路来哗啦哗啦地响。此时哭的心都有，可大家等我挑水做饭呢，于是顶着刺骨的

寒风，我又重新把桶装上水……为了让同学们过得好一些，我再苦再累也要挺住。就这样顽强地渡过了一个又一个难关，我的工作得到了大家的好评。

四、鱼水真情——我和张金贵一家的故事

下乡的头一个春节，上级要求知青不回城，同贫下中农一起过一个"革命化"的春节。农场的教导员、队里指导员和有关干部到青年点，召集青年点干部、团员、积极分子开会，做细致的政治思想工作，稳定情绪。老队长安排村里杀年猪、购买年货、给同学们包饺子。除夕那天，教导员、指导员和大队干部顶着北风大雪来和我们一起过年。大家一起包饺子，同吃同娱乐，淡化了同学们想家的思绪。那天天气格外寒冷，还下起了大雪，我长这么大还头一次看到大雪封门，积雪覆盖到了房顶。初一的早晨，乡亲们拿着木锹、大扫帚来到青年点扫雪清道，把我们接出来拉到家里过年。我们五个同学被张金贵大哥大嫂领到他们家，好吃好喝像亲人一样对待。

从那时起，同学们进了谁家门就跟谁家认下了亲戚，深厚的友谊终生不忘。我们跟金贵大哥家常来常往，每次返城回来都给金贵嫂子、孩子买点礼品。我向金贵嫂子学习针线活，棉衣都是金贵嫂子教我怎么做。我在食堂干完活，就常到金贵嫂子家看看有什么需要帮忙的。那一年的春天，河边的柳枝已经长满嫩叶，育苗地的稻苗绿油油的，插秧的季节到了，人们都在地里忙着。一天，我又来到了金贵嫂子家。一进院子，看到金贵哥的小儿子正蹬着一块大石头站在喂猪的泔水缸旁，头探进缸里伸手捞什么东西，我下意识觉得有危险，还没来得及多想，只见孩子小脚往上一抬，大头朝下掉进了泔水缸。说时迟那时快，我冲过去，双手抓住孩子的腿，使出全身力气把孩子从缸里拽了出来。孩子小脸已经呛得苍白。我用拳头捶孩子后背促使他呼吸，接连捶了好多下，孩子连咳几声吐出几口脏水，才缓过气来。东西院人和金贵哥嫂闻信赶来了，他们都称赞说：多亏你了，你真是好样的。这件事感动了他们全家，在青年点也算是一件先进事迹，年底我被评为新立农场模范知青，参加了农场活学

活用毛泽东思想积极分子讲用表彰大会。在我看来，其实自己是赶上了，也是做了应该做的事，换了别人也会这样做的。我和金贵哥嫂一家人在情感上已经是一家人了。……一晃几十年过去了，听说金贵大哥已经不在了，金贵大嫂跟儿子们还在新立镇生活，那里已经发生了翻天覆地的变化，家家住上了楼房，过上了小康生活。

五、"五七大军"——孙大夫教我学医

1970年，解放军干部撤回，"五七干部"进驻青年点。我们小队有三人，其中有一名女干部是原田庄台职工医院的妇产科大夫孙助芝（现年96岁），她住进了我们女生宿舍。孙大夫为人和蔼可亲，把我们当作自己的儿女看待，问寒问暖无微不至地关怀照料，有什么事她都全力帮助解决。1971年冬，垦区兴修水利，组织万名知青和青壮年农民到东风大堤搞大会战。三班倒挑灯夜战，红旗飞舞，人山人海，场面宏大壮观。大家吃住在临时搭建的工棚里，伤病有医生及时送往医院，男生推土车来回奔跑，女生两个人一副架抬冻土块，大打一场抢修水利工程的大会战。我也参加了，沉重的冻土块压在肩膀上，几个小时就压肿了、磨红了，第二天扁担再压上就如同针扎一样疼，把厚衣服垫在肩上还是没减轻疼痛。大家都咬紧牙坚持劳动。有一天，忽然听到爆炸声，看到不远处一团棉絮状烟雾飞上天，接着传来喊叫声：哎呀，有人受伤了……原来是用炸药炸冻土，同学们没有经验，遇到了哑炮用铁锹去扒时爆炸了，有两个男同学和一个老乡受了伤。孙大夫急忙上前给伤员包扎护送医院，她不辞辛苦一次又一次去大洼医院，帮助伤员复查，直到他们康复为止。

光阴似箭，不知不觉我在青年点里劳动有三个年头了。1971年我父亲的工作单位搬迁到西部山区凌源。妈妈、妹妹、弟弟同爸爸一起去参加三线建设（当时为了备战，省城一些重要工厂和企业都整体迁到四川或我省山区），青年点领导特批我十天假，回沈阳帮助爸爸妈妈搬迁，这是我下乡后第三次回城探亲。

知青在盘锦

那时每年都有少数知青返城招工指标（每次只有一二名）。同学们陆续通过不同渠道离开了青年点，有当兵的，有做代课教师的。青年点上的同学越来越少了，不知不觉青少年时的天真烂漫逐渐远离了我。今后的出路，恋爱婚姻等问题也常在脑海中出现……我家搬迁到凌源了，回沈阳已经不可能了，也不愿随父母去辽西山区，萌生了留在盘锦的想法。经过几年的开发建设，昔日的"南大荒"已有了很大的变化，我已经逐渐习惯了这里的生活。虽然生活条件没法和沈阳比，但我相信会逐渐变好的。

有了这样的想法，就想学点技术有一技之长，能有所作为。我把这个想法和孙大夫谈了，想拜她为师跟她学医做一名赤脚医生。孙大夫听后特别赞同我的想法，答应收下我这个学生。她和小队、大队、农场等有关领导进行了沟通。说来也很巧，当时领导也正想着找一名有文化的青年做大队的赤脚医生，批准我离开青年点去学医。我离开了炊事班，去新立农场卫生院。学习了一段时间，就跟着孙大夫去村屯给孕妇们检查身体和接生。白天学习实际操作，晚上孙大夫教我理论。我勤学好问，能吃苦不怕累，体力好精力充沛，颇受孙大夫喜欢，进步很快。1972年初，我就在胡家大队卫生所当上一名正式的赤脚医生。

六、扎根盘锦——知青伴侣过上幸福生活

☆侯桂范与王兴立（摄于1973年4月）

经孙大夫介绍，我认识了平安农场知青王兴立，1973年，我转点到平安农场后我们结婚了。婚后他到平安中学做场办教师，我也在农场找了份工作。1977年恢复高考，丈夫考入营口师专学习，1980年毕业分配到盘山县高中（盘锦市高中前身），任化学教师。同年11月份我也调到县高中做舍务管理、幼儿园教师、后勤服

务工作。

前些年我和老伴退休了，目前我们过着美满幸福的晚年生活。我们的儿子也有了一个幸福的三口之家，一个健康、和睦、幸福的五口大家庭其乐融融地生活在盘锦这片美丽、富饶、神奇的土地上。

"向海发展，全面转型，以港强市"，充满生机活力，干净整洁，绿色生态，宜居宜游，文明富庶，城乡一体化格局初步显现的盘锦已迈入全面小康社会。在昔日的"南大荒"崛起的滨海新兴城市也有我曾经的艰辛付出。我将不忘初心，继续努力奉献余热，迎接盘锦更加美好的明天。

☆盘锦市高中王兴立老师

2016年12月

难忘的盘锦

◎姜良沈

30年前,"上山下乡、扎根农村、知识青年"是特别时髦的字眼,如今,鲜有出现。现在,年轻人很难理解"上山下乡"那段历史。但是,下乡对于我们却是吹不散的记忆,历史选择我们"上山下乡",我们的青春献给那片土地,思念之情难以割舍:

多少往事已如烟,唯有盘锦记心间。
树木花草思乡浓,梦回盘锦笑今天。

7月10日,我们乘车去往盘锦,一路上大家高兴万分,兴奋无比,都在讲述下乡的事情,猜想过去务农的地方现在是什么样。

下午,汽车从南道进入盘锦市区。这里已经没有以前的痕迹,当年那个雨天泥泞、湿滑,晴天坑坑洼洼没有一条柏油路的兴隆台,如今宽敞的马路,华丽的路灯,大片的绿色地带——花草簇拥,高楼耸立,完全是大都市的风采。路边IC电话亭更是一道亮丽的风景线:

瞧橘黄色的话亭,像亭亭玉立少女。
街道两旁一排排,她青春靓丽无比。

啊！好漂亮的兴隆台。

汽车沿着公路西行，我们来到新生农场一处宾馆下榻，盘锦本地知青也成双结对赶来，大家握手、拥抱、述说许久的思念。我的一首诗：《盘锦大地——我想你》把晚会带入高潮，掌声、笑声、欢呼声彼此起伏连成一片：

重返这盘锦大地，期待已久的相聚。
我们分别数十载，蹉跎岁月难忘记。
盘锦生活常说起，上山下乡有意义。
有酸有苦也有甜，还有那欢声笑语。
总想见你不容易，千载难逢在这里。
你我相拥手拉手，寻找失去的记忆。
开启心中的秘密，一把黑土装兜里。
怀念过去的生活，特想纯正的大米。
嘴馋螃蟹先别急，星光月色再出击。
手摸脚踩动作快，一只一只真欢喜。
抓捕鱼虾更神奇，备好脸盆五更起。
堵住两头快淘水，汗流浃背捡大鱼。
田间地头结友谊，有缘分的成夫妻。
永恒的爱情友情，一生不能缺少你。
大家举杯共贺喜，香醇美酒入心底。
千言万语一句话，今生你是我唯一。
虽然太阳已偏西，浓浓乡情都珍惜。
共同祝愿新盘锦，故乡明天更美丽。

时钟逆转，我的思绪飞向三十年前——

1975年8月20日，我下乡来到盘锦大洼县新兴农场育新村，开始了"下乡务农"的生活。我们新知青接受的第一场

知青在盘锦

考验是春末的插秧劳动，这是一年重中之重的大会战。男知青挑运秧苗，女知青负责插秧，早出晚归，特别艰苦劳累。插秧的靠腰功，挑秧的拼体力。你看：挑秧队伍向我们走来，有的知青干脆光脚、赤膊上阵，奔走在狭窄的田埂上，随着步伐的加快，扁担的弯曲越来越大，当步伐与扁担上下跳动的节拍（频率）相同时，知青挑秧动作极其自然优美。挑秧脚步要快，因为：

赤足走如跑，慢了辛苦腰。
肩上扁担弯，累了牙关咬。

这边是男知青汗流浃背挑运秧苗，那边是田地里女知青插秧忙，好不热闹。女知青是插秧会战的主力军，她们动作快，姿势优美，犹如蜻蜓点水，远远望去：

轻巧快如梭，小苗要站着。
一排又一排，比谁插秧多。

刚才还是水茫茫一片地，现在变成绿绿的田，宛若覆盖一块块绿地毯，到处呈现劳动繁忙的景象：

蓝蓝的天——	白云朵朵	绿绿的田——	小苗笑语欢歌
圆圆的藤筐	弯弯的扁担	小伙子——	你追我赶
姑娘们编织——	绿色地毯	田野——地平线	碧水吻天边

知青踏着晚霞迎接插秧会战的明天。

经过近一个来月的艰苦奋战，三连胜利完成插秧会战任务。接着挠秧、除草、施肥、喷药，秧苗苗壮生长。亮光闪闪的小河道鸣着欢乐的歌，纵横交错穿过一片片稻田，空中俯视整个育新村田地：形如田字格，块块稻田好像绿色的海洋——绿洲。微风徐徐，稻苗起舞，犹如碧波荡漾，到处飘溢禾苗的清香。

育新村夜深人静，劳累一天的知青熄灯进入梦乡，空气中弥漫着农村纯净、新鲜的芬芳，远处零星的"汪汪"与近处大片的"咕哇咕哇"恰如演奏的交响曲，我陶醉于大自然赋予的乡村夜景，正是：

星星闪烁蓝宝石，银河如雪谁编织。
蛙鸣犬声美旋律，尽收耳目忘几时。

我很喜欢在夜幕下观赏天空，数不尽的星星像耀眼的蓝宝石——灿烂夺目。城市无法看到的银河系——奇妙无比，它就像镶嵌在深蓝色天空上长长一条河——清晰可见。遇上七月七日牵牛星、织女星闪亮，银河对岸相会——演绎神话中的爱情故事：

织女思郎欲断肠，牵牛急盼蜂采糖。
离多聚少天无情，双七银河岸相望。

金秋十月，丰收在望。这让我想起《红楼梦》中的诗句："一畦春韭熟，十里稻花香。"夕阳下霞光漫漫，熟透的谷穗穿上金色的盛装，秋风拂动稻浪滚滚，远远望去如同金色的沙滩灿烂辉煌。稻谷颗粒饱满，今年又是一个丰收年。丰收时节，秋高气

☆金色的稻田

爽，河水中映照月亮的笑脸，月光如水倾泻下来，洗涤熟透的稻谷，奶白色的穗粒就像夺目的珍珠闪闪发光。金子般的稻穗随风舞动，银子般的月光风中跳

知青在盘锦

跃流光溢彩，一簇簇低垂的稻穗犹如一群身披轻纱的少女翩翩起舞。啊！夕阳、月光下的稻田——美景极致。

　　歌曲《真的好想你》打断我的回忆，我们度过一个无眠之夜。窗外启明星悄悄离去……

　　一轮红日冉冉升起，万道霞光铺就的金色地毯一望无际，迎着朝阳汽车缓缓驶向新兴农场。沿途中大家你一言我一语南瞧北望：广阔无垠的稻田就像绿色的海洋，微风拂动，宛如翻滚的波浪翠绿迷人。打开车窗随风飘来田野里禾苗的清香，令人心旷神怡。快看！我们大队的田地，还有那菜园地，应接不暇。大家兴奋激昂，此刻无法表达心中的欢畅，梦想的故乡——育新村知青点旧址映入眼帘，每个人都在搜寻记忆中的场景。当汽车停在这座我们曾走过数以千回的小石桥旁，走下车抬头眺望，育新村大大地变了模样，当年的场景还有些许保留。走进对面商店，里面的屋顶梁还有印象，当时全村唯一的商店为我们提供毛巾、香皂、洗衣粉、牙膏以及饼干、罐头等生活物品。外面相邻的卫生所没有了门、窗，顺着小路，我们来到几间破旧的砖瓦房前，有人说：这是原来的食堂，大家都在觅寻当年住过的地方。呀！这是我们六个人第一天晚上睡觉的屋子。听到这，我们都按捺不住激动的心情，争先恐后跨过围栏跑到屋檐下隔窗而望，寻找记忆中情景，我们合影拍照，很久不舍离去。再往南走我们来到水塔前，原先的蓄水池已经荡然无存，只有这座水塔仍然耸立。仰望水塔十分感慨，大家都说水塔变矮了。岁月的洗刷使上端一部分水泥层脱落，露出不协调的红砖色。岁月流逝，历史沧桑，水塔曾经陪伴我们度过那难忘的年华。水塔下面是大家合影最多的地方，它像一座丰碑永远印刻在我们脑海里。

　　我们不敢说做过什么惊天

☆当年的小石桥

动地的伟业，但是我们这一代是当年响应党的号召"上山下乡"建设农村的见证人。芦苇塘、盐碱地是盘锦当年的代名词，几届知青在这片荒地上辛勤劳动，挖渠引水、改造荒田，硬是把盘锦建成亩产800余斤的水稻之乡。这是永远不能磨灭的丰碑！我们骄傲！我们自豪！

☆当年的水塔

盘锦知青经历是我们宝贵的精神财富。艰苦生活磨炼了我们吃苦耐劳、逆境中成长的坚强意志，培育了我们独立生活的能力，可以说在后来的几十年中受益匪浅。

回盘锦的梦想实现了，大家带着满足的心情离开。人生如梦，转眼八九点钟的太阳已经偏西，我们不再年轻，但是我们的友情越来越浓，是乡缘把我们连一起。盘锦朝夕相处彼此结下深厚的友谊，成为挚友，知心朋友，有诗为证：

> 人海茫茫谁有缘，上山下乡一线牵。
> 岁月流逝似流星，只有真情到永远。
> 黄昏已近莫等闲，快乐生活每一天。
> 人生难得有知己，一个知己胜万千。

车轮飞转，盘锦渐渐远去……
一首《青春赞歌》渐渐成形于脑海：

知青在盘锦

岁月如梭
触动年近半百的我
回望——青春的脚步
想起——那久远的生活

车轮滚滚
催促南下的汽车
一路颠簸
驶入九道湾——村落

忆苦思甜——
新知青第一堂课
接受贫下中农再教育
小窝头苦、酸、涩
东瞅西瞧吐不了
堵在嗓子眼——嘴难合
不情愿——咽下
漫长的糠饽饽

柳絮纷飞
身披破旧棉袄
虽遮挡不住刺骨寒风
却托起祖国的重托

插秧会战
累坏姑娘和小伙
刚出土的幼苗

按捺不住要站着
繁忙的劳动
到处充满着欢乐
碧水荡漾
春风的抚摸
挠秧、施肥、返青蹲苗
举目稻熟——秋天的硕果

离去的河水
依依不舍
迎来——收割
笨重的水靴
不知被谁刺破
鲜血——染红了脚窝
告诉自己——坚强
眼泪还是止不住下落
挺住！前行！
奋力搏击金色的浪波
高傲的稻穗——垂下头额
银光闪闪——纷纷倒卧

马车、拖拉机运输忙
背运的队伍人最多
如泰山压顶
一步一步往前——挪
衣服已湿透
冷风侵入身哆嗦

看不到天空

只有脚下的车辙

跟上！别掉队！

绳索紧紧——握

热血涌动——青春的脉搏

场院垒起——层层的稻垛

恰似山峰一座座

十里稻花香

脱粒扬场——满山坡

这是知青付出的收获

丰收的喜悦

迸发——笑语欢歌

农闲了

又开始水利建设

挖河渠、清淤泥

请缨参战比拼搏

脱去外衣

甩下围脖

挥舞筒锹描绘宏图

泥土、汗水头顶过

飞向蓝天——

化作美丽的云朵

沐浴着阳光

映照——万里山河

一代知青

闪烁青春的光泽

精神永恒

历史的丰碑——铭刻

霞光慢慢

夕阳红似火

古稀之年再相逢

一定有你还有我

2005年12月于沈阳

姜良沈 1956年5月出生。毕业于沈阳市第二十中学九年七班。1975年8月20日下乡到盘锦大洼县新兴农场育新村三连，参加过所有的农田水利劳动，养过猪、种过菜。1977年调入育新村新成立的畜牧队，负责猪、鸡、鸭养殖工作。1978年12月按政策回城，在沈阳市电信局一直从事通信技术管理工作，电信工程师。2016年5月退休。

知青在盘锦

最味美的炖鱼

◎姜喜香

鱼是一种美味佳肴，谁都爱吃，尤其是我们大连人。然而让我最不能忘怀的是当知青时，我们自己下河摸的活鱼，然后亲自下厨炖熟的，直到现在想起来还是满口余香。

☆知青合影（前排左起王学范、张玉春、刘娟清、张秀英；二排左起丛英芬、姜喜香、藏新鸣；后排左起程淑华、吕德贤、徐燕华、刘淑玲）

那时我下乡插队的曙光农场孙家大队的青年点还没有建成，我们六队女生分组住在老乡家里。在忙累了好几个月才休息一天的假日里，房东家的小女儿金凤问我："姐，想不想去摸鱼？"我说："去。"于是，她带了几个小伙伴，我约了程淑华、张玉春、王学范、张秀英几个女同学跟着去了。记得我们往太平大队方向走了挺远的路（好像是杜家大队那边），才来到一个大干线里。也不知道是上水线还是下水线。当时干线里水不深。印象深刻的是我和小金凤同时发现了一条大鲶鱼，我先下手一抓，鱼身滑滑的根本抓不住，眼瞅着鱼就要跑了。说时迟那时快，就见我旁边的小金凤一屁股坐在水里把鱼压在了泥里，并麻利地伸手抓住了那条一斤多重的鲶鱼。平时,我摸鱼在我们队知青中还是有一套的。有时干活休息时我会顺着小干线边上的窝窝摸鱼,顺利时双手一下子能摸上三四条小鱼,然后穿在一根钢草棍中用嘴叼着继续摸。当地老农把小鱼放在大锅里两面炮熟、晾干,然后放在吊篮子里挂着,等到冬天炖大白菜时放上一把,那菜的味道就不一样了。

那天我收获的最大的一条鲫鱼足有半斤多重。我兴奋地高喊:"快来拣鱼呀!"当我把鱼抛上坝棱的时候,负责在坝棱上拣鱼的玉春看见这条活蹦乱跳的鱼时,她开心地大笑着(我还从来没看见她那么开心地笑),一不小心还摔了一跤。最后,我们知青一伙也有了大大小小约三斤鱼的收获。

回到房东家,我们赶紧动手把鱼收拾干净。正巧从大连来时我老妈还给我带了一点白面,赶快从包箱里拿出来把鱼裹上点干粉。可是没有豆油怎么办?那时油太金贵,不好意思跟房东要。找伙食长要?人家给吧这是集体财产,不给吧同班同学不够意思。给还是不给都让他为难。于是我们决定去我们六队青年点食堂那儿偷点儿。没想到偏偏碰到伙食长,只好红着脸张口要了,伙食长默许地说了一句:"我可什么都没看见哪。"呀,居然成功地得到了半碗豆油!鱼两面油煎后,放作料,放水炖熟,还没等打开锅盖,鱼香扑鼻而来,那叫一个鲜美。一会儿工夫我们几个人就把鱼给消灭了。

在那物资匮乏的年代,这真是最美味的佳肴了。与此同时我们也品尝到了自己动手享受生活的快乐。

我队有个少年知青

我们下乡到曙光农场(太平)孙家大队第六生产队的知青是一个由大连四中二年六班部分同学与一年七班部分同学组成的混合队,共有30多人。孙进义和我,还有一年七班的解民同学分别为男女知青排长、副排长。那天,在迎来送往的喧闹结束之后,我拿着花名册就要开始点名了。突然,我发现一个白白净净瘦瘦小小的英俊少年在一个角落里,一看就知道是我们大连人。我走上

知青在盘锦

前问他："喂，你是谁家小孩，送知青的都走了，你怎么还不走？"他笑着奶声奶气地说："我是一年七班的蒋立斌，我也是知青。""啊！你也是知青？"再一看名单，的确有个蒋立斌的名字，我这才知道我们队还有这样的少年知青。蒋立斌当时长得小、力气小，队里有时就让他干点像跟牛车这样的俏活。但是他干活很努力，人也很乖巧，社员和知青都很喜欢他。我们六队的知青人心很齐，社员也很善良，评工分的时候一致给了他一等工分。经过几年农村的锻炼，他也长高了，并且健壮了许多。

自从我1971年末离开生产队和青年点到辽河油田参加工作，转眼四十几年过去了，一直再未见过蒋立斌。听说他回城在大连某建筑公司上班了；听说他有了心上人；听说他受过工伤已好；听说他现在住在沈阳……

有时我想：如再见面，我还能认出当年的小小少年吗？一年七班的蒋立斌同学，现在你可安好？！

还好，最近我已经找到了在沈阳居住的蒋立斌同学。我俩已有微信，现在经常联系。

☆盘锦开镰节看望老房东一家（摄于2016年9月25日）

姜喜香 中共党员，中专毕业，政工师。1950年9月出生于大连，1964年8月—1969年3月就读于大连四中。1969年3月下乡到盘锦曙光农场孙家大队六队，担任知青排长、妇女队长。1971年11月招工到辽河油田机修总厂，先后当过工人、厂计划生育专干。1984年9月调到辽河石油报社办公室，历任政工干事、副主任、主任，职称政工师。1998年6月退休，现任辽油报社退休党支部委员。

去四连上任

◎ 宫 俐

1975届新生就要来了,营部决定从老生三连选派几名老青年去带新生,我很荣幸成为其中一员……

那是1975年8月,时值农村挂锄季节,也是一年四季难得的农闲。知青们就要放假回家了,我和大家一样,做好了回家的准备。一天晚上,连队邵指导员找我谈话,我感到很突然,心里揣摩着会有什么事呢。记得当时指导员是这么跟我说的:"新生就要来了,组织上决定派你去新成立的四连任伙食长,你愿意吗?"我看着邵指导员信任的目光,二话没说就欣然答应了。

接受任命走马上任,开始了紧张的准备工作。包括去营部领来相应的物资;接收军区送来的物品;购买一些杂品炊具,等等。新连队一穷二白什么也没有,做起事来真是困难重重。为了做好迎接新生的第一餐更是绞尽脑汁,我和五连伙食长几乎每天都要坐马车出去采购食物。我们走过一村又一村,且不说风吹日晒就这路途颠簸也够一说。

☆宫俐(左)与四连知青李薇(中)、宛凤珍合影(摄于1976年6月)

当时农村没有马路都是土路,可谓是晴天

知青在盘锦

尘土飞扬，雨天泥泞不堪。记得有一次出去买菜，走时还是晴空万里，半路下起瓢泼大雨。躲又没处躲、藏又没处藏，怕食物被浇把雨具都盖在了上边，结果自己淋个透心凉，就这样一天下来连累带凉人都要散架了。说来也怪，尽管如此，这人啊什么事都没有，一切照旧。

在指导员的鼓励下，在新任四连领导的关怀和帮助下，我在很短的时间里就胜任了伙食长的工作，并和连干部一起挑人、选人组建了四连的炊事班，100多人的新连队一日三餐基本上得到了保障。

40多年过去了，每每回忆起这些往事，虽有遗憾，但仍心存感激；感激人生当中有了下乡的这段难忘的经历，广阔天地真是锻炼人的好地方，它为我们今后几十年的人生道路奠定了坚实的基础。

2016年4月

宫俐 1956年出生。1974年8月毕业于沈阳第二十中学，9月2日随沈阳军区司令部子女下乡到盘山县胡家农场红旗青年营三连，曾任炊事班团小组长、炊事班长、四连伙食长。1976年12月末招工抽调回到沈阳；1979年12月调入沈阳市公用局电车公司（现客运集团）工作。曾多次被评为局、公司的先进个人、优秀乘务员、学雷锋标兵、三八红旗手；担任过团总支宣传委员、组织委员、副书记等职务；1990年调到沈阳市副食品公司沈河区副食品商场工作，任水产一部经理。2006年2月退休。

难忘知青岁月

◎袁　方

那年，我18岁，正是如今的孩子上大学的年龄。我们奔赴广阔农村，接受贫下中农的再教育。田野是我们的课堂，农民是我们的老师，农活是我们的作业。有收获、有失落、有迷茫、有奋斗，那一段经历刻骨铭心。我认为，有了那一段经历没有什么苦不能吃，没有什么困难不能克服。在下乡之前，我非常向往下乡，盼着快点下乡。因为我在上中学时经常坐火车上姥姥家，常在火车上看到谈笑风生的知青，那时就很羡慕他们，那种渴望摆脱父母管束、独立自由生活，渴望加入青年人集体生活的愿望越来越强烈。当时，我还写过一首诗《快来到吧，美好的下乡年》，表达我渴望快点儿下乡的心情。

1976年8月的一天，出发的日子终于到了。鞍山钢铁学校主楼正门前的小广场上——现鞍钢花园正门后那栋楼的位置，人山人海，钢校的领导、知青的家长和家长们的同事，来送行的亲友同学们，下乡的知青们。当时，实行厂社挂钩，钢校的子弟以前是下到海城西柳公社前柳大队，到我们这批，西柳已经接收不下了，我们到当时的盘山县沙岭公社四合大队插队。我们不是那种知青集中的农场，几百人集中在一块，如大洼、高升、坝墙子等农场，我们是插队知青。整个四合大队大约将近百十来个知青，我与十几个知青是到第四小队。钢校出了几台大卡车，我们跨上卡车，告别父母亲人和同学，浩浩荡荡向盘锦大地出发了。现在从鞍山市里到我下乡的地方开车也就是一个小时工夫。

知青在盘锦

但那时却显得路途遥远，路和车与现在没法比，中间还要过两道河。从鞍山向西到台安的高力房，再由高力房向南拐不远就是沙岭，中间要过太子河和浑河，那时没有公路桥，全是由铁皮船搭的浮桥。过浮桥的时候，人得下来走，过完浮桥再上车，车还得慢慢开，过这两个浮桥就费工夫了。大约中午时分，我们终于到了。我们青年点是一座坐北朝南曼圆屋顶的红砖趟房，中间一个大门，进去后北面是走廊，沿着走廊向东西两边走，各有门朝北开的房间约四五间。房子的后面是一个水塘，这地方因海拔低盖房子都得垫房身，这水塘大概就是垫房身挖的。趟房大门前，有一个手压式水井，水井前有一个水泡子，趟房东头是伙房，厕所在趟房的西头。我们到的那天中午，队里杀了头猪，那时吃肉可是一件大事，那顿饭吃得挺香，就这样我们来到了广阔天地。我们到青年点的时候，青年点里还有1970年、1972年和1974年下乡的老知青，都已被岁月磨砺得像农民一样了。到青年点后不长时间，每个人都被要求写决心书，远学邢燕子，近学戈克俭，扎根农村，干一辈子革命，口号喊得山响，不过谁也没想在这扎根。

刚来到青年点时一切都很新鲜，广阔的田野一马平川，一排排高大的杨树站在田野尽头，纵横交错的水渠，星罗棋布的水泡子和池塘，绿油油的稻田里长满了韭菜似的稻子。一座座曼圆屋顶的民居，房基高出周围地面。老农说话的口音也与我们不同，尾音向上调。新鲜劲儿眨眼就过去了，很快我们就开始了繁重的体力劳动。盘锦产大米，但农活非常累人，那时没有什么机械化，全靠人工。育苗、插秧、挠秧、拔草、收割、脱粒、扬场，再加上修水线等，从春天一直忙到冬天，除了春节前后能歇几天。我们去后不久正赶上拔草，需要把和水稻混在一起的稗草拔掉。队里派人教我们分辨水稻和稗草。一开始真分不清，看着长得都一样，都像韭菜似的，经过一段实践慢慢就能分得清了。当时是生产队体制，集体劳动，统一核算，每天由小队长派活儿，你干这、他干那，出一天工，记一天工分，根据农活儿轻重分值不等。出工时大伙儿在一起干活，前面有个打头的，大家都看着他。盘锦大地非常广阔，我们干活那地方离青年点有一段距离，当时全靠两条腿走，不像现在农民都骑摩托下地了。广阔的稻田一眼望不到头，赤脚在水里，弯腰拔草，一会儿腰就累得酸疼，半天干不了一垄地，多亏有要好的朋友干完自己的活儿回来帮我。这个朋友叫张勇，我们是小学同学，又是邻居，同在一个楼居住，父母又同在一个单位工作。在青年点三人一个房间，他和我同住一个寝室。他个头比我高，长得比我壮实，我们俩一起干活时他总是关照我，而且跟我说过，"你要是跟别人打仗了，我肯定上"。这是我终生难忘的友情。

时令很快进入了中秋，盘锦大地一派丰收景象。极目远眺，稻田黄澄澄一片，稻穗随风摇曳，真是"喜看稻菽千重浪"。水稻成熟了，我们开始割稻子。天刚蒙蒙亮，我们就开始下地，镰刀已经磨得飞快，手上戴着手套，稻穗上还带着露水，一直干到太阳偏西，红霞满天。割稻子要有耐力，也锻炼腰肌，一割一天。稻子不能一棵棵割，而要一把抓住几棵稻穗，用镰刀齐根从前向后使劲一拉，先放一边，约莫够一捆了，还要先把两棵稻子用力一挽结成个要子，然后把散稻子捆成一捆放地上，完了还要把几捆稻子码成一个稻垛，放地里晾晒。过十天半个月再赶着马车来地里，一个人用三齿叉把成捆的稻子放到马车上，车上一个人把稻子码放好，堆成满满一车再用绳子使劲捆好，拉回队部的场院。

深秋的盘锦大地依然忙碌不停。青年点前的大地上，拖拉机不停地轰鸣着深翻土地，为来年的播种做准备。知青们开始在队里的组织下修水线，所谓水线就是灌溉稻田的水渠，分干线和支线，干线就是那种像河一样宽的主水渠，支线相对要小得多，干线不是谁都能修的，我们修的是支线。这活儿比较累人。看着人家老农拿着筒锹，筒锹边上用铁丝向上绑出一截，两手用力往下一挖，一长条大块的泥土就被挖起来了，往水渠边上一甩，很是带劲，可我怎么也不行。一个老农发表议论："身强力壮的净干俏活，就你这体格哪干得了这种活，这世道真是太不公平了。"到了冬天，又进入了紧张的脱粒扬场阶段。这段日子非常苦，因为要抢时间，就歇人不歇机器，像工厂似的，实行三班倒。晚上有一伙人干到半夜，另一伙人凌晨起来干活，半夜睡得正香，小队长来青年点窗外喊"起来干活，起来干活"，这时起来非常痛苦。脱粒机轰轰隆

知青在盘锦

隆转个不停，我们站到机器后面，拿起一捆捆的稻子放到上面，稻粒就被机器打下来了。脱完粒还要扬场，扬场有扬场机，脱好了粒的稻子从扬场机里过，鼓风机把杂质吹走，稻粒从另一端的出口源源不断地流出，下边有一个大筛子，筛子满了就要两个人一起抬到边儿上的一个山一样的稻粒堆里去。我和张勇一起干这活，他总是抬重的一头，让我抬轻的一头。

☆点长李峰（左）和段野的合影

在农村与四样小动物有了亲密接触——蚊子、蚂蟥、跳蚤和虱子。盘锦的蚊子有名，虽然有蚊帐，仍难抵挡其叮咬，身上、腿上难免有挠破的地方。那时夏天在水田里干活都是光脚，腿肚子上有破口，蚂蟥就往破口里钻，叮人时有感觉。这东西软软的，不能往外拽，也拽不下来，越往外拽它越往里钻，只能使劲拍，啪啪拍几下，这东西才缩成一团掉下来。开始知青们还挺害怕，后来就习以为常了。跳蚤，红红的，芝麻粒大小，也是靠吸人血活着。我们抓住过跳蚤，把它放到塑料布上，这家伙跳起来足有十几二十厘米高。夏天还可以下河游泳，冬天我们没条件洗澡，老觉得浑身痒痒，脱下棉袄一看，长长的棉袄缝隙里白花花、密密麻麻全是虱子。

那时的农村一到夜晚，漆黑一片，除了偶尔能听到狗叫，什么声音也没有。没有电视、没有电脑，青年点的夜，百无聊赖。知青们有时引吭高歌，有独唱、有合唱，有时大家刚肃静下来，附近青年点的歌声又飘过来了。有时靠讲故事打发时间，因我上中学时比较喜欢看闲书，所以我曾经讲过故事；有时靠喝酒打发时间，甚至有时靠骂人打发时间；还有时就难免干坏事，偷过农民的鸡鸭鹅，也偷过农民的旱烟，被偷的农民怀疑是知青干的，到青年点门前来骂过。一个冬天的夜里，我睡得正香，忽然闻到满屋的煮肉香味，睁眼一看，地炉子上放着一个脸盆，里面煮着猪肉，几个战友正围在一起吃肉。哪来的肉呢，我正纳闷，张勇喊我快起来吃肉。吃肉可是件大事，我赶紧起来。我们一边吃着，段野一边眉飞色舞地跟我们讲上队部杀猪的过程。冬天的夜晚，天黑得早，睡到半夜饿醒了——说到这里，就得讲讲青年点的饿，那时因吃得太清淡了，上顿下顿白菜汤、萝卜汤，没有一点儿肉，油也放得很少，虽然主食顿顿大米饭，但劳动强度大，基本上吃了上顿想下顿，吃完饭不一会儿就饿，胃里还经常反酸水。记得那年割完稻子回家，正赶上家里包饺子，我一口气吃了一盆，给父母吓坏了。那时知青们经常去大队合作社买肉罐头吃，但也不能总买——怎么办，段野喊了几个知青，走，上队部杀猪去。他抄起扎枪到小队部去了。小队部那有个猪圈，队部里有个看猪的农民，他用扎枪逼住，喝令上一边儿待着去，今天的事和你没关系，就当没看着。然后和其他人杀了一只小猪，把肉拿回来煮了。

段野年龄比我们稍大，中等个，方脸膛，稍有些兜齿儿，尤其那双小眼睛非常狡黠，接人待物成熟老练，是整个四合大队下乡和在乡青年偶像级的人物。他虽也是知青，其实是一个新式大老粗，书本知识几乎没有，但社会经验极其丰富。在他的嘴里经常能听到"人比人得死，货比货得扔""人有不如自己有，爹妈有还得过一手"之类的话。他身上有些匪气，令人望而生畏。但他又对有文化、有知识的人很尊重，待人接物既彬彬有礼，又有一种说一不二的气度，气场非常强大。他做事善动脑筋，有分寸，不胡来，但一旦撂脸子

☆1977年春，同一青年点知青沙岭赶集合影（前排左起李峰、段野、张勇；后排左起张恩平、袁方、吕魁英）

也真吓人。这就使他产生了一种魅力，既能镇住人，又能够博得从不同角度看他的人的好感，善于把方方面面的人答对得乐乐呵呵，也使方方面面的人愿意

知青在盘锦

接近他。那时青年儿盛行穿军装，夏天戴的确良军帽，穿四个兜的确良军装，冬天戴羊剪绒棉军帽，外加羊剪绒军大衣，显得特别英俊潇洒有派。可这身装束不是随便什么人能穿住的，为了那顶军帽，多少人丢了性命。但段野就能做到这身装束不变，这就是棍棒的标志。我们那个大队共有7个生产小队，也算是一个较大的生产队了，"刺头"有几个，唯独服他，经常有其他青年点比较有号的人物来拜访他。当时有关系能干俏活，像段野那样也净干俏活，队长也不敢惹他，青年点也盛行"丛林法则"。

　　一次干活的经历使我对后来的承包制有了深刻的理解。一次在地里干活，大家磨洋工磨得厉害，因为那时实行的是工分制，每天出工不管干多少活，都记一定的工分。干多干少都是记那些分，早干完还得干别的活，所以基本上干一会儿就抽袋烟，干干停停。打头的急了，一再催促。这时一个老青年出面跟打头的说，咱们这些青年把这些活儿干完就回去歇着你看怎么样。打头的不信，当时那些活儿看起来不少，就说行，你们干完就回去歇着。没想到，我们这些青年不一会儿工夫就把这些活全干完了，大家高高兴兴回去了。这还仅仅是早干完活早点回去休息，假如再与经济利益挂钩，承包制的威力可想而知。

　　父亲知道了我的情况以后，担心我干不动农活，也开始拉关系，争取让我少挨点儿累，请过队长吃饭。后来，父亲通过辽阳老家那边的关系与我下乡公社的党委书记拉上了亲戚关系，管他叫姑父。有了这层关系，我果然也干上了俏活，主要是看青。所谓看青，就是啥不用干，看住庄稼，别让猪呀、牛呀等牲口吃了。当然，父亲拉这层关系更主要的还是着眼将来回城。父亲说过，像你这体格干活干不动，拉关系又不会，当兵也没人要，将来怎么回城？真愁人。父亲通过爷爷与老家那边多年不见的亲戚拉上了关系，一个我从没见过的老叔那段时间经常来我家，老叔长得浓眉大眼，很是健谈。经常跟我说，小年轻的得会来事儿，没事经常上你姑家坐坐，人家有什么活就帮着干干，亲戚就得经常走动。按照他的指点，我还真去过这个姑姑家几次。好在他们家有个年龄比我稍小的男孩儿，我去了有个玩伴，不显得尴尬。记得那个姑父非常忙，

☆青年点七位女知青，下乡一周年合影（前排左起杨晓婷、王雅梅、周景辉；后排左起战玉秀、边钢、张荣芝、范喆）

只见过一两次，印象中中等个，身材魁梧，国字脸，浓眉大眼，说话不紧不慢，非常有派。那时给我感觉，公社的党委书记是老大的官儿了。

时间转眼到了1977年初秋，当时隐隐约约听说大学要恢复高考。记得当时我还跟青年点的战友议论，说不想参加高考，主要是觉得没那个能力。初中根本没怎么正经念，初中水平都没达到，还参加高考，别丢人现眼了。一天，家里来了一封电报，称"家里有急事，速回"。等回到家一看，家里根本没事。父亲跟我说，给你叫回来，就是想让你赶紧复习功课，马上要恢复高考了，这个机会绝不能放过。我当即回答说，"我不想走这条路"。父亲说，"你不走这条路走哪条路？干活你也不行，当兵谁要你，抽工回城什么时候能轮到你，你赶紧的吧，要能走这条路最好了"。父亲苦口婆心地大概劝了我两天，终于把我说动了。可是我考什么呢，数理化早就忘光了。父亲拿出一篇古代散文让我看，我大致把意思读懂了，父亲说，你就考文科吧。因为父母都在学校工作，收集复习资料很容易。记得刚开始复习时，数学我是从分数开始的，二分之一加二分之一，我算的结果是四分之二，一约分还是二分之一，我就纳闷，这是怎么回事。后来才明白，原来是分母不相加，当时数学就那水平。

后来生产队派人来找我们，要求我们这些准备参加高考的青年回去干活。

知青在盘锦

我就带着一些复习资料回到了青年点。白天干活，晚上复习功课。青年点哪有复习条件，没有桌子、椅子，我们那时钢校给每个下乡的子弟打了一个装衣物的铁箱子，高度正好到胸部，我当时就是站在铁箱子前，把箱子当桌子。1977年的高考是在12月份，大约11月初，钢校组织学校老师给参加高考的教工子弟辅导，我们这些人就都回去了。钢校曾经是冶金部直属重点中专，教师大都是名校毕业，水平都是"杠杠的"。那一个多月非常借劲儿。考场在沙岭镇上，当时参加高考的青年非常多，不管能不能考上，大家都去比量，我根本没抱多大希望。记得那年的高考作文是两个题目任选其一，其中一个是《谈青年时代》，记得对这个题目有很多感想，联系自己的下乡生活觉得有很多话可说。没想到，后来居然接到了体检通知，盘山属营口管辖，我还是到营口参加的体检。先是接到了鞍山师范学校的录取通知，我当时为了减轻家庭的负担，同意去念，父亲坚决反对。后来又接到了辽宁大学的走读生录取通知，说是不能住校，要具备走读条件，父母研究过，哪有走读条件，就没去。因为1977年高考和1978年高考时间非常接近，就差半年。当时父亲分析，我这条件再拼半年上个不错的学校应该没问题。就一狠心哪也没去，安安心心复习。我的短板在数学，其他的都可以自己在家看。父亲就请了钢校当时声望很高的数学老师为我辅导，这个老师叫佟德成，我管叫佟叔，记得先说好只给我辅导六次，讲到解析几何。后来，我的数学突飞猛进，佟叔不禁对我刮目相看，又给我多辅导了几次，并一再说我的数学能及格。

这年春天，大队又派人找我们回去干活，说得很严厉，要求在家复习的知青一律回去干活，否则抽工回城不予考虑。有的经不住吓就回去了，可是我父亲态度坚决，根本也不指望抽工回城了，谁还稀罕那个。父亲说："儿子，就是破釜沉舟了，什么也别管，就在家复习。"经过半年的拼搏，我终于如愿以偿，跨入了大学的校门。从面朝黄土背朝天，风吹日晒雨淋，整日修理地球到坐在明亮的教室，听大学老师讲课，课余时间到图书馆看书，真有一步登天的感觉，不禁感慨人生的命运怎么会有这么大的转折，我唯有抓紧时间学习才能不辜负这得来不易的机遇。

袁 方 1958年6月出生，1976年8月由鞍山市第二中学九年六班下乡到盘山县沙岭公社四合大队第四小队。下乡期间是一名普通知青，参与了育秧、收割、脱粒、修水渠等工作。1978年9月，考入辽宁大学中文系。1982年8月毕业，分配到鞍山市委政研室工作，先后担任干事、副处长、处长、副主任，2012年调任市政协经济委主任。

时代的记忆

◎袁凤菊

我原籍大连市旅顺口区，现户籍盘山县甜水镇大台子村。

1970年8月份在旅顺口区54中学毕业。响应伟大领袖毛主席"知识青年到农村去，接受贫下中农的再教育"的号召，我怀着一颗红心和无比激动的心情踏上了上山下乡的道路。

1970年9月5日，我们大连知识青年在当地干部、群众还有学校老师和学生们舞动红旗、敲锣打鼓、高呼口号、夹道欢迎之下来，到了我下乡的地方——盘山县甜水镇大台子村。

当时青年点的房屋还没有建成，暂时住在农民家里，我被分配住在李素凡家。食堂设在生产队队部，集体伙食。主食是一部分粗粮和一部分细粮，副食蔬菜品种不全，肉类很少，生活环境根本比不上城里。吃水最为困难，道路是土路，雨天非常泥泞，一不小心就会滑倒，摔得满身都是泥。晴天路又成了坚硬的疙瘩路，走这样的路脚都硌得生疼。生活上是很苦的，有很多方面都不习惯。刚开始参加农业生产劳动，许多农活不会干，如挖土、修渠、育苗、插秧、施肥、拔草、割水稻……农业技术不懂，拔草时草苗不分，常常把稻苗拔了，把草留到地里。于是农民叔伯兄弟姐妹们耐心地手把手地教，我们虚心地学。农活很累，我们常常累得满头大汗，腰酸背疼，脚肿了，手也磨起了泡。水土不服身上起了些小泡泡，很痒一用手挠就感染了。买些药涂上去，得过好几天才痊愈。记得有一次在稻田地拔草时，我的大腿被蚂蟥叮了，直往肉里钻，还吸血。当时我吓坏了，"妈呀妈呀"直叫，素凡姐跑过来安慰我"不要怕"，之后用手拍打蚂蟥，打了好多下蚂蟥才掉下来，大腿被蚂蟥叮得一直在流血。大姐告诉我："淌点血不要怕，血把毒素排出来最好。"大姐帮我把伤口包扎好之后告诉我："水田里的蚂蟥多，以后也免不了会被蚂蟥咬，不要怕，不要用手拽，你就是把它拽下来，一部分还会留在肉里，只要用手拍打几下它就掉下来了。"当时我心里非常感动。晚上，我睡不着觉，想着农村大娘、叔伯、兄弟、姐妹们对我们的各种好。他们的品德是那么高尚、朴实，那么平易近人，待我们像亲人一样，感激之情真是一言难尽，难以表达。在农村需要我们学习的地方太多了，所以我要坚定信念，虚心向贫下中农学习，和同学们搞好团结，再苦再累也不怕，好好干，一定干出个样来，扎根农村干革命。

在农村我们知识青年除了干农活之外，还要学习毛主席著作，背毛主席语录、诗歌、大唱革命歌曲，跳"忠字舞"……还成立了毛泽东思想宣传队，我也是宣传队中的一员，编排一些文艺节目给群众和知青看。那些喜闻乐见、鼓舞斗志，催人向上的文艺节目，深受贫下中农和知青的欢迎。

一年后，青年点的房子建成了，我们知青从农户家迁到青年点，在这里有集体食堂、宿舍、仓库和活动室。在村干部和知青办的领导下，我们有自己的组织并且各负其责，发挥民主。自己学会管理自己、锻炼自己，有困难互相帮助，团结一致。知青们学会了农活，懂得了一些农业技术，学会了怎样做人。这些都是在城市里学不到的知识。至今我还对以往的岁月记忆犹新。

1974年是我下乡的第五个年头。在这一年我结识了大台子村男青年王希存，在相处期间建立了感情，开始了自由恋爱。我们俩在这期间顶住了家庭和社会压力，经历了爱情的考验，一年后我们俩领了结婚证，结为夫妻，两个女儿的出生成长，为我们增添了欢乐和幸福。

1976年9月3日，我被组织抽调到大台子学校任音乐老师（其间也任过学前班教师），在工作期间，我爱我的学生，和大家和谐相处，认真努力地教书育人，为农村的教育事业贡献了自己的一份力量。

知青在盘锦

从下乡到扎根农村期间,我的领导、同学、同事、学生对我都很好,我永远忘不了他们,忘不了那个年代,这是我一生最难忘的时代记忆。

袁凤菊 1952年2月出生,籍贯大连旅顺,1965年9月在大连54中学读书,1970年9月下乡到盘山县甜水农场大台子,1976年9月在盘山县甜水乡大台子学校任教师,1993年9月在盘山县甜水农场大台子分场工作,2012年2月正式退休。

我的知青记忆

◎钱梅景

我下乡插队当知青的日子也已经过去44年了。虽然我的知青生涯只有短短的3年,但它是我一生中一段难忘的岁月。岁月是一面镜子,它让人温故而知新。回顾当年的知青生活,太多的东西值得我们今天去回味、去继承。

1972年12月24日,我中学毕业后,无学可升,无业可就,只有一条路就是下乡务农。我放弃可以去近郊的照顾,下乡到了盘锦新兴农场育新村,成了一名知青。那时凭着一腔热血,准备到广阔天地去大有作为。火车站敲锣打鼓的人群,把我们这些第一次出远门的孩子送上开往盘锦的火车,列车缓缓驶出沈阳站那一刻,看着车窗下为我们送行的老师和亲人,我强行压下自己将要夺眶而出的泪水,举手挥别曾经的一切。

经过一天火车、汽车的奔波,傍晚时分到了青年点。冬天的一片荒凉展现在眼前,十几排孤立简陋的平房,一望无边光秃秃的土地,北风呼啸的寒冷如同浇了我一盆子冷水。万千思绪涌上心头——这就是我即将生活和战斗的地方吗?我还有机会回到父母身边吗?我真的能扎根这里一辈子吗?通过介绍我们知道了:从1969年起,老知青们开荒创业,把昔日荒无人烟的芦苇塘,一个叫"九道湾"的地方变成十里水乡的新农村——育新村。老知青曾经风餐露宿、战天斗地的事迹,还有他们的热情和关心很快感染了我们这些新来的知青。"盘锦大地红烂漫,一天三顿大米饭"这句话提醒着我:那年月能天天吃

知青在盘锦

大米饭也是挺诱人的事情。我调整了心态,开始了战天斗地的奋斗。

育新村是纯青年点,按部队编制,大队叫"营",小队叫"连"。育新村有四个知青连队,共同耕种几千亩水田。除了几名负责再教育的贫下中农当我们的领导外,几乎全都是沈阳知青。我所在的四连,共100多人,4—7名知青住在一间屋里,一铺土炕和一个炉灶,门口放一口水缸,墙边每人一只木箱。根据人员变化,我们会调换住的寝室。我记得经常会发生下工后忘记自己已经换了屋子,走进原来的屋子一看,已经是换了主人,闹出很多的笑话。一年中,除了冬夏两次20天的探家休假外,我们长年都待在青年点。开始的时候,每次探家到了家门口,我都会在门外把泪水擦干,然后再迈进入家门。

一年四季,我们知青喝着一塘有鱼虫的浊水,吃着自己种出的香喷喷大米,过着集体式的农村生活。春夏秋冬,清淤、整地、育苗、插秧、拔草、收割、背稻子、脱谷、打场、挖沟修渠,不断地有各种"大会战"打响。我们是省里的先进青年点,四连又是先进连,管理正规、严格,早上出早操,晚上要开会,经常办各种学习班。经常喊的口号是"大战红五月,不插六月秧"。"早上三点半,晚上看不见",这是我们插秧时节出工和收工的时间表。雨季,我们经常顶着瓢泼大雨从地里往回走,可走到一半雨停了,就穿着淋湿的衣服又返回地里接着干,有时一天能折几个来回。夏季里,被蚊子、蚂蟥叮咬更是家常便饭。收割、脱谷时,手指肚磨得没有了皮、流出血。生病时,想家不能回,偷偷地流眼泪……我们知青的三件宝是"靴子、筒锹、破棉袄",它们一直伴随着我们盘锦知青的蹉跎岁月。虽然当年知青下乡时条件非常艰苦,但我们都有健康、向上、勇于奉献的精神支撑着。

1974年有一段时间,我的双脚不明原因地疼,疼得夜晚睡不着觉,白天还要坚持上工,要想休息一天就要参加连队的"懦夫懒汉学习班",到后来我疼得实在坚持不了了,才请假到盘锦地区医院去看病,当时也没确诊是什么毛病。我找到连队领导说明情况,好不容易才给了假,回沈阳看病。在沈阳走了多家医院,才确诊我得了严重的末梢神经炎。经过几个月的治疗,我痊愈后马上又返回了育新村青年点。

从每年3月的育苗开始,我们顶着北方刺骨的寒风,站在带冰碴的水里,虽然穿着厚水靴,里边还套着毡袜子,但仍抵挡不住冰碴水的刺骨凉。插秧时,我们有的女生经常会累得坐到水田里,爬起来后,穿着还湿漉漉的衣服接着干。夏天拔草时,我们在田间地头,趁短暂的休息时间采摘芦苇叶,因为端午节我们知青要一起在食堂包粽

☆ 1975年春四连指导员王廷喜来沈阳看病与四连几位知青在北陵公园(左一钱梅景)

子,我们把思乡之情都包进了粽子里。秋收时节,一大早我们顶着露水,浑身湿透着收割水稻,把面前一片片的水稻变成身后一排排站立的稻捆。经过晾晒,我们又开始把地里的稻子往场院里背。我们把几捆稻子用绳子捆在一起,再由一两个"壮劳力"帮助我们把这一大堆沉甸甸的稻子顶上头或背上肩。750米一条地再转上大道,再跨越沟渠背到场院,一个跟着一个走。来来往往,从早到晚,每天不知道走了多少路,背了多少斤稻子。初冬时,男青年出工割苇子、挖河塘;女青年到苇塘拔一种叫作"钢草"的坚韧的杂草用来搓绳子,或者在村里编草袋子、草帘子,搓草绳。寒冬时节,我们兴修水利、出民工。知青们顶着寒流、风雪在野外工地上吃着冰凉的米饭、菜汤、咸菜,我们没有怨言,也不叫苦,因为那就是我们的日常工作。隆冬的脱谷场上,脱谷机器轰鸣,稻粒飞溅,看着我们千辛万苦种出的金灿灿的稻米装进粮仓,我们无比喜悦。

1975年2月4日,我们共同经历了海城那次大地震,大家不顾自己的安危,第一时间去抢救场院的粮食、圈里的大小牲畜……我们共同经受了一次生与死的考验。我们知青经历了吃住环境的简陋、劳动强度的极限、业余生活的单调、人生前途的无望和夜晚在土坯炕上含泪写家书的凄凉……我们这些生长在大城市的知青,在那个时代的苦乐交替中,自食其力、团结友爱、互相关

知青在盘锦

照、奋斗不息，经受住了艰苦生活的磨炼和考验，一干就是好几年，可以说，我们无愧于那个时代！

我们育新村四连的六八届知青来自沈阳一中。"文化大革命"前，那是一所几乎百分之百升学率的好学校，可想而知，这些从初一到高三的学生有多么优秀！我特别为他们六八届的这些老知青感到惋惜，如果不是因为"上山下乡"，他们大多会成为国家的栋梁之材。我印象深刻的梁颖敏大哥就是他们中的一员。那年，他是咱连二排的排长、连队里的劳动骨干，也是家中唯一的男孩儿。1974年的冬天，离大批招工回城只有十几天时，他由于劳累过度、导致蛛网膜下腔出血，不幸在劳动中突然去世，22岁就永远地倒在了那片自己开垦出来的土地上！当时，我们全连知青很长时间都沉浸在悲伤之中。今天，我在这里向梁颖敏大哥表达深切的悼念，我们永远不会忘记他！

1975年9月，村里又来了一批新知青，其中有位叫南风的给我的印象很好。他有文化、有修养、有礼貌，为人朴实，谈吐不俗，我俩很投缘。我们经常在一起谈理想、讲未来，生活中也相互帮助。他叫我大姐，我也把他当弟弟。放假回沈阳时，也互相来往。后来，我抽调回沈阳进了工厂，我们继续保持书信联系了一段时间。工作生活繁忙，我们也慢慢地失去了联系。今年年初整理物品时，找到几封他写给我的信，这些健康向上、文笔优雅、热情洋溢的信件让我很有感触。岁月无情人有情，人到中年时记忆里清晰的东西已经很少了，但这段交往却牢牢地珍藏在我的记忆里了。今天，我把他当年在信中写的一首七律转录在这里："笑谈春秋酒中狂，悦在人间正沧桑。轻舟自有李白在，猿鸣悲啼学霸王。长天不老留日月，莫负年华泪飞扬。若为雄心不子俊，偶爱盘锦骄寒霜。"如今，不知南风弟弟一切可好？据我对他的了解，我相信他一定会是家庭美满、事业有成的。我祝南风弟弟：万事如意，永远幸福。

1976年初，在我们四连食堂里，经过激烈的评比、竞争、面对面、背靠背、几上几下……我没能被抽调到盘锦的一个中专去读书，却如愿地回到了向往的家乡沈阳，走进了工厂，当上了工人。从此，我告别了既短暂又漫长的知青生涯。虽然，我们在招工之前都曾言不由衷地表过态，要"扎根农村一辈子"。

但我们都清楚那是"不得已而为之"的，否则就有可能失去抽调资格。

知青、青年点都已经成了不再有的历史。40多年过去了，知青生活中那一幕幕的真情岁月和感人故事还会经常出现在我的记忆中。一代知青早已不再年轻：当年曾风华正茂，如今已是两鬓掺白。曾经的一切离我们越来越远，越来越陌生。知青生涯和那些曾经的蹉跎岁月，我们这一代人的难忘经历，我们的后代可能无从知晓，也可能无法理解。所以，我们写下来我们的曾经、我们的感悟，留下来，让历史去评说吧。

我们这些当年激情燃烧的一代，把自己人生中最美好的一段时光留在了"广阔天地"，甚至还有人把生命奉献给了那片土地。透过这些渐行渐远的历史足迹，是非功过有谁能够说得清楚呢？但是，我觉得可贵的知青精神不应该被遗忘！遗憾的是，我本人没有留下一张当知青时的照片。还好，2013年，在离开育新村近四十年时，几位知青姐妹相约回到了我魂牵梦绕的第二故乡——盘锦新兴农场育新村，这看看、那走走，真的是百感交集啊。

☆ 2013年四连部分知青在指导员王廷喜家门前合影

风雨人生几十载，不变是情怀。盘锦新兴农场育新村的那片土地，留下了我们知青如火的青春，留下了我们曾经的热情和信念，也留下了我们永久不能忘怀的记忆。我们生活、奋斗过的青年点；我们当年的伙伴和逝去的知青战

知青在盘锦

友；我们共同走过的那段艰苦岁月；我们共同拥有的那段难忘经历，这一切都铭记在我心里，成为我今生一段挥之不去的记忆。

2016 年 12 月

我在青年点的几篇日记

1972 年 12 月 24 日　晴

万里征途迈新步，继续革命写新篇。今天，我们满怀豪情，坐着时代的列车，来到了我的第二故乡育新村。一踏上这块肥沃的土地，就被老知青战天斗地的革命精神所感动、所鼓舞，这里的一切都吸引着我……老青年为我们准备好了一切，把我们照顾得无微不至，他们的真诚，激励着我们扎根盘锦闹革命的决心。

眼望辽阔的盘锦大地，展望继续革命的征程万里，我们激情似火。我仿佛看到，三年前，在这块荒无人烟的地方，老知青们风餐露宿，用自己勤劳的双手建设家园的情景。如今的育新村正在发生巨大的变化，我坚信育新村的将来会更加美好。但我也深深地知道，这美好的未来不是向往来的，而是艰苦奋斗换来的。我一个农业战线上的新兵，决心在这里用自己的双手，绘出最新、最美的图画，把盘锦建设得更加繁荣昌盛、富饶美丽！

1973 年 4 月 17 日　晴

来到育新村已经好几个月了，在这几个月的时间里，自己在接受贫下中农再教育方面，有了一定的收获。特别是通过这次团内整风，看到许多同学都用自我批评的武器总结了自己的工作，也使我回想了自己来到育新村的表现。自己是一名共青团员，没有起到一个团员应起的作用，不能坚持经常学习，缺乏钉子精神，开会时发言不够主动。劳动中，有时怕苦怕累，吃苦精神较差。组织纪律性也做得不够好，有时出工哨响半天也不愿出来。对组织交给的任务，也不能积极主动去完成。总之，自己身上还存在许多缺点和不足。通过这次团内整风，我决心克服缺点错误，真正起到团员模范带头作用。也希望大家拿起批评与自我批评的武器，对我自己没有看到的毛病进行批评指正。

1973年5月7日　雨

一年一度的插秧大会战已经开始，考验我们新青年的时候到了。我决心在这次会战中，流血流汗拼命干，誓为人类做贡献。

甘洒热血写春秋，困难面前不低头。插秧会战拼命干，誓夺粮食大丰收。

1973年12月31日　晴

"场院着火了"，随着一声呼喊，同学们都迅速来到场院，由于抢救及时，一会儿就把火扑灭了，没有造成损失。火光就是命令，在危险面前，大家丝毫没有想到自己，心中装的都是集体财产和国家利益。着火不是一件好事，我们要分析着火的原因，吸取教训，在每天烧炕时加倍小心，避免再次发生火灾。

1974年12月24日　晴

下乡两周年感悟

荒无人烟芦苇荡，热血知青开垦忙。接受农民再教育，九道湾里变模样。红砖瓦房排成行，丰收粮食堆满仓。艰苦奋斗创大业，十里育新稻花香。

1975年9月24日　多云

开镰了！在国庆节即将到来之际，我们满怀信心迎来了今年的三秋大会战。晚上，我们全体团员参加了动员大会。我现在已经是一名老青年了，这次收割是对我的又一次考验，我一定充分发挥自己的作用，热心帮助新青年，取长补短，共同完成今年的秋收割。

知青在盘锦

钱梅景 1968—1972年就读于沈阳94中学和149中学，1972年12月下乡到盘锦新兴农场育新村四连，1976年2月抽调到沈阳重型机器厂（现北方重工）二金工车间中间工段刨床、金工分厂材料库工作，1998年后在金工分厂综合工段负责统计、考勤等工作。2002年3月内退，2004年5月正式退休。

坨里乡情

◎徐惠光

1968年9月23日，我到盘锦垦区插队，开始了陌生的知青生活。

那天上午，沈阳火车站锣鼓喧天、人头攒动，有很多送行的人伫立在那里，平添了许多热闹的气氛。

专列到达沟帮子站，我们转乘带拖斗的解放卡车继续前行。抬眼望去，广阔的原野上，大片黑中泛白的盐碱滩，在我们眼前掠过，使我们领略了盘锦的自然风貌。同学们都很兴奋，歌声、笑语声此起彼伏："到农村去，到边疆去，到祖国最需要的地方去！"

当我们到达目的地新兴农场东方红（原名坨子里）大队时，已是日暮时分了。

"南大荒"深情

刚下乡时住在村民家，我们学解放军的传统，为房东挑水、扫院子。农民家有壮劳力的，同学们很难有机会挑水，总是主人捷足先登。有些女同学住在没有壮劳力的人家，使我们男同学有了为这些女同学给房东挑水的机会。

村民们盖房舍、垒院墙，或冬天到苇塘拉苇子时，往往要找几个熟识的知青帮工。有时村民家来了远道的亲戚，也要请知青作陪。村民们对待知青在情

知青在盘锦

感上与自己的子女或兄弟姐妹一样,在礼节上,又把知青当作尊贵的客人。偶尔有知青的亲属远道来探望,村民们便如同来了自家的亲戚,张家请吃饭、李家也要请。当然除了房东外,村干部家要优先,有怕排不上号的,干脆现炒些花生瓜子等送到房东家,以表情意。坨子里的乡亲,不是亲人,胜似亲人。

知青怕得病,因为得病后特别想家,对此我有很深的感受。

1969年冬天,我病了一场,手脚冰凉,夜里盗汗、做噩梦、睡不好觉。原以为吃点药,白天干活再出一身汗,挺几天就会没事了。不愿与人提起此事,自己在心里闷着。房东大婶是一位很细心的女人,她把我的变化看在眼里,急在心上。

那年元旦,放假一天。我们同屋几个知青,到供销社买了几瓶水果酒和罐头,庆祝新年的到来。房东大婶炒了两个菜,我们围坐在炕桌旁。我刚吃了几口菜,便觉得浑身难受挺不住了,便回到里屋躺在炕上睡下。大婶赶忙下地,到厨房煮了一碗姜汤,又到邻居家要了点红糖,搅好了送到我面前,让我趁热喝了发汗。喝过一碗姜汤,大婶让同屋的同学把他们的被子都盖在我身上。我盖了四五床棉被,痛痛快快地睡了一觉。天将黑时我醒了过来,出了一身透汗,贴身棉被已湿透了。虽然感觉很清爽,但体力却明显不支。在房东大婶和队领导及同学的劝说下,第二天我和一名女同学一起到盘山县医院看病。诊断结果是:肺内感染。在房东大叔、大婶的呼吁下,连队领导与军代表商定:准我回沈阳看病,过完春节后再回来。

在沈阳养病期间,我拜一位老中医为师,学会了针灸。

从沈阳回来后,连里为了照顾我,派我到连队菜园子当园头。

菜园子位于村东北角高岗上,有二十多亩菜地。从开春起垄、育苗、运肥起,到秋后起白菜,晾晒后下窖止,约有八个月地面劳作。入冬后,连里派几名病号到菜窖里收拾白菜,我被派去参加脱谷或出工修水渠。春夏秋三季,也常抽空到大田参加挑秧、割稻或帮炊事班送饭。

当园头后,我就搬到菜园子的土窝棚里住。开始和一位独身农工汪大爷同住,汪大爷被侄子接走后,我的同学娄春台又搬过来和我一起住了半年。与大田劳作相比，菜园子的劳动强度小得多。自觉精力过剩，便买些《农作物手册》之类的书来看。自学的针灸也派上了用场，晚上经常到庙沟青年点给同学治病，多半是关节炎、腰腿痛等症。有时乡亲们也请我到家里给扎针灸。

一天半夜两点，一位乡亲敲门，请我去为他远道来串门的姐夫治病。这位老先生犯了胃病，痛得头冒冷汗、呻吟不止。我用七寸长的银针从膻中穴下针、平针直透中脘穴，又扎了足三里和内关穴。三叔帮我按住病人，免其挣扎。我就势一番忙乱，折腾了有半个小时，病人总算安静下来，我这个土大夫也算松了一口气。

还有一次，房东家女孩小霞蛔虫病发作，捂着肚子在炕上打滚，哭喊着："快去找老徐大哥呀！"我赶到时，这个四五岁的小家伙，已经哭得上气不接下气了。我对照着针灸手册，选了几个穴位，三下五除二，一阵强刺激，孩子居然一骨碌坐了起来，没事了！我又嘱咐大婶给孩子热敷一下，再做点韭菜炒鸡蛋吃下去，效果居然不错，这孩子没再犯这种病。

1970年冬天的一个上午，农场兽医站里死了一匹病马，据说是患的炭疽病，是一种可以传染给人的烈性传染病。兽医站将死马深埋在我们连队菜园子以北的荒地里。

那天中午，我忽然看到一大帮妇女拿着筒锹、吵吵嚷嚷、一溜烟向北跑去，不知发生了什么事情。

晚上，房东大婶打发孩子请我去吃马肉。原来，白天她们把病死的马挖出来分了，来解解馋。马肉很粗糙，很难吃，但我还是吃了一些。每当我想起这件事心里就特别难过。

坨子里，我同甘共苦的父老乡亲，今生今世，我永远怀念你们。

三十年后

1998年元旦，在知青战友赵玉文的倡导下，我和殷积奇、王德琢一起，赴盘锦探望坨子里父老乡亲及扎根在盘锦的同学。

知青在盘锦

一路上，我非常兴奋。我提议，我们应该联系青年点知青回盘锦探亲。我们四个人一拍即合，当即决定春节前后搞个小聚会，共商此事。

2月7日，由赵玉文做东，十几位同学在沈阳农垦大厦一个包间里相聚，商议庆祝下乡30周年纪念活动的事宜。我先宣读了事先拟好的倡议书，获得到场同学的一致通过。

1998年9月19日早8时，一辆贴着"沈阳知青赴盘锦省亲团"横幅的大客车，满载着70多名知青，从沈阳出发，奔赴盘锦。

由于途中汽车出了故障，我们赶到新兴农场时，已是下午1点钟了。但苦苦等了我们两个多小时的农场领导和父老乡亲们，仍然站在村头。

农场大门上"热烈欢迎知青回乡省亲"的横幅分外醒目，大道两旁整齐排列着坨子里的中小学生们，他们有节奏地喊着"欢迎！欢迎！热烈欢迎！"的口号，他们手中拿着花束、花环、彩旗和气球。鼓乐声、口哨声、乡亲们的招呼声和掌声交织融合，使我们这些已年过半百的知青们热泪盈眶。与乡亲们久别重逢的激动和感慨一同涌上心头，30年故土依旧，30年亲情依旧！我们终于又相邀相伴回到了自己的第二故乡！几位原坨子里大队的父老乡亲，相携着迎面向我们走来，同学们马上迎上去，真是"执手相看泪眼，竟无语凝噎"！乡亲们对我们说的第一句话是："村里人能来的，一大早就来了，大多刚回去吃午饭。"可以想见，这几位六七十岁的老人，执着地等着我们的到来，与年迈的父母盼游子归来无异。此情此景与其说是感动，莫如说是震撼，有很多知青都流泪了。

坨里呦，乡亲们，你们没有忘记我们，没有忘记我们曾在一起劳动、生活，改造坨子里落后面貌的知青们。

在农场场部大礼堂召开的"欢迎知青回乡省亲联谊大会"上，少先队员为大会献词，场长发表了热情洋溢的讲话，原沈阳一中同学陈家斌代表知青作了饱含深情的即席发言。

大洼县一位副县长到会并讲话，盘锦电视台和大洼电视台均派记者进行了现场采访。

我校高中同学崔鹤鹏的一句话,道尽了全体知青的心声:"我就想看看这片土地,看看我曾耕种过的庄稼长得怎么样了。"这是亲情的朴素告白,正如场部食堂门外悬挂的一副对联所言:"历史创造一次机遇,岁月凝结一段亲情。"乡亲情、同学情、乡土情,铸就了我们的知青情结。

国庆期间,同学们兴犹未尽,在沈海大旅社又相聚,畅述赴盘锦观感。我即席赋诗:

人生最苦是孤单,知青相聚解百烦。
但留心田方寸地,坨里沈阳总是缘。

坨里,我青春的故乡,我梦中的故乡。我们共同祈盼和祝福着:坨里会越来越美好,父老乡亲会过得更好!

下乡盘锦到新兴,刻骨铭心梦频仍。夹叙夹议忆旧岁,一字一句总关情!

2017年3月

徐惠光 生于1949年,1966年毕业于沈阳一中。1968年9月下乡至盘锦垦区新兴农场坨子里(当时称东方红)大队。当过青年点炊事员、菜园子园头,干过出工修渠等重体力活,评工分一直是头等。1971年3月招工至四川省渡口市矿务局当煤矿工人,历任铁道工、测量工,也间或干过采煤、掘进等工作。1973年9月考入(后称推荐)四川矿业学院地质系煤田与地质勘探专业就学,时称工农兵学员。1977年1月毕业回原单位技术科任技术员。
1984年1月调至沈阳市新民县,历任科员、副主任科员、科长兼办公室主任等职。1996年任新民市委党校兼市行政干部学校副校长,负责新民市干部培训工作。2009年7月正式退休。

盘锦，我的第二故乡

——向阳村青年营知青生活回想

◎凌秀华执笔并编辑

1972年12月20日，一趟沈阳北站开往盘锦的列车出发了。车上载着沈阳第三十六中学130多名到盘锦插队的同学，随车送行的是在校的工人师傅。

轰鸣的列车中，好多同学第一次离开父母，心情还没从父亲的嘱托、母亲的泪水与亲人别离的悲伤中调整过来；有的同学幻想着未来的广阔天地，心情激动，兴奋中又夹杂着丝丝不安；也有的同学为自己在火线入团而高兴、感慨，充满着憧憬；还有的同学回想着上火车前乘坐大解放的绕城告别，陷入了沉思。再见了，我的家乡，再见了，我的朋友，再见了，我的亲人……

火车到盘山站，我们先坐汽车然后转马车到达了最终的目的地——向阳农场大荒大队。当时青年营还没建好，我们都暂时分散住在老农家里。第二天，大队安排我们"认阶级"，吃忆苦饭（用稻米糠做的馍馍），告诫我们不要忘记阶级斗争，不要忘本。这个冬天就要在

☆凌秀华（左）和宛玲（右）合影

这里度过了。

　　刚到这里没几天，大家就深刻地感受到，心里的向往和美好的期待与现实的反差很大。本来心里想的是盘锦大地红烂漫，一天三顿大米饭，可到了这里，细粮只有三分之一，整天吃粗粮，还吃不饱，那菜更是清汤寡水的，连队开始混乱。这里有70届插队的沈阳老知青，从他们那里我们也了解了不少东西。不少同学写信向家里诉苦，向家里要钱和粮票，弄得家长们纷纷向学校反映。因为理想和现实差距很大，好多同学产生了畏难甚至不满情绪。还好，连里领导及时发现问题、抓住苗头，先从伙房入手，调整伙食，并改革了打饭的方法。女同学吃得少，有的吃不了就倒了。给女同学少打点，既节省了粮食又避免了浪费，这样男同学就能多打点。同时我们青年连连长张杰还从老青年点借了一些大米，这样就基本解决了吃不饱、吃粗粮多的问题。为了改善伙食，连队还自己养起了猪。同学们的情绪很快就调整过来了，连队也安定了。第二年一开春，连长就带着我们去自己的地块开垦水田、播种、插秧、拔草了。

　　1973年7月，我们陆续搬到了青年营。营里一共三个连，我们是二连。全营不算老农干部有380多人。连队领导编制：设老农指导员、连长，知青连长、知青指导员。每个连队都给配置了手扶拖拉机。住的营房，第一排房是营部，第二排房是女生，第三排房是男生，后面是库房、牲口圈，最后是伙房。男女生房前都有一个压水井。

　　知青生活的确是很苦。刚进青年营时，头一个冬天就是一场考验。房子因为是新建，屋里又冷又阴，柴火准备得也不充裕，晚上炕凉得冰人，女同学们都穿着袜子，戴着帽子睡觉。后来在老乡、老青年的提醒下去盘山买蒲草垫铺床，才解决了晚上睡觉炕凉的问题。同学们在连队领导的带领下，克服种种困难，尽快适应农村的艰苦生活，尽快地掌握农业劳动知识，连队无论生活、生产都管理得井井有条。前两年，可以说是连队最团结、最美好、也是发展最高峰的时期。连队管理严格，同学们的情绪也非常高涨。虽然生活很苦、劳动很累，但大家的精神状态很好。张杰不愧为带头人，处处以身作则，处处为同学着想。他每天早晨都是最早起来，把男生盆里、牙缸里打满了水，再挨屋喊大

知青在盘锦

家起床。对女同学更是照顾有加，不管农忙多紧，女同学例假期都固定休息几天。而且修河堤、水渠等重活从来不让女生干。当时连队明确要求，男女同学不准乱串屋。不只是男同学，就是老农干部也不能随便到女生宿舍，避免了很多不必要的麻烦。可以说，那时我们连的男女同学关系是非常纯洁纯粹的，一点乱七八糟的事都没有。农闲时，女同学主动帮男同学洗衣服，男同学则是去自力更生改善伙食。那时候，同学们都在十八九岁的青春年龄，活泼好动，所以那时我们最兴奋、最常做的就是在晚上休息前，男同学在窗前拉起琴弦，女同学在窗后高声合唱，前后两趟房就这样和谐地娱乐起来，欢笑声、呼喊声连成一片，所有的疲劳一扫而光，第二天又浑身是劲投入到艰苦的劳动中。赶上大干时，真的是早晨三点半、中午一顿饭、晚上收工看不见，晴天一身汗、雨天一身泥啊。大干时没有闲人，后勤的同学不仅把可口的饭菜及时送到地头，也积极投身于大干之中。功夫不负有心人，头一年，我们的稻田无论是平地、育苗，还是插秧、拔草，到最后收稻子、打稻子，都是最好的，连老农看了都啧啧称赞。稻田的长势真是绿得可爱。虽然因为自然环境的原因，边上的稻穗刚一抽穗就被野鸟鸽光，可我们第一年的收成却很可观，大大出乎老农干部的意料。

有了第一年的经验，第二年水田更是打理得轻车熟路，连队的管理更上一层楼。不仅如此，张杰还带领同学们在营房周围栽树，组织同学们每天早起军训。这一年，连队有了一块蔬菜地，20多头猪，一挂马车，一挂牛车。连队各方面都更加完善。这一年，连队与沈阳工厂挂钩，工人师傅也来到了连队。我们种的大米能够自给自足。这一年我们连队也荣获了极大的殊荣，被评为盘锦地区先进连队。

盘锦天气恶劣，夏天小咬成群，冬天滴水成冰。一年刮两次风，一次6个月。在战天斗地的过程中，同学们真正展现了"能吃苦，敢打硬仗"的顽强作风，出现了很多可歌可泣的感人故事。更难能可贵的是，好多同学在连队坚持了五六年、七八年，仍不忘初心，令人赞叹、感动！

下面是一些同学知青生活的回顾片断。

一

　　刚到盘锦不久，因为身体弱，当不了排长，连队安排我喂猪。
　　一共四头猪。那头长白猪长得像它的名字一样，身子很白很长，大耳朵，做派如少爷一般。四头猪中，它是老大，我挺喜欢它，它也愿往我跟前凑。后来它长大了，连队把它杀了改善生活。我很难受，一点猪肉都没吃。小壳郎猪是米糁子猪，黑毛中有些杂色。长得挺标准，大大的眼睛总感觉有些忧郁。它总也长不大，就它敢和长白猪争抢食。也许因为它有韧性，撵走还回来，吃得又不多，长白猪后来就懒得理它了。那头母猪是猪中第二厉害的，除了长白猪，那两头猪都怕它。它却和我不亲，别的猪都愿意跑我跟前趴下，让我给挠痒，它却离我老远，同性相斥？剩下的大克郎猪，就敢欺负小壳郎猪，我也不太喜欢它……
　　起初，没有猪圈，白天猪在外边跑，晚上就在伙房大院的边上铺干草的地方睡。直到有一天，一个看地的老青年找上门来。那天我正在厨房帮厨，就听到外边有猪的惨叫声。跑出去一看，长白猪被绑在院子中一个铁柱下，正激烈挣脱着。我很生气，一边想过去解绳子，一边问"是谁啊，这么无聊"。那老青年过来拦住我说："你养的猪啊，怎么不看着点，把我们的庄稼都啃了。"原来是这样，我只有承认错误，保证以后看好。从此以后我就去放猪了。
　　过了不长时间，老农管理员为母猪配了种，在院内盖了两个猪圈。老青年养猪饲养员罗大哥送给了我一些养猪的书。到了母猪的预产期，我给它找了一些柔软的草铺上，每天早晚都去它那儿看顾一会儿，可就是没生。有一天我起来晚了，它却生了。虽然遗憾没照管到，但看着一个个小猪粉嘟嘟的可爱模样，我也非常高兴。二十多只呢，这母猪别看长得不大，真有能耐。母猪很护小猪，谁碰小猪，它就围着谁大叫，像要咬人一样。也许是我和它接触时间长了，和我的关系却比之前近乎好多。小猪长得很快，放猪时都跟着母猪跑。正好是春天，草地上空无一人，我一边挖野菜一边看猪，还摘了野花做花环戴在头上，看着白云蓝天感觉真好。

猪多了，喂得紧张。我挖回的野菜根本不够猪吃，很着急。一天我放猪回来，看到厨房门口一堆野菜，还有同学拿着野菜在往上添。我高兴地连连说谢谢。后来知道是连长张杰让大家收工后，每人都挖点野菜带回来的。感觉到了连长的细心，心里暖暖的，更用心于我的工作了。起猪圈时，老农连长问我用人帮忙不，我说不用，就自己干了起来，虽然很脏、很累，但我不在乎，把猪圈收拾得很干净。

后来我受养猪的书的启示，用浮萍试验做猪食料。收集了好多浮萍，放在缸里发酵。一个多星期后真的有了一股苹果香味，猪也很爱吃。只是以后女同学的剩饭剩菜多了，就不用浮萍做猪饲料了。

我们建点后，猪圈大了，我还试验着让猪大小便有规矩，为此老农指导员笑我异想天开。我不管，每天早上把猪赶到一边让它们排便。还是有效果的，猪圈干净不少。我还给猪定期冲洗，不想让它们弄得太脏。

后来，我到营部做炊事员兼管理员，喂猪的活就交给了另外一位女同学。但这段喂猪的经历让我难忘。

凌秀华 1972年12月20日由沈阳市第三十六中学下乡到盘锦向阳农场向阳村青年营二连。担任过知青排长，做过饲养员、库房管理员工作。1975年8月抽调到辽阳石油化纤公司研究院。2009年退休。

二

两年多的知青生活难以忘怀，有快乐、有痛苦，也有遗憾……

我今天回忆的是一件让我觉得很心酸的事情。那时我们在农村已经生活了近一年。春耕、夏锄、秋收，望着那一片片无边的金黄色的稻谷，同学们欢欣鼓舞，忘却了一年来的辛苦。大家背诵起了毛主席诗句："喜看稻菽千重浪，遍地英雄下夕烟。"沉浸在丰收的喜悦之中。接下来就该准备脱谷了。

记得那是1973年初冬的一个西北风卷着小雪的上午，马车拉来了脱谷机，大家一拥而上从车上往下卸脱谷机。当时由于年纪小安全意识比较差，且又急于卸车，脱谷机在下滑到马车后部的镂空处时挤压住了杨根成同学的手指。疼得他使劲一抽手，右手无名指最上边一节掉了下来，鲜血直流。受连队指派，我陪他去盘山县医院治疗，经过一个多小时的颠簸才到达县医院。当时县医院的医疗技术水平还比较低，估计去沈阳的大医院应该能够植活，在县医院医生只能建议截掉一节。医生征求杨根成的意见时，他竟然同意截掉。我们也都年纪还小没太在意，现在想起来，我感到十分后悔和心酸。

回城以后大家都忙于工作很少接触，后来听说他因车祸去世了，我心里真的特别难过。现在只能祝愿他在天堂一切安好。

另外，当年的脱谷机也比较落后，并且存在很大的不安全因素，我的右手小指也受过伤。脱谷季节所有后勤人员都要参加一线脱谷任务，我记得那是一个很冷的晚上，脱谷机被稻草缠绕住无法运转。我去清理缠绕在三角带上的稻草，脱谷机突然转动起来，我的手来不及抽出，随着传动轮旋转了一圈，疼得我蹦了好几个高。经过检查没有伤到筋骨，肿痛了十几天才好。现在想一想还后怕呢。

青年点的生活丰富多彩，酸甜苦辣咸五味俱全，值得我们一生回忆，与大家分享的只是这其中一页。

王　峰　1955年5月出生。1972年12月20日由沈阳市第三十六中学下乡到盘锦向阳农场向阳村青年营二连，当过炊事员、炊事班长、伙食长。1975年1月由同学们评选抽调返城，到沈阳市医药公司东方红医药商店工作，先后任职营业员、保管员、副经理。1986年12月调任沈阳市太原医药商店副经理。1991年12月先后任职沈阳市天益堂医药连锁有限公司振兴、杨士药店经理。2012年7月在企业内退，2015年5月正式退休。

三

1972年12月20日，记得那天早上，在校园里，大汽车专程把我们送到了沈阳北站。那一天，我在那趟知青专列上递交了入党申请书。火车开动了，我们兴高采烈，一群天真无邪的孩子，头脑中没有任何的想法。回想那时真是一片茫然。

到了盘锦火车站（现在看来就是一个乘降所模样），映入眼帘的是一眼望不到边的大地，四周也没几户人家。紧接着我们又坐上了大马车，来到了盘锦向阳农场大荒大队。连里把我们每五个人分一组，分到了老乡家里。后来青年营建成了，我们就集体搬到了向阳农场向阳村青年营，我们营分三个连，我在二连。在这里生活劳动了两年半。

在那个艰苦的岁月，我们还是非常乐观的。有一次为插秧会战准备一台节目。我编了一个手拍鼓舞，是坐唱，歌唱炊事班。没有鼓，用纸盒糊了一个鼓。在里面放了一些石头子儿，敲起来有声音。还有一次写黑板报，那天的天气非常冷，北风烟雪，板报在房山头。那是纪念雷锋的日子，我画了一个雷锋的头像，等写完板报我的手指头冻得跟胡萝卜似的，又红又肿，还落下一个冻疮，一到冬天就犯。

插秧时，蚂蟥很多。一次插秧，我刚一迈进秧池里，一只大蚂蟥就叮到我的小腿肚子上，我立刻就爬到池子里打起滚来，因为不敢用手拍，滚来滚去它也没掉下来，我的眼泪都下来了。还好，一个男同学跑过来，用手狠狠地打掉了大蚂蟥。现在想起来都害怕。

☆于 英

那时我鼻子特别爱出血，一次插秧，到太阳快落山时，小咬上来了，正赶上鼻子又流血，小咬沾到脸上，我就用手摸，弄的脸像花蝴蝶。尽管这样，我也一直坚持把秧插完，坚持到收工。

秋收开始割稻子，有一次不小心用镰刀割到了手上，出了很多血，也没敢吱声。等把稻子割完了，每个人还要把稻子捆起来，再背到指定的地方。从地里背出来有一段距离，由于自己个子小背起稻草从远处看，看不到人，就像一座小山在移动，非常吃力，但是我依然坚持到完成任务。

有一段时间，我们吃的菜里都见不到油星，严重到患上了口腔溃疡，满嘴大泡，连饭都吃不了。因为嘴里都没缝了，连里让我回沈阳看病，医生说，如果再不用药，又吃不进饭，牙都保不住了。真都不愿意想起这些事，心里很难受。可是我们都坚持过来了，想想，自己都很佩服自己。

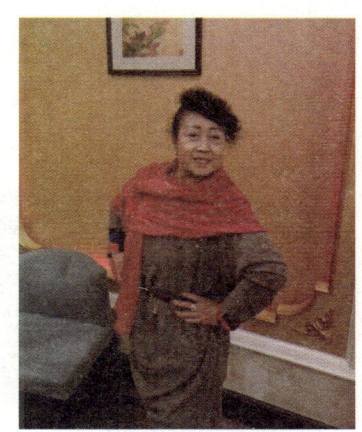

于 英 沈阳市第三十六中学四年六班毕业。于1972年12月20日下乡，来到了盘锦向阳农场向阳村。1975年9月被抽调到中国石油天然气管道局工程第一公司工作，先后从事防腐、幼师、工会及房产员等工作。一直到退休。

四

我们连队的史立华同学结婚时是冬天。她是从我们这出去的，我把我的好箱子和两个好纱巾都送给了她，做嫁妆！那时很穷，结婚宴做了八个菜，除了大豆腐，就是干豆腐。

那时我个子小，在后勤。1976年，抽回沈阳的名单中有张桂杰同学，她却不想走，非要把名额让给我。我感谢她，我的好同学。但我坚决不能这

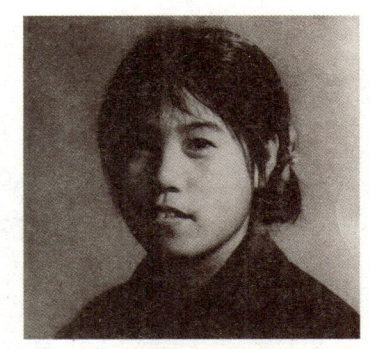

☆年轻时的康恩荣

么做。让来让去，最后还是让她回沈阳了。虽然那次我没回去，可我一辈子也忘不了这件事！

知青在盘锦

我们连郭忠良喂牲口轧草时，往里推草，不小心把手推进去，轧伤了手。当时我也在场，看到他受伤，我赶紧拿我的枕巾把他的手包上，怕破伤风。我都吓哭了！

康恩荣 1972年12月20日，从沈阳三十六中学去农村接受再教育，参加农业劳动，当过饲养员。1978年回城。

五

☆刘德菊、李淑美、陈凤兰合影

☆刘德菊

知青的岁月真是难以忘怀的。那时我们还是十七八岁的小青年，从城市到农村生活是一个极其艰苦的过程。在我们青年营二连130多人中，我是属于那种又瘦又小的，真是干不动活。插秧的时候，累得不行了，坐在田埂上就哭。割稻子总是落在大家后面，指导员还曾经说过我。背稻子，人家都能背10多捆，我才背6捆，个子矮背多了起不来呀！

那时很盼着下雨，好雨休啊！可偏偏就晚上下雨，咱们就叫它下革命雨。头两年还行，还有些学校风气，青年营营部的舞台上，我也曾唱过、跳过，演过对口词，演过小话剧……后来知青陆续回城，人越走越少，欢乐的时候也越来越少了。我们没回去的还得继续喊着口号，学大寨！跨长江！建设咱们的新向阳。

那张照片是我和李淑美、陈凤兰我们3人1976年在高升照的,我们3人在一起呆的时间长,可算是同甘共苦、共命运。我们现已60多岁了,看那时穿的虽然土点,但那时年轻啊!那时我们唯一能溜达的地方就是高升大集,离我们青年点18里路啊!有时去能搭上牛车,搭不上我们就步行。高升照相馆是我们唯一照相的地方,我这张个人照片也是在高升照的,当时很时髦的黑虚光像。

刘德菊 1954年10月出生,毕业于沈阳市第三十六中学。1972年12月20日下乡到盘锦向阳农场向阳村青年营二连。下乡期间在炊事班做饭两年,其他时间就是参加农业生产劳动。1978年自办回城,到沈阳市铁西区霓虹商店工作。婚后工作调动到沈阳市沈河区南一副食商店。在沈阳华岳毛纺集团有限公司退休。退休后在辽宁省硬笔书法家协会工作至今。

六

1972年上山下乡,我们同在第三十六中学的姐弟三人(姐姐关丽萍,哥哥关宝达和我)碰巧都来到了盘锦,一起在向阳农场青年营插队。我们虽然只是亲戚关系,但特殊的环境让我们像亲姐弟一样相互照应。一次我的手受伤了,姐姐主动帮我洗衣服,让我感受到了亲人的温暖。在青年营我们同学之间,不是亲人却也有好多胜似亲人的帮助,如小曲受伤那次,好多同学默默护送、献血和照顾他。就是因为同学们在救治及护理过程中非常尽心尽力,这个

☆关洪斌

同学最后没有落下一点儿毛病，恢复得很好。那时我和杨文一起护理他直到出院。

我们刚到新青点时，上面给我们配置了手扶拖拉机，但是我们都操作不好。有一次在盘山出故障了，结果是张三花子（农场给安排的车老板）赶着马车给拖回来的。后来手扶拖拉机用起来就熟练了，在生产和生活中都起到了一定的作用。当时的拖拉机手是高振选和项永杰。

农村生活很苦，但即使再艰苦，同学们也总是保持着积极乐观的心态。有一次（应该是中秋节），连队改善伙食，虽然没有丰盛的菜肴，可我们还是想办法让节日的伙食丰富点，于是就地取材，还记得当时男同学加了一个菜，是清炖青蛙腿。

关洪斌 1955年1月出生，1968年考入沈阳市第三十六中学。1972年12月20日中学毕业，下乡到盘锦地区向阳农场向阳村（开始住在大荒一队王清合家）。大约参加半年的农业劳动后被安排到营直学木工为农业生产和同学们生活服务，一直到1975年8月28日抽调回城。回城后在沈阳机车车辆厂工作，工作中充分发挥了知青不怕苦和累的光荣传统，多次获得先进生产者的称号。

七

1972年我们这些朝气蓬勃的有志青年怀揣着远大的理想和抱负，毫不犹豫地来到了农村这个广阔天地，来到了盘锦向阳农场向阳村青年营。为了改变农村的落后面貌，建设社会主义新农村，真是发扬了"一不怕苦，二不怕死"的革命精神，出大力流大汗，甩开膀子拼命干。记得在1974年的插秧会战中，我们的口号是"大战红五月，不插六月秧"。在干的过程中又是"早上三点半，中午一顿饭，晚上看不见"。就在这紧张的插秧中，我们的廖春香同学一不小心，手插到地里，被坚硬的利器划伤了，出了很多血，但是这位同学毫没在意，用地里的脏水涮了一涮，又接着干。结果被细菌严重感染，先是得的转指疮，后来又转变成骨髓炎，最终没办法了，只好截掉一节手指。我们青春靓丽的女同学就这样缺失了一节手指头。但是可爱的廖春香同学，没有一句怨言，没向国家讨价还价，默默地忍受着痛苦，最后回城了。

☆李爱娟与廖春香合影

李爱娟 沈阳市第三十六中学的学生。1972年12月20日下乡到盘锦向阳农场向阳村青年营。在青年营里边做过所有水稻田里的活，插秧、拔草、脱谷、修梯田，等等。1975年抽调回城，分配到盘锦地区天然气公司当工人。1993年调回沈阳，在沈阳市化肥厂工作，2005年退休。

八

1972年12月20日，是个让我终生难忘的日子。我们这些十七八岁的热血青年，响应毛主席"广阔天地，大有作为""知识青年到农村去，接受贫下中农的再教育，很有必要"的伟大号召，打好背包，背上行囊，义无反顾地走向了盘山县向阳农场这个广阔天地。到

☆知青合影（前排左起何沈宁、赵祖琦、老乡家妹子；后排左张燕燕、右于英）

知青在盘锦

农村后，我们这些稚气未脱，肩不能担担，手不能提篮的小青年，就开始了繁重的农业劳动。真是稻稗不分，经常是拔掉秧苗，留下稗草。每天弯着腰、脚踩烂泥的劳作，累得我们恨不得拽着猫尾巴上炕。但又脏又累的农村生活并没有磨灭我们热爱生活的乐观态度，在劳动的间歇时间，在洗衣、打扫卫生或在打饭和下工的路上，我们寝室的几个同学就会经常哼唱着歌。我们非常盼望下雨天，那样我们就可以把自己收拾得干净一点儿，可以躺在土炕上抒发一下感情、缓解一下疲劳，放声唱起我们喜爱的歌。我们经常唱的《沈阳啊沈阳我的故乡》《洪湖水浪打浪》，还有当时最流行的苏联歌曲《莫斯科郊外的晚上》《喀秋莎》等，歌声在宿舍的走廊和窗外回荡。这是我们最开心的时刻，尽情地唱，似乎忘了思念亲人，忘了劳烦困苦。但是不久就被人举报到青年连连部，说我们宿舍唱黄色歌曲（至今不知何人举报）。在当时，这个问题可是相当严重，从那时起我们就不敢大声唱、随便唱了。实在控制不住了就小声哼唱。那段日子虽苦虽累，但那份友情，那份快乐，在我今后的人生中再没出现过，让我终生难忘。回不去的青春，回不去的从前。我感恩那段日子，感恩在那段日子里出现在我身边的人，感谢我们盘锦向阳农场向阳村青年营二连的同学们！同学们，爱你们，友谊地久天长！

张燕燕 1972年12月20日毕业于沈阳市第三十六中学四年六班，下乡到盘锦向阳农场向阳村青年营，和大多数同学一起从事农业生产劳动。1975年8月抽调到辽河油田筑路工程公司工作，先后做过炊事员、保管员工作。2005年正式退休。

九

在农村干活时，虽然很艰苦，同学们却干劲儿十足。记得有一次，我们在地里干活，好像是拔草，天气突变，下起了雨，张杰领头喊起了口号，"下定决心,不怕牺牲,排除万难,去争取胜利"。大家顶着雨把活干完了。

石　华　1972年12月20日从沈阳市第三十六中学毕业,下乡到盘锦向阳农场向阳村青年营。1975年回城,到沈阳市饮食服务技工学校学习,1978年9月毕业到沈阳话剧团工作,2012年退休。

+

我觉得那时候不管多累,只要听说哪里演电影,这天的心情就特别兴奋,特别期待。每次我们都成群结队地去看。有时候晚上吃完饭,我和于英、张淑辉也经常到大坝上唱歌。我记得张淑辉写了一首歌词,我给谱的曲,是关于青年营的,但是我已经记不得了,很遗憾。

1975年海城地震时,我和周贤勇、何沈宁、杨根成四个人留守,大冬天我们一直住在外面,冻坏了。

☆张玉环

干活时,我们女生上厕所很不方便,尤其是插秧的时候一见到水,就更憋不住了,经常往水里一坐就解决了。那时,我们女生还经常在上水线游泳,虽然很怕男生偷看,但也阻挡不了我们去过瘾。

那时干活也很危险,我的鼻子在会战时被杨文一锤子砸上了,哗哗淌血,当时摸鼻梁骨好像都碎了,现在还有点痕迹。干了几年,没挣到过一分钱。在青年点看到的唯一的钱,是回城找回没吃完的饭钱和饭票。

张玉环　1972年12月20日下乡到向阳村青年营,

知青在盘锦

曾任过排长、板报宣传员、粮库保管员。1975年8月抽调回沈阳,在沈阳市饮食服务技工学校读书,后留校当教师,一直到退休。学校名称现为旅游学校。

十一

当年我们从伙房打饭回寝室吃,路上一阵风把装菜汤的缸子吹翻了,撒了一裤子,到寝室一看,裤子干了,一点油渍都没有。菜汤没有油,苦啊!就是上青年营买小卖部的食品,也都是又干又硬。面包,同学们叫它铁饼,蛋糕叫铅球,都干巴巴的,硬得不得了。我刚到大荒时,因身体不好,被分配到后勤当保管员兼饲养员。我养的一头长白猪,长到200斤,改善伙食要杀猪。杀它的时候,我哭得稀里哗啦,虽然是几个月吃不到肉,我却拒吃它的肉,喂它有感情啊。

在大荒时,有一次老农连长李宝奇给我们讲话:你们年轻人"潮气蓬勃",底下同学们笑翻了,都捂着嘴,不敢出声。后来不知是谁告诉他,是朝气蓬勃,他说,我没文化,就是要领导你们有文化的。

还有一件事难以忘怀。时间记不太清楚了,大约是1974年末或是1975年初的时候。当时二连的一名同学小曲受伤,当天送往盘山医院救治。第二天,营部金主任看到二连连长张杰带着一群男生赶着马车离开青年营了,就派我跑去看看,是不是去复仇打仗去了。我挥手让马车停下,问怎么回事。张杰说,小曲受伤住院,我们去给他输血。哦!我说那我也去!张杰说,不用了,男生够了。战友受伤需要输血,我们是同学,是一个车皮来的,我们不帮他谁帮他?我回来告诉金主任,他说,哦!不是去复仇打仗就行,这小子,真仗义!这就是当时二连在张杰领导下的凝聚力。同学们团结一心,一人有难大家帮,是一个团结友爱、积极向上的团体。

赵祖琦 1972年毕业于沈阳市第三十六中学,是四年

二班班长，带领班级6名同学"扛大旗"来到盘锦向阳农场大荒大队。起初分配作保管员兼饲养员，闲暇时还帮伙房做饭，半年后调到青年营营部做会计工作，后兼任广播员。在营部工作的日子里，经常到田间地头和同学们一起劳动。1975年末抽调回城，分配到沈阳变压器厂医院做护士工作。退休后仍坚持医护工作。

十二

小曲是肺部受伤，当时准备用小拖拉机送医院，我们得知后赶到，大家一起把他送往医院。因为路况不好，小拖拉机颠簸得很厉害，这样他很危险，容易大出血，同学们说，必须把他抬起来。我们就在车上，有的跪着，有的蹲着，虽然很不得劲，但为了不让受伤的同学颠簸，避免伤情加重，大家一路上手拉着手，一直咬牙这么坚持抬着他，直到医院。小曲他很幸运，有这么多好战友在帮助他（当时男同学有马荣福、郭建明、杨文，女同学有我，还有其他同学记不太清了）。

张春艳 1972年12月毕业于沈阳市第三十六中学，下乡到盘锦地区向阳农场向阳村青年营二连。1974年12月抽调到省革委会第一招待所（现省委党校），先后在省政府房产处、省委组织部干部培训中心任高级会计师，办公室主任。2009年3月退休。

☆张春艳（左）、张淑辉（中）、马卫东（右）合影

十三

一段历史一首歌。青葱岁月，一把欢笑，一把泪。提起下乡有一件趣事很逗，因为我们都还很稚嫩，男女生之间很封建！秋冬季节稻子熟了，要把稻子从地里背往打稻场。有一个女生叫王秀芳，矮矮的个子，胖乎乎的，模样憨

知青在盘锦

厚，非常实干，每次干活都挑重担，平时少言寡语。用俗话说人很笨很傻！下乡前她父母说，你这么笨不会来事儿，将来谁抽回城你也回不来！就在那个秋冬大干的季节，有一天王秀芳背了大大的一捆稻子，每挪一步都很艰难。那天已经是夜晚，只能借着淡淡的月光看路，没人注意到她。我身为干部对她的实干很感动，来来回回我都很关注她。行进中她突然脚下一滑掉进下水线沟里了，由于背负太重怎么也上不来，她轻声喊：救命啊！救命啊！声音太低，没人听得见，她就一直喊！这时一个高个子男生隐约听见一点，随声音走过去，王秀芳被大捆稻子压在下面，声音又小，天黑看不清。"你是男生女生？"大个男生在问。这时我正好赶到，她还在轻声叫，我一步蹿上去，"管男生女生赶紧拽上来呀！"等费好大劲儿拽上来了，大个男生一看是女生，撒丫子跑了。哎！怪谁呀？我们本来都没脱掉稚嫩之气呢，男女生界线没打开呢！说起来真是逗死人了。后来王秀芳早早被同学选举先期抽调回城，虽然我们稚嫩，但我们正义，每个人心里都有杆秤！这是一段很稚嫩的故事，有点荒唐又纯真得有趣！

☆孙美华（左）与徐秀荣（右）合影

在城里长大的孩子们，过的是饭来张口衣来伸手的日子。冷不丁地到农村趟黑起早，下地流汗，那日子还真是苦。晴天一身汗，雨天一身泥。回到宿舍头往炕上一扎，躺倒就是一个睡。记得有一次我下地回来躺炕上就睡着了，有人通知去营部开会，我起来直奔营部而去，开完会回来已八点多，回屋洗把脸上炕就睡着了。第二天，同屋同学打早饭发现我饭盒菜饭满满的，这才知道自己昨天忘吃饭了！那时睡觉比吃饭重要。我们正是睡懒觉的年龄。要说苦真不假呀。苦中求乐是我们青年与天地斗、不畏困难的精神支柱。我当时是青年带头人，在苦累中如何寻求快乐？玩扑克、逗乐子、调侃不能释放我们的苦闷，当时只有唱歌才能让我们心情得到充分的释放。我们找一切机会唱歌。记得青年营组织过歌唱比赛，我和同学表演过对口词。营部组织的一次大合唱比赛，我们二连拿了一等奖。排练大合唱节目时，张新同学因缺维生素B和维生素C，嘴丫子烂得张不开，那也坚持唱！指挥是王桂英同学，王桂英是学校有名的指挥，有经验，拿第一和她有很大关系。平时我们干活休息时让会唱歌的同学给大家唱歌，张玉环是我们青年点最受欢迎的歌手。记得有一天拔草，天气暴热，大汗淋漓，大家低头不语越干越累，眼见同学们累得没精神，这时我大喊了一声：张玉环给大家唱个歌！这一声不要紧大家一齐喊：张玉环唱一个！张玉环直起腰清清嗓子，甩了甩手上泥，大声地唱了起来。歌声一起大家精神来了，手也快了，张玉环的活大家帮着干，一会儿活就全干完了。还有一次下雨天，我们屋和左右隔壁屋聚到一起唱歌。那天我指挥，唱的是《智取威虎山》李勇奇一段唱，"早也盼晚也盼，盼穿双眼……"唱得有声有色、有顿有挫，尤其唱到咳、咳、咳非常整齐，简直是专业水平，歌声振荡整个青年营。从此遇雨休就唱。一天晚上我们唱过了头，已是晚八点多还扯嗓子唱呢，营领导金中山主任突然敲我们窗户大声喊：都几点了！你们还唱，别人怎么睡觉？我们突然鸦雀无声，谁也不说话了。可是我们余兴未尽，咋办？我们打起了哑语，全用手比画代替说话，谁比画什么都不知什么意思，没受过哑语训练，比画什么只有自己明白，嘴闭溜严、脸憋通红，最后么亚贤，还有张德华实在憋不住了扑哧笑出了声，随后大家哈哈大笑，笑得好开心，止也止不住地笑个不停。金主任又来了，大喊：你们没完了？快睡觉！我们憋得肚子疼不敢再说话了。这是我们最难忘怀的一个夜晚。还有一次接到一个修河堤的任务，需要去十名能干的女生，由我带队住宿三天，去什么村忘记了。选人时，按道理应选力气大的，我偏选了张玉环、朱风芹，还有另外7名能干的。别人不解地问为啥选这两人，她俩算不上力气大的。我说到时候就明白了。其实选她俩是为了有人给我们唱歌，朱风芹会讲故事！这一点可能至今无人知晓。我作为青年头之一，平时注意每一个同学的特点，朱风芹性格内向，模样长得不出色很自卑，不大爱说话，中午吃饭躲在没人的地方，我注意到她主动接近她、关心她，不仅知道她有低血压病，家里父母情况以及她与母亲关系如何，还了解她爱看书满肚子故事！帮她找大夫看过病，后来在抽调时虽然没人选她票也提前照顾她回城了。这次带上她有了大用处，白天张玉环唱歌鼓劲，晚上朱风芹

知青在盘锦

讲故事解闷。记得那次我们干完活回来已天黑,回青年营的路很远,天黑得伸手不见五指,很害怕。我们十个人横排一列,朱风芹在中间讲故事,一路走一路讲。几个同学谁都不愿意站边上,一是听不见朱风芹讲故事的声音,另外在边上有点害怕!你把我挤边上,一会儿我又把她挤边上,老逗了。朱风芹讲的故事都是破案吓人的,女孩子们把心都提到了嗓子眼儿。这天晚上的故事也深深印记在我的脑海里。故事真的不少,下乡虽然很累,但是,苦并快乐着!

徐秀荣 1972年毕业于沈阳市第三十六中,下乡盘锦向阳农场向阳村青年营,担任二连学生指导员。1976年抽调回城,在沈阳第二纺织机械厂,当过工人、干部。2001年退休到辽沈晚报发行站打工至2007年,任发行站站长。

十四

☆张 杰

同学们,你可还记得我们的第二故乡吗?你可记得我们在北站离家的情景吗?你可记得我们在田野中的微笑吗?可记得下乡时睡梦中的忧伤吗?从那时起,我们这些不知忧伤的孩子,走上了未知的人生道路。那时我们在寒风中相互依偎,在劳动中相互帮助,早上三点半,中午地头一顿饭,晚上看不见才回来休息。我们在上山下乡中长大,我们在知青的岁月中成熟。那时我们感到大地是那么宽广,苍天是那么高远,那时我们望着升起的彩虹常憧憬未来的梦想。在那个岁月里我们初开的情窦,给了我们别后无尽的思念、错失的姻缘,给了我们别后相逢格外的悲喜,那个岁月常在我们梦中游荡,那是爱怨交加、苦乐相融、悲喜共生的难忘岁月。历史的长河不管有多久,知青的生命在我们记忆中永存。在我们的脑海中它是千刀万剑斩不断的百缕千丝,是剪不断理还乱的怨喜情愁。那段历史告诉未来,我们没有辜负知青那个艰难的岁月,那个千呼万唤回不来的金色年代。现在我们都已年过花甲,青丝染霜,但我们自信人生二百年,会当水击三千里,笑看人生未来!

张　杰　1955年4月出生于沈阳。1972年12月20日从沈阳市第三十六中学毕业踏上去盘锦的征程。在盘锦向阳农场向阳村青年营插队,历任二连连长、青年营营长。1975年1月18日抽调回城,到沈阳市百货公司工作。1983年上大学,1986年任铁百副总经理,1988年出任沈阳中山大厦总经理。1994年被评为沈阳十大杰出青年,1995年被评为省劳模。

2016年12月

☆重返盘锦合影(后排左起梁凤祥、王建国、宁洪志、张新、吴光明、孙福伟、李兴友、张贵福、张广州、王峰、张国军、欧军;中间左起谢淑华、张燕燕、石华、张宝华、关丽萍、赵颖、张淑辉、陈桂芬、杨爱华、刘绍义、李德斌、张杰;前排左起张春艳、赵祖琦、陈凤兰、于英、刘得菊、杨玉清、么亚贤、张德华、冯文媛、富玉梅、凌秀华,摄于2017年7月)

回望知青时代

◎ 高 莹

我们的确经历了一个大动荡的年代，中学一毕业，接踵而至的就是知识青年"上山下乡"运动。它虽然被历史证明不是一件多么正确的事情，但确实是国家缓解就业压力的一条权宜之计。我一没有什么病，二又不是独生子女，三家中也没有下乡的孩子，所以，上山下乡不但是必须的，而且还没有条件到近郊插队，于是我就成了盘锦大地上的一名新兵。可以说，那时的我，是有着充分的心理准备和物质准备才下乡的。盘锦的招募标签是：棒打獐子瓢舀鱼，螃蟹爬到被窝里。我太期待这种浪漫的景象和崭新的生活了。没有任何理由阻拦，我顺利地踏上了盘锦大地——东郭苇场东丰大队，那是1974年9月3日，我们永远记住了这个日子。

☆ 一望无际的苇海

到达东郭苇场那天下着雨，我们从场部坐小火车（拉苇子专用车，没有车厢只是铁框架）又走了两公里到达东丰大队。一下小火车，就给了我们一个"下马威"，我们的鞋子都被粘在地上，一步一拔脚。这就是盘锦特色，黏质土地，下点雨就泥泞不堪，只能穿长靴。

72届老知青热情迎接了我们。我和何秀艳被分配与老知青鞠瑞琴、朱淑霞、翟萍同一个寝室。

9月，水稻已经种完，知青的任务就是割苇子，这个季节的苇子只能用来烧火，而且要晾干以后才能用。到了冬天，苇塘里的苇子就成熟变成了黄色的，专门供应给附近的金城造纸厂用来生产出口用纸，听说"文化大革命"期间大量发行的《毛主席语录》，其用纸就是以苇子为原料制造的，这种纸洁白细腻，翻动起来可以听到清脆的声响。

☆高莹在农村

第一天下地割苇子，因为我不会使用镰刀，头两刀就将自己的腿连同裤子和新靴子砍了两个大口子，皮肉都翻向了外面。我跑回屋里简单包了一下后，又回到苇塘继续割。当时如果去医院的话，至少也得缝上几针。晚上补了靴子，第二天又下地了，四十多年后的现在，两条白色疤痕还清晰可见。

冬天，我们挥舞镰刀奋战在无际的大苇塘，割下片片枯黄干燥的苇子，为造纸厂出口做贡献。夏天，我们又挥汗如雨，细心侍弄着水稻，从育苗、插秧、挠秧、拔草到收获，要弯腰干上六个月的活，直累得我们连炕都爬不上去，一年到头就没有旱田那种所谓"挂锄"和"歇伏"的时候。那可真叫苦啊，但我从没抱怨过，我当时是激进的，也可以说是个"苦行僧"吧。当时的日记可以说明。

1975年3月23日

从今天开始，我作为三十多名女生中的两名之一，做浸种工作。虽然有人认为是"俏活"，但我觉得要好好理解这个"俏"字，浸稻种的工作既艰巨（腰疼）又光荣，因为七千斤稻种都要一一经过我的手。要顶住天冷风大的困难，但是，如果做好了，是最光荣不过的了。光荣包含着"俏"的意思，所以说，这活就是"俏"。我一定多学几种劳动本领，掌握它。

在艰苦的劳动环境下，我坚持每天写日记，常常写报道及一些文学性质的文章，当时大队的小报上每期都少不了我的"作品"。

下面是我当时写的一篇所谓的散文吧，曾经刊登在连队的板报上。

前 导

绕过新盖的房，经过拖拉机旁，从哗哗的电井水柱一侧，迎着朝阳向东方，走在苇塘的小路上。看那早晨八九点钟的太阳，看那茂密的芦苇塘，再看这一片芦花放，手里的镰磨碰着苇秆响。

下乡半月有余，我仍然精神饱满，心情舒畅，单是我想得开，劲头爽吗？不，无穷的力量出自榜样。

你看我们的指导员，每周的政治学习她都认真地做笔记，孜孜不倦地用马列主义武装头脑。再想我们刚来不久，她就组织我们学习讨论，让我们牢固树立起扎根农村干革命的思想，并告诉我们，不忘阶级斗争，克服困难闯"三关"。

想起这些，我更顾不得芦苇扑脸，紧走几步赶上割苇的队伍。

下了苇塘，正要开镰，突然一个熟悉的身影已经拉开架式干开了，是指导员。只见她挥动镰刀唰唰地往前割着。我心里想，昨天割洋草她不是割破了腿上的小动脉血管，血流不止吗？听说她不听大家劝告，坚持不去上药，硬是一直干到收工。怎么今天又下塘来了？我正想对她说点啥，"大伙开始干吧"，她说话了。我往旁边看去，多少只受感动受鼓舞的目光一齐望着指导员，接着，一阵猛干，倒下芦苇片片……

一天的劳动愉快地结束了。晚上，我学习完毕，准备休息，门外传来一阵轻微的敲门声，推门进来的是指导员，手里拿着雪白的纱布和药棉，我明白了，指导员是给我送来的。由于我干活猛，不慎也将自己的腿割伤了，皮肉连同裤子和靴子统统割出两道口子。虽说也没有误工，可还是龇牙咧嘴的挺害怕。而指导员腿上的口子比我的要深得多啊,我不禁脱口问道:"你的腿伤更厉害了吧?"她只是笑笑说:"不要紧。"指导员看着我上好了药,嘱咐我早点休息,就走了出去。我想着指导员的腿,她是多么坚强啊,这样了还带着我们大干,而且还处处想着我们新知青。我无言可说,默默地反思着,很久很久。

想起明天的战斗,曲折通向苇塘的小道上,我们的指导员一定走在最前面。

知青两年,我的身心得到了空前的磨炼,谁能相信,我40多公斤重的一个弱女子能够扛起60公斤重的大苇捆(我们叫它"大个")?捆"大个"的辅助工具是固定长度的钢草绳,不够数量和重量的苇子是打不成捆的,所以一个个都是统一的标准样式。我和王晓萍一盘架,与两个男生比速度,竟然超过了他俩。插秧时也曾因为插得快,使得为我挑稻苗的男生供不上我的速度而挑折了扁担。

青年点修建养鱼池,恰逢隆冬季节,刨冰背冻土是必须的,老农连长告诉我,两手交换方向使用铁锹比较省劲。我照做了,可没想到,已经习惯了一个方向使用铁锹的我,突然变换手法改变用力方向,一下子就扭坏了腰,不能行动,就在青年点的土炕上躺了七天(我感谢知青朋友对我的照顾,她们是王桂华、王晓萍等)。最后落下了腰病,以至于后来发展成腰脱。这就是代价,但我并不后悔。

记忆深刻的还有割钢草。钢草是用来捻绳索用的,非常结实耐用。如果你觉得割苇子、割稻子算是累活的话,那么与割钢草相比就是小巫见大巫了。钢草长得很矮,还很滑润,弯大腰才能抓住它,但却不容易割下来,最最要命的是,要往返几十里路,才能将割完的钢草背回驻地。每天的劳动强度可想而知,要不怎么只选了知青中的20名精兵强将去参战呢。我就在其中,那真叫一个苦啊,脚打泡、汗浸衣、睡土炕,没有电不说,晚上还有成群的跳蚤来围攻。就是在这种条件下,我挑灯(蜡烛)夜战,写出《来自割钢草前线的报告》并发表在连队的板报上,里面真名实姓地记录了这20名知青吃苦耐劳又乐观向上的感人事迹,使留守在点里的知青们间接地看到了我们出去战斗的场

知青在盘锦

面。现在想来,为什么当时明知很苦却不觉得苦?因为这苦是来自外部的,而不是内心的,那是历史的苦难而不是心灵的痛苦。

你信不信,我还有过这种形象:身穿黑色大棉袄,腰间系根草绳子,怀揣四个玉米饼子(因为伙食没油水,大家都说眼珠转不动了,所以只能多吃主食充饥,以至于我们都像气吹的一样黑胖),与男生一起扒翻斗大卡车去苇塘割苇子;春节前放假回家时,我们每人能分得100斤大米,这可是我们自己用双手种出来的啊,比什么都香都甜!这是最值得炫耀的一件事了,因为当时国家是定量供应细粮的,家家都将限量供应的大米留着过年吃。

记得我们男男女女知青们,大包小裹地上火车,为了逃票,经常是下了火车不走出站口,直接从火车道上跨过回家。为逃避铁路检查人员的"追捕",我们互相打掩护,拼命奔跑,真是开心极了。回想起这些糗事,才知道自己原来是具有"跃马扬鞭""飒爽英姿"的侠女气质的,怪不得连骡子和马都分不清的我,有一次竟斗胆骑上了一头骡子,让当时的张成指导员好顿批评。至今还有同学记忆犹新。

因为这种性格,更因为我的潜意识里有一种英雄主义情结,喜欢受命于重要的、艰苦的,甚至是冒险的、豪壮的事情,以至于那时很不喜欢邓丽君的歌,觉得绵软无力,觉得没有气魄,是靡靡之音。2012年8月偶尔收看到央视《回声嘹亮》一期节目,是邓丽君歌曲专场。当时一位叫娃娃的歌手(参加过春晚演出)被称为"小邓丽君",演唱了几首邓丽君的歌。由台下嘉宾点评,央视主持人白燕升评论邓丽君的歌:"没有声嘶力竭的呐喊,没有脖筋暴突的嚎叫,没有哗众取宠的媚俗,更没有豪言壮语的高调。有的是润物无声、沁人心脾的对爱的表达。"我才重新审视邓丽君的歌,其实好多我都会唱,但因为有成见嘛,所以一直置于心里最不起眼的角落里。这时我才感到的确如白燕升所讲,听其歌如观其人,喜欢什么类型的歌,就是对心灵和性格的最好诠释。和平年代人们喜欢柔的东西,但即便是金戈铁马的战场,也同样需要这种感情的慰藉,否则,苏联早期歌曲《喀秋莎》就不会被战场上的士兵唱响并流传至今。当然,这都是几十年后我自己悟出的道理,而在当时还以为自己多么英雄、多么强大呢!

当时,我们最喜欢唱自己青年点的点歌了,而且回城近四十年里,每每聚在一起时,还会情不自禁地哼唱,有的同学还会不自觉地热泪盈眶:

我爱这新的家乡

——东郭苇场知青点点歌(鲁东勇 词 刘炽 曲)

1. 滔滔渤海浴朝阳,大凌河畔稻花香。渠水奔流铁牛唱。石油滚滚献宝藏。这富饶美丽的村庄啊,是我们亲手开创。壮志满胸膛,我们浑身是力量,劳动锻炼了我们,汗水灌溉着希望。我爱这盘锦大地,我爱这新的家乡。

2. 当年海湾搭棚帐,油灯照亮芦苇塘。开拓碱滩造良田,林网交错抱村庄。这共产主义的大业啊,是贫下中农领我们开创。壮志满胸膛,我们浑身是力量,劳动锻炼了我们,汗水灌溉着希望。我爱这盘锦大地,我爱这新的家乡。

3. 自己开的道路宽又广,自己种的米粮甜又香。广阔天地任驰骋,征途万里破迷浪。这共产主义的新风啊,是我们高举红旗开创。毛主席指方向,崭新的生活崇高的理想,扎根肥沃的土壤,肩负人类的希望。我爱这盘锦大地,我爱这新的家乡。

它就像我们的母语,无论别人感觉如何,我们都觉得它非常好听;它更像我们的朋友,让我们自觉地维护它的尊严和声望。

劳动一天结束,我常常伏在炕上写日记、写文章,后来连队让我当了理论学习辅导员。当时正值全国上下大讲"无产阶级专政理论"的时候,我就充当了知青们的"教师",晚饭后大家坐在食堂听我讲所谓的"无产阶级专政理论"。倒是提高了理论水平,锻炼了口才,也许就是因为这个经历,日后让我毫不犹豫地选择了教师这个职业。

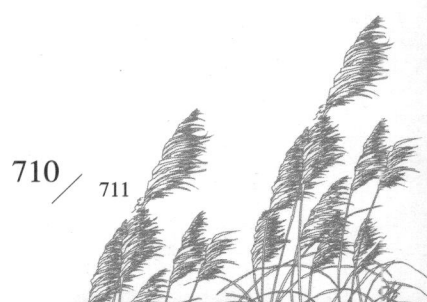

知青在盘锦

高 莹 沈阳知青，1974年9月下乡到盘锦东郭苇场东丰青年大队。1976年经推荐就读辽宁省粮校，1978年留校任教（其间，进修于沈阳工业大学，1985年考入广东教育学院，1987年毕业回校继续任教）。1994年调入沈阳广播电视大学，曾任系党总支副书记、副院长、副教授。2011年退休。

我的知青回忆

◎ 高 燕

每当我们这些当年的知青在一起回首往事,不论是欣慰还是痛苦,不论是留恋还是遗憾,都有一个共同的心愿,希望今天的人们在尽情享受美好生活的同时,不要忘记 40 多年前的那一批知青,不要忘记那些奉献了青春热血的老三届。

一、难忘盘锦芦苇荡

从 15 岁到 19 岁,我人生中最如花似梦的岁月是在那片"大有作为"的广阔天地里度过的。

1968 年 9 月,我和千千万万个沈阳知青一起,离开了沈阳,响应毛主席上山下乡号召,到盘锦农村接受贫下中农再教育。

那一年的冬天来得很早,初秋刚过就已经很冷了。我们家的三个中学生,都要陆续下乡了。刚刚送走小叔叔和姐姐去开原插队,全家人还不太适应这样冷清的气氛,很快就轮到我了。

那天天刚亮,父亲推着自行车,送我到火车站。晨风中我有些发抖,父亲返回家取了件大衣给我披上。站台上,成千上万的知青用各种不同的方式和前来送行的父母依依惜别。列车启动的那一刻,我们全班同学几乎都哭了。列车

知青在盘锦

☆初中全班同学合影（摄于1965年）

徐徐开动，我的脸紧紧贴着车窗玻璃，望着向我挥手并渐渐远去的父亲。"别忘了给家里写信"，他的话清晰地传到我的耳朵里。那时我还不满15周岁，心中充满好奇，根本来不及去考虑更多，不知以后的路会那么艰难。

列车从沈阳开到沟帮子，我们就下车了，然后坐上敞篷大解放在坑洼不平的泥土路上颠簸了五个小时。一路上，很少有房屋，只是一片又一片芦苇荡和没有开采的荒地，天空中飞着几只大雁，一切显得那么凄凉。傍晚时分，终于到达了我们的青年点——新开农场张家大队第一小队。我们的住处是在一片荒地上用泥土垒盖的小房，屋里是南北搭的两排火炕，房山头是人工挖的露天饮水塘。就在这里，我们开始了新的生活，一种从未经历的极为艰苦的劳动生活。

"欢迎你们来这里安家，接受贫下中农再教育。"生产队长背着手，挺着胸，讲话很干脆，上来就是一段主席语录，"革命不是请客吃饭，不是做文章，不是绘画绣花，不能那样雅致，那样从容不迫，文质彬彬，温良恭俭让。"随后，他简单地介绍了一下基本情况，同时要求我们第二天就下地干活。

没有比当年知青的生活更艰苦的了，种水稻需要一年四季春夏秋冬地忙活。

阳春三月，将稻种撒到稻床上，盖上塑料布育苗。

五月，秧苗长出后，开始插秧大会战。两个人一亩地，弯着腰一干就是大半天，手不停顿地往稻田里插秧，快到田里的水从手上带出来，如一条白练从不间断。地里的蚂蟥让人心颤，不小心咬你一口，鲜血从腿上直流下来。

六七月份是稻田除草季节，一眼望不到边的秧苗和青草长到一起，让人看不到希望。毒日头笼罩着，稻田里撒的杀虫剂让腿上、手上都患上了稻田皮炎，疼痛瘙痒无法忍受。

到了秋天割稻子，是一个典型的会战场面。每个人把五条垄，挥舞着镰刀，你争我赶往前走，既要有技术又要有力气。我们班的男知青割得快，一会儿就割到了头。女知青没有劲，看见人家割到头了，急得直哭，男知青就发扬友爱互助精神，帮女知青的忙，从地头又割回来。我们这些年龄小的女知青，最怕的是背稻子了。每个人一次要背六捆稻子，背上后自己起不来，得有人拉起来后再走，从地里到生产队场院，最远的要走半个多小时，人们排着队一个挨着一个，艰难地向前走着，中间不能停，一停就再也起不来了。炎炎烈日，背着五六十斤重的稻子，全身像小溪一样无休止地淌着汗。

我们曾作过一首打油诗，戏称为《背稻子歌》，至今还记得：

> 汗洗脸，稻压肩，一趟好比搬座山，
> 下定决心排万难，定叫稻子进场院。
> 抓革命，促生产，不赶"夏家"誓不甘，
> 胸怀"张家"望世界，誓让神州都红遍。

麦收之后，进入了冬季农田水利大会战，挖沟修河渠。数九隆冬，整日战斗在大堤上，砸冻土，挑土篮。一根扁担挑起五六十斤的土篮，一天下来，肩膀上磨起一层血泡，磨破后血肉模糊疼痛万分，一个会战结束，就变成了厚厚的茧子。那时候的口号是"战天斗地，其乐无穷""一不怕苦，二不怕死"。

知青在盘锦

在那些艰苦的岁月中，我们这些知青经受了无数次的生死考验。为支援铁道兵修铁路，我们奋战了三天三夜，运土方、垫路基，保证铁轨顺利铺就。油田液化气爆炸，不能点火做饭，知青们把政府空投的食物送给农民，大家一起饿了三天。

每天的生活都很单调，早上天还没亮就下地，晚上满天星星时才收工。最盼的是下雨，下起大雨来就不能下地了。我们待在青年点四面漏雨的房子里，搭个塑料棚，四面用脸盆接着雨水，坐在棚子里唱歌，唱着："远飞的大雁，请你快快地飞，捎封信儿到家乡……"

一次，辽河油田钻井队文艺宣传队来我们农场演出，在我们队住了一周。他们亲身体验了知青的生活，深有感慨："知青太苦了。原来以为我们钻井工人就是最苦的了，现在比起你们来，我们算幸福的了。"

我们这一代知青大都是新中国成立前后生人，从小受到良好的社会和家庭的教育，广阔天地的艰苦磨炼更锻炼了我们的意志和吃苦耐劳的品格，特别是那种对事业的执着追求和坚韧不拔的毅力，为我以后的工作和学习生活都奠定了良好的基础。

我们刚下乡时，农场到处是芦苇荡和尚未开垦的盐碱地，经过知青的艰苦劳动，全部被开发成了一望无际的稻田。我们小队100多名知青，开垦了1000多亩水稻田。现在，我们当年的青年点已经踪迹皆无，盘锦已成为辽宁的米粮仓和石油天然气开采基地。再回盘锦，走在宽阔的石油大街和林立的高楼大厦之间，看着美丽的丹顶鹤在芦苇滩中成群地出没，回忆起那些艰苦岁月，让人感慨万千。

1972年以后，我和伙伴们相继回城，我被分配到铁路部门工作。从此，我的整个生命与铁路建设事业结下了永久的情缘，为之奋斗了30多年。

在这30多年的漫长岁月中，我先后从事过车工、铣工、办事员、党委干事、劳动人事室主任并走上领导岗位。在这期间，我有了幸福美满的小家庭。

我们这批同学刚上初中就中断了学业，在农村的几年根本无法学习文化知识，所以学业荒废多年。回城后，因为工作需要，必须继续学习。于是，我也和多数人一样，开始了艰苦的求学历程。开始时，我有点不切实际，好高骛远，又学英语，又学文化课，今天定一个计划，明天又立一个志向，欲速则不达，结果总是虎头蛇尾，事倍功半。

父亲看出了我这种急于求成的心态，送我一句话："善始者众，善终者寡。"又讲了一个故事："某公，幼习文，屡试不第。愤而习武，一箭毙鼓吏。后习医术，三年无人问津。一日偶感风寒，写一药方自医，卒。"这个小故事对我启发很大。我认真总结了自己在学习上没有成功的教训，针对自己当时的情况，决定参加党政基础理论大专班的学习。

那时，我的女儿刚刚几岁，丈夫也在攻读业余法律专科，边工作边学习，真有些应接不暇。多亏了我的父母从昭乌达盟回沈等待分配，可以帮我们照看孩子。我们每天都要学到深夜。我的文化基础课只学到初中，虽然后来进行了高中文化课的补习，但属于速成，很多知识都没学。因此，学习时遇到的困难很多，特别是学习政治经济学、逻辑学、古代文学等课程时深感知识有断层，必须拿出更多的时间回头补高中的一些课程。"要把刚刚开始的事情坚持下去，没有这一点精神，就不能去攀登科学的高峰"，这句话一直在激励着我。我想，既然学了，有了开头，再难也要把它完成。最终，我战胜了各种困难，用顽强的毅力在一年半的时间内拿下了三年的课程，获得了大专文凭。这一纪录一直被我当年的老师和同学们称为"奇迹"。

我总感觉，人生就是一个"盼"字，当年盼回城，后来学习时盼毕业，工作中盼有所作为，在家里盼全家团圆、孩子长大。为了这一个个期盼，我奋斗了大半生，经受了各种历练，一天天坚强，一天天成熟。如今，我已经到了人生的金秋季节，事业顺利，家庭和睦，女儿学业有成。回首往事，我无怨无悔，心安理得地享受这累累硕果，并以更大的热情和信心期盼着更加美好的明天。

二、半世之约一世情

2015年8月6—8日，期盼了数月的同学会。

我们是同窗，来自同一所学校——沈阳市第二十九中学；我们是知青，来自同一个青年点——盘锦新开农场张家大队第一小队。这段只有数年的交集，是我们青春岁月最难忘的经历，也奠定了我们半个世纪的友谊。6日上午，曾经同窗又一同下乡的学友回到了阔别50年的母校，沈阳市第二十九中学，今天的沈阳市回民中学。

时光荏苒，世事沧桑，50年的风风雨雨，当年风华正茂的少男少女，如今已两鬓白发。面对熟悉而又陌生的环境，对视着或生或熟的面孔，心情或惊或喜，百感交集。

少小离家老大回，乡音无改鬓毛衰。学校已经完全变了模样。在宽敞的会议

☆沈阳市第二十九中学同窗盘锦新开农场张家大队第一小队知青合影（一排左起方韵君、钱江渝、徐晰、孙慧萍、林治敏、高燕、吴勤、胡文霞、郭丽英；二排左起单永成、徐毅、李兰柱、和艳春、常学谦、李淑梅、卢雪梅、傅朝霞、张丽萍、桂大林、王莉；三排左起丁建新、李全德、高吉星、王酒宝、王塔、孙刚、冯德福、栗卫伟、孙德信、马廉秋、王东宁，摄于2015年8月）

室里,大家重温往日友情,倾诉别后思念,畅谈生活苦乐,道不尽的万千思绪。

岁月悠悠,情意绵绵,忆往昔峥嵘岁月,仿佛就在昨天。我们初一没念完,就赶上了"文化大革命"。学校停课,男女同学之间少有交往,直到下乡,共同度过了几年的艰苦岁月,大家才慢慢熟悉起来,并最终建立起了深厚的友谊。返城后的几十年,大家天各一方,从此相隔,为了生活而四处奔波,品味人生的酸甜苦辣,有的同学历经苦难,有的同学则诸事顺遂。但不管是春风得意,还是平平淡淡,如今都到了颐养天年、云淡风轻的岁月,无情的岁月改变了容颜,多少往事从记忆中抹去,最难以忘怀和割舍不掉的依旧是同窗情谊。

刘新伯是班里的才子,刚入学他的作文就被老师定为范文在全班朗读,其文笔流畅、辞藻华丽,有"老转"之称。从青年点上电力中专,毕业后被分配到清河电厂当工人,在这座闻名遐迩的电厂很快崭露锋芒,因此走上厂长秘书及其他领导岗位,并成为该市政协委员、文联委员,在那边远的城市安营扎寨。

☆刘新伯(摄于2015年8月)

丁建新,父亲是高校著名教授,受良好家庭教育背景熏陶,即使在农村那种艰苦的环境中,他也一直刻苦学习,从不间断,恢复高考后便考上大学,毕业后在出版社从事编辑工作,经常翻译外文书刊,并有

☆丁建新与高吉星合影(摄于2015年8月)

☆冯德福在盘锦湿地公园(摄于2015年8月)

知青在盘锦

译著出版,在业内颇有名气,虽已退休但仍被返聘,在工作岗位继续发光发热。

班委冯德福是我们班历次聚会活动的组织者,在同学中颇有号召力。军人的后代,曾任青年点排长,后调军马场。返城后在部队印刷厂历经铅火电光的洗礼,从排版、校对、印刷、编辑直到经营厂长,一生的精力都奉献给印刷传媒业。

"军马场上挥刀锋,前进报史留英名,鬓发斑白映夕阳,泉涌小溪谓自清。"这首诗出自同学郑玉峰之手。

☆林治敏与傅朝霞合影(摄于2015年8月)

傅朝霞,人和名字一样,是一个性格开朗、充满阳光的美丽女孩,有着一双会说话的大眼睛。回城后的几年一直很顺利,丈夫开了公司,经营得不错。记得多年前第一次同学聚会时,她慷慨解囊为同学买单。后来,由于丈夫患病多年,治病花尽积蓄,她一直过着清贫的日子。如今孩子也自强自立了,可爱的孙女为她增添了天伦之乐,这次见面,脸上又露出了久违的笑容,再现了往日的风采。

大美女林治敏,性格开朗,爱说爱笑,乐于助人,在青年点时由于吃苦耐劳第一个被抽调。这些年来在同学中不论谁的事,她都热心帮忙。她还牵头建立了同窗学友微信群,大大方便了同学间的沟通联系,成为人气爆棚的群主。这次同学聚会,更是忙个不停,为了让大家吃得好,她早起到市场买回新苞米、大螃蟹,到同事家煮熟了带给大家吃,我们在一起像一家人一样吃着苞米、螃蟹,一种浓浓的怀旧之情油然而生。

桂大林和我从小一起长大,既是我的小学班长,也是我的挚友,在电力输煤除尘领域获得了数项专利发明,是一位颇有成就的高级工程师。退休后,仍然在忙碌着经营自己创立的公司,是一位生命不息奋斗不止的女强人,既是出于对事业的热爱,也是为了多赚点钱为身患糖尿病的女儿解决后顾之忧。

☆桂大林与丁建新合影（摄于2015年8月）

☆徐毅（摄于2015年8月）

徐毅，看上去挺普通，其实一点儿不平凡。虽然出生于高干家庭，但为人很低调，在青年点凭硬干当上了连长，抽调盘锦农机厂爱岗敬业不改本色，退休后靠着过硬的专业技术，他老有所用，不少企业争着聘他。这次，作为东道主，他提前进行了精心的策划，与林治敏配合默契，热情周到的服务令同学们深为感动。聚餐时，他吟诵了自己写的诗词《沁园春·聚会》，文辞优美，情真意切，将聚会推向高潮。

方韵君，早年随其丈夫留学日本。丈夫学业事业顺风顺水，成为某大学的高管，她也不甘落后，自强自立，苦读日语翻译专业，终于学业有成，获得同声语译、外语教学等权威认证资格后，与丈夫比翼齐飞。现在为照顾年迈多病的父母，她又回到国内尽孝道。

☆方韵君（摄于2015年8月）

几个小时的闲聊后，告别了母校，我们前往学校附近的大酒店聚餐。酒桌上更有聊不完的话题。

光阴似箭，斗转星移，江山巨变，今非昔比。一转眼，当年"文化大革命"中中断学业的初中生已跨入了花甲之年。正是：

知青在盘锦

人生如梦，件件往事栩栩如生，不时浮现，
岁月如歌，酸甜苦辣历历如昨，难以忘怀。
忘不了儿时简陋土气、充满欢乐的游戏，
忘不了升队旗唱队歌时高举小手的少先队礼，
忘不了学雷锋做好人好事不留名的趣事，
忘不了校园里朗朗的读书声，
忘不了同桌的她和你。
人生如戏，我们这代人的故事也可歌可泣。
十年动乱荒废了我们的学业，
回城后我们敬业奉献充电学习，甘为螺钉砖瓦人梯。
我们顽强拼搏，留下一行行不畏艰险的足迹。
我们见证了中国经济改革开放的腾飞崛起，
如今虽已退休，永葆青春的心跳依然遒劲有力！

几个小时的闲聊、聚餐过后，下午两点，我们乘大巴赴盘锦。

故地重游，当汽车驶入盘锦境内时，我们眼前的一切已经与当年完全不同，记忆中低矮的小房和泥泞的土路踪迹皆无，矗立在我们眼前的是一座现代化的石油化工城和现代化生态名城——宽敞的马路，林立的高楼，一派都市的繁华景象；阡陌纵横，苇海荡漾，蟹肥水美，稻花飘香，满眼秀美的田园风光。

在上河口村，我们观看了稻田画。站在观望台上，清晰的稻田里，各种颜色的水稻勾勒出了一幅幅精彩的画卷，既有盘锦作为"鹤乡"的形象大使丹顶鹤，也有名闻天下的盘锦河蟹。

登高望远，不由人思绪纷飞，时光一下子就回到了47年前。那时我们初到盘锦，到处是尚待开垦的盐碱地和望不到边的芦苇荡。在短短的几年里我们铁臂搬走盐碱滩，挥汗化雨注良田。如今，在这片土地上生长的河蟹、大米闻名中外。盐碱地种出了庄稼，芦苇荡成了供人们欣赏的湿地景观。

稻田地里的另一番景象引起了我的兴趣，那就是模拟展示了从育苗、插秧、收割、背稻子、打稻子、扬场直至生产出大米的全过程。在此，我想到了当年艰辛劳动的场面。一个个十五六岁的青年背着四五十斤的稻子，沿着稻田地艰难地向前走着，稍有不慎跌倒了，必须有人帮忙才能站起来。那时我们团结互助，不让一个人掉队，直到把稻子背进场院。接下来是两班倒，昼夜不停地用脱谷机把稻子脱粒，然后扬场。上夜班时，又冷又累又困，实在挺不住了，就趴在稻草垛里眯一会儿。

☆回张家小队在场院合影（摄于1984年秋）

还没有完全从回忆中清醒过来，车已经把我们带到了世界文化保护遗产、著名的盘锦旅游景点——红海滩廊道。

红海滩的景色的确很美，湛蓝湛蓝的天幕之下，坦荡无垠的玫瑰红无休止地向着大海和天边伸延着，犹如生命之红，燃烧之火，在落日余晖的照映下更显出夕阳之美、生命之美、宁静之美。

其实，满眼的红色都是由一株株小草构成的，它叫翅碱蓬，是唯一一种可以在盐碱土质上存活的草。海的涤荡与滩的沉积，是红海滩得以存在的前提；碱的渗透与盐的浸润，是红海滩得以红似朝霞的条件。火、红，就是她生命的形式和内容。一种生命力很强的草，每年四月长出地面，初为嫩红、渐次转深，九月

☆红海滩合影（摄于2015年8月）

知青在盘锦

是它红得最为浓烈的时候，不要人撒种，无须人耕耘，一簇簇，一蓬蓬，在盐碱卤渍里，年复一年地生生死死、死死生生，于时光荏苒中，酿造出一片片火红的生命色泽，牵人心魄，燃透天涯。红海滩，心之触摸便有灵犀相通，惊鸿一瞥终将一世铭记。大自然赋予红海滩以生命的独特形态，红海滩则象征着我们这些昔日的知青的生命品格，象征着知识青年的成长历程，我们就像生长在祖国沃土的一棵小草，不论土地贫瘠与肥沃，不怕风霜雨雪，不惧激流险滩，挺直腰杆，顽强地生长在广袤的大地上！红海滩，不正是我们广大知识青年成长历程的真实写照吗！此景此情，怎能不令人心生感慨。

赏完美景，我们来到了多年魂牵梦绕的青年点——新开农场张家一队。当年的新开农场现在已经改称新开镇。镇上，城市化建设的力度很大，楼群连成片，公共设施俱全，但通往当年青年点的路还是原来的土路，只是到了终点张家一队时，原来狭窄的土路两旁的芦苇荡不见踪影，田野里是一片片玉米地和农家作物。

☆在张家合影（前排王金山，摄于2015年8月）

青年点现如今只剩下了一间土房，原来的饮水坑也被玉米地包围得只剩了一小块，但就是这一点点原来的痕迹却是那么熟悉、那么亲切，深深地吸引着我们，我在这里住了四年啊，有的同学时间更长。回想那接受再教育的日子，不尽感慨万千。

"近乡情更怯，不敢问来人。"队里原来的老人多已故去，和我们同龄的人也寥寥无几。还好，见到了三个熟人。王金山，生产队长的侄子，一个英俊的小伙，后来当了兵，复员后在农场粮库工作，现已退休，还做了点儿生意，算是富裕户，除了在镇里有房产家业外，在队里还盖了几间瓦房。尽管已过去了四十多年，他还能认出我们，见到我们非常热情，这让我们好一阵兴奋。一番闲聊后，他带我们参观了他的家，几套相当像样的砖瓦房，设施应有尽有，房屋的建筑设计装修既现代，又有乡间格调，院子里种满了果树蔬菜。还有一个能容纳两辆汽车的车库。看得出来，他的日子过得相当舒适。

还看见了曹艳芳，我们下乡之前就来此插队的沈阳老知青，经常和我们这些女知青一起干活，年轻时身体不好，后来嫁给了当地老农，生了三个孩子后，病也好了。她的老伴常年有病，因此家境一般，就一直住在原来青年点唯一留下的那间泥土房，幸亏有她扎根农村，为我们保留下来这间装满记忆的房子。

看见曹艳芳，我的思绪又闪回到另一对当地的年轻人，被家庭生活所迫而拆散的姻缘。

☆老知青曹艳芳（右，摄于2015年8月）

高中毕业的徐冬祥和史玉梅都是当地青年，从小青梅竹马，郎才女貌，两人相爱多年，已到了谈婚论嫁的年龄，可是由于男方的家里生活困难拿不出彩礼，女方的父母都不同意这门婚事，并在外村给女儿订了亲，史玉梅没有办法，只能听从父母的。出嫁那天，迎亲的队伍敲锣打鼓来村里接新娘，不料天上下起了大雨，苍天为她哭泣，新娘顶着大雨上了花轿（马车），满脸的泪水和雨水交织在一起。听说新郎的家境殷实，但自身还有点残疾，那个年代，人们可能会为几百元钱甚至几十块钱，丢掉终身的幸福，当时我们都为他们惋惜。

在村里，还看到了几个不太熟悉的老乡，和他们聊了聊，得知农场改制后，村里所有人都按农场工人待遇办了退休手续，每月领取养老金1000多元，生活都有了保障，为此大家感到欣慰。

☆在青年点唯一保存的土房子前合影（摄于2015年8月）

知青在盘锦

我们在青年点唯一保存的土房子前合影。想起了我的一首小诗：

土垛墙——我的知青回忆

土垛墙
泥土与草垛成的墙
独特的气质与芳香
收藏了知青的身影
见证了岁月的风霜

土垛墙
纯真又沧桑
那是梦开始的地方
记录了知青的苦寒
欢乐温暖与悲伤

土垛墙
梦想和诗垒成的墙
青春热血在此流淌
历经雨雪风霜
打造出硬的肩膀

土垛墙
岁月堆积成的墙
已不是当年的模样
心中永远留着
那泥土与草垛成的墙

睹物思人，几十年过去了，有些事有些人总还是留在心底，不会被历史遗忘。这装满记忆的泥土房，有我的苦寒欢乐、温暖与忧伤，还有一想起就令人心酸心痛的往事。

我的三个好同学，一个已不在人世，一个嫁给农民终身务农，另一个远走他乡，至今音信皆无。

王艺影是一个活泼开朗多才多艺的女孩，下乡与我同住一个炕，有时还盖一床被子，我们共同劳动生活了近四年。开始的两年，虽然历尽艰辛，但大家在一起都很愉快，可是厄运很快降临在她的身上，父亲在"文化大革命"中自杀，给她的心灵造成重大的创伤，从此性格大变，沉默寡言。那段时间，我经常陪伴她。在一个寒冷的夜晚，我们一起烧炕取暖，将干燥的苇秆点燃送进灶坑，火烧得很旺，吱吱作响，她一边烧着柴火，一边流着泪对我说："高燕，我喜欢火，特别喜欢这种安静地看着火燃烧的感觉，总有一天我会死在火中。"

没想到，一语成谶，不久她被抽调到盘锦热电厂。一次上夜班时，车间的热电炉爆炸，包括她在内的三名员工在烈火中死去。王艺影遇难时只有21岁，被葬在了盘山三厂附近距沟海铁路不到100米的地方。早些年我曾去那里祭奠过她，但随着时光的变迁，现在坟墓已不见踪迹。

于莹华，也和我住一个炕，紧挨着我，性格内向沉稳，一副大家闺秀的模样。那个年代，漫长艰苦的农村生活让人们看不到希望，都盼着早日离开。一次回城，她约我到她家，见了她的妈妈，她是一个大型军工厂的人事干部，当时他们工厂马上要搬迁到甘肃陇西，她跟我说："工厂去三线的职工是可以带家属的，如果你们想要离开农村，也是个机会，我可以在工厂选个优秀的青工介绍给你，如果你结婚了，就可以作为家属一起去三线，转为正式职工了，这样总比在农村受苦强。"回家后，我和妈妈商量，妈妈坚决不同意。

从那以后我再也没有见到于莹华，也许她独自去了甘肃。在那个纷乱的年代里，我们做了不同的人生选择，那时我们并不知道哪一种选择是好，也不知道这选择会把我们带到什么样的生活中去。当年，我内疚自责了很长时间，毕竟她和她的妈妈是为了我好才给了我那次的机会。

知青在盘锦

左敏英，小学时就是我的同学，还有桂大林，我们三人从小一起长大。左敏英学习刻苦，志向远大。但在那个特殊的年代，她因为家庭出身不好，被定为"黑五类"子女而受到同学的歧视，与她同住一个屋甚至一个炕的同学都欺负她，开始我们还替她不平，处处维护她，后来也怕影响自己，不敢和她接近，逐渐疏远了她。万般无奈之下，她只好回到原籍去当农民。记得她临走时对我和桂大林说："我实在待不下去了，不能容忍她们这么对我。"她回到了她的原籍沈阳近郊农村，再也没回来，也没有联系，听说她嫁给了一个菜农，不知现在过得怎样，想起她，总有一种自责和酸楚的感觉。

☆莫道桑榆晚，为霞尚满天（摄于 2015 年 8 月）

告别青年点，汽车缓缓地驶出，我的心情却久久不能平静。离开青年点已经四十多年了，但流失的岁月无法冲淡我对青年点、对老乡、对同学的眷恋之情。

在聚会的最后一个夜晚，我们聚集在一个卡拉OK厅，尽情地唱着，那歌声仿佛让我们又回到了曾经的蹉跎岁月、青春岁月。它像一条河，汇成一支深情的歌，一支拨动人们心弦，由汗水和眼泪凝成的歌。

人老了为什么怀旧？是怀念过去的岁月，怀念那青春的岁月。人到了晚年，事业已走到了尽头，往日的辉煌都已成为过眼烟云，站在人生的最后驿站，心灵渴望净化，精神需要升华，期盼有纯朴的真情。我们故地重游，共同追忆青少年时的梦，与老同事、老同学、老战友共述年轻时的趣闻乐事，又找到了青少年时的感觉和那份真情，珍惜真情、享受真情，堪为晚年一大乐事。

在茫茫的人生路上，我们这代人曾经经历了一段难忘的蹉跎岁月，"知识青年到农村去，接受贫下中农的再教育"，一句话翻开了封存已久的记忆，它如一壶陈年老酒，年代越久味道越醇厚，让我们回味它的甘醇吧！

王保明曾作诗一首：

人生应惜夕阳红，经霜历雪仍从容。

笑看日月星辰现，坐听五湖四海风。

正是：莫道桑榆晚，为霞尚满天！

三、盼望下雨

知青生活有苦有乐，记得那时最盼望的是老天能下雨。

我们生产队种水稻，从阳春三月育苗开始直到秋收季节都是大会战，劳动强度大，每天都要起早贪黑，口号是"一不怕苦，二不怕死，战天斗地，其乐无穷"。那时我们正值青春年少，追求上进，再苦再累也要咬紧牙关坚持，谁也不会请假。累得实在坚持不下去的时候，内心默默祈祷，老天爷快点下雨吧，让我们休息一下，只要一天就够了。

春天气候多变，记得有一天，清晨五点多钟我们就出工了，出门时天上飘落着细细的小雨。可没走多远，忽然天空乌云密布，轰隆隆、轰隆隆……传来了一阵响亮的雷声，紧接着倾盆大雨从天而降，大雨浇得我们又折了回来。回来的路上我们高兴极了，边跑边唱：日落西山红霞飞，战士打靶把营归，胸前红花映彩霞，愉快的歌声满天飞。还没到家全身就被大雨淋透了。

回到了青年点。土砖泥草砌的平房，四处漏雨，外面下大雨，屋里下小雨，这倾盆大雨好像要把房子冲垮。正在一筹莫展的时候，有人提议在漏雨的地方用育苗塑料布搭起棚子，四个角

☆原青年点饮水塘（摄于2015年秋）

知青在盘锦

都放个洗脸盆，让雨水顺着四个角流到盆子里。这个办法果然不错，只是雨水很快就装满了盆子，要赶紧倒掉，有点手忙脚乱的。还好我们人多，过了一会儿一切都就绪了，只听见滴滴答答的水声不断。

窗外的雨愈下愈猛，"啪啪啪——"枪林弹雨般的雨声不绝于耳，空气里弥漫着泥土芬芳的气息，土房四壁及泥土地的坑洼被水击打着发出的声音、洗脸盆里满是"滴滴答答"的声响，这些交织在一起，就像美妙的音符和悦耳的旋律。雨声和空气中泥土的芬芳气息让我们有了乐感，我们不如在一起唱歌跳舞吧，大家兴奋起来，开始准备。

我们的女生寝室共住着12个知青，除了实验中学的王娓宁是和他弟弟一起下乡到我们队的，余下11个都是同班同学。记得北炕于莹华、王艺影、张晓英、王莉、张玉茹和我，南炕有王娓宁、方韵君、宋珂琳等6名同学。

说来也巧，北炕的6个同学都会点乐器，王艺影和张玉茹拉二胡，我和王丽拉小提琴，张晓英弹琵琶，于莹华吹口琴，我们很快就组成了一个乐队，王艺影的二胡拉得好，她平时一有空就拉，她经常拉的曲子是《二泉映月》，那优美凄凉充满沧桑的曲调，常常让你听得流泪，至今还萦绕在我的脑海中，她是我们乐队的台柱子。我的小提琴水平实在太差了，小时候看父亲拉琴，也跟着练习拉，只会C、F两个调，乐曲和不上时，只能调琴弦，每个曲子下来，另一个曲子一变调，就要赶紧调琴弦，总是手忙脚乱的。我这种曲子变调靠调琴弦的办法现在讲给拉琴的孩子们听，他们觉得可笑又新鲜。

南炕的6位同学比较擅长唱歌跳舞，还真有专业人才，实验中学的王娓宁是个文艺天才，当年考上了音乐学院，因父母都是医大教授希望女儿继承父业，不同意女儿学艺术，所以没能去，但是她的骨子里透着艺术气息，她的美声和舞台表演的功底很强，举手投足都带着艺术范儿。方韵君是班里的美女，天生爱唱爱热闹，另外3名同学也都能唱能跳的。

这样我们很快就搭起了演艺班子，虽然弹唱的水平都不高，却能自娱自乐自我欣赏，尽情地吹着弹着，拉着唱着，那优美的旋律使人陶醉。

那时我们经常唱的歌曲有电影《冰山上的来客》插曲：《冰山雪莲》《花儿

为什么这样红》，那些动人的歌词一直萦绕在脑海中至今不忘：

　　戈壁滩上的一股清泉，冰山上的一朵雪莲。风暴不会永远不住，啊，什么时候啊，才能够看到你的笑脸。乌云笼罩着冰山，风暴横扫着戈壁滩。欢乐被压在冰山下，啊，我的眼泪呀，能冲平了萨里尔高原。眼泪会使玉石更白，痛苦使人意志更坚。友谊能解除你的痛苦，啊，我的歌声啊，能洗去你的心中愁烦。你的友情像白云一样深远，你的关怀像透明的冰山。我是戈壁滩上的流沙，啊，任凭风暴啊，把我带到地角天边。

　　这些歌曲旋律独特、曲调忧郁，这种音乐美有些壮烈和哀怨，《冰山雪莲》表现了战士们在异域高原冰峰上，肩负祖国的神圣使命，包含着崇高的大无畏精神，它鼓舞着我们在艰苦的环境中战胜困难，勇往直前。

　　《蝴蝶泉边》《百灵鸟》《婚誓》《敖包相会》，那些凄凄美美的爱情故事，我们这些花样年华的青年更是爱不释手。

　　还有一组苏联歌曲：《小路》《三套车》《喀秋莎》《红莓花儿开》《莫斯科郊外的晚上》。这些都是王娓宁拿手的曲目，她的嗓音浑厚悠扬，标准的女中音美声唱法，还透出了一股阳刚之气。

　　下大雨的时候是最高兴也是最想家的时候，思念家乡父母兄弟姐妹。窗外大雨打在玻璃窗上，泪水同玻璃窗上的雨水一样流淌。这大雨犹如一个使者，带走不安与劳累，留下一丝宁静。我喜爱雨天，盼望着大雨，正如陶渊明爱菊、周敦颐喜爱莲一样，雨之爱，同予者何人。

　　雨声歌声交织一起，忘记苦累，不再孤独忧伤，是琴声歌声支撑慰藉着我们的心，让那些艰辛的日子有了色彩、生气和希望。

　　雨停了下来，我们又去出工了。

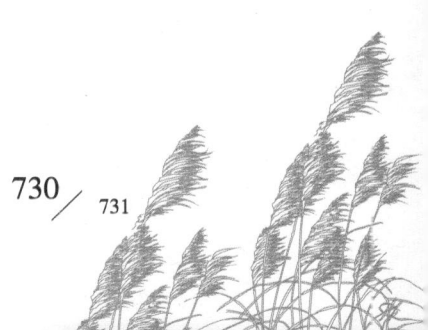

知青在盘锦

高 燕 1953年农历九月二十五日生于黑龙江省萝北县。自幼年随父母来到沈阳市，1965年考入沈阳市第二十九中学初一（六）班。1968年9月20日，作为老三届第一批知青下乡插队，落户到盘锦地区新开农场张家大队张家小队。1972年回城，分配到沈阳铁路部门工作，历任车工、铣工、办公室干事、党委干事、劳动人事室主任、办公室主任、主管多种经营的副厂长，2008年退休。所著专业论文《劳动定额管理与经济效益分析》等发表于铁道部和省级经济刊物，曾获铁道部优秀论文奖。曾发表报告文学《一颗璀璨的明星》。

业余爱好广泛，文学、绘画、钢琴均有涉猎，擅长游泳、太极拳。退休后大部分时间居住于北京。

盘锦哺育了我成长

◎ 郭玉柱

我这一生有两个故乡,一个是沈阳,一个是盘锦。这两个故乡使我终生难忘。沈阳是生我、养我的地方,盘锦是我成长、有作为、做贡献的地方。

1964年,19岁的我即将高中毕业,毕业后是考大学,还是到社会上工作?我不时地在思考着、准备着。在那个年代,国家刚刚经历了三年困难时期,国民经济面临着许多困难,城市发展的压力很大。当时,党教育我们青年学生要"一颗红心,两手准备""有志青年到农村去"。我想,我是一名共青团员,又是班干部,就要听党的话,同时,知识青年榜样董加耕、邢燕子事迹也在鼓舞着我。正当这个时候,盘锦农垦局派员来我们学校联系说有一个水产项目需要知识青年,就这样我毅然决然地报名上山下乡。1964年6月16日,我和31名同学一起从沈阳市第三十一中学坐着解放牌大汽车来到盘锦农垦局疙瘩楼水库水产养殖场。从此,我就扎根在了盘锦,一干就是52年。

52年,在人类历史的长河中仅仅是一瞬间,而对于我,是一生永远难忘的52年。这52年是我由青年走向成熟的52年;是我经风雨、见世面、磨炼成人的52年;是我同盘锦人民一起同甘共苦、努力奋斗、争创美好家园的52年。52年来,我深知,是盘锦这块热土哺育了我成长。我也深知,除了我自己的努力外,如果没有盘锦的父老乡亲,没有那么多盘锦的老领导、同事们、亲属们对我的关怀与帮助,就没有我的今天。他们的恩、他们的情,至今我仍

知青在盘锦

历历在目、铭刻在心。当我上山下乡刚到水产养殖场劳动时，我不会干活，是养殖场的黄师傅、付师傅手把手地教我怎样划船、怎样捕鱼、怎样补网，使我懂得了劳动是人生的根基，只有辛勤劳动，才有幸福的生活果实。1964年10月，我调到盘山区公安分局，起初不会使枪、不会办案，是周凤源同志教我怎样分析案情，市局叶凤鸣同志教我脚印、指纹的鉴定技术，使我在多起案件的破案中发挥了自己的作用。在这以后，我又先后被调到商业、工业企业和政府部门工作。1966年初到东风农场供销社工作，许多老店员手把手地教我怎样称秤、怎样量尺、怎样记账。特别是记账，为我以后搞工业企业经济活动分析打下了坚实的基础。当我处对象遭遇波折时，是供销社李德福、周作林二位书记开导我，解除了我思想上的困惑。1973年调到大洼县铸造厂工作，是老厂长韩学勤给我介绍了对象，成了家，使我有了一个温暖的生活环境。1982—1984年先后在大洼县农机局、县政府工交办做综合工作，初到政府机关工作时，很不适应，既不会写作，也不会处理问题。在我给单奎、杨银山等老领导写材料时，他们一字一句地帮我推敲、斟酌，使我受益匪浅，文笔水平不断提高，终于能够独立写出比较完整的工业交通生产综合材料了。1984年盘锦建

☆知青合影（前排右一郭玉柱）

市后，我先后在市计经委、市发改委工作。1993年9月中旬，我去沈阳参加省经委召开的"工业企业改革研讨会"，途中不幸遭遇车祸，造成右股骨头损伤，是省经委的同志把我送进医院治疗。回来后，市经委的一些老同志们背着我跑前跑后，跑了多个部门，给我办理了残疾人手续，这使我十分感动。

多年来，我一直勤奋工作，总想以自己的实际行动，去感恩、报答盘锦人民对我的关怀与厚爱。在市计经委担任工业生产调度时，每个月我都写出全市原油、天然气、尿素、塑料等15种重点产品生产进度和全市工业生产分析情况的简报，为市领导决策提供了有力依据。1992年5月，我写的《市塑料二厂改革出硕果》的调研报告，荣获了当年全省企业管理论文二等奖。1997年，我担任了非公有制经济办公室负责人。1999年6月，我同市委政研室、市财政局等部门同志一起到南方一些城市学习非公有制经济发展的经验，回来后我写了《南方发展非公有经济的启示》的调研报告，荣获了辽宁省第七届社会科学优秀科研成果奖。2002年6月，在市领导、经委领导的策划指导下，由我主笔写了《盘锦市发展非公有制经济的措施和办法》，报送到市委、市政府后，受到了时任市委书记曾维同志的好评，他阅后批示"这35条意见，建议市政府专题讨论，市委常委会适时听一次汇报"。经市委常委会讨论修改后，下发了文件。

2003年5月，我提前两年退休。退休后，坚持学习、锻炼，从事一些有益身心健康、有益于社会和谐的活动。现在想起来，上山下乡来到盘锦，虽然有失去，但是事物的辩证法告诉我，有失就有得。虽然当时我没有考大学，失去了在大学深造发展的机会，走了一条与其他同学不一样的道路，但我在盘锦这个社会大学同样也得到了深造和发展。

☆郭玉柱2005年在市公共行政服务中心帮办

2016年11月

难忘的故乡

——四十年回乡纪实

◎唐明达

引 子

☆唐明达

我们下乡的地方是盘锦"南大荒"的一个小村落,位于渤海湾北岸,辽河大凌河入海口之间。一百多年以前,这里只是一片沙丘,它临河近海,劳累饥渴的赶海人常在这里歇脚进食,高兴地送给她一个美丽的名字——欢喜岭。斗转星移,海退河淤,欢喜岭渐渐地变成了苇草丛生的湿地,于是陆续有了人家,以编席为生,虽然日子过得贫苦,倒也安宁。

1971年,来自沈阳300多名初中应届毕业生,像一群呼啦啦飞来的麻雀,叽叽喳喳地落在了欢喜岭的草滩上……欢喜岭不再宁静,发生了不少知青的故事,正是这些故事让欢喜岭成了我们魂牵梦绕的地方。

一

五月中旬，时值初夏，我和欢喜岭十几位老知青相约探望第二故乡欢喜岭，去重温知青的岁月，寻找从前的影子。在行进的车上，大家的心情兴奋而沉重，激动而怅惘。

人生有无数个回想，无尽的记忆，但是没有比欢喜岭让我们记得更深、记得更细。因为那里有过我们的豪情，有过我们的叹息，有过我们的奋斗，有过我们的功绩……

绵绵的思绪把我带回了那个轰轰烈烈的年代，那时我们还只是初中毕业生，十六七岁的孩子，就同全国千百万知青一道踏上了上山下乡的道路。

☆ 2011年5月回乡探望

在欢送的人海里，我们还不知道也有无奈的送行、伤心的离别，没有理会亲人的牵挂，没有擦拭父母的泪水，就心揣一团火似的，匆匆踏上了知青的专列。随着列车的开动，驶向了我们只知道理想，不知道目标，只知道去向，不知道前途的征程。

今天的此时此刻，我和十几位知青的心，同飞转的车轮朝着欢喜岭的方向疾驰飞奔……

大约三个多小时的旅途，我们踏上了盘锦的土地！这时，我接到了让大家格外兴奋的电话：当年欢喜岭新兴青年大队安书记亲自驾车，带着一连和三连的老指导员正在路上，迎接我们这些在他们眼里还是孩子的老知青。

这样的消息让我们的心长了翅膀，飞速的车轮在不断地加快、加快……

两军很快在小道子路口相遇了，大家紧紧地握着对方的双手，千言万语涌上心头，看着眼前几个已近七八十岁风尘仆仆的老人，和这四十年一握布

知青在盘锦

☆青年点宿舍

满老茧的双手,我们的全身涌着暖流。

老书记、老指导员们还像当年一样走在前面,带领我们来到了距离最近的小道子塘铺。这里是我们当年曾经战斗过的地方,围海造田、修堤筑坝就是从这里开始。那时我们给自己起了个骄傲的名字——土方工程兵。

进了塘铺,看着眼前熟悉的房舍,它就是我们当年的宿舍。四十多年了,它们还静静地躺在这里。虽然屋檐布满了青苔,房顶长满了杂草,但是它们的形态结构,一门一窗,我们是那样地眼熟,更让我们熟悉的是屋里的墙壁、房梁和土炕。

大家一进屋就打开了话匣子。看着墙角屋顶的一道缝隙,大个子吴炳发笑着说道:"那会儿,我躺在炕上就能看见星星。"

时任知青连长闫玉良,看着满是煤油烟的梁柱说道:"下乡睡的第一宿觉,爬出被窝可笑死人啦!你看我,我瞅你,原来都成了大花脸,个个鼻窝嘴角全是油烟灰。哈哈!"

☆老指导员单继生

"别提睡觉的事了!"老知青孙玉发悻悻地插话道,"那会儿晚上睡觉挤得像装豆包,一个人翻不了身,要换个姿势,必须喊一二三,大家一起动才行,那阵儿老团结了。"说着,他禁不住笑出了声。

大家你一言我一语,从门窗飘出的阵阵笑语声,让人根本不相信是出自残破的旧房子,像是在欢乐的戏院。

三连八十多岁的老指导员却在一旁一

声不吭,久久地望着倾斜的房梁,端详着没有炕沿的土炕。老人家在想什么呢?也许他在想,当年怎能让孩子们住这样的房子呢?也许在想,孩子们呀,你们为什么要到这个苦地方啊?也许老人家又想,当年我也和你们一样苦、一样熬啊!

其实小道子塘铺简陋的房舍,也只是我们睡觉的地方,知青生活的空间主要是在苇田中、草塘里,修堤筑坝、割苇子、打柴火。那年月我们修筑的漫漫长堤,在我们的脚下天天在延伸、月月在延伸、年年在延伸,就像知青不知道自己的前途一样没有尽头。

女生排长徐丽感慨地说道:"那年月推着土车上工,在苇塘里一走就是十几里地,天天划段、日日筑堤,大坝修得没完没了。"

日子更苦的应该说是填不饱肚子,青年们天天吃的是晋杂五高粱米,喝的是咸白菜汤,每天一斤三两毛粮,还不够好劳力一顿吃的。

炊事员张妩媚看着屋内的大锅,就好像说着眼前的事一样:"那会儿男生吃不饱,天天在食堂门口敲着饭盒,磕着盆儿,心里真不是个滋味儿,现在耳朵还时常想起那'当当'的声音。"

几个人还讲起了自己在青年点偷水、偷油的故事,尤其是邹树森绘声绘色地讲到青年连过节杀猪,他跳窗户偷了一块猪肉,全连翻了个底朝天的故事,大家听后,都心酸地笑了……

是啊!如果青年点不缺水、不缺油、不缺肉,就不会发生这些故事了,而这些故事仅仅是欢喜岭知青故事的开篇。

二

告别了小道子塘铺,我们驱车直奔大本营欢喜岭。

车很快开到了欢喜岭的路口,大家下车后有点儿蒙了。欢喜岭!是欢喜岭!这个路口就是当年通往一、二、三连的路口啊!可是北面已不见了一连的宿舍,西面不见了供销社,南面更看不见了三连的大窑。油田的建筑取代了盐

知青在盘锦

碱滩，弯弯的土道变成了柏油路。

变了，一切都变了！这不禁使我们怀旧的情绪凉了许多，不过远方还能依稀地看到茫茫的苇田和草塘，还能让我们感到欢喜岭土地的温热，因为这里有我们每个知青难忘的一段段经历和一个个凄美的故事。

我们首先开始寻找距离最近的大队部和二连的旧址，可是走了几条街，转了几个圈，都没找到记忆中的一点痕迹。我们只得不断地向老乡问路，一连问了四个人都不知道。就在问到第五个人的时候，出现了奇迹！这个人和我们年龄相仿，六十岁左右，他不仅知道青年点的地方，还知道青年点的事，更知道青年点的人。他竟一连串说出了刘宝龙、郭恩佩、邹树森好几个知青的名字，真是柳暗花明。

☆ 见到40年前认的姐姐

按照这位老知青朋友的指向，我们顺利地找到了当年大队部和二连的旧址，但是几乎所有的建筑物都荡然无存，唯有拖拉机队的院落还留着几间破旧的房屋和残垣断壁。我们如获至宝，细细地端详着一景一物，轻轻地抚摸着一砖一瓦。

就在这时，一个农村老太太急匆匆地跑了过来。她是在村里听说有知青回来了，老远就喊着唐明达的名字。

寻声望去，我一眼就认出这是四十多年前，在欢喜岭村认的一个姐姐。知青那会儿，姐姐为我烧过火、做过饭，姐夫为我下过河、摸过虾，一幕幕的场景，清晰地浮现在脑子里。我和老姐姐相依相扶地倾诉着，自己掏出了给姐姐一家准备的一千元钱，在场的人无不为之动容。

看完了大队、拖拉机队的旧址，又有了离别四十年的姐弟重逢，知青们兴奋极了。时间一眨眼就到了下午两点多钟，我们这些年过六旬的老知青也该休息了，但是没有一个人感到疲倦，而是个个英姿勃发，仿佛又回到了青年时代。

大家一致主张继续开拔回大窑！大窑是当地唯一烧砖的土窑，也是当年青年三连唯一标志性的建筑物，所以它就成了青年三连的代名词，今天大家说的回大窑，那是回家呀！怎能不归心似箭呢？

然而，我们急匆匆的脚步被半路涛涛的渠水截住了。这里原来有一座通往大窑的桥，青年三连撤点之后，它就"寿终正寝"了。渠水在我们的脚下流过，不停地发着拍打岸边的声音，好像向我们诉说这座木桥由垮到塌，无人问津，最后自消自灭的过程。

看着远处若隐若现的大窑身影，我们恨不得一下飞过去，无奈渠水湍急，无法渡过，我们只得改道南行。我们寻找几条路都失败了，连片的水塘，坑洼不平的道路，让我们束手无策，而且车不断地陷进泥里，更是让我们一筹莫展。

就在我们驱车绕了整整二十里路的时候，通过路人的指点，我们终于找到了通往大窑唯一的小道儿。我们激动极了，像孩子一样向大窑扑去，呼喊："大窑，大窑！我们回来啦！"

眼前的大窑，它不再巍峨，也不再庞大，只是一个大土堆了，但是我们却依然感到它是那样亲切，那样让人不舍，因为它堆着我们三连知青不灭的情感，无尽的话语。

让我们感到遗憾的是三连的宿舍没有了，片瓦无存，大家只得凭着四十多年前的记忆，寻找着自己的住所、伙房、队部和操场。然而，这一切都被眼前的坟场代替了，可是我们的记忆不会进入坟墓。

我们清楚地记得，当年列队出操，干活出工就是在这片土地上。这片土地曾经有过我们修的堤、筑的坝，有过我们开垦的农田。

那年、那月、那些日子里，每天都有催人的哨声，紧张的集合。每天都是一样艰苦的生活，一样艰辛的劳作。失去的光阴，我们不后悔；奉献的青春，我们都舍得。因为那时的艰辛和拼搏，练就了知青一双搏击命运的双手，打造了我们一身不怕风雨的体魄；培养了知青无私奉献的品质，历练了我们坚韧不拔的性格。

知青在盘锦

三

记得"带青"的老农连长领我们开进荒滩,下达的第一个任务是每个青年写一篇谈理想、表决心,让盘锦大变、快变、巨变的作文。这不是普通的作文,更不是普通的答卷!这是贫下中农对知青寄予的莫大的厚望。

从此,我们用青春的热血和双手,填写了一份又一份知青答卷。我们欢喜岭知青首先在这篇盐碱荒滩做起了文章,硬生生地开垦出八百多亩水田。播种、插秧、收割、打场,虽然都是门外汉,可是我们一路都走了过来。

最苦最累的是修筑田间基本工程,那时知青人人有股子冲劲儿,大家摽着膀子比着干。早起出工三点半,晚上收工看不见。记得我第一个创造了全连挖土方的纪录,一天甩土方达三十多个,紧接着纪录交替上升,人人争先恐后,整个田间基本工程干得热火朝天。

☆列队出工

三连女知青都秀敏曾经写过一首描写知青早晨出工的诗。我至今还记得几句:月隐星稀,哨声催人起。不是天明为何亮,锹闪银光照大地。若问队伍有多长,昂首遥望排头旗!由此可见,当时的知青垦荒队伍是何等的壮观!

当年初夏时节,欢喜岭的盐碱滩就变成了上下水线交错如网、秧苗挺拔、绿茵如织的千亩水田了!

秋季时节,我们收获了宝贝一样的水稻。青年点吃稻米开锅饭那天,第一口大米饭进嘴的时候,香得我们狼吞虎咽,好几个人鼻子上都沾上了大米饭粒儿,那欢乐的情景恍如昨日。

就这样,我们当年垦荒、当年受益,收获了自己种植的粮食,向党、向国家、向人民交上了一份满意的答卷。

欢喜岭不同于其他农村的是，不仅没有猫冬、没有农闲，恰恰相反，有的是冬忙，拔钢草、割苇子。谁经过这一遭都会留下一生刻骨铭心的记忆！

知青连长闫玉良感慨地说："那时割苇子，两点多钟就得起来，每人怀揣两个大饼子，手提镰刀，扛着钐刀一走几十里地，一百多人的连队进入苇塘，一下子就没了人影，苇塘太大了。"

知青有的抡钐刀，有的用镰刀，割起苇子来，个个都要脱掉棉衣，只穿衬衫，无不热气腾腾地冒着汗。最怕的是，一不留神就会踩进了冰窝子里。有一次割苇子，我只注意拢着上面，忘了脚下，"扑哧"一声踩了下去，鞋子很快涌满了雪水。如果收工回家，几十里地就白来了。发生这样的情况不止我一个人，没人停下来，只有收工活才能罢手。然后，穿着满是冰雪的鞋，还要赶着回家的几十里路……到了家已是满天星斗，夜幕下，还要继续劳作打苇绕，准备着明天的用件。

女排长徐丽激动地回忆起当年拔钢草的情景。有一天，走了几十里路的同学们需要过两道海叉子，海水虽已退潮，但是一块块房子大小的冰坨子，让人望而却步。

她是排长不得不带头前行，结果一下子滑进冰缝里。同学们见状一齐上手把她拽了上来，捡回了一条命。收工回来，青年们一个个背着拔来的钢草，顶着睁不开眼睛的风雪，蹚着苇棵、踩着积雪，艰难地往回赶着几十里地，谁也管不了谁。徐丽硬是一步步地挨回了青年点。

进屋时，她的棉裤腿冻成了两条冰柱，脚上的鞋已成了冰坨，同学们帮着她扒开鞋帮，再剥袜子，痛得徐丽不住地掉着泪珠。可是看着她通红的双脚还能动弹，旁边的同学却也乐得流出了眼泪。

女知青苏永珍那边又抢过了话头："那时咱们女生铲地，一走就是十里八里，赶上下雨算是倒了霉啦！有一天眼瞅黑云上来了，闪电、雷鸣一阵接着一阵，排长周启云还舍不得收工。等看明白了，倾盆大雨泼下来了，无处躲、无处藏的。我们女生跟头把式地在田埂里往青年点跑。路过男生宿舍的时候，一大排男生都出来了，瞅着我们都不是好笑。"

知青在盘锦

她记得最真切的就是,一排一班男生才爱群向女生挑逗地喊:"咱们的基干民兵回来了啦!"他这一嗓子才让女生注意到,雨水让衣服紧贴着身儿。尤其夏季的浅色衣装,好像让男生看得一览无余,姑娘们一下子全羞红了脸,低着头又跑了起来。

苏永珍讲得有声有色,大家听得"咯咯"地笑个不停。

盘锦的风很大,十几个知青站在大窑顶上说着、笑着,全然不顾被风吹乱了的头发。大家的话语像决了堤的水,积在心头四十多年的话语不吐不快。诉不完的情、唠不完的嗑,像对母亲说、对亲人说、对久别的老友说。

怎奈天色已晚,夕阳西下,余兴未尽的我们只得像当年一样收工。此时,大窑的河面没有一丝涟漪,窑边的苇草纹丝不动,仿佛刚才它们也听了我们的故事,而且还要听!

大窑再见了,再见了大窑!我们还会回来看你的,还要讲述我们没有讲完的故事,请你一定一定为我们守住你最后的土丘!

四

晚上,安书记、王连长和年过八十的单指导员,设宴招待我们这些回家探亲的知识青年。席间,充满了热情欢乐的气氛,洋溢着四十年的涓涓情感。知青的故事顺着酒杯的酒不停地流淌,频频举起的酒杯盛载着美好的祝愿!

第二天清晨,我们兴致勃勃地来到了王喜林老指导员的家。这是个典型的农家小院,在这里我们看到了熟悉的农具,映入眼帘的是镰刀、钐刀、锄头、钢草把,有几个知青看到了土车和筒锹竟饶有兴致地比画起来。

在后院的草塘里,当年的知

☆推独轮车感觉找到了

青指导员李世毅抡起了钐刀，苇草刷刷地倒成了一条直线，直看得旁边的几个老农树起了大拇指。

那边，当年最调皮的知青邹树森，拿着筒锹也比画起来。我赶紧把土车推了过去，使唤独轮车我算得上行家里手。可是车没落稳，竟让知青老排长杨普光接了过去。

小小的"工地"，一下火了起来。老知青虽然都已过六十岁，可是人人显身手、个个不服输。那动作、那干劲儿、那阵势，丝毫不减当年。感觉找到了！从前的影子回来啦！

离开王喜林老指导员的家，下一程是看望我们三连的老连长王德山，可是心情却是冰火两重天。因为我们去的是老连长的墓地。

王连长是三年前因病去世的，虽然阴阳两隔，可他那四十多年前教育我们的话语犹然在耳，教我们干活的场景历历在目。在老连长的墓前，我们每个知青深深地三鞠躬，仿佛面对着父亲、面对着师长、面对着挚友。

看着坟头上随风不住浮动的草，好像老连长在向我们不停地打着招呼，许多知青再也控制不住内心的情感，哭出了声。告别老连长的时候，我们的心沉沉的、腿木木的，每个人迈着沉重的脚步走出了墓地。

五

我们的行程还有最后一站，奔赴百里以外的双台河，这是我们不能不去的地方。因为四十多年前，我们欢喜岭知青在那里参加过著名的盘锦双台河清淤大会战。这场战斗是我们走出校门不到一个月，来到农村创业奋斗的第一战！

当年，青年大队冯国珠书记为了鼓励和鞭策我们这些稚气未脱的孩子，顺利打响打

☆冯国珠书记

知青在盘锦

赢这场大会战,向全大队知青提出了振奋人心的口号:"大干十五天,闯闯劳动关。扎根打基础,看谁意志坚!"

但是我们这些孩子,战前并没有足够的思想准备,坐在从没有坐过的大60拖拉机上,随着沙石路上一阵阵的颠簸,还像串亲戚似的乐不可支。一路上唱着《一生交给党安排》的歌曲,说笑声不绝于耳,等到了工地的驻地都傻了眼。

我们被分配到老农家住宿,能睡四个人的炕上,挤了六个人,甭提多挤了。第二天清晨三点半,震耳欲聋的哨声响遍全村。尤其走出门那一刻,狂烈的寒风夹着雪花,瞬间吞噬了我们的身影。

最后我们不得不手拉着手走路,上伙房领了几个大饼子,可是谁也吃不下。大部分青年都把大饼子揣在怀里,夹着镐、拿着锹、扛着大锤,一个跟着一个向工地出发了。开始还好,只是笨手笨脚。不一会儿的工夫,我们的肩膀就受不了啦,揣着手不住地换着位子,凛冽的北风把我们藏在袖筒里的手指,扫得刀割一样地疼。

我们睡眼蒙眬,蒙头人似的往前走着,漆黑的夜、漫长的路,不知道前面是个什么方向,也不知道走到哪儿是个尽头……

总算盼到了目的地,"带青"老农领着男同学先操起镐,刨起了冻土块,女同学一个个背着草袋子制的背篓,把冻土块从河床底下,一篓篓地背上了几十米高的大坝。坝上,呼啸的北风一下子吹下来好几个人,上面开始传来了哭声。更要命的是河底到了软层的时候,含着臭水的淤泥装在了女生的背篓里。有的女生还没来得及用手掩住扑鼻的臭味,冰凉刺骨的泥汤已经渗进了后背的棉袄。女青年们相互瞅着,人人都如此,谁也没办法,只能狠斗"私字"一闪念了。

午间,炊事员挑来了米饭。一百多人排着长队打饭,最后打到碗里的饭粒,已经挂上了冰碴。有几个同学想吃早晨的大饼子,更是冻得石头一样,用大头鞋都磕不开,只得作罢。

出工的第一天,不仅觉得路长,天也长得出奇,头上的日头懒洋洋地就是不动。好歹挨到了收工的哨声响了,已是晚上六点多钟。精疲力竭的我们,再走上返回驻地的十里路，那艰难更是可想而知了。

知青战友佟殿良站到双台河的坝上动情地说："双台河的清淤大会战是我一辈子忘不了的，那段日子，真是熬过来的！"

是的，那场战役的经历，让我们刚刚离开书桌的孩子们真正懂得了什么是艰苦，领悟了什么是艰难！我们每个人都得到了炼狱般的锻炼和考验。今天我们看着雄伟的大堤，已不再有那个狼狈不堪的感觉了。而是从内心充满着骄傲与自豪！正是这种苦与难，成为我们以后奋斗的基础。有了这杯烈酒垫底儿，今后人生什么样的烈酒，我们都不怕，再多的苦酒也能对付！

下午五点多钟，已是黄昏。我们驾车载着不舍的情感，踏上了返城的路。车里放出了电视剧《蹉跎岁月》的歌曲，更让我们的心情澎湃不已……

欢喜岭知青寻梦的行程结束了，但是欢喜岭知青那段历史，在我们心中永远不会结束！它将是我们一生忘不掉的记忆，一生讲不完的故事！

2011 年 8 月

明达往事之父爱

1975 年的 4 月中旬，尽管大地万物复苏，荒原开始萌绿，可是强劲的盘锦季风，从早刮到晚，让人没有一点儿舒服的感觉。

傍晚时分，劳累了一天的知青们人困马乏，几十人的收工队伍哩哩啦啦的，拖得足有二里地长。

我回到青年点阴冷的宿舍，顾不上满脸的泥土，正要一头扎在土炕的行李上，突然有人叫了一声："明达！"

没有比这声音更熟悉、更亲切的了，猛然回头果然是爸爸！我的眼泪都快要出来了，当时是又惊、又喜，转而又有了埋怨和悲凉的情绪。

惊的是沈阳离盘锦几百里地不说，从石山火车站到青年点的七十里旱路就够爸爸走的了；喜的是在这蛮荒之地，突然见到了日思夜想的爸爸；怨的是爸爸不应该没头没脑地闯来，一路的辛苦怎受得了；悲的是青年点苦与痛，无可

知青在盘锦

☆唐明达的父亲

掩饰地暴露在老人家面前了。

我紧紧地抓着爸爸的胳膊，看着爸爸爬满了皱纹的额头，两鬓已有了白发，心中一阵酸楚。

我关切地问："爸爸，七十里旱路你是怎么过来的啊？"

爸爸苦笑地看着我，没有作声，可是脸上和脖子上一道道的汗渍，已经告诉我他一路的艰辛。

简陋的寝室除了箱子就是炕，连把椅子都没有，我只得拿块塑料布，铺在露着石板的苇席炕面上，让爸爸落了座。

晚饭时，炊事员给爸爸端来了炒白菜片和一碗大米饭，这是当时青年点对知青家属来连队特殊的款待。

我把大米饭和白菜片端给了爸爸，爸爸说啥不吃，偏要吃食堂的饭。

我执拗不过爸爸，只得把从食堂打来的咸萝卜汤、晋杂五高粱米饭端给了爸爸。

我看着爸爸在炕头儿吃着、咽着，满口的晋杂五壳子在老人嘴里打着摽儿，萝卜汤都喝没了，高粱米饭才下去了少半边儿。

我心疼地又把那碗大米饭端到了爸爸的嘴边，可爸爸说他吃饱了，硬是把大米饭推给了我。

劳累了一天的我，这会儿饥肠辘辘，只扒拉几口，一碗大米饭就消去了一半。我不得不住了口，剩下的半碗大米饭一定得给爸爸留着，我担心没吃几口饭的爸爸，晚上一定会饿的。

由于寝室有其他青年同住，晚上不便唠嗑，加之寝室人出工一天的劳累、父亲远道旅途的劳顿，寝室早早就熄了灯。

我心中有事儿，睡不踏实，一个翻身醒来，看见外面泻进来的月光，正好照在父亲的脸上。

看着父亲满脸的愁云和哀伤，知道老人家还没有睡觉，那感觉比看着女人落泪还要心痛。

不好惊动爸爸，自己也辗转反侧睡不着觉，那一夜好难……

第二天清晨，爸爸又起来得很早，拿着笤帚用力地清扫着宿舍走廊的苇草。

我心疼地劝阻爸爸说："这乱草清了没有用，晚上十多个寝室一烧炕，还是满走廊的柴草。"

"这不清不行啊，时间长了就成垃圾啦。"爸爸指着墙角沤着的一堆潮湿的、已发出了令人作呕气味的杂物。拦他不住，我只得和老人一起清扫起来。

吃过早饭后，爸爸要陪我上工，自己没有答应，因为我是无论如何不能让老人看到工地上那种强体力劳动的场面的。

由于我的坚持，爸爸随着我游览了青年点外部的自然环境。那天我们父子走了方圆足有二十多里的荒滩碱地。爬坝埂、钻苇塘、过田地，该走的地方几乎都走到了。

一天里，爸爸始终是默默地走着、静静地看着，没有太多的话语，没见着老人一丝的笑容。

由于爸爸只有三天的假期，爸爸在青年点只待了一天，第三天一早便踏上了返程的路。

在送爸爸去火车站的路上，尽管搭了一段油田的汽车，坐了一段马车，还是有三十里路要走。

在距离车站还有五里地的时候，看看赶火车的时间还够，我和爸爸在路边一个树墩子坐了下来，这才喘喘气儿、歇歇脚儿。

爸爸走得浑身是汗，脱掉了脚上的翻毛皮鞋，说是卡脚，换下了我脚上的农田鞋，我们又继续赶着剩下的五里路。

还好，到了车站，离开往沈阳的381次列车进站的时间还有20分钟。爸爸领着我在站前小吃部，买了四个馒头和一碗柿子汤。

两个馒头在我的嘴边儿一晃就没了，爸爸却只吃了一个，把剩下的一个馒头硬是塞在了我的兜里。

火车进了站台，我送爸爸上了火车，看到老人登上火车阶梯时，还穿着农

知青在盘锦

田鞋，鞋前面掉下来的补丁让老人露出了脚趾。一下子想到自己和爸爸的鞋还没有换回来，我急着让爸爸赶紧把鞋脱下来，父亲摆了摆手。老人露出了笑容，自己这才知道，原来爸爸是有意和我换的鞋。

火车开走了，我一直目送着载着爸爸的火车，消失在远方的尘风里……

此时的我，心情久久不能平静，泪水模糊了我的双眼……

爸爸的身影让我难别，情感让我不舍，尤其是两天来，爸爸为我做的一点一滴，让自己体会到了深深的父爱。

唐明达 1953年12月出生。1971年12月毕业于沈阳市四十一中学三年一班，下乡到盘锦东郭苇场新兴青年大队三连。下乡期间做过连队宣传组长，被评为先进知识青年，参加过营口市和盘山县文化局举办的业余文艺创作学习班，在《营口日报》上发表过诗篇。

1978年底招工回城被分配到沈阳市房产局直属房产管理处。第二年夏季通过考干，在沈阳市住宅建筑第二公司二分公司做工会干部。1984年取得辽宁大学函授中文大专毕业证书，同年又通过市人才公司考试，被分配到东陵区广播事业管理局。1987年调到沈阳市工商行政管理局东陵分局工作，其间多年被评为局系统先进工作者，受到东陵区政府的嘉奖，被评为沈阳市工商局的优秀管理员，区工商局优秀共产党员和管理标兵。

2013年退休后在辽宁人民出版社出版了个人回忆录《五味人生》。

☆《五味人生》封面

知青往事印记

◎黄苗玲

那一年，那一天，我走了

1969年3月16日，是我生命中不能忘记的日子。那一年，那一天，我走了，一步三回头地走了。那年我还没满18周岁，还是个不谙世故可在父母面前撒娇的黄毛丫头，却不得不走了。

记得临行的前夜，早春的寒意弥漫着丝丝阴冷，迷雾将夜色涂得更加深沉。母亲听说我要走了，让父亲把她从医院里接了回来。母亲的病已经很重了，恹恹地斜倚在床头，昏黄的灯光照在她那没有血色的脸上，人显得更加憔悴。羸弱的母亲心疼地看着我，只说了一句话："走吧，为了你的前途，走吧。"然后低头暗自落泪。一只单薄的白皮小木箱孤零零地放在墙角，里面装着我的全部家当，像待葬的灵柩，入殓了我的青春。全家人有一种生离死别的感觉，弟弟妹妹虽说还小，可也知道我就要离开家了，话不似往常那么多，躲在柜子旁边，偷偷打量我。晚饭还摆在桌子上，比平时丰盛一些，已经凉了，谁也没动一口。我依恋地看着母亲，想安慰她几句，却一句话也说不出来。我真害怕自此一别，便是生死两茫茫；害怕自此一别，便再也回不了家了。

一种无名的痛楚压得我透不过气来，我走出家门，靠在走廊尽头的栏杆上。夜幕低垂，浮云遮住了一弯残月，几颗星星挤出云层，点缀着苍凉。楼顶

知青在盘锦

的残雪尚未融尽，时而随风洒落，平添了沁心的冷意。我借西院一扇窗口透出的灯光，望着熟悉的院落，望着一家家紧关的房门，心中有说不出的悲凉。我少女的生涯即将在这个院落戛然而止，青春的纯真即将被莫名的茫然所代替。无人知道我的幽怨，无人知道我心中隐藏了多少不舍。真希望有人给我一点安慰，可没有人出来，一个人也没有，只有邻居家晾晒的一件衣服，像影子一样随风摇晃，摇晃着说不出的无奈。院子太静了，静得听不到任何声音，偶尔传来谁家老爷子的咳嗽声都会让我蓦然一惊。我大概是站累了，转过身，朝北边望去，北边一样漆黑一团，扑面的倒春寒让我禁不住打了一个寒颤，心中的忧虑凝成了泪珠，一滴一滴地滚落在碎花棉袄的衣襟上，滚落在走廊的尽头。不知道哭了多久，父亲出来把我叫了回去。

16日的那天下午，父亲和邻居家的姑姑送我出行，母亲艰难地爬起来贴着窗户向我招手。我迄今也忘不了她那不舍的眼神，迄今也忘不了弟弟妹妹拉着我的手嚷着也要去车站送我的样子。走过小楼的长廊，我逐户向门里张望，还是没有人出来，倒不是人情的淡漠，而是几乎每家都有孩子要走，大人们大概是不忍心看见我们这些孩子这么小就离开家，大概是不忍心让我们看见他们难过的表情，便也不出来相送。可当我走到街上，抬起头想再看看这座小楼时，我看见每户窗前都站着人，他们有的在擦拭眼泪，有的在默默招手，而我的弟弟妹妹也站在窗前喊着姐姐。我不知道这一走意味着什么，不知道怎样的命运在等待着我，更不可能预知四十年后我到底会什么样。想当年母亲重病也没有挽留我，说是为了我的前途，可是母亲不会知道，别离了家乡，我的前途在哪儿？

就这样，那一年，那一天，我走了，一步三回头地走了。就这样，那一年我永远失去了我亲爱的母亲，母亲去世的那一天正是我的生日。

那一年，那一天，我走了，一步三回头地走了。我来到了一个陌生的地方，被叫作知青。这一走就是一生。

房东老张家的情怀

当年,我们初一(五)班的部分同学分配到曙光农场八间七队。由于青年点还未建好,我们暂时被安排到社员家居住。我们住的这户人家姓张,住在村西头。张家的户主什么时候去世的,我们没过问,当时家里只有娘四个,老妈带着两个闺女和一个儿子,后来才知道她家还有一个大儿子在部队当兵。就这样他们娘四个,加上我们六个女知青,共十人睡在一铺大炕上,中间也没放隔板。

要说这张家娘四个生活在空荡荡的房子里,虽然贫穷,但还算平静,可忽然多了六个叽叽喳喳的女孩子,晚上点灯熬油,早晨刷牙漱口,高兴了就哈哈大笑,想家了就哇哇大哭,总归是乱了些。但这娘几个非但没有怨言,反而对我们十分关照。张家最小的儿子叫小铁子,大约也就十来岁,小孩儿挺懂事,很少朝我们这边

☆老张家的六位房客(1969年摄于大连劳动公园)

张望,只是有时见我们晚上点着油灯,边写信边流泪,会奇怪地看看我们。俩闺女与我们年龄相仿,我们处得像姐妹,但她俩不去说触及我们想家的话题,在家抢着扫地、挑水,下地干农活也会时常搭把手,接垄收割什么的,闲暇时还带我们去摸过鱼。他们家做了锅包鱼什么的总会留一点儿给我们尝尝鲜。我至今都不会忘记那锅包鱼的味道,也是那之后再也没有吃出那个味道。有一次我病了,躺在炕上一天没吃东西,大娘心疼地照顾我,给我烧水熬粥,她的大闺女帮我打水洗脸,当时心里非常感激。

转眼到了那年五月,张家的大儿子回家探亲了。说是回家探亲,其实也是顺便结婚,听说新娘子是八间三队的。我们那时真是单纯,对于结婚是怎么回

知青在盘锦

事没有概念，也没想他们结婚住哪儿，只是傻乎乎地等着看新娘子长什么样。到了大喜的日子，早起没见他们家有多热闹，我们照样去田里育苗。晚上收工回来，发现炕上多两道隔板，多了两套被褥，新婚小两口盘腿坐在炕上。我好奇地看了两眼新娘子，穿着蓝色上衣，扭歪着两条短辫，粗手大脚的，觉得长得怪丑的。简单打过招呼，张家大哥给了我们几块儿喜糖，也就算认识了。我们六人依次从他们住的炕前走到炕梢，大家都很累，没说几句话就休息了。

第二天，天还没大亮，我要到村头敲钟上工，第一个醒了，爬起来往外走，发现新婚的小两口已经穿戴整齐，坐在炕沿边上，像是等我们从他们休息的那个地方经过。当时我什么也没想，甚至没抬头问候一下，就从他俩身边走了过去。白天农活继续，日子就这么打发着。晚上，农村人也没什么可娱乐的事情，睡得都早，那娘四个天一黑就睡下了，可这对小夫妻依然坐在炕上，偶尔见他俩低声说几句什么，我们也听不清。但等我们这边也忙乎完睡着了，他俩才躺下。就这样，每天早晨我们还没醒，他俩就收拾整齐坐在炕沿上，笑呵呵地看着我们离开，晚上也是穿戴整齐坐在炕上，等我们歇息了才睡去。一天晚上，我打水回来，在新娘子身边经过，不知道为什么我扭头细看了她一眼，发现端坐在灯下的新娘子，依旧穿着那件蓝色的上衣，麻花短辫梳得溜光，肤色健康红润，身材健美适中，眼睛含着羞涩，正深情地望着丈夫。蓦然间，我觉得她是那么淳朴、那么美。见我看她，她歪头笑了一下，有些不好意思，她这盈盈的一笑，却也是更加妩媚了。

或许我说的这些很平凡，似乎在当时一点儿也不足为奇，一个农户人家娶妻有什么特别的呢？可现在想想，感觉他们真是了不起。由于我们的介入，他们的生活已经受到了影响。新婚之夜该是多么私密的事情，可他俩在我们这些十七八岁的孩子面前，不得不掩饰新婚的行为。既没有尴尬的扭捏，也没有委屈的不满，一切平平淡淡，有条有理，这岂不是太难为他们了。我就问过我自己，倘若我们家突然住进六个陌生的年轻人，而且还是和我生活习惯有很大差异的年轻人，我还能那么淡定、那么热情、那么始终如一地保持一种不变的心态吗？莫说我做不到，可能现代人大多数也做不到，别说是无私奉献，就是有偿居住也未必能像他们一样大度。所以我要写写这些社员，写他们的质朴，写他们的善良。我们在回忆下乡的过程时，都会说我们是如何坎坷、如何艰辛、如何不容易，那么这些社员呢？他们才真的不容易，他们祖祖辈辈都生活在这个贫穷落后的地方，没见过大世面，可要承担的却比我们还多，他们的委屈又和谁说呢？小夫妻，新婚燕尔，不得不晚睡早起，忍耐了一切，难道他们就心甘情愿吗？只是没有办法罢了，这就是农民的高尚品格。今天也不知道这对夫妻的状况如何，也不知当他们回忆起新婚之时又会做何感想。真心祝愿这对夫妻安康幸福！

人鼠之战

下乡第一年，进入十月份，秋收大会战开始了。不用多说，凡是和大会战沾上边的农活，那就是"累"你没商量。这不，我们每天清晨踏着寒露出工，夜晚顶着星星回来。一个个浑身上下沾满泥土稻屑，累得东倒西歪，走路都打晃，恨不得就地趴在稻垛上睡上一觉。

草草吃过晚饭，顾不上认真洗漱，赶紧上炕休息。我和其他四名女同学住青年点的小北屋，小北屋那铺炕自打盘炕那天起就没热乎过。已经深秋了，北屋阴冷阴冷，我们一个个缩进了被窝，不一会儿就都睡着了。也不知是半夜几点，突然有一女同学嗷地一声惊叫，我们全吓醒了，开灯一看，一只半尺多长的大老鼠正在我们的炕上乱窜，再一看那女同学正披着被子筛糠呢，脸上有老鼠爪子的印痕，枕头也被咬破了，稻壳从枕头里冒了出来。见状，我们几个也慌了，一动不动地坐在那里，头顶着被子，只露出两只眼睛，看着这只老鼠在我们的炕上，时而跑来跑去，时而瞪着阴森森的小眼睛和我们对视。可怜我们这些下乡前连毛毛虫都害怕的女孩子，真就被这个小东西吓坏了，竟然没有人敢起来打它。可总这么僵持也不是办法，我们困哪，大家壮着胆子爬起来，拿着扫帚想把它赶出去，可这只老鼠成精了，铁了心和我们作对，怎么赶它也不出去，嗖嗖地一会儿蹿到箱子上，一会儿又蹿到窗台上，我们打，它就跑，我

知青在盘锦

们停下,它就靠在墙角和我们示威。僵持了一会儿,我们急眼了,不给它喘息的机会,大家一起,蹦高跺脚,锹把、扫帚齐上,吆喝着,总算是把它轰了出去。我们胆战心惊地又回到了被窝,却是瞪着眼睛不敢睡,害怕不知什么时候老鼠又从外面钻进来,再蹿到炕上咬枕头,顺便再咬我们的耳朵。

一夜惊魂总算过去,第二天一大早,我们还得去割稻子。田间休息时,我们几个又提起昨晚老鼠进屋的事,依然恐慌。我甚至想到老鼠身上有毒,被它咬了会有生命危险。我越想越害怕就说:"今晚老鼠再进屋怎么办呢?想什么办法不让它进屋,或是它一进屋我们就知道它来了也好防范呢?"大家七嘴八舌地没个好主意,研究起老鼠为什么要进屋来了,有人说,我们屋里一没吃的,二不能打地洞,跑进来干什么呢?还有人说,这老鼠也够彪的了,哪怕是上队部也比上青年点好啊,我们自己还吃不饱呢,它能啃到什么呢?还把我们吓够呛。

太阳落下去了,我们收工了,大家也准备上炕休息,自然又说起了这些该死的老鼠。这时姜晓萍正在洗脸,她突然说:"我们把脸盆用棍子支上,里面放点稻穗,老鼠进来吃稻穗,碰到木棍,脸盆倒了不就把老鼠扣进去了吗?"大家一听好主意,赶紧出去找稻穗,找木棍,然后开始支脸盆。支脸盆还真是一门技术活,因掌握不好平衡,脸盆一支就倒了,再支再倒,折腾了半天脸盆总算是斜立在那了。我们小心翼翼,大气不敢出,脚步轻轻地上了炕,随手关了灯。或许是心里有事,我们几个竟然都睡不着了,谁也不说话,竖着耳朵听动静,听着听着也就睡着了。就在这时脸盆咣当一声倒了,我们一个激灵,赶紧起来看看。咳!白忙乎了,原来是脸盆自己倒了。大家你看看我,我看看你,哭笑不得,没了信心,无可奈何地叹着气,也懒得起来再支脸盆了,又继续呼呼睡了。再以后,老鼠成了我们屋里的常客,它一点儿也不怕我们,依然到处乱窜,窜累了就蹲在箱子盖上看热闹。我们虽然讨厌它们,却也没办法,任之由之,晚上躺下就睡,不再夜夜防范、夜夜恐慌了。

如今48年过去了,我真的不愿提起人鼠之战这件往事。

记忆中的一场雨

那是下乡的第一年,插秧会战结束了,我们也累得如同散了架。看着小腿肚子上满是血丝的裂口子,心想总算是把腿从泥泞的水田里拔出来了,该松一口气了吧。谁知农家无闲月,接着便是挠秧、拔草、施肥,天天早出晚归,没完没了地泡在水田里,忍受蚊虫叮咬、腰酸背痛之苦。那时候最盼望的就是老天能下一场雨,让我们美美地睡上一天。

六月下旬的一天,清晨刚放亮,我睁开惺忪的睡眼,望望窗外,太阳还是挺得意。我叹了口气,不情愿地往生产队部走去。常队长看见我,马上说:"你们肖(学)生今天去北边坝拔麦子,你赶紧通知大家吃完饭就走。"北边坝在哪,什么时候种的麦子我们一概不知,总之让干什么就得干什么。吃过早饭,我们一人带一个小饼子,也没有什么菜,跟着打头的就上路了。路好像挺远,马车颠簸着向前奔跑,一路走,一路尘土飞扬,大约走了快一个小时,终

☆知青合影(三排右起黄苗玲、孙英、张连娣、宋立霞;二排右起孙喻奇、付文钦、张玉杰、王玉杰、宋玉芬;前排右起刘志超、庞伟、于长顺、孙进义)

知青在盘锦

于到了麦地。还真是第一次看见这样的麦地，好深的水，水里也说不上是草还是什么，根本就看不见麦子。暂且不说拔起麦芒之辛劳，最可恨的还是那些虫子，我只觉得头皮发麻，飞的、爬的、蹦的、跳的，黑压压地直往脸上、身上扑，吓得我们不断地惊叫。正当我们一边驱虫一边在水里摸麦子的时候，刚才还晴朗朗的天，这会儿却阴得可怕，接着便雷电交加，一场夏日暴雨倾盆而下，霎时把我们给浇蒙了。我好像从来不知雨会下得这么大、这么急、这么突然。正当我们顾头不顾腚、不知所措之时，一位同学高喊："在这片地上我们是制高点，打雷危险，大家赶紧蹲下！"听他这么一喊，原本就害怕的我们更加紧张了，连忙跑到一块没有水的坝侧蹲下来，像一只只可怜的鸟儿缩在地上，任凭大雨打湿羽毛。我满眼是泪，忍着没敢哭出声来，却只听广慧玫哇地一声就号啕起来，哭得那叫一个悲切。男生大概是故作镇定，女生可是受了感染，出声的，不出声的，总之是一片哭泣。泪水和着雨水一起流，流到麦地里，流到心里。那震撼心灵的哭声，像是倾诉，也像是抗争，响彻了空旷的北边坝，响彻了阴霾的长空，响彻了蹉跎的青春岁月。终于哭声惊醒老天爷，太阳怯怯地从云层里探出头来，看着我们落汤鸡似的在那片麦地上经历风雨。而我当时除了难过之外，最惦记的是午饭的小饼子还能不能吃了。

天天盼下雨，下雨就是过节，可这场雨却下得不是时候、不是地方，在这荒无人烟的郊外，下雨把我们好好睡一觉的愿望浇得灰飞烟灭。衣服湿漉漉地贴在身上，水珠在发梢一个劲儿地滴答，也没什么可以擦一下脸，男生脱下衣服拧了一把，女生却是不能，想方便一下，裤子竟然褪不下来。大家沮丧而又有些庆幸，有些哭笑不得，找出午饭小饼子，三口两口地咽下。活是不能继续干了，打头的说："大家回去吧。"我们就无精打采地跟在马车后面，懒懒地往回走去。

傍晚满地是泡着湿衣服的脸盆，我们躺在青年点的炕上，谁都懒得洗，心情糟糕透了。于武想讲个笑话给我们解解闷，可广慧玫又唱起了《抬头望见北斗星》，唱着唱着又哇哇大哭了起来。而这时我在想，要是明天不等天亮就开始下雨，一直下个两三天该有多好。

2017 年 4 月

黄苗玲 1951年出生，1965年考入大连第四中学。1969年3月下乡到盘锦太平公社（曙光农场）八间大队第七小队，被选为知青指导员（点长）。1970年10月招工分配到盘山县农具厂学徒。1973年借调盘锦地区工业局至1975年盘锦营口地市合并后回工厂。1976年以工人名义进驻长征  小学。1980年调盘山县工业局办公室。1985年建市初抽调到盘锦市轻工业局财务科工作，2002年机构整合并入市经济信息委员会工作，至2007年退休。

在历年的工作中尽职尽责，积极配合全市的经济工作部署，较好地完成了市里交办的各项工作任务。参与有关全省改革开放二十年的图书编辑工作，撰写了《盘锦市建市二十年经济发展成果及今后发展的策略与前景》等文章。

国营农场青年营知青的情感分析

◎ 盛　跃

40多年前,中国的大地上发生了一场波澜壮阔的知识青年上山下乡运动。全国约有1600万知识青年奔赴农村,奔赴边疆,奔赴大山深处,奔赴戈壁荒原……当时的知青主要分为兵团知青、国营农场知青和插队知青三种。此文主要针对国营农场知青的情感进行分析。

上山下乡40年后,我们先后组织了胡家农场红旗青年营四连知青开展了两次规模较大的忆旧活动,活动举办的效果和规模大大超出了事先的预计。许多当年的知青从祖国各地赶来,从工作岗位上赶来,从父母的病榻前赶来……虽说不上惊天地、泣鬼神,但也是感人至切,令人泪水满盈。通过参加活动的策划、编排及举办的全过程,我产生了对这些知青情感探索的冲动,下面做分析如下:

一、情感是建立在特殊环境下

我们这批知青下乡这一段时间仅仅是3年左右,与人生走过的岁月相比是很短暂的。但这种情感为什么能超过同学之情,超过同事之情,甚至超过部队战友之情呢?本人认为一个重要的原因就是这种情感是建立在特殊的环境下。那么我们是在什么样的环境下建立的这种情感呢?我们是在人生最迷茫的环境下，在人生当中最艰苦的环境下，在几乎没有劳动剩余成果和没有彼此利益冲突的环境下建立起来的情感。那时候，一年干活下来分不到几个钱，家里带来吃的不能收到箱子里，要让大家一起分享，还美其名曰"出血"，甚至10斤的鸡蛋酱也能一扫而光。当时的做法似乎可以看到"共产主义"的影子，只不过未达到物质的极大丰富。所以在这种环境下建立起来的情感很珍贵，它是透明的、永恒的。

☆金珂铭（左）与盛跃（右）合影

二、情感与良好的家庭教育有关

我们青年营的知青多数都是部队军人的子女或和部队相关职工的子女，从小就受到良好的教育。这批人不懂得干活偷懒，不懂得谈情说爱，不懂得尔虞我诈，当然更不会虚情假意。他们当中有的人甚至领导安排到劳动条件相对好点的炊事班工作都不去，坚持要在第一线锻炼自己。短短的几年中，由于缺乏自我保护意识，一些人得了腰脱或腰肌劳损，还有一些人由于疾病没有完成接受贫下中农再教育这一课。所以这样的一批人，在这样的一个团体中建立起来的情感必定是牢不可破的。另外，他们基本上来自同一个系统中的若干单位，他们的父母、兄弟姐妹之间也有着千丝万缕的联系，这也造就了他们情感紧密相连的纽带，对增进他们之间的情感起到了催化剂的作用。

三、情感与"青年营"的管理方式有关

国营农场的知青的管理方式很多是以"青年营"的形式，营下面设连、排、班，基本上采取半军事化管理。早上要出早操；吃饭、开会、上工、就寝等都有规定的时间。男、女生不能串宿舍，不能搞对象；回家必须请假，等

等。这样的管理方式，一方面加强了知青的组织纪律性，另一方面与插队知青有本质的区别——就是减少了当地一些不良习气的影响，对知青建立起纯洁的情感有很大的益处。

四、情感与适时地唤醒有关

再深的情感也必须适时地唤醒，我们搞的"四十年庆典"及"2016年知青春晚"就是一个很好的情感唤醒方式。情感随着岁月的流逝也会淡化，你不激活它，它就会埋藏在心里，零散地存放在记忆中。所以，在这批知青即将步入退休行列，即将享受退休生活之时，我们要打一针强心剂，我们要不断地唤醒大家的情感。

40年过去了，我们有幸成为1600万知青中的成员。遗憾也好，感慨也罢，毕竟我们有过这样一段终生受益的经历。我们没有挣到更多工分和劳动报酬，但是我们有了最可贵的财富——知青情感。

2016年4月

盛 跃 1975年8月于沈阳市第三十二中学毕业，随解放军总参外训大队干部子女下乡到盘锦胡家农场红旗青年营四连，任一排一班班长，次年8月任新知青排排长。曾作为红旗青年营及胡家农场知青扎根农村先进典型参加盘山县知青大会。1977年恢复高考，参加考试回城。毕业后先后在沈阳自行车公司、食品酿造公司任中层干部。1994年下海经商，做过饭店总经理、食品厂厂长、外语培训学校校长、环评公司总经理等职。2016年参加沈阳滑翔吉特巴俱乐部，同年获辽沈地区第二届吉特巴舞蹈大赛双人舞一等奖；2017年6月获沈阳市体育舞蹈大赛一等奖；2017年以集体舞参加《出彩中国人》辽沈地区海选，获辽沈地区总决赛优秀奖。

新知青排的故事

◎ 盛 跃

已近花甲之年的我，竟然拿起笔来，撰写着仅占我人生道路中不到二十分之一的那段经历。是鬼使神差吗？是一时冲动吗？还是……

我扪心自问——答案是：难以忘怀。

此文仅将我带领新知青排短短几个月所发生的事情回忆一下，以解眷恋之情。

1976年8月，新的一批知青就要来到我们四连了。一天，我被叫到连部，几位连领导都在，还有女知青周颖。由铁军连长直接宣布我任新知青排排长，周颖任副排长，好像没有征求我们意见的意思，就让我们回去准备了。

回到宿舍后，心里忽然有一些小忐忑。尽管在学生时代担任过班干部，但在上山下乡这种特殊环境下，担任几十人的领导还是需要好好想一想如何带好他们，还有就是我的年龄竟然和他们相仿甚至还小，而唯一的优势就是比他们早来到农村一年。

☆盛跃近照

知青在盘锦

一、拉歌

　　和新知青一见面，给我的印象很好，他们很有朝气，很像一年前的我们，个个精神饱满。来到青年营的第一次活动就是召开欢迎大会，各连的新知青来到我们四连的食堂开会。我们占着地利的条件，先到了会场，趁着其他连的新知青未到之际，我确定了袁姗姗为文艺委员，让她领着大家唱了几首常唱的歌曲。另外，还布置了和其他连拉歌的战术、技巧和我的手势暗号。

　　一会儿，各连的新知青都陆续进了会场。我一看于丽娜（团支部书记）带领的二连新知青人数较多，心里暗想：他们就是我们小试牛刀的对象了！

　　我们四连新知青排先唱了一首歌，然后就向二连的新生发起了进攻。知青们按照我们事先约定的手势暗号，不但声音洪亮，掌声也很有节奏感，而且随着我的手势掌声忽高忽低，突然又戛然停止。四连新知青在会场上一炮打响，其他几个连的新知青竟然不敢唱了，二连勉强唱了两首也被我们整齐而洪亮的歌声给压制下去了。后来，于丽娜偷偷到我跟前小声说："我们服了，别再让我们出洋相了。"我看开会时间也快到了，就给个顺水人情。不管怎么说，我们打赢了第一仗，对我而言也有收获，在新知青中树立了威信。

二、出早操

　　出早操是四连的必修课，给新生们打下良好的基础，对今后加强组织纪律是很有帮助的。

　　我和周颖给新生们开会，专门说明了早操的时间和相关要求。开始几天，大家还不太习惯，集合还是比老青年慢一点。后来，每天集合就越来越快，甚至连长刚吹哨，人就跑出来了。

　　经调查，原来他们提前就穿好了衣服，等待哨声。

　　白天还要干活，睡眠是很重要的。于是，我就要求新知青不要提前起来，听到哨声起床才是真正的本事。

后来,新知青出早操的速度赶上了老青年,毕竟是刚来的,没有惰性。在这里我很佩服女知青们,按常理女生应该比男生啰唆一些,男生有时袜子可以不穿就出去了,等出操回来再穿;女生宿舍离集合地点相对还稍远一些,但出操的速度一点也不慢。

三、干农活

经过一年的锻炼,我干农活应该可以给新青年当老师了。由于我们中学时代基本上是学工、学农、学军,修战备工程,所以我是手上带着老茧来到青年营的,手上打泡和我无关。而且我天生是双撇子,左右手都可以干农活,铲地时在一排还是"打头"的呢!于是,我就在劳动中把我使用筒锹、抡大锤、推独轮车等的劳动技巧传授给新青年,使他们很快地掌握了干农活的要领。

新知青后来就分到老知青排了。这段时间虽然短暂,但留下的记忆很深刻,我喜欢他们的朝气和活力。虽然是他们的排长,但在他们身上也学到很多东西。四十年后,他们中间的很多人在各行各业都取得了令人瞩目的成绩,有全国著名的画家、公务员、各行业的精英……我为他们骄傲,我以他们为荣!

2016 年 4 月

我是一棵碱蓬草

◎ 章　隆

我是一棵碱蓬草。被大潮（知识青年上山下乡的大潮）冲到辽河入海口，冲到了"南大荒"。我在这里生存、奋争、成长。

我是无人知道的小草。但是我和我的同伴一起，把青春、汗水留在这里；把快乐、伤痛留在这里；把我们生命的一部分融进了这里，融进了这片浩瀚的红海滩。

☆同学合影（一排左起丛选严、王金福、于富和、郝远善、姚陆军、刘永利、宋成福、刘敏、董怀胜；二排左起黄苗玲、章隆、王莹、门启举、吕连喜、冯贵仁、姜小萍、任莲香；三排左起赵富英、王云卿、于武、马光华、陈岩、姜红、广慧玫，摄于1971年11月8日）

我们下乡到八间七队34人,都是我同班同学。上面那张照片是1971年11月,3名同学抽调去油田工作临走时的合影。没在照片中的10名同学是王恒喜、郑玉淳、林道竹、张一强、阎崇朝、姜新华、李枫、刘万利、陈雪莉、邵红岩。

就说说青年点的那些事儿吧。作为碱蓬草的自述,给红海滩添个脚印儿。

我跟虫子的不解之缘

咱都记得种水稻全过程,可还记得咱也种过、收过麦子吗?下乡的第一年,我们队在离家20多里地的坝外种了麦子。坝外其实就是水库溢洪区。那年,水来得早,麦子成熟的时候,已经完全淹没在水下了,那也得抢收回来,给牲口当饲料。

☆章 隆

一大早,我们坐着马车,在杳无人烟的大坝上颠了很久,终于,车停下了。到了。到了?一侧是荒甸子,一侧是水库,麦田在哪里?队长往水里一指,走,下去拔麦子!啊!我嘴巴张得大大的,半天没合拢,到比星海公园大多了的"海里"去拔麦子?!那就跟着大家一起走吧。坝根儿底下,水已经超过人深,几个小伙儿拿着绳子游过去,然后我们一个一个拉着绳子过了坝脚,来到麦地。麦地里的水已齐腰深,水倒是挺清的,能看到一行行麦子都在水下站着呢。我们二话不说,在水里摸着麦子拔呀拔……不知干了多久,哎呀妈呀!我大叫。我全身上下都是虫子!头发上、肩膀上、后背上、脸上、胳膊上……全是虫子,最多的是螳螂、蚂蚱,还有各种各样叫得出名和叫不出名的、会飞的和不会飞的、会跳的和不会跳的,最关键是有会咬人的和不会咬人的……大家惊慌失措地互相看看,原来每个人的身上都挤满了虫子。噢,再仔细瞅瞅,每一根高出水面的草尖儿上,也都落满了虫子。是啊,水来了,虫子本能的求生欲望就使它们迅速地登上各个无名高地。我就是被这百八十个虫子占领的"1.65"高地。当然，无论怎样挥舞驱赶，都是无济于事的。好吧，既然如此，我就做一件普度众虫的善事，给它们当个临时避难所！救人一命，胜造七级浮屠！救虫一命呢，应该也有好报吧……希望虫子也会跟我比较友好一点！

虫子可真是跟我友好过分呀！从此，那蚊子、小咬、跳蚤、虱子什么的，跟我极其亲密，无论何时何地，大老远地都会奔我而来，不由分说，立刻行肌肤之亲，把它们那尖尖细细长长的嘴，插入我的皮肉之中，马上，鼓起一个绯红的大包。许多个蚊子、许多个小咬的"群吻"，就使我的脸呀、嘴呀、眼睛耳朵呀，还有胳膊腿上呀，都从一个个单体小丘变成连绵起伏的丘陵，最后"横看成岭侧成峰，远近高低各不同"了。

皮肤上有大包小包、山脉丘陵也没关系，那时候不知道臭美。可是痒啊！痒！痒得很！奇痒难忍！我抱着胳膊抱着腿，挠！挠！挠啊挠！挠得体无完肤，浑身血葫芦似的，还是不解痒！我常常在心里大声喊：可恶该死的蚊子小咬！别咬我！别咬我了行吗！你要想喝血，我割个口儿，接一碗血给你喝，行吗？！别咬我啦！我真想弄挺机关枪，突突突突突，突突死你们……

亲爱的蚊子、小咬、跳蚤们，生物学分类，你们和我曾经救过的螳螂、蚂蚱们，是同一纲吧？那为什么还要咬我？难道是因为螳螂是你的天敌，你竟如此肆无忌惮地报复我？你们这群坏家伙……

我是"拉不丢儿"

要说那时干活儿的具体哪件事情，无论是痛呀痒呀累呀饿呀……好像都已经是淡淡的了，可是干什么活儿都落在最"拉不丢儿"的那个难受劲儿，却让我一辈子都难忘，一辈子咬着我的心。

我不会干活儿，就是一个笨。不管干什么活儿，走到地头，大家一字排开，每人拿几根垄，开干。不一会儿，距离就拉开了，有几个人不远不近地跟着打头的；还有大部分人是第二梯队；在后面"打狼"的，一定是我。

太阳蒸烤着，蚊虫叮咬着，或者是凉水浸泡着，肚子咕咕叫着，好像都是次要的，就是干不上去，无论心里怎么要强，手也上不去。那种感觉，是我记忆中最最难受的滋味。心始终被什么咬噬着，不由自主地，任眼泪自己往下流。对周围的一切都淡漠了，只剩恨自己，恨自己这两只超笨的手，不知道哪一滴是泪水，哪一滴是汗水……只记得每天和着眼泪干活儿。

到地头了，打头的和前面大部分人都在地头休息，地里只剩下我们三三两两个老慢手，我更委屈了，眼泪更多了。再过一会儿，会有同学、也有老乡来接我的垄。好像所有同学都接过我。这时候，我会努力把脸擦干净！擦汗嘛，很正常！不能被人看见我在哭，当抬起头大家看到我，还是那张笨笨的、带着微微笑容的、圆圆的脸。

今天，我要说一声，谢谢所有接我的同学和老乡，也谢谢那段难忘的日子，是它提高了我的生活能力。

雨休日里的故事：人鼠对峙

有同学讲过泡汤了的雨休。我来还原一个真实雨休日。

还没睁开眼睛，就听见窗外哗啦哗啦的雨声，太好了！嘴角带着微微笑意，翻个身儿，放心地继续睡觉了……

外面传来敲盆的声音和伙房同学的高声喊叫："打饭了，打饭了，吃完再睡不行啊……"

终于，有一个人爬出被窝，抱着一摞子饭盒，一跐一滑地顶着雨把饭打回来了。永远不变的食谱和不变的装饭方式：饭盒里飘着五六个葱花的空汤和饭盒盖上一小坨大米饭。没洗脸、没刷牙，趴在被窝里，三下五除二，饭盒空了。空饭盒往箱子盖儿上一扔，人往被窝里一缩，继续睡觉。

不知道睡了多久，我醒了，大家还都睡着呢。我睁开眼。啊！我睁大眼！箱子盖儿上，一只、两只……那边还有一只，三只硕大的老鼠，像是刚打了胜仗的大将军，神气活现地占领了箱子盖儿。

哼！你神气什么？我心里想。别看我们没刷饭盒，你也得不到一丝一毫的战利品，我们的饭盒，吃得干净着呢！

我好好打量打量眼前这老鼠！啊！怎么这么大呀！个头跟小兔子似的，小小尖尖的脑袋，圆圆胖胖的屁股，细细长长的尾巴，尾巴从屁股后面弯到前边，有一小截儿还荡到箱子盖儿下面，两只黑亮黑亮的小眼睛，嘴边小胡子微微地一翘一翘，我盯着它，它也盯着我，竟然丝毫不怕我！

我要赶走它！

大家都睡着呢，别把人家吵醒，不能出动静。我从被窝里探出半个身子，用举着拳头的手使劲挥舞，我把拳头放在眼睛旁边，使劲地握着、使劲地挤眼睛，瞪着它……毫无作用，老鼠一点儿也不怕，还像跟我较劲儿似的，同样瞪着黑溜溜的小眼睛，恶狠狠地望着我，一点儿也不示弱。任凭我皱鼻子眨眼睛，做鬼脸大吹气儿，它一点儿不在乎，眼睛都不眨……对峙了一会，我怎么从它的小眼睛里读到一丝恶毒的凶气，我有点儿害怕，我的眼神退缩了，我重新钻回被窝。不稀得理你了。

可过一会儿，还想看看。我又伸出头，老鼠还在，只是不瞪着我了。唉！算我输，靠不过你，老鼠还坚守着阵地呢。过了一会儿，我迷迷糊糊地又睡着了。有一个东西快速地从我们六个人的被子上面跑过，我知道，是那只可恶的老鼠。

不理它了。阿Q一把！

虽然，我吓不走老鼠，可是，我们吓走了太阳呀！太阳躲到湿漉漉的黑云里了，我们可以缩在暖乎乎的被窝里了。睡半天……美美地……耶！

地震的时候

还记得1975年2月4日，营口、海城的大地震吗？

那时候，确切地说我已经离开了青年点。1974年9月，我已去沈阳医学院（现中国医科大学）读书。

上学之前，我是生产队会计。年底，生产队捎信来说希望我在寒假的时候能够回队里一趟，跟新会计一起尽早把年终决算做好。我当然是一口答应了。

1975年2月2日，我回到生产队，一屁股坐下，跟新会计一起算账，没日没夜。2月4日晚上，我们还在大队部的炕上算账，突然，感觉到剧烈地天摇地动，站不稳，走不了，新会计拉着我说："快跑！地震了！"我跟着他跌跌撞撞地跑到门外，大地剧烈地抖动，让我一步也走不了，站不住了，只能蹲在地上……这时候，强烈的震感仍然在持续着，断电了，四处一片漆黑，死一样寂静，天地在狂怒，人太渺小，完全不能按照自己的意志支配自己的胳膊腿儿，脑子里除了恐怖再就只剩空白，可怕极了！东南方的天边看到紫蓝色，很亮，后来才知道这是"地光"，紧接着就有一个一个火球飞上高空（那是天然气溢出，也是后来才知道的）……

大地终于恢复了平静，我们度过了这漫长、可怕、死寂的一分钟！回到队部屋里，炉子的烟囱震倒了，散落一地，墙上的挂钟歪在那里，停了，时间定格在1975年2月4日晚7点38分。账也算得差不多了，我们收拾东西，结束。

青年点同学都已经回家了，我住老乡家。一路上，看到地裂开一道道大口子，两边高低相差能有10—20厘米，出现了很多"泉眼"，往外冒水，水有点温热，挺急，冒出地面半尺多高……谁也不敢回屋睡觉了，我跟老乡一家人，钻进柴火垛里，熬过地震后寒冷的一夜……

第二天早上，生产队套车送我到曙光火车站。可是地震以后，火车已经不能正常运行了，早已过了火车该来的时间，两根光溜溜的铁轨，由远到近，又由近到远……什么也没有。

终于，在太阳快要落山的时候，铁轨上有了动静，有一个火车头不紧不慢地冒着黑烟开了过来，并且很幸运的是，它停了，跳下来一个人去了站里，我们几个等车的人就不顾一切地爬上了那个火车头的顶上，抱着除了冒烟儿的以外车顶盖儿上的所有突起物（叫烟囱？排气管？……不知道），小心翼翼地趴着。火车动了，风呼呼的，手冻僵了，更加不敢马虎，死死地抱着火车顶盖儿上的突起物……终于，在太阳已经落山、但紫红色的云彩还留在西边天际的时候,到了沟帮子。后来又辗转天津、上海,年后才坐船回到家(幸好算完账,生产队已经把我的工分算成钱,提前给我拿上了)。

紧接着,回校后我们参加了全省大专院校学生抢修震后辽浑太河堤,到海城灾区与赤脚医生换岗,尤其是1976年参加唐山抗震救灾医疗队,那是挑战生死、挑战生理极限的28天,我都很好地完成了任务。

是盘锦知青的日子,让我能直面以后人生旅途中的各种困难。

我当小队会计

从1971年9月接任我们生产队会计,到1974年8月离开,我当了3年的小队会计,做了4个年终决算。以至于以后很多年,大家在一起,一有个收钱算账的事儿,就扔给我了(小队会计嘛)。我自己的钱永远也数不清楚,不过管账还挺明白的。也是幸好我不管钱,只管账。

别小瞧农村的小队会计,虽然账上钱不多,可也是麻雀虽小,肝胆俱全!收支提留、上缴分配、核算亩成本、统计工分,落实到每家每户、每个人头,是一样也不能少,丝毫也马虎不得的。

还好,小队会计也不算太难。我这样的初一素质,足足可以胜任。只要仔细认真,月月平账,到年终决算,做平那几张表格还真不是什么难事儿。挺骄傲的,我当会计那几年,从来都是全农场最早分钱的几个小队之一,当时已经有社员和别的队会计管我叫"铁算盘"了。

倒是当生产队会计这几年,让我更多地了解到队里、了解到社员家的难处。

民以食为天。填饱肚子是那时最大的奢望。知青每年660斤毛粮,我们都尝过挨饿的滋味儿,社员才420斤啊!吃返销粮、吃探头粮已经是当时社员家的常态。过了正月十五,就开始有人家到队里借粮了,孩子多的家,尤其壮劳力多的,家里粮就更不够吃。所以,生产队派出工,管饭,这是一个吃饱饭的机会,好像没听说有谁不愿意去的。出工临走前到队里来称米,当时规定是生产队只管一顿午饭,每人照二斤米下锅;如果住在外面管三顿饭,每人每顿饭照一斤半米（这事儿搁现在的年轻人无论如何也想象不出怎么能吃掉那么多的饭）。就这样，有一件事情，那个场景，那个画面，让我现在想起来，还觉得心像被什么咬了一样地疼。

有一天，车老板和出工的大师傅一起到我这儿称米。大师傅说："咱这帮人也忒能吃，一点儿饭也不给房东剩下，临走还叼两块饭嘎嘎，房东那几个孩子就围锅台边儿瞅着，咱连饭嘎嘎都没给人家剩下。""是啊！咱用人家锅用人家灶，烧人家的柴火，孩子小眼巴巴的，就等那几块饭嘎嘎……"可是，我能做什么呢？我能说什么呢？连我自己都安慰不了。我只好喃喃地说："头几天吃得多，再过几天就好了……"

上秋的时候，谁不知道刚割下来的稻子湿，不出米呀！有什么办法呢，家里没粮，只能先借着吃。到正式分粮的时候，我拿个大单儿，一念一大串儿，家家扣除借的，分到家又不够一年吃的……唉！

我们依然是每年足数交公粮的，一粒都不少！

细想想，社员和咱们都挺伟大！真的是勒紧裤带为共和国做贡献的最平凡的人。

2017 年 3 月

章　隆　1952 年出生。大连四中老三届初一（五）班学生。1969 年 3 月跟全校同学一起到盘锦垦区太平公社（曙光农场）插队。被安排在八间大队第七小队。1971 年秋起接任生产队会计。1974 年 8 月作为工农兵学员被送入沈阳医学院（中国医科大学）学习护理专业。在校期间两次参加抗震救灾医疗队（1975 年营口、海城地震，1976 年唐山地震）。1976 年毕业分配到营口市妇幼保健站、营口市卫生局妇幼科工作。1978 年至 2007 年，供职于大连理工大学医院。注册护士、主管护师。中华护理学会会员。多篇论文于中华护理杂志、中国高校卫生保健会发表及大会交流。2007 年退休。

一次难忘的记忆

◎董永华

每当我想起下乡那些事，心里总有诸多感慨，这其中有艰辛、有伤感、有欢乐、有感动，也有令人后怕的惊险。

☆董永华

下乡第二年，一些基本的农活我们都会干了。从早春开始，我们八间六队的知青就和社员一起完成了修坝、平地、育苗、插秧、挠秧、拔草、施肥、喷药等一系列水稻种植流程。到了八月份，水稻进入了分蘖期，当我们看着稻苗一天天长高，一天天壮实，大地披上了绿装，心里格外高兴，期待着秋天能有一个好收成。水稻封垄后，田里的活暂告一段落。农闲了，本以为可以歇息一下，可农闲人不闲，割草备畜粮的任务又开始了。这一天，生产组长李长录安排我们知青割草。一大早我们就带着镰刀、绳子出发了，我们来到了田头、堤坝、荒滩，各自忙碌，寻找适合喂牲畜的稗草。其实稗草真的不是很多，我们每个人边走边四处寻找，只要看见哪里有稗草就赶忙走过去，割下来捆上，又往另一处寻找，忙乎了大半天，逐渐地每个人都割了一大捆，背在后背，绳子把肩头勒出一道红印。正值三伏酷暑，快到中午了，一丝风也没有，太阳像是和我们叫劲儿，火辣辣的毒，空气弥漫着潮热，不干活都喘不过气来，何况我们还背着青草在没有一点儿遮挡的野外挥镰割草。汗水顺着我们的脸颊往下淌,浑身都湿透了,衣衫紧贴在身上,后背上的草芒把我们的脖子和脸划出一条条小印痕,被汗水一蜇又痛又痒。我们一个个口干舌燥,连累带饿,恨不得找一个清凉的地方一屁股坐下来,不想干了。但怎么可以呢?我们还得低头弯腰,跟跟跄跄地走着、找着、割着。

不知不觉我们来到了距生产队四里多远的兴隆河边。兴隆河是一条较宽的河,也是用于灌溉水田的储水池,能浇灌近千亩稻田。看见那不算清澈的河水,我们顿感一丝凉意。那时,在落后贫穷的乡下,洗澡对于我们来说,是一件奢侈的事情,每天辛苦劳累,根本没有闲暇去盘山澡堂洗澡,平时只能在屋子里,用冷水简单擦拭一下。此时,我们看看河水,又看看满身的汗水和泥巴,真想跳进河里洗个痛快啊!也不知哪位同学喊了一嗓子:"咱们下河洗澡啊?"这一喊正合大家的心意,就不约而同地响应:"太好了,我们洗澡了!"除了付文焕等几位怕水的同学没下河,我们几个胆大的女生,忘记了疲劳,忘记了是否安全,找了一个僻静的地方,先是小心翼翼地东张西望,然后羞羞答答地脱掉了外衣,穿着背心和内裤,互相搀扶着从较浅的地方下水了。嗨!还别说,顿时就凉快了。大家一边洗一边嬉戏,互相打逗,有的同学还在河里游起泳来,好爽啊! 正当大家兴趣高涨之时,我突然听到有人惊恐地大叫:"不好了,王宝华掉河中间了,够不着底了!"原来这条河两边较浅,中间是两米多深的沟,呈斗型,且河底泥土松软。王宝华身材较胖又不会游泳,就在河边洗着。谁知她没加小心,脚底一滑,沉没在水里不见影了。由于害怕加之慌乱,手脚不听使唤,在水里胡乱划拉着,忽而沉下,忽而浮起。见状,我没时间考虑自己水性如何,没时间考虑水底状况如何,急忙向她落水的地方游去。由于没有救人经验,我游到宝华身边,一把抓住她就想往岸边带。我抓住了她,她也抓住了我,就像抓住了救命稻草死死不肯松手。就这样宝华把我也

☆知青合影(上排左一董永华,摄于1971年)

知青在盘锦

拖进了河中央，并将我压到水里。她趁机把头露出水面吸了一口气，而我却在水下连喝了几口水。当我憋气浮出水面后急中生智，用力把她的手扯开，游到了她的身后，从后背往前推她。这时其他女同学也奋不顾身赶来帮忙，我在深水里推，同学们在浅水里往岸上连拖带拽，最终齐心协力将王宝华抱上了岸。我连累带吓，已是筋疲力尽，瘫坐在水里，呼呼地喘着粗气。这时同学们都围着宝华，大声呼喊她的名字，高丽英、金文燕、李静婉、刘德萍、宋丽霞、姜秀菊等同学不停地拍打她，翻身控水，让她吐出呛进体内的水。过了一会儿，王宝华逐渐有了意识，苏醒了过来。大家慌乱的神态也稍有缓和。很快同学和社员们赶来帮忙，并向兴隆大队的社员借来了门板，做了一副担架，绕路将王宝华抬回了青年点。大队的赤脚医生给她做了检查和处置，简单地嘱咐了几点注意事项就走了。

夜晚，月亮不知躲到哪里去了，天气依然闷热，让人喘不过气来。成群的蚊子、小咬在昏黄的灯下乱舞，可屋子里却静悄悄的，没有了往日的谈笑声。大家的心情非常沉重。我们还是十八九岁的女孩子，离开家乡在这艰苦的地方磨炼。只是艰苦也就罢了，原来我们要面对的还有比艰苦更难以接受的事物，那就是恐惧和我们不能掌控的命运。望着躺在炕上的王宝华，当时的场景，现时的后怕，让我们的心揪到了嗓子眼儿，先是有人呜呜地哭出声来，接着大家哭成一团。这凄凉而又悲壮的哭泣，在夜空回荡，像一把锋利的刀，在我们的心头刻上了一辈子也抹不掉的阴影。那惊心动魄的经历，让我们一夜无眠。我们轮流照看着宝华，生怕有什么闪失，患难之情在那一夜得到了诠释。

多少年过去了，我每次想起这些，除了心有余悸，还有满满的感动。难忘的知青岁月，我们经历了太多的酸甜苦辣，承担了太多的艰辛和磨难。可我们在同甘共苦的患难中结下了友谊，这才是值得我们用一生来珍藏的财富啊！

董永华 1951年10月出生。大连四中一年一班学生，1969年3月16日下乡到盘山县太平公社八间大队第六小队，下乡期间和社员一起参加农田基本建设和农业生产劳动，曾担任青年点的点长、团总支部书记、八间大队"革委会"妇女主任等职务。

1971年11月经层层推荐被抽调到辽河石油勘探局工作，当了一名石油人。

在油田工作期间，曾在油田钻井一公司东线政工组任干事。由于工作出色，1974年调入辽河石油勘探局团委工作，同年入党。1976年以后历任辽河油田中心医院团委副书记、党委办公室主任，是辽河油田第一、二届团委委员，辽河油田中心医院一、二、三届党委委员。

在油田工作期间被局组织部列为后备干部，1980—1982年被选送到辽河石油学校脱产学习中专文化知识，1983—1985年经考试和组织推荐又到辽河油田党校脱产学习两年，大专毕业。1993年担任油田中心医院工会主席兼纪委书记职务（副处级）。2000年荣获辽宁省三八红旗手称号。2006年于油田中心医院退休。

红旗青年营"老五连"大事记

◎董文志　董华光

1975年8月8日

沈阳军区陆军总医院在俱乐部召开全院干部职工大会，欢送本院职工子女当年应届毕业生上山下乡，首批去盘锦的应届毕业生有30名。大会由医院政治部赵主任主持；学生李立来在大会上表决心；李立来的母亲、学生董文志分别代表毕业生家长和应届毕业即将去盘锦下乡的知识青年发言；医院赵副政委讲话。大会向知青们赠送了马列书籍。

其他后勤机关欢送形式均同。

8月20日

早4:30，各单位知青集合，单位领导及工作人员欢送，给即将踏上下乡征程的知青们戴上了大红花。然后分别向沈阳站集中，在火车站受到了后勤部领导的再次热情欢送。相送的人群很多，不仅有亲友，听到信的学校同学也赶来了。

6:10，火车一声长鸣，奔向盘锦大地。在火车上，后勤部带队干部曹助理宣布了五连建制，并宣布排长名单：董文志为一排长，李素敏为二排长，杨福杰为三排长。

11:20，到达盘锦"工农兵"火车站。

13:30，乘坐十五团嘎斯汽车到达目的地——盘山区胡家农场红旗青年营（一营）。当晚放映电影《闪闪的红星》。

8月21日

上午休息。

下午,红旗青年营举行"欢迎新知青大会"。党团组织、贫下中农、带队干部、新老知青代表纷纷上台发言。五连代表上台发言的是已经任命为二排长的李素敏同学。大会以后,五连班以上学生干部在连部开会,部署新知青开始适应农村生活的必要工作。

8月22日

青年营刘书记向新知青们介绍胡家农场红旗青年营历史沿革和目前情况。1969年辽宁省"五七干校"建立前,这里还是沿海荒地;1972年4月移交地方成立了红旗青年营,当时有来自大连的60多名知青;到1974年沈阳军区接收并建立起自己的青年点,目前已经有知青454名。土地6000亩,大牲口56口,猪200头,兔60只,鸡100只,胶车6台,拖拉机3辆。

8月24日

上午营部为五连安排了一场忆苦思甜大会,请来农场拉拉大队老贫农孟大爷作忆苦思甜报告。晚上营部安排电影《小号手》《向阳院的故事》。

8月28日

全营出现痢疾病例,很快开始蔓延,一些同学病倒了甚至有发烧到40度的。连里设了隔离室,病号集中看护,单独开伙,最大限度限制病源扩大。

8月30日

当晚连队组织办了一场晚会,朱娅娟、姬续红、昌秋香、刘伟等同学上台献上了革命歌曲和现代京剧;姬续红演奏小提琴曲,李立来表演二胡独奏。气氛热烈,余兴未尽。

8月31日

下午,营部组织四连、五连共同召开教育批判大会。主题是批判"孔孟之道"、林彪反党集团恶毒攻击上山下乡言论;批判"父母在不远游"封建思想,坚定扎根农村干革命的决心。会上共有6名知青发言;营党支部委员、带队干部杨科长作了总结,并做了工作安排。

知青在盘锦

9月2日

晚,五连全体大会。会议通知人是团支部书记于立娜。会上宣布任命五连学生干部:学生连长董文志、李素敏;一排正副排长孙强、朱娅娟,二排正副排长刘琳琳、李立来,三排正副排长杨福杰、霍东;另有24名同学分别任一至十二班正副班长。

9月7日

五连男生搬进了刚刚落成的新宿舍,一排朝阳的六间红砖大瓦房。女生还是暂住一连宿舍。

9月13日

红旗青年营举办第三届运动会。这天红旗招展,彩旗飘飘。经过一天各项比赛,五连获得团体总分第一,男子组总分第一,女子组总分第二;五连一排还做了队列表演,很成功。刚刚成立不到一个月的五连,值得获赞!

9月14日

五连建立团支部。在营党支部、营团总支及连党小组的关怀帮助下,五连团支部正式成立。团支部书记于立娜、杨福杰;组织委员李素敏、董华光,宣传委员李立来,文体委员刘琳琳、孙强。成立大会上团总支书记讲话,一连、三连团支书记发言,五连新任团支书记杨福杰和团员代表孙强、青年代表朱雅娟发言。最后营党支部副书记李敬杰作了热情洋溢的讲话。

9月18日

三秋大会战开始,秋收成为这一时期主要任务。

9月20日

中秋节,休息一天。全连包饺子。下乡正好一个月了。

9月26日

军区后勤组织部分学生家长来看望大家,当晚安排家长们住在连队宿舍。我们男同学则住在中心广场上搭建的大帐篷里。

9月27—29日

盘山县运动会。五连董文志、李春和、郝志军及三连的两名女生,他们代表胡家农场参加县运动会。胡家农场在这次运动会上获得团体总分第六名的成绩。

9月28日

陆军总医院也组织家长来探望学生了。

10月14日

当天发生了意想不到的严重斗殴事件。五连张同学为孙同学打抱不平，与四连同学打架砍伤了人。四连集体打砸了五连男生宿舍，造成重大损失。

10月15日

五连男生约30余人，以农场对打架事件处理不公为由，集体逃离红旗青年营，自行回沈向军区后勤部反映意见。

10月18日

上述事件引起了各级党委政府的重视，盘山县及农场组成了工作组，军区政治部主任也来到青年营。开展一场为期数天的"讲路线、讲党性、讲大局、讲团结、讲纪律"的教育活动。

10月23日

盘山县委主管知青工作的黎副书记、胡家农场毕书记来青年营看望知青。会议在三连食堂举行，全营排以上干部全部到会。两位书记都讲了话，对知青提出了深切的期望，讲了形势、任务，特别强调了团结的重要性。希望知青同学们在即将到来的冬季农田水利基本建设大会战中，做出应有的贡献。

11月8—10日

胡家农场知识青年代表大会。大会代表按10%选举，我营出席40名知青，五连参会代表有团书记于立娜、一排副排长朱雅娟、副班长张立、二排长刘琳琳、同学王健、三排副排长霍东、班长张秀坤、炊事班长徐建荣、三排张成洁和连长董文志计10名同学。

11月17日

五连全体大会，也是最后一次会议，持续多天的议论终于成真。营部决定五连建制撤销。一部分（549、767、826、882库，物资站、后勤机关的子女）

划到一连；其他单位子女划到二连。理由是五连生产资料底子薄，不利于生产，与74届老知青结合利于相互学习，等等。至此，五连仅存在了87天，终成为历史。此后就有了"老五连"的称呼。

11月20日

青年营领导班子也有调整，朱锦华书记替换了原刘书记。李素敏任一连连长，董文志任二连连长。各排长也重新调整安排。

11月25日

军区后勤部秘书科来了两名同志，他们重点了解五连分连的情况；召集部分知青开了座谈会。参加座谈会的知青有：杨福杰、张振利、万伟、王威力、刘玉、柳连珍。

中午，各连组织成立了连委会。

11月27日

军区后勤部刘冰政委来到红旗青年营，陪同的有军区青工部部长、后勤部秘书科占科长等。这期间在青年营上下弥漫着青年营解散分家的舆论，沸沸扬扬，人心不稳。74届老生已经开始怠工，不下地干活。刘冰政委表态青年营不会解散，稳定了人心。

12月4日

营党支部召开排以上干部会议，传达盘山县四级干部会议精神。同时，农场为青年营选派了优秀农村干部，加强知青管理和生产指导。一连张指导员（后调二连）、田连长；二连郭指导员（后换张指导员）、运连长。

12月7日—19日

青年营抽调100余名知青出工到农场水利工程黑鱼大队工地，共计13天，完成3个战役，圆满竣工。知青们受到了强体力劳动及艰苦生活的锻炼。

12月20日

营党支部召开知青大会，朱书记作"共产主义大学"复课动员。

1976年1月11日

年度总结表彰大会。军区司令部、政治部、后勤部都派来代表。刘书记作

1975年工作总结，张德本作今后任务讲话，提出两年实现农业机械化。大会表彰了先进集体和个人。

1月18日

春节放假20天，到农村5个月，第一次有机会回到家，回到亲人身边，回到分别已久的同学老师中间。当天，知青们在工农兵车站乘火车6个小时，再次回到沈阳。

2月29日

全营排以上干部在四连食堂开会，欢送74届知青李庄义（团总支副书记）、姜山荣、李素力3名同志应征入伍。

4月29日

盘山县知青"共产主义大学"现场会在青年营举办。全营上下布置，挂了标语：热烈庆祝盘山县知识青年"共大"现场会在我营召开！热烈欢迎县委领导和全体与会代表来我营光临指导！向全体代表学习！致敬！营广播站播放着革命歌曲。队列表演、刺杀表演也在紧张地准备。营文艺队排练了演唱、京剧、器乐等一台丰富的节目。

5月31日

红旗青年营文艺队应邀到农场参加汇演。演出到一半时，大雨倾盆，文艺队员毫无怨言，表现了较高的素质和良好的风尚。

董文志 1956年10月出生。1975年8月毕业于沈阳市铁路职工子弟中学九年八班，同年8月20日下乡到盘山县胡家农场红旗青年营（一营）五连（后转到二连）。下乡期间曾任青年营五连连长、二连连长。1977年初应征入伍。先后在沈阳军区后勤部三分部、后勤部军需仓库等部门服兵役。1981年初复员到沈阳汽车制造厂销售处。1982年调入辽宁省委机关工作，先后任职省委机关印刷厂，办公厅老干部处，机要交通处工作人员、副处长等职务。1999年任沈阳黎明毛纺厂

副总经理（挂职）。2003年初调入沈阳市委办公厅、沈阳市人大办公厅工作，2008年任沈阳市人大办公厅副主任。2013年1月被选举为第十五届沈阳市人大代表、沈阳市人大常委会委员、沈阳市人大常委会农村工作委员会副主任委员。2017年2月退休。

未流汗　先流血

◎董华光

下乡来到红旗青年营有段日子了。来自沈阳军区司令部、政治部、后勤部三大部75届应届毕业生200余人，被简单地分配到两个知青连队，即四连和五连。

所谓简单，就是未考虑到这么多年轻人突兀地被集中在一起，团结磨合是件大事。他们父母的工作关系就成了知青中"血亲关系"的界定，他们能否很好地融合带有许多不确定性。

司令部、政治部子女都混杂地分到四连，而后勤部子女就单独划为五连。时间不长，在知青们中就有了四连是"穿黄棉袄"的，五连是"穿蓝棉袄的"，即军人子女与工人（职工）子女的代称。这种说法的确偏颇，有以偏概全之嫌，但它带来的后果如此严重，是当初创造这一说法的人始料不及的。

☆董华光

1968年开始掀起了全国性的知识青年到农村去的高潮，到1972年左右知青在农村散放式的接受再教育方式暴露出了许多严重问题，以单位为主集中管理式的有组织地上山下乡逐渐成为主导。

在停顿了一年后，于1974年开始了应届毕业生在父母单位组织下，集中

知青在盘锦

建立青年点。沈阳军区（含司政后三大部）在辽宁省盘锦地区盘山区胡家农场的知青点——红旗青年营正式成立。

七四届毕业生是首批来到红旗青年营的知青，组建了三个连队，即一、二、三连。后勤部子女人数略多，分配到一、二连；司令部、政治部子女人数少，被整合分配到三连。这就是红旗青年营的来历，简称一营。

那是不是还有二营、三营呢？不是的，红旗青年营的起名是因为从这里向北八里地有个农业村屯当时叫红旗大队。简称一营，则是因为胡家农场除红旗青年营，这个鼎盛时期有500人规模的超大知青点之外，还有个同样规模的知青点叫"红星青年营"，简称二营。

二营是沈阳市交通局为自己子女设立的知青点，不仅如此，整个胡家农场各村屯也都有交通局设的青年点。

再说我们五连，后勤部各部、院、库大小十几个单位，遍布沈阳市各个角落，当年计有108名应届毕业生。1975年8月20日一大早，全部被集中到沈阳火车站，整整包了一节车厢；大概另一车厢是司政单位应届毕业生，后来组建了四连。

列车走沈大线、沟海线，大约中午到达盘锦"工农兵"火车站。又有沈后汽车十五团嘎斯卡车，把我们拉到距车站25里地的目的地——红旗青年营。这时我们才知道，军区为我们知青创造了最好的生活劳动及学习的条件，包括配备一个汽车连为青年点知青们服务。伙食上定期送大米白面及大萝卜土豆等东北地区常备的蔬菜。

青年点坐落于大辽河入海口的盘山区北部，绕阳河的右岸，这里土地贫瘠，原来是沿海湿地，土地以盐碱地为主，放眼望去是一望无际的芦苇荡。

由于发现了辽河油田，人类生产活动越来越多，农业开发带来了人口的膨胀，我们胡家农场就是为适应油田发展而建立的国营农场。

青年点再向北隔着红旗大队就是台安县地界，一代枭雄东北军阀张作霖就在那里起家，张学良即出生于台安县城，至今县城中心广场还耸立着张学良塑像。

青年点房屋建筑以平房为主，全部为砖瓦结构，红砖白瓦整齐有序地分布，很是气派。与周围农村低矮的泥墙草顶房屋形成鲜明的对照，那个年代的盘锦农村经济还很落后。

青年点的前身其实颇有些来历。原来这里是辽宁省"五七干校"的一部分，其设在盘锦"五七干校"的总部在甜水农场。我们知青下乡来到这里时，"五七干校"已大大缩减了，只是总部还有留守。我们这里已改造成青年点用房了，大片的土地也划给知青作为劳动生产用地。

知青们刚来时的新鲜、兴奋、好奇逐渐淡去，人际间的磨合才是一切重新开始的首要问题。

500多年轻人远离家乡亲友，汇聚在偏远落后荒芜之地。其家庭背景各异，生活习性差距颇大。除了以连排班组成形式上的组织外，团结、理想、信念、奋斗等精神方面要素的缺失，难免给管理带来无法想象的困难。

现在看来，当年的决策者，把一切能想到的困难都想到了，从配备的管理干部就可以看出来，基本上都是有着丰富保障经验的后勤助理，甚至医护人员都配备了。车辆装备、炊事用具、农耕机械就不用说了，甚至拉来了淘汰军马供驱使。

但有一点肯定是疏忽了，这几百年轻人刚刚进入青春叛逆期，一些同学不是安生地守在课堂读书，多数时间是在社会闲逛，淘气打架也时有发生。面对这些年轻人，管理人员带队伍及思想工作经验明显不足。

有一件小事儿就能说明。带队干部是把这批年轻人当成了孩子，以为吓唬吓唬，大声喊两嗓子就能管住了。所以刚开始发现有人抽烟，就抓、就训诫。结果根本不灵，反而更多的人看到带队干部也没什么。抽烟这件小事就从开始的少部分人偷偷摸摸，变成了集体公开地抽。带队干部一看制止不住，索性也就放任不管了。

这件小事上的交锋，让年轻人看到离开了家长的管束后，广阔天地真的是无拘无束了，他们把自己当成了这里的"主人"。"主人"是要说了算的，最起码不能受欺负。思想放任，管理缺失，造成了"群雄并举"的局面。这里当然

知青在盘锦

不是讲封建社会揭竿而起那种"群雄",只是在个人利益受到影响或侵犯时,不知能依靠谁,谁能居中调解。

一切都在暗流涌动,前边提到"黄棉袄""蓝棉袄",就是各种矛盾之一。这一天终于爆发了,一个偶然事件挑起了一场大型群殴。

那是一个风高夜黑的晚上,可能是因为刚刚到来,农活并没有累着这些年轻人,各个房间还都在无聊地海侃。大约晚十点多钟才陆续熄灯就寝,但并没有睡着。

突然,静寂的夜晚被打砸声、叫喊声打破,在五连男生宿舍的窗外,一群有准备的人,手持各种农用工具,疯狂地砍砸门窗。一时间屋里的人赶紧躲藏,蒙被的、乱窜的、躲炕沿下的。

几分钟的狂呼乱叫打砸后,声音弱了下来,一个身影手握利器猫腰进入走廊。当他探头探脑刚到拐角处,便被一记闷棍击中后脑,毫无声息地趴了下去。他身后显然跟着同伙,见势不妙,拉起他的双腿拽了出去。

相持中,宿舍内的人毫无声息静听外边人的动静,许久没有响动,知道外面的人应该撤了。大家打开灯,查看受损受伤情况。所幸只有一人头上被飞溅的碎玻璃划伤。再看门窗已全部被毁,竟然还有脸盆大的水泥块砸在睡铺上。

群情激奋,不知谁喊一声"拼啦!"不用组织,大家操起工具奔了出去,目标四连男生宿舍。在四连宿舍没见到一个人影。事后知道,当晚他们打砸后都躲到打谷场的秸秆垛去了。

这晚注定是不眠之夜。五连有3个排12个班,每班六七人不等,男生约四五十人左右,四连也差不多。当晚卷进群殴的各有30多人。

事发突然,在营部的带队干部紧急出面处置,首先得稳住被激怒的五连。这时他们像一群找不到泄愤对象的野兽,狂喊着,奔跑着,只是夜晚看不到他们血红的眼睛。

当一切都趋于平静后,事情起因开始为大家所知。原来五连孙姓同学与四连同学发生口角,没占到便宜,就回来搬救兵。张同学一向讲义气,出面理论，一言不合动起手来，并砍伤了对方。

平时就以"穿黄棉袄"自负，突然被"穿蓝棉袄"的打得丢盔卸甲，就像被捅了的马蜂窝，迅速动员起来。可怜五连多数同学不知就里，糊里糊涂被端了"饺子"。

可事情并未就此结束，第二天事件急转直下，终于演变成了一场震撼司政后所属机关、惊动了军区首长的重大知青集体出逃事件。

东方日出，天放大亮，明显是晴朗温暖和煦的一天。但五连知青，特别是男同学们，都没有注意到天气。一夜未睡的他们，这时陆续走出房子，来到门前二十步开外，回头望向约十丈长，五六个门窗的宿舍。

与昨夜的观察大相径庭，面对的景象更加令人震撼，所有窗棂的横楞全部砸掉，不剩一块玻璃，其惨状无以言表。

我是亲历者，我们的感受就像一个美好的开始，一个美好的未来……不！是所有的将要开始的希望，瞬间都被毁了！大家的心都凉了。

这时又一个消息传来，我们的张同学被农场保卫科带走了，大家的心掉入了无底的深渊。

带队干部又一次犯了不该犯的低级错误，他们这时在哪儿？他们这时最应该在同学们身边。我不愿妄加猜测，但事情是明摆着的，他们也一宿未合眼。

但他们仅仅把工作重点放在查事件起因，放在追究责任，而忽略了群体不稳。

这也真不能怪他们，新中国成立几十年了，我们的干部官僚主义滋生了，群众观点淡漠了。况且后来在发生不可控的严重后果时，几名辛辛苦苦的带队干部痛哭流涕。

再说宿舍外田野里站着的三十几位五连男同学群龙无首，说什么的都有，争论了半天，莫衷一是。最后大家的眼光落在了李同学身上，当时他是在场职务最高者——排长！他敏锐地感受到了多数同学们的内心，这是一群感到无助、感到委屈、感到只有家才是安全港湾的同学。

他一定是感受到了。

知青在盘锦

　　李同学本身就人高马大，只见他站上高坡，振臂一呼："回家去，走啊！"没有犹豫的，没有跟不上的，回家的路几百里地呀！

　　起初是在田野里跑，逢沟跨沟，逢坎迈坎跑了25里。我跟在奔跑的队伍里，像脱缰的野马，解脱了最后一点点束缚，奔向自由的感觉真好。

　　拦汽车、搭马车又是35里，一路上相互帮扶，相互鼓励。这一代人经历了太多，我们坚韧不拔，勇于面对困难。只要有希望，什么困苦都拦不住我们的决心。

　　最后的希望是搭上火车，我们哪儿来的那么多的智慧呀，用尽各种伎俩逃票乘上了回沈阳的火车。是家的呼唤让30多人一个不丢、一个不落，全部回到了沈阳。

　　从振臂一呼，到踏上沈阳的土地，一路上我们是胜利者，我们值得为自己骄傲。

　　这就是未流汗先流血。被砍者伤情是严重的，手腕断了，大筋也断了，留下了后遗症，再不能纵情玩他热爱的篮球了。

　　后来故事的结局大家都知道了。高层首长一出手，什么复杂的问题都迎刃而解。后勤部派了大量的人力在沈阳火车站迎候。

　　大客车、宾馆、返程，像梦境一样。现在仅剩的记忆就是精面馒头和舒适的被褥。五连仅仅存在了不到三个月（87天），就不可避免地被裁撤了。

　　原五连知青被分别安排到同是后勤子女的一、二连，此后就有了"老五连"的称谓，并留下一段佳话。

　　再派来的带队干部职务高了，且是可能将要晋升的后备干部，例如军区最年轻的正团职干部。他们的工作经验更加丰富，本身就是带队伍的政委等。他们对知青更贴心，也更和蔼。

　　他们甚至为维护知青的利益，不惜与当地派的农村干部闹红脸。

　　他们和知青们结下了深厚的友谊。他们是真正的良师益友，两者之间在几十年后还是莫逆之交。

董华光 1957年1月出生。1975年8月毕业于沈阳市铁路职工子弟中学九年八班。同年8月20日下乡到盘山县胡家农场红旗青年营（一营）五连（后转到一连）。

下乡期间曾任知青班长、一连副连长。1977年底返城回到沈阳，1978年3月招工到沈阳市公安局办公室工作，1982年转干，任市公安局政治部干警。1984年3月转武警现役，任沈阳市公安局警卫处副连职政工干事，副营职、正营职、副团职协理员、副处长、处长。2002年授武警大校警衔。2008年转业任沈阳市司法局副巡视员，2017年2月退休。

知青岁月记事

◎ 蒋光宇

最珍贵的手表

1968年9月18日,我和妹妹一起从沈阳市第五中学下乡到盘锦地区前进农场高家大队,在那里接受贫下中农的再教育。我被分配到第七小队,她被分配到第六小队。由于当时是按民兵的编制称呼生产小队,所以第七小队叫七连,第六小队叫六连。

妹妹从小学到高中一直品学兼优,是校大队委员会或学生会的干部,在各方面都有较好的基础。下乡后,由于她虚心向贫下中农学习,劳动积极,肯于吃苦,为人善良、忠厚,得到了大家的信任,很快被推选为六连的指导员。

1971年,辽河油田面向知青招工,妹妹被贫下中农推荐到油田当了工人。到了油田,她被分配到运输处做仓库保管员。当时她的工资是18元,加上18元野外补贴,一共才36元。她除了最基本的生活费之外,从不乱花钱。她把省吃俭用的钱和粮票,一部分给了当时生活比较困难的父母,另一部分给了我,每月10元钱,10斤粮票。

1972年,我被抽到高家大队学校当民办教师。那是大雨过后的一天下午,妹妹踏着泥泞的村路来看我。她见到我就高兴地说:"哥,你当民办老师了,我送给你一件用得着的小礼物。"随后,她将一只崭新的手表放到我的手里。

我仔细一看，原来是新款的上海牌手表，感到喜欢，也感到惊讶。因为当时的上海牌手表很难买，得凭票，价钱也挺贵，100多元。不管是谁，如果能戴一只上海牌手表，都是一件很荣耀的事。我问："你参加工作的时间不长，每月只挣36元，既帮家又帮我，怎么能买得起这么贵的手表？"

妹妹和气地说："你就别管钱是哪来的啦。"其实不用她多说，我心里明白，这买表的钱，不是她借的，就是她节衣缩食积攒下来的。

我推辞说："现在，我们知青中戴手表的人毕竟还很少，不像在油田工作的人那么普遍，你还是自己留着用吧。有正式工作了，你就不能像当知青时那样一点也不讲究了。"

妹妹有些急了，生气地说："给你的，就是你的。要不是你教书需要，我根本就不能买。你好好看看，这是男表还是坤表。"

我不能再说什么了，再说妹妹会伤心的，会哭的。

从那时起，我开始戴着妹妹给我的这只上海牌手表教书了。有的同事开玩笑地问："从哪儿变出了一只这么好的手表？"有的学生好奇地说："老师有新手表了。"

每当这种时候，我都既不露声色又心怀感激地说出妹妹给我手表的故事。不管是谁听了我的讲述，都羡慕我有一个难得的好妹妹。

情义无价。我一直为有这样一个学习好、品德好、在各个工作岗位都做出了一定成绩的好妹妹而感到自豪。我始终认为，这只上海牌手表，就是我一生中最珍贵的手表。

看场院

我1966年于沈阳五中高中毕业，1968年9月24日下乡到辽宁的"南大荒"——盘锦地区前进农场高家大队第七小队。经过一年多的贫下中农再教育，1970年春天，队里派我当看水员，管理20多亩水田。到了深秋，大地里的水稻陆续运进场院，队里又派我看场院，任务是防火、防盗、防牲口和家禽

知青在盘锦

糟蹋粮食。在众人眼里，看场院是俏活，但是有风险。因为当时口粮不足，偷场院的事时有发生，甚至发生人命案。

每当夜深人静的时候，我都爬上高高的稻草垛，守在稻草搭成的掩体里。灯光把场院照得亮堂堂。我在掩体里避风避寒，俯视场院，一览无余。外面的人，很难发现我。

12月中旬，那是一个寒冷的二更天，我在掩体里发现院墙外有两个人正在窥视、商量。我预感不妙，交手就是二比一，心跳得连自己都能听见。我一面监视，一面轻手轻脚地脱掉了棉大衣，把钢叉握在手中。他们跳墙进院，慌慌张张地各装了大半麻袋稻粒，扛上肩，撒腿就跑。当他们逃离场院60米左右累得上气不接下气的时候，我追到他们身后高呼一声："毛主席万岁！"他们一惊，麻袋摔到了地上。"不准动！谁动我扎死谁！"其实我并不忍心先出手，真怕扎坏了为充饥而偷粮的穷人。我用钢叉逼住一个，另一个跑掉了也不屑一顾。到了队部大门口，我兴奋地喊："抓到了！抓到了！"我走到前面，冲进了队部。饲养员起身披衣开灯问："人在哪？"我又冲出队部，万万没有想到，人已趁机跑得没影了。

我沮丧地回去找摔在地上的麻袋，正巧碰上先跑掉的那个人也回来找麻袋。狭路相逢，他调头便往北跑。北面是清水河，结冰了，但经不住人。也许是他猛地醒悟了，转向东跑。我边追边喊："东边截住！"他信以为真，又向西跑。我又喊："西边截住！"他又信以为真，被迫奔向清水河。河面有二三十米宽。他先跳入冰河，我也跟了进去。冰水齐胸，在冰河中间，我抓住了他，一步不放地把他押回了队部。

队部的小屋挤满了人，都是闻讯赶来的。队长怕我出意外，正准备派人分头找我。大家问后就明白了，偷场院的是哥俩，是大队干部的亲戚。有的说，要是抓两个"四类分子"就立功了。有的说，抓大队干部的亲戚，还不如不抓。有的说，咳嗽一声，把他们吓跑就好了。当然，更多的是赞成。

人散了。队部里的炕烧得很热，炕着我的棉衣、棉裤。我在炕上辗转反侧：我不为没抓到"四类分子"不能立功而遗憾，不为抓到了大队干部的亲戚而懊恼，也不为没咳嗽一声把他们吓跑而后悔。我感到欣慰和坦然的有两点：一是为了集体和正义没怕死。没有人问我为什么喊"毛主席万岁"，但我知道，那是为防不测，那是用生命与忠诚向同学和乡亲告别，向同我一起下乡的妹妹告别，向养育我的远方父母告别。二是靠震慑而没用暴力致伤的办法擒拿他们。他们没有硬抵抗，我也没有先出手。没有伤害，没有流血，万幸！万幸！他们没有留下一点伤残，完全可以是自食其力的劳动者。

近50年过去了，弹指一挥间。在知青时看到过马克思的一句话，至今记忆犹新：严酷的劳动是把人锻炼成钢铁的教育。在广大知青付出了昂贵的青春代价之后，正义和顽强、勇敢和善良，成为其精神世界的重要基石。在知青群体中，尽管不乏出类拔萃之辈，但从整体上看，很像一列从"文化大革命"开始后就一再晚点的列车，一次次地给正点的快车和慢车让路，又一次次匆匆忙忙地追赶着时代的车轮。那些在蹉跎岁月中刻骨铭心的苦辣酸甜，极其深刻地影响了知青的一生命运，必将永远留存在历史的档案中，必将永远留存在千千万万知青的心窝里。

喝到肚子里直蹦跶

每个知青，一定都有许多难忘的过去。下到盘锦垦区的知青，一定不会忘记在那里喝的水。当时，盘锦农村没有自来水，广大的农民和知青的生活用水，都是很不干净的坑水，即大坑里保存的水。

春天，盘锦农村的生活用水质量算是最好的一段时间了。那里种的绝大多数是水稻，泡地、耙地、育苗、插秧、农田管理都需要大量的水，上游的水库必须保证供应足够的农业用水。农民非常喜爱水库里放出的水，亲切地称之为"甜水"。春天，农民用"甜水"将接近枯竭的存水大坑灌满。家家户户的水缸不愁没水用了，个别条件好的农户还用矾将水弄得干净些；牛、马、猪、狗、鸡、鸭、鹅等牲畜和家禽，也不愁没地方喝水与玩耍了。尽管人与牲畜、家禽同用一坑水，但相比较而言，早春时坑水中的寄生虫还是少了很多。

知青在盘锦

夏天和秋天，盘锦农村的生活用水充足了，有"甜水"和雨水，但水质却越来越差。随着天气的转暖，在大片大片的水田和一望无际的苇田里，蚊虫成群结队，不计其数，肆无忌惮地嗡嗡叫嚣。到了连雨天，土路被淹没了，到处都是水，甚至将个别很不干净的地方与坑水连成了一体。坑水里的孑孓、水虱子等寄生虫越来越多，随处可见。即使用双手在坑水里随便捧一捧，也可以看到寄生虫。水田里的水是绝对不能喝的，再渴也不能喝，因为那里有氨水、尿素、除草醚等农药，还有在泥土里发酵了的杂草。每当上完农药，水田里的小鱼就都翻白了，白肚皮冲上了，死了。人在水田里劳动，腿上常起很多痒得难忍的红疙瘩。如果在劳动时渴了，就用双手捧着上水线里的水喝。当时在沈阳知青中流传着一个顺口溜："沈阳沈阳我的家，儿在盘锦真想家。盘锦的水里有小虫，喝到肚子里直蹦跶。"显然，感觉到小虫在肚子里"直蹦跶"是夸张，但其他却完全属实。

没有这种经历的朋友也许会问："那水能喝下去吗？"可以肯定地回答：能，习惯成自然。老百姓都喝，知青也得喝。渴急眼了，很解渴，也很酣畅。人怕逼，马怕骑，环境能逼迫人适应。如果不喝坑水，就没有别的水可喝，就不能生存。当时在广阔天地里接受贫下中农再教育的绝大多数知青，确实都较快地适应了盘锦的有虫水。

没有这种经历的朋友也许会问："喝了那样的水能不拉肚子吗？"尽管那时天天喝生水，常年喝生水，随处喝生水，但大面积拉肚子的情况还真是少有发生。客观地说，这很可能与对疫情不敏感有关，因为当时的防疫意识和防疫条件都很差。回想起来，连自己也感到奇怪，也许是一方水土养一方人吧。

说起来很多人会不相信：不少知青即使偶尔拉了肚子，也照样坚持出工劳动，甚至坚持参加繁重的劳动，比如挑秧、修水利工程等。《钢铁是怎样炼成的》一书中的主人公保尔·柯察金，曾深刻地影响了那代知青。在他们身上，真是有点"一不怕苦、二不怕死"的精神。不可否认，上山下乡运动使知青得到了劳动锻炼，但他们和整个社会都为此付出了过于沉重的代价。

冬天，盘锦农村的生活用水越来越少，越来越紧缺，但水里的大多数寄生虫也都冻死了。如果大坑里的水用没了，人们就开始用镐刨冰，加热融化后使用；如果冰用没了，人们就用雪。

……

在纪念知识青年上山下乡40周年的时候，我们青年点的部分知青回到了盘锦，看望了那里的父老乡亲。令人特别高兴的一件事，就是改革开放之后，家家户户早已用上了自来水。但是，知青依然忘不了下乡时"喝到肚子里小虫直蹦跶"的水。

知青兄妹

2009年1月3日，当年下乡留在盘锦工作的一些知青结伴驾车回到沈阳，与当年抽回沈阳工作的一些知青欢聚一堂，一起纪念他们上山下乡40周年。

酒逢知己千杯少，话要投缘不嫌多。他们谈蹉跎岁月，谈苦辣酸甜，谈了很多很多……

几个朋友对我说："你常写作，怎么没写知青兄妹的故事？"朋友们说得对，没有谁比我更了解知青兄妹了。这话打动了我，让我怦然心动。谈话打开了我记忆的闸门，促使我坐在了电脑前。

他比她大两岁，是哥哥。她比她小两岁，是妹妹。1968年9月24日，他们从沈阳五中高三（三）班和高一（四）班毕业后，一起下乡到辽宁的"南大荒"——盘锦地区前进农场高家大队。他被分到了第七生产队，她被分到了第六生产队，共同接受贫下中农的再教育。那时他们一家七口人分为三批，从沈阳先后下放到了铁岭、盘锦和朝阳地区的三处农村。当时"老子英雄儿好汉，老子反动儿混蛋"的"反动血统论"，比起20世纪50年代印度影片《流浪者》中"贼的儿子永远是贼，法官的儿子永远是法官"的叫嚣，真是有过之而无不及。他们的两个同学因经不起"反动血统论"的羞辱，先后在青年点悬梁自尽了，并遭到了"自绝于党，自绝于人民"的严厉批判。虽然他们都有沉重的思想包袱，甚至很悲观，但是相依为命的患难兄妹并没有放弃梦想与拼搏。

知青在盘锦

  他下乡前,在家里只干些粗活、体力活,很少洗衣服。她把他的被褥、衣物等,总是料理得干干净净。其实,她一年到头极少歇工休息,在所有男女知青中的出勤率也是名列前茅的。他知道,她舍不得耽误工,为的是每天给父母多挣几毛钱。三伏天,她那乌黑的头发被烈日晒的焦黄,像枯萎的干草。三九天,她那红苹果般的脸颊被冻得发青发紫。她总是利用老天爷给大家放假歇工的时间,为他整理内务。

  他饭量大,加上农活重,可一顿饭只能分到一碗饭或两个大饼子,实在吃不饱。就在年初的这次40周年聚会上,一个朋友还对他说:"当年修水利随便吃,咱们比赛看谁吃得多,你得了个第一!还记得吗?"他笑了。她分得的干粮经常舍不得吃,偷偷地送给他。他说:"我不饿。"她则说:"我吃不了。"推来让去,僵持不下时,她便放下干粮扭头就走。其实,当过知青的人都知道,无论是男知青,还是女知青,都很累,都很能吃,谁都吃不饱。

  他在三九天被队里最穷的一个农民请去到赵圈河苇场挠苇叶子,苇叶子就是盘锦农家的柴禾。吃完晚饭出发,天亮后返回。天寒地冻,途中他在马车上躺的时间过长,右脚的大脚趾被冻伤了,黑紫色,很疼。她得知后,从老乡那里打听到了治疗冻伤的偏方。她天天用红辣椒和干茄子秧熬水,然后端到他的青年点,让他泡脚。冻伤很快就好了,坏死的那块黑肉脱落了。

  他被派到了一个俏活——看场院,但是有风险。因为当时口粮不足,偷场院的事情时有发生,甚至发生人命案。在那个寒冷的二更天,他跳进冰河里抓住了偷粮食的哥俩。没想到,他俩是大队干部的亲戚。有的说,要是抓两个"四类分子"就立功了。有的说,抓大队干部的亲戚还不如不抓。有的说,咳嗽一声,把他们吓跑就好了。当然,更多的是赞成。事后他才知道,哥俩都是六队的社员。他很担心,担心哥俩的家族势力会为难在六队接受再教育的她。但是,她毫不畏惧,看到他毫发无损,安然无恙,就比什么都高兴。

  他被大队推荐参加了辽宁师范大学工农兵大学生的招生考试,自信考试成绩进入了录取分数线,但是被别人告了下来。告他"根不红苗不正",结果名落孙山。她被大队推荐到油田当工人,那几乎是人人梦寐以求的工作。也有人上告她，但没起什么作用。她善良、勤奋、能吃苦、有能力、多才多艺，上上下下都有人缘。大队干部直截了当地对上告的人说："大队党总支就是推荐她当工人了！如果真有用人不当的阶级立场问题，由我负责。"她的优秀是一贯的，上学时一直是品学兼优的好学生、学生会的好干部，下乡不久她就被提为连队的指导员。她心慈面善，在劳动之余学会了针灸，为农民治了不少小毛病。得道多助，人心如秤。同学们和当地的女青年都夸她长得漂亮，大方，为人正派。她比他优秀，她是他心中的骄傲。

他被推荐到大队小学当民办教师，而后又被推荐到师范学校学习。她经常利用节假日从油田去看他，除了带些穿的吃的用的之外，每月都从有限的几十元工资和几十斤口粮中分给他十元钱和十斤粮票。当时的手表很难买，她用积攒的工资托人买到一只上海牌手表，自己舍不得戴，送给了

☆知青兄妹（蒋光宇、蒋光璞）1988年2月回青年点看望

他。她对自己很苛刻，但对他、对家、对他人，极慷慨。就这样，她一直把自己当姐姐用。他早已不戴那块上海表了，但却珍藏着。

……

党的十一届三中全会之后，我们可爱的祖国走上了伟大的振兴之路，知青兄妹也得到了组织、领导和同志们的更多关心、帮助和培养，都被安排在了比较重要的领导岗位。知青兄妹怀着感恩的心，又谱写了令人欣喜的新篇章。

此文中的他，就是我；她，就是我妹妹——光璞。

"谢谢你！好妹妹！"这是我多年以来从没有说出口的心里话。

知青在盘锦

田 原

　　那是1970年9月17日，生产队下工后，我顾不上回青年点吃晚饭，从前进农场高家大队出发，向临近的马圈子大队走跑交替近10里路，赶上了正在一片小树林中举行的葬礼。

　　棺木还没有盖上，里面安睡着一位知青。他像身负重伤、失血过多的战士，头部缠着一层又一层洁白的纱布，脸色惨白。

　　9月14日，生产队派他跟队里的马车到盘山县建筑工地装卸砂石料。工地上热火朝天，车水马龙，行人不断。突然，马惊了，马鬃猎猎，马尾飘飘，车轮滚滚，横冲直撞。"快躲开！"他一边喊，一边跳车扑向前套马，用尽全身力气拼死猛勒它。由于车老板摔下了车，辕马失去控制，两匹马拖着他、踩着他往前冲。他咬紧牙关、忍着剧痛坚持着，一秒钟，两秒钟，三秒钟……惊马逐渐地减速了，慢慢地停了下来。周围群众无一伤亡，而他手握缰绳，血肉模糊，已经停止了呼吸，献出了年轻的生命。他什么也来不及想，什么也来不及说；他像欧阳海，像刘英俊，把生留给了别人，把死留给了自己；他用年轻的生命制服了惊马，谱写了一曲舍己救人的英雄主义的赞歌。

　　他那慈爱的母亲已患了精神病，身体虚弱，无论如何也经受不住如此巨大的打击。为了防止祸不单行，绝不能告诉她儿子牺牲的真相。当得知丈夫要去"看望"日夜思念的爱子时，她支撑着病体，连夜赶制了一件灰制服。她把写好的信放在灰制服兜里，叮嘱儿子要听党的话，做毛主席的好知青。母亲送丈夫登上了"看望"儿子的汽车。车门关上了，汽车启动了，母亲泪如泉涌，隔着车窗高喊："要孩子照顾好自己！要孩子回家过年！"母亲思念着、牵挂着、盼望着、等待着，可无论如何也不会想到，她永远也看不到自己的儿子了。

　　他的父亲伫立在棺木旁。父亲来料理丧事，未向组织提出任何要求。父亲唯一的请求是先不要盖棺木，他要多看看儿子、多陪陪儿子。父亲控制着极大的悲痛，有些痴呆地看着儿子，没有话语，没有哭声，没有叹息，只有长流的双泪，不断地落在儿子穿着的灰制服上。"慈母手中线，游子身上衣。临行密密缝，意恐迟迟归。谁言寸草心，报得三春晖！"他父亲靠着坚强的意志支撑着自己的身躯，但真是不知如何面对严酷的难题：儿子是好样的，是为救人而死的，是重于泰山的，可回家后该怎样向他那多病的母亲交代啊？

前进农场党委为他召开了隆重的追悼会，有五六百人参加，各界送了几十个花圈。其中有个花圈是位农村妇女送的，因为他下乡后就经常帮她家挑水，整整挑了两年。前进农场的领导，大小队的干部和众乡亲，还有不少的知青，所有参加葬礼的人，都对安放在棺木里的知青，寄托着依依不舍的哀思；都对伫立在棺木旁的父亲，充满着同情和敬佩。遗憾的是，由于历史的局限，原定追认他为革命烈士和广泛宣传他的先进事迹的计划，没能实现。但他用过的针线包、袜底板，看过的《雷锋日记》《欧阳海之歌》和《刘英俊的故事》，得到的"五好战士"奖状，还有那牺牲时的血衣，都深深地留在了人们的记忆中。

西边的落日那么红、那么圆、那么大，落得竟然那么快，使人感到那么凄楚、那么悲壮。一种强烈的责任感油然而生，将来我要力争让更多的人了解和记住：在盘锦地区接受贫下中农再教育的广阔天地里，有位一贯表现优秀的知青，因舍己救人而不幸被惊马活活拖死。这位知青是1968年从沈阳第九十三中学下乡的初一学生，牺牲时年仅18岁。他的名字叫田原……

1998年冬季的一天，我带着这个稿件，找到了田原年逾古稀的父母。他的母亲已经满头白发，卧病在床，双眼全瞎了。他的父亲已经离休。他父亲控制着自己感情的波澜，对老伴隐瞒了我的来意，噙着眼泪核实了稿件。很显然，那是怕引起老伴伤心、难过。

在卧室里，我看到了一幅醒目的油画，是田原的画像。我什么也没问，但他刚毅的父亲，轻声地说出了震撼人心的话："这些年，孩子就这样天天陪伴着我们，我们也这样天天陪伴着孩子。我们最大的心愿，就是到孩子的坟头摸一摸，添把土，也不知道还能不能找到那个地方。"

2001年秋天，就是在田原牺牲31年之后，和我一起下乡到盘锦，后来留在辽河油田工作的妹妹和妹夫，专程去了田原下乡时所在的马圈子大队。他们找到了当时的生产队长，在队长和乡亲们的帮助下，在荒野中认出了安葬田原的墓地。大家共同帮助他那不能远行的父母，为其爱子立下了墓碑。墓碑上写着："爱子田原之墓。1953年1月9日生，1970年9月14日勇拦惊马，因公牺牲，时年18岁，系沈阳市1968年下乡青年。你的父亲田甫，母亲赵玉秀。"

知青兄弟

在沈阳五中读高中的时候，吉英保和我是同班同学。我们高三（三）班小有名气，是辽宁省的"四好团支部标兵"班。他是班长，我是学习委员。

1966年"文化大革命"开始后，吉英保是红卫兵组织的负责人之一。他为人正直、善良，多才多艺，在各种不同家庭出身的老师和同学之中都很有威信，都认为他是很有发展前途的好苗子。

1968年9月24日，我们一起下乡到盘锦垦区前进农场高家大队。吉英保是大队知青的总负责人，被分到六队，我被分到七队。他能歌善舞，经常带领知青和贫下中农一起跳"忠字舞"，浑身洋溢着青春的朝气和活力。

下乡不久，就到了深秋。那天早晨，我们七队的知青打着红旗，迎着朝阳，扛着筒锹，欢歌笑语地奔向兴修水利的工地。在路经青年点建筑工地的时候，几个知青离开队伍跑向我们的新居——快竣工的青年点。这几个知青突然在一个宿舍的窗前惊呆了，有个女同学"哇"地一声大哭起来。祸从天降，谁也不会想到：吉英保悬梁自尽了。

吉英保死后，尸体用苇席包卷后埋在了荒野，连个标记也没有。上边来的人组织了严厉的批判会，说他是从疾驰飞奔的时代列车上跳了下来，是自绝于党、自绝于人民，是遗臭万年的狗屎堆。他父母到了高家大队，白发人送黑发人，那悲痛是难以用语言表达的。

我们一起下乡的同班同学都感到自责和悔恨：我们为什么不能阻止这悲剧的发生？可他怎么就不能把内心的痛苦告诉我们呢？

后来才知道，当时对所有知青搞家庭出身调查时认定，吉英保的家庭出身不是贫农，而是小业主。小业主本来相当于中农，但执行政策的人把小业主误认为是小地主。那时盛行"血统论"，"老子英雄儿好汉，老子反动儿混蛋""龙生龙凤生凤，老鼠的儿子会打洞"，诸如此类的口号铺天盖地；"家庭出身不由己，但道路可选择，重在政治表现"的政策，几乎名存实亡。一夜之间，他由造反有理的"红后代"变成了永远也改造不好的"狗崽子"。他背上了沉重的思想包袱，展望前途，不寒而栗。也许骤变能使人的精神崩溃，就像冷玻璃杯倒进开水会炸裂一样。当对生存的恐惧压倒了对死亡的恐惧的时候，他无奈地选择了死亡。

在以阶级斗争为纲的年代，常常因株连而祸不单行。吉英保撒手人寰，可随他一起下乡的弟弟吉英世，却又无辜地被钉在了耻辱柱上。在当时的历史背景下，哥哥成了反革命，不管弟弟怎样脱胎换骨地努力改造，也是极难有出头之日的。吉英世是个初中生，年龄还太小，经不起如此沉重的打击。他似飘忽不定，似看破红尘。有一天晚饭时，他双手举着青年点刚分的两碗包子，一边走一边喊："给大队领导送包子喽……"

1971年，我当了大队的民办教师。记得是1972年底，是打冬场时的一天清晨，宿舍窗外传来急促的喊声，把正睡觉的我和张老师惊醒。"老师！老师！快！快！不好啦！教室里挂着个人！"我们俩匆匆披上大衣，在起早赶来扫雪学生的引导下，看到了吊在房梁上的吉英世。"太晚了！实在救不活了！舌头已经伸出来了！"

也许是故意，也许是巧合，那个教室，正是大队领导妻子带班的教室。哀莫大于心死，当绝望压倒了希望的时候，吉英世也无奈地选择了死亡。

我们一起下乡的同班同学，曾对吉英世有过一些关心、爱护和鼓励，但终究没能阻止又一起悲剧的发生。

可怜天下父母心，没有不疼爱自己儿子的父母。我们有心劝慰他们的父母，但更怕见到他们的父母，因为我们实在没有劝慰他们父母的能力，我们只能默默地祈祷，默默地祝愿他们父母节哀、珍重！

知青在盘锦

严酷的环境,能把人锤炼,也能把人粉碎。在知青运动中各种各样的不幸事件,虽然是少数,但确实是历史无法回避、刻骨铭心的一章。

知青的岁月像条河,岁月的河啊汇成歌。一支歌,一支消沉的歌,一支汗水和眼泪凝成的歌,忧郁和颓废是那么多。

知青的岁月像条河,岁月的河啊汇成歌。一支歌,一支奋进的歌,一支蹉跎岁月里追求的歌,坚韧和拼搏是那么多。

知青的岁月像条河,岁月的河啊汇成歌。一支歌,一支难忘的歌,一支感激党的十一届三中全会路线的歌,善良和珍惜是那么多。

2017年2月

蒋光宇 1947年9月出生,1968年9月,从沈阳市第五中学高三(三)班毕业,下乡插队到盘锦地区前进农场高家大队第七小队。起初随大帮干农活,后来看水、看场院,再后来在高家大队小学当民办教师。1973年12月,被抽调到盘锦地区师范学校学习,工农兵学员。1975年7月入党,12月毕业留校任教。1976年12月,调任营口市教育局教研室教研员、教育学院教员。1982年5月,调入营口市宣传部,任干事、科级巡视员。1984年以后,历任营口市委讲师团副团长、老边区委副书记、市委宣传部副部长、市委组织部副部长、站前区区长、省监狱管理局犯罪改造研究所政委。1997年5月,调任辽宁省委办公厅机关党委副书记、省委督查室副主任、省委督查室副厅级督查员。

2007年9月退休后,坚持读书写作,是《读者》《意林》《格言》等杂志的签约作者。

至2017年3月,已出版31本文集。其中的《小故事大道理》一书,被共青团中央学校部、语文报社、中文在线联合举办的"我的中国梦"——全国中学生读书征文活动,列为推荐书目。短文《厄运打不垮的信念》被选入苏教版《语文》教材五年级上册。短文《希望与失望》被选入国务院侨务办公室和中国海外交流协会委托暨南大学华文学院，为海外华裔青少年编写的《中文》（初中版）教材第三册。短文《把木梳卖给和尚》被选入人教版的教师教学用书，被长江文艺出版社选入《百年百篇经典微型小说》（1901—2000）。有较多短文被选入大中小学的课外读本、作文素材和中、高考的模拟试题。还有一些被中央人民广播电台经济之声《新鲜早世界》节目和中央电视台科学教育频道（CCTV—10）《子午书简》节目选播。

知青在盘锦

难以忘怀的知青岁月

◎鲁洪德

淘鱼之乐

1970年9月的盘锦大地,泛着金黄的水稻田平静地舒展着、延伸着,铺向那秋色遍野的远方。那颗粒饱满的稻穗儿低垂着、微笑着,暂且藏起丰收的喜悦,不言自丰。

☆知青战友(前右二鲁洪德)

我来到青年点已有几天了,逐渐熟悉了这里的环境。我所在的生产队地多人少,在农忙季节时,以知青为劳动主力军的那种与天争时、与地争食的紧迫感,是我们新青年还没有亲身体验过的经历。好在距离正式收割还有一段时间,因此大部分老青年都被派去割上水线、下水沟两侧一人多高的芦苇(像这样的农活儿,在全年几次大会战中还算是比较轻松一些的),以备日后烧柴之用。

另外我们70届知青刚来不久,还没有准备好割苇的镰刀,也没有大胶靴，所以生产队领导对我们的要求不像对老青年那样严，因此我们可以在青年点有一段比较空闲的时间。

我在与68届老知青这几天的朝夕相处中，发现他们并没有把自己当作从沈阳大城市来到这里的宾客，而是完全以新型农民的身份，充当着张家五队农业生产、生活的主力军，成了地地道道的青年点里的主人公。

这几天是辽河水最后一次向稻田地放水灌溉了。每年这个时候，当地有经验的老农都会抓住这个时机，在二干线（上水渠）的闸口处临时叠坝堵水，然后找些年轻力壮的小伙子，昼夜不停地尽快淘尽围堵在闸口处的积水。水落之后，随辽河水来到此地的大鱼、小鱼就会无处逃身悉数尽收。可谓是大自然为劳作了大半年的盘锦当地人馈赠的一次意外的恩惠和奖赏。

淘鱼这种繁重、超强的体力活儿，不是一般人能够胜任的。与我同住一屋的张林来、刘大为，还有隔壁寝室的于华乐、张胜利等其他几位老知青们，被选派到这支非常辛苦又充满期盼的淘鱼队伍之中。

值得一提的是，时任张家五队的李绍发队长，好心地为我们提供了这个机会，为的是让我们五队的知青们，在伙食上有个令人喜悦的小小改善，让大家都能吃上一顿鱼，沾沾荤腥、解解馋。

那时青年点的伙食简直是太单调了，早、晚餐是雷打不动的锅贴玉米面大饼子，只有中午是一顿大米饭，食堂大铁锅炖出来的白菜、土豆等几乎就很难见到油花儿。我们每天吃着如此的饭菜，用来维系我们年轻的生命，以致不会因农村中没有节假日休息、日复一日起早贪黑的农田劳作，把身体拖垮。

淘鱼干了一整夜的刘大为和另外几位老知青，在天蒙蒙亮时才回来，他们已经累得臂酥腿软、困乏难耐，进屋后便倒头大睡。张林来不知何时早已和另外几个伙伴出发了，此时大概正在二干线闸口处奋力淘水呢。

听说今天是最后一天淘水，然后就可以起鱼了。我和胡连芳、赵延昌怀着极大的好奇心，吃过早饭后，就直奔还不太熟悉路径的二干线。

一路上绕过条田化的一条条稻田地（新开垦的），顺着已割完芦苇的沟渠往前走，不远处看见还没割完芦苇的沟渠两侧，分布着许多老知青，正在挥镰

知青在盘锦

向前推进。我们几人几经周转，终于听见在前方不远处传来了"哗啦、哗啦"的淘水声，顺着水声抬眼望去，在一片已渐发黄的芦苇丛掩映下，影影绰绰看到了刘万志、福德子等几位当地老农的身影。等我们走近了才看清，在二干线的坝坡上，还坐着几位等待换人接力的老知青。

在距离闸口十几米远的渠道里，人们叠起了一道一人多高的临时小水坝。此刻张林来和于华乐两位老知青正面对面站在小水坝的两侧，每人双手握住两根麻绳，绳子的另一头拴在一个专门淘水的柳灌斗上，两人同时悠起柳灌斗，把坝里的水舀满，然后一齐用力，把满斗水悠向坝外倒掉。他们就这样一斗又一斗地重复着，机械地、不停歇地运动着，全力以赴地淘着围坝里剩余的积水。

我们三位新知青饶有兴致地看着。围坝里的水剩下不多了，浑浊的水面距离坝顶越来越低，水中已有急不可耐的鱼儿蹿跃出水面。越是到了这个关头，淘水的力度越需要加强，与此同时，人们盼望收鱼的愿望也越来越强烈了。

这时，福德子（盘锦当地青年）笑嘻嘻地和我们仨打招呼，"你们也下来试试淘鱼的滋味儿呗！"其实当我们来到这蛮刺激、蛮有乐趣的场面时，就有了跃跃欲试的冲动。当时我和胡连芳不由分说，急忙接过拴着柳灌斗的麻绳，模仿着两位老知青淘水的姿势，稀里哗啦地淘起水来。

干活这东西，你不服不行。看着老知青干得很自如、很容易，可是这柳灌斗到了我们两个新知青手上，淘了一会儿，不但没淘出多少水，反而把斗子不时地撞在小土坝上，累得气喘吁吁、大汗淋漓。有一次我脚下还没站稳就猛然发力，险些从小土坝上跌到水里，引得旁观的人哈哈大笑，真是出尽了洋相。

逞强是没有用的，它耽误淘水的进度。无奈之下我俩只好乖乖退下阵来，交由福德子他们继续淘水。

时至中午，围坝里的水已快见底了，浅水中的鱼儿蹦得更欢了。我们快速脱掉鞋袜，挽起裤腿，争先恐后地冲进坝底的水中，异常兴奋地追捕着四处逃窜的鱼。有鲤鱼、鲫鱼、鲶鱼、草鱼，还有脊背上直竖一根坚硬利刺的嘎鱼。这些鱼大小不一，大的有一斤左右，小的只有几两重。

眼前这次淘鱼小会战的胜利，使大家忘却了这几天的辛苦与劳累。此时此刻，我们每个抓鱼的人都兴奋得难以抑制心中的狂喜，忘乎所以地叫着、喊着、笑着，全然不顾飞溅在身上的泥水，四处奔扑着，全力捕捉着这即将来到嘴边的鲜鱼美味。一条又一条的大鱼、小鱼纷纷被装进了大水桶里，一场大获全胜的喜悦挂在了每个参与者的脸上。同时这也是我来到青年点的这些日子里，度过的最难忘、最快乐的时刻。

要说抓起鱼来，还属当地老农是高手。只见刘万志（大家都习惯称呼他老校长）不慌不忙弯着腰，脚下作半圆状向前蹚着水，两眼全神贯注地盯住水面，双手在水中不停探索着，向前迈进，一步一步地逼向坝内的一个死角，突然他双手向水底抓去，随即一条一尺多长的大鲶鱼被他从水中抓了出来。不甘被擒的大鲶鱼，奋力地甩动着滚圆、黏滑的身躯，随之甩出一条条漂亮的水涟，四下飞溅的水花落在了老校长的身上，也溅在他饱经风霜日晒、古铜色且堆满笑纹的脸上。

我余兴未消地靠近老校长忍不住问他："为什么你抓的都是大鱼呢？"他笑呵呵地对我说："一般情况下，越是大鱼越不乱蹦，它不像小一点儿的鱼，遇到点儿情况就晕头转向，拼了命地往水面上蹿。大鱼专门伏在水底下往犄角旮旯里钻，所以你的手尽量往水里的石头底下或是角落的深水坑里摸，那些地方管保有大鱼。"哈哈，原来抓鱼还有这么多的门道啊！

这次淘鱼的收获很令人欣喜，满满地装了六个大水桶。水中还剩下的小鱼、小虾，就交由几位老农用他们自备的小渔网去做收尾工作吧。

几位参加淘鱼的老农，考虑到我们青年点人较多，而且都在眼巴巴盼着这顿馋人的鱼宴，再说这几位淘鱼的小伙子又真是卖力气，所以就让我们挑走四桶鱼，余下的两桶，就由几位老农各自分了。

我们几位新、老知青满心欢喜，浑然不顾头上、身上溅满的泥水，兴致勃勃挑着四水桶战利品，一路说笑着，担不离肩地直奔青年点食堂。

淘鱼归来的喜讯迅速传开。在不算宽敞的食堂内，陆续汇集来许多人，大家七手八脚地帮着忙活。炉膛里的火已急切地燃烧起来了，收拾好的鲜鱼马

知青在盘锦

上就要下锅了，一群知青们，正在急切地等待着享用这顿期盼了几天的鲜鱼美餐。

劳动了一天收工回来的知青们，远远地就闻到了食堂里飘出的鱼香味，大家兴高采烈地议论着，纷纷走出各自的房间，拿着大饭盒、小饭盆、茶缸等各种餐具，不约而同地齐奔同一个方向——食堂卖饭口。此刻食堂内外的人越聚越多，欢声伴着笑语，鱼香伴着饭香，整个青年点的气氛就像过节一样。

那几年，知青在农村的现实生活当中，能吃上一顿鱼就是非常奢侈了。在盘锦地区知青的菜谱里，平时基本上没有鱼、肉、蛋、奶之类，每人每月只供应一两食用油。面对由二十来岁知青组成的垦荒种田劳动大军，政府没有任何特定的食品供应做保障，在生活物资极度匮乏的那些日子里，广大知青完全凭着一种坚定的信念，默默地迎接、无条件地忍受各种超强体力的劳动挑战，并克服着各种日常生活中所面临的困苦。

一顿鲜鱼美味饱餐之后，每个人都感到心满意足，浑身又充满了青春的活力。平时冷清的双杠前，一群热衷于体育锻炼的年轻小伙子，此时在夕阳余晖的衬映下，各自施展着刚劲、矫健、优美的杠上动作。

我和胡连芳则带上笛子和二胡两样乐器，在伙房外屋的饭厅里，饶有兴趣地吹拉起当时流行的革命歌曲。尽管天色已晚，食堂内也没有电灯照明，可是当优美的乐曲声传出不久，就吸引来了郎庆武、宋文涛、黄争平等几位男高音，随后又来了许多喜欢音乐的男女知青，他们放开歌喉，在农村文化生活极度枯燥的岁月里纵情歌唱。如《北京的金山上》，毛主席诗词《长征》等，充满激情的歌声高亢嘹亮、经久不息！

这歌声传遍了青年点，飞向不远处的户户农舍，飞向正在等待收割的水稻田。阵阵秋风轻挽起飘散的歌声，柔舞着漫漫的迷恋，飞向那秋高气爽深蓝色的夜空……柔和的月光悄悄地透过玻璃窗，照亮了我们知识青年独有的世界，不知是在抚慰着我们心灵的创伤，还是在增添我们明天的迷茫。

返回青年点

1976年的春节刚过,不想问为什么、也不容我在沈阳温馨的家中久留,大年初六这天,按照节前临回沈时生产队长的规定,全队知青必须按时返回青年点。

为了给队长留下一个好印象,争取在抽调回城时,在众多竞争的知青中略增一点儿砝码,我恋恋不舍地拎着旅行袋,心中一横便迈出家门。

我坐在通往火车站的六路无轨电车上,沿途看到许多扫大街的环卫工人。望着车窗外川流不息骑着自行车上班的城里人,联想到自己的知青身份,犹如一个大城市里的匆匆过客。一个年轻力壮的小伙子,竟然混成一副流浪汉的寒酸相,好似被流放到西伯利亚的囚徒一般,不由得一股悲凉涌上心头。我不禁扪心自问,难道我还不如环卫工人?偌大的沈阳城,是我从小长大的地方,怎么现在就没有了我的立锥之地呢?

环卫工人尽管工作辛苦一些,但他们的户口、粮食关系属于城里的,有月工资收入,喝着干净的自来水,偶尔还能适时光顾电影院、浴池、公园等公共场所。可我们知青呢?还得回到农村去,回到真正属于我们吃饭、栖身的地方,因为我们的户口、粮食关系及其他一切都在那里!

春节期间,一场降雪早已铺满了我的归程,坐了几个小时火车,银装素裹的盘锦大地就在眼前。茫然无助的我又回来了。

走下火车后我才发现,这次回点的只有六位知青,四男两女。其他绝大部分知青都没有回来,此时此刻他们仍留在沈阳家里继续过年呢。我凝视着通向青年点的八里地路程,遥望着一片严冬雪后的空旷荒凉的稻田地,呆呆地站了很久,周身上下仿佛逐渐麻木了、凝固了,真想立刻返身坐上火车逃离这个地方。

然而,残酷的现实摆在面前,无奈之下我们只好硬着头皮抓紧时间往青年点赶。刚刚离开喧闹繁华的大城市,猛然置身在这人迹稀少的雪野中,突然觉

知青在盘锦

得四处静得非常可怕。灰蒙蒙的天地间没有一丝风，方圆几里之内没有一点儿人气儿，只有我们六个人脚踩积雪时发出的"嘎吱、嘎吱"声。一路上我们几个人都不愿多说话，但彼此之间都能感受到那种冰心的惶恐和无奈。

20世纪70年代，盘锦的公路交通非常落后，到处都是土路，根本没有汽车可乘。唯一可以搭乘的就是赶路或是运输的马车、牛车。平时出行到哪儿去，只有靠自己的"11路"步行，就这样我们从火车站一直走到了青年点。

青年点的几排漫圆顶房子在静静地等候它的主人归来，房顶上、院子里到处都覆盖着一层厚厚的积雪。此时此刻，留守的两位知青（每逢春节放假时，都要留下两人看守青年点，他俩很可敬，也更悲催）也不知去了何处，四周空无一人。

今天很奇怪，早晨从沈阳出发时就是阴天，直到我们一行人穿着厚重的冬装踏雪跋涉八里多路来到青年点时，天气也没晴。

阴云笼罩下灰蒙蒙的青年点，荒凉、冷漠、毫无声息，死气沉沉地盯视着我们，好似一股袭人的寒流向我们迎面扫来。十几天前，这里还是众多知青欢跃着、忙碌着准备回家过年的热闹场景，可是今天竟是如此的静谧、冷清……我抬头仰望阴霾的天空，真想狂暴地大叫几声，可是又喊不出声来，胸口就像堵满一团棉絮，憋得喘不出气来。"这是什么地方啊？我怎么又回来了！"

欲哭无泪的我们，无奈地拖着沉重的双腿，神情木然地走进冰窖似的房间（屋内与室外的温度几乎一样）。稍作安顿后，就派一个人去百米以外的老农家寻找留守的那两位知青。因为又冷又饿的我们，急切地想与他们见面，一方面想传达一些沈阳的信息，同时也想让他们给我们热口饭吃。

冬季里天黑得比较早，此时屋内的光线已渐渐暗了下来。我伸手拉了一下电灯拉绳，咦！怎么没亮？难道是灯泡坏了？又过了一段时间，灯还是没亮。我站在越来越暗的屋子里，透过仅剩几块玻璃其余地方用塑料布钉上的木窗，望向南面不远处一片当地农民居住的房屋，那里也没有亮光，莫不是停电了？……

唉！这倒霉的日子！回来的第一天就赶上了停电，真是"屋漏又逢连夜雨"呀！怎么办？不能总这样摸着黑呀，情急之下只好又派一个人去老农家碰碰运气，看看是否能找根蜡烛来，好让我们几个不幸的人度过这严冬下难挨的漫长黑夜。

　　冰冷的房屋内安静得让人心里空落落的。回想起在沈阳家中随时都能喝上滚烫、干净的开水，而此刻我们想喝口凉水都没有。因为盘锦地区的水质非常差，地下水含盐碱度太高，即使打井打到100多米深也不能饮用，又苦又涩还漂着一层油花。平时青年点200多人的饮用水，都贮存在一个2000多立方米露天的大水坑里（春秋两季各引进一次灌溉稻田的辽河水，经过沉淀后饮用）。天气暖和的时候还好说，除了水中有些鱼虫之外，取水倒不困难。可是到了寒冬腊月，水位在坑中下降了一米多，并且在水面结上了一层冰，只留有一个缸口大的冰窟窿用来取水，而此时因为停电到处漆黑一片，谁也不愿去黑咕隆咚的吃水坑冒险取水。我们从城市中带回来的那种生机勃勃的喧闹感，家庭生活中的温暖感，此刻早已在四周一团漆黑的茫然等待中，消失得无影无踪。

　　梁启宇（鞍山知青）默默地卷起一支老旱烟，坐在炕沿边上"吧嗒、吧嗒"地大口吸着。我想不能再这样等下去了，立刻招呼他起身直奔食堂的外屋，打算找些稻草弄回来烧炕，可是进屋环顾四周一看，除了几个冻实心儿的酸菜缸摆在墙角之外，几乎没有任何可燃之物。

　　这时伙房外传来了熟悉的说话声，一道手电筒的光亮随即照射进来，顺着话音我看到了留守看点儿的吴世忠（74届、伙食长）他们回来了。原来他俩过春节这几天并没有在青年点吃住，而是被生产队长叫到家里一起过年，为的是不让他俩在空荡荡的青年点过得太冷清、太孤独……

　　吴世忠望着我们面露难色地说："今天没料到会停电，食堂里也漆黑一片，这么晚了，现在做饭也确实挺费劲的，要不然你们先将就一晚上吧！我从老农家借来了一根蜡烛，你们先点个亮。外边还有点儿稻乱子（脱谷后产生的乱稻草），你们先划拉点儿，凑合着烧烧炕暖和暖和吧。"面对此情此景，我们还能说些什么，只有互相理解吧！

知青在盘锦

我们一同来到屋外，看到雪地上有一个凸起的小雪包，大家伸手扒开上面的积雪，把雪下掩埋多日的一小堆稻乱子分成两份，一份留给女生，另一份我们抱回了男寝室。

借着微弱的蜡烛光亮，我划了好几根火柴才点燃了烧炕的烟火。今天外面是无风的天气，再加上多日没烧炕，另外稻乱子中还渗进一些残雪，很潮很湿的，所以一团稻乱子在炕洞中忽燃忽灭地沤着，不能尽快烧透烧旺。一会儿工夫，只见从灶口处不断地往回倒烟，一股又一股的浓烟瞬间就灌满了全屋，呛得我们几个男生不停地咳嗽，两眼熏得直流眼泪。不得已只好跑到外面的冰天雪地中暂时缓解一下，然后再憋住一口气，冲进烟雾里，继续调弄火情。

看到我们男生寝室敞开大门往外直冒黑烟，一位七四届的女生（忘了她叫什么名字）也打亮手电筒走了过来，她两眼含着眼泪怯怯地对我们说，另一位女生不愿在漆黑一团的青年点忍饥挨饿，担惊受怕，准备到关系较好的老农家暂过一夜，现在只剩下她自己孤身一人了。有点害怕，不敢一个人待在屋里。当时她那种孤单、无助、恐惧的心境是可想而知的。面对这突如其来的情况，我们几个男生也是觉得束手无策。

她本来是想和我们男生借火柴回去烧炕，准备独自一人在四壁徒空寒冷的女生宿舍里度过一个难熬的夜晚，然而看到我们烧炕时弄得这般狼狈，就犹豫不决默默地转身离开了。黑暗中望着她走向充满恐惧的孤独背影，我不由得心头一阵酸楚。她和我在沈阳的妹妹年龄相差无几，可是眼前的情景，她们的处境竟然相差得如此悬殊。

为了让我们的知青姐妹渡过这一难关，我和梁启宇拿着已燃了一半的蜡烛，挑拣了一些较干燥的稻乱子，来到她的房间，帮着她把半干不湿的稻乱子点燃填进炕洞里，尽量减少冒烟。一会儿屋里渐渐有了些热气，不再那么冻手冻脚了。她接过烧火棍，轻轻挑起地上较干燥的稻乱子，一点儿一点儿仔细地往炕洞里添着、烧着。过了一会儿，她抬起被火光映红了的笑脸对我俩说："谢谢两位大哥，我自己能行了，也不那么害怕了，我这儿还有从家里带来的面包，你们拿回去吃吧！也该早点休息了！"看着她慢慢放松了的神情，我俩心里也就宽慰了许多。临走时一再叮嘱她，如果有什么事儿，就赶紧过来叫我们。

我俩回到屋后，弥漫一时的烟雾已基本放净。摸着黑尽快把门关好，几口吞下手中的面包，急忙上炕准备睡觉。虽然炕上刚刚有点热乎气，可屋里还是冷得很，最后只好头上戴着棉帽子，棉被上压满棉大衣、棉裤等物，身子在被窝里蜷缩成一团儿，在到达青年点的第一个漆黑寂静的寒夜中慢慢入睡。

是啊！在那个不知未来在何方的年代里，知青身临困境的时候很多，最重要的是我们不气馁、不放弃。在困难面前要看到成绩，看到光明，要提高我们的勇气。因为在沈阳那间还亮着灯的房屋里，含辛茹苦白发日添的妈妈在等着我，盼望儿子早一天回到她老人家身边。

可喜的是就在那一年，中国政局发生了翻天覆地的巨变，我非常有幸在年底的时候，被招工抽调回到了日思夜盼的沈阳。

这一切说明了一个不容置疑的历史事实，那就是环顾世界上所有的国家，唯有中国存在着独有的、数以千万计的知青群体，这发生在地球上的一切，好像都是上天的神明有意的安排。我们无数知青已经无可避免地在中国大地上，度过了这刻骨铭心的岁月，同时也由我们这代人见证和书写了这段知青史！

抗洪抢险有感

8月中旬是盘锦地区的雨季，一般下大雨就是老天爷给知青们放假，不用出工在稻田地里弯着腰拔一天杂草了。那是1972年8月，滂沱大雨从前一天夜里就下个不停，第二天又下了一整天，大家都想趁此良机在青年点睡个好觉。白天除了几个知青放水员冒着大雨出去巡视稻田水情之外，各个寝室都很安静。

到了晚上，外面的大雨仍在"噼里啪啦"地敲打着门窗。就在我们渐渐入睡的时候，忽然听到生产队长在雨中一阵紧似一阵地呼喊声："快起来！快起来！大水要来了！要发大水了！"一会儿工夫，聚集着三个小队知青的青年点，各个房屋的灯全都亮了，大家都迷迷瞪瞪地坐在炕上不知所措。

知青在盘锦

这时我听到生产队长在屋外向连长、指导员下达着命令："全体男青年跟我上大坝抗洪抢险,女生留下看家,要是洪水来了,什么也不能要,找块木板或木头抱着,漂在水里保命要紧。你们男生赶快带上筒锹、穿上雨衣马上集合出发。"

面对这突如其来的紧急情况,我们也不知接下来会发生什么,就跟随队长冲进了黑茫茫的雨夜……

一路上我们几乎是在一片积水中向前小跑,分不清哪儿是道路,哪儿是"上水线",哪儿是"排水沟"。因为在正常情况下,"排水沟"普遍要比"上水线"深一些,平时水位比较低,很容易辨认,而此时"排水沟"都满槽了,而且淹上了路面,说明这雨水已经排不出去了,几千亩稻田里的水已经饱和了。看到这一切,我的心顿时紧张起来。

沿途上我们遇到了一队又一队的青壮年爷们,他们也都感到这两天连降的大雨确实超乎寻常,无情的洪涝灾害随时都可能发生。面对这无法预测的险情,所有在风雨中向东面新开河大坝奔突的人们,心中只有一个念头,就是刻不容缓地尽快赶到抗洪抢险的第一线!

瓢泼大雨中的新开河大坝上,已经有很多人比我们先期赶到了,无数道手电筒的光柱在风雨中交错闪动着。我们快速冲上坝顶,猛然间才看清,汹涌奔腾的河水离坝顶只有三十多厘米了,眼看就要漫过来了。平时栽在河床中十几米高的大树,现在只在水面上露出了树冠,看上去就像一堆堆矮灌木丛。黑黑的河水发出怪叫声,打着漩涡一浪拍着一浪地急速向南漫去。我们知青从来没见过这么令人心惊胆战的场面,站在风雨中手足无措不知做些什么。

李绍发队长不愧是铮铮硬汉,在大家处于恐慌、无序的情况下,他从容、镇定地把我们带到分配负责抢险的地段。在离开大坝十几米远的地方,第一个用筒锹挖了一大块泥坨,然后端起冲到坝顶牢牢拍实。就这样我们张家五队的几十名知青和青壮年农民,争先恐后地挖起泥坨,冲到坝上拍实垒高。尽管大坝上所有抗洪的人们拼了命地蜂拥而上,但我们在雨中用一锹一锹泥坨垒起小土坝的速度还是没有河水上涨的速度快,而且在水势大时也根本不堪一冲。

这时场部的一位负责人跑来让我们去领草袋子,原来他们调动了农场内大部分拖拉机、马车冒雨送来了救急的草袋子。草袋子可以在装满泥土后运送到坝上，再一排排码实增高，这样可以加快应急防洪堤的垒坝速度，同时也保证了应急防洪堤的安全系数。

无情上涨的河水呼应着不停歇的大雨，如同一道无形的军令，它逼迫着所有抗洪抢险的人们，忘记一切地与肆虐的河水全力抗争。湿漉漉的草袋子装满连泥带水的泥坨，足足有六十余斤甚至更重，被我们一袋又一袋地扛在肩上，冒着倾盆大雨，在黑暗中蹬上湿滑、陡斜的坝坡，源源不断地送到坝顶上。此刻争分夺秒是我们义不容辞的责任，电闪雷鸣的雨夜中，我们用草袋子垒起的应急防洪堤越堆越高、越堆越宽，并且和相邻的两个小队的应急防洪堤连接起来了。

人们舍生忘死在黑暗的雨夜里奋战了几个小时之后，满天乌云的东方也慢慢露出了亮光。天上的降雨似乎渐渐小了一些，就在人们稍稍松懈想休息一会儿的时候，再看晨光中的新开河水，渐露狰狞狂野奔流，不但水位没有下降，反而又上涨了十几厘米。堤坝上的人们大声惊呼着："不好！不好！水又涨上来了！"瞬间每个人的神经又重新紧绷起来，惊出的冷汗伴着雨水湿透了全身。

此时此刻，大坝上的人们才真正清醒地意识到，保卫家园的重大使命就寄托在我们身上。我们的身后就是留守家园的妇孺老人，还有他们的房屋、财产以及青年点和几万亩快要成熟的水稻，一旦爆发洪涝灾害，后果不堪设想。

险情在增加，一分钟也不能停下来，在大雨中奋战了几个小时的人们，又重新投入了紧张惊险的护堤战斗！

知青们组成的抢险队伍阵容庞大，可称得上是抗洪一线的主力军。我们个个年轻力壮、身手敏捷，而且政治思想觉悟也比较高。随着一声声呐喊"冲啊！冲啊！"我们就如同战场上的突击队一样，纷纷扛起装满泥坨的草袋子，一轮又一轮地飞快冲上坝顶，冲向险情最大的地段。冲向最需要我们的地方！

在这危及人民生命财产安全的紧要关头，广大知青都表现出了无私无畏的勇气和力量！那一刻我相信，我们都想着一个"公"字，绝不会想到"私"。面对自然灾害绝地抗争的关键时刻，无数知青展现在抗洪大堤上惊心动魄、众志成城、震撼人心的场面，将永远铭刻在我的脑海中。

知青在盘锦

这时天边的云隙处透出几道白亮的光线，漫天的飘雨虽然不大，却没有停下来的迹象。按照上级的指示，必须连续作战"歇人不歇马"，趁着雨水渐小的间歇时机，我们可以轮换着去吃早饭，然后再继续挖泥、装草袋子、把草袋子扛到坝上。经过一上午的拼搏奋战，我们筑起的应急防洪堤已有一米多高。

到了中午的时候，连降两天的大暴雨终于停止了它肆意横行的脚步。坚守在大坝上的抗洪大军，终于迎来了雨过天晴的时刻。

我们脱下浸满雨水、泥水、汗水的雨衣，站在坝顶向四处望去，只见对岸堤坝上也布满了众多护堤抢险的人群。这场连降两天的大暴雨，已使新开河变成一个时刻想吞噬我们家园的魔兽，严重威胁着两岸居民的生命财产安全。奔流不息的新开河水，此时在阳光的照射下，也略显平稳许多，水位虽然没有继续上涨，可暂时还没有下降的趋势。

我们脱下雨衣之后，浑身觉得轻快了许多，人人都光着膀子，头顶着八月午后炎炎的烈日，继续向坝顶扛运草袋子。尽管我们的肩头、后颈处被粗糙的草袋子磨红了、压肿了、磨破了，可是谁也不叫苦，咬牙坚持到了下午五点多钟。

这时不远处各个生产队的后备大军陆续赶来了，他们送来了食物、饮用水和一些应急的工具，还给我们搭起了临时帐篷。

当夜幕降临的时候，一度肆意奔流的新开河渐渐恢复了平静。遵照上级领导的指示，全体抗洪人员不得放松警惕，继续连夜坚守在大坝上，随时准备应对突发的险情。队里领导除了安排一部分人员继续监视水情之外，让大部分人员都撤回到帐篷里休息。

劳累了近20个小时的人们，极度疲惫地拥挤在用草帘子搭成的人字形临时帐篷里。在河堤上搭的帐篷又低又矮，里面又闷又潮，大家在湿乎乎的地上铺上几个草袋子，忍受着蚊虫的叮咬，艰难地熬过了这不寻常的一夜。

第二天是个天气晴朗的日子，这一切可以表明，糟糕的雨天已经过去了。汛情的减缓，使得我们一直紧绷着的神经开始放松了，大家的心情豁然开朗。防汛大坝上的人们，暂时停止了继续筑坝的紧张工作，全体处于待命状态。

望着一寸一寸慢慢下降的河水，以及顺着水流不知从哪儿漂过来的西红柿、黄瓜、茄子等蔬菜，几位游泳好的老知青忍不住游向水中，兴奋而轻松地截捞着。看着他们在水中自由地游来游去，我这个旱鸭子站在岸上看得好眼馋。过了一会儿下水的人开始多了起来，他们有的是去游泳玩耍，有的则站在河边浅水处，借机洗一洗粘在身上的泥水和汗水。我从小到大就不会游泳，更不敢轻易下到这流动的河里，当我看到站在浅水处的人们安然无恙时，才决心到水里试一试。来到水中试探着走到齐腰深时，就再也不敢往前去了。

这时，老知青曲殿会展示着标准的蛙泳姿势向我游过来，他看到我满脸神情紧张的样子，就猜到我不会游泳，游到我身边后，站在齐腰深的水中善意地开导我说："学会了游泳对你今后有好处，就是遇上了再大的水也不怕，比如蛙泳、仰泳、踩水之类的，就算是学会'搂狗刨'在水里也不会沉底。"说完他用手指向一些在水里来回游动的当地农民。

联想到两天来面对大水即将祸及自身安全的亲身感受，我被他的话打动了，决心学一学游泳。曲殿会告诉我说："你先用力吸一口气，然后憋住，闭上眼睛全身下蹲到水里，这样身体就会自己慢慢漂上来，等到漂出水面时赶快抬头换气，双手向前伸出，然后用力向后划回到胸前，两腿分开弯曲再用力向后蹬水，这样反复运动就是蛙泳的姿势了。"我马上按照他的指导试了一遍，果然整个身体漂了起来，还向前划出一段，等我"噼里扑通"出水后站起身来，双手赶紧从脸上往下抹水睁开眼睛的时候，看到曲殿会大哥就站在我身旁，这会儿我心里有底了。

真的没想到，在我的一生中，在抗洪抢险的新开河里，在曲殿会大哥的亲自指导下，经过了一番反复实践，我竟然初步学会了蛙泳。尽管游出的距离有限，还呛了几口水，但从那以后，我下到水里再也不用担惊受怕了。

就在当天傍晚的时候，不知为何对面的堤坝上竟空无一人，我们吃过晚饭后又钻进了低矮潮湿的临时帐篷。到了下半夜三点多钟的时候，朦胧中听到河对面一声巨响。等到天大亮时，我们走出帐篷惊讶地看到，河里的水已经下降了一米多，并且还在迅速地下降。后来我们才得知，为了保住新开河西面大面积的水稻田和辽河油田，上级命令由工兵部队运来一卡车炸药，忍痛炸开河东

知青在盘锦

面的堤坝,让大水淹了东部地区的旱田地及农庄。为的是"丢卒保车",让水灾产生的损失减小到最小。

  两天后,当我们完成抗洪抢险任务后,场部领导决定让知青全部提前放假回家。当火车驶过新开河进入河东地区那一刻,映入眼帘的到处都是一片汪洋,水面上只有几条小船在划来划去。露出水面的几条堤坝犹如一座座孤岛,分散着一些临时帐篷,遭受水灾的农户们,一家老小都躲在那里,等待着、煎熬着、不知大水何时退去……

  火车在水中的路基上开得谨慎小心,一点儿一点儿地前行,慢得就像老牛车。突然间火车停了下来,难道是泡在水中的路基出了危险?如果我们被困在这前不着村后不着店的一片汪洋中,那可怎么办?一团恐惧的气氛立刻袭扰了整趟列车。大约过了十几分钟,火车又徐徐开动了,就这样火车走走停停、停停走走,我们都提心吊胆地坐在车厢里,盼望着早些离开这恐怖的地带。平时火车通过这里只需十几分钟,可是那一刻足足开了近两个小时。谢天谢地!最后我们终于有惊无险地脱离了水灾区。离开了遍布凶险的水灾区后,火车立刻加足马力一路狂奔,把刚刚经历了一场与无情大水进行过紧张、激烈搏斗后的知识青年,安全地带回了他们日思夜想的可爱家乡——沈阳。

  当年抗洪抢险的经历,已经刻在我们知青岁月的篇章里,如今回想起来,还是蛮刺激的、蛮激动人心的。

知青之路

我们曾经在一起,
走上一条知青的路。
抬眼望去,
雾蒙蒙、野茫茫,
不知尽头在何处……

为了生存,

我们任由时代的鞭打,
绝地抗争,
哪管它荆棘丛生、坑洼遍布。
于是千万只脚踏了上去,
狠狠地将这条路踏宽、踩实,
前呼后应、义无反顾!

忘不了在大雪封门的严冬里，
滚滚呛人的浓烟从冰凉的炕洞里冒出。
忘不了在风清月朗的夏夜中，
思乡的泪水在潮湿的被窝里汩汩如注。

北风呼号的工地上，
不屈的肩头担出条条沟渠堤坝。
烈日炎炎的骄阳下，
稻田地的条条垄沟里重叠着知青的串串脚步。

青涩的芦花，
随风在窃窃私语，
远望着心仪的人儿，
顾虑重重真情怎敢吐露。
远在家乡的爹娘啊！
盼望儿女早日回家团圆，
殊不知在回城的路上，
我们都在用唯美的青春做着最后的赌注！

曾经共度的艰难岁月，
承受了不该属于我们的千辛万苦。
曾经铭记的患难与共，
增添了青春赋予我们的相携互助。
知青的路上，
我们手挽手、肩并肩，
共同走了过来。
如今我们再次相逢，
诉衷肠、一见如故。

一曲深彻大悟的壮歌，
非同凡响、经常回唱。
一条知青岁月的大道，
同心共进，春光永驻。

2016年5月8日

鲁洪德 1970年9月从沈阳五中毕业下乡到盘锦大洼新开农场张家五队，普通知青。1976年12月抽调返沈，在辽宁省机械施工公司机运处工作，普通焊工。1984年工作对调到沈阳八王寺汽水厂三车间维修班，普通工人。1994年至2013年在沈阳可口可乐工程部水暖维修班，焊接维修工人。2013年6月退休。

上山下乡记事

◎褚广有

一、插秧会战

"大战红五月,不插六月秧。"这是当年盘锦地区家喻户晓的革命口号,也是战斗指令。

☆褚广有

1970年5月1日,田间地头上,我所在的太平公社张家大队第六生产队,生产队长刘树青在排兵布阵:尖兵小组是王学海大哥、刘树发老哥、郑明义、郑明元四名社员,负责在育苗床上铲秧;主力部队是若干个"三人小组"(俗称一盘架),一人挑秧,二人插秧;断后小组由刘队长和我组成,负责清理耙平那些边角地块,不浪费任何已开垦的土地资源。插秧主战场由政治队长张连纯指挥,男女老少齐上阵,拉开了大会战的序幕。

东方露白就下地,夜幕降临才收工。紧张有序的会战进行了三十天已接近尾声了,生产队南北东西的不规则地块都被刘队长和我挖高、填低、灌水、洗碱、耙平,只待今天最后插尾秧收零了,插完这些地段就可以宣告会战结束了。我和刘队长转移阵地加入了最后的插秧冲刺,我负责将没插到边的、漏插的、没插好漂起来的地方都给补上秧苗。这项任务给了我观赏插秧大军壮观场面的机会。数十名沈阳、大连的男知青挑起圆形挎篮竹筐，在坝棱上一悠一悠地穿梭行走，把带土的秧苗送到那些插秧的女知青和女社员身边。偌大的南北水田排列数十个插秧小组，齐头并进，无一示弱，时不时地还有人喊："大干红五月，不插六月秧，坚持到底，夺取胜利。"我补上十几处地段后，时间过了大约两个小时，我再回到主战场就看到了前后之分，只见刘队长的姑娘小金子右手犹如雄鸡啄米，她的队友大连姑娘王倩伟好似蜻蜓点水，两人一高一矮、一粗一细、一白一黑，好个英姿木兰，动作迅捷协调一致，远远望去哪是插秧，分明是在表演水上杂技，碧绿的秧苗在她俩的双手扦插下亭亭玉立且无限地延伸、笔直地前行。排在第二位的是大连女知青张淑琴和杨君华，别说父母，就是哥哥姐姐对她们也都是捧在手心里，疼爱有加，啥时受过这等苦，在家里是娇孩，可在这水田里看不出一丝一毫的娇惯，两人精粉一样的脸蛋已是溅满泥点，伸一下腰，抹一把眼角的汗水，带土的秧苗在她俩手里瞬间神奇地挺立水中且迅速增量。紧随其后的是沈阳知青沈安华和"老面太太"，这两人一个活泼、大方，一个无语内向，可干起活来却手头麻利，不甘落后，手插秧苗的动作也似燕子掠水一般给人一种美感。看着她们柔弱的躯体却展现一种果敢、刚毅、勇往直前的风采，瞬间一股催人奋进的热流透过我心，荡我灵魂，鼓我斗志，壮我精神。

　　日近中午，我看到了令我惊讶的难以忘记的另一幕。在最西边的育苗床附近的坝棱上出现一个人，他挑着和别人不一样的挑子，前后两个大四方盘，像两个豆腐盘，疾行如风，很快从东西坝棱转到南北小干线上，由北向南挺进。我顺势尾随，一探究竟。在小干线和坝棱上行走，脚下踏的是硬土，但到了插秧的地里也就是向稻田中心转移的地块，挑秧的人就得下到水田里行走，这时我看见那个人两手一左一右提着两个大盘，防止秧盘没在水里冲掉秧苗根部的泥土，他很吃力地和两个豆腐盘并排前行，看此人也就一米七二三高，由于盘大臂长所限，在前进的途中，不是左盘碰他一下，就是右盘碰他一下，在稻田里艰难地行走到插秧人的附近，卸下双盘，将大块的带土秧苗一块一块捧到不同的地方，这时我才看清这个人是和插秧最快的那两个人一盘架，等他卸完

知青在盘锦

全部秧苗走出稻田踏上坝棱时，我已到他身前。首先映入我眼帘的是那两条青紫斑斑、伤痕重叠的腿，我抬起头来看清了他整个人，刺锅子发型，酱紫色的方脸上有一副近视镜，镜片上满是汗水，赤裸上身，一副宽宽的竹扁担横在肩上，肩头已磨破有血印，双肩宽阔，大头肌隆起，腹肌成块状，下身穿一条短军裤，腰围很细，典型的"虎背猿腰"。天哪，这不是绰号"老狗"的我的同班同学吗？怨我这一个月来尽和老刘队长平地耙地单打独斗了，有时刘队长还要四处巡查一下，只剩我自己，基本上收工最晚，没和大家在一起，又和他不在一起住，竟不知我的好兄弟天天如此。

"老狗"挑起秧苗挑子由南折北向育苗床方向走去，同学们之所以称他为"老狗"，缘于忠诚是狗的品性，望着他渐行渐远的背影，我陷入了沉思……

中午在厨房打完饭三口两口下肚后，我向刘队长家走去，因为王倩伟、张淑琴、杨君华就住在刘队长家里屋。说起"老狗"，张淑琴说，看他肩头和腿都破皮了我们心疼啊，可又有什么办法呢。杨君华说，我把新毛巾给他缠在扁担上了。王倩伟说，插秧前3天"老狗"接连挑断7根扁担，张家供销社的扁担没货了，张队长把他家里的竹扁担给了他，怕挑断了，中间给打了个背子。刘队长说，这个老弟太实诚，太不惜力了，虽说人长得壮，可是肚子空啊，哪担都在200斤以上啊，已经挑了30天了真怕把人累毁了。刘队长的姑娘小金子说，俺老叔太能干了，给俺们挑秧不算，还给那些供不上秧的小组挑，俺队谁也没有他出力多。

午休后，最后的扫尾战斗打响了，所有人分到四面八方去插那些边角地块，张队长说了，啥时候插完啥时候收工，大会战结束。虽说有几十盘架，但是要在一个下午插完那些我和刘队长平整了30天的边角地块，也不是一件轻而易举的事。所以大家迅速投入战斗。经过一番艰苦劳作，终于在夕阳西下时插完了最后一块稻田。这时我和刘队长还有"老狗"站在稻田里望着一眼看不到边的一垄一垄的秧苗向我们点头，似乎说你们该休息了。就在此时"老狗"突然感觉口腔内有股咸腥味，不由自主地吐出一口赤热，慢慢浮在夕阳映照下的水面。鲜红衬托了晚霞，点缀了绿色的稻田，刘队长弯下腰，去追逐那捧浮红,当他抬起头时双眼满是泪水,哽咽着说:"老弟啊,你让俺的心疼死啦!"

那年,"老狗"不到20岁。

二、苇海刀客

每当数九寒冬,北风呼啸之时,我就会想起40多年前第一次进入苇塘做割苇人的经历。盘锦市境内有世界面积最大的芦苇荡,120万亩,分为五大苇场,其中辽滨苇场、赵圈河苇场由大洼区管辖,东郭苇场、羊圈子苇场、新生苇场由盘山区和新生农场管辖。当年60万吨芦苇全部靠人工一镰一刀割下来,需要3万人,而当时苇场的工人加起来才1600人,因此大量的劳动力调配由省政府统一指挥。每年冰冻三尺后,千军万马的割苇人就一拨一拨地开进五大苇塘,收割结束要在春节前后放火"炼塘",消灭虫害,提高地表温度,有利春芽萌生,提高芦苇产量。俗话说"人人苇塘,驴进磨坊",无须解释,大家都知道是怎么一回事。然而在上山下乡那个年代,想遭那个罪还不容易呢,为啥?因为穷啊,进苇塘干活不仅能吃饱饭,更重要的是能挣补贴,对于年年吃返销粮、工分倒挂的曙光农场张家大队第六生产队来说,多年不见一分钱,遇到能挣钱的事好些人都想去,也有好些人不敢去。当时的情况是知识青年一般不考虑,当地农工一得身体壮二要能吃苦,具备这两个条件后优先特困家庭。那年我已经是生产队长而且特有力气又肯干,于是我成为一名"苇海刀客"。

出发前,换了长柄镰刀,拴上绳子,套在手腕上,可以借力又可以防止割苇时镰刀脱手,找出旧的棉胶鞋,鞋码大一号,正好垫上鞋垫缠上包脚布既防寒又防割伤脚趾头,揣上一小块磨刀石,捆扎好行李等待出发。富裕的地方进苇塘都有配套装备,脚上要有坚实的牛皮底皮靴,既防寒又防苇茬扎脚,小腿干处要戴牛皮护套,腰部要有帆布围裙,胳膊要戴套袖,脑袋要戴毛皮帽子,手上拿专用长把拴着牛皮绳腕套的镰刀,配有长方形磨刀石,总之全副武装。穷困的地方老乡们则在肚腹处、小腿处、胳膊处、棉鞋上缝了很多层叠的布块,看上去怪怪的。对于我来说,只能干净利索、无牵无挂地进苇塘了。

知青在盘锦

浩瀚的苇塘一望无际。我那年去的是羊圈子苇场，地域是28万亩。我属于先遣队的一员。我们的任务是先赴苇塘割一些粗苇子带回住处制作捆绑苇子的"要子"，我们的住所实际上就是一个土坯房，房子比较矮，紧西头的一间是带工的人和做饭的人住，中间一间是厨房，垒有锅灶放两口大号铁锅，东边是一长间，相当西面屋的两倍，没有门，南北两面各有一铺土坯炕，即大通铺，南向有一个窗户，临街一面有两扇木门还合不拢，我们22个人就睡在这两铺土炕上。

凌晨3点左右，我们被做饭的人喊起来，个个睡眼蒙眬，迷迷糊糊吃完大米干饭和盐豆子，揣上一块由锅巴包着的大米饭团，顶着星星出发了。寒冷的北风肆虐地扫着脸庞，我们弓缩着躯体前行。第一天没用一个小时很快地就到达了划分的地域，借着星光的微亮挥舞起镰刀，开始了割苇人的劳作。夜晚的寒冷使苇秆结了一层冰霜，虽说手上戴了一副线手套，还是感觉到一种冰痛，不敢使劲握怕被粘住，不大一会儿左手就冻麻了。待到太阳升起之时情况就不一样了，左手的麻痛缓过来了，也可以放心地使劲拢苇秆了，这会儿大家也已经挥汗如雨了。干到快正午时，带工的喊一声"歇着了"，这时大家停下来，用捆扎好的芦苇挡住风口。虽然阳光照进苇塘，但旷野之风朔风如刀，逼入骨髓，不用苇捆遮风根本抵挡不住冷热煎熬。坐在苇捆上掏出怀中的锅巴饭团嚼两口，再用镰刀背敲碎脚旁苇叶少的洼处冰面，砸下若干小碎冰，往嘴里放几块当水喝，等把整个硬饭团吃完了，站起身来伸伸腰，甩甩双臂，蹬蹬两腿，舒展一下筋骨，稍活动会儿。极目远眺，一望无际的芦苇荡随风起伏，在阳光照射下，一人多高，美丽的芦花闪耀着缤纷的色彩，自有一份潇洒、一种壮观。中午吃饭、嚼冰、休息也就半个小时，随后又开始了劳作。临近夕阳西下时，每个人都乏力了，开始收工往回走。在回来的途中，要把割好的专人打捆的苇子集中在一起码垛。我们割苇分两拨，一大拨人负责割，一小拨人负责捆，每天收割的苇子记在集体账上，不分记在个人头上。我们刚开始扛一捆，到后来筋疲力尽时只能两手拖一捆，把当天割好的苇子在不同地段码好垛后，再把事先挑出来的好芦苇扛在肩上带回住处。到了宿营地，不是先吃饭，而是把芦苇铺在地上，拉着石滚子转圈碾压，把苇子压裂开了，压平顺了，把劲儿释放出来了，这时可以吃晚饭了。大米干饭炖大白菜可劲儿造，吃饱了算。20多人吃的大白菜里有半个猪肉罐头，那时没有豆油和猪大油，一个猪肉罐头分两次下锅，吃完晚饭把压好的芦苇拿回房内，扭好要子，为第二天捆扎割好的芦苇用。最后一件事是把镰刀磨锋利了，然后才能睡觉。那年头谁也没有手表，不知道准确时辰，约莫9点了。

躺在没有热度的土炕上，只能依靠自己的体温把被窝捂暖。虽说房屋不高，然而唯一的南窗有多处缝隙都在透风，房间没有内门，旷野呼啸的寒风又从合不拢的外门涌进来，明显感觉冷风嗖嗖，每个人都把棉帽子戴在头上。第二天起床个个眉毛上有白霜，几天过后胡须长出来了，和眉毛相同也结下了白霜。如果谁在半夜起来解手，那可有点麻烦了，再要进入你的被窝就要鼓捣半天把左右两个占你地盘的人挪开，有时你挪开这个，那个又翻身过来。这期间还闹出一个哭笑不得的事来。有一个老乡比较瘦小，他身边的左右两人恰恰又很高大，他累了半天也无法再爬进自己的领地，连冻带气竟哭号起来，最后惊醒了梦中人，他才钻进了被窝。

第二天凌晨3点，做饭的人又把大家喊起来，头一天的动作机械地重复一遍，睡眼蒙眬吃早饭，揣上饭团，拿上镰刀，扛上苇要子，带上绑苇专用架子和打捆用的绞杠，头顶晨星向苇塘奔去。由于每天在划定的区域内不断地收割，因此每过一天，从宿营地到有苇子的地方就远数百米，而晚上收工的时间也相对提前一些，这样有效劳作时间一天天减少，收割苇子的数量也随之天天减少，所以在遇到苇子稀疏的地块就采取"集中火力，中间突破"，即缩短横向距离，尽快越过这不出活的区域，遇到芦苇茂密的地段就实行"两侧迂回，围而歼之"，即由割苇最快的两个人向两侧搞弧线斩割，拉开横向距离，扩大可控制厚苇地域，将大量的密集芦苇收入囊中。这种灵活机动的战术全仰仗带工的聪明智慧和实战经验，没有苇塘经历是不能恰到好处地下达指令的，同样时间割密度大的苇子和割稀疏的苇子那可是天地之差，有一个好的带工真是太重要了，他能给割苇人带来直接经济效益。

割苇前三天，无论使多少力都赶不上老乡割得快。我就多看他们的动作，

知青在盘锦

特别是那个割得最快的老哥的手法。渐渐地悟透了，一周后和所有的人平分秋色了，十天后可以和老哥分庭抗礼了，割到最后我进入前三名，遇到割铁秆苇子我可以名列第二了。铁秆苇子顾名思义如铁一样坚硬，割这种苇子不能贪多，贪多不仅割不断，反而要滑刀，甚至崩刀。割时必须把刀磨出锋刃，下手时带些倾角，靠寸劲一刀斩断，此时往往有一种成就感，在精神的导引下，会减轻疲乏感，保持相当一段时间的力气，一举歼灭不多见的"铁秆"。斩首铁秆后，虽然很累，但是依然能麻利地继续战斗，就像扛200斤麻袋走了一段路放下来，觉得很累，但再扛100斤的麻袋就太轻松了的道理一样，干劲儿十足。

  黎明前的黑暗是最可怕的，遇到没有星光的凌晨奔赴苇塘是最困难的，也是最危险的。伸手不见五指，可视度几乎为零的情况下，寒风如刀割着眼鼻，只能靠不间断的发声来引导，深一脚浅一脚地前行，凭借带工的经验使队伍不迷失方向，耗用双倍时间到达割苇区，黑暗带来的恐惧战胜了北风凛冽，脊背竟沁出了汗珠。在割苇的最后两天凌晨和黄昏基本都在路上了，只不过是早上奔向越来越远的有苇之地，而黄昏则是在码完垛之后在累极饿极的状态下步子缓慢地返回宿营地。就这样每天抱星而起伴月而归，内容不改，动作依旧，机械重复，持续循环了22天（上级关怀最贫穷的生产队恩惠更多的收割任务），终于无苇可割了。所分配划定的区域到了边界，左、右、前三面都透了亮，苇塘变得无限空旷，各路大军会师了。第一阶段苇塘会战宣告胜利结束，紧接着又开始第二阶段的战役，那是别人的事了。我们这伙人每天凌晨3点起床到晚上9点睡觉，上午和下午没有休息时间，减掉凌晨、午间、晚上吃饭休息3个小时，每天劳作15个小时的程序不变，疲惫不堪，机械乏味，饥寒交迫的艰苦生活结束了。《诗经》中有"蒹葭苍苍，白露为霜。所谓伊人，在水一方"，而踏进芦苇荡的万名"苇海刀客"却无法体会到诗人关于芦苇的诗情画意，他们满脸污垢，须发蓬乱，两手皲裂，衣衫烂碎，有的腿脚伤痕斑斑。

  征战苇塘，我的快乐是掌握了一门农活技能。我的损失是左脚的棉胶鞋前头被割破了两处，漏了一个洞，所幸脚趾头无伤，两只鞋底被苇根斜茬扎得千疮百孔，再一个损失是右腿小腿处挨了一刀，是第一次割铁秆苇子时滑刀了，

☆会议留念（三排左一褚广有、一排左三张铁生）

幸运的是收刀及时没殃及皮肉。第三是外衣外裤磨得惨不忍睹，我的麻烦是内衣内裤滋生了许多我最厌恶的东西，真想一把火烧掉，可是无钱购买新装，只能用沸水烫杀它们，然后静下心来以极大的耐心和充足的时间，把它们的皮屑一点一点清除掉，还我衣裤清白。我的收获是经受住了一次特殊的洗礼，即饥饿、寒冷、苦累、危险的考验，使用低级装备完成了艰苦的任务。我的感悟是穷则思变，为了实现目标，人的潜能是无限的。

当年根据割苇的经历，我写了一首诗，还得到了农场知青组长"五七战士"刘家坤的称赞，说我有革命的乐观主义精神。

割苇人

凌晨寒空闪烁星，北风割面躬身行。
饥餐怀内锅巴米，渴饮脚下枯叶冰。
挥镰割苇暖阳落，收刀码垛冷月升。
夜卧土炕躯体倦，熬筋炼骨锻忠诚。

2016 年 10 月 28 日

知青在盘锦

褚广有 1950年12月生人，大连第四中学六七届初二（五）班毕业生，1969年3月16日下乡到盘锦垦区太平公社张家大队第六生产队落户，曾任张家大队"一代新人"青年点点长、第六生产队政治队长、大队团总支书记、大队党支部副书记。

1973年6月30日加入中国共产党，截至入党前主动放弃6次招工招生离开农村的机会，曾多次荣获盘锦地区知识青年积极分子称号，曾作为盘锦地区知识青年代表参加1973年8月辽宁省上山下乡知识青年工作会议，1974年2月参加盘锦地区第一期工农兵干部学习班学习。

1978年7月回城，是大连地区下乡到盘锦符合回城条件的最后一个回城的知识青年。回城后在大连轻工机械总厂带级学徒，历任铆链车间主任兼党支部书记、党委办公室主任、总厂生产科科长。1993年任大连电梯厂厂长兼党总支书记。曾多次当选大连轻工机械总厂和大连市轻工业局的优秀共产党员。1996年任大连皇家电梯有限公司总经理兼党总支书记。2010年12月退休。

回 首

◎谭延龄

一、报名

当我启动记忆的闸门,在纷繁的思绪中整理出清晰难忘的一幕,把它重印脑际的时候,我则会沿着时间的轨迹往回追溯半个世纪,那正是我们这一代人在农村奉献青春的年月,50多年前的往事,就一幕幕浮现在我的眼前。

1966年16岁的我正在读初二。5月初的一天和平时一样,放学后我正在写作业,这时随着一声清脆的喊声"延龄",我的好朋友荣子站在我的面前。我以为她是来找我玩儿的,便说:"作业没写完呢。"她说:"我不是找你玩儿,我是告诉你个好消息,学校要组织我们看话剧《邢燕子》。"邢燕子,多么好听的名字啊!剧情是什么呢,我们俩全然不知,都期待早日看演出。

几天后我们怀着兴奋的心情看了话剧演出后,我才知道,邢燕子高小毕业后放弃留在天津大城市工作的机会,自愿回到家乡务农,为改变家乡一穷二白的面貌,和贫下中农打成一片,组织了邢燕子突击队,表现出色,受到了党中央毛主席和周总理的接见。回家后邢燕子的形象在我心中久久不能褪去,我觉得她和董存瑞、黄继光、刘胡兰一样都是英雄。回到学校,老师让我们写作文,谈观后感,同学们踊跃地发言,都是一句话,做人就要做邢燕子式的人。

又是一夜春风起。没过几天,向邢燕子学习的标语就贴了出来,荣子又来

知青在盘锦

了，她告诉我公社的门前无数的彩旗在飘扬，大鼓敲得震耳响，公社门前围的人里三层外三层的，不知怎么回事。于是我们俩便前往探个究竟，还没到公社门前，就听到大喇叭广播里喊着口号：向邢燕子、董加耕、侯隽学习，到祖国最需要的地方去，到祖国的四面八方……我一听又多出来两个模范典型，话筒里一再说他们都是自愿到农村去的，这时"自愿"二字在我的脑海里立刻放大加以升华。是啊，想进步的青年就得自愿，自愿不是被动的驱使和呼应，我们不能等老师的动员，要做一个有志向的新青年。想到这我和荣子挤进人群冲到前面，只见桌子的中间立一块木板，几个大字一下映入我的眼帘："上山下乡报名处"。几名工作人员正被一群小青年团团围住，问这问那，忙得不可开交，这场景真是热闹，这阵势长这么大我都没见过，我就同荣子说："咱俩也报名下乡呗。"没想到她丝毫没有犹豫，马上回答我说："报名去。"说完她拽着一个女工作人员的胳膊说："我们报名下乡。"那人说谁报名，荣子说："我和我同学！"那个工作人员看了看荣子，然后又看了看我，说："你不行，她还行。"我一听荣子行我不行，如同被人当头一棒，心想一切愿望就要化成泡影。荣子当年比我年长了一岁，身高一米六五，而我呢，因是双胞胎，生下来二斤半，由于营养不良，我的个子不到一米五，而且又黑又瘦，妈妈给我起了一个长寿的名字，谭延龄。和荣子站到一起我比她小了很多，哪个人能批准让我去呢？我一听不批我，就大哭起来。别说我这一哭还真把一个人给哭了出来。就见从公社门里头走出来一个很有领导做派的男同志，他走到我面前，弯下腰问我："小姑娘，你哭啥呀？"我用手指向台上那个阿姨说："她不批我下乡。"他看了看我说："你为啥要下乡啊？"我说："当邢燕子。"他又问我："农村的活，你能干得了吗？"我想决定我命运的时刻到了，我擦了擦眼泪，挺直了腰杆，踮起了脚，大声说："我一定能坚持。"那个人听后，摇了摇头，笑着对我说："不是要坚持，是一定能干好！"我赶紧接上话茬说："对！一定干好！一定干好！"就这样，谭延龄、赵翠荣的名字写在了光荣榜上，我们像两只欢快的小鹿一溜烟各自跑回家，想把这一喜讯告诉家里人。回到家，我刚把下乡报名的消息告诉妈妈，没想到妈妈一听就气不打一处来，拿起放在墙角的一把扫地的大笤帚，就向我的头上打了过来。我一看不好，赶快跑，我围着院子在前面跑，我妈举着笤帚疯了一般地在后面追。左邻右舍没看过这阵势，因为我妈高小毕业，是个有文化的人，说话从来都小声小气的，很少打我们。结果大家都出来了，邻居把我妈手中的笤帚抢了下来。妈妈说："这孩子胆子多大，不告诉我就敢自己做主报名下乡，我养活她们容易吗？她九岁没了爸，全靠我一个女人在家给人代写书信文件，挣钱养活这四个孩子，还指望她干点零活帮我维持这个家呢，她走了谁干活啊……"妈妈一边说一边抹着眼泪被邻居劝回了家。尽管这样也没动摇我下乡的决心。

二、拔草

1966年6月3日，我们来到了盘锦农垦局唐家农场朱家机械化大队，我们这个青年点是个老点，有64、65届的，加上我们66届的100多人，共有240多名下乡青年，我和赵翠荣分在了三连，在连队里她喂猪，我干农活，在这片没有开垦的"南大荒"，面对茫茫的芦苇荡，从此开始了我的知青生活。

7月中旬的一天早晨，我们在队长的带领下，来到了水田地头，开始了下乡后的第一次拔草。队长说，"你们今天的任务就是拔这片水田里的草"，并举起了一把稻苗，"看到没，除了这样的不拔，剩下的拔了就行"。当时我想不就干活吗，难不住我，我和大家一样，挽了挽裤腿、袖口，把鞋一脱跳到了水田里。凡是看到我认为不是稻苗的，就一通拔，一会儿工夫就拔出好远。尽管我的手让芦苇划了好些口子，还渗着血，脸上淌满了汗水，并流到眼睛里，裤腿也湿到了大腿根儿，仍是全然不顾干得起劲儿。这时，就听队长喊我们："停！停！停！你们都回头看看啊，只听说你们是四体不勤、五谷不分，没想到你们还真是这样。"我们这一看不要紧，原来田里不光长有稻苗，还生长着三棱草、水葱草、大葫芦草，更有一种长得和稻苗极其相像的一种稗草。我们拔过的地方，一片光秃秃，留下几撮壮实的、高的，全都是这种中间长着一条白道的稗草，在微风吹拂下点着头，好像在嘲笑我们。

三、修猪圈

下乡一年多的时间里,赵翠荣每天都早早地挑着两桶满满的猪食从寝室的窗前经过,到离点很远的地方去喂她养的那群猪。她的能干,我们都好羡慕,亲切地叫她猪倌。一天中午,她抱着几块木板找到我,让我帮她修猪圈。我一听很是高兴,可以看看她养的那些猪了。赵翠荣肩上扛着一把大锤在前面,我抱着木板跟她来到猪圈前。只见一排整齐的猪舍,猪舍外边用木板给猪圈了好大一片空地,让猪在这自由活动。我们去的时候二十几头吃饱了肚子的猪正趴在地上午睡呢。赵翠荣说:"你看中间缺几块木板,咱俩钉上去。"我扶着木板,她用大锤咚咚地钉了下去,刚钉了几下就听见她冲我喊,快跑。没等我反应过来,就见不远处安静躺着的一头六七百斤重的母猪用嘴掀翻了我们没钉牢的木板,冲向我们。赵翠荣飞一般地向南面跑去了,我也没见过这阵势,慌不择路,向北跑去。这时就听见我身后的猪呼呼地喘着粗气,向我追来。我的两条腿不听使唤,直打颤。我以为跑出去好远,其实没跑几步。前面没路了,一条上水沟横在了我的面前,便朝水沟里跳了下去,呛了几口水我全然不顾,我的双手在水里摸索着,我站了起来,水到我的肩上,没有淹没我,我吃力地抓着坡上的芦苇爬了上去。我看看对面的猪没再追我,我连惊带吓,浑身淌着水,也不知怎么回的青年点。赵翠荣见我回来,小声地对我说:"谭延龄,对不起。"此时的我一肚子的气正没地出,我说:"对不起什么,对不起,对不起你养的猪吗?猪哪有那么大的脑袋,我看你养的是狮子。幸亏我今天命大,要不然我不是叫水淹死,就是叫你的母猪把我吃了。"这时赵翠荣还在说:"我忘告诉你了,刚才追你的那头母猪刚生完小猪崽儿没几天,咱俩去,它以为要抢它的小猪,所以才冲出来。"我说:"我不听,我不听!反正是你的猪……"我用双手捂住了耳朵。

4年以后,赵翠荣找到了她失散18年的父亲去了长春,到长春的一个工厂,渐渐地我们也失去了联系。50多年过去了,赵翠荣,我不知道你在哪里,你现在过得还好吗？我多想能再见到你，当面对你说一声对不起，荣子，真的对不起！我好想你！

四、远去的爱

经过三年多的锻炼，我再也不是那个又瘦又小的小丫头了，从春耕到秋收，从下芦苇塘割苇子，到上大坝挖河泥，样样活我都干得很出色，当上了一名女看水员，获得了不少奖状。

随着大批知青的到来，我点的知青已有400多人，为丰富我连的文化生活，成立了文化室、读书室，我和另一个1968年下乡的男青年负责每周二轮流给大家讲故事。故事书由大队提供，如《闪闪的红星》《半块银元》等革命故事。我们俩常常是一本书分几部分背，背到哪我俩就用一个卡片放到书中间，做个记号。一天我把书取回来，忽然看见卡片上有几行字，上面写着："我站点前看稻海，爱看霞光天边来，你若想看向阳开，愿把青春献未来。"后来我问他："卡片上写的啥？"他说："你没看啊？"我说："看不明白，什么稻啊、霞的。"他说："我原以为你还算聪明，没想到你只会横看，不会竖着看。"我立刻竖着看了一遍，看完后我把它撕得粉碎，扔在他的脚下，说："你瞎想什么呢？"回到寝室，我脑海里立刻出现他下乡来点时的那一幕。他是1968年9月28日那天到我们青年点的，当时100多人全排到操场上，等待分寝室。秋天到了，在大多数人都穿着深色的衣裤，手里拎着旅行袋、背包，还有柳条包的人群里，唯独他穿着一件浅米色的长呢子大衣，手里提着一个长方形的古铜色的旧皮包，站在队伍里很是显眼。队长也看到了他的与众不同，走到他的跟前，问他叫什么名字。"刘××，你把你的皮包打开，让我看看你都带了些什么？"当时不光队长想看，其实我们都想看。他蹲下来把皮包放到了地上，打开时我们看到皮包里一半是苹果，一半是衣物。从此没人叫他的名字了，都叫他皮包或老皮。青年点演话剧《王老虎抢亲》让他演地主，我觉得这个角色选对了，和他最贴切了。现在让我和他讲故事我老大意见，就是懒得到大队

知青在盘锦

去说，怕队里觉得我事多。我以为那次把纸条撕了他能收敛一下，没想到他写得越来越多了，什么，延水波波常清映，龄鸟歌歌静空鸣，您在田间对我笑，好似红梅分外娆……尽管这样我也不理他，看他比我小两岁的份上，当弟弟看吧！

一天，连长让我找凳子开会，我走到老皮住的寝室一脚把门踢开，没想到屋里黑压压的一堆人，炕上的、地下的，足有十七八个人。听见声音，大家齐刷刷全朝我看来，其中一人说："你咋不敲门呢？"我说："我以为没几个人呢，你们干啥呢？""我们正听老皮给我们讲天文地理、风土人情呢。你这一脚，把我们吓了一跳，以为连长来了呢！"这时我往屋里看了看，只见原来空着的墙上多了一张大大的世界地图，老皮站在地图下，手里拿了一根树枝愣在那里。我想，他知道的知识真多，一种对他的好感不禁油然而生。

一天中午，我们刚从地里干活回来，还没等吃午饭，连长就喊我们军训了。这次是一个小兵领我们跑步。夏天的太阳真晒人，刚开始跑，我们还能跑动，渐渐地女生就跑不动了。这时我连的一个知青一下子昏倒在地上，大家七手八脚地把她抬进了屋去，我们回来继续跑。这时老皮就说："吃完饭跑呗。"那个小兵一听就火了，说："大家都回去吧，你（指老皮），留下和我一起跑。"我们都回到了寝室，脑袋全挤在了窗户上。等着看小兵是怎么收拾老皮的，小兵喊着一、二和他一起在操场上跑圈，我们也在屋里数着一圈二圈……跑到六圈时他俩都停下了脚步，小兵说："不跑了，你回去吧。"可老皮说："我还没跑够，你咋不跑了。"小兵气得一句话没说就走了。我也很奇怪，没想到他那样的人居然能跑过当兵的，从此我在劳动中也慢慢地观察他，没发现他拈轻怕重，反而看到他特别能干，不怕苦和累，也当上了一名看水员，我暗暗为他高兴。

夏天到了，我看见老皮在门前用一把生了锈的破锯在锯一块木板，我问他："干什么？"他说："做个花盆。"我说："一把破锯能做花盆？""你等着看啊。"第二天他见我过来，就把花盆举到了我面前，说："看看。"我一看，是一个四四方方光光溜溜露出木头本色的一个花盆，花盆的边上用半寸宽的木条镶在四周，很是精致，盆里面装满了土，他从兜里掏出一把爬山虎的种子种到了里面。每次经过他住的窗前我都能看到这个花盆，没过几天花盆里的一根棍上便爬满了绿叶藤。还没等到花开时他家来一封信，让他回家一趟。走的时候，他委托我给他的花浇水，我如约照办。十一月末，我想到他寝室看看，一进门我就见炕席上有黑黑的东西，拿在手中仔细一看，竟然是爬山虎的种子落了满窗台。看到已枯萎的花，我的心不免有些伤感，淡淡的思念涌上心头，顺手拿起一张纸写下：

嫩叶时节你来栽，红艳艳花我观开。

秋风吹过结籽败，怎不见你再归来。

写完我看到炉台上有一空火柴盒，就放在了里边，丢在了台上，春节过后，他随返点的青年回来了，他们点火烧水洗脸，一个男生，拿起了火柴盒准备取火柴，结果发现了这张纸条。这一爆炸性的新闻便传开了，可是大多数的青年都不相信我们俩能好，他们说："在不同的生活环境里长大的两个人，怎么能好呢？"他的母亲不知道从谁的口中听到了这一消息，便急匆匆地来到了青年点，以了解他儿子为由，和我唠了一些家常话。临走从书包里拿出了两块粉色格子的的确良布和一块西铁城牌的手表，送给我并说是特意给我买的。我知道这表的分量，我哪敢要啊。我的同学买了一块60多元凤凰牌手表，我们都羡慕得不得了，这么大的礼我不敢收，收下等于我承认和他儿子好，那么我可能就失去回城的机会了。就这样我把刚刚萌芽的爱洒向空中，让它像芦花一样随风飘去……

五、扫盲

随着时间的流淌，到了1970年，队里给了我一项任务，让我和另一个知青孙逸影给朱家大队不识字的妇女补文化课——扫盲。盘锦盛产芦苇和稻草，

知青在盘锦

一般女孩子不让上学，一是觉得女孩子早晚要嫁出去学了没用，二来可以让她们在家编几领苇席，多打几个草袋子，好卖钱贴补家用。队长把妇女召集起来，让我们每晚7点以后教她们识字、写字。夏天还行，天黑得晚，到了冬天，农村的夜晚一片漆黑，尤其村里的狗只要有一只叫，都会跟着叫起来。我和孙逸影每天晚上都胆战心惊地往回走。后来我们发现，村中间有一户人家院外的灯总是亮着，灯下似乎有个人。我们走过去一看，原来是这家的女儿，她同我们说也想学习文化课，但是她家是富农成分，不知可不可以参加补习班。我和孙逸影一听富农，因为大队有言在先，不许教地、富、反、坏子女学习，我俩没敢多说，心中已有了自己的答案。

几天后，我干活路过这户人家门前，那个姑娘招手让我进院，她说她叫朱淑芬，然后捧出一个碗，碗里装满洗过的桃子，她说："谭姐，昨天我卖了两领苇席，8元钱，家里给了我两毛钱，我买了这些家桃给你们留的，可好吃了，不信你尝尝。"说着，拿了一个桃递给我，在我接桃的那一刻，我看到她的五个手指头都用白胶布严严地缠着，她见我看她手，不好意思地把手背到了身后。我让她把碗放下，抓过来看她的两只手，全都缠满了胶布。她向我笑笑说："编苇席、打草袋子磨的。"我望着眼前这个十五六岁，比我高出半头的小姑娘还大字不识一个，觉得好可惜，便对她说："明晚你在家等着我，晚上上完课，我们再来你家，给你补课。"我们的心血没有白费，朱淑芬和其他的妇女经过我们两年多的扫盲，有的可以看报纸和写信了，我们的工作得到了多方面的认可，我和孙逸影到盘锦各地包括盖县去推广扫盲经验，与此同时我们的照片也刊登在了1971年一天的《盘锦日报》的第一版面上。

六、困惑

在盘锦生活了五个年头，这时我点的青年陆陆续续抽调走的了，孙逸影也走了，我的心也不再平静。一天王洪祥书记把我叫到大队部，对我说："根据你的表现，我们一致推荐你去上大学，为此我们亲自到你父亲单位搞了外调，你看看调查的结果。"说着把一张印着红章的信函放到了我的眼前上写：谭××，男，本人资本家。生前任沈阳市盲人技术养成所所长（现沈阳市建新机床电器厂）、沈阳市煤炭部部长、沈阳市工商联合会会长、山东庙同乡会会长。于1958年在反右斗争中同情丁玲，搞温情主义，定为右派，受到劳动教养。我没有勇气再看下去了，字字像一把利刃扎在我的心里。这时队长对我说："你出身资本家就资本家呗，你父亲还是右派，我们想抽你也不敢呐，这抽调就像下雨，淋到谁是谁，得下多大的雨点能淋到你呀。"我迈着沉重的步伐回到了寝室，一头倒在了炕上，用被子蒙上了头，大哭起来，开始痛恨我的家庭，我想为什么我就不是贫下中农出身呢？从此在我的心里，我和别人不能比，我觉得我没有资格参加回城的竞选，看来我只有老老实实看好我的一亩三分地了，收工的时候我不再急于回点。我的心里满是惆怅，常常愿意一个人在地里多呆一会儿。

那天我嘴里咬着一根芦苇叶，坐在坝埂上，望着天空发呆，突然听到有脚步声传来。这人到了跟前，我一看，原来是下乡到我连的"五七战士"，《风华正茂》的作者陈森。他见我没吱声就问："谭延龄，你不高兴了？"我说没有，其实在我心里我对老陈是很敬重的。他说我们一块走。在回去的路上他说："别看我现在是孤家寡人，但我觉得这人生就像走路一样，你是行走在平原还是行走在高山，平原一马平川，即使有一丘一凸也看得清清楚楚，很容易过去，但却平淡无趣，而山路就大不相同，时而有开花的山谷，时而有歌唱的溪水，但却不是没有恶兽风险的，因此你走起路来必须把眼睛擦亮，把步子放稳，既要沉着冷静，又要心细大胆，人的一生难免有不如意的地方，有的人感受得深，有的人感受得浅，只有把自己投入到火热的人民群众中去，你的不幸才有可能变为快乐，因为活着是美丽的。"他拍了拍我的肩说："要有信心。"他走后，我立刻想起那天队长给我一张《辽宁日报》，让我在中间休息时给大家读一读。我一看题目吓了一跳，立刻跑到正在拔草的老陈面前，把报纸递了过去。他展开一看在第一版上写着："看，谁主沉浮，评陈森的《风华正茂》。"整个版面全是批判他的文章，他把报纸还给了我并说："念吧，一会儿我也去听。"

果然他坐到了我身边，听着人们对他的声讨。我想这么大的作家，又是文联主席，都和我们一样，同吃、同住、同劳动，接受贫下中农的再教育，我算个啥呀。

在那段难熬的日子里每当想起老陈说的话，我都能静下心来，面对眼前的一切。

七、抽调

1975年1月19日是我不会忘记的日子，那天，队长跑来告诉我，有一个单位要我了，档案都调走了，是辽宁省水利设计院，让我准备准备，下星期来车接我。几个男生一听我要走了，比我还高兴，连夜打了一个木箱子，没等油干，就抬了过来。可我一点儿也高兴不起来，因为我还欠大队560元钱。我在的这个连一年到头拼命地干，亩产只有三四百斤，全是盐碱地，一天工分合2角钱，我发的饭票是一天4角钱。谁调走了都还欠款，我无父无母，上哪借这么多的钱，我只能不去了。

到了接我的日子，我照样下地干活去了。大约早上9点多钟，从很远就能看见一辆五十铃汽车向场院开来，从车上下来两个人问："谁叫谭延龄？"我说我是，他们说："我们是水利院的，叫李宝奎和孔宪瑞。"他们不解地看着我说："我们今天来接你，你怎么还干活呢？我们接别人他们都早早打好行李等着我们，而你却在这待着。"我说："我不去了。""我们单位不好吗？"我告诉他们不是不好，是去不了，我还欠队里560元钱。他俩一听吓了一跳，问我钱都干啥用了。吃了10年饭欠下的。他俩一听直接把我拉到大队部门前，我没敢进去。他俩进去10多分钟就出来了，对我说："钱不用你还了，明天我们电汇过来。"然后两位领导向我一挥手说："上车，取行李，走！"我回头望了望这片熟悉的土地，心里喊着，再见了，朱家！再见了，乡亲们！再见了，我的第二故乡！汽车载着我告别这片芦花飘扬的土地，一路尘土奔向远方！我感恩生活，也庆幸有这段刻骨铭心的下乡经历，有了这笔财富，使我无论在任何艰苦的环境中都无所畏惧,受益终生,它将永远珍藏在我的记忆中!

2017 年 1 月

谭延龄 女,1949 年出生,1966 年下乡到盘锦唐家农场朱家大队,1975 年抽调到辽宁省水利设计院(职务晒图员),现退休。

知青在盘锦

追梦"南大荒"

◎黎春奇

每个人的人生中都曾经有过辉煌的一页,对于我来说,最辉煌的那一页是20世纪70年代初,投身于轰轰烈烈的上山下乡运动、奋战在辽南那片号称"南大荒"的青春岁月。那是用青春的激情,点燃着理想的火炬,奉献着宝贵的年华、汗水,甚至是泪水,共同熔铸的一段铭心刻骨的难以忘怀的史诗般的经历!

奔向"南大荒"

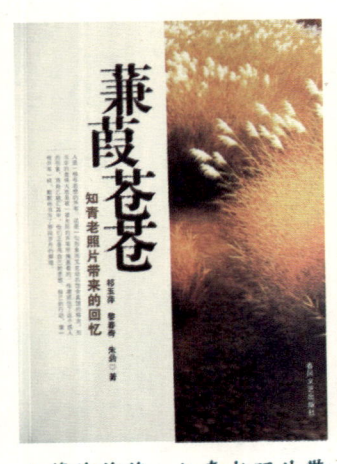

☆蒹葭苍苍:知青老照片带来的回忆(祁玉萍、黎春奇、朱碧著,2009年出版)

1971年我初中毕业了。17岁的我本来可以随着自己所在的学校——锦州铁路第一中学,下乡到辽西一带相对离家较近的农村。可是从小就有雄心壮志的我,不甘心这种平庸。作为当时学校红卫兵的带头人,要响应毛主席的知识青年上山下乡的伟大号召,就应该冲锋陷阵,到最艰难困苦的地方去磨炼自己。当时全省人民倾注全力,要改"南大荒"为"南大仓"的宏伟目标深深地激励着我,"我的青春落脚点,就应该在那里!"当我踌躇满志地说出自己的想法时,却遭到家人和许多亲朋好友的质疑。他们说，那地方到处是盐碱地，是个兔子不拉屎的地方，连水都是苦涩苦涩的。你小小的年纪，又怎么能行呢？可我是个明知山有虎，偏向虎山行的人，在困难面前表现得极其沉稳，我说得很坚决，做得更坚定。既然认定了"南大荒"，我就要到那里去扎根落户，炼就一颗红心，愿为改变"南大荒"的面貌付出青春热血！就这样，我义无反顾地朝着"南大荒"奔去；就这样，我投入到了开发建设新盘锦的大潮之中。

那是1971年的冬天，在人们张灯结彩、辞旧迎新的日子里，17岁的我怀着极其兴奋又依依不舍的心情，离开了家乡锦州，来到了盘锦地区新兴农场育新村插队落户了。一路上寒风描述着的凄凉，马车扬起的灰尘，勾勒出贫穷而又原始的田野风光。在白雪覆盖的大地中，偶尔可以看到几处没有割尽的芦苇，在瑟瑟的寒风中飘摇着。我忽然犹豫了，我不是来观光景的，我是要在这里工作和生活的啊！我能经得住时间的考验吗？我的心情一时涌动着说不出来的迷茫和失落。难道，我们必须到这里来创造自己的前程吗？想到这里，眼前突然出现一大片芦苇，好像给了我无言的回答。尽管已是初冬时节，芦苇仍是那样挺直着腰身，无拘无束地依偎着，在天地间寂寞霞光的辉映中，分外有一种壮观的气势和献身的悲壮。我的心陡然一热，我们应该到这儿来创业，应该做一根坚实的芦苇，在广阔的田地里，展示我们的才干。我的心踏实了，于是育新村就成了我的第二故乡。

育新村创业

育新村，这是一个由五个生产连队和一个机务队组成的生产大队，方圆十里，条田成块，沟渠成行，共有4000多亩水田。当时的盘锦地区，对独立青年点采用部队的编制，生产大队为营，生产队为连，小组为排，实行军事化管理。大队的前身叫"九道湾"，有四个全部知青编制的生产队，即四个知青连队，是1970年由450多名知青在这片盐碱滩上拓荒、造田、建房，白手起家创建起来的。村里建有二十几栋房舍，包括大队部、俱乐部、会议室、商店、

知青在盘锦

机务队、知青宿舍、卫生所、食堂等。我来到育新村，被分配到四连。另外，在距大队部二三里路的地方，还有个自然屯，被称为"小五连"，也是育新村的一个生产队，居住着二三十家普通农户。

  日子一天天地过去，我们用劳动，用汗水，有时是用泪水，在这里打造一片新的天地，也把日子浸泡得有情有义、有滋有味。为了建设这个自己的家，知青们编苇芭、打窗户、打门框、烧砖建房。在进点老农和几名"五七战士"的指导下，垦荒种地，从春种到秋收，老知青们简直是在抢时间。夸张点儿说，真的每个人都连浪费点喘气的工夫都心疼啊。许多老知青身穿破棉袄，腰间用草绳一扎，肩上磨破露出了棉花，浑身散发着一股汗水的气味，每天都在垦荒中，超负荷地拼命干。正是在这一年，大片的生荒地，在我们面前变成了标准的条田，实现了当年建点、开荒，亩产过"黄河"的神话。艰苦卓绝的环境，造就了我们育新村四连这样一批先进的典型。正是这些知青，让育新村的名字在"南大荒"响了起来。我加入到知青队伍后，在贫下中农和老知青的帮助下，很快适应了青年点的生活，并且主动认真虚心地向老书记赵喜禹、老知青张强等先进人物学习，克服困难、积极劳动，在各项农业生产劳动中努力向上，而且逐步展示出较强的组织协调能力，在解决许多实际困难中，在青年点这个集体中树起了威信。

  1972年秋收之后，大队党总支派我去三连工作队，配合三连党支部整顿纪律，要求把风气整好、把生产搞上去。当时三连管理混乱，许多知青萎靡不振，不出工、不下地、不出力，有的干脆躲在沈阳不回青年点，整个连队处于一片散沙状态。进点老农连长也被气回了家。面对这样落后的局面，我在短暂快速了解情况的基础上，主抓了三件事，迅速改变了三连的落后面貌。首先是稳定队伍、树立信心。组织召开连队大会、知青座谈会，开展个别谈心活动，讲前途、谈发展，了解、解决各种困难，树立信心；其次是从整顿环境、整顿纪律入手，重振知青精神面貌；第三是从干部带头参加劳动、组织生产入手，实现发展连队农业生产的目的。劳动中我更是率先垂范。渐渐地，正气在三连树起来了。在背运会战中，在育新村大地上，三连出现了你追我赶、奋勇争先的新局面。过去生产上经常拖大队后腿的三连，在背运大会战中提前完成了任务。我也和三连的知青们建立了深厚的感情。赵书记在全大队知青参加的会议上，适时总结了三连的经验，弘扬正气、鼓舞士气。大队出现了后进变先进、先进更先进的跃马扬鞭、人人争先的崭新风貌。

日子是一天天在艰难和奋斗中度过，育新村的面貌又是一天天在我们手中改变着。脚下的路开始宽了起来，眼前一幢幢房子建了起来。大家虽然很苦很累，可是希望犹如我们眼前的灯塔、火炬，总是引导着我们奔向更高的目标，使我们对明天更加期望、更有信心。为了改变育新村的面貌，使粮食增产，我们组织年轻人，在前几届老知青的带领下，成立科研小组、育种小组、机修小组，组建了卫生医疗站，甚至对许多农机具进行了小型改造。日子虽然过得很苦，但是由于心中有信仰，大家都觉得很有奔头，育新村真的成了一个充满生机的知青的集体。正是在这里，在我奋斗的路程中，在我下乡一周年的时候，我被组织批准成为一名中国共产党党员。当我庄严地举起右手，在党旗下宣誓的时候，我流泪了。那一刻，我觉得我应该把自己的一切都献给党，像许多先烈一样，从他们手中接过旗帜，这杆红旗就应该在我们手中永远保持鲜艳的光泽。多自豪啊，那一年我才18周岁。

知青点的带头人

1972年底，当我还不到20岁的时候，我就进入了大队的领导班子，担任了大队"革委会"副主任。转过年，我成了大队的党总支书记。在那个时候，知青出身成为大队领导干部，在整个盘锦地区，像我这样的身份和经历可以说还是凤毛麟角。

如果说，那时候当大队书记有什么特殊的话，那只有一条，就是比一般的知青多吃苦、多受罪、多奉献，其余真的什么都没有啊。正是这种艰难创业的环境磨炼了我。那时候为革命可真是一心一意拼命干啊。不久，我就在担任大队党总支书记的同时又兼任了新兴农场的党委副书记。这时的我责任更重了，

知青在盘锦

整天忙得晕头转向。白天在大队里组织工作,到现场劳动,晚上徒步到十里地外的农场开会。常常是天黑了赶到农场,半夜里再回到自己的宿舍。这其中的苦与乐唯有自己感受最深。有一次半夜骑车回来,由于着急布置第二天的任务,我骑车走得急,恰逢走到半路又下起了雨。风雨交加,我好不容易蹬着车子到了一个土岗,正要下车喘口气,一阵急雨扑打在我身上,一个趔趄,车子和我摔倒在土岗下。我没有想到,这土岗有二三米高,车子压在我的身上,脚踝崴了,我怎么也爬不起来了。这时风雨更大了,我疼痛难忍,心里却想大队的班子还在等我开会传达文件,我怎么也不能倒在半道啊。就这样,我咬紧牙关,跌倒了爬起来,再跌倒再爬起来,终于推着坏掉的车子赶到了大队。当我推开大队门的时候,他们看到的是满脸汗水和泥巴、满身泥水的我。我觉得正是在这种苦和累中锻炼了自己,用无声的行动践行着领导干部的座右铭:"榜样的力量是无穷的。喊破嗓子不如做出样子。"我欣慰自己在那时,用扎实的行动践行着我心中的诺言。

☆研究青年点规划(右起黎春奇、马铭盛、赵喜禹,摄于1974年秋)

记得那时候,青年点最困难的是吃水问题。又浑又脏、又苦又涩的水,像喝汤药似的,每天我们每个人都要面对眼前这无可奈何的痛苦。我就下决心,无论如何也要把青年点的吃水问题解决了。于是,我们研究决定要在这个村子里建立一个土自来水厂。那些日子,我和大队干部、带队干部及老知青们克服诸多困难谋划研究、组织实施,一边组织知青在村南挖建大大的储水池,一边带领有关人员一起跑农场、去沈城,联系有关单位、拜访熟悉的老领导求援求助,总算弄齐了修水池、建水塔需要的砖瓦、水泥和许多配套设备,终于在1974年秋末建起了全地区第一个村级自来水塔。这个自建的自来水塔,现在已成了当年盘锦知青点的标志性建筑。

很快，1974年底我被提升为新兴农场的党委书记。刚刚二十冒头的我就成了一个公社一级农场的党委书记。不了解我的人感觉到很惊奇，以为我有什么门子与关系。其实我有什么？有的是我们大队知青和农民信赖的目光啊。干出来的领导才是最靠得住的领导，我坚信这一点。我当了农场党委书记不久，就发生了震惊全国的海城营口大地震。我所在的农场也成了重灾区，大片的农民房屋受损，农场大面积水利设施遭到损坏，水电站抽水设备被震坏，大片农田被撕裂出许多长达千八百米的宽宽的裂纹。那些日子，我简直像疯了一样，整天旋转在受灾的农场四周。班子召开抗震救灾的会议绝大多数都在现场。那时候分不出谁是干部、谁是群众。在现场需要清除淤积的泥土时，我和大家一样奋战在一线。在慰问受灾群众的现场，我也亲自扛着粮食，和许多干部一起给受灾困难户挨家挨户地送去。那时候真的体会到了天大地大不如党的恩情大啊！正是干群之间这种融洽的感情，使大家在最艰难的日子里，紧紧地抱成了一团。那情那景，那天那地，至今想起来还让我心头微微发热，两眼润湿。那些日子真是没有白天黑夜，没有家里家外！母亲看我多少天不回家了，又赶上我这地方大地震，她不放心，执意来到了我们农场。当她走进我的宿舍的时候，我根本就没有时间接待她，我还在十几里外的现场指挥着大队人马抗震救灾呢！母亲就这样在我的宿舍里焦急地等待着，从白天到夜晚。当我敲开了宿舍门的时候，母亲才蒙眬地看到了她的儿子，眼前的儿子在她的眼里，是那么亲切，又那么陌生。亲切的是儿子永远是母亲身上掉下的肉啊，这种亲情千年万年也不会淡薄；陌生的是多日不见的儿子怎么突然变得又黑又瘦。母亲知道我这些天肯定是累的，抚摸着我的双手，流着泪说了句："春奇啊，你怎么这么傻，这样干不要命了？"说着声音就哽咽了。母爱是世间最伟大的爱！可我又能说什么呢？我憨厚地笑了，可是两行热泪夺眶而出。此时无声胜有声啊。很遗憾，第二天我又早早地起来，为母亲掖掖被子，又奔赴到了救灾的第一线。

那两三年里，育新村、新兴农场各项工作扎实推进，成果显著，相继成为

知青在盘锦

大洼区、盘锦地区乃至辽宁省令人瞩目的先进典型。我们用坚实的行动和辛勤的汗水凝筑了那些激情的岁月。当我们还来不及顾不上为它动情品味的时候,它已将那些难忘的细节融入我们的行动和血液中了。也许这就叫作一个人的光荣经历吧。

再后来,1975年6月,我又得到了党组织的重用,提拔为盘锦地区"革委会"知识青年上山下乡工作组组长、党组书记(正处级)。正是由于我本身是知识青年的一员,又在知识青年堆里摸爬滚打了四年,使我对做好知青工作更充满了情感,再加上那些年党中央和毛主席高度重视知识青年的工作,对出现的知识青年上山下乡工作的偏差等各种问题给予了及时的纠正,制定了许多有利知青的保护措施,增强了广大知识青年建设社会主义新农村的信心。我作为从知识青年中选拔出来的、市一级的主管青年工作的负责人,更对做好这项工作有着铭心刻骨的感受。尤其是在男女青年同工同酬和维护女知识青年上山下乡中的身心安全方面,我都旗帜鲜明地表明自己的立场,并全力为维护知青利益而奔波,使盘锦知青工作,在全省知青工作中跻身于先进行列。在一些重大的历史事件中,都旗帜鲜明地维护党的利益,维护知识青年的利益,勇于说真话、敢于去负责,展现出了自己务实、忠诚的个性。

历史仍在诉说

☆黎春奇

多少年过去了,闪电一般的历史已定格在了一个辉煌而又感人的历史画面中。人们说青春无悔,其实你真正能体会到这句话的含义:没有真正的热诚,没有真正的付出,没有真正的创造,哪会有今天这令人振聋发聩的历史回声呢?我想我们今天回味这段历史,总结这段历史,绝非是仅仅

☆会议合影（前排左一陆家公社副书记邓雅先，左四黎春奇，左五台安县委周副书记，左六原地区青工组组长魏久成，左七大洼县委副书记张恩普，左八盘山县委副书记王宝印，左九卢秘娜，左十张红；前二排左三王素春，左四郑淑清，右一大洼县妇联副主任王秀琴；三排右五王玉，右七于长山；四排右二张强，左二韩基柱）

为了一种回味。当年知识青年的那种勇于奉献、勇于追求的精神对我们今天的青年人来说，又会有怎样的体会心得？对他们的人生奋斗是否会有一种启迪呢？有人说，有了这段知青的艰苦岁月的陶冶，我们人生道路上就会经得住许多关口的考验。事实不是这样吗？一个很有趣的现象是，在我们盘锦地区，知青走上领导岗位的处级和厅局级干部，大多数人工作都极其出色，都保持着一种为党、为社会勇于奉献的精神。这难道不是我们今天对当年的知青们奋斗、奉献人生致以崇高敬意的有力佐证吗？

知青的经历不断激励我们继续发展和攀登。1975年冬，市地合并后我离开盘锦调任营口市"革委会"知识青年上山下乡工作组组长、党组书记，后来又转任盘山县委副书记。1979年我回到了家乡，历任锦州团市委常委宣传部长、锦州市农业银行副行长、锦州市农业发展银行行长、辽宁省农业发展银行副行长兼大连农业发展银行行长。2014年退休。

民兵连长的记忆

◎滕 力

☆基干民兵滕力

我是1974年9月从沈阳下乡到盘锦育新村插队的,那时青年点里有基干民兵,而且还有两挺老式转盘机枪,我很羡慕他们扛着机枪训练的样子。1975年春,我终于选上了基干民兵。也许是因为我身高体壮吧,不久我还真当上了机枪手,当我接过那挺老式机枪,别提多高兴了。那时候,基干民兵还是村里外出干水利工程时的主力队伍,两种编制一套人马。1975年秋我又当上了育新村大队的民兵连长,平时组织集中军训,关键时刻带队防洪、放炮、防冰雹……都是急难险重的任务。

抗洪抢险保油田

1975年盛夏,盘锦地区遭遇特大洪灾,辽、浑、太大堤告急。为确保辽河油田安全,展开了一场军民抗洪抢险的特殊战斗。大堤上军民并肩作战,场面惊心动魄……

记得那年的夏日,天是那么炎热,我们正在田间里干活,大队部的广播突然响起紧急通知:"全体民兵请注意,我们接到上级通知,盘锦地区遭受特大洪灾,为保辽河油田,请接到通知后,速回大队待命出发!"顿时,大队热闹起来,各连伙房开始烙饼,出征的壮士打起行囊,恋人们开始道别,不常写家书的也要写上几行字,留个念想。一场壮士此去难归的场面,让所有人感动!我们清楚:水火无情;但更清楚,热血男儿,情在祖国最需要的时候!当育新村的大旗在头车打起,车队浩浩荡荡奔赴抗洪前线的时候,我们感到此行目的地是多么重要!我们是一个营的编队,几乎所有的男劳力全部出动,规模之大,史无前例。

当我们进入灾区,一场生死逃亡的震撼场面把我们惊呆了!当地的老百姓赶着牲畜,拖家带口,往出撤离。沿途到处都是疏散的人群,抗洪抢险增援车队缓慢行驶,整个灾区仿佛面临战争前的动乱局面。一路上我们看到这些画面,就像战前动员一样,生死已经置之度外,只着急赶赴前线。

到了目的地,我们卸下行囊,直奔大堤。眼前的场面,让我们不能多想。站在堤坝上,预感到水势凶猛,急速上涨,洪水裹挟着牲畜、门板和房梁,直泻而去,势不可当!我们的身后就是辽河油田,还有那些老百姓逃离扔掉的房屋和粮田,一旦决堤,后果不堪设想!连长一声令下:"上!"我们的大队人马拿起锹和草袋子就投入了战斗!取土方离大堤三十米,必须用草袋子装上土,靠人扛上堤坝。天气炎热,汗水和泥水混在一起,整个人就像泥塑的一样,只有眼睛和牙齿能看到一点人气!但是没有一个人叫苦,吃什么没有人挑剔,睡在哪儿没有人去争。视察灾情的直升机在我们头上盘旋,还有解放军嘹亮的号子声在大堤上回荡……火线入党、抢险立功,抗洪抢险的英雄事迹不断传颂!我们和正规军并肩作战,只有裤衩能辨别我们是民兵;我们守着大堤,昼夜奋战,终于让洪水退下……

人们带着喜悦的心情开始放松自己,这才发现我们每个人都没戴手表,来时都有一封家书留存在育新村的箱子上。盘点我们身上、肩膀上留下血色的痕迹,手和脚都有划伤;特别是68届的老知青,为了早日回城,争取火线立功,拼尽老骨头,累得起不了炕,也不吭一声。看着他们疲惫不堪的样子,我们这些新生真为他们心疼！一场生死考验，让我们结下更深的感情。抗洪抢险结束后，他们带着这份荣誉，陆续回了城。也许他们今天已经退了休，但是，那段生死与共的往事，却将永远留存在记忆中！洪水面前，我们永远是最好的弟兄！

油田公路大会战

1975年秋季，为支援辽河油田建设，我们育新村民兵连的三百多知青一起参加了辽河油田公路大会战。施工地点在新生农场附近的一片苇塘。从地理位置上看，我们的小五连和新生农场隔着辽河相望，但是从陆地走过去需要一天的时间。而且，苇塘内的道路泥泞难行。在这种情况下，我们三百知青的后勤和给养成为会战成功与否的关键问题。

当时秋雨季节刚过，天气开始阴冷起来，我们大多数人都是扛着锹、披着破棉袄、拎着简单的行李，来到施工住地的。我们民兵连被安排在当地一个废弃的礼堂里，三百人一起打地铺：大家脚对脚，头顶头，一排挨着一排，挤得都没有走动的空间！每天出工大家都干得大汗淋漓，回到驻地，既没有洗漱的条件，也没有活动的空间，大家只能躺在那一窄条属于自己的地铺上。整整半个月，我们几乎都是和衣而卧，没有脱过衣服！早上爬起来，登上湿漉漉的靴子就出去吃饭、干活。可以想象，在半个多月的施工中，我们三百多位男生住的空间里会是多么混乱不堪、泥垢污浊、汗臭熏天！

我们民兵连负责的那段工地，周围都是芦苇丛，根本就没有地方取土铺路！这就给我们的施工平添了繁重——我们只能自己开路取土，没商量。我们三百人猛干了一天，开出了几公里长的取土通道。但是，因为没有干爽的土，我们取土方依然很困难，大家只能穿着水靴在泥巴塘里面挖土方。而且一干就是十几天！劳动强度之大，干活环境之艰苦，在我经历的出民工中算是之最了。我们热了，脱掉身上的破棉袄，吹吹风儿；渴了，就捧着旁边苇塘坑里的水润润嗓子。哪有开水喝啊！哪有地方坐会儿歇歇呀！

在那个年代，知青很单纯，很无奈，也很坚强。我们每天只想着早点把活儿干完，尽快回到育新村，吃上热饭，喝上干净水，睡到自己的热炕上。大家没有怨言，没有攀比，没有算计，也不计较工分能拿多少了……为赶进度，我们甚至还加班加点地干，直到天黑，直到累得抬不起胳膊腿，用尽我们浑身的气力！这就是我们傻乎乎的青春岁月，这就是我们实实在在的知青生活！

记得施工后期，连续下了两天的雨，泥泞的土路上湿滑得什么车都进不来了。我们的给养也断了，没有油和菜吃！接连着几天，我们三百知青每天顿顿都是大米饭泡咸盐水。同时，为了赶下雨耽误的工期，我们的劳动强度也在加大。每天往返出工的时间也加长了。大家的体力开始透支，情绪开始波动。有人说："人家新生农场的劳改犯都能吃上猪肉炖粉条，我们知青却只能喝上咸盐水，这活儿还怎么干？！"一天，在收工回来的路上，我们二连的几名知青，顺着别的民兵连伙房里飘出的香味，去把人家的饭菜给抢吃了。我们又出名了。

农场工程指挥部把我这个带队的民兵连长叫去问话，一进门，看到指挥部里正在吃饭，菜味飘香，还有酒喝。我的饿劲儿也上来了，二话不说，端起饭桌上的一大盆疙瘩汤，一口气全喝进肚子里了！屋里的领导们互相看着，也没说什么，只是对我说："立刻把指挥部储备的蔬菜、猪肉调拨给你们育新村。"临走时，农场的工程总指挥问我："能不能按时完成工程任务啊？"我答道："俺们育新村民兵饿着肚子都没落后，有了这些菜和肉，俺们育新村民兵连更不会落后了！"

工程终于如期完工了！我们三百多知青拖着疲惫的身体，带着满脸的胡子茬、裹着一身的虱子回到了温暖的育新村。大家还开玩笑说："饿瘦的我们却养了一堆肥虱子！"这次饱含着苦涩、忍受着艰辛、体会着饥渴的工程会战，是我终生都难以忘怀的一段经历。

防雹意外带给我的血色记忆……

　　1976年9月25日下午，我们接到上级通知，有一片雹云经过我们大队上空，为防灾害我们进入防雹阵地严阵以待。下午三时，防雹战斗打响。在我们大队上空炮声不断，为防意外发生，我到各防雹点检查。来到一连防雹现场，发现围观人群特别多，有一名非防雹队员拿起炮弹要点燃，我当机立断抢下炮弹亲自上阵。由于炮弹质量问题，没进入炮膛就爆炸了。现场被火海和血水笼罩着，围观的人群开始乱了起来……

☆刘海先与滕力合影（摄于2009年）

　　也不知过了多长时间，在脸上灼热伤痛撞击下，我醒了过来，自己试探着想站起来，可是浑身无力，我感到左手发烫，胸前好像在燃烧，想睁开眼看看周围，可眼前漆黑一片，顿时自己产生一种不祥的预感，感到尽管自己年轻力壮，可就要完蛋了……在昏迷之中，我隐隐地感到抢救人群就在自己周围，他们大声地呼喊我，呼喊着我的名字。听着喊声，求生欲望本能地复苏，愈发强烈起来！又过了一会儿，我听到在自己身边，有个声音是那么熟悉、那么亲切，这声音不停地呼唤着我，一遍又一遍，就像父亲在呼唤自己的儿子，我知道这是育新村大队党总支副书记、农民干部刘海先，他就在我的身边。记得，他曾给我卷过一支当地人抽的老旱烟，让我抽一下，还笑着对我说："抽烟可以解解乏！"而在此刻，我多想让他再给我卷一支老旱烟，让我解解乏！这时我的心里想，我必须告诉他，我还活着，一定要让他知道，我还活着！自己有气无力地对他说："我没有事，都别围着我，防雹要紧！"说这话的时候，自己无法看到老人的表情，也不知道接下来我将要面对什么，现场抢救的那种紧张气氛，让我感到死亡正在来临……

接着，我感到自己正躺在担架上，一扇门板制成的担架，担架放在一手扶拖拉机里，直奔农场医院。或许伤口血已凝固，这时我感到浑身发冷，大队"赤脚医生"、1968届沈阳知青张志伟在我的身边，不停喊我的名字，唯恐我一觉睡下，再不醒来，听着他的喊声，我发出"哼哼"声音，告诉他，我还活着！再接下来，我好像真的睡着了……忽然，一片嘈杂的声音把我惊醒，我听到链轨拖拉机的轰鸣声，一群石油工人大声喊着"救人要紧，把车抬出去！"自己当时知道，这是手扶拖拉机陷进了泥坑，附近的石油工人正帮我们把它抬出来，所有人都在为我着急，此时此刻，他们知道，时间对我该有多么重要，沿途路上遇到的每个人，几乎都在参加这场生命的赛跑。总算到达农场医院，接诊医生看完伤势后，即刻将我转往大洼县医院，不知道又过了多长时间，我躺在县医院手术台上，我听医生说，马上组织紧急抢救，手术时间会长一些，因为现在是半夜，所有参加手术人员正从家中赶往医院。此刻距离那声爆炸，已过去七八个小时，似乎自己已知道，死神已经与我无缘，接下来面对的就是手术，那些痛苦与抗争！

当时社会经济已到崩溃边缘，各级医院药品短缺，有时甚至无药可用。主刀医生告诉我："现在我们医院没有麻醉药，手术中可能会很疼，你要挺住。"我无言以对，无话可说。自己最关心的是眼睛是否会失明，我一再询问医生，医生检查后告诉我，"眼睛没问题，里面全是泥，洗掉就好了"。谢天谢地，我总算还能重新看到这大千世界，后来经过医生一番处置，自己眼前黑暗过去了，我见到了光明，尽管是手术室无影灯的冷光，可它已经坚定起我的信心！接着，手术开始了，透过医生的面部表情，我知道了问题的严重性，就听他们议论说，我的左手掌被"土炮弹"炸呈粉碎状态，需要进行长时间的消毒，这意味着自己要有足够心理准备，要去迎接一次挑战！再接着，我听见开启消毒水瓶盖声音，消毒要开始了，护士走近了，对我说，实在忍不住，你就喊几声吧！说完后，她拿起消毒水瓶，将消毒水倒在我的伤手上，就像浇花一样，顿时伤口泡沫四起，一股难闻的气味弥漫开来，自己感觉伤手仿佛进入滚开的油

知青在盘锦

锅，发出一种"滋滋"响声，一阵剧痛袭遍我的全身，瞬间自己全身大汗淋漓！我紧咬牙关，默默地数着开启消毒瓶盖的次数，数到约有一箱啤酒的数量时，消毒终于结束。我深深喘了一口气，只听在场所有人都齐夸我是一个爷们儿，可听后自己感慨"这哪是爷们儿遭的罪！"挺过手术消毒第一关，接下来是缝合手术。我对医生说用些麻醉药，可医生说："医院没有麻醉药，现在无法弄到，即便用麻醉药，十指连心也不顶用。""屋漏偏逢连雨天"，倒霉的事全让我摊上了，只能继续挺着！缝合开始了，缝合针挑起肌肉，再把它穿来穿去，进行缝合，一针针地挑，一针针地穿。每缝一针，自己都能感到，我的心在流血，为什么医院没有麻醉药？自己情愿有药而不起作用，只求一个心理安慰！当忍耐已到极限之时，缝合结束了，共计52针，总算把这个支离破碎的手掌整合起来。我正在暗自高兴，就听医生又说："你的无名指被崩碎了，残留指甲需要拔掉，可能更疼一些。"听他说完这话，我马上想到了江姐，想到敌人把她指甲扎入竹签的情景，酷刑"轮"到我了，我的指甲要被拔掉！我万般无奈，只能请求医生，希望他能麻利点！而这一次，也是我最后的阵痛。历时5个小时，手术全部结束，我的脸颊因错过最佳治疗时间，留下了再也洗不掉的黑迹，可我真是满意知足，因为自己终于完整地返回人间……

第三天，我被转到沈阳二〇二医院诊治。同室病友全是军人，看到我的状况，他们以为我也是当兵的，还问我立了几等功。我笑着告诉他们："我是当兵的，当的是民兵，我立功了，立的是'防雹英雄功'！"在随后那些治疗的日子里，自己感到非常快乐，因为每天我都会收到来自育新村各连的慰问信，通过字里行间，我感受着全村知青兄弟姐妹、父老乡亲的关爱，信中他们告诉我，那天全大队防冰雹"土炮弹"都发挥出相当威力，育新村上空落下了阵阵细雨……

2008年2月27日

滕 力 1956年3月出生，沈阳市十九中九年十一班学生，1974年9月2日下乡到盘锦地区大洼区新兴农场育新村大队二连劳动。1975年秋任育新村大队民兵连长兼村治保主任。1976年9月25日防冰雹因公负伤，年末招工回城分配到沈阳市物资局工作。1979调到沈阳市金属材料总公司资源科工作，被派到北京中国金属材料交易中心工作近4年，1984调回公司任基层业务经理、分公司法人经理，1990年调回总公司担任业务处领导工作。1994年到金杯贸易公司物质部工作，于2003年经股东大会选举进入省机电设备股份有限公司工作。2016年退休。

细雨中的回忆

◎ 滕英纯

1988年5月,我去上海参加行业科技情报工作会议,那时沈阳去上海的火车刚刚改成绕行沟海铁路。下午我上了火车,火车徐徐开动,改道向南行驶,经辽阳、鞍山、海城驶上沟海铁路。5月的辽沈大地正值春耕时节,大地的庄稼还没完全返绿,水田却已经开始插秧,一片片嫩绿,一片片微波粼粼,在春雨中透过车窗好似一幅最美的油画。

自从1975年回沈工作,已经13年没有再踏上过这片土地。列车驶过了新开站,我的心猛地一颤,车轮下面就是我们亲手筑起的路基。我试图找到当年的痕迹,以确定我们修建的那段路基,但是岁月已经抹去所有记号,只有真实路基肩负着列车在平稳地急驶。

那年,沟海铁路建设工地几乎全是沈阳、大连、鞍山等地的知青。知青们为保证沟海铁路按计划通车,夜以继日奋战在工地上。我连派出以安臣令(后回大连机车厂锻造车间)为首的沈阳、大连知青十余人,吃住在工地。

那天接到营部的通知,为保证沟海铁路建设按期完成任务,各连驰援沟海铁路工地。

我们的马车一到工地,他们一同从取土坑冲出来,一个个像没娘的孩子,破棉袄、长头发、刀刀脸。见到亲人般地向我们诉苦。原来,他们早已经把大米和蔬菜吃光,只剩玉米面和盐。大连知青邢建华发明的"疙瘩碰"成了他们的美餐,"疙瘩碰"就是把玉米面用开水边浇边搅和,形成面疙瘩,待锅中水烧开,下到锅中煮熟,再加一把盐。在工地上干活,渴了就嚼芦苇根。当年我们知青就是在这样艰苦的生活条件下铺就了沟海铁路的路基。

列车依然在有节奏的吭当声中急驶,窗外的细雨还在不停地下,泪水早已模糊了我的视线,六年知青生活又一幕幕展呈在眼前:光脚站在带冰碴的水中育苗、插秧大会战"早晨三点半,晚上看不见"、抢收三天三夜不睡觉、抗洪在伸手就能摸到洪水的大坝上倒头就睡、场院救火整个人就站火海中、下苇塘扛大苇时被风吹得原地打转、排哑炮一声轰响巨大的冻土块从眼前头上飞过……一个会战接着一个会战,险、苦、累已不在话下,是当年知青用血和汗把辽宁的"南大荒"改造成了鱼米之乡。

列车吭当一声把我从回忆中惊醒,原来已到达盘锦站。外面雨还在不紧不慢地下着,天已黑了,只能看到车站昏暗的灯光。我匆匆吃了点东西,躺在卧铺上继续我的回忆,睡梦中又回到了知青岁月。

浏阳河——我心中的歌

《浏阳河》是流传长久的湖南民歌,我们那个时代几乎每个人都会唱。但是,你听过纯正湖南味的《浏阳河》吗?听了之后才能体会到民歌之美,才能感受到民歌的地方特色,就是歌唱家也难以替代。

那是在1969年冬天,农场来了一批湖南大学的毕业生。他们每次表演节目,都是男女生合唱《浏阳河》。那是我第一次听原汁原味的湖南民歌,48年过去了,至今闭上眼睛脑海中依然缭绕着那美妙的旋律。

大学生中有一位姓翟的大姐姐,个子不高,圆脸,短头发。她是组织上指派我入团的谈话人,代表组织在连队的场院与我谈话。由于父亲在"文化大革命"中自杀而死,我对能在整建党中第一批入团并没抱多大希望,所以找我谈话时非常紧张。但是翟姐姐很随和亲切地与我谈话,消除了我的紧张。春天,营部用红榜公布了农场批回的新团员名单,我都没敢去看,是同学告诉我被批准了。

随后，团总支安排我代表新团员讲话。偏巧那天我穿了一件家里新给我买的衣服，新衣服又长又大（那时都是棉布的，缩水很厉害，所以新衣服都要买得又肥又大）。本来就瘦小的我，在全营面前一站，引起了大家的哄笑，我也不知他们笑什么，低头一看我也憋不住笑，笑了好半天，才憋住笑开始正式发言。直到在研究所入党审查时才发现，我的入团志愿书并没有盖公章，虽然党组织到农场补盖了公章，但我总感觉当年是被打入另类的。而我就这样在连队当了三年多"没有团籍的支部书记"。

翟姐姐他们后来离开了农场，也不知分配到什么地方工作。按年龄推算现在早已退休了，但他们《浏阳河》的歌声却永远留在了我的心中。多么希望他们能看到我的怀念，并祝福他们身体健康，天天快乐！

古老的故事，永久的记忆

"路遥知马力，日久见人心。"是广为周知的成语，但这个成语故事却是在知青下乡时听一位高我一届的大姐姐讲的。那时正值水田除草的季节，一群知青一字排开，在炎热的稻田里拔草，天气又热又闷，心情有些烦躁，拔了半条地时，大家有点累了。于是单大姐说："我给大家讲个故事，解解闷。"大家齐声说：好！于是边拔草，边听她讲成语故事。这个故事至今我仍然记忆犹新，并成为我一生做人处事的原则。

路遥和马力同住一个村，从小就是好朋友。路遥家很穷，马力家很富。路遥赶牛，马力读书。

有一回，路遥赶牛到学堂外面，在窗外听先生讲课。当晚，马力做功课，路遥在一边看。马力有做不出来的地方，路遥就帮他做。马力很奇怪，路遥怎么知道的？路遥把赶牛在窗外偷听的事讲了。马力就要他每天到窗外听，好帮他一起做功课。

路遥真的白天去听课，晚上帮马力做功课。马力原来读书不怎么样，现在越来越好了。后来路遥有事，没有去听，马力的成绩就又下降。先生很奇怪，就问马力。马力照实讲了。

先生要马力把路遥叫来读书。路遥家穷，马力要资助他，就骗父亲说："先生叫我去住校，夜里好教我多读书。"儿子肯用功读书，父亲当然同意了。马力就瞒着父亲，多拿了点口粮到学堂去。马力对路遥说："我父亲叫你同我一起去读书，口粮由我负责。"路遥自然很高兴。

有一天有媒人给路遥提亲，路遥大喜，但是对方却要昂贵的彩礼。路遥只好请同学马力帮助，马力说：借钱可以，但是结婚入洞房我来替你前三天。路遥怒火冲头，但是又没有办法，总不能光棍一辈子，只好答应。于是选择好日子结婚。

路遥煎熬过痛苦的三天，第四天该他洞房了，心里懊恼呀！天一黑就一头栽进洞房拉被蒙头就睡觉。新娘子就问："夫君，为何前三夜都是通宵读书，今天却蒙头大睡？"路遥这才知道马力跟他开了个大玩笑，真是又喜又恼。被有钱的朋友给耍了。发誓好好读书，考取功名。后来还真考上了，并在京城做了大官。

不久，马力家起火，房屋财产都烧光了。接着又发大水，马力的田地又被洪水冲毁。马力穷得连饭也没得吃了，只得去找路遥相帮。

路遥听说马力来了，大开正门迎接，用好茶好饭来接待。马力不好直接问路遥借钱，只是把家中遭难的事讲了一遍。路遥听了也没说什么。马力在路遥那里吃穿不愁，想想家中还有妻儿在饿肚子，就提出要回家。路遥对马力说："你一定要走，我也不留你了，只是我没有银子给你当盘缠。"

一路上，马力想到以前与路遥那么要好，现在路遥变了，世上人情真是薄如纸。他越想越气，又想到往后的日子无法过，就想去跳水寻死。

恰巧，马力正要跳水时，被人一把抓住。那人说："客官不要烦恼，在下身边还有三百两银子，也不等急用，就先给你拿回家去吧！"马力很感激。那人还送马力回家，说是顺路。

马力回到村里，看到被大水冲毁的田地已被人重开，烧掉的房子也被人重盖。马力站在新房子面前叹气。突然看见妻子从屋里出来，马力很奇怪。妻子

知青在盘锦

对马力说："这新房子是路遥帮我们造的，那些田地也是路遥出银子帮我们重新开的。"

马力被搞得糊里糊涂。那救他的人说："我是奉路遥大人之命一路送你来的。"说着递给他一封信。马力惊疑地接过信。信中说："你害我三夜未睡，我要你一路不安。路遥知马力，日久见人心。"

当年讲这样的故事是有一定风险的，好在那时知青们已经磨炼得没有那些激进革命的行为了。

滕英纯　1964年9月至1968年9月在沈阳市和平区工业局中学（现124中学）读书；1968年9月至1974年12月下乡在盘锦新建农场十一营二连，历任班长、伙食长、排长、指导员。1975年1月招工分配到辽宁省医疗器械研究所，历任工人、技术员、工程师、高级工程师、研究室主任、技术引进办公室主任。2000年9月因研究所转制退休。退休后至2016年6月留任研究所（转制后为辽宁省生物医学工程研究院有限公司）参与创立辽宁成大生物股份有限公司和辽宁未来生物科技有限公司。

母亲的知青梦

◎刘忠兰口述　潘明远整理

母亲常常讲起她年轻时候的故事,尤其是她的知青梦,总是让我心潮澎湃。那是 1963 年的春天,那时的母亲还是一个初中二年级的学生。她作为学生会干部和几名同学随同校长、老师到盘锦大洼县访问知青,当时的积极分子由希玲给访问团做的报告深深地感染了这群孩子。

回到家后,这件事一直在母亲的脑海里翻腾,她的心早已飞到了广阔的农村。在毕业填报志愿的时候,有四个面向可以选择,当时,母亲没加思索,在第一志愿栏内庄重地做了选择:到最艰苦的农村去,到农业第一线去。那一年,他们这批学生没有参加高考,但是他们却觉得自己作为知青肩负了更伟大的使命,很伟大,很自豪……

1964 年 7 月 28 日,母亲他们踏上了上山下乡的征程。这天早上,虽然下着蒙蒙细雨,但是他们却格外地兴奋。姥爷送母亲来到火车站,各学校的同学也大都在家长的陪同下纷纷而来。他们胸前戴着大红花,觉得无比光荣。告别了家长和老师,母亲的心随着远去的列车飞向了盘锦那广袤的大地,姥爷那留恋的眼神成为了历史的定格,他的心也随着远去的女儿而悄悄地悬起来,这可是女儿自己第一次远离亲人去开创美好的新生活呀!在车上,母亲的心情无法形容,不知是什么滋味。虽然一车人都不相识,但是大家的心已经连在了一起,一路高歌,欢声笑语。

知青在盘锦

到营口后他们换乘渡轮开往朝思暮想的荣兴农场。在船上，小雨滴滴答答地下着，母亲望着窗外，思绪万千，那天农场领导来沈阳接收他们的情景又在眼前重现。当时农场的李慕超书记给他们讲了盘锦非常艰苦，这里农村有四大：风大、蚊子大、厕所大（就地如厕），水泡子大。他问孩子们怕不怕，大家听了以后不但没有动摇，反而更加坚定了建设农村的坚定信心。此前，他们学习过知青董加耕、邢燕子的先进事迹，他们不怕吃苦的奋斗精神时刻鼓舞着这群孩子们。母亲他们这批知青是64届的，是上山下乡活动的开始，当时领导挑选得很严格，他们个个都提心吊胆，生怕落选，直到接了通知，上了火车，才觉得心中的一块石头落了地……

想着想着，船靠岸了。不多时，母亲他们来到住处，这里房前屋后都是水，简直是汪洋一片。母亲在想："考验我们的时刻到来了，我的未来将从这里开始了……"现在回想起那片汪洋，母亲仍还觉得当初的选择无怨无悔。

当地领导为这群孩子安排好了一切。他们按照部队编制的形式，设班、排、连，第二天就开始进行紧张的军训、学习，在这几天里，同学们都表决心，谈思想，还急着去参加劳动。

在实现了自己的梦想后，他们每天都是兴高采烈地站着排到食堂吃饭，然后是队伍整齐、歌声嘹亮地走向一望无边的农田。孩子们个个都生龙活虎，任劳任怨，都抢重活干，那种劲头，真是无法形容。

紧张而有趣的生活一天天地过去了，他们这批知青没有一个叫苦的、掉队的，个个都积极肯干，要求进步，由于各排领导有方，什么活动都开展得轰轰烈烈。当时母亲很幸运，下乡刚刚两个月，就加入了共青团组织，当时的《沈阳晚报》还以"不听话的犟姑娘"为题对母亲作了报道，母亲说，她只是不甘落后，经常帮助同学洗衣服，带病坚持劳动等一些小事，就得到了这么高的荣誉，得到了大家的认可，更坚定了她扎根农村、建设农村的信心。这种信念影响了母亲的一生，使母亲早早戴上了幸运的光环，早早品味了人生的艰辛。母亲这样乐观坚韧的人生观，也深切地影响了我和弟弟。

母亲在荣兴农场工作、生活、学习，成家生子，历经16年，把自己的青春和才华都献给了这片广阔而神圣的土地。1979年末，落实政策从农村回城，到沈阳运输公司工作。直到现在，荣兴农村生活的每一个瞬间母亲都历历在目，她更忘不了的是1964年7月28日，这改变她们命运的一天，这写进沈阳和盘锦历史的一天。

在一次知青下乡周年纪念的聚会上，母亲还编了一个顺口溜：

七月二十八，下乡离开家。开上小拖拉，心里乐开花。

花开十六载，一代青年娃。青春和才华，献身为国家！

刘忠兰 沈阳知青，1964年下乡到盘锦大洼荣兴农场，现为沈阳市第七运输公司退休工人。

知青生活二三事

◎ 魏庆厚

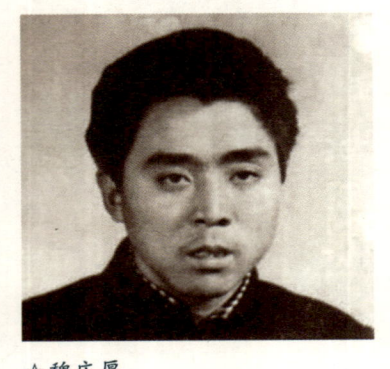

☆魏庆厚

1970年8月28日，我从沈阳54中学毕业，来到了盘锦地区东郭苇场四新畜牧大队插队。那天早晨八点多，我们学校146人从沈阳坐火车到金城火车站，然后乘坐东郭苇场派去的小火车到苇田管理区，再坐马车到龙王四新畜牧大队，到时已经是凌晨四点多了。没有电灯，没有马路，离渤海湾仅40多里，四周全是芦苇荡，大队联系全靠人工马力完成，真是一个偏僻荒凉的地方。好多男同学一看傻眼了，不少女同学哭出了声，这是什么地方啊！不是说盘锦是南大仓、鱼米乡吗？怎么给我们流放到这么个人烟稀少的地方来了？第二天，四新大队王书记给我们作报告，给我们描述了四新大队的远景。无奈中，憧憬中，我们的心也逐渐安定了下来。大队把我们分成四个排。其中一个是后勤排，我最早在后勤排菜园子里劳动。

一、菜园子的岁月

分到菜园子的知青有我、另一个男生和四个女生。这里原来就有两个东郭苇场的老工人，一个张光成大爷，一个马福香大爷。负责我们的是马大爷，张大爷负责另一管区，但平常休息时都在一起，我们的地是连在一起的。菜园子承担整个连队146人的生活用菜，所以，劳动强度还是很大的。那时我们都才十七八岁，身单力薄，刚到那儿就开始学间苗、除草。这些技能我们一无所知，全靠两位前辈的指导，真是手把手地教我们啊。备垄时，我们连镐头都拿不起来，那是种水园菜的大镐头，一天干下来腰酸背痛，饭都不想吃了，可垄还是备得七扭八歪，一不小心还备到别的垄上，为此也没少挨两个大爷的责骂。尤其是马大爷脾气大，把我们骂得常常眼泪都在眼圈里含着，甚至不想干了。记得一年春天育苗时，是培育各种瓜果的秧苗。育苗的沙子要用不沾油的锅炒，使其去掉盐碱成分，然后将炒好的沙子放在木箱子里，种子撒在里边发芽。长苗这个过程很重要，火候极不好把握。长得太细太长不行，到秋天结不了果，短了也不行，不容易成活。当时是我和另外一个男同学负责秧苗的看护，由于白天干活太累，我们年龄又小，没熬过夜，第一次睡过头了。结果，第二天马大爷过来时一看，苗长长了，当时就急了，狠狠骂了我们俩人一顿。因为育苗是有季节性要求的，过季节就废了。我们只好抓紧时间从头再来。秧苗长的最好的时间，是凌晨二点到三点时，为了不错过秧苗长势的最好时机，那一个多星期，我俩头半夜都不敢睡觉了。因为没休息好，将近半个月，我们都是无精打采的，总犯困。不过两位老人在生活上对我们特别关心，每当家里做什么好吃的，总是把我们找去吃。尤其是张大爷，把我们当作他自己的孩子一样，关心爱护。有一次我生病了，因水土不服，全身、脸和脖子上都起了许多水泡，说是火疖子，动都动不了，只能躺在炕上。张大爷虽然并不是我们连的，但他却一直忙前忙后地帮我找药、调理，每天细心地照顾我，做好吃的，让我深深地感受到了家的温暖。打那以后，我和张大爷一家处得非常好，和张大爷更是情同父子。张大爷人品好，在当地人脉广、威信高。我在张大爷身上学到了很多在学校里学不到的东西，对我的一生收益很大。张大爷的言传身教为我后来下连队打下了坚实的基础。在菜园子两年多的生活劳动，我的体魄变得健壮，也学会了很多农业技能。这也是两位老人对我们严格要求的结果，让

知青在盘锦

我在下连队时有了很强的适应能力，各种农活都不在话下了。

这一段时间的经历是我永生难忘的，即使抽调回城，我也念念不忘张大爷的恩德。1984年7月，我利用休假期间，怀着一颗感恩的心，领儿子回到了东郭苇场，去看望张大爷，圆了我感念张大爷的梦。临走，张大爷送我时，碰上了原东郭苇场场长兼党委书记张朝臣，当他知道我是专程来看望张大爷时，感慨万分，很羡慕佩服张大爷在知青心中的威望。

二、沟盘运河施工

1974年4月，随着知青的增多，大队又成立了一个机械化青年营，分成五个连队，大队把我从老连一连调到机械化青年营四连做排长。后来又来了不少新知青，知青人数总体将近800人。两个月后，连长调走，我被提升为连长。不到一个月，我们就赶上了沟盘运河施工，时间紧、任务急。可连队成员大都是刚从城里来的小青年，根本没参加过这样的大型施工，体力也不行，我心里的压力很大，真怕我们会拖大队的后腿。接到任务回来后，我把所有体力比较好、能参加施工的人员集合到一起开了个动员会，明确任务、细致分工、指出困难，号召同学们发扬不怕苦、不怕累，敢于挑重担的精神，一定要把我们连队成立后的第一次任务完成好，不拖大队的后腿。在施工中，我以身作则，每天都提前半小时到施工现场，把施工用的工具，锹、镐、独轮车等准备好。大家每天都是凌晨四五点钟开始，一直干到晚上七点多钟才结束。因为劳动强度太大，我决定让伙房每天送四顿饭，中间有时还送面包、汽水。大家的干劲儿也非常足。在往坝顶上推土时，有的同学推不上去，就用草袋子背、扛。有一个女同学在扛草袋子运土时，因为路滑坡陡，不小心翻过来摔倒，草袋子压在身上。我吓坏了，真怕出点儿什么事。还好那个女同学身体没什么大碍。我们松了一口气，只是虚惊一场。每天我们都是一身汗、一身泥，回来往往饭都不想吃就想躺下睡觉。好多同学手磨出了水泡，肩膀磨破了，但都坚持到最后，圆满地完成了这次施工任务，这是我们新建连队首次干这么大的工程，而且是新青年和老青年一样的任务，没拖一点儿后腿，受到了大队的好评。在这次参加沟盘运河的施工中，我也被评为盘锦地区沟盘运河施工中青年建设社会主义积极分子。

三、1975年地震中的遭遇

1975年临近春节时，同学们都在准备放假回家过年。我当时是要参加东郭苇场三级干部会议，不能和同学们一起走。2月4日那天，是同学们回家的日子。因为是坐夜车，回家前，晚上连队开会，宣布假期一些注意事项，准备给大家发口粮。那天一直在下雨，就在我们开会时，突然地震了。感觉到房子一阵晃动，灯也灭了，霎时一片漆黑，同学们一阵慌乱。我连忙稳住心绪，告诉大家不要乱动。点上蜡烛，让食堂抓紧分粮，然后到大队集合。因为大队离我们这儿两公里远，所有拖拉机都在大队等待呢。当我领着同学出来时，一看四周已经是一片白茫茫的水，雨还在下。有不少地方像泉眼一样在喷水，猪和马也不进圈了，围着青年点营房在乱跑。我们有的房子也从屋里往外喷水和蹿黑泥浆。在这种情况下，我想，必须要赶快把同学们送走。当时没有地方可走，只能选择去离青年点一百米远的上水线大坝上，从那儿走。我带着要回家的一百多名同学向那儿赶去。我们手里拄着棍子，肩上背着粮食，我还背着一个发高烧的女同学。因为雨天路滑，我们走得很艰难，到大队时，我浑身就像从水里捞出来一样。好在终于把同学们安全送走了，我也松了一口气。可是大家坐拖拉机前往石山车站的路途中，一台拖拉机车轮卡在了地震造成的地缝中，坐在这台车上的同学没赶上那趟火车。先期到家的同学不知情况，到家跟家长说有一台拖拉机掉裂缝中上不来了。实际上，在链轨拖拉机的帮助下，那台拖拉机早已上来，车上的人只是晚了一趟火车回家。但是这事惊动了沈阳铸造厂党委，以为出事了，马上派出两辆解放牌越野车，赶到东郭苇场，直接到四新青年营查看情况。到了才知道实情。这个时候，那辆出事车里的同学已经到家了。

知青在盘锦

地震第二天,我去检查连里上下水线阀门。到那儿一看,上下水线沟里全是地震震昏的鱼,黑压压一片蠕动着,看得我身上直起鸡皮疙瘩。心神稳定后,连忙去喊留守的同学们去捞鱼。瞬间,好多人都来捞鱼。大家开心雀跃着,灾后的恐慌被喜悦冲淡了。我心中感叹着,盘锦真不愧是鱼米之乡啊。中午时分,我们那儿来了好多逃难的人,原来这些人都是参加八三工程的人,是来自北镇县、台安县、锦县的民兵。因为他们施工住的地方发生了海啸,房倒屋塌,呆不了了,都往老家赶,但是他们走到我们这儿,好多人迷路了,一夜也没走出苇塘,有的没办法,又走回去了。走出来的这些人到了我们这里讨水、讨饭。因为人太多,我们也没有那么多饭。我只能给了他们一些水,又给他们指了往石山车站去的路。

盘锦五年的知青生活,留给我的记忆太多了,想说几天几夜也说不完,这只是其中几个片断。

2016 年 12 月

☆魏庆厚、凌秀华夫妇近照

魏庆厚 1953 年 11 月出生于沈阳市。1970 年 8 月 28 日到盘锦地区东郭苇场四新大队插队。历任四连排长、连长。1975 年 8 月抽调到辽阳石化公司研究院,做车工。1984 年以后先后在化三、辽化二期聚酯厂、辽化检修分公司工作,2013 年退休。

1979 年魏庆厚与同在盘锦下乡同期抽调到辽化研究院的凌秀华结为夫妇,组建起和谐幸福的家庭。

丁壮猷小传

丁壮猷 1949年10月出生。1968年9月由沈阳市第49中学下乡到盘锦垦区新立农场云家大队薄家小队。先后担任知青排长、生产队队长。参与过盘海铁路、盘营公路、东风大堤等大型工程会战。1970年，因在盘营公路建设中表现突出，荣获大洼区先进民兵称号。1971年初至10月，为确保青年点的知青按时上工，作为队长的他，坚持每天清晨最早起床，往返百余米，为青年点的4个宿舍肩挑4桶清水，供大家洗漱，被当地农工和知青至今感慨赞叹。

1971年11月，由贫下中农推荐，被抽调到322油田（辽河油田）油建团（后更名为油建指挥部、油建一公司）电工连（后更名为电工队、五大队）参加辽河石油会战。在油建电工队工作13年，从学徒开始，参与油田多条6万伏、6千伏高压供电线路的架设工程，成为海城营口地震抢险集体二等功的一员。1980年加入党组织，担任大队政工干事、总支委员。1981年，在《辽河石油报》年度好新闻评选9个一等奖中，独获两篇。1983年荣获勘探局优秀政工干部称号。

1984年1月被油田党委宣传部选调。在宣传部工作的18年中，先后在宣

教、新闻文化、办公室、外宣等科室负责，兼任《辽宁日报》辽河油田记者站站长。1996年任油田宣传部副部长。撰写领导讲话、调查报告、典型经验、新闻稿件、科研论文等材料文字逾百万字。1993年1月3日，在《工人日报》头版头条刊发的有关辽河油田援助义县坍塌煤窑救险的消息《八方携手打开生命通道　四矿工困井下半月生还》被配以短评，并荣获当年全国省、中央党报头版头条大赛一等奖。

2001年12月调任辽河石油学校党委书记，在学校创建盘锦首个拓展中心。

2006年4月调任辽河石油勘探局工程技术研究院党委书记。2009年退休。

退休后笔耕不辍，热心关注国家的改革、发展，在新浪博客刊发博文370余篇，其中一篇被新浪网首页刊出，多篇文章被《盘锦日报》《辽河晚报》刊发。他还是盘锦市新闻文化出版局聘请的报刊审读员，为盘锦市两个文明建设尽份心力。正如他在自己的文集《彩虹渡》中所说：有生之年，还想用钝笔掘开脑海的堤坝，再流淌一点已经沉淀的浆汁，使自己能是精神的"饱汉"。

历经大半生的经历与体验，他不忘初心，要求自己：平民心态，百姓情结，感恩之心。对待朋友同事努力做到：记人好处，念人长处，帮人难处。

于恒杰、李丹妮小传

于恒杰 1951年9月出生于大连。1969年3月由大连四中下乡到盘山县太平公社张家大队第六小队，开始了4年半的知青生活。先后担任炊事员、伙食管理员、民兵排长、青年连长。除了割大苇，几乎参加过所有的农业生产劳动。参加了胜利塘河闸建设，挖闸坑，三九天穿苇塘三班倒。高强度的劳动、艰苦的生活、带队伍的责任，培养锻炼了吃苦耐劳担当的性格习惯。1973年9月被选送到鞍山钢铁学院学习，在学校入了党，毕业后分配到营口冶金局工作。1984年盘锦建市，调入盘锦市标

☆于恒杰、李丹妮夫妇（摄于2005年）

准计量局工作，历任市质量技术监督局（原计量局）科长、副局长。2011年退休。

李丹妮 1950年出生于沈阳。父母解放前就从事革命的文艺工作，是老"东北人艺"、后来的"辽宁人民艺术剧院"话剧团的导演和演员；三舅是抗日民族英雄赵尚志，老舅赵尚武……在"满门忠义一身正气"的家族血统中，从小就接受着满满正能量的家庭教育，铭记"爱国气节团结奋斗奉献"的家训。从小就喜欢音乐舞蹈体育，是小学文娱委员、中学学生会文艺部长。15岁打

知青在盘锦

破沈阳市少年女子五项全能记录,是国家三级运动员,曾担任沈阳市业余体校女排队长。

1966年初中即将毕业时,顺利地考上了北京体育学院预科班,可是被一场史无前例的社会大变革改变了人生轨迹。

那年秋季随着"知青大潮"下乡到盘锦大洼区青年农场,后转到盘山县曙光农场。下乡期间,开过插秧机,担任过三年妇女队长,艰苦劳作,磨砺了意志,锻炼了体魄,也培养了抗挫折能力和甘愿奉献的精神。

1977年恢复高考时考上了沈阳的高校,但由于当时父母还没有平反,没能如愿,所幸被当时的盘锦地区师范学校录取。在校期间努力学习,提前一年留校任教,从此踏上了教育工作岗位。注重业务学习,不断提升自己。通过成人高考完成了营口教育学院音乐教育专科和哈尔滨师范大学音乐教育系本科的学业,拿到了国家教育部颁发的专、本科学历证书。

多年来,任职音乐教师、音乐教研室主任、校长助理,到退休时当盘锦职业技术学院师范教育系主任,一直爱岗敬业,努力奉献;多次获得省、市各种奖励,最高的是获得了"曾宪梓教育基金会"颁发的"全国师范教育突出贡献"三等奖,也因此破格晋级为音乐高级讲师。

退休后考入盘锦市老年大学艺术团舞蹈队与合唱团,并担任舞蹈队的队长。积极组织上课、排练、演出,参加全国、省、市各级老年大学艺术节的比赛和各种主题的大型文艺演出。

于恒杰、李丹妮于1977年1月结为夫妇,组建起和谐幸福家庭。

王玉、林晶民小传

王 玉 1954年9月出生，1972年12月由鞍山市一中下乡到盘锦地区盘山县向阳农场朝阳村青年营六连。历任青年营六连团支部书记、政治指导员；青年营党支部委员、"革委会"副主任，营党支部书记；向阳农场党委常委、"革委会"副主任。被评为盘锦地区优秀知青，1975年7月出席辽宁省优秀知青代表大会。

1975年参加盘锦地委驻羊圈子苇场工作队，任驻北井子村工作组长，1975年底调任盘山区文教组副组长（1976年改为盘山县文教办副主任）。1978年文教办撤销，改任团县委副书记。1979年5月调盘山县农办工作。1980年5月—1984年底任盘山县团委副书记兼县社会治安综合治理办公室专职副主任（其间1981年3—7月参加中央团校脱产学习）。

1985年1月调任盘锦市青少年教育办公室主任（正科级）。1989年10月任辽宁省化建公司党委副书记、书记，构件公司经理。1995年初调任盘锦市轻纺局党委副书记。2000年出任盘锦市总工会常务副主席，党组副书记（2012—2014

☆王玉、林晶民（摄于2017年7月）

年改任市总工会调研员）。2014年10月退休。

林晶民 1953年9月出生，毕业于沈阳市铁西区103中学，1970年9月下乡到盘锦地区向阳农场三道大队，曾任知青连队指导员，向阳农场保卫科干事。

1973年3月经组织推荐到中国医科大学医疗系读书，1976年毕业后分配到盘山县医院工作。历任盘山县人民医院眼科主任，盘锦市第一、第二人民医院眼科主任。盘锦市著名眼科专家，主任医师。曾任辽宁省政协常委，荣获盘锦市劳动模范、辽宁省巾帼标兵等荣誉称号。

其本人撰写的27万字《现代眼科美容》一书，由辽宁科技出版社出版。累计发表国家级、省级论文20余篇。

王文儒小传

王文儒 汉族，1954年10月出生，盘山中学74届五班学生，1974年9月3日下乡到盘山县沙岭公社四河大队五小队。下乡期间做过青年点副点长、大队团总支书记、公社团委副书记。1978年2月，招工到盘锦热电厂工作。1981年12月任辽河石油勘探局热电厂党委副书记，1984年10月任辽河石油勘探局热  电厂工会专属委员、厂办公室副主任、厂工会副主席，1996年3月任勘探局热电厂工会主席，2007年5月任辽河油田电力公司党委副书记，2009年5月调任油田高升工程技术处党委书记兼副处长，2011年4月任油田渤海公用事业处党委书记兼副处长。2014年退休。

王玉侠小传

王玉侠 1953年11月生于盘山县沙岭镇尖台子村。毕业于沙岭中学九年五班。1972年3月回乡劳动，5月经老贫农推荐到大队任妇女主任，做妇女工作和计划生育工作，当年被公社党委评为先进个人和先进工作单位。1973年9月，大队党支部换届，选任支部副书记，分管党务和群团工作。

☆知青合影

1974年9月沙岭公社党委换届，当选为党委常委、"革委会"副主任，分管知青和农村包片工作。特别是在四合村和西拉拉村包片工作中，经常找知青谈心交流、做思想工作，与他们打成一片，同吃、同住、同学习、同劳动。知青们各个争先上进，好的典型不断涌现，全乡知青工作在全县排在前头，得到县里的表彰。

1976年9月，通过考试，成为最后一期"工农兵学员"，进入吉林大学经济系政治经济专业学习，任班级宣传文艺委员。1980年1月毕业，分配到营口市供销社供销学校任教，后来担任教

☆住房建设视察（摄于2011年5月）

研室副主任。

1984年10月，调回刚刚成立的盘锦市，先期担任市供销社宣传科负责人，于1985年3月调任市妇联宣传部部长，10月提任市妇联副主任；1989年9月调任双台子区副区长，1993年3月任双台子区委副书记；1995年3月提任市妇联主任、党组书记。在市妇联工作期间，被省委组织部和省妇联评为全省优秀女领导干部。2001年1月调任市委统战部部长，并于2003年1月当选为市政协副主席、党组成员。2007年7月，任市政协副主席（驻会）、党组副书记，分管经济委和城乡委工作；2012年11月，任正市级领导干部（市政协党组副书记）。2013年底退休。退休后，曾担任市委"三讲"督导组组长，2016年4月起担任盘锦市关心下一代工作委员会常务副主任。

知青在盘锦

王永恒小传

王永恒 1958年9月出生，1976年8月毕业于大洼县唐家农场中学，下乡到大洼镇西青大队。下乡期间担任过团支部副书记、知青排长、青年点伙食长。1978年10月考入辽宁大学哲学系。1982年8月大学毕业后分配到盘山县团委工作，任干事、副部长。1984年10月，调入刚刚组建的盘锦市委组织部，任组织科巡视员、副科级调研员，1986年被选派到辽宁省委党校青训班学习。1987年4月提任共青团盘锦市委副书记。1990年12月调任市司法局副局长兼劳动教养院院长、党委书记。1999年12月任市委副秘书长。2003年7月出任市文化局局长、党委书记。2008年12月当选为市中级人民法院院长、党组书记。2009年7月转任营口市中级人民法院院长、党组书记。2017年1月当选为营口市政协副主席、党组成员。

王若民、隋英小传

☆王若民、隋英（摄于1976年）

王若民 1949年12月出生，1968年9月20日从沈阳铁路中学下乡到盘锦地区新开农场八家子大队，曾任第四生产小队副队长。1970年10月经推荐被招收到322油田黄金带消防队任战斗员。1971年3月起，先后调任322油田"革委会"人保组、辽河油田勘探局保卫处保卫干事、秘书，辽河油田公安处、盘锦市公安局副科长，辽河油田公安局科长、大队长、政治处主任。1993年9月调任盘锦市兴隆台区委政法委常务副书记（副处级）。1995年12月任兴隆台区委常委、政法委书记。2010年1月退休。

隋　英 1951年10月出生，1968年9月20日从沈阳市第91中学下乡到铁岭市开原县农村。1970年全家随父亲走"五七道路"迁到盘锦，隋英转点到盘山县喜彬公社插队，1971年入党。后来父亲落实干部政策到辽河油田工作，隋英也于1972年招工到辽河石油

☆王若民、隋英（摄于2010年7月）

战报工作。1975年经自愿报名、组织选拔,成为辽河油田第一支女子钻井队的一员。1979年以后调入辽河油田设计院、辽河油田检察分院档案室工作,馆员。2006年退休。

1976年,王若民、隋英结为夫妇。

王柏玉小传

王柏玉 汉族，1951年2月出生，沈阳市92中二年一班学生，1968年9月24日下乡到盘锦大洼前进农场小洼大队。下乡期间曾担任青年点点长，坚持吃苦在前、积极工作，节日期间自己在点上值班，让其他青年回家过节，与群众打成一片，很好地发挥了点长的带头模范作用。

1970年7月辽河油田第一批招工，被招到筑路连当工人；1979年1月担任青堆子农场副场长；1981年4月调入油田筑路公司，历任农副业科科长、生活服务公司副经理、生活科科长、物资供应站站长；1997年5月任筑路公司物资供销公司经理；2002年8月—2004年4月，任筑路公司桥梁工程处副处长，后改做具体工作，直到2011年2月正式退休。

知青生活中的一段插曲

◎ 王皑岩

下乡期间,尽管我和同学们一样体验到了劳动的艰辛、生活的苦涩,但最让我难忘的,是当炊事员为同学们做饭的那段时光。

☆ 知青同学合影(前右一王皑岩,摄于1971年9月)

做饭是一件苦差事,尤其是冬天。我们二年六班分在孙家七队的有二十几人,做饭就餐都在七队队部,后院是场院。由于天气冷,冬天的时候脚一直有冻疮。我每天早晨3点钟就得起床,脚肿得穿不上棉布袜子,好容易穿上之后下不了地,脚一着地就像针扎着似的,就得一点点试探着下地,在屋里扶着墙走几圈,待脚掌逐渐地全能落地,然后在茫茫的夜色中,深一脚、浅一脚向队部走去。拉风匣的时候,把冻着的脚放在炉灶口烤着,一不小心,脚指头就被烫了一下。

我们每天吃的主要是大米和白菜。由于后院是场院,人来人往,做饭时很冷,菜饭结了一层冰,在菜板上切着冻到心的大白菜时,一切一滑,又不能戴手套,切完时,两手都冻木了。等到给同学们盛饭时,碗都冻在一起,拿不起来,连撬带烫,才分出个来。盛完饭后,不接触碗的小手指头,都不会打弯了。

当时我们的伙食长是张士海同学,我俩看到同学们吃不饱、油水少,就想方设法调剂。把大白菜扔到房顶晒干,把黄豆用碾子压碎,给同学们做小豆腐吃。用大米多换点玉米,做疙瘩汤,烀饼子给同学们吃。我们还买了两头猪喂养,没糠时我就穿个靴子,背个麻袋,步行到二十里外的盘山,买高粱糠喂猪。猪一天天长大,和我感情挺深,我上哪儿它们就跟到哪儿。

有一天下大雨,水缸里没有水了,我拿起水桶去挑水。大雨天,脚走在踩结实的大坝棱子上特滑,摔了一跤后,水只剩下半桶,我抹了一下不知是雨水还是泪水的脸,继续挑起了剩下的半桶水。

这是我知青生活中的一段小插曲,做饭虽然没有干农田活那么累,但也是个苦差事。虽然艰苦,却也锻炼培养了我不怕任何困难的坚强意志,为我走好后来的人生路奠定了基础。

2017 年 2 月

王皑岩　女,1951 年出生,大连第四中学二年六班学生。1969 年 3 月 16 日,下乡到盘山县曙光农场孙家七队,俗称"冯家屯"。下乡期间和社员一起参加农田基本建设,种植水稻,后期工作调整,当起了炊事员,为七队的下乡知青做饭。1971 年 11 月,经层层推荐选拔被抽调到辽河油田机修厂维修车间工作,成为一名石油工人。

☆当年房东的老房子前(摄于 2009 年 3 月)

在油田工作期间,从学徒工做起,先后担任过车间团支部书记、车间指导员、党总支副书记等职务。1986 年 3 月调到盘锦市兴隆台,参与筹建兴隆台区政府工作。兴隆台区政府成立后,任兴隆台区计生委副主任、主任。其间当选为中共兴隆台区委候补委员、委员。1992 年 12 月被国家计划生育委员会授予"全国城市优秀计划生育工作者"称号。1995 年 6 月任市计生委副主任。2005 年调任市卫生局副局长、市爱卫会副主任,主持爱卫会工作。2007 年 6 月享受正处级生活待遇。2011 年 4 月退休。

盘锦——我深爱的第二故乡

◎ 王惠新

1975年7月，我毕业于沈阳市第三十二中学九年四班。8月15日，我作为父亲单位即沈阳铁路分局沈阳机务段的子弟下乡到盘锦大洼县新立农场仲家大队第二小队。

☆王惠新（右，摄于1976年锦州）

仲家二队是1974年由我们沈阳机务段的下乡知青组成的创业队。在仲家二队一年多的时间里，我干过挖沟修田、催芽育种、收割脱谷等农活，还一直是队里的看水员和宣传报道员。印象颇深的是参加过近十次的出工大会战（大都是兴修水利工程）。1976年1月8日在新建农场南河堰清淤工程中听到了周恩来总理逝世的消息，那一天，天气格外寒冷！同年的7月28日，我们正在东风农场出工，加高加厚辽河大堤。凌晨不到4点，突然大地晃动，把我们从梦中惊醒，后来知道是唐山发生了大地震，那一天，天气相当闷热。

1976年8月，新立农场召开全民体育运动会。我作为仲家大队的宣传报道员，为运动会写稿投稿。运动会后的一天，我们大队的干部找到我，说新立农场的领导对我在运动会上写的宣传稿件比较欣赏，给予好评，并让我到农场场部挂职锻炼，期限是3个月。这样，我就到了农场，在宣教科工作。其间，

9月9日,伟大的领袖毛主席逝世,当时真有天塌下来的感觉!

好像是挂职锻炼快结束的一天,当时的农场党委副书记盖凌峰(书记是李日宇)找我正式谈话,决定把我留在场部机关,任农场团委干事。在农场工作将近一年半的时间里,除了团委本职工作外,主要就是下乡包队。参加了杨家大队一个月的整建青年点工作队,工作队队长是已升任了农场"革委会"副主任的梁树舫。经历最深的就是在大岗子大队参加了为期近一年、吃住都在大队的党的基本路线教育工作队,工作队队长是当时的农场"革委会"副主任周玉华,我任工作队的文书兼伙食管理员。

1977年末,我参加了"文化大革命"后恢复的首届高考,考场是在新立农场小学。不久,接到了录取通知书。我于1978年3月4日正式告别新立,到辽宁大学经济系政治经济学专业学习。

1982年1月大学毕业,被分配到省机构编制委员会办公室(与省人事厅合署办公)工作。1986年任主任科员,1989年任副处长,1996年提任机关编制处处长。2006年调任沈阳化工大学副校长至今。

☆王惠新
(摄于2015年)

将近三年的知青生活,是我人生中最难忘的。盘锦大地锻炼了我,辽河水养育了我。弹指一挥间,离开盘锦已经38年了,那里仍然是我魂牵梦绕的地方,我与在新立工作过的同事至今还保持着密切的联系。我为我曾经是一名盘锦人、一名新立人感到自豪!祝我的第二故乡越来越美好!

2016年10月

由希玲小传

◎由希玲口述　王海宁整理

我出生于1942年，1963年6月从沈阳市第27中学高中毕业下乡到盘锦农垦局大洼农场（后改称王家农场）九号大队。

我们是第一批下乡来盘锦的知青，共201人，是时任副省长车向忱蹲点动员的那一批。主要是工农子弟和革干子弟，还有一些成分不好的（如地主、富农、资本家子弟等）为了努力改造自己积极加入的。那会儿不是随便就能下乡的，就像现在的志愿者需要主动申请，还要通过毕业考试、体检、政审，层层选拔。我是校团委委员，主动带头申请下乡到了盘锦。我们立志要做中国第一代有文化的农民，为实现农业现代化贡献自己的力量。

下乡后，我就担任了农场团委兼职副书记、九号大队团总支书记和第四生产队队长。那时，大家都叫我"由司令"，这个称呼其实在中学时就叫开了。我们那批知青都是自己主动争取下乡的，所以都积极肯干，起早贪黑，不怕苦不怕累，精神面貌特别好。组织上也特别注重培养我们，农垦局副局长到我们那儿蹲点，请沈阳农学院教授给我们上课，培养新一代农民。白天田间劳动，晚间上课学习。

下乡第二年秋季，组织上抽调一批优秀知青当老师、当干部，其中就有我。我是全地区第一批抽调的女干部之一。先是到盘锦农垦局党校学习培训了一个月，10月份学习回来，到大洼农垦局任团委干事。1965年抽调到营口市搞"四清"，后又回到大洼榆树农场搞"四清"，"四清"之后，回盘锦垦区团委工作，1968年调任垦区政工组干事。1970年初成立大洼区时，调任大洼区革委会副主任、党委常委，负责知青、工交、财贸等工作。1978年我调任大洼县城建局党委副书记、副局长，1980年又调县委财贸部任副部长，分管组织人事工作。1984年秋，成立了盘锦市，我调任省石油公司盘锦分公司副总经理，直到1997年退休。

那些年，曾荣获盘锦农垦局劳动模范称号，多次带队参加省、市知青工作先进表彰大会。那时，省里也特别重视知青工作，毛远新等省、地区领导两次带队来大洼视察知青工作，是我代表区革委会去汇报的。有关部门曾先后两次调我回省城工作、一次调我去营口市青工组工作，我都婉拒了，我觉得在盘锦挺好，再一个，当年带头下乡是有诺言的，还有当年农垦部部长王震对盘锦农垦事业描绘的美好前景，一直深深地激励着我们，怎么好半道回去呢？到现在也是这么认为的。头一阵子我们当年一起下乡的知青聚会，还有人表示现在想起当年还是心潮澎湃，一点也不后悔。当年我们只是想做一名有文化的普通农民，后来都有了很好的发展，已经超出意料了。

冯恩良小传

◎ 丁伟成

冯恩良 1949年12月出生于沈阳。南京化工大学化工技术与管理专业毕业，工商管理硕士，研究员级高级工程师。第十届省人大代表，第十一届省政协常委兼经济委副主任。曾多次被省政府、化工部、兵器集团、团中央和全国总工会授予辽宁省优秀企业家、辽宁省有突出贡献的优秀企业家、全国化学工业劳动模范、中国兵器工业集团公司劳动模范、全国优秀青年企业家、全国劳动模范等荣誉称号。

1968年10月，作为"老三届"学生，冯恩良与同学们一道从沈阳市下乡到新宾县农村插队，不久即被大队、公社推荐，招录为国营新宾县化肥厂工人。在新宾化肥厂，冯恩良从岗位环境危险艰苦的一线生产岗位干起，很快就由学徒工成为技术娴熟的师傅，成为生产上的行家里手、车间的中坚骨干，被任命为车间主任。

1973年夏，省政府成立辽河化肥厂筹备处和建厂指挥部，冯恩良从新宾被调到盘锦，参加辽化建厂工作，成为第一代辽河化肥厂的建设者。

1973年10月—2006年4月，冯恩良历任辽河化肥厂劳资员、调度员、车间副书记兼副主任、主任、副厂长，盘锦化学工业公司副经理兼辽河化肥厂厂长，辽河化工总厂厂长，辽河集团董事长兼总经理，辽宁华锦集团董事长兼党委书记、副董事长兼总经理、董事长兼党委书记，辽通公司（华锦股份）董事长等。2006年4月—2010年7月，出任辽宁华锦集团党委书记、副董事长、执行董事兼辽通公司（华锦股份）董事长，"十一五"重点工程常务副指挥兼现场常务副指挥、总指挥。2010年7月后，改任北方华锦集团副董事长，继续兼任"十一五"重点工程常务副指挥兼现场总指挥、兵器集团办公厅高级专务。2012年底退休。

成宇小传

  成　宇　1947年12月出生，沈阳市第27中学高六四班学生。1968年9月下乡到盘锦大洼县新立农场孙家大队青年点。担任过大队"革委会"副主任，曾获"先进知青"等荣誉称号。1971年11月，招工到辽河油田油建指挥部六大队，做办事员。1975年，筑路指挥部一大队办事员，油建中学组织人事干事。1982年，调入辽河油田法院，任书记员、审判员。1995年，任辽河油田中级法院民事庭副庭长。1998年退休。

朱白小传

朱 白 国内知名腹膜透析专家，1953年7月出生于沈阳。沈阳27中学（后并入辽宁建筑工程学校）学生，其间到沈阳汽车制造厂学工，到新民县法哈牛公社学农。1970年8月中学毕业，集体下乡到盘锦新立农场苏家大队。

☆朱 白

☆朱白在农村巡回医疗（摄于1974年6月）

和知青战友一起，在艰苦的居住生活条件下修渠叠坝、平整稻田、插秧收割、挑稻脱谷、修筑公路。因经常利用在学校学的一点扎针灸、注射和简单包扎的特长为知青战友服务，后来被选送到农场卫生院培训当上了大队卫生所"赤脚医生"。1972年出席辽宁省知识青年代表大会，1973年出席辽宁省第五次团代表大会。1973年11月21日加入中国共产党，曾任新立农场苏家大队、仲家大队副主任、共青团盘锦地委委员。1974年8月参加大洼县委工作队；进驻田庄台职工医院。1975年

☆1972年省知青代表会 朱白与张强合影

知青在盘锦

2月4日营口、海城大地震，田庄台镇为重灾区。因在抗震救灾中立二等功，经县委决定留田庄台职工医院任副院长、党总支委员。

1976年10月，经田庄台职工医院、县卫生局推选，大洼县委批准离任，作为工农兵学员进入中国医科大学医疗系学习。1980年3月，大学毕业选拔入伍到空军医学高等专科学校附属医院任军医。1984年8月—1986年9月，在第一军医大学中医系学习进修，毕业后在第四军医大学吉林军医学院附属医院心肾科任主治军医、科室副主任。在部队19年连年受到嘉奖，立三等功两次。

☆朱白、惠新等知青与原县委书记赵玉礼相聚于沈阳（摄于2011年11月29日）

1998年9月，转业到吉林市中心医院组建肾病科，历任科副主任、副主任医师、科主任、主任医师、副教授、教授、硕士生导师。任职15年，科室从无到有，由小到大，由弱到强，成为国内较有影响的吉林市肾病重点专科，吉林省肾脏病重点研究室，国家腹膜透析培训示范中心。

2011年1月，针对国内尿毒症病人治不起病的困境和制约适合中国国情、有效治疗尿毒症的腹膜透析技术应用的瓶颈问题，写信给李克强总理，得到党和国家政府的高度重视。本人研发的腹膜透析套管穿刺针获得国家专利，其独创的置管技术获省市科技进步二等奖。国家专门下发了549号文件，大力推广普及利国、利民、有利环保的腹膜透析技术。

2013年7月退休后，被吉林大学附属吉林医院留任为医院首席专家，被华润集团旗下药企聘为全国技术推广总顾问。花甲之年仍飞奔祖国各地，已应邀在14个省48家大学、部队及省市三甲医院推广相关技术，为提高我国尿毒症病人的救治率和广覆盖，为我国腹膜透析事业的发展做出了积极贡献。

2016年12月

刘奇小传

刘 奇 1957年2月出生，下乡前就读于鞍山市第62中学九年三班。1974年9月，下乡到盘锦地区高升公社边东大队第五生产队。1974年9月，任青年点副点儿长、出纳员；1975年7月，为改造落后农村、建设新农村，被临时派到县委工作队工作；1976年7月26日入党，9月参加营口团干班学习，11月任高升公社团委副书记。

☆刘奇（右下）与县委工作队王光明（上）、边东大队妇女主任苏凤香（左下）合影（摄于1977年7月）

1978年3月，离开农村到鞍山市劳动局工作，先后在劳动局办公室及调配科任科员。同年4月选派到鞍山市教育学院组干班学习，于1984年12月返回鞍山市劳动局调配科工作。1985年9月考入大连工学院社会科学系读书。1987年7月大学毕业后返回鞍山市劳动局在调配处及计划处工作，1996年3月调入鞍山市社会保险局综合处，历任副处级主任科员、正处级副调研员。2012年2月退休。

☆刘奇（摄于1985年12月）

知青在盘锦

刘开彬小传

刘开彬 1950年6月出生,下乡前是沈阳市第三十七中学初三(三)班班长。1968年9月,下乡到盘锦地区新立农场前胡五队,担任过司务长、知青排长。

1970年4月,被抽调到盘锦化肥厂工作,历任管工班工人、班长、机修车间铆焊工段副段长、机修车间副主任、主任兼书记、机修分厂厂长等职务。1985年9月,经市委组织部推荐到辽宁经济管理干部学院行政管理专业学习。1987年9月,大专毕业后回盘锦化肥厂任厂长助理、副厂长。

1992年4月,调任盘锦化纤厂厂长兼书记,同时兼任盘锦盘建化学纤维有限公司总经理(盘锦市当时最大的中外合资企业)。1995年4月调任盘锦化肥厂副厂长兼总经济师。1998年7月,盘锦化肥厂改制,组建盘锦化工有限责任公司,任公司总经理兼副董事长。2003年7月,因盘锦化工有限公司改制,调到盘锦市经贸委任调研员。2004年4月,转任市安全生产监督管理局调研员,负责盘锦市安全生产协会工作,任副会长兼秘书长。

☆刘开彬

2010年6月退休后仍负责盘锦市安全生产协会工作,任副会长兼秘书长。2014年5月,被民营企业盘锦鸿元化工有限公司聘为总经理至今。

1999年被评为盘锦市劳动模范。职称为高级工程师、高级经济师。

刘光禄小传

刘光禄　汉族，1949年12月出生，沈阳十九中学初一（三）班学生。1968年9月20日下乡到盘锦大洼新开农场八家子大队一小队，下乡三年一直担任一小队青年点90人的食堂管理员兼炊事员，直至抽调招工。由于管理食堂认真负责、账目清楚无亏损、卫生清洁、饭菜花样多、粗粮细作，得到广大知青、小队及大队领导的好评，1969年底被评为"盘锦垦区学习毛著积极分子"。1971年9月30日，被辽河油田录用，分配到322沈阳勘探指挥部供应站工作（材料工）。

从1971年9月至2009年底退休始终在沈采供应站（物资供销公司）工作。其间，保管员（材料工）十余年，管过电料、工具、劳保、配件、油料等仓库；1979年至1984年任统计员（通过全局统计员考试，评上初级职称并正式转干）；1985年至1993年任管理组组长；1993年6月任供销公司副经理（副科级），直至2000年5月按文件要求内退离岗；2009年年底正式退休。

刘志超小传

刘志超 辽宁大学教授、博士生导师、获国务院特殊津贴专家。1951年6月出生于大连，1964年入学大连四中，1968年8月在二年六班报名下乡，1969年3月插队于盘锦地区盘山县太平公社（后改称为曙光农场）张家六队。1970年被评为盘锦地区"活学活用毛泽东思想积极分子"。1971年从张家六队调入曙光农场场部党委宣传组工作。1972年2月，经曙光农场推荐作为盘锦地区当年"可以教育好子女"的唯一名额入辽宁大学历史系读书。

1975年8月，大学毕业留校在党委宣传组工作，三年后在历史系任教师，曾从事历史学、档案学、思想政治教育、摄影教育等专业的教学与研究工作。任教期间就读了世界经济专业在职研究生。1984年，曾先后任辽宁大学校长助理、秘书长，1985年至2005年任辽宁大学副校长，2005年至2011年任校党委副书记，后聘为辽宁省政府参事。

先后兼职中国摄影家协会理事、摄影教育专业委员会委员，中国高教学会摄影教育专业委员会主席、名誉理事长，辽宁省文联副主席、辽宁省摄影家协会副主席、主席、名誉主席等职。先后主持、参与国家、省部级等科研课题10余项；先后在中国社会科学出版社、文物出版社、

☆刘志超

知青在盘锦

中国摄影出版社、辽宁人民出版社、辽宁美术出版社等出版著作、专集20部；先后在《马克思主义与现实》《当代世界与社会主义》《科学社会主义》等国家核心学术期刊上发表论文40余篇；先后在《人民画报》《光明日报》《中国青年报》《中国摄影家》等各级期刊、报刊上发表摄影作品千余幅。曾参加美国、日本以及全国、省大型国际摄影大展个人展、联展十几项。曾获国家、省科研奖励20余项，获全国高校摄影教育特殊贡献奖"红烛奖"，获中国摄影家协会"特殊贡献摄影工作者"称号；曾获沈阳市劳动模范、辽宁省劳动模范等称号。

刘英华小传

刘英华 1951年4月出生。1968年8月由沈阳市第29中学下乡到盘锦地区新开农场张家大队第六小队。先后担任生产队指导员、大队副主任,农场党委副书记。

1973年3月,由新开农场调转到盘锦地区团委工作,先后担任组织科科长、团委副书记。1975年1月,作为全省知识青年代表,出席全国第四届人民代表大会。

1975年11月,盘锦地区与营口市合并。先后担任营口市团委副书记,市妇联副主任,市委老干部局局长,市直机关工委常务副书记,市政协副主席、市委统战部部长,市人大常委会常务副主任。

2013年5月,由市人大常委会退休。

知青在盘锦

刘昌志小传

☆刘昌志在东三大队部
（摄于1972年）

　　刘昌志　1953年7月出生。沈阳市第三十九中学初一六班学生。1968年9月21日下乡到盘锦大洼新建农场东三大队，担任大队出纳、会计。1974年6月入党。1974年9月选送到辽宁省粮食学校上学，1976年7月毕业留校任学生科副科长、团委书记（1979年到中央团校学习，1983—1985年在省委党校脱产学习两年）。1985年5月调辽宁省粮食局工作，历任主任科员、副处长、处长（1995年荣获省委、省政府抗洪救灾模范）。1995年12月，经全省公开选拔任省粮食局副局长，分管全省粮食收购、销售、储藏、调运管理与粮食市场宏观调控、储备粮油管理和军粮供应工作。2009年4月调任辽宁省物价局副局长，分管全省价格监测与价格宏观调控，医药、教育、供水供气、旅游等价格管理和价格理论研究等工作。2013年8月退休，退休前改任省物价局正厅级巡视员。

　　盘锦六年的知青生活，让我懂得了父辈的艰辛，学到了战胜困难的方法。特别是看到盘锦近年日新月异的巨大变化，坚定了明天一定会更美好的信念！

☆刘昌志（摄于2010年10月）

刘忠甫小传

刘忠甫 1955年12月出生，盘锦地区红卫中学九年八班学生。1975年下乡到大洼县新兴农场育新村大队二连，下乡期间担任过连炊事班班长、排长、连伙食长、大队会计。1978年12月，招工到盘锦热电厂工作。

1984年12月，盘锦热电厂整体划归辽河石油勘探局热电厂。刘忠甫遂去了勘探局热电厂。1984—2009年间，曾经历了学徒、转正，担任过班长、厂生产调度、调度长、车间主任、生产技术科科长、协调科科长、车间党总支书记。2009年7月从电力集团电气分场党总支书记岗位，转到热电社区任党总支书记，2011年7月改做具体工作。2015年12月退休。

刘思霞经历简述

我出生于1953年8月,下乡前是沈阳24中学学生。

1971年12月16日,下乡到盘锦大洼区荣兴农场双井子大队四小队。曾先后担任过连队指导员、大队妇女主任、大队团总支书记。1973年6月入党。1974年2月调荣兴农场工作,先后担任农场团委副书记、书记,海滨大队党支部书记、"革委会"主任,荣兴农场党委委员等职务,是自荣兴农场建场以来第一位大队正职女书记。

在7年的知青生涯中,我感触颇深,收获很大,这段经历为我人生的成长奠定了良好的思想基础和政治基础。

海滨大队位于荣兴农场西南,离渤海仅七华里,是一片退海之地,人们形容这里是"春天白茫茫,夏天

☆知青合影(二排右一刘思霞)

水汪汪,秋天一片光,冬天更荒凉"。这里又是一个朝鲜族与汉族混编的大队,1969年建点,耕种水稻2000亩。有来自沈阳朝鲜一中等学校以及厂社挂钩单位的学生约500人,还有从农场中央屯大队派过来的朝鲜族干部、技术指导

等。因此处理好民族关系，搞好民族团结至关重要。我把它放在了工作的首位，使很多问题得到了有效解决，为此受到农场党委的表扬和群众的拥护。在此期间我参加了荣兴农场组织的基层党支部书记赴山西省"大寨大队"、河南省林县"红旗渠"参观学习。这两个地方都是中华民族自强不息精神的典范，使我受益匪浅。

☆刘思霞在山西大寨大队学习参观（摄于1977年）

组织还送我去营口市工农干部学校学习4个月。1975年我参加了大洼县委组织的工作队，进驻榆树农场，任副队长。

1978年2月经盘锦地委有关部门批准，使我们部分已经在职定编的知青干部也随大批知青一同招工回城。

回沈阳以后，历任沈阳缝纫机台板厂工会干事，沈阳缝纫机总厂技校团总支书记，沈阳轻工机械工业总公司纪检委专职委员，沈阳食品机械厂党支部书记，沈阳包装机械厂党总支书记、工会主席，中外合资沈阳迎龙房产开发有限公司办公室主任、书记。

☆刘思霞近照

1983年荣获沈阳缝纫机总厂党委授予的"优秀党员"称号及证书。1986年在轻工局举行的党支部书记考试竞赛中获第一名。1987年荣获沈阳轻化工会"优秀工会工作者"称号及证书。

退休后积极参与社会公益活动，关注贫困和弱势群体，曾受邀参加由全国妇联、国务院妇儿工委办、国务院扶贫办在人民大会堂举行的"中国母亲援助行动"感恩母亲大型公益晚会。带领小分队成员赴山东沂蒙地区，为"母亲水窖""母亲健康快车"等公益项目做宣传，去敬老院、孤儿院看望

知青在盘锦

和慰问孤寡老人、残疾儿童，为构建美好和谐社会，献出一点爱心，尽一点薄力！

  这些年虽然工作几经调动，但在盘锦的知青经历确让我永生难忘。因为这里是滋润我成长的地方，是我人生最好的课堂。我们用青春和热血在这里工作和奋斗过，我们与这里的人民心手相连！我感恩这片土地，感恩这里的人民，向这里的人民致敬！

2017 年 4 月

刘艳华小传

刘艳华 汉族，1949年11月出生，沈阳市第二中学682班学生。1968年9月下乡到盘锦新立农场于家大队二队，曾任知青连队指导员、农场办公室工作人员、团支部书记，多次荣获五好农垦战士、优秀团干部、盘锦垦区"学习毛主席著作积极分子"等称号。

☆知青合影（上排中刘艳华）

1971年11月招工到辽河油田油建一公司工作，任办事员、团总支书记、工会主席。1973年10月入党。1978年11月调入辽河油田技工学校工作，历任工会干事、党支部书记、工会副主席、纪委委员。2004年正式退休（1999年内部退养）。曾多次荣获校、局级优秀党员、先进工作者称号。

知青在盘锦

刘福安、郑秀霞小传

刘福安 1947年8月出生于吉林市。1963年8月考入沈阳二中，任班级学委、团支部组委。1968年9月下乡到盘锦垦区新立农场苏冷大队五里铺小队。1970年3月选送到盘锦地区师范学校学习。同年9月毕业后，在田庄台五四中学、东方红学校、田庄台高中（中学）任教师，1975年6月入党，历任校

☆刘福安（摄于2006年10月）

☆下乡前同学合影（后排右一刘福安）

"革委会"委员、团总支书记、校"革委会"副主任、党总支委员。1976年11月调任大洼县委组织部干事（1977年底考入辽宁大学数学系本科计算专业学习，1982年1月毕业，获理学学士学位）。1984年1月任大洼县文化局副局长。1984年10月调任盘锦市委组织部组织处副处长，1985年7月任干部培训处处长。1988年1月调任市政府地震办副主任（主持工作）。1989年1月调任市委、市政府信访办副主任。1994年11月调任市物价局副局长。2000年4月国家统考首批价格鉴证师。2002年1月（正处）主持市物价局工作。2005年被评为全国价格信用认证专家。2007年8月退休。

郑秀霞 1946年5月出生于盘锦大洼县。1963年7月初中毕业还乡到平安农场。1965年3月选送到辽宁省熊岳农业会计学校国营农场会计专业学习。1967年6月毕业后，先后在盘锦地区榆树供销社、大洼区田庄台蔬菜水果公司、大洼县供销社任会计，1974年6月入党。1975年10月调任大洼县卫生局计财股长，被评为大洼县、营口市卫生工作先进工作者。1983—1988年在辽宁刊授党校学习，大专毕业。从1985年4月盘锦建市初至2001年5月退休前，历任盘锦市卫生局计财科副科长、科长、办公室主任、助理调研员等职务，被评为市税收财务物价大检查、市社会统计、市财务会计、巾帼建功等方面先进个人和全国卫生计划财务先进工作者，记优秀公务员三等功。

☆知青合影（后排左二郑秀霞）

☆郑秀霞（摄于1987年12月）

刘福安、郑秀霞于1977年4月结为夫妇，扎根盘锦，育有二女，皆为博士。

知青在盘锦

刘德胜小传

刘德胜 1949年9出生。沈阳市第二十六高级中学高一（二）班学生，1968年9月下乡到盘锦大洼县前进农场大堡子大队，参加农业生产劳动，经历了三年的知青生活磨砺。

1971年9月调入盘锦地区计量处，任科员、计量测试管理科负责人，1974年9月入党。1976年1月调入盘山县科计局工作，历任计量测试所副所长、所长，县计量局局长、党组书记。

1985年5月调任中共盘锦市委整党办指导组副组长。1986年3月调入市委组织部工作，历任市委组织部组织处处长（副县级）、市委组织部部务委员、副部长兼市委老干部局局长。1998年8月任市委组织部常务副部长。2002年7月任中共盘锦市委常委、政法委书记。2010年退休。

许成仁小传

许成仁 汉族，1950年10月出生，盘山六中初三（五）班学生。1968年9月下乡到大洼清水农场五岔沟江南村一营二连，下乡期间做过农工、炊事员、保管员、现金会计等工作。1971年9月招工到辽河油田钻井一公司做后勤服务工作。
1980年10月调入油田兴城疗养院，历任管理员、副站长、主任（1986—1988年在辽河油田党校大专班脱产学习）。1988—2000年任辽河油田兴城疗养院附企公司经理。曾被评为局优秀共产党员、局优秀党务工作者。2000—2010年内养。2010年9月退休，退休前任辽河油田汇源公司经理。

许锡英小传

许锡英 汉族，1949年10月出生，鞍山市第十九中学三年三班学生。1968年下乡到盖县卧龙泉公社西房身大队。下乡后在公社担任贫下中农宣传队的宣传工作，任知青点点长，被评为"学习毛主席著作积极分子"。1970年4月322油田招工，离开农村到试采团工作。

1970年4月在东风农场修路；7月到试采团试井队做仪表工，后到政工组工作。1972年，调入采油指挥部工作，先后任团委干事、工会副主任。1984年到辽河油田党校大专班学习。1986年任辽河油田采油厂工会副主席。1998年被评为全国工会优秀积极分子。1999年评为高级政工师。

孙崇仁小传

孙崇仁 1950年7月出生。1975年毕业于华东石油学院矿场地球物理专业，教授级高级政工师。1968年9月由沈阳市第七中学下乡到盘锦新立农场杨家大队西杨小队，参加农业生产劳动，担任知青排长。下乡期间，先后住在三位老乡家里。当时家境困难，他立志不给家里增添半点儿负担，冷了、病了从不跟家里说。房东大爷大娘都喜欢这个实在的小伙子，冬天帮他做棉衣，病了给他做碗粥。40多年来，他念念不忘，每年春节都要返乡，给三位房东和当年的村民拜年。

☆孙崇仁搞外调路过北京（摄于1969年）

1970年10月，招工到辽河油田参加辽河石油会战，先后在测井总站工人、测井公司指导员、测井公司团委副书记、辽河石油勘探局团委组织部部长等岗位上工作。

1987年4月调任辽河石油勘探局测井公司党委副书记，此后相继担任测井公司党委书记、测井公司党委书记兼副经理、兴隆台采油厂党委书记兼副厂长。1995年获评局级劳动模范。

知青在盘锦

1996年10月提任辽河石油勘探局党委常委、纪委书记，此后相继担任局党委副书记兼纪委书记，辽河油田分公司党委副书记、纪委书记、工会主席兼勘探局党委副书记、中国石油监事。

2001年10月提任辽河油田分公司党委书记、纪委书记、工会主席兼辽河石油勘探局党委副书记、中国石油监事。

2005年2月起任辽河油区协调组组长、辽河石油勘探局党委书记、盘锦市委副书记。2008年3月任辽河石油勘探局与辽河油田分公司合并组建的辽河油田公司党委书记、副总经理、市委副书记、省委委员、省政协常委。2010年9月离开油田和市委领导岗位。2013年退休。

多年来，先后荣获全国优秀企业思想政治工作者、中央企业优秀党务工作者、辽宁省优秀党务工作者、集团公司优秀思想政治工作者、《半月谈》思想政治工作创新奖、全国企业文化建设先进工作者和个人贡献奖、中国百名行业创新杰出人物"金像奖"等多项荣誉称号。2005年当选为全国劳动模范。2006年辽河石油勘探局党委被评为全国先进基层党组织和辽宁省先进党委。党的十七大代表。

李文岐小传

李文岐　1950年2月出生，1968年10月由沈阳市第五中学下乡到盘锦垦区大洼前进农场高家大队第八小队。曾任高家大队知青连第三排排长、知青连指导员。1970年被生产队派往前进农场粮库当扛力工人（临时工），次年被粮库招工录用，至1972年在前进粮库担任核算员、营业员。1972年至1973年在盘锦电机厂组装车间当工人。1973年9月至1976年9月经组织推荐到沈阳机电学院（现沈阳工业大学）学习。1976年至1977年分配到营口化纤厂工作，任技术员。1977年至1983年调入省科技情报研究所工作，先后任研究室副主任、主任。1983年至1994年在省科技厅任副处长。1994年至2010年在（省人事厅）省人力资源与社会保障厅先后任副处长、处长、省外国专家局副局长、副巡视员。2010年退休。

☆李文岐（摄于1998年9月）

☆下乡在第八小队的同班同学

李爱平小传

李爱平 1952年1月出生。下乡前是盘锦地区盘山中学初中一年一班学生。1968年10月3日随学校集体下乡到大洼区清水农场五叉分场,后又集体迁移到江南村。江南村是一个集体大青年点,有当地干部、部队干部带队,按民兵营、连、排、班编制。下乡四年,曾先后担任过班长、排长、连指导员和营教导员职务,先后入团、入党,并被结合到大队任副主任。

1972年年末被抽调到盘锦地区广播局工作。先当技术工人,一年以后调到秘书科做人事、保卫、劳资等工作。1975年营口市与盘锦地区合并,到营口广播电台工作,任编辑、记者。1984年盘锦市成立后,随同领导一道组建盘锦人民广播电台。先后任部副主任、主任、总编室主任、副台长等职务。2003年调任盘锦日报社副总编,业务职称为高级编辑。2012年2月退休。

多年来无论在哪一个工作岗位上都积极努力、尽职尽责,不断学习、刻苦实践,力争做到最好。曾被评为先进工作者、优秀共产党员、全省优秀女新闻工作者等。

杨中彦小传

杨中彦 汉族，1953年7月出生。下乡前在沈阳市第九十五中学九年二班，1970年8月28日下乡到盘锦东郭苇场南井子青年营四连。下乡期间一直做赤脚医生工作，负责连队知青常见病及伤口缝合包扎等伤病的诊治、处理。连队知青代立民患败血症，经她准确诊断即刻送往医院，得到及时抢救，至今代立民见到她还说她是他的救命恩人！

1975年抽调回辽宁省非金属地质勘探公司，工人。2003年退休后在餐饮酒店做执行总经理工作。

知青在盘锦

杨学明、王志斌小传

☆杨学明

杨学明 1954年7月出生,1972年12月26日由盘锦红卫中学下乡到盘山县古城子公社蔡家大队第三小队,参加农业生产劳动。1975年招工进入辽河化肥厂,当工人、班长、段长。1976年10月入党。

1980年7月调入辽河化肥厂团委,历任团委副书记,团委书记、厂党委委员。1984年到营口市委党校大专班学习,1986年大专毕业后回辽河化肥厂工作,历任厂史办主任,盘锦化学工业公司行政处党总支书记、处长,公司党委综合办公室主任,公司宣传部部长。1990年起先后担任辽河化工总厂副厂长,辽河化工集团公司董事、副总经理。

1999年10月调任盘锦市经济委员会党组书记、主任。2010年1月至2017年1月,当选为第六届、第七届盘锦市人大常委会副主任。曾多次被辽宁省政府评为优秀公务员,2008年被省政府授予二等功。

王志斌 1955年6月出生,沈阳市东北机器制造厂第三中学九年六班学生,1972年12月17

☆杨学明与王志斌合影

日下乡到盘山县陆家公社陆家大队第六小队，参加农业生产劳动，曾做过青年点炊事员、公社篮球队队员。

　　1975年2月被招录到辽河化肥厂，先后在厂招待所服务员、厂办公室文秘员、厂供销处统计员等岗位上工作。1983年5月任厂销售处科长。1987年入党。1996年起，出任华锦化工集团公司宾馆副总经理。1975年至2000年，多次被厂、集团公司评为先进工作者，1992年被省政府评为销售先进工作者。

☆王志斌

　　2000年2月申请企业内退。退休后创办了盘锦志欣化工有限公司，任董事长。2003年至今，又创办了盘锦科翔塑料制品有限公司，任董事长。

杨路平小传

我出生于 1956 年。1975 年 8 月到盘锦大洼区新立农场杨家大队前窦小队插队，开始了为期 5 年的知青生涯。

记得那年 8 月 15 日上午 8 时左右，我们去盘锦的所有知青在沈阳市有关部门统一组织下，乘坐敞篷大卡车，在沿途群众欢送下，直接开到了沈阳火车站，换乘火车。经过 4 个多小时的行程，我们到了新立火车站。当时，新立火车站彩旗飘飘，锣鼓喧天，热闹非凡。前来迎接知青的各个生产队负责人，将知青接到各自小队，安排我们住进了青年点宿舍。

我所在的生产队是混编队，即知青与老农在一起。前窦生产队大约有 60 多户人家。我们青年点一共有 50 多人。主要有六八、七〇、七一、七二、七四届和我们七五届知青，后来又有了七六、七七、七八届知青。

刚开始几天，大队干部、小队干部分别给我们讲话。要求我们渡过思想关、生活关、劳动关。在经过几天的教育后，我们七五届新知青开始干起了农活。

在杨家大队前窦小队 5 年间，吃了许多苦，干了许多重活，真是劳其筋骨，磨炼了意志，人生经历十分宝贵。回想起来，5 年时间日复一日地做了以下一些工作。

一是干过各种农活。我先后干过浸种、育苗、做床、扛黑土育苗、平地、插秧、挑苗、拔草、修河沟、割稻子、挑稻子、打稻子等各种很累的力气活。

二是每年冬季出民工。记得 1976 年 1 月和 1977 年两次参与县里统一组织的大坝修复工程中，我们生产队的民工没有号到房子，无地方住，生产队安排我们在房子外面用塑料搭棚子，地上铺上稻草，作为安身之地，阴冷潮湿，一些知青还患上了皮肤病。

三是阴天下雨及晚上读点儿书，与一些知青娱乐玩耍，我那时喜欢吹口琴，经常吹《沈阳啊沈阳》这首歌。

四是打头，记工分。由于我干活较为认真，速度尚可，下乡半年多，就被生产队长安排打头。打头就是吃苦在前，享受在后，各种农活都干在别人前面。每天早上和中午负责吹哨，提醒大家下地干活，集中起来之后，我给大家分配工作。每天晚上我又负责记工分。记工分这项工作直接关系到每个人的切身利益。每天我都认真把大家的劳动情况记载下来，作为每个人劳动报酬的依据。后来，做了生产队副队长，主要负责生产。

1977年和1978年连续两年被评为新立农场劳动模范，参加了新立农场劳模大会。那时自己很要强，其间的艰辛苦累只有自己知道。干农活，不让别人瞧不起，晚上偷偷吃止痛药。第二天又人模人样地出现在大家面前。记工分，特认真，也得罪了一些人。很多老知青说我太较真了，不圆滑！每天早上天不亮就起来，从村东头吹哨到村西头，召唤老农和知青下地干活；中午重复早上，年复一年，日复一日，起床比别人早，干活非常累。

1979年9月考上了辽宁大学历史系。高考的经历令人难忘。大洼县教育局的两个好人，让我感受到了认真负责、一丝不苟、与人为善、助人为乐的大洼精神。正是这两个好人的认真负责，慷慨相助，才使我在准考证信息不准确，身无分文又没有地方住宿、无钱体检的情况下，帮助我核实信息，安排我参加高考；邀请我到家居住，做可口饭菜；替我交了体检等相关费用。大学毕业以后，我多次利用出差机会到大洼县教育局寻找并看望曾帮助过我的那两位同志。遗憾和失望的是，这两位同志都已不在县教育局工作。直至今日，我还没有和他们见面。但是，这种大洼精神影响了我一生。它让我真正地感受到了人与人之间的真诚、信任及热情助人、与人为善、认真负责、工作务实精神的可贵。

2016年11月

知青在盘锦

杨路平 1956年出生，1975年8月到盘锦大洼区新立农场杨家大队前窦小队插队。1979年9月考入辽宁大学历史系。1983年大学毕业以后，分配到省委宣传部。先后在省委讲师团、省委宣传部、省社科联工作。历任省委讲师团教员、办公室副主任、主任。兼任了8年省委常委学习秘书。90年代中期到省委宣传部工作，曾任办公室主任。2003年到省社科联工作，历任省社科联党组成员、副主席，党组书记、副主席，教授。兼任省委、省政府决策咨询委员，省科协副主席，省科学社会主义学会副会长、省中共党史学会副会长、省非公有制研究会副会长。现任省政协常委、文史委副主任。

进入省直机关工作以来，参与了省委常委理论学习中心组制度化建设，参与主持构建了宣传舆情的分析研判机制，参与主持创办了《辽海讲坛》、社会科学普及周、学术活动月等许多重大项目，主持研究了多项国家社科基金项目与省级社科基金规划项目及有关厅局与企业重大规划项目。执笔撰写的文章、研究报告、咨询建议有100多篇。主编出版《宣传信息文集》《中国社科类社团科学发展的战略选择》《辽海讲坛》等著作16部。

张莹小传

张 莹 汉族，1949年3月出生，沈阳市第三女子中学高一甲班学生。1968年9月下乡到盘锦大洼新立农场史家大队南大小队。1969年全班转园林队，任知青点排长。1971年11月招工到辽河油田油建处。

1972年考入地质处721大学，毕业后留油田地质处开发室工作，参加了兴隆台区和杜家台区的开发会战。1976年2月调筑路公司机动科任统计，后在公司经理办公室做文秘工作，后来任职筑路公司工会女职工主任。1998年6月在筑路公司退休。

知青在盘锦

张晶小传

☆前进大队出席县群英大会全体代表合影（二排左一张晶，摄于1977年1月）

张晶 1956年1月出生。1974年9月毕业于沈阳市和平区132中学，下乡到盘锦地区大洼区荣兴农场前进大队三连，下乡期间曾经担任前进大队三连会计、指导员、荣兴农场团委副书记。

1977年12月参加全国高考，于1978年3月到辽宁大学数学系学习。1982年1月大学毕业，分配到辽宁省统计局工作，历任科员、副处长、处长。

1995年12月通过全省首次市、厅局领导干部公开选拔提任辽宁省统计局副局长。2005年11月任国家统计局辽宁调查总队党组书记、总队长（正厅级）。2008年3月任辽宁省统计局党组书记、局长。2016年6月转任省政协民族与宗教委员会副主任。

曾当选为第十一届辽宁省纪委委员，第十届省政协委员、经济委员会副主任，第十一届省政协委员、民族宗教委员会副主任。中国统计学会第八届和第九届副会长。教授研究员级高级统计师。

组织完成全国第三产业普查、全国经济普查、全国人口普查和全国投入产出重点调查工作。先后主持十余项科研课题，其中获国家部委和省政府科技进步奖6项，省级奖12项。有30余篇文章在国家和省级书刊和刊物上发表；以论文作者的身份3次参加国际统计会议。曾多次荣获全国普查先进工作者、省政府直属机关劳动模范、辽宁省统计系统先进工作者称号。

☆爱尔兰都柏林第58届国际统计大会

张强小传

☆ 科学试验（中张强）

张强 1951年6月出生。下乡前是沈阳市第一中学初二乙班学生。1968年9月23日下乡插队到盘锦垦区大洼区新兴农场东方红（坨子里）大队二连，1970年3月全连知青整体转入育新村大队四连。

1970年，在"五七干部"高树纪（原盘锦垦区农业局植保站长）的指导下，全连率先使用水田除草剂，并对当时国内刚生产的敌稗、除草醚、杀草胺、二甲四氯等除草剂的安全使用方法进行探索，使当年全连新开垦的1000亩水田亩产达到740斤（当时全农场水稻平均亩产仅300多斤）。之后，随着盘锦地区推广使用水田除草剂，地区和大洼区曾多次到育新村召开现场会，由张强负责介绍使用除草剂的经验。他撰写的《各种除草剂的使用方法讲解》，在地区有线广播站每天的科学种田节目中连播，后被盘锦地区科技局编印成《水田药剂灭草》小册子发到全地区各生产队。1975年由辽宁人民出版社出版发行。

1974年4月，张强任育新村大队党总支副书记、"革委会"副主任。1975年1月任育新村大队党总支书记、"革委会"主任。1976年初任新兴农场党委副书记、"革委会"副主任。

1978年考入沈阳农业大学植物保护系读书，1982年毕业分配到省化工局农药化肥工业公司工作，曾任农药科科长。1987年调入省科委（2000年改为省科技厅），曾任农村处副处长、计划处处长、副巡视员、厅党组成员，主要分管全省农村和农业科技工作。2011年退休。

☆农村科技考察

在主持全省农村科技工作期间，曾在全省组织开展"科技特派"活动，向农村派驻科技特派团、科技特派组、科技特派员，先后有5000多名科技人员被派往农村一线开发、转化农业新品种新技术，并在7所涉农院校开展水田、旱田、养猪、养鸡、种菜、花卉、食用菌等15个专业半年制非学历的农民专业技术培训，先后培训了6000余名农民，使其成为农村一线的农业生产技术骨干和致富带头人。中央电视台、辽宁电视台、人民日报、经济日报、科技日报、辽宁日报等新闻媒体曾对此多次作过报道，并受到科技部的表彰，被科技部聘为科技特派员创业工作委员会副主任和农业高新技术委员会副主任。

张增林小传

张增林　汉族，1949年8月出生，沈阳市第一中学高一丙班学生。1968年9月23日下乡到盘锦大洼新兴农场坨子里大队一队，曾担任知青五队会计、团支部书记。1972年2月，进入沈阳机电学院自动化7201班学习。1975年9月分配到辽河油田水电厂燃气轮电站任技术员。1981年9月调任水电厂兴隆台电力队技术员、水电厂调度室调度长。1985年3月参加辽河油田党校企业管理培训班学习。1987年3月任水电厂供电二大队副大队长。1988年8月调任沈阳采油厂水电大队大队长。1993年5月任沈采副总师（副高）。2002年离职。2009年退休。

邵有金、耿淑田小传

邵有金 1954年1月出生，毕业于盘锦地区向阳农场向阳中学九年一班。1973年1月，回乡到向阳农场绕阳大队三小队参加生产劳动，任大队民兵连长（不脱产），被盘锦地区"革委会"授予"模范民兵"称号。

1974年1月，被选调到盘山区"革委会"、区政府办公室工作，先后负责人事、工资、调研及文书、秘书工作。1984年10月至1994年3月，在盘锦市政府办公室工作，先后任市政府领导秘书、副科级巡视员、副科长，

☆邵有金

市政府办公室室务委员，市政府公文起草人、审核人，省政府备案的地方性法规文件起草人。先后被评为市先进工作者、市直党工委优秀共产党员。为市政府领导起草的向人代会、政协会报告的《关于市人大代表、政协委员提案、议案处理情况的报告》多次受到市领导和代表、委员的好评。1994年3月至2014年1月，调盘锦商检局（后改成盘锦出入境检验检疫局）工作，任副局长、党组成员兼纪检组长，调研员。2014年1月退休。

☆知青合影（右邵有金）

知青在盘锦

☆耿淑田

☆邵有金与耿淑田合影

耿淑田 1955年3月出生，毕业于沈阳市第三十一中学九年三班。1972年8月下乡到盘锦地区向阳农场绕阳大队三队，在知青点工作两年时间，担任知青点点长，积极组织知青学习、劳动、参与农村的各项有益活动，关心知青生活，帮助知青解决一些实际困难，受到知青和贫下中农的赞扬。

1974年8月，被盘山区"革委会"优选到区"革委会"招待所工作，任接待服务组组长。1984年10月调任盘锦市地方志办公室编辑（其间获盘锦市先进工作者称号）。1989年10月调任盘锦人民剧场副经理兼支部书记，负责业务建设、学习、宣传和党建工作。其间，先后被评为盘锦市政府办公室、市直机关工委先进工作者和模范党员。2010年3月退休。

1977年，邵有金、耿淑田结为夫妻，成百年好合。

赵佐宇、刘国珍小传

赵佐宇 1956年4月出生，盘山县人。盘山中学1974届3班学生。1974年7月下乡到盘山县沙岭公社西拉拉大队，曾任青年点点长、大队团总支书记、代理民兵连连长，沙岭公社团委常委，1976年7月入党，任大队党支部副书记。

1978年2月招工到辽宁省农资公司盘山办事处工作，任团支部书记。1980年8月考入辽宁师范学院营口大专班中文专业，任班长、校学生会主席。1982年8月毕业分配到中共盘山县委工作，任文教部干事、县委办公室干事。

1984年10月调入盘锦市委组织部，历任干事、巡视员、干部科副科长兼正科级建党组织员。1992年12月任市委组织部干部一科科长。

1994年12月调任大洼县委常委、组织部部长，1996年10月任大洼县委常务副书记。

1998年8月任盘锦市委组织部副部长。2000年2月兼任市委企业工委副书记（正处级），8月负责市委组织部日常工作。2003年2月

☆会议合影（二排左一赵佐宇）

知青在盘锦

☆刘国珍

调任盘锦市国土资源局局长、党组书记。2011年4月调任朝阳市国土资源局局长、党组书记。2014年7月任辽宁省国土资源厅副巡视员。2016年5月退休。

刘国珍 1955年4月出生，盘山县人，盘山中学1974届3班学生。1974年7月下乡到盘山县沙岭公社西拉拉大队，1975年3月任生产队妇女队长，1977年1月入党。

1978年2月招工到营口市沥青厂工作，厂劳资科劳资员。1989年7月调盘锦市财政局工作，任人事科科员。1996年7月，任市财政局会计科副科长、科长，高级会计师。2010年5月退休。

☆赵佐宇、刘国珍与母亲、儿子合影（摄于2012年）

红色的选票

赵佐宇同志1975年春出席盘锦地区团代会，承嘱大会诵诗。

发下来了，　　　　　　　　　　捧在手，
红色的选票。　　　　　　　　　定睛瞧。

朴素而平静，
积淀着符号。
跳动着火焰，
自由而崇高。

我看见，
月色皎洁，
杜鹃啼血，
儿女英豪。
我看见，
大风飞扬，
人民解放，
红旗飘飘。
我看见，
阳光欢乐，
春回大地，
江山多娇。
我看见，

千帆竞发，
继往开来，
长征号角。

悉心画票，
信任着。
郑重投票，
寄托好。
喜听唱票，
试比高。
宣布结果，
好领导。

优秀新集体，
挥鞭马萧萧。
列队生力军，
再立新功劳！

赵俊芝小传

赵俊芝 1954年11月出生于沈阳。生长在一个普通工人家庭，从小喜爱文艺，能歌善舞。沈阳市第十八中学学生，1972年12月下乡到盘锦大洼区平安农场十二营参加农业生产劳动。1973年5月考入大洼区毛泽东思想文艺宣传队，从此走上文艺之路（1975年文艺队更名为大洼区文工团，1978年底又改为大洼县评剧团），逐步成长为一名专业的评剧演员，专攻花旦、花衫、青衣。1980年10月参加营口地区专业评剧汇演，主演了评剧《白蛇传》"断桥"一折，获得了"优秀表演奖"榜首。1981年当选为第九届大洼县人大常委会委员；同年加入中国共产党。1982年、1984年连续荣获营口地区文艺比赛一等奖。

1985年担任大洼县评剧团团长、党支部书记。1989年10月调入盘锦市文化局演出公司工作。1994年6月后相继出任市评剧团副团长、市群众艺术馆副馆长。1998年底任市群众艺术馆馆长、党支部书记。此后市群众艺术馆连续六年被评为辽宁省文明单位、获盘锦市文化系统排头兵称号。2006年10月调入盘锦市文联任副主席、党组成员。2015年1月退休。退休后受聘于盘锦市老年大学担任评剧教师。

赵俊芝从艺四十多年，对党和文化艺术事业忠诚热爱，视艺术如生命，爱岗敬业，拼搏进取。

她1998年晋升为国家一级演员，是评剧宗师花淑兰先生亲传弟子。先后荣任中国戏剧家协会会员、辽宁省戏剧家协会副主席、辽宁省评剧票友联谊会常务副会长、盘锦市戏剧家协会主席等职。

赵俊芝对待艺术精益求精，深得花淑兰老师真传，她在学习"花派"演唱风格的基础上，结合多年艺术实践及各流派特长，唱出了自己的艺术特色，悦耳动听，别具一格，得到了同行及广大戏迷的认同和喜爱。近年来她广收门徒，传承花派艺术，弘扬评剧事业。

在四十多年的艺术生涯中，她先后主演了京剧《审椅子》、吉剧《小护青员》、歌剧《小二黑结婚》、话剧《霓虹灯下的哨兵》；主演了评剧《白蛇传》《杨三姐告状》《蛇妃》《锯碗丁》《金玉奴》《双玉蝉》《潘金莲》《重圆计》《小女婿》《乾坤带》《回杯记》《杜十娘》《牧羊圈》《桂英与王魁》等几十出大戏。多次荣获营口地区专业汇演一等奖；1994年荣获第四届辽宁省戏剧玫瑰奖"三九杯"；2001年荣获第六届中国映山红民间戏剧节演员一等奖；2003年举办从艺三十周年专场演出；2006年举办《赵俊芝评剧DVD专辑》发行仪式暨评剧名段演唱会，9月荣获第五届中国评剧节优秀表演奖；2007年荣获第七届辽宁省艺术节文化艺术政府奖——文华奖优秀表演奖，中央电视台戏曲频道《名段欣赏》栏目两集播出赵俊芝演唱的评剧名段；2008年荣获盘锦市文艺工作贡献奖。先后被授予盘锦市"德艺双馨"文艺家、盘锦市"劳动模范"、盘锦市先进政协委员、辽宁省社会文化优秀人才、全国优秀文艺志愿者等称号。

☆赵俊芝剧照

荆永强小传

荆永强 1949年8月出生。就读于沈阳市第十七中学，1968年9月下乡到盘锦新立农场王家大队东大小队，那是一个400多人的较大的知青点，初期担任知青点给养员，负责生活物资采购工作，不久因帮助大队修好了多处广播喇叭，被调到农场当电工。

1970年4月招工到322油田物探指挥部2148队工作；1974年8月提任辽河石油勘探局物探指挥部2271队副队长、队长兼指导员，那是一个知青占90%以上的落后队伍，经过强硬整治、耐心教育、温情感化、率先垂范，只用一年时间，这个队就从老大难落后队变成了油田的标杆队，受到油田党委表彰。

1979年11月任物探指挥部调度室副调度长；1980年7月赴辽河石油学校干部专修科学习；1982年7月专科毕业后任辽河石油勘探局物探公司调度室调度长、公司副经理；1992年3月提任物探公司经理兼党委副书记，并破格晋升为高级工程师；1994年7月调任勘探局总调度室副总调度长；1999年8月任辽河油田公司生产运行处处长、公司总经理助理（副局级）；2006年1月起兼任盘锦市人大常委会副主任。2013年12月退休。

长期从事油田勘探开发生产建设的组织指挥和管理协调工作，在石油战线工作了40年，为辽河油田的崛起、发展和油地融合做出了积极的贡献。

1976年在沈北石油勘探会战期间，研究并发明了勘探车载钻机三翼钻头,有效地保护了井壁,解决了在流沙砾石地区打地质井的难题,填补了辽河油田勘探地震史上钻具的空白。担任物探公司经理后,亲自组建物探研究所,一方面进行技术攻关,解决生产难题;另一方面努力把科研成果推向市场,转化为生产力。如高分辨技术、VSP 技术两大科研成果在全油田勘探开发中得到了普遍推广和广泛应用,开拓了我国地震勘探新领域。在担任辽河油田总调度长期间,特别是在"九五"期间,带领广大职工进市场、迎挑战,用新思路、新定位、新方法,组织、协调、指挥全油田生产运行,确保了辽河油田年年超额完成任务。1998 年辽河油田遭受了洪水灾害,由于对防汛预案准备充分,汛情掌握准确及时,组织指挥科学有序,各项措施保障有力,把全油田洪水损失降到了最低程度,确保了全年 1452 万吨原油生产任务的顺利完成。2004 年底,他主持的辽河油田防汛指挥系统开发与应用研究,经辽宁省科委鉴定,达到国际领先水平。

☆指挥防汛

曾发表多篇论文,其中《遵循"科学、有序、安全、高效"原则,夺取抗洪复产胜利》一文,在《中国软科学文库》中发表。

知青在盘锦

都向辉小传

☆都向辉

都向辉 蒙古族，1954年9月出生，中共党员，研究生学历。

下乡前，沈阳市第三十三中学学生。1971年12月16日下乡到盘锦地区大洼区荣兴农场，开始知青生涯。先后任有雁沟大队报道员、荣兴农场"一打三反"工作队队员、盘锦地区和大洼区赴西安（查

☆欢送都向辉归沈

处打人事件）联合工作组成员、荣兴电影队放映员、荣兴农场机关团支部书记、民兵连副指导员。荣获盘锦地区抗震救灾先进奖、大洼县电影系统先进工作者、荣兴农场劳动模范。1976年12月入党。

1978年2月随大批知青回城。历任沈阳矿山机械研究所摄影员，沈阳矿山机器厂工会秘书、企管办科长，被评为厂优秀共产党员；沈阳市机械局工会秘书、党办秘书；沈阳市委经济部干部一处副主任干事；市委组织部干部处主任干事、干部综合处副处长、处长、副巡视员、市人才工作办公室专职副主任（副局级）兼市委组织部部务会成员、市人才工作宣传小组副组长、市企业家协会顾问、市委组织部正局长级组织员、市人才工作办公室主任（正局级）。社会兼职：中国知青联盟辽宁分会特聘高级顾问、辽宁科技创新与人才培养研究会顾问、沈阳人力资源服务行业协会暨沈阳市人力资源和社会保障学会副会长、《中国人事报》特约记者。列入《中国当代学者》，受聘沈阳师范大学教授。

1980年任中国汉字现代化研究会理事期间，提出《关于改汉字为拼音合成字的设想》论文及相关成果，在《辽宁日报（内参）》《辽宁青年》《沈阳日报》、香港《语文建设》等百余家报刊发表，受到中央和省领导胡耀邦、任仲夷、陈璞如以及中国政协常委袁晓园、北京大学王力教授和社会各界的高度重视和鼓励。

从事干部人才工作30余年来，有志于推动培养选拔各类高端高层次人才和弘扬民族文化，乐于从政、爱好广泛，潜心历练并扩展对书法、绘画、摄影、音乐、体育等兴趣与技能。主要作品：《浅谈毛泽东文学造诣》（列入《毛泽东思想文库》、载于《领导科学》、《沈阳日报》、沈阳市委党校学报）、《邓小平用人思想管窥》（《干部人事月报》《领导科学》等登载）、《人才评价方要》（主编并申报课题获沈阳市科技进步奖社科类奖）、《凤来雁归工程及其展望》（获中央党校重要论文证书）、《中

☆都向辉近照

知青在盘锦

国共产党党章教程（第八章）》等论著；首创《凤来雁归》人才之歌（央视网络台至今播放，获辽宁新人新作大赛特别金奖）、策划《凤来雁归》电影，自创词曲《春晖》、《夏梦》、《秋思》（1976年知青时期创作，2007年获辽宁新人新作大赛三等奖，在辽宁广播电视台播放）、《冬蕴》系列情感歌曲（在沈阳音乐学院学刊发表）；吟作《晨月咏》、《耄耋贺辞》、《不知不觉走到今天——六十抒怀》（《芒种》文学期刊登载）、《雅典娜》等古体与自由体诗词；书有《大美新疆》（沈阳书画院《大美新疆摄影展》压题作）、《凤来雁归 聚才强市》、《博学叁省》、《民以食为天》等多体书法展作；拍摄《鹅童》、《南辕北辙》（沈阳市机械系统摄影大赛二等奖）、《出类拔萃》、《羊皮筏》等摄影展作。

耿立民小传

耿立民 1956年7月出生，沈阳市五十三中学四年六班学生，1974年9月2日下乡到盘锦大洼唐家农场唐家大队姜家小队。曾任青年点点长，组织带领知青修河堤、割芦苇，开展农业生产劳动。后调到唐家大队唐家学校，担任六年三班班主任、初中数学教师。

1978年接班返城，到沈阳重型机器厂工作。1982年起先后担任沈重型机器厂一车间团总支书记、一车间劳动管理组组长、二车间工会主席。

1992年任沈阳重型机器厂劳资处副处长，曾参与企业三项制度改革，负责组织全厂机构设置、定岗定员工作。1996年12月任沈阳重型机器厂一车间销售副厂长。

2001年12月任沈阳重型机器厂制造厂厂长。其间不断刷新企业生产指标，从年产23000吨机械产品提升到2006年的年产43000吨机械产品。制造厂被沈阳市评为先进单位，本人获得了沈阳市劳动模范光荣称号。

2006年12月任北方重工集团人力资源本部本部长，参与并组织了北方重工重组后的薪酬改革、机构设置、岗位定员、考核指标确定等多项工作。

2016年7月退休。

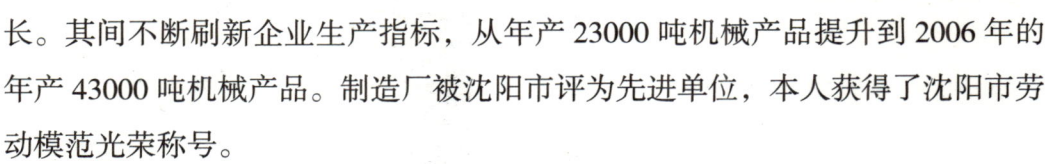

知青在盘锦

高爽、张淑霞小传

☆下乡前同学合影（后右一高爽）

☆高　爽

　　高　爽　1951年1月出生。1968年9月从沈阳市第二十九中学毕业，下乡到盘锦垦区新开农场张家大队第六生产队。1970年4月任知青连长，10月招工到大洼区农具厂，1972年12月光荣加入中国共产党。1974年5月调到大洼区工业站任干事。在此期间，被选派为带队干部到清水农场育红村青年点带队一年。1975年10月调到大洼区团委任干事。1981年11月调到大洼县委组织部任副股长。1985年7月调到盘锦市委组织部任建党组织员、组织科副科长、科长，1990年和1991年被评为市优秀共产党员和优秀组织工作者。1995年11月任市卫生防疫站党总支书记、副站长。2000年5月任市司法局纪委书记、纪检组长、副局长，2010年10月改任副调研员，2011年1月任调研员，同年2月退休。

张淑霞 1952年4月出生。1968年9月从沈阳市第三十九中学初一六班毕业，下乡到盘锦垦区新建农场东三大队第二生产队；1970年10月招工到大洼区农具厂，1971年4月任财务股会计、股长；1976年3月调到大洼县酒厂任财务股股长兼主管会计；1978年7月调到大洼县运输公司任主管会计、财务股长；1985年6月调到盘锦市财政局工业财务科任科员；1989年6月调任市国有资产管理局工交管理科科长；1992年6月晋升为会计师；1996年9月调回市财政局任税政科主任科员；2002年8月全市党政机关机构改革时提前退休，享受副处级待遇。

☆知青合影（二排右二张淑霞）

☆高爽、张淑霞（摄于1976年）

高爽、张淑霞1976年底结为夫妇，扎根盘锦，工作有成，家庭和顺。

郭兴文小传

郭兴文 1952年6月出生，盘山县人，盘山中学68届初二（四）班学生，1968年10月下乡到大洼县清水农场江南大队青年点。

1970年12月参军入伍，任空军21师通讯营朝阳川场站通讯队报务员，1972年11月入党。1976年3月复员到盘山县"革委会"知青办工作，任科员，曾负责组织全县的知青宣传教育工作、主抓胡家农场红旗青年营"共产主义劳动大学"等知青工作。

1979年12月调任盘山县检察院助检员、盘山县委办公室秘书、副主任。1983年7月赴辽宁省委党校二年制正规化培训班学习。1985年7月调任盘锦市盘山区委、双台子区委常委、组织部部长；1989年2月任盘锦市委组织部副部长、常务副部长兼老干部局局长（正处级）；1991年12月任大洼县委副书记、县委书记；1994年12月调任盘锦市委常委、市委宣传部部长，1999年6月任市委副书记。

2003年4月调入省直机关工作，历任中共辽宁省委宣传部副部长，省新闻出版局局长、党组书记，省文化厅厅长、党组书记，省文学艺术界联合会主席、党组副书记。省第十一届、十二届人民代表大会常务委员会委员，省第十二届人民代表大会环境资源城乡建设委员会副主任委员。

　　郭兴文自幼喜爱传统文化，好诗文喜翰墨。系中国书法家协会会员、省文联名誉主席、省作家协会副主席。他的诗词自成风格，曾出版咏史诗《往识集》。他的书法刚柔并济，不激不厉；舒收典雅，动静平和；根于古法，书成自体，受到业界广泛关注。《中国书法报》曾以"深耕文化传统、引领社会风尚"为题，报道了他的书法和诗歌艺术。

唐铁飞小传

  唐铁飞 汉族，1950年1月出生，沈阳四中初三（三）班学生。1968年9月下乡到大洼唐家农场北窑大队。下乡期间任劳任怨，除参加种水稻等农业生产劳动外，还参加过盘营公路、沟海铁路、开挖清水河、西排水总渠清淤、辽河大堤抢险与修缮等大型工程会战。1971年11月，招工到油田油建一公司做瓦工；1973年6月调入兴隆台采油厂做修理工。1975年10月就读北京大学化学系；1979年2月大学毕业后分配到辽河石油学校当教师；1991年11月起先后任辽河石油学校副科长、讲师，科长、高级讲师；1998年3月调任油田化学公司科长、高级工程师，化工综合高级主管审计。

焉锦林小传

焉锦林 1951年11月出生，1964年9月在沈阳第二十九中学读初中。1968年9月下乡到盘锦垦区新开农场张家大队，历任知青排长、连长；1970年4月抽调到石油部66厂在盘锦地区筑路近一年，后分配到2005勘查队在辽阳地区做石油勘探工作；1972年初调入中科院沈阳计算机技术研究所工作；1980年调入辽宁省政府机关党委宣传部，1993年至2002年3月在省直机关党工委工作，历任纪工委书记、宣传部长、工委副书记；

☆焉锦林

2002年3月调任省国土资源厅党组副书记、副厅长，2006年3月任党组书记、厅长；2010年9月调任省政协常委、教科卫体专委会副主任。2014年12月退休。

☆知青合影（前左二焉锦林，摄于1970年）

梁庆发小传

☆农田规划（中梁庆发）

梁庆发 1950年1月出生，盘山县人，盘山四中64级一年一班学生。1968年11月还乡到盘山县曙光农场杜家大队，先后担任杜家小学教师、杜家大队会计、大队"革委会"副主任、农场"革委会"生产组统计、政工组组织干事兼团委副书记；1971年2月入党。其间，负责杜家大队知青工作。

1972年5月就读于北京大学化学系稀有元素专业，1975年12月大学毕业后主动要求回到家乡盘山县曙光农场，先后担任县驻曙光农场张家大队工作组副组长、农场农业科科长、农场党委副书记兼"革委会"副主任，太平农场场长、党委书记。

1989年3月调任盘山县人民政府副县长，县委常委。1995年3月调任盘锦市人民政府副秘书长（正处级），兼城市防洪工程建设指挥部副指挥。1998年8月任中共双台子区委副书记、区人民政府区长。2000年2月任双台子区委书记。

2005年1月当选盘锦市人大常委会副主任。2013年退休。

韩德民小传

韩德民 1951年5月出生。1969年3月，与同学们一起从大连四中二年六班下乡到盘山太平公社孙家大队七队。在农村艰苦的生活中，担任过水稻技术员、生产队长。当年，水稻育苗，寒冷的北风、刺骨的冰水在他腿上留下冻疮的疤痕；扛稻捆使他稚嫩的肩膀脱下一层又一层皮，留下厚厚的老茧，180斤重的麻袋也能一举过肩。寒冬里，在工地上18磅大锤一口气抡180次的纪录使他成了全农场冠军的得主。在农村他还曾有过育苗大棚一氧化碳中毒、扛苇帐劳累吐血、运粮马惊车翻扣在车下等几次惊险的经历。四年下乡的艰苦磨砺，锻炼出坚强的意志与果敢的性格，也使他对人生、对社会有了更深刻的认识。

☆韩德民院士

1973年3月，组织上推荐他到中国医科大学学习。1976年大学毕业后，他在中国医科大学第一临床医院经历了住院医生、临床实习指导教师、住院总医生三个阶段六年的临床实践。1978年考上医学研究生，1986年获医学硕士学位。1990年获日本金泽医科大学医学博士、医学哲学博士学位，同年回国获中国医科大学医学博士学位。回国后在北京市耳鼻咽喉科研究所、北京同仁医院耳鼻咽喉头颈外科进行博士后研究。1991年破格晋升为主任医师，1994年晋升为首都医科大学教授，1995年获博士研究生导师。历任科室副主

☆韩德民带队重访盘锦（摄于2002年10月）

任、主任，研究所副所长、所长，同仁医院副院长。2000年任同仁医院院长。2013年，当选为中国工程院院士。

担任多种学术团体和社会兼职，主要包括：亚洲喉摘者联盟中国常务理事、亚洲鼻科学会委员、国家自然科学基金评审委员、国家科技进步奖评审委员、国家图书奖评审委员、中国残联无喉者专业主任委员、中华医学会耳鼻咽喉科分会主任委员、中华医学会北京分会耳鼻咽喉科专业委员会主任委员、北京市政府顾问以及国内几十种杂志的编委等。现任中国医疗保健国际交流促进会会长，中国华夏医学科技奖理事会理事长，首都医科大学北京医学中心主任，世界华人耳鼻咽喉头颈外科理事会理事长，中国医师协会耳鼻咽喉头颈外科学分会会长，首都医科大学耳鼻咽喉科学院院长，世界卫生组织（WHO）防聋合作中心主任，全国防聋治聋技术指导组组长。

授予国家人事部及北京市突出贡献专家、优秀归国人员、中国优秀博士后等称号，荣获中国医学基金会医德风范奖、王忠诚优秀人才奖、北京市留学归国人员创业奖等十余项殊荣。

嵇建华小传

嵇建华 汉族，1951年6月出生，沈阳市机床工业中学二年一班学生。1968年9月20日下乡到盘锦大洼新开农场田家大队第一生产队。1970年3月任生产队知青连长兼生产队副队长，后任田家大队民兵排副排长。

1971年10月，招工到辽河油田钻井一公司管子站工作，工人、车间

☆嵇建华（中）

团支部书记。1972—1974年连续三年荣获钻井处红旗手。1975年4月调入钻井一公司党委宣传部，先后任宣传干事、宣传部副部长，1976—1979年连续三年被评为钻井一公司先进工作者，1980年荣获辽河油田先进工作者称号。

1992年4月，调入录井公司，先后任党委办公室主任、党委工作部部长、党委宣传部部长，1996年、1998年、2000年三年荣获辽河油田优秀党务工作者称号。2011年6月退休，退休前任录井公司史志编写办公室副主任。

熊义小传

我叫熊义，1953年6月出生在沈阳大东区一个普通工人家庭，家境虽不富裕，但童年无忧无虑。1970年8月沈阳市五十中学初中毕业，一连四排学生。1970年9月3日下乡到盘锦地区大洼新立农场前胡大队，参加农业生产劳动，曾任青年点饲养员。

在青年点五年生活中的一幕幕、一点点、一滴滴都和着汗水，把酸、甜、苦、辣融在了一起，同与农民兄弟结下的深厚友谊一道，深深地刻进了我们的记忆！红色的记忆！青春的记忆！永恒的记忆！如今再回到曾经生活的青年点，虽物是人非，但激情犹存！

1975年9月，招工到盘锦地区矿渣砖厂工作。在这家地区砖厂、县属企业（2007年改制并入民营）从事机修、维修工作30多年，直至2011年6月退休。

1985年任砖厂原料车间机修班班长。1986年12月入党，1992年、1995年被评为盘山县优秀共产党员，1997年元月参加盘山县第九次党代表大会，1976年至2011年间多次被评为先进生产者。

魏书生小传

魏书生 1950年5月出生于河北省交河县，1956年随父母迁居沈阳，1963年9月考入沈阳市三十二中学读书。1968年9月下乡到盘锦地区新建农场五大队一小队，参加农业生产劳动。1969年7月，组织上安排到新建农场红旗小学教书。1971年11月，被招工到盘锦地区电机厂工作，任政工干事。1974年1月，加入中国共产党。后因其尊孔

☆语文公开课

及质疑"文化大革命"受到批判，被工厂停职审查达一年之久。在工厂工作期间，曾为争取回到钟爱的教学岗位向组织上口头、书面申请了150多次，终于1978年2月调到盘山县三中做语文教师，1978年9月起担任盘山县三中教导处副主任。正式开始语文教学、教育研究、教书育人的教师生涯，并为之奋斗了一生。他在初中语文教学实践过程中，不断思考和探索，逐步形成了一套富有成效的先进教学方法，包括定向、自学、讨论、答疑、自测、自结六个步骤，即"六步课堂教学法"。1984年8月，省委、省政府做出《关于开展向魏书生同志学习活动的决定》，并授予他"特级教师"称号。

1986年3月调任盘锦市实验中学校长兼党总支书记。1990年5月，辽宁教

知青在盘锦

育学院成立"魏书生教书育人经验研讨会"。从此，魏书生的教育理念和方法得到广泛研究和推广。

1994年12月起兼任盘锦市教委副主任。1997年10月提任盘锦市教委主任兼党委书记，同时继续兼任实验中学一个班的语文教师。1998年8月起兼任盘锦职业技术学院院长。2008年1月起兼任盘锦职业技术学院名誉院长。2013年3月退休，退休后一直坚持从事社会教育研究事业。

在任期间，兼任全国教育科学规划领导小组成员、中国中学学习科学研究会理事长、全国中语会副理事长、中国高教学会学习科学分会会长等30多项社会兼职。2002年5月，被国家教育行政学院聘为兼职教授。

他被誉为当代著名教育改革家。荣获全国劳动模范、全国中青年有突出贡献的专家、首届中国十大杰出青年等殊荣。中国共产党第十三、十四、十五、十六、十七大代表，第十届辽宁省政协常委。

魏振芳小传

魏振芳 汉族，1946年7月出生，鞍山市二十九中学高三（一）班学生。1968年10月4日下乡到营口盖县团甸公社石佛寺村四小队。做过青年点点长，1968年到该村专案组工作至1970年3月，每年都被评为"五好战士"。1970年4月经公社审核招工到辽河油田测井公司工作。1975年5月在辽河油田测井八中队任副队长、队长。1982年至2000年9月调入辽河油田中级人民法院工作，先后任助审员、科级审判员、司法行政处处长、审监庭庭长、刑一庭庭长。同时兼任院审判委员会委员。2000年10月至2006年7月买断工龄。2006年正式退休。

足迹，一步一个坚实的脚印

——记华锦集团知青张国文

◎丁伟成

☆张国文

在华锦集团，有这样一名老同志，他家就在盘锦，在这座城市出生、成长、读书、下乡、工作，他的事业生涯与盘锦、华锦紧密地结合在一起，伴随着这座特大型企业一起成长。他，就是盘锦知青——张国文。

今年62岁的张国文，已经离开工作岗位两年了，淡定从容，正在转向他喜爱的摄影和文学写作……

1955年秋，张国文出生在盘山镇。1970年到1974年，张国文在当时的盘锦红卫中学（今盘锦市第一中学）读书，其间积极要求进步，学习成绩名列年级前茅，毕业前一年光荣加入共青团。

1974年9月3日，来自盘山镇的一群应届中学毕业生，高举革命红旗，站队前行走进广阔的农村，战天斗地、改造大自然，这其中就有体健刚强率性的小伙儿张国文。

很多年过去了，那个场景还记忆犹新、定格在他的脑海里："这一天，我和同学们来到盘锦地区盘山区沙岭人民公社四合大队第六生产队，屯子里的老少爷们全都涌到大队部迎接我们，纯朴的大伯大娘不由分说拉起我们的手抢着拉到他们家，我的知青生活就这样开始了。"

在寒冷的冬季修上水线，清理排水干渠淤泥，出工搞农业备耕生产和农田水利工程建设会战，虽然艰苦劳累，但他很快就适应了这个环境，样样都冲在前面。不久就被评为优秀知识青年，还当上了小队团支部书记。知青同学都说：国文好样的！领头羊！

1975年底，盘锦地区合并到营口市。按照营口市1976年劳动用工指标分配计划，盘山县劳动局分配给辽河化肥厂招工若干名额，由县内各国营农场、人民公社基层大队逐级推荐。1976年12月底，经青年点评议和贫下中农再教育小组推荐，四合大队"革委会"上报，沙岭公社"革委会"和盘山县劳动局批准，张国文被招录为全民所有制职工，回城到辽河化肥厂工作。

多年后，当他回顾知青经历的时候说了这样的一段话："在农村干了两年多，在人生的历程上是很短的，但我永远也不会忘记。尽管在农村受了不少苦，挨了不少累，遭了不少罪，但可以说我得到的是多的，最起码我学会了独立生活的本领，基本掌握了农业生产知识，最可喜的是我学到了吃大苦耐大劳的忘我精神。这些可以说对我日后的工作、生活、学习都起到了很大的作用。"多么真诚的话语啊，就像他的为人那样忠厚、坦诚、睿智、无华。

知青的经历对他的事业生涯产生了重大的影响。来到辽河化肥厂工作，一切都是新的。环境是新的，设备是新的，人是新的，岗位也是新的。他在这里的第一份工作是合成氨车间化工操作工，从工薪最低的学徒工干起。由于素质好，又有一定的文化基础，1979年2月，他被选调到大连工学院造船系涡轮专业进修一年。他格外珍惜难得的学习机会，如饥似渴、勤奋自觉，很好地掌握了本专业的理论知识，为后来的工作打下了坚实的基础。

1980年1月进修毕业后回到原岗位工作，8个月后又考入辽宁广播电视大学机械专业脱产学习，1983年8月毕业返回辽河化肥厂水汽车间担任设备技术员。工作中积极肯干、任劳任怨，从不计较个人得失。1985年11月，被正式录用为国家干部，次年4月光荣入党。

1988年，张国文调到氨分厂工作，先后担任设备部副部长、副厂长兼设

知青在盘锦

备部部长。1993年4月，调任水汽车间主任兼党支部书记。4个月后，出任辽河化工总厂有机化工厂副厂长，任代理厂长兼党总支书记、厂长。在有机化工厂的5年中，他殚精竭虑，把一个20万吨规模的石化厂，打造成总厂、辽河集团的纳税大户，为辽河集团发展发挥了重要的支撑作用。在此后的5年中，他出任集团工程公司经理、经理兼书记。对全集团几十套装置维护、检修、保运发挥了强有力的支撑保障作用。

2002年8月，组织上安排他担任新疆化肥建设指挥部副总指挥，负责建筑施工和设备管理方面的工作，2004年8月起又兼任党委副书记、工会主席。2006年2月返回盘锦任辽通公司党委书记、工会主席、纪委书记，当选为华锦集团纪委委员（兼）。2010年出任华锦集团纪委委员兼辽河化肥分公司党委书记、副总经理、工会主席、纪委书记。2015年底退休。

张国文同志曾荣立三等功一次，先后多次被评选为辽河化肥厂先进工作者、优秀科技工作者，辽河化工总厂优秀共产党员，辽河集团优秀共产党员，华锦集团劳动模范。

张国文是华锦集团千百名有过知青经历、勇于吃苦、勤奋敬业的优秀干部职工中的一员。从知青、学徒工、一级工、二级工、三级工到电大学员、技术员到基层干部、二级单位负责人，再到华锦集团中层干部，他的足迹，一步一个坚实的脚印！

丁伟成 盘锦人，1969年12月出生。中共党员，在职大专文化，助理政工师。1989年参加工作，长期从事企业公安保卫、安全消防、法纪督察、新闻宣传等工作，现就职于中国兵器工业集团北方华锦化学工业集团有限公司党委工作部。

业余爱好：地域和企业文化学习研究、下辽河流域历史地理学科学术研究和档案文献资料编研开发。现为盘锦市档案局特约研究员、市社科联特约研究员、市青年作家、盘锦抗日义勇军研究会副会长。

"铁姑娘"和她的劳模爱人

——比翼双飞的知青夫妻

◎丁伟成

在华锦,有这样一对夫妻,他们都是沈阳下乡知青,都选择了留在盘锦;招工后同在一个单位,工作都积极要强上进。他们的青春年华无私地献给了盘锦的发展,献给了华锦的事业。

郑雪云有着泼辣的性格,永不服输的劲头,在农村、在工厂样样干在前、干得好、打头阵,人们都说她是个假小子、铁姑娘。1972年前,郑雪云先后在沈阳市华山五校和八十四中学读书,是一名勤奋好学的学生。

☆郑雪云

1972年春,她响应号召,来到盘锦地区大洼区大洼农场王家大队第一小队,成为一名下乡知青。在两年的时间里,插秧、挠秧、场院农活、收割水稻、种菜、挑粪、收割芦苇、水利建设、炊事员她都干过,业务和政治学习,她全都冲在前面,在知青战友中有威信、有号召力,大家对她高度认可,推选她担任团支部书记、铁姑娘排长,组织上还把她确定为入党积极分子。1975年,辽河化肥厂建设接近尾声,筹备开工生产运行,面向知青面向社会招工。郑雪云所在的大洼区大洼农场王家大队革命委员会和父老乡亲一致推荐一连

知青在盘锦

（生产队）排长郑雪云"到工业战线"。2月3日，郑雪云从一名知青转为辽化工人。

几乎与郑雪云同期下乡的张明，1952年12月出生，沈阳115中的学生，1971年下乡到盘锦地区盘山区石山种畜场跃进大队（魏屯）。在三年多的知青岁月中，他各项工作不怕苦、不怕累，积极靠近党团组织，按时完成组织交给的各项任务，与群众打成一片，在火热的岁月中加入了共青团组织。1975年1月，经跃进大队、石山种畜场"革委会"同意，地区劳动局批准，张明被招录为辽河化肥厂工人。

☆张　明

郑雪云、张明两人几乎同时迈进辽河化肥厂的大门，都被分配到尿素车间工作。从1975年辽化开车生产准备到1985年夺得大化肥生产三连冠的十年中，郑雪云认真学习、扎实工作，掌握了尿素生产技术和驾驭现代化装置的本领，从操作工干起，成为一名班长。当时女职工当主体车间的班长，在辽化几十个班组中绝对是凤毛麟角。在建厂会战中，她一切听从上级号召，在生产准备各项工作中表现突出，起到了一名共青团员的模范带头作用，1976年8月，被辽化建厂指挥部评为先进工作者。1977年10月29日，在辽化工作两年八个月的郑雪云光荣加入中国共产党。1985年初，作为人民代表，她光荣参加了盘锦市第一届人民代表大会。

张明从尿素车间倒班工人做起，不论是车间还是共青团布置的工作，他都抢在前面，在造粒塔内壁冲洗中他一马当先，系上安全带在60米高空作业，抢起大镐刨尿素塔底大块，在多次大修中抢最重、最累的活，每天工作服上都是油污。由于他敢打敢拼，技术经验丰富，入厂两年就被评为操作标兵。1984年12月，光荣加入中国共产党。张明在尿素生产一线倒班14年，勤劳朴实、兢兢业业，得到了同志们和组织上的充分认可。1989年，他被盘锦市人民政府授予劳动模范光荣称号，被化工部授予全国化学工业劳动模范称号。

由于在尿素车间并肩战斗，又有着相同的沈阳知青下乡经历，两人在这里相爱了。他俩选择了扎根辽化、扎根盘锦，成为新盘锦建设者。两人结婚后，挤时间充电，先后获得大专学历。郑雪云工作踏实、严谨，1985年被选调到厂党委办公室从事文书和档案等机要工作。在工作中，她结合实际对档案进行集中管理，不但提高了工作效率，还方便了人员调档、阅档。1988年，郑雪云被盘锦化学工业公司临时党委调到组织部工作。在这里她办事干练、认真仔细，很快熟悉了全公司党员的基本情况，热情接待前来办事的同志，深入基层调研，提出合理化建议，本职工作搞得有声有色，连续三年被评为公司优秀共产党员，并被评为助理政工师，提拔为副科级干部。

1989年，张明被组织提拔，任辽河化肥厂厂容科科长。在厂容卫生管理中心，他一心扑在工作上，任劳任怨一丝不苟，一马当先，不留死角，打开了厂容卫生工作的新局面，辽河化肥厂被省市区评为先进单位。他本人被盘锦市人民政府授予卫生工作先进个人荣誉称号。1996年，张明担任辽河化肥厂总务科科长兼书记，1999年任辽河化肥厂总务处处长、厂办公室副主任。在后勤工作中积累了丰富的管理和工作经验，2004年担任辽通公司总务处处长。2005年，张明参加新疆化肥项目建设，担任后勤管理处副处长（正处级）。在新疆工作期间，他发扬老一代辽化人艰苦创业的精神，把行政后勤工作打理得井井有条，受到了职工群众的赞扬。

2005年4月9日，在华锦集团工作30年的"铁姑娘"郑雪云，在置业公司科长的岗位上退休。2012年10月19日，张明在新疆阿克苏华锦化肥有限公司处长岗位上退休。张明、郑雪云夫妇就此又开始了愉快的退休生活，每天沿着公园四周的道路锻炼，在郊区开荒种小菜园，参加老年大学的活动……

想念那些孩子

◎ 王建树

那年月,我走上了"五七道路",成为"五七大军"中的一名战士。我先是在平安农场哈巴三队插队劳动,当时叫农垦一团哈巴营。因为尚未成家单门独户,心里只想干活没家务之累,所以表现尚可。标志之一即是每日劳作结束总结讲话中,民兵连长田淑莲(辽油退休)总不忘的一句话是:今天,"五七战士"老王同志干得也很好,"一不怕苦、二不怕死",不怕脏不怕累。这句话意义非同小可,等于是贫下中农的政治鉴定,我受宠若惊,暗自下定决心今后还要努力,让思想感情逐渐向贫下中农靠拢。

沈阳鞍山知青下乡来盘锦,我被调到青年点当了知青排长,被知青学生称为"王排长"。客观地讲,我从他们身上吸取了不少东西,因为之前我是中学教员,这排长跟班主任差不多。我的体会是:吾生谓吾师,从实践中获知,吾生亦吾师。这些知青与我年龄相差十三四岁,都是沈阳市的初中学生,我与男生同吃同住,与男女生同劳动,在我心目中他们均为我的孩子,尽管自己还未结婚。我非常同情、理解他们,于是暗下决心,尽自己一己之力好好照顾、保护他们。

一男知青插秧时怕苦怕累迟到早退,连部欲召开路线分析会好好批判他一把,以警其余,自然是由我去通知其本人并提出要求。我诚恳地几次请示并保证他不再违反劳动纪律,一定能回到毛主席的革命路线上来,终于避免了这场路线分析批斗会。我从正面教育入手，动之以情、晓之以理，与该青年摆事实讲道理，使他心悦诚服地认识到了自己的错误，并再三做出保证。我没有向他讲明开会的事，他还写了检查和保证书，也均被我压下了，他也不曾知晓。该生此后如换了一个人似的认真学农活，干起活来实打实着，后来还当了班干部。我总觉得，坚持正面教育是首选，此念对我后来做教育工作、做学生工作打下了坚实的基础。

这些孩子不知吃的大米是怎样种的、长的，我从农村长大是过来人，粗知种稻过程，于是成了他们的劳动老师。他们说要听我的话，我马上更正说是要听党的话，一起接受贫下中农的再教育。

我自我感觉良好，心里很踏实，过得也充实，与孩子们在一起也享受中年人的天伦之乐。我猛吃猛睡猛干活，身体也越发结实。后来被抽调归队，为了不影响孩子们情绪，我趁大家下田时间，一卷行李悄悄离开了青年营。

我当"排长"唯一担心的是自己排的知青孩子被批斗。我曾目睹过一名"五七战士"被批斗。这些知青孩子们在学校温室虽说曾经过挫折教育，但很难经受得住批斗的打击。严格地说，我曾先后3次保护了他们，尽了一点义务，我这个排长当得也问心无愧了，尽管曾被连长善意地批评过说我有些"右"。

王建树 1938年12月出生，1961年起在盘山高中教学，1968年在平安农场哈巴三队走"五七道路"，任知青带队排长，1970年归队，到盘锦地区公路建设指挥部政工组工作，1972年起在盘锦化肥厂机关、子弟学校工作，历任学校教导处主任、厂教育科科长。1985年盘锦建市后，曾任市石化局政工科、市电大、市职院教务科科长。2000年退休。

☆王建树1975年离开知青点后与子女合影

知识青年在齐家

◎ 邢德才

齐家在1983年前是陈家公社郎家大队第三生产小队，屯里共有70户人家250多口人，土地面积500多亩，是个自然条件比较好的屯，周边有很多坑塘苇田。1972年12月31日，鞍山市红旗拖拉机厂、鞍山市炼油厂职工的45名知青子女响应毛主席"知识青年到农村去，接受贫下中农的再教育"伟大号召，下乡插队来到了齐家。正是寒冬季节，那天艳阳高照，听说鞍山市的知识青年来了，屯里的老老少少很早就聚集在生产队，做接收孩子们的各种准备工作。队部墙上贴着"热烈欢迎鞍山市知识青年来齐家安家落户"的大幅标语，屋里屋外挂满了彩旗，房前屋后打扫得干干净净，齐家的贫下中农欢天喜地像迎接远道而来的亲人一样。当一辆辆挂着彩带、打着红旗、满载知识青年的车队驶入齐家屯时，齐家沸腾了。群众拥到孩子们中间问寒问暖，有的帮孩子拿行装，有的帮孩子料理一些事务，把孩子们带到了热炕头上。

在这之前公社党委召开了知识青年接收工作会议，对知青的衣食住行、生产、生活都做了详细的部署。齐家小队认真贯彻，对接收知青的各项工作做了具体落实。那时青年点还没有建，生产队腾出了6间仓库，搭了对面火炕，重新安装了玻璃窗户，安排知青住宿。上级配发一部分，生产队又花钱买了一大部分，基本配齐了食堂的锅碗瓢盆等炊事用具，满足了知识青年的生活需求。厂带队领导、知青家长看到齐家贫下中农像对待自己的孩子一样，各项工作安排得那样好，都非常满意。

接收青年那天，生产队派车到集市上买了菜、杀了猪，准备了可口的饭菜。生产队长、老党员赵国青和副队长齐凤海向厂领导、知青家长、知青介绍了齐家的基本情况、远景规划和今后知青工作的意见打算，使知青体会到了贫下中农的温暖。

1974年初，齐家青年点建成使用，13间房子，食堂、文化室一应俱全。1973年春，生产队给青年点建了养猪场，安排了3亩地的菜园，猪场、菜园由两名老农负责。菜园满足了知识青年的青菜供用，猪的存栏保持在6头以上，基本上保证知青天天都能吃到肉。为了解决知识青年冬季吃菜难的问题，队里挖了一个贮菜窖，白菜、萝卜、大葱样样都存了一些，还腌了一些咸菜。吃水是个大问题，那时群众吃泡子水，很不卫生，生产队就在青年点打了两口水井，孩子们吃上了干净水。

知青入驻齐家后，生产队派一名副队长专门负责知青工作。青年点成立了由贫下中农代表、队干部、知青代表组成的青年工作委员会，每半个月召开一次会议，研究、总结、分析青年点的工作。青年点设立了点长、副点长、学习委员、生活委员、文体委员，45名青年编成了3个小组，每个组设组长、副组长。为了把青年点管理好，在生产、生活、学习等方面规定了严格的规章制度。

知青来到齐家后，由队干部、贫下中农带队组织"认亲"活动，深入百姓家唠家常、增感情。知青们感到贫下中农可亲可敬，很快融入了贫下中农的生活中。知青把贫下中农的家当成了自己的家，贫下中农也把知青当成了自己的亲生儿女，关心他们、爱护他们。

生产队请苦大仇深的贫下中农在知青中开展"忆苦思甜"活动，忆当年当牛做马逃荒讨饭的苦难史，忆抗击日本帝国主义侵略的历史，讲解放战争流血牺牲的战史，使知青受到了深刻的爱国主义教育，激发了知青的爱国热情。贫下中农那种纯朴的感情，深深地感染了知青，离开了父母，远离家乡，贫下中农成了他们依靠的肩膀。从那时起，知青同贫下中农结下了不解之缘。知青有难事、烦事与贫下中农交流，齐家的贫下中农都说："知识青年就是我们的儿

知青在盘锦

女，衣食住行方方面面都要管好，我们多操点儿心，让孩子们在齐家过得舒心一些，让孩子们的家长放心。"

青年点的文化室，队里配备了长桌、凳子、书橱，购买了许多图书，上级又配发了一些。藏书中有《毛泽东选集》，还有科技、农技、青年工作、歌曲等方面的图书，达上千册，还订了《人民日报》《辽宁日报》《盘锦日报》《辽宁青年》等刊物。墙上布置了学习心得、园地光荣榜、劳动学习出勤栏、学习计划、学习讨论记录。青年点每周学习一次，学习时事政治、《毛泽东选集》、报纸上的一些重要文章、青年典型事例等。

有说唱弹拉特长的青年组织成一个文艺宣传队，以新人新事为题材编排一些小节目，演唱一些歌颂毛主席的歌曲、现代京剧选段。宣传队到农户家、到地头上、到工地中演出。每年的春节，知青同群众举办春节联欢，知青们用歌声、舞蹈送出了节日的祝福。1975年，公社举行文艺汇演，齐家知青宣传队得了一等奖，《夸夸村里的老大妈》表演唱等3个节目获得单项奖。文艺队把奖状抱回青年点，孩子们美滋滋的，觉得自己很有成就感，广阔天地大有作为。

☆盘山区还下乡知青积代会陈家代表团合影（前排左四陈家青年工作组邢德才、二排左五齐家青年点长张春生、前排左二齐家青年工作队长齐凤海，摄于1974年5月4日）

艰苦的劳动对刚到农村的十七八岁小孩子来说，是一道难关。刚到农村什么都不懂，队里就组织贫下中农讲农技课，讲怎样种田、怎样插秧、怎样除草、怎样收割、怎样识别野草和秧苗，并到田里给青年们做示范、手把手地教，青年们逐步地掌握了劳动技能。为了激发知青的劳动热情，农忙时节、重要会战、汛期都组建青年突击队。在插秧季节，男青年组成了运秧突击队，女青年组织了两个插秧突击队。他们红旗到地头，语录板到地头，毛主席像到地头，歌声到地头，比学赶帮超的豪言壮语到地头。比着干、抢着干，热火朝天、生龙活虎。"早上三点半、中午嘴含饭、晚上看不见"那种苦和累是常人难以想象的，可是知青以苦为荣、以苦为乐。开始，青年们背几十斤重的秧很难承受，可到后来能背二百来斤。女孩子开始插几分地秧，后来每人每天都能插上两亩地左右。齐家小队"大战红五月，不插六月秧"，每年都提前完成插秧任务，棵棵秧苗浸透着孩子们的心血和汗水。关键时刻，每个人都向党和人民交上了满意的答卷，每年的插秧会战都受到公社党委的表彰。

齐家劳动力少，原有的土地就够忙活的了。知青来了以后，几年里又开垦了200亩农田。知青在这些土地上兴修水利，大搞农田基本建设，粮食总产由原来的30万斤增加到40多万斤，亩产达到了600斤以上。

每年的汛期，青年突击队都吃住大堤上，风风雨雨守护着百姓的安宁。红旗荒原开发、围堤加高工程都少不了知青苦干实干的身影。知青担负着繁重的体力劳动，滚一身泥巴，磨一手老茧，培养了不怕任何困难的坚强意志。

每个青年每年都挣一万多分，300元以上。虽然挣得不多，在那个年代也能解决一些问题了。

每年队里组织队干部、贫下中农、知青代表到鞍山回访、串门、看望家长。在红旗拖拉机厂工人俱乐部召开家长会，向家长介绍知青在齐家生产、生活、学习等各方面情况，家长也向队里提出了一些意见和建议，队干部面对面与青年家长解释交流，对提出的意见做了相应的承诺，说了就办，办就办好。

齐家青年点实行了知青家长、贫下中农、老党员"三位一体"的青年工作

知青在盘锦

机制，管理规范，思想工作到位，生活安排周到，各项规章制度得到很好的落实。从1973年到1978年6年时间里，齐家青年点没有发生一起知青违法乱纪的现象。建点6年，齐家青年点年年被公社评为先进青年点，点长张春生带领的突击队，年年被评为公社的先进突击队，副点长王淑会带领的15名女子突击队，人人都被评为插秧能手，受到公社、大队的表彰和奖励，王淑会还被抽调到公社组织的"斗批改"工作队工作了很长时间。1974年，齐家青年点进入了县级先进青年点行列。1974年的五四青年节，盘山区召开了区下乡知识青年积极分子代表大会，点长张春生登上主席台做典型发言，齐家青年点的建点经验被全县人民所认知。1975年12月13日，主管青年工作的副队长齐凤海同志在盘锦地区召开的知识青年工作会议上做了典型发言，介绍了贫下中农管理青年点的经验。张春生、王淑会、陈彩明等同志多次被评为盘锦地区、盘山区、陈家公社劳动模范和先进青年，张春生、王淑会、陈彩明3位知识青年在农村光荣入党。有3名男青年光荣地参加了中国人民解放军。

从1978年开始，根据邓小平谈话和国务院批转国务院知青办的6条意见精神，辽宁省对城市下乡知识青年采取招生、商调、接班、招工等办法组织返城。齐家青年点知青也随之陆续回城，结束了6年知识青年的农村生活。

回城后，点长张春生在鞍钢机车厂任工会主席（正处级），王淑会到齐大山铁矿工作，《辽宁青年》有一篇文章详细报道了王淑会在齐大山铁矿的工作业绩。她一天完成两天的任务，一年干了两年的活，年年超额完成工作任务，被齐大山铁矿人称之为"王淑会工作速度"。1978年，王淑会出席了共青团第五次全国代表大会，受到了华国锋主席及其他中央领导同志的接见，被评为省、市劳动模范，后来担任齐大山铁矿妇女部部长。

知识青年火一样的热情燃起了盘锦大地的无限生机。四十多年过去了，盘锦人民不会忘记，盘锦大地没有忘记知识青年激情燃烧的岁月。

2017年4月

邢德才 1950年出生，1969年应征入伍当兵，复员后曾任过陈家公社青年工作组组长、政工组副组长、宣传委员，派出所所长，陈家乡副乡长，胡家农场副场长，胡家镇人大主席团主席。2003年开始任盘山县政协文史办主任，第七届盘山县政协委员。2010年退休。

乡 情

◎ 刘启武

笔直的乡路延伸到天际，挺拔的大白杨与秋风推推搡搡，私语家常。翻滚的稻浪总想跷起脚和白杨喊话，无奈身高的差距只好原地随风摇晃。北窑这个充满活力的小村庄在秋风中摇曳着，空气里弥漫着沉甸甸的秋果芳香。

一位年过古稀的老人站在秋风里，盯着乡路的尽头，流露着期盼的目光。一个村民骑着自行车从身边路过："刘大爷，在这等谁呢？"村民用一只脚支着地把自行车停下了。"等我儿子！"老人家说话时目光也没离开乡路的尽头。"啊，我看到启新了，在大河里抓鱼呢，抓到一条二斤多的大鲶鱼。"边说边用手比画着。"你老爷子真有口福啊！"老人家只是点头微笑，没有说话。"刘大爷，那我先回去了！"村民说完用力蹬了一下自行车，晃晃悠悠地骑走了。

田埂上走来一个人，手里拎着的口袋里明显有跳动的东西，看来收获不错。他是老人家的四儿子刘启新，因为他答应今天中午给德秋和立光他们炖鲶鱼，早上起来就去抓鱼了。

说起抓鱼这可不是吹牛的。头年秋天，单位两个同事听说刘启新能在大辽河里抓到鲶鱼，半信半疑："你真能抓到？""不信咋的？"同事摇摇头："那大辽河水深几米，除非碰上死鱼。""说多了没用！明天中午你去我家，我给你炖鲶鱼。吃不？"两个同事好奇呀！真就赴约来到了北窑这个小村庄。那个星期六也是秋高气爽的金秋。刘启新纵身一跃，大河的水面上激起了浪花，浪花渐渐地扩散着，最后的波浪有气无力地晃了几下河边的水草，好像在说：有人下河了！水草习以为常：看到了！10秒钟过去没有反应，20秒过去了，水面上又平静下来。两个同事互相看看，好像有点紧张，40秒过去了，两个人又相互看了一下，天哪！我是憋不了这么久！是啊，打死我也不行！50秒了，怎么办？下河捞人吧！我水性也不行啊！两人越来越紧张时，水面上泛起一个浪花，好奇怪，刘启新嘴里叼着一条鲶鱼。他们两人惊呼不止时，刘启新举起双手，还有两条大鲶鱼。就看他一个潜水猛子游到了河岸，把三条大鲶鱼往地上一扔："咋样！服不？"天哪！真是眼见为实啊！

就是那顿鲶鱼吃的，刘启新这个"叼鱼郎"的外号就叫开了。今天大早上去抓鱼，是因为昨天晚上接到德秋打来的电话，说今天来家里过中秋，德秋回来吃饭没鱼怎么行？所以就去抓鱼了。他来到老爷子身边，老爷子看着儿子手里的口袋："抓了几条？""三条！"用三个手指表达着数字。说完就往家的方向走。不过老爷子没有走的意思，还站在那往远处望。刘启新走了几步，发现父亲没跟上来，回头叫了一声："爸，走啊！在这干啥？"老人家往远处看着："德秋和立光还没到呢！""回家等吧，高速上车多，十一点半才能到。"老人家最后看了一眼远处，跟着四儿子往家里的方向走去了。

老人家说的德秋和立光是谁？也是老人的儿子吗？说的德秋其实叫孙德秋，是1968年沈阳四中下乡知青，拿老人家的话说，这孩子懂事，说话办事总是有条有理的，老人家喜欢他，就和喜欢自己的儿子一样。那立光呢？他叫孙立光，是1972年沈阳四十中下乡来到北窑村的，比德秋晚来几年，来了后就分到了孙德秋那个青年点。记得那年冬天特别冷，青年点的房子不暖和，刘大爷当时是村里的木匠，青年点有个大事小情的都找刘大爷来帮忙，那天刚修完窗户背起工具箱要走，德秋收工回来了。非要拉着刘大爷进屋坐一会儿。刘大爷进来看了一下四周，又把手伸进行李下边摸摸，心疼地对孙德秋说："德秋啊，我家西屋就启新一个人住，你大娘天天把炕烧得热乎乎的，我看你和立光就去家里住吧。"德秋看到刘大爷心疼是真诚的，就说："一会立光回来我和他说一下，还要请示一下指导员。"

知青在盘锦

☆ 1975年元旦欢送孙德秋回城（前排左孙立光、右孙德秋；后排左刘启新、右北窑村青年曹永旺）

生产队的畜舍里，一铺长长的大炕，中间有一个炕桌，生产队长半蹲着在炕桌上写着什么，空气里弥漫着蛤蟆烟的味道，村民们陆陆续续地都来了，别看这个畜舍不咋样，那可是当年生产队的大会堂，每天吃完晚饭，都要在这里政治学习，听军代表讲讲国内外大事。德秋进来后在队长耳边说了什么，队长很严肃地："一会我和军代表小秦说一下再定。"说着，军代表小秦进来了，队长放下手中的笔，凑过来："秦同志，入冬了，不是说青年点要分散到老乡家住嘛，刚才德秋说，他和孙立光去木工老刘头家去住，你看看行吗？"小秦严肃地："老刘头什么成分？""贫农！"队长又补充一句，"还是模范党员"。小秦这才松了口气："那行，去住吧，和贫下中农多学习！"从这天开始，孙德秋和孙立光就像刘大爷的两个儿子一样，吃住全在这里，也和刘启新结下了浓浓的兄弟之情。在那之后的几年里，先后还有六七位男女知青成为刘大爷家的房客，和刘大爷的儿子、女儿真的是情同手足哇。

后来"知识青年"开始陆陆续续地回城。1975年元月、8月，孙德秋、孙立光相继恋恋不舍地离开了北窑村，离开了刘大爷家。孙德秋分到了沈阳棉纺厂，回去后第一件事就给刘大爷写一封信，工作安排了，一切都好，也就算报个平安吧。刘大爷小心翼翼地把这封信收好了，因为这里有孙德秋的地址。当时的中国很快进入了全面改革的阶段，一切为了改革，一切为了发展，把飞速的时间压缩得丝丝缕缕一晃而过。北窑村也在改革，也在变化，全村都装上了电话，村支书自豪地向上级汇报着，我们村已经实现了电话村，也就是家家都装上了电话。可是刘大爷还是写了封信给孙德秋，告诉德秋：咱家里有电话了，以后有事可以打个电话，电话号码是……

那些年啊，人们顾不上家长里短了，都不由自主地卷进了改革的大潮中。刚回城那会儿，人们见面的问候语都是：吃了吗？不知不觉，也不知道什么时候改了，改成了：忙啥呢？是啊，孙立光后来到了沈阳重型机器厂冶矿电控分厂当上了领导，他虽然和孙德秋同在沈阳城内，可是一年都见不了一面，就是一个"忙"字全都代替了。

这天孙立光刚刚下班到家，接到德秋打来的电话："立光，刚才启新来个电话，说刘大爷病重非要见咱们俩，你看看怎么办？""没说别的吗？""我问病情咋样电话就撂了。"孙立光静思片刻："这样吧，你十分钟后下楼，我去接你，咱俩马上去北窑。"

北窑的刘大爷家，早就不是当年的小土房了，二层的小楼，刘大爷住的房间里灯火通明。刘大爷静静地躺在炕中间，儿女们都围坐在身旁，老爷子好像在说什么，可是家里人都听不懂他在说什么，因为自从老人有病一直是四儿子刘启新伺候，他能听懂。启新说："爸问德秋来没。"这时一道强光划破了死气沉沉的小房间，刘启新从炕上一下子跳下来，边跑边说："德秋他们到了！"德秋、立光，还有几位当年的沈阳知青风尘仆仆来到炕前，孙立光急迫地说了一句："大爷，我们来了！"可是老人家没有一点儿反应，这时刘启新凑到老人的耳边："爸，德秋、立光他们来了。"老人家慢慢睁开眼睛，看到了德秋，吃力地动了一下手，德秋马上理解老人的用意，立刻拉住了老人家的手。老人说着别人无法听懂的话。启新告诉他们，老爷子说："记住，这里永远是你们的家！"老人安详地闭上了眼睛，从眼角流出两滴早已没有温度的眼泪，德秋紧紧握着老人的手，发现手越来越凉了。德秋放声地哭了："刘大爷，我们来晚了……"

从打刘大爷走后，德秋、立光两个人每年中秋必须来北窑过节，因为他们记着，刘大爷最后的那句话，这里是你们的家呀。

德秋、立光他们也都老了，他们也有了孙子和外孙女，看到社会的飞速发展，心里总是美滋滋的，都庆幸赶上了好时候。可是不论社会怎么变，他们总也不变的规矩，是每年必来北窑过中秋。

知青在盘锦

　　北窑的一切都变了，成了远近闻名的葡萄之乡，让城里人都羡慕的天然气、自来水、马路灯，满街通红通红的山楂，挂满枝头的大枣，清新明快的一座座民房，把这个村庄点缀成国画般的田园风光。今年德秋把外孙子也带来了，孩子玩得开心极了。他仰着天真的小脸问姥爷："姥爷，你不是说这里是你第二故乡吗？那为什么要回沈阳啊？"德秋没答上来孩子问话，想了好久："因为沈阳有你呀，姥爷舍不得你呀！""那以后我长大了就来这里，因为这里太美了。"德秋抬起头看着眼前的一切。是啊！这里太美了。

刘启武　1948年12月出生，大洼北窑村人，刘启新的二哥。1969年参军入伍，毕业于北京广播学院，曾在中央电视台的《正大综艺》、中央七套的《乡村大世界》《美丽中国乡村行》工作多年。退休后返聘央视影视协会培训中心主任。

　　（刘启新，原盘锦市教育局纪委委员，2014年退休后回北窑村担任村文体协会会长。）

下乡知青的油田情缘

◎ 孙 萍

怀着闯荡广阔天地、立志有所作为的激情,怀着上山下乡、屯垦戍边的美好憧憬,1968年9月,沈阳南站月台上,一支下乡知识青年队伍,他们当中年龄最大的20岁,最小的仅16岁。他们告别父母亲朋,告别校园街市,向着当时的"南大荒"、而今的国家首批小康城市——盘锦开来。

在这里,知青们柔软的双手第一次挥起镰刀、钢锹,稚嫩的双肩第一次挑起扁担、拉上犁铧……很快,崭新的解放鞋底就被"腰斩"两截,饥饿的嘴里不再有豪言壮语,家书的字里行间常流淌着思乡泪。但是很快,他们就脱去了城市孩子的娇气和稚嫩,在当地农民质朴善良的接纳与"再教育"下,迅速成长起来,而且许多人很好地融入了后来辽河油田开发建设那一段荡气回肠、卓绝艰苦的创业历程。

辽河会战的序幕是从"六七三厂"拉开的。1967年3月,石油部从大庆油田抽调近千人组建"六七三厂",开拔到了当时的"南

☆原辽河油田机关所在地

知青在盘锦

大荒"驻扎在盘山沙岭地区，先头部队继承发扬大庆人的创业精神，在人烟稀少、一望无际的大苇荡展开了石油地质勘探。通过3年的艰苦工作，初步探明了油层系，揭示了辽河盆地良好的含油气前景。1970年3月，经国务院批准，从大庆、大港等油田调集近万名职工，组成"322油田"，会战辽河。1970年4月至年底，省里还为油田会战从沈阳、鞍山、营口、盘锦当地选调了4000名优秀下乡和还乡知青，后来又陆续有近万名知青，响应油田会战号召，分别从插队落户的盘锦当地和省内其他农村，高唱着《我为祖国献石油》，奔赴油田机关所在地于楼附近安营扎寨，而后又迅速分散到油田的各行各业，成为光荣的石油工人。

知青们融入当年的石油大军，没有房子，他们住着帆布帐篷、干打垒的房子，喝着泡子水、鸭子汤，穿着道道服、大头鞋，与芦苇荡稻田相邻，与钻塔井站结伴。第一次上井出钻，狂虐的北风烟雪就将依偎在卡车上的他们，掀翻在满是冰碴的下水沟中；第一次穿田布线，走在田间垄上就像游走钢丝的他们，在阵阵眩晕中摔倒、爬起、再摔倒……冬天顶寒风爬冰卧雪，夏天冒酷暑披星戴月，他们充分发扬"铁人"精神，开始了辽河盆地大规模的石油勘探开

☆油田带压作业

发，立志让巍巍井架上擎云天、下逼地心，将辽河油田特有的断块油田融汇成地下油龙。

当年，下乡到新立农场的孙崇仁和荆永强，一个招工到油田测井当上了测绘工人，另一个招工到油田物探当上了地震工人；下乡到海城的张庆东、党宝章，一个到油田钻井队当了柴机工，另一个在井队当了炊事员；在新立和清水农场的丁壮猷、孙慧峥，一个到油建当了外线电工，另一个到医院当了儿科大夫。还有当年的首个女子钻井队指导员吕爱婷，还有杜春玲、张世荣、张光铣、赵立岩、张国生、杨静、郭全等一批知青，当年当过钻工、作业工、采油工、钳工、焊工、宣传员……他们带着知青的吃苦耐劳精神，一来到油田便以最快的速度融入工作岗位，与油田水乳交融、休戚与共。

功夫不负苦心人。1970年，会战取得良好成果——发现了兴隆台油田。人们的执着努力，唤醒了埋在地下的滚滚石油，石油的闪亮面世，创造了辽河地区崭新的世纪。1973年5月19日，经辽宁省委批准，"322油田"改称为"辽河石油勘探局"。1975年，石油部组织了辽河盆地西斜坡勘探开发会战，不断取得新的突破，相继发现了曙光油田、高升油田、欢喜岭油田。1980年

☆辽河油田

知青在盘锦

1月29日，国家正式向国内外公布辽河油田建成，时年产量已超过500万吨。1981—1986年，辽河油田在原有的基础上又开发建设了茨榆坨油田、沈阳油田和锦州油田，使原油产量每年以近百万吨的速度增长。1986年，原油产量突破1000万吨大关，成为我国第三大油田。1987年，辽河石油人在"上了一千万今后怎么办"大讨论的基础上，以改革促发展，不断变革企业内部经营管理机制，转变运行机制，油田开发建设进入了高速发展的重要阶段，勘探不断取得新的突破，原油产量不断增加。油田、稻田、苇田与现代化石油城相映生辉，生生不息的世界第一大苇场与辽河油田共同成长。1994年，辽河油田在遭遇了百年不遇的大洪水的不利条件下，原油产量突破了1500万吨大关，并连续四年保持高产运行。1995年，创下了辽河油田年产原油1552.3万吨的最高记录。按销售额衡量，辽河油田已进入中国500家国有大工业企业前列，名列第28位。辽河油田建设实现了油气储量生产、综合经济效益、生活水平三个上台阶，为国家和地方繁荣发展做出了重大贡献……

日月穿梭，时光飞逝，转眼距1968年第一批知识青年开始下乡到盘锦已近半个世纪。当年，近15万知青由沈阳、鞍山、大连、营口、盘锦等城市，纷纷赶赴"南大荒"盘锦地区，与这里的土地相融，与这里的乡亲相伴，投入了青春热血，投入了汗水泪水，写就了可歌可泣的难忘篇章。这其中有上万名下乡知青，响应号召先后来到了初建的辽河油田，参与到各行各业，经历了许多艰辛和磨砺，饱尝了创业的苦辣和酸甜，在油田初期建设中大显身手，为油田的发展建设做出了突出贡献，一批优秀知青逐步成长为辽河油田建设中的中流砥柱。

回顾油田往事，知青们说，"油田是座大熔炉，几十年的风风雨雨、几十年艰苦奋斗、艰苦创业的历程，锤炼了我们的意志和品质，这笔精神财富弥足珍贵，受益终身"。是啊，从进入油田的那一刻起，他们就像机器一样用青春和热血飞速地运转着……每一次成功的跨越都是如此壮美，每一次睿智的创新都是如此璀璨，每一次激情和燃烧都是如此滚烫，每一次收获的喜悦都是如此甘甜。石油，辽河知青人心中永远眷恋的情结，盘锦知青儿女永远不变的最爱！

孙　萍　笔名含思笑，生于湖北十堰，长在辽宁盘锦，一个地道的"油二代"，父亲为玉门油田驰援辽河油田的"老石油"。现为辽河石油报社记者、编辑，《辽河石油文学》杂志执行主编。中国石油作协会员、辽宁省作协会员、省儿童文学学会理事、省散文诗学会会员。17岁开始发表作品，有诗歌、散文、短篇小说等作品，除在供职的《辽河石油报》刊载外，散见于湖南《散文诗刊》《辽宁语文报》及《中国石油报》《石油文学》《地火》等报纸杂志。著有纪实文学集《写意时光》。盘锦市政协委员。

知青时的两件事

◎ 李文章

一、欢送吕连华同志上大学

1973年2月，农场党委派我们5人到田家大队杨家荒两个生产队做后进转化工作，我任工作组组长。那时，我29岁，是胡家农场团委书记。我们5人都是青年人，其中吕连华、许建是女知青。我们在一起学习、工作、生活，非常愉快，将杨家荒两个生产队后进转化工作做得很好，水稻长势喜人，丰收在望，受到了农场党委的表扬。

☆欢送吕连华上大学（前中李文章、后左吕连华、后右许建）

那年，招收工农兵学员上大学，经过我们工作组推荐，吕连华同志所在的胡家农场拉拉大队上报，农场党委审批同意，吕连华同志作为工农兵学员到福建省厦门水产学院学习。

9月1日，是我们工作组欢送吕连华同志上大学的日子。上午9时，我们买了糖果，一边开会座谈，一边吃糖果，谈人生谈未来，谈对吕连华同志的期望，谈我们的友谊长存。中午，我们简单地炒了4个菜，都不喝酒。饭后，我们步行6里路到胡家照相馆照了有永久纪念意义的照片。吕连华到校一个月后给我们来了信，汇报她在学院的学习生活情况。

第二年9月份，许建同志也如愿上了锦州铁路运输学校读书学习。

二、盘山区知识青年篮球赛

1975年夏季，盘锦地区盘山区团委知青办举行上山下乡知识青年篮球赛，盘山区各镇、农场、乡都组建了篮球队。

我当时是胡家农场知识青年工作科副科长，分管知青的宣传教育工作，这次篮球队比赛工作就由我具体负责。在农场党委大力支持下，我们组建了男、女各一队，男队9人，女队11人，全是沈阳和大连的知识青年。抽调胡家中学体育老师韩德文任教练，知青科的小郑带队。比赛打的是循环赛，分别在各

☆胡家农场球队全体队员（二排左四李文章）

知青在盘锦

镇农场、乡进行。

男队的小伙子们生龙活虎，女队的姑娘们飒爽英姿，他们不怕苦，不怕累，比拼劲头十足，经过多场较量，冠军决赛于1975年7月7日在羊圈子苇场举行。胡家农场篮球队荣获男、女组双第一。我和全体教练员、领队、球员照了有永久纪念意义的照片。

2016年10月

李文章 1971年1月任盘山区"五七农场"团委书记（后盘山区改为盘山县，"五七农场"改为胡家农场）。1973年任胡家农场知识青年工作科副科长，分管知青宣传教育工作。直至1978年大批青年返城，调任盘山县县委党校办公室主任。退休前在盘山县粮食局工作，任局党委组织委员，人秘股长，主任科员。

我与红星青年营

◎李茂军口述　王海宁整理

1972年3月,我从盘锦四中(当年也称盘锦"五七中学"、胡家中学)九年级毕业,还乡到"五七农场"(后改名为胡家农场)电影放映队做放映员,当年9月任"五七农场"团委书记,后来兼任胡家农场红星大队"革委会"副主任。1974年8月出任红星青年营团总支书记、营长,负责青年营的全面工作,一直到1978年底清点。

在胡家农场,大家简称红旗青年营为一营,红星青年营为二营。我们二营的知青都是来自沈阳市交通系统的子弟,1974年9月2日首批来到青年点的知青共计632人,编为4个连,每连3个排,每排4个班。每个连配有5位进点老农,分别做连长、指导员、财会工作,也负责做饭、喂猪种菜等工作。营、连的副职都是知青。每个连都有1名沈阳交通系统的带队干部,营部也有一两名。农场为红星青年营新建了13栋房子,12栋平房平均分给4个连,1栋尖顶房做营部。原有2000亩旱田,1976年"红旗荒原会战"以后改为水田。

管理上从开始就比较严格、规范,与一营相似,采用半军事化的管理方式,每天早上出操军训,唱歌、走步、跑步、喊口号,一年四季坚持,冬天有时都不允许戴帽子和口罩。那时年轻人有的不安分,打架斗殴、偷鸡摸狗的情况时有发生,红旗荒原会战的时候还发生过打架死人的事件。我比知青也大不了几岁,甚至个别知青比我还大一点儿,所以管理上也是很有压力,真是天天

知青在盘锦

都在想着全营的稳定、生产、队伍建设这些事，有段时间甚至患上了神经官能症。我们营、连的干部们，努力做到率先垂范，与知青们甘苦与共，团结带领广大知青克服困难积极劳动，对不良倾向严肃批评教育，处理了几起"迫青"的事件，在整个青年营树立了积极向上、团结友爱、不怕困难的良好风气，全营大局稳定、管理规范，是盘山县较好的青年点之一。

红星青年营从建点开始经历过几次大的事件。一是建点当年的冬天，在羊圈子农场割苇子，知青和我本人都是头一次经历，很苦很累，但知青们都挺过来了。二是1975年2月的大地震。三是参加1976年9—10月全县开展的"红旗荒原会战"，将荒地和旱田开垦改造成水田、林地，开发出了1万亩林地和1万亩标准方形水田（500米长、500米宽），遗憾的是我们营的水稻亩产一直是三四百斤，没达到跨"黄河"过"长江"的目标，盘山这边的产量一直没有大洼那边高。盘锦的农田标准化开发建设，知青们的贡献是巨大的。四是1977年发大水，那时盘锦归营口管了，绕阳河和西沙河超漫顶30厘米，东湖外套子决堤，知青们不怕流血牺牲，总是冲在最前沿，给我留下了深刻的印象。其间，我们在最危险的大坝上连续坚守了20天，全营集体和我个人都立了功，获得了营口市和盘山县的嘉奖表彰。

李茂军 出生于1953年5月，盘山县人，1975年4月入党。1972年3月毕业于盘锦四中，还乡到盘山县"五七农场"放映队做放映员，1972年9月任盘山县"五七农场"团委书记，胡家农场红星大队"革委会"副主任，1974年8月兼任红星青年营营长。1978年10月调任胡家农场供销科科长、党委秘书。

1980年2月起，历任盘山县胡家农场"革委会"副主任，胡家农场场长、党委副书记，农场党委书记（1986—1988年在市委党校党政理论大专班学习），盘山县卫生局党委副书记、局长，县石化局局长、党委书记。1993年1月提任盘山县政府副县长。2002年12月转任县人大常委会常务副主任。2007年12月任盘山县人大常委会主任、党组书记。2013年退休。

知青岁月二三事

◎李福林

1968年,毛泽东主席"知识青年到农村去,接受贫下中农的再教育,很有必要"的重要指示发出后,全国上下所有被称作"老三届"的初、高中毕业生倾城而出,纷纷上山下乡,到广阔的天地施展作为,走与工农相结合的道路。这项举世无双、震惊中外的青年运动,转眼已经过去半个世纪了。时至今日,那个知青时代的几件往事还在我的记忆中萦绕。

一、鼓乐喧天迎知青

当年被称为"南大荒"的盘锦是知识青年安置最多的地区之一。1968年9月,来自省内沈阳、大连、鞍山等地的知识青年纷纷开赴而来。盘锦垦区"革委会"把迎接知青工作摆在重要的议事日程,上至垦区"革委会",下至各农场公社以及各大队和生产队,都把迎接知青和安置知青当作头等大事来抓。

那是个激情燃烧的火红年代。那一代知识青年都经受过毛泽东思想的熏陶和革命运动的洗礼,接受过良好的革命传统教育,迸发着浓浓的革命激情。他们一路走来,歌声嘹亮,口号震天,展露出一辈子扎根农村干革命,广阔天地炼红心的势头。我是盘山中学文艺宣传队的一个小号手,在这期间,每天都参与到欢迎知识青年下乡的仪式中来。但凡有哪个城市的知识青年来盘锦,我们

知青在盘锦

☆ 盘山中学文艺宣传队（前左一李福林）

都要代表垦区革命委员会去迎接他们。每天不是去城区的路口，就是去沟帮子火车站。一有知识青年乘车入境，我们都要前往迎接，以热烈的气氛表达对他们的敬意。演奏的曲目除了迎宾曲，主要是当时流行的红色歌曲，如《大海航行靠舵手》《敬爱的毛主席》《我们年轻人有颗火热的心》，还有毛主席语录歌。记得一次从省城沈阳有一大批知识青年是乘着部队的敞篷汽车从公路上开过来的，正赶上天空下起了小雨，好多群众打着红旗、呼着口号，夹道欢迎，妇女和小学生们还提着水壶和茶缸向知识青年递上开水；知识青年也满怀豪情地呼着口号，表示扎根农村干革命的决心，那场面热烈极了。为了表达我们的喜悦心情，大家一曲接一曲地演奏着，尽管嘴皮子吹得麻木了，汗水和雨水混在一起，顺着额头流淌下来，我们还是不想停下来，直至队伍全部开了过去，才恋恋不舍地停止了奏乐……

还有一天，我们正要吃晚饭，盘锦垦区"革委会"来了通知，让我们文艺宣传队立即出发，到沟帮子火车站去迎接知识青年。听到乐队指挥郑明义的招呼，大家二话没说，立即集合队伍，乘着"革委会"派来的敞篷汽车，吃着饼干、喝着汽水，匆匆开往沟帮子火车站。我们来到站台上，眼看着运送知青的绿色长龙鸣着长笛,吐着白烟缓缓地开了过来,便站好队形,立刻演奏起那些早已吹得烂熟于心的乐曲,还不由自主地向知青们投去好奇而敬佩的目光。眼看着知识青年背着行装,个个精神饱满地走下火车。随后,他们在当地干部的带领下,有的乘着敞篷汽车,有的乘着农用拖拉机,有的则坐着大马车,纷纷地向不同的青年点奔赴而去。

那里的老百姓早已腾出房屋来,杀猪宰羊,预备了丰盛的农家饭,欢迎这些有文化的年轻人一起来建设社会主义新农村。一段锣鼓喧天、载歌载舞的热烈气氛过后,火车站静谧下来。我们收拾好乐器,心里边思索着,明天又是哪个城市、有多少知青来盘锦呢?美丽富饶的辽河三角洲,这块充满生机的黑土地,正敞开胸怀,拥抱更多的有志青年前来开发建设……

几天以后,我们学校也召开了上山下乡动员会,按照垦区革命委员会的要求,家住城镇的一律下乡到清水农场,原籍是农村的各回各的家乡。就这样我们也和城里学生一样离开了校园,也成了知识青年,奔赴农村的广阔天地。我因为家住农村,不需要组织上安置,自然地回到原籍,成为一名"还乡青年"。记得那天,高升人民公社革命委员会的一位党委秘书来到学校把我们接回去,又在公社的会议室里召开个简短的欢迎仪式,领导们对大家鼓励一番,就各回各大队了。

二、到青年点做负责人

1969年2月我应征入伍,在部队光荣地加入了中国共产党。1973年2月从部队复员回乡,又一次回到生产队里当起社员。这时,我得知大队于1972年12月17日也来了一批沈阳知识青年,他们是沈阳市十四中学的应届毕业生。一天,我和党支部书记李树文聊天时,谈到我在部队里搞三支两军时曾经与上海、北京、哈尔滨的知青吃住在一起。他听了立即对我说:"那好呀,过几天你就到青年点,帮大队管理一下这些小青年。"后屯大队青年点有23名知识青年,集中在一起吃饭,分散在四个生产队里劳动。当天晚上我找到点长张光

知青在盘锦

☆知青合影（后排左起闫义、王菊敏、王文秀、韩丽娟、闫晶华、刘桂杰；中排左起李宝信、李东昌、吴庆林、唐守忠、杨以明、张光江；前排左起董斌、郭福民、张修明、丁强、周云峰、宋铁夫、王景英）

江，请他为我介绍一下这些知识青年的情况。小张当时就把青年点的名单交给我。其中一队6名：宋铁夫、杨以明、李宝信、丁强、曲玉贤（女）、刘兰英（女）；二队7名：王景英、张修明、李东昌、裴学实、周云峰、韩丽娟（女）、刘桂杰（女）；三队5名：张光江、郭福民、商法先、王文秀（女）、王菊敏（女）；四队5名：唐守忠、吴庆林、杨宝珠、闫晶华（女）、闫义（女）；一共23名。后来又从外地转点过来两名锦州青年，他们是李成章和王忠云。除此而外，一些"五七战士"的子女也陆续随父母在后屯插队下乡，如董斌、董成、姜海涛、姜丽萍、姜丽梅、王晓燕、朱元甲等。他们的父母都是文艺工作者，这些孩子们都能歌善舞，还具有吹拉弹唱的特长。他们虽然都没进青年点，也是我的工作对象。

当时我还不是专职的带队干部，平日也在生产队里劳动。我想，知识青年毕竟是有文化、有理想的城市青年，应该针对他们的特点，多开展些带有文化色彩的活动，比如组建个报道组，成立个文艺宣传队。第一步是以知识青年为骨干成立大队广播宣传报道组。我发现三队青年王文秀、一队青年宋铁夫喜欢写作，四队青年闫义喜欢读书，还具备一定的朗诵能力，于是我就和点长张光江商量，让闫义担任大队的广播员。又找了其他几个爱好文学的青年成立一个宣传报道组，利用业余时间采写新闻稿件，报道身边的好人好事，用大队的广播喇叭播出去。这样既起到了鼓舞士气、宣传教育群众的作用，也锻炼了青年们的写作能力。记得我们第一批稿件播出的是村里的好人好事，大家听了很亲切，觉得这样的报道写的都是身边人、队里的事，很有意义。一天，治保主任景春荣找到我们说，你们报道组不能只顾得表扬好人好事，对村里边的不良现象也得用广播批评一下。我说："景二哥，你能不能举个例子呀？"他说："这样的事太多了。你比如，有的人家里养的猪不好好管理，经常跑出来吃生产队的庄稼。这不是猪的问题，而是人的问题。"听了老景的话，我受到很大启发。经过调查，报道组写了一篇小评论《养好猪，管好猪》，反复在大队广播喇叭里播出，使那些忽视管理的养猪户受到了教育，从此他们再也不违反规定了。后来，我离开大队到公社当报道员，后屯大队报道组的活动在还乡青年李国忠和沈阳知青王文秀、宋铁夫等人的努力下，继续坚持开展下去，在全公社也小有名气。

三、一篇报道推出四位知青典型

我在高升公社政工组担任报道员期间，于 1975 年 7 月下旬采写了一篇新闻稿件，并寄往《盘锦日报》。稿件写的是盘山区高升公社边东大队徐刚毅、刘奇、孙旭阳、陈晓峰等四名知识青年离开条件好的生产队，勇挑重担，主动到条件困难的第五生产队安家落户的事迹。报社把这份稿件连同他们的意见一同报告给当时的盘锦地区宣传组。宣传组领导同志立即批示：由地区宣传组牵头，盘锦日报社和盘锦地区广播站采编人员配合，组成工作组，到盘山区高升公社边东大队深入调查核实。工作组与高升公社党委、边东大队党支部和贫下中农举行座谈，大家普遍反映所报道的情况属实，对这四位知识青年的工作表现都给予很高的评价。1975 年 8 月 2 日，《盘锦日报》头版头条刊发消

知青在盘锦

息，报道四位知识青年的先进事迹。主题是"越是困难的地方越是要去"，副题是"下乡知识青年徐刚毅、刘奇、孙旭阳、陈晓峰四同志知难而进，勇挑重担，主动地、坚决地到困难队安家落户干革命"。编者还加了按语："下乡知识青年徐刚毅、刘奇、孙旭阳、陈晓峰四名同志到困难队安家落户干革命的实际行动，表现了革命知识青年知难而进，勇往直前的革命精神。他们是那种越是困难的地方越是要去的好同志。毋庸讳言，这和那些怕艰苦、图安逸、胸无大志的人相比，恰成鲜明的对照。我们希望已经插队落户和即将奔赴农村的知识青年同志们，努力实践伟大领袖毛主席这样的教导：越是困难的地方越是要去！"

从此，徐刚毅、刘奇、孙旭阳、陈晓峰四名知识青年被树为典型。时隔不久徐刚毅被选为第五生产队的队长，陈晓峰为副队长，陈旭阳当了生产队保管员，刘奇也当了现金出纳员。由于他们工作出色，当年五队的收入大大提高，社员们都夸奖他们是有理想、能干事业的好青年。第二年，徐刚毅同志被公社提拔为边东大队党支部书记，刘奇同志参加营口市团干部培训班，学习回来后被提拔为高升公社团委副书记，加入了中国共产党。回城之后，他们继续保持先进本色，奋发进取、积极向上，在本职工作上都做出了突出成绩。徐刚毅同志由一个普通工人走上领导岗位，在鞍山市政府担任建委主任和政府副秘书长职务，后晋升为副市级领导干部。刘奇同志 1978 年 3 月回城后，先后在鞍山市劳动局办公室及调配科工作，之后，她到鞍山市教育学院组干班学习，1985 年考入大连工学院社会科学系，毕业后返回鞍山市劳动局，先后在调配处及计划处工作，1996 年 3 月，她被调入鞍山市社会保险局综合处，职级为正处级，直到 2012 年 2 月退休。陈晓峰同志回城后分配到鞍山市机械局所属的鞍山市冷却器厂，先后担任车间工会主席，销售科副科长等职务；企业转制后，他从事乒乓球教练工作。孙旭阳同志 1976 年回城后被分配到中国焦化耐火材料设计研究院当工人，第二年恢复高考后，考入辽宁中医学院，毕业后分配到鞍钢铁西医院，晋升为中医主任医师，并担任中医科主任职务。如今，这四位同志虽然已经离职退休了，但是每当回想起当年在边东大队插队，接受贫下中农再教育的情景时，他们不无感慨地说：是那段艰苦的经历磨炼了我们的意志，给我们的人生道路铺垫了一个坚实的基础。

2017 年 5 月 23 日

李福林 1949 年 7 月出生，1968 年 9 月毕业于盘锦垦区盘山中学（高中一年二班），还乡回到原籍盘锦垦区高升人民公社后屯大队第四生产队。

1969 年 2 月应征入伍，陆军二十三军高炮团战士。1970 年 9 月在部队入党。1973 年 2 月复员回乡，历任盘山县高升公社宣传报道员、文化站站长、高升镇党委宣传委员等职；1985 年 6 月调入盘锦人民广播电台，先后任记者、文艺部编辑、文艺部负责人；1987 年调入盘锦市政协机关，历任秘书科科长、机关党总支书记、办公室副主任、调研员（正处级）。

社会职务：盘锦市儿童文学学会会长，《盘锦儿童文学》期刊主编，地域文化专集《高升古今录》主编。主要作品有：长篇儿童成长小说《徐慧玲的故事》、长篇传记文学《辽东才子刘春烺》、个人文集《流金岁月》，搜集整理的古籍文本有《刘东阁集》《致丹崖书》等。现为中国儿童文学研究会理事，省、市作家协会会员，省儿童文学学会常务理事，省传记文学学会理事，省散文家协会理事，省、市曲艺家协会会员。

知青在盘锦

"特殊知青"在盘锦

◎ 佟 伟

盘锦荒地多、河流纵横，适合大规模耕种与灌溉。新中国成立后，国家紧锣密鼓地在这里发展农垦事业，不仅有派来的众多城镇知识青年，还有多支解放军部队来此开垦。很多角落都留下了军人的汗水和足迹。

军垦农场不仅大规模垦荒种稻，有的还发展养猪、养鱼、养畜，解决了一些细粮和副食供应问题，减轻了国家负担。他们还发扬延安精神、南泥湾精神、雷锋精神，全心全意为地方服务，比如参加植树造林、抗洪抢险、抗震救灾。特别是积极兴修水利、开垦高产稳产田，促进了盘锦农垦事业的大发展。在这些军垦农场中，除了人们传统印象中的解放军官兵外，还有一批名牌大学的毕业生，作为特殊的知青来到盘锦，曾为焕发这片土地的生机流汗、流泪、流血。

☆ 王永民

出于保密的原因，这段往事罕为人知，现在的地方史料也未见记载。几年前，因为我参与地方农垦纪念馆的筹建工作，通过各种渠道收集农垦历史，通过网上的林钟光先生的博客才了解到这段史实。后来在频繁的联系中，渐渐揭开了这层面纱。

这些"特殊知青"中就包括后来成为"五笔之父"，被称为"当代毕昇"的王永民。1968年，从中国科技大学毕业的王永民和林钟光、高金良,被分配到国防科委相关单位。但有一个前提,那就是必须要先到军垦农场劳动锻炼。就这样,他们与一大批分配到国防科委系统的各地大学毕业生一道,被直接派到盘锦军垦农场种水稻。

当时当地环境的恶劣程度是他们难以想象的,因为面对的是一望无际的盐碱荒滩,劳动锻炼艰苦异常。首先连宿舍和食堂都是自己用"干打垒"(土平房)的方式建起来的。此外,他们不但整天都要忙在田间,而且还要加强理论学习。他们所在的学生连也完全是军事化管理,连、排长全是军人,都是从部队中精心选拔出来的硬汉骨干。经常深夜训练"紧急集合",冬季有时要在零下20多摄氏度的环境下进行"野营拉练",最远时曾急行军到鞍山。

条件虽然极其艰苦,可在解放军军官的言传身教下,这些在那个特殊年月被称为"臭老九"的大学生,都能出色地完成各自的劳动训练任务,成为"合格一兵"。有的大学生还为垦区建设献出了年轻的生命,如某部队农场就曾为一位因公牺牲的大学生开过追悼会……王永民在这里还被提为班长,林钟光也成为连文艺宣传队队长,都曾被部队农场评为"五好军农战士",都成了硬汉……这些大学生的表现让部队上下官兵认可、惊叹,刮目相看。

1969年10月,正值共和国建国20周年大庆。王永民和林钟光、高金良一起在自己挥汗耕耘过的、金浪翻滚、硕穗颔首弯腰的稻田边合了一张影,以这种最静默、最质朴的方式纪念、祝愿、献礼。1970年3月,在军垦农场已劳动到第三个年头的王永民、林钟光、高金良等人,终于接到通知,离开了盘锦,

☆王永民、林钟光、高金良合影(摄于1969年10月)

奔赴国家最需要他们的工作岗位上。他们在这里锻炼出的不畏艰难、勇于挑战的精神,使他们受益终生。王永民后来成为著名发明家(发明了王码五笔字型),任王码集团董事长、中国发明协会副会长、国家文字博物馆专家委员会

知青在盘锦

☆ "特殊知青"和部分解放军指战员在住所前合影（摄于1969年12月）

成员等职务。林钟光先后在福建省电子技术研究所、福建省政府无线电管理委员会工作，后来在福建省无线电监测站副站长（主持工作）的位置上退休。

虽然过去40多年了，但他们没有忘记这片土地，林钟光先生在给我的来信中，曾这样写道："往事历历，那些留在心灵深处的感触，尤其是'沉甸甸的'那些，总是在我们记忆深处永远无法淡忘。"他还把当年在盘锦的合影和获得的荣誉证书通过我捐给了盘锦。

他们曾经在水稻田里挥汗如雨的壮美身影，将永远闪现在盘锦金黄色的时空中。

佟　伟　1972年出生，辽宁盘山人，锡伯族，大学学历，工程师。现为中国近现代史史料学会会员、辽宁省作家协会会员、辽宁省民间文艺家协会会员、盘锦市特邀地域文史研究员、盘锦市社科联特约研究员。多年来专注于地域文化研究和文史写作，相关文章先后被收录进《盘锦文史资料》《中国共产党在盘锦》《盘锦档案通览》等史料专辑,著有地域文化散文集《云飞鹤翔的地方》,参与编撰有《盘锦地域文化简明读本》,为《辽宁地域文化通览·盘锦卷》《盘锦文物志》副主编。

盘锦知青民谣

◎佟 伟

盘锦知青民谣流行于各地知青下乡到盘锦时期，或为知青创作，或在知青中广为流传，以打油诗、三句半、数来宝、顺口溜、民歌小调等多种口头文学的形式表现。表现方法或哀怨，或调侃，或褒扬。虽只在市井乡间流传，可这些民谣却涉猎地理、历史、物产、民俗、交通、农业等多门学科。通过解读这些民谣，也可以了解盘锦的历史发展、城乡变迁，还有知青的喜怒哀乐。它是知青文化的重要组成部分，值得继续挖掘和研究。

"南大坝，北大坝，三厂铁东到辽化。""渤海路整三里，各大机关在一起，刚到'革委会'，就出盘山区。"这两段民谣产生于70年代初的盘锦地区时期。地区下辖两区一县，即盘山区、大洼区和台安县，地区机关位于盘山区（今双台子区）。民谣说的是盘山区城区的狭小，是知青当时惯用的俏皮嗑。"一条马路望两头，六个警察俩岗楼，没有公园没有猴，满街都是驴粪球。""宁在北京当个猴，不在盘锦当个头。宁在北京放张床，不在盘锦买间房。"这是六七十年代，下乡到盘锦的知青编出的民谣，形容城区的落后状况。其中第一段里的"驴粪球"，并非驴的排泄物，而是一种学名叫"厚蟹"，土名叫"驴粪球"和"骚夹子"的小螃蟹，味道很差。但当时却很多，以至于成群地往路上爬，过一辆马车都会压死几十个。

"吃水用麻袋，母猪扎腰带，四个蚊子一盘菜，18岁开始谈恋爱。""盘锦知青三件宝，筒锹、水靴、破棉袄。""常年刮大风，吃水鸭子坑，遍地是厕所，说话拉长声。""南大井水用处大，人吃狗喝猪腻打。咽到嘴里滋味全，口里泥沙来刷牙。""盘锦荒凉凉，一片荒草塘，人们住的是小平房。"这几段主要是形容郊区和农村当时的落后局面。其中第一段的"吃水用麻袋"，形容缺少自来水，冬季要破冰化水。而"母猪扎腰带"，形容农民养猪没有猪圈。"四个蚊子一盘菜"，形容蚊子大。"18岁开始谈恋爱"，形容早婚、早恋的人多。第三段也是反映吃干净水费劲。

"一上盘锦路，司机就打怵。跋泥又涉水，翻车又打误。"民谣说的是，当时盘锦的公路还很差，除一条在营盘铁路路基上拓宽的砂石公路外，其余都是土路，而且凹凸不平，春季翻浆，夏季积水，行车非常困难。其中盘山县北部杜家台的桥北还有一段过水路面，汛期时，过往车辆常常要靠拖拉机牵引才能通过。

"红辣椒挂在外，大姑娘叼烟袋，养活孩子吊起来，汽车误了马车拽。"这也是在辽河油田建设初期，说明盘锦交通落后的。"误"指汽车陷在淤泥里。

"沈阳沈阳我的家，儿在盘锦真想妈。盘锦的水里有小虫，喝到肚里直蹦跶。"下乡到盘锦的知青，以沈阳为主。这句顺口溜，反映来盘锦的沈阳知青工作、生活的艰苦。后来经过风霜雪雨的洗礼和艰难挫折的考验，大家树立了乐观和无畏的精神，这也影响了他们一生。

"七月二十八，下乡离开家，开起小拖拉，心里乐开花。花开十六载，一代英雄夸，青春和才华，献身为国家。""早上三点半，中午嘴含着饭，晚上看不见。"这些顺口溜反映60年代沈阳、大连、鞍山等地下乡到盘锦的知青，虽然年龄都不大，有些还未满18岁，可经过工农兵的再教育，都有了愿意扎根盘锦、献身于广阔天地的决心。第二段反映的是插秧会战的情景。

"水里的蟹，空中的风，地上的芦苇，不灭的灯。"这句民谣说的是盘锦的气候特点和特产，盘锦是全国第三大油田，盛产石油和天然气，"不灭的灯"指的就是油田天然气释放管道的天灯，昼夜不熄。盘锦的石油和天然气是走向现代化的根基，让知青引以为豪。

知青在盘锦

"大米饭，炒鸡蛋，越吃越能干。""大米饭，炒鸡蛋，撑得小孩满地转。"这说的是当时盘锦作为东北优质水稻主产区，人们的生活水准不断提高。一举扭转了新中国成立初期——"早晚喝稀粥，中午吃窝头，一天三顿难见油"的窘迫状态，颇让外地人羡慕。当时稻米"如珠似玉、晶莹饱满、粒形完整、胶稠度高、糊化度低"，米饭"色泽油润、清香浓郁、筋道滑腻、口感极佳"。盘锦大米还成了走亲访友的首选礼品。

"盘锦大地红烂漫，一天三顿大米饭。""稻前喝渠水，小鱼捧进掌，点头又晃尾，告我鱼米乡。"这说的是，在党和国家的高度重视下，从1963年到1979年，有14多万沈阳、鞍山、大连等地的知青下乡到盘锦，他们和盘锦人民以及大批荣转军人、"五七战士"，一起参加盘锦的农田水利建设、农业科研攻关，还有农业机械化、电气化建设，为盘锦农业打翻身仗做出了重大贡献，使历史上的"南大荒"变成了"米粮仓"。他们深爱这片土地，由此产生了这些诙谐幽默的顺口溜。

我曾带队红旗青年营

◎ 张有生

绕阳河是我故乡的河,也是我和知青共同生活和战斗过的地方……

1975年我结束了7年的军旅生涯复员回乡,不久就接到胡家农场党委调令,到刚组建的红旗青年营四连任指导员。我在部队时,是同期兵中第一个入党、第一个当班长的。部队的培养锻炼使我具备了良好的军政素质,这对我在半军事化管理的青年营开展工作有很大的帮助。

四连成立的第五天,我走马上任。看到这些和自己刚参军时年龄相仿的小青年们单纯而热情的稚嫩面庞,仿佛看到了自己当年的影子,也知道了自己肩上担子的分量,既要在思想上传、帮、带,又要在生产、生活上安排好。我立即以极大的热情和责任心投入到四连的工作中,和带队干部密切配合,和知青连、排长积极沟通,与知青们甘苦与共,在四连树立了积极向上、团结友爱、不怕困难的良好风气,使四连成为一支过硬的新生连队。半年后,我调到青年营当营长,管理全营四个连队,可是对四连的发展建设总是多一些关注,自己带出的连队感情是不一样的。

☆张有生

知青在盘锦

后来，知青们有上大学的、有当兵的，陆陆续续离开了连队，直至最后全部返城。送走了他们心里觉得很空，在工作中我和大家建立了深厚的感情，也从他们身上学到了一些新的知识，这段经历深深地刻在我的记忆里。

青年营解散后，我先后担任农场武装部部长、主管农业的副场长、农场党委副书记、镇人大常委会主任。下乡检查工作的机会很多，每次到红旗青年营那片稻田时，都会想起当年带领知青们改造盐碱滩，开垦"南大荒"的情景。这群年轻的孩子用他们的青春造就了几千亩水稻田，每每想起都令我难忘和感动。

知青们也没有忘记这片土地，四十年来，他们经常回来看看，每次我都满怀欣喜地接待他们，陪他们到老营区走走，去稻田地转转，到绕阳河的大堤上看看。我理解他们的心情，就像我对部队的感情一样，他们对盘锦大地的眷恋是永远割舍不断的。祝愿知青们未来的生活幸福美满，希望有空常回盘锦来看看，第二故乡永远欢迎你们。

知青带队干部生活札记二篇

◎张薇薇

一、告别尴尬

一排崭新的红砖平房，在胡家农场红旗青年营落成。这是刚组建的四连，1975年下乡知识青年的新家。

护送知青进点的家长，看到新房居住条件不错，各个欢欣鼓舞，可是内急的时候却发现四连没有自己的厕所，焦虑下更是忧心忡忡。

新房是盖好了，厕所还没有着落。大小便要去其他连队借用厕所，最近的二连也在百米之外。最令人打怵的是深更半夜，路远又不安全。无奈之下，"广阔天地""男左女右"是不成文的规定。每当夜幕降临的时候，女青年仨一群、俩一伙结伴，自选"安全地带"解决内急。我也在其中，且当过"放哨者"。四十多年过去，现在想起来竟是一件难忘好笑的"趣事"。

☆张薇薇

"吃、喝、拉、撒、睡"是我们新组建连队的生存大事。"拉、撒"一事竟成了进点贫下中农、带队干部、老知青贺颖连长、团支书朱润国的闹心事。全连百十号人为解决内急，天天跑来跑去总不是长久之事。再过几个月进入冬

知青在盘锦

季,夜间在"广阔天地"行方便,天寒地冻、滴水结冰,那可是受罪的事,尽快解决厕所问题是当务之急。

眼下盖一个可供全连长久使用的厕所,需要一笔资金,对我们刚组建的连队来说真是天方夜谭,可望而不可即,真是没招了。说实话,第一时间我们首先想到的是党组织、部队。

那时社会风气好,当官为民服务是本分,"有困难找组织"是整个社会的共识,哪个单位能为知青排忧解难,新闻媒体抓住"闪光点"及时大力宣传,各级党组织、领导干部更是把做好知青工作视为义不容辞的责任。在当时,整个大环境对我们十分有利。带队干部负责人杨季良科长,多次向军区知青办汇报反映青年点的实际情况,主管部门首长极为重视。不久,军区派来几辆大卡车,浩浩荡荡开进青年点,送来党的温暖,体现组织的力量。

大卡车不停地奔忙着与时间赛跑,整天拉石头、沙子,卸水泥、红砖。见此情景,全连上下备受鼓舞,别提人人心里有多温暖、多高兴。

施工开始后,部分男青年抽调到工地当力工,要知道他们是才十几岁的孩子。自从离开父母踏上盘锦大地,就已经懂得不怕吃苦,在艰苦劳动中锤炼意志,这是走上人生道路的第一课。他们带着全连的期望,起早贪黑在工地上,每天一身泥一头汗,一锹水泥一锹沙,一块石头一块砖。历经一个多月的奋战,终于在四连宿舍的左侧,建起一座红砖墙面、水泥地面的厕所。真是带劲儿啊!论当时周边老百姓的生活水平,居住泥土房的实情,我们真可以毫不夸张地说,四连的厕所最大、最坚固、最气派,哪个连队也比不上。

四连终于有了自己的厕所,全连一百多人再不用为内急发愁,"拉、撒"的闹心事得以解决。这可是全连的大事,怎能不令人欣喜?怎能不令人激动?从此,每个人告别白天借用厕所,夜晚"男左女右"的尴尬。

建造厕所是四连组建之初最打烙印的一件事,至今难忘。

二、刻下印记的往事

记得那是1975年秋末的一个下午，四连带队干部聚在一起，根据连队生活现状，重点研究过冬的事。

大家认定五件事要抓紧办。一是解决煤的问题。冬季取暖烧炕没有备煤，现有的细煤面多质量差。二是急须盖一个菜窖。过冬储存萝卜、白菜、土豆、洋葱是必需的。三是很有必要建一个晾衣场。青年们洗衣后只能晾在宿舍，屋里潮湿衣服又不爱干。四是急需改善生活。细粮少，肚子里没有油水，粮食不够吃。五是想养猪。猪圈盖好了，抓猪仔没有钱。研究来研究去大家一致认为：我们新组建的连队，一没家底二没钱，靠我们自己的力量难以落实这五件事。最终大家认定：最好派一名带队干部回沈阳，向沈司知青办汇报工作，求助部队帮助解决。没等杨科长发话，众人一致推荐我回沈汇报工作，理由是小女兵（当是我22岁）好说话好办事。就这样，"光荣而艰巨"的任务交给了我。第二天一大早，我急匆匆奔向沈阳。

当晚我住在团里招待所，心里装着任务，自然是翻来覆去睡不着。心里琢磨，汇报好工作可是解决五件事的关键，不能给各级领导打下我们带队干部一遇困难就伸手要钱要物的印象。真得在"汇报"上下点儿功夫。压力、责任捆绑了睡意，干脆爬起来连夜写汇报提纲，重点的地方一字一句形成文字。为做到心中有数，自己面对墙壁演练了好几遍，不知不觉折腾到后半夜。

第二天，沈司知青办召开由各直属队副主任、副政委参加的工作会议。我提前两小时到会，找到知青办黄坚华科长，汇报工作的同时，实实在在向他交底，讲清这次回沈阳的主要目的。正如我所料，事先沟通很给力，首先得到他的认可和同情。

汇报时我认定一个原则，开口绝不提困难。一讲知识青年的精神面貌，在广阔天地大有作为的典型事例；二讲贫下中农、带队干部班子团结，各个尽职尽责；三讲连队建设长远规划近期打算，最后重点汇报过冬急须做的五件事。

知青在盘锦

按现在的说法，整个汇报充满"正能量"，我的汇报得到各位领导的认可。

沈司直属政治部许相副主任在会上作指示，要求各单位要把做好知青工作，提高到路线高度来认识。首长坚定鲜明的态度，让我看到了希望，一直紧张的心情才稍稍放松。知青办黄科长趁热打铁，要求各单位领导当即表态拍板。我印象最深的是四〇八仓库的副政委首先发言说："带队干部带孩子在盘锦那么远的地方不容易，我们愿出二十根电线杆给知青盖菜窖用，再送三捆结实的粗钢丝给孩子们建晾衣场。"通信总站副主任紧接着表态："我们抓三只猪崽给青年点，支持他们养猪。"并承诺协调总站长拿出节余粮票解燃眉之急。正在热乎头儿上，会中突然冷场，令我头疼的"过冬煤"，没有人表态。这可是大份，我心里这个急啊，在分分秒秒中煎熬。好在众领导互相协商。最终，沈司管理局承担了重任，愿出大头儿，重点帮助解决"过冬煤"这个大事。还主动提出再支援青年点大米、白面、猪肉，改善连队伙食。其他直属队也不甘示弱，积极表态，愿出大米、白面、大豆、豆油等。

五件事都有了着落，我心里踏实了。趁各单位筹备物资时间，我开始忙活起来，回老连队找文书要大红纸、白纸，准备带回青年点出墙报用；去连队收发室要来几卷电传纸，准备过冬糊窗缝；到机房收集电传纸桶二十几个，"这小家伙"当擀面杖用，春节青年点包饺子，一定能派上用场。

在焦急等待的第二天，终于盼来了启程的日子。沈司知青办给我派来一辆大卡车，亮晶晶的大块煤，二十多根电线杆、钢丝、大米、白面、黄豆、豆油、猪肉等，整整一大卡车。三只可爱的猪崽装在木笼子里一并抬上车。要知道这一天我是最开心、最快乐的。

知青办的同志们都赶来为我送行。黄科长一再叮嘱，押车责任重大，一定注意安全，我们等你平安到达的好消息。

挥手告别的那一刻，禁不住眼睛湿润了。在我们最困难、最无助的时候，是组织、首长、同志们伸出援助之手，与我们共渡难关。在我人生中刻下深深印记，永生不忘。谢谢首长！谢谢同志们！仅仅几个字却是我发自内心的感动。我登上大卡车，有生以来第一次坐在副驾驶的位子，担起长途押车的重任。

满载货物的大卡车驶出沈阳城，奔向盘锦大地。那时没有高速，路不好走，一路颠簸，疲倦时不敢睡觉，渴了喝口水，饿时我和司机停下来吃自带的馒头、咸菜。虽然感觉路途好远好远，但有完成任务的喜悦心情一路相伴。

早已得知消息的带队干部、贫下中农、青年们，在外面已守候等待多时。我记得太阳要落山的时候，大卡车终于到达青年点。只听有人喊："军区大卡车到啦！排长回来了！"我赶紧跳下车给迎上来的杨科长敬了个军礼，激动地与跑过来的带队干部、贫下中农、青年握手，像久别的亲人重逢，真有回到家的感觉。那场面令我至今难忘。

进点贫下中农老张指导员用一口地方方言幽默地说："几天不见排长成想了，说是回沈阳汇报工作，成是弄东西回来啦，一路辛苦不是地。"逗得大家开怀大笑。那个夜晚最美丽、最温暖，人人在幸福欢乐中忙着卸东西。

每当回忆起这段经历，眼前不时闪动进点贫下中农、老连长贺颖、朱润国的身影。谁也不会忘记是他们带领新组建的四连，坚定"自力更生"的信念，坚持走"艰苦创业"之路。全连百十号人，筑大坝抗洪水、改良田种庄稼、修水渠平土地，硬是一点一滴、一步一步干出了令人可喜的骄傲的成绩，不是吗？

在仅有一排平房的空地上，崭新坚固的厕所建起来，供我们使用；新建的晾衣场上潮湿的被褥、滴水的衣裤正饱受阳光的沐浴；各种过冬的蔬菜推进新建的菜窖有了自己的"家"；三只活蹦乱跳的猪崽，搬进新盖的猪圈安家落户；亮晶晶的大块煤烧红炉膛，热炕头烙得我们浑身上下真解乏；连队的伙食有了难得的改善，热乎乎的白米饭、刚出锅的大馒头迎接收工回来的我们。牛栏、马棚、鸡舍、猪圈、菜园一个个相继建起来。新组建的四连生机勃勃，初步有了"小家底"的新模样。

时间飞逝，转眼间四十多年过去，我们不再年轻。忆往事，仍怦然心动。每个人心中都有一个故事，一个印记，

☆张薇薇珍藏

知青在盘锦

  一段趣事。那个火红的年代，曾让我们心装梦想激情满怀。是那个特殊的时代，造就了知识青年这个不可遗忘的群体，是时代赋予我们这一代必须担当，我有幸融入这个群体。

  盘锦红旗青年营，作为带队干部，我在这里只呆过一年。那片沃土刻下我们青春岁月的印记。我们在生活中收获、历练、成长。

  那里有太多的往事。

2016 年 4 月 20 日

  张薇薇 1953 年 3 月出生。1975 年 5 月，时任沈阳军区第一通信总站台长，作为同批最年轻的带队干部带队到盘锦。1976 年 6 月，调任沈阳军区直属政治部知青办干事，当年 7 月，带 76 届知青到盘锦后返回沈阳，年底知青办取消，又回沈阳军区第一通信总站工作。1985 年调到沈阳军区第一通信总站整党办，一年后留在沈阳军区第一通信总站政治处组织股。1988 年回到沈阳军区通信总站二营任书记，一直到 2000 年 3 月退休。

  1975 年，盘锦地区知青工作总结大会上，被评为优秀带队干部，同年被评为沈阳军区优秀带队干部。

回忆红旗、红星青年营

◎赵继山

红旗、红星青年营地处盘锦西北部，与北镇县接壤。民国年间是一片荒原，后来有几户富家在此处用马拉洋犁联合开荒，遂将此处统称为洋犁条子。又因开出的荒地东西、南北各成八方，也称为六十四方。开荒后此处只有种地户盖的临时窝铺，没有住户。1958年，在"大跃进"活动中，胡家人民公社把此处荒原、土地进行了集体垦荒经营，由公社管辖的15个生产大队（姚家、塘坊、东胡、西胡、刘家、田家、曹家、梁家、拉拉、黑鱼、朱家、白家、二夹、坨子、甜坨）各分一段，为此得名"唱家段"。

1968年在此处建立了辽宁省"五七干校"，当年建校舍220间，即红旗路东西分别盖120间和100间。1973年，省"五七干校"搬迁到盘山县胡家镇铁道南盘山胡家施工队院内（即现在胡家镇政府驻地），后来又迁移至甜水农场孙家大队，取名为孙家干校。

1974年9月—1975年8月，两批沈阳军区和沈阳市交通局的1020名子女（男625名，女395名）下乡到此，组建了红旗青年营（一营）、红星青年营（二营）。沈阳军区子女为一营（500人），沈阳市交通局子女为二营（520人）。刚组建时，一营党支部书记刘永会、副书记兼副主任李学义，二营党支部书记李子荣、副书记兼副主任李茂军。

当年，沈阳市举行了隆重的欢送仪式，知青们胸前佩戴着大红花，乘坐大

知青在盘锦

客车在市内转了一圈后奔向沈阳火车站。客车上、街道上张贴着"面向农村、面向边疆、面向工矿、面向基层""农村是一个广阔的天地,在那里是可以大有作为的""知识青年到农村去,接受贫下中农的再教育,很有必要""我们也有两只手,不在城里吃闲饭"等标语。火车站站台上也是红旗招展,锣鼓喧天,到处都贴着"扎根农村闹革命,广阔天地炼红心""到农村去大有作为"等大幅标语,高音喇叭里传送着《革命青年志在四方》等激昂的乐曲,好一派热烈的激动人心的欢送场面。

登上了开往盘锦的列车,凝视着窗外延绵不断的景色,几百名青年的心情也像铿锵作响的车轮久久不能平静。半天后到达盘锦工农兵车站。远看是一望无际的田野、芦苇荡,近前是迎接的汽车、红旗和"热烈欢迎知识青年下乡到胡家农场参加社会主义建设"的横幅标语,加上众多欢迎的人群和农场的干部,小站很是喜庆。接着换乘解放牌军用大卡车行驶在大坝上。路上一边是泛着白色浪花的绕阳河,一边是随风飘荡的芦苇,不时还有被惊动的野鸭游动、鹤鸟飞舞,远有蓝天白云衬托,近有当地农工挥手致意和欢呼。知青们顿时增添了几分光荣和自豪,仿佛就像出征的战士,一路高歌来到了盘锦胡家农场红旗、红星青年营。

这些十七八岁风华正茂、充满青春气息的年轻人,怀着梦想走出校门来到了农村,在这片广阔的天地里开始了青春的征程。

☆姚家大队文艺宣传队(后排右三赵继山,摄于1975年1月)

在管理方式上,红旗青年营和红星青年营有别于许多知青点,实行的是军事化管理模式。之所以采用这种模式,有其特殊的原因和条件。

第一,红旗青年营是1974年组建的。那时为了解决知青管理中的诸多问题，开始推广株洲经验，即由知青家长单位到农村组建青年点，安置本单位的员工子弟。红旗青年营一营就是由当时沈阳军区部队子女组成的，很自然地就把部队管理模式运用到青年营的建设上。二营是由沈阳交通局系统子女组建的，又与一营毗邻，参照一营管理也是很自然的事了。

第二，红旗青年营的住所是原省"五七干校"的校址，集体食宿，同当地的农民（农工）基本不接触，所以也方便军事化管理。

第三，株洲经验还有一条就是由知青家长单位选派带队干部，跟知青同生活、同劳动，负责知青的管理和教育。红旗青年营的带队干部多为现役军人，级别由正排职到正团职，他们也很自然地就把在部队带兵的方法用在了知青的管理上。

第四，一营的知青多数是部队子弟，从小生活在部队环境中，有军人情结，对部队的各种条令制度也比较熟悉，所以也很适应军事化管理，甚至为此而感到骄傲。

红旗青年营军事化管理发挥了很强的优势，比当时一般知青点的管理更严、要求更高，各方面也更加规范，在思想教育、生产劳动和生活管理各方面都取得了很好的成效。1975年末，红旗青年营一营被营口市评为"先进军事化管理红旗青年营"，1976年，一营四连被辽宁省评为军事化管理的"四好连队"。

红星青年营二营属于沈阳市交通局所属4个公司，根据父母所在的单位划分组建了四个连队，同一营一样实行军事化管理。每天不论多苦多累，知青们都是排着队打着红旗唱着歌上下工。

每个营两台拖拉机，供春秋两季耕、翻、压旋耙地用，配备旱水田脱谷机各4台以及小型动力脱谷机、扬场机、手扶拖拉机多种生产用具，可谓样样齐全。另外，每个连有马车两辆，主要用于春季往农田里运输农用物资和拉运秋天割下的庄稼。

每个连有养猪场一个，年出栏生肉食猪50头以上，供应营与连内部食用，为了丰富伙食，每个连还建有50亩蔬菜园田，蔬菜品种也比较齐全。

营部对青年教育除军事化管理外，还制定实施了一系列的规章制度。每周一、三、五日晚集中学习，每月按出勤劳动的日数多少和劳动态度的好与差，表

知青在盘锦

现是否积极,以班为单位评定工钱,连里每月给每个青年发12元现金就餐费。

每年生产劳动几个大会战,相当艰苦。春季育苗会战,青年们挽起裤腿,多数穿靴子,极少数光着脚丫子,顶着嗖嗖北风,踩着冰碴子,时间长了腿都冻红麻木了。插秧会战,"大干红五月,不插六月秧"。水田除草大会战,大热天成天泡在变得发黑的水里,手和脚又红又肿,痒得厉害,用手一挠直冒黄水,有时感染变成了疮。旱田锄草和间苗,头顶烈日、遥望地头,青年们腰酸腿痛、挥汗如雨,真正领悟了"锄禾日当午,汗滴禾下土。谁知盘中餐,粒粒皆辛苦"。秋收大会战,冬天兴修水利大会战,更是艰苦繁重……

火热的青春、无私的奉献,红旗青年营的青年们对盘山胡家农场的发展做出了重大贡献。4年间,红旗青年营每个季度都进行总结评选,评出思想好、生活作风好、劳动好的标兵,评选出的先进青年在入团、入党、提干、参军、上学、回城等方面优先安排。

4年间,共评出营部劳动模范20人,连部先进个人30人,入团100人,入党56人,参军35人,上大学4人。

☆赵继山

我了解的几个人的情况:三连副连长韩奎祥,党员,辽大外语系工农兵学员,现是博士,与妻子丛秀云(辽大外语系工农兵学员)一起在沈阳自办外语学校。孙书岩在中国医科大工作。李晓恒在中国石油管道建设局工作。唐计栋在青年营任过一连副连长、营部党支部副书记,现任沈阳市交通局副局长。梁树奎,党员,招工回城,现任沈阳市制药公司董事长。关博玲现任外语教授。孙邦义现任沈阳建筑公司董事长。黄明彦任过胡家农场副场长,现任沈阳市文化局副局长。

许多人,不论后来是从政的、做学问的、经商的,还是普通工人等,尽管职业千差万别,40多年过去了,红旗青年营这片黑土地都会铭记在心。

4年间,红旗青年营在农业生产中取得了可喜的成绩,1975年一营种植面积2500亩,二营种植面积2200亩。1976年秋,由县委书记曹廷山带领全县各行各业的干部、工人、群众开发红旗荒原搞会战,红旗青年营和红星青年营是一支主要力量,经过一秋一春的苦干,形成了田成方、路成网、上下水线纵横的格局。1978年旱田全部改成水田。1975—1976年,红旗青年营深入贯彻全国北方农业会议精神,深入学习大寨治理农田的基本经验,全面贯彻农业八字宪法,广泛推广旱田两杂(高粱、玉米)良种,坚持改洼治涝,4700亩总产量达到22万斤,比建营前年平均总产量提高25%。1977—1988年,营部坚定不移地贯彻落实中央37号、42号文件精神,继续坚持改洼治涝、荒原开垦和水、路、林、田综合治理的方针,达到"水田条田化,旱田方田化",耕地面积由1976年的4700亩增加到7500亩,多开垦荒地2800亩。1978年,农业生产以水田为主,继续加大革命干劲儿,向荒地要粮、让熟地高产,经过一年的努力奋战,秋后亩产达到800斤,与1977年比,亩增产粮食200斤,总产600万斤。

红旗青年营连续4年被评为盘山县先进单位、营口市"亩产过长江"先进单位和集体、营口市先进青年营、辽宁省军事化管理先进营区、辽宁省管理教育青年先进单位。

根据1978年3月28日邓小平讲话精神和1979年1月国务院知识青年办公室6条意见,红旗青年营知青于1979年3月底全部回城。

赵继山 出生于1952年12月,盘山县胡家农场姚家村人,1972年1月高中毕业还乡劳动。1975年3月到胡家园林队工作(与当地知青在工作中有许多交往)。1976年9月作为工农兵学员到营口农学院学习。1979年毕业后分配到盘山县胡家镇农业站、多种经营站工作,高级农艺师,后来长期担任胡家镇科技助理。盘山县第七届、第八届政协委员,市第五届科协委员,被多次评为省科协系统优秀科技工作者。2010年被市委批准列为盘锦优秀科技人才。

我的小学老师和校长

◎ 蔡兆花

我上的第一所小学叫高家小学,这所小学的王校长和李淑珍老师的年龄都在三十来岁的样子,他们都是来自沈阳的下乡知识青年。

高家小学坐落在大洼县新建农场高家大队路南的一片荒甸子上,是只有两趟平砖房的简陋的小学校。到处是野草,所谓的操场几乎就是被我们踩踏出来的一片空地。

王校长中等身材,微胖,给人的感觉是知性儒雅。但他是个非常有魄力的人。他把一所连院套都没有,只有两趟红砖房的荒凉的小学校治理得风生水起、井井有条。他每天早晨都带领我们在校园的操场上升国旗、唱国歌。每当五星红旗高高飘扬、洪亮的国歌激情回荡的时候,我都为自己是这个小学校里的一名学生而感到无比的自豪!

我第一天上学校就是王校长收留的我(我到现在也不知道王校长具体叫什么名字)。记得我战战兢兢地被我大哥带到王校长的办公室的时候,王校长穿着洁白的衬衫坐在办公桌后面,我觉得他好威严,吓得躲在大哥的身后。大哥上前和王校长说了些什么,王校长就不住地点头答应着,并亲切地摆手让我到他的跟前去,并没有因为我是个被硫酸烧得面目全非的孩子而疏远我,相反,他越过办公桌,向前探过身子,低下头从眼镜片上面和蔼地看着我,之后展开他厚实的手掌在我眼前轻轻地晃了晃,伸出一个粗壮的手指,声音柔和地问我这是几,我开始很紧张,没上过学,不知道考试是什么样子,考什么,就怕自己考试不通过学校不要我——同龄孩子都上学了,而我却因为烧伤而被小伙伴落下了,我是多么渴望上学呀!见王校长问我,我心怦怦跳地回答是一,王校长对我的回答很满意的样子,他又向前探了探身子,态度更温和地伸出两个手指问我是几,因为我答对了第一个问题,那第二个问题就不那么紧张了,我提高了些声音回答是二。王校长就满意地表扬我说:"回答得很好!"大哥也松了一口气。我就这样顺利地完成了入学"考试",成了一名小学生。

那是王校长给我最深的一次印象,那次考试也是我人生中的第一场考试。

我被校长安排在李淑珍老师的班级里。李老师身材适中,皮肤白皙,卷发,给人总体的感觉是个温文尔雅的女人。她有一个和我差不多大的女儿,所以李老师身上有母亲的温柔。对我这样一个残疾孩子,她像妈妈一样关怀照顾着我。

由于我毁了容,刚入学的时候有些调皮的孩子在课间欺负我、嘲笑我,给我取了很多稀奇古怪而且十分难听的外号。我打不过他们,追不上他们,气得只有哭的份儿。李老师问明情况后,狠狠地教训了那些拿我寻开心、开玩笑的同学,给他们讲什么行为是美的,什么行为是丑的。

为了树立我在同学们中的威信,李老师让我在开班会时做我们班里的旗手。我知道当旗手是很光荣的,这是班里每个同学都渴望的角色!

我们班每星期一都要开一次班会。开班会是在老师和班干部的带领组织下,以唱歌、跳舞、评选优秀、谈理想、谈学习的心得体会等为内容的班集体活动。开班会是我们最开心的事!班会时我们会重新布置教室里的桌椅,把它们整齐地排在两边,教室中间留出了场地,全班的同学就站成排,由旗手高举着红旗领着在教室里转一圈,然后坐在教室两边座位上,完成班会开头仪式;当班会结束的时候,再由旗手高举着红旗带领大家转一圈,完成班会结束仪式。每次当旗手,我就觉得我正在做的是一个学生最光荣的任务——老师说过,我高举着的红旗就像胸前鲜艳的红领巾一样,是革命先烈们用鲜血染成的,我们要珍惜它、护卫它,要好好学习,长大了用自己的实际行动报效我们

知青在盘锦

伟大的祖国母亲!

　　有了李老师对我的"偏心",同学们对我友好了。我积极地参加班里的各项活动,学习成绩很快也名列前茅,当上了班里的学习委员,肩膀上戴上了象征着班级干部的两道杠……

　　我在李老师的关怀下快乐地学习,成长。可是到四年级的时候,我和很多同学一起转到另一所新建的小学校去了。对很多同学来说转个学校没什么,可我却哭了,我是多么舍不得像母亲一样关心我呵护我的李老师呀!

　　后来我听说王校长和很多知识青年一起回沈阳了。多年过去了,我和李老师也失去了联系。我的生命中充满了坎坷、磨难,我人生的路上每前进一步都很艰辛。越是这样,我就越感谢那些像李淑珍老师和王校长那样在我成长的道路上帮助过我、给过我温暖的好人!

蔡兆花　1970年出生。1978年由山东迁户大洼县新建农场邱家村青编队(现大洼区田家前进街道邱家村关家五队)。毕业于新建中学。幼年遭意外毁容。盘锦市作家协会会员,辽宁省诗词学会会员。著有个人诗集《月亮花》。现为盘锦市大洼区残联《心泉》杂志执行主编。

我对十一营的零星记忆

◎蔡兆花

我们家是从山东搬迁到大洼的,那一年好像是唐山大地震的第二年。我们坐在火车上,就听到母亲看着窗外感叹:你看看,那些楼都倒了,乱七八糟的,就像一个个鸡栏子……

我们下了车之后,顶风冒雪来到了大洼县新建农场的一个沈阳下乡知识青年点。

听说当时知识青年下乡按部队编制,我们来到的地方叫十一营。五趟砖砌的平房在一片荒草甸子上,这就是十一营的营区。

我们家来的第一晚上,和我叫二姐的一家人共十三口子挤在一间青年点房子里。炕上铺上稻草,底下烧炕,大人孩子相互你挤我我挤你地躺在一起。之所以这样睡第一是因为大家刚来这个荒凉之地感到空旷、恐惧,第二是因为外面北风呼号,天寒地冻,大家同是从山东"闯关东"的老乡,论起来还是亲戚,挤在一起身体上可以取暖,心灵上相互安慰。

后来生产队根据人口的多少分给每家一间或两间青年点房子。

我那时还小,刚开始记得在青年点房子前玩耍的时候,总能捡到好多新鲜的玩意,比如上面缠着红丝线或者蓝丝线或者什么也没缠的肉色的扎头用的皮套,比如肉色或黑色的薄薄的透明的丝线袜子,比如织毛衣用的小毛线团……

一天,我和另一个女孩在那些空房子里玩的时候,我们发现有一间房子里堆了

知青在盘锦

好多大木头箱子，不知这些箱子里装了些什么，好像很沉的样子。这些箱子把窗户都遮挡上了，因此这间屋子光线很暗。我们就在箱子上面爬来爬去，这里让我们觉得又神秘又恐怖。我们又来到一间房子里，这里有股刺鼻的气味，堆满了绿色的、蓝色的、黑色的塑料袋子，里面鼓鼓地装满了东西。我们好奇地从一个破损的小孔里掏出了一些晶莹剔透的小颗粒，像糖的样子，嘴馋的我们就舔几粒品尝，才发现它们不但难闻，也不好吃……后来我们才知道那些颗粒叫化肥。

我们来大洼的时候听说大部分来这里插队的沈阳知识青年已经回沈阳了。而我模糊的记忆中十一营还有一小部分或者说有几个人还没回去。

有间青年点房子里有一口好大好大的锅，一个做饭的青年每次做饭的时候都要双腿叉开站在大锅台上，用一个像铁锹那么大的炝锅铲子在饭锅里搅动……

知青的生活相当艰苦，但是他们都是些非常善良、非常讲理的文明人。炒菜的时候没有油，就向我二叔家借了两小勺猪大油，等白水煮的一大锅白菜要出锅的时候，才把这两小勺猪油放进锅里，让油花漂在菜的上面，这样显得油多。等他们有油了，又到二叔家还油。二叔可怜他们生活的清苦，不要他们还了，他们坚持还回来，而且还的要比借的多得多。

给我印象最深的有两个知青：一个是总喜欢站在村东头的高高的水塔上高声喊叫或大声唱歌的高峰（不知道他的名字，暂且这么称呼他），另一个是在村西头喂猪的金柱。

在青年点房子的东头，有一个高高的红色的水塔，那是过滤自来水用的。水塔下面是个吃水用的大水泡子。顺着水塔一个狭窄的铁梯子到水塔上面，这是个宽阔的平台，平台上的风很大。平时我们小孩很少有胆量爬上去。

在耀眼的晨光或灿烂的晚霞里，高塔之上，时常看到一个高大健壮的身影！我不知这个精力旺盛、脸膛红润的青年在塔上喊什么唱什么，是在锻炼身体还是在发泄情绪？表达的是快乐还是悲伤？小小的我不得而知。但这些年每当我想起村头那个高高的红水塔就想起了那个大高个子青年高峰，仿佛那座塔就是他，他就是那座塔！

喂猪的金柱是最后一个留在这里的知识青年，他还没走的原因是因为他走了没有人喂猪了。在我模糊的印象里，金柱是个瘦瘦高高的、文质彬彬的青年，有些忧郁的样子，后来我看了一本描写知识青年下乡的小人书《蹉跎岁月》，我觉得金柱就是《蹉跎岁月》中男主人公知青柯碧舟的样子。

但是过了年，金柱还是回城了。他恋恋不舍地把猪圈的门打开，于是猪圈里的六头老母猪成了围绕在青年点房子附近靠吃野菜和拱垃圾才得以活下来的"野猪"。其中一头母猪在开春时，在去年用东方红拖拉机翻犁过的、还没有融化雪的野地里生下了一窝小猪崽儿……

当知识青年全部撤离之后，这里又陆续搬迁来了很多山东人、河北人、四川人，这些外来户杂居在一起，慢慢盖起了很多楼座子，繁衍生息，使这里变成了一个大村子。这里不再叫十一营，而叫青编队了。随着城乡建设的步伐，这里的村民在2013年都搬到城镇里去了。现在十一营原址上，已是一片等待开发的空地。

情系"盘锦知青总部"

◎ 沙 影

每个人生命中都有刻骨铭心的往事,珍藏在心海深处,一旦触摸,亦如决堤的海,波涛汹涌,思绪万千。回眸半个多世纪的人生旅程,最难忘的还是那段流淌青春的知青岁月。1976—1978 年,正是这三年艰苦知青生活的磨砺,使我有足够的勇气面对生活中的一切坎坷,有信心迎接工作中的一切挑战,有韧劲儿完成上级交给的一切任务。我们这一代人,告别亲人,远离城市,用童稚般的年龄和单薄的身躯,来到农村,接受贫下中农再教育;我们在广阔天地与当地百姓同吃、同住、同劳动,体验了真正的人生,改变了世界观。我曾为我是知青而自豪,我感谢生命中有这样一段知青的经历。

☆盘锦知青总部

生命里自从有了知青的经历,便有了一份特殊的情怀。正是缘于这份割舍不下的情感,2005 年,我在担任盘锦市旅游局局长期间,倾力推进"盘锦知青总部"的开发建设,在盘锦旅游发展史上留下浓重的一页!

回想"盘锦知青总部"的诞生，许多往事浮现眼前，仿佛就在昨天。那是2005年春末夏初的一天，偶然间，我在电视上看到北京知青部落的新闻，勾起我下乡生活的点点滴滴，联想到盘锦每年都有大量的知青返乡寻故，倘若将盘锦的"青年点"打造成类似北京知青部落一样的旅游景区，为广大知青搭建一个"家的平台"，也通过吸引更多的知青来盘锦省亲观光，宣传盘锦发展，提升盘锦知名度，弘扬盘锦拓荒人精神，集聚正能量，为盘锦旅游事业的发展增添新色彩，岂不是一举两得。

这个想法是我的动力。于是，我开始详细了解盘锦知青历史。资料表明，先后有来自沈阳、大连、鞍山及盘锦本地的近15万名知青在盘山、大洼38个乡、社、镇（农场），几乎村村都建立过青年点或有知青插队入户。我到所有的场、乡及当时知青人数比较多的知青点考察调研，得知知青回城后，部分青年点被拆建另做他用，有几处保存比较完整的原址早已被外来移民居住，他们说，这些年时常有老知青回来追忆往事。而恰巧在这时，时任辽宁省旅游局规划处处长郑玉亭和辽宁省财政厅外经处处长唐征印来盘锦看他们的青年点。他俩都是七一届的沈阳知青（下乡在大洼的唐家农场和清水农场），得知我的想法后，非常赞成。他们认为知青这段历史对于开发旅游产业是宝贵的资源，更是宝贵的财富，他们建议我找专家好好规划，这更坚定了我做成此事的决心。

我请北京第二外国语学院旅游管理学院的戴斌、杜学、崔丽教授等人来盘实地踏勘做《区域性旅游规划》，要求把开发知青旅游纳入规划中。

我的想法引起他们的共鸣，他们建议，可以在盘锦建一个知青总部，既保留了历史痕迹，又意味着未来这是全市知青的总部。

☆青年点合影留念（左二起时任盘山县副县长张皓、郑玉亭、沙影、唐征印）

知青在盘锦

他们提议要在盘锦的核心旅游景区附近建设知青总部，借力而行，使其成为又一处旅游景点。依据这一思路，我找到了红海滩景区附近的清水镇志宏村一处青年点旧址。一排排的红砖房子是知青的宿舍，俱乐部、食堂、就连房前屋后的"水泡子"都和过去一模一样。遗憾的是这里居住着大批移民，清水镇领导王恩凯告诉我，用原址必须动迁移民，成本太高，莫不如用闲置多年的赵圈河苇场老场部。这是一座建于20世纪70年代初的四合院，房屋虽然破旧不堪，但却原汁原味地保留着那个时代的风貌，重要的是这里和盘锦的红海滩可以穿成一条完美的旅游线路。我如获至宝，马上与北二外的专家和两位处长沟通，他们实地踏勘后一致认为此处是一块发展旅游产业的风水宝地，并表示全力支持创建知青总部。

在大洼县和赵圈河镇两级政府的支持下，赵圈河闲置老场部改建知青总部顺利通过立项。但是新的问题随之而来，没有资金，没有人才。还是凭着知青的执着精神，我竟然和北二外的专家们谈起了合作。在我看来，他们是旅游专家，有思想，有见地，有经验，更重要的是他们和我一样有一份执着的热情，

☆与专家合影（右起北二外旅游规划专家戴斌、沙影、大洼县旅游局长欧阳朝政、北二外专家杜学）

我相信他们一定能把知青总部建好。在我的纵横游说下，北二外的专家们同意竭尽全力将这处破旧的场部打造成集旅游、观光、住宿、餐饮、休闲、度假于一体的新的旅游景区。

现在回想起来，当时是真难啊，没有资金，北二外旅管院的杜学、崔丽、邵德阳教授就组织二十多名北京同仁众筹投资。为了节省资金，他们从规划设计到改建施工全部自己动手，寒暑假专家们全都奋战在工地，一砖一瓦，一锹一镐，既是指挥员又是战斗员。为了再现当年知青住宿的味道，他们全国各地征集20世纪六七十年代的老报纸，精心糊在每个房间的墙上，用当地的芦苇编成苇帘做成墙裙、棚顶，向来盘下乡的众多知青征集老物件，打造"知青文化展厅"。

共同的愿望成就共同的事业。泛黄的"毛主席语录"、绣着"为人民服务"的黄书包、带着污渍的铝饭盒、军用水壶，沉淀岁月痕迹的老乐器、老照片、老笔记、老书信……一个个老物件从全省乃至全国的四面八方汇集到这里，每个物件都沉淀着一段历史，一个故事。沈阳的知青苟久有与当地姑娘寇淑珍相恋结婚，他们把珍藏30多年的结婚证也作为展品送给展厅。很快，凝聚着知青心意的上万件展品被分为九大类六个展区展示在近百平方米的展厅内。这个最初被确定为"知青文化展厅"的景点，最终以"知青岁月博物馆"命名，成为知青总部的核心内容，并赢得了众多游客的喜爱。

功夫不负有心人，在我和北二外教授们联手推进、共同耕耘的努力下，2005年金秋时节，知青总部竣工落成。走进知青总部大门，毛主席提出的"广阔天地，大有作为"八个大字异常醒目。南侧是由12面小红旗和22面大红旗构成的"知青文化墙"，用油漆绘成的红墙黄字，概括介绍了知青在农村生活的历史过程，阐述了盘锦知青总部是一处以盘锦知青文化为特色，以中国知青文化为背景的主题文化旅游景区。同时，由12个月亮形苇簇、22个太阳形苇簇形成园内景观以纪念毛泽东正式号召知青上山下乡的日子，1968年12月22日。可以说，整个景区别具一格，既有历史痕迹，又有旅游品位。

以什么样的方式打响盘锦知青旅游这一品牌？专家们一致认为必须搞一个

知青在盘锦

新颖别致的开业仪式。经过仔细琢磨，我和北二外的教授们达成共识，打造一场由盘锦知青牵头，以盘锦知青文化和地域文化为主题的大型文艺演出，邀请有代表性的知青名人参加，扩大知青总部的知名度。随后我诚邀时任盘锦图书馆书记、沈阳籍干部吕云超，盘锦图书馆馆长、盘锦知青魏宪军，盘锦艺术馆馆长、沈阳知青赵俊芝，盘锦歌舞团支部书记王江玲等朋友出谋划策。

☆知青总部落成仪式（左起市委常委王广华、市人大常委会主任张久富、省委老领导徐文才、省旅游局纪检组组长王维、大洼县委老书记赵玉礼、市人大副主任徐敬富）

那是一个秋高气爽的艳阳天，在知青总部举办的落成仪式上，市委、市政府及大洼县委、县政府的主要领导来了，全国知青典型吴献忠等一批有代表性的人物来了，在盘锦有过知青经历的各地朋友来了，他们带着家眷、带着亲朋好友，带着期待和祝福来了，热衷知青文化的学者、旅游爱好者来了，知青总部附近的赵圈河镇的百姓来了，兴高采烈的人群将知青总部大院挤得水泄不通，人们在文化墙边留影，在老柳树旁叙旧，在蓝天白云下期待演出。

反映知青生活的吟诗朗诵，再现那个年代的"忠字舞"，时下最流行的知青歌曲《小芳》……将台下知青观众带回那段激情燃烧的岁月，看得他们热泪盈眶。最后王江玲以一首《芦花》唱出湿地之都、生态盘锦的美景，寓意知青总部前程似锦。

知青总部的成功打造，迅速在知青中引起强烈反响。许多在盘锦下过乡的知青都找机会到这里，忆当年、话人生、叙当下、谈情感，吃农家饭菜、住知青宿舍，真是感慨万千、流连忘返。当年就接待游客近5000余人次。出乎意料的是，很多知青的后辈人对父辈下乡的地方也产生了浓厚的兴趣，也带着朋友到这里追寻父辈的足迹。

时光荏苒,一晃知青总部已走过了 13 个春秋,早已成为国家 AAA 级景区,盘锦知名的重要景区,累计接待游客也超过百万人。目睹知青总部景区的成功打造和作用的显现,我心里无比欣慰。盘锦旅游正在提档升级,我深信盘锦知青总部在旅游产业中定能发挥独特的作用,相信知青文化定会让更多人认识到他是盘锦精神重要的 DNA。

最后和亲爱的同龄人说句知心话,请你们保重身体,放松心情,常去知青总部坐坐!

2017 年金秋

沙 影 1959 年 6 月出生于辽阳市,后随父母迁入营口。1976 年 7 月毕业于营口市第八中学,下乡到营口郊区示范农场林场,经历了三年的知青岁月。1979 年 3 月,被抽选到营口团市委青少年教育办公室工作,同期在职参加大学专科、本科学习。1986 年 6 月入党。

历任营口团市委青教办干事,盘锦团市委学少部副部长、部长,团市委党组成员、市青年联合会常务副主席、市文化局党委副书记、市外事办副主任、市旅游局党组书记、局长,市人防办党组书记、主任,现任市人大常委会副秘书长。

盘锦历史沿革

◎ 刘喜兴 整理

1948年1月（民国三十七年）盘山县民主政府成立。2月1日，盘山全境解放，先后隶属辽宁省第五专区、第二专区管辖。

1948年8月，盘山县划归辽宁省直接领导。

1949年1月，在今大洼县境内成立盘山农场，隶属东北行政委员会农林部。4月，撤销辽宁省，成立辽东省；辽西省与辽北省合并为辽西省。盘山县隶属辽西省。

1950年7月，盘山农场改为辽西省盘山第一稻田农场。

1953年2月，盘山第一稻田农场改为盘山机械农场。

1954年8月，辽西、辽东两省合并为辽宁省，盘山县隶属辽宁省。

1955年6月，盘山机械农场改为辽宁省盘锦国营农场管理局。

1956年2月，盘山县划归辽阳专署领导。

1956年11月，盘锦地区国营农场管理局改为盘锦农垦局，直属农垦部。

1959年1月5日，经国务院批准，辽宁试行市辖县制。辽阳专属撤销后，盘山县隶属营口市。

1961年4月，在盘锦农垦局管辖地区设置营口市盘锦区，实行区、局合署办公。

1962年4月，辽滨苇场所属的大辽河东岸苇田划给营口县和海城县。

1966年1月，盘山县与盘锦农垦局合并为盘锦垦区，试行政场合一制，直属辽宁省。

1968年8月，辽宁省革命委员会决定，将营口市曙光人民公社（营口市河北街）划归盘锦垦区；将辽宁省石山种畜场划归盘锦垦区。

1968年10月，东郭、羊圈子苇场划归盘锦垦区。1968年12月，将台安县划归盘锦垦区。盘锦垦区辽滨苇场所属西炮台苇田作业区（包括海水养殖）划给营口市；营口市西市区所属曙光人民公社、河北小学、河北苇席厂、西市苇席社河北生产点、河北苗圃划归盘锦垦区。

1970年1月，在盘锦垦区内分设盘山区和大洼区（县级）。

1970年7月15日，将盘锦垦区改为盘锦地区，辖盘山区和大洼区，直属辽宁省。

1975年11月，盘锦地区与营口市合并。原地区所辖盘山区、大洼区改为盘山县、大洼县，均属营口市辖。同时将台安县划归鞍山市。

1978年，将原营口市河北街从辽滨苇场划出，归营口市西市区管辖。

1984年6月5日，经国务院批准，撤销盘山县，设立盘锦市（地级），直属辽宁省。

1984年7月27日，辽宁省人民政府以辽政发〔1984〕116号文件，向营口市人民政府转发《国务院关于辽宁省设立盘锦市的批复》的通知，委托营口市人民政府协助筹建盘锦市。

1984年9月，成立盘锦市筹备领导小组。

1985年3月，石山种畜场划归盘锦市。

1986年11月，以辽政发〔1986〕120号文件批示盘锦市人民政府关于恢复盘山县建制和盘山区更名的请示，撤销盘锦市郊区，恢复盘山县，以原盘锦市郊区的行政区域为盘山县的行政区域。将盘锦市盘山区更名为双台子区。至此，盘锦市辖两个区、两个县，即：双台子区、兴隆台区、盘山县、大洼县。

2006年10月10日，国务院批复，盘山县驻地由盘锦市双台子区迁至太平镇。

知青在盘锦

  2016年3月,《国务院关于同意辽宁省调整盘锦市部分行政区划的批复》(国函〔2016〕53号):同意撤销大洼县,设立盘锦市大洼区,以原大洼县的行政区域为大洼区的行政区域。大洼区人民政府驻大洼镇红海滩大街66号。

后 记

历时一年半，大家期盼的《知青在盘锦》（文史资料第21辑）终于问世了！

本辑文史资料的征集编撰出版工作，得到众多知青及相关人士的积极响应、大力支持，先后征集到230余篇稿件。现在经过慎重筛选、精心编辑与读者见面的176篇文章、100多万字的作品，都是当年下乡知青、还乡知青和带队干部、相关领导亲历、亲见、亲闻的第一手史料，也是知青们对自己在那个特殊历史环境下成长历程的生动反映和真实写照。

在征集选编的过程中，我们注重了撰稿人的代表性。投稿知青包括下乡知青和还乡知青，其他投稿人有当年的带队干部、知青子女、知青的学生、知青的房东、知青管理安置机构工作人员和文史研究工作者。

在征集选编的过程中，我们还注意了题材和形式的广泛性与多样性，更注重了作品内容的真实性与可读性。文集囊括了盘锦地区大洼、盘山的碱滩、苇荡、坑塘水、稻花香……尽现了当年"南大荒"的风土人情和传统风貌。文稿中既有对插秧会战、收割会战、搬运会战和脱谷会战等农业生产劳动较为详细地记述，也有对全地区、全县区集中组织大会战的全貌概述，比如，沟盘铁路会战、沟盘运河扩建工程会战、修筑辽河油田公路会战、抢修辽河大堤（国堤）会战、红旗荒原会战等宏壮场面的回忆。文稿中对过去岁月的回忆有苦涩和辛酸，也有温馨和欢乐；有迷惘和失落，也有成功和收获；有澎湃的激情，也有深沉的思考；更有同学情、战友情、乡亲情，全方位地展现了知青在苦乐年华中的精神风采。

本书的面世凝聚着众多的智慧、心血和奉献。

知青在盘锦

　　从知青史料征集活动的策划和组织到本书的编撰，自始至终都得到了市政协主要领导和分管领导的高度重视与精心指导。

　　市档案局、市委组织部、各县区政协、油田党委统战部、华锦集团党群工作部等部门和沈阳、鞍山、营口等市政协文史委，对这次史料征集工作给予了有力的支持和帮助。盘锦电视台、《盘锦日报》为本次史料征集活动专门刊发了消息，给广大参与者提供了宝贵的信息。

　　本书征集过程中，得到黎春奇、孙喻奇、王惠新、李淑英、胡凡、凌秀华、张菱、刘戈等多位老知青给予的有力组织、协调、动员和支持。

　　本书征集选编过程中，参阅了《盘锦档案通览》《盘锦市劳动志》《盘锦地域文化简明读本》《8万知青在大洼》和辽宁省知青思想文化研究会、辽宁知青分会、盘锦知青总部等组织机构的史志资料及研究成果，还组织有关人员对征集的史料进行了审阅把关，与每位投稿人多次沟通联系、提出修改建议，对有关历史背景、涉及的人物、事件做了力所能及的核实、查证、补充，力求对盘锦知青历史有一个基本上总体的、全面的、确切的、权威的表述、体现。

　　辽宁人民出版社编辑和工作人员对本书的编校出版工作倾注了大量心血，做出了无可替代的贡献。

　　承蒙盘锦市档案局的关心和支持，本次活动征集的全部史料，包括由于种种原因未能编入本书的那些部分，都将由市档案馆进行收藏。

　　在此，谨向关心、关注、参与本次史料征集活动和本书编辑出版工作的社会各界人士，各位领导、专家、全体编校人员表示诚挚的谢意。

　　知青上山下乡史料征集和本书编撰是一件十分严谨而有意义的工作，质量要求高，涉及内容广。编辑过程中，尽管做了积极努力，但由于经验不足、水平有限，舛误不周之处在所难免，敬请广大读者批评指正。对因篇幅所限，没有收录或予以删减，告知不到的，在此表示歉意。

编　者

2017年12月